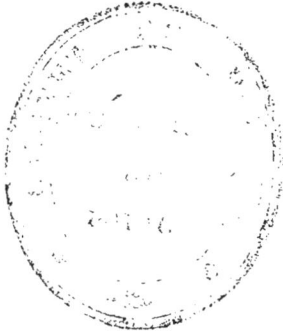

COLLECTION OFFICIELLE

DES

ORDONNANCES DE POLICE.

PARIS. — IMPRIMERIE DE PAUL DUPONT.

COLLECTION OFFICIELLE

DES

ORDONNANCES DE POLICE

Depuis 1800 jusqu'à 1844,

IMPRIMÉE PAR ORDRE

De M. Gabriel DELESSERT,

PAIR DE FRANCE, CONSEILLER D'ÉTAT, PRÉFET DE POLICE.

TOME QUATRIÈME.

APPENDICE.

PARIS,

LIBRAIRIE ADMINISTRATIVE DE PAUL DUPONT,

RUE DE GRENELLE-SAINT-HONORÉ, 55.

—

1845

TABLE CHRONOLOGIQUE

DES

DOCUMENTS CONTENUS DANS L'APPENDICE.

★

APPENDICE.

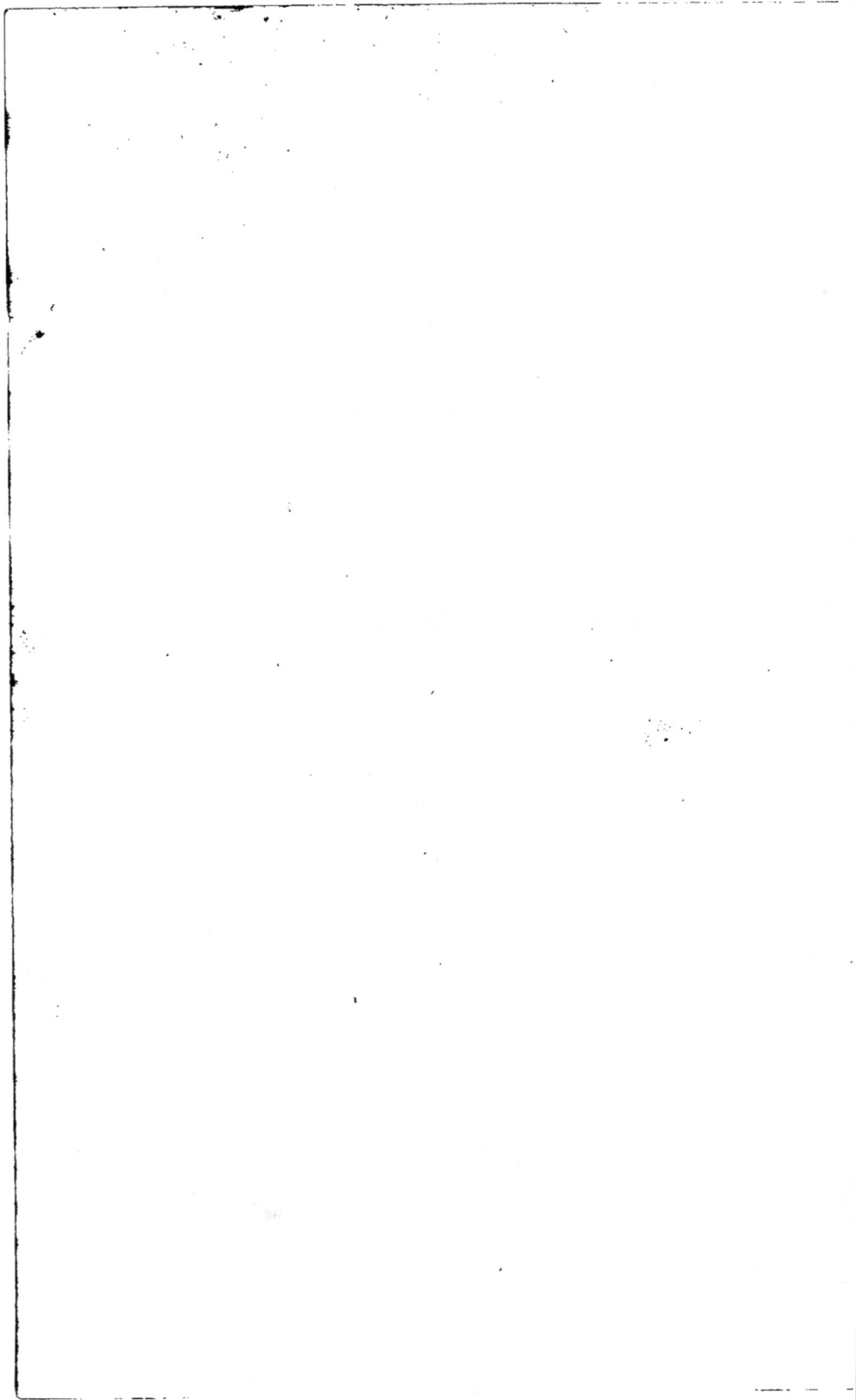

COLLECTION

OFFICIELLE

DES ORDONNANCES

DE LA

PRÉFECTURE DE POLICE.

APPENDICE.

N° **1.**—*Sentence du Châtelet de Paris, pour éloigner du milieu de la ville les fourneaux de potiers de terre.*

Du 4 novembre 1486.

A tous ceux qui ces présentes lettres verront, Jacques d'Estouteville, chevalier, seigneur de Beyne, baron d'Ivry et de Saint-Andry en la Marche, conseiller chambellan du roy, nostre sire, et garde de la prévosté de Paris, salut, sçavoir faisons : comme procès feust meu et pendant en jugement par-devant nous ou Chastelet de Paris, entre le procureur du roy, nostredit seigneur oudit Chastelet, pour et ou nom dudit seigneur, et le procureur de la ville de Paris, maistre Martin, Berthelot, Oudin Bonnart, Hémon Bourdin, Jehan Langlois, Guillaume Nourry, Robert Lebret et Hugues Duguet, adjoints avec les dessus dits demandeurs, et requérant l'entérinement de certain rapport des médecins et chirurgiens d'une part, et Colin Gosselin, potier de terre, défendeur d'autre part; sur ce que lesdits demandeurs disoient et maintenoient que cette ville de Paris estoit la ville capitale de ce royaume, en laquelle le roy, nostredit seigneur et ses prédécesseurs roys de France auroient toûjours fait tenir leurs estats pour le gouvernement de leur royaume, comme la cour souveraine; c'est à·savoir le parlement et ses chambres des comptes, du trésor, des généraux, des monnoyes, et autres; ou à cette cause toute manière de gens d'autorité d'église, et autres estoient tenus venir, venoient et arrivoient en cette ville, tant pour le fait du royaume, comme pour les faits particuliers, et y en avoit toûjours en grand nombre de divers païs et diverses contrées, lesquels y estoient reçûs de quelque part qu'ils feussent descendus et venus; et d'autant qu'il y avoit plus grand nombre de peuple, estoit sujete ladite ville, et dangereuse à recevoir infection, tant pour les communications des estrangers comme autrement, dont en cette occasion en estoient advenue par cy-devant grands inconvéniens, et y pourroient encore advenir pour chacun jour ; et pour obvier à ce qui est, pour la conservation de la

chose publique, estoit besoin et nécessité de garder au mieux qu'il
seroit et est possible de tenir ou faire tenir que, en la dite ville, il
n'y eust aucunes infections, ne que en icelle ne feust exercée chose
dont infections peussent venir ne procéder, et pour ce faire, pourroient estre contraints les habitants d'icelle ville, et tous autres; et
tout comme dit est, pour obvier aux grands inconveniens qui pourroient advenir par faute de ce à tous les habitants de ladite ville, et
pour ce monstrer, disoient, iceux demandeurs, que pour faire pots de
terre convenoit que la terre feust argillée, et avant qu'elle feust mise
en œuvre, falloit qu'elle feust toute pourrie et détrempée par longue
espace de temps en caves corrompuës; et à cette cause, quand la dite
terre estoit mise en estat et disposition de mettre en œuvre, et qu'elle
y estoit mise, feust en façon de pots et autres ouvrages, mis ou fourneau pour cuire, et ce feu estoit dedans les dits fourneaux, jailloit et
issoit grandes fumées et vapeurs puäntes et infectées, à l'occasion des
matières qui estoient corrompuës, et aussi de plomb souffré et limaille, verre et autres matereaux que l'on mettoit dedans les dits ouvrages: et sans lesquelles matières on ne pouvoit faire les dits ouvrages: et pour obvier aux grands inconvénients qui pourroient advenir, estoit besoin et nécessité de défendre que les ouvrages ne feussent faits en cette dite ville de Paris, qui estoit, comme dit est, la ville
capitale du royaume, et en laquelle venoient et habitoient toutes gens
d'autorité d'église et autres, à l'occasion des dites fumées et infections,
lesquelles estoient contraires au corps humain, et par icelles pourroient estre engendrées grandes maladies; et pour ce que ledit défendeur, lequel estoit et est potier de terre, s'estoit et est habitué en un
hostel assis en la ruë de la Savonnerie, pour faire son dit mestier, et
faisoit cuire, comme encore fait, ses pots et autres ouvrages de poterie, dont il issoit grande fumée puante et infectée, tellement que les
voisins tant de la dite ruë, comme autres ayant maisons contiguës de
la maison où il demeuroit, pour la grande puanteur et infection,
bonnement ne pouvoient faire résidence en leurs maisons, ou ceux
qui y faisoient résidence, se y estoient tenus parce qu'ils n'avoient
autre habitation, ou autre juste excusation, iceux voisins s'estoient
retirez par devers nous, et avoient fait ou baillé leur requeste, afin de
pourvoir au cas, ainsi qu'il appartiendroit par raison, et leur avoit
esté permis de faire voir et visiter la dite maison, pour sçavoir s'il
pourroit venir inconveniens ainsi des dites fumées et infections, et
lesquels les dits voisins en ensuivant icelle permission, par honora-
bles hommes et sages maistres Jacques de Bruges et Guillaume Miret,
docteurs en medecine; Philippe Rogue, chirurgien juré du roy, nostredit seigneur ou dit Chastelet, avoient fait voir et visiter la dite maison, lesquels avoient rapporté que la dite fumée estoit préjudiciable à
la santé des corps humains, et que de ce leur pouvoit survenir plusieurs mauvaises maladies et accidens; et après laquelle visitation faite,
cuidant les dits voisins que le dit défendeur gracieusement et sans figures de procez se voulsist desloger de la dite maison, et à tout le
moins cesser de cuire de ses pots et autres ouvrages de son mestier,
mais néantmoins, il n'en avoit rien voulu faire, et avoit toûjours per-
sisté à cuire, ainsi qu'il avoit accoustumé de faire; et à cette cause le
dit procureur du roy, et aussi les dits voisins avoient fait appeller par-
devant nous le dit défendeur; et après ce que le procureur de la ville
se seroit adjoint avec eux, auroient iceux demandeurs allencontre du
dit défendeur, allégué les choses dessus dites, avec plusieurs autres
faits et raisons servant à leur propos et intention, tendant et con-
cluant par les dits demandeurs allencontre du dit defendeur, afin que
par nous nostre sentence, jugement, et à droit, en ensuivant la dite
requeste par eux, ou l'un d'eux à nous baillée, le dit défendeur feust

condamné et contraint à vuider hors du dit hostel, ouquel estoit et est demourant ruë de la Savonnerie, où pendoit pour enseigne les rats, à tout le moins que défenses luy fussent faites de non cuire pots de terre dorénavant ou dit hostel, ne autre chose concernant fait de pots de terre, sur certaines et grosses peines, à appliquer au roy, nostre dit seigneur ; et outre feussent les fosses et fourneaux où ledit défendeur cuisoit et cuit ses pots et faisoit sa poterie, cassez et rompus, nonobstant chose par icelui Gosselin proposée ou maintenuë au contraire, dont il feust débouté és dépens des dits demandeurs, et des raisons et défenses faites et proposées au contraire par le dit défendeur, à plein déclarées ou dit procès : oyes lesquelles parties en tout ce qu'elles eussent voulu dire et proposer, maintenir et alléguer l'une allencontre de l'autre ; nous les eussions appointées à estre de nous délibéré de ce leur faire droit, ou autrement les appointer comme de raison seroit, le plaids fait entre elles, qu'elles bailleroient par écrit à la cour, par manière d'avertissement, selon la teneur de l'appointement sur le fait, duquel la teneur est telle : jour est assigné aux premières sentences qui par nous seront données et prononcées ou dit Chastelet de Paris au procureur du roy, nostre sire, au dit Chastelet, pour et au nom du dit seigneur, à Pierre Bezon, procureur de la ville de Paris ; Simon Basannier, procureur ; maistre Martin Berthelot, Oudin Bonnart, Aymond Bourdin, Jehan Langlois, Guillaume Nourry, Robert Lebret et Hugues Duguet, adjoints avec les dessus dits, et Guillaume Dupré, procureur ; Colin Gosselin, à estre de nous délibéré de faire droit ausdites parties, ou autrement les appointer comme de raison ; sera sur ce plaid fait entre elles qu'elles bailleront par advertissement sans préfixion de dans d'huy en huit jours en demandant des dits procureurs du roy de la ville, à Bazannier esdits noms, et requérant l'entérinement du rapport des jurez, fait à la requeste du dit procureur du roy, en défendant dudit Dupré ou dit nom, et aller avant. Ce fait, l'an 1486. Le lundy 4 septembre, ainsi signé, J. Vie.

En ensuivant lequel appointement lesdites parties eussent mis et baillé par éscript à cour leur dit plaidoyé par manière d'avertissement : ensemble tout ce dont elles s'estoient voulu aider l'une contre l'autre ; ce fait les dites parties ou leur procureurs pour elles nous eussent requis droit par nous leur estre fait sur le dit procez, sçavoir faisons que vu de nous icelui procez, le plaidoyé des dites parties, les lettres, rapports de médecins et chirurgiens, lettres royaux et autres exploits, et enseignemens des dits demandeurs, avec le dit appointement à estre délibéré dessus transcrit : et tout vû et considéré, ce qui faisoit à voir et considérer, et sur ce conseil à sages, nous disons que défenses seront faites au dit Gosselin, de ne cuire dorénavant pots de terre, sur peine de vingt livres parisis d'amende, et se iceluy Gosselin, veut cuire ses dits pots et autres choses en cette ville de Paris en autres lieux détournez, faire le pourra jusqu'à ce que par justice autrement en soit ordonné, et sans dépens de cette présente poursuite, d'une part et d'autre, et pour cause par nostre sentence, jugement et par droit ; en témoin de ce nous avons fait mettre à ces présentes le scel de la dite prevosté de Paris. Ce fut fait et prononcé en jugement, au dit Chastelet, en la présence des procureurs des dites parties, dont et de laquelle sentence ledit Gosselin en personne appella en parlement, le samedy quatrième jour de novembre, l'an mil quatre cent quatre-vingt et six : ainsi signé, J. TOSTÉE.

N° **2.** — *Arrêt du parlement pour éloigner du milieu de la ville de Paris les fourneaux de potiers de terre.*

Du 7 septembre 1497 (1).

N° **3.** — *Ordonnance du Chastelet pour la police du pain.*

Du 23 novembre 1546.

Sur les requestes à nous faites et baillées par les boulangers de cette ville de Paris, tendant à la fin du reglement de l'estat du blé qui se vend ès lieux, places et marchez de cette dite ville, ensemble sur la charge et entremise de ceux qui en ont le maniement, à ce qu'il y soit donné ordre ; avec ordre, promesse et soûmission en justice en ce faisant, de ne faire faute et fournir la ville bien et deuëment. Et à cette fin auroient mis par devers nous remontrances et articles par écrit : sur quoy après aussi avoir veu les ordonnances, arrests et jugemens par cydevant donnez sur le dit fait, a esté, par délibération de conseil en la chambre de police, conclu et appointé ce qui en suit : . . . .

Suivant les ordonnances, le poids ordonné pour peser blez et farine en ladite ville, sera mis, restably et entretenu.

Tous boulangers et fariniers de la dite ville seront tenus et contraints de faire peser au dit poids les grains qu'ils feront moudre, et aussi iceux cribler auparavant la mouture d'iceux, sur peine d'amende arbitraire. . . . . . .

Si aucun n'est expert au fait de boulangerie, ne sera receu, et ne se pourra entremettre de faire pain en la dite ville et fauxbourgs.

Boulanger receu maistre, ne tiendra qu'un ouvroir, ou fenestre à vendre pain, soit en la dite ville ou es fauxbourgs.

Boulangers, oublayers et pasticiers de la dite ville et fauxbourgs, ne seront marchands de blez, ne meûniers, ne compagnons, pour traffiquer avec les dits marchands ou meusniers, sur peine de punition corporelle.

Que oublayers, pasticiers, meusniers et boulangers de la dite ville et fauxbourgs, tenans ouvroir, ne aillent audevant des dits grains, ne iceux marchandent, barguinent, ou enerrent, ne fassent marchander, barguiner ou enerrer ; et ne entrent, ne fassent pour eux entrer es marchez de blez en la dite ville, soit es halles, place de Grève et escole Saint-Germain, ne ès basteaux esquels seront grains et pain à vendre, sinon après dix heures du matin sonnées, et es halles, après douze heures de midy, sur peine de perdre le blez et amende arbitraire ; et deffenses à tous de ne mesurer blé pour eux avant les dites heures, sur peine d'amende arbitraire.

Qu'ils ne fassent amas, ne garnison de blez, fors seulement pour la fourniture de leur ouvroir et boutique, et satisferont au peuple, et aussi pour leur mesnage seulement ; et si tost qu'ils auront acheté blé, seront tenus l'envoyer au moulin , pour convertir en farine, et icelle employer à faire pain.

Que tous boulangers tenans ouvroir, fenestres et y vendans pain , tant en cette ville de Paris que fauxbourgs, fassent pain de trois sortes et façons ci-après déclarées seulement ; lequel pain soit sans mixtion, bien labouré, fermenté et boulangé, ainsi qu'il appartient ; qu'il soit

(1) Voir la sentence qui précède, p. 1.

d'un même poids et d'une même façon et sorte de boulangerie, blancheur et bonté, sans en faire diversité d'un poids et façon pour l'un, et d'un autre poids et façon pour un autre, si ce n'estoit pain commandé par jour, et avoüé avoir esté commandé ; qui ne sera toutefois mis en fenestres, et vendu publiquement.

Doit estre, et sera le poids du pain à vendre en fenestre, c'est à sçavoir le pain blanc, dit de chailli, du poids de douze onces ; le pain bourgeois petit, du poids de deux livres, et le grand pain bourgeois de quatre livres.

Et le pain bis, qu'on appelle pain aux brodes, du poids de six livres.

Et seront les dits pains marquez de la marque du boulanger, tellement empreinte qu'elle puisse estre vüe apparemment et connuë.

Qu'ils fassent cuire et essuyer le dit pain bien et deuëment, et en telle médiocrité qu'il est requis, et en telle vigilance que et à heure compétante le dit pain soit froid, paré et rassis ès heures des refections ordinaires, à sçavoir du moins pour le disner à six à sept heures du matin.

Enjoint que après la cuisson de chacune fournée, le pain qu'ils verront n'estre du poids, façon, blancheur, et boulangerie convenable, ils le mettent à part, sans l'exposer publiquement en vente és boutiques.

Qu'ils ayent balances et poids de cuivre, pendans publiquement à leurs ouvroirs et fenestres où ils vendent pain, à ce que le peuple qui achetera leur pain, puisse icelui peser ou faire peser, si bon leur semble, et que aucun n'y soit déçû.

Et quant est des boulangers des fauxbourgs, non tenans ouvroir, et autres boulangers qui sont forains, inhibitions et deffenses leur sont faites à eux, ou autres par eux, entrer esdits marchands de blez en la dite ville, soit és halles, place de Grève, escole Saint-Germain, ne en basteaux esquels sont grains et pain à vendre, qu'il ne soit heure de midy sonnée ; et ès halles, qu'il ne soit deux heures après midy ; et deffenses à tous de ne mesurer blé pour eux avant les dites heures, sur peine d'amende arbitraire.

Leur sera signifié, que par provision, et jusques à ce que autrement ait esté ordonné, suivant l'arrest sur ce donné en juin 1488, et exécuté en août ensuivant, ils peuvent estaller et vendre pain en ladite ville ès jours et places qui de toute ancienneté leur ont esté ordonnez ; sçavoir est és jour de mercredy et samedy és halles, cimetière Saint-Jean, rüe neuve Nostre-Dame, et place Maubert, et encore és jours de dimanche à la place Maubert, et non ailleurs, ne autres jours, sur peine de perdre le dit pain et d'amende arbitraire.

Encore pourront les dits boulangers forains porter de leur pain és dits jours de mercredy et samedy, seulement, és maisons qu'ils ont accoustumé de fournir pain qui leur sera commandé, à gens de mestier, ou autres.

Sera leur pain bon, sans mixtion, et, ne sera fait de farine reprouvée et mauvaise, ne de blé relavé, ne fait de son remoulu.

Ne feront vendre, ne bailleront à vendre leur pain à autres ; mais le vendront en leurs personnes, ou par leurs gens, serviteurs, familiers, couchant et levant en leurs hostels, et à leur pain et pot, sur peine de perdre le pain qui sera trouvé en autre main.

Tous lesquels articles seront inviolablement observez, entretenus et gardés, sur les dites amendes contenuës esdites ordonnances, arrest et jugements sur ce donnez ; et sans aussi déroger ne contrevenir à aucune chose que ce soit au reste et au surplus y contenu.

Et est enjoint à tous ceux à qui auront esté faites, ou sçauront les fautes et contraventions qui se feront aux articles cy-dessus, et à chacun d'iceux, de rapporter et dénoncer à justice les dites fautes et contraventions qu'ils sçauront estre faites, et des amendes dont il y aura condamnation pécuniaire, ils en auront le quart. Fait en la dite chambre de police, le mardy vingt-troisième jour de novembre, l'an 1546. Ainsi signé, J. MORIN.

N° 4.—*Règlement général de police arresté au conseil du roy.*

Du 4 février 1567.

Le roy en son conseil, deuëment averti du désordre et du dérèglement advenu depuis dix ans, et augmentant de jour à autre en toutes choses qui dépendent du fait de police, comme vivres, marchandises, œuvres, ouvrages et autres semblables, désirant les remettre et réduire en l'ancien estat et façon : et à ces fins ayant fait assembler plusieurs personnes notables, connaissans et experimentez en tels cas, pour enquerir et entendre les sources et occasions du dit desordre, et les moyens et remèdes d'y pourvoir :

Après que du tout a esté fait ample rapport en son conseil et récit à sa majesté, a ordonné et commandé ce qui s'ensuit, qu'il entend estre inviolablement gardé et observé en cette ville de Paris, et en toutes autres de ce royaume, en tant qu'elles se pourront au peu près conformer à l'exemple de la dite ville de Paris; et pour cet effet a voulu ces présentes estre envoyées tant aux siéges ordinaires que és hostels communs des dites villes pour y estre enregistrées et exécutées selon leur forme et teneur, à commencer cette présente année et continuant aux années suivantes, par provision, et jusques à ce qu'autrement soit ordonné.

Pour le pain :

Attendant que la commodité se présente pour faire un essay général, lequel se fera et renouvellera quand les officiers des polices verront bon estre, le dit seigneur a déclaré son vouloir et intention estre, que l'on se règle sur les derniers essays; même en la ville de Paris sur celui qui fut fait l'an mil cinq cent quarante-neuf.

Que suivant iceluy, les boulangers tiendront leurs maisons, ouvroirs et fenestres toujours garnies de trois sortes de pains, de poids, qualitez et blancheur ordonnées par le dit essay ; et ce sur peine de punition corporelle, confiscation de leurs pains, et de vingt livres parisis d'amende pour chacune contravention, dont le tiers sera adjugé au dénonciateur, et à celuy qui aura fait la prise ou la saisie.

C'est à sçavoir du pain le plus blanc, appelé anciennement pain de Chailli, pesant après sa cuisson douze onces, dont les seize font la livre, dont ils seront tenus faire des demis, pesant chacun six onces; lequel pain de douze onces sera vendu un denier parisis, estant le sestier de blé froment mesure de Paris, de valeur de vingt sous tournois, et du plus, plus, et du moins, moins.

Du pain moyennement blanc, appelé pain bourgeois, pesant cuit deux livres, qui sera vendu deux deniers parisis, estant le sestier de blé de la valeur que dessus, dont ils ne seront tenus faire des demis, si bon ne leur semble.

Du pain plus noir, appelé anciennement au dit Paris le pain de brode, pesant cuit six livres, lequel sera vendu à raison de quatre deniers parisis, estant le blé de la valeur que dessus; dont aussi ils seront tenus faire des demis du poids de trois livres, qui sera vendu à la proportion du dit prix.

Que faisant les dits boulangers pains de chapitre de dix ou cinq onces, ils tiendront le reglement de poids, blancheur et vente à raison que dessus.

Que pour connoistre la valeur du blé et y conformer comme dessus le prix du pain, l'on prendra tous les prix du blé des trois premières ventes du mois rapportées à la police, s'en fera-t-on un commun, selon lequel se prendra le dit reglement, et ce de trois mois en trois mois, aux quatre saisons de l'an, pour selon les dits prix et valeur, hausser et abaisser le prix du pain, si faire se doit.

Que pour cet effet se fera rapport du prix de tous grains, et de la qualité d'iceux, vendu par chacun marché; lequel rapport sera conclu et arresté promptement à l'issuë de chacun marché, par le serment et affirmation de tous les mesureurs, en la présence de l'un des officiers ou bourgeois commis à la police, qui aura assisté au dit marché, pour après estre rapporté en justice au prochain jour de la police, et enregistré aux registres d'icelle.

Et parce que lesdits boulangers des villes ont esté jusques icy tenus sous la rigueur de la police, ce que n'ont esté les boulangers des fauxbourgs et banlieuë; d'où sont advenus plusieurs désordres, entreprises et mécontemens : à cette cause pour parvenir à un également, seront doresnavant les dits boulangers des fauxbourgs et banlieuë tenus sujets à pareil reglement de poids et de prix, que ceux de la ville, pour le pain qu'ils vendront en leurs maisons et ouvroirs : et quant à celui qu'ils voudront amener en charrettes, pour estre vendu és marchez et places publiques des villes, comme loisible leur est, et non ailleurs, sera avisé en la police, en assemblée de bons bourgeois, et d'aucuns boulangers tant de la ville que des fauxbourgs, s'il sera possible et utile de réduire les boulangers des dits fauxbourgs en ce regard à la loy et discipline de ceux de la ville : et en ce faisant leur ordonner faire leurs pains de l'une et l'autre des deux sortes, à sçavoir de bourgeois et de brode. Et s'ils en veulent faire et en apporter d'autre qualité, sorte et façon pour le ménage, soient tenus le venir déclarer à la police, pour y estre mis prix de mois en mois, de semaine en semaine, de marché en marché, ou autrement, comme l'on verra bon estre, et ce selon et à raison du prix. En tous cas faire que les dessus dits boulangers soient sujets à visitation tant en leurs dites maisons et ouvroirs, que és dites places publiques, en leurs dites charrettes les jours de marché et ce par l'un des officiers de la police, et un bourgeois du quartier, le tout sur mêmes et semblables peines ordonnées contre les boulangers des villes.

Que aux fins que dessus les dits boulangers auront toûjours en leurs fenestres, ouvroirs ou charrettes, des balances et poids légitimes, et marqueront leurs pains de leurs marques particulières, afin de discerner les pains que feront les uns et les autres pour en répondre ; sur peine de dix livres parisis d'amende pour chacune contravention, dont le tiers sera adjugé au dénonciateur, et à celui qui aura fait la prise et saisie.

Que les forains amenant de loin quantité de pain aux villes, vendront de gré à gré, sans nécessité de poids ou de prix, leurs pains aux marchez et places publiques, sans toutefois les remporter, ni faire garder et serrer és maisons prochaines, ou autres pour le marché subséquent : ainsi seront tenus les vendre dedans les trois ou quatre heures de relevée, autrement seront mis au rabais ; et ne pourront hausser le prix du matin à la relevée du jour, ains seront contraints tenir les mêmes prix du matin, ou iceluy diminuer, sur peine de confiscation des dits pains, et de vingt livres parisis d'amende pour chacune contravention, de laquelle le tiers sera appliqué comme dessus.

Ne pourront les boulangers forains entrer aux marchez où se vendent les grains, sinon après onze heures du matin en esté, et douze heures en hyver, et non aux precedentes heures reservées aux bourgeois; mais y entreront après les onze et douze heures les boulangers des villes, et y pourront faire leurs emplettes jusques à une et deux heures, selon la distinction de l'hyver et esté comme dessus : et après les dites heures y pourront entrer et non plûtost, les boulangers des fauxbourgs et les forains ; le tout sur peine de confiscation des grains achetez par les dessus dits hors les dites heures, et de vingt livres parisis d'amende pour chacune contravention ; de laquelle le tiers sera adjugé au dénonciateur, et à celui qui aura fait la prise ou saisie.

Que les juges et officiers de la police appelleront et assembleront les boulangers et les meusniers, par eux ouïs, et reveuës les anciennes ordonnances de ce faites, adviser et ordonner à quelle raison, poids et mesure se devra rendre la mouture pour blé ou autre grain, et à quel prix ou raison se payera la mouture ; lequel règlement aura lieu és villes et lieux où il sera fait et establi, nonobstant oppositions ou appellations quelconques et sans préjudice d'icelles.

Que selon ce reglement particulier pour la ville de Paris, les autres villes de ce royaume seront tenuës se réduire et réformer, s'il y avait excès en leur endroit, et diminuer par proportion leurs charges en ce regard, sans icelles pouvoir augmenter outre les façons accoustumées, sous couleur de ces présentes : à quoy les procureurs du dit seigneur sur les lieux tiendront la main et en avertiront le dit seigneur roy, ou monsieur son chancelier.............................

Charles, par la grâce de Dieu, roy de France, au prévost de Paris, ou son lieutenant, salut et dilection. Nous vous envoyons, sous le contre-scel de ces présentes les articles de la police générale que nous voulons et entendons estre suivie, tant en nostre bonne ville de Paris, que ès pays, terres et seigneuries de nostre obéissance : lesquels à cette fin ordonnons estre enregistrez ès registres de nos cours, et chacun chapitre d'iceux publiez à divers jours : et ce fait estre envoyez tant aux corps de villes communautez et officiers, que aux seigneurs temporels, tant ecclésiastiques qu'autres, ou leurs officiers qui auront droit ou sont en possession de faire et exercer la police en et au dedans des villes et villages de vos ressorts ; afin que nul n'en prétende cause d'ignorance, et que la dite police soit continuée et entretenue selon le contenu esdits articles et chacun d'iceux, et suivant leur forme et teneur, sous les peines y contenues. Car tel est nostre plaisir. Donné à Fontainebleau le 25 jour de mars, l'an de grâce 1567 et de nostre règne le septième. Signé par le roy en son conseil, de l'Aubespine, et scellé du grand scel sur simple queue de cire jaune.

N° 5. — *Ordonnance du Châtelet de Paris sur le commerce des vivres et denrées.*

Du 28 septembre 1590.

....

2. Il est aussi fait défenses à ceux qui amèneront des vivres en cette ville pour vendre, de les descendre ailleurs qu'aux halles et places publiques accoutumées, pour être vendues, et à toutes personnes d'acheter ailleurs qu'és dites halles et places publiques; le tout sur peine de confiscation et d'amende arbitraire.

. . . .

4. Défenses à tous d'aller au-devant des vivres qui seront sur le chemin, pour être amenés en cette ville, sur peine de confiscation et d'amende arbitraire.

N° **6**. — *Edit relatif aux étalages.*

De décembre 1607.

Il est défendu aux propriétaires des maisons assises sur les marchés ou foires, d'empêcher les marchands forains et autres d'occuper les places qui leur sont désignées par le voyer, et d'en exiger aucune chose quelconque, à peine de soixante livres d'amende et de prison.

Défenses sont pareillement faites aux artisans et marchands ambulants, ou revendeurs, de placer ni poser leurs établis, selles ou billots, contre et au-devant des maisons particulières, sans le gré ou consentement des propriétaires ou locataires, et sans qu'au préalable le lieu n'ait été vu et visité par le voyer, relativement à la commodité ou incommodité publique, et qu'ils n'aient reçu de lui permission de s'y établir, à peine de confiscation des étaux, marchandises et denrées, et d'amende arbitraire.

N° **7**.—*Arrêt du parlement sur le commerce de la boucherie.*

Du 28 mai 1608.

La cour a fait inhibitions et défenses à toutes personnes faisant trafic de bestiaux à vingt lieues autour de la ville de Paris, regratter de foire en foire, et marché en marché, les bestiaux qui s'amènent auxdites foires et marchés, et de vendre et acheter bestiaux du même jour de marché, et leur enjoint garder nos ordonnances de police desdits marchés, à peine, contre les contrevenants, de confiscation des bestiaux, amende arbitraire et punition corporelle.

N° **8**.— *Ordonnance de police qui défend les regrats et magasins de vivres.*

Du 6 octobre 1632.

Faisons très-expresses inhibitions et défenses à toutes personnes de faire aucuns magasins ni regrattages en cette ville et faubourgs de Paris, de quelque marchandise que ce soit, ni contrevenir directement ou indirectement aux règlemens de police, à peine de confiscation desdites marchandises, et de quatre cents livres parisis d'amende, prison et punition exemplaire, s'il y échoit....... Déclarons que la moitié des amendes és quelles iceux contrevenans seront condamnés, sera appliquée à celui qui en donnera avis et les dénoncera.

—————————◦—————————

N° **9.**—*Arrêt du parlement sur la police du bois et du charbon.*

Du 10 juin 1633.

2....... Enjoint à tous boscherons, fagoteurs et autres ouvriers qui travaillent à façonner le dit bois de chauffage, de faire le gros bois et denrées des longueurs et grosseurs de l'ordonnance, savoir : le bois de moole, tant neuf que flotté, de trois pieds et demi de long et un pour le tour; celui de traverse, tant neuf que flotté, de pareille longueur et quatre pouces de tour faisant les trois traverses à trente-deux bûches, pour traverse, une voie de gros bois, et de bois de corde, de pareille longueur; les cotrets, de deux pieds de longueur et de dix-sept à dix-huit pouces de grosseur; les fagots, de trois pieds de longueur au moins, et de grosseur compétente; avec défenses à tous marchands ventier, de faire façonner leurs bois autrement qu'en la forme ci-dessus, à peine de répondre, en leurs propres et privés noms, de la malfaçon dudit bois; et aux compteurs de bois et empileurs d'en recevoir aucun, ni permettre qu'il en soit chargé sur les ports, s'il n'est de la qualité susdite.

4. Fait défenses à tous marchands et voituriers, tant de cette dite ville que forains, de faire charger en leurs bateaux aucunes marchandises qui ne soient bonnes et loyales, et de l'échantillon ci-dessus exprimé; à peine contre lesdits marchands et voituriers, de confiscation de leurs marchandises; et contre chacun desdits boscherons, ouvriers, compteurs, empileurs de bois, outre la peine ci-dessus, de vingt livres parisis d'amende, ou autre plus grande, et de punition corporelle, s'il y échet.

—————————◦—————————

N° **10.**— *Ordonnance de police relative au commerce du beurre.*

Du 30 mars 1635.

§ 44. Avons ordonné que tous les beurres frais et salés apportés pour être vendus en mottes et tinettes pour les marchands forains, seront portés au poids du roi pour y être pésés.

—————————◦—————————

N° **11.**—*Arrêt du parlement de Paris, relatif au nettoiement de cette capitale.*

Du 11 avril 1663.

....
7. Seront les entrepreneurs du nettoiement de chacun quartier de ladite ville et faubourgs, tenus d'avoir le nombre de tombereaux et chevaux portés par les baux, et de les faire marcher aux jours men-

tionnés par iceux baux; et seront lesdits tombereaux de longueur, largeur et profondeur compétentes, suivant les anciennes ordonnances, et avec des rebords; comme aussi seront clos et serrés en telle manière qu'il n'en puisse sortir aucunes choses, et que l'ais qui fermera le derrière soit aussi haut ou plus que le devant dudit tombereau, à peine de confiscation de leurs chevaux et tombereaux.......

8. Seront pareillement tenus lesdits entrepreneurs de faire mener et conduire lesdits tombereaux, de la Saint-Rémy jusqu'à Paques, depuis sept heures du matin jusqu'à midi, et depuis deux heures après midi jusqu'à six heures du soir; et de Paques audit jour Saint-Rémy, depuis six heures jusqu'à onze heures du matin, et depuis trois heures après midi jusqu'à sept heures du soir, sans pouvoir faire aucune autre voiture ni charge, ni employer leurs chevaux à autres usages, à peine de cinquante livres d'amende contre les entrepreneurs, pour la première fois, et de confiscation des chevaux pour la seconde; lesquels voituriers, charretiers et conducteurs ne s'arrêteront en allant et venant, aussi seront tenus de faire la plus grande diligence qu'il leur sera possible; et en cas qu'ils y manquent, et d'aller chacun soir et matin aux heures marquées ci-dessus, et aux rues où ils sont obligés par leurs baux, seront lesdits entrepreneurs condamnés en l'amende de douze livres, applicable au pain des pauvres prisonniers de la Conciergerie du palais, et lesdits voituriers, charretiers et conducteurs punis corporellement.

9. Enlèveront les entrepreneurs, ou feront enlever incessamment en tombereaux par lesdits voituriers, charretiers et conducteurs, du moins dans trois ou quatre jours, les neiges et glaces, et en cas de pluie, emploieront telle quantité d'hommes que besoin sera, pour, avec rabots, pelles et roues, faire écouler les eaux.

10. Seront tenus les bourgeois faire nettoyer et balayer devant les portes de leurs maisons, lorsque lesdits tombereaux y seront arrêtés; et lesdits voituriers, charretiers et conducteurs chargeront, tant lesdites boues et immondices qu'ils trouveront dans les rues, que celles qui leur seront apportées des maisons dans des mannequins, paniers et autres vaisseaux, qu'ils seront tenus charger dans lesdits tombereaux, avant lesdites boues; et afin que lesdits bourgeois soient avertis de l'heure et temps que passeront lesdits tombereaux, seront les entrepreneurs tenus de faire attacher une clochette à chacun de leurs tombereaux, sous peine de cent livres d'amende.

11. A fait et fait inhibitions et défenses à tous voituriers desdites boues et immondices, de faire leurs décharges ailleurs qu'aux voiries destinées pour chacun quartier en particulier, sans qu'ils les puissent faire, ni dans les fosses et égouts de la ville, ni sur les chaussées des avenues desdites voiries, à peine de cinquante livres d'amende, applicable au pain des pauvres prisonniers de la conciergerie du palais, contre les entrepreneurs, et de confiscation des chevaux et charrois en cas de récidive, et de punition corporelle contre les voituriers et charretiers.

14. Les commissaires contraindront les placiers, après la tenue de chacun marché, ou au plus tard le lendemain, de nettoyer du balai les places où aura été tenu le marché, et de faire enlever par des tombereaux les immondices, à peine de vingt livres d'amende pour la première et seconde fois qu'ils y manqueront, au paiement desquelles sommes ils seront contraints par exécution et vente de leurs meubles sur-le-champ et sans déport; et en cas de manquement pour la troisième fois, lesdits commissaires pourront, par provision, commettre telles personnes qu'ils aviseront pour faire ledit nettoiement, dont ils seront responsables et tenus d'en donner avis aux directeurs du nettoiement, et prendront les droits desdits placiers, avec défense auxdits placiers de pousser, avec le rabot ou autrement, les ordures

qui sont en leurs places, dans les rues voisines, à peine de vingt livres d'amende, et seront tenus lesdits placiers de louer quelque endroit pour y faire conduire les immondices qu'ils feront enlever desdites places.

15. A ordonné et ordonne à tous laboureurs, vignerons, jardiniers et autres personnes qui feront charger des fumiers, pour les emporter sur charriots, charrettes ou bêtes à somme, hors ladite ville de Paris ou ailleurs, de faire clore et clisser d'osier ou autrement, leurs dits charriots, charrettes, crochets ou paniers de somme, en sorte qu'il n'en puisse tomber ni être répandu par les rues ; et, à cette fin, chargeront lesdits charriots, charrettes, crochets ou paniers de somme, en sorte que lesdits fumiers ne puissent déborder de plus d'un pied au-dessus, et sans en laisser de reste au lieu où ils les chargeront. Enjoint à eux de nettoyer et balayer la place où ils les auront chargés, et d'emporter les balayures dans leurs charriots, charrettes ou paniers de somme.

16. Comme aussi aux propriétaires des maisons, architectes, jurés és-œuvres de maçonnerie, maîtres maçons et tous autres entrepreneurs de bâtimens, appareilleurs, tailleurs de pierre, couvreurs, charpentiers et toutes autres personnes généralement qui travaillent à la construction de toutes sortes de bâtimens, de faire emporter les vidanges, terres, gravois, vieux plâtres, recoupures et taillures de pierres de taille, ardoises et tuileaux provenant de couvertures, et tous décombremens généralement quelconques, en l'une des décharges qui leur seront ordonnées, par chacun des mois, par les commissaires, par l'avis des entrepreneurs, en chacun quartier hors ou dans ladite ville et faubourgs, vingt-quatre heures après qu'il les aura fait mettre sur le pavé, et ce, dans des tombereaux bien clos d'ais, à peine contre les contrevenans de trente livres d'amende, payables sans déport ; et sera loisible à l'entrepreneur dudit nettoiement en chacun quartier, les vingt-quatre heures passées, faire emporter aux dépens desdits architectes jurés és-œuvres de maçonnerie, maçons, charpentiers, couvreurs, ou propriétaires desdites maisons, appareilleurs et tailleurs de pierre, lesdites démolitions, terres, gravois, vieux plâtres, recoupures, taillures de pierre, ardoises et tuileaux, et toutes autres vidanges ; lesquels ouvriers et propriétaires seront contraints, par saisie et vente de leurs biens, en vertu du présent arrêt, au paiement de ce qu'il aura coûté auxdits entrepreneurs pour lesdites vidanges.

17. Comme aussi a fait et fait inhibition et défense aux maîtres des basses œuvres, de laisser répandre dans les rues aucunes ordures ou excrémens, ni de les enlever que de nuit, suivant les règlemens, à peine de vingt livres d'amende.

18. Tous les bourgeois et habitans de ladite ville et faubourgs de Paris, de quelque état, qualité et condition qu'ils soient, tant des grandes et principales rues que des médiocres et petites ruelles, et autres chemins et passages qui y ont issue, feront nettoyer au balai, devant leurs maisons, selon leur étendue, tous les jours à leurs logis, les boues, ordures et autres immondices, ou bien les mettre dans un panier ou autre chose, en attendant que les tombereaux passent, sans pouvoir faire avaler aucune boue dans le ruisseau en temps de pluie ou autrement, pousser ou faire pousser aval celles qui pourront être dans le ruisseau ou ailleurs, par leurs gens ou domestiques, à peine de vingt-quatre livres parisis d'amende ; même en cas de contravention, permis d'emprisonner lesdits domestiques contrevenans ; et seront tenus, lesdits bourgeois et habitans, faire jeter, par chacun jour, deux seaux d'eau pour le moins sur le pavé et ruisseau étant devant leurs maisons, afin que lesdits ruisseaux ne soient empêchés ni encombrés à l'endroit de leurs dites maisons et que les immondices ne puissent arrêter ; et ce, à peine de dix sols d'amende contre chacun bourgeois;

lesquelles amendes seront employées pour faire nettoyer lesdites rues au balai par lesdits entrepreneurs.......

19. A fait et fait inhibition et défenses à toutes personnes, de quelque état et condition qu'elles soient, de jeter, faire ou souffrir jeter dans les rues aucunes immondices, cendres de lessive, paille, gravois, terreaux, tuileaux, ardoises, râclures de cheminée, fumiers ni quelqu'autres ordures que ce soit, sur la peine de huit livres d'amende, payable sans déport, savoir : moitié aux entrepreneurs du nettoiement desdites rues, et l'autre moitié au dénonciateur ; et seront à cette fin bouchés, dans huitaine, tous les trous des écuries par lesquels on vide le fumier dans les rues ; à peine, contre les contrevenants, de vingt-quatre livres parisis d'amende ; autrement et à faute de ce faire, dans ledit temps et icelui passé, seront bouchés à la diligence du commissaire du quartier, avec défenses aux voyers, de plus à l'avenir donner permission de faire lesdites fenêtres et trous à fumiers dedans les rues, grandes et petites, lors de la construction des bâtimens, à peine de cent livres parisis d'amende ; et seront les maîtres des maisons audevant desquelles lesdites ordures auront été trouvées, contraints au paiement de ladite amende, encore que ce fussent valets, domestiques ou autres qui y eussent jeté lesdites ordures, du fait desquels ils demeureront responsables.

20. Enjoint à tous chefs d'hotel, propriétaires et locataires des maisons, de faire porter et jeter les ordures de leurs maisons dans les tombereaux, lorsqu'ils passeront par les rues pour les recevoir.

21. A fait et fait inhibitions et défenses à toutes personnes de jeter par les fenêtres aucunes urines ou autres ordures, de quelque nature qu'elles soient, ni garder dans leurs maisons aucunes eaux croupies, gâtées ou corrompues ; aussi leur enjoint d'icelles vider sur le pavé des rues, et y jeter à l'instant un ou deux seaux d'eau claire.

22. Et, attendu l'infection et mauvais air que cause la nourriture des porcs, pigeons et lapins, en cette ville et faubourgs de Paris, et les inconvéniens qui en peuvent arriver, ladite cour a fait très-expresses inhibitions et défenses à toutes personnes, de quelque qualité ou condition qu'elles soient, d'avoir en leurs maisons, és dites villes et faubourgs, aucuns porcs, pigeons et lapins, à peine de trente livres parisis d'amende et de confiscation.

23. Enjoint à tous propriétaires de maisons où il n'y a fosses ni retraits d'y en faire incessamment et sans délai.

24. A fait et fait inhibitions et défenses à tous pourvoyeurs, cabaretiers, pâtissiers, cuisiniers et autres personnes, de jeter par lesdites rues aucuns poils, plumes, tripailles, boyaux et autres vidanges provenant de leur vocation.

25. Fait pareilles défenses à tous affineurs, orfèvres, maréchaux, serruriers, couteliers, taillandiers, armuriers, selliers, bourreliers, tailleurs, et à tous autres ouvriers généralement quelconques, de jeter dans les rues aucunes ordures, mâchefer, cendres, et autres choses provenant de leurs métiers ; aussi les jetteront dans les tombereaux, lorsqu'ils passeront.

26. Tous sculpteurs et faiseurs d'images seront tenus de travailler dans leurs boutiques en dedans leurs cours, et non dedans les rues ; avec défenses d'y jeter les recoupes de leurs pierres et marbres, ni de laisser leurs marbres et pierres, plus de deux fois vingt-quatre heures, pour ne point empêcher la voie publique ; à peine de confiscation d'icelles, et de vingt-quatre livres parisis d'amende envers l'entrepreneur dudit nettoiement.

27. Défenses aussi à tous bouchers, tueurs de porcs, harangères, vendeurs de poisson frais, sec et salé, de jeter aucunes tripailles, boyaux, sang de bestiaux, rognures de moules, ni autres choses dans lesdites rues, ni dans les égouts de la ville, ni même dans les voiries destinées audit nettoiement ; aussi les porteront ou les feront porter dans les fosses ordonnées pour cet effet ; et pareillement a fait défenses à tous jardiniers, fruitiers et autres personnes de jeter dans lesdites rues aucunes écosses de pois ni de fèves ; aussi seront tenus de les serrer dans des paniers et mannequins, pour les vider dans les tombereaux qui passeront dans lesdites rues, destinés pour le nettoiement d'icelles ; le tout à peine de dix livres d'amende payable sur-le-champ, en vertu du présent arrêt, applicable moitié à l'entrepreneur du nettoiement dudit quartier, l'autre moitié au pain des pauvres prisonniers de la conciergerie.........

N° 12. — *Edit du Roi portant règlement général pour la police de Paris.*

De décembre 1666, registré le 11 du même mois.

Ordonnons que toute fabrique, débit, port et usage de pistolets de poche, soit à fusil ou à rouet, baïonnettes, poignards, couteaux en forme de poignards, dagues, épées en bâtons, bâtons à ferrement, autres que ceux qui sont ferrés par le bout, soient et demeurent pour toujours généralement abolis et défendus à tous nos sujets, et autres personnes quelconques dans notre royaume et pays de notre obéissance ; à peine, contre les fourbisseurs, armuriers, couteliers, et marchands qui les fabriqueraient et débiteraient ci-après, de confiscation desdites armes, cent livres d'amende, applicable moitié à nous et moitié au dénonciateur.........; et, en cas du port et usage desdites armes par tous autres particuliers, nous voulons qu'ils soient constitués prisonniers et condamnés à deux cents livres d'amende........; et au cas........ où ils récidiveraient, ceux qui auront payé les deux cents livres, seront condamnés à l'amende de mille livres, à nous applicable....... N'entendons néanmoins comprendre en ces présentes défenses, des baïonnettes à ressort, qui se mettent au bout des armes à feu, pour l'usage de la guerre, lesquelles toutefois ne pourront être fabriquées ni débitées que par les ouvriers qui seront par nous commis à cet effet, et sans que lesdites baïonnettes à ressort puissent être par eux vendues ni délivrées qu'aux officiers qui seront par nous préposés...... Voulons que lesdites baïonnettes et armes prohibées ci-dessus trouvées chez lesdits fourbisseurs, armuriers et marchands quincailliers, par la recherche qui en a été faite par nos ordres : ensemble ce qui pourra s'y trouver ci-après, et généralement chez tous nos autres sujets soient rompues et brisées ; et, à cet effet, enjoignons à toutes sortes de personnes, de quelque qualité et condition qu'elles soient, de les remettre dans la huitaine, pour toutes préfixions et délais, du jour de la publication des présentes, savoir : pour notre bonne ville de Paris, entre les mains du commissaire du quartier ; et dans les provinces, és-mains des officiers de police ; à peine, contre lesdits armuriers et marchands, de confiscation d'icelles et de deux cents livres d'amende pour la première fois........; et en cas de recèlement et garde desdites armes par les particuliers, ils seront condamnés à deux cents livres d'amende, applicable moitié à nous et moitié au dénonciateur...... Défendons en outre à tous nos sujets, de quelque qualité et condition qu'ils puissent être, de porter la nuit, dans notre bonne ville de **Paris** et faubourgs d'icelle, aucunes autres armes à feu, sous **prétexte de leur défense,** ou quelqu'autre que ce soit, à peine de confiscation d'icelles, et de deux cents livres d'amende. Comme pareillement nous avons défendu et défendons le port desdites armes à feu de jour dans notre dite ville de Paris.......

N° **13.**—*Edit du roi, portant règlement général pour la police de Paris, renouvelé par l'ordonnance de police du 24 septembre 1720, qui, comme l'ordonnance du 8 novembre 1780, porte trois cents livres d'amende et interdiction.*

De décembre 1666.

Louis, etc....... A l'égard des maîtres chirurgiens, ils seront tenus de tenir boutiques ouvertes, à peine de deux cents livres d'amende pour la première fois ; et en cas de récidive, d'interdiction de leur maîtrise pendant un an ; et pour la troisième, de privation de leur maîtrise. Seront tenus, lesdits chirurgiens, de déclarer au commissaire du quartier, les blessés qu'ils auront pansés chez eux ou ailleurs, pour en être fait, par ledit commissaire, son rapport à la police ; de quoi faire lesdits chirurgiens, seront tenus, sous les mêmes peines que dessus : ce qui sera pareillement observé à l'égard des hôpitaux, dont l'infirmier ou administrateur qui a le soin des malades, fera déclaration au commissaire du quartier.

N° **14.**—*Ordonnance du bureau de la ville sur la vente du charbon à petites mesures.*

Du 3 décembre 1666.

Ordonnons que la vente à petites mesures de la marchandise de charbon, appelée regrattage, sera permise aux chandeliers, grainetiers, fruitiers, et à toutes personnes, fors et excepté aux mesureurs, porteurs et garçons des jurés porteurs, appelés leurs plumets, et les femmes, enfans et familles desdits mesureurs, porteurs et leurs plumets, auxquels nous le défendons expressément....... ; à la charge par ceux qui feront ladite vente par regrat de ne la faire à grandes mesures, mais pour le plus au double boisseau, qui fait deux boisseaux, et à autres mesures au-dessous....... ; et en ce qui regarde la braise ou poussière de charbon, faisons défenses de la cribler, et ordonnons qu'elle ne sera vendue qu'au boisseau....... ; faisons aussi défenses à tous ceux qui feront le commerce dudit charbon à petites mesures, d'en avoir plus grande provision que de six mines, y compris le prétexte de la provision de leur maison, ou famille, fors aux garçons de la pelle qui auront vidé récemment quelque bâteau foncet, qui en pourront avoir plus grande quantité, pourvu qu'il soit provenant de leurs salaires accoutumés, être payés partie en ladite marchandise, et sans fraude....... Défense de contrevenir au contenu en la présente ordonnance, à peine de trois cents livres d'amende, et confiscation des marchandises, en cas de provision de plus de six mines, fors les garçons de la pelle, qui auront récemment vidé un bâteau foncet.......

N° **15.**—*Arrêt du conseil d'état du roi concernant le charbon de bois.*

Du 21 mars 1667.

Défenses aux marchands de faire des magasins dans des maisons particulières, hôtelleries ou autres endroits de ladite ville et faubourgs, et sera, le présent arrêt, exécuté en tous les points, à peine contre lesdits marchands, de confiscation de leurs marchandises, chevaux, et d'amende arbitraire.......

N° **16.**—*Arrêt du conseil d'état du roi, qui défend d'apposer aucunes affiches sans permission du magistrat de police.*

Du 4 mai 1669.

Fait, sa majesté, défenses à tous libraires, imprimeurs, colporteurs, d'imprimer à l'avenir, vendre, colporter ou afficher aucunes feuilles et placards, sans la permission du lieutenant de police, à peine contre les imprimeurs, d'interdiction......., et de punition corporelle contre ceux qui auront appliqué ou affiché dans les carrefours et lieux publics aucuns placards imprimés ou manuscrits sans permission.

N° **17.** — *Ordonnance sur le fait des eaux et forêts.*

Du mois d'août 1669, registrée au parlement le 13 du même mois.

TITRE Ier.

De la juridiction des eaux et forêts.

9. La compétence des juges ne se règlera point, en matière d'eaux et forêts, par le domicile du défendeur ni par aucun privilége de causes commises, ou autre quel qu'il puisse être, mais par le lieu, s'il s'agit de délits, abus et malversations.......

TITRE II.

Des officiers des maîtrises.

6. Ne pourront aussi donner aucune permission, soit verbalement ou par écrit, de couper ou arracher aucuns bois, ni de mettre pâturer aucuns bestiaux en nos forêts, à peine de trois cents livres d'amende.
(Voyez les articles 60, 198 et 462 du Code pénal.)
7. Faisons très-expresses défenses à tous officiers des forêts de prendre aucuns bois en paiement de leurs vacations et salaires; et aux

marchands de leur en donner sous quelque prétexte que ce soit, à peine d'interdiction, et de mille livres d'amende contre les officiers, et de trois cents livres contre les marchands.

TITRE III.

Des grands-maîtres.

14. Ne pourront augmenter ni diminuer les ventes de leur autorité privée, et les charger d'aucun usage, chauffage, droits ou servitude, ni même accorder ou faire délivrance de bois en espèce, ou ordonner le payement de deniers en conséquence d'aucuns dons, à peine de privation de leurs charges et de dix mille livres d'amende.

18. Leur défendons de permettre ni souffrir aucuns fours, fourneaux, façons de cendres, défrichement, arrachis et enlèvements de plans, gland et feine de nos forêts, contre la disposition de ces présentes, à peine d'amende arbitraire et de tous nos dommages-intérêts.

27. Les grands maîtres ne pourront prendre aucuns droits, épices, journées, salaires et vacations, sous quelque prétexte que ce soit, de tout ce qui sera par eux fait pour raison de nos eaux, rivières, forêts, bois, buissons, bois tenus en grurie, grairie, tiers et danger, appanage, engagement, usufruit, et par indivis, même pour ceux des prélats, ecclésiastiques, communautés et gens de main-forte; à peine d'exaction et restitution du quadruple, et leur sera par nous pourvu ainsi qu'il appartiendra.

TITRE X.

Des .... gardes des forêts.

12. Ne pourront (les gardes) faire commerce de bois, tenir ateliers, ou amas en leurs maisons, prendre vente ou s'associer avec les marchands, tenir cabaret ou hôtellerie, ni boire avec les délinquants qui leur seront connus, à peine de cent livres d'amende pour la première fois et de plus grande, avec destitution en récidive.

14. S'il se trouvait qu'ils eussent abusé de leurs armes, chassé ou tiré aucun gibier de quelqu'espèce que ce soit dans nos forêts, ou à la campagne, ils seront punis par amende, destitution de leurs charges.......

TITRE XI.

Des arpenteurs.

(Suivant l'article 3, ils font un plan figuré des ventes; d'après l'article 5, ils font, par ordre de l'administration, les assiettes de vente, arpentages, mesurages, recollements, plans, figures, assiettes et reconnaissances de bornes, lisières ou fossés.)

7. Seront tenus de visiter, chacune année, tous les fossés, bornes et arbres de lisières, séparant et fermant nos forêts et bois dans lesquels nous avons intérêt, pour connaître s'il y a quelque chose de rempli, changé, coupé, arraché ou transporté.......

8. Si aucun des arpenteurs avait par connivence, faveur ou corruption, célé un transport ou arrachement de bornes, souffert ou fait lui-même un changement de pieds corniers, il sera, dès la première fois, privé de sa commission, condamné à l'amende de cinq cents livres, et banni pour toujours de nos forêts, sans que les officiers puissent modérer ou différer la condamnation, à peine de perte de leurs offices.

TITRE XV.

De l'assiette, balivage, martelage et ventes de bois.

(L'article 1ᵉʳ porte qu'il ne sera fait aucune vente dans les bois domaniaux que suivant un règlement arrêté en conseil d'Etat et sur lettres patentes enregistrées.)

7. Défendons aux arpenteurs et sergents à garde de faire les routes plus larges de trois pieds pour passer les portes perches et les marchands qui iront visiter les ventes ; à peine de cent livres d'amende, et de la restitution du double de la valeur du bois abattu.

8. Les bois abattus dans les layes et tranchées ne pourront être enlevés, mais demeureront au profit de l'adjudicataire, et lui appartiendront sans que les arpenteurs ou les sergents y puissent prétendre aucune part ; leur faisant défenses de les enlever, à peine de cent livres d'amende, et d'interdiction, et aux riverains , sous quelque prétexte que ce soit, à peine de punition exemplaire.

9. Les arbres de lisières et de parois seront marqués de notre marteau et de celui de l'arpenteur, sur une face, à la différence des pieds-corniers qui le seront sur chaque face qui regardera la vente.

10. Ne pourront les arpenteurs mesurer plus grande ni moindre quantité dans chacun triage que celle qui leur aura été prescrite par le grand-maître pour l'assiette, sous prétexte de rendre la figure plus régulière, ou pour quelqu'autre considération que ce puisse être , en sorte que le plus ou le moins ne puisse excéder un arpent sur vingt, et ainsi à proportion , à peine d'interdiction et d'amende arbitraire, qui sera réglée par le grand-maître : et s'il tombait jusques à trois fois dans cette erreur, il sera interdit et déclaré incapable de faire la fonction d'arpenteur.

11. Le procès-verbal de l'arpenteur étant au greffe, il en sera délivré autant au garde-marteau, pour le martelage qui se fera en la présence des officiers de la maîtrise, et sera à cet effet notre marteau délivré au garde-marteau par ceux qui en auront la clef.

(L'article 12 porte que l'adjudication de la coupe ordinaire sera renvoyée par le grand-maître au juge du lieu, qui procédera avec les formalités prescrites pour les bois du roi.)

TITRE XXVII.

De la police et conservation des forêts, eaux et rivières.

1. Réitérons la prohibition faite par l'ordonnance de Moulins, de faire aucunes aliénations à l'avenir de quelque partie que ce soit de nos forêts, bois et buissons, à peine, contre les officiers, de privation de leurs charges, et de dix mille livres d'amende, contre les acquéreurs, outre la réunion à notre domaine, et confiscation à notre profit de tout ce qui pourrait avoir été semé, planté ou bâti sur les places de cette qualité.

2. Tous arbres de réserve et balliveaux sur taillis, seront à l'avenir réputés faire partie du fond de nos bois et forêts, sans que les douairiers, donataires, engagistes, usufruitiers et leurs receveurs ou fermiers y puissent rien prétendre , ni aux amendes qui en proviendront.

3. Les grand-maîtres faisant leurs visites, seront tenus de faire mention dans les procès-verbaux de toutes les places vides non aliénées, ni données à titre de cens ou d'afféage, qu'ils auront trouvées dans l'enclos et aux reins de nos forêts, pour être pourvu, sur leur

avis, à la semence et repeuplement, ou à ce qui sera convenable à l'état de nos affaires.

4. Tous les riverains possédant bois joignants nos forêts et buissons, seront tenus de les séparer des nôtres par des fossés ayant quatre pieds de largeur et cinq pieds de profondeur, qu'ils entretiendront en état, à peine de réunion.

5. Nos officiers des maîtrises faisant leurs visites, feront mention dans leurs procès-verbaux, de l'état des bornes et fossés entre nous et les riverains, et réparer les entreprises et changements qu'ils reconnaîtront y avoir été faits depuis leur dernière visite ; même feront mention dans leur procès-verbal de visite suivante, du rétablissement des choses en leur premier état, et des jugements qu'ils auront rendus contre les coupables, à peine d'en demeurer responsables solidairement en leurs privés noms.

6. Défendons à toutes personnes de planter bois à cent perches de nos forêts, sans notre permission expresse, à peine de cinq cents livres d'amende et de confiscation de leurs bois, qui seront arrachés ou coupés.

7. Nos procureurs ès maîtrises auront communication, par les mains des poursuivants criées, de tous procès-verbaux de criées, affiches et publications qui se feront à l'avenir, des maisons, titres, bois et autres héritages en fief ou roture, assis dans l'enclos, aux rives et à cent perches de nos forêts, bois et buissons qui, pour cet effet, seront mises au greffe des maîtrises, au moins quinzaine avant l'adjudication des décrets, lesquels feront mention expresse de leur consentement ou opposition, à peine de nullité ; et le juge qui les aura adjugés sans cette formalité, ou avant le jugement de l'opposition, en cas qu'il y en ait de formée, condamné en mille livres d'amende, pour la première fois, en deux mille livres pour la seconde, et privation de sa charge en récidive.

8. Seront aussi communiqués à nos procureurs ès maîtrises, tous aveux et dénombrements, contrats d'acquisition et déclarations d'héritages tenus en censives dans l'enclos, et à cent perches de nos forêts, bois et buissons, sans qu'ils puissent être reçus, vérifiés, enregistrés ou ensaisinés par nos officiers en la chambre des comptes, bureau des finances, ni par les seigneurs dominants et censiers, leurs fermiers, receveurs ou officiers, qu'après cette communication ou consentement de nos procureurs, ou le jugement de l'opposition, s'il y en a eu, dont sera fait mention par les actes de réception, enregistrement et ensaisinement; sur les peines ci-dessus, contre les officiers de réunion des droits féodaux et censives, contre les seigneurs, et de confiscation des biens donnés par aveux et déclarations, contre les particuliers qui les auront faits sans cette formalité.

9. Dans les communications qui seront faites à nos procureurs des maîtrises, tous les héritages joints aux forêts ainsi saisis ou acquis et donnés par aveu et dénombrement, seront exprimés avec leur consistance, quantité d'arpents, nature et qualité, et si besoin est, réarpentés par l'arpenteur-juré de la maîtrise, dont le procès-verbal sera affirmé par-devant le maître particulier, et registré au greffe, sans frais, en cas que l'expression faite par l'acte de communication soit fidèle ; mais aux frais des parties qui se trouveront en fraude pour l'arpentage seulement, dont il sera payé suivant la taxe qui en sera faite par le maître particulier.

10. Enjoignons à nos procureurs de donner dans quinzaine, du jour que les pièces auront été mises au greffe, leurs conclusions par écrit, et en cas d'opposition, de les faire signifier dans le même temps au poursuivant criées, acquéreurs, tenantiers et autres y ayant droit, pour y répondre dans la huitaine, et être incessamment procédé à l'instruction et jugement de l'opposition, par le grand-maître ou par les officiers de la maîtrise, sans aucuns frais ni droits, à peine de répondre du tout en leurs noms.

11. Faisons très-expresses défenses d'arracher aucuns plants de chênes, charmes ou autres bois dans nos forêts, sans notre permission, et attache du grand-maître, à peine de punition exemplaire et de cinq cents livres d'amende.

12. Défendons à toutes personnes d'enlever dans l'étendue et aux reins de nos forêts, sables, terres, marnes ou argiles, ni de faire faire de la chaux à cent perches de distance, sans notre permission expresse, et aux officiers de le souffrir, sur peine de cinq cents livres d'amende et de confiscation des chevaux et harnois.

13. Ne sera fait aucune délivrance de taillis ou menus bois, vert ou sec, de telle qualité et valeur qu'ils puissent être, aux poudriers et salpétriers auxquels, et aux commissaires des poudres et salpêtres, faisons très-expresses inhibitions et défenses d'en prendre sous aucun prétexte, à peine de cinq cents livres d'amende pour la première fois, du double et de punition exemplaire en récidive, nonobstant édits, déclarations et arrêts, permissions et concessions contraires.

14. Nulle mesure n'aura lieu, et ne sera employée dans nos bois et forêts, et en ceux tenus par indivis, gruerie, grairie, segrairie, tiers et danger, appanage, engagement, usufruit, et même des ecclésiastiques, communautés, et particuliers nos sujets, sans aucun excepter, que la mesure de douze lignes pour pouce, douze pouces pour pied, vingt-deux pieds pour perche, et cent perches pour arpent, à peine de mille livres d'amende, nonobstant et sans avoir égard à tous usage et possessions contraires, auxquelles avons dérogé et dérogeons, et voulons qu'au greffe de chacune maîtrise et autre justice, il soit mis en étalon de la mesure ci-dessus prescrite.

15. Dans toutes nos forêts et bois, et ceux des ecclésiastiques, particuliers et autres dénommés en l'article ci-dessus, il ne sera fait aucune livraison de bois à brûler, soit en cas de vente ou délivrance de chauffages à autre mesure qu'à la corde, qui aura huit pieds de long, quatre de haut, les bûches de trois pieds et demi de longueur, compris la taille ; le bois de coteret de deux pieds de longueur, et le coteret de dix-sept à dix-huit pouces de grosseur, abrogeant les rotées, mesures, moules, sommes, charges, voies, et toutes autres mesures contraires.

16. Seront laissées et conservées au greffe de chacune maîtrise, des cartes, figures et descriptions approuvées par le grand-maître de nos bois, buissons et forêts, et de ceux tenus par indivis, gruerie, grairie, tiers et danger, appanage, engagement et usufruit, qui sont dans l'étendue de leur ressort, et autant dans les greffes des tables de marbre, le tout à la diligence des maîtres particuliers et nos procureurs, à peine de radiation de leurs gages.

17. Toutes maisons bâties sur perches dans l'enceinte, aux reins et à demi-lieue des forêts, par des vagabonds et inutiles, seront incessamment démolies, et leur sera fait défense d'en bâtir à l'avenir dans la distance de deux lieues de nos bois et forêts, sur peine de punition corporelle.

18. Défendons à toutes personnes de faire construire à l'avenir aucuns châteaux, fermes et maisons dans l'enclos, aux rives et à demi-lieue de nos forêts, sans espérance d'aucune remise ni modération des peines d'amende et de confiscation du fonds et des bâtiments.

19. Défendons aux marchands ventiers, usagers, et à toutes autres personnes, de faire cendre dans nos forêts, ni dans celles des ecclésiastiques ou communautés, aux usufruitiers, et à nos officiers de le souffrir, à peine d'amende arbitraire et de confiscation des bois vendus, ouvrages et outils, et privation de charge contre les officiers, s'il n'y a lettres patentes vérifiées sur l'avis des grands-maîtres.

20. Les marchés qui se feront en vertu de lettres patentes, seront enregistrés aux greffes des maîtrises, et ne pourront les cendres être faites, qu'aux places et endroits désignés aux marchands, par les grands-maîtres ou officiers.

21. Faisons défenses à toutes autres personnes de tenir ateliers de cendres, ni en faire ailleurs que dans les ventes, ou en faire transporter, que les tonneaux ne soient marqués du marteau du marchand, sur peine d'amende arbitraire et de confiscation.

22. Défendons à toutes personnes de charmer ou brûler les arbres, n'y d'en enlever l'écorce, sous peine de punition corporelle; et seront les fosses à charbon placées aux endroits les plus vides et les plus éloignés des arbres et du recru, et les marchands tenus de repeupler et restituer, s'il est jugé à propos par le grand-maître, avant qu'ils puissent obtenir leur congé de cour, à peine d'amende arbitraire.

23. Les cercliers, vanniers, tourneurs, sabotiers, et autres de pareille condition, ne pourront tenir ateliers dans la distance de demi-lieue de nos forêts, à peine de confiscation de leurs marchandises, et de cent livres d'amende.

24. Enjoignons aux officiers des maîtrises, d'empêcher le débit du bois de délit ès villes fermées, qui sont à la distance de deux lieues de nos forêts; et à cet effet leur permettons de faire perquisition dans les maisons des bois de merreiu et à bâtir, qu'ils auront eu avis y avoir été portés, pour y être par eux pourvu ainsi qu'il appartiendra, et pourront les gardes de nos forêts en présence d'un officier de la maîtrise, ou au défaut, en la présence du juge ordinaire, de notre procureur ou du procureur d'office, faire les mêmes visites, dont ils dresseront leurs procès-verbaux qu'ils rapporteront aux greffes des maîtrises, et seront les coupables punis par les grands-maîtres ou officiers de la maîtrise, suivant la rigueur de nos ordonnances.

25. Ordonnons que les monastères, gouverneurs des places, commandants les troupes, seigneurs et gentilshommes, feront ouverture des portes des villes et châteaux, aux grand-maîtres, maîtres particuliers, lieutenants et nos procureurs, pour faire toutes les recherches, perquisitions et procédures qu'ils trouveront à propos pour notre service, et mettront ès-mains de nos officiers tous accusés de délit commis ès-forêts, même les cavaliers et soldats passants ou tenants garnison, à la première réquisition qui leur en sera faite, sans qu'ils les puissent retenir ou garder, nonobstant tous priviléges, et sous aucun prétexte de justice militaire, police ou autrement, à peine de désobéissance, et de répondre en leurs propres et privés noms, des amendes, restitutions et intérêts.

26. Défendons à tous marchands adjudicataires de nos bois ou ceux des particuliers joignant nos forêts et même aux propriétaires qui les feront user, d'en donner aux bûcherons et autres ouvriers pour leurs salaires, à peine de répondre de tous délits qui se commettront dans nos forêts pendant les usances, et jusqu'au recollement des ventes, et aux bûcherons et autres ouvriers travaillant dans nos forêts, d'emporter sortant des ateliers aucun bois scié, fendu, ou d'autre nature, à peine de cinquante livres d'amende pour la première fois, et de punition en récidive.

27. Faisons défense aux usagers et à tous autres, d'abattre la glandée, feine et autres fruits des arbres, les amasser ni emporter, ni ceux qui seront tombés, sous prétexte d'usage ou autrement, à peine de cent livres d'amende.

28. Et à tous marchands de peler les bois de leurs ventes, étant debout et sur pied, sur peine de cinq cents livres d'amende et de confiscation.

29. Ne pourront les marchands, ni leurs associés, tenir aucuns ateliers et loges, ni faire ouvrer bois ailleurs que dans les ventes, sur peine de cent livres d'amende et de confiscation.

30. Ceux qui habitent les maisons situées dans nos forêts et sur leurs rives, ne pourront y faire commerce ni tenir ateliers de bois, ni en faire plus grand amas que ce qui est nécessaire pour leur chauffage, à peine de confiscation, d'amende arbitraire, et de démolition de leurs maisons.

31. Ne pourront les sergents à garde, ni autres officiers de nos forêts, tenir taverne, ni exercer aucun métier où l'on emploie du bois, à peine de destitution et de cinquante livres d'amende, outre la confiscation des bois qui se trouveront en leurs maisons.

32. Faisons aussi défenses à toutes personnes de porter et allumer feu, en quelque saison que ce soit, dans nos forêts, landes et bruyères, et celles des communautés et particuliers, à peine de punition corporelle et d'amende arbitraire, outre la réparation des dommages que l'incendie pourrait avoir causés, dont les communautés et autres qui ont choisi les gardes, demeureront civilement responsables.

33. Abrogeons les permissions et droits de feu, loges et toutes délivrances d'arbres, perches, mort bois, sec et vert en étant, sans qu'il soit permis à aucuns usagers de telle condition qu'ils soient, d'en prendre ou faire couper, et d'en enlever autres que gisant, nonobstant tous titres, arrêts et priviléges contraires, qui demeurent nuls et révoqués, à peine contre les contrevenants, d'amende, restitution, dommages et intérêts, et de privation du droit d'usage.

34. Les usagers et autres personnes trouvés de nuit dans les forêts, hors les routes et grands chemins, avec serpes, haches, scies ou cognées, seront emprisonnés et condamnés, pour la première fois, en six livres d'amende, vingt livres pour la seconde, et pour la troisième, bannis de la forêt.

35. Aussitôt qu'une personne aura été déclarée inutile, notre procureur lui fera faire commandement et à sa famille, de sortir et s'éloigner à deux lieues de nos forêts, avec défenses à toutes personnes de les retirer dans l'étendue de cette distance, ce qui sera publié au prône, et où, après la publication, quelques personnes de la paroisse se trouveraient avoir donné retraite, seront condamnées en trois cents livres d'amende, et outre demeureront responsables de toutes les amendes qui seront jugées contre les inutiles.

36. Ordonnons que, dans trois mois après la publication des présentes, il sera fait un rôle exact en chacune maîtrise, du nom de tous les vagabonds et inutiles qui auront été employés plusieurs fois sur les rôles précédents, lesquels seront tenus de se retirer incessamment à deux lieues de nos forêts, à peine d'être mis au carcan trois jours de marché consécutifs, et d'un mois de prison.

37. Si les gardes-marteaux ou sergents à garde les emploient dans leurs procès-verbaux, après qu'ils auront été déclarés inutiles et vagabonds, en conséquence d'aucuns de leurs rapports précédents, ils seront eux-mêmes condamnés et contraints au payement des sommes et amendes dont ils se trouveront chargés.

38. Sera envoyé un état contenant le nom et la description de tous les inutiles et vagabonds d'une maîtrise, aux greffes des autres maîtrises voisines, et, s'il se trouve que pour n'être pas reconnus, ils aient changé de noms, voulons qu'ils soient condamnés aux galères, s'ils y peuvent servir, sinon en telles autres peines corporelles et exemplaires qui seront arbitrées par nos officiers des forêts.

39. Enjoignons à nos procureurs des maîtrises, de faire incessamment arrêter les inutiles et vagabonds de la qualité ci-dessus, et de les faire enlever des prisons des lieux dans la huitaine du jour qu'ils auront été arrêtés, pour être, à leur requête et diligence, conduits dans les prisons des villes où la chaîne a accoutumé de passer, les plus proches du lieu de la maîtrise, pour y être attachés, laquelle conduite sera faite par les vice-baillifs, lieutenants criminels de robe-courte ou prévôts des maréchaux, à la première sommation qui leur en sera faite, à la requête de nos procureurs des maîtrises, ce que nous leur enjoignons et à leurs lieutenants, exempts et archers, à peine de pertes de leurs charges, et seront les frais et salaires payés sur les deniers des amendes et confiscations, suivant la taxe qui en sera faite par le grand-maître.

40. Ne seront tirés terres, sables et autres matériaux à six toises près des rivières navigables, à peine de cent livres d'amende.

41. Déclarons la propriété de tous les fleuves et rivières portant bateaux, de leurs fonds, sans artifices et ouvrages de mains, dans notre royaume et terres de notre obéissance, faire partie du domaine de notre couronne, nonobstant tous titres et possessions contraires, sauf les droits de pêches, moulins, bacs et autres usages que les particuliers peuvent y avoir par titres et possessions valables, auxquels ils seront maintenus.

42. Nul, soit propriétaire ou engagiste, ne pourra faire moulins, bâtardeaux, écluses, gords, pertuis, murs, plants d'arbres, amas de pierres, de terre et de fascines, ni autres édifices ou empêchements nuisibles au cours de l'eau dans les fleuves et rivières navigables et flottables, ni même y jeter aucunes ordures, immondices, ou les amasser sur les quais et rivages, à peine d'amende arbitraire. Enjoignons à toutes personnes de les ôter dans trois mois, du jour de la publication des présentes, et si aucuns se trouvent subsister après ce temps, voulons qu'ils soient incessamment ôtés et levés, à la diligence de nos procureurs des maîtrises, aux frais et dépens de ceux qui les auront faits ou causés, sur peine de cinq cents livres d'amende, tant contre les particuliers que contre le juge et notre procureur, qui auront négligé de le faire et de répondre en leurs privés noms, des dommages et intérêts.

43. Ceux qui ont fait bâtir des moulins, écluses, vannes, gords et autres édifices, dans l'étendue des fleuves et rivières navigables et flottables, sans en avoir obtenu la permission de nous ou de nos prédécesseurs, seront tenus de les démolir, sinon le seront à leurs frais et dépens.

44. Défendons à toutes personnes de détourner l'eau des rivières navigables et flottables, ou d'en affaiblir et altérer le cours, par tranchées, fossés et canaux, à peine, contre les contrevenants, d'être punis comme usurpateurs, et les choses réparées à leurs dépens.

45. Réglons et fixons le chômage de chacun moulin qui se trouvera établi sur les rivières navigables et flottables, avec droits, titres et concessions, à quarante sous pour le temps de vingt-quatre heures, qui seront payés aux propriétaires des moulins, ou leurs fermiers et meuniers, par ceux qui causeront le chômage par leur navigation et flottage, faisant très-expresses défenses à toutes personnes d'en exiger davantage, ni de retarder, en aucune manière, la navigation et le flottage, à peine de mille livres d'amende, outre les dommages et intérêts, frais et dépens qui seront réglés par nos officiers des maîtrises, sans qu'il puisse être apporté aucune modération.

46. S'il arrive différends pour les droits de chômage des moulins et salaires des maîtres des ponts et gardes des pertuis, portes et écluses des rivières navigables et flottables, ils seront réglés par le grand-maître ou les officiers de la maîtrise en son absence, les marchands trafiquants et les propriétaires et meuniers préalablement ouïs, si besoin est, et ce qui sera par eux ordonné, exécuté par provision, nonobstant et sans préjudice de l'appel.

TITRE XXVIII.

Des routes et chemins royaux ès forêts et marchepieds des rivières.

1. En toutes les forêts de passage où il y a et doit y avoir un grand chemin royal, servant aux coches, carrosses, messagers et rouliers de ville à autre, les grandes routes auront au moins soixante et douze pieds de largeur, et où elles se trouveraient en avoir davantage, elles seront conservées en leur entier.

2. S'il était jugé nécessaire de faire nouvelles routes pour la facilité du commerce et la sûreté publique, en aucunes de nos forêts, les grands-maîtres feront leurs procès-verbaux d'alignement, et du nombre, essence et valeur des bois qu'il faudrait couper à cet effet, qu'ils enverront avec leurs avis à notre conseil, ès mains du contrôleur général de nos finances, pour y être par nous pourvu.

3. Ordonnons que dans six mois, du jour de la publication des présentes, tous bois, épines et broussailles qui se trouveront dans l'espace de soixante pieds, ès grands chemins servant au passage des coches et carrosses publics, tant de nos forêts que de celles des ecclésiastiques, communautés, seigneurs et particuliers, seront essartées et coupées, en sorte que le chemin soit libre et plus sûr; le tout à nos frais ès forêts de notre domaine, et aux frais des ecclésiastiques, communautés et particuliers, dans les bois de leur dépendance.

4. Voulons que, les six mois passés, ceux qui se trouveront en demeure, soient mulctés d'amende arbitraire, et contraints, par saisie de leurs biens, au payement, tant du prix des ouvrages nécessaires pour l'essartement, dont l'adjudication sera faite au moins disant, au siége de la maîtrise, que des frais et dépens faits après les six mois, qui seront taxés par les grands-maîtres.

5. Les arbres et bois qu'il conviendra couper dans nos forêts, pour mettre les routes en largeur suffisante, seront vendus, ainsi que le grand-maître avisera, pour notre plus grand profit; et ceux des ecclésiastiques et communautés leur demeureront en compensation de la dépense qu'ils auront à faire pour l'essartement.

6. Ordonnons que, dans les angles ou coins des places croisées, triviaires et biviaires qui se rencontrent ès grandes routes et chemins royaux des forêts, nos officiers des maîtrises feront incessamment planter des croix, poteaux ou pyramides à nos frais, ès bois qui nous appartiennent, et pour les autres, aux frais des villes plus voisines et intéressées, avec inscriptions et marques apparentes, du lieu où chacun conduit, sans qu'il soit permis à aucunes personnes de rompre, emporter, lacérer ou biffer telles croix, poteaux, inscriptions et marques, à peine de trois cents livres d'amende et de punition exemplaire.

7. Les propriétaires des héritages aboutissants aux rivières navigables, laisseront, le long des bords, vingt-quatre pieds au moins de place en largeur, pour chemin royal et trait des chevaux, sans qu'ils puissent planter arbres, ni tenir clôture ou haie plus près que trente pieds du côté que les bateaux se tirent, et dix pieds de l'autre bord, à peine de cinq cents livres d'amende, confiscation des arbres, et d'être, les contrevenants, contraints à réparer et remettre les chemins en état à leurs frais.

TITRE XXX.

Des chasses.

1. Les ordonnances des rois, nos prédécesseurs, sur le fait des chasses, et spécialement celles des mois de juin 1601 et juillet 1607, seront observées en toutes leurs dispositions, auxquelles nous n'avons rien dérogé, et qui ne contiendront rien de contraire à ces présentes.

2. Défendons à nos juges et à tous autres, de condamner au dernier supplice, pour le fait de chasse, de quelque qualité que soit la contravention, s'il n'y a d'autres crimes mêlés, qui puissent mériter cette peine, nonobstant l'article 14 de l'ordonnance de 1601, auquel nous dérogeons expressément à cet égard.

3. Interdisons à toutes personnes, sans distinction de qualité, de temps ni de lieu, l'usage des armes à feu, brisées par la crosse ou par le canon, et des cannes ou bâtons creusés; même d'en porter, sous quelque prétexte que ce puisse être; et à tous ouvriers d'en fabriquer et façonner, à peine, contre les particuliers, de cent livres d'amende, outre la confiscation, pour la première fois, et de punition corporelle pour la seconde; et, contre les ouvriers, de punition corporelle pour la première fois.

4. Faisons aussi défenses à toutes personnes de chasser à feu, et d'entrer ou demeurer de nuit dans nos forêts, bois et buissons en dépendants, ni même dans les bois des particuliers, avec armes à feu, à peine de cent livres d'amende, et de punition corporelle, s'il y échet.

5. Pourront, néanmoins, nos sujets de la qualité requise par nos édits et ordonnances, passant par les grands chemins des forêts et bois, porter des pistolets et autres armes non prohibées, pour la défense et conservation de leurs personnes.

6. Pourront pareillement, les gardes des plaines et les sergents à garde de nos bois, lorsqu'ils feront leurs charges, étant couverts et revêtus des casaques de nos livrées et non autrement, y porter des pistolets, tant de nuit que de jour, pour la défense de leurs personnes.

7. Ne pourront, les gardes-plaines de nos capitaineries, tant à pied qu'à cheval, porter aucune arquebuse à rouet ou fusil, dans nos forêts et plaines, s'ils ne sont à la suite de leurs capitaines ou lieutenants, à peine de cinquante livres d'amende, et de destitution de leurs charges.

8. Défendons à toutes personnes de prendre en nos forêts, garennes, buissons et plaisirs, aucuns aires d'oiseaux, de quelque espèce que ce soit; et en tout autre lieu, les œufs des cailles, perdrix et faisans, à peine de cent livres d'amende pour la première fois, du double pour la seconde, et du fouet et bannissement à six lieues de la forêt, pendant cinq ans, pour la troisième.

9. Les sergents à garde où se trouveront des aires d'oiseaux, seront chargés de leur conservation par acte particulier, et en demeureront responsables.

10. Voulons que ceux qui seront convaincus d'avoir ouvert ou ruiné les halots ou raboulières qui sont dans nos garennes, ou en celles de nos sujets, soient punis comme voleurs.

Tous tendeurs de lacs, tirasses, tonnelles, traîneaux, bricolles de corde et de fil d'archal, pièces et pans de rets, colliers, hailliers de fil ou de soie, seront condamnés au fouet pour la première fois, et en trente livres d'amende ; et pour la seconde, fustigés, flétris et bannis pour cinq ans hors l'étendue de la maîtrise, soit qu'ils aient commis délit dans nos forêts, garennes et terres de notre domaine, ou en celles des ecclésiastiques, communautés et particuliers de notre royaume, sans exception.

13. Faisons très-expresses inhibitions et défenses à tous seigneurs, gentilshommes, hauts-justiciers et autres personnes, de quelque qualité et condition qu'ils soient, de tirer ou chasser à bruit dans nos forêts, buissons, garennes et plaines, s'ils n'en ont titre ou permission, à peine contre les seigneurs de désobéissance, et de quinze cents livres d'amende ; et, contre les roturiers, des amendes et autres condamnations indictes par l'édit de 1601, à la réserve de la peine de mort, ci-dessus abolie à cet égard.

14. Permettons néanmoins à tous seigneurs, gentilshommes et nobles, de chasser noblement, à force de chiens et oiseaux dans leurs forêts, buissons, garennes et plaines, pourvu qu'ils soient éloignés d'une lieue de nos plaisirs, même aux chevreuils et bêtes noires, dans la distance de trois lieues.

15. Leur permettons aussi de tirer de l'arquebuse sur toutes sortes d'oiseaux de passage et de gibier, hors le cerf et la biche, à une lieue de nos plaisirs, tant sur leurs terres que sur nos étangs, marais et rivières.

16. Interdisons la chasse aux chiens couchants en tous lieux, et l'usage de tirer en volant, à trois lieues près de nos plaisirs, à peine de deux cents livres d'amende pour la première fois, du double pour la seconde, et du triple pour la troisième, outre le bannissement à perpétuité hors l'étendue de la maîtrise.

17. La liberté de tirer en volant, à trois lieues de distance de nos plaisirs, ne sera que pour les seigneurs, gentilshommes, nobles ou seigneurs des paroisses.

18. Défendons à tous gentilshommes et autres, ayant droit de chasse, de chasser à pied ou à cheval, avec chiens ou oiseaux, sur terres ensemencées, depuis que le bled sera en tuyau, et dans les vignes, depuis le premier jour de mai jusques après la dépouille, à peine de privation de leur droit de chasse, cinq cents livres d'amende et de tous dépens, dommages et intérêts envers les propriétaires et usufruitiers.

19. Nul ne pourra établir garenne à l'avenir, s'il n'en a le droit par ses aveux et dénombrements, possession ou autre titres suffisants, à peine de cinq cents livres d'amende, et, en outre, d'être la garenne, détruite et ruinée à ses dépens.

20. Défendons à toutes personnes, de quelque qualité et condition qu'elles soient, de chasser à l'arquebuse, ou avec chiens, dans l'étendue des capitaineries de nos maisons royales de Saint-Germain-en-Laye, Fontainebleau, Chambord, Vincennes, Livry, Compiègne, bois de Boulogne et Varenne du Louvre, même aux seigneurs hauts-justiciers et tous autres, quoique fondés en titres ou permissions générales ou particulières, déclarations, édits et arrêts, que nous révoquons à cet égard, sauf à nous d'accorder de nouvelles permissions ou renouveler les anciennes en faveur de qui bon nous semblera.

21. Nos sujets qui ont parcs, jardins, vergers et autres héritages clos de murs. dans l'étendue des capitaineries de nos maisons royales, ne pourront faire en leurs murailles aucuns trous, coulisses ni autres passages qui puissent y donner l'entrée au gibier. à peine de dix livres d'amende ; et, s'il y en avait aucuns de faits présentement, leur enjoignons de les boucher incessamment, sur la même peine.

22. N'entendons toutefois comprendre, dans la prohibition ci-dessus, les trous ou arches qui servent aux cours des ruisseaux, ni les chantepleurs, ventouses et autres ouvertures nécessaires à l'écoulement des eaux, lesquelles subsisteront en leur entier.

23. Défendons à tous nos sujets ayant des îles, prés et bourgognes sans clôture, dans l'étendue des capitaineries de Saint-Germain-en-Laye, Fontainebleau, Vincennes, Livry, Compiègne, Chambord et Varenne du Louvre, de les faire faucher avant le jour de la Saint-Jean-Baptiste, à peine de confiscation et d'amende arbitraire.

24. Faisons défenses à toutes personnes de faire, à l'avenir, aucuns parcs et clôtures d'héritage, en maçonnerie, dans l'étendue des plaines de nos maisons royales, sans notre permission expresse.

25. N'entendons néanmoins obliger nos sujets à demander permission d'enclore les héritages qu'ils ont derrière leurs maisons situées dans les bourgs, villages et hameaux hors des plaines, lesquels ils pourront faire fermer de murs, si bon leur semble, sans que nos capitaines les en puissent empêcher.

26. Déclarons tous seigneurs hauts-justiciers, soit qu'ils aient censives ou non, en droit de pouvoir chasser dans l'étendue de leur haute justice, quoique le fief de la paroisse appartînt à un autre, sans néanmoins qu'ils puissent y envoyer chasser aucuns de leurs domestiques ou autres personnes de leur part, ni empêcher le propriétaire du fief de la paroisse, de chasser aussi dans l'étendue de son fief.

27. Si la haute justice était démembrée et divisée entre plusieurs enfants ou particuliers, celui seul à qui appartiendra la principale portion, aura droit de chasser dans l'étendue de la justice, à l'exclusion des autres co-justiciers, qui n'auront part au fief ; et si les portions étaient égales, celle qui procédera du partage de l'aîné, aurait cette prérogative, à cet égard seulement, et sans tirer à conséquence pour leurs autres droits.

28. Faisons défenses aux marchands, artisans, bourgeois et habitants des villes, bourgs, paroisses, villages et hameaux, paysans et roturiers, de quelque état et qualité qu'ils soient, non possédant fiefs, seigneuries et haute justice, de chasser en quelque lieu, sorte et manière, et sur quelque gibier de poil ou de plume que ce puisse être, à peine de cent livres d'amende pour la première fois, du double pour la seconde, et, pour la troisième, d'être attachés trois heures au carcan du lieu de leur résidence, à jour de marché, et bannis, durant trois années, du ressort de la maîtrise, sans que, pour quelque cause que ce soit, les juges puissent remettre ou modérer la peine, à peine d'interdiction.

29. Les capitaines des chasses, leurs lieutenants et nos procureurs ès capitaineries, seront reçus au siége de la table de marbre, et les greffiers, huissiers et gardes, tant à pied qu'à cheval, pardevant les capitaines ou leurs lieutenants, après information de vie, mœurs, religion catholique, apostolique et romaine, fidélité et affection à notre service ; et, pour chaque réception, sera payé au greffier, pour la grosse de l'information et enregistrement des provisions, six livres seulement : exceptons, néanmoins, les officiers des capitaineries de nos maisons royales ci-dessus nommées.

30. Ordonnons que, dans trois mois du jour de la publication des présentes, tous capitaines, lieutenants et autres officiers de chasse, qui prétendent juridiction, fors et excepté ceux de nos maisons royales ci-dessous exprimées, représenteront, pardevant le grand-maître de chacun département, leurs titres d'érection ou établissement, et leurs provisions et actes de réception, pour être, sur son avis, par nous pourvu en notre conseil, au rapport du contrôleur général de nos finances, à la conservation ou réduction, ainsi qu'il appartiendra ; et, faute de les représenter dans ce temps, défenses d'exercer, à peine de faux.

31. Voulons que nos officiers des eaux et forêts, et les capitaines des chasses, connaissent concurremment et par prévention entre eux, en ce qui regarde la capture des délinquants, saisie des armes, bâtons, chiens, filets et engins défendus, contravention à la présente ordonnance, et information première seulement; mais, quant à l'instruction et jugement, ils appartiendront au lieutenant de robe-longue, à la poursuite et diligence de nos procureurs, sans néanmoins qu'ils puissent exclure les capitaines et lieutenants des chasses, d'assister à l'une et à l'autre, si bon leur semble, et d'y avoir leur séance et voix délibérative, savoir : le capitaine avant le maître, et le lieutenant du capitaine avant celui de la maîtrise, ès cas ci-dessus seulement.

32. Exceptons, toutefois, les capitaines des chasses de nos maisons royales de Saint-Germain-en-Laye, Fontainebleau, Chambord, bois de Boulogne, Varenne du Louvre et Livry, que nous maintenons, et, en tant que besoin serait, confirmons dans leurs titres et possessions d'instruire et juger, à la diligence de nos procureurs en ces capitaineries, tous procès civils et criminels pour fait de chasse, en appelant avec eux les lieutenants de robe-longue et autres juges et avocats pour conseil.

33. Exceptons aussi les capitaines des chasses de nos maisons royales de Vincennes et Compiègne, et ceux dont les états ont été par nous envoyés à la cour des aides depuis la révocation, auxquels nous attribuons pareille juridiction qu'à ceux de Saint-Germain-en-Laye, Fontainebleau, Chambord et Varenne du Louvre.

34. Si quelques particuliers, riverains de nos forêts ou autres, de quelque qualité qu'ils soient, troublaient les officiers de nos chasses dans leur fonction, ou leur faisaient quelque violence pour se maintenir dans le droit de chasse qu'ils y pourraient avoir usurpé, voulons qu'ils soient condamnés, pour la première fois, à la somme de trois mille livres d'amende, et, en cas de récidive, privés de tous droits de chasse sur leurs terres riveraines, sauf néanmoins une peine plus sévère, si la violence était qualifiée.

35. Quant aux prêtres, moines et religieux qui tomberaient dans cette faute, et n'auraient pas de quoi satisfaire à l'amende, il leur sera défendu, pour la première fois, de demeurer plus près des forêts, bois, plaines et buissons, que de quatre lieues; et, en cas de récidive, en seront éloignés de dix lieues, par saisie de leur temporel, et par toutes autres voies raisonnables, conformément à la déclaration de François Ier, du mois de mars de l'année 1515.

36. Les jugements rendus par les capitaines des chasses de nos maisons royales, qui contiendront peine afflictive, seront signés sur la minute, qui demeurera au greffe de la capitainerie, du lieutenant de robe-longue et des autres qui auront été appelés pour conseil, et mention faite, dans les expéditions qui en seront délivrées, de leurs noms et qualités, à peine de nullité.

37. Les condamnations qui n'excéderont point la somme de soixante livres, pour toutes restitutions et réparations, sans autre peine ni amende, seront exécutées par provision, et sans préjudice de l'appel.

38. S'il y a appel d'un jugement rendu pour le fait de chasse, et que la condamnation ne soit que d'une amende pécuniaire, pour laquelle l'appelant se trouvera emprisonné, il ne pourra être élargi pendant l'appel qu'en consignant l'amende.

39. Les sergents à garde de nos forêts et gardes-plaines de nos plaisirs ne pourront faire aucun exploit que pour le fait de nos eaux et forêts et chasses, à peine de faux, révoquant pour cet effet toutes lettres d'ampliation que nous leur pourrions avoir accordées.

TITRE XXXI.

De la pêche.

1. Défendons à toutes personnes, autres que maîtres pêcheurs reçus ès siéges des maîtrises par les maîtres particuliers ou leurs lieutenants, de pêcher sur les fleuves et rivières navigables, à peine de cinquante livres d'amende et de confiscation du poisson, filets et autres instruments de pêche, pour la première fois; et pour la seconde, de cent livres d'amende, outre pareille confiscation; même de punition plus sévère, s'il y échet.

2. Nul ne pourra être reçu maître pêcheur qu'il n'ait au moins l'âge de vingt ans.

3. Les maîtres pêcheurs de chacune ville ou port, où ils seront au nombre de huit et au-dessus, éliront, tous les ans, aux assises qui se tiendront par les maîtres particuliers ou leurs lieutenants, un maître de communauté qui aura l'œil sur eux, et avertira les officiers des maîtrises des abus qu'ils commettront; et aux lieux où il y en aura moins que huit, ils convoqueront ceux des deux ou trois plus prochains ports ou villes pour, tous ensemble, en nommer un d'entre eux qui fera la même charge; le tout sans frais et sans exaction de deniers, présents ou festin, à peine de punition exemplaire et d'amende arbitraire.

4. Défendons à tous pêcheurs de pêcher aux jours de dimanche et de fête, sous peine de quarante livres d'amende; et, pour cet effet, leur enjoignons expressément d'apporter, tous les samedis et veilles de fêtes, incontinent après le soleil couché, au logis du maître de communauté, tous leurs engins et harnois, lesquels ne leur seront rendus que le lendemain du dimanche ou fête après le soleil levé, à peine de cinquante livres d'amende et d'interdiction de la pêche pour un an.

5. Leur défendons (aux pêcheurs) de pêcher, en quelques jours et saisons que ce puisse être, à autres heures que depuis le lever du soleil jusques à son coucher; sinon aux arches des ponts, aux moulins, et aux gords où se tendent des dideaux, auxquels lieux ils pourront pêcher tant de nuit que de jour.

6. Les pêcheurs ne pourront pêcher durant le temps de frai, savoir: aux rivières où la truite abonde sur tous les autres poissons (depuis le 10 pluviose jusqu'au 25 ventose); et aux autres (depuis le 10 germinal jusqu'au 10 prairial); à peine, pour la première fois, de vingt francs d'amende et d'un mois de prison, et du double de l'amende et de deux mois de prison pour la seconde.

7. Exceptons toutefois de la prohibition contenue en l'article, la pêche aux saumons, aloses et lamproies, qui sera continuée en la manière accoutumée.

8. Ne pourront aussi mettre bires ou nasses d'osier à bout des dideaux, pendant le temps de frai, à peine de vingt francs d'amende et de confiscation du harnois, pour la première fois, et d'être privés de la pêche pendant un an, pour la seconde.

9. Leur permettons néanmoins d'y mettre des chausses ou sacs, du moule de dix-huit lignes en carré (quatre centimètres environ), et non autrement, sur les mêmes peines; mais après le temps de frai passé, ils y pourront mettre des bires ou nasses d'osier à jour, dont les verges seront éloignées les unes des autres de douze lignes au moins (vingt-sept millimètres).

10. Faisons très-expresses défenses aux pêcheurs de se servir d'aucuns engins et harnois prohibés par les anciennes ordonnances sur le

fait de la pêche, et en outre de ceux appelés giles, tramail, furet, éper-
vier, châlon et sabre donc elles ne font pas de mention, et de tous autres
qui pourraient être inventés, au dépeuplement des rivières, comme
aussi d'aller au barandage et mettre des bacs en rivière, à peine de
cent francs d'amende pour la première fois et de punition corporelle
pour la seconde.

11. Leur défendons en outre de bouiller avec bouilles ou rabots,
tant sous les chevrins, racines, saules, osiers, terriers et arches, qu'en
autres lieux, ou de mettre lignes avec échets et amorces vives, ensemble de porter chaînes et clairons en leurs batelets et d'aller à la
fare, ou de pêcher dans les noues avec filets, et d'y bouiller pour prendre le poisson et le frai qui a pu y être porté par le débordement des
rivières, sous quelque prétexte, en quelque temps et manière que ce
soit, à peine de cinquante francs d'amende contre les contrevenants et
d'être bannis des rivières pour trois ans.

12. Les pêcheurs rejetteront en rivière les truites, carpes, bar-
beaux, brêmes et mouniers qu'ils auront pris, ayant moins de six
pouces (environ seize centimètres) entre l'œil et la queue, et les tan-
ches, perches et gardons qui en auront moins de cinq (environ treize
centimètres), à peine de cent francs d'amende et confiscation contre
les pêcheurs et marchands qui en auront vendu ou acheté.

13. Voulons qu'il y ait, en chacune maîtrise, un coin dans lequel
l'écusson de nos armes sera gravé, et autour le nom de la maîtrise,
duquel on se servira pour sceller en plomb les harnois ou engins des
pêcheurs, qui ne pourront s'en servir que le sceau n'y soit apposé, à
peine de confiscation et de vingt livres d'amende, et sera fait registre
des harnois qui auront été marqués, ensemble du jour et du nom du
pêcheur qui les aura fait marquer, sans que, pour ce, nos officiers
puissent prendre aucuns salaires.

14. Défendons à toutes personnes de jeter dans les rivières aucune
chaux, noix vomique, coque de Levant, momie et autres drogues ou
appâts, à peine de punition corporelle.

15. Faisons inhibitions à tous mariniers, contre-maîtres, gouverneurs et autres compagnons de rivières, conduisant leurs nefs, bateaux, besognes, marnois, flettes ou nacelles, d'avoir aucuns engins à
pêcher, soit de ceux permis ou défendus, tant par les anciennes ordonnances que par ces présentes; à peine de cent francs d'amende et
de confiscation des engins.

16. Ordonnons que toutes les épaves qui seront pêchées sur les
fleuves et rivières navigables soient garées sur terre, et que les pêcheurs en donnent avis aux sergents et gardes-pêche, qui seront tenus d'en dresser procès-verbal et de les donner en garde à des personnes solvables, qui s'en chargeront, dont notre procureur prendra
communication au greffe aussitôt qu'il y aura été porté par le sergent
ou garde-pêche, et en fera faire la lecture à la première audience;
sur quoi le maître ou son lieutenant ordonnera que, si dans un mois
les épaves ne sont demandées et réclamées, elles seront vendues à
notre profit au plus offrant et dernier enchérisseur, et les deniers en
provenant mis ès-mains de nos receveurs, sauf à les délivrer à celui
qui les réclamera un mois après la vente, s'il est ainsi ordonné en
connaissance de cause.

17. Défendons de prendre et enlever les épaves, sans la permission des officiers de nos maîtrises, après la reconnaissance qui en aura
été faite, et qu'elles aient été adjugées à celui qui les réclame.

18. Faisons défenses à toutes personnes d'aller sur les mares,
étangs et fossés, lorsqu'ils seront glacés, pour en rompre la glace et
y faire des trous, ni d'y porter flambeaux, brandons et autres feux, à
peine d'être punies comme de vol.

19. Les ecclésiastiques, seigneurs, gentilshommes et communautés qui ont droit de pêches dans les rivières, seront tenus d'observer et faire observer le présent règlement par leurs domestiques et pêcheurs, auxquels ils auront affermé le droit, à peine de privation de leur droit.

20. Leur enjoignons de donner pareillement par déclaration, à nos procureurs ès-maîtrises, les noms, surnoms et demeures des pêcheurs auxquels ils auront fait bail de leur pêche, laquelle déclaration sera registrée au greffe de la maîtrise, où les pêcheurs seront tenus de prêter le serment et d'élire annuellement pardevant les maîtres particuliers ou leurs lieutenants tenant les assises des maîtres de communauté, ainsi que les pêcheurs de nos eaux, pour être par eux gardé et observé pareil ordre que par les pêcheurs de nos maîtrises.

21. Pour le rempoissonnement de nos étangs, le carpeau aura six pouces au moins, la tanche cinq et la perche quatre; et à l'égard du brocheton, il sera de tel échantillon que l'adjudicataire voudra; mais il ne se jettera aux étangs, mares et fossés qu'un an après leur empoissonnement; ce qui sera observé pour les étangs, mares et fossés des ecclésiastiques et communautés, de même que pour les nôtres. Enjoignons aux officiers des maîtrises d'y tenir la main, sans pouvoir prétendre aucuns frais ni droit, à peine de concussion.

22. Tous les maîtres-pêcheurs de nos rivières, et ceux des particuliers qui ont droit de pêches sur les fleuves et rivières navigables, répondront, pour les délits qu'ils y commettront, pardevant les officiers des maîtrises et non pardevant les juges des seigneurs, auxquels en interdisons la connaissance, et seront condamnés suivant la rigueur de nos ordonnances.

23. Seront commis en chacune maîtrise des sergents pour la conservation des eaux et pêches, en nombre suffisant, avec gages et suivant le règlement qui sera fait en notre conseil par l'avis des grands-maîtres, pour être journellement sur les fleuves et rivières; veiller sur les pêcheurs, à ce qu'ils ne contreviennent à nos ordonnances; et en cas de contravention, saisiront les engins et les enverront avec leurs procès-verbaux aux greffes des maîtrises, même assigneront au premier jour les délinquants pour y répondre.

24. Permettons aux maîtres, lieutenants et nos procureurs de visiter les rivières, bannetons, boutiques et étuis des pêcheurs; et s'ils y trouvent du poisson qui ne soit pas de la longueur et échantillon ci-dessus prescrite, ils feront procès-verbal de la qualité et quantité qu'ils en auront trouvées, et assigneront les pêcheurs pour répondre du délit, le tout sans frais.

25. Si les officiers des maîtrises trouvent des engins et harnois défendus, ils les feront brûler à l'issue de leur audience, au-devant de la porte de leur auditoire, et condamneront les pêcheurs sur qui ils auront été saisis, aux peines ci-devant déclarées, sans les pouvoir modérer, à peine de suspension de leurs charges pour un an.

26. Toutes les amendes jugées pour raison des rivières navigables et flottables, et pour toutes nos eaux, seront reçues à notre profit par le sergent collecteur des amendes dans chacune maîtrise ou département pour lesquelles il en sera usé comme pour celles de nos forêts, et ce qui nous en reviendra sera payé ès-mains du receveur, et par lui au receveur général, comme les autres deniers de sa charge.

No **18**.— *Ordonnance de police pour prévenir les incendies.*

Du 26 janvier 1672.

1. Ordonnons qu'à l'avenir, tant aux bâtiments neufs qu'en tous rétablissemens de maisons, il sera fait des enchevêtrures au-dessous de tous âtres et foyers de cheminées, de quelque grandeur que puissent être lesdites cheminées et maisons où elles seront faites.

2. Que pour lesdits âtres et foyers, il sera laissé quatre pieds d'ouverture au moins (un mètre trente centimètres) et trois pieds de profondeur (quatre-vingt-dix-huit centimètres) depuis le mur jusqu'au chevêtre qui portera les solives.

5. Qu'il y aura six pouces (seize centimètres) de recouvrement de plâtre de toutes parts, tant auxdits chevêtres qu'aux solives d'enchevêtrure, et que, pour soutenir et porter ledit recouvrement, les chevêtres et solives d'enchevêtrure seront garnies suffisamment de chevilles de fer de six à sept pouces (seize à dix-neuf centimètres) de longueur, et de clous de bateaux, en sorte qu'après le recouvrement il puisse rester, pour les tuyaux des cheminées, au moins trois pieds (quatre-vingt-dix-huit centimètres) d'ouverture dans œuvre, et neuf à dix pouces (vingt-quatre à vingt-sept centimètres) de largeur aux tuyaux, aussi dans œuvre.

4. Seront faites pareilles enchevêtrures dans tous les étages, à l'endroit des tuyaux de cheminées, de quatre pieds (un mètre trois décimètres) d'ouverture, à la réserve néanmoins de la profondeur, qui ne sera que de seize pouces (quatre décimètres) seulement, depuis le mur jusqu'au chevêtre, et lequel chevêtre sera recouvert de plâtre de cinq à six pouces (treize à seize centimètres), en sorte qu'il se trouve toujours neuf à dix pouces (vingt-quatre à vingt-sept centimètres), de la largeur dudit tuyau.

5. Que les languettes des cheminées qui seront faites de plâtre, auront deux pouces six lignes (sept centimètres) d'épaisseur au moins, en toute leur élévation.

6. Qu'en tous bâtiments neufs, seront laissés des moëllons sortant du mur, pour faire liaison des jambages et cheminées ; et où ils ne pourraient être laissés, seront employés des clous de fer hachés à chaud, de longueur au moins de neuf pouces (vingt-quatre centimètres), et ne seront pour ce employés tant auxdits bâtiments neufs qu'aux rétablissements, aucunes chevilles ou feutons de bois.

7. Seront tenus tous maçons et charpentiers de cette ville d'observer la présente ordonnance, à peine de cinq cents livres d'amende, et d'être responsables de toutes les pertes et dommages qui en pourraient arriver, même de tous les frais des rétablissements nécessaires, en cas de contravention.

Comme aussi seront tous les propriétaires de cette ville, faisant travailler à la journée, tenus d'observer pareillement ladite ordonnance, et ce, sous les mêmes peines, et de prison à l'égard des compagnons et ouvriers qui auront été par eux employés.

Enjoignons en outre très-expressément à tous propriétaires ou locataires des maisons, de faire tenir nettes les cheminées des lieux qu'ils habitent, à peine de cent livres d'amende contre ceux qui se trouveront habiter les maisons ou chambres, dans les cheminées desquelles le feu aura pris faute d'avoir été nettoyées, encore qu'aucun autre accident ne s'en fût suivi.

N° **19.**—*Ordonnance de Louis XIV (dite ordonnance de la ville).*

De décembre 1672, registrée au parlement le 27 février 1673.

CHAPITRE Ier

Concernant les rivières et bords d'icelles pour la commodité de la navigation.

1. Pour faciliter le commerce par les rivières , et le transport des provisions nécessaires à la ville de Paris, défenses sont faites à toutes personnes de détourner l'eau des ruisseaux et des rivières navigables et flottables, affluentes dans la Seine , ou d'en affaiblir ou altérer le cours par tranchées, fossés, canaux ou autrement, et en cas de contravention, seront les ouvrages détruits réellement et de fait, et les choses réparées incessamment aux frais des contrevenants.

2. Ne sera loisible de tirer ou faire tirer terre, sables ou autres matériaux, à six toises près du rivage des rivières navigables, à peine de cent livres d'amende.

3. Seront, tous propriétaires d'héritages aboutissants aux rivières navigables, tenus de laisser, le long des bords , vingt-quatre pieds pour le trait des chevaux, sans pouvoir planter arbres , ne tirer clôtures ou haies plus près du bord que de trente pieds; et, en cas de contravention, seront les fossés comblés, les arbres arrachés, et les murs démolis aux frais des contrevenants.

4. Ne seront pareillement mis, és rivières de Seine, Marne, Oise, Yonne, Loing, et autres y affluentes, aucuns empêchements aux passages des bateaux et trains de bois montants et avalants ; et si aucuns se trouvent, seront incessamment ôtés et démolis, et les contrevenants tenus de tous dépens, dommages et intérêts des marchands et voituriers.

5. Enjoint à ceux qui, par concessions bien et dûment obtenues, auront droit d'avoir arches, gors, moulins et pertuis construits sur les rivières, de donner auxdits arches, gors, pertuis et passages, vingt-quatre pieds au moins de largeur. Enjoint aussi aux meuniers et gardes des pertuis de les tenir ouverts en tous temps, et la barre d'iceux tournée en sorte que le passage soit libre aux voituriers montants et avalants leurs bateaux et trains, lorsqu'il y aura deux pieds d'eau en rivière, et quand les eaux seront plus basses, de faire l'ouverture de leur pertuis, toutefois et quantes ils en seront requis, laquelle ouverture ils feront lorsque les bateaux et trains seront proches de leurs dits pertuis, qui ne pourront être refermés , ni les aiguilles remises, que lesdits bateaux et trains ne soient passés ; et seront lesdits meuniers, tenus laisser couler l'eau en telle quantité, que la voiture desdits bateaux et trains puisse être facilement faite d'un pertuis à un autre ; défenses auxdits meuniers , gardes desdits pertuis et à leurs garçons, de prendre aucuns deniers ou marchandises des marchands ou voituriers, pour l'ouverture et fermeture desdits pertuis, à peine... de restitution du quadruple de ce qui aura été exigé.

6. Lorsqu'il conviendra faire quelques ouvrages aux pertuis, vannes, gors, écluses et moulins sur les rivières de Seine et autres, navigables et flottables, et y affluentes qui pourraient empêcher la navigation et conduite des marchandises nécessaires à la provision de Paris, seront, les propriétaires d'iceux, tenus d'en faire faire aux paroisses voisines, la publication une mois auparavant que de commencer lesdits ouvrages et rétablissements : sera aussi déclaré le temps auquel lesdits ouvrages seront rendus parfaits, et la navigation rétablie ; à quoi les propriétaires seront tenus de satisfaire ponctuellement, à peine de demeurer responsables des dommages-intérêts et retards des marchands et voituriers.

9. Défenses à toutes personnes de jeter dans le bassin de la rivière de Seine, le long des bords d'icelle, quais et ports de ladite ville, aucunes immondices, gravois, pailles et fumiers, à peine de punition corporelle contre les serviteurs, et d'amende arbitraire au payement de laquelle pourront être les maîtres contraints ; et enjoint aux propriétaires des maisons bâties sur les ponts, le long des quais et bords de ladite rivière, et aux entrepreneurs qui auront travaillé ou travailleront à la construction et rétablissement des ponts et arches, ou murs des quais, de faire incessamment enlever les décombres provenant des bâtardeaux qu'ils auront fait faire pour lesdits ouvrages ; à peine d'amende et de répétition contre eux des peines d'ouvriers employés à l'enlèvement desdits décombres......

10. Enjoint aux marchands et voituriers de faire incessamment enlever de la rivière les bateaux étant en fonds d'eau, et de faire ôter de la rivière et de dessus les ports et quais, les débris desdits bateaux, et ce, à peine d'amende et de confiscation. A ces effets, seront lesdits bateaux et débris marqués du marteau de la marchandise, pour être vendus dans la huitaine, sans autre formalité de justice, et les deniers en provenant, appliqués aux hôpitaux de ladite ville.

CHAPITRE II

Concernant la conduite des marchandises par eau.

1. Pourront les voituriers aller par les rivières et conduire les bateaux chargés de marchandises pour la provision de Paris, aux jours fériés et non fériés, à l'exception seulement des quatre fêtes solennelles de Noël, Pâques, Pentecôte et Toussaint.

2. Défenses à tous voituriers d'aller par rivières qu'entre soleil levant et couchant, et de se mettre en chemin en temps de vents ou tempête, à peine de demeurer responsables de la perte des marchandises, et dommages et intérêts des marchands, sans qu'il soit loisible aux voituriers de contrevenir au présent règlement sous prétexte de jour nommé, ou d'avoir ordre du marchand de venir en diligence, sauf à eux, en ce cas, à renforcer les courbes (1) des chevaux pour hâter la voiture, posé qu'elle se puisse faire sans risque ni péril.

(L'article 8 défend aux voituriers de partir des ports de charge, sans lettres de voitures, à peine d'être déchus du prix d'icelles. Selon l'article 9, ces lettres doivent contenir la quantité et qualité des marchandises, le prix fixé de la voiture, la mention du lieu du chargement, de la destination, et du temps du départ.)

11. Pour empêcher le monopole et les mauvaises pratiques d'aucuns marchands qui, pour causer disette et augmenter le prix des marchandises, s'entendent ensemble, sous prétexte de société, et affectent de ne point faire charger et voiturer en cette ville celles qu'ils ont extantes sur les ports et achetées dans les provinces : défenses sont faites à tous marchands de contracter telles sociétés, sous peine de punition corporelle.

(1) Gourbe, couple de chevaux destinés à remonter les bateaux.

CHAPITRE III

Concernant l'arrivée des bateaux et marchandises aux ports de la ville de Paris.

2. Défenses à tous marchands d'aller au-devant des marchandises destinées pour la provision de Paris, et de les acheter en chemin, à peine contre les marchands vendeurs, de la confiscation de la marchandise, et de perte du prix contre l'acheteur ; et en cas de récidive, d'interdiction du commerce.

3. Seront les marchandises amenées par les voituriers aux ports destinés pour en faire la vente ; et, au cas que lesdits ports se trouvent remplis, les voituriers feront arrêter et garer leurs bateaux ès lieux qui leur seront désignés par les prévôts des marchands et échevins, d'où ils seront ensuite descendus en leurs ports, suivant l'ordre de leur arrivée......

5. Pour débarrasser les ports et les rendre capables de contenir plus grande quantité de bateaux et marchandises, enjoint aux voituriers et marchands, aussitôt que leurs bateaux auront été fermés, d'en ôter les gouvernaux, lesquels ils seront tenus de mettre dans leurs bateaux ou le long des bords d'iceux, à peine d'amende.

9. Défenses aux officiers-forts qui déchargent les marchandises au port Saint-Paul, et aux compagnons de rivière, qui ont accoutumé de décharger celles qui arrivent au guichet, port Saint-Thomas-du-Louvre, et autres ports, de s'entremettre à la décharge desdites marchandises, avant qu'ils en soient requis et préposés par lesdits marchands propriétaires, ou leurs commissionnaires, sous peine de punition corporelle, et de tous dépens, dommages et intérêts, si ce n'était que le voiturier leur eut fait apparoir de sommation bien et dûment faite au marchand ou commissionnaire, de faire faire la décharge desdites marchandises, ou qu'elle eût été ordonnée par justice.

10. Défenses aussi aux charretiers, crocheteurs et gagne-deniers, de s'ingérer aux transports et voitures des marchandises de dessus les ports, dans les maisons et magasins, s'ils n'en sont requis, ou y soient expressément préposés par les marchands ou leurs commissionnaires, sans que les officiers-forts du port Saint-Paul, ni compagnons de rivière puissent être responsables du fait desdits charretiers, crocheteurs ou gagne-deniers, sinon en cas qu'il y eût convention entre lesdits forts et compagnons de rivière, et les marchands propriétaires ou leurs commissionnaires, pour le transport, voiture et conduite desdites marchandises, ès-maisons et magasins desdits marchands.

17. Arrivant que les marchandises étant sur les ports de cette ville soient saisies sur le marchand, et les bateaux sur le voiturier, ne pourront lesdites marchandises être enlevées desdits ports par lesdits propriétaires ou saisissants, sous quelque prétexte que ce soit, au préjudice de ladite saisie, ni les bateaux emmenés, à peine, contre les contrevenants, d'amende arbitraire, et d'emprisonnement de leurs personnes.

19. Ne sera amené ni exposé en vente en cette ville, aucunes marchandises qu'elles ne soient bonnes, loyales et non défectueuses, à peine de confiscation.

20. Défenses aux marchands de triquer ni mêler les marchandises de différentes qualités et prix, et d'en exposer la montre d'autre et de meilleure qualité, à peine de confiscation.

21. Lorsque la vente d'aucune marchandise aura été commencée à certain prix, il ne pourra être augmenté ; et si dans la suite le marchand s'est trouvé nécessité de diminuer le prix de la marchandise, la vente sera continuée au dernier et moindre prix, sans pouvoir, par le marchand, augmenter ni revenir au prix de la première vente, à peine d'amende et de confiscation de la marchandise.

23. Défenses à toutes personnes d'acheter des marchandises sur les ports et places de cette ville, pour les y revendre........

24. Ne pourront, les marchands forains, mettre en magasins, chantiers, greniers, caves ou celliers, leurs marchandises, à l'exception des bois flottés à brûler, soit sous leurs noms, soit sous celui de personnes interposées, à peine de confiscation des marchandises contre le marchand, et d'amende arbitraire contre le bourgeois qui aura ainsi prêté son nom ; pourront néanmoins, lesdits forains, en cas de nécessité, pour éviter la perte ou dépérissement de leurs marchandises, et avec la permission des prévôts des marchands et échevins, faire décharger leurs dites marchandises, en déclarant le lieu où ils les feront conduire, et faisant les soumissions de les faire rapporter sur les ports pour y être vendues.

CHAPITRE IV

Concernant les fonctions des maîtres des ponts, leurs aides, châbleurs, maîtres des pertuis, gardes de nuit, boucurs, plancheyeurs, débâcleurs, chargeurs et déchargeurs de fardeaux, gagne-deniers et charretiers.

2. Défenses à tous marchands ou voituriers, sous quelque prétexte que ce soit, de passer eux-mêmes les bateaux sous les ponts, où par lesdits pertuis où il y a des maîtres établis, à peine de cent livres d'amende ; et seront les marchands et voituriers tenus s'arrêter aux gares ordinaires, et d'avertir les maîtres des ponts, lesquels seront tenus passer lesdits bateaux suivant l'ordre de leur arrivée, sans user de préférence, à peine des dommages-intérêts des marchands et voituriers, et d'amende arbitraire.

5. Ne sera loisible aux maîtres des ponts, pertuis ou châbleurs, de faire commerce sur la rivière, entreprendre voiture, ni tenir taverne, cabaret ou hôtellerie sur les lieux, à peine d'amende pour la première fois, et d'interdiction de leurs charges en cas de récidive.

8. ....Enjoint aussi aux plancheyeurs du port au vin, de fournir et mettre des planches pour aller du bord de la rivière dans les bateaux, par autres endroits que ceux où les déchargeurs de vin auront fait leurs chemins et posé leurs chantiers, sous les peines ci-dessus (de dommages-intérêts, et de privation des droits à eux attribués), et d'amende arbitraire.

11 Si les débâcleurs, pour faciliter leur travail, se trouvent nécessités de déplacer aucuns bateaux chargés, ils seront tenus, après le débâclage, remettre lesdits bateaux en même place d'où ils auront été tirés, à peine de dommages et intérêts des marchands, sans qu'ils puissent pour ce exiger aucuns droits, à peine de privation de leurs offices et de punition corporelle.

15. Défenses aux marchands voituriers et compagnons de rivière, de troubler lesdits débâcleurs en leur travail, et de lâcher leurs bateaux, au temps qu'ils feront la débâcle, à peine de cent livres d'amende.

14. Et afin de donner aux bateaux chargés plus de commodité d'arriver au port de leur destination, enjoint aux marchands, voituriers, et leurs gardes bateaux, de faire, incontinent après la débâcle, remonter les bateaux vides, le long du quai de l'île Notre-Dame, du côté de la Tournelle et autres lieux qui seront destinés par lesdits prévôt des marchands et échevins ; faute de quoi, et après une simple

sommation d'y satisfaire, permis au débâcleur de faire ledit remontage aux frais des marchands et voituriers, et, à cette fin, sera exécutoire délivré.

16. Défenses à tous gagne-deniers et autres, de s'associer, pour raison de leur travail, à peine d'amende arbitraire.

17. Seront tenus les voituriers par terre se trouver sur les ports aux heures de vente, avec leurs charrettes et haquets, attelés et prêts à faire les voitures, au prix de la taxe faite par les prévôts des marchands et échevins. Défenses auxdits voituriers d'exiger plus grands salaires...., et ne pourront lesdits charretiers, pendant le jour, laisser sur les ports aucunes charrettes ni haquets, qui ne soient attelés et en état de travailler, à peine d'amende, pour le payement de laquelle seront lesdites charrettes et haquets vendus sur-le-champ.

18. Seront pareillement tenus, les voituriers par terre, et leurs charretiers et garçons, décharger eux-mêmes les marchandises qui leur seront données à voiturer sur leurs charrettes et haquets, à peine d'amende, à l'exception seulement des marchandises de bois, grains, foin et charbon, à la charge et décharge desquelles marchandises il y a officiers préposés. Fait défenses à tous gagne-deniers, et notamment à ceux qui travaillent és ports Saint-Paul, Tournelle et Saint-Nicolas-du-Louvre, vulgairement appelés *tireurs de moulins*, de s'immiscer à charger aucunes marchandises sur les charrettes et haquets, et d'exiger aucunes choses des marchands et bourgeois.....

19. Et pour ce que lesdits charretiers, pour éluder l'effet des règlements, et dans l'espérance de se faire payer plus grands salaires que ceux portés par la taxe, s'associent et établissent entr'eux de ne travailler que par rangs; défenses sont faites auxdits charretiers de s'associer entr'eux, et garder aucun rang pour faire leurs voitures, et refuser de travailler pour les bourgeois qui les auront choisis et offert le prix de taxe.......

21. Défenses aux charretiers d'entrer dans le lit de la rivière pour charger les marchandises, à peine d'amende.

23. Pour empêcher que les regrattiers n'enlèvent une plus grande quantité de marchandises que celle portée par les règlements, ne pourront lesdits charretiers, charger aucunes marchandises, si le bourgeois pour qui elles seront achetées n'est présent, à peine d'amende.

25. Sera loisible à tous bourgeois de faire décharger par leurs domestiques, du bateau à terre, les denrées et marchandises qu'ils auront fait arriver, et d'en faire faire la voiture dans leurs charriots, si bon leur semble. Défenses aux charretiers et gagne-deniers de troubler lesdits bourgeois en cette liberté, et d'entreprendre de faire aucun travail sur les ports, qu'ils n'aient été choisis et mis en besogne par les bourgeois.

27. Ne pourront, les officiers de police, trafiquer ou par eux ou par autres, de la marchandise sur laquelle ils auront fonction, à peine d'interdiction, pour la première fois, et de privation de leurs offices en cas de récidive.

29. Et afin que ces présentes ordonnances soient plus exactement gardées et observées, seront tous officiers de police, tenus de dénoncer au procureur du roi et de la ville les contraventions, sous peine d'interdiction de leurs charges, seront aussi toutes personnes reçues à dénoncer, et sera le tiers des amendes ordonnées contre les contrevenants, adjugé auxdits officiers et dénonciateurs.

CHAPITRE V

Concernant les bateaux, coches par eau, et les maîtres passeurs d'eau.

1. Seront, les maîtres des bateaux-coches, tenus, au jour de leur départ, d'avoir leurs bateaux prêts, tant au port Saint-Paul qu'à celui de la Tournelle, pour y recevoir les personnes qui y voudront entrer, savoir : au port Saint-Paul, depuis le soleil levant jusqu'à l'heure à laquelle ils doivent démarrer, et au port de la Tournelle, jusqu'à ce que leurs chevaux soient billés, et auront planches suffisantes portées sur tréteaux, depuis le bord de la rivière jusqu'en leurs dits bateaux, pour l'entrée et sortie de ceux qui se serviront desdits coches, à peine de cent livres d'amende.

3. Ne sera pris, par les maîtres de coches par eau, plus grand droit que la taxe faite par les prévôts des marchands et échevins, pour la voiture des personnes, hardes et marchandises, eu égard à la distance des lieux et prix desdites marchandises; laquelle taxe sera inscrite sur une plaque de fer-blanc, et attachée au mât du bateau; seront aussi, lesdits maîtres de bateaux-coches, tenus avoir en iceux, des fléaux pour peser les hardes, sans qu'ils puissent rien prétendre pour le sac et hardes que chacune personne voudra porter avec soi, qui n'excéderont le poids de six livres; le tout à peine de cent livres.

4. Pour prévenir les accidents qui sont souvent arrivés à bord des petits bateaux qui apportent ceux qui veulent entrer dans les coches, ou reçoivent ceux qui en veulent sortir, enjoint aux maîtres et conducteurs desdits coches, d'arrêter aux ports et villages commodes, pour recevoir ou décharger ceux qui, pendant la route, voudront entrer et sortir desdits coches, et défenses de recevoir ou laisser sortir personne en pleine rivière, et pendant que les chevaux tirent.

5. .... Défenses sont faites à tous compagnons de rivière et gagne-deniers d'aller au-devant desdits coches, pour descendre des personnes ou hardes y étant, sous quelque prétexte que ce soit, à peine d'amende et de punition corporelle ; et aux maîtres des coches ou voituriers conducteurs d'iceux de s'arrêter en chemin pour faire lesdites descentes; ains seront lesdits maîtres des coches, tenus de continuer leur chemin, et se rendre aux ports de leur destination ordinaire, et à peine d'amende arbitraire.

6. Pour aussi empêcher le désordre qui se commet à l'arrivée des coches, par aucun des gagne-deniers, ou crocheteurs et autres, lesquels entrent d'abord dans les bateaux-coches, et se saisissent, de force et violence, des hardes et paquets, sous prétexte de les vouloir porter és maisons des particuliers, ne leur laissant pas la liberté de porter eux-mêmes leurs hardes et paquets, et par telles voies, commettent souvent des vols et font des exactions; défenses sont faites à tous gagne-deniers, crocheteurs et autres....., d'entrer dans lesdits bateaux, ni se saisir d'aucunes hardes ou paquets, s'ils ne sont appelés, ou à ce faire, préposés par lesdits particuliers, ni de prendre plus grand salaire que celui qui aura été convenu.....

8. Seront tenus, les maîtres passeurs d'eau, d'avoir flettes garnies de leurs avirons et crocs, en nombre suffisant, aux endroits qui leur seront désignés par les prévôts des marchands et échevins, pour passer sur la rivière ceux qui se présenteront depuis le soleil levant jusqu'au couchant : à eux fait défenses de passer de nuit, à peine d'amende, pour le paiement de laquelle seront leurs dites flettes saisies et, s'il est ordonné, vendues.

9. Seront, lesdits passeurs d'eau, tenus de passer quand il se trouvera dans leurs bateaux le nombre de cinq personnes, sans qu'ils puissent faire attendre les passagers : à eux fait défenses de prendre plus grands salaires que ceux qui leur auront été attribués par les prévôts des marchands et échevins ; à peine de concussion : et seront toutes personnes reçues à dénoncer telles exactions et le tiers des amendes adjugé aux dénonciateurs.

10. Demeureront lesdits maîtres passeurs d'eau responsables de toutes pertes arrivées en leurs bateaux, conduits par leurs compagnons de rivière, et solidairement tenus avec eux de la restitution et des amendes en cas d'exaction au delà de la taxe, qui sera, de six en six mois, affichée sur les ports.

CHAPITRE VI

Concernant la marchandise de grains.

1. Les marchands trafiquant par la rivière pour la provision de Paris, ne pourront acheter les blés en vert, et avant la récolte, à peine, contre le vendeur, de la confiscation de la marchandise, et d'amende contre l'acheteur.

2. Ne pourront, les marchands, acheter ni grains ni farines, dans l'étendue des dix lieues des environs de ladite ville de Paris, à peine de confiscation desdites marchandises et d'amende arbitraire.

6. Ne sera exposé en vente, sur les ports, aucune marchandise de grains et farines qui ne soit bonne, loyale et marchande sans aucun mélange, aussi bonne dessous que dessus, nette de toutes ordures et pailles ; seront même les avoines vannées, et ce, à peine d'amende pour la première fois, et d'interdiction de commerce pour la seconde.

7. Ne sera loisible aux meuniers, boulangers, pâtissiers, brasseurs, maîtres grainiers et regrattiers, d'aller au-devant des marchands et laboureurs, pour arrher leurs grains, ni acheter ailleurs que sur les ports.

8. Afin que les bourgeois soient préférablement fournis des grains dont ils auront besoin, et éviter que les ports soient dégarnis : défenses à tous hôteliers, maîtres grainiers et regrattiers, de faire acheter des grains et farines sur les ports, par eux ou par personnes interposées, qu'aux jours de marché et après midi, et ne pourront enlever à la fois plus grande quantité que six septiers d'avoine et deux septiers des autres grains, et ne leur sera permis d'avoir dans leurs maisons plus de deux muids d'avoine à la fois, et huit septiers de chacune sorte des autres grains et légumes ; le tout à peine de confiscation du surplus desdites marchandises ; et ne pourront lesdits regrattiers, vendre et débiter grains, qu'à la petite mesure du boisseau, demi boisseau et au-dessous.

9. Pour empêcher que le public ne soit trompé dans le débit des grains à petites mesures, ne pourront les regrattiers avoir en leurs maisons aucuns picotins et mesures d'osier, et seront tenus se servir, pour la distribution des grains, de mesures de bois étalonnées et marquées à la lettre courante de l'année ; à peine, pour la première fois, de cinq cents livres d'amende et d'interdiction de pouvoir faire regrat de ladite marchandise, pour la seconde fois ; et ne pourront aussi les maîtres grainiers, se servir pour la distribution des grains, que de la mesure du boisseau et au-dessous, aussi étalonnée ; et quand ils voudront distribuer à plus grande mesure, seront tenus d'appeler les jurés mesureurs sous les mêmes peines.

10. Ne pourront aussi, les boulangers de gros et petits pains, enlever de dessus les ports, par chacun jour, plus grande quantité que deux muids de blé et un muid de farine, et les pâtissiers, plus de six septiers de blé et trois septiers de farine; à peine de confiscation de ce qu'ils auront acheté au pardessus desdites quantités.

CHAPITRE VII

Concernant les fonctions des jurés-mesureurs et porteurs de grains.

1. Seront, les jurés-mesureurs de grains et farines, tenus de se trouver assidûment sur les ports, places et marchés, pour y faire les fonctions de leurs charges, à peine d'amende et de privation de tous émoluments.

3. Les jurés-porteurs de grains feront résidence actuelle en cette ville de Paris, et se trouveront sur les ports où ils auront été départis par leurs procureurs-syndics, pour y faire les fonctions de leurs offices, à peine d'amende et de privation de leurs droits.

4. Afin que la faculté donnée aux porteurs de grains de se servir de l'aide de gagne-deniers et plumets ne serve de prétexte pour augmenter les droits de portage, seront lesdits jurés-porteurs tenus payer à leurs plumets salaires raisonnables, en sorte qu'il ne soit rien exigé par eux des bourgeois et marchands, sous prétexte de gratification ou autrement, à peine de punition corporelle contre les gagne-deniers, et de demeurer, par les jurés-porteurs, responsables de l'amende encourue par les plumets, et de la restitution envers le bourgeois.

5. Ne pourront, les jurés-mesureurs et porteurs de grains, faire aucune association avec les marchands de grains, ni se mêler des métiers de boulangers, pâtissiers ou meuniers, ni aussi faire regrat, par eux ni par leurs femmes, à peine de confiscation de leurs dits offices.

6. Ne pourront, lesdits mesureurs et porteurs de grains, s'entremettre en l'achat d'aucuns grains sur les ports et places, s'ils n'ont avec eux le bourgeois acheteur, à peine de cent livres d'amende, au paiement de laquelle ils seront contraints par saisie de leurs droits, dont le tiers sera adjugé au dénonciateur.

7. Ne pourront aussi, lesdits jurés-mesureurs et porteurs, prendre aucune marchandise en paiement de leurs droits, à peine de cent livres d'amende et de confiscation.

CHAPITRE VIII

Concernant la marchandise de vins et cidres.

6. N'est loisible à aucuns marchands privilégiés ou non privilégiés, aller acheter ou arrher les vins sur le cep, ni aussi aller au-devant des vins chargés pour ladite ville, les marchander, retenir ou acheter, à peine de confiscation des vins, à l'égard du marchand vendeur, et du prix de l'achat, à l'égard de l'acheteur.

11. Marchands ou autres ne pourront acheter vins aux ports de vente, halle ou étape, en gros, pour les y revendre, à peine de confiscation.

12. Pour remédier à l'abus qui se commet par aucuns marchands et vendeurs qui avertissent secrètement les cabaretiers, et leur vendent leurs meilleurs vins, de sorte qu'au commencement de la vente publique, ne se trouve rester que le rebut, défenses sont faites aux marchands et vendeurs d'entamer la batelée, avant l'heure de la vente ouverte et publique, à peine de confiscation des vins et d'amende arbitraire.

13. Sera le marchand vendeur tenu, sous les mêmes peines, déclarer à l'acheteur la qualité de son vin, si de Bourgogne, si vin français, sans lui donner autre nom que celui du pays où il sera crû.

14. Défenses aux marchands de changer les vins de bateau en autre, et de mêler les restants de bateaux, soit ensemble ou avec autre bateau nouvellement entamé, sous mêmes peines.

15. Si toutefois aucun marchand s'était trouvé obligé de se servir d'allèges et mettre son vin en plusieurs bateaux, et qu'il voulut remettre lesdits vins en même bateau, faire le pourra, avec congé des prévôts des marchands et échevins.

17. Pour prévenir aussi la malice d'aucuns vendants vins en détail, qui, prévoyant la stérilité, affectent de fermer leurs caves, et cessent la vente de leurs vins, pour causer cherté, défenses aux taverniers de fermer leurs caves, et discontinuer de vendre jusqu'à ce que les vins étant en icelles, aient été entièrement vendus, à peine de confiscation et d'amende arbitraire.

18. Défenses à tous marchands, tant en gros qu'en détail, de faire mixtions de vins, comme du vin blanc avec du vermeil, soit par remplage ou autrement, à peine d'amende pour la première fois, et de confiscation en cas de récidive.

19. Pour empêcher les surprises qui pourraient être faites aux acheteurs, par les mixtions et remplages de vins ou défectueux, ou d'autre qualité; défenses à tous marchands, sur peine de punition corporelle, d'amener aucuns vins sur l'étape, halle et ports de vente, qui soient mélangés, mixtionnés ou défectueux : enjoint aux jurés-courtiers de goûter les vins desdits remplages, et de tenir la main à ce qu'il ne soit contrevenu à la présente ordonnance, à peine d'amende et de suspension de leurs charges.

20. Et d'autant que souvent en fraude des règlements, les marchands de vins achètent les uns des autres le tiers des vins destinés pour être vendus en gros au public; défenses à tous marchands d'acheter les vins destinés pour être vendus en gros sur les ports et places, à peine d'amende pour la première fois, et d'interdiction du commerce en cas de récidive.

21. Défenses auxdits marchands de retirer par personnes interposées, ou faire conduire en leurs maisons le tiers des vins qu'ils auront mis en vente sur les ports et places, à peine de confiscation desdits vins, quinze cents livres d'amende, et d'interdiction du commerce.

CHAPITRE XI

Concernant les fonctions des jurés-courtiers de vins.

2. ...... Et seront tenus, les jurés-courtiers, d'avertir l'acheteur, si le vaisseau ne tient pas la juste moison, suivant la marque apposée par le jaugeur, à peine d'être lesdits courtiers, déchus de leurs droits, et d'amende arbitraire.

5. Le courtier tenant hôtellerie ne pourra avoir en ses caves, à la fois, plus de quatre queues de vin, outre et par dessus le vin du crû de son héritage, et ne pourra vendre ledit vin qu'à ses hôtes, à peine d'interdiction.

CHAPITRE XII

Concernant les fonctions des jaugeurs.

1. Les jurés-jaugeurs, à l'instant de l'arrivée des vins, cidres et autres boissons et liqueurs, se transporteront dans les bateaux pour jauger lesdits vins; et sera tenu chacun jaugeur, d'avoir sa jauge juste et de bon patron, selon l'échantillon étant en l'Hôtel de ville, sur peine d'amende et d'interdiction.

CHAPITRE XIII

Concernant les fonctions de maîtres déchargeurs de vins.

1. Seront les maîtres déchargeurs de vins, tenus se trouver avec leurs tabliers sur les ports et places, auxquels ils auront été départis......., pour y faire la décharge des vins achetés par les bourgeois, à peine d'être déchus de leurs salaires et d'amende arbitraire.

5. Défenses aux déchargeurs de vin d'exposer sur les bois, appelés chemins, plus d'une pièce de vin à la fois, et ce, à peine d'amende arbitraire, et de dommages et intérêts en cas d'accident.

6. Défenses aux déchargeurs de vin de s'entremettre en la vente desdits vins, en quelque sorte et manière que ce soit, et de prendre aucun droit de courtage, ni de recevoir aucune chose des marchands vendeurs, sous quelque prétexte que ce soit, encore même qu'il leur soit volontairement offert; ni des acheteurs, plus grande somme que celle qui leur est due pour leurs salaires de la décharge, suivant la taxe, à peine de punition corporelle.

CHAPITRE XIV

Concernant les fonctions des jurés-crieurs .... de vins.

1. Ne sera loisible à autres personnes qu'aux jurés-crieurs, de crier vins en cette ville et faubourgs de Paris.....

CHAPITRE XV

Concernant la marchandise de foin.

2. Défenses à tous marchands de foin de faire mettre aucuns bateaux sous les ponts, et d'en faire arriver plus grand nombre dans les ports qu'ils n'en peuvent contenir. Enjoint auxdits marchands, lorsque lesdits ports seront remplis, de garer et soutenir les bateaux qu'ils amèneront, sous l'île de Quinquengrogne, ou au port de la Râpée, jusqu'à ce qu'il y ait place dans les ports; et s'ils étaient fermés et arrêtés dans le cours de la rivière, depuis ladite île de Quinquengrogne ou dans des ports destinés pour d'autres marchandises que celle de foin, ils seront contraints d'en sortir, et de remonter aux lieux ci-dessus destinés pour la gare, et condamnés en l'amende.

3. Pour empêcher qu'il ne se fasse aucun attérissement dans le lit de la rivière, ne pourront les marchands de foin en jeter aucuns dans la rivière, à peine de cent livres d'amende, dont le tiers sera adjugé au dénonciateur; et seront, en outre, contraints à faire ôter et enlever celui qu'ils auront jeté.

CHAPITRE XVI

Concernant la marchandise de bois neuf, flotté et d'ouvrages.

1. Seront tous marchands trafiquants de bois pour la provision de Paris, tenus de faire façonner tous les bois à brûler de trois pieds et demi de longueur, et de grosseurs suivantes, savoir : les bois de moule, de dix-huit pouces au moins de grosseur, et les bois de corde de quartier, de dix-huit pouces au moins de grosseur ; les bois de taillis de six pouces aussi au moins de grosseur ; les fagots, de trois pieds et demi de long, et de dix-sept à dix-huit pouces de tour, garnis de leurs parements, remplis au dedans de bois et non de feuilles : les cotrets de quartier ou de taillis, de deux pieds de long et de dix-sept à dix-huit pouces de tour. Et seront lesdits marchands ventiers, tenus de fournir auxdits bûcherons, des chaînes et mesures desdites longueurs et grosseurs ; défenses auxdits marchands de faire façonner des bois qui ne soient des échantillons ci-dessus spécifiés, et à peine de confiscation.

2. Les menus bois étant au-dessous de six pouces, seront convertis en charbon ou débités en cotrets et fagots, és lieux d'où la voiture en peut être commodément faite ; à l'égard des menus bois provenant de l'exploitation des forêts, dont les bois viennent par flottage, lesdits marchands pourront s'en servir pour façonner leurs trains, et les faire venir avec autres bois, à la charge néanmoins de ne les mêler avec lesdits bois d'échantillon, et de ne les vendre qu'au prix de la taxe qui y sera mise par les prévôt des marchands et échevins de ladite ville.

3. Pourront aussi, les bois Dandelles et autres venant par les rivières de Somme et d'Oise, quoi qu'ils ne soient pas des longueurs ci-dessus, être amenés en cette dite ville, pour y être vendus au prix et en la manière qui sera réglée lors de l'arrivage qui en sera fait.

18. Enjoint aux marchands de bois flotté, faire triquer leurs bois, et les faire empiler dans leurs chantiers séparément, selon leurs différentes qualités, à peine de confiscation de leurs marchandises, et sera chacune pile mise à telle distance qu'elle puisse être entièrement vue et visitée par les officiers à ce préposés.

19. Pour éviter un mélange de bois de différentes qualités qui en pourrait causer la survente, les marchands qui feront arriver des bois neufs de différentes qualités en même bateau, seront tenus de les y faire mettre par piles séparées, à peine de confiscation.

22. Défenses à tous marchands de vendre des bois à brûler à plus haut prix que la taxe ; et pour prévenir la survente, sera apposée par chacun jour de vente, à chacune pile ou bateau, une banderole contenant le prix et la qualité de la marchandise ; défenses aux marchands et à tous autres, d'ôter lesdites banderoles, à peine de punition.

29. Ne sera loisible aux marchands, ni à leurs domestiques, de s'immiscer au compte ou à la mesure de bois, ni de les mettre dans les membrures, à peine d'amende.

32. Pour aussi remédier à l'abus qui se commet par lesdits regrattiers, lesquels altèrent journellement lesdites marchandises, défenses auxdits regrattiers et gagne-deniers d'exposer en vente aucuns fagots ou cotrets diminués ou altérés, à peine de confiscation desdites marchandises et de punition corporelle.

34. Pour empêcher le monopole, défenses aux marchands de Paris, d'acheter aucuns bois à brûler ou d'ouvrages, étant sur les ports de Paris, et auxdits forains, de leur vendre, à peine de confiscation contre le marchand vendeur, et du prix de l'achat.

CHAPITRE XXI

Concernant la marchandise de charbon, tant de bois que de terre.

1. Seront les marchandises de charbon de bois et de terre, conduites és ports et places à ce destinés, et les marchands tenus à l'instant de l'arrivée d'icelles, exhiber aux jurés-mesureurs et contrôleurs de ladite marchandise, leurs lettres de voitures, dont sera fait registre par lesdits mesureurs, pour y avoir recours quand besoin sera.

3. Tous charbons amenés par rivière, seront entièrement vendus dans les bateaux qui les auront voiturés, et ceux amenés par charrettes et bannes, incessamment conduits ès places à ce destinées, sans qu'il soit loisible de faire aucun entrepôt ou magasin de ladite marchandise, sans permission expresse des prévôt des marchands et échevins, ni faire séjourner lesdites charrettes et bannes dans les hôtelleries et autres lieux de cette ville et faubourgs, à peine de confiscation.

5. Ne sera la marchandise de charbon vendue sur les ports et places, à plus haut prix que la taxe ; et pour la donner à connaître aux acheteurs, seront les jurés-mesureurs tenus apposer par chacun jour à chacun bateau qui sera en vente, et aux places publiques, quand il s'y fera débit de ladite marchandise, une banderole contenant ladite taxe, à peine d'amende contre lesdits jurés-mesureurs départis pour la mesure desdits charbons, et d'être responsables en leurs noms des dommages-intérêts de l'acheteur en cas de survente.

6. Les chandeliers, fruitiers, femme de gagne-deniers, vulgairement appelés les garçons de la pelle, et tous autres, à l'exception des plumets des jurés-porteurs de charbon et de leurs femmes, pourront vendre du charbon à petites mesures, à la charge qu'ils ne pourront avoir en leurs maisons plus grande quantité que de six mines à la fois, y compris leur provision, à l'exception des femmes desdits garçons de la pelle, qui se trouveront avoir récemment vidé quelque bateau foncet, chargé de charbon qui leur aura été donné en paiement de leurs salaires, pour le débit de laquelle quantité ils auront un mois, après lequel ce qui se trouvera excéder les six mines à eux ci-dessus accordées sera rapporté sur les places publiques pour y être vendu.

7. Ne pourront, lesdits regrattiers, vendre aucun charbon à plus grande mesure que le boisseau ; à eux enjoint de se servir de mesures étalonnées et marqués à la lettre de l'année, et d'avoir en leurs boutiques et étalages, une pancarte contenant le prix de chacune desdites mesures, dans lesquelles ils débiteront lesdites marchandises, à peine d'amende pour la première fois, et d'être exclus de pouvoir continuer le regrat de ladite marchandise pour la seconde.

9. Quand le prix aura été mis au charbon de terre à l'ouverture de la vente, ledit prix ne pourra être augmenté, sous quelque prétexte que ce soit ; et si dans le cours de la distribution, le marchand fait rabais, il sera, en ce cas, tenu de continuer la vente au dernier et moindre prix, à peine de confiscation desdites marchandises, et d'amende arbitraire, et les jurés-mesureurs tiendront registre du prix auquel la vente du charbon de terre aura été commencée, et aussi du rabais, pour y avoir recours quand besoin sera.

CHAPITRE XXVIII

Concernant les fonctions des jurés-visiteurs et mesureurs d'aulx, oignons et autres fruits.

2. Les regrattiers desdites marchandises (aulx, oignons, noix, noisettes, châtaignes et autres fruits et gueldes), ne les pourront vendre et débiter qu'au boisseau, quart, demi-quart, litron, demi-litron, et s'ils en vendent plus grande quantité, seront tenus d'y appeler lesdits visiteurs et mesureurs, à peine d'amende.

CHAPITRE XXX

Concernant les courtiers de chevaux de la marchandise de l'eau.

5. Défenses auxdits courtiers de trait d'être charretiers, voitu·
riers par eau, garde-bateaux, loueurs de chevaux, ni cabaretiers, à
peine d'amende.

N° **20**. — *Ordonnance du lieutenant général de police sur les
affiches.*

Du 17 mai 1680.

Défenses sont faites, conformément aux réglements, à tous colpor·
teurs et à tous autres d'afficher aucuns placards, feuilles volantes, de
quelque qualité que ce soit, sans notre permission; comme aussi
faisons défenses de couvrir ou d'arracher les affiches des arrêts,
réglemens et ordonnances; et, en cas de contravention, permis d'emprisonner.

N° **21**. — *Edit du Roi, concernant le jugement des sorciers et em·
poisonneurs, et qui règle ceux qui peuvent avoir des laboratoi·
res, et autres matières importantes.*

Donné à Versailles, au mois de juillet 1682, régistré le 30 août de la même année.

Louis, par la grâce de Dieu, roi de France et de Navarre, à tous pré-
sens et avenir, salut :

L'exécution des ordonnances des Rois nos prédécesseurs, contre
ceux qui se disent devins, magiciens et enchanteurs, ayant été négligée depuis longtemps, et ce relâchement ayant attiré, des pays étrangers dans notre royaume, plusieurs de ces imposteurs, il serait arrivé
que, sous prétexte d'horoscope et de devination, et par le moyen des
prestiges des opérations des prétendues magies et autres illusions
semblables, dont cette sorte de gens ont accoutumé de se servir, ils
auraient surpris diverses personnes ignorantes ou crédules qui s'étaient
insensiblement engagées avec eux en passant des vaines curiosités
aux superstitions, et des superstitions aux impiétés et aux sacrilèges.
Et par une funeste suite d'engagement, ceux qui se sont le plus abandonnés à la conduite de ces séducteurs, se seraient portés à cette extrémité criminelle d'ajouter le maléfice et le poison aux impiétés et aux
sacrilèges, pour obtenir l'effet des promesses desdits séducteurs et pour
l'accomplissement de leurs méchantes prédictions. Ces pratiques étant
venues à notre connaissance, nous aurions employé tous les soins
possibles pour en faire cesser et pour arrêter par des moyens convenables, les progrès de ces détestables abominations; et, bien qu'après
la punition qui a été faite des principaux auteurs et complices de ces
crimes, nous dussions espérer que ces sortes de gens seraient pour
toujours bannis de nos états, et nos sujets garantis de leur surprise,
néanmoins, comme l'expérience du passé nous a fait connaître combien il est dangereux de souffrir les moindres abus qui portent aux
crimes de cette qualité, et combien il est difficile de les déraciner
lorsque par la dissimulation ou par le nombre des coupables ils sont
devenus crimes publics; ne voulant d'ailleurs rien omettre de ce qui

peut être de la plus grande gloire de Dieu, et de la pûreté de nos sujets. Nous avons jugé nécessaire de renouveler les anciennes ordonnances, et de prendre encore, en y ajoutant de nouvelles précautions,
tant à l'égard de ceux qui usent de maléfice et des poisons, que de
ceux qui, sous la vaine profession de devins, magiciens, sorciers ou autres noms semblables, condamnés par les lois divines et humaines, infectent et corrompent l'esprit des peuples par leurs discours et pratiques, et par la profanation de ce que la religion a de plus saint. Savoir
faisons, que nous, pour ces causes et autres à ce nous mouvant, et de
notre propre mouvement, certaine science, pleine puissance et autorité royale, avons dit, déclaré et ordonné, disons, déclarons et ordonnons par ces présentes signées de notre main, ce qui suit :

1. Que toutes personnes se mêlant de deviner, et se disant devins
ou devineresses, videront incessamment le royaume après les publications de notre présente déclaration, à peine de punition corporelle.

2. Défendons toutes pratiques superstitieuses, de fait, par écrit ou
par parole, soit en abusant des termes de l'Ecriture sainte ou des priè-
res de l'église, soit en disant ou en faisant des choses qui n'ont aucun
rapport aux causes naturelles, voulons que ceux qui se trouveront les
avoir enseignées, ensemble ceux qui les auront mises en usage, et qui
s'en sont servis pour quelque fin que ce puisse être, soient punis exem-
plairement et suivant l'exigence des cas.

3. Et s'il se trouvait à l'avenir des personnes assez méchantes pour
ajouter et joindre à la superstition l'impiété et le sacrilège, sous prétexte d'opérations, de prétendue magie, ou autre prétexte de pareille
qualité, nous voulons que celles qui s'en trouveront convaincues,
soient punies de mort.

4. Seront punis de semblables peines tous ceux qui seront convaincus de s'être servi de vénéfices et de poisons, soit que la mort s'en
soit ensuivie ou non, comme aussi ceux qui seront convaincus d'avoir
composé ou distribué du poison pour empoisonner. Et parce que
les crimes qui se commettent par ce poison, sont non-seulement les
plus détestables et les plus dangereux de tous, mais encore les plus
difficiles à découvrir. Nous voulons que tous ceux, sans exception, qui
auront connaissance qu'il aura été travaillé à faire du poison, qu'il en
aura été demandé ou donné, soient tenus de dénoncer incessamment
ce qu'ils en sauront à nos procureurs généraux ou à leurs substituts,
et en cas d'absence au premier officier public des lieux, à peine d'être
extraordinairement procédé contre eux, punis selon les circonstances,
et l'exigence des cas, comme fauteurs et complices desdits crimes, et
sans que les dénonciateurs soient sujets à aucune peine, ni même aux
intérêts civils, lorsqu'ils auront déclaré et articulé des faits ou des indices considérables qui seront trouvés véritables, et conformes à leur
dénonciation, quoique, dans la suite, les personnes comprises dans
lesdites dénonciations soient déchargées des accusations, dérogeant,
à cet effet, à l'article 73 de l'ordonnance d'Orléans, pour l'effet du vénéfice et du poison seulement, sauf à punir les calomniateurs selon
la rigueur de ladite ordonnance.

5. Ceux qui seront convaincus d'avoir attenté à la vie de quelqu'un
par vénéfice et poison, en sorte qu'il n'ait pas tenu à eux que ce crime
n'ait été consommé, seront punis de mort.

6. Seront réputés au nombre des poisons non-seulement ceux qui
peuvent causer une mort prompte et violente, mais aussi ceux qui, en
altérant peu à peu la santé, causent des maladies, soit que lesdits poisons soient simples, naturels ou composés et faits de main d'artiste;
et en conséquence défendons à toutes sortes de personnes à peine de
la vie, même aux médecins, apothicaires et chirurgiens, à peine de punition corporelle, d'avoir et garder de tels poisons simples ou prépa-

rés qui retenant toujours leur qualité de venin, et n'entrant en aucune composition ordinaire, ne peuvent servir qu'à nuire, et sont de leur nature pernicieux et mortels.

7. A l'égard de l'arsenic, du réagal, de l'orpiment et du sublimé, quoiqu'ils soient poisons dangereux de toute leur substance, comme ils entrent et sont employés en plusieurs compositions nécessaires, nous voulons, afin d'empêcher à l'avenir la trop grande facilité qu'il y a eu jusques ici d'en abuser, qu'il ne soit permis qu'aux marchands qui demeurent dans les villes d'en vendre, et d'en livrer, eux-mêmes seulement, aux médecins, apothicaires, chirurgiens, orfèvres, teinturiers, maréchaux et autres personnes publiques, qui, par leurs professions, sont obligés d'en employer, lesquelles néanmoins écriront en les prenant sur un registre particulier, tenu pour cet effet, par lesdits marchands, leurs noms, qualités et demeures, ensemble la quantité qu'ils auront prise desdits minéraux ; et si, au nombre desdits artisans qui s'en servent, il s'en trouve qui ne sachent écrire, les ditsmarchands écriront pour eux : quant aux personnes inconnues auxdits marchands, comme peuvent être les chirurgiens, les maréchaux des bourgs et villages, ils apporteront des certificats en bonne forme, contenant leurs noms, demeures et professions, signés du juge des lieux, ou d'un notaire et de deux témoins, ou du curé et de deux principaux habitans, lesquels certificats et attestations demeureront chez lesdits marchands pour être leur décharge. Seront aussi les épiciers, merciers et autres marchands demeurant dans lesdits bourgs et villages, tenus de remettre incessamment ce qu'ils auront desdits minéraux entre les mains des syndics, gardes ou anciens marchands épiciers ou apothicaires des villes plus prochaines des lieux où ils demeureront à peine de trois mille livres d'amende, en cas de contravention, même de punition corporelle, s'il y échet.

8. Enjoignons à tous ceux qui ont droit par leurs professions et métiers de vendre ou d'acheter des susdits minéraux, de les tenir en des lieux sûrs, dont ils garderont eux-mêmes la clef. Comme aussi leur enjoignons d'écrire sur un registre particulier la qualité des remèdes où ils auront employé desdits minéraux, les noms de ceux pour qui ils auront été faits, et la quantité qu'ils y auront employée, et d'arrêter à la fin de chaque année, sur leursdits registres, ce qui leur en restera ; le tout à peine de mille livres d'amende pour la première fois, et de plus grande, s'il y échet.

9. Défendons aux médecins, chirurgiens, apothicaires, épiciers, droguistes, orfèvres, teinturiers, maréchaux et tous autres de distribuer desdits minéraux en substances à quelque personne que ce puisse être et sous quelque prétexte que ce soit, sur peine d'être punis corporellement ; et seront tenus de composer eux-mêmes, ou de faire composer en leur présence, par leurs garçons, les remèdes où il devra entrer nécessairement desdits minéraux qu'ils donneront après cela à ceux qui en demanderont pour s'en servir aux usages ordinaires.

10. Défenses sont aussi faites à toutes personnes, autres qu'aux médecins et apothicaires, d'employer aucuns insectes vénéneux, comme serpents, crapauds, vipères et autres semblables, sous prétexte de s'en servir à des médicaments, ou à faire des expériences, et sous quelque autre prétexte que ce puisse être, s'ils n'en ont la permission expresse par écrit.

11. Faisons très expresses défenses à toutes personnes de quelque profession et condition qu'elles soient, excepté aux médecins approuvés, et dans le lieu de leur résidence, aux professeurs en chimie et aux maîtres apothicaires d'avoir aucuns laboratoires, et d'y travailler à aucunes préparations de drogues ou distillations, sous prétexte de remèdes chimiques, expériences, secrets particuliers, recherche de la pierre

philosophale, conversion, multiplication ou rafinement des métaux, confection de cristaux ou pierres de couleur, et autres semblables prétextes, sans avoir auparavant obtenu de nous, par lettres du grand sceau, la permission d'ouvrir lesdits laboratoires, présenté lesdites lettres, et fait déclaration en conséquence à nos juges et officiers de police des lieux. Défendons pareillement à tous distillateurs, vendeurs d'eau-de-vie, de faire autre distillation que celle de l'eau-de-vie, et de l'esprit de vin, sauf à être choisi d'entre eux le nombre qui sera jugé nécessaire pour la confection des eaux fortes dont l'usage est permis; lesquels ne pourront néanmoins y travailler qu'en vertu de nosdites lettres, et après en avoir fait leurs déclarations, à peine de punitions exemplaires.

Si donnons en mandement à nos amés et féaux les gens tenant notre Cour de Parlement de Paris, que ces présentes ils aient à faire lire, publier et enregistrer, et icelles exécuter selon leur forme et teneur, sans souffrir qu'il y soit contrevenu en quelque sorte et manière que ce soit : car tel est notre plaisir; et afin que ce soit chose ferme et stable à toujours, nous avons fait mettre notre scel à cesdites présentes. Donné à Versailles, au mois de juillet, l'an de grâce mil six cent quatre-vingt-deux, et de notre règne le quarantième. Signé LOUIS. Et plus bas par le roi, Colbert. Visa, Letellier. Registré à Paris en parlement, le trente-un août mil six cent quatre-vingt-deux. Signé, DOUGOIS.

N° **22**.—*Arrêts du parlement de Paris, pour le commerce des beurres, fromages, œufs et fruits.*

Du 22 février 1691.

Leur fait défense (aux maîtres fruitiers) et à tous autres regrattiers, d'aller au devant desdites marchandises foraines, arrêter les denrées qui seraient en chemin d'être amenées en cette ville, par eau ou par terre, d'acheter ou faire acheter par personnes interposées, prendre et arrêter ès mains dudit forain, ès halles, ès marchés publics, ès bateaux, aucuns fruits et autres denrées, pour les vendre et appliquer à leur profit; comme aussi a fait très-expresses inhibitions et défenses aux épiciers de contraindre ni obliger les marchands forains d'envoyer et faire décharger à leur bureau les marchandises de beurres, fromages, pruneaux, figues, raisins et autres fruits cuits, amandes, avelines, pois, marrons et autres légumes et fruits, la peine de confiscation et d'amende, toutes lesquelles marchandises lesdits marchands forains seront tenus de faire décharger, exposer en vente aux halles et autres marchés publics, sur les mêmes peines...... sera loisible aux marchands forains..... vendre et débiter en toutes libertés..... à la charge néanmoins de n'en abuser et de ne déguiser leur marchandise, laquelle ils seront tenus de livrer et garantir aussi bonne et loyale dessous comme dessus, sur peine contre ceux qui se trouveront avoir commis fraudes et abus, ou déguisement, de confiscation de la marchandise et d'amende, ou plus griève punition s'il lui échoit.....

... Aussi ne pourront lesdits marchands forains vendre leurs denrées ès hôtelleries et autres lieux où ils seront logés, ni par les chemins en les amenant à Paris, depuis qu'ils seront entrés en sures bornes et limites, savoir : Longjumeau, Choisy, Louvres et Montmorency, ainsi seront tenus les amener aux marchés pour y être vendus et débités publiquement, sans qu'il soit fait réserve ni magasins..... fait très-expresses inhibitions et défenses à tous marchands épiciers, regrattiers, et autres personnes de faire aucuns mélanges ou patrouillements desdits beurres, sur peine de confiscation, d'amende arbitraire, et de punition corporelle si le cas y échet.

MONT-DE-PIÉTÉ.

Nᵒ **23.**—*Ordonnance de police du 18 juin 1698 (1).*

Nᵒ **24.**—*Ordonnance de police pour faire vider les eaux des caves et des puits.*

Du 14 mai 1701.

Ordonnons à tous propriétaires et locataires des maisons de cette ville et faubourgs, qui ont de l'eau dans leurs caves, de les faire incessamment vider, ensemble les puits desdites maisons dont les eaux sont grossies et enflées par celles-là; et, à cet effet, leur enjoignons d'y mettre des ouvriers, dans trois jours après la publication de la présente ordonnance, pour y travailler sans discontinuation......, à peine de 500 livres d'amende, et de tous dépens, dommages et intérêts, qui pourront être prétendus par les voisins, auxquels les deux plus proches, ou l'un d'entre eux, il est permis de faire vider les eaux des caves de ceux qui auront négligé de le faire, aux frais des négligens; et les locataires qui, au défaut des propriétaires, emploieront et paieront les ouvriers de leurs salaires justes et raisonnables, les pourront retenir sur les loyers, par préférence à toute saisie faite ou à faire. Mandons aux commissaires du Châtelet de se transporter dans les lieux où il conviendra de faire travailler, pour tenir la main à l'avancement du travail.........

Nᵒ **25.**—*Ordonnance de police contre les chiffonniers qui infectent l'air par les immondices de leur profession, publiée et affichée le 23 du même mois.*

Du 10 juin 1701.

Sur le rapport fait à l'audience de police au Châtelet par maître Pierre Dumesnil, conseiller du roy, commissaire au Châtelet de Paris, ancien préposé pour le fait de la police au quartier Saint-Martin; qu'il a reçu plusieurs plaintes, tant des bourgeois et propriétaires, que des locataires de la rue Neuve-Saint-Martin; de ce que plusieurs particuliers chiffonniers et autres demeurants en ladite rue, cul-de-sac d'icelle et ès-environs, se mêlent de trafiquer de chiens, pour la nourriture desquels ils font provision de chair de chevaux qui infectent le quartier; lesquels chiens au nombre de plus de deux cents ils lâchent

---

(1) Voyez celle du 8 novembre 1780, concernant la sûreté publique.

la nuit et le jour dans la rue, en sorte que des passans en ont été mordus ; et lorsque ces chiens sont renfermez, ils troublent par leurs hurlements le repos des habitants pendant la nuit ; comme aussi de ce que lui commissaire a eu avis qu'au préjudice des ordonnances et règlements de police qui font défenses aux chiffonniers de vaguer et aller dans les rues de cette ville et faubourgs qu'à la pointe du jour ; aucuns d'eux se sont mis en usage depuis quelques années, et nonobstant les défenses qui leur furent par nous réitérées l'année dernière, de sortir de leurs maisons à minuit, et de marcher dans les rues sous prétexte d'amasser des chiffons ; ce qui peut donner lieu à la plus grande partie des vols qui se font tant des auvents, que des grilles et des enseignes, même causer ou favoriser l'ouverture des boutiques, salles et cuisines qui vont au rez de chaussée, étant facile auxdits chiffonniers d'en tirer avec les crocs dont ils se servent, les linges et la plûpart des choses qu'on a coûtume d'y laisser, à quoi étant nécessaire de pourvoir : nous, après avoir oüi ledit commissaire en son rapport et les gens du roy en leurs conclusions; ordonnons que les arrêts, statuts et règlements de police seront exécutez selon leur forme et teneur; et en conséquence avons fait défenses à tous chiffonniers, chiffonnières et autres, de vaguer par les rues, ni d'amasser des chiffons avant la pointe du jour, à peine de trois cents livres d'amende et de punition corporelle. Mandons aux officiers du guet d'emprisonner les contrevenants. Leur défendons pareillement d'avoir dans leurs maisons plus d'un chien qu'ils seront tenus d'enfermer pendant la nuit, en sorte que les voisins ni les passans n'en puissent recevoir aucune incommodité; faisons défenses auxdits chiffonniers et écorcheurs de chiens et autres animaux, et à toutes autres personnes telles qu'elles puissent être, de fondre ni faire fondre en leurs maisons aucunes graisses de chevaux, chiens, chats et autres animaux pour quelque cause et occasion que ce soit. Leur enjoignons de faire ladite fonte dans les lieux écartez hors de la ville, et à telle distance que la mauvaise odeur n'en puisse incommoder les citoyens ; le tout à peine de trois cents livres d'amende : permettons d'emprisonner les contrevenants en vertu de la présente ordonnance qui sera exécutée nonobstant oppositions ou appellations quelconques ; lue et publiée à son de trompe et cry public dans ladite rue Neuve-Saint-Martin, et affichée partout où besoin sera. Mandons aux commissaires du Châtelet, et à tous autres officiers de police de tenir la main à son exécution. Ce fut fait et donné par messire Marc-René De Voyer De Paulmy d'Argenson, chevalier, conseiller du roy en ses conseils, maître des requêtes ordinaire de son hôtel et lieutenant général de police de la ville, prévôté et vicomté de Paris, le vendredy dixième juin mil sept cent un. Signé : DE VOYER D'ARGENSON.

CHAILLON, greffier.

N° **26**. — *Arrêt du conseil d'Etat du roi, rendu en faveur de la communauté des marchands bouchers de la ville et faubourgs de Paris.*

[Du 27 décembre 1707.

Le roi, étant en son conseil..... a ordonné et ordonne que l'arrêt du conseil du 1ᵉʳ avril 1704 sera exécuté selon sa forme et teneur; permet, sa majesté, aux marchands bouchers de ladite ville et faubourgs de Paris de le mettre à exécution ; réitère, sa majesté, les défenses faites par ledit arrêt à toutes personnes, de quelque condition qu'elles soient, de tuer, étaler, vendre ni débiter quelques sortes de viandes que ce puisse être, dans les lieux qui s'ensuivent ; savoir : au-delà de la barrière du Trône, à main gauche, où il y a quelques maisons nouvellement bâties, appelées le Petit-Briollet ; au-delà de la barrière de la Croix-Faubain, au lieu appelé le Petit-Charonne ; au-delà de la barrière du Temple, au lieu appelé la Courtille ou le Grand-Briollet ; au-delà des barrières de la Porte-Saint-Martin, près la fosse de la Voirie ; au-delà des barrières de Porcherons ; au-delà des barrières de la Porte-Saint-Honoré, à la Ville-l'Evêque et au Roule ; au-delà des barrières des Chartreux, après la Croix, au lieu appelé Saint-Michel, sur le chemin de Châtillon ; au-delà de la barrière de la Porte-Saint-Jacques, près le lieu appelé la Santé ou l'Hôpital-Sainte-Anne, au lieu appelé le Petit-Gentilly ; au-delà de la barrière des Gobelins, au moulin appelé Coullebarde, ni en aucuns autres lieu ni endroits que ce puisse être ; au-delà et aux environs des dernières barrières de ladite ville de Paris, où il n'y a point de paroisse ; et ce, à peine de confiscation tant des bêtes et viandes, que des meubles et ustensiles servant à la boucherie et audit commerce ; et, en outre, de 300 livres d'amende et même d'emprisonnement..... Ordonne, en outre, sa majesté, qu'il ne pourra y avoir que deux bouchers, ou tel autre nombre qui sera par elle réglé, dans chacune des paroisses de Passy, Auteuil, Gentilly, Arcueil, Villejuif et dans chacune des autres paroisses les plus voisines des barrières de ladite ville et faubourgs ; lesquels bouchers seront taillables et habitans des mêmes paroisses dans lesquelles ils feront leur commerce, sans qu'ils puissent s'établir dans les hameaux et maisons écartées ; réitère pareillement, sa majesté, les défenses faites par ledit arrêt à toutes personnes, de quelque qualité et condition qu'elles puissent être autres que lesdits bouchers taillables et habitans desdites paroisses, de s'y établir, tuer, étaler, vendre et débiter aucunes sortes de viandes, comme aussi à toutes personnes qui ont des jardins à l'extrémité desdits faubourgs, d'avoir aucunes ouvertures sur la campagne, et à toutes harangères, regrattières et autres personnes des halles et marchés, à tous domestiques de quelque personne que ce puisse être, et généralement à toutes personnes de quelque condition que ce soit, de vendre et exposer aucunes viandes de boucherie au pilory, ni aux environs, ni en aucun autre endroit des halles, marchés ou autres de ladite ville et faubourgs ; le tout sous les peines portées par ledit arrêt.

N° **27.** — *Arrêt du conseil d'Etat du roi, qui fait défenses à aucuns bouchers et autres de tuer, vendre ni débiter aucunes viandes dans les environs de Paris.*

Du 15 novembre 1712.

Le roi..... ordonne que lesdits arrêts (des 1er avril 1704 et 27 décembre 1707) seront exécutés selon leur forme et teneur, et conformément à iceux, fait, sa majesté, itératives et très expresses défenses à toutes personnes, de quelques conditions qu'elles soient, de tuer, étaler, vendre ni débiter quelque sorte de viande que ce puisse être..... au-delà et aux environs des dernières barrières de la ville de Paris, et ce, à peine de confiscation, tant des bêtes et viandes, que des meubles et ustensiles servant à la boucherie et audit commerce, et, en outre, de 300 livres d'amende et même d'emprisonnement.

N° **28**. — *Déclaration du roi, portant règlement pour les recommandaresses et nourrices.*

Du 29 janvier 1715, registrée le 14 février suivant.

2. Il y aura, dans chaque bureau de recommandaresses, un registre qui sera paraphé par le lieutenant général de police.

7. Il sera pareillement fait mention sur le registre, tant du nom et de l'âge de l'enfant qui sera donné à la nourrice, que du nom, de la demeure et de la profession de son père, ou de la personne de qui elle aura reçu l'enfant, et il sera délivré une copie du tout à chaque nourrice par la recommandaresse du bureau où elle se sera présentée, et sera ladite copie signée par la recommandaresse et visée par le commissaire; le tout à peine, contre les recommandaresses qui auront contrevenu au présent article, de 50 livres d'amende pour chaque contravention et d'interdiction pour trois mois, même de plus grande punition s'il y échoit.

8. Les nourrices seront tenues de représenter ladite copie au curé de leur paroisse, qui leur en donnera un certificat, lequel elles auront soin d'envoyer au lieutenant général de police, qui le fera remettre à chacune des recommandaresses, pour être joint au premier certificat du curé, dont sera fait note sur le registre en marge de l'article, à quoi le commissaire tiendra la main; et les nourrices, faute de satisfaire au présent article, seront condamnées en 50 livres d'amende dont les maris seront responsables.

10. Défendons aux meneuses de conduire et d'adresser des nourrices, ailleurs qu'à l'un des quatre bureaux des recommandaresses, sous les mêmes peines de 50 livres d'amende.

12. Seront tenues les nourrices, sous les mêmes peines (de 50 livres d'amende contre le mari), d'avertir les pères et mères ou autres personnes de qui elles auront reçu les enfants, des empêchements qui ne leur permettront plus d'en continuer la nourriture, et des raisons qui les auront obligées de les remettre à d'autres dont elles indiqueront, en ce cas, le nom, la demeure et la profession; comme aussi seront tenues les nourrices, en cas de grossesse, d'en donner avis, au moins dans le deuxième mois, aux pères et mères des enfants ou autres personnes qui les en auront chargées; et pareillement, en cas de décès des enfants dont elles auront été chargées, elles seront obligées d'en avertir les pères et mères des enfants ou autres personnes qui les en auront chargées, et de leur envoyer l'extrait mortuaire desdits enfants; et si le curé exige d'elles les droits pour l'expédition dudit extrait, elles en seront remboursées par les pères et mères ou autres de qui elles auront reçu lesdits enfants, en vertu de l'ordonnance qui sera rendue par le lieutenant général de police, en cas qu'ils refusent de le faire volontairement.

13. Défendons aux nourrices, à peine de 50 livres d'amende, de ramener ou de renvoyer leurs nourrissons, sous quelque prétexte que ce soit, même pour défaut de payement, sans en avoir donné avis par écrit aux pères et mères ou autres personnes qui les en auront chargées, et sans en avoir reçu un ordre exprès de leur part; et en cas que lesdits pères et mères ou autres personnes négligent de répondre à l'avis qui leur aura été donné, les nourrices en informeront, ou par

elles-mêmes, ou par l'entremise du curé de leur paroisse, le lieutenant
général de police qui y pourvoira sur le champ, soit en faisant payer
les mois échus qui se trouveront dus, soit en permettant aux nourrices
de ramener ou de renvoyer l'enfant, pour être remis entre les mains
de qui il sera ordonné par ledit lieutenant général de police.

N° **29.** — *Sentence de police qui enjoint aux propriétaires et
locataires de jardins et marais de mettre autour des puits et
tonneaux des défenses.*

Ordonnance du 4 septembre 1716, renouvelant celle du 18 novembre 1701.

Avons enjoint à tous bourgeois, jardiniers et autres propriétaires ou
locataires de jardins et marais, sis en cette ville et faubourgs de Paris
et lieux adjacents, de faire incontinent autour des puits, fosses ou tonneaux qui seront dans l'étendue desdits marais et jardins, des défenses de pierres et pieux ou des palissades, à peine de 200 livres d'a-
mende contre chacun des contrevenants ou refusants, et de punition
exemplaire, s'il y échoit.

N° **30.** — *Ordonnance des prévôt des marchands et échevins de
Paris, concernant la police des ports et quais de ladite ville.*

Du 15 janvier 1720.

..... Leur faisons défenses (aux commis mesureurs de charbon)
d'en mesurer que dans des mesures étalonnées, et d'en laisser mesurer aucun par les garçons de la pelle qu'en leur présence et dans lesdites mesures étalonnées...
..... Défendons auxdits mesureurs de charbon de quitter les bateaux auxquels ils ont été départis qu'ils ne soient entièrement vides;
le tout à peine de 100 livres d'amende pour chacune contravention.
Défendons pareillement auxdits garçons de la pelle de mettre aucun
charbon dans les mesures que pendant les heures ci-dessus marquées,
ni hors d'icelles, qu'en présence de l'un desdits commis mesureurs de
charbon, à peine de 50 livres d'amende pour la première contravention, et d'être chassés de dessus les ports en cas de récidive ; et à tous
plumets porteurs de charbon, de s'immiscer à mettre aucun charbon
dans lesdites mesures, sous les mêmes peines.....

N° **31.** — *Arrêt du conseil d'Etat du roi, concernant les volailles,
gibiers, beurres, œufs et fromages.*

Du 16 avril 1720.

Sa majesté a ordonné et ordonne que lesdits déclarations, arrêts et
règlements de police pour les marchandises de volailles, gibiers,
beurres, œufs et fromages, seront exécutés selon leur forme et teneur;
ce faisant, que tous marchands forains desdites marchandises qui les
auront fait entrer dans les anciennes bornes et limites de la ville de
Paris, savoir : Longjumeau, Louvres, Neaufle et autres lieux de pa-

reils éloignements aux environs d'icelle, seront tenus d'y amener leurs marchandises par les carreaux de la Vallée et des halles, pour être exposées en vente, sans que les forains puissent les vendre ni débiter dans les marchés qui se tiennent dans l'étendue desdites limites, ni en fassent aucun entrepôt, magasin et vente en gros ni en détail, même dans les villages qui sont au dedans desdites limites, les mettre en magasin ou même les entreposer, non seulement dans lesdites limites, mais aussi dans ladite ville et faubourgs de Paris, ni enfin les débiter ailleurs que dans les marchés et places publiques de ladite ville de Paris à ce destinés, où ils seront tenus de les faire conduire et descendre directement, sans que, pour quelques causes et occasions que ce soient, ils puissent les mener et descendre dans les hôtelleries, chez les rôtisseurs, aubergistes, traiteurs ou cabaretiers, dans aucunes maisons séculières ou régulières, non plus que dans les maisons des habitants ou bourgeois de quelque qualité ou condition qu'ils soient, à peine de confiscation et de 500 livres d'amende, dont moitié sera au profit de l'Hôpital-Général, et l'autre moitié au profit du dénonciateur, s'il y en a, ou des commis qui auront fait la saisie.

Fait, sa majesté, très expresses inhibitions et défenses à tous maîtres rôtisseurs, même aux jurés de ladite communauté, d'enlever aucunes marchandises à leur arrivée sur les carreaux de la Vallée et des halles, ni même d'en donner la permission à qui que ce soit, avant les heures prescrites par les ordonnances..... sous les mêmes peines que dessus.

..... Ordonne, en outre, sa majesté, que les marchands forains de volailles, gibiers, œufs, beurres et fromages seront tenus de faire à l'avenir leur déclaration aux commis de la ferme des aides, qui sont aux portes et barrières de ladite ville et faubourgs de Paris, de la qualité, quantité, au poids de leurs marchandises, à peine de confiscation d'icelles.....

Enjoint, sa majesté, aux brigades des maréchaussées des environs de ladite ville de Paris, chacune dans leur département, de faire des perquisitions exactes dans les maisons des villages circonvoisins, dans l'étendue desdites limites, où ils soupçonneront qu'il y aura des magasins ou des entrepôts, et, en ce cas, de saisir les marchandises qui s'y trouveront, d'en dresser procès-verbaux, et de faire conduire lesdites marchandises emmagasinées ou entreposées, savoir : à la Vallée, si ce sont des volailles ou du gibier, et à la Halle, si ce sont des beurres, œufs ou fromages ; comme aussi d'arrêter et conduire en prison les rôtisseurs, fruitiers-orangers ou autres qui vont au-devant des marchandises pour les acheter, et même de saisir les marchandises qu'ils auront achetées ou enbarrées, dont ils dresseront des procès-verbaux, ce qui sera exécuté nonobstant opposition ou empêchement quelconque, sans préjudice des saisies qui pourront être faites à la diligence des commissaires du Châtelet, auxquels sa majesté enjoint d'employer tous leurs soins pour faire observer les arrêts et règlements de police sur le fait desdites marchandises.

FÊTE-DIEU (PROCESSION DE LA).

N° **32.** — *Ordonnance de police sur la tenture des maisons, dans les rues par lesquelles les processions du Très-Saint-Sacrement passent.*

Du 18 mai 1720.

Enjoignons à tous bourgeois de tendre ou faire tendre le devant de

leurs maisons, dans toutes les rues par lesquelles les processions du Très-Saint-Sacrement doivent passer ; leur défendons de commencer à détendre ou faire détendre, sinon une demi-heure après que les processions seront entièrement passées, en sorte qu'il n'y arrive aucun accident, soit par la chute des échelles, ou en toute autre manière, et seront les contrevenants condamnés en 100 livres d'amende, dont les pères, les maîtres et les chefs des maisons et familles seront civilement tenus pour leurs enfans, serviteurs et domestiques, même pour les tapissiers et autres ouvriers qu'ils auront employés.

N° **33**. — *Ordonnance de police, portant règlement pour la vente des suifs et de la chandelle.*

Du 2 août 1720.

10. Ordonnons..... que les commis qui seront par nous préposés, se transporteront dans les maisons, échaudoirs, boutiques, magasins desdits bouchers et chandeliers, à l'effet de faire des visites et des inventaires des suifs ou chandelles qu'ils y auront trouvés, et de connaître si les déclarations des uns et des autres sont exactes ; enjoignons aux bouchers et aux chandeliers de faire ouverture de leur portes, de souffrir lesdites visites, même l'enlèvement qui sera fait des marchandises non déclarées, pour les mettre en bonne et sûre garde, après que, par ces commis, il en aura été dressé procès-verbal, à peine d'être procédé extraordinairement contre les contrevenants, et punis suivant la rigueur des ordonnances.

11. Enjoignons aux commissaires du Châtelet, chacun à leur égard, de se transporter à l'instant qu'ils en seront requis par les commis qui seront par nous préposés, dans les maisons desdits bouchers et chandeliers, pour être présents à la visite et inventaire qui seront faits par lesdits commis ; et, en cas de refus d'ouverture des lieux où les uns et les autres resserrent leurs suifs, et de les faire ouvrir par un serrurier, suivant l'ordonnance ; leur enjoignons, en outre, et à tous officiers de police et autres, de prêter main forte et de tenir la main à l'exécution de notre présente ordonnance.

N° **34**. — *Ordonnance du lieutenant général de police, concernant la vente du fruit.*

Du 15 février 1721.

Avons fait très-expresses inhibitions et défenses à tous marchands forains, maîtres fruitiers et regrattiers, de vendre, exposer et débiter aucuns fruits de telle espèce que ce soit, sur les parapets, etc..... ; leur enjoignons expressément de se retirer dans la Halle et dans la rue de la Grande-Chauffeterie, joignant ladite Halle, où ils seront tenus de se placer, sans toutefois qu'ils puissent embarrasser le devant des boutiques des marchands qui demeurent dans ladite rue, pour y exposer, vendre et débiter leurs fruits, après néanmoins qu'ils auront été visités....., et ce jusqu'à huit heures du matin en été, et jusqu'à neuf heures en hiver, passé lesquelles heures ils seront tenus de se retirer avec leurs chevaux, voitures, paniers, mannequins.

Faisons, en outre, pareilles très-expresses inhibitions et défenses auxdits marchands forains, regrattiers et autres, de s'arrêter, recéler, vendre et débiter leurs marchandises ailleurs que dans les halles et dans le milieu de ladite rue de la Grande-Chauffeterie, à peine de saisie desdites marchandises, animaux et voitures, confiscation, 500 livres d'amende et de tous dépens, dommages et intérêts. Avons fait et faisons pareilles et très-expresses inhibitions et défenses à toutes personnes de s'opposer à l'arrivée desdits marchands et au placement de ceux qui leur apporteront dans le milieu de ladite rue de la Grande-Chauffeterie, à peine de 100 livres d'amende pour chaque contravention et de tous dépens, dommages et intérêts.

N° 35. — *Arrêt du conseil d'État du roi portant règlement pour les colporteurs et afficheurs.*

Du 13 septembre 1722, renouvelé par l'arrêt du conseil d'état du 28 février 1723 ci-après rapporté.

1. Aucune personne ne pourra faire le métier de colporteur ou d'afficheur, s'il ne sait lire et écrire, et qu'après avoir été..... reçu..... et seront tenus, trois jours après qu'ils auront été reçus, de faire enregistrer leurs noms et demeures, avec soumission de déclarer les maisons où ils iront loger, dans le cas de changement de domicile. Entend, sa majesté, qu'ils fassent pareilles déclarations aux commissaires des quartiers où ils demeureront. Veut, en outre, sa majesté, qu'à la porte de chaque logis où lesdits colporteurs et afficheurs feront leurs demeures, il y ait une affiche imprimée qui indique leurs noms et leurs fonctions, comme aussi qu'ils soient tenus de porter une marque ou écusson de cuivre, au-devant de leur habit, où sera écrit *colporteur* ou *afficheur*, le tout à peine d'interdiction et de 50 livres d'amende.

4. Fait, sa majesté, défenses auxdits colporteurs, de colporter, vendre et débiter aucuns livres, factums, mémoires, feuilles ou libelles sur quelque matière ou de quelque volume que ce soit; leur permet seulement de vendre des édits, des déclarations, ordonnances, arrêts ou autres mandements de justice dont la publication aura été ordonnée, des almanachs et des tarifs, comme aussi des petits livres qui ne dépasseront pas huit feuilles, brochés et reliés à la corde, imprimés avec privilége ou permission par les imprimeurs de Paris seulement, avec le nom du libraire; le tout à peine de prison, de confiscation et de punition corporelle, suivant l'exigence des cas.

5. Défend pareillement, sa majesté, à tous afficheurs, sous les mêmes peines, de poser aucune affiche où il ne sera pas fait mention..... de la permission du lieutenant général de police, en ce qui concerne les placards de toute espèce, à l'exception des édits, déclarations et ordonnances, arrêts et autres mandements de justice dont la publication aura été ordonnée; comme aussi des affiches de comédies et de l'Opéra; veut, sa majesté, que lesdits afficheurs portent à la chambre des libraires et imprimeurs de Paris, les mardi et vendredi de chaque semaine, une copie des affiches qui leur seront remises, au bas desquelles ils inscriront leurs noms.

6. ..... Leur fait défenses d'avoir aucuns apprentis, de tenir boutique ou magasin, et de faire imprimer aucune chose en leur nom ou pour leur compte; le tout à peine d'amende, de prison, de confiscation et de punition corporelle.

9. Fait, sa majesté, très-expresses inhibitions et défenses à toutes personnes, de quelque qualité et condition qu'elles soient, de donner à ceux qui se trouveront colporter ou afficher sans qualité, ou à ceux des colporteurs ou afficheurs qui se trouveraient en faute dans leurs fonctions, aide, secours et main-forte contre les officiers de police et autres préposés pour en faire la recherche, à peine de désobéissance et d'être puni comme rebelles et perturbateurs de l'ordre public.

N° **36.** — *Arrêt du conseil d'Etat du roi, portant règlement pour la librairie et imprimerie de Paris* (1).

Du 28 février 1723.

69. Aucun ne pourra faire le métier de colporteur, s'il ne sait lire et écrire, et qu'après avoir été présenté au lieutenant général de police, et par lui reçu.....

70. Tous les colporteurs seront tenus, trois jours après qu'ils auront été reçus, de faire enregistrer leurs noms et leurs demeures dans le livre de la communauté, avec permission d'y venir déclarer les maisons où ils iront loger, dans le cas de changement de domicile; et ils feront pareilles déclarations aux commissaires des quartiers où ils demeureront, à peine d'interdiction et de 50 livres d'amende.

71. ..... Il leur sera permis de vendre par la ville et les faubourgs, et les lieux qu'ils trouveront plus avantageux pour le débit, sans qu'au surplus ni les uns ni les autres puissent avoir aucuns imprimés ailleurs que dans leurs maisons; le tout à peine d'interdiction, de 50 livres d'amende et dépens.

72. Fait, sa majesté, défenses auxdits colporteurs de colporter, vendre et débiter aucuns livres, factums, mémoires, feuilles ou libelles, sur quelques matières ou de quelque volume que ce soit, à l'exception des édits, déclarations, ordonnances, arrêts ou autres mandements de justice, dont la publication aura été ordonnée; des almanachs et des tarifs, comme aussi de petits livres qui ne passeront pas huit feuilles, brochés et reliés à la corde.....; le tout à peine de prison, de confiscation et de punition corporelle, selon l'exigence des cas.

73. Ne pourront, lesdits colporteurs, tenir boutique ou magasin, ni faire imprimer aucune chose en leur nom et pour leur compte.

74. Seront tenus, iceux colporteurs, de porter une marque ou écusson de cuivre, au-devant de leurs habits, où sera écrit *colporteur*, et chacun d'eux aura une malle dans laquelle ils porteront les imprimés qu'il exposeront en vente, tels qu'ils sont ci-dessus énoncés, et qu'il leur est permis de vendre et débiter; le tout à peine d'amende, de prison, de confiscation et de punition exemplaire..... (2).

---

(1) Un arrêt du conseil d'état du roi du 24 mars 1744, a rendu ce réglement exécutoire pour tout le royaume.

(2) Les dispositions ci-dessus, relatives aux colporteurs, sont encore l'objet d'un arrêt du conseil du 13 septembre 1722, rapporté ci-dessus à cause des afficheurs.

N° 37. — *Déclaration du roi, portant que les blés, farines et autres grains ne pourront être vendus, achetés ni mesurés, ailleurs que dans les halles et marchés.*

Du 19 avril 1723, registrée le 4 mai de la même année.

Ordonnons que, dorénavant, les blés, farines, orges, avoines et autres grains ne pourront être vendus, achetés ni mesurés ailleurs que dans les halles et marchés, ou sur les ports ordinaires des villes, bourgs et lieux de notre royaume où il y en a d'établis. Faisons très-expresses inhibitions et défenses à tous marchands, laboureurs, fermiers, boulangers, pâtissiers, brasseurs de bière, meuniers, grainiers et à toutes autres personnes généralement, de quelque qualité et condition qu'elles soient, de vendre ni d'acheter, ailleurs que dans les ports, halles et marchés publics, aucuns blés, farines et autres grains, ni d'y en envoyer aucunes montres ou échantillons, pour les vendre ensuite, sur le tas, dans des greniers, granges, maisons ou magasins particuliers, à peine de confiscation des choses vendues ou achetées hors desdits ports, halles et marchés et de mille livres d'amende contre chacun des vendeurs et acheteurs, dont le tiers appartiendra au dénonciateur, sans que cette peine puisse être réputée comminatoire, ni modérée par aucun juge, sous quelque prétexte que ce soit. Voulons, au surplus, que les édits et déclarations rendus concernant le trafic et commerce de blés, et la police des marchés, soient exécutés selon leur forme et teneur.

N° 38. — *Sentence du Châtelet de Paris, relative aux chiens élevés ou amenés dans Paris.*

Du 20 avril 1725.

Fait défenses à tous marchands, artisans et autres, de laisser vaguer dans les rues, soit de jour, soit de nuit, les chiens qui leur appartiennent ; leur enjoint de les tenir enfermés et attachés dans leur maison, sans que, sous quelque prétexte que ce puisse être, il leur soit permis de se faire suivre par lesdits chiens, ni de les mener avec eux, à moins qu'ils ne les tiennent attachés et en laisse : comme aussi, fait défenses d'exciter et agacer lesdits chiens les uns contre les autres ; le tout à peine de deux cents livres d'amende contre chacun des contrevenants, même d'être procédé contre eux extraordinairement si le cas y échoit, et d'être civilement responsables des dommages que lesdits chiens pourraient causer.

Pareilles défenses, et sous les mêmes peines, de faire tirer des charrettes et chaises dans les rues de Paris, au cours, aux Champs-Elysées, aux promenades publiques par des chiens.

L'ordonnance de police du 21 mai 1784, ajoute :

Pourront les chiens épars et abandonnés dans les rues, soit de jour, soit de nuit, être tués et portés à la voirie, par ceux qui en auront connaissance de notre part.

Défendons à toutes personnes de s'y opposer, à peine d'être poursuivis extraordinairement si le cas le requiert.

---

(1) Renouvelée le 21 mai 1784.

N° **39**. — *Arrêt du parlement portant règlement pour toutes les marchandises de bois à brûler et de charbons, pour la provision de la ville de Paris.*

Du 24 juillet 1725.

1. Les préposés pour la mesure, vente et enlèvement desdites marchandises, seront tenus de se trouver exactement sur les ports, quais et places, et dans les chantiers, pour y faire leurs fonctions tous les jours de travail....., sans qu'ils puissent s'en dispenser, si ce n'est en cas de maladie, ou par le congé des prévôt des marchands et échevins; leur enjoint de faire le service en personne, et non par gens interposés, et de se comporter sagement et modestement; leur fait défenses d'exciter entr'eux aucunes querelles ni disputes, de s'injurier, molester, ni d'entreprendre sur les fonctions les uns des autres; leur fait pareillement défense de porter des épées; le tout à peine de cent livres d'amende pour chaque contravention; même de plus grande peine s'il y échet.

6. Enjoint auxdits marchands de bois, tant neuf que flotté, de livrer jusqu'à une demi-voie de bois, de quelqu'espèce et qualité qu'elle leur soit demandée; leur fait inhibitions et défenses d'en refuser ni d'obliger d'en prendre d'autre espèce, ou en plus grande quantité que celle qui leur aura été demandée; leur fait pareillement défenses de faire charger les bois dans un plus grand nombre de charrettes que de voies, ni de vendre les trois quarts d'une voie. Fait aussi inhibitions et défenses aux marchands de bois flottés, de refuser de vendre les fagots de bois de menuise et les falourdes de perches à pièce, le tout à peine de cinquante livres d'amende pour chaque contravention.

7. Enjoint pareillement aux marchands de bois flotté de faire triquer leurs bois et de les faire empiler dans leurs chantiers séparément, selon leurs différentes qualités, et de mettre chaque pile à telle distance qu'elle puisse être entièrement vue et visitée par les commis à ce préposés; comme aussi leur fait défenses de faire des théâtres plus haut de trente-deux pieds, à peine de confiscation de leurs marchandises.

8. Fait inhibitions et défenses aux marchands de bois neuf, de faire arriver en même bateau des bois neufs mélangés de différentes qualités; mais seront tenus de les mettre en piles séparées : et pareillement défenses à eux d'élever des théâtres au-delà de trente-deux pieds, sous les mêmes peines.

9. Fait aussi inhibitions et défenses aux marchands de bois, tant neuf que flotté, leurs femmes, enfants et domestiques, charretiers, gagne-deniers et toutes autres personnes, de faire les fonctions desdits mouleurs, de mettre aucuns bois dans les membrures, ou les charger en charrette en l'absence desdits mouleurs, et hors les heures ci-dessus marquées, à peine de cent livres d'amende pour chaque contravention, dont le marchand demeurera responsable, ensemble de confiscation des charrettes et chevaux contre les charretiers, et de punition corporelle contre les gagne-deniers; même d'interdiction de commerce contre les marchands, en cas de récidive.

10. Fait pareillement inhibitions et défenses à tous soldats, plumets, gagne-deniers et autres de travailler à la décharge et enlèvement des marchandises sur les ports de cette ville, s'ils n'en sont requis par les marchands ou bourgeois, d'ôter auxdits marchands ou bourgeois la liberté de faire la décharge ou enlèvement des marchandises, ou de se choisir telles personnes qu'ils voudront pour faire lesdites décharges ou enlèvements, d'aller au-devant des acheteurs, et de

les contraindre d'acheter plutôt d'un marchand que d'un autre, et
d'exiger desdits marchands ou bourgeois, pour leur travail, plus que
le prix convenu ; le tout à peine de cinquante livres d'amende pour
la première contravention, la moitié de laquelle appartiendra au dénonciateur, et d'être chassé pour toujours des ports au cas de récidive ; leur fait pareilles inhibitions et défenses d'emporter aucuns bois
desdits ports, ni aucune marchandise pour leur profit, quand elle leur
aurait été volontairement donnée par les marchands, sous pareilles
peines. (*Id.*)

11....... Leur fait défenses (aux commis-mesureurs de charbons)
d'en mesurer que dans des mesures étalonnées, et d'en laisser mesurer
aucunes par leurs garçons de pelle qu'en leur présence, et dans lesdites mesures étalonnées..... Fait pareillement défenses auxdits mesureurs de charbons, de quitter les bateaux auxquels ils auront été
départis, qu'ils ne soient entièrement vides; le tout à peine de cent
livres d'amende pour chaque contravention; et défenses auxdits garçons de pelle, de mettre aucun charbon dans les mesures pendant
les heures ci-dessus marquées, qu'en présence de l'un desdits mesureurs de charbon, à peine de cinquante livres d'amende pour la première contravention, et d'être chassés de dessus les ports en cas de
récidive ; et à tous plumets, porteurs de charbon, de s'immiscer à
mettre aucuns charbons dans lesdites mesures, sous les mêmes peines,

13. Fait inhibitions et défenses aux plumets, porteurs de charbon,
de faire le port de ladite marchandise sans la permission des commis-
porteurs de charbon, ni d'exiger plus de sept sols qui leur seront
payés par lesdits commis-porteurs pour le port de chacune voie de
charbon prise dans le bateau, ou sur la place, et rendue dans la maison du bourgeois, au lieu destiné pour cet effet, tant près que loin, à
peine de vingt livres d'amende pour la première contravention, et
d'être chassés de dessus lesdits ports pour toujours en cas de récidive.

14. Fait pareillement défenses aux voituriers par terre et charretiers, leurs femmes. filles et garçons, domestiques et autres, de faire
aucune voiture sur lesdits ports avec des charrettes ou haquets dont
ils n'auront pas fait leur déclaration au greffe du bureau de la ville, et
auxquels ne sera pas apposé, en lieu apparent, une planche ou plaque
de fer-blanc, sur laquelle sera *marquée* le numéro qui leur aura été
donné et leur nom, à peine de cent livres d'amende pour la première
fois, dont le tiers appartiendra au dénonciateur, et de confiscation de
leurs chevaux, charrettes et harnais en cas de récidive ; d'aller au-
devant des bourgeois, lorsqu'ils vont acheter ou enlever des marchandises sur les ports et dans les chantiers de cette ville et faubourgs ; de
les attendre dans les rues, sur les ports et aux avenues des ports ; de
leur proposer des marchandises ou voitures, de les suivre sur les
ports et dans les chantiers et de leur ôter, en quelque sorte et manière
que ce soit, la liberté de se choisir telles marchandises et voituriers
que bon leur semblera, ni même d'entrer sur lesdits ports et dans
lesdits chantiers avec leurs charrettes, s'ils n'y sont appelés par les
marchands ou bourgeois; le tout à peine de cinquante livres d'amende
pour chacune contravention, dont moitié appartiendra au dénonciateur; même de confiscation de leurs chevaux et charrettes, en cas de
récidive ; et auxdites femmes et filles de se trouver sur lesdits ports
et dans lesdits chantiers, à peine de vingt livres d'amende pour la
première contravention, dont moitié appartiendra au dénonciateur, et
dont les pères et mères seront responsables. Fait défenses auxdits
voituriers et charretiers de s'associer entre eux et de garder aucun
rang au port pour faire lesdites voitures, d'enlever et faire sortir de
dessus lesdits ports et quais, aucune marchandise hors les heures ci-
dessus fixées et sans en avoir fait la déclaration aux commis préposés

pour la livraison, le chargement et la garde desdites marchandises, ni d'exiger pour chacune voiture plus de......, à peine de confiscation de leurs chevaux, charrettes et harnais, lesquels seront vendus....... pour, les deniers en provenant, être remis, savoir : moitié au dénonciateur, et l'autre pour les pauvres prisonniers dudit Hôtel de ville. Fait aussi inhibitions et défenses, auxdits voituriers et charretiers, de prendre et emporter, ni de laisser prendre ou emporter aucune partie des marchandises qui leur auront été données à voiturer.......

15. Fait expresses inhibitions et défenses auxdits charretiers et voituriers par terre de se servir de gens à eux attitrés, appelés communément chercheux et chercheuses, pour aller au-devant des bourgeois chercher des voies auxdits voituriers et charretiers, et leur proposer plutôt un marchand qu'un autre; à peine, contre les voituriers et charretiers, de trois cents livres d'amende, dont moitié appartiendra au dénonciateur ; et contre lesdits chercheux et chercheuses, de cinquante livres d'amende.......

16. Enjoint, au surplus, aux marchands de bois, tant neuf que flotté, qui ont fait le commerce de ladite marchandise, pour la provision de ladite ville jusqu'à présent, de tenir ladite ville fournie de ladite marchandise et de vendre le bois au prix porté par les règlements : leur fait défenses de le survendre et de laisser ladite ville dégarnie de ladite marchandise, aux peines portées par lesdites ordonnances, arrêts et règlements de la Cour.

17. Enjoint aussi aux prévôt des marchands et échevins de cette ville de Paris, de tenir la main à ce que les voituriers, ouvriers, charretiers, entrepreneurs, faiseurs de flottages et conducteurs de trains, n'exigent autres et plus grands salaires que ceux qui seront par eux fixés, à peine de confiscation de leurs chevaux et équipages; même de plus grande peine, s'il y échoit.

18. Ordonne, pareillement, aux propriétaires des bois et forêts d'où se tirent les bois et charbons pour la provision de ladite ville, de faire faire et couper régulièrement les coupes, conformément aux ordonnances et règlements, à peine de confiscation desdits bois et coupes, et de mille livres d'amende pour chacune contravention.

19. Comme aussi ordonne aux marchands, tant de cette ville que forains, et autres qui se seront rendus adjudicataires desdits bois et coupes, de les faire exploiter dans les termes marqués dans leur adjudication, et de les faire conduire incessamment des ventes aux ports voisins, et des ports à Paris ; à peine, contre lesdits marchands, de confiscation de leurs biens et de dix mille livres d'amende pour chacune contravention.....

20. Et seront pareillement tenus, lesdits marchands, de remettre au greffe du bureau de la ville copies collationnées de leurs adjudications et marchés, un mois au plus tard après leurs dates, pour y être enregistrées, à peine de mille livres d'amende pour chacune contravention.

N° **40.**—*Ordonnance du lieutenant général de police concernant les incendies.*

[Du 20 janvier 1727.

Ordonnons que les arrêts et règlements, et nos ordonnances de police des 29 janvier et 21 juin 1726, seront exécutées selon leur forme et teneur ; et en y augmentant, enjoignons à tous propriétaires ou principaux locataires des maisons où il y a des puits, de les entretenir de bonnes et suffisantes poulies, et d'avoir soin à ce qu'elles soient exactement et journellement garnies de cordes. Enjoignons pareillement auxdits propriétaires et principaux locataires des maisons d'avoir en icelles un ou plusieurs seaux qui puissent servir au besoin et le cas de feu arrivant; le tout à peine de cent livres d'amende contre les propriétaires ou principaux locataires qui auraient négligé de se conformer aux présentes dispositions.

N° 41.—*Déclaration du roi, concernant les recommandaresses et nourrices.*

Du 1er mars 1727, registrée le 19 du même mois.

2. Les nourrices seront tenues de rapporter ou envoyer les enfants dans la quinzaine du jour qu'ils leur seront demandés par les pères et mères ou autres personnes qui les en auront chargées, quand même lesdites nourrices auraient pris les enfants par changement d'autres nourrices ou autrement; et en cas de mort, de rapporter ou renvoyer les hardes, linges et certificats de mort desdits enfants, dans la quinzaine, à leurs dits pères et mères, ou autres qui les en auront chargées ; le tout à peine de cinquante livres d'amende contre les dites nourrices et leurs maris ; même de plus grande peine s'il y échoit.

3. Tous meneurs et meneuses de nourrices seront obligés d'apporter au bureau de la recommandaresse qu'ils auront choisie, un certificat du curé de leur paroisse, qui contiendra les noms, surnoms, demeure, vie et mœurs desdits meneurs et meneuses, et seront, lesdits certificats, enregistrés sur un registre que tiendront les recommandaresses, et mis en liasse pour être visés par le lieutenant général de police, ou d'un commissaire au Châtelet par lui commis ; et les noms, surnoms et demeures desdits meneurs et meneuses seront inscrits sur un tableau dans le bureau de la recommandaresse qu'ils auront choisie, à peine de cinquante livres d'amende contre les recommandaresses, meneurs ou meneuses.

4. Défendons, sous les mêmes peines, aux meneurs ou meneuses, de changer la recommandaresse où ils auront fait enregistrer leurs certificats, sans justifier à celle qu'ils choisiront par la suite dudit certificat de leur curé, à l'effet de quoi la recommandaresse, qui aura reçu ledit certificat, sera tenue de leur en délivrer une copie signée d'elle, et attestera de l'enregistrement dudit certificat qui lui aura été remis.

5. Défendons aussi à tous particuliers ou particulières de faire la profession de meneurs ou meneuses sans ledit certificat de leur curé, et sans l'avoir fait enregistrer à l'un des bureaux desdites quatre recommandaresses, à peine de cinquante livres d'amende, même permis d'emprisonner ceux qui se trouveront dans la ville et faubourgs de Paris en contravention.

6. Défendons pareillement aux recommandaresses de recevoir chez elles ou dans leurs bureaux, même d'employer aucuns meneurs ou meneuses de nourrices sans avoir leurdit certificat, à peine de cinquante livres d'amende et d'interdiction pour trois mois ; et pendant ledit temps, d'être privées du revenu de leur bourse commune, et d'interdiction pour toujours en cas de récidive.

7. Les meneurs ou meneuses de nourrices seront tenus d'avoir un registre paraphé du lieutenant général de police ou d'un commissaire au Châtelet, qu'il aura commis, où ils écriront et feront écrire, en présence des pères et mères ou autres, les sommes qu'ils recevront pour les nourrices dont ils sont meneurs, pour en tenir compte aux nourrices et les leur remettre dans la quinzaine du jour qu'ils en seront chargés, sous peine de cinquante livres d'amende.

8. Défendons à toutes nourrices, meneurs ou meneuses, de venir prendre des enfants à Paris pour les remettre à d'autres nourrices lorsqu'elles seront arrivées à leur pays, ou d'en venir prendre sous de faux certificats, à peine de punition corporelle; comme aussi faisons défenses, sous les mêmes peines, à toutes nourrices qui se trouveront grosses, de prendre des enfants pour les nourrir et allaiter, et de cinquante livres d'amende contre les maris.

9. Défendons aussi aux meneurs et meneuses de nourrices d'emporter ou faire emporter des enfants nouveau-nés, sans être accompagnés des nourrices qui les doivent allaiter, sans qu'il ait été dûment justifié que l'enfant aura reçu le baptême, sous quelque prétexte que ce soit, et sans certificats de renvoi de la recommandaresse, à peine de cinquante livres d'amende, et de plus grande s'il y échoit; et si les enfants venaient à mourir en chemin, enjoignons aux nourrices, meneurs et meneuses, d'en faire leur déclaration sur-le-champ au premier juge ou curé du plus prochain village où ils décèderont, qui leur en donnera un certificat, et seront ensuite lesdits meneurs et meneuses tenus d'envoyer l'extrait mortuaire de l'enfant, conformément à l'article 12 de la déclaration de 1715.

10. Défendons pareillement aux nourrices, meneurs ou meneuses, d'abandonner ou exposer les enfants dont ils se seront chargés, sous quelque prétexte que ce soit, à peine de punition exemplaire; voulons que leur procès leur soit fait et parfait suivant la rigueur des lois. Enjoignons aux nourrices d'avoir soin des enfants qu'elles allaiteront; et en cas qu'il se trouvât qu'ils eussent péri par leur faute, voulons qu'elles soient punies selon la rigueur de nos ordonnances.

11. Défendons, sous peine de cinquante livres d'amende, aux sages-femmes, aux aubergistes, et à toutes personnes autres que les recommandaresses, de recevoir, retirer ni loger chez elles aucunes nourrices et meneuses, sans la permission d'une des quatre recommandaresses, et de s'entremettre pour leur procurer des nourrissons, ni de recevoir, sous ce prétexte, aucun salaire ni récompense, sans néanmoins rien innover ni changer de ce qui se pratique à l'égard de l'hôpital des Enfants trouvés.

15. Faisons défenses aux meneurs et meneuses de donner plus d'un enfant à la fois à la même nourrice pour le nourrir et allaiter, à peine de cinquante livres d'amende contre leurs maris, et d'être en outre privées du salaire qui leur sera dû pour la nourriture des deux enfants.

16. Voulons, au surplus, que notre précédente déclaration du 29 janvier 1715 soit exécutée en tout son contenu et selon sa forme et teneur, n'entendant aucunement y déroger, en ce qui ne serait pas contraire à la présente.

N° **42.** — *Ordonnance de police portant règlement pour la vente des porcs.*

Du 22 novembre 1727.

Disons que l'ordonnance du 14 novembre 1724 sera exécutée selon sa forme et teneur ; en conséquence, faisons très-expresses et itératives défenses à tous marchands forains, maîtres charcutiers faisant le commerce de porcs, amidonniers, nourrisseurs de porcs, et à tous autres, de vendre des porcs dans les hôtelleries où il y a des étables à porcs, dans les étables ni dans les cabarets, et partout ailleurs, si ce n'est dans le marché établi en cette ville de Paris, à peine de confiscation et de trois cents livres d'amende, qui demeurera encourue à la première contravention (1).

Défendons à tous maîtres charcutiers, sous pareilles peines, d'acheter des porcs ailleurs que dans le marché.....

Ordonnons en outre que..... par un premier coup de cloche (pour l'ouverture du marché), les marchands forains et amidonniers, nourrisseurs de porcs et autres faisant commerce de ladite marchandise, qui auront des porcs dans les étables, hôtelleries et cabarets des environs du marché, en état d'y être vendus, seront avertis et tenus de les faire sortir sur-le-champ des étables et de les faire conduire audit marché, à l'effet d'y être vendus, et ce, sous les peines ci-dessus portées.

Faisons défenses à tous marchands forains, amidonniers, nourrisseurs de porcs, et aux maîtres charcutiers de vendre et acheter aucuns porcs après....... le marché fini.

Ordonnons que les porcs restant seront conduits et renfermés dans les étables pour être vendus au jour du marché suivant; et à cet effet, disons que les marchands forains, leurs facteurs et commissionnaires seront tenus de déclarer, par un état certifié d'eux, aux commis préposés, le nombre de porcs conduits au marché qui n'y auront pas été vendus, afin d'en pouvoir connaître le renvoi ; le tout sous les mêmes peines.

Enjoignons aux commis inspecteurs de se transporter dans lesdites hôtelleries et étables pour constater et vérifier le renvoi desdits porcs qui leur aura été déclaré ; leur enjoignons en outre de tenir la main à l'exécution de notre présente ordonnance, et de dresser procès-verbal des contraventions.....

N° **43.** — *Déclaration du roi concernant le port des armes.*

Donné à Versailles, le 23 mars 1728, registrée au parlement le 20 avril suivant.

Louis , etc., ordonnons qu'à l'avenir toute fabrique, commerce, vente, débit, achat, port et usage des poignards, couteaux en forme de poignards, soit de poches, soit de fusil, des baïonnettes, pistolets de poche, épées en bâtons, bâtons à ferrements, autres que ceux qui sont ferrés par le bout, et autres armes offensives cachées et secrètes, soient et demeurent pour toujours abolis : enjoignons à tous coute-

---

(1) Cette défense est faite en vertu d'un arrêt du conseil du 17 octobre 1705, confirmatif d'un édit de 1704.

liers, fourbisseurs, armuriers et marchands, de les rompre et briser
incessamment après l'enregistrement des présentes, si mieux ils n'aiment faire rompre et arrondir la pointe des couteaux, en sorte qu'il
n'en puisse arriver d'inconvénient, à peine..... N'entendons néanmoins comprendre en ces présentes défenses, les baïonnettes à ressort qui se mettent au bout des armes à feu pour l'usage de la guerre,
à condition que les ouvriers qui les fabriqueront seront tenus d'en
faire la déclaration au juge de police du lieu, et sans qu'ils puissent
les vendre ni débiter qu'aux officiers de nos troupes, qui leur en
délivreront certificat, dont lesdits ouvriers tiendront registre paraphé par nosdits juges de police.

N° 44. — *Ordonnance du lieutenant général de police qui renouvelle les défenses aux bouchers des environs de Paris de
vendre de la viande ailleurs que dans leurs maisons d'habitation.*

Du 13 octobre 1728.

Faisons itératives et très-expresses inhibitions et défenses à toutes
personnes, de quelque condition qu'elles soient, de tuer ni d'étaler,
vendre ni débiter quelque sorte de viande que ce puisse être, dans
les lieux qui en suivent, savoir: au delà de la barrière du Trône, à
main gauche, où il y a quelques maisons nouvellement bâties, appelées
le Petit-Briollet, au delà de la barrière de la Croix-Faubain, au lieu
appelé le Petit-Charonne; au delà de la barrière du Temple, au lieu
appelé la Courtille ou le Grand-Briollet; au delà des barrières de la
Porte-Saint-Martin, près la fosse de la voirie; au delà des barrières
des Porcherons; au delà des barrières de la Porte-Saint-Honoré, à la
Ville-l'Évêque et au Roule; au delà des barrières des Chartreux, près
la Croix, au lieu appelé Saint-Michel, sur le chemin de Châtillon;
au delà de la barrière de la Porte-Saint-Jacques, près le lieu appelé la
Santé, ou l'hôpital Sainte-Anne, au lieu appelé le Petit-Gentilly; au
delà de la barrière des Gobelins, au moulin appelé Coullebarbe, ni
autres lieux ou endroits que ce puisse être; au delà et aux environs
des dernières barrières de ladite ville de Paris où il n'y a point de
paroisses; et ce, à peine de confiscation tant des bêtes et viandes que
des meubles et ustensiles servant à la boucherie et audit commerce;
de trois cents livres d'amende et même d'emprisonnement. Comme
aussi aux bouchers établis dans les villages des environs de Paris, et
compris dans l'état par nous arrêté, de tuer, étaler, vendre ni débiter
aucunes viandes de boucherie par eux-mêmes, leurs domestiques ou
personnes interposées, en aucuns lieux ou endroits détachés du corps
des paroisses dont ils sont habitants, hameaux ou écarts, ni ailleurs
que dans leurs maisons d'habitation, et d'en apporter ou envoyer dans
cette ville et faubourgs de Paris, sous les mêmes peines de confiscation, amende et emprisonnement.

Permettons néanmoins à tous bourgeois d'en user en la manière accoutumée, et d'envoyer chercher de la viande pour leur provision,
dans les lieux non prohibés des environs de Paris, en payant les droits
dus au roi.

N° 45.— *Ordonnance du bureau de la ville de Paris, concernant la fermeture des trains de bois flotté dans les ports de cette ville, etc.*

Du 23 mai 1729.

Il est enjoint, ouï, et ce requérant le procureur du roi et de la ville, à tous marchands de bois flotté pour la provision de cette ville, propriétaires de trains desdits bois étant, soit dans les ports de cette ville, soit aux gares ou autres endroits au-dessus d'icelle, de les fermer dans le jour de la publication des présentes, avec bonnes et suffisantes cordes, et à des pieux très-solides, de trois pieds de hauteur au moins, en sorte qu'ils ne puissent se détacher desdits ports et gares; à peine, pour la première fois, contre chacun desdits marchands à qui lesdits trains appartiendront, de cinq cents livres d'amende et d'être tenus de toutes pertes des marchandises qui pourraient être naufragées, soit dans cette ville, au-dessus ou au-dessous d'icelle, par les bois desdits trains, dommages et intérêts des marchands, à qui elles se trouveront appartenir.

Enjoint pareillement à eux de se conformer aux dispositions ci-dessus, à l'instant de l'arrivée des trains qu'ils feront descendre à l'avenir dans les ports de cette ville, gares et autres endroits au-dessus d'icelle, sur les mêmes peines; et en cas de récidive, à peine de mille livres d'amende et de confiscation desdits trains.

N° 46.—*Arrêt du conseil d'État du roi, qui fait un règlement général pour la police et conservation des eaux de la rivière de Bièvre, dite des Gobelins, sources, ruisseaux, fontaines et généralement tous autres cours d'eau y affluant, depuis sa source, commençant à la fontaine Bouvière, près l'étang Duval, dans le grand parc de Versailles, jusqu'à sa décharge dans la rivière de Seine, près l'hôpital général à Paris, au moulin de Pontceau.*

Marly, 26 février 1732.

..... Ouï le rapport du sieur Orry, etc. ;

Le roi en son conseil, faisant droit sur le tout, a ordonné et ordonne, etc., etc.

Etang du Val. Chaussée. Déversoirs. Vannes. Ouvrages nécessaires ordonnés.

1. Que la chaussée de l'étang Duval sera rétablie au même état qu'elle était avant le jugement rendu par les juges en dernier ressort, le 28 février 1716, et ce, aux frais et dépens des intéressés à la conservation des eaux de la rivière de Bièvre, et que, dans trois mois pour tout délai, il sera pareillement, aux frais et dépens desdits intéressés, fait sur ladite chaussée, en l'état qu'elle est présentement, deux déversoirs ; l'un en glacis d'un pied plus bas que le dessus de ladite chaussée pour recevoir la superficie des eaux d'orages qui viennent des montagnes, et les faire tomber dans la fausse rivière, et l'autre à côté de la vanne du moulin ; le tout aux lieux qui seront trouvés les plus commodes par le sieur de la Faluère, grand-maître des eaux et forêts au département de Paris, et par lui indiqués.

Moulin du Val. Défenses d'en fermer la soupape.

2. Que la soupape dudit moulin Duval restera en l'état qu'elle a été trouvée lors de la dernière visite dudit sieur grand maître, et qu'elle demeurera toujours ouverte, à l'effet de quoi le clapet et la vis qui servent à la fermer et à l'ouvrir seront ôtés ; fait, Sa Majesté, défenses de fermer ladite soupape, à peine d'amende arbitraire, et de cent livres de dommages-intérêts pour chaque contravention envers les intéressés à la conservation des eaux de ladite rivière.

Moulin du Buc.

3. Que le moulin du Buc restera en l'état qu'il est en suivant son ancienne construction.

Moulin de Pintray. Vannes.

4. Sera la fausse vanne de celui de Pintray, construite en exécution du jugement desdits juges en dernier ressort, du 28 février 1716, ôtée, et ce lieu rétabli comme il était avant ledit jugement, aux frais et dépens de qui il appartiendra.

Moulins de Joui et Saint-Marcel seront rétablis. Moulin de Saint-Marcel. Déversoir défendu.

5. Que les moulins de Joui et de Saint-Marcel seront pareillement rétablis aux frais et dépens de qui il appartiendra, pour demeurer au même état qu'ils étaient avant ledit jugement, sans qu'il puisse être construit un nouveau déversoir audit moulin Saint-Marcel, proche le pont Saint-Hippolyte.

Moulin du Rat et autres qui resteront en l'état qu'ils sont sans innovation.

6. Que les moulins du Rat, de Vauboyen, de Bièvre, Digny, Dambliuvilliers, de Grez, de Mignot, d'Antony, de Berny, de Lay, de Cachan, d'Arcueil, de la Roche, de Gentilly et Moulin-Poutceau, resteront en l'état qu'ils sont, suivant leur ancienne construction, et sans qu'on y puisse construire aucuns nouveaux déversoirs, ni autres décharges que leurs fausses vannes ordinaires.

Clos Lorenchet. Déversoir défendu. Berge à fortifier.

7. Qu'au lieu de faire un déversoir au coin du clos Lorenchet, ainsi qu'il est prescrit par le jugement desdits juges en dernier ressort, dudit jour 28 février 1716, la berge de ladite rivière sera fortifiée aux frais desdits intéressés, de manière que ce lieu ne puisse servir d'abreuvoir aux bestiaux, ni que les eaux s'écoulent dans la prairie de Gentilly, et qu'à cet effet, il sera, aux mêmes frais et dépens desdits intéressés, construit une vanne entre deux jambages de pierre de taille de trois pieds et demi de large, et de quatre pieds de hauteur, à prendre du fond de ladite rivière après qu'elle aura été curée, laquelle dite vanne sera tenue fermée, assurée, de sorte qu'elle ne puisse être levée que lorsque les syndics le jugeront nécessaire pour faciliter le curage.

Igny. Fontaine de Bassigny. Son cours sera rétabli.

8. Que le ruisseau de la fontaine de Bassigny, sise au village d'Igny, derrière le jardin de feu Jean Bonté, sera rétabli dans son cours na-

turel comme il était en 1671, et que l'ouverture par laquelle le
nommé Leslard a attiré ladite fontaine dans le puits de sa maison,
sera supprimée aux frais et dépens dudit Leslard.

Fontaine de Vauhalan. Son cours sera rétabli.

9. Que le cours de la fontaine qui est sur le bord du chemin, au
bout du village d'Igny, du côté de Vauhalan, et qui a été détourné
pour former un carré d'eau à côté du jardin appartenant au sieur Gluc,
sera rétabli, et le carré d'eau supprimé aux frais et dépens dudit sieur
Gluc.

Pont Pijard à Bièvre. Rétablissement.

10. Sera pareillement le pont qui était au coin des damoiselles
Pijard, au lieu des Roches, rétabli aux frais, tant desdites damoiselles
que des autres propriétaires des Prez, dont les foins seront conduits
par la voie dudit pont, à l'effet de quoi lesdits propriétaires seront
appelés devant ledit sieur grand-maitre, pour contribuer au rétablissement dudit pont, et sur l'indication que lesdites damoiselles Pijard
seront tenues d'en faire, huitaine après, la signification du présent arrêt
à personne et domicile.

Ruisseau de Wissous. Réparations.

11. Que dans trois mois pour tout délai, à compter du jour de la
signification qui sera faite du présent arrêt au sieur abbé de Saint-
Germain-des-Prez, il sera tenu de supprimer la tranchée qui a été
faite au ruisseau de Wissous, pour en conduire les eaux dans le canal
du parc de Berny, sinon et ledit temps passé, il y sera pourvu à ses
frais et dépens à la diligence desdits syndics.

Pont d'Antony. Saulfaye. Fossé à combler.

12. Sera le propriétaire de la Saulfaye, joignant et attenant le
pont d'Antony, tenu de faire combler le fossé qui boit dans ladite
rivière, huitaine après que le présent arrêt lui aura été signifié,
sinon il y sera pourvu à ses frais et dépens à la diligence desdits
syndics.

Moulin des Prez. Barbes-à-cannes à rétablir.

13. Seront les deux seuils des deux arcades ou barbes-à-cannes qui
seront au mur de clôture du moulin des Prez, rétablis aux frais desdits intéressés dans leur ancienne hauteur, et remis comme ils étaient
avant le jugement dudit jour 28 février 1716, et ce, suivant l'alignement qui en sera donné par ledit sieur grand-maître, parties présentes
ou elles dûment appelées.

Moulins. Jauge et vannage général.

14. Et pour éviter à l'avenir de nouvelles contestations sur la hauteur des fausses vannes qui servent de déversoirs à tous les moulins
sur ladite rivière, depuis l'étang du Val jusqu'à sa chute dans la Seine,
ordonne, Sa Majesté, que toutes lesdites fausses vannes seront armées
d'une croix de fer plat, rivées, étalonnées et marquées d'une fleur de
lys par tous les bouts dans la hauteur et largeur desdites vannes, dont
le poinçon sera mis à la garde des syndics de ladite rivière pour servir
audit étalonnage, à l'effet de le représenter à qui et quand il appartiendra,

Fausses vannes des moulins seront étalonnées.

15. Fait Sa Majesté défenses à tous les meuniers desdits moulins de se servir de fausses vannes qu'elles ne soient étalonnées, ainsi qu'il est prescrit par le précédent article, à peine de tous dépens, dommages et intérêts envers les riverains du faubourg Saint-Marcel et de dix livres d'amende envers Sa Majesté.

Moulin de Croule-Barbe. Déversoir et repaire seront rétablis.

16. Qu'aux frais desdits intéressés, les pierres du seuil du déversoir du moulin de Croule-Barbe seront rétablies de nouveau, et relevées d'un pouce au-dessus de la partie actuellement la plus haute dudit seuil, pour être ledit déversoir remis à son ancienne hauteur et y rester ainsi qu'il a été ordonné par le jugement desdits juges en dernier ressort, du 26 octobre 1678, et seront lesdites pierres cramponnées et entretenues les unes avec les autres de crampons de fer de quatorze pouces de long, encastrées de leur épaisseur dans lesdites pierres, et scellées en plomb pour tenir lieu de la barre de fer qui y était avant ledit jugement du 28 février 1716, de manière que de la superficie dudit déversoir, et à sa prise de ladite rivière, il se puisse toujours trouver six pieds neuf pouces six lignes de hauteur jusqu'au centre d'une croix en forme de repaire, qui est scellée dans le mur de clôture de la petite cour dudit moulin.

Vanne du déversoir de Croule-Barbe sera fermée à clef.

17. Sera la vanne du déversoir du moulin de Croule-Barbe assurée par une barre de fer qui se fermera à deux clefs, dont l'une sera remise ès-mains de l'inspecteur de la maison royale, dite des Gobelins, et l'autre en celles de l'ancien des syndics de ladite rivière, pour n'être ladite vanne ouverte que lors du curage de ladite rivière.

Moulin des Prez. Chemin des dalles sera rétabli.

18. Que le chemin des dalles de pierre qui est à côté du fossé de communication de la chute des eaux des arcades ou barbe-à-cannes du moulin des Prez, et le déversoir du pré Ripelet, seront incessamment rétablis aux frais et dépens des riverains de la rue de Loursine, suivant le marché au rabais qui en sera fait au siége de ladite maîtrise de Paris, à la diligence des syndics de ladite rivière.

Police générale pour la conservation des eaux dans tout le cours de ladite rivière.

19. Le cours des eaux de ladite rivière depuis ladite fontaine Bouvière jusqu'à leur chute dans la Seine, ensemble celui des sources et ruisseaux y affluant, seront tenus dans les canaux où elles passent, à l'effet de quoi les saignées et ouvertures qui ont été ci-devant faites aux berges de ladite rivière, sources et ruisseaux, seront supprimées et tous autres empêchements quelconques, même les arbres qui se trouveront plantés dans leur lit et le long de ladite rivière, dans la distance de quatre pieds de berge, aux frais et dépens de ceux qui auront causé lesdits empêchements et planté lesdits arbres, et ce, quinzaine après la sommation qui leur en aura été faite aux domiciles de leurs fermiers ou meuniers : en sorte que des canaux établis par titres, il en sorte autant d'eau qu'il en aura entré, ce qui sera justifié par les propriétaires desdits canaux ou passages, sinon il sera fait droit par ledit sieur grand-maître sur la suppression desdits canaux ou passages ainsi qu'il appartiendra.

Peine et amendes pour ceux qui détourneront lesdites eaux.

20. Ordonne, Sa Majesté, que les ouvriers, meuniers, fermiers, artisans, domestiques et soldats qui se trouveront convaincus d'avoir fait nuitamment des saignées, rigoles ou autres ouvertures en ladite rivière, sources et ruisseaux pour en détourner ou répandre les eaux hors le lit desdites rivières, sources et ruisseaux, seront chacun condamnés en trois cents livres d'amende, et à tenir prison pendant six mois, outre les dommages et intérêts envers qui il appartiendra.

Défenses de saigner la rivière et faire des nouveaux canaux.

21. Fait, Sa Majesté, défenses à toutes personnes, de quelques conditions qu'elles puissent être, même à tous seigneurs riverains de ladite rivière, propriétaires des prairies ou autres héritages, de faire à l'avenir de nouveaux canaux ni aucuns bâtardeaux ni saignées au lit de ladite rivière, sources et ruisseaux, à peine contre chacun contrevenant de cent livres de dommages et intérêts envers les intéressés du faubourg Saint-Marcel, et de pareille somme d'amende pour la première fois, et du double pour la seconde; et, en cas de récidive, de plus grande peine.

Hôtel des Gobelins. Défenses de saigner la rivière.

22. Enjoint, Sa Majesté, au sieur inspecteur de l'hôtel des manufactures royales, et sous peine de révocation, de tenir exactement la main à ce qu'il ne soit fait aucune saignée ni ouverture quelconques à la berge de ladite rivière le long dudit hôtel, pour en détourner les eaux et les faire entrer dans les jardins qui en dépendent; ordonne, Sa Majesté, qu'à ses frais et dépens, et par les soins dudit inspecteur, la partie de ladite rivière qui passe dans l'enceinte dudit hôtel sera curée annuellement et dans le temps ci-après fixé.

Meuniers chargés de l'entretien des berges d'un moulin à l'autre.

23. Les berges de ladite rivière seront par les meuniers, chacun dans son étendue, en remontant d'un moulin à l'autre, entretenues et fortifiées, de manière que les eaux ne puissent sortir de leur lit, ni passer au travers desdites berges pour se répandre dans les prés ou ailleurs, à peine de cinquante livres d'amende et de pareille somme de dommages et intérêts envers lesdits intéressés du faubourg Saint-Marcel, pour la première fois, du double pour la seconde, et d'y être pourvu à leurs frais et dépens.

Propriétaires des canaux anciens représenteront leurs titres.

24. Les propriétaires des canaux formés des eaux de ladite rivière, fontaines, sources et ruisseaux y affluant, seront tenus d'en représenter les titres de permission par-devant ledit sieur grand-maître, quinzaine après la sommation qui leur en sera faite, à la diligence des syndics; et, faute par eux de ce faire, ou de justifier de permissions valables, lesdits canaux seront comblés aux frais et dépens desdits propriétaires, poursuite et diligence desdits syndics, suivant l'adjudication au rabais qui en sera faite devant ledit sieur grand-maître.

Jauge des canaux à titres valables.

25. Que les propriétaires des canaux établis par titres valables, et qui se trouveront avoir plus de profondeur que le lit de la rivière, seront tenus de les faire incessamment remplir, de manière que le fond se trouve égal et de niveau à celui du lit de ladite rivière; sinon et à faute de ce faire, il y sera pourvu à la diligence des syndics, aux frais et dépens desdits propriétaires.

Nouveaux édifices. Alignements ordonnés.

26. Fait, Sa Majesté, défenses à toutes personnes de quelque état et condition qu'elles soient, de faire élever aucun nouveau bâtiment, ni murs le long de ladite rivière, ou en faire réparer sur aucuns fondements, sans y appeler lesdits syndics, et avoir pris dudit sieur grand-maître l'alignement de la berge, à peine de démolition desdits bâtiments et murs, et de cent livres d'amende envers Sa Majesté.

Berges, arrachis des bois, et enlèvement des pieux, tonneaux et écheliers ordonnés.

27. Ordonne, en outre Sa Majesté, que les arbres, essence d'orme étant sur les berges de ladite rivière dans ledit faubourg Saint-Marcel, et dans la distance de trois pieds du bord de ladite rivière, seront incessamment arrachés, à l'exception des endroits où les berges sont supérieures, où ils ne soutiennent point lesdites berges, et que, dans un mois, à compter du jour de la signification du présent arrêt, les écheliers, pieux et tonneaux qui s'y trouveront dans le cours et le long desdites berges, seront ôtés et supprimés par ceux auxquels ils appartiennent, sinon il y sera pourvu par les syndics de ladite rivière aux frais et dépens desdits propriétaires.

Ponts, faubourg Saint-Marcel. Élargissement.

28. Et pour faciliter l'écoulement des eaux d'orages et prévenir de nouveaux débordements, Sa Majesté se réserve à pourvoir, ainsi qu'il appartiendra, à ce que les ponts qui sont sur ladite rivière dans ledit faubourg Saint-Marcel soient incessamment élargis à ses frais.

Blanchissage de toile neuve, prairie de Gentilly, et clos Payen, défendu.

29. Fait, Sa Majesté, défenses à tous blanchisseurs de toile de s'établir dans la prairie de Gentilly, et autres le long de ladite rivière, même dans l'enceinte de la maison appelée le clos Payen, sous prétexte de sources, ruisseaux, ou tel autre que ce puisse être, à peine de confiscation des toiles au profit des intéressés en ladite rivière, et de cent livres d'amende. Enjoint, Sa Majesté, à ceux qui s'y trouvent établis de s'en retirer dans trois mois, sous les mêmes peines de confiscation et d'amende, dépens, dommages-intérêts, dont les propriétaires desdites prairies et dudit clos demeureront civilement responsables.

Blanchissage de lessives défendu et de faire rouir du chanvre.

30. Fait, Sa Majesté, pareillement défenses à tous blanchisseurs et blanchisseuses de lessive, de continuer leurs blanchissages dans le lit de ladite rivière, au-dessus de la manufacture royale et dans ledit clos Payen, et à toutes personnes d'y faire rouir des chanvres ou lins, non plus que dans les ruisseaux y affluant, à peine de cinquante livres d'amende et d'un mois de prison contre chacun des contrevenants pour la première fois, du double pour la seconde, et de plus grande, en cas de récidive.

Clos Payen. Blanchissage défendu.

51. Fait aussi, Sa Majesté, défenses aux propriétaires dudit clos Payen, de souffrir que l'on blanchisse aucun linge de lessive dans ledit clos, à peine de pareille amende pour la première fois, du double pour la seconde, et de plus grande en cas de récidive.

Clos Payen, arcades aux murs pour le passage des eaux du côté de Gentilly et de la rue du Champ-de-l'Alouette.

52. Ordonne, Sa Majesté, que, conformément au jugement desdits juges en dernier ressort, du 26 octobre 1678, lesdits propriétaires dudit clos Payen seront tenus de faire faire à leurs frais et dépens, dans trois mois pour tout délai, à compter du jour de la signification du présent arrêt, une ouverture au mur de clôture dudit clos du côté de la prairie de Gentilly, en forme d'arcade de huit pieds de large, et de pareille hauteur, avec une porte de fer ouvrant et fermant de l'autre côté dudit clos, vers la rue du Champ-de-l'Alouette, une ouverture de quinze pieds de large à l'endroit de l'avant-bec du mur, aussi avec une grille de fer ouvrant et fermant pour procurer l'écoulement des eaux d'orages et fontes de neiges, sinon il y sera pourvu à leurs frais et dépens à la diligence desdits syndics.

Clos Payen. Canaux supprimés.

53. Les canaux et viviers qui sont dans ledit clos Payen seront dans ledit temps, aux mêmes frais et dépens desdits propriétaires dudit clos, remplis de terre jusqu'au niveau du lit du faux rû de ladite rivière, en sorte qu'il puisse en sortir autant d'eau qu'il y en entre.

Clos Payen, passage des eaux dans l'hôtel des Gobelins.

54. Permet, Sa Majesté, aux intéressés à la conservation des eaux de ladite rivière, de faire creuser à leurs frais la rue du Champ-de-l'Alouette, à l'endroit du passage des eaux sortant dudit clos Payen, pour en faciliter l'écoulement dans la maison du roi, dite des Gobelins.

Arcades aux murs de l'hôtel des Gobelins.

55. Ordonne, Sa Majesté, que les arcades du mur dudit jardin de ladite maison des manufactures royales, vis-à-vis celle dudit clos Payen seront, par les soins et sous l'autorité du sieur directeur général de ses bâtiments, incessamment mises de la même largeur et hauteur que celles ordonnées pour ledit clos Payen.

Latrines sur la rivière supprimées.

56. Que les latrines qui ont leur chute dans le lit de ladite rivière, au faubourg Saint-Marcel, seront supprimées dans trois mois, et rétablies ailleurs par les propriétaires des maisons, suivant la coutume de Paris, avec défenses d'en construire de nouvelles sur ladite rivière, à peine de cent livres d'amende contre les contrevenants, et d'être détruites à leurs dépens.

Teinturiers, dépôt et enlèvement des immondices de leur commerce.

57. Qu'aux frais des propriétaires des maisons dudit faubourg, habitées par des teinturiers, il sera, en chacune desdites maisons, fait un trou suffisant pour y décharger et rassembler les vidanges de leurs manufactures de teintures, en sorte qu'elles ne puissent avoir aucune communication au lit de ladite rivière, si ce n'est par l'écoulement des eaux claires et épurées qui pourront sortir par dessus les bords dudit trou, lequel sera vidé de huitaine en huitaine, et lesdites vidanges enlevées et conduites à la campagne. Fait, Sa Majesté, défenses de jeter en ladite rivière aucune desdites vidanges, ni dans la rigole y adjacente, qui sera par lesdits propriétaires entretenue en bon état jusqu'au delà de leurs maisons, proche Saint-Hippolyte, à peine contre chacun contrevenant de cent livres d'amende pour la première fois, du double pour la seconde, et de plus grande en cas de récidive.

Tanneurs et mégissiers; défenses de bouiller, jeter la chaux et immondices dans la rivière.

58. Fait, Sa Majesté, très-expresses inhibitions et défenses à tous tanneurs et mégissiers établis, tant sur ladite rivière que sur le faux rû ou rivière morte, de bouiller leurs plains pour en jeter la chaux dans ladite rivière ou faux rû, sous prétexte de n'y faire couler que la superficie, et d'y jeter aucunes immondices de charnures, cornes et cornichons, à peine de cent livres d'amende contre chacun contrevenant pour la première fois, du double pour la seconde, et, en cas de récidive, d'être privés de la liberté de continuer à l'avenir les métiers de tanneurs et mégissiers le long de ladite rivière, ni dans la ville et faubourgs de Paris, laquelle peine ne pourra être réputée comminatoire, mais de rigueur.

Dépôt desdites immondices et enlèvement aux champs.

·59. Enjoint, Sa Majesté, à tous lesdits tanneurs et mégissiers, de mettre leurs morts plains de charnures, cornes et cornichons sur leurs quais ou ailleurs, pour les faire égoutter et transporter aux champs dans un tombereau, avec les immondices de leur métier, le premier jour ouvrable de chaque semaine, sous les peines portées en l'article précédent.

Fontaine Buvière; curage aux frais des intéressés et des meuniers.

40. Que le ruisseau de conduite de la fontaine Bouvière et autres petites fontaines et sources au-dessous, jusqu'à l'étang du Val, dans le grand parc de Versailles, seront tenus libres et annuellement curés et nettoyés au plus tard dans le dernier juin de chacune année, aux frais et dépens des intéressés à la conservation des eaux occupant les maisons du faubourg Saint-Marcel le long de ladite rivière, et des meuniers des moulins.

Curage annuel et général de la rivière dans les délais fixés. Hôpital de la Miséricorde. Exemption.

41. Et que, conformément au jugement desdits juges en dernier ressort, dudit jour 26 octobre 1678, tous les conduits des eaux des autres sources et fontaines affluant dans ladite rivière, et les ruisseaux venant des Visons, Vauhalan, Antony et autres, seront, à la diligence des propriétaires d'héritages, moulins et maisons annuellement nettoyés et curés à vifs fonds, ainsi que ladite rivière et faux rû, savoir :

Depuis l'étang du Val desdites rivières, conduits, sources et fontaines, jusqu'au clos Payen, dans le courant de juillet, aux frais des meuniers et desdits propriétaires d'héritages riverains, et depuis ledit clos Payen jusqu'à la rivière de Seine, dans le mois d'août, en suivant de chacune année, aux frais desdits meuniers et propriétaires d'héritages et maisons étant des deux côtés de ladite rivière ; ordonne, Sa Majesté, que le curage de la partie de ladite rivière passant dans l'enclos de l'hôpital des Cent-Filles, dites de la Miséricorde, sera fait aux frais des tanneurs et mégissiers situés au-dessus dudit hôpital, et ainsi qu'il est porté en l'ordonnance dudit sieur de la Faluère, du 18 octobre 1724, sinon et à faute par lesdits riverains et meuniers d'avoir fait ou fait faire ledit curage dans ledit temps, et y celui passé, il en sera fait une adjudication au rabais devant ledit sieur grand-maître, ou le maître particulier de ladite maîtrise de Paris, qu'il pourra commettre en présence du procureur du roi de ladite maîtrise, et à la diligence des syndics, aux frais et dépens desdits propriétaires et meuniers contre lesquels sera délivré exécutoire.

Berges, leur hauteur, largeur et empâtement.

42. Tous les propriétaires des héritages joignant ladite rivière seront tenus de laisser le long de chaque côté de ladite rivière, aux endroits où le terrain pourra le permettre, une berge de quatre pieds de plate-forme sur six pieds au moins d'empâtement dans la hauteur de deux pieds au-dessus de la superficie des eaux d'été, à peine d'y être pourvu à leurs frais.

Curage à la campagne, dépôt des immondices pour fortifier les berges.

43. Toutes les immondices provenant du curage de ladite rivière, en ce qui est de la campagne et des ruisseaux, seront mises sur les bords pour soutenir et fortifier les berges, de manière néanmoins qu'elles ne puissent retomber dans le lit de ladite rivière, ruisseaux et sources, à peine d'amende arbitraire.

Rivière morte à Gentilly ; curage de cette partie qui aura six pieds de large.

44. La rivière morte ou faux rû, depuis le clos Lorenchet au lieu de Gentilly, jusqu'audit clos Payen, sera entretenue de six pieds de large, et le fossé de la communication de la chute des eaux des arcades ou barbes-à-cannes du moulin des Prez, ainsi que ladite rivière morte ou faux rû jusqu'à la jonction dans la véritable rivière, seront annuellement curés aux frais et dépens des propriétaires des maisons et riverains de la rue de Loursine et clos Payen, suivant le marché particulier au rabais qui en sera fait au siège de ladite maîtrise de Paris.

Pont du faubourg Saint-Marcel ; curage aux frais des intéressés.

45. Le curage sous les ponts du faubourg Saint-Marcel sera annuellement fait aux frais communs de tous les intéressés, et celui sous l'arche du pont, proche le moulin Copeau, sera fait moitié par le meunier dudit moulin, et l'autre aux frais desdits intéressés.

Curage; temps fixé pour l'enlèvement des immondices.

46. Les habitants du faubourg Saint-Marcel, établis le long de ladite rivière, seront tenus chacun en droit de soi de faire enlever dans la fin d'août de chacune année, les immondices qui seront sorties du curage de ladite rivière, et les faire transporter à la campagne, à peine de cinquante livres d'amende contre chacun contrevenant.

Curage, défenses d'en rejeter les immondices.

47. Fait, Sa Majesté, très-expresses inhibitions et défenses à tous tanneurs, mégissiers et autres, de rejeter ou faire rejeter en ladite rivière les immondices provenant dudit curage, à peine de cinq cents livres d'amende pour la première fois, et, en cas de récidive, d'être punis suivant l'article 38 du présent règlement.

Curage, réception et payement des entrepreneurs.

48. Qu'aussitôt que les immondices dudit curage dans ledit faubourg Saint-Marcel auront été enlevées, il en sera dressé procès-verbal en présence des syndics ou l'un d'eux, et fait réception dudit curage, duquel l'entrepreneur ne sera payé qu'après la réception, et les riverains n'en demeureront pareillement déchargés qu'après que par l'expert qui sera commis par ledit sieur grand-maître, ledit curage aura été reconnu bien fait, et que lesdites immondices auront été enlevées et conduites à la campagne.

Egout de la rue Mouffetard. Sera rétabli.

49. L'égout étant à la descente de la rue Mouffetard, proche le pont aux Tripes, sera rétabli en talus ou glacis, sans nouvelle voûte, à l'extrémité duquel sera mise aux frais desdits intéressés une grille de fer maillé, pour empêcher que les pierres et immondices entraînées par les pluies d'orages ne tombent dans ladite rivière.

Rue Mouffetard. Police. Défenses de jeter les immondices dans le ruisseau.

50. Fait, Sa Majesté, défenses à tous particuliers dudit faubourg Saint-Marcel, demeurant dans les rues qui aboutissent audit égout, de jeter leurs immondices dans les ruisseaux desdites rues lors desdites pluies d'orages, à peine de trente livres d'amende pour la première fois contre chacun contrevenant, et de plus grande, en cas de récidive.

Egout et grille pour les eaux de Scipion et des Amidonniers à la tannerie de l'Orme.

51. La grille par laquelle entrent les eaux de l'égout de la rue Saint-Jacques et Fer-à-Moulin, des Amidonniers, et le sang de la tuerie de l'hôpital de Scipion, sera mise hors du mur de la maison de la veuve Bouillerot, le trou agrandi et mis à trois pieds en carré, et ladite grille rendue ouvrante et fermante, si mieux n'aime ladite veuve Bouillerot faire conduire les eaux et le sang de ladite tuerie directement dans le lit de ladite rivière par un canal à ses frais, ce qu'elle sera tenue d'opter dans trois mois, à compter du jour de la signification du présent arrêt, sinon permet Sa Majesté aux intéressés de ladite rivière d'y mettre des ouvriers aux frais et dépens de ladite veuve Bouillerot.

Ouvrages ordonnés. Leur réception.

52. Après le 1er août prochain, il sera, en présence des syndics et

des parties, ou elles dûment appelées, procédé par experts, que ledit
sieur grand-maître nommera au récolement de tous les ouvrages ordonnés par le présent règlement, et s'il se trouve que lesdits ouvrages
n'aient pas été exécutés, lesdits syndics pourront y mettre des ouvriers jusqu'à perfection, dont ils avanceront le payement, ainsi que
les frais dudit récolement, aux dépens desdites parties et propriétaires
riverains contre lesquels sera délivré exécutoire par ledit sieur grand-
maître.

Tanneurs et mégissiers; heures fixées pour vider leurs plains le soir en été et en
hiver, et pour laver la bourre.

53. Fait, Sa Majesté, défenses à tous tanneurs et mégissiers dudit
faubourg Saint-Marcel, de jeter ou faire jeter en ladite rivière les
eaux claires de leurs plains avant cinq heures du soir en hiver, et sept
heures en été, et de laver ou faire laver la bourre de leurs cuirs avant
midi, et en autre lieu que chacun en droit soi, à peine de cinquante
livres d'amende pour la première fois contre chacun contrevenant, du
double en cas de récidive, et de confiscation des bourres, et où l'auteur de la contravention n'aurait pu être reconnu : veut, Sa Majesté,
que tous lesdits tanneurs et mégissiers soient et demeurent civilement
et solidairement responsables desdites amendes.

Sergents gardes de ladite rivière, établissement, cantonnement, gages et priviléges.

54. Ordonne, Sa Majesté, qu'il sera incessamment établi deux sergents à garde, aux noms et sous bandoulières des armes et livrées de
Sa Majesté, qui seront nommés et choisis par les syndics des intéressés en ladite rivière, et reçus en la maîtrise des eaux et forêts de Paris, sur la commission dudit sieur grand-maître en la manière accoutumée, lesquels gardes ne pourront être dépossédés par les syndics,
que sous l'autorité dudit sieur grand-maître, et seront lesdits deux
gardes cantonnés, l'un au village de Bièvre pour l'étendue depuis la
fontaine Bouvière, sources et ruisseaux, jusqu'au pont d'Antony, et
l'autre en la ville de Paris, pour le surplus de ladite rivière, fontaines
et sources, faux rû ou rivière morte, à l'effet de veiller continuellement
sur ladite rivière, sources, canaux et ruisseaux, et même respectivement sur les cantons l'un de l'autre, dresser et mettre au greffe de
ladite maîtrise, et affirmer en la manière et dans le temps prescrit pour
les autres gardes des eaux et forêts leurs procès-verbaux de contraventions au présent règlement, lesquels procès-verbaux seront jugés,
et les salaires d'iceux taxés au siége de ladite maîtrise, jouiront au
surplus lesdits deux sergents des mêmes et semblables priviléges,
droits et exemptions dont jouissent ou doivent jouir les autres sergents, gardes des eaux et forêts de France, mentionnés en l'ordonnance
desdites eaux et forêts, du mois d'août 1669, et notamment à l'article 8
du titre des huissiers et gardes de ladite ordonnance, et à l'article 6
du titre 10 de l'ordonnance de 1670. Enjoint, Sa Majesté, au garde-
marteau et au garde-pêche de ladite maîtrise, de faire de fréquentes
visites le long de ladite rivière, et d'en mettre au greffe leurs procès-
verbaux, pour être statué sur iceux, en conformité de ladite ordonnance de 1669 et du présent règlement, tant contre les délinquants
que contre les gardes qui auront toléré les délits et contraventions.

Immondices. Tombereau. Enlèvement journalier. Rôle de répartition pour le payement des gardes et du tombereau ordonné.

55. Il sera établi au 1er mai prochain, dans ledit faubourg Saint-
Marcel, un tombereau attelé de deux chevaux, à l'effet de voiturer

journellement dans la campagne les morts plains des tanneurs et mégissiers, des décharnures, cornes et cornichons, et autres immondices
provenant tant de leurs métiers que du commerce des teinturiers,
duquel tombereau sera fait marché au rabais devant le maître particulier de ladite maîtrise, à la diligence des syndics, ou en cas de négligence à celle du procureur du roi, et l'adjudicataire payé par les mains
du premier syndic, ainsi que les gages desdits deux gardes, à raison de
quatre cents livres pour chacun desdits gardes, suivant la contribution
et le rôle de répartition qui en seront faits et arrêtés par lesdits syndics, et approuvés dudit sieur grand-maître, à proportion tant de
l'exercice et profession desdits teinturiers, que des cuves et plains
desdits tanneurs et mégissiers qui sont ou qui seront construits dans
leurs maisons, soit qu'ils travaillent ou non ; dans laquelle contribution les meuniers des moulins sur ladite rivière entreront pour ce qui
concerne les gages seulement desdits deux sergents à garde; et faute
par lesdits syndics de faire lesdites contributions et rôle de réparti-
tions, pourra ledit sieur grand-maître décerner des exécutoires pour
le payement tant dudit tombereau que pour les gages desdits deux
gardes contre six des principaux desdits intéressés à la conservation
des eaux de ladite rivière, lesquels seront contraints, même par corps,
au payement des sommes contenues auxdits exécutoires par provision,
et nonobstant toutes appellations généralement quelconques, sauf leur
recours contre les autres contribuables.

Election des syndics tous les deux ans.

56. Il sera, tous les deux ans, à commencer le dernier dimanche de
juin, en la salle des marguilliers de Saint-Médard, à l'issue des vê-
pres, procédé en présence du procureur du roi de ladite maîtrise en
la manière accoutumée, à l'élection et nomination de trois syndics, de
manière qu'il y ait toujours un syndic de chaque corps de teinturiers,
tanneurs et mégissiers autres que ceux demeurant le long du faux rû
dit Rivière Morte, rue de Loursine, qui demeureront pour toujours
exclus dudit syndicat.

Prestation de serment et reddition de comptes par les syndics.

57. Il sera procédé, dans un seul et même jour, à ladite élection de
nouveaux syndics, lesquels avant d'entrer en fonctions prêteront serment devant le maître particulier de ladite maîtrise, et seront tenus
de rendre leurs comptes à ceux qui leur succèderont, en présence de
trois anciens desdits syndics, et, en cas de contestation, devant ledit
maître particulier.

Syndics. Visites de la rivière.

58. Auront lesdits syndics la liberté de visiter ladite rivière toutes
fois et quantes qu'ils jugeront à propos, et de se faire assister desdits
sergents à garde, ou de l'un d'eux, et faire dresser en leur présence des
procès-verbaux des contraventions qu'ils trouveront être faites au
présent règlement, à l'effet de quoi les maisons leur seront ouvertes,
à peine contre les refusants de cent livres d'amende.

Syndics. Délibération avant d'entreprendre des procès.

59. Et conformément à l'édit du mois d'avril 1683, fait, Sa Majesté,
défenses auxdits syndics d'intenter à l'avenir, ni entreprendre aucun
procès, tant en cause principale que d'appel, concernant la police gé-

nérale de ladite rivière, ni de défendre à aucune propriété requise par des seigneurs ou particuliers riverains de partie de ces eaux, canaux ou viviers, sources et fontaines, sans en avoir auparavant obtenu le consentement des intéressés du faubourg Saint-Marcel, dans une assemblée générale dont l'acte de délibération sera confirmé et autorisé d'une permission dudit sieur grand-maître, à peine de destitution, et d'en supporter les frais en leurs noms sans répétition.

Syndics; exerceront gratuitement.

60. Ne pourront lesdits syndics être élus sans la condition d'exécuter gratuitement les fonctions de leur syndicat en la ville de Paris.

Titres et plans. Lieu et sûreté du dépôt.

61. Tous les papiers et plans concernant ladite rivière, ensemble les comptes des syndics, seront déposés en ladite salle de Saint-Médard, dans un coffre fermant à trois serrures différentes, et les clefs remises ès-mains desdits syndics.

Remise des pièces produites par Joseph Bouillerot, ordonnée au dépôt.

62. Et Sa Majesté, faisant droit sur la demande formée au siége de ladite table de marbre contre ledit Joseph Bouillerot, et depuis évoquée au conseil, ordonne que, dans huitaine, à compter du jour de la signification du présent arrêt, ledit Bouillerot sera tenu de remettre ès-mains des syndics en exercice, les pièces par lui produites pour parvenir audit jugement de la table de marbre dudit jour 28 février 1716, avec une expédition de son compte et pièces justificatives pour être mises dans le coffre, à ce faire contraint par toutes voies dues et raisonnables.

Syndicat. Continuation pour deux années des syndics lors en exercice.

63. Et pour tenir la main à l'exécution du présent arrêt, les deux syndics en exercice pour les communautés des teinturiers et mégissiers continueront les fonctions de leur syndicat pendant deux années, à commencer du dernier dimanche de juin prochain, conjointement avec celui qui sera incessamment élu pour la communauté des tanneurs, dont la place est actuellement vacante, et seront lesdits syndics remboursés par lesdits riverains, de toutes les avances par eux faites et à faire, y compris ceux résultant de la tierce opposition formée à la requête dudit sieur de Coste audit jugement desdits juges en dernier ressort dudit jour 28 février 1716, suivant l'arrêté de répartition qui en sera fait par ledit sieur grand-maître.

Renvoi de l'exécution du présent arrêt au grand-maître et délai des appellations. — Arrêt du conseil du 5 décembre 1741, interprète le présent article.

64. Ordonne, Sa Majesté, que tout ce qui sera fait et ordonné par ledit sieur grand-maître pour la police de ladite rivière, et exécution du présent arrêt, sera exécuté par provision, sauf l'appel au parlement, et que les appelants des ordonnances dudit sieur grand-maître seront tenus, conformément à l'ordonnance des eaux et forêts du mois d'août 1669, et à l'édit de mai 1716, de faire juger leur appellation dans le délai y porté, sinon lesdites ordonnances seront exécutées, et passeront en force de choses jugées en dernier ressort.

Forme de procéder en la maîtrise des eaux et forêts de Paris.

65. Ordonne, Sa Majesté, qu'à l'avenir toutes les affaires telles qu'elles puissent être concernant ladite rivière seront réputées matières sommaires de police ordinaire. Fait, Sa Majesté, défenses aux officiers de ladite maîtrise de Paris d'en appointer aucunes pour les juger, en procès par écrit, sous quelques prétextes que ce puisse être, si ce n'est en matières criminelles et d'enquêtes, à peine de nullité des procédures et jugements, et de tous dépens, dommages et intérêts des parties.

Première instance. Injonction et défenses au siége de la table de marbre.

66. Fait, Sa Majesté, très-expresses inhibitions et défenses aux juges en dernier ressort de ladite table de marbre du palais à Paris, et officiers dudit siége, de connaître en première instance d'aucune demande et contestation de quelque nature qu'elle puisse être concernant ladite rivière, et d'arrêter ou surseoir l'exécution des procédures, sentences d'instruction et jugements rendus par les officiers de ladite maîtrise pour délits et contraventions au présent règlement sous quelque prétexte que ce puisse être, à peine d'interdiction et d'amende arbitraire, conformément à l'article 2 du titre des tables de marbre, et juges en dernier ressort de l'ordonnance de 1669, et où les parties et leurs procureurs auraient par surprise obtenu des défenses d'exécuter lesdites sentences, icelles parties et leurs procureurs seront condamnés par les juges de ladite maîtrise en telle amende qu'il appartiendra.

Hors de cour du surplus des demandes et exécution des règlements de 1678, et 1716, en ce qu'ils ne seront contraires au règlement de 1732.

67. Et sur les autres demandes formées ou interloquées, prétentions de payements de frais contre lesdits riverains pour raison de procédures faites pour parvenir au jugement dudit jour 28 février 1716, fins et autres conclusions généralement quelconques, Sa Majesté a mis et met les parties hors de cour et de procès, et au surplus ordonne que les jugements desdits juges en dernier ressort desdits jours 26 octobre 1678 et 28 février 1716, seront exécutés selon leur forme et teneur, en ce qui ne se trouvera contraire au présent arrêt, qui sera, à la diligence du procureur général de ladite table de marbre et de son substitut en ladite maîtrise de Paris, enregistré ès greffes desdits siéges, pour être pareillement exécutés selon sa forme et teneur, nonobstant oppositions, appellations, ou autres empêchements quelconques, dont si aucun intervient, Sa Majesté, s'en est et à son conseil réservé la connaissance, et icelle interdite à toutes ses cours et autres juges : enjoint, Sa Majesté, audit sieur grand-maître de tenir la main à l'exécution dudit arrêt. Fait au conseil d'Etat du roi, tenu à Marly le vingt-sixième jour de février 1732.

N° **47**.—*Ordonnance de police portant défenses aux imprimeurs, libraires et autres, d'acheter des livres et papiers aux fils de familles, inconnus, etc.*

Du 28 septembre 1734, renouvelée le 1er octobre 1744.

Faisons très-expresses et itératives défenses à tous libraires, imprimeurs, relieurs, doreurs de livres, et à° toutes autres personnes, d'acheter aucuns livres et papiers des enfants, écoliers, serviteurs ou d'autres personnes inconnues, s'ils n'en ont le consentement par écrit des pères ou maîtres, et s'ils ne sont pas certifiés par des personnes domiciliées et capables d'en répondre ; le tout à peine d'être civilement responsables de tous les livres et papiers qui se trouveront avoir été volés, détournés ou vendus indûment, à peine de 1,000 liv. d'amende, de tous dépens, dommages et intérêts, d'interdiction de la librairie, et de punition exemplaire, s'il y échoit. Leur défendons aussi, sous les mêmes peines, de vendre et d'exposer sur leurs boutiques et sur leurs étalages, ou de louer aux jeunes gens aucuns livres, histoires ou brochures, contraires à la pureté des mœurs et à la religion. Enjoignons pareillement auxdits libraires, de tenir bon et fidèle registre des livres et papiers qu'ils achèteront, lesquels registres seront paraphés par le commissaire du quartier, et contiendront les noms, demeures et qualités de ceux qui les auront exposés en vente. ou de leurs certificats ou répondants, les titres des livres ou manuscrits qu'ils auront achetés, et les jours auxquels ils auront été exposés en vente.

N° **48**. — *Sentence du bureau de la ville, concernant le flottage, la conduite sur les rivières, le tirage sur les ports, et l'empilage dans les chantiers des bois flottés à brûler pour la provision de la ville.*

Du 13 avril 1737.

Cette ordonnance fixe le salaire des individus employés à la construction des trains ou flottage, à la conduite sur la rivière, au tirage sur les ports, et à l'empilage des bois flottés.

Elle contient, en outre, les dispositions suivantes :

Comme aussi leur défendons (à tous hommes conducteurs de trains et voituriers d'iceux) très-expréssement d'ôter en route, aucunes perches appelées chantiers, pour les vendre ou donner, sous quelque prétexte que ce soit ; comme aussi les fers desdites perches servant à la solidité et conduite desdits trains, sur la même peine de punition corporelle, même pour la première fois. Leur faisons très-expresses inhibitions et défenses de les quitter en route ; leur enjoignons de les conduire jusqu'en cette ville, aux ports de leur destination, à peine de pertes des prix auxquels nous avons fixé leurs voyages et leur nourriture, et d'être garants et responsables des naufrages qui pourraient arriver, de 20 livres d'amende, même de plus grande peine s'il y échoit.....

Disons que chaque tireur aura deux perches et chaque hotteur une, le tout sans aucune harre ; leur défendons d'en prendre, exiger, ni recevoir un plus grand nombre, à peine d'un mois de prison, de 20 livres d'amende, et d'être chassés de dessus les ports de cette ville, même pour la première fois ; défendons aux marchands de leur en donner plus grande quantité, à peine de 1000 livres d'amende de laquelle somme le tiers sera adjugé au dénonciateur.

Disons que les empileurs n'auront point de perches ; défendons aux maîtres de berges, gareurs et lâcheurs de trains, d'emporter aucuns bois ni perches, sur le prétexte de lâchage, garage et tirage ; leur défendons très-expressément et sur les mêmes peines que dessus, d'en prendre, exiger, ni recevoir aucuns, à peine de punition exemplaire, même pour la première fois; défendons pareillement aux marchands de leur en donner, sur ladite peine de 1000 livres d'amende comme dessus.....

L'ordonnance prononce un mois de prison, 20 livres d'amende, et l'expulsion des ports, même pour la première fois contre les voituriers, conducteurs de trains, et gagne-deniers travaillant sur les ports, qui refusent de travailler pour le prix fixé, et 1000 livres d'amende contre les marchands qui payeraient davantage.

L'ordonnance ajoute ensuite :

Faisons en outre pareilles très-expresses inhibitions et défenses aux marchands qui retireront un grand run, à leurs maîtres de berges, tireurs, hotteurs et porteurs, d'embarrasser par aucuns bois, les pieux qui servent à fermer les trains, sur les peines contre eux prononcées ci-dessus (1000 livres d'amende contre les marchands; un mois de prison, 20 livres d'amende, expulsion des ports même pour la première fois); comme aussi auxdits maîtres de berges de défermer aucunes cordes des trains, appartenant aux marchands au service de qui ils seront, sans en avertir ceux des autres marchands qui auront des trains fermés sur un même pieu, et de se placer dans les ports les uns des autres, aussi sous les mêmes peines.

N° **49.** — *Ordonnance des prévôts des marchands et échevins de Paris, concernant le péchage des bois flottés à brûler, naufrages, etc.*

Du 13 juin 1739.

Disons.... qu'à l'avenir et à commencer du jour de la publication des présentes, les marchands de bois flottés à brûler, seront tenus de préposer tel nombre de compagnons de rivière ou pêcheurs qu'ils croiront nécessaires pour faire le péchage des bois échappés de leurs trains, ou de ceux qui proviendront desdits trains qui seront naufragés, depuis la gare établie au-dessus de cette ville, pour le placement desdits trains à leur arrivée, jusqu'au pont de Sèvres.... Ordonnons que les syndics desdits marchands seront pareillement tenus de donner auxdits compagnons de rivière ou pêcheurs, un acte ou pouvoir, par écrit, signé d'eux, portant qu'ils les autorisent à faire ledit péchage; qu'en conséquence de cet acte, lesdits compagnons de rivière, ou pêcheurs comparaîtront devant nous, pour obtenir notre permission, à cet effet; qu'à la minute de cette permission ledit acte ou pouvoir demeurera joint, et que ladite permission subsistera jusqu'au moment de la révocation dudit acte ou pouvoir, qui sera signifié auxdits compagnons de rivière, à la requête desdits marchands. Faisons très-expresses inhibitions et défenses à tous autres compagnons de rivière, ou pêcheurs, à tous meuniers, blanchisseurs et blanchisseuses, porteurs d'eau, et à toutes autres personnes, sans aucune exception, de pêcher, ni arrêter aucune desdites bûches sur la rivière, depuis ladite gare au-dessus de cette ville, jusqu'au dit pont de Sèvres, sur quelque prétexte que ce soit, et à toutes personnes de les acheter ou lotiser, à peine d'être les uns ou les autres poursuivis extraordinairement, à la requête du procureur du roi et de la ville, et punis comme voleurs, suivant la rigueur des ordonnances, même pour la première fois.

N° **50.** *Ordonnance de police concernant les afficheurs et colporteurs.*

Du 16 avril 1740.

... Les syndics et adjoints délivreront à chacun d'eux (des afficheurs et colporteurs compris dans la nouvelle liste), une nouvelle plaque qu'ils seront tenus de porter au-devant de leurs habits, sans pouvoir la céder à d'autres sous aucun prétexte, à peine d'interdiction, de 50 livres d'amende et de prison contre les cédants et les cessionnaires qui seront trouvés portant des plaques sans avoir été reçus.
Cette ordonnance est particulière à Paris.

N° **51.** — *Ordonnance du bureau de la ville concernant les marchandises de bois carrés à bâtir, à ouvrer, de sciage et charronnage, et de bois naufragés dans les ports de cette ville, etc.....*

Du 11 janvier 1741, renouvelée le 18 mars 1760 et le 25 février 1784.

Disons que les ordonnances et règlements seront exécutés selon leur forme et teneur ; en conséquence, que tous compagnons de rivière, gagne-deniers et autres personnes qui ont repêché des bois carrés à bâtir, à ouvrer, de sciage et charronnage, et du bois à brûler naufragés dans les ports de cette ville, ou en ont en leur possession, seront tenus de faire, dans quatre jours, leurs déclarations desdites marchandises repêchées et laissées sur les ports et quais de cette rivière, sur les héritages le long de la rivière de Seine, hors de cette dite ville, comme aussi de celle étant en leur possession ; savoir : à l'égard desdits bois étant dans l'étendue de cette ville, au greffe de l'Hôtel-de-Ville, et des autres par-devant les juges des lieux, lesquelles déclarations seront reçues sans frais à peine de déchéance de tout salaire pour le repêchage desdits bois qui sont sur lesdits ports et quais de cette dite ville, et sur les héritages le long de la rivière hors d'icelle ; et, à l'égard des autres bois, qui seront trouvés passé ledit temps dans aucuns lieux, d'être, ceux qui les y ont déposés et ceux qui les ont retirés, poursuivis extraordinairement, et de demeurer, en outre, garants et responsables de toutes pertes des dommages et intérêts des marchands et autres propriétaires desdits bois....

Faisons très-expresses inhibitions et défenses à tous marchands, maîtres charpentiers, menuisiers et autres, de se transporter sur les ports, dans aucun des chantiers et autres lieux de cette ville, ni dans aucuns endroits au-dessous d'icelle, à l'effet d'y marquer aucuns desdits bois repêchés ou autres sans exception, jusqu'à ce que lesdits marchands aient fait leurs recherches, triqué et reconnu lesdits bois, chacun, à leur égard, sur telle peine qu'il appartiendra.

N° **52.** — *Ordonnance de police du lieutenant général de police, qui ordonne de faire vider l'eau qui pourrait être restée dans les caves.*

Du 28 janvier 1741.

Nous ordonnons aux propriétaires et principaux locataires des mai-

sons de cette ville et faubourgs, qui ont encore de l'eau dans leurs
caves, de les vider deux jours après la publication de notre présente
ordonnance, même d'en faire enlever les boues et limon que le séjour
des eaux aura produits. Seront tenus, les propriétaires, de pourvoir
ensuite aux réparations à faire, tant aux voûtes des caves qu'aux
voûtes des fosses d'aisance qui peuvent avoir été endommagées et aux
fondements des maisons qui menaceraient le moindre danger ; le tout
à peine de 400 livres d'amende pour chaque contravention. Ordonnons,
en outre, à tous ceux qui auront du bois dans leurs caves, ou dans
d'autres endroits de leurs maison, où l'eau aura pénétré, de le faire
sortir, et de le faire sécher à l'air avant de le remettre dans les mêmes
dépôts, à peine de 200 livres d'amende pour chaque contravention.

N° **53.** — *Ordonnance du lieutenant général de police, portant
règlement sur la vente et distribution du lait.*

Du 20 avril 1742.

1. Faisons défenses aux brasseurs de vendre leurs drèches lorsqu'elles sont vieilles ou corrompues, et aux regrattiers et nourrisseurs
de vaches, chèvres et ânesses, d'en acheter sous quelque prétexte que
ce soit, à peine de 200 livres d'amende, pour chaque contravention,
tant contre les vendeurs que contre les acheteurs, dont les maîtres
seront garants et responsables pour leurs domestiques.
2. Défendons pareillement aux amidonniers de vendre le marc de
leur amidon, et aux nourrisseurs de vaches, chèvres et ânesses, de
l'acheter, sous les mêmes peines de 200 livres d'amende, et de punition corporelle, tant contre les uns que contre les autres ; lesquelles
seront en outre civilement responsables de tous les inconvéniens qui
pourraient en arriver.
3. Disons que tous ceux qui apportent du lait de la campagne à
Paris, que les détaillans et détailleresses, qui en font commerce, ne
pourront en exposer en vente que de bonne qualité et sans mélange :
leur défendons d'y mettre de l'eau ni des jaunes d'œufs à peine de
200 livres d'amende pour chaque contravention.
4. Faisons aussi défenses, sous les mêmes peines, de vendre du lait
aigre ou corrompu, et généralement toute sorte de lait nuisible à la
santé. Enjoignons à ceux qui le vendent de se servir de mesures de
jauge, et de se conformer à cet égard aux ordonnances.

N° **54.** — *Ordonnance de police relative aux confiseurs, pâtissiers,
traiteurs, etc.*

Du 10 octobre 1742.

Fait très-expresses inhibitions et défenses à tous marchands confiseurs, aux pâtissiers, traiteurs et même aux officiers de maisons, et à
tous autres, d'employer, dans leur pâte à mouler, pâte de sucre, pastilles et dragées, fruits glacés, conserves, confitures sèches, massepains
glacés et autres, soit pour les desserts, soit pour être vendus au public, la gomme gutte, les cendres bleues, et toutes les préparations

de cuivre, le bleu d'azur, les cendres ou chaux de plomb, comme le minium, ou ce que l'on nomme le vermillon ou le plomb rouge, le massicot, l'orpiment et toutes matières, lesquelles sont dangereuses et plus ou moins nuisibles à la santé, le tout à peine de confiscation des marchandises et autres ouvrages où il se trouvera de pareilles drogues, et de 200 livres d'amende pour chaque contravention : pourront les contrevenants, en cas de récidive, être poursuivis extra-ordinairement et même emprisonnés sur-le-champ, étant pris en flagrant délit. Leur défendons pareillement, et sous les mêmes peines, d'employer ou faire employer au pinceau aucune de ces couleurs prohibées, sur leurs figures pour les desserts et autres ouvrages, sauf aux marchands épiciers, confiseurs, pâtissiers, traiteurs, officiers de maisons, et autres, à donner le coloris à leurs pâtes, pastilles, conserves et autres ouvrages de leur commerce, par le moyen des sucs de fruits, des plantes qui se mangent, et par des ingrédiens non suspects, comme cochenille, les bois de teinture, le safran, le safranum, ou safran bâtard, la gaude, le curcuma ou terra merita ; le tournesol, l'indigo, tous ingrédiens qui sont sans malignité.

N° 55.—Edit du roi, pour l'établissement de la bourse des marchés de Poissy et de Sceaux.

Du 23 décembre 1743, registré le 23 du même mois.

L'article 1er porte qu'il sera établi aux marchés de Sceaux et de Poissy un ou plusieurs bureaux, ouverts tous les jours de marchés pour payer et avancer aux forains, dans l'instant de la vente, le prix des bestiaux qu'ils amèneront et vendront aux bouchers et autres marchands solvables.

L'article 2 rétablit, pour quinze ans, le sol pour livre du prix de tous les bœufs, vaches, veaux, porcs, moutons, brebis, chèvres, chevreaux et autres bestiaux, sans exception, qui seront vendus dans les marchés de Poissy et de Sceaux.

3. Permettons à celui qui sera chargé de l'exécution du présent édit, d'établir aux entrées et sur la place des marchés de la ville de Poissy et de Sceaux, les commis nécessaires pour recevoir les déclarations de la quantité et qualité des bestiaux qui y seront amenés ; lesquels commis exerceront sur sa simple procuration, et leurs procès-verbaux auront foi en justice, comme ceux des commis de nos fermes, après toutefois qu'ils auront prêté serment par devant le lieutenant général de police de notre bonne ville de Paris.

4. Défendons à tous marchands, leurs facteurs, commissionnaires ou autres, de faire entrer aucuns bestiaux, en fraude, dans lesdits marchés, et d'en exposer en vente une plus grande quantité que celle contenue en leurs déclarations, et à tous marchands bouchers et autres d'en acheter desdits marchands forains, que les jours de marché ordinaires, et dans les places et lieux destinés pour la vente, à peine de confiscation des bestiaux entrés en fraude non déclarés ou vendus ailleurs que dans lesdits marchés de Poissy et de Sceaux, et de 500 livres d'amende, au payement de laquelle chacun des contrevenants sera contraint, comme pour nos propres deniers et affaires.

6. Défendons à toutes personnes de troubler les commis de celui qui sera chargé de l'exécution du présent édit, et à tous huissiers et sergents d'exercer aucunes contraintes contre les bouchers et sur les

bestiaux, en allant et revenant des marchés de Poissy et de Sceaux, ou
y étant, et sur la place aux veaux, à Paris, les jours de marché, si ce
n'est en cas de fraude ou de contravention à l'exécution du présent
édit.

7. Ordonnons, au surplus, que l'édit de janvier 1707, registré en notre
cour de parlement, le 10 mars suivant, soit exécuté selon sa forme et
teneur, en ce qui n'y est point dérogé par le présent édit.

N° **56**.—*Ordonnance du lieutenant général de police de Paris,
concernant l'ouverture des marchés de Sceaux et de Poissy,
pour la vente des bœufs et des veaux.*

Du 21 mars 1744.

2° Défendons aux propriétaires des bœufs et des veaux de vendre
leurs bestiaux, et aux marchands bouchers de les acheter, avant que la
cloche ait sonné, à peine de 50 livres d'amende, tant contre les vendeurs que contre les acheteurs, pour chaque contravention.

3° Disons que, conformément à l'ordonnance du 3 juillet 1736, le
premier avertissement pour faire évacuer les moutons aux marchés
se fera de même au son de la cloche.......

Que l'avertissement pour mettre les moutons aux rateliers, se fera
de la même manière.

Et le troisième et dernier, à midi, que commencera la vente.

4° Faisons défenses, sous les mêmes peines, de la commencer auparavant.

5° Et à l'égard des bestiaux qui seront entrés dans lesdits marchés,
dont la vente ne sera point faite, le renvoi en sera indiqué également
au son de la cloche.....

N° **57**.—*Ordonnance du bureau de la ville concernant l'emplacement et l'empilage des bois flottés à brûler dans les chantiers
de cette ville et de ses faubourgs.*

Du 13 avril 1744.

Nous disons que l'ordonnance du 12 octobre 1695, ensemble l'arrêt
de la cour, du 24 juillet 1725, seront exécutés selon leur forme et teneur; en conséquence, faisons défenses à tous marchands de bois à
brûler, d'emplacer et élever à l'avenir aucuns desdits bois en théâtres
ou en piles courantes, qui soient plus proches que de douze pieds des
murs desdits chantiers, soit de clôture et de face sur les rues, soit
des murs qui les séparent d'avec les hôtels, maisons et emplacements
auxquels ils sont mitoyens; comme aussi de mettre ou souffrir qu'il
soit mis, dans ladite étendue de douze pieds, aucunes perches, barres
ou autres débâcles provenant des trains, ni aucuns bois de charpente,
d'ouvrage ou débris de bateaux, et à toutes personnes de faire ledit
usage de la totalité ou portion dudit espace; le tout, sous quelque
prétexte que ce soit, à peine, contre les uns et les autres, de 500 livres
d'amende, et de confiscation desdits bois, pour la première fois, même
de plus grande peine en cas de récidive. Faisons pareilles défenses à

tous ouvriers empileurs et autres, et à tous gagne-deniers d'y contrevenir, à peine de 50 livres d'amende pour la première fois, et d'être chassés pour toujours des ports en cas de récidive ; et quant à la hauteur desdits théâtres ou piles, ordonnons que lesdits marchands se conformeront à l'arrêt de la cour du 24 juillet 1725 ; ordonnons, en outre, que lesdits marchands seront tenus de vendre aux acheteurs, par préférence à tous autres bois, ceux qui forment les théâtres ou piles courantes, lesquels se trouvent actuellement plus proches que des douze pieds desdits murs mitoyens ; enjoignons auxdits marchands et à tous autres de faire enlever, dans le jour, toutes les perches, harres, ou autres débâcles provenant desdits trains, les bois de charpente ou d'ouvrages et débris de bateaux qui occupent lesdits espaces dans la même étendue de douze pieds, sous la même peine de 500 livres d'amende et de confiscation.

───────◇───────

N° **58.**—*Ordonnance de police portant défenses aux imprimeurs, libraires et autres d'acheter des livres et papiers aux fils de famille inconnus, etc.*

Du 1er octobre 1744 (1).

───────◇───────

N° **59.**—*Arrêts du conseil d'Etat du roi pour faire cesser plusieurs abus introduits dans le commerce qui se fait sous la halle aux toiles de la ville de Paris.*

Du 15 mars 1746.

5° Toutes les toiles et toileries qui se fabriquent, tant dans la ville, faubourgs et banlieue de Paris, que dans les autres villes et lieux de la généralité, qui seront apportées dans ladite ville, seront marquées aux deux bouts de chaque pièce, d'une marque faite avec de l'huile et du noir de fumée, contenant le nom et le surnom, et le nom du lieu de la demeure du fabricant, pour celles qui auront été fabriquées dans les lieux où il n'y a pas de bureaux de visite établis ; et à l'égard de celles desdites toiles et toileries qui auront été fabriquées dans des lieux où il y a des bureaux de visite, elles auront, outre la marque du fabricant, celle de visite de l'un desdits bureaux, à la tête et à la queue de chaque pièce ; le tout à peine de confiscation desdites toiles et toileries, qui seront coupées de deux aunes en deux aunes, et 50 liv. d'amende pour chaque pièce.

6° Toutes les toiles et toileries fabriquées dans les autres villes et lieux du royaume, qui seront apportées dans celle de Paris, pour y être mises dans le commerce, ou pour l'usage des bourgeois ou autres personnes telles qu'elles puissent être, seront marquées aux deux bouts de chaque pièce, tant de la marque du fabricant que de celle de visite des bureaux établis dans lesdites villes et lieux, conformément aux règlements faits pour la fabrique desdites toiles et toileries dans chacune desdites villes et lieux, à peine de confiscation desdites toiles et toileries, qui seront coupées de deux aunes en deux aunes, et de 50 liv. d'amende pour chaque pièce.

────────────────

(1) Voir celle du 28 septembre 1734.

7. Les coupons de toiles et toileries fabriquées dans les villes et lieux du royaume, qui n'auront pas à l'un des bouts les marques ordonnées par l'article précédent, et qui seront apportés dans celle de Paris, pour y être mis dans le commerce, seront marqués aux deux bouts de la marque du marchand ou du fabricant qui en fera l'envoi, empreinte avec de l'huile et du noir de fumée, contenant son nom, son surnom, et le nom du lieu de sa demeure, à peine de confiscation desdites toiles, et de 20 livres d'amende par chaque coupon.

19. Les toiles et toileries, soit en pièces entières ou en coupons... qui seront envoyées dans les blanchisseries des environs de ladite ville ou ailleurs pour y être blanchies, seront, par les blanchisseurs auxquels elles auront été remises, marquées aux deux bouts de chaque pièce ou coupon, après avoir été blanchies, d'une marque faite avec de l'huile et du noir de fumée, contenant leur nom, leur surnom et le nom du lieu de leur demeure; à peine, en cas de contravention, de 10 liv. d'amende par chaque pièce ou coupon.....

23. Toutes les balles, bannettes, paquets, caisses et ballots desdites toiles ou toileries qui seront apportées à la halle aux toiles, ne pourront être ouverts qu'en présence des gardes des merciers, des gardes-jurés des lingères, des jurés auneurs-visiteurs et des commis des fermes établis dans ladite halle, et qu'après que les lettres de voitures en auront été représentées : le tout à peine de confiscation desdites toiles et toileries, et de 100 livres d'amende contre chacun des contrevenants.

24. Fait, Sa Majesté, défenses à tous marchands, marchandes lingères, marchands forains et autres de porter ni faire porter sous ladite halle aucunes balles et ballots de marchandises, autres que des toiles et toileries, à peine de confiscation desdites marchandises et de 100 liv. d'amende contre chacun des contrevenants.

36. Ne pourront les marchands forains faire commerce, sous ladite halle, d'aucunes sortes de toiles et toileries, qu'elles n'aient été fabriquées dans les villes et lieux du royaume, et qu'elles n'aient cap et queue : leur faisant, Sa Majesté, défenses d'apporter sous ladite halle aucuns coupons ni aucunes toiles et toileries de fabrique étrangère, même de celles dont l'entrée est permise dans le royaume, à peine de confiscation desdites toiles et toileries et de 2,000 liv. d'amende contre chacun des contrevenants.

37. Pourront lesdits marchands forains, après que la visite de leurs toiles et toileries aura été faite, et qu'elles auront été marquées de la marque ou du plomb de la halle, les exposer en vente et vendre sous ladite halle tous les jours ouvrables, et pendant six semaines de suite, à compter du jour qu'elles y auront été déposées; passé lequel temps ils seront tenus de remballer celles qu'ils n'auront pas vendues, dont ils laisseront les balles et ballots à la garde des syndics jurés auneurs-visiteurs, qui en feront mention sur leur registre, conformément à ce qui est prescrit par l'art. 25 ci-dessus ; et ne pourront lesdits marchands forains, déballer de nouveau lesdites toiles et toileries, pour les exposer en vente sous ladite halle, ni y en introduire de nouvelles, que dans un mois, à compter du jour de l'expiration desdites six semaines. Veut, Sa Majesté, que lesdites balles ou ballots qu'ils laisseront sous ladite halle, soient cachetés en présence des gardes des merciers, des gardes jurés des lingères, et des jurés auneurs-visiteurs, pour leur être rendus ainsi cachetés après l'expiration du délai ordonné par le présent article.

38. Veut, Sa Majesté, que lesdits marchands forains soient tenus de faire par eux-mêmes la vente des toiles et toileries qu'ils auront apportées sous ladite halle, leur faisant défenses de se servir d'aucuns commissionnaires, commis, facteurs, domestiques, ni de quelques autres personnes que ce puisse être. Pourront seulement en cas de maladie ou autre empêchement légitime, commettre en leur lieu et place leurs femmes ou enfants pour la vente desdites toiles et toileries, à peine de 300 liv. d'amende contre chacun des contrevenants, et d'être exclus du commerce, sous ladite halle.

59. Aucuns marchands forains faisant commerce de toiles et toileries sous ladite halle, ne pourront être domiciliés à Paris; et seront tenus tous lesdits marchands forains, dans un mois à compter du jour de la publication du présent règlement, de justifier par devant le sieur lieutenant général de police, de leur domicile actuel dans quelque ville ou lieu des provinces du royaume; à peine contre ceux desdits marchands se prétendant marchands forains, qui seraient domiciliés à Paris, d'être expulsés de ladite halle et interdits d'y faire aucun commerce, et de 300 liv. d'amende.

43. Seront tenus les forts et gens de peine, travaillant sous la halle aux toiles, dans huitaine à compter du jour de la publication du présent règlement, de se faire inscrire par nom et surnom, sur un registre qui sera tenu à cet effet....., de se trouver régulièrement sous ladite halle, avant et après les heures prescrites pour la tenue de ladite halle....., et remballer les balles et ballots de toiles et toileries qui auront été ouverts, lorsqu'ils en seront requis par ceux auxquels ils appartiendront, sans que, pour raison desdits emballages, port de balles et ballots, et autres travaux, ils puissent prétendre autres ni plus forts salaires que ceux qui seront fixés par le tarif, qui en sera arrêté par le sieur lieutenant général de police, dont il sera affiché des exemplaires aux lieux les plus apparents de ladite halle; à peine, en cas de contravention, de punition corporelle contre lesdits forts et gens de peine.....

N° **60.**—*Arrêt du conseil d'Etat du roi, sur la police des marchés de Sceaux et Poissy.*

Du 29 mars 1746.

..... Veut, Sa Majesté, que, par provision, les arrêts du conseil des 27 décembre 1707, 29 novembre 1710, 1er décembre 1711, et 27 septembre 1735, ensemble l'ordonnance de police du 7 mars 1731, soient exécutés selon leur forme et teneur; et, en conséquence, que tous les marchands forains, laboureurs et autres, soient tenus de conduire et mener directement leurs bœufs, vaches, veaux, moutons et autres bestiaux à pied fourché, auxdits marchés de Sceaux et de Poissy, sans les pouvoir conduire ailleurs : fait défenses aux bouchers de Paris, Châtres, Saint-Germain, Nanterre, Argenteuil, Versailles, Clamart, Châtillon et autres lieux des environs de Paris, d'en acheter ailleurs que dans lesdits marchés, à peine de confiscation et de 500 livres d'amende, au payement de laquelle chacun des contrevenants sera contraint par corps; et seront, lesdites amendes délivrées, conformément à l'édit du mois de janvier 1707, savoir : un tiers à l'hôpital général de la ville de Paris, un tiers au dénonciateur, et un tiers au commis qui aura découvert la contravention.

N° **61**. — *Arrêt du conseil d'Etat du roi, qui indique les précautions à prendre contre la maladie épidémique sur les bestiaux.*

Du 19 juillet 1746.

1. Tous propriétaires de bêtes à cornes, habitant dans les villes ou paroisses de la campagne, dont les bestiaux seront malades ou soupçonnés de maladie, seront tenus d'en avertir, dans le moment, le principal officier de police de la ville ou le syndic de la paroisse dans laquelle ils habiteront, sous peine de 100 livres d'amende ; à l'effet, par ledit officier de police ou par ledit syndic, de faire marquer en sa présence lesdits bestiaux malades ou soupçonnés, avec un fer chaud, d'une marque portant la lettre M, et de constater que lesdites bêtes malades ou soupçonnées de maladie ont été séparées des bestiaux sains, et enfermées dans des endroits où elles ne puissent communiquer avec lesdits bestiaux sains de la même ville ou paroisse.

2. Ne pourront, lesdits propriétaires, sous quelque prétexte que ce soit, faire conduire dans les pâturages, ni aux abreuvoirs, lesdits bestiaux attaqués ou soupçonnés de maladie, et seront tenus de les nourrir dans les lieux où ils auront été renfermés, sous la même peine de 100 livres d'amende.

3. Les syndics des paroisses dans lesquelles il y aura des bestiaux malades ou soupçonnés de maladies, seront tenus, sous peine de 50 livres d'amende, d'en avertir, dans le jour, le subdélégué du département, et de lui déclarer le nombre des bestiaux qui seront malades ou soupçonnés, et qu'ils auront fait marquer des noms des propriétaires auxquels ils appartiennent, et s'ils en ont été avertis par lesdits propriétaires ou par d'autres particuliers de ladite paroisse. Veut, Sa Majesté, qu'au dernier cas, le tiers des amendes qui seront prononcées contre lesdits propriétaires, faute de dénonciations, appartienne à ceux qui auront donné le premier avis, soit au principal officier de police dans les villes, soit aux syndics des paroisses dans la campagne.

4. Le subdélégué, conformément aux ordres et instructions qu'il aura reçus du surintendant de la province, et les officiers dans les villes, tiendront la main, non-seulement pour empêcher que les bestiaux malades ou soupçonnés n'aient aucune communication avec les bestiaux sains de la même ville ou paroisse, mais encore pour empêcher que tous les bestiaux, soit malades, soit soupçonnés, soit sains, du lieu où la maladie se sera manifestée, n'aient aucune communication avec ceux des villes ou paroisses voisines.

5. Fait, Sa Majesté, très-expresses inhibitions et défenses aux habitants des villes ou des paroisses de lacampagne dans lesquelles la maladie se sera manifestée, de vendre aucun bœuf, vache ou veau, et à tous particuliers des autres paroisses, ou étrangers, d'en acheter, sous peine de 100 livres d'amende, tant contre le vendeur que contre l'acheteur, pour chaque tête de bétail vendu ou acheté en contravention de la présente disposition, sans préjudice néanmoins de ce qui sera réglé par l'article 8 ci-après.

6. Fait pareillement, Sa Majesté, défenses à tous particuliers, soit propriétaires de bêtes à cornes ou autres, de conduire aucuns des bestiaux sains ou malades, des villes ou paroisses de la campagne où la maladie se sera manifestée, dans aucunes foires ou marchés, et ce, sous peine de 500 livres d'amende pour chaque contravention ; de laquelle amende, les propriétaires desdits bestiaux qui pourraient se servir d'étrangers pour les conduire aux dites foires et marchés seront responsables en leur propre et privé nom.

7. Permet, Sa Majesté, à tous particuliers qui rencontreront, soit dans les pâturages publics, soit aux abreuvoirs, soit sur les grands chemins, soit aux foires ou marchés, des bêtes à cornes marquées de la lettre M, de les conduire devant le plus proche juge royal ou seigneurial, lequel les fera tuer sur-le-champ en sa présence.

8. Pourront, néanmoins, les propriétaires de bêtes à cornes, qui auront des bestiaux sains et non soupçonnés de maladie, dans un lieu où quelques-uns des bestiaux auront été attaqués, vendre lesdits bestiaux sains et non soupçonnés de maladie, aux bouchers qui voudront les acheter, mais à la charge qu'ils seront tués dans les vingt-quatre heures de la vente, sans que lesdits bouchers puissent, sous aucun prétexte, les garder plus longtemps, à peine, tant contre lesdits propriétaires que contre lesdits bouchers, de 200 livres pour chacune contravention, pour raison de laquelle amende lesdits propriétaires et lesdits bouchers seront solidaires.

14. Si aucuns des officiers de police des villes et des syndics des paroisses de la campagne, dans le cas où il leur est enjoint par le présent décret de donner des certificats, en donnaient de contraires à la vérité, veut, Sa Majesté, qu'ils soient condamnés en 1,000 livres d'amende, même poursuivis extraordinairement pour, l'instruction faite, être prononcé contre eux telle peine afflictive ou infamante qu'il appartiendra.

15. Veut, Sa Majesté, que, dans tous les cas où les amendes prononcées par le présent arrêté seront encourues, les délinquants soient contraignables par corps au payement desdites amendes, et qu'ils tiennent prison jusqu'au parfait payement d'icelles.

N° **62**. — *Ordonnance de police sur les œufs, beurres et fromages.*

Du 23 mars 1748 (1).

N° **63**. — *Ordonnance du lieutenant général de police de Paris, portant règlement pour les marchés de Sceaux et de Poissy.*

Du 20 juin 1749.

1. Conformément à l'édit du mois de janvier 1707, les marchands forains, leurs facteurs, commissionnaires et tous propriétaires de bestiaux, qui en amèneront dans les marchés de Sceaux et de Poissy, seront tenus de déclarer au commis de la ferme desdits marchés, établis aux portes d'entrée, la quantité et la qualité de leurs bestiaux, et de prendre des laissez-passer, à peine de confiscation et de 500 livres d'amende.

2. Seront tenus, lesdits marchands forains, propriétaires de bestiaux, leurs facteurs et commissionnaires, au moment où l'ouverture desdits marchés sera faite, leurs bestiaux placés en iceux et la cloche sonnée, de remettre leurs laissez-passer aux commis-vendeurs établis par le fermier, les plus près de leur place, de réitérer et désigner leur

(1) V. celle du 25 juin 1757 qui la renouvelle.

déclaration de la quantité et de la qualité de leurs bestiaux sur la feuille qui en sera ouverte à cet effet, à peine de saisie, confiscation et de pareille amende de 500 livres.

3. Lorsque lesdits marchands, propriétaires, facteurs ou commissionnaires, auront vendu leurs bestiaux, ils en feront leur déclaration au même commis, contenant le prix exact de la vente de chaque espèce; et, en cas de fausse déclaration, le fermier pourra prendre à son profit les bestiaux faussement déclarés, conformément à l'arrêt du conseil du 21 janvier 1749, qui sera exécuté selon sa forme et sa teneur.

4. Faisons défenses auxdits marchands forains, propriétaires de bestiaux, à leurs facteurs et commissionnaires de faire leur déclaration d'entrée et de vente sous des noms empruntés, de déguiser leur nom et leur demeure, sous peine d'être privés de l'entrée des marchés, et de 200 livres d'amende pour chaque contravention, dont les marchands et propriétaires de bestiaux seront responsables pour leurs facteurs et commissionnaires.

5. Ne pourront, les marchands bouchers et conducteurs de bestiaux, faire sortir des marchés aucuns bestiaux que la déclaration de la vente n'en ait été préalablement faite au commis du fermier, et qu'ils n'aient pris de lui un laissez-sortir, lequel contiendra la quantité et la qualité des bestiaux déclarées, à peine de 200 livres d'amende pour chaque contravention. Pourra néanmoins, le fermier, faire visiter la marchandise déclarée par ses commis visiteurs attenant le marché, avant qu'elle en sorte, pourvu toutefois que la visite soit faite immédiatement après la déclaration de vente, et qu'elle ne puisse retarder le départ de ladite marchandise : et, dans le cas où les commis du fermier ne feraient pas leur visite sur-le-champ, l'officier par nous préposé pour l'inspection desdits marchés pourra faire partir ladite marchandise, sans que le fermier puisse s'y opposer, soit qu'elle soit destinée pour Paris, soit pour la campagne.

6. Défendons aux marchands bouchers de la ville et faubourgs de Paris, de prêter leur nom directement ni indirectement aux bouchers de la campagne, pour acheter des bestiaux dans lesdits marchés, soit au crédit, soit au comptant, et aux conducteurs de bestiaux de se charger d'aucune marchandise ainsi achetée sous des noms empruntés, pour la remettre, sur leur route, aux bouchers de la campagne : seront tenus, lesdits bouchers de la campagne, d'acheter par eux-mêmes ou de faire acheter par des commissionnaires, lesquels feront leurs déclarations exactes et véritables aux commis du fermier, qui leur délivreront, après la déclaration et la visite des bestiaux déclarés, des laissez-sortir ou congés, intitulés *de campagne*, qu'ils remettront à leurs conducteurs, lesquels les représenteront sur leur route, chaque fois qu'ils en seront requis, aux commis du fermier; le tout à peine de saisie, de confiscation de la marchandise et de 200 livres d'amende pour chaque contravention.

9. Ne pourront, les marchands forains, les propriétaires de bestiaux, leurs facteurs et commissionnaires, faire sortir desdits marchés les bestiaux qu'ils n'auront pas vendus, qu'après le renvoi sonné, en la manière ordinaire et après avoir représenté lesdits bestiaux restant à vendre aux commis du fermier, remis leur laissez-passer, et fait leur déclaration, au moyen de laquelle il leur sera délivré par les commis, suivant l'usage, un billet de renvoi qui sera fait double et signé, tant du marchand forain, propriétaire, facteur ou commissionnaire, que du commis, contenant l'engagement de ramener lesdits bestiaux de renvoi dans les marchés qui suivront, conformément aux règlements; le tout à peine de saisie, confiscation des bestiaux et de 500 livres d'a-

mende, dont les marchands forains et propriétaires de bestiaux seront responsables pour leurs facteurs et commissionnaires.

N° **64**. — *Arrêt du parlement pour les garçons marchands de vins.*

Du 18 janvier 1752.

2. Il est fait défenses aux courtiers de vins et autres particuliers de se mêler de placer des garçons chez des marchands de vins, à peine, contre le courtier ou autres qui se seront mêlés de les placer, de 100 livres d'amende.

N° **65**. — *Ordonnance de police concernant la vente des vaches laitières.*

Du 8 avril 1752.

1. Conformément à l'ordonnance du 12 juin 1745, les vaches laitières seront vendues dans le marché de la plaine des Sablons, le mardi de chaque semaine, depuis neuf heures du matin jusqu'à deux heures après midi.

2. Faisons défenses, tant aux marchands forains qu'à tous autres particuliers, de quelque état et qualité qu'ils soient, d'en vendre ni faire vendre dans leurs bouveries, ni de les exposer dans les villages de Neuilly, du Petit-Gentilly, de Villejuif, au Petit-Charonne, à Fontarabie et partout ailleurs, sous quelque prétexte que ce puisse être; défendons pareillement aux nourrisseurs de les acheter hors le marché ci-dessus; le tout à peine de 200 livres d'amende, tant contre les vendeurs que contre les acheteurs, même de plus grande, si le cas y échoit.

3. Ne pourront, les bouchers de Paris ni ceux de la campagne, acheter dans ledit marché de la plaine des Sablons, aucunes vaches pour les tuer, sous les mêmes peines de 200 livres d'amende.

4. Disons que, lorsque le mardi se trouvera un jour de fête, le marché sera remis au marché suivant. Défendons aux marchands forains et autres propriétaires de vaches d'y en amener lesdits jours de fête, et aux nourrisseurs d'en acheter, à peine de pareille amende de 200 livres contre chaque contrevenant.

N° **66**. — *Ordonnance des prévôt des marchands et échevins de Paris, concernant les charbons amenés par terre.*

Du 19 juin 1755, confirmée par arrêt du parlement du 16 juillet 1776.

1. Disons que les ordonnances et règlements concernant les charbons de bois amenés par terre, pour la provision de cette ville, seront exécutés selon leur forme et teneur; ordonnons que tous marchands qui y en feront venir en charrettes seront tenus de les y faire voiturer en bannes seulement et non en sacs, et de les faire conduire par le chemin le plus court..... Leur faisons très-expresses inhibitions et défenses d'en vendre et distribuer en route, ni de faire séjourner lesdites voitures et charbons dans aucun lieu de cette dite ville et de ses faubourgs, sous quelque prétexte que ce soit. Leur enjoignons de représenter à l'instant, aux bureaux des communautés des officiers mesureurs et porteurs de ladite marchandise, les laissez-passer qui leur auront été délivrés à leur passage aux barrières de cette dite ville ; le tout à peine, même pour la première fois, de 500 livres d'amende, de confiscation desdits charbons, charrettes, chevaux et harnais..... pour, les deniers en provenant, être remis, un tiers au dénonciateur..... et le dernier tiers appliqué aux pauvres qu'il appartiendra, les frais de vente et ceux pour y parvenir préalablement pris.....

L'article 2 indique les barrières par lesquelles devaient alors entrer les charbons, et finit ainsi :

Leur faisons très-expresses inhibitions et défenses de les faire passer à toutes autres barrières, sous quelque prétexte que ce soit, sous les peines portées par l'article précédent.

3. Faisons pareilles très-expresses inhibitions et défenses à tous hôteliers, aubergistes et autres personnes de cette dite ville et faubourgs, de recevoir chez eux lesdites voitures chargées desdits charbons, à peine de 500 livres d'amende, même pour la première fois.

L'article 4 permet aux propriétaires d'amener par charrette et dans des sacs les charbons de leur cru, en observant certaines formalités, faute desquelles leurs charbons seront conduits et vendus au public sur place.

5. Les marchands qui amèneront charbons à somme, pourront les vendre aux bourgeois et artisans non regrattiers, par les rues et sur chevaux, mais dans le jour de leur arrivée seulement, passé lequel ils seront tenus de les faire conduire sur le carreau public..... Leur défendons très-expressément d'en vendre auxdits regrattiers, ni de les faire séjourner dans les hôtelleries, auberges, ou toutes autres maisons ; le tout sous peine, contre lesdits marchands, de confiscation des marchandises, sacs et chevaux, qui seront pareillement vendus à l'instant, et les deniers appliqués comme dessus, de 100 livres d'amende, même pour la première fois, et, en cas de récidive, d'interdiction du commerce, qui sera prononcée, même aussi pour la première contravention, en cas d'infidélité dans ladite mesure.

6. Faisons pareilles très-expresses inhibitions et défenses à tous regrattiers d'acheter ledit charbon par les rues, à peine de confiscation de ladite marchandise, applicable comme dessus, de 100 livres d'amende pour la première fois, et d'interdiction de pouvoir faire le regrat en cas de récidive; et auxdits hôteliers, aubergistes et autres personnes d'ouvrir leurs maisons auxdits marchands de charbon et chevaux, à l'effet de leur donner retraite, sous la même peine de 100 livres d'amende, aussi pour la première fois.

7. Enjoignons pareillement auxdits marchands de faire entrer lesdits chevaux et marchandises par les barrières ci-dessus ; leur faisons très-expresses inhibitions et défenses de les faire passer par toutes autres, sous quelque prétexte que ce soit, sous les peines portées en l'article précédent.

No **67.** — *Ordonnance de police, concernant le commerce des œufs, beurres et fromages.*

Du 25 juin 1757, renouvelant celle du 23 mars 1748.

1. Ordonnons que, conformément aux édits, déclarations du roi, arrêts et règlements du parlement, et notamment à ceux du 28 février 1631, 8 août 1684, 7 mai 1708, et à la déclaration du 22 mars 1729, tous marchands forains et autres faisant le commerce de beurre, œufs et fromages, pour l'approvisionnement de Paris, qui auront fait entrer lesdites marchandises dans les anciennes bornes et limites fixées à Longjumeau, Boissy, Claye, Louvres, Montmorency, Neauphle et autres lieux de pareille distance, seront tenus de les amener directement sur le carreau de la halle de cette ville, pour y être exposées en vente, sans qu'ils puissent les vendre ni débiter dans les chemins, ni dans les marchés qui se tiennent dans ladite étendue, en faire aucun entrepôt, magasin, et vente en gros et en détail, ni les débiter ailleurs que dans les marchés et places publiques de la ville de Paris à ce destinés, où ils seront obligés de les faire conduire et descendre directement, sans que, pour quelque cause et occasion que ce soit, ils puissent les mener sur aucuns autres marchés, les vendre et déposer dans les hôtelleries, auberges ou cabarets, dans aucunes maisons ou communautés séculières ou régulières, non plus que dans les maisons des particuliers, de quelque qualité et conditions qu'ils soient, à peine de confiscation et de 500 livres d'amende, tant contre les marchands forains, les fruitiers orangers et autres à qui lesdites marchandises appartiendront que contre les propriétaires ou locataires des maisons qui auront servi audit entrepôt, desquelles amendes, les maîtres seront responsables pour leurs domestiques.

2. Pourront néanmoins, les marchands forains fréquentant les marchés de Gournay, Pontoise et Meaux, conduire dans le lieu de leur domicile, au retour desdits marchés, les marchandises qu'ils y auront achetées, et les faire séjourner dans leurdit domicile une nuit seulement, conformément à la faculté qui en a été accordée aux marchands forains d'Argenteuil, par l'arrêt du parlement du 7 mai 1708, à la charge par eux d'amener sur le carreau de la halle de Paris, le surlendemain de leurs achats, la totalité des marchandises qu'ils auront achetées, savoir : le lundi matin, les marchandises qu'ils auront achetées le samedi, et le jeudi matin celles qu'ils auront achetées le mardi, sans les pouvoir faire décharger et les mettre dans des entrepôts, lieux de réserve ou magasins, dans leurdit domicile, ni ailleurs, sous quelque prétexte que ce puisse être, ni débaguer et décharger de dessus les voitures les paniers et mannequins qui auront servi au transport des marchandises, conformément à ce qui leur est prescrit par ledit arrêt de 1708 ; leur enjoignons, ainsi qu'aux autres particuliers faisant commerce d'œufs, beurres et fromages, d'amener, sur le carreau de la halle, leurs paniers pleins, tels qu'ils les auront enlevés des lieux d'achat, et qu'ils seront énoncés dans les lettres de voiture notariées qu'ils seront tenus de prendre sur les lieux.

4. Enjoignons à tous les maîtres fruitiers orangers, conformément à l'arrêt du parlement du 11 avril 1699, qui auront acheté des beurres et œufs au delà des vingt lieues de Paris, et qui les y feront conduire pour leur compte, de les faire porter en entier au Poids-le-Roi, pour y être pesés, et ensuite sur le carreau de la halle, pour y être aussitôt vus et visités par les jurés en charge, et le tiers au moins par eux séparé pour être vendu et loti entre les autres fruitiers, sans que lesdits maîtres fruitiers puissent les faire décharger ailleurs, même à leurs places et boutiques, ni prétendre pour ledit tiers délaissé un plus grand prix que celui des marchandises de même qualité qui auront été amenées le même jour sur le carreau par les marchands forains. Leur défendons, (à tous maîtres fruitiers orangers) et à tous autres fruitiers et regrattiers, d'aller ou d'envoyer des personnes à eux affidées au-devant des marchands, pour arrher ou pour faire le prix de leurs marchandises ; le tout à peine de confiscation et de 500 livres d'amende, conformément à ce qui est prescrit par la déclaration du roi du 22 mars 1729; de laquelle amende les fruitiers seront responsables pour ceux qu'ils auront envoyés, ou pour leurs facteurs, garçons, apprentis et autres domestiques.

5. Faisons pareillement défenses auxdits fruitiers orangers, conformément à l'arrêt du parlement du 11 avril 1699, de faire aucune association avec les marchands forains, de leur servir de facteurs ou commissionnaires, et aux marchands de faire aucune facture sur les lieux pour les marchands fruitiers de cette ville. Leur défendons de supposer aucunes lettres de voiture, ni d'envoyer, au moyen d'icelles, auxdits fruitiers orangers, la marchandise qui devait être exposée sur le carreau de la halle, et lotie en entier entre tous les marchands présents. Disons que les maîtres fruitiers et autres qui feront des achats de beurre au delà des vingt lieues, seront tenus de les faire en personne sur les places et marchés où la marchandise sera exposée, sans pourvoir se servir de facteurs et commissionnaires; et seront, en outre, obligés de rapporter des lettres de voiture notariées, à peine de 100 livres d'amende, d'être, les maîtres fruitiers, exclus du lotissement pendant trois mois, et d'interdiction en cas de récidive.

6. Seront aussi tenus, les fruitiers orangers qui auront acheté en personne, au delà des vingt lieues, des marchandises dont le commerce leur est permis, de même que les marchands forains et autres faisant commerce d'œufs, beurres et fromages, de se munir de lettres de voitures, conformément à l'édit du mois d'avril 1708 et à notre ordonnance du 23 mars 1748, lesquelles seront passées devant les notaires des lieux où les marchandises auront été achetées, et contiendront, ainsi qu'il est prescrit par l'article 3 du titre V de l'ordonnance de 1680, le lieu de l'achat, le nom et la demeure de l'acheteur, la qualité, le poids et la destination des marchandises, le nombre des mottes de beurre et la quantité d'œufs que chaque panier contiendra, ensemble le fonds de chacune desdites mottes, le tout à peine de nullité desdites lettres de voitures et de 100 livres d'amende.

Les articles 8 et 9 portent que l'ouverture et la clôture du marché seront annoncées au son de la cloche. (Voyez l'article 4 de l'ordonnance du 17 juin 1778.)

14. Faisons défenses, conformément à l'arrêt du parlement du 11 avril 1699, aux fruitiers orangers, beurriers, fromagers et coquetiers de cette ville et faubourgs, de surenchérir les beurres, œufs et fromages qui auront été amenés aux halles de Paris, lorsque le prix y aura été mis, et de faire aucuns prix simulés entre eux, ni avec les forains. Leur défendons pareillement de faire aucune déduction de poids, ni aucune diminution de prix, lors de la livraison, sous prétexte de marchandises avariées et gâtées, à moins que les défectuosités n'aient été préalablement reconnues sur le carreau par le commissaire de la halle ou les commis du fermier, qui seront à cet égard appelés, à peine de confiscation et de 300 livres d'amende contre lesdits fruitiers orangers, beurriers, fromagers et autres, et de 200 livres d'amende contre les marchands forains qui, d'intelligence avec eux, auront favorisé et donné les mains à ladite contravention, même de punition corporelle contre les uns et les autres, s'il y échoit.

15. Défendons, en outre, à tous marchands fruitiers, marchands forains, regrattiers et autres, faisant commerce de beurres, fromages et œufs, de falsifier leurs beurres, soit en mottes ou en livres, ni d'en exposer en vente qui soient refaits et avariés, et de se servir de faux poids; comme aussi de vendre aucuns œufs relavés ni trempés dans le vinaigre, gâtés et corrompus, à peine de confiscation desdites mar-

chandises, de 100 livres d'amende et de punition corporelle, s'il y échoit, conformément à l'arrêt du parlement du 22 février 1631 et à la déclaration du 22 mars 1729.

N° **68**. — *Arrêt du parlement, qui contient règlement pour le commerce des œufs, beurres et fromages.*

Du 6 mars 1758.

La cour reçoit le procureur général du roi opposant à l'arrêt obtenu sur requête, le 1er octobre 1757, par les jurés fruitiers de cette ville de Paris, ordonne que, sur la dernière opposition, les parties auront audience au premier jour, et cependant, ordonne que l'ordonnance du lieutenant général de police, du 25 juin dernier, sera exécutée par provision; fait défenses, aux marchands fruitiers et aux marchands forains, d'y contrevenir.

Nota. *Cette sentence ordonne que les bourgeois auront la faculté d'acheter directement des marchands forains et autres, les œufs, beurres et fromages dont ils auraient besoin pour leur provision jusqu'à une certaine heure.*

N° **69**. — *Ordonnance du bureau de la ville, concernant les bois transportés par eau.*

Du 28 avril 1758, renouvelant les ordonnances des 15 mars 1670, 4 décembre 1675, 5 avril 1680, 2 mars 1682, 2 avril 1683, 2 mai 1709 et 13 mars 1750.

Faisons très-expresses inhibitions et défenses à tous autres (que ceux commis à cet effet) compagnons de rivière ou pêcheurs, à tous menuisiers, blanchisseurs et blanchisseuses, porteurs d'eau et à toutes autres personnes, sans aucune exception, de pêcher, ni arrêter aucunes desdites bûches sur la rivière.... sous quelque prétexte que ce soit, et à toutes personnes de les cacher ou *latiter*, à peine d'être les uns et les autres poursuivis extraordinairement....et punis comme voleurs selon la rigueur des ordonnances. (1).

N° **70**. — *Ordonnance du bureau de la ville, sur le bois à bâtir, etc., renouvelant celle du 11 janvier 1741.*

Du 18 mars 1760 (1).

---

(1) Une sentence du bureau de la ville du 17 février 1763, homologuée le 25 par le parlement, autorise les marchands de bois pour la provision de Paris, à établir des commis sur les rivières et ruisseaux, sur les ports flottables ou trains et partout ailleurs où il serait besoin, pour garder les bois, dresser procès-verbaux des délits, de faire les recherches et perquisitions, les saisies, en dresser rapport, ainsi que de tous délits et entreprises préjudiciables, lesquels procès-verbaux et rapports font foi en justice, à la charge d'affirmation, dans la huitaine, devant le juge le plus prochain.

(2) Voir celles des 11 janvier 1741 et 25 mars 1784.

N° 71.—*Ordonnance de police concernant les goutières saillantes.*

Du 13 juillet 1764.

1. Il ne pourra être établi, dans les bâtiments qui seront construits dans la ville et faubourgs de Paris, aucunes goutières saillantes dans les rues, pour quelque cause et sous quelque prétexte que ce soit ; faisons défenses aux particuliers et entrepreneurs qui feront élever des maisons ou autres édifices, aux architectes, maçons et plombiers qui seront employés auxdites constructions, de poser ou faire et laisser poser aucunes goutières en saillie sur la rue, à peine de confiscation des goutières, et de 500 livres d'amende pour chaque contravention, dont les maîtres seront responsables pour leurs ouvriers.

2. Ordonnons, en outre, que les goutières saillantes déjà établies, seront supprimées dans les bâtiments où elles existent, lorsqu'on fera reconstruire les murs de face ou les toitures, en tout ou en partie ; le tout sous les mêmes peines de confiscation des goutières et de 500 livres d'amende contre les propriétaires des maisons, entrepreneurs, architectes, maçons et plombiers qui les laisseront subsister.

3. Disons qu'à l'avenir, tous ceux qui voudront se servir des goutières, ou de conduite pour recevoir les eaux pluviales de leurs maisons, seront tenus de les appliquer le long des murs, depuis le toit jusqu'au niveau du pavé des rues, et de les construire de manière qu'elles n'aient que quatre pouces de saillie du nu du mur.

4. Pourront, les propriétaires des maisons, employer pour lesdits tuyaux ou conduites, les matières qu'ils jugeront à propos, soit plomb, fer ou cuivre, bois ou grès, à la charge de faire recouvrir en plâtre les tuyaux de grès ou de bois dont ils se serviront.

(Renouvelée par ordonnance de police du 1er septembre 1779 et autres postérieures.)

N° 72. — *Ordonnance de police concernant la vente des vaches laitières, des veaux et génisses au-dessus de l'âge de huit à dix semaines.*

Du 29 janvier 1768.

1. Faisons défenses à tous marchands forains, fermiers, laboureurs, ménagers, herbagers et autres particuliers, d'amener dans les marchés de Sceaux ou de Poissy, ni à la place aux Veaux, et d'y exposer en vente aucunes vaches laitières et autres vaches en état de porter, au-dessous de l'âge de huit ans, et des veaux et génisses au-dessus de l'âge de huit à dix semaines ; le tout à peine de confiscation de la marchandise qui sera saisie, et de 300 livres d'amende pour chaque contravention.

2. Disons que les marchands forains et autres propriétaires desdits veaux pourront les exposer en vente au marché des vaches laitières, qui continuera de se tenir, le mardi de chaque semaine, dans la plaine des Sablons, au bout du faubourg du Roule, et qui sera ouvert, comme à l'ordinaire, depuis neuf heures du matin jusqu'à deux heures après midi.

3. Défendons d'exposer en vente lesdites vaches et veaux ailleurs qu'audit marché, à peine de 200 livres d'amende tant contre les vendeurs que contre les acheteurs.

4. Défendons pareillement aux bouchers de Paris et à ceux de la campagne d'acheter dans ledit marché aucunes vaches et veaux pour les tuer, sous la même peine de 200 livres d'amende.

———————◎———————

No **73.**—*Ordonnance du lieutenant général de police, concernant les marchés de Sceaux et de Poissy* (1).

Du 14 avril 1769.

1. Enjoignons à tous marchands forains, herbagers, laboureurs et autres, de mener directement aux marchés de Sceaux et de Poissy tous les bœufs à eux appartenant ou dont ils auront la conduite ; leur défendons de les entreposer, vendre ou autrement les distraire en tout ou en partie, tant au Petit-Montreuil, Rocancourt, le Perray, les Gatines, Ecquevilly, Flins, Mantes, Beaumont-sur-Oise, Houdan, Longjumeau, Arpajou, Méru, Enghien, Saint-Germain-en-Laye, qu'autres endroits en deçà des vingt lieues fixées par les anciens règlements, à peine de confiscation des bœufs et moutons trouvés entreposés, vendus, exposés en vente, ou autrement, distraits des bandes, et de 500 livres d'amende solidaire tant contre le vendeur que l'acheteur ou l'entreposeur. Ordonnons à cet effet que les cabaretiers et aubergistes logeant lesdites bandes de bœufs et troupeaux de moutons, seront tenus de souffrir les visites et exercices des commis par nous préposés pour veiller aux distractions desdites bandes, à peine de 300 livres d'amende pour le premier refus, et de plus forte en cas de récidive.

2. Les marchands forains propriétaires de bestiaux, leurs facteurs ou commissionnaires, ne pourrront faire sortir des marchés de Sceaux et de Poissy les bestiaux qu'ils n'auront pas vendus, qu'après le renvoi formé en la manière ordinaire, et avoir représenté leurs bestiaux restant à vendre aux commis du fermier, et fait signer leur permission de ramener et représenter lesdits bestiaux de renvoi dans les deux marchés suivants et consécutifs, laquelle soumission contiendra l'élection de domicile pour lesdits marchands forains ou autres, soit à Sceaux, à Poissy, à Paris ou autres lieux voisins, et seront les procès-verbaux, exploits, assignations et autres actes de procédure qui seront faits au domicile élu, en cas de non-représentation desdits bestiaux, bons et valables comme s'ils étaient faits au domicile ordinaire desdits marchands forains et autres.

Et néanmoins, en cas de disette auxdits marchés ou de suspicion des déclarations des bœufs de renvoi, ordonnons qu'à la requête, poursuite et diligence du procureur du roi, les bœufs déclarés de renvoi, seront mis en dépôt aux frais des propriétaires, pour être représentés aux deux marchés consécutifs en la forme ordinaire, lesdits marchands et propriétaires présents ou dûment sommés, si mieux ils n'aiment déclarer les maisons et lieux où ils entendent les déposer, auquel cas ils seront tenus de les représenter ou faire représenter à la première réquisition et visite des employés par nous préposés pour veiller à ce que les mêmes bestiaux soient exposés en vente aux deux marchés consécutifs, à peine de 50 livres d'amende pour chaque bœuf manquant aux quantitées portés par les billets de renvoi.

———————

(1) V. ci-après l'ordonnance du 18 mars 1777.

3. Défendons à toutes personnes de s'immiscer dans la conduite des bestiaux achetés auxdits marchés, qu'après s'être fait inscrire sans frais sur un registre qui sera tenu à cet effet par l'officier de police que nous avons chargé de l'inspection desdits marchés ; enjoignons, en conséquence, à tous conducteurs et toucheurs desdits bestiaux de déclarer auxdits officiers de police, dans la huitaine de la publication de notre présente ordonnance, leurs noms, qualités et demeures, et les lieux où seront situées leurs bouveries ; le tout à peine de 200 livres d'amende solidaire contre les maîtres, comme responsables de leurs toucheurs et domestiques.

4. Défendons aux conducteurs et aux toucheurs des bestiaux vendus aux marchés de Sceaux et de Poissy de les faire sortir desdits marchés, sans être porteurs d'un congé qui fera mention du nombre et de l'espèce desdits bestiaux et des lieux où ils les conduiront ; lequel congé ils seront tenus de représenter toutefois et quantes aux commis par nous préposés sur les routes pour surveiller à la conduite desdits bestiaux, ainsi que le nombre et l'espèce des bestiaux portés auxdits congés, à la déduction de ceux trouvés las en route, dont ils feront leurs déclarations, que lesdits commis seront tenus de vérifier ; le tout à peine de 300 livres d'amende solidaire contre les maîtres, comme responsables de leurs toucheurs et domestiques, et de confiscation des bestiaux manquant ou excédant aux quantités portées audit congé.

5. Enjoignons auxdits conducteurs de bestiaux de former les bandes de bœufs séparément de celles des vaches, de ne comprendre dans chacune que quarante bœufs ou quarante vaches, et de mener lesdites bandes par les routes ordinaires, savoir : les bestiaux sortant du marché de Sceaux par le grand chemin du Bourg-la-Reine, et ceux sortant du marché de Poissy par Saint-Germain-en-Laye, le Pecq et Chatou, ou par les ports de Marly, Nanterre et Neuilly, à peine de confiscation des bestiaux trouvés dans les routes détournées, et de 200 livres d'amende pour chaque contravention solidaire comme dessus.

6. Défendons auxdits conducteurs et toucheurs de forcer les bestiaux dans leurs marches, soit par les chiens dont ils se servent, soit en les maltraitant ; le tout à peine de demeurer responsables, en leurs propres et privés noms, des bœufs et vaches qui pourront être estropiés ou mourir sur les routes, et, en outre, de 200 livres d'amende ; pourront même, en cas de contravention, les conducteurs et toucheurs être arrêtés sur-le-champ.

8. Ne pourront, les conducteurs et toucheurs de bestiaux achetés par les bouchers de Paris, se charger de conduire ceux achetés par les bouchers de campagne, ni les conducteurs de bestiaux destinés pour la campagne, se charger de ceux destinés pour Paris, à peine de 200 livres d'amende.

9. Seront tenus, les conducteurs, de bien et soigneusement garder et nourrir les bestiaux qu'ils auront fait conduire dans leurs bouveries, d'en faire l'ouverture aux employés qui seront par nous préposés, de continuer à souffrir leurs visites et exercices toutefois et quantes, et de représenter la quantité des bestiaux qu'ils auront fait sortir desdits marchés, à la déduction de ceux portés aux registres d'entrée aux barrières ci-dessus désignées, et de ceux qui se seront trouvés las en route ; à l'effet de quoi ils seront tenus de justifier et faire déclaration auxdits commis, des maisons et lieux où ils auront laissé lesdits bestiaux las, lesquelles déclarations seront également vérifiées par les préposés ; le tout à peine de 300 livres d'amende.

10. Enjoignons aux marchands bouchers de nourrir convenablement les bestiaux, de les tenir à l'attache, de leur fournir de bonne litière en toute saison, et de les héberger dans des bouveries nettes, bien couvertes et en bon état de toute réparation, à peine d'être dé-

chus de toute garantie contre les marchands, même de 500 livres d'amende.

———————————— ⊶ ————————————

N° **74**.—*Ordonnance de police concernant les maîtres vidangeurs,*

Du 18 octobre 1771.

Faisons très-expresses défenses aux vidangeurs de laisser couler aucunes matières ni eaux claires provenant des fosses et puisards, dans les ruisseaux des rues, et, à cet effet, de se servir de tonneaux percés appelés lanternes, d'en jeter dans les rues, égouts et dans le lit de la rivière, sous peine d'être poursuivis extraordinairement.

Pourront même les contrevenants être envoyés sur-le-champ en prison.

2. Faisons défenses à tous vidangeurs d'entrer dans les boutiques, appartements et chambres dépendant des maisons où ils travaillent, et celles du voisinage pour y demander de l'argent, de l'eau-de-vie ou de la chandelle, de jeter aucune matière dans les puits, ni en aucune manière les gâter et infecter, d'enduire de matières les portes des appartements, les murs et escaliers; le tout sous peine de prison et d'être poursuivis extraordinairement.

3. Enjoignons auxdits maîtres et ouvriers, de bien et fidèlement rendre tous les effets qu'ils trouveront tant dans les fosses que dans les puits, sans en retenir aucuns, à peine de prison et d'être poursuivis extraordinairement.

4. Au cas qu'il se trouvât quelques ossements ou parties de corps humain, soit dans les fosses, soit dans les puits, ils seront tenus sur-le-champ, et avant que de les enlever, d'en donner avis au commissaire.....

5. Enjoignons en outre, qu'avant de quitter leur travail, ils seront tenus de balayer, même laver et nettoyer le terrain qu'ils auront occupé dans la rue, sous peine de 300 livres d'amende.

6. Leur enjoignons de transporter les eaux et matières fluides dans des tonneaux bondonnés, et les autres matières dans des tonneaux à guichets, tous si exactement clos et conditionnés, que les eaux ne puissent s'écouler, ni les matières s'épancher dans le chemin, à peine de 500 livres d'amende.

7. Leur faisons défenses de déposer dans les rues aucunes matières provenant de fosses, pour être enlevées dans des tombereaux, et défendons à tous charretiers de les voiturer, à peine, contre les maîtres vidangeurs, de 500 livres d'amende, et de prison contre les charretiers.

8. Les vidangeurs ne pourront commencer leur travail qu'à dix heures du soir, et le discontinueront avant le jour.

Leur enjoignons d'arranger leurs tonneaux près de leurs ateliers, en sorte que la voie publique n'en soit pas embarrassée, à peine de 300 livres d'amende.

9. Ordonnons aux ouvriers et compagnons, sous peine de prison et de punition exemplaire, d'obéir à leurs maîtres au fait de leur travail, et leur faisons défenses, sous la même peine, d'insulter les voisins et passants, et de se retirer des ateliers avant le travail fini.

10. Faisons défenses aux charretiers, sous peine de prison, d'entrer leurs tonneaux dans Paris, savoir : en été, avant la nuit, et en hiver avant neuf heures du soir; leur enjoignons de partir à la pointe du jour, soit en hiver, soit en été, et aux commis des barrières, d'y tenir la main.

11. Défendons aussi, sous peine de prison, auxdits charretiers de décharger leurs voitures contre les égouts, et d'y jeter aucune matière; de s'arrêter en chemin à la porte d'aucun cabaret ou vendeur d'eau-de-vie, sous quelque prétexte que ce soit; d'embarrasser la chaussée de la Villette, de l'Enfant-Jésus et autres voiries; de décharger leurs tonneaux au delà de la dernière barrière, et en venir charger d'autres dans la ville pour achever leur travail pendant la journée; leur enjoignons, sous la même peine, d'aller directement aux voiries publiques sans se détourner pour quelque cause et sous quelque prétexte que ce soit; leur défendons d'insulter ni maltraiter aucun voiturier sur les chaussées, d'embarrasser ni engorger les chaussées, les voiries publiques, qu'ils seront tenus de laisser en tel état que les gens de la campagne puissent venir les vider, et en cas d'accident qui les empêchent d'aller en droiture aux voiries, ils seront tenus d'en donner avis au commissaire le plus prochain pour en être dressé procès-verbal.

12. Faisons pareillement défenses aux habitans des villages circonvoisins, d'enlever des voiries aucunes matières pour en fumer leurs terres, qu'elles n'y aient séjourné au moins trois ans, suivant les règlements, à peine de 100 livres d'amende, et de plus grande en cas de récidive.

13. Défendons à tous charretiers et vidangeurs, gardes des voiries et autres, sous peine de prison, de jeter aucunes pailles ni foins, par eux employés à boucher les tonneaux, dans les bassins des voiries, afin de prévenir les engorgements que ces foins et pailles occasionnent dans l'écoulement des eaux; leur enjoignons de les mettre en tas sur la berge des bassins, pour y être brûlées lorsqu'elles seront séchées.

Défendons aux vidangeurs de boire aucuns vins ni liqueurs, huiles, bière et eaux-de-vie, dans les caves des maisons où ils travaillent, et d'en emporter chez eux, lors et enfin de porter plus d'une clef sur eux de leur travail; le tout sous peine de prison et d'être punis comme voleurs, suivant la sévérité prescrite par les ordonnances.

N° **75.**—*Ordonnance de police concernant les carosses de place.*

Du 1er juillet 1774.

13. Enjoignons à tous propriétaires des carrosses d'y apposer, à leurs frais, des numéros dans le haut du derrière du carrosse, et aux panneaux de côté joignant le fond et au haut d'iceux, avec de grands chiffres peints en jaune, en huile, et de les faire en outre marquer de l'empreinte ordonnée par l'arrêt du conseil du 17 décembre 1737, en sorte qu'ils puissent facilement être distingués..... faisons défenses aux cochers de les conduire sans lesdits numéros et sans ladite empreinte, à peine de confiscation des carrosses et de 100 livres d'amende, tant contre eux que contre les propriétaires des carrosses solidairement.

N° **76.**—*Ordonnance du bureau des finances de Paris concernant les carriers et paveurs.*

Du 2 août 1774.

1. Il est défendu à tous ouvriers, compagnons, paveurs et carriers, employés à la fabrication et à la réparation du pavé pour les routes, de désemparer les ateliers et de quitter leurs occupations, sans un congé par écrit de l'entrepreneur, à peine de 50 livres d'amende.

6. Défendons à tous carriers travaillant pour le pavé de Paris ou des ponts et chaussées, 1° de fabriquer pour les entrepreneurs aucuns pavés de grès tendre ou d'autres roches, que ceux qui leur auront été indiqués par les inspecteurs ; 2° d'en fabriquer de moindre échantillon que de sept à huit pouces en tout sens, à peine de confiscation, de 100 livres d'amende contre chacun des carriers contrevenants pour la première fois, et, en cas de récidive, d'emprisonnement, et de 6,000 livres contre les entrepreneurs qui auront fait fabriquer ces pavés.

N° **77.**—*Arrêt de la cour du parlement..... sur le fait et police de la marchandise de poisson de mer frais, sec, salé et d'eau douce.*

Du 31 décembre 1776.

4. Les compteurs et leurs surnuméraires, appelés vulgairement verseurs, avant que d'en faire aucunes fonctions, préteront serment par devant l'un des commissaires de la chambre, et, en cas de contravention, surtout à l'arrêt de la cour du 9 mai 1776, qui fixe la grandeur des paniers et fait défenses d'y mettre au fond plus d'un petit bouchon de paille, en avertiront l'huissier-garde de la marchandise, qui en dressera procès-verbal, qui sera remis dans l'instant audit procureur général pour y être statué. A l'égard des plumets ou déchargeurs aussi bien que des gardeuses de paniers, ledit adjudicataire général, ou ses préposés, en mettront en nombre suffisant, pour que le service se fasse promptement sans aucun retard ; et pour prévenir tout vol de paniers, lesdits plumets seront tenus de porter eux-mêmes les paniers à la vente; tous lesdits commis, vendeurs, crieurs, compteurs, verseurs, plumets, gardeuses de paniers, tenus d'assister régulièrement aux halles les jours de vente, et ce, depuis deux heures du matin jusqu'à midi, sous peine, contre ceux qui s'absenteront pendant ledit temps, d'être privés de la rétribution qui pourrait leur revenir pour la vente dudit jour, et leur part et portion accroîtra en faveur de ceux qui auront assisté régulièrement depuis lesdites heures de deux heures jusqu'à midi; tous les compteurs aussi bien que les verseurs, les crieurs, les plumets, et les gardeuses de paniers feront chacun bourse commune entre eux, et aucuns desdits travailleurs ne pourront prendre ni recevoir desdits marchands chasse-marées, ou leurs voituriers, aucun poisson ni présent, soit en argent ou autre chose, sous quelque prétexte que ce soit, sous peine d'être renvoyé dans l'instant des halles ; mais tous lesdits travailleurs et commis, crieurs facteurs, commissionnaires, contrôleurs se contenteront de leurs salaires, ainsi qu'ils seront ci-après réglés. Fait défenses sous les peines portées par tous les arrêts de règlement, à tous courtiers, hôteliers, valets d'écurie, gagne-deniers, et à tous autres, de s'immiscer en l'exercice des fonctions desdits travailleurs, ou d'emporter hors de la halle aucunes mannes servant à la vente dudit poisson et appartenant **aux compteurs.**

N° **78**. — *Arrêt du parlement sur le commerce de la marée.*

Du 31 décembre 1776.

1. Toute la marée fraîche sera amenée en droiture aux halles de cette ville pour y être vendue et adjugée au plus offrant et dernier enchérisseur....., faisons défenses de la mener ailleurs et de la vendre autrement, sous les peines portées par les articles 27 et 29 de l'ordonnance du mois de juin 1680, et conformément à tous les arrêts de règlement.

2. Ordonne qu'aussitôt que ladite marée fraîche aura été déchargée, elle sera vue et visitée pour connaître si elle n'est point gâtée, viciée, ou corrompue, auquel cas il en sera dressé procès-verbal.... fait très-expresses défenses auxdits commis - vendeurs de faire aucun rabais sur les articles ou paniers de marée qu'ils auront adjugés, sous peine de 10 livres d'amende ; et leur enjoint, sous les mêmes peines, de ne point souffrir qu'il soit enlevé ni pris aucun poisson pour quelque personne quelconque, même sous prétexte des déjeuners pour le conducteur ou voiturier, qu'il n'ait été au préalable vendu et adjugé à la chaleur des enchères ; permet seulement aux marchands chasse-marée, lorsqu'ils seront présents en personne à la vente, d'en retirer quelques petites parties, en payant les droits sur le pied de l'estimation qui en sera faite par lesdits commis-vendeurs.

5..... Aucuns desdits travailleurs ne pourront prendre ni recevoir desdits marchands chasse-marée ou leurs voituriers, aucun poisson ni présent, soit en argent ou autre chose, sous quelque prétexte que ce soit, sous peine d'être renvoyés dans l'instant des halles..... fait défenses, sous les peines portées par tous les arrêts de règlement, à tous courtiers, hôteliers, valets d'écurie, gagne-deniers, et à tous autres de s'immiscer en l'exercice des fonctions desdits travailleurs, ou d'emporter hors de la halle aucune manne servant à la vente dudit poisson et appartenant aux compteurs.

6..... Les donneuses par acquêts, ni leurs servantes ni écrivines ne pourront prendre pour leur compte particulier aucuns paniers de marée, ni faire commerce de ladite marchandise ni directement ni indirectement.....

7. Fait très-expresses défenses et inhibitions à chacune des femmes donneuses par acquêts, d'attirer à la place où elles sont attachées, soit par paroles ou par présent, aucun conducteur des voitures chargées de marée fraîche, mais enjoint auxdits conducteurs, sous peine de 10 livres d'amende, laquelle somme sera retenue sur le montant de la bourse revenant au marchand, d'exposer sa marchandise en vente à la place qui se trouvera la première vacante, et ce, sans choix ni option.....

10. Tous les registres relatifs à la vente du poisson de mer, frais, sec, salé et d'eau douce, sous quelque dénomination qu'ils soient, seront cotés et paraphés par première et dernière, sans frais....

N° **79**.—*Ordonnance du lieutenant général de police de Paris, concernant la police des marchés de Sceaux et de Poissy.*

Du 18 mars 1777, publiée le 17 avril suivant.

1. Enjoignons à tous marchands forains, herbagers, laboureurs et

autres, de mener directement aux marchés de Sceaux et de Poissy, et
à la place aux veaux à Paris, tous les bœufs, veaux et moutons à eux
appartenants, ou dont ils auront la conduite; leur défendons de les entreposer, vendre ou autrement les distraire en tout ou en partie, tant
dans les rues de Paris, villages, maisons et cabarets des environs de
cette ville, au Petit-Montreuil, Rocancourt, Perray, les Gatines, Ecquevilly, Fleins, Mantes, Beaumont-sur-Oise, Houdan, Lonjumeau,
Saint-Germain-en-Laye, qu'autres endroits, au delà des vingt lieues
fixées par les anciens règlements, à peine de confiscation des bœufs,
veaux et moutons trouvés, entreposés, vendus, exposés en vente, ou
autrement distraits des bandes, et de 500 livres d'amende solidaire, tant
contre le vendeur que contre l'acheteur ou l'entreposeur; leur défendons, sous plus grande peine, de vendre aux bouchers, dans lesdits
marchés, ou hors desdits marchés des bestiaux malades, et dont les
viandes par leur usage, seraient contraires à la santé des citoyens.
Ordonnons, à l'effet de ce que dessus, que les cabaretiers et aubergistes logeant lesdites bandes de bœufs, troupeaux de moutons, et voitures de veaux, seront tenus de souffrir les visites et exercices des
commis par nous préposés pour veiller aux distractions desdites
bandes, à peine de 300 liv. d'amende pour le premier refus, et de plus
forte, en cas de récidive.

2. Les marchands forains propriétaires des bestiaux, leurs facteurs
ou commissionnaires ne pourront faire sortir des marchés de Sceaux
et de Poissy, les bestiaux qu'ils n'auront pas vendus, qu'après le renvoi
sonné en la manière ordinaire, et avoir représenté leurs bestiaux restant à vendre à l'inspecteur par nous commis, fait et signé leurs soumissions de ramener et représenter lesdits bestiaux de renvoi dans les
deux marchés suivans et consécutifs, laquelle soumission contiendra
élection de domicile pour lesdits marchands forains ou autres, soit à
Sceaux, à Poissy, à Paris ou autres lieux voisins, et seront les procès-verbaux, exploits, assignations et autres actes de procédure qui seront faits au domicile élu, en cas de non-représentation desdits bestiaux, bons et valables, comme s'ils étaient faits au domicile ordinaire
desdits marchands forains et autres : et néanmoins en cas de disette
auxdits marchés, ou de suspension de déclarations des bœufs de renvoi, ordonnons qu'à la requête, poursuite et diligence du procureur
du roi, les bœufs déclarés de renvoi seront mis en dépôt aux frais des
propriétaires, pour être représentés aux deux marchés consécutifs, en
la forme ordinaire, lesdits marchands propriétaires présents ou dûment
sommés, si mieux ils n'aiment déclarer les maisons et lieux où ils entendent les déposer, auquel cas ils seront tenus de les représenter ou
faire représenter à la première réquisition et visite des employés par
nous préposés pour veiller à ce que les mêmes bestiaux soient exposés
en vente aux deux marchés consécutifs, à peine de 50 livres d'amende
pour chaque bœuf manquant aux quantités portées par les billets de
renvoi.

3. Défendons, sous les mêmes peines, aux marchands forains, propriétaires, leurs facteurs et commissionnaires de vendre leurs bestiaux
dans les écuries et étables, la veille ou le jour du marché, et à tous
particuliers, d'acheter sur le marché pour revendre, même de s'immiscer dans les ventes, à moins qu'ils ne soient munis de lettres d'avis,
ou autres titres portant commission pour vendre, de la part des propriétaires desdits bestiaux; comme aussi d'aller au-devant desdits
marchands, soit pour leur donner avis des quantités de bestiaux déjà
arrivées, soit pour acheter d'eux sur les routes.

4. Défendons à toutes personnes de s'immiscer dans la conduite
des bestiaux achetés auxdits marchés qu'après s'être fait inscrire,
sans frais, sur un registre qui sera tenu à cet effet par l'officier de po-

lice que nous avons chargé de l'inspection desdits marchés ; enjoignons, en conséquence, à tous conducteurs et toucheurs desdits bestiaux , de déclarer audit officier de police, dans la huitaine de la publication de notre présente ordonnance, leurs noms, qualités et demeures, et les lieux où sont situées leurs bouveries ; le tout à peine de 200 livres d'amende solidaire contre les maîtres, comme responsables de leurs toucheurs et domestiques.

5. Défendons aux conducteurs et aux toucheurs de bestiaux vendus aux marchés de Sceaux et de Poissy, de les faire sortir desdits marchés, sans en avoir acquitté les droits et s'être munis d'un congé ou billet de sortie, qui leur sera délivré sans frais et sur papier non timbré, lequel fera mention du nombre et de l'espèce desdits bestiaux, et des lieux où ils les conduiront ; lequel congé ou billet de sortie ils seront tenus de représenter toutefois et quantes, aux commis des barrières de Paris et à ceux par nous préposés sur les routes, pour surveiller à la conduite desdits bestiaux, ainsi que le nombre et l'espèce des bestiaux portés auxdits congés, à la déduction de ceux trouvés las en route, dont ils feront leur déclaration que lesdits commis seront tenus de vérifier ; défendons aux commis des barrières de laisser entrer dans Paris aucuns bestiaux, sans s'être fait remettre lesdits congés ou billets de sortie de marchés : le tout à peine de 300 livres d'amende solidaire contre les maîtres, comme responsables de leurs toucheurs et domestiques, et de confiscation des bestiaux manquant ou excédant aux quantitées portées audit congé.

6. Enjoignons auxdits conducteurs des bestiaux de former les bandes de quarante bœufs, séparément de celles des vaches, de ne comprendre dans chacune que quarante bœufs ou quarante vaches ; et de mener lesdites bandes par les routes ordinaires ; savoir : les bestiaux sortant du marché de Sceaux par le grand chemin du Bourg-la-Reine, et ceux sortant du marché de Poissy, par Saint-Germain-en-Laye, le Pecq et Chatou, ou par le port de Marly, Nanterre et Neuilly à peine de confiscation des bestiaux trouvés dans les routes détournées, et de 200 livres d'amendes pour chaque contravention, solidaire comme ci-dessus.

7. Défendons auxdits conducteurs et toucheurs de forcer les bestiaux dans leur marche, soit par les chiens dont ils se servent, soit en les maltraitant ; le tout à peine de demeurer responsables, en leur propres et privés noms des bœufs et vaches qui pourront rester estropiés ou mourir sur les routes, et, en outre, de 200 liv. d'amende ; pourront même, en cas de contravention, les conducteurs et toucheurs être arrêtés sur-le-champ.

8. Les bestiaux achetés au marché de Sceaux ne pourront entrer à Paris que par les barrières de St-Michel, de St-Jacques et de St-Victor, et ceux achetés à Poissy que par les barrières du Roule et de la Ville-l'Evêque, à l'effet de quoi les conducteurs ne pourront avoir des bouveries que sur les routes desdites barrières : leur défendons d'en avoir à *Fontarabie* et autres lieux éloignés, et de faire conduire les bestiaux achetés à Poissy, à leur bouverie destinée pour le marché de Sceaux et les bestiaux achetés à Sceaux, à leur bouverie destinée pour le marché de Poissy ; le tout à peine de 300 liv. d'amende solidaire.

9. Ne pourront, les conducteurs et toucheurs de bestiaux achetés par les bouchers de Paris, se charger de conduire ceux achetés par les bouchers de campagne, ni les conducteurs des bestiaux destinés pour la campagne, se charger de ceux destinés pour Paris, à peine de 200 livres d'amende.

10. Seront tenus lesdits conducteurs, de bien et soigneusement garder et nourrir les bestiaux qu'ils auront fait conduire dans leur bouverie, d'en faire l'ouverture aux employés qui seront par nous pré-

posés, de continuer à souffrir leurs visites et exercices toutefois et
quantes, et de représenter la quantité des bestiaux qu'ils auront fait
sortir desdits marchés, à la déduction de ceux portés aux registres
d'entrée aux barrières ci-dessus désignées, et de ceux qui se seront
trouvés las en route, à l'effet de quoi ils seront tenus de justifier et
faire déclaration auxdits commis des maisons et lieux où ils auront
laissé lesdits bestiaux las; lesquelles déclarations seront également
vérifiées par les préposés ; le tout à peine de 300 livres d'amende.

11. Enjoignons aux marchands-bouchers de nourrir convenablement
les bestiaux, de les tenir à l'attache, de leur fournir de bonne litière en
toute saison, et de les héberger dans des bouveries nettes, bien couvertes et en bon état de toute réparation, à peine d'être déchus de toute
garantie contre les marchands forains, même de 500 livres d'amende.

N° **80.**—*Ordonnance du roi qui enjoint à tous fermiers, laboureurs et cultivateurs de retirer, le soir après le travail, les coutres
de leur charrue, et de les enfermer chez eux.*

Du 22 mars 1777.

Le roi a ordonné et ordonne à tous les laboureurs, fermiers et cultivateurs ayant des charrues, d'en retirer, le soir, les coutres, et de les
enfermer chez eux, à peine de telle amende qui sera arbitrée. Leur
enjoint, sous pareille peine, d'y faire mettre leurs noms, afin qu'on
puisse en reconnaître les propriétaires.

N° **81.** -- *Déclaration du roi concernant les pharmaciens.*

Du 25 avril 1777, registrée le 13 mai suivant.

4. Les maîtres en pharmacie qui composeront le collége (des apothicaires de Paris) ne pourront à l'avenir cumuler le commerce de
l'épicerie. Ils seront tenus de se renfermer dans la confection, préparation, manipulation et vente des drogues simples et compositions médicinales, sans que, sous prétexte des sucres, miels, huiles et autres
objets qu'ils emploient, ils puissent en exposer en vente, à peine d'a-
mende et de confiscation.....

5. Les épiciers continueront d'avoir le droit et la faculté de faire le
commerce en gros des drogues simples, sans qu'ils puissent en vendre
et débiter au poids médicinal, mais seulement au poids de commerce :
leur permettons, néanmoins, de vendre en détail et au poids médicinal la manne, la casse, la rhubarbe et le séné, ainsi que les bois et racines, le tout en nature, sans préparation, manipulation ni mixtion,
sous peine de 500 livres d'amende pour la première fois, et de plus
grande peine en cas de récidive.....

6. Défendons aux épiciers et à toutes autres personnes de fabriquer,
vendre et débiter aucuns sels, compositions ou préparations entrantes
au corps humain en forme de médicaments, ni de faire aucune mixtion
de drogues simples pour administrer en forme de médecine, sous peine
de 500 livres d'amende, et de plus grande, s'il y échoit.....

8. Ne pourront, les communautés séculières ou régulières, même les hôpitaux et religieux mendiants, avoir de pharmacie, si ce n'est pour leur usage particulier et intérieur ; leur défendons de vendre et débiter aucunes drogues simples ou composées, à peine de 500 livres d'amende (1).

———————

N° **82**. — *Déclaration du roi sur les vases et ustensiles de plomb et de cuivre.*

Du 13 juin 1777, registrée le 2 septembre suivant.

1. Les comptoirs des marchands de vins, revêtus de lames de plomb, les vaisseaux de cuivre dont les laitières et autres personnes vendant du lait font usage pour leur commerce, et les balances aussi de cuivre dont se servent les regrattiers de sel et les débitants de tabac, seront et demeureront supprimés ; faisons défenses auxdits marchands de vins, laitières ou autres personnes vendant du lait, et aux regrattiers de sel et débitants de tabac, d'avoir chez eux, passé le délai de trois mois, à compter du jour de notre présente déclaration, de pareils comptoirs, vaisseaux et balances, d'en faire usage pour leur commerce, et même de substituer l'étain au plomb et au cuivre dont ils sont composés ; et ce, à peine de confiscation et de 300 livres d'amende.

2. Pourront, les marchands de vins, substituer des cuvettes en fer-blanc ou battu aux lames de plomb dont leurs comptoirs sont revêtus; comme aussi les laitières et autres personnes vendant du lait, au lieu de vaisseaux en cuivre, faire usage de vaisseaux de faïence ou terre vernissée, ou même de simple bois ; et à l'égard des regrattiers de sel et débitants de tabac, ils ne pourront se servir que de balances de fer-blanc ou battu.

———————

N° **83**. — *Ordonnance de police qui renouvelle les anciens règlements, au sujet des contraventions de police les plus fréquentes.*

Du 26 juillet 1777.

6. Ordonnons que, pendant l'été et dans les temps de chaleur, les bourgeois et habitants de cette ville et faubourgs arroseront ou feront arroser le devant de leurs portes deux fois par jour, savoir : à dix heures du matin et à trois heures après midi, en observant toutefois de n'arroser qu'à la distance de deux pieds ou environ des murs de leurs maisons et bâtiments, et de ne pas prendre, pour ledit arrosement, de l'eau croupissant dans les ruisseaux.

25. Faisons défenses aux chiffonniers, chiffonnières et à tous autres,

———

(1) Le surplus de cette déclaration est renouvelé par la loi de germinal an XI.
Un arrêt du parlement de Paris, du 22 juin 1770, rendu entre les apothicaires et les épiciers de Paris, les sieurs Loyseau et Bernard, épiciers dans la même ville, porte : Ordonne que les épiciers ayant des préparations de chimie qui n'auraient pas encore été retirées, conformément aux précédents arrêts, les feront visiter dans les trois mois, ainsi que les quatre grandes compositions galéniques, qui sont thériaque, mitridate, alkermès et hyacinthe.
Un précédent arrêt de la même cour, du 11 juillet 1742, porte : Maintient les maîtres et gardes des marchands épiciers-grossiers-droguistes au droit et possession de vendre et débiter les quatre grandes compositions galéniques, appelées foraines, ensemble toutes les préparations chimiques qu'ils feront venir de loin, même celles qui ne servent qu'à la médecine.

de vaguer dans les rues pendant la nuit, et d'amasser des chiffons avant le jour.

N° **84.** — *Déclaration du roi portant règlement pour les fripiers-brocanteurs.*

Du 29 mars 1778, registrée le 22 mai suivant.

1. Tous ceux ou celles qui voudront à l'avenir exercer la profession de fripier-brocanteur seront tenus, conformément à l'article 2 de notre édit du mois d'août 1776 et de notre déclaration du 19 décembre suivant, de se faire préalablement inscrire, si fait il n'a été, tant sur les livres de la police que sur ceux tenus par le syndic de ladite profession, à peine de confiscation de leurs marchandises, de tels dommages et intérêts qu'il appartiendra, et de 10 livres d'amende envers nous.

2. Il sera délivré par le lieutenant général de police, à chacun d'eux, une plaque ou médaille en cuivre numérotée, duquel numéro mention sera faite dans les certificats d'enregistrement, laquelle médaille ils seront tenus de porter sur eux et en évidence, tant qu'ils exerceront ladite profession, sans pouvoir la céder, ni même prêter à aucun autre, sous peine de 10 livres d'amende et d'être déchus de leurs droits et privés de ladite médaille.

5. Les fripiers-brocanteurs pourront acheter et vendre librement dans les rues, halles et marchés, toutes sortes de marchandises de friperies, meubles et ustensiles de hasard, qu'ils porteront sur leurs bras, sans qu'ils puissent les déposer ni étaler en place fixe; le tout sous les peines portées par l'article 2.

6. Exceptons des marchandises que lesdits brocanteurs auront la faculté de vendre, celles qui seront neuves, quoique achetées de hasard, les armes offensives et défensives, et enfin les matières d'or et d'argent, sauf les vieux galons ou vieilles hardes brodées, ou tissus d'or et d'argent, qu'ils pourront acheter et revendre.

7. Défendons pareillement auxdits fripiers-brocanteurs, sous les peines portées par l'article 2, de tenir boutique, échoppe ou magasin de marchandises qu'ils ont la faculté d'acheter et revendre, ni même d'en faire commerce dans le lieu de leur domicile ou ailleurs que dans les rues, halles et marchés, leur permettons, néanmoins, de reporter chez eux les marchandises qu'ils n'auront pas pu vendre dans la journée, même de les raccommoder sans néanmoins pouvoir employer aucuns ouvriers ni compagnons, autres que leurs femmes et enfants.

8. Les règlements de police concernant l'achat et la vente des effets et marchandises de hasard, seront exécutés par les fripiers-brocanteurs, selon leur forme et teneur, et sous les peines y portées, ainsi qu'ils l'étaient ou ont dû l'être par les anciens maîtres fripiers.

N° **85.** — *Ordonnance du lieutenant général de police concernant la vente des fruits sur le carreau de la Halle.*

Du 17 juin 1778.

1. Tous les marchands forains de fruits seront tenus, comme par le passé, de les apporter directement sur le carreau de l'ancienne Halle-

aux-Bleds, pour y être vendus et visités par les syndics et adjoints de
la communauté des fruitiers-grainiers, et vendus et lotis, si besoin est,
en la manière ordinaire ; leur défendons de mettre dans leurs paniers
d'autres bouchons que ceux qui sont nécessaires pour la conservation
des fruits, à peine d'amende et de saisie et confiscation de leurs marchandises.

2. Faisons très-expresses inhibitions et défenses auxdits forains de
les vendre et débiter par les rues, sur les quais et autres lieux de
cette ville, ni les resserrer ailleurs que sur le carreau de la halle,
sous les peines portées en l'article ci-dessus, même de prison en cas
de récidive.

3. Faisons pareillement défenses à tous fruitiers et regrattiers d'aller
ou envoyer au-devant desdites marchandises, pour les arrher et en
faire le prix ; mais seront tenus de les acheter que sur le carreau de la
Halle ; leur faisons pareillement défenses de se jeter sur lesdites marchandises et de les enlever avant qu'elles aient été déchargées et mises
sur le carreau, avant l'heure de la vente ; le tout sous les peines portées par les articles 1 et 2 de la présente ordonnance.

4. L'ouverture du marché sera annoncée par le son de la cloche, et
se fera par les maîtres fruitiers, savoir : en juin, juillet, août, à quatre
heures du matin ; en septembre, octobre, novembre, mars, avril et
mai, à cinq heures du matin ; et en décembre, janvier, février, à six
heures ; et quant aux regrattiers, ils ne pourront se présenter et acheter lesdites marchandises, concurremment avec lesdits fruitiers,
qu'une heure après l'ouverture dudit marché, à peine d'amende, saisie
et confiscation des marchandises qu'ils auront achetées.

6. Faisons pareillement défenses auxdits fruitiers et regrattiers de
surenchérir les marchandises, lorsque le prix en aura été fait et convenu ; comme aussi de former entre eux et le forain aucune associa
tion, à peine d'amende, même de saisie et confiscation de ladite marchandise.

N° **86**. — *Ordonnance de police sur le charbon* (1).

Du 28 juin 1778.

N° **87**. — *Ordonnance de police portant règlement, tant pour le service du carreau de la Halle que pour les garçons traiteurs, rôtisseurs et pâtissiers.*

Du 22 juillet 1778.

16. ..... En sortant, par lesdits garçons (de chez leurs maîtres), ils
seront tenus de passer les grands ponts et d'y demeurer pendant deux
ans, sans pouvoir revenir dans le quartier dont ils seront sortis, qu'a-
près que lesdites deux années seront expirées, quand bien même ce
serait pour s'y établir en qualité de maître, à moins que ce ne soit

---

(1) Voir l'ordonnance de décembre 1672.

pour prendre l'établissement d'une veuve ou fille de maître qu'ils auraient épousée.....

18. Un maître ne pourra, sous aucun prétexte, prendre un garçon qu'après s'être fait représenter le livret dudit garçon, pour connaître s'il..... a obtenu le congé de son dernier maître.....

19. Avant d'enregistrer au bureau (de placement) l'entrée du garçon dans une nouvelle maison, le préposé se fera représenter son livret, pour connaître s'il a obtenu le certificat de congé de son dernier maître.....

(L'article 24 porte que les maîtres qui auront besoin de garçons et les garçons qui chercheront à se placer pourront s'adresser au bureau de placement.)

25. Faisons défenses aux maîtres de la communauté et aux garçons de contrevenir aucunement aux dispositions du présent règlement, à peine de 20 livres d'amende contre les maîtres et d'emprisonnement contre les garçons, même de plus grande peine contre les uns et les autres en cas de récidive.

N° 88. — *Ordonnance du lieutenant général de police, relative aux filles et aux femmes de mauvaise vie.*

Du 6 novembre 1778.

1. Faisons très-expresses inhibitions et défenses à toutes femmes et filles de débauche de raccrocher dans les rues, sur les quais, places et promenades publiques, et sur les boulevards de cette ville de Paris, même par les fenêtres.

2. Défendons à tous propriétaires et principaux locataires des maisons de cette ville et faubourgs d'y louer, ni sous-louer les maisons dont ils sont propriétaires ou locataires qu'à des personnes de bonne vie et mœurs, et bien famées, et de souffrir en icelles aucun lieu de débauche, à peine de 500 livres d'amende.

3. Enjoignons auxdits propriétaires et locataires des maisons où il aura été introduit des femmes de débauche, de faire, dans les vingt-quatre heures, leur déclaration par-devant le commissaire du quartier, contre les particuliers et particulières qui les auront surpris, à l'effet, par les commissaires, de faire leurs rapports contre les délinquants, qui seront condamnés en 400 livres d'amende, et même poursuivis extraordinairement.....

4. Défendons à toutes personnes, de quelque état et condition qu'elles soient, de sous-louer, jour par jour, à la huitaine, quinzaine, au mois ou autrement, des chambres et lieux garnis à des femmes ou filles de débauche, ni de s'entremettre directement ou indirectement auxdites locations, sous la même peine de 400 livres d'amende.

5. Enjoignons à toutes personnes tenant hôtels, maisons et chambres garnis au mois, à la quinzaine, à la huitaine, à la journée, etc., d'écrire de suite, par jour et sans aucun blanc, les personnes logées chez elles, par noms, surnoms, qualités, pays de naissance et lieux de domicile ordinaire, sur les registres de police, qu'ils doivent tenir, à cet effet, cotés et paraphés par le commissaire du quartier, et de ne souffrir dans leurs hôtels, maisons et chambres, aucunes gens sans aveu, femmes ni filles de débauche, se livrant à la prostitution, de mettre les hommes et les femmes dans des chambres séparées, et de ne souffrir dans des chambres particulières des hommes et des femmes prétendus mariés qu'en représentant, par eux, des actes en forme de leur mariage, ou en les faisant certifier, par écrit, par des gens notables et dignes de foi; le tout à peine de 200 livres d'amende.....

—————————◈—————————

N° **89**. — *Ordonnance de police concernant les distillateurs, limonadiers et vinaigriers de la ville, faubourgs et banlieue de Paris.*

Du 6 mars 1779.

1. Tous garçons distillateurs, limonadiers et vinaigriers actuellement en service dans la ville, faubourgs et banlieue de Paris, seront tenus, dans la quinzaine de la publication de la présente ordonnance, et ceux qui viendront par la suite dans cette capitale, dans les trois jours de leur arrivée, d'aller se faire inscrire au bureau des maîtres distillateurs, limonadiers et vinaigriers, et d'y déclarer leurs nom, surnoms, âge, le lieu de leur naissance, comme aussi le nom du maître chez lequel ils seront en service alors; et pour ceux qui seront sans boutique, ou qui arriveront à Paris, le nom du dernier maître chez lequel ils auront servi; laquelle déclaration sera inscrite par le commis qui sera par nous préposé, ainsi que le signalement du garçon, sur un registre tenu à cet effet audit bureau et par nous coté et paraphé.

3. Le préposé délivrera à chacun desdits garçons un livret ou petit registre, coté et paraphé par l'un des syndics ou adjoints en charge, en tête duquel sera fait, par ledit préposé, le signalement dudit garçon, avec mention entière et signée de lui, dudit enregistrement, à la suite duquel seront successivement et immédiatement inscrites les déclarations de sortie, certificats de congé et autres enregistrements ci-après ordonnés.

4. Chaque fois qu'un garçon sortira de chez un maître pour entrer au service d'un autre, il sera tenu d'en aller faire sa déclaration audit bureau, dans les vingt-quatre heures de son entrée chez le nouveau maître, laquelle sera enregistrée, et mention en sera faite sur le livret dudit garçon.

5. Aucun garçon ne pourra quitter le maître chez lequel il demeure qu'après l'avoir averti huit jours avant sa sortie, duquel avertissement le maître sera tenu à l'instant d'en faire mention sur le livret dudit garçon, et en sa présence; et lors de la sortie de ce dernier, le maître sera pareillement tenu de certifier, à la suite de ladite mention, que le garçon a fait les huit jours prescrits par ledit règlement, et de déclarer succinctement, dans le certificat qui sera inscrit sur ledit livret, s'il a été satisfait ou non de la conduite dudit garçon.

6. Lorsqu'un garçon sortira de chez son maître, il sera tenu de s'en éloigner, et ne pourra entrer qu'après l'expiration d'une année dans les boutiques voisines de celle qu'il aura quittée, de manière qu'il y ait au moins dix boutiques de la profession entre les maisons d'où il sera sorti, pendant le cours d'une année, et celle dans laquelle il se proposera d'entrer.

8. Un maître ne pourra, sous aucun prétexte, prendre à son service un garçon, qu'après s'être fait représenter le livret dudit garçon, pour connaître s'il a été enregistré au bureau, et, dans le cas où il aurait déjà servi à Paris, s'il a obtenu le certificat de congé de son dernier maître.

9. Avant d'enregistrer au bureau l'entrée du garçon dans une nouvelle boutique, le préposé se fera représenter le livret dudit garçon, pour connaître s'il a obtenu le certificat de congé de son dernier maître, et il aura soin d'en faire mention dans son enregistrement, ainsi que de l'attestation contenue audit certificat.

12. Dans le cas où le garçon viendrait à perdre son livrert, il lui en sera délivré un autre par le préposé, sur lequel ce dernier sera tenu de transcrire les différents enregistrements et déclarations relatives audit garçon, qui seront inscrits sur ce registre; et pour en rendre la recherche plus facile, chaque déclaration fera mention de la date de la déclaration ou de l'enregistrement précédent.....

15. Pour obvier aux cabales que les garçons pourraient faire pour quitter en même temps la boutique dans laquelle ils se trouveront placés, les maîtres ne seront tenus d'accepter qu'un seul congé de huit jours en huit jours, de manière que deux et plus grand nombre de garçons ne puissent quitter leur maître que huit jours les uns après les autres.

16. Faisons défenses aux maîtres de ladite communauté, et à toutes autres personnes, de débaucher les garçons chez leurs maîtres, soit pour les attirer chez eux, soit pour les employer ailleurs, soit pour les placer chez d'autres maîtres, sous les peines ci-après.

17. Faisons pareillement défenses aux maîtres de ladite communauté et aux garçons de contrevenir en aucune manière aux dispositions du présent règlement, à peine de 50 livres d'amende contre les maîtres et d'emprisonnement contre les garçons; et pourront les syndics et adjoints, sur les déclarations qui leur seront faites des contraventions au présent règlement, faire des visites chez les contrevenants, assistés d'un commissaire, qui, après s'être informé de la vérité des faits, fera arrêter les garçons par la garde et les fera emprisonner de son ordonnance.

N° **90.** — *Ordonnance du lieutenant général de police de Paris, concernant les garçons marchands de vins* (1).

Du 15 mars 1779.

Ordonnons que les arrêts, sentences et règlements concernant la discipline des garçons marchands de vins, travaillant en cette ville et faubourgs, ensemble l'article 11 de l'édit du mois d'août 1776, et les lettres patentes du 2 janvier 1749 y énoncés, seront exécutés selon leur forme et teneur; en conséquence :

1. Tous garçons marchands de vins actuellement en service dans la ville et banlieue de Paris seront tenus, dans la quinzaine du jour de la publication de la présente ordonnance, et ceux qui viendront par la suite dans cette capitale, dans les trois jours de leur arrivée, d'aller se faire inscrire au bureau du corps des marchands de vins, et d'y déclarer leurs nom, surnoms, âge, le lieu de leur naissance, comme aussi le nom du marchand chez lequel ils seront en service alors; et pour ceux qui seront sans boutique ou qui arriveront à Paris, le nom du dernier marchand chez lequel ils auront servi; laquelle déclaration sera inscrite par le commis qui sera par nous préposé, ainsi que le signalement du garçon, sur un registre tenu à cet effet audit bureau, et par nous coté et paraphé.

2. Pour qu'il n'y ait point d'erreur sur les noms desdits garçons et les empêcher d'en changer, ils seront tenus, lors desdits enregistre-

---

(1) Ces dispositions ont été modifiées par les lois sur les ouvriers.

ments audit bureau, de représenter au préposé leur extrait baptistaire et de conserver toujours sur eux ledit extrait, pour le représenter à toutes réquisitions.

3. Le préposé délivrera à chacun desdits garçons un livret ou petit registre, coté et paraphé par l'un des gardes ou adjoints en charge, en tête duquel sera fait par ledit préposé le signalement dudit garçon, avec mention entière et signée de lui dudit enregistrement, à la suite duquel seront successivement et immédiatement inscrits les déclarations de sortie, certificats de congé et autres enregistrements ci-après ordonnés.

4. Chaque fois qu'un garçon sortira de chez un marchand pour entrer au service d'un autre, il sera tenu d'en aller faire la déclaration audit bureau, dans les vingt-quatre heures de son entrée chez le nouveau marchand, laquelle sera enregistrée, et mention en sera faite sur le livret dudit garçon.

5. Aucun garçon ne pourra quitter son marchand qu'après l'avoir averti quinze jours avant sa sortie, duquel avertissement le marchand sera tenu à l'instant d'en faire mention sur le livret, en présence dudit garçon ; et lors de la sortie de ce dernier, le marchand sera pareillement tenu de certifier, à la suite de ladite mention, que le garçon a fait la quinzaine prescrite par ledit règlement, et de déclarer succinctement dans le certificat, qui sera aussi inscrit dans ledit livret, s'il a été satisfait ou non de la conduite dudit garçon.

6. Lorsqu'un garçon sortira de chez son marchand, il sera tenu de s'en éloigner, et ne pourra entrer qu'après l'expiration d'une année dans les boutiques voisines de celle qu'il aura quittée, de manière qu'il y ait au moins quinze boutiques de même commerce entre les maisons d'où il sera sorti pendant le cours d'une année et celle dans laquelle il se proposera d'entrer.

8. Un marchand ne pourra, sous aucun prétexte, prendre à son service un garçon, qu'après s'être fait représenter le livret dudit garçon, pour connaître s'il a été enregistré au bureau, et dans le cas où il aurait déjà travaillé à Paris, s'il a obtenu le certificat de congé de son dernier marchand.

10. Lorsque le garçon aura fait enregistrer au bureau son entrée dans une nouvelle boutique, il remettra son livret à son nouveau marchand, lequel en restera dépositaire tant que le garçon restera chez lui, pour le représenter aux gardes et adjoints, lorsqu'il en sera requis.

12. Dans le cas où le garçon viendrait à perdre son livret, il lui en sera délivré un autre.....

15. Pour obvier aux cabales que les garçons pourraient faire pour quitter en même temps la boutique dans laquelle ils se trouveront placés, les marchands ne seront tenus d'accepter le congé que d'un garçon par chaque quinzaine, sauf aux autres garçons à faire accepter les leurs dans les quinzaines suivantes.

16. Faisons défenses aux marchands dudit corps de débaucher les garçons des autres marchands, soit pour les attirer chez eux, soit pour les employer ailleurs, et sous les peines ci-après.

17. Faisons pareillement défenses aux marchands dudit corps et aux garçons de contrevenir en aucune manière aux dispositions du présent règlement, à peine de 50 livres d'amende contre les marchands et d'emprisonnement contre lesdits garçons.

18. Tout ce que dessus ordonné, à l'égard des garçons marchands de vins, aura lieu et sera observé et exécuté également, tant par les garçons de domicile que par ceux tenant des caves en ville.

N° **91.** — *Ordonnance de police concernant la reconstruction des maisons faisant encoignure, les écriteaux, les gouttières, les âtres et les manteaux de cheminées, à Paris.*

Du 1er septembre 1779.

1. Faisons défenses à tous propriétaires de maisons, terrains et emplacements faisant encoignure de quelques places, carrefours, rues et ruelles, et culs-de-sacs que ce soit, de faire construire, réédifier et réparer lesdites maisons, clore de murs ou autrement aucunes desdites places et terrains; et aux maîtres maçons, entrepreneurs, même aux ouvriers à la journée de travailler auxdites maisons, édifices et clôtures de terrains et emplacements faisant encoignures, sans en avoir préalablement obtenu la permission, et que procès-verbal d'alignement desdites encoignures n'ait été dressé sur les lieux, à peine de démolition desdits bâtiments et édifices faisant encoignures, et de cent francs d'amende, au payement de laquelle somme les propriétaire et entrepreneurs, ou autres ouvriers, seront contraints, solidairement et par corps, conformément à l'ordonnance du 22 septembre 1600.

2. Seront tenus, les propriétaires desdites maisons, terrains et emplacements faisant encoignures, lorsqu'ils feront construire ou rétablir lesdites encoignures, de faire mettre une table de pierre de liais, d'un pouce et demi d'épaisseur et de grandeur suffisante, au coin de chacune desdites encoignures, sur lesquelles tables seront gravées les noms des rues, les numéros marqués sur les plaques du même quartier, en lettres de la hauteur de deux pouces et demi, de largeur proportionnée; d'observer une rainure formant un cadre au pourtour de la pierre, à trois pouces de l'arrête qui sera marquée en noir, ainsi que les lettres et numéros; laquelle pierre sera attachée avec de fortes pattes chantournées et encastrées dans l'épaisseur du plâtre ou dans le mur, s'il est construit en moellons, pierres de Saint-Leu ou Lambourdes; et si les façades ou encoignures sont construites en pierres d'Arcueil, les entrepreneurs seront obligés de poser une pierre d'Arcueil, pleine, à l'endroit où doit être inscrit le nom de la rue et le numéro, de grandeur suffisante, pour éviter l'incrustement, et en faisant le ravalement, d'y faire graver les lettres, le numéro et les cadres marqués en noir, en la manière ci-dessus prescrite. Enjoignons auxdits propriétaires, architectes, entrepreneurs et maîtres maçons qui travailleront pour eux, de donner avis au commissaire du quartier, lorsqu'ils feront poser lesdites tables ou graver lesdites encoignures, afin qu'il puisse s'y transporter et reconnaître s'ils se sont conformés à ce qui leur est ci-dessus prescrit, et ce, conformément aux ordonnances des 30 juillet 1729 et 3 juin 1730, le tout à peine de cent francs d'amende pour chaque contravention, tant contre le propriétaire que contre l'architecte, l'entrepreneur et le maître maçon.

3. Seront aussi tenus, et sous la même peine de cent francs d'amende, les propriétaires de maisons faisant encoignure, où il y a des plaques de tôle usées, défectueuses, ou dont l'empreinte est effacée, de faire mettre dans trois mois, à compter du jour de la publication de notre présente ordonnance, à la place desdites plaques, des tables de pierre de liais, de la manière et dans la forme prescrites par notre présente ordonnance.

4. Conformément à l'ordonnance du 13 juillet 1764, il ne pourra être établi, dans les bâtiments qui seront construits à l'avenir dans cette ville de Paris et faubourgs d'icelle, aucune gouttière saillante dans les rues, pour quelque cause et sous quelque prétexte que ce soit; et celles qui sont déjà établies, seront supprimées dans les bâtiments où elles existent, lorsqu'on fera la reconstruction des murs de face ou toitures, en tout ou en partie, le tout à peine de confiscation des gouttières et de cinq cents francs d'amende, tant contre les propriétaires des maisons que contre les architectes, entrepreneurs, maçons et plombiers qui les auront établies ou qui les laisseront subsister.

5. Seront tenus, les propriétaires qui voudront se servir de gouttières pour recevoir les eaux pluviales de leurs maisons, de les appliquer le long des murs, depuis le toit jusqu'au niveau du pavé des rues. Pourront, lesdits propriétaires, employer, pour lesdits tuyaux et conduits les matières qu'ils jugeront à propos, soit plomb, fer, cuivre, bois ou grès, à la charge de les construire de manière qu'ils n'aient que quatre pouces de saillie du nu du mur, et de faire recouvrir en plâtre les tuyaux de bois ou grès qu'ils auront employés.

6. Faisons très-expresses inhibitions et défenses à tous propriétaires, architectes, entrepreneurs, maîtres maçons, charpentiers et autres ouvriers, de construire ou faire construire à l'avenir aucuns manteaux de cheminées en bois ni aucuns tuyaux de cheminées adossés contre des cloisons de charpenterie, de poser des âtres de cheminées sur les solives des planchers, et de placer aucune pièce de bois dans les tuyaux de cheminées, lesquels ils construiront de manière que les enchevêtrures et les solives soient à la distance de trois pieds des gros murs.

Ordonnons que les tuyaux de cheminées auront toujours, et dans tous les cas, dix pouces de largeur et deux pieds et demi de longueur, ou du moins deux pieds un quart dans les petites pièces, à moins qu'il ne soit question de réparer d'anciens bâtiments, auquel cas, on pourra ne donner que deux pieds de longueur aux tuyaux de cheminées, lorsqu'on y sera nécessité, pour éviter de jeter les propriétaires dans la reconstruction des planchers, et ce, non compris les six pouces de plâtre qui seront contre lesdits bois de chaque côté; le tout revenant à trois pieds un pouce d'ouverture pour les nouveaux bâtiments, et à deux pieds dix pouces pour les anciens, au moins, et, en cas de nécessité, entre lesdits bois, dont le recouvrement de plâtre, tant sur les solives, chevrettes qu'autres bois, sera de six pouces, en sorte qu'il n'en puisse arriver aucun incendie; le tout conformément à ce qui est prescrit par l'ordonnance de la chambre des bâtiments, du 19 juillet 1765.

7. Défendons aux propriétaires de souffrir qu'il soit fait aucune malfaçon de la qualité ci-dessus, le tout à peine de mille livres d'amende, tant contre lesdits propriétaires que contre les maîtres maçons, charpentiers et autres ouvriers; et d'être en outre, lesdits propriétaires, tenus de faire abattre, à leurs frais et dépens, les tuyaux et manteaux de cheminées qui ne se trouveront pas conformes à ce qui est ci-dessus prescrit. Pourront même, les compagnons et ouvriers travaillant à la journée, être emprisonnés en cas de contravention.

8. Seront tenus, les maîtres maçons, charpentiers, couvreurs, plombiers et autres ouvriers, au premier avis qui leur sera donné de quelque incendie, et sur la réquisition des commissaires et autres officiers de police, de se transporter à l'instant sur le lieu où sera l'incendie; d'y faire transporter leurs compagnons, ouvriers

et apprentis, avec les outils nécessaires pour aider à éteindre le feu, à peine de cinq cents francs d'amende contre chacun desdits maîtres, et de prison contre lesdits compagnons, apprentis et ouvriers..

N° **92**.—*Arrêt du conseil d'Etat du roi, contenant règlement pour le commerce des toiles à la halle de Paris.*

Du 2 février 1780.

2. Toutes les toiles qui seront apportées sous la halle pour y être vendues par les marchands forains, seront marquées en tête et en gros caractères du nom du marchand forain à qui elles appartiendront, et elles ne pourront être exposées en vente, qu'après que ladite marque y aura été apposée ; les ballots contenant lesdites toiles seront pareillement marqués du nom du propriétaire, et ils ne pourront être composés que de six pièces de toiles des deux tiers, et de quatre pièces des autres largeurs : fait. Sa Majesté, défenses aux marchands forains de former des ballots plus considérables, même pour les marchandises qui seront remballées, à peine de vingt livres d'amende et de confiscation desdits ballots en cas de récidive.

3. Chaque marchand forain qui se présentera à la halle pour y faire le commerce des toiles sera tenu de justifier de sa qualité et du lieu de son domicile à l'inspecteur de ladite halle, lequel se chargera de lui obtenir, s'il y a lieu, la permission requise du sieur lieutenant général de police, et de déclarer audit inspecteur la quantité des pièces de marchandises qu'il déballera, ainsi que de celles qu'il remballera; il sera tenu pareillement de représenter aux syndics des lingères la permission qu'il aura obtenue.

4. Fait, Sa Majesté, très-expresses inhibitions et défenses à tous marchands forains de se céder ou vendre des toiles, les uns aux autres, sous ladite halle, à peine de confiscation desdites toiles, et de 100 liv. d'amende contre chacun des contrevenants.

5. Seront tenus les forts ou gens de peine travaillant sous la halle aux toiles, de se trouver régulèrement sous ladite halle, avant et durant les heures prescrites par l'article 1er ci-dessus, pour la tenue de ladite halle, de commencer par nettoyer la halle tous les matins, et de l'entretenir dans la plus grande propreté; de déballer et remballer les balles et ballots de toiles et toileries, lorsqu'ils en seront requis par ceux auxquels ils appartiennent; et lorsqu'ils les transporteront chez les marchands ou particuliers de couvrir leurs voitures ou crochets d'une toile cirée, qui puisse mettre les marchandises qui leur seront confiées à l'abri des injures du temps, sans que, pour raison desdits emballages, fournitures de toiles cirées, ports de balles et ballots, et autres travaux, ils puissent prétendre autres et plus forts salaires que ceux qui ont été fixés par le tarif..... Veut, Sa Majesté, que lesdits forts et gens de peine soient subordonnés, pour tout ce qui concerne la tenue de ladite halle et le service du public, à l'inspecteur général de ladite halle dont ils seront tenus d'exécuter les ordres relatifs à leur service, à peine d'être renvoyés de ladite halle, de prison et de plus grande peine, s'il y échoit.

N° **93.**—*Ordonnance de police concernant la sûreté publique.*

(Du 8 novembre 1780.

1. Faisons très-expresses inhibitions et défenses à tous marchands et artisans de cette ville et faubourgs....., d'acheter aucunes hardes, meubles, linges, livres, bijoux, plomb, vaisselle et autre chose, des enfants de famille ou des domestiques, sans un consentement exprès et par écrit de leurs pères, mères ou tuteurs, et de leurs maîtres ou maîtresses ; leur faisons semblables défenses d'en acheter d'aucunes personnes dont le nom et la demeure ne leur soient connus, ou qui ne leur donnent caution, ou répondant d'une qualité non suspecte, et à toutes personnes sans qualité, de s'entremettre dans lesdites ventes et reventes ; le tout à peine de 400 livres d'amende, et de répondre, en leur propre et privé nom, des choses volées, et même d'être poursuivies extraordinairement, si le cas y échoit.

2. Enjoignons aux marchands merciers, quincailliers, orfévres. joailliers, bijoutiers, horlogers, fripiers, tapissiers, fourbisseurs, potiers d'étain, fondeurs, plombiers, chaudronniers, vendeurs de vieux fers, et à tous autres marchands et artisans qui achètent et revendent, changent et trafiquent de vieux meubles, linges, hardes, bijoux, vaisselle, tableaux, armes, plomb, étain, cuivre, ferrailles et autres effets et marchandises de hasard, ou qui achètent les mêmes choses neuves, d'autres personnes que des artisans qui les fabriquent ou des marchands qui en font commerce, d'avoir et tenir chacun deux registres sur lesquels ils inscriront, jour par jour, de suite et sans aucun blanc ni rature, les noms, surnoms, qualités et demeures de ceux de qui ils achèteront et avec qui ils trafiqueront ou échangeront des effets et marchandises de hasard, ensemble la nature, la qualité et le prix desdites marchandises conformément à l'ordonnance du commissaire ancien préposé pour la police de leur quartier qui sera mise en tête de chacun desdits registres, lesquels seront de lui cotés et paraphés par premier et dernier feuillet, et seront tenus, lesdits marchands, de représenter lesdits registres au moins une fois le mois : savoir, l'un audit commissaire ancien, et l'autre à l'inspecteur de police de leur quartier ; à l'effet d'être chaque fois paraphés par le commissaire, et visés par l'inspecteur, le tout à peine, contre chacun des contrevenants ou refusants, de 400 livres d'amende, et même de plus grande peine.

3. Toutes personnes dont le commerce consiste à acheter des vieux passements d'or et d'argent, brocanteurs, crieurs de vieux chapeaux, colporteurs de merceries et joailleries, appelés vulgairement *haut-à-bas,* revendeurs et revendeuses, seront également tenus d'avoir un registre coté et paraphé par le commissaire ancien de leur quartier ; de porter journellement sur eux ledit registre; d'y inscrire les hardes, linges, nippes et autres choses qu'ils achèteront, et les noms et demeures des vendeurs, et de faire viser ledit registre au moins une fois la semaine par l'inspecteur de police du quartier, en tête duquel registre seront les noms, demeures et signalement desdits revendeurs et revendeuses, lesquels, en cas de changements de demeures, en feront leur déclaration, tant au commissaire ancien et à l'inspecteur du quartier qu'ils quitteront, qu'à ceux du quartier dans lequel ils iront demeurer; le tout à peine de 100 fr. d'amende, même de prison.

4. Seront aussi tenus, lesdits revendeurs et revendeuses, de représenter leurs registres, mêmes les effets, hardes et autres choses qu'ils auront achetées, aux commissaires, inspecteurs et autres officiers de police, toutes les fois qu'ils en seront requis, à peine de saisie et confiscation des hardes et effets qu'ils auront célés, et de 50 livres d'amende.

5. Tous particuliers, de quelque qualité qu'ils soient, qui donneront à loyer en maisons ou chambres garnies, seront tenus d'avoir deux registres, sur chacun desquels ils inscriront, jour par jour, les noms, pays, qualités et professions de ceux qu'ils recevront dans leurs maisons, ou qu'ils prendront en pension, pour en remettre un tous les mois entre les mains du commissaire distribué dans leur quartier, à l'effet d'être par lui signé et visé, et de garder l'autre pour le représenter aux inspecteurs de police, qui l'examineront et viseront, et le dateront à chacune de leurs visites..... La présente disposition sera exécutée à l'égard de toutes personnes logeant des ouvriers de toute profession par chambrée.

6. Enjoignons à tous ceux qui viendront loger en cette ville, soit à l'auberge ou en chambres garnies, de déclarer aux aubergistes ou logeurs leurs véritables noms, surnoms, leurs qualités, le pays dont ils sont originaires, et ce, sous peine de prison, et de procéder, ainsi qu'il appartiendra, contre ceux qui auront usé de quelque déguisement.

13 Les vidangeurs qui trouveront des objets suspects, argenterie et autres effets dans les lieux communs des maisons, en feront leur déclaration dans le même instant à l'un des commissaires du quartier dans l'étendue duquel les fosses d'aisances seront situées, à peine, contre lesdits vidangeurs, de 300 livres d'amende.

14. Faisons défenses à tous cabaretiers, taverniers, limonadiers, vinaigriers, vendeurs de bière, d'eau-de-vie et de liqueurs en détail, d'avoir leurs boutiques ouvertes, ni de recevoir aucunes personnes chez eux, et d'y donner à boire passé dix heures du soir et avant cinq heures du matin, depuis le 1er novembre jusqu'au 1er mars après onze heures du soir et avant quatre heures du matin ; leur défendons pareillement de recevoir chez eux aucunes femmes de débauche, vagabonds, mendiants, gens sans aveu et filous ; le tout à peine de 100 livres d'amende.

N° **94.**— *Ordonnance de police, concernant le balayage et nettoiement devant les maisons, cours, jardins et autres emplacements de la ville et faubourgs de Paris.*

Du 8 novembre 1780.

1. Tous les bourgeois et habitants de la ville et faubourgs de Paris, de quelque état et condition qu'ils soient, seront tenus de faire balayer régulièrement au-devant de leurs maisons, cours, jardins, et autres emplacements dépendant des lieux qu'ils occupent, jusqu'au ruisseau même, la moitié des chaussées, tous les matins à sept heures, en été, et avant huit heures en hiver, et de relever les ordures et immondices à côté des murs de leurs maisons, et d'en faire des tas afin que l'entrepreneur du nettoiement puisse les enlever; leur défendons de sortir les ordures provenant de leurs maisons, et de les déposer sur la rue, après le passage des voitures de l'enlèvement. Leur enjoignons, conformément à l'art. 18 de l'arrêt de règlement du 30 avril 1663, de faire

jeter après le balayage deux seaux d'eau au moins sur le pavé et ruisseau étant au-devant de leurs maisons, afin d'entretenir le libre écoulement des ruisseaux.

2. Seront pareillement tenus lesdits habitants, dans les temps de neige et de gelée, de relever les neiges, de rompre et casser les glaces qui seront au-devant de leurs maisons et dans le ruisseau, de les mettre par tas le long des murs de leurs maisons, sans pouvoir porter celles de leurs cours dans les rues avant le dégel, et généralement de satisfaire à tout ce qui sera ordonné concernant le nettoiement des rues par des extraits et ordonnances de police indicatifs du genre d'ouvrage que la variété du temps pourra exiger, lesquels extraits seront affichés partout où besoin sera, afin que personne n'en puisse prétendre cause d'ignorance; le tout à peine de 50 livres d'amende pour chaque contravention au présent article et au précédent, et de plus grande si le cas y échoit; pourront même dans les cas de contravention, les suisses, portiers et autres domestiques, être emprisonnés conformément à la disposition de l'art. 18 dudit arrêt du parlement du 30 avril 1663.

3. Défendons pareillement à tous particuliers, de quelque état et condition qu'ils soient, de jeter ni souffrir qu'il soit jeté dans les rues aucune ordure de jardin, feuilles, immondices, cendres de lessive, ardoises, tuiles, tuileaux, raclure de cheminées, gravois, n'y d'y mettre ou faire mettre aucuns fumiers, ni autres ordures de quelques espèces qu'elles puissent être, à peine de 20 livres d'amende pour chaque contravention, et de plus grande en cas de récidive.

4. Enjoignons aux entrepreneurs du nettoiement de fournir exactement le nombre de tombereaux suffisant en bon état, ayant des numéros, à l'effet de faire régulièrement, tous les jours, l'enlèvement des immondices dans toutes les rues de cette ville et faubourgs, lequel commencera à sept heures et demie en été, et à huit heures et demie en hiver; d'avoir pour le service de chaque tombereau, un charretier et un retrousseur, auxquels il fournira les pelles et balais nécessaires : enjoignons aux retrousseurs de se servir toujours de balais pour relever les boues et immondices de chaque tas; défendons aux charretiers de charger dans leurs tombereaux les gravois et ordures qui ne doivent être enlevés que par les gravatiers, et de recevoir aucun salaire des habitants de cette ville, à peine contre lesdits charretiers et retrousseurs d'être emprisonnés.

5. Enjoignons pareillement aux habitants de la campagne qui viennent enlever des fumiers dans Paris, de faire ce service dans les premières heures de la journée, de balayer exactement les places où étaient les fumiers qu'ils auront enlevés, après que les voitures seront chargées, et de les contenir soigneusement par des bannes et clayons, afin que, dans les transports, ils ne puissent se répandre sur le pavé. Pourront lesdits habitants, comme par le passé, venir prendre des boues par les rues de Paris, à l'effet de fumer leurs terres, à la charge d'exécuter les ordonnances et règlements de police, donnés à ce sujet.

6. En ce qui concerne les ateliers des maçons et entrepreneurs de bâtiments, renouvelons les défenses faites de faire porter dans les rues et places de cette ville une plus grande quantité de matériaux que ce qu'ils pourront employer dans le cours de trois jours ou d'une semaine au plus; ainsi que les précautions de faire balayer les ateliers et relever les recoupes, tous les jours et avant la fin du travail des ouvriers, comme aussi de les faire enlever, trois fois au moins par semaine; le tout à peine de 500 livres d'amende.

7. Seront tenus, ceux qui auront chez eux des gravois, poteries, bouteilles cassées, verres à vitre, morceaux de glaces ou vieilles ferrailles de les rassembler dans des paniers ou autres ustensiles pour les porter dans la rue, et de les mettre dans un tas séparé de celui des boues, sans pouvoir les mêler avec lesdites boues, ni les jeter par les fenêtres ; le tout à peine de 100 livres d'amende pour la première fois, et de plus grande en cas de récidive.

8. Faisons défenses à tous particuliers, de quelque état et condition qu'ils soient, de jeter par les fenêtres dans les rues, tant de jour que de nuit, aucunes eaux, urines, matières fécales et autres ordures de quelque nature qu'elles puissent être, à peine de 300 livres d'amende, dont les maîtres seront responsables pour leurs domestiques, et les marchands et artisans pour les apprentis et compagnons.

N° **95**. — *Ordonnance du bureau des finances de la généralité de Paris, concernant la police générale des chemins dans cette généralité.*

Du 17 juillet 1781.

11. Défendons à tous rouliers, voituriers et charretiers, d'abandonner leurs chariots et charrettes, le long des chemins, d'affecter de tenir toujours le milieu du pavé, à la rencontre des voitures des voyageurs, au risque de les heurter et d'occasionner des accidents, et de s'attrouper aux portes des auberges et cabarets, en laissant leurs voitures arrêtées çà et là sur la voie publique, et de manière à en intercepter le passage ; enjoignons, au contraire, auxdits voituriers et charretiers de veiller incessamment à la conduite de leurs chevaux et voitures, de les ranger soigneusement lorsqu'ils s'arrêteront aux auberges et maisons de la route, sous peine de 50 livres d'amende : enjoignons pareillement aux aubergistes et cabaretiers d'entretenir une lumière au-devant de leurs maisons, lorsqu'il s'y arrêtera des voitures, pendant la nuit, afin de prévenir les accidents, sous la même peine de 50 livres d'amende.

N° **96**. — *Ordonnance de police concernant la discipline des garçons perruquiers*

Du 18 juillet 1781.

Faisons très-expresses inhibitions et défenses à tous logeurs et logeuses de garçons *perruquiers*, soit que lesdits garçons se trouvent sans place, ou qu'ils soient nouvellement arrivés de la province, et à toutes personnes généralement quelconques, de s'immiscer en quelque sorte et de quelque manière que ce soit, de placer aucun garçon, notamment en qualité d'aide, chez les maîtres *perruquiers, perruquiers* privilégiés ou autres, et aux maîtres perruquiers ou locataires de priviléges, de se pourvoir de garçons ou d'aides chez les logeurs, logeuses ou ailleurs qu'au bureau de la communauté, à peine, contre chacun des contrevenants, de 200 livres d'amende, et de plus forte en cas de récidive.

N° 97. — *Lettres patentes portant homologation des nouveaux statuts de la communauté des traiteurs.*

Du 1er novembre 1781, registrée le 12 avril 1782.

12. Défenses sont faites aux maîtres de la communauté, à ceux des communautés supprimées et à tous marchands forains, marcandiers, regrattiers, regrattières, de colporter ou faire colporter aucunes marchandises de la profession dans les places, marchés, rues, lieux privilégiés, et dans les maisons des particuliers pour les y offrir, vendre et débiter, sous peine de saisie et confication des marchandises, et de 200 livres d'amende.... et même sous peine de prison en cas de récidive.

13. Les règlements concernant le commerce du gibier et de la volaille, et la police qui doit s'observer sur le carreau de la vallée, seront exécutés ; en conséquence, les marchands forains seront tenus d'envoyer ou d'amener directement leurs marchandises de gibier et volaille sur le carreau de la Vallée, pour y être exposées en vente après la visite qui en aura été faite de la manière qui sera prescrite par l'article ci-après. Défenses leur sont faites de vendre et débiter aucune desdites marchandises dans les anciennes limites de ladite ville, et partout ailleurs que sur le carreau de la Vallée de Paris, comme aussi de faire aucuns envois, entrepôts, magasins dans lesdites limites ou dans les hôtelleries de Paris ; le tout sous peine de saisie et confiscation desdites marchandises et des voitures et de 100 livres d'amende...

14. Pareilles défenses sont faites auxdits marchands forains, 1° d'exposer en vente aucune marchandise de volaille et gibier défectueuse, vidée, dégraissée, écrêtée ou écourtée ; 2° de continuer leur vente au delà des heures fixées par les règlements de police ; 3° enfin, de remporter leurs marchandises ou celles d'autres marchands forains de dessus le carreau de la Vallée comme non vendues ; le tout sous peine de saisie et confiscation de ladite marchandise et de 100 livres d'amende.

15. Les maîtres de la communauté, les privilégiés de l'hôtel et tous autres ayant droit de faire le commerce de gibier et volaille, ne pourront s'approvisionner desdites marchandises que sur le carreau de la Vallée, et après les heures fixées par les règlements de police ; défenses leur sont faites de s'approvisionner ailleurs desdites marchandises, de se les faire adresser en droiture ou d'aller ou envoyer au-devant des voitures qui en seront chargées, comme aussi de les arrher ou faire enlever à leur arrivée ou avant les heures fixées par les règlements, sous les peines portées par l'article 14 ci-dessus.

18. Défenses sont faites aux maîtres de la communauté, aux privilégiés de l'hôtel, et à tous autres, de renvoyer sur le carreau de la Halle pour y être revendues, aucunes marchandises qui y auront été achetées des marchands forains, sous les peines portées par l'article 14 ci-dessus.

19. Les syndics et adjoints de la communauté auront seuls et à l'exclusion de tous autres, et notamment des bouchers, le droit de faire la visite, après l'heure du bourgeois, de toutes les marchandises foraines qui seront amenées sur le carreau de la Vallée, et de saisir à leur requête celles qui se trouveront défectueuses ou en contravention aux règlements, à l'effet de quoi les marchands forains seront tenus de faire ouverture de leur paniers, sinon les syndics et adjoints seront autorisés à faire ladite ouverture pour procéder à la visite des marchandises y contenues.

22. Les maîtres seront tenus de faire imprimer leurs noms en gros caractères à l'extérieur et à l'endroit le plus apparent de leur boutique, sans pouvoir prendre directement ni indirectement l'enseigne de ceux de leurs confrères qui habitent la même rue ou celles adjacentes....; le tout sous peine de 10 livres d'amende, et même de plus grande si le cas y échéait.

23. Défenses sont faites à tous apprentis et garçons de ladite profession, lorsqu'ils voudront se faire recevoir maîtres et s'établir, même dans les trois années qui suivront leur sortie de chez un maître, de prendre à loyer la boutique occupée par le maître chez lequel ils demeureront ou auront demeuré, comme aussi de s'établir avant l'expiration desdites trois années à la proximité des maisons qu'ils auront quittées, desquelles ils seront tenus de s'éloigner, de manière qu'il y ait au moins quatre boutiques de la profession entre les maisons dans lesquelles ils auront demeuré, et celle de leur établissement, à moins que ce ne soit du consentement des maîtres intéressés, ou pour prendre l'établissement d'une veuve ou fille de maître, qu'ils auraient épousée; le tout sous peine de fermeture de boutique, de dommages-intérêts et d'amende.

50. Les syndics et adjoints seront pareillement tenus de faire de fréquentes visites tant chez les maîtres et agrégés de la communauté que chez les gargotiers, aubergistes, pour y examiner les casseroles et autres ustensiles de cuivre à leur usage, et dans le cas où ils en trouveraient de défectueux et mal étamés ou contenant des comestibles conservés et refroidis, et par conséquent dangereux pour la santé des citoyens, ils en feront dresser procès-verbal par l'huissier qui les accompagnera, pour, sur le rapport qui en sera fait à l'audience de la chambre de police par un commissaire, après avoir fait assigner les contrevenants à la requête du procureur du roi, être statué ce qu'il appartiendra.

N° **98.** — *Ordonnance de police concernant les incendies.*

Du 15 novembre 1781, renouvelant textuellement celle du 10 février 1735.

1. Faisons très-expresses inhibitions et défenses à tous maîtres maçons, charpentiers, compagnons et manœuvres de construire à l'avenir des cheminées dans des échoppes, de faire aucuns manteaux et tuyaux de cheminées adossés contre des cloisons de maçonnerie et charpenterie, de poser des âtres de cheminée sur des solives des planchers, et de placer des bois dans les tuyaux, lesquels ils construiront de manière que les enchevêtrures et les solives soient à la distance de trois pieds des gros murs, en sorte que les passages desdites cheminées aient au moins dix pouces de large, deux pieds et demi de long, ou au moins deux pieds trois pouces dans les petites pièces, à moins qu'il ne soit question de réparer d'anciens bâtiments, auquel cas on pourra ne donner que deux pieds de longueur aux tuyaux de cheminées lorsqu'il y aura nécessité, afin d'éviter aux propriétaires la **reconstruction des planchers**, en ce non compris les six pouces de charge de plâtre qui seront contre lesdits bois de chaque côté; le tout revenant à trois pieds un pouce d'ouverture, pour les nouveaux bâtiments, et de deux pieds dix pouces pour les anciens au moins entre lesdits bois, dont les recouvrements de plâtre, tant sur les solives, chevêtres et autre bois, seront de six pouces, en sorte qu'il n'en puisse arriver aucun incendie; le tout à peine de 1000 livres d'amende, et de tous dépens, dommages et intérêts envers les propriétaires des maisons; pourront même les compagnons et ouvriers travaillant à journée ou autrement, être emprisonnés en cas de contravention.

2. Défendons, suivant et conformément aux mêmes ordonnances, à tous propriétaires qu'il soit fait en leurs maisons aucunes malfaçons de la qualité ci-dessus énoncée, à peine de pareille amende, et d'être tenus de faire abattre, à leurs frais et dépens, tous les tuyaux, âtres et manteaux de cheminée qui ne se trouveront pas conformes à ce qui est prescrit par l'article précédent.

3. Enjoignons à tous propriétaires, locataires et sous-locataires des maisons, de faire exactement ramoner, au moins quatre fois l'année, les cheminées des appartements et autres lieux par eux loués ou occupés, et celles des grandes cuisines tous les mois; le tout à peine de 200 livres d'amende contre ceux qui se trouveront habiter les maisons ou chambres dont les cheminées n'auront pas été ramonées exactement.

4. Faisons défenses à tous bourgeois et habitants de cette ville, de quelque qualité et condition qu'ils soient, de tirer ou de faire tirer à l'avenir aucun coup de fusil dans les cheminées en cas d'incendie, chargés à balles, de gros plomb, ou même seulement à poudre, et ce, sous telles peines qu'il appartiendra.

5. Faisons pareilles défenses à tous habitants de cette ville, aux voituriers, loueurs de carrosses, marchands, loueurs de chevaux, aux charretiers, cochers, palfreniers et valets d'écurie, d'entrer dans les greniers et magasins où il y a du foin, de la paille, du charbon ou d'autres matières combustibles et dans les écuries, avec aucunes lumières, si lesdites lumières ne sont renfermées dans des lanternes, bien et dûment closes et fermées, en sorte qu'il ne puisse arriver aucun accident; leur faisons aussi défenses d'entrer dans lesdits magasins, greniers et écuries avec des pipes remplies de tabac allumé et d'y fumer; le tout sous peine de 200 livres d'amende pour chaque contravention, même de plus grande peine en cas de récidive; défendons sous les mêmes peines à tous marchands pailleux d'entrer dans leurs granges, greniers et autres endroits où ils serrent leurs pailles, pendant la nuit avec des lumières, si elles ne sont renfermées dans des lanternes, et de travailler ou faire travailler ès-dits greniers, granges et autres lieux pendant la nuit et avant le jour, en aucune saison, ni d'y travailler avec aucune lumière pour quelque cause et sous quelque prétexte que ce puisse être.

6. Ne pourront, lesdits bourgeois, habitants, marchands, voituriers, loueurs de carrosses et de chevaux, charretiers, cochers, palfreniers, valets d'écurie et tous autres, brûler, soit chez eux ou dans leurs cours, soit dans les rues, aucune paille, fumiers, ordures de jardin et autres immondices; leur enjoignons de les faire enlever et porter aux décharges ordinaires; le tout à peine de 100 livres d'amende pour chaque contravention, dont les pères et mères seront civilement responsables pour leurs enfants, et les maîtres pour leurs apprentis, compagnons, serviteurs et domestiques; pourront même, les contrevenants, être emprisonnés sur-le-champ.

7. Notre ordonnance du 15 décembre 1730 sera exécutée; en consé-

quence, faisons défense à tous gagne-deniers, charretiers et autres personnes fréquentant les halles, d'y allumer des feux, à peine de 100 livres d'amende....; leur défendons et à toutes autres personnes fréquentant les halles, d'y apporter des chaudrons à feu, s'ils ne sont couverts de grillage de fer, à peine de 100 livres d'amende, même de plus grande peine en cas de récidive; de laquelle amende les pères et mères demeureront civilement responsables pour leurs enfans, et pareillement les maîtres et maîtresses pour leurs garçons, servantes et domestiques; défendons, sous les mêmes peines, à tous gagne-deniers et autres personnes de fumer dans lesdites halles.

8. Disons que les arrêts du parlement, sentences et règlements qui auront été faits pour prévenir l'incendie des bateaux de foin, seront exécutés selon leur forme et teneur.

9. Seront tenus tous marchands et marchandes faisant commerce de paille et de foin, de resserrer lesdites pailles en lieux clos et sûrs, pour qu'il ne puisse en arriver aucun accident; leur défendons d'en laisser séjourner au-devant de leurs portes tant le jour que la nuit, à peine de 100 livres d'amende et de confiscation.

10. Faisons très-expresses défenses et inhibitions à tous marchands, bourgeois, et autres habitants de cette ville et faubourgs, et notamment à ceux qui logent rue de la Tannerie et aux environs de la place de Grève, de faire aucun magasin de charbon et poussière de charbon à l'avenir dans leurs maisons, sous quelque prétexte que ce puisse être, à peine de 50 livres d'amende contre les contrevenants, et de confiscation dudit charbon.

11. Faisons défenses aux menuisiers, layetiers, bahutiers, tourneurs, boisseliers, de travailler la nuit sans avoir leurs lumières renfermées dans des lanternes, à peine de 100 livres d'amende.

12. Ordonnons que l'arrêt du 30 avril 1729, portant règlement pour le débit de la poudre à canon, fusées et autres artifices, et l'ordonnance de police du 12 août 1780, seront exécutés selon leur forme et teneur, et, en conséquence, faisons défenses à tous marchands, merciers, quincailliers, bimbelotiers et autres, de faire aucun commerce ni débit de poudre à canon, soit fine ou commune, fusées volantes et autres artifices dans l'étendue et l'intérieur des limites et des faubourgs de cette ville. Faisons pareillement défenses aux propriétaires, engagistes ou principaux locataires des maisons, boutiques ou échoppes de louer leursdites maisons, boutiques ou échoppes dans la ville et les faubourgs, pour y faire un pareil commerce; faisons en outre défenses aux artificiers de tirer dans cette ville et faubourgs aucuns feux d'artifices, sous prétexte de fêtes particulières ou pour quelque autre cause que ce soit, sans avoir obtenu notre permission, même d'essayer leurs artifices dans les environs de la ville et faubourgs; ni dans les promenades publiques, mais seulement dans les lieux écartés et par nous indiqués, le tout à peine de 400 livres d'amende.

13. Enjoignons aux boulangers, pâtissiers, rôtisseurs, traiteurs, charcutiers, bouchers, chandeliers, serruriers, taillandiers, maréchaux grossiers et ferrants, charrons, fondeurs de tous métaux et autres de semblables états, tenant four, cuisine, fondoir, forges et fourneaux dans cette ville et faubourgs, de faire ramoner les cheminées de leurs fours, cuisines, fondoirs, forges et fourneaux, au moins une fois par mois, et auxdits boulangers et pâtissiers d'avoir des éteignoirs de fer ou de cuivre pour éteindre leur braise. Leur faisons défenses de s'en servir d'autres, de faire sécher leurs bois dans leurs fours, et de faire construire des soupentes au-dessus desdits fours, forges et fourneaux, à peine de 500 livres d'amende. Ordonnons que, dans un mois du jour

de la publication de notre présente ordonnance, ceux qui ont actuellement des soupentes au-dessus desdits fours, forges et fourneaux, seront tenus de les faire démolir, sous les mêmes peines que dessus; à l'effet de quoi les commissaires au Châtelet feront des visites chez les boulangers, pâtissiers, serruriers et autres, chacun dans leur quartier, une fois le mois.

14. L'ordonnance de police du 1er février 1781, concernant les maîtres charrons, menuisiers et autres travaillant en bois, qui cumulent avec leur profession celle de serrurier, taillandier, maréchal grossier, sera exécutée selon sa forme et teneur; en conséquence, ceux qui exerceront lesdites professions dans la même maison, seront tenus d'avoir des ateliers séparés par un mur de huit pieds au moins d'élévation, dans la construction duquel il ne pourra être employé aucun bois de charpente, et sans qu'ils puissent adosser les forges audit mur, ni employer dans l'atelier où sera la forge, les apprentis et compagnons travaillant en bois; leur enjoignons de placer la porte de communication de manière que les étincelles de la forge ne puissent jaillir dans l'atelier voisin; leur défendons de déposer dans l'atelier des forges, aucuns bois, recoupes, ni pièces de charronnage, ni menuiserie, à l'exception des ouvrages finis et qu'on sera occupé à ferrer, à la charge de les retirer à la fin de la journée, et de les placer dans un endroit séparé de la forge, de manière qu'il ne reste pendant la nuit aucune matière combustible dans lesdits ateliers, et avant que de former ces deux établissements dans une maison, lesdits maîtres seront tenus d'en faire déclaration au commissaire du quartier, lequel s'y transportera et en dressera procès-verbal à leurs frais; le tout à peine de démolition des forges, fermetures des ateliers, et de 400 livres d'amende.

15. Faisons très-expresses et itératives défenses à tous particuliers de tirer aucuns pétards ou fusées, boîtes, pommeaux d'épées ou saucissons, pistolets, mousquetons ou autres armes à feu, dans les rues, dans les cours et jardins, et par les fenêtres de leurs maisons, pour quelque cause et occasion que ce soit, et nommément les jours de fêtes et réjouissances publiques; de se servir de fusil, pistolets ou autres armes à feu pour tirer au blanc, ni autrement, même dans les cours et jardins des faubourgs, à peine de 400 livres d'amende; de laquelle amende les pères et mères seront civilement tenus et responsables pour leurs enfans, et les maîtres et chefs de maisons pour leurs apprentis, compagnons, serviteurs et domestiques; pourront même les contrevenants être emprisonnés sur-le-champ.

16. Enjoignons expressément à tous propriétaires et locataires des maisons, lors des réjouissances publiques, de fermer leurs boutiques, de faire fermer et boucher exactement les fenêtres, lucarnes, œils-de-bœuf, et généralement toutes les ouvertures des greniers des maisons à eux appartenant ou par eux occupés, soit que lesdits greniers soient vides ou remplis; comme aussi de fermer les fenêtres et portes des chambres, remises, hangars et écuries, de même que les soupiraux et ouvertures des caves, caveaux et autres lieux dans lesquels il y aurait de la paille, du foin, du bois, des tonneaux, du suif et autres matières combustibles à peine de 200 livres d'amende contre les contrevenants. Ordonnons, en outre, aux marchands épiciers de tenir pendant ledit temps les portes et soupiraux de leurs caves et magasins exactement fermés, et aux chandeliers et grainetiers de retirer les bottes de foin et de paille qu'ils ont coutume d'étaler au dehors de leurs boutiques, sous les mêmes peines de 200 livres d'amende.

17. Enjoignons pareillement à tous propriétaires de maisons où il y a des puits, de les maintenir en bon état, en sorte qu'il y ait au moins

vingt-deux pouces d'eau; de les faire nettoyer et curer, et même creuser, lorsque ladite quantité d'eau viendra à diminuer, enjoignons aussi auxdits propriétaires ou principaux locataires de les entretenir de bonnes et suffisantes poulies, et d'avoir soin à ce qu'elles soient exactement et journellement garnies de cordes, et d'avoir en icelles un ou plusieurs seaux qui puissent servir au besoin; le tout sous les peines portées par lesdites ordonnances et règlements, et notamment par nos ordonnances des 20 janvier 1727 et 15 mai 1734.

18. En cas d'incendie, seront tenus, les bourgeois et habitants chez lesquels le feu aura pris, de faire ouverture de leurs maisons aux commissaires au Châtelet, aux gardes pompes, aux officiers du guet, et autres officiers de police qui se présenteront pour leur prêter secours; et, en cas de refus, seront les portes enfoncées et brisées, sur les ordres desdits commissaires du quartier, qui dresseront procès-verbal du refus d'ouvrir les maisons desdits propriétaires et locataires; enjoignons pareillement à tous les habitants de la rue où sera l'incendie, et même à ceux des rues adjacentes, de tenir la porte de leurs maisons ouvertes, et de laisser puiser de l'eau dans leurs puits, lorsqu'ils en seront requis pour le service des pompes publiques, et des ouvriers employés auxdits incendies, à peine de 500 livres d'amende contre ceux qui refuseront de prêter secours ou de faire ouverture de leurs maisons.

19. Les tonneaux destinés pour les secours des incendies seront toujours remplis d'eau : enjoignons aux gravatiers et autres voituriers, chez lesquels lesdits tonneaux sont déposés, de les conduire au premier avis qui leur sera donné par les pompiers, et le plus promptement qu'il sera possible, dans les endroits où le feu aura pris.

20. Les marchands épiciers, ciriers les plus prochains de l'incendie, seront aussi tenus d'avoir leurs boutiques ouvertes, et de fournir, en payant, sur les ordres des commissaires au Châtelet, tous les flambeaux nécessaires pour éclairer les ouvriers travaillant audit incendie à peine de 200 livres d'amende.

21. Ordonnons que tous les maîtres maçons, charpentiers, couvreurs, plombiers et autres ouvriers et artisans, seront tenus au premier avis qui leur sera donné de quelque incendie, et sur la réquisition des commissaires et autres officiers de police, de se transporter, à l'instant de l'avertissement, sur les lieux où sera l'incendie, d'y faire transporter leurs compagnons, ouvriers et apprentis avec les ustensiles nécessaires, soit pour aider à éteindre le feu s'ils en sont requis par les gardes pompes, soit pour mettre les bâtiments en sûreté, et travailler aux décombres après que le feu sera éteint; à peine de 500 livres d'amende contre chacun desdits maîtres, compagnons, ouvriers et apprentis.

N° **99.**— *Arrêt du conseil d'Etat du roi sur les bourses de commerce et agents de change.*

Du 26 novembre 1781.

13. Fait, Sa Majesté, défenses à toutes personnes autres que les agents de change, de s'immiscer dans les négociations d'effets royaux et papiers commerçables, comme aussi de prendre la qualité d'agent ou courtier de change, d'avoir et tenir dans la bourse aucuns carnets pour y inscrire les cours des effets, et de rester à la bourse après le sonde la cloche qui en indique la sortie, à peine, pour l'une ou l'autre de ces contraventions, de nullité des négociations, de 3,000 livres d'amende et, en cas de récidive, de punition corporelle.

14. Il sera néanmoins permis aux marchands, négociants, banquiers et autres qui sont dans l'usage d'aller à la bourse, de négocier entre eux les lettres de change, billets au porteur, à ordre et de marchandises sans l'entremise des agents de change, en se conformant au surplus aux règlements.

N° **100.** — *Déclaration du roi qui fixe le nombre de chevaux que chaque postillon pourra conduire tant en revenant de course qu'à l'abreuvoir* (1).

Du 28 avril 1782.

Sa Majesté, étant informée des difficultés que quelques maîtres de poste éprouvent dans la fixation du nombre de chevaux qu'ils peuvent faire conduire par chaque postillon, soit en revenant de course, soit en les conduisant aux abreuvoirs établis dans les lieux de leurs domiciles, et voulant prévenir toutes contestations à cet égard, a ordonné et ordonne que chaque postillon revenant de course pourra ramener avec lui six chevaux, ainsi qu'il est fixé par l'ordonnance du 28 novembre 1756; ordonne en outre, Sa Majesté, que les maîtres de poste ne pourront, à leurs stations de poste, faire conduire à l'abreuvoir, par un seul postillon, plus de quatre chevaux, à peine de punition. — Mande et ordonne, etc.

N° **101.** — *Ordonnance du lieutenant général de police de Paris, qui fait défenses d'exposer ni vendre aucuns mousserons, morilles et autres espèces de champignons d'une qualité suspecte, ou gardée d'un jour à l'autre.*

Du 13 mai 1782.

Vu le rapport des médecins et chirurgiens du Châtelet, faisons très-expresses inhibitions et défenses d'exposer ni vendre aucuns mousserons, morilles et autres espèces de champignons d'une qualité suspecte, ou qui, étant de bonne qualité, auraient été gardés d'un jour à l'autre; et ce, sous peine de 50 livres d'amende.

N° **102.** — *Lettres patentes du roi contenant les statuts des bouchers.*

Du 1er juin 1782, registrées au parlement le 10 décembre suivant.

2. Défenses sont faites à toutes personnes sans qualité de s'immiscer

(1) Cette déclaration déroge à toutes les ordonnances locales qui défendaient de conduire plus de trois chevaux à l'abreuvoir, et qui sont citées dans Delamarre (*Traité de la Police*, liv. I, tit. II, chap. 7); et par un arrêt du 8 septembre 1809 (Sir., IX, 1, 293), la Cour de cassation a déclaré que le présent règlement était resté en vigueur.

dans la profession et le commerce de boucher, sous quelque pétexte que ce puisse être, même dans celui d'association avec un maître de la communauté, sous peine de confiscation des marchandises et outils servant à ladite profession, de tels dommages-intérêts qu'il appartiendra et de 300 livres d'amende envers Sa Majesté.

3. Pareilles défenses sont faites à tous particuliers, habitants des environs de Paris, bouchers du dehors, regrattiers, revendeuses et autres, même aux maîtres de la communauté, s'ils n'exploitent pas d'étal à Paris, d'apporter, colporter, vendre et débiter dans ladite ville et ses faubourgs, aux halles, marchés et autres lieux, aucune viande de boucherie, même par morceaux, en panier ni autrement, ni aucuns abatis et issues de veaux; et ce, sous les peines portées en l'article précédent.

4. Les rôtisseurs, pâtissiers, traiteurs, hôteliers, aubergistes et autres, ayant droit d'employer des viandes de boucherie, ne pourront faire usage que de celles qu'ils auront achetées des maîtres bouchers et en faire débit qu'après qu'elles seront cuites et préparées, sous peine de confiscation des marchandises et de 30 livres d'amende. Pourront, néanmoins, les traiteurs, faire venir des moutons de Beauvais, des Ardennes, de Pré-Salé, et des quartiers de veaux de rivière, pour les employer dans les repas qui leur auront été commandés seulement.

5. Le débit de la viande d'agneaux et de chevreaux sera réservé aux seuls maîtres traiteurs, rôtisseurs et pâtissiers, et néanmoins, pour la conservation de l'espèce, il ne leur sera permis de vendre de la viande d'agneaux, ni aux forains, fermiers et laboureurs, d'en apporter à Paris, que depuis le 1er janvier jusqu'à la Pentecôte, et ce, conformément à l'arrêt du conseil du 2 décembre 1666, et autres subséquents: en conséquence, défenses sont faites d'en apporter, débiter dans tout autre temps de l'année, sous peine de confiscation et de 100 livres d'amende.

6. Défenses sont faites aux maîtres bouchers de faire le débit de leurs viandes ailleurs que dans les boucheries formées et dans les étaux établis par lettres patentes dûment enregistrées, et à eux adjugés dans la forme prescrite par les règlements de police, sous peine de confiscation des viandes qui seront vendues ou exposées partout ailleurs et de 100 livres d'amende.

7. Les maîtres bouchers ne pourront tuer et habiller que des bestiaux sains; défenses leur sont faites de vendre et débiter des viandes gâtées et corrompues, et à tous messagers, forains, laboureurs et autres, de faire venir, amener et vendre, en ladite ville et ses faubourgs, aucunes bêtes défectueuses, comme veaux morts, étouffés, nourris de son ou eau blanche, et qui aient moins de six semaines ou plus de huit à dix semaines. Défenses sont pareillement faites aux bouchers d'acheter ni débiter aucuns veaux au-dessus ou au-dessous de l'âge ci-dessus fixé, ni de tuer aucunes vaches pleines ou laitières et autres en état de porter et au-dessous de l'âge de huit ans, et enfin de vendre ou laisser vendre par leurs garçons des veaux trouvés dans les entrailles des vaches qu'ils auront tuées; le tout sous peine de confiscation des marchandises et de 300 livres d'amende contre les bouchers, messagers, forains et laboureurs, et de prison contre les garçons bouchers qui auraient vendu des veaux mort-nés, à l'insu ou du consentement de leurs maîtres.

8. Lesdits maîtres seront tenus de vendre aux tripières et à prix défendu, les issues de bœufs et moutons, qui, de tous temps, ont été destinés à la nourriture des pauvres, pour être par elles revendues ou débitées, crues ou cuites, aux particuliers, ainsi qu'il en a été usé jus-

qu'à présent. Défenses sont faites auxdits maîtres, ainsi qu'aux tripières, de faire tout autre commerce ou emploi desdites issues, ou de les garder, sous quelque prétexte que ce puisse être, sous peine de confiscation et de 100 livres d'amende; seront, au surplus, les sentences, arrêts et règlements de police rendus sur cette matière, exécutés.

12. Défenses sont faites à tous maîtres bouchers et autres de prêter leurs noms ou de sous-louer à aucun autre maître ou à qui que ce soit, les étaux dont ils se seront rendus adjudicataires, et ce, sous peine de 200 livres de dommages-intérêts au profit de la communauté et de 100 livres d'amende envers Sa Majesté.

13. Un maître boucher ne pourra exploiter en même temps plus de trois étaux dans la ville et les faubourgs de Paris, ni plus de deux dans une même boucherie. Un fils de maître, lorsqu'il sera reçu à la maîtrise, ne pourra exploiter qu'un seul étal dans la boucherie où le père occupera un ou deux étaux; auquel cas, ils seront tenus de faire tous deux leur déclaration au bureau, ainsi que leur affirmation au greffe de la police, que c'est pour eux et au profit du fils que se fait l'exploitation dudit étal.

14. Les maîtres seront tenus de garnir suffisamment de viande les étaux qui leur auront été adjugés les jours où ils doivent être ouverts, et notamment la veille de Pâques, sous peine de fermeture desdits étaux jusqu'au carême suivant; et, en cas d'ouverture desdits étaux, nonobstant la disposition ci-dessus, les marchandises qui garniront lesdits étaux seront confisquées, et le contrevenant condamné en 50 livres de dommages-intérêts au profit de la communauté et en 50 livres d'amende.

15. Les étaux seront fermés tous les dimanches et fêtes annuelles et solennelles de l'année, à l'exception, néanmoins, et en considération des grandes chaleurs, des dimanches et fêtes, à commencer du premier dimanche après la Trinité inclusivement jusqu'à la fête Notre-Dame de septembre exclusivement : en conséquence, défenses sont faites à tous bouchers de vendre aucune viande les jours de dimanche et fêtes ci-dessus prohibés..... à peine de saisie et de confiscation des viandes exposées en contravention et de 300 livres d'amende, dont moitié au profit de la communauté.

17. Tous les étaux seront fermés, les jours ordinaires de l'année, dès six heures du soir, et les samedis et les veilles de grandes fêtes, à dix heures du soir seulement, et ce, sous peine d'amende de 30 livres.

18. Défenses sont faites à toutes personnes quelconques, de décharger, écosser, vendre ou débiter, le long ou à la proximité des boucheries et des étaux, aucuns pois, fèves, navets et autres légumes ou racines capables d'infecter ou corrompre les viandes, sous peine de 6 livres d'amende pour la première fois, et de prison en cas de récidive.

19. Il est pareillement défendu aux maîtres, à leurs femmes, enfants ou domestiques, d'appeler ou arrêter les passants pour leur offrir leurs marchandises, sous peine de 30 livres d'amende.

20. L'heure à laquelle les bouchers pourront se transporter au marché de Paris, pour y faire leurs achats, sera huit heures du matin dans les mois de juin, juillet et août, et neuf heures dans les autres mois; défenses leur sont faites, ainsi qu'à tous étaliers et autres de toucher ni marchander les veaux exposés sur la place, ni même de s'y transporter avant les heures susdites, sous peine de 100 livres d'amende. Pareilles défenses sont faites auxdits maîtres bouchers, et sous les mêmes peines, de se faire accompagner au marché d'aucun garçon, étalier ou autres, pour marchander séparément des veaux et se procurer en même temps de doubles achats.

21. Quant aux marchés de Sceaux et de Poissy, dont l'ouverture se fera aux heures fixées par les règlements de police, les bouchers seront tenus de s'y transporter, dès que le son de la cloche les aura avertis de l'ouverture du marché, pour ne point retarder la vente des bestiaux ; défenses leur sont faites de s'y transporter avant le son de la cloche, comme aussi d'acheter dans les écuries, étables, bouveries, bergeries, et hors la place du marché, avant ou après, ou pendant la tenue d'iceux ; le tout sous les peines portées en l'article précédent.

22. Les marchands forains feront leur vente par eux-mêmes, ou par leurs enfants ou domestiques, et dans les marchés et non ailleurs. Défenses leur sont faites de se servir à cet effet du ministère de facteurs ou factrices résidant, soit à Paris, soit à Sceaux ou Poissy, ou aux environs, comme aussi de retenir leurs bestiaux. dans les maisons ou étables, après l'heure de la vente sonnée, et enfin de faire aucune vente ailleurs qu'auxdits marchés ; le tout sous les peines portées par les arrêts de la cour et règlements de police.

23. Défenses sont faites à tous bouchers de recevoir des veaux directement de la province. ni d'en retenir chez eux qui n'aient été exposés et achetés au marché de cette ville, comme aussi d'aller au-devant des marchands forains qui amèneront des bestiaux aux marchés, et de les acheter ou arrher sur les chemins, ou dans les auberges où lesdits bestiaux auront été déposés, et avant qu'ils aient été exposés auxdits marchés. et ce, sous peine de confiscation des bestiaux, de tels dommages-intérêts qu'il appartiendra au profit de la communauté et de 100 livres d'amende.

24. Pareilles défenses sont faites, et sous les mêmes peines, à tous bouchers et autres, d'acheter ou faire acheter dans les marchés de Sceaux et de Poissy, ainsi que dans les foires et marchés qui se tiendront dans la distance de vingt lieues de la capitale, aucuns bestiaux pour les revendre dans les mêmes marchés ou ceux qui se trouveront dans ladite distance.

25. Un marchand qui aura amené des bestiaux au marché ne pourra les remmener ou en faire le renvoi qu'après qu'ils auront été exposés à deux marchés consécutifs, conformément aux arrêts et règlements de police rendus sur cette matière.

27. ..... Et pour prévenir la trop grande fatigue ou le défaut de soins qui pourrait occasionner la mort des bœufs, les bouchers seront tenus de les faire conduire, depuis les marchés jusqu'à Paris, en troupes peu nombreuses, et par un nombre suffisant de personnes, de les nourrir convenablement, de leur fournir de bonnes litières en toutes saisons, de les tenir à l'attache, et de les héberger dans des bouveries bien couvertes et bien entretenues ; le tout conformément aux arrêts du parlement des 4 septembre 1673, 13 juillet 1699 et 15 mars 1780.

29. Pourront, les maîtres bouchers, vendre les cuirs et peaux de leurs abatis à tous marchands indistinctement, soit de Paris, soit de la province ; ils seront tenus de les livrer bons, loyaux et marchands, sans queues, muffles ni pattes, et sans os dans la tête, conformément aux anciens règlements.....

30. Les marchands bouchers seront tenus de faire porter les suifs provenant de leurs abatis au marché aux suifs pour y être vendus, et de se conformer en tout ce qui concerne la vente desdits suifs, à l'ordonnance de police, homologuée par l'arrêt du parlement du 7 septembre 1780, et ce, sous les peines portées en ladite ordonnance et audit arrêt.

34. Les règlements de police concernant l'achat, la préparation, la vente et le débit des viandes des boucheries, seront exécutés selon leur forme et teneur; défenses sont faites à tous maîtres bouchers et autres d'y contrevenir, ainsi qu'à tous étaliers et garçons bouchers de maltraiter ou injurier les personnes qui se présenteront pour se fournir de viandes, sous les peines portées par lesdits règlements, et pour faciliter au public les moyens de se pourvoir et d'obtenir promptement justice contre les maîtres ou garçons bouchers dont il aurait à se plaindre, chaque maître sera tenu de faire peindre, en gros caractères, son nom, au-devant et dans le lieu le plus apparent de son étal.

35. Les maîtres seront tenus, lorsqu'ils changeront de demeure, d'en faire dans la huitaine leur déclaration au bureau de la communauté, et d'y indiquer leur nouveau domicile, laquelle déclaration sera inscrite, sans frais, à cet effet. Il leur est pareillement enjoint de se rendre au bureau de la communauté, lorsqu'ils y seront mandés par les syndics et adjoints, et aux jours et heures qui leur seront indiqués, et, enfin, de porter honneur et respect aux syndics et adjoints; le tout sous peine de 10 livres d'amende, et même de plus grande peine si le cas y échoit.

48..... Après lesdites trois années (d'apprentissage) les maîtres d'apprentissage seront tenus de certifier au bas desdits brevets ou actes (d'apprentissage) qu'ils ont eu leur entière exécution, sans qu'ils puissent, sous quelque prétexte que ce soit, faire remise d'aucune portion du temps dudit apprentissage, sous peine de 150 liv. d'amende.

50. Les règlements concernant la police des étaliers et garçons bouchers, et notamment la sentence de police du 10 octobre 1777, seront exécutés; en conséquence, aucun maître ne pourra prendre à son service un étalier ou garçon boucher sortant de chez un autre maître, qu'il n'y ait parachevé son année de service qui commencera à Pâques, et finira au carême prenant suivant, et qu'il ne justifie d'un congé par écrit du maître d'où il sera sorti; auquel cas ledit étalier ou garçon sera tenu de passer les ponts et d'y demeurer une année, sans pouvoir revenir dans le quartier d'où il sera sorti, qu'après l'expiration de ladite année, quand même ce serait pour s'y établir en qualité de maître, à moins que ce ne soit pour y prendre l'établissement d'une veuve ou fille de maître qu'il aurait épousée; le tout sous les peines portées par ledit règlement.

N° **103.**—*Ordonnance de police concernant ce qui doit être observé sur le carreau de la Vallée.*

Du 26 juillet 1782.

1. Ordonnons qu'à compter du jour de la publication de la présente ordonnance, tous les marchands forains qui apportent des marchandises de volaille et gibier seront tenus de les déposer pour être exposées et mises en vente sur le quai des Augustins...... Défendons auxdits marchands forains de volaille et gibier, d'étaler, vendre et débiter leurs marchandises ailleurs que sur la place ci-devant désignée, à peine de 300 livres d'amende contre les contrevenants.

(*L'art. 2 indique les stationnements des voitures qui, aujourd'hui, sont changés.*)

3. Aussitôt que quelqu'un desdits marchands forains aura fixé la vente de ses marchandises, ordonnons qu'il sera tenu de vider le carreau de ses paniers, cages ou cageots; lui faisons défenses, ainsi qu'aux forts et gagne-deniers, de les porter ailleurs que dans les voitures des marchands forains, et où elles seront placées, et non dans les auberges : défendons aux aubergistes de les recevoir chez eux; leur enjoignons d'indiquer aux forts ou gagne-deniers, ou leur faire indiquer par leurs garçons les voitures des marchands, dont les chevaux auront été conduits dans leurs écuries ou confiés à leur garde; et seront tenus lesdits marchands forains ou voituriers, au plus tard une heure après que lesdites voitures auront été chargées des paniers, cages ou cageots vides, de faire partir lesdites voitures du lieu où elles auront été rangées, si mieux n'aiment lesdits marchands forains, leur vente finie, faire conduire leurs voitures vides, sur ledit carreau de la Vallée, pour y être lesdites voitures, chargées des paniers, cages ou cageots vides, et icelles voitures partir sans délai; le tout à peine, contre les contrevenants, de 300 livres d'amende.

4. Seront tenus tous les marchands forains et autres qui apportent des provisions de volaille et gibier sur le carreau de la Vallée, d'avoir à leurs voitures des plaques portant, avec leurs numéros, leurs noms et leurs demeures (1).

6. Ordonnons que notre ordonnance du 22 juillet 1778, en ce qui concerne le carreau de la Vallée, sera exécutée selon sa forme et teneur; faisons, en conséquence, défenses à tous rôtisseurs, traiteurs et pâtissiers, leurs garçons ou apprentis, ou tous autres fréquentant le carreau, d'y amener aucuns chiens. dogues, lévriers ou autres, à peine contre les contrevenants de 300 livres d'amende, dont lesdits rôtisseurs, traiteurs et pâtissiers seront garants et responsables pour leurs garçons ou apprentis : seront tenus, sous les mêmes peines, les marchands forains, leurs charretiers ou conducteurs, d'attacher à leurs charrettes ou paniers, les chiens, dogues, lévriers ou autres qu'ils auront amenés pour leur sûreté sur les routes : leur défendons et à tous autres, aussi sous les mêmes peines, d'allumer des feux de paille, ou d'apporter aucune autre matière combustible et de les allumer sur ledit carreau de la Vallée, et pourront même les contrevenants, en cas de récidive, être emprisonnés sur-le-champ.

N° **104**.—*Ordonnance de police sur la discipline des élèves du collége de pharmacie.*

Du 23 avril 1783.

2. Aucun élève ne pourra quitter le maître chez lequel il réside, qu'il ne l'ait averti huit jours d'avance, et qu'il n'en ait obtenu un certificat de congé.....

3. Chaque fois qu'un élève se présentera chez un maître pour y travailler, il sera tenu de lui justifier.... du certificat du dernier maître chez lequel il aura travaillé.....

4. Les maîtres ne pourront recevoir chez eux un élève..... si ledit élève a travaillé à Paris, qu'après s'être fait pareillement représenter le dernier certificat de congé obtenu par ledit élève.....

---

(1) Art. 9, loi du 3 nivôse an 6; art. 34, décret du 23 juin 1806, chapitre des voitures publiques, titre : Contributions indirectes, cinquième partie.

7. Défenses sont faites aux maîtres, ainsi qu'aux élèves, de contrevenir aux dispositions du présent règlement, sous peine, contre les maîtres, de tels dommages-intérêts qu'il appartiendra..... et de 30 livres d'amende; et contre les élèves, de pareilles peines et même de prison.

N° **105**.—*Ordonnance du bureau de la ville, pour prévenir les incendies snr la rivière, les ports, quais et chantiers, accès de ponts, de bacs et passages, et sur tous autres rivages.*

Du 16 mai 1783.

Très expresses inhibitions et défenses sont faites à tous marchands, gagne-deniers et débardeurs, garçons de pelle, plumets, porteurs de charbon, voituriers par eau et par terre, leurs compagnons et charretiers, et généralement à toutes autres personnes, sans exception, de porter, ni faire du feu, même dans des chaufferettes et chaudrons grillés, sur la rivière, les bateaux et trains qui y flottent, les bords d'icelle, les quais et ports et dans les chantiers, ainsi qu'aux accès des ponts, des bacs et passages, et sur tous autres rivages, tant de l'étendue de cette ville que du dessus et du dessous; d'y fumer et d'y tirer fusées ou autres artifices, non plus qu'avec aucunes armes à feu, même sous prétexte d'essai, ou de tirer aux hirondelles et autres oiseaux. Comme aussi d'aller de nuit dans les trains, sur les trains et même dans l'intérieur desdits ports, sans avoir une lumière qui soit dans une lanterne exactement fermée; le tout à peine de trois mois de prison, d'amende arbitraire et de plus grande peine si le cas y échoit.

N° **106**.—*Lettres patentes sur les presses, etc.*

Du 28 juillet 1783.

1. A compter du jour de la date de ces présentes, il sera libre à tous entrepreneurs de manufactures, ainsi qu'aux orfévres, horlogers, graveurs, fourbisseurs et autres ouvriers qui travaillent et emploient les métaux, d'avoir chez eux les presses, moutons, laminoirs, balances et coupoirs qui leur seront nécessaires, à la charge par eux d'en obtenir la permission.....

4. Ceux qui auront obtenu cette permission, seront tenus de placer les machines dans les endroits de leurs ateliers les plus apparents sur la rue, autant que faire se pourra. Il leur est défendu d'en faire usage avant cinq heures du matin et après neuf heures du soir; il leur est enjoint de les tenir enfermées dans des endroits fermant à clef, pendant tout le temps où ils ne s'en serviront pas; le tout à peine de déchéance de la permission, et d'obtention de nouvelle.

5. Il leur est défendu, sous peine de déchéance, et de saisie de la machine, de s'en servir à tout autre travail qu'à celui pour lequel ils ont obtenu la permission.

6. Il doit étre procédé extraordinairement contre tous ceux qui l'emploieraient à fabriquer des médailles, des jetons ou des espèces d'or, d'argent, de billon ou de cuivre, soit au coin du royaume, soit à celui d'un prince étranger, pour les faire punir comme faux monnayeurs. Il en est usé de même à l'égard de ceux chez lesquels ils se trouve quelques carrés, poinçons ou autres instruments propres à la fabrication desdites monnaies, médailles ou jetons. Les maîtres sont personnellement responsables de tous les abus de cette nature, commis par leurs ouvriers ou compagnons.

7. Les graveurs, serruriers, etc., qui contreviennent aux dispositions de l'art. 4 de l'arrêté précité doivent être condamnés à 1000 fr. d'amende, et à la confiscation des ouvrages, pour la première fois, et à de plus grandes peines, en cas de récidive.

8. Ceux qui emploient lesdites machines, sont soumis aux visites de la police.

***

N° **107**.—*Lettres patentes sur le commerce de charcuterie.*

Du 26 août 1783, registrées le 7 septembre 1784.

1. Les maîtres composant la communauté des charcutiers de la ville et faubourgs de Paris, créée et rétablie par édit du mois d'août 1776, jouiront seuls et exclusivement à tous autres, sauf les exceptions portées aux articles 3 et 6 ci-après, du droit d'y vendre, débiter tant en gros qu'en détail, et fabriquer toutes sortes de lards, jambons, petit-salé, saindoux, vieux oing; comme aussi toutes sortes de boudins, saucisses, saucissons, cervelas, andouilles et généralement tout ce qui se fabrique avec la chair de porcs, tant frais que salés et même avec d'autres viandes hachées et mêlées avec de la chair de porcs, telles que les langues fourrées, les pieds à la Sainte-Menehould, les panaches préparées à la braise, les boudins blancs et autres.

Ils pourront pareillement assaisonner lesdits ouvrages de charcuterie avec telles épices et autres ingrédiens nécessaires, pourvu toutefois qu'ils soient salubres et non malfaisants.

2. Défenses sont faites à tous gens sans qualité de s'immiscer en ladite profession, sous quelque prétexte que ce puisse être, même sous celui d'association avec les maîtres de ladite communauté, sous peine de saisie et de confiscation des marchandises et ustensiles..... et de 200 livres d'amende.

(L'art. 3 fait exception pour 1° les épiciers qui peuvent vendre toutes sortes de jambons venant des provinces et de l'étranger, les mortadelles, les saucissons de Boulogne, les lards salés et cuisses d'oie provenant des provinces, à la charge de vendre le tout nu, entier et sans débiter; les traiteurs, pâtissiers et rôtisseurs qui peuvent acheter du marchand forain, le lard frais et salé, pour la préparation de leurs marchandises, et préparer et vendre les pieds à la Sainte-Ménehould, les panaches de porcs à la braise, les boudins blancs, saucissons, andouilles et langues fourrées; le tout mêlé de chair de porcs et autres viandes, à la charge d'acheter chez les charcutiers les chairs et issues de porcs, entrant dans leurs marchandises.)

4. Il sera permis aux maîtres charcutiers d'acheter des issues et abatis de bœufs, veaux et moutons, pour les employer dans les ouvrages de leur profession seulement, sans pouvoir les vendre ni débiter de toute autre manière que celle ci-dessus indiquée.

5. Les maîtres de ladite communauté seront tenus d'exercer bien et loyalement leur profession, et, suivant les règles de l'art, de n'employer que des marchandises saines et non gâtées ni corrompues, et enfin de tenir leurs vaisseaux, chaudières et autres ustensiles nets, sous peine de saisie et confiscation desdites marchandises et ustensiles, et de telle amende qu'il appartiendra, selon l'exigence des cas.

6. Les marchands forains continueront à jouir de la faculté d'apporter, les jours de marchés ordinaires, tant à la halle que dans les marchés de ladite ville et faubourgs de Paris, du porc frais pour y être vendu, en se conformant par eux à l'arrêt du parlement du 22 août 1769 ; en conséquence, défenses leur sont faites d'introduire dans Paris et ses faubourgs, aucunes marchandises de porcs, qu'après les avoir coupés par quartiers, à la seconde côte au-dessus du rognon; comme aussi de vendre et débiter leurs marchandises dans les rues, même de s'y arrêter avec leurs marchandises, sous quelque prétexte que ce soit, et notamment sous celui de les livrer aux bourgeois ; le tout sous peine de saisie et confiscation desdites marchandises...... et de 200 liv. d'amende.

Les maîtres de la communauté..... jouiront pareillement de la faculté de porter au marché du porc frais pour y être vendu, en se conformant à ce qui est prescrit par le présent article, et sans qu'ils soient tenus de garnir ladite halle, si ce n'est en cas de nécessité, conformément à la sentence de police du 11 août 1776.

7. Pareilles défenses sont faites auxdits marchands forains ou autres, d'apporter ni exposer en vente, au marché ou partout ailleurs, si ce n'est aux marchés du Parvis Notre-Dame, le mardi de la semaine sainte, aucun jambon, lard salé, boudin, saucisse, andouille, cervelas, langue ou autre marchandise de pareille nature, crues, cuites ou salées, comme aussi d'apporter ni exposer au marché, du porc frais qui serait gâté ou défectueux ; le tout sous les peines portées en l'art. précédent.

8. Lesdits marchands ne pourront hausser, dans l'après-midi, le prix de la marchandise établi dans la matinée; celle qui n'aura pas été vendue ne pourra être remportée ni déposée pour être mise en vente au marché suivant, mais sera mise au rabais à la fin du marché.

Défenses sont faites auxdits forains de contrevenir aux dispositions du présent article, et à tout particulier de recevoir lesdites marchandises en dépôt, sous les peines portées en l'art. 6 ci-dessus, tant contre les forains que contre lesdits particuliers.

9. Lesdits forains seront tenus de vendre par eux-mêmes ou par leurs domestiques, les marchandises qu'ils apporteront au marché, sans pouvoir se servir de l'entremise de facteurs ou factrices résidant à Paris, et ce, sous peine de 100 liv. d'amende, tant contre lesdits forains que contre les facteurs ou factrices.

10. Défenses sont faites aux maîtres de la communauté, aux marchands forains et à tous autres, de colporter ou faire colporter dans les rues, places ou marchés, ou de maisons en maisons, aucunes marchandises dépendantes du commerce de ladite communauté, pour les y offrir, vendre et débiter, et ce, sous les peines portées en l'art. 6 ci-dessus.

11. Les arrêts et règlements concernant la tenue des marchés des porcs frais et des porcs vivants, le temps de leur durée, les heures fixées pour l'entrée desdits marchés, tant pour les bourgeois que pour les débitants, la police qui doit s'observer dans lesdits marchés, tant de la part des débitants que de celle des marchands forains, et enfin ceux qui concernent l'établissement et la tenue des tueries ou échaudoirs, seront exécutés selon leur forme et teneur; défenses sont faites d'y contrevenir sous les peines portées par lesdits arrêts et règlements

13. Défenses sont faites aux maîtres et agrégés de ladite communauté, à leurs veuves, d'acheter des marchandises de ladite profession dans les environs et à une distance moindre de vingt lieues de Paris,

et de faire le commerce de porcs en vie, ni en vendre dans les marchés ; comme aussi aux marchands forains et à tous autres d'acheter dans les foires et marchés qui se tiendront dans ladite étendue, aucuns porcs pour les regratter et revendre dans lesdits marchés ou sur les routes, le tout sous les peines portées en l'art. 6 ci-dessus.

14. Les maîtres seront tenus de faire imprimer leurs noms en gros caractères à l'extérieur et à l'endroit le plus apparent de leur boutique, sans pouvoir prendre directement ni indirectement l'enseigne de ceux de leurs confrères, qui habitent la même rue ou celles adjacentes ; ils seront pareillement tenus, lorsqu'ils changeront de demeure, d'en faire, dans la huitaine, leur déclaration..... et d'y indiquer leur nouveau domicile....., le tout sous peine de 10 livres d'amende, même de plus grande peine si le cas y échet.

15. Défenses sont faites à tous apprentis et garçons de la profession, lorsqu'ils voudront se faire recevoir maîtres et s'établir, même dans les trois années qui suivront leur sortie de chez un maître, de prendre à loyer la boutique occupée par le maître chez lequel ils demeureront ou auront demeuré ; comme aussi de s'établir avant l'expiration desdites trois années, à la proximité des maisons qu'ils auront quittées, desquelles ils seront tenus de s'éloigner de manière qu'il y ait au moins quatre boutiques de la profession entre les maisons dans lesquelles ils auront demeuré, et celle de leur établissement, à moins que ce ne soit du consentement des maîtres intéressés, ou pour prendre l'établissement d'une veuve ou fille de maître qu'ils auront épousées ; le tout sous peine de fermeture de boutique, de dommages-intérêts et d'amende.

N° **108.**—*Ordonnance du bureau de la ville de Paris, concernant le repêchage des marchandises naufragées.*

Du 25 février 1784 (1).

Il est enjoint à tous compagnons de rivière, gagne-deniers et autres personnes qui ont repêché ou repêcheront des bois carrés, à bâtir, à ouvrer, sciage et charronnage, bois à brûler et autres marchandises et effets naufragés, de faire, dans les vingt-quatre heures, leur déclaration des quantités desdites marchandises, savoir : pour celles repêchées dans l'étendue de cette ville, par-devant les huissiers-audienciers et commissaires de police de l'hôtel de cette ville ; et à l'égard des autres, par-devant les officiers commandant les maréchaussées, ou par-devant les juges des lieux ; défenses de les cacher, utiliser et vendre, et à toutes personnes de les acheter : le tout sous peine, contre les uns et les autres, d'être poursuivis suivant la rigueur des ordonnances et règlements.

N° **109.**—*Ordonnance du lieutenant général de police concernant les ballons et autres machines aérostatiques.*

Du 23 avril 1784.

Nous faisons très-expresses inhibitions et défenses à toutes per-

---

(1) Voir l'ord. du 11 janvier 1741.

sonnes, de quelque qualité et condition qu'elles soient, de fabriquer et faire enlever des ballons et autres machines aérostatiques auxquelles seraient adaptés des réchauds à l'esprit de vin, de l'artifice et autres matières dangereuses pour le feu. Ordonnons que ceux qui voudraient faire enlever d'autres ballons aérostatiques, seront préalablement tenus d'en demander et obtenir la permission, laquelle ne pourra être accordée qu'à des personnes d'une expérience et d'une capacité bien reconnues, et contiendra le lieu, le jour et l'heure auxquels pourront être faites lesdites expériences ; le tout à peine, contre les contrevenants, de cinq cents livres d'amende.

N° **110.** —*Ordonnance de police concernant les chiens.*

Du 21 mai 1784 (1).

N° **111.** — *Ordonnance de police concernant la sûreté et la tranquillité publique.*

Du 21 mai 1784.

1. Faisons défenses à toutes personnes, de quelque qualité et condition qu'elles soient, de fabriquer, vendre et débiter, porter et faire usage de pistolets de poches, soit à fusil, soit à rouets, baïonnettes, et poignards, couteaux en forme de poignards, dagues, bâtons et cannes à dards, épées, baïonnettes, ferrements autres que ceux qui seront ferrés par le bout, à peine de 300 livres d'amende; comme aussi à peine contre les fourbisseurs, armuriers, couteliers et marchands qui fabriqueraient et débiteraient, de confiscation desdites armes, 500 liv. d'amende....., et à l'égard des compagnons travaillant en chambre, à peine de prison, même de plus grande peine s'il y échoit.

2. Faisons pareilles défenses à tous ouvriers, artisans et autres personnes, si elles n'en ont le droit et qualité, de porter épées, cannes et bâtons, ou autres armes, à peine d'être poursuivis extraordinairement et punis suivant la rigueur des ordonnances.

4. Défendons aux domestiques connus sous les dénominations de chasseurs, héiduques, aux nègres et à tous autres serviteurs et gens de livrées, de porter sous quelque prétexte que ce soit, aucunes armes, épées, couteaux de chasse, sabres, cannes, bâtons, ou baguettes, à peine d'être emprisonnés sur-le-champ, poursuivis extraordinairement, et punis corporellement suivant la rigueur des ordonnances..... Il est pareillement défendu..... à toutes personnes, de quelque qualité et condition qu'elles soient, de faire porter lesdites armes..... à leurs domestiques, à peine d'être civilement responsables des délits qui seraient par eux commis.

---

(1) Voir : sentence du Châtelet de Paris, relative aux chiens élevés ou amenés dans Paris, du 20 avril 1725, renouvelée le 21 mai 1784.

N° 112.—*Ordonnance du lieutenant général de police, concernant la vente des vaches laitières et des veaux.*

Du 25 mai 1784.

1. Faisons défenses à tous marchands forains, fermiers, laboureurs, ménagers, herbagers et autres particuliers d'amener à la Villette, la Chapelle, Vincennes, Arcueil, Vaugirard, et autres endroits des environs de Paris, même dans les marchés de Sceaux et de Poissy, et à la place aux Veaux, et d'y exposer en vente aucunes vaches laitières, et autres vaches en état de porter et au-dessous de l'âge de huit ans, et des veaux et génisses au-dessus de l'âge de huit à dix semaines; le tout à peine de confiscation de la marchandise qui sera saisie, et de 300 liv. d'amende par chaque contravention.

2. Lesdites vaches laitières, ainsi que les veaux et génisses au-dessus de l'âge de huit à dix semaines, continueront d'être exposés et vendus dans les marchés de la plaine des Sablons.... Défendons aux marchands, aux nourrisseurs de bestiaux, et à tous autres d'en faire achat ou vente hors le marché, à peine de 200 liv. d'amende, tant contre les vendeurs que contre les acheteurs, même de plus grande peine si le cas y échoit.

3. Pourront, néanmoins, lesdits nourrisseurs de bestiaux, faire arriver directement des provinces les vaches laitières qu'ils y auront achetées, à la charge de les exposer au marché, où il leur sera délivré, par l'inspecteur chargé de la police dudit marché, le billet de vente d'usage, et sans lequel il ne pourra arriver dans Paris aucunes vaches laitières.

4. Ne pourront, les bouchers de Paris, ni ceux de la campagne, acheter dans le marché, aucunes vaches, veaux et génisses, pour les tuer, sous la même peine de 200 livres d'amende.

N° 113. — *Ordonnance de police du bureau de la ville de Paris, concernant le bois à brûler, homologuée le même jour par arrêt du parlement.*

Du 6 juillet 1784.

3. Il est défendu à tous marchands de bois à brûler, à compter de la publication de la présente ordonnance, de se servir, pour la distribution et mesurage de leurs bois, d'autres membrures que celles de la nouvelle construction, sous peine de confiscation du bois qui sera trouvé dans des membrures non approuvées, et de 500 livres d'amende, laquelle ne pourra être modérée pour quelque cause que ce puisse être.

N° 114.—*Arrêt du conseil d'Etat du roi, pour prévenir les dangers des maladies des animaux, et particulièrement de la morve.*

Du 16 juillet 1784.

1. Toutes personnes de quelque qualité et conditions qu'elles soient,

qui auront des chevaux et bestiaux atteints ou soupçonnés de la morve ou de toute autre maladie contagieuse, telles que le charbon, la gale, la clavelée, le farcin et la rage, seront tenus, à peine de 500 livres d'amende, d'en faire sur-le-champ leur déclaration aux maires, échevins ou syndics des villes, bourgs et paroisses de leur résidence, pour être lesdits chevaux et bestiaux vus et visités sans délai, en la présence desdits officiers, par les experts vétérinaires les plus prochains, lesquels se transporteront, à cet effet, dans les écuries, étables et bergeries, pour reconnaître et constater exactement l'état des chevaux et animaux qui leur auront été déclarés.

4. Défenses sont faites à tous maréchaux, bergers et autres, de traiter aucun animal attaqué de la maladie contagieuse et pestilentielle, sans en avoir fait la déclaration aux officiers municipaux ou syndics de leur résidence, lesquels en rendront compte sur-le-champ au subdélégué, qui fera appliquer, sans délai, sur le front de la bête malade, un cachet en cire verte portant ces mots : *animal suspect*, pour, dès cet instant, être, les chevaux ou autres animaux qui auront été ainsi marqués, conduits et enfermés dans des lieux séparés et isolés; fait pareillement défenses, Sa Majesté, à toutes personnes de les laisser communiquer avec d'autres animaux, ni de les laisser vaguer dans des pâturages communs; le tout sous la même peine d'amende.

6. Les chevaux et bestiaux morts et abattus pour cause de morve ou de toute autre maladie contagieuse pestilentielle, seront enterrés (chairs et ossements) dans des fosses de dix pieds de profondeur, qui ne pourront être ouvertes plus près de cent toises de toute habitation, et les peaux en seront tailladées; les écuries dans lesquelles auront séjourné des chevaux morveux, ainsi que les étables et bergeries qui auront servi aux animaux attaqués de maladies contagieuses, seront, à la diligence des officiers municipaux et experts, aérées et purifiées; lesdits lieux ne pourront être occupés par aucuns autres animaux que lorsqu'ils auront été purifiés, et qu'il se sera écoulé un temps suffisant pour en ôter l'infection; les équipages, harnais, colliers, seront brûlés ou échaudés, conformément à ce qui sera prescrit par le procès-verbal d'abatage qui aura été dressé, et dont sera laissé copie, pour, par les propriétaires ou autres, s'y conformer, ainsi qu'à toutes les précautions qui auront été indiquées par les experts, à l'effet d'éviter la contagion; le tout sous la même peine de 500 livres d'amende.

12. Toutes les amendes encourues, aux termes des articles ci-dessus, seront payées sans départ, et les contrevenants y seront contraints par toutes voies dues et raisonnables, même par emprisonnement de leurs personnes.

13. Et seront les ordonnances rendues pour la police du marché aux chevaux, notamment celle du 8 juillet 1763, exécutées en leur contenu.

No 115. — *Ordonnance de police, des prévôt des marchands et échevins de Paris, concernant les marchandises de bois à brûler qui se débitent chez les regrattiers de cette ville, faubourgs et banlieue, sous la dénomination de falourdes, fagots et côtrets, etc.*

Du 29 septembre 1784.

2. Les autorisons (les regrattiers) à former chez eux, pour la plus grande commodité des consommateurs, une sorte de falourde particulière, non comprise jusqu'à ce jour dans les ordonnances de taxe des bois, lesquelles falourdes seront composées de bois blanc, ou de bois dur, neuf ou flotté, et qui aura été acheté à la membrure dans les chantiers par lesdits regrattiers, sans toutefois qu'il puisse leur être permis, en procédant à la formation desdites falourdes, de faire, en chacune d'elles, aucun mélange de ces différentes, sortes de bois, à peine de 100 liv. d'amende.

4..... Leur faisons très-expresses inhibitions et défenses de vendre lesdites falourdes formées par eux-mêmes, dans les dimensions ci-dessus désignées. à un plus haut prix que celui réglé pour chacune d'elle, à peine de 500 liv. d'amende.

5. Leur défendons pareillement d'approvisionner chez eux, pour la composition desdites falourdes, plus de huit voies à la fois, y compris le bois de leur propre consommation, à peine contre ceux qui en auront acheté une plus forte quantité, de 300 livres d'amende.

6. Défendons très-expressément auxdits regrattiers de vendre et délivrer aucunes sortes de bois à brûler, autre que celui désigné par les dénominations et dimensions annoncées ci-dessus, et de les vendre à plus haut prix que celui fixé par la présente ordonnance, à peine de 500 livres d'amende.

7. Tous lesdits regrattiers seront tenus d'avoir une pancarte indicative des taxes, et de la tenir en lieu apparent de leurs boutiques, et à leurs étalages, laquelle pancarte leur sera fournie gratis au greffe de la ville, et renouvelée aussi souvent que le besoin l'exigera, à peine de 100 livres d'amende et de confiscation de leurs marchandises.

(*L'art. 8 leur défend de vendre, comme regrattiers, sans s'être fait reconnaître par l'autorité. L'article 9 leur prescrit d'avoir chez eux une chaîne pour mesurer les cotrets, falourdes et fagots, sur la réquisition des acheteurs.*)

N° 116. — *Arrêt du conseil d'État concernant les réparations et l'entretien des égouts dans Paris.*

Du 22 janvier 1785.

Sur la requête présentée au roi, étant en son conseil, par les prévôt des marchands et échevins de la ville de Paris, contenant que, dans tous les temps antérieurs à 1720, les propriétaires des maisons construites sur les égouts de ladite ville étaient tenus de nettoyer, entretenir et réparer lesdits égouts, et même de reconstruire le pavé dans toute l'étendue des terrains qu'occupaient leurs maisons sur iceux, en telle sorte que l'obligation de la ville à cet égard était alors bornée au seul entretien et curement des parties d'égouts qui passaient sous les rues ou qui étaient à découvert. Qu'il en résultait annuellement la nécessité de faire l'adjudication des travaux qu'exigeaient lesdites réparations, pavements et curements, et que, sur la répartition qui était faite ensuite par le bureau, de la dépense totale, chacun des propriétaires était tenu d'y contribuer dans la proportion de son emplacement sur l'égout; que cette obligation respective, tant de la part de la ville que des propriétaires des maisons, était, à cette époque de 1720, si bien reconnue, que Jacques Lafouasse, procureur au parlement et propriétaire d'une maison située rue Saint-Germain, dit l'hôtel d'Entragues, sous laquelle passait l'égout de Saint-Germain, ayant voulu se soustraire au payement de sa cote-part en semblable répartition, il fut débouté de son opposition à l'ordonnance du bureau de la ville, du 6 mars de la même année, et condamné, sur l'appel de ladite ordonnance, par arrêt du conseil du 21 juin 1721, à contribuer, ainsi que tous les autres propriétaires, à toutes les dépenses de curement, pavement et autres réparations qui seraient à faire auxdits égouts, et ce, dans la proportion de l'étendue du terrain qu'occuperaient leurs maisons sur les égouts. Le même arrêt ordonne qu'à l'égard des eaux desdits égouts qui passent sous les rues ou qui sont découverts, les réparations et curements s'en feront aux dépens de la ville, le tout suivant le toisé, estimation et adjudication qui en seront faits, de l'autorité du prévôt des marchands et échevins, devant lesquels, en cas de contestations, pour raison de ce, circonstances et dépendances, les parties seront tenues de se pourvoir, leur faisant, Sa Majesté, défense de se pourvoir ailleurs, et à tous juges d'en connaître, à peine de nullité, cassation de procédures, et de tous dépens, dommages et intérêts ; voulant en outre, Sa Majesté, attendu l'importance de la matière et l'intérêt qu'a le service public à l'accélération la plus prompte desdites réparations, que ce qui sera sur ce ordonné par lesdits prévôt des marchands et échevins, soit exécuté nonobstant oppositions ou appellations quelconques, pour lesquelles ne sera différé, et dont, si aucunes interviennent, Sa Majesté s'est réservé la connaissance ; que malgré le droit aussi évidemment acquis à la ville, de faire exécuter aux propriétaires des maisons construites sur les égouts, toutes les dépenses qui y étaient relatives, le bureau ayant remarqué que la contribution aux frais particuliers du curement des égouts donnait lieu à une réclamation de la part de ces mêmes propriétaires, qui se croyaient fondés à pratiquer en iceux des ouvertures pour faciliter l'écoulement des eaux et même des latrines de leurs maisons, avait pris le parti, depuis nombre d'années, de charger la ville seule de toute la dépense de ce curement, afin d'être autorisé par ce sacrifice à interdire, comme il l'avait fait, la faculté de toute communication nuisible avec les égouts ; que cette exemption des frais de curement pouvait faire présumer à nombre de propriétaires qu'ils étaient également dispensés de ceux de pavement et de tous autres relatifs, tant auxdits égouts qu'à leurs propres maisons dont ils prétendraient peut-être que les dégradations devraient être aussi réparées à la ville, sur le motif qu'elles ne pouvaient être imputées qu'à celle des égouts, ce qui donnerait lieu à des contestations qu'il était d'autant plus important de prévenir, qu'il en résulterait nécessairement des retards nuisibles à leur entretien, et l'impossibilité d'ailleurs de pourvoir à des dépenses aussi considérables, par les seules ressources des finances de la ville. A ces causes, requéraient lesdits prévôt des marchands et échevins qu'il plût à Sa Majesté, en autorisant la ville à se charger seule des frais de curement de tous les égouts de la ville de Paris, dont les propriétaires ne seront toutefois dispensés qu'à la charge par eux à se conformer à la défense qui leur a été faite d'y pratiquer aucunes ouvertures pour l'écoulement des eaux ou des latrines de leurs maisons, ordonner qu'ils seront tenus de contribuer aux dépenses de pavement et de toutes autres réparations quelconques des égouts, pour la partie passant sous leurs maisons, à l'exception toutefois de ceux desdits propriétaires qui pourront justifier de conventions contraires passées entre eux et la ville, à l'effet de quoi les suppliants seront maintenus dans le droit d'ordonner le toisé ainsi que l'adjudication desdites réparations, et d'arrêter la répartition des dépenses, ensemble de connaître des contestations qui pourraient naître à cette occasion, avec défenses de se pourvoir ailleurs que par-devant eux, conformément à l'arrêt ci-dessus énoncé du 21 juin 1721, lequel sera exécuté selon sa forme et teneur. Vu ladite requête, ensemble ledit arrêt; ouï le rapport :

Le roi étant en son conseil, a ordonné et ordonne qu'en dérogeant audit arrêt du 21 juin 1721, en faveur des propriétaires des maisons construites sur les égouts, lesdits prévôt des marchands et échevins seront autorisés à faire procéder au curement desdits égouts aux dépens de la ville seule, et sans que lesdits propriétaires soient tenus d'y contribuer, en considération de la défense dont Sa Majesté ordonne la plus rigoureuse exécution, de pratiquer aucunes ouvertures ou communications avec lesdits égouts, pour l'écoulement des eaux ou latrines de leurs maisons; et quant aux dépenses de pavement et de toutes autres réparations relatives tant auxdits égouts qu'aux maisons sous lesquelles ils passent; ordonne, Sa Majesté, qu'elles seront faites par les propriétaires desdites maisons et terrains, sans que, dans aucun cas et sous aucun prétexte, lesdits prévôt des marchands et échevins puissent les dispenser pour l'avenir de cette charge, n'exceptant de cette obligation pour le passé que ceux qui pourront justifier de conventions contraires, le tout suivant le toisé, estimation et adjudication qui en seront ordonnés par lesdits prévôt des marchands et échevins devant lesquels, en cas de contestations, pour raison de ce, circonstances et dépendances, les parties seront tenues de se pourvoir, leur faisant, Sa Majesté, défenses de se pourvoir ailleurs et à tous juges, d'en connaître, à peine de nullité, cassation de procédures et de tous dépens, dommages et intérêts. Et attendu l'importance de l'objet qui intéresse immédiatement le service public, veut, Sa Majesté, que ce qui sera fait et ordonné par lesdits prévôt des marchands et échevins, soit exécuté nonobstant oppositions ou appellations quelconques, pour lesquelles ne sera différé, et dont si aucunes interviennent, Sa Majesté se réserve la connaissance à soi et à son conseil, icelle interdisant à toutes ses cours et autres juges.—Fait au conseil, etc.

N° **117**. — *Ordonnance de police, concernant la sûreté des marchandises sur la rivière et dans les ports, et qui prescrit aux bachoteurs, passeurs d'eau, et tous autres propriétaires de bachots, ce qu'ils doivent observer, et particulièrement pour la conduite des personnes qui sont dans le cas de prendre les bains en pleine rivière.*

Du 20 mai 1785.

A tous ceux qui ces présentes lettres verront, Louis Le Peletier, chevalier, marquis de Montméliant, seigneur de Morte-Fontaine, Plailly, Beaupré, Othis et autres lieux, conseiller d'État, prévôt des marchands, et les échevins de la ville de Paris, salut : scavoir faisons; sur ce qui nous a été remontré par le procureur du roi et de la ville, que, nonobstant les précautions prises par les ordonnances et règlements concernant la sûreté des marchandises qui sont sur la rivière et dans les ports de cette ville, et notamment ce qui a été prescrit par celles rendues en ce bureau les 23 novembre 1731, 3 septembre 1735 et 18 mai 1736, et sentence du 26 octobre 1769, les bachoteurs et autres gens fréquentant la rivière, ne laissent pas, sous différents prétextes, de tromper la vigilance de ceux qui sont commis pour le bon ordre et le maintien desdits règlements, d'où il résulte des abus assez considérables ; ce qui le détermine à nous proposer de rendre un nouveau règlement, par lequel, en assujettissant lesdits bachoteurs et autres, à des formalités, on puisse leur laisser la faculté de tirer avantage de leur état, et au public celle de se servir d'eux dans les différentes circonstances où leur ministère est nécessaire.

Nous, ayant égard audit réquisitoire, et ouï le procureur du roi et de la ville dans ses conclusions, disons que les ordonnances et règlements concernant la sûreté des marchandises, l'exploitation et usage des bachots dans l'étendue des ports de cette ville, du dessus et du dessous d'icelle, et notamment les ordonnances du bureau des 23 novembre 1731, 3 septembre 1735 et 18 mai 1736, et sentence du 26 octobre 1769, seront exécutées selon leur forme et teneur ; en conséquence, faisons défenses à tous bachoteurs, et autres propriétaires de bachots, de tels états et conditions qu'ils soient, même aux officiers passeurs d'eau, de se servir d'aucuns bachots défectueux ; leur enjoignons de faire leur déclaration au greffe de la ville de la quantité des bachots à eux appartenant, et de faire peindre sur chacun des côtés extérieurs desdits bachots, devant et derrière, le numéro qui leur sera donné de nos ordres ; lequel numéro sera au moins de huit pouces de grandeur, en couleur noire, sur un fond de couleur blanche, de la grandeur au moins d'un pied en carré. Leur faisons pareillement très-expresses inhibitions et défenses d'aller sur la rivière pendant la nuit avec leursdits bachots ; leur enjoignons, après le soleil couché, et jusqu'au jour, de les tenir fermés avec une chaîne et un cadenas, ensorte que personne ne s'en puisse servir, le tout à peine de prison, de cinquante livres d'amende et de confiscation desdits bachots pour la première fois, et de plus grandes peines, si le cas y échoit. Autorisons néanmoins lesdits bachoteurs, pour l'utilité et commodité des personnes qui, pour raison de santé, sont dans la nécessité de prendre les bains en pleine rivière, de les conduire avec leurs bachots, de nuit comme de jour, au dehors de cette ville, tant du dessus que du dessous, et seulement de nuit, quant à l'intérieur de cettedite ville, ès lieux les plus propres et sans danger, et qui leur seront indiqués par ceux des huissiers-commissaires de police de ce bureau qu'il nous plaira commettre, à la charge par lesdits bachoteurs de se retirer préalablement par-devant lesdits huissiers-commissaires, à l'effet d'avoir une permission particulière d'eux signée, qui contiendra leur nom et le numéro de leur bachot, et désignera le port où ils pourront prendre les personnes et les endroits où ils auront la faculté de les conduire et fixer pour prendre le bain de nuit. Comme aussi de tenir leurs bachots exactement couverts d'une banne, de ne se charger que de personnes d'un même sexe, de ne pouvoir s'approcher ni s'arrêter près des endroits où des personnes d'un sexe différent seraient à prendre le bain. Enfin de conduire eux-mêmes leurs bachots, sans pouvoir les prêter, ni leurs permissions à aucun autre, et, lors de leur retour au port, si c'est de nuit, de représenter lesdites permissions aux gardes établis sur lesdits ports, leur faire voir et visiter lesdits bachots, et ensuite les fermer avec chaîne et cadenas ; le tout sous les mêmes peines que dessus.

Au surplus, disons que l'ordonnance du bureau du 27 novembre 1761, sera aussi exécutée selon sa forme et teneur, et en conséquence faisons itératives inhibitions et défenses auxdits bachoteurs, pêcheurs et autres propriétaires de bachots, de fermer leurs bachots sur les bateaux chargés de grains et autres marchandises garés dans le port de la Grève, ni du côté dudit port, à peine de cent livres d'amende, et de confiscation de leurs bachots, sauf à eux à les aller fermer du côté du port Saint-Landry, depuis le pont qui joint les deux isles jusqu'au dessous de l'escalier dudit port Saint-Landry.

Mandons aux huissiers et commissaires de police de l'hôtel de cette ville, de tenir la main à l'exécution des présentes, et notamment aux sieurs Blanchet et Rathery, deux d'entre eux que nous commettons pour délivrer les permissions susdites auxdits bachoteurs; sçavoir, Blanchet pour les ports d'en-haut, et Rathery pour ceux d'en-bas, de dresser des procès-verbaux des contraventions qui y seront commises, et de les remettre dans le jour ès mains du procureur du roi et de la ville; enjoignons aux sergents, caporaux et soldats de la garde de jour et de nuit sur les ports de cette ville, de leur prêter assistance et main-forte; de dénoncer pareillement lesdites contraventions, et d'arrêter les contrevenans, pour, si le cas y échet, être conduits et écroués ès prisons de l'Hôtel-de-Ville. Comme aussi requérons les officiers commandant les brigades de la maréchaussée de l'Isle-de-France et autres, de dresser des procès-verbaux de celles dont ils auront connaissance, et de les remettre au procureur du roi et de la ville; et seront ces présentes lues, publiées et affichées partout où besoin sera, et exécutées nonobstant oppositions ou appellations quelconques, et sans préjudice d'icelles.

Fait au bureau de la Ville, le vingtième jour de mai mil sept cent quatre-vingt-cinq.

Signé VEYTARD.

L'an mil sept cent quatre-vingt-cinq, le vingt-quatrième jour de mai, l'ordonnance ci-dessus a été lue et publiée, au son du tambour, sur tous les ports, lieux et endroits ordinaires et accoutumés de la ville de Paris, par moi Louis-Noël Blanchet, huissier et commissaire de police de l'hôtel de ladite ville, soussigné, et affichée esdits lieux.

Signé BLANCHET.

Nº **118.** — *Ordonnance de police concernant les transports des voitures des bois et charbons destinés pour la provision de Paris, et le pacage des chevaux et bœufs employés à ces transports.*

Du 8 juillet 1785.

Sur ce qui nous a été remontré par le procureur du roi et de la ville, qu'encore que les marchands, adjudicataires et propriétaires de bois affectés et destinés pour la provision de cette capitale, et tous les voituriers employés à leur service, soient autorisés d'une part, suivant l'ordonnance de 1672, chapitre XVII, article 4, pour tirer et sortir leurs marchandises des forêts, à faire passer leurs charrettes et harnais sur les terres et chemins étant depuis lesdites forêts jusqu'aux ports flottables et navigables, en dédommageant les propriétaires desdites terres, au dire d'experts et gens à ces connaissans, dont les parties conviendront, sans que, pour raison de ces dommages, les propriétaires d'héritages puissent faire saisir lesdits bois, chevaux et charrettes, et empêcher la voiture sur lesdits ports; en faisant, par les marchands, leurs soumissions de payer lesdits dommages, tels que de raison. Et de l'autre, aux termes des ordonnances, sentences, arrêts et règlements, notamment des ordonnances et sentences du bureau, des 21 août 1715, 22 juillet et 1er août 1752, 23 juillet et 23 août 1753, 17 octobre 1771 et 29 avril dernier, et de l'arrêt de la cour du parlement du 9 août 1783, à user de la faculté et du droit ancien de faire pacager leurs chevaux et bœufs, servant au charroi desdites marchandises des forêts auxdits ports, sur les pâtures vaines et vagues, prés fauchés, bruyères, friches et les bords des bois, forêts et grands chemins, avec défenses à toutes personnes, de quelque état et condition qu'elles soient, de les y troubler et empêcher, sous tel prétexte que ce soit. Comme aussi avec injonction auxdits voituriers de veiller exactement à la garde de leurs chevaux et bœufs, de manière à ne causer aucun dommage dans les terres emblavées et héritages en valeur, sans toutefois que, sous prétexte des délits qu'ils pourraient y avoir occasionnés et des indemnités pouvant en résulter, les propriétaires desdites terres et héritages puissent faire saisir et emmener lesdits chevaux, bœufs, harnois et voitures, sauf à ces mêmes propriétaires à faire constater les délits, et à se pourvoir devant nous ou nos subdélégués les plus prochains des lieux, contre les voituriers ou les marchands qui les emploient. Et qu'enfin il ait été ordonné qu'en cas de saisies, les chevaux, bœufs, harnois et voitures seraient rendus à la première réclamation, et qu'à ce faire tous saisissants, gardiens et dépositaires seraient contraints sur-le-champ, même par corps. Néanmoins il est informé que nombre de marchands et voituriers sont journellement troublés et empêchés dans le droit et la faculté qui leur appartiennent; qu'il est des communautés d'habitants et des seigneurs et propriétaires particuliers d'héritages, qui, sous prétexte de prétendus délits, souvent imaginaires ou de très-peu de valeur, se comportent envers eux avec la plus grande rigueur, et même militairement, en ce qu'ils exigent d'eux des indemnités arbitraires et excessives, sinon, font saisir, mettre en fourrière et vendre leurs chevaux, bœufs, harnois et voitures, sans égard aux réclamations et soumissions des marchands; qu'entre autres le sieur comte de Vauvineux, seigneur de Saint-Martin-d'Ablois, a porté les choses envers les marchands qui exploitent les bois de la forêt d'Enghien et leurs voituriers, jusqu'au point de faire, en moins de trois mois, par le ministère des gardes des officiers de sa gruerie, saisir et mettre en fourrière plus de cent bœufs, et d'exiger, pour leur remise, d'après les prix arbitraires qu'il a fixés, une somme de plus de mille cinq cents livres. Et que, comme de pareils procédés sont contraires aux ordonnances, sentences, arrêts et règlements; qu'ils sont attentatoires à l'autorité du bureau, et sont autant d'obstacles à la sûreté, facilité et célérité du transport des marchandises nécessaires à l'approvisionnement de cette ville, indépendamment du préjudice qu'en souffrent les commerçants et leurs voituriers, il croit du devoir de son ministère de requérir qu'il y soit promptement par nous pourvu.

Nous, ayant égard aux remontrance et réquisitoire du procureur du roi et de la ville, et, après l'avoir ouï en ses conclusions, disons que les ordonnances, sentences, arrêts et règlements concernant les transports et voitures de bois et charbons pour la provision de cette ville, de l'intérieur des forêts aux ports flottables et navigables, le passage desdites voitures sur les chemins, terres et héritages, et le pacage des chevaux et bœufs y employés, tel qu'il est autorisé, seront exécutés; en conséquence, faisons très-expresses inhibitions et défenses à toutes personnes généralement quelconques et sous tel prétexte que ce soit, d'y apporter et mettre aucun trouble ni empêchement, même pour raison de prétendus délits occasionnés aux propriétaires desdites terres et héritages par lesdits chevaux et bœufs; de procéder ou faire procéder, de la part d'iceux propriétaires, à aucunes saisies, mises en fourrière et ventes desdits chevaux et bœufs, charrettes et harnois, le tout sous telles peines qu'il appartiendra, sauf auxdits propriétaires à faire constater lesdits délits, et à se pourvoir, pour leurs indemnités, par-devant nous ou nos subdélégués des plus prochains lieux, contre les voituriers ou les marchands qui les auront employés. Et, arrivant qu'au préjudice desdites défenses et malgré les soumissions que les marchands ou leurs préposés consentiront de faire, de pourvoir auxdites indemnités, sauf toutefois leur recours, s'il y avait lieu, contre leurs voituriers, il eût été ou fût procédé et passé outre à aucune de ces sortes de saisies et mises en fourrière, singulièrement de la part dudit sieur comte de Vauvineux : les avons, dès à présent, déclarées nulles, et ordonné qu'à la première réclamation les choses saisies seront rendues et remises, et qu'à ce faire, tous gardiens et dépositaires seront sur-le-champ contraints, même par corps, en vertu des présentes et sans qu'il en soit besoin d'autres; quoi faisant, ils en seront bien et valablement déchargés. Comme aussi, attendu que la connaissance des faits dont il s'agit nous appartient privativement et à l'exclusion de tous autres juges, avons, en tant que de besoin, évoqué devant nous toutes assignations et demandes qui pourraient, à cet égard, avoir été portées devant les juges des lieux, et faisons défenses aux parties de procéder, répondre et faire poursuites ailleurs qu'au bureau, à peine de nullité, de cent livres d'amende et de toutes pertes, dépens, dommages et intérêts. Et seront ces présentes lues, publiées et affichées partout où besoin sera, même signifiées à qui il appartiendra, et exécutées nonobstant oppositions ou appellations quelconques et sans préjudice d'icelles.—Fait au bureau, etc.

N° **119**. — *Arrêt du conseil d'Etat qui renouvelle les ordonnances et règlements concernant la Bourse et proscrit les négociations à terme.*

Du 7 août 1785.

Le roi est informé que, depuis quelque temps, il s'est introduit dans la capitale un genre de marchés, ou de compromis, aussi dangereux pour les vendeurs que pour les acheteurs, par lesquels l'un s'engage à fournir, à des termes éloignés, des effets qu'il n'a pas, et l'autre se soumet à les payer sans en avoir les fonds, avec réserve de pouvoir exiger la livraison avant l'échéance, moyennant l'escompte : que ces engagements qui, dépourvus de cause et de réalité, n'ont, suivant la loi, aucune valeur, occasionnent une infinité de manœuvres insidieuses, tendant à dénaturer momentanément le cours des effets publics, à donner aux uns une valeur exagérée, et à faire des autres un emploi capable de les décrier; qu'il en résulte un agiotage désordonné, que tout sage négociant réprouve, qui met au hasard les fortunes de ceux qui ont l'imprudence de s'y livrer, détourne les capitaux de placements plus solides et plus favorables à l'industrie nationale, excite la cupidité à poursuivre des gains immodérés et suspects, substitue un trafic illicite aux négociations permises et pourrait compromettre le crédit dont la place de Paris jouit à si juste titre dans le reste de l'Europe : Sa Majesté, par une suite de l'attention qu'elle donne à tout ce qui intéresse la foi publique, et la sûreté du commerce de son royaume, a voulu prévenir les suites pernicieuses que pourrait avoir un tel abus s'il subsistait plus longtemps; et s'étant fait représenter les ordonnances et règlements rendus sur cette matière, notamment l'édit du mois de janvier 1723 et l'arrêt du conseil du 24 septembre 1724, elle a reconnu que ce n'est qu'en éludant leurs sages dispositions qui proscrivent toute négociation faite hors de la Bourse et par des personnes sans qualité, qu'on est parvenu à établir dans des cafés et autres lieux ce jeu effréné, consistant en paris et compromis clandestins sur les effets publics, lequel, dans les pays même où il est toléré, paraît avilissant aux yeux de tout négociant ou banquier jaloux de conserver sa réputation. Sa Majesté a donc jugé nécessaire, pour y remédier, de renouveler les règles déjà prescrites par les anciennes lois, et d'ordonner que leur exécution sera maintenue avec la plus grande sévérité. A quoi voulant pourvoir : ouï le rapport, etc.; le roi, étant en son conseil, a ordonné et ordonne ce qui suit :

1. Les édits de décembre 1705, août 1708, mai 1713, novembre 1714, août 1720, janvier 1723; les déclarations des 3 septembre 1709, 13 juillet 1714; les arrêts du conseil des 10 avril 1706, 24 septembre 1724 et 26 février 1726, seront exécutés selon leur forme et teneur : en conséquence fait, Sa Majesté, défenses à toutes personnes de quelque état, qualité et condition qu'elles soient, sujets du roi ou étrangers, autres que les agents de change, de s'immiscer dans aucunes négociations publiques, de banque, de finance et de commerce.

2. Leur fait, Sa Majesté, pareillement défenses de s'assembler à cet effet, et de tenir aucun bureau pour y traiter de semblables négociations, en aucun lieu public ou particulier, et notamment dans les cafés, à peine de prison et de six mille livres d'amende applicables moitié aux dénonciateurs, l'autre moitié à l'hôpital général : et seront tenus les propriétaires, en cas qu'ils occupent leurs maisons ou les principaux locataires, aussitôt qu'ils auront connaissance de l'usage qui en serait fait en contravention au présent arrêt, d'en faire déclaration au commissaire du quartier, à peine de pareille amende, applicable comme dessus.

3. Veut, Sa Majesté, que, conformément aux dispositions des articles 17 et 18 de l'arrêt du 24 septembre 1724, les négociations d'effets royaux et autres effets publics ne puissent être faites validement que par l'entremise des agents de change, ni en d'autres lieux qu'à la Bourse, où le cours d'iceux sera coté, aux termes des règlements, par deux desdits agents de change : permet seulement aux courtiers de change compris dans la liste arrêtée par le contrôleur général pour être admis dans la suite au nombre des agents de change, de suivre la bourse comme par le passé, et d'y négocier les lettres de change et billets au porteur.

4. Fait défenses, Sa Majesté, auxdits agents de change, de coter à la Bourse d'autres effets que les effets royaux et le cours des changes.

5. Leur défend de faire aucune négociation d'effets royaux ou autres papiers commerçables pour leur compte personnel, à peine de destitution et de trois mille livres d'amende.

6. Ordonne aux agents de change de signer et certifier les bordereaux de leurs négociations, et d'en tenir registre dûment parafé, pour y recourir en cas de contestations; les déclare garants et responsables de la réalité desdites négociations et de la vérité des signatures, aux termes des ordonnances et règlements.

7. Déclare nuls, Sa Majesté, les marchés et compromis d'effets royaux et autres quelconques, qui se feraient à termes et sans livraison desdits effets ou sans le dépôt réel d'iceux, constaté par acte dûment contrôlé au moment même de la signature de l'engagement. Et néanmoins les marchés et compromis de ce genre, qui auraient été faits avant la publication du présent arrêt, auront leur exécution, sous la condition expresse de les faire contrôler par le premier commis des finances, dans la huitaine, à compter de ladite publication, et de délivrer ou déposer par acte en bonne et due forme, dans l'espace de trois mois, les effets dont la livraison aurait été promise ; passé lequel délai de trois mois, tous marchés et compromis d'effets livrables à terme seront et demeureront nuls et comme non avenus. Défend très-expressément, Sa Majesté, d'en faire de semblables à l'avenir, à peine de vingt-quatre mille livres d'amende au profit du dénonciateur, et d'être exclus pour toujours de l'entrée de la Bourse, ou, si c'étaient des banquiers, d'être rayés de la liste.

8. N'entend, Sa Majesté, par la disposition de l'article 3, préjudicier à la faculté accordée aux marchands, négociants, banquiers et autres qui seront admis à la Bourse, de négocier entre eux les lettres de change, billets au porteur ou à ordre, les actions de la nouvelle compagnie des Indes, et autres effets de commerce, sans l'entremise des agents de change, en se conformant aux arrêts du conseil des 24 septembre 1724 et 26 février 1726.

9. Enjoint, Sa Majesté, aux agents de change et courtiers admis à suivre la Bourse, d'avertir des contraventions dont ils auraient connaissance au préjudice des dispositions du présent arrêt. Seront tenus les syndics et adjoints des agents de change d'y veiller avec exactitude et d'en rendre compte au lieutenant général de police, auquel Sa Majesté enjoint de tenir la main à l'exécution du présent arrêt, qui sera imprimé, publié et affiché partout où besoin sera, notamment aux portes et dans l'intérieur de la Bourse : et seront, sur le présent arrêt, toutes lettres patentes nécessaires expédiées. — Fait au conseil, etc.

N° **120.** — *Ordonnance du lieutenant général de police portant défenses de faire, lors du débardage des bateaux de bois à brûler, ni dans les chantiers, aucun triage, sous prétexte de l'approvisionnement des charrons, tourneurs et autres.*

Du 23 août 1785.

Faisons défenses à tous marchands de bois de faire, lors du débardage des bateaux, aucune espèce de triage pour l'objet dont il s'agit, d'en former des piles particulières, sous prétexte de le mettre en réserve pour les charrons, tourneurs et autres ouvriers, de vendre et débiter de ce bois trié, soit à la mesure ordinaire, soit en détail à qui que ce soit, et ce, à peine de 3,000 livres d'amende pour la première fois, et, en cas de récidive, d'être destitués de la faculté de faire le commerce de bois dans cette ville et sa banlieue.

Et faisons aussi défenses aux charrons, tourneurs et autres ouvriers, de s'approvisionner dans les chantiers pour les ouvrages de leur profession, sauf à eux à acheter du bois, ainsi que le public, à la mesure ordinaire, et à faire en suite chez eux, et non dans les chantiers, le choix de bûches propres aux travaux de leurs métiers.

N° **121.** — *Arrêt du parlement de Paris pour la coupe et l'exportation des bois destinés pour l'approvisionnement de cette ville.*

Du 30 décembre 1785.

7. Pour éviter qu'à l'avenir les mêmes retards et difficultés sur l'approvisionnement de la capitale, ne se renouvellent, ordonnons que tous marchands et adjudicataires seront tenus d'informer le bureau de la ville de tous les bois dont ils se seront rendus adjudicataires ; à l'effet de quoi ils remettront au greffe de la ville, ainsi qu'au procureur du roi et de la ville, dans un mois au plus tard après chaque adjudication, une déclaration signée d'eux, et certifiée véritable, laquelle indiquera, tant le nombre d'arpens dont la vente à leur profit se trouvera composée, que la quantité estimative de cordes de bois que chacun d'eux devra produire, ainsi que les différentes époques où lesdits bois pourront successivement arriver à Paris, à peine, contre les contrevenants, de la confiscation des bois non déclarés dans le délai prescrit, et de 10,000 livres d'amende, dont un tiers sera adjugé au dénonciateur....

8. Lesdits marchands ou propriétaires seront tenus suivant les dispositions des ordonnances de 1415 et 1520, de faire sortir des lieux de vente tous les bois dont ils se seront rendus adjudicataires, et de les faire conduire sur les ports flottables, pour être, lesdits bois, transportés à Paris, soit en trains, soit par bateaux, et ce, dans l'intervalle de deux ans, à compter de la date de l'adjudication, savoir : la première année pour la coupe desdits bois, et la deuxième, pour la vidange et le transport à Paris, et ledit temps de deux ans expiré, tous les bois restés dans les lieux de vente seront confisqués, et le tiers du prix adjugé au dénonciateur....

9. Dans le cas néanmoins où les besoins de l'approvisionnement exigeraient de promptes ressources, lesdits marchands et adjudicataires seront tenus, en conséquence des ordres qu'ils recevront de nous et sans égard audit délai de deux ans, de faire couper sur-le-champ, et transporter sur les ports flottables, et de suite, sur ceux de Paris, tous les bois qui leur auront été adjugés, à peine de confiscation des bois restans, sur la valeur desquels seront prélevés les frais du transport à Paris, conformément à l'article 10 de la dernière ordonnance de 1415....

10. Et pour la plus grande facilité et célérité dans les transports de ceux desdits bois qui seront destinés à être flottés, lesdits marchands veilleront à ce qu'ils soient voiturés dès le 1er novembre de chaque année, et les piles déposées à l'avenir à quatre pieds de distance au plus des rives des ruisseaux où ils doivent être jetés à bûches perdues ; et quant aux piles actuellement existantes, elles seront rapprochées desdits ruisseaux aux frais de la marchandise, de manière que les plus éloignées desdites rives ne soient pas toutefois au delà de vingt à trente pieds, et déposées à la tête des ruisseaux où il est d'usage de les jeter à bûches perdues, et le plus à proximité d'iceux que faire ce pourra ; et, dans le cas où les charretiers affecteraient de décharger lesdits bois à une distance trop éloignée desdits ruisseaux, il en sera dressé procès-verbal, à la réquisition de chaque entrepreneur de flottage ; et sur l'envoi qui en sera fait au procureur du roi et de la ville, lesdits charretiers et voituriers seront condamnés, d'après ses conclusions, à telle amende qui sera par nous jugée convenable, laquelle toutefois ne pourra être moindre de 100 livres par chaque contravention.

13. Lesdits bois affectés à la provision de Paris, tant ceux chargés en alléges que sur de grands bateaux, ou transportés en trains, ne pourront, sous aucun prétexte, et quelle que puisse être la destination qui leur sera donnée par les lettres de voitures, être déchargés et vendus en route, ni descendus au-dessous de la ville de Paris, sans que lesdits marchands, voituriers ou autres préposés à leur conduite, en aient obtenu la permission de nous, laquelle ne pourra être accordée que par écrit, et seulement d'après les plus fortes considérations, à

peine, contre les contrevenants de la confiscation des bois et de 3,000 livres d'amende, conformément aux arrêts du parlement des 10 juin 1633 et 22 juillet 1715.

14. L'épaisseur de chaque train qui sera fabriqué chaque année, depuis le 1er juin jusqu'au 1er novembre suivant, ne pourra être que de quatorze pouces, ou de quinze pouces au plus; il sera, audit cas, libre aux marchands de faire ajouter un dixième coupon à chaque port de leurs trains, à la charge, par eux, de faire fortifier lesdits trains dans le milieu, par des doubles liens; et faute par eux de le faire, ils ne pourront, sous tel prétexte que ce puisse être, prétendre ni répéter, à titre de grâce seulement, aucune indemnité en cas d'accident.

15. Si aucuns desdits trains qui seront faits depuis le 1er juin jusqu'au 1er novembre, deviennent fondriers et se trouvent arrêtés en route, le subdélégué de la ville, et en son absence le substitut du procureur du roi et de la ville le plus à proximité des lieux, sera tenu de s'y transporter sur-le-champ, de dresser procès-verbal de l'épaisseur exacte desdits trains et de la manière dont ils auront été construits; il fera ensuite retirer de l'eau et empiler sur les berges les bois; et sur l'envoi qui nous sera fait des procès-verbaux, il y sera par nous statué, ainsi qu'il appartiendra, sur les conclusions du procureur du roi et de la ville, soit pour l'indemnité à titre de grâce seulement, qui pourra être réclamée par les marchands, soit pour les condamner en une amende s'ils ne se sont pas conformés au présent jugement.

16. Quant aux trains qui seront fabriqués depuis le 1er novembre jusqu'au 1er mai de chaque année, l'épaisseur ne pourra être que de vingt pouces, ou vingt-deux pouces au plus, et les marchands seront tenus au surplus de se conformer à ce qui est prescrit et ordonné par les deux articles précédents.

17. Faisons très-expresses inhibitions et défenses aux meuniers, maîtres de forges, et à tous propriétaires d'usines sur les rivières affluentes à la Seine, de laisser entrer dans leurs biez, les bois flottants; leur enjoignons de les fermer exactement et d'ouvrir toutes leurs pelles aux approches de chaque flot; à peine de 500 livres d'amende et d'être poursuivis extraordinairement suivant l'exigence des cas.

18. Enjoignons pareillement aux gardes des pertuis de les tenir ouverts en tous temps, lorsque toutefois il y aura deux pieds d'eau en rivière, et quand les eaux plus basses exigeront que lesdits pertuis soient fermés, lesdits gardes seront alors tenus de les ouvrir toutefois et quantes ils en seront requis; le tout à peine de 500 livres d'amende conformément à l'article 5 du chapitre 1er de l'ordonnance de 1672.

19. Lesdits bois, conduits et arrivés à Paris, seront de suite empilés dans les chantiers destinés à cet effet, et placés en théâtres séparés, lesquels ne pourront avoir au delà de trente-deux pieds d'élévation, et les marchands seront tenus de les placer à une telle distance les uns des autres, que les commis préposés à la police desdits chantiers, puissent circuler autour des piles, sur chacune desquelles les marchands seront tenus d'attacher une plaque ou pancarte indicative des qualités et prix des bois dont lesdites piles devront être composées, sans mélange d'aucune autre espèce que celle y désignée, à peine de 500 livres d'amende.

N° 122. — *Ordonnance de police concernant la liberté et la commodité de la voie publique.*

Du 28 janvier 1786, renouvelant celle du 1er décembre 1775.

1. Nous ordonnons que les règlemens des 3 janvier 1356, novembre 1539, décembre 1607, 19 novembre 1666, 22 mars 1720, et les ordonnances de police seront exécutées selon leur forme et teneur ; enjoignons aux propriétaires, maîtres maçons, charpentiers et entrepreneurs de bâtiments, de renfermer, tailler et préparer dans l'intérieur desdits bâtiments les pierres et matériaux destinés à iceux, autant que ledit intérieur en pourra contenir, à peine de 200 livres d'amende.

2. Nous faisons très-expresses inhibitions et défenses auxdits propriétaires, maçons, charpentiers, menuisiers, couvreurs et autres entrepreneurs de bâtiments, de faire décharger dans les rues et places de cette ville, des pierres de taille, moellons, charpentes et autres matériaux destinés aux constructions et réparations des bâtiments, que préalablement ils n'aient fait constater par les commissaires des quartiers qu'il n'est pas possible de les renfermer dans l'intérieur desdits bâtiments, et qu'ils n'aient obtenu desdits commissaires des emplacements pour lesdits matériaux ; comme aussi d'en déposer ailleurs que dans ceux qui leur auront été assignés par lesdits commissaires ; le tout sous la même peine de 200 livres d'amende.

3. Seront tenus, sous les mêmes peines, lesdits entrepreneurs de placer et retenir dans l'intérieur des bâtiments qu'ils démoliront les pierres, bois et autres matériaux en provenant; leur défendons de les sortir et déposer dans les rues, sauf à eux à se pourvoir de magasins suffisants pour les contenir.

4. Il ne pourra être mis dans les rues et places de cette ville plus grande quantité de pierres, moellons et charpentes, que ce qui pourra être employé dans le cours de trois jours, ou au plus de la semaine, et ce, dans le cas où il sera estimé par le commissaire du quartier que le passage public n'en sera pas gêné et resserré, à l'exception néanmoins des matériaux destinés pour les édifices publics.

5. Les propriétaires, maîtres maçons, charpentiers et autres entrepreneurs ne pourront faire sortir dans les rues et places, les décombres, pierres, moellons, terres, gravois, ardoises, tuileaux et autres matières provenant des démolitions des bâtiments, qu'autant qu'ils pourront les faire enlever dans le jour, en sorte qu'il n'en reste point pendant la nuit, sous peine de 200 livres d'amende.

6. Enjoignons sous les mêmes peines et auxdits propriétaires, maîtres maçons, charpentiers et autres entrepreneurs de bâtiments, de faire balayer tous les jours, aux heures prescrites par les règlements, les rues le long de leurs bâtiments et ateliers, de faire enlever les recoupes trois fois la semaine, et même plus souvent s'il est nécessaire, de manière que leurs ateliers n'en soient point engorgés; de faire ranger leurs pierres et matériaux destinés aux constructions, le long des murs, sans cependant les appuyer contre iceux, et en laissant libre l'entrée des maisons et les appuis en-devant des boutiques, de telle sorte qu'il reste, autant qu'il sera possible, dans les rues, une espace de trois toises entièrement libres, afin que deux voitures puissent y passer de front; et dans le cas où ils ne pourraient pas laisser trois toises entièrement libres, les matériaux seront déposés dans les carrés, entre lesquels on laissera des places vacantes pour ranger, au besoin, de secondes voitures; le tout conformément aux permissions qui auront été délivrées.

7. Seront tenus, les tailleurs de pierres, de ranger les pierres qu'ils travailleront de manière que les éclats et recoupes ne puissent causer aucune malpropreté dans les rues, ni blesser les passants ; leur enjoignons, en conséquence, de tourner la partie qu'ils tailleront du côté du mur le long duquel seront déposés les pierres et matériaux ; le tout à peine de 100 livres d'amende.

8. Ordonnons aux couvreurs d'observer les anciennes ordonnances ; en conséquence leur défendons de jeter les recoupes, plâtres et ardoises dans les rues, et leur enjoignons de les descendre ou faire descendre par leurs ouvriers sous peine de 200 livres d'amende, même de plus grande peine s'il y échoit.

9. Enjoignons, sous les mêmes peines, aux maîtres couvreurs, faisant travailler aux couvertures des maisons, de faire pendre au-devant d'icelles deux lattes en forme de croix au bout d'une latte, et d'attacher auxdites lattes un morceau de drap d'une couleur verdoyante ; leur enjoignons aussi, et à tous autres qui font travailler dans le haut des maisons, lorsqu'il y aura le moindre danger pour les passants, de faire tenir dans la rue un homme pour avertir du travail et prévenir les accidents de pierres, plâtres, tuiles et autres matériaux ou décombres qui pourraient échapper dans le cours de leurs travaux.

10. Faisons défenses à tous marchands épiciers, marchands de vin, tonneliers, fruitiers, et à toutes personnes quelconques, sous la même peine, d'embarrasser les rues de ballots, tonneaux et d'y faire travailler à la réparation d'iceux, comme aussi d'y laisser aucuns paniers vides ou pleins de marchandises ; leur enjoignons de faire décharger et serrer dans leurs magasins et caves, les marchandises qui leur arriveront, au fur et à mesure de l'arrivée d'icelles, sans les laisser sur le pavé ; et aussi de faire enlever celles qu'ils voudront faire transporter de chez eux, au fur et à mesure qu'elles auront été tirées de leurs caves, boutiques et magasins, en sorte que les rues n'en demeurent point embarrassées.

11. Faisons défenses, sous les mêmes peines, à tous serruriers, tapissiers, layetiers, chaudronniers, bahutiers et à tous autres de travailler dans les rues, et d'y établir des ateliers et tréteaux.

12. Faisons défenses, sous les mêmes peines de 200 livres d'amende, à tous sculpteurs, marbriers, menuisiers, serruriers, charpentiers, selliers, charrons, marchands de bois, tapissiers, fripiers et autres de laisser sur le pavé, au-devant de leurs maisons, sous quelque prétexte que ce soit, aucuns meubles, trains, carrosses, arbres, poutres, planches et autres choses destinées à être travaillées, ni aucuns autres objets de leurs métiers et professions, même pour servir de montre.

13. Faisons défenses à tous loueurs de carrosses, charretiers et voituriers sous les mêmes peines de 200 livres d'amende, de laisser exposés tant de jour que de nuit dans les rues et places de cette ville, aucuns carrosses, chariots, coches et autres voitures.

14. Faisons aussi défenses à tous regrattiers et regrattières, à peine de 20 livres d'amende, et même de prison, d'établir boutique et étalage dans les rues et places ; leur enjoignons de se retirer dans les halles et marchés de cette ville, pour y faire le commerce.

15. Défendons à tous propriétaires ou principaux locataires des maisons, de laisser au-devant d'icelles lesdits regrattiers et regrattières, et toutes autres personnes avec étalage quelconque, à peine de 200 livres d'amende.

16. Et en conséquence, faisons défenses à toutes personnes de faire construire aucune échoppe, ni se placer dans aucune rue et place, avec planches, tables ou inventaires à peine de 50 livres d'amende ; et à l'égard des propriétaires ou principaux locataires qui les souffriront devant leurs portes, sous peine de 200 livres d'amende.

17. Faisons défenses à tous marchands et loueurs de chevaux d'essayer ni faire essayer leurs chevaux dans les rues et places de cette

ville, leur enjoignons de se retirer dans le marché public et dans les endroits écartés qui y sont destinés, à peine de 200 livres d'amende.

18. Faisons défenses à tous charretiers de conduire leurs voitures et charrettes étant montés sur leurs chevaux, qu'ils ne pourront en aucun cas, faire courir ni trotter: leur enjoignons de les conduire à pied ; le tout à peine de 50 livres d'amende, et même de prison.

19. Faisons défenses à toutes personnes de jouer dans les rues et places publiques, au volant, aux quilles, ni au bâtonnet, à peine de 200 livres d'amende.

20. Seront les pères et mères, maîtres et maîtresses, propriétaires, entrepreneurs et autres, civilement tenus, garants et responsables pour leurs enfants, ouvriers, garçons, serviteurs ou domestiques, de toutes les peines portées par les différents articles de la présente ordonnance.

N° **123.** — *Ordonnance du roi portant règlement sur la police à observer sur les routes par les postillons de poste et les rouliers, charretiers et autres voituriers* (1).

Du 4 février 1786.

Sa Majesté, ayant été informée que plusieurs maîtres de poste se plaignent des violences et voies de fait que différents charretiers, rouliers ou autres conducteurs de voitures exercent journellement sur les postillons, lorsque ceux-ci veulent exiger qu'ils leur cèdent le pavé; que souvent même lesdits postillons en sont attendus et maltraités au retour ; qu'il résulte du refus de faire place à la poste divers accidents pour les chevaux des maîtres de poste, et un retard préjudiciable à la célérité d'un service qui mérite une entière protection. Et jugeant à propos d'y pourvoir, Sa Majesté a ordonné et ordonne que tous rouliers, charretiers, voituriers et autres, seront tenus de céder le pavé et de faire place à tous courriers et voyageurs allant en poste: leur fait, Sa Majesté, expresses inhibitions et défenses de troubler à l'avenir, en quelque sorte et manière que ce puisse être, lesdits maîtres de poste et postillons dans leur service sur les routes, comme aussi d'exercer à l'avenir aucunes voies de fait, violences et mauvais traitements, à peine de trente livres d'amende, payable sur-le-champ, et applicable un tiers aux pauvres du lieu de l'établissement de poste, et les deux autres tiers au profit des cavaliers de maréchaussée qui auront été employés à constater la contravention et à arrêter le contrevenant, même de punition corporelle si le cas y échoit: pour ne laisser aux charretiers et aux voituriers aucun prétexte qui puisse les mettre dans le cas de causer le moindre accident, il leur est défendu, sous les mêmes peines, de quitter leurs chevaux et de marcher derrière leur voiture : si plusieurs voituriers se suivaient, il devra toujours s'en trouver un pour marcher à la tête de la première voiture; défendant également, Sa Majesté, à tous postillons, d'user, en cas de résistance de la part des voituriers, d'aucunes voies de fait ni de menaces de les frapper pour faire ranger les voitures qui s'opposeraient à leur passage, et voulant qu'ils se bornent à porter

---

(1) Voyez le décret du 23 août 1808, art. 16, et l'ordonnance du 4-20 février 1820, art. 12, qui reproduisent en partie les dispositions de ce règlement que tous les auteurs qui ont écrit sur la matière s'accordent à considérer comme en vigueur, sauf en ce qui concerne les peines qui sont remplacées par celles écrites dans les art. 475, n° 3 et 476 du Code pénal.

leurs plaintes contre ceux qui auraient refusé de leur faire place après
en avoir été averti : enjoint, Sa Majesté, aux prévôts des maréchaussées, leurs lieutenants ou autres; leurs officiers dans l'étendue de
leurs départements, de recevoir les plaintes qui leur seront portées
par lesdits maîtres de poste et postillons contre lesdits rouliers, charretiers, voituriers et tous autres, pour raison desdits troubles, voies
de fait, violences et mauvais traitements, même de leur prêter main-
forte au besoin, sur la réquisition qui leur en sera faite, tant pour
prévenir lesdits accidents que pour arrêter les contrevenants et assurer le service public.—Mande et ordonne, etc.

N° **124.**—*Ordonnance de police concernant les garçons épiciers.*

Du 11 mars 1786.

3. Nul garçon ou pensionnaire ne pourra quitter son marchand qu'a-
près l'avoir averti quinze jours avant sa sortie, duquel avertissement
le marchand sera tenu de lui délivrer à l'instant un certificat, à la
suite duquel il fera mention, après la quinzaine expirée, qu'il a rempli
la formalité ci-dessus prescrite......

5. Lorsqu'un garçon ou pensionnaire sortira de chez son marchand,
il sera tenu de s'en éloigner, et ne pourra entrer qu'après l'expiration
d'une année dans les boutiques du même commerce, voisines de celles
qu'il aura quittées, de manière qu'il y ait au moins dix maisons du
même commerce entre celles qu'il aura quittées, pendant le cours
d'une année et celle dans laquelle il se propose d'entrer.

7. Aucun marchand ne pourra, sous aucun prétexte, prendre chez
lui un garçon ou pensionnaire qu'après s'être fait représenter le dernier certificat dudit garçon ou pensionnaire, pour connaître s'il a été
enregistré au bureau (du corps des épiciers); et, dans le cas où il aurait déjà demeuré chez quelques maîtres, s'il a obtenu le certificat de
sortie prescrit par l'article **3** ci-dessus.

9. Lorsqu'un garçon ou pensionnaire aura fait enregistrer au bureau
son entrée dans une nouvelle boutique ou magasin, il sera tenu d'en
remettre l'expédition à son nouveau maître, et ledit marchand en restera dépositaire tant que le garçon ou pensionnaire demeurera chez
lui, pour le représenter aux gardes et adjoints lorsqu'il en sera
requis.

13. Faisons défenses aux marchands dudit corps et aux garçons
marchands ou pensionnaires, de contrevenir, en aucune manière, aux
dispositions du présent règlement, à peine de cent livres d'amende
contre les marchands, et de punition exemplaire contre les garçons.

N° **125.**—*Ordonnance de police concernant la cuisson des abatis de bestiaux.*

Du 11 avril 1786.

3. .... Enjoignons à tous les bouchers de
cette ville de livrer et faire livrer par leurs garçons, aux entrepre-

neurs de la cuisson, lesdits abatis en bon état, et de ne pas souffrir qu'ils soient détériorés; faisons défenses, sous peine d'amende, aux maîtres de la communauté des bouchers, et sous peine de prison, aux garçons, de détériorer les pieds de bœuf; ordonnons qu'ils seront par eux livrés en totalité et coupés suivant l'usage et d'après la manière prescrite par la délibération des bouchers, du 18 décembre 1770.

4. La préparation et cuisson desdits abatis ne pourra être faite ailleurs que dans les bâtiments à ce destinés; défendons aux tripiers, tripières et à telles autres personnes que ce soit, sous peine de cinq cents livres d'amende et de confiscation des chaudières et ustensiles, même de punition exemplaire en cas de récidive, de cuire ou préparer, soit chez eux, soit dans les autres endroits de cette ville et faubourgs, les abatis de bœufs et de moutons ou partie d'iceux, sous tel prétexte que ce puisse être.

5. Ne pourront, lesdites tripières, enlever chez les bouchers et vendre crus que les cœurs et foies de bœufs et les rognons de moutons, ainsi qu'elles l'ont fait ou dû faire jusqu'à ce jour; leur défendons, sous peine de pareille amende de cinq cents livres, d'enlever, dégraisser et détériorer les tétines de vaches, pieds de bœufs, ou toutes autres parties d'abatis, lesquels seront livrés complets et bien conditionnés aux cuiseurs; permettons néanmoins aux tripières d'enlever chez leurs bouchers et retenir par devers elles douze têtes de moutons par cent, et de les vendre et débiter crues à leurs places; leur défendons d'en prendre ou retenir une plus grande quantité.

12. Défendons très-expressément aux garçons de l'échaudoir des entrepreneurs de la cuisson, leurs autres ouvriers et charretiers, d'exiger aucune rétribution des tripiers et tripières, à titre de pourboire, ou autrement, même d'en recevoir quand il leur en serait offert volontairement. Défendons pareillement aux tripiers et tripières de leur en donner, sous tel prétexte que ce soit, à peine contre lesdits garçons, ouvriers ou charretiers, d'être renvoyés de l'échaudoir, même de prison; et contre les tripiers et tripières, de cinq cents livres d'amende et d'interdiction du commerce.

15. Enjoignons aux ouvriers de la triperie de livrer à chacune des tripières les abatis à leur marque, sans préférence; de les traiter, lors de ladite livraison, avec douceur et honnêteté; leur défendons, sous peine de prison, de leur faire aucun tort, les injurier et les maltraiter.

17. Défendons aux entrepreneurs d'exiger d'autres et plus grands prix que ceux ci-dessus fixés, à peine de restitution et de mille livres d'amende.

N° 126. — *Arrêt du conseil d'État qui défend d'employer à la préparation des graines destinées aux semences, de l'opium, de l'arsenic, du cobalt, et des substances capables de nuire à la santé.*

Du 26 mai 1786.

Le roi étant informé que la Société royale d'agriculture a publié les procédés les plus efficaces pour la préparation des semences, par la voie d'instructions que le sieur contrôleur général des finances a pris soin de faire distribuer dans toutes les provinces du royaume; que ces procédés, avoués par tous les bons agriculteurs, et consacrés par des expériences authentiques, ont été répandus par la voie des papiers publics; que cependant plusieurs cultivateurs, pensant qu'ils rempli-

raient le même objet, et surtout celui d'écarter les insectes de la semence mise en terre, en employant l'orpiment, l'arsenic, le cobalt, le
vert-de-gris, pourraient se permettre de faire entrer quelques-unes
de ces substances dans la préparation de leurs grains, sans prévoir les
dangers qui pourraient en résulter , tandis que le simple chaulage
composé de chaux vive et d'eau, surtout avec la précaution d'y laisser
tremper le grain, est beaucoup plus efficace, et n'a pas les mêmes inconvénients : ouï le rapport, etc.; le roi, étant en son conseil, a fait et
fait inhibitions et défenses d'employer à la préparation des grains destinés aux semences aucune recette où il entre de l'orpiment, de l'arsenic, du cobalt, du vert-de-gris ou toute autre espèce de substance
capable de nuire à la santé, à peine de trois cents livres d'amende ,
même de plus grande peine s'il y échet. Enjoint aux sieurs intendants
de tenir la main à l'exécution du présent arrêt, et de faire connaître
de plus en plus les moyens exempts de tout danger qui ont été indiqués par la société royale d'agriculture pour préserver les grains des
insectes et des vices dont ils peuvent être attaqués. — Fait au conseil, etc.

N° **127.**—*Ordonnance de police concernant le commerce du foin
et de la paille.*

Du 7 juillet 1786.

2. Enjoignons aux propriétaires et marchands qui envoient du foin
par la rivière, à Paris, de le charger directement dans des petits bateaux appelés bachots ou couplages, ou dans les grands bateaux pour
les conduire dans cette ville, et de les exposer en vente sur les quais
et ports accoutumés. Dans le cas où il serait nécessaire de faner et
de botteler le foin , voulons que le fanage et le bottelage soient faits à
terre et au-devant desdits bateaux, et que les bottes aient le poids
prescrit par les règlements; le tout à peine de cent livres d'amende
et de confiscation du foin.

3. Les foins et pailles amenés à Paris par les laboureurs et autres
marchands seront, comme par le passé, exposés en vente aux heures
ordinaires , sur les places de la porte Saint-Martin et du faubourg
Saint-Antoine, sans que les marchands puissent se permettre de les
vendre dans les auberges et rues adjacentes auxdites places , sous
peine, contre les contrevenants, de deux cents livres d'amende, dont
les maîtres seront responsables.

4. Faisons très-expresses inhibitions et défenses aux propriétaires,
fermiers, laboureurs, marchands de foin et autres, qui amèneront ou
feront amener, soit par la rivière ou par terre, de la marchandise de
foin en cette ville, de la vendre, faire décharger ni entamer, sous
quelque prétexte que ce soit, en chemin ni autre lieu que sur les ports
et marchés à ce destinés ; faisons pareillement défenses à tous hôteliers, chandeliers, grainiers et autres particuliers, d'aller au-devant
de ladite marchandise, de l'acheter, ni de donner des arrhes aux conducteurs , ou autrement empêcher que ladite marchandise soit conduite directement auxdits ports et marchés , où il sera libre à tous
particuliers de l'acheter au prix courant du marché ; le tout à peine,
en cas de contravention, de saisie et de confiscation du foin, et de
cent livres d'amende tant contre le vendeur que contre l'acheteur solidairement.

5. Seront tenus lesdits propriétaires, fermiers, laboureurs, marchands de foin et autres, de se conformer pour le poids des bottes de

foin, luzerne et paille, à ce qui est prescrit par les règlements. En conséquence, ordonnons que, depuis la Saint-Remi jusqu'à Pâques, chaque botte de foin, tant vieux que nouveau , sera du poids de dix, onze et douze livres ; depuis Pâques jusqu'à la récolte, de neuf, dix et onze livres ; et depuis la récolte jusqu'à la Saint-Remi, chaque botte de foin nouveau sera du poids de douze, treize et quatorze livres, et chaque botte de foin vieux, de neuf, dix et onze livres ; leur faisons défenses de diminuer ni d'excéder ledit poids, d'altérer la qualité du foin par aucun mélange, soit avec du foin d'une qualité inférieure, soit avec de la litière ni autrement ; le tout à peine de confiscation et de trois cents livres d'amende pour chaque contravention.

6. Ne pourront les grainiers, chandeliers et autres regrattiers de foin, en acheter, ni les marchands, fermiers, laboureurs et autres, leur en vendre au marché de la rue d'Enfer et celui de la rue Saint-Martin qu'après dix heures, depuis le 1er octobre jusqu'au 1er avril ; et après neuf heures, depuis le 1er avril jusqu'au 1er octobre ; et au marché du faubourg Saint-Antoine, après trois heures de relevée, depuis le 1er octobre jusqu'au 1er avril ; et après quatre heures, depuis le 1er avril jusqu'au 1er octobre ; le tout à peine de confiscation et de cent livres d'amende tant contre le vendeur que contre l'acheteur.

7. Faisons défenses à tous particuliers, hôteliers, maîtres d'hôtel, pourvoyeurs et autres, de mettre au-dessus du prix qui sera convenu, entre ceux qui sont déjà en marché pour acheter et ceux qui en feront la vente, à peine de cent livres d'amende, même de punition exemplaire, si le cas y échet.

8. Défendons aux botteleurs de faire des bandes de société, ni d'entrer dans les bateaux, s'ils n'y sont appelés par les marchands ou particuliers qui auront fait amener du foin ; ni en plus grand nombre que les marchands ou particuliers le désireront. Leur enjoignons de travailler promptement et incessamment, et de faire la bottellerie de la qualité et du poids ci-dessus prescrits, sans qu'ils puissent empêcher les marchands, particuliers et autres, de faire faner, botteler et renfermer leurs foins, soit par leurs domestiques, soit par leurs gagne-deniers ou autres personnes que bon leur semblera, à peine de punition corporelle.

9. Défendons pareillement à toutes personnes, de quelque état et condition qu'elles soient, de s'attrouper sur lesdits ports et places, d'injurier ni de troubler les inspecteurs de la marchandise de foin, dans l'exercice de leurs fonctions, à peine de trois cents livres d'amende, et d'être procédé extraordinairement contre les contrevenants.

N° **128**.—*Arrêt du parlement, qui ordonne l'exécution des lettres patentes de 1779, portant établissement du privilége exclusif du ventilateur, et fait défenses à tous vidangeurs, maîtres maçons et autres, d'entreprendre la vidange d'aucune fosse, puits et puisards, etc.*

Du 5 août 1786.

L'arrêt commence par rappeler les lettres patentes.

Notre cour reçoit les concessionnaires du privilége du ventilateur, parties de Reimbert, opposants à l'exécution de l'arrêt du 12 septembre dernier ; faisant droit sur l'opposition, ensemble sur les conclusions de notre procureur général ;

1. Ordonne que la vidange de toutes les fosses d'aisances, et le curage de tous les puits et puisards, ne pourront être faits que par lesdits concessionnaires dans la ville et faubourgs de Paris ; fait défenses à tous vidangeurs, maîtres maçons et autres, d'entreprendre de pareils ouvrages, à peine de mille livres d'amende, tant contre eux que contre les propriétaires ou principaux locataires qui les auraient requis......., et à peine de prison contre les ouvriers vidangeurs.

2. Ordonne que les concessionnaires feront usage du ventilateur et des fourneaux toutes les fois que les circonstances et la nature du travail indiqueront la nécessité de réunir ces deux moyens, et que le local ne s'opposera point à leur application ; ordonne que, dans le cas d'impossibilité, ou de non-nécessité du ventilateur, les concessionnaires seront tenus de les faire constater par un architecte, qui sera nommé par le lieutenant général de police, sur le rapport duquel ils en seront dispensés par un des commissaires du Châtelet, qui sera commis à cet effet par le lieutenant général de police, et qu'à l'égard des fourneaux, il en sera toujours fait usage, à peine de mille livres d'amende contre les concessionnaires, et qu'aucuns propriétaires ne pourront empêcher, pour la vidange des fosses d'aisances, l'emploi du ventilateur et des fourneaux, ou des fourneaux seulement, à peine de cent livres d'amende.

L'article 3 porte que, pendant l'été, les concessionnaires ne seront tenus que d'alléger les grandes fosses d'aisances, telles que celles de séminaires, collèges, hôpitaux, casernes et autres lieux de ce genre, et qu'ils pourront en remettre la vidange à l'hiver ; et l'article 4 règle le cas où il est prétendu que la vidange requiert célérité.

5. Ordonne que les concessionnaires seront tenus, sous la peine de cinquante livres d'amende, de remettre aux propriétaires ou locataires le toisé des matières enlevées, huit jours au plus tard après la vidange des fosses, et que les propriétaires seront également tenus de faire vérifier le toisé dans la huitaine suivante, et que, faute par eux d'avoir fait faire cette vérification dans lesdits délais, ils seront tenus de s'en rapporter au toisé qui leur aura été remis par ledit concessionnaire.

L'article 6 porte que la vidange sera payée selon le tarif.

7. Ordonne que les concessionnaires seront tenus, sous peine de cinquante livres d'amende, de remettre tous les matins, à l'officier de police, qui sera commis pour veiller à l'exécution du présent arrêt, un état des fosses dont le travail sera indiqué pour la nuit suivante, à l'effet, par ledit officier de police, de se rendre sur les différents ateliers, pour en surveiller les travaux.

L'article 8 prescrit d'avoir des tinettes, voitures et ouvriers en nombre suffisant.

9. Ordonne que les tinettes seront tenues en bon état et bien scellées, de manière que les matières y contenues ne puissent s'écouler ; que les tinettes seront exactement lavées aussitôt qu'elles auront été vidées à la voirie, en sorte qu'elles soient propres lorsqu'on les rapportera en ville pour la continuation du travail, et ce, sous peine de dix livres d'amende pour chaque tinette trouvée défectueuse, et de prison contre les ouvriers qui auront négligé de les bien sceller et laver.

10. Ordonne que chaque voiture de tinettes sera garnie de trois traverses par devant et par derrière, afin de prévenir la chute des tinettes, et ce, sous peine de cinquante livres d'amende, et que les charretiers seront tenus d'avoir un maillet, pour pouvoir refermer les tinettes remplies de matières qui se descelleront pendant le transport, et ce, à peine de prison.

11. Ordonne que lesdits concessionnaires ne pourront commencer qu'à dix heures du soir la vidange des fosses dont l'emplacement ne permettra l'usage ni des portes, ni des cabinets, et qu'ils seront tenus de la cesser à sept heures en hiver et à six heures en été; qu'ils ne pourront approvisionner les ateliers de tinettes que dans la journée du travail ; leur enjoint de les faire enlever et porter à la voirie dans le jour qui suivra la vidange des fosses; le tout à peine de cinquante livres d'amende.

12. Ordonne que lesdits concessionnaires ne pourront faire répandre ni matières, ni eaux claires, autrement appelées vannes, provenant des fosses, dans les rues, ni les faire jeter dans les égouts ou dans la rivière, à peine de cinq cents livres d'amende.

13. Ordonne que lesdits concessionnaires ne pourront faire ouvrir les fosses les samedis et veilles de fête, qu'autant que la vidange pourra être achevée dans la même nuit, à peine de deux cents livres d'amende.

14. Ordonne que tous ouvriers vidangeurs étant inscrits sur les registres des concessionnaires et à leurs gages, ne pourront les quitter sans les avoir prévenus six semaines d'avance en été, et dans les autres temps quinze jours aussi d'avance. Enjoint auxdits ouvriers de se rendre aux ateliers aussitôt qu'ils en auront reçu l'ordre par leurs chefs; leur fait défense d'interrompre la vidange d'une fosse à laquelle ils seront employés et de la quitter aux heures du travail; le tout sous peine de prison.

15. Ordonne que les concessionnaires seront tenus de fournir, par chaque atelier, un seau propre, qui ne servira qu'à puiser de l'eau, et le tout sous peine de dix livres d'amende ; et que les ouvriers ne pourront employer ce seau à aucun autre usage, ni puiser de l'eau dans les puits avec des seaux ou éponges des fosses, sous peine de prison.

16. Ordonne qu'il y aura toujours, à la vidange de chaque fosse d'aisances, un chef d'atelier qui fera faire l'ouverture de la fosse en sa présence, et qui ne pourra faire crever la voûte, lorsqu'il n'en aura pas pu trouver la clef, sans y avoir été préalablement autorisé par un des commissaires au Châtelet, qui aura été commis à cet effet par le lieutenant général de police.

17. Ordonne que ledit commis ou chef d'atelier sera tenu d'être toujours présent et de surveiller avec exactitude les ouvriers, sans pouvoir s'absenter pendant les heures de travail, sous quelque prétexte que ce soit, sous peine de dix livres d'amende ; fait défenses aux ouvriers, sous peine de prison, de jeter des matières fécales dans les puits.

N° **129.** — *Arrêt du conseil d'Etat contre l'agiotage, à la Bourse* (1).

Du 22 septembre 1786.

Le roi, s'étant fait rendre compte de tout ce qui concerne le cours des effets publics, Sa Majesté n'a pu voir sans une vraie peine que, nonobstant les sages mesures qu'elle avait ordonnées l'année dernière pour réprimer les excès de l'agiotage, ce désordre, aussi nuisible au commerce dont il détourne les fonds, qu'aux négociations honnêtes dont il trouble toutes les combinaisons, s'efforçait encore depuis

---

(1) Voyez l'arrêt du conseil du 7 août 1785, sur le même objet.

quelque temps de se reproduire sous des formes qui, pour être différentes de celles déjà proscrites, n'ont guère moins d'inconvénients. Les défenses portées par l'arrêt rendu en son conseil, le 7 août 1785, ont à la vérité anéanti l'usage de ces compromis illusoires, inventés par la cupidité, et qui présentaient des piéges à la bonne foi, des ressources à l'intrigue, et des écueils à tous les gens avides de fortune ; mais l'intérêt, toujours ingénieux à s'affranchir de ce qui le captive, a trouvé moyen d'éluder le règlement qui interdit tout marché d'effets royaux ou publics, sans livraison ou dépôt réel des objets vendus : des reconnaissances concertées, des déclarations annulées par des contre-lettres et des dépôts fictifs, voilent aujourd'hui les contraventions, et rendent fort difficile d'en découvrir la trame. Sa Majesté, instruite des abus qui se perpétuent à l'aide de ces divers déguisements, a jugé à propos, pour y apporter un nouvel obstacle, d'ajouter aux prohibitions précédentes celle de faire à l'avenir aucun marché d'effets ayant cours à la Bourse, dont la livraison se trouverait différée au delà d'un terme qu'elle a fixé d'après ce qui s'observe dans les plus grandes places de commerce des pays étrangers ; mais , quelle que puisse être l'efficacité de cette nouvelle mesure, pour arrêter le cours des spéculations désordonnées qui font gémir les gens sensés, Sa Majesté doit compter encore plus sur l'impression salutaire que fera sans doute sur tous les esprits le témoignage public du mécontentement qu'elle aurait de la conduite de ceux qui continueraient à s'y livrer, et la résolution qu'elle a prise de les éloigner à jamais de tout emploi ou charge de finance. A quoi voulant pourvoir : oui le rapport, etc.; le roi, étant en son conseil , a ordonné et ordonne : Que les arrêts de son conseil des 7 août et 2 octobre 1785, seront exécutés, et notamment l'article 7 du premier desdits arrêts, qui déclare nuls les marchés et compromis d'effets royaux et autres quelconques, qui se feraient à terme, sans livraison desdits effets, ou sans le dépôt réel d'iceux. Veut, en outre, Sa Majesté, qu'il ne puisse être fait à l'avenir aucun marché d'effets royaux ou autres effets publics ayant cours à la Bourse, pour être livrés à un terme plus éloigné que celui de deux mois, à compter du jour de sa date; déclare nuls tous ceux qui seraient à plus long terme : ordonne que tous les marchés desdits effets seront signés de l'agent de change, par le ministère de qui la négociation aura été faite, aussi à peine de nullité. Enjoint, Sa Majesté, aux agents de change, d'inscrire sur leurs registres lesdits marchés à leur véritable date, sans pouvoir par eux se prêter à rien de contraire aux dispositions du présent arrêt, à peine d'une amende de dix mille livres et d'interdiction. Evoque, Sa Majesté, à elle et à son conseil, la connaissance des contestations nées et à naître au sujet des marchés à terme et compromis d'effets royaux, ou autres effets publics ayant cours à la bourse, ainsi que toutes contestations concernant les négociations desdits effets, faites par le ministère des agents de change et de leurs commis pour eux ; comme aussi de celles de même genre qui auraient été indûment faites par gens sans caractère ni qualités ; et icelles, circonstances et dépendances, a renvoyé et renvoie pardevant les sieurs Lenoir, Vidaud de la Tour et de Flesselles, conseillers d'Etat; Thiroux de Crosne, Raillard de Granvelle, Tourteau d'Orvilliers et Alexandre, maîtres des requêtes, pour être par lesdits sieurs commissaires, au nombre de trois au moins, statué sommairement et sans frais sur lesdites contestations, et prononcé, sur les contraventions, tant audit arrêt qu'à ceux des 7 août et 2 octobre 1785, par voie d'amende ou autrement, ainsi qu'il appartiendra ; Sa Majesté, leur attribuant toute cour, juridiction et connaissance, icelle interdisant à ses cours et juges. Seront, au surplus, les arrêts et règlements concernant la Bourse, exécutés dans toutes leurs dispositions. Ordonne que le présent arrêt sera imprimé, publié et affiché partout où besoin sera ; enjoint au sieur lieutenant général de police de tenir la main à son exécution.—Fait au conseil, etc.

N° 130. — *Lettres patentes portant défense d'introduire dans les vins, cidres et autres boissons quelconques, la céruse, la litharge et toutes autres préparations de plomb et de cuivre.*

Du 5 février 1787, regist. le 17 du même mois.

Louis, etc.—Nous sommes informé que, sous prétexte de clarifier les vins et les cidres ou d'en corriger l'acidité, plusieurs particuliers y insèrent de la céruse ou de la litharge; que cet usage s'est particulièrement introduit dans la province de Normandie, dans la fabrication des cidres; que l'on a même reconnu quelquefois, dans quelques-unes de ces boissons, la présence du cuivre, soit qu'il y en eût été ajouté à dessein, soit plutôt que son mélange fût l'effet d'un simple accident, le cuivre ni aucune de ces préparations n'ayant la propriété de rétablir les cidres aigres; l'attention particulière que nous portons à tout ce qui peut intéresser la vie ou la santé de nos sujets, exige que nous les préservions, par une loi émanée de notre sagesse, des dangers qui résulteraient pour eux de l'emploi d'ingrédients reconnus véritables poisons, et de l'usage des boissons dans lesquelles on les aurait fait entrer. A ces causes, etc.; défendons à toutes personnes, de quelque état et condition qu'elles soient, propriétaires, fermiers, vignerons, marchands ou autres, même à ceux qui composent les boissons pour leur consommation personnelle seulement, d'introduire dans les vins, cidres et autres boissons quelconques, la céruse, la litharge ou toute autre préparation de plomb ou de cuivre, soit à l'instant de la fabrication desdites boissons, soit après leur fabrication, sous quelque cause et prétexte que ce soit, même dans la vue de les corriger ou améliorer; ordonnons que ceux qui seront atteints et convaincus d'avoir introduit dans les boissons lesdites matières et préparations, ou d'avoir vendu, débité et donné à boire les boissons qu'ils savaient en être viciées, seront condamnés, sur la poursuite du ministère public, à trois années de galères et à mille livres d'amende, dont moitié sera au profit du dénonciateur; ordonnons pareillement que lesdites boissons reconnues viciées seront jetées et répandues de manière qu'elles soient entièrement soustraites à la consommation.—Si donnons en mandement, etc.

N° 131. — *Arrêt du parlement de Paris contenant règlement pour maintenir le bon ordre dans les ventes qui se font par autorité de justice.*

Du 24 mai 1787,

Ordonnons :

1. Que les arrêts et règlements du parlement, sentences et ordonnances de police, seront exécutés selon leur forme et teneur; en

conséquence, faisons défenses à tous marchands tapissiers, fripiers, brocanteurs et brocanteuses, revendeurs et revendeuses et chaudronniers de former dorénavant, entre eux, sous le titre de lotissement, revendage, révision, et sous tels autres titres et dénominations que ce soit et puisse être, aucune association qui ait pour objet de se procurer un gain illicite sur les marchandises, meubles et effets mobiliers exposés dans les ventes publiques, et qui leur seront adjugés, à peine de cinq cents livres d'amende contre chacun des contrevenants, dont moitié appartiendra au dénonciateur............

2. Leur faisons pareillement défenses de lotir, revider ou revendre entre eux les marchandises, meubles et effets dont ils se sont rendus adjudicataires, soit dans les cabarets ou maisons particulières, soit dans tel autre lieu que ce puisse être; et ce, sous les mêmes peines que dessus, et, en outre, à peine de saisie et confiscation desdites marchandises et effets.

3. Leur défendons, en outre, de s'emparer du devant des tables où se font les ventes et de pratiquer aucunes manœuvres pour accaparer les effets et se les faire adjuger à vil prix; leur enjoignons de laisser l'approche des tables libre aux bourgeois et autres personnes qui se présenteront, et de ne point mépriser et détériorer les meubles et effets qui seront exposés en vente, ni injurier ceux qui enchériront sur eux, à peine de cent livres d'amende et de toutes pertes, dépens, dommages et intérêts envers qui il appartiendra.

4. Enjoignons auxdits marchands tapissiers, fripiers, brocanteurs et brocanteuses, revendeurs et revendeuses, chaudronniers et autres fréquentant habituellement les ventes, de s'y comporter avec décence et tranquillité; leur faisons défenses d'injurier et insulter les officiers qui procèdent auxdites ventes, et d'exciter aucuns troubles ni aucunes rixes, émentes, à peine de deux cents livres d'amende contre chacun des contrevenants, même de plus grande peine si le cas y échoit.

5. Et, en cas de contravention aux articles 1 et 2 de la présente ordonnance, enjoignons aux huissiers-priseurs qui auront procédé aux ventes, de dresser des procès-verbaux des noms et demeures des contrevenants, et des infractions et contraventions qui auront été par eux commises, et qui viendront à la connaissance desdits huissiers-priseurs; lesquels procès-verbaux ils feront signer par les parties qui auront requis la vente, ou autres personnes présentes, pour, iceux communiqués aux procureurs du roi, être par lui requis et par nous statué et ordonné ce qu'il appartiendra; et lors desdits procès-verbaux, autorisons lesdits huissiers-priseurs à saisir les effets qui pourraient se trouver en revidage, lotissement, révision ou revente, et y établir séquestre aux frais de la chose, même de les faire enlever pour les séquestrer; à l'effet de quoi leur permettons de requérir, si besoin est, aide et main-forte de la garde.

6. Comme aussi, en cas de contravention aux articles 3 et 4, autorisons les huissiers-priseurs qui procéderont aux ventes, à faire arrêter les délinquants, s'il y a lieu; à l'effet de quoi tous officiers du guet et de police prêteront main-forte et assisteront lesdits huissiers-priseurs lorsqu'ils en seront par eux requis; lesquels officiers du guet et de police pourront, dans lesdits cas, s'introduire avec main-forte dans les maisons et endroits où l'on procédera aux ventes, sur la première réquisition des huissiers-priseurs, et sans qu'il soit besoin de l'assistance d'un commissaire; à la charge, néanmoins, par lesdits huissiers-priseurs, de dresser procès-verbal des contraventions dans la forme prescrite par l'article ci-dessus, et de faire conduire les contrevenants ou délinquants chez le premier commissaire, pour être par lui pareillement dressé procès-verbal et statué provisoirement ce qu'il appartiendra.

Nº **132**. — *Ordonnance de police concernant le charbon de bois.*

Du 8 juin 1787.

Enjoignons, jusqu'à ce qu'il en soit autrement ordonné, à tous plumets, porteurs de charges à col, chacun à son tour et rang, de porter directement chez le consommateur, soit du bateau en vente ou de la place du faubourg Saint-Antoine, les voies de charbon qui y auront été achetées. Leur faisons défenses de les déposer ailleurs, en quelque endroit que ce soit, à peine de trois mois d'interdiction de travail sur les ports et à ladite place de vente, pour la première fois, et de plus grande peine en cas de récidive ; d'exiger des bourgeois aucunes et plus fortes sommes que celle fixée et comprise dans le prix de chaque voie de charbon ; d'en conduire en charrette sous aucun prétexte; d'en faire aucun entrepôt ou dépôt, à peine de cinquante livres d'amende, dont le tiers appartiendra au dénonciateur, et même de prison ; de saisie et confiscation des charbons et sacs, charrettes, chevaux et harnais, lesquels seront vendus sur la première exposition, pour, sur le prix en provenant, l'amende et tous frais prélevés, être le surplus, si le surplus il y a, remis à la caisse de la ville.

Faisons très-expresses inhibitions et défenses à toutes personnes généralement quelconques, de donner aucune retraite auxdits plumets chargés de sacs de charbon ou braise, et de se prêter à de pareils entrepôts, sous tel prétexte que ce soit, à peine de trois cents livres d'amende, et de plus grande peine en cas de récidive.

Nº **133**. — *Arrêt du conseil d'État contre l'agiotage* (1).

Du 14 juillet 1787.

Le roi, s'étant fait représenter en son conseil les arrêts des 7 août, 2 octobre 1785 et 22 septembre 1786, par lesquels renouvelant les ordonnances et règlements concernant la bourse, Sa Majesté avait proscrit les négociations abusives qui s'y faisaient, et évoqué à elle et à son conseil toutes les contestations nées et à naître au sujet desdites négociations ; et Sa Majesté, étant informée que, malgré les dispositions desdits arrêts, l'agiotage qu'elle avait voulu réprimer se perpétue et s'étend encore tous les jours, elle a cru devoir changer quelques-unes des dispositions desdits arrêts, et y en ajouter d'autres qui allassent autant qu'il est possible à la source du mal, et en prévinssent encore plus certainement les suites.

Sa Majesté a en effet reconnu que ce n'était pas par sa surveillance directe et celle de son conseil, que l'agiotage pouvait être arrêté. Si ceux qui s'y livrent emploient, pour assurer leur gain, des moyens contraires à la probité et proscrits par les lois, les tribunaux ordinaires sont leurs juges naturels et suffisent pour les réprimer. S'ils n'emploient pas des moyens illicites, ils sont encore condamnables ; mais semblables à ceux dont les actions sont contraires aux mœurs, sans être contraires aux lois, ils doivent être abandonnés aux remords, à la honte et aux malheurs que, malgré quelques exemples rares, entraînent tôt ou tard des spéculations auxquelles une extrême

---

(1) Voyez l'arrêt du conseil du 7 août 1785.

avidité ne permet pas de mettre des mesures. Mais en même temps
que le roi ne veut gêner les actions de ses sujets que conformément à
la loi, et qu'il est dans l'intention de Sa Majesté de renvoyer aux tribunaux ordinaires les jugements de celles qu'elle défend, il est de sa
sagesse et même de sa justice d'ôter aux spéculations qui offensent
l'honnêteté publique toute facilité et tout aliment, et surtout de ne
leur pas permettre cette espèce de publicité qui ne doit être accordée
par le gouvernement qu'à celles qu'il est dans le cas d'approuver.

D'après ces principes, Sa Majesté, ayant considéré que l'agiotage
portait principalement sur les papiers et les effets des compagnies et
associations particulieres dont les profits incertains, et calculés d'a-
près la seule avidité, donnaient lieu à des spéculations hasardées, elle
a jugé convenable de restreindre dans de justes bornes la négociation
qui est faite de ces papiers et effets dans la bourse de Paris, et même
d'interdire dans les journaux et papiers publics la publication du
cours qu'ils peuvent avoir. Cette publication peut être regardée
comme une sorte d'autorisation capable d'induire en erreur les sujets
du roi, en leur faisant confondre, comme également solides, tous les
effets auxquels elle s'étend; et la bourse, qui, par son institution,
doit être le théâtre de la bonne foi et de la confiance, ne doit pas offrir
le spectacle d'un jeu indiscret et ruineux, également préjudiciable au
crédit public et à la fortune des particuliers.

A quoi voulant pourvoir : ouï le rapport, etc. ; le roi, étant en son
conseil, a révoqué et révoque la commission établie par l'arrêt du
22 septembre 1786; ce faisant, et renouvelant, en tant que de besoin,
les règlements contre les marchés illicites et ceux qui y participent, a
renvoyé et renvoie tout ce qui regarde l'exécution desdits règlements,
ainsi que les instances et affaires qui peuvent s'élever à raison desdits
marchés, par-devant les juges qui en doivent connaître. Veut, en outre,
Sa Majesté, qu'à l'exception des actions de la caisse d'escompte, aucuns des papiers et effets des compagnies et associations particulières
existants ou qui peuvent exister par la suite, ne puissent être négociés
à la bourse de Paris, que comme les billets et lettres de change entre
particuliers, et qu'en conséquence lesdits papiers et effets n'y puissent être criés et cotés, ni jouir d'aucuns des avantages qui n'appartiennent et ne doivent appartenir qu'aux effets royaux. Veut aussi,
Sa Majesté, que le cours desdits papiers et effets des compagnies et
associations particulières, ne puisse être inséré dans les journaux et
papiers publics. Defend, Sa Majesté, à tous agents de change ou courtiers de change et à tous autres, de s'immiscer dans ladite bourse de
la négociation desdits papiers, autrement qu'il n'est prescrit par le
présent arrêt. Veut, au surplus, Sa Majesté, que la bourse soit incessamment disposée de la manière la plus convenable pour y entretenir
le bon ordre et la facilité des négociations, et que toutes les ordonnances et les règlements de police qui concernent ladite bourse et lesdites négociations, soient exécutés suivant leur forme et teneur. Enjoint, Sa Majesté, au sieur Thiroux de Crosne, lieutenant général de
police, d'y tenir la main, ainsi qu'à l'exécution du présent arrêt, lequel sera lu, imprimé et affiché partout où besoin sera. — Fait au
conseil, etc.

N° **134.**— *Ordonnance de police concernant la police des ports et
quais de Paris.*

Du 31 août 1787 (1).

(1) Voir celle du 15 janvier 1720.

N° **135**. — *Ordonnance de police qui prohibe le colportage des bois.*

Du 13 novembre 1787.

Disons que notre ordonnance du 29 septembre 1784, sera exécutée selon sa forme et teneur. Faisons défenses à tous particuliers, gagne-deniers et autres, de colporter et vendre dans les rues de Paris et ses faubourgs, aucune espèce de falourdes, fagots et cotrets, et d'avoir clandestinement aucun dépôt, à peine de saisie et confiscation des bois, qui, après quinze jours à compter de la publication des présentes, seront trouvés en contravention, de cent livres d'amende pour la première fois, et de plus grande peine, en cas de récidive, même d'emprisonnement de leurs personnes; de laquelle amende moitié appartiendra au dénonciateur.

N° **136**.—*Ordonnance de police concernant les charretiers et conducteurs de chevaux.*

Du 21 décembre 1787.

1. Faisons défenses à tous charretiers, voituriers, garçons bouchers et autres, qui conduisent des charrettes et tombereaux dans les rues de cette ville et faubourgs, chargés ou non chargés, d'en conduire qui ne soient pas bonnes, bien conditionnées et d'une construction assez solide pour supporter les fardeaux dont elles seront chargées; de faire courir ni trotter les chevaux; de confier leurs voitures à des enfants qui ne soient pas en état de les conduire, de s'éloigner de leurs chevaux, et de conduire lesdites voitures autrement qu'à pied, à peine de cent livres d'amende et de confiscation de leurs chevaux et charrettes; pourront même, les contrevenants, être arrêtés et constitués prisonniers.

2. Défendons pareillement, et sous les mêmes peines, aux boulangers, plâtriers, meuniers, voituriers et tous autres, de faire trotter leurs chevaux et mulets dans les rues de la ville et faubourgs.

3. Enjoignons aux voituriers qui conduisent du moellon, des pierres à plâtre et de meulières, soit que lesdits matériaux entrent par les barrières, ou qu'ayant été déchargés sur les ports, ils en soient enlevés pour être conduits dans les différents ateliers, de garnir leurs voitures de ridelles devant, derrière et des côtés, de manière qu'il ne puisse rien tomber aux risques des passants; et de ne charger, sur leurs dites voitures, plus de quarante-trois à quarante-quatre pieds cubes, en sorte que cinq desdites voies ne puissent former qu'une toise de deux cent seize pieds cubes; seront pareillement tenus les carriers, leurs voituriers, ceux des entrepreneurs et autres qui conduisent ou font voiturer des pierres dures d'Arcueil, Meudon, Saint-Cloud, Bombans, Pierre-de-Souche, Vaugirard, Chaillot, Passy, la Vallée-de-Fécamp, Saint-Maur, Maisons et Lambourdes, même de celles de Saint-Leu, Troussy et Vergelet, à l'exception de ceux qui chargent sur des binards, de ne mettre et faire charger, sur chacune des voitures ordinaires, à deux roues, que vingt-huit à trente pieds cubes de pierre, y compris les bouzins et lits tendres; et les gravatiers et voituriers de sable, ceux qui enlèvent et voiturent les décombres et démolitions des bâtiments, seront également obligés d'avoir des tombereaux de grandeur convenable, solides et bien clos, de les charger carrément, et de manière qu'il ne puisse tomber aucun gravois, ni se faire d'épanchement dans les rues; le tout conformément à l'ordonnance de la juridiction des bâtiments, du 5 décembre 1738, et à l'arrêt du 29 décembre 1747, à peine de cent livres d'amende, de confiscation des matériaux, voitures et chevaux, tant contre les voituriers que contre les carriers, entrepreneurs et autres qui les auront employés. Enjoignons aux commis des portes et barrières et des ports et autres chargés de la perception des droits établis sur les matériaux, de veiller à l'exécution du présent article, de dresser des procès-verbaux des contraventions qu'ils auront constatées, et sur lesquels il sera par nous ensuite ordonné ce qu'il appartiendra.

4. Ne pourront les cabaretiers, hôteliers, marchands de chevaux, voituriers, loueurs de carrosses, messagers et tous autres, de quelque état et condition qu'ils soient, conduire et faire conduire, soit aux abreuvoirs ou ailleurs, dans cette ville et faubourgs, leurs chevaux et mulets en plus grand nombre de trois attachés en queue, y compris celui sur lequel le conducteur sera monté : leur défendons de les confier à leurs enfants, domestiques et autres, au dessous de l'âge de dix-huit ans, et de faire courir ou trotter lesdits chevaux et mulets dans les rues ; le tout à peine de saisie, confiscation, et de cinquante livres d'amende pour chaque contravention : pourront même, les conducteurs, être emprisonnés sur-le-champ.

5. Disons que les jardiniers, charretiers, voituriers et tous autres qui enlèvent les fumiers des maisons de cette ville et faubourgs, seront tenus de mettre sur les charrettes, chariots, tombereaux et autres voitures, une banne de longueur et largeur suffisantes pour les bien couvrir, de manière qu'il ne puisse tomber aucun fumier desdites voitures dans les rues, à peine de saisie et confiscation des voitures, chevaux et de cinquante livres d'amende.

6. Ordonnons pareillement, et sous les mêmes peines, aux voituriers et plâtriers qui amèneront du plâtre à Paris, de se servir de bannes assez longues et assez larges pour couvrir leurs voitures, et d'avoir sur leurs charrettes ou tombereaux, au-dessus du plâtre et aux côtés, le long des ridelles, des nattes propres à contenir leur plâtre.

7. Enjoignons auxdits plâtriers, aux brasseurs, gravatiers, boyaudiers, bouchers, et généralement à tous ceux qui se servent de charrettes, haquets ou tombereaux pour l'exercice de leur commerce et profession, des plaques de fer peintes en blanc, de douze pouces de long sur dix pouces de large, lesquelles seront attachées sur deux planches fermant les ouvertures des ridelles, et joignant les limons desdites voitures, ou au collier de leurs chevaux, pour ceux qui n'auront pas de ridelles; sur lesquelles plaques sera écrit en lettres et chiffres noirs, d'un pouce de hauteur, non seulement le numéro, mais encore les noms et surnoms des propriétaires d'icelles; le tout à peine de cent livres d'amende contre chacun des contrevenants et de confiscation des charrettes, haquets et tombereaux qui seront trouvés sans plaque dans la forme ci-dessus prescrite, des chevaux et marchandises dont lesdites charrettes, haquets ou tombereaux seront chargés, et de plus grande peine en cas de récidive.

8. Faisons très-expresses inhibitions et défenses à tous marchands loueurs de chevaux et de carrosses et à toutes personnes, de quelque qualité et condition qu'elles soient, de faire courir ou trotter, essayer ou faire essayer, exercer ou faire exercer aucuns chevaux dans les rues de la ville et des faubourgs de Paris, sinon dans les marché public, lieux et endroits destinés pour cet effet, à peine de trois cents livres d'amende, même de prison.

9. Seront, les maîtres des voitures, des conducteurs d'icelles et des chevaux, civilement garants et responsables de toutes les peines portées par les différents articles de la présente ordonnance, et les pères et mères pour leurs enfants.

N° **137.** — *Ordonnance du lieutenant général de police, concernant la vente des huîtres.*

Du 12 septembre 1788.

1. Les arrêts et règlements du parlement, sentences et ordonnances de police, seront exécutés selon leur forme et teneur; et, en conséquence, faisons défenses à tous marchands d'huîtres, mariniers, voituriers par eau et autres particuliers de la ville de Dieppe, du port de la Hogue et autres ports de mer, d'altérer, falsifier et autrement mixtionner les huîtres qu'ils enverront en cette ville, tant par eau que par terre; leur enjoignons de les livrer bonnes, loyales et marchandes, bien conditionnées, à peine de cinquante livres d'amende, de confiscation des marchandises, même des bateaux et autres voitures qui auront servi à les conduire, et d'être en outre procédé, contre les propriétaires vendant lesdites huîtres, extraordinairement, si le cas y échoit.

2. Ne pourront, lesdits marchands, leurs facteurs et commissionnaires, exposer ni vendre aucunes marchandises d'huîtres, ni les écaillers et colporteurs les crier et vendre dans les rues, depuis le dernier avril jusqu'au 10 septembre de chaque année, à peine de deux cents livres d'amende contre chacun des contrevenants, même de confiscation desdites marchandises.

3. Faisons défenses, sous la même peine de deux cents livres d'amende et même de prison, à tous débitants d'huîtres, gagne-deniers et autres, d'aller au-devant des voitures d'huîtres, sur les routes ou ailleurs, sous le prétexte de marquer et de retenir des paniers, et sous tel autre prétexte que ce soit; même aux facteurs et factrices d'huîtres de les remettre ou faire remettre à ceux qui prétendraient les avoir marquées en route; comme aussi à tous écaillers et autres de revendre en regrat des paniers d'huîtres à l'heure de la vente, et dans les endroits destinés à ce commerce, notamment aux portes des magasins et dans la rue Montorgueil.

4. Enjoignons auxdits facteurs et factrices d'avoir au-devant de leurs bureaux, rue Montorgueil, un tableau indicatif des espèces d'huîtres dont la vente leur sera permise par les commissions qui leur auront été par nous délivrées : leur faisons défenses d'annoncer d'autres huîtres par leurs tableaux et par les cartes qu'ils pourront faire distribuer dans Paris, à peine de deux cents livres d'amende, de confiscation desdites huîtres et même de destitution de leurs commissions.

5. Faisons pareillement défenses auxdits facteurs et factrices, colporteurs, ouvreurs d'huîtres et à tous autres, d'arranger les huîtres de Grandville, de Caen et autres endroits, dans des cloyères, à l'instar de ce qui se pratique pour les huîtres de Dieppe; leur enjoignons de les vendre et délivrer dans des paniers telles qu'elles arrivent, et ce, sous les peines portées en l'article précédent.

6. Il est aussi fait défenses, sous les mêmes peines, aux facteurs et factrices qui tiennent des huîtres vertes de Basse-Normandie ou d'autres endroits que de l'Angleterre, de les qualifier et vendre sous la dénomination d'huîtres d'Angleterre.

7. Seront, les huîtres de Dieppe et autres villes et ports de mer,

venant par terre, vues et visitées à leur arrivée par le commissaire qui
sera à cet effet commis; et contiendra, chaque panier d'huîtres blanches, quarante-huit douzaines, les demis et quarts à proportion, à
peine de deux cents livres d'amende et de confiscation de la marchandise.

8. Disons qu'à l'égard des huîtres en bateau, elles seront vues et visitées au moment de leur arrivée, et avant que de pouvoir être exposées en vente, tant par le commissaire, qui sera par nous commis à
cet effet, que par l'inspecteur des ports, pour, sur leur rapport, être
ordonné sur-le-champ ce qu'il appartiendra.

9. Défendons aux propriétaires desdites huîtres, venant en bateau,
d'en laisser enlever par charretée, et aux écaillers et colporteurs d'en
prendre plus de quatre cents à la fois, lesquelles seront sonnées les
unes après les autres sur la berge du bateau, afin de mettre à part
toutes celles qui ne seront pas de bonne qualité, à peine de deux
cents livres d'amende tant contre les propriétaires des huîtres que
contre les écaillers, et de confiscation de la marchandise.

10. Défendons pareillement aux colporteurs. ouvreurs d'huîtres et
à tous autres d'aller au-devant des bourgeois, et de s'entremettre pour
leur faire avoir des huîtres, ni d'entrer sur les barques; pourront
même être emprisonnés en cas de contravention. Ordonnons que les
huîtres seront portées sur la berge par le commissionnaire chargé de
la vente de chaque bateau, et par lui livrées aux bourgeois, après les
avoir sonnées : disons que les matelots, qui se tiennent ordinairement au bout de la planche, seront tenus d'en recevoir le prix par
eux-mêmes des bourgeois et des écaillers; le tout à peine de deux
cents livres d'amende.

11. Les huîtres seront délivrées aux écaillers et aux bourgeois sur
le pied de quatre au cent; ne pourront, les compteurs, en délivrer
une plus grande quantité par cent, sous quelque prétexte que ce soit,
à peine de deux cents livres d'amende.

12. Ordonnons que lesdits bateaux ne pourront tenir planche pour
la vente et distribution de leurs huîtres. plus de cinq jours, après lequel temps, toutes les huîtres qui resteront dans lesdits bateaux, de
même que celles qui auront été jugées défectueuses en les sonnant,
seront gardées dans les bateaux et jetées à terre, dans quelque endroit éloigné, sans que les mariniers puissent les jeter ni faire jeter
dans la rivière, à peine de cinquante livres d'amende.

N° **138**. — *Ordonnance de police concernant la sûreté publique* (*médecins, etc.*)

Du 4 novembre 1788 (1).

N° **139**.—*Ordonnance de police qui défend de passer la rivière sur la glace, d'y glisser et patiner.*

Du 9 décembre 1788.

Défendons de passer la rivière sur la glace, d'y glisser ou patiner,
à peine de six livres d'amende, et de cinquante livres en cas de récidive.

---

(1) Voir celle du 8 novembre 1780.

N° **140**.—*Décret portant abolition du régime féodal, des justices seigneuriales, des dîmes, de la vénalité des offices, des priviléges, des annates, de la pluralité de bénéfices, etc.*

4, 6, 7, 8, 11 août, sanct. le 21 septembre et prom. le 3 novembre 1789.

2. Le droit exclusif des fuies et colombiers est aboli ; les pigeons seront enfermés aux époques fixées par les communautés ; et durant ce temps, ils seront regardés comme gibier, et chacun aura le droit de les tuer sur son terrain.

N° **141**.—*Ordonnance de police sur le charbon.*

Du 11 septembre 1789 (1).

N° **142**. — *Décret relatif à la constitution des municipalités.*

Du 14 décembre 1789.

50. Les fonctions propres au pouvoir municipal, sous la surveillance et l'inspection des assemblées administratives, sont :

.... De faire jouir les habitants des avantages d'une bonne police, notamment de la propreté, de la salubrité, de la sûreté et de la tranquillité dans les rues, lieux et édifices publics.

N° **143**. — *Décret relatif à la constitution des assemblées primaires et des assemblées administratives.*

Du 22 décembre 1789—janvier 1790.

SECTION III.

2. Les administrations de département seront encore chargées, sous l'autorité et l'inspection du roi, comme chef suprême de la nation et de l'administration générale du royaume, de toutes les parties de cette administration, notamment de celles qui sont relatives :

1° Au soulagement des pauvres et à la police des mendiants et vagabonds ;

2° A l'inspection et à l'amélioration du régime des hôpitaux, Hôtels-Dieu, établissements et ateliers de charité, prisons, maisons d'arrêt et de correction ;

---

(2) Voir l'ordonnance de décembre 1672.

3° A la surveillance de l'éducation publique et de l'enseignement politique et moral ;

4° A la manutention et à l'emploi des fonds destinés, en chaque département, à l'encouragement de l'agriculture, de l'industrie et à toute espèce de bienfaisance publique ;

5° A la conservation des propriétés publiques ;

6° A celle des forêts , rivières, chemins et autres choses communes ;

7° A la direction et confection des travaux pour la confection des routes, canaux et autres ouvrages publics autorisés dans le département ;

8° A l'entretien, réparation et reconstruction des églises, presbytères et autres objets nécessaires au service du culte religieux ;

9° Au maintien de la salubrité, de la sûreté et de la tranquillité publiques ;

10° Enfin, au service et à l'emploi des milices ou gardes nationales, ainsi qu'il sera réglé par des décrets particuliers.

N° **144**. — *Décret concernant l'extinction de la mendicité dans Paris et dans le royaume, et l'établissement d'ateliers de charité.*

Des 30 mai—13 juin 1790.

L'assemblée nationale, informée qu'un grand nombre de mendiants étrangers au royaume, abondant de toutes parts dans Paris, y enlèvent journellement les secours destinés aux pauvres de la capitale et du royaume, et y propagent avec danger l'exemple de la mendicité, qu'elle se propose d'éteindre entièrement, décrète ce qui suit :

1. Indépendamment des ateliers déjà ouverts dans Paris, il en sera encore ouvert dans la ville et dans les environs, soit en travaux de terre pour les hommes, soit en filature pour les femmes et enfants, où seront reçus tous les pauvres domiciliés dans Paris ou étrangers à la ville de Paris, mais Français.

2. Tous les mendiants et gens sans aveu étrangers au royaume, non domiciliés à Paris depuis un an, seront tenus de demander des passeports, où sera indiquée la route qu'ils devront suivre pour sortir du royaume.

3. Tous mendiants nés dans le royaume, mais non domiciliés à Paris depuis six mois, et qui ne voudront pas prendre d'ouvrage, seront tenus de demander un passe-port, où sera indiquée la route qu'ils devront suivre pour se rendre à leur municipalité.

4. Huit jours après la proclamation du présent décret, tous les pauvres valides trouvés mendiant dans Paris ou dans les départements voisins, seront conduits dans les maisons destinées à les recevoir, à différentes distances de la capitale, pour, de là, sur les renseignements que donneront leurs différentes déclarations, être renvoyés hors du royaume, s'ils sont étrangers, ou, s'ils sont du royaume, dans leurs départements respectifs, après leur formation ; le tout sur des passe-ports qui leur seront donnés. Il sera incessamment présenté à l'assemblée un règlement provisoire pour le meilleur régime et la meilleure police de ces maisons, où le bien-être des détenus dépendra particulièrement de leur travail.

5. Il sera en conséquence accordé à chaque département, quand il sera formé, une somme de trente mille livres, pour être employée aux travaux utiles.

6. La déclaration à laquelle seront soumis les mendiants conduits dans ces maisons, sera faite au maire ou autre officier municipal, en présence de deux notables.

7. Il sera accordé trois sous par lieue à tout individu porteur d'un passe-port.

Ce secours sera donné par les municipalités successivement de dix lieues en dix lieues.

Le passe-port sera visé par l'officier municipal auquel il sera présenté: et la somme qui aura été délivrée y sera relatée.

8. Tout homme qui, muni d'un passe-port, s'écartera de la route qu'il doit tenir, ou séjournera dans les lieux de son passage, sera arrêté par les gardes nationales des municipalités, ou par les cavaliers de la maréchaussée des départements, et conduit dans les lieux de dépôt les plus prochains; ceux-ci rendront compte sur-le-champ aux officiers municipaux des lieux où ces hommes auront été arrêtés et conduits.

9. Les municipalités des départements voisins des frontières seront tenues de prendre les mesures et les moyens ci-dessus énoncés pour renvoyer hors du royaume les mendiants étrangers sans aveu qui s'y seraient introduits, ou tenteraient de s'y introduire.

10. Les mendiants malades, hors d'état de travailler, seront conduits dans les hôpitaux les plus prochains pour y être traités, et ensuite renvoyés, après leur guérison, dans leurs municipalités, munis de passe-ports convenables.

11. Les mendiants infirmes, les femmes et enfants hors d'état de travail, conduits dans ces hôpitaux et ces maisons de secours, seront traités pendant leur séjour avec tous les soins dus à l'humanité souffrante.

12. A la tête des passe-ports délivrés, soit pour l'intérieur du royaume, soit pour les pays étrangers, seront imprimés les articles du présent décret, et le signalement des mendiants y sera également inscrit.

13. Il sera fourni par le trésor public les sommes nécessaires pour rembourser cette dépense extraordinaire, tant aux municipalités qu'aux hôpitaux.

14. Le roi sera supplié de donner les ordres nécessaires pour l'exécution du présent décret.

N° **145.** — *Décret sur la chasse* (1).

Des 22—30 avril 1790 (1).

N° **146.**—*Loi sur l'organisation judiciaire.*

Paris, 16—24 août 1790.

TITRE XI.

Des juges en matière de police.

1. Les corps municipaux veilleront et tiendront la main, dans l'é-

(1) Voir la loi du 3 mai 1844.

tendue de chaque municipalité, à l'exécution des lois et des règlements de police, et connaîtront du contentieux auquel cette exécution pourra donner lieu.

2. Le procureur de la commune poursuivra d'office les contraventions aux lois et aux règlements de police ; et cependant chaque citoyen, qui en ressentira un tort ou un danger personnel, pourra intenter l'action en son nom.

3. Les objets de police, confiés à la vigilance et à l'autorité des corps municipaux, sont :

1° Tout ce qui intéresse la sûreté et la commodité du passage dans les rues, quais, places et voies publiques ; ce qui comprend le nettoiement, l'illumination, l'enlèvement des encombrements, la démolition ou la réparation des bâtiments menaçant ruine, l'interdiction de rien exposer aux fenêtres ou autre partie des bâtiments qui puisse nuire par sa chute, et celle de ne rien jeter qui puisse blesser ou endommager les passants, ou causer des exhalaisons nuisibles ;

2° Le soin de réprimer et de punir les délits contre la tranquillité publique, tels que les rixes et disputes accompagnées d'ameutements dans les rues, le tumulte excité dans les lieux d'assemblée publique, les bruits et attroupements nocturnes qui troublent le repos des citoyens ;

3° Le maintien du bon ordre dans les endroits où il se fait de grands rassemblements d'hommes, tels que les foires, marchés, réjouissances et cérémonies publiques, spectacles, jeux, cafés, églises et autres lieux publics ;

4° L'inspection sur la fidélité du débit des denrées qui se vendent au poids, à l'aune ou à la mesure, et sur la salubrité des comestibles exposés en vente publique ;

5° Le soin de prévenir par les précautions convenables, et celui de faire cesser par la distribution des secours nécessaires, les accidents et fléaux calamiteux, tels que les incendies, les épidémies, les épizooties, en provoquant aussi, dans ces deux derniers cas, l'autorité des administrations de département et de district ;

6° Le soin d'obvier ou de remédier aux événements fâcheux qui pourraient être occasionnés par les insensés ou les furieux laissés en liberté, et par la divagation des animaux malfaisants ou féroces.

4. Les spectacles publics ne pourront être permis et autorisés que par les officiers municipaux. Ceux des entrepreneurs et directeurs actuels qui ont obtenu des autorisations, soit des gouverneurs des anciennes provinces, soit de toute autre manière, se pourvoiront devant les officiers municipaux, qui confirmeront leur jouissance pour le temps qui en reste à courir, à charge d'une redevance envers les pauvres.

5. Les contraventions à la police ne pourront être punies que de l'une de ces deux peines, ou de la condamnation à une amende pécuniaire, ou de l'emprisonnement, par forme de correction, pour un temps qui ne pourra excéder trois jours dans les campagnes, et huit jours dans les villes, dans les cas les plus graves.

6. Les appels de jugements en matière de police seront portés au tribunal du district ; et ces jugements seront exécutés par provision, nonobstant l'appel et sans y préjudicier.

7. Les officiers municipaux sont spécialement chargés de dissiper les attroupements et émeutes populaires, conformément aux dispositions de la loi martiale, et responsables de leur négligence dans cette partie de leur service.

N° **147**. —*Loi relative aux postes et messageries.*

Des 26—29 août 1790 (1).

———◆———

N° **148**.— *Décret relatif aux domaines nationaux, aux échanges et concessions et aux apanages.*

Des 22 novembre et 1er décembre 1790.

Les chemins publics, les rues et places des villes, les fleuves et rivières navigables, les rivages, lais et relais de la mer, les ports, les havres, les rades, etc., et en général toutes les portions du territoire national qui ne sont pas susceptibles d'une propriété privée, sont considérés comme des dépendances du domaine public.

———◆———

N° **149**.—*Loi concernant la liberté des théâtres publics, et les ouvrages des auteurs vivants ou morts depuis cinq ans.*

Des 13—19 janvier 1791; transcrite le 4 février, sur les registres de la municipalité de Paris.

Louis, par la grâce de Dieu, et par la loi constitutionnelle de l'Etat, roi des Français : à tous présents et à venir, salut.

L'assemblée nationale a décrété, et nous voulons et ordonnons ce qui suit :

Décret de l'Assemblée nationale, du 13 *janvier* 1791.

L'assemblée nationale, ouï le rapport de son comité de constitution, décrète ce qui suit:

3. Les ouvrages des auteurs vivants ne pourront être représentés sur aucun théâtre public, dans toute l'étendue de la France, sans le consentement formel, et par écrit, des auteurs, sous peine de confiscation du produit total des représentations au profit des auteurs.

4 La disposition de l'article 3 s'applique aux ouvrages déjà représentés, quels que soient les anciens règlements; néanmoins, les actes qui auraient été passés entre les comédiens et les auteurs seront exécutés.

5. Les héritiers ou les cessionnaires des auteurs, seront propriétaires de leurs ouvrages, durant l'espace de cinq années, après la mort de l'auteur.

6. Les entrepreneurs ou les membres des différents théâtres seront, à raison de leur état, sous l'inspection des municipalités; ils ne recevront des ordres que des officiers municipaux, qui ne pourront pas arrêter ni défendre la représentation d'une pièce, sauf la responsabilité des auteurs et des comédiens, et qui ne pourront rien enjoindre aux

———

(1) V. l'arrêté des Consuls du 27 prairial an IX (16 juin 1801).

comédiens que conformément aux lois et aux règlements de police, règlements sur lesquels le comité de constitution dressera incessamment un projet d'instruction ; provisoirement, les anciens règlements seront exécutés.

7. Il n'y aura, au spectacle, qu'une garde extérieure, dont les troupes de ligne ne seront point chargées, si ce n'est dans le cas où les officiers municipaux leur en feraient la réquisition formelle. Il y aura toujours un ou plusieurs officiers civils dans l'intérieur des salles, et la garde n'y pénétrera que dans le cas où la sûreté publique serait compromise et sur la réquisition expresse de l'officier civil, lequel se conformera aux lois et aux règlements de police : tout citoyen sera tenu d'obéir provisoirement à l'officier civil.

Mandons et ordonnons à tous les tribunaux, corps administratifs et municipalités, que les présentes ils fassent transcrire sur leurs registres, lire, publier et afficher dans leurs ressorts et départements respectifs, et exécuter comme loi du royaume. En foi de quoi, nous avons signé et fait contre-signer cesdites présentes, auxquelles nous avons fait apposer le sceau de l'Etat.

N° 150.—*Loi portant suppression de tous les droits d'aides, suppression de toutes les maîtrises et jurandes, et établissement de patentes* (1).

Paris, les 2—17 mars 1791.

Louis, par la grâce de Dieu, et par la loi constitutionnelle de l'Etat, roi des Français : à tous présents et à venir, salut.

L'assemblée nationale a décrété, et nous voulons et ordonnons ce qui suit :

Décret de l'Assemblée nationale du 2 mars 1791.

L'assemblée nationale décrète ce qui suit :

1. A compter du 1er avril prochain, les droits connus sous le nom de droits d'aides, perçus par inventaire ou à l'enlèvement, vente ou revente en gros, à la circulation, à la vente en détail sur les boissons ; ceux connus sous le nom d'impôts et billots et devoirs de Bretagne, d'équivalent du Languedoc, de masphaueng en Alsace, le privilége de la vente exclusive des boissons dans les lieux qui y étaient sujets : le droit des quatre membres et autres de même nature, perçus dans les ci-devant provinces de Flandres, Haynaut, Artois, Lorraine et Trois-Évêchés ; le droit d'inspecteur aux boucheries, et tous autres droits d'aides ou réunis aux aides, et perçus à l'exercice dans toute l'étendue du royaume ; les droits sur les papiers et cartons ; le droit maintenant perçu sur les cartes à jouer, et autres dépendant de la régie générale, même les droits perçus pour les marques et plombs que les manufacturiers et fabricants étaient tenus de faire apposer aux étoffes et autres objets provenant de leurs fabriques et manufactures, sont abolis.

2. A compter de la même époque, les offices de perruquiers-barbiers-baigneurs-étuvistes, ceux des agents de change, et tous autres offices pour l'inspection et les travaux des arts et du commerce, les

(1) V. la loi du 25 avril 1844.

brevets et les lettres de maîtrise, les droits perçus pour la réception des maîtrises et jurandes, ceux du collége de pharmacie, et tous priviléges de professions, sous quelque dénomination que ce soit, sont également supprimés.

Le comité de judicature proposera incessamment un projet de décret sur le mode et le taux des remboursements des offices mentionnés au présent article.

3. Les particuliers qui ont obtenu des maîtrises et jurandes, ceux qui exercent des professions en vertu de priviléges ou brevets, remettront, au commissaire chargé de la liquidation de la dette publique, leurs titres, brevets et quittance de finance, pour être procédé à la liquidation des indemnités qui leur sont dues, lesquelles indemnités seront réglées sur le pied des fixations de l'édit du mois d'août 1776, et autres subséquents, et à raison seulement des sommes versées au trésor public, de la manière ci-après déterminée.

4. Les particuliers reçus dans les maîtrises et jurandes depuis le 4 août 1789, seront remboursés de la totalité des sommes versées au trésor public.

A l'égard de ceux dont la réception est antérieure à l'époque du 4 août 1789, il leur sera fait déduction d'un trentième par année de jouissance: cette déduction, néanmoins, ne pourra s'étendre au delà des deux tiers du prix total; et ceux qui jouissent depuis vingt ans et plus, recevront le tiers des sommes fixées par l'édit d'août 1776 et autres subséquents.

Les remboursements ci-dessus énoncés seront faits par la caisse de l'extraordinaire; mais ils n'auront point lieu pour les particuliers qui auraient renoncé à leur commerce depuis plus de deux ans.

Quant aux particuliers aspirant à la maîtrise, qui justifieront avoir payé des sommes à compte sur le prix de la maîtrise qu'ils voulaient obtenir, et qui, à la faveur de ces payements, ont joui de la faculté d'exercer leur profession, ils seront remboursés de ces avances, dans les proportions ci-dessus fixées pour les maîtres qui ont payé en entier le prix de la maîtrise.

5. Les syndics des corps et communautés d'artisans et marchands, seront tenus de représenter ou de rendre leurs comptes de gestion aux municipalités, lesquelles les vérifieront, et formeront l'état général des dettes actives et passives et biens de chaque communauté; ledit état sera envoyé aux directoires de districts et départements qui, après vérification, le feront passer au commissaire du roi, chargé de la liquidation de la dette publique, lequel en rendra compte au comité des finances, pour en être par lui fait rapport à l'assemblée nationale.

Le commissaire du roi ne pourra néanmoins surseoir à la liquidation des remboursements et offices de chaque individu; il se fera remettre les états, titres, pièces et renseignements nécessaires pour constater l'état actuel et achever, s'il y a lieu, la liquidation des dettes contractées antérieurement au mois de février 1776, par les corps et communautés.

6. Les fonds existants dans les caisses des différentes corporations, après l'apurement des comptes qui seront rendus au plus tard dans le délai de six mois, à compter de la promulgation du présent décret, seront versés dans la caisse du district, qui en tiendra compte à celle de l'extraordinaire. Les propriétés, soit mobilières, soit immobilières desdites communautés, seront vendues dans la forme prescrite pour l'aliénation des biens nationaux, et le produit desdites ventes sera pareillement versé dans la caisse de l'extraordinaire.

7. A compter du 1er avril prochain, il sera libre à toute personne de faire tel négoce ou d'exercer telle profession, art ou métier qu'elle

trouvera bon ; mais elle sera tenue de se pourvoir auparavant d'une patente, d'en acquitter le prix suivant les taux ci-après déterminés, et de se conformer aux règlements de police qui sont ou pourront être faits.

Sont exceptés de l'obligation de se pourvoir de patentes :

1° Les fonctionnaires publics, exerçant des fonctions gratuites, ou salariés par le trésor public, pourvu néanmoins qu'ils n'exercent point d'autres professions étrangères à leurs fonctions ;

2° Les cultivateurs occupés aux exploitations rurales ;

3° Les personnes qui ne sont pas comprises au rôle de la contribution mobilière, pour la taxe de trois journées de travail ;

4° Les apprentis, compagnons et ouvriers à gages, travaillant dans les ateliers de fabricants pourvus de patentes ;

5° Les propriétaires et les cultivateurs pour la vente de leurs bestiaux, denrées et productions, excepté le cas où ils vendraient les boissons de leur crû à pinte et à pot.

8. Les vendeurs et vendeuses de fleurs, fruits, légumes, poissons, beurre et œufs, vendant dans les rues, halles et marchés publics, ne seront point tenus de se pourvoir de patentes, pourvu qu'ils n'aient ni boutiques ni échoppes et qu'ils ne fassent aucun autre négoce, à la charge par eux de se conformer aux règlements de police.

9. Tout particulier qui voudra se pourvoir d'une patente, en fera, dans le mois de décembre de chaque année, à la municipalité du ressort de son domicile, sa déclaration, laquelle sera inscrite sur un registre à souche ; il lui en sera délivré un certificat coupé dans la feuille de sa déclaration. Ce certificat contiendra son nom et la valeur locative de ses habitation, boutique, magasin et atelier. Il se présentera ensuite chez le receveur de la contribution mobilière, auquel il payera comptant le quart du prix de la patente, suivant les taux ci-après fixés, et fera sa soumission de payer le surplus par parties égales, dans les mois de mars, juin et septembre. Ce receveur lui délivrera quittance de l'a-compte et récépissé de la soumission, au dos du certificat ; et sur la représentation de ces certificat, quittance et récépissé, qui seront déposés et enregistrés aux archives du district, la patente lui sera délivrée au secrétariat du directoire pour l'année suivante.

Ceux qui auront payé le quart du prix de leurs patentes, et qui négligeront d'acquitter les autres parties aux termes fixés, y seront contraints comme pour le payement de la contribution mobilière.

Les déclarations, certificats, quittances, soumissions et patentes, seront sur papier timbré, et conformes aux modèles annexés au présent décret.

10. Ceux qui voudront faire le négoce ou exercer une profession, art et métier quelconque, pendant la présente année, seront tenus de se présenter à leurs municipalités avant le 1er avril prochain, et de remplir, avant la fin du même mois, les formalités prescrites par les articles précédents. Ils acquitteront comptant un tiers du droit, et fourniront leur soumission de payer un second tiers dans le courant de juillet prochain, et le surplus dans le courant d'octobre suivant.

La jouissance des patentes qui leur seront délivrées, commencera au 1er avril prochain, et les prix en seront fixés aux trois quarts des patentes qui, dans la suite, seront accordées pour une année.

11. Les particuliers qui, dans le courant d'une année, voudront se pourvoir de patentes, en auront la faculté, en remplissant les formalités prescrites, et le droit sera compté, pour le restant de l'année, à dater du premier jour du quartier dans lequel ils auront demandé des patentes.

12. Le prix des patentes annuelles pour les négoces, arts, métiers et professions autres que ceux qui seront ci-après exceptés, sera réglé à raison du prix du loyer, ou de la valeur locative de l'habitation des boutiques, magasins et ateliers occupés par ceux qui les demanderont, et dans les proportions suivantes :

Deux sous pour livre du prix du loyer jusqu'à quatre cents livres ; deux sous six deniers pour livre, depuis quatre cents jusqu'à huit cents livres ; et trois sous par livre au-dessus de huit cents livres.

13. Les boulangers qui n'auront pas d'autre commerce ou profession, ne payeront que la moitié du prix des patentes, réglé par l'article précédent.

14. Les particuliers qui voudront réunir à leur négoce, métier ou profession, les professions de marchands de vin, brasseurs, limonadiers, distillateurs, vinaigriers, marchands de bière et de cidre, aubergistes, hôteliers donnant à boire et à manger, traiteurs, restaurateurs, les fabricants et débitants de cartes à jouer, les fabricants et débitants de tabac, ceux même qui n'exerceraient que les professions ci-dessus dénommées, payeront leurs patentes dans les proportions suivantes, savoir :

Trente livres quand le loyer total de leur habitation et dépendances sera de deux cents livres et au-dessous ; trois sous six deniers pour livre du prix de ce loyer, quand il sera au-dessus de deux cents livres, jusques et compris quatre cents livres ; quatre sous pour livre du prix de ce loyer, quand il surpassera quatre cents livres, jusques et compris six cents livres ; quatre sous six deniers quand il sera de six cents livres à huit cents livres ; et enfin, cinq sous pour livre pour les loyers au-dessus de huit cents livres.

15. Il sera délivré des patentes pour un ou plusieurs mois aux propriétaires et cultivateurs qui voudront vendre en détail des boissons de leur crû ; le prix desdites patentes sera de trois livres par mois : elles ne seront délivrées qu'après l'accomplissement des formalités prescrites, et que le prix en aura été acquitté entre les mains du préposé au recouvrement des contributions mobilière et d'habitation ; mais ces patentes ne pourront être accordées pour plus de six mois dans le cours de l'année : au delà de ce terme, elles seront réputées patentes annuelles et seront payées comme telles.

16. Les colporteurs exerçant le négoce dans les villes, campagnes, foires et marchés ; les forains exerçant le négoce ou leur profession hors de leurs domiciles et hors les temps de foires, seront tenus de se pourvoir de patentes particulières et spéciales, conformément aux modèles annexés au présent décret, et après avoir rempli les formalités prescrites. Le prix entier des patentes des colporteurs et forains sera payé comptant, et fixé suivant les proportions de l'article 12, mais ne pourra être au-dessous de dix livres pour les marchands portant la balle ; de cinquante livres pour ceux qui emploieront à leur commerce un cheval ou autre bête de somme, et quatre-vingts livres pour ceux qui se serviront d'une voiture, quand même le prix du loyer de leur domicile établirait une proportion inférieure. Lesdits colporteurs et marchands forains seront tenus, lorsqu'ils en seront requis, de justifier de leur domicile et de leur taxe mobilière et d'habitation, même de représenter leur patente de colporteur ou forain aux officiers municipaux des lieux où ils exerceront leur commerce.

17. Il sera versé deux sous pour livre du prix de chaque patente dans la caisse de la commune, pour servir à ses dépenses particulières.

Les officiers municipaux tiendront la main à ce qu'aucun particulier ne s'immisce dans l'exercice des professions assujetties à des patentes

par le présent décret, sans avoir rempli les formalités ci-devant prescrites, et sans avoir acquitté le droit.

18. Tout particulier qui aura obtenu une patente sera obligé,
avant d'en faire usage, de la rapporter à la municipalité, où il sera apposé un visa au bas de la déclaration prescrite par l'article 9. Tout colporteur et forain sera de plus obligé de faire viser sa patente dans
toutes les municipalités autres que celle de son domicile. Est excepté
de cette règle le forain en temps de foire seulement.

Il sera dressé dans chaque municipalité une liste ou un registre al-
phabétique des noms des personnes qui auront obtenu une patente,
ainsi que de ceux des forains ou colporteurs qui auront fait viser les
leurs. Cette liste sera déposée au secrétariat de la municipalité, et il
sera libre à toute personne de la voir.

19. Tout particulier qui fera le négoce, exercera une profession,
art ou métier quelconque, sans avoir rempli les formalités prescrites
par les articles précédents, et s'être pourvu d'une patente, sera condamné à une amende du quadruple du prix fixé pour la patente dont
il aurait dû se pourvoir.

20. Les marchandises qui seront fabriquées ou mises en vente par
des personnes non pourvues de patentes seront confisquées.

21. Toute personne non inscrite sur le registre des pourvus de patentes pourra être appelée au tribunal de district, à la réquisition du
procureur syndic du département, de celui du district, ou du procureur de la commune, pour déclarer, audience tenante, s'il exerce ou
non une profession sujette à la patente, et, en cas d'aveu, être condamné aux peines prescrites par le présent décret.

22. Aucun particulier assujetti à prendre une patente, ne pourra
former de demande en justice pour raison de son négoce, profession,
art ou métier, ni faire valoir aucun acte qui s'y rapporte, par forme
ou par moyen d'exception et défense, ou enfin passer aucun acte,
traité ou transaction en forme authentique qui y soit relatif, s'il ne
produit sa patente en original ou en expédition; et il en sera fait mention en tête de l'acte ou exploit.

Tout huissier et notaire qui contreviendra à cette disposition, sera
condamné à cinquante livres d'amende pour chaque contravention,
et, en cas de récidive, à cinq cents livres.

Aucun acte civil ou judiciaire, aucun exploit fait en contravention
au présent article, non plus qu'aucun acte sous seing privé, relatif à
l'exercice d'une profession soumise à la patente ne pourront être admis à l'enregistrement, si la patente, en original ou en expédition,
prescrite pour l'exercice de la profession à laquelle se rapportent lesdits actes ou exploits, n'est représentée au receveur, qui en fera mention, à peine de cinquante livres d'amende pour chaque contravention,
et de cinq cents livres en cas de récidive.

Nul ne pourra pareillement présenter ses registres au juge pour
recevoir la cote et le paraphe, dans le cas où ces formalités sont prescrites par les lois pour l'exercice des professions assujetties à la
patente, s'il ne produit en même temps la patente prescrite en original ou en expédition; et le juge ne pourra, en ce cas, apposer sa
cote et son paraphe, à peine de cinquante livres d'amende pour chaque
contravention.

Nul ne pourra être inscrit sur la liste des personnes éligibles aux
tribunaux de commerce, ou sur celle des officiers servant près des
tribunaux, ou assermentés et sujets à la patente, s'il n'a produit sa
patente en original ou en expédition.

Les commissaires du roi près des tribunaux veilleront à l'exécution
du présent décret.

23. Moyennant le payement d'un triple droit, il sera délivré des patentes de supplément à ceux qui, ayant des actions à exercer, ou des défenses à proposer pour raison d'une profession soumise à la patente, auraient négligé de s'en pourvoir.

24. Nul ne sera admis à faire déduire de sa contribution mobilière, la taxe proportionnelle à la valeur locative de ses ateliers, chantiers, boutiques et magasins, qu'il n'ait produit sa patente en original ou en expédition.

25. Toute personne pourvue d'une patente pourra, en donnant bonne et suffisante caution, requérir la saisie des marchandises fabriquées ou vendues par des fabricants, ouvriers ou marchands, dont les noms ne seraient pas inscrits dans la liste ou registre qui sera tenu au secrétariat des municipalités en vertu de l'article 18, et en poursuivre la confiscation.

Le procureur de la commune sera obligé de faire ses réquisitions et poursuites quand il y aura lieu.

26. Tout procureur de commune qui aura connaissance d'une profession, fabrication ou négoce exercé sans patente, et sans être poursuivi dans l'étendue d'une autre municipalité du même district, requerra la saisie et poursuivra la confiscation des marchandises ainsi fabriquées ou vendues en contravention.

Les procureurs-syndics de district feront, dans les mêmes cas, les mêmes poursuites et réquisitions dans toute l'étendue de leur district, et les procureurs-syndics de département dans toute l'étendue de leur département.

27. En cas de poursuites exercées par des particuliers pourvus de patentes, le produit des amendes et confiscations sera partagé par moitié entre le trésor public et eux; en cas de poursuites de la part d'un procureur de commune, le produit sera partagé entre la caisse municipale et le trésor public.

En cas de poursuites de la part d'un procureur-syndic de district ou de département, le produit appartiendra entièrement au trésor public, et sera, dans le premier cas, appliqué aux besoins particuliers du district; dans le second, à ceux du département.

28. Les contraventions seront constatées et poursuivies dans les formes prescrites pour les procédures civiles, et devant les tribunaux de district.

N° 151. — *Décret relatif au droit de pétition, et qui fixe les cas où les citoyens pourront requérir la convocation de la commune.*

Des 18—22 mai 1791.

13. Aucun citoyen et aucune réunion de citoyens ne pourront rien afficher sous le titre d'arrêtés, de délibérations, ni sous toute autre forme obligatoire et impérative.

14. Aucune affiche ne pourra être faite sous un nom collectif. Tous les citoyens qui auront coopéré à une affiche seront tenus de la signer.

15. La contravention aux deux articles précédents sera punie d'une amende de cent livres, laquelle ne pourra être modérée, et dont la condamnation sera prononcée par voie de police.

N° **152.** — *Extrait du registre des délibérations du conseil municipal.*

Du 26 mai 1791.

Le corps municipal, instruit que des particuliers, qui ne suivent que les mouvements de leurs intérêts personnels, se permettent d'arrêter, à l'entrée de Paris ou dans les rues, les voitures chargées de beurre, œufs, fromage, gibier, volaille, poisson et autres comestibles, qui, n'ayant point de destination particulière, devraient être conduites à la halle, pour y être vendus; les font conduire chez eux, et, en s'emparant ainsi de la plus grande partie de ces objets de première nécessité, se rendent les maîtres du prix, en empêchant la concurrence ;

Considérant que, si rien ne peut empêcher que les voitures, expédiées pour le compte des marchands, ne soient conduites à leur destination particulière, rien aussi ne doit empêcher que celles qui n'ont point de pareilles destinations ne soient conduites aux lieux publics destinés à la vente ;

Considérant de plus que ces spéculations, et singulièrement celles qui ont pour objet les comestibles, nuisent particulièrement aux marchands et marchandes de détail à qui elles enlèvent les moyens de subsistance ;

Après avoir entendu le second substitut-adjoint du procureur de la commune ;

Arrête que toutes les voitures chargées de beurre, fromage, œufs et autres comestibles, qui ne sont point adressées à des destinations particulières, continueront, comme par le passé, et jusqu'à ce qu'il en ait été autrement ordonné, à être conduites à la halle.

En conséquence, fait défenses à tous marchands et autres particuliers d'arrêter lesdites voitures, soit à leur arrivée à Paris, soit dans les rues, et d'acheter ailleurs qu'à la halle les comestibles dont elles sont chargées.

Enjoint aux commissaires de police de tenir la main à l'exécution du présent arrêté, qui sera imprimé, affiché à la halle et partout où besoin sera, et envoyé aux commissaires de police et aux quarante-huit comités des sections.

Signé BAILLY, *maire.*

N° **153.** — *Loi relative à l'organisation d'une police municipale.*

Des 19—22 juillet 1791.

Louis, par la grâce de Dieu et par la loi constitutionnelle de l'Etat, roi des Français : à tous présents et à venir, salut:

L'assemblée nationale a décrété, et nous voulons et ordonnons ce qui suit :

Décret de l'Assemblée nationale du 19 juillet 1791.

L'assemblée nationale, considérant que des décrets antérieurs ont déterminé les bornes et l'exercice des diverses fonctions publiques, et établi les principes de police constitutionnelle destinés à maintenir cet ordre ;

Que le décret sur l'institution des jurés a pareillement établi une police de sûreté, qui a pour objet de s'assurer de la personne de tous ceux qui seraient prévenus de crimes ou délits de nature à mériter peine afflictive ou infamante ;

Qu'il reste à fixer les règles : 1° de la police municipale, qui a pour objet le maintien habituel de l'ordre et de la tranquillité dans chaque lieu ; 2° de la police correctionnelle, qui a pour objet la répression des délits qui, sans mériter peine afflictive ou infamante, troublent la société et disposent au crime ;

Décrète ce qui suit, après avoir entendu le rapport du comité de constitution.

TITRE Ier.

Police municipale.

Dispositions générales d'ordre public.

1. Dans les villes et dans les campagnes, les corps municipaux feront constater l'état des habitants, soit par des officiers municipaux, soit par des commissaires de police, s'il y en a, soit par des citoyens commis à cet effet. Chaque année, dans le courant des mois de novembre et de décembre, cet état sera vérifié de nouveau, et on y fera les changements nécessaires : l'état des habitants de campagne sera recensé au chef-lieu du canton, par des commissaires que nommeront les officiers municipaux de chaque communauté particulière.

2. Le registre contiendra mention des déclarations que chacun aura faites de ses noms, âge, lieu de naissance, dernier domicile, profession, métier et autres moyens de subsistance. Le déclarant qui n'aurait à indiquer aucun moyen de subsistance, désignera les citoyens domiciliés dans la municipalité dont il sera connu et qui pourront rendre bon témoignage de sa conduite.

3. Ceux qui, étant en état de travailler, n'auront ni moyens de subsistance, ni métier, ni répondants, seront inscrits avec la note de gens sans aveu.

Ceux qui refuseront toute déclaration, seront inscrits sous leur signalement et demeure, avec la note de gens suspects.

Ceux qui seront convaincus d'avoir fait de fausses déclarations, seront inscrits avec la note de gens mal intentionnés.

Il sera donné communication de ces registres aux officiers et sous-officiers de la gendarmerie nationale, dans le cours de leurs tournées.

4. Ceux des trois classes qui viennent d'être énoncées, s'ils prennent part à une rixe, à un attroupement séditieux, un acte de voie de fait ou de violence, seront soumis, dès la première fois, aux peines de la police correctionnelle, comme il sera dit ci-après :

5. Dans les villes et dans les campagnes, les aubergistes, maîtres d'hôtels garnis et logeurs seront tenus d'inscrire de suite et sans aucun blanc, sur un registre en papier timbré et parafé par un officier municipal ou un commissaire de police, les noms, qualités, domicile habituel, dates d'entrée et de sortie de tous ceux qui coucheront chez eux, même une seule nuit ; de représenter ce registre tous les quinze jours, et, en outre, toutes les fois qu'ils en seront requis, soit aux officiers municipaux, soit aux officiers de police ou aux citoyens commis par la municipalité.

6. Faute de se conformer aux dispositions du précédent article, ils seront condamnés à une amende du quart de leur droit de patentes, sans que cette amende puisse être au-dessous de trois livres, et ils demeureront civilement responsables des désordres et des délits commis par ceux qui logeront dans leurs maisons.

7. Les jeux de hasard où l'on admet, soit le public, soit des affiliés, sont défendus sous les peines qui seront désignées ci-après.

Les propriétaires ou principaux locataires des maisons et appartements où le public serait admis à jouer des jeux de hasard, seront, s'ils demeurent dans ces maisons et s'ils n'ont pas averti la police, condamnés, pour la première fois, à trois cents livres, et pour la seconde, à mille livres d'amende, solidairement avec ceux qui occuperont les appartements employés à cet usage.

Règles à suivre par les officiers municipaux, ou les citoyens commis par la municipalité, pour constater les contraventions de Police.

8. Nul officier municipal, commissaire ou officier de police municipale, ne pourra entrer dans les maisons des citoyens, si ce n'est pour la confection des états ordonnés par les articles 1er, 2 et 3, et la vérification des registres des logeurs; pour l'exécution des lois sur les contributions directes, ou en vertu des ordonnances, contraintes et jugements dont ils seront porteurs, ou enfin sur le cri des citoyens, invoquant de l'intérieur d'une maison le secours de la force publique.

9. A l'égard des lieux où tout le monde est admis indistinctement, tels que cafés, cabarets, boutiques et autres, les officiers de police pourront toujours y entrer, soit pour prendre connaissance des désordres ou contraventions aux règlements, soit pour vérifier les poids et mesures, le titre des matières d'or et d'argent, la salubrité des comestibles et médicaments.

10. Ils pourront aussi entrer en tout temps dans les maisons où l'on donne habituellement à jouer des jeux de hasard, mais seulement sur la désignation qui leur en aurait été donnée par deux citoyens domiciliés.

Ils pourront également entrer en tout temps dans les lieux livrés notoirement à la débauche.

11. Hors les cas mentionnés aux articles 8, 9 et 10, les officiers de police qui, sans autorisation spéciale de justice ou de la police de sûreté, feront des visites ou recherches dans les maisons des citoyens, seront condamnés par le tribunal de police; et, en cas d'appel, par celui de district, à des dommages et intérêts qui ne pourront être au-dessous de cent livres, sans préjudice des peines prononcées par la loi dans le cas de voies de fait, de violences et autres délits.

12. Les commissaires de police, dans les lieux où il y en a, les appariteurs et autres agents assermentés, dresseront, dans leurs visites et tournées, le procès-verbal des contraventions, en présence de deux des plus proches voisins, qui apposeront leurs signatures, et des experts en chaque partie d'art, lorsque la municipalité, soit par voie d'administration, soit comme tribunal de police, aura jugé à propos d'en indiquer.

13. La municipalité, soit par voie d'administration, soit comme tribunal de police, pourra, dans les lieux où la loi n'y aura pas pourvu, commettre à l'inspection du titre des matières d'or ou d'argent, à celle de la salubrité des comestibles et médicaments, un nombre suffisant de gens de l'art, lesquels, après avoir prêté serment, rempliront, à cet égard seulement, les fonctions de commissaires de police.

Délits de police municipale, et peines qui seront prononcées.

14. Ceux qui voudront former des sociétés ou clubs seront tenus, à peine de deux cents livres d'amende, de faire préalablement, au greffe de la municipalité, la déclaration des lieux et jours de leur réunion; et, en cas de récidive, ils seront condamnés à cinq cents livres d'amende : l'amende sera poursuivie contre les présidents, secrétaires, ou commissaires de ces clubs ou sociétés.

15. Ceux qui négligeront d'éclairer et de nettoyer les rues devant leurs maisons , dans les lieux où ce soin est laissé à la charge des citoyens;

Ceux qui embarrasseront ou dégraderont les voies publiques;

Ceux qui contreviendront à la défense de rien exposer sur les fenêtres ou au-devant de leurs maisons sur la voie publique , de rien jeter qui puisse nuire ou endommager par sa chute, ou causer des exhalaisons nuisibles;

Ceux qui laisseront vaguer des insensés ou furieux, ou des animaux malfaisants ou féroces;

Seront, indépendamment des réparations ou indemnités envers les parties lésées, condamnés à une amende qui ne pourra être au-dessous de quarante sous , ni excéder cinquante livres; et si le fait est grave, à la détention de police municipale : la peine sera double en cas de récidive.

16. Ceux qui, par imprudence ou par la rapidité de leurs chevaux, auront blessé quelqu'un dans les rues ou voies publiques, seront, indépendamment des indemnités , condamnés à huit jours de détention, et à une amende égale à la totalité de leur contribution mobilière, sans que l'amende puisse être au-dessous de trois cents livres. S'il y a eu fracture de membres, ou si, d'après les certificats des gens de l'art, la blessure est telle qu'elle ne puisse se guérir en moins de quinze jours, les délinquants seront renvoyés à la police correctionnelle.

17. Le refus des secours et services requis par la police, en cas d'incendie ou autres fléaux calamiteux , sera puni par une amende du quart de la contribution mobilière, sans que l'amende puisse être au-dessous de trois livres.

18. Les refus ou la négligence d'exécuter les règlements de voirie , ou d'obéir à la sommation de réparer ou démolir les édifices menaçant ruine sur la voie publique, seront, outre les frais de la démolition ou de la réparation de ces édifices, punis d'une amende de la moitié de la contribution mobilière, laquelle amende ne pourra être au-dessous de six livres.

19. En cas de rixe ou dispute avec ameutement du peuple;

En cas de voies de fait ou violences légères, dans les assemblées et les lieux publics ; en cas de bruit ou attroupement nocturnes;

Ceux des trois premières classes mentionnées en l'article 3 seront, dès la première fois, punis ainsi qu'il sera dit au titre de la police correctionnelle.

Les autres seront condamnés à une amende du tiers de leur contribution mobilière , laquelle ne sera pas au-dessous de douze livres; et pourront l'être, suivant la gravité du cas , à une détention de trois jours dans les campagnes, et de huit jours dans les villes.

Tous ceux qui, après une première condamnation prononcée par la police municipale, se rendraient encore coupables de l'un des délits ci-dessus, seront renvoyés à la police correctionnelle.

20. En cas d'exposition en vente de comestibles gâtés, corrompus ou nuisibles, ils seront confisqués et détruits, et le délinquant condamné à une amende du tiers de sa contribution mobilière, laquelle amende ne pourra être au-dessous de trois livres.

21. En cas de vente de médicaments gâtés , le délinquant sera renvoyé à la police correctionnelle et puni de cent livres d'amende et d'un emprisonnement qui ne pourra excéder six mois.

La vente des boissons falsifiées sera punie ainsi qu'il sera dit au titre de la police correctionnelle.

22. En cas d'infidélité des poids et mesures dans la vente des denrées et autres objets qui se débitent à la mesure, au poids ou à l'aune

les faux poids et fausses mesures seront confisqués et brisés, et l'amende sera, pour la première fois, de cent livres au moins, et de la quotité du droit de patentes du vendeur, si ce droit est de plus de cent livres.

23. Les délinquants, aux termes de l'article précédent, seront en outre condamnés à la détention de la police municipale; et, en cas de récidive, les prévenus seront renvoyés à la police correctionnelle.

24. Les vendeurs convaincus d'avoir trompé, soit sur le titre des matières d'or ou argent, soit sur la qualité d'une pierre fausse, vendue pour fine, seront renvoyés à la police correctionnelle.

25. Quant à ceux qui seraient prévenus d'avoir fabriqué, fait fabriquer ou employé de faux poinçons, marqué ou fait marquer des matières d'or ou d'argent au-dessous du titre annoncé par la marque, ils seront, dès la première fois, renvoyés par un mandat d'arrêt du juge de paix, devant le juré d'accusation, jugés, s'il y a lieu, selon la forme établie pour l'instruction criminelle; et, s'ils sont convaincus, punis des peines établies dans le Code pénal.

26. Ceux qui ne payeront pas, dans les trois jours à dater de la signification du jugement, l'amende prononcée contre eux, y seront contraints par les voies de droit; néanmoins, la contrainte par corps ne pourra entraîner qu'une détention d'un mois à l'égard de ceux qui sont insolvables.

27. En cas de récidive, toutes les amendes établies par le présent décret seront doubles, et tous les jugements seront affichés aux dépens des condamnés.

28. Pourront être saisis et retenus jusqu'au jugement tous ceux qui, par imprudence ou la rapidité de leurs chevaux, auront fait quelques blessures dans la rue ou voie publique, ainsi que ceux qui seraient prévenus des délits mentionnés aux articles 19, 21 et 22 : ils seront contraignables par corps au payement des dommages et intérêts, ainsi que des amendes.

Confirmation de divers règlements et dispositions contre l'abus de la taxe des denrées.

29. Les règlements actuellement existant sur le titre des matières d'or et d'argent, sur la vérification de la qualité des pierres fines ou fausses, la salubrité des comestibles et des médicaments, sur les objets de serrurerie, continueront d'être exécutés jusqu'à ce qu'il en ait été autrement ordonné. Il en sera de même de ceux qui établissent des dispositions de sûreté, tant pour l'achat et la vente des matières d'or et d'argent, des drogues, médicaments et poisons, que pour la présentation, le dépôt et adjudication des effets précieux dans les monts-de-piété, lombards ou autres maisons de ce genre.

Sont également confirmés provisoirement les règlements qui subsistent touchant la voirie, ainsi que ceux actuellement existant à l'égard de la construction des bâtiments et relatifs à leur solidité et sûreté, sans que de la présente disposition il puisse résulter la conservation des attributions ci-devant faites sur cet objet à des tribunaux particuliers.

30. La taxe des subsistances ne pourra provisoirement avoir lieu dans aucune ville ou commune du royaume que sur le pain et la viande de boucherie, sans qu'il soit permis en aucun cas de l'étendre sur le vin, sur le blé, les autres grains, ni autre espèce de denrées; et ce, sous peine de destitution des officiers municipaux.

31. Les réclamations élevées par les marchands relativement aux taxes, ne seront en aucun cas du ressort des tribunaux de district ; elles seront portées devant le directoire de département, qui prononcera sans appel. Les réclamations des particuliers contre les marchands qui vendraient au-dessus de la taxe, seront portées et jugées au tribunal de police, sauf l'appel au tribunal de district.

Forme de procéder et règles à observer par le tribunal de la police municipale.

52. Tous ceux qui, dans les villes et dans les campagnes, auront été arrêtés, seront conduits directement chez un juge de paix, lequel renverra par-devant le commissaire de police, ou l'officier municipal chargé de l'administration de cette partie, lorsque l'affaire sera de la compétence de la police municipale.

53. Tout juge de paix d'une ville, dans quelque quartier qu'il se trouve établi, sera compétent pour prononcer, soit la liberté des personnes amenées, soit le renvoi à la police municipale, soit le mandat d'amener ou devant lui ou devant un autre juge de paix, soit enfin le mandat d'arrêt, tant en matière de police correctionnelle qu'en matière criminelle.

54. Néanmoins, pour assurer le service dans la ville de Paris, il sera déterminé, par la municipalité, un lieu vers le centre de la ville, où se trouveront toujours deux juges de paix, lesquels pourront chacun donner séparément les ordonnances nécessaires.

Les juges de paix rempliront tour à tour ce service pendant vingt-quatre heures.

55. Les personnes prévenues de contravention aux lois et règlements de police, soit qu'il y ait eu un procès-verbal ou non, seront citées devant le tribunal par les appariteurs, ou par tous autres huissiers, à la requête du procureur de la commune ou des particuliers qui croiront avoir à se plaindre. Les parties pourront comparaître volontairement, ou sur un simple avertissement, sans qu'il soit besoin de citation.

56. Les citations seront données à trois jours ou à l'audience la plus prochaine.

57. Les défauts seront signifiés par un huissier commis par le tribunal de police municipale ; ils ne pourront être rabattus qu'autant que la personne citée comparaîtra dans la huitaine après la signification du jugement, et demandera à être entendue sans délai : si elle ne comparaît pas, le jugement demeurera définitif, et ne pourra être attaqué que par la voie d'appel.

58. Les personnes citées comparaîtront par elles-mêmes ou par des fondés de procuration spéciale : il n'y aura point d'avoués aux tribunaux de police municipale.

59. Les procès-verbaux, s'il y en a, seront lus ; les témoins, s'il faut en appeler, seront entendus ; la défense sera proposée, les conclusions seront données par le procureur de la commune ou son substitut ; le jugement préparatoire ou définitif sera rendu avec expression de motifs, dans la même audience ou au plus tard dans la suivante.

40. L'appel des jugements ne sera pas reçu, s'il est interjeté après huit jours depuis la signification des jugements, à la partie condamnée.

41. La forme de procéder sur l'appel en matière de police sera la même qu'en première instance.

42. Le tribunal de police sera composé de trois membres que les officiers municipaux choisiront parmi eux ; de cinq dans les villes où il y a soixante mille âmes ou davantage ; de neuf à Paris.

43. Aucun jugement ne pourra être rendu que par trois juges, et sur les conclusions du procureur de la commune ou de son substitut.

44. Le nombre des audiences sera réglé d'après le nombre des affaires, qui seront toutes terminées au plus tard dans la quinzaine.

45. Extrait des jugements rendus par la police municipale, sera déposé, soit dans un lieu central, soit au greffe du tribunal de police correctionnelle, dans tous les cas où le présent décret aura renvoyé à la police correctionnelle les délinquants en récidive.

46. Aucun tribunal de police municipale, ni aucun corps municipal ne pourra faire de règlement : le corps municipal, néanmoins, pourra, sous le nom et l'intitulé de délibérations et sauf la réformation, s'il y a lieu, par l'administration du département, sur l'avis de celle du district, faire des arrêtés sur les objets qui suivent :

1° Lorsqu'il s'agira d'ordonner les précautions locales sur les objets confiés à sa vigilance et à son autorité, par les articles 3 et 4 du titre XI, du décret sur l'organisation judiciaire ;

2° De publier de nouveau les lois et règlements de police, ou de rappeler les citoyens à leur observation.

47. Les objets confisqués resteront au greffe du tribunal de police, mais seront vendus au plus tard dans la quinzaine, au plus offrant et dernier enchérisseur, selon les formes ordinaires. Le prix de cette vente et les amendes versées dans les mains du receveur du droit d'enregistrement seront employés sur les mandats du procureur-syndic du district, visés par le procureur-général-syndic du département, un quart aux menus frais du tribunal, un quart aux frais des bureaux de paix et de jurisprudence charitable, un quart aux dépenses de la municipalité, et un quart au soulagement des pauvres de la commune.

48. Les commissaires de police, dans les lieux où il y en a, porteront, dans l'exercice de leurs fonctions, un chaperon aux trois couleurs de la nation, placé sur l'épaule gauche. Les appariteurs chargés d'une exécution de police, présenteront, comme les autres huissiers, une baguette blanche, aux citoyens qu'ils sommeront d'obéir à la loi. Les dispositions du décret sur le respect dû aux juges et aux jugements, s'appliqueront aux tribunaux de police municipale et correctionnelle et à leurs officiers.

TITRE II.

Police correctionnelle.

Dispositions générales sur les peines de la police correctionnelle et les maisons de correction.

1. Les peines correctionnelles seront :

1° L'amende; 2° la confiscation, en certain cas, de la matière du délit ; 3° l'emprisonnement.

2. Il y aura des maisons de correction destinées : 1° aux jeunes gens au dessous de l'âge de vingt et un ans, qui devront y être enfermés conformément aux articles 15, 16 et 17 du titre X du décret sur l'organisation judiciaire ; 2° aux personnes condamnées par voie de police correctionnelle.

3. Si la maison de correction est dans le même local que la maison destinée aux personnes condamnées par jugement des tribunaux criminels, le quartier de la correction sera entièrement séparé.

4. Les jeunes gens détenus d'après l'arrêté des familles, seront séparés de ceux qui auront été condamnés par la police correctionnelle.

5. Toute maison de correction sera maison de travail. Il sera établi par les conseils ou directoires de département, divers genres de travaux communs ou particuliers, convenables aux personnes des deux sexes; les hommes et les femmes seront séparés.

6. La maison fournira le pain, l'eau et le coucher. Sur le produit du travail du détenu, un tiers sera appliqué à la dépense commune de la maison.

Sur une partie des deux autres tiers, il lui sera permis de se procurer une nourriture meilleure et plus abondante.

Le surplus sera réservé pour lui être remis après que le temps de sa détention sera expiré.

Il lui sera également permis de se procurer une nourriture meilleure et plus abondante, sur sa fortune particulière, à moins que le jugement de condamnation n'en ait ordonné autrement.

Classification des délits et peines qui seront prononcées.

7. Les délits punissables par la voie de la police correctionnelle seront :

1° Les délits contre les bonnes mœurs ;

2° Les troubles apportés publiquement à l'exercice d'un culte religieux quelconque ;

3° Les insultes et les violences graves envers les personnes ;

4° Les troubles apportés à l'ordre social et à la tranquillité publique, par la mendicité, par les tumultes, par les attroupements ou autres délits ;

5° Les atteintes portées à la propriété des citoyens, par dégâts, larcins ou simples vols, escroqueries, ouvertures de maisons de jeux où le public est admis.

Premier genre de délits.

8. Ceux qui seraient prévenus d'avoir attenté publiquement aux mœurs, par outrage à la pudeur des femmes, par actions déshonnêtes, par exposition ou vente d'images obscènes ; d'avoir favorisé la débauche ou corrompu des jeunes gens de l'un ou de l'autre sexe, pourront être saisis sur-le-champ, et conduits devant le juge de paix, lequel est autorisé à les faire retenir jusqu'à la prochaine audience de la police correctionnelle.

9. Si le délit est prouvé, les coupables seront condamnés, selon la gravité des faits, à une amende de cinquante à cinq cents livres, et à un emprisonnement qui ne pourra excéder six mois, s'il s'agit d'images obscènes. Les estampes et les planches seront en outre confisquées et brisées.

Quant aux personnes qui auraient favorisé la débauche ou corrompu des jeunes gens de l'un ou de l'autre sexe, elles seront, outre l'amende, condamnées à une année de prison.

10. Les peines portées en l'article précédent seront doubles en cas de récidive.

Deuxième genre de délits.

11. Ceux qui auraient outragé les objets d'un culte quelconque, soit dans un lieu public, soit dans les lieux destinés à l'exercice de ce culte, ou ses ministres en fonctions, ou interrompu par un trouble public les cérémonies religieuses de quelque culte que ce soit, seront condamnés à une amende qui ne pourra excéder cinq cents livres, et à un emprisonnement qui ne pourra excéder un an. L'amende sera toujours de cinq cents livres, et l'emprisonnement de deux ans, en cas de récidive.

12. Les auteurs de ces délits pourront être saisis sur-le-champ et conduits devant le juge de paix.

Troisième genre de délits.

13. Ceux qui, hors les cas de légitime défense et sans excuse suffisante, auraient blessé ou même frappé des citoyens, si le délit n'est pas de la nature de ceux qui sont punis des peines portées au Code pénal, seront jugés par la police correctionnelle; et, en cas de conviction, condamnés, selon la gravité des faits, à une amende qui ne pourra excéder cinq cents livres, et, s'il y a lieu, à un emprisonnement qui ne pourra excéder six mois.

14. La peine sera plus forte, si les violences ont été commises envers des femmes ou des personnes de soixante-dix ans et au-dessus, ou des enfants de seize ans et au-dessous, ou par des apprentis, compagnons ou domestiques, à l'égard de leur maître : enfin, s'il y a eu effusion de sang, et en outre dans le cas de récidive; mais elle ne pourra excéder mille livres d'amende, et une année d'emprisonnement.

15. En cas d'homicide dénoncé comme involontaire, ou reconnu tel par la déclaration du juré, s'il est la suite de l'imprudence ou de la négligence de son auteur, celui-ci sera condamné à une amende qui ne pourra excéder le double de sa contribution mobilière, et, s'il y a lieu, à un emprisonnement qui ne pourra excéder un an.

16. Si quelqu'un ayant blessé un citoyen dans les rues et voies publiques par l'effet de son imprudence ou de sa négligence, soit par la rapidité de ses chevaux, soit de toute autre manière, il en est résulté fracture de membres ; ou si, d'après le certificat des gens de l'art, la blessure est telle qu'elle exige un traitement de quinze jours, le délinquant sera condamné à une amende qui ne pourra excéder cinq cents livres, et à un emprisonnement qui ne pourra excéder six mois. Le maître sera civilement responsable des condamnations pécuniaires prononcées contre le cocher ou conducteur des chevaux, ou les autres domestiques.

17. Toutes les peines ci-dessus seront prononcées indépendamment des dommages et intérêts des parties.

18. Quant aux simples injures verbales, si elles ne sont pas adressées à un fonctionnaire public en exercice de ses fonctions, elles seront jugées dans la forme établie en l'article 10 du titre III du décret sur l'organisation judiciaire.

19. Les outrages ou menaces par paroles ou par gestes faits aux fonctionnaires publics dans l'exercice de leurs fonctions, seront punis d'une amende qui ne pourra excéder dix fois la contribution mobilière, et d'un emprisonnement qui ne pourra excéder deux années.

La peine sera double en cas de récidive.

20. Les mêmes peines seront infligées à ceux qui outrageraient ou qui menaceraient par paroles ou par gestes, soit les gardes nationales, soit la gendarmerie nationale, soit les troupes de ligne se trouvant ou sous les armes, ou au corps de garde, ou dans un poste de service, sans préjudice des peines plus fortes, s'il y a lieu, contre ceux qui les frapperaient, et sans préjudice également de la défense et de la résistance légitime, conformément aux lois militaires.

21. Les coupables des délits mentionnés aux articles 13, 14, 15, 16, 19 et 20 du présent décret, seront saisis sur-le-champ et conduits devant le juge de paix.

Quatrième genre de délits.

22. Les mendiants valides pourront être saisis et conduits devant le juge de paix,.pour être statué à leur égard conformément aux lois sur la répression de la mendicité.

23. Les circonstances aggravantes seront :

1° De mendier avec menaces et violences ;

2° De mendier avec armes ;

3° De s'introduire dans l'intérieur des maisons, ou de mendier la nuit ;

4° De mendier deux ou plusieurs ensemble ;

5° De mendier avec faux certificats ou congés, infirmités supposées ou déguisement ;

6° De mendier après avoir été repris de justice ;

7° Et deux mois après la publication du présent décret, de mendier hors du canton de son domicile.'

24. Les mendiants contre lesquels il se réunira une ou plusieurs de ces circonstances aggravantes, pourront être condamnés à un emprisonnement qui n'excédera pas une année. La peine sera double en cas de récidive.

25. L'insubordination accompagnée de violences ou de menaces, dans les ateliers publics ou les ateliers de charité, sera punie d'un emprisonnement qui ne pourra excéder deux années.

La peine sera double en cas de récidive.

26. Les peines portées dans la loi sur les associations et attroupements des ouvriers et gens du même état, seront prononcées par le tribunal de la police correctionnelle.

27. Tous ceux qui, dans l'adjudication de la propriété ou de la location, soit des domaines nationaux, soit de tous autres domaines appartenant à des communautés ou à des particuliers, troubleraient la liberté des enchères, ou empêcheraient que les adjudications ne s'élevassent à leur véritable valeur, soit par offre d'argent, soit par des conventions frauduleuses, soit par des violences ou voies de faits exercées avant ou pendant les enchères, seront punis d'une amende qui ne pourra excéder cinq cents livres, et d'un emprisonnement qui ne pourra excéder une année.

La peine sera double en cas de récidive.

28. Les personnes comprises dans les trois classes mentionnées en l'article 3 du titre Ier, qui seront surprises dans une rixe, attroupement ou un acte quelconque de simple violence, seront punies par un emprisonnement qui ne pourra excéder trois mois. En cas de récidive, la détention sera d'une année.

29. Les citoyens domiciliés qui, après avoir été réprimés une fois par la police municipale, pour rixes, tumultes, attroupements nocturnes, ou désordres en assemblées publiques, commettraient pour la deuxième fois le même genre de délit, seront condamnés, par la police correctionnelle, à une amende qui ne pourra excéder trois cents livres, et un emprisonnement qui ne pourra excéder quatre mois.

30. Ceux qui se rendraient coupables des délits mentionnés dans les six articles précédents, seront saisis sur-le-champ et conduits devant le juge de paix.

Cinquième genre de délits.

31. Tous dégâts commis dans les bois, toutes violations de clôtures, de murs, haies et fossés, quoique non suivis de vol, les larcins de fruits et de productions de terrain cultivé, autres que ceux mentionnés dans le Code pénal, seront punis, ainsi qu'il sera dit à l'égard de la police rurale.

32. Les larcins, filouteries et simples vols qui n'appartiennent ni à la police rurale, ni au Code pénal, seront, outre les restitutions, dommages et intérêts, punis d'un emprisonnement qui ne pourra excéder deux ans.

La peine sera double en cas de récidive.

33. Le vol de deniers ou d'effets mobiliers appartenant à l'Etat, et dont la valeur sera au-dessous de dix livres, sera puni d'une amende du double de la valeur et d'un emprisonnement d'une année.

La peine sera double en cas de récidive.

34. Les coupables des délits mentionnés aux trois précédents articles, pourront être saisis sur-le-champ et conduits devant le juge de paix.

35. Ceux qui par dol, ou à l'aide de faux noms, ou de fausses entreprises, ou d'un crédit imaginaire, ou d'espérance et de craintes chimériques, auraient abusé de la crédulité de quelques personnes, et escroqué la totalité ou partie de leurs fortunes, seront poursuivis devant les tribunaux de district; et si l'escroquerie est prouvée, le tribunal de district, après avoir prononcé les restitutions et dommages et intérêts, est autorisé à condamner, par voie de police correctionnelle, à une amende qui ne pourra excéder cinq mille livres, et à un emprisonnement qui ne pourra excéder deux ans. En cas d'appel, le condamné gardera prison, à moins que les juges ne trouvent convenable de le mettre en liberté, sur une caution triple de l'amende et des dommages et intérêts prononcés. En cas de récidive, la peine sera double.

Tous les jugements de condamnation à la suite des délits mentionnés au présent article, seront imprimés et affichés.

36. Ceux qui tiendront des maisons de jeux de hasard où le public serait admis, soit librement, soit sur la présentation des affiliés, seront punis d'une amende de mille à trois mille livres, avec confiscation des fonds trouvés exposés au jeu, et d'un emprisonnement qui ne pourra excéder un an. L'amende, en cas de récidive, sera de cinq mille à dix mille livres; et l'emprisonnement ne pourra excéder deux ans, sans préjudice de la solidarité pour les amendes qui auraient été prononcées par la police municipale contre les propriétaires et principaux locataires, dans les cas et aux termes de l'article 7 du titre Ier du présent décret.

37. Ceux qui tiendront des maisons de jeux de hasard, s'ils sont pris en flagrant délit, pourront être saisis et conduits devant le juge de paix.

38. Toute personne convaincue d'avoir vendu des boissons falsifiées par des mixtions nuisibles, sera condamnée à une amende qui ne pourra excéder mille livres, et à un emprisonnement qui ne pourra excéder une année. Le jugement sera imprimé et affiché.

La peine sera double en cas de récidive.

39. Les marchands ou tous autres vendeurs, convaincus d'avoir trompé, soit sur le titre des matières d'or ou d'argent, soit sur la qualité d'une pierre fausse vendue pour fine, seront, outre la confiscation des marchandises en délit et la restitution envers l'acheteur, condamnés à une amende de mille à trois mille livres, et à un emprisonnement qui ne pourra excéder deux années : la peine sera double en cas de récidive.

Tout jugement de condamnation à la suite des délits mentionnés au présent article sera imprimé et affiché.

40. Ceux qui, condamnés une fois par la police municipale pour infidélité sur les poids et mesures, commettraient de nouveau le même délit, seront condamnés par la police correctionnelle à la confiscation des marchandises fausses, ainsi que des faux poids et mesures, lesquels seront brisés, à une amende qui ne pourra excéder mille livres, et à un emprisonnement qui ne pourra excéder une année. Tout jugement à la suite des délits mentionnés au présent article sera imprimé et affiché; à la seconde récidive, ils seront poursuivis criminellement et condamnés aux peines portées au Code pénal.

41. Les dommages et intérêts, ainsi que la restitution et les amendes qui seront prononcées en matière de police correctionnelle, emporteront la contrainte par corps.

42. Les amendes de la police correctionnelle et de la police municipale seront solidaires entre les complices : celles qui ont la contribution mobilière pour base seront exigées d'après la cote entière de cette contribution, sans déduction de ce qu'on aurait payé pour la contribution foncière.

Forme de procéder et composition des tribunaux en matière de police correctionnelle.

43. Dans le cas où un prévenu surpris en flagrant délit, serait amené devant le juge de paix, conformément aux dispositions ci-dessus, le juge, après l'avoir interrogé, après avoir entendu les témoins, s'il y a lieu, dressé procès-verbal sommaire, le renverra en liberté, s'il le trouve innocent ; le renverra à la police municipale, si l'affaire est de sa compétence; donnera le mandat d'arrêt, s'il est justement suspect d'un crime; enfin, s'il s'agit des délits ci-dessus mentionnés au présent titre depuis l'article 7, le fera retenir pour être jugé par le tribunal de la police correctionnelle, ou l'admettra sous caution de se représenter. La caution ne pourra être moindre de trois mille livres, ni excéder vingt mille livres.

44. La poursuite de ces délits sera faite, soit par les citoyens lésés, soit par le procureur de la commune, ou ses substituts s'il y en a, soit par des hommes de loi commis à cet effet par la municipalité.

45. Sur la dénonciation des citoyens ou du procureur de la commune ou de ses substituts, le juge de paix pourra donner un mandat d'amener, et, après les éclaircissements nécessaires, prononcera selon qu'il est dit en l'article 43.

46. Dans les lieux où il n'y a qu'un juge de paix, le tribunal de police correctionnelle sera composé du juge de paix et de deux assesseurs ; s'il n'y a que deux juges de paix, il sera composé de ces deux juges de paix et d'un assesseur.

47. Dans les villes où il y a trois juges de paix, le tribunal de police correctionnelle sera composé de ces trois juges, et, en cas d'absence de l'un d'eux, il sera remplacé par un des assesseurs.

48. Dans les villes qui ont plus de trois juges de paix et moins de six, le tribunal sera de trois, qui siégeront de manière à ce qu'il en sorte un chaque mois.

49. Dans les villes de plus de soixante mille âmes, le tribunal de police correctionnelle sera composé de six juges de paix, ou, à leur défaut, d'assesseurs ; ils serviront par tour, et pourront se diviser en deux chambres.

50. A Paris, il sera composé de neuf juges de paix, servant par tour; il tiendra une audience tous les jours, et pourra se diviser en trois chambres.

Durant le service des neuf juges de paix à ce tribunal, et pareillement durant la journée où les juges de paix de la ville de Paris seront occupés au service alternatif établi dans le lieu central, par l'article 34 du titre Ier du présent décret, toutes les fonctions qui leur sont attribuées par la loi, pourront être exercées dans l'étendue de leur section, par les juges de paix des sections voisines, au choix des parties.

51. Le greffier du juge de paix servira auprès du tribunal de police correctionnelle, dans les lieux où ce tribunal sera tenu par le juge de paix et deux assesseurs.

52. Dans toutes les villes où le tribunal de police correctionnelle sera composé de deux ou trois juges de paix, le corps municipal nommera un greffier.

53. Dans les villes où le tribunal de police correctionnelle sera composé de plusieurs chambres, le greffier présentera autant de commis-greffiers qu'il y aura de chambres.

54. Les greffiers nommés par le corps municipal, pour servir près le tribunal de police correctionnelle, seront à vie : leur traitement sera de mille livres dans les lieux où le tribunal ne formera qu'une chambre ; de dix-huit cents livres dans les lieux où il en formera deux, et de trois mille livres dans les lieux où il en formera trois. Le traitement des commis-greffiers sera, pour chacun, la moitié de celui du greffier.

55. Les huissiers des juges de paix qui seront de service, feront celui de l'audience.

56. Les audiences de chaque tribunal seront publiques et se tiendront dans le lieu qui sera choisi par la municipalité.

57. L'audience sera donnée sur chaque fait, trois jours au plus tard après le renvoi prononcé par le juge de paix.

58. L'instruction se fera à l'audience ; le prévenu y sera interrogé, les témoins pour et contre entendus en sa présence, les reproches et défenses proposés ; les pièces lues, s'il y en a, et le jugement prononcé de suite, ou au plus tard à l'audience suivante.

59. Les témoins prêteront serment à l'audience ; le greffier tiendra note du nom, de l'âge, des qualités des témoins, ainsi que de leurs principales déclarations et des principaux moyens de défense. Les conclusions des parties et celles de la partie publique seront fixées par écrit, et les jugements seront motivés.

60. Il ne sera fait aucune autre procédure sans préjudice du droit qui appartient à chacun, d'employer le ministère d'un défenseur officieux.

61. Les jugements en matière de police correctionnelle pourront être attaqués par la voie de l'appel.

L'appel sera porté au tribunal de district ; il ne pourra être reçu après les quinze jours du jugement signifié à la personne du condamné ou à son dernier domicile.

62. Le tribunal de district jugera en dernier ressort.

63. Le département de Paris n'aura qu'un tribunal d'appel, composé de six juges ou suppléants, tirés des six tribunaux d'arrondissement ; il pourra se diviser en deux chambres, qui jugeront au nombre de trois juges.

64. Les six premiers juges ou suppléants qui composeront le tribunal d'appel, seront pris, par la voie du sort, dans les six tribunaux, les présidents exceptés. De mois en mois il en sortira deux, lesquels seront remplacés par deux autres, que choisiront les deux tribunaux de district, auxquels les deux sortants appartiendront ; et ainsi de suite par ordre d'arrondissement.

65. L'audience du tribunal d'appel ou des deux chambres dans lesquelles il sera divisé, sera ouverte tous les jours, si le nombre des affaires l'exige, sans que le tribunal puisse jamais vaquer.

66. Les six premiers juges qui composeront ce tribunal, nommeront un greffier, lequel sera à vie, et présentera un commis-greffier pour chacune des deux chambres.

67. Les plus âgés présideront les deux chambres du tribunal d'appel ci-dessus ; il en sera de même dans toute l'étendue du royaume pour ceux des tribunaux de première instance qui seront composés de deux ou trois juges de paix.

68. Dans toute l'étendue du royaume, l'instruction sur l'appel se fera à l'audience et dans la forme déterminée ci-dessus ; les témoins, s'il est jugé nécessaire, y seront de nouveau entendus, et l'appelant, s'il succombe, sera condamné en l'amende ordinaire.

69. En cas d'appel des jugements rendus par le tribunal de police correctionnelle, les conclusions seront données par le commissaire du roi, dans la ville de Paris; il sera nommé par le roi un commissaire pour servir auprès du tribunal d'appel de police correctionnelle.

Application des confiscations et amendes.

70. Les produits des confiscations et des amendes prononcées en police correctionnelle seront perçus par le receveur du droit d'enregistrement, et après la déduction de la remise accordée aux percepteurs, appliqués, savoir :

Un tiers aux menus frais de la municipalité et du tribunal de première instance; un tiers à ceux des bureaux de paix et jurisprudence charitable ; et un tiers au soulagement des pauvres de la commune.

La justification de cet emploi sera faite au corps municipal, et surveillée par le directoire des assemblées administratives.

71. Les peines prononcées au présent décret ne seront applicables qu'aux délits commis postérieurement à sa publication.

N° **154.** —Décret qui règle la couleur des affiches.

Des 22 et 28 juillet 1791.

L'assemblée nationale décrète que les affiches des actes émanés de l'autorité publique seront seules imprimées sur papier blanc ordinaire; et celles faites par des particuliers ne pourront l'être que sur papier de couleur, sous peine de l'amende ordinaire de police municipale.

N° **155.**— Loi relative à l'emploi de la force publique contre les attroupements (1).

Du 3 août 1791. (Décret des 26-27 juillet 1791.)

L'assemblée nationale, considérant que la liberté consiste uniquement à pouvoir faire ce qui ne nuit pas aux droits d'autrui, et à se soumettre à la loi; que tout citoyen appelé ou saisi en vertu de la loi, doit obéir à l'instant, et se rend coupable par la résistance; que les propriétés donnent un droit inviolable et sacré; qu'enfin la garantie des droits de l'homme et du citoyen nécessite une force publique, décrète ce qui suit touchant l'emploi et l'action de cette force dans l'intérieur du royaume :

1. Toutes personnes surprises en flagrant délit, ou poursuivies

---

(1) Voir la loi du 10 avril 1831.

par la clameur publique, seront saisies et conduites devant l'officier de police.

Tous les citoyens inscrits ou non sur le rôle de la garde nationale, sont tenus, par leur serment civique, de prêter secours à la gendarmerie nationale, à la garde soldée des villes, et à tout fonctionnaire public, aussitôt que les mots *force à la loi* auront été prononcés, et sans qu'il soit besoin d'aucune autre réquisition.

2. Les fonctions mentionnées en l'article 1er de la section deuxième du décret du 16 janvier dernier, que la gendarmerie nationale doit exercer sans réquisition particulière, seront remplies pareillement par les gardes soldées dans les villes où il y en aura, non-seulement en ce qui concerne les flagrants délits et la clameur publique, mais aussi contre les porteurs d'effets volés, ou d'armes ensanglantées, les brigands, voleurs et assassins, les auteurs de voies de fait et violences contre la sûreté des personnes et des propriétés, les mendiants et vagabonds, les révoltes et attroupements séditieux.

3. Si des voleurs ou des brigands se portent en troupe sur un territoire quelconque, ils seront repoussés, saisis et livrés aux officiers de police par la gendarmerie nationale et la garde soldée des villes, sans qu'il soit besoin de réquisition.

Ceux des citoyens qui se trouveront en activité de service de garde nationale, prêteront main-forte au besoin, et si un supplément de force est nécessaire, les troupes de ligne, ainsi que tous les citoyens inscrits, seront tenus d'agir sur la réquisition du procureur de la commune, ou à son défaut, de la municipalité.

4. Alors, la réquisition des communes limitrophes continuera d'être autorisée; celles qui n'auront pas agi d'après la réquisition, demeureront responsables du dommage envers les personnes lésées, et seront poursuivies sur la réquisition du procureur-général-syndic du département, à la diligence du procureur-syndic du district, devant le tribunal du district le plus voisin.

5. Les dépositaires de la force publique qui, pour saisir cesdits brigands ou voleurs, se trouveront réduits à la nécessité de déployer la force des armes, ne seront point responsables des événements.

6. Si le nombre des brigands ou voleurs rendait nécessaire une plus grande force, avis en sera donné sur-le-champ, par la municipalité ou le procureur de la commune, au juge de paix du canton et au procureur-syndic du district : ceux-ci, et toujours le procureur-syndic, à défaut ou en cas de négligence du juge de paix, seront tenus de requérir soit la gendarmerie nationale, soit la garde soldée des villes qui peuvent se trouver dans le canton du lieu du délit, ou même dans les autres cantons du district, subsidiairement les troupes de ligne qui seront à douze milles du lieu de l'incursion; et enfin, dans le cas de nécessité, les citoyens inscrits dans le canton et dans le district pour le service de la garde nationale.

7. Quiconque s'opposera, par violence ou voie de fait, à l'exécution des contraintes légales, des saisies, des jugements ou mandats de justice ou de police, des condamnations par corps, des ordonnances de prise de corps, sera contraint à l'obéissance par les forces attachées au service des tribunaux, par la gendarmerie nationale, par la garde soldée des villes et, au besoin, par les troupes de ligne.

8. Si la résistance est appuyée par plusieurs personnes ou par un attroupement, les forces seront augmentées en proportion; et à ce cri : *force à la loi*, tous les citoyens seront tenus de prêter secours, de manière que force demeure toujours à justice. Les rebelles seront saisis, livrés à la police, jugés et punis selon la loi.

9. Sera réputé attroupement séditieux, et puni comme tel, tout

rassemblement de plus de quinze personnes s'opposant à l'exécution d'une loi, d'une contrainte ou d'un jugement.

10. Les attroupements séditieux contre la perception des cens, redevances, agriers et champarts, contre celle des contributions publiques, contre la liberté absolue de la circulation des subsistances, des espèces d'or et d'argent, ou toutes autres espèces monnayées, contre celle du travail et de l'industrie, ainsi que des conventions relatives au prix des salaires, seront dissipés par la gendarmerie nationale, les gardes soldées des villes et les citoyens qui se trouveront de service en qualité de gardes nationales : les coupables seront saisis pour être jugés et punis selon la loi.

11. Si ces forces se trouvent insuffisantes, le procureur de la commune sera tenu d'en donner avis sur-le-champ au juge de paix du canton et au procureur-syndic du district.

12. Ceux-ci, et toujours le procureur-syndic, à défaut ou en cas de négligence du juge de paix, seront tenus de requérir à l'instant le nombre nécessaire de troupes de ligne qui se trouveraient à douze milles; et subsidiairement les citoyens inscrits dans la garde nationale, soit du canton où le trouble se manifeste, soit des autres cantons du district. Les citoyens actifs des communes troublées par ces désordres, seront en même temps sommés de prêter secours pour dissiper l'attroupement, saisir les chefs et principaux coupables, et pour rétablir la tranquillité publique et l'exécution de la loi.

13. La même forme de réquisition et d'action énoncés aux trois articles précédents, aura lieu dans le cas d'attroupements séditieux et d'émeute populaire contre la sûreté des personnes, quelles qu'elles puissent être, contre les propriétés, contre les autorités, soit municipales, soit administratives, soit judiciaires, contre les tribunaux civils, criminels et de police, contre l'exécution des jugements ou pour la délivrance des prisonniers ou condamnés; enfin, contre la liberté ou la tranquillité des assemblées constitutionnelles.

14. Tout citoyen est tenu de prêter main-forte pour saisir sur-le-champ et livrer aux officiers de police quiconque violera le respect dû aux fonctionnaires publics en exercice de leurs fonctions, et particulièrement aux juges ou aux jurés.

15. Les procureurs-syndics des districts, aussitôt qu'ils auront été dans le cas de requérir des troupes de ligne, seront tenus, sous leur responsabilité, d'en instruire les directoires de district et les procureurs-généraux-syndics de département: ceux-ci, sous la même responsabilité, en donneront avis sur-le-champ au roi, et lui transmettront la connaissance des événements à mesure qu'ils surviendront.

16 Si la sédition parvenait à s'étendre dans une partie considérable d'un district, le procureur-général-syndic de département sera tenu de faire les réquisitions nécessaires aux gendarmes nationaux et gardes soldées, même, en cas de besoin, aux troupes de ligne, et subsidiairement aux citoyens inscrits comme gardes nationales dans des districts autres que celui où le désordre a éclaté; d'inviter en même temps, tous les citoyens actifs du district troublé par ce désordre, à se réunir pour opérer le rétablissement de la tranquillité et l'exécution de la loi. Les procureurs-généraux-syndics, aussitôt qu'ils prendront cette mesure, seront tenus, sous leur responsabilité, d'en donner avis au roi et à la législature, si elle est assemblée.

17. Les réquisitions des juges de paix cesseront à l'instant où les procureurs-syndics en auront fait, et ceux-ci s'abstiendront pareillement de toute réquisition aussitôt après l'intervention des procureurs-généraux-syndics.

18. Les citoyens inscrits sur le rôle des gardes nationales, et non en activité de service, ne seront requis qu'à défaut et en cas d'insuffisance de la gendarmerie nationale, des gardes soldées et des troupes de ligne.

19. A l'exception de la réquisition de la force des communes limitrophes, il ne pourra, en aucun cas, être fait de réquisition aux gardes nationales par un département à l'égard d'un autre département, si ce n'est en vertu d'un décret du corps législatif, sanctionné par le roi.

20. Aucun corps ou détachement de troupes de ligne ne pourra agir dans l'intérieur du royaume sans une réquisition légale, sous les peines établies par les lois.

21. Les réquisitions seront faites aux chefs commandants en chaque lieu, et lues à la troupe assemblée.

22. Les réquisitions adressées aux commandants, soit des troupes de ligne, soit des gardes nationales, soit de la gendarmerie nationale, seront faites par écrit et dans la forme suivante :

« Nous......., requérons en vertu de la loi, N......., comman-
« dant, etc., de prêter le secours des troupes de ligne, ou de la gen-
« darmerie nationale, ou de la garde nationale, nécessaire pour re-
« pousser les brigands, etc., prévenir ou dissiper les attroupe-
« ments, etc., ou pour assurer le payement de, .etc., ou pour pro-
« curer l'exécution de tel jugement ou telle ordonnance de po-
« lice, etc.

« Pour la garantie dudit ou desdits commandants, nous apposons
« notre signature. »

23. L'exécution des dispositions militaires appartiendra ensuite aux commandants des troupes de ligne, conformément à ce qui est réglé par l'article 17 du titre III du décret sur le service des troupes dans les places, et sur les rapports des pouvoirs civils et de l'autorité militaire, et par la loi qui détermine le mode du service simultané des gardes nationales et des troupes de ligne. S'il s'agit de faire sortir les troupes de ligne du lieu où elles se trouvent, la détermination du nombre est abandonnée à l'officier commandant, sous sa responsabilité.

24. En temps de guerre, les troupes de ligne ne pourront être requises que dans les lieux où elles se trouveront, soit en garnison, soit en quartier, soit en cantonnement; néanmoins, sur la notification du besoin de secours, elles prêteront main-forte à l'exécution des lois civiles et politiques, des jugements et des ordonnances de police et de justice, autant qu'elles le pourront sans nuire au service militaire.

25. Les dépositaires des forces publiques appelés, soit pour assurer l'exécution de la loi, des jugements et ordonnances ou mandements de justice ou de police, soit pour dissiper les émeutes populaires et attroupements séditieux, et saisir les chefs, auteurs et instigateurs de l'émeute ou de la sédition, ne pourront déployer la force des armes que dans trois cas :

Le premier, si des violences ou voies de fait étaient exercées contre eux-mêmes;

Le second, s'ils ne pouvaient défendre autrement le terrain qu'ils occuperaient, ou les postes dont ils seraient chargés;

Le troisième, s'ils y étaient expressément autorisés par un officier civil; et, dans ce troisième cas, après les formalités prescrites par les deux articles suivants.

26. Si, par les progrès d'un attroupement ou émeute populaire, ou par toute autre cause, l'usage rigoureux de la force devient nécessaire, un officier civil, soit juge de paix, soit officier municipal, procureur de la commune ou commissaire de police, soit administrateur de district ou de département, soit procureur-syndic ou procureur-général-syndic, se présentera sur le lieu de l'attroupement ou du délit, prononcera à haute voix ces mots : *Obéissance à la loi*; *on va faire usage de la force*; *que les bons citoyens se retirent.* Le tambour battra un ban avant chaque sommation.

27. Après cette sommation trois fois réitérée, et même dans le cas où après une première ou seconde sommation, il ne serait pas possible de faire la seconde ou la troisième, si les personnes attroupées ne se retirent pas paisiblement, et même s'il en reste plus de quinze rassemblées en état de résistance, la force des armes sera à l'instant déployée contre les séditieux, sans aucune responsabilité des événements; et ceux qui pourront être saisis ensuite seront livrés aux officiers de police pour être juges et punis selon la rigueur de la loi.

28. Pour l'exécution des deux articles précédents, l'obligation de se présenter au lieu de l'attroupement remontera dans l'ordre qui suit : d'abord le procureur de la commune et les commissaires de police, dans les lieux où il y en aura ; à leur défaut, tous les officiers municipaux individuellement, ensuite le juge de paix du canton ; si c'est dans une ville, le juge de paix de la ville; et si elle en a plusieurs, tous les juges de paix individuellement; enfin, le procureur-syndic du district, et, à son défaut, tous les membres du directoire du district individuellement: le procureur-général syndic, et, à son défaut, tous les membres du directoire du département individuellement, si l'attroupement ou l'émeute populaire se passe dans le chef-lieu d'une administration de district ou de département.

Les officiers publics dénommés ci-dessus, chacun selon l'ordre de leur élection; et s'il s'agit des juges de paix, dans l'ordre de l'âge, en commençant par les plus jeunes.

29. Si aucun officier civil ne se présente pour faire les sommations, le commandant, soit des troupes de ligne, soit de la garde nationale, sera tenu d'avertir à son choix l'un ou l'autre des officiers civils désignés aux articles 27 et 28.

30. Si des troubles agitent tout un département, le roi donnera, sous la responsabilité de ses ministres, les ordres nécessaires pour l'exécution des lois et le rétablissement de l'ordre, mais à la charge d'en instruire au même instant le corps législatif, s'il est assemblé.

31. Si des troubles agitent tout un département durant les vacances de la législature, et s'ils ne peuvent être réprimés, tant par la gendarmerie nationale et les troupes de ligne qui pourront s'y trouver, que par les gardes nationales, le roi donnera les ordres nécessaires, mais à la charge de les consigner dans une proclamation qui convoquera en même temps la législature à jour fixe. Il pourra, s'il y a lieu, suspendre les procureurs généraux-syndics et les procureurs-syndics, lesquels seront remplacés de la manière déterminée dans la loi des 15-27 mars 1791 : le tout sous la responsabilité des ministres.

32. Les officiers municipaux de chaque commune, aussitôt qu'ils remarqueront des mouvements séditieux prêts à éclater, seront tenus, sous leur responsabilité, d'en donner avis tant au procureur de la commune qu'au juge de paix du canton, et au procureur-syndic du district, lesquels requerront un service de vigilance de la part, soit des troupes de ligne, soit de la gendarmerie nationale, soit des citoyens inscrits dans le canton ou le district, selon l'importance des faits. Dans ce cas, et toutes les fois que le procureur-syndic fera une réquisition, il sera tenu d'en avertir le procureur-général-syndic.

33. Les conseils ou directoires de département seront chargés, sous leur responsabilité, d'examiner les circonstances où une augmentation de force est nécessaire à la conservation ou au rétablissement de l'ordre public; ils seront tenus alors d'en avertir le pouvoir exécutif, et de lui demander un renfort de troupes de ligne.

Ce renfort pourra leur être refusé si la sûreté et le maintien de l'ordre dans le reste du royaume ne permettent pas de l'accorder.

34. Les corps municipaux, les directoires de districts et de départements seront chargés, aussi sous leur responsabilité, de prendre toutes les mesures de police et de prudence les plus capables de prévenir et calmer les désordres; ils seront chargés en outre d'avertir les procureurs des communes, les juges de paix, les procureurs-syndics et les procureurs-généraux-syndics dans toutes les circonstances où, soit la réquisition, soit l'action de la force publique, deviendra nécessaire.

Ils seront chargés enfin de transmettre à la législature et au roi, leurs observations sur la négligence de ces officiers, et sur l'abus de pouvoir qu'ils se permettraient.

35. Les officiers municipaux auront toujours, sous leur responsabilité, le droit de suspendre la réquisition, ou d'arrêter l'action de la force publique, faite ou provoquée par les procureurs des communes.

Les directoires de district auront le même droit à l'égard des procureurs-syndics, des procureurs des communes, des officiers municipaux et des juges de paix de tout le district.

Les directoires de département auront aussi le même droit à l'égard des procureurs-généraux-syndics.

36. En l'absence ou à défaut du procureur de la commune, du juge de paix, du procureur-syndic du district ou du procureur-général-syndic du département, les corps municipaux, les directoires de district ou de département, et subsidiairement les conseils de district et de département, lorsqu'ils se trouveront assemblés, seront, sous leur responsabilité, tenus de faire les réquisitions nécessaires, respectivement et dans l'ordre désigné en l'article précédent.

37. En cas de négligence très-grave ou d'abus du pouvoir touchant la réquisition et l'action de la force publique, les procureurs des communes, les commissaires de police, les juges de paix, les procureurs-syndics et les procureurs-généraux-syndics seront jugés par les tribunaux criminels, destitués de leurs emplois, et privés pendant deux ans de l'exercice du droit de citoyen actif, sans préjudice des peines plus fortes portées par le Code pénal contre les crimes attentatoires à la tranquillité publique.

38. Dans le cas où, soit les officiers municipaux, soit les membres des directoires ou des conseils de district ou de département, contreviendraient aux dispositions du présent décret, la législature, sur le compte qui lui en sera rendu, pourra dissoudre le corps municipal ou administratif, et renvoyer la totalité ou quelques uns de ses membres, soit aux tribunaux criminels du département, soit à la haute cour nationale;

Sans préjudice de l'annulation des actes irréguliers et de la suspension des membres des municipalités et des corps administratifs autorisés par la loi.

39. La responsabilité sera poursuivie à la diligence des directoires de département à l'égard des procureurs de la commune, des commissaires de police, des juges de paix et des procureurs-syndics de district.

40. En ce qui concerne les procureurs-généraux-syndics, le ministre de l'intérieur donnera connaissance de leur conduite à la législature, qui statuera ce qu'elle jugera convenable, et, s'il y a lieu, les renverra pour être jugés au tribunal criminel du département.

41. Les chefs des troupes de ligne, de la gendarmerie nationale, de la garde soldée des villes, ou des gardes nationales qui refuseraient d'exécuter les réquisitions qui leur seraient faites, seront poursuivis sur la requête de l'accusateur public, à la diligence du procureur-général-syndic, et punis des peines portées au Code pénal, sans préjudice des peines plus graves prononcées par la loi contre les crimes attentatoires à la tranquillité publique.

42. Les citoyens en activité de service de garde nationale, ou même simplement inscrits sur le rôle, qui, hors le cas de la loi martiale, refuseraient, après une réquisition légale, soit de marcher ou de se faire remplacer, soit d'obéir à un ordre conforme aux lois, seront privés de l'exercice de leurs droits de citoyen actif durant un intervalle de temps qui n'excédera pas quatre années. Ils pourront même, selon la gravité des circonstances, être condamnés à un emprisonnement qui ne pourra excéder un an.

43. Les délits mentionnés en l'article précédent seront poursuivis par la voie de police correctionnelle.

44. Indépendamment des réquisitions particulières qui pourront être adressées, selon les règles ci-dessus prescrites, aux citoyens inscrits pour le service des gardes nationales, lorsque leur secours momentané deviendra nécessaire, ils seront mis en état de réquisition permanente, soit par les officiers municipaux dans les villes au-dessus de dix mille âmes, soit partout ailleurs par le directoire de département, sur l'avis de celui du district, lorsque la liberté ou la sûreté publique sera menacée.

45. Cette réquisition permanente obligera les citoyens inscrits à un service habituel de vigilance : les patrouilles seront alors établies ou renforcées et multipliées.

46. Tous les citoyens inscrits sur le rôle des gardes nationales sont mis, par le présent décret, en état de réquisition permanente, jusqu'à ce que l'exécution des lois constitutionnelles ne rencontrant point d'obstacles, le corps législatif ait expressément déterminé la cessation de cet état.

Article additionnel à la loi martiale des 21 octobre, 3 novembre 1789.

La loi martiale continuera à être proclamée, lorsque la tranquillité publique sera habituellement menacée par des émeutes populaires ou attroupements séditieux qui se succéderaient l'un à l'autre. Pendant le temps que la loi martiale sera en vigueur, toute réunion d'hommes au-dessus du nombre de quinze, dans les rues ou places publiques, avec ou sans armes, sera réputée attroupement.

N° **156.** — *Décret relatif à la compétence du tribunal de police municipale de la ville de Paris.*

21—29 septembre 1791.

1. La municipalité de Paris sera seule chargée de faire exécuter les règlements, et d'ordonner toutes les dispositions de police sur la rivière de Seine, ses ports, rivages, berges et abreuvoirs, dans l'intérieur de Paris, sans préjudice du renvoi à la police correctionnelle, à l'égard des faits qui en seront susceptibles.

2. Les marchands faisant le commerce pour l'approvisionnement de Paris, par eau, seront tenus, à peine d'une amende de trois cents livres, de déclarer à la municipalité ou à l'un des commissaires de police, la quantité des marchandises, les lieux où ils doivent les charger et l'époque de l'arrivée.

3. Les contestations qui pourraient s'élever sur l'exécution des traités, marchés, entreprises et fournitures relatifs aux approvisionnements de Paris, par eau, en ce qui concerne seulement la livraison des marchandises, les obstacles et difficultés qui surviendraient dans le transport, seront portés au tribunal de police municipale.

N° **157**.— *Extrait de la loi sur les biens et usages ruraux, et sur la police rurale.*

Des 28 septembre—6 octobre 1791.

TITRE Ier. — Section IV.

1. Tout propriétaire est libre d'avoir chez lui telle quantité et telle espèce de troupeaux qu'il croit utiles à la culture et à l'exploitation de ses terres, et de les y faire pâturer exclusivement, sauf ce qui sera réglé ci-après, relativement au parcours et à la vaine pâture.

2. La servitude réciproque de paroisse à paroisse, connue sous le nom de *parcours*, et qui entraine avec elle le droit de vaine pâture, continuera provisoirement d'avoir lieu avec les restrictions déterminées à la présente section, lorsque cette servitude sera fondée sur un titre ou sur une possession autorisée par les lois et les coutumes. A tous autres égards, elle est abolie (1).

---

(1) Avis du conseil d'état. —*Extrait du registre des délibérations.* — Séance du 28 frimaire an 8.

Le conseil d'État, qui, d'après le renvoi du gouvernement, a entendu le rapport de la section de l'intérieur, sur celui du ministre de ce département, tendant à rendre aux bouchers de Paris l'exercice du droit de parcours sur les terres en jachères de la ci-devant banlieue de Paris.

Considérant que l'article 2 de la 4e section de la loi du 6 octobre 1791, est conçu en ces termes :

« La servitude réciproque de paroisse à paroisse, connue sous le nom de *parcours*, et qui « entraine avec elle le droit de vaine pâture, continuera provisoirement d'avoir lieu, avec les « restrictions déterminées à la présente section, lorsque cette servitude sera fondée sur un titre « ou sur une possession autorisée par les lois et coutumes. A tous autres égard, elle est abolie; »

Qu'il résulte du texte de la loi que l'exercice du droit de parcours, de la part d'une commune, suppose nécessairement la réciprocité en faveur de la commune sur le territoire de laquelle il a lieu;

Que la ville de Paris n'offrant pas cette juste réciprocité le parcours ne serait, pour les communes environnantes, qu'une servitude gratuite, une atteinte réelle au droit de propriété dont les bouchers retireraient tout l'avantage, et par conséquent l'exercice de ce droit est évidemment de la nature de ceux que la loi ci-dessus citée a eu l'intention d'abolir;

Que, si quelque considération d'un ordre supérieur pouvait déterminer le gouvernement à faire révoquer cette loi en faveur des bouchers de Paris, ce serait sans doute l'impossibilité bien reconnue d'assurer l'approvisionnement de la capitale, sans l'adoption d'une mesure extraordinaire et la certitude d'obtenir une diminution sensible sur le prix de la viande, mais ces motifs n'existent pas;

Qu'en effet, depuis plusieurs années, l'état de l'agriculture, dans la banlieue de Paris, a éprouvé, relativement à la multiplication des bestiaux, des changements tels, que les cultivateurs ont besoin de toute l'étendue de leurs communes respectives pour le pâturage des troupeaux nombreux qu'ils élèvent et qui sont exclusivement destinés à l'approvisionnement de Paris;

Qu'en supposant que l'exercice du droit de parcours pût avoir tous les avantages qu'on lui attribue, le résultat de ces avantages serait uniquement de favoriser la multiplication des troupeaux appartenant aux bouchers, en diminuant celle des troupeaux qui sont aujourd'hui la juste récompense des travaux du cultivateur;

Que ce serait, par conséquent, arrêter les progrès de l'agriculture, sans augmenter réellement les moyens d'approvisionnement de la capitale, et faire renaître, sans aucune utilité pour la

5. Le droit de vaine pâture dans une paroisse, accompagné ou non de la servitude du parcours, ne pourra exister que dans les lieux où il est fondé sur un titre particulier, ou autorisé par la loi ou par un usage local immémorial, et à la charge que la vaine pâture n'y sera exercée que conformément aux règles et usages locaux, qui ne contrarieront point les réserves portées dans les articles suivants de la présente section.

6. Un héritage est réputé clos, lorsqu'il est entouré d'un mur de quatre pieds de hauteur, avec barrière ou porte, ou lorsqu'il est exactement fermé et entouré de palissades ou de treillages, ou d'une haie vive, ou d'une haie sèche, faite avec des pieux, ou cordelée avec des branches, ou de toute autre manière de faire les haies en usage dans chaque localité, ou enfin d'un fossé de quatre pieds de large au moins à l'ouverture et de deux pieds de profondeur.

9. Dans aucun cas et dans aucun temps, le droit de parcours, ni celui de vaine pâture, ne pourront s'exercer sur les prairies artificielles, et ne pourront avoir lieu sur aucune terre ensemencée ou couverte de quelques productions que ce soit, qu'après la récolte.

10. Partout où les prairies naturelles sont sujettes au parcours ou à la vaine pâture, ils n'auront lieu provisoirement que dans le temps autorisé par les lois et coutumes, et jamais tant que la première herbe ne sera pas récoltée.

11. Le droit dont jouit tout propriétaire de clore ses héritages, a lieu même par rapport aux prairies dans les paroisses où, sans titre de propriété, et seulement par l'usage, elles deviennent communes à tous les habitants, soit immédiatement après la récolte de la première herbe, soit dans tout autre temps déterminé.

12. Dans les pays de parcours ou de vaine pâture soumis à l'usage du troupeau en commun, tout propriétaire ou fermier pourra renoncer à cette communauté, et faire garder, par troupeau séparé, un nombre de têtes de bétail proportionné à l'étendue des terres qu'il exploitera dans la paroisse.

13. La quantité de bétail, proportionnellement à l'étendue du terrain, sera fixée, dans chaque paroisse, à tant de bêtes par arpent, d'après les règlements et usages locaux; et, à défaut de documents positifs à cet égard, il y sera pourvu par le conseil général de la commune.

14. Néanmoins, tout chef de famille domicilié, qui ne sera ni propriétaire ni fermier d'aucun des terrains sujets au parcours ou à la vaine pâture, et le propriétaire ou fermier à qui la modicité de son exploitation n'assurerait pas l'avantage qui va être déterminé, pourront mettre sur lesdits terrains, soit par troupeau séparé, soit en troupeau commun, jusqu'au nombre de six bêtes à laine et d'une vache avec son veau, sans préjudicier aux droits desdites personnes sur les terres communales, s'il y en a dans la paroisse, et sans entendre rien innover aux lois, coutumes ou usages locaux et de temps immémorial qui leur accorderaient un plus grand avantage.

15. Les propriétaires ou fermiers exploitant des terres sur les paroisses sujettes au parcours ou à la vaine pâture, et dans lesquelles ils ne seraient pas domiciliés auront le même droit de mettre dans le troupeau commun, ou de faire garder par troupeau séparé une quantité de têtes de bétail proportionnée à l'étendue de leur exploitation,

chose publique, une servitude proscrite par la loi et qui aurait très-certainement le double et grave inconvénient de compromettre la salubrité des troupeaux communaux par leur communication avec les troupeaux foruins, dans les temps de contagion, et d'être une source intarissable de procès dispendieux entre les bouchers et les cultivateurs;

Est d'avis qu'il n'y a pas lieu de rendre aux bouchers de Paris l'exercice du droit de parcours.

et suivant les dispositions de l'article 13 de la présente section ; mais, dans aucun cas, ces propriétaires ou fermiers ne pourront céder leurs droits à d'autres.

19. Aussitôt qu'un propriétaire aura un troupeau malade, il sera tenu d'en faire la déclaration à la municipalité ; elle assignera sur le terrain du parcours ou de la vaine pâture, si l'un ou l'autre existe dans la paroisse, un espace où le troupeau malade pourra pâturer exclusivement, et le chemin qu'il devra suivre pour se rendre au pâturage. Si ce n'est point un pays de parcours ou de vaine pâture, le propriétaire sera tenu de ne point faire sortir de ses héritages son troupeau malade.

TITRE II.

De la Police rurale.

12. Les dégâts que les bestiaux de toute espèce, laissés à l'abandon, feront sur les propriétés d'autrui, soit dans l'enceinte des habitations, soit dans un enclos rural, soit dans les champs ouverts, seront payés par les personnes qui ont la jouissance des bestiaux : si elles sont insolvables, ces dégâts seront payés par celles qui en ont la propriété. Le propriétaire qui éprouvera le dommage aura le droit de saisir les bestiaux, sous l'obligation de les faire conduire, dans les vingt-quatre heures, au lieu du dépôt qui sera désigné à cet effet par la municipalité.

Il sera satisfait aux dégâts par la vente des bestiaux, s'ils ne sont pas réclamés, ou si le dommage n'a point été payé dans la huitaine du jour du délit.

Si ce sont des volailles, de quelque espèce que ce soit, qui causent le dommage, le propriétaire, le détenteur ou le fermier qui l'éprouvera, pourra les tuer ; mais seulement sur le lieu, au moment du dégât.

14. Ceux qui détruiront les greffes des arbres fruitiers ou autres, et ceux qui écorceront ou couperont en tout ou en partie des arbres sur pied, qui ne leur appartiendront pas, seront condamnés à une amende double du dédommagement dû au propriétaire, et à une détention de police correctionnelle, qui ne pourra excéder six mois.

17. Il est défendu à toute personne de recombler les fossés, de dégrader les clôtures, de couper des branches de haies vives, d'enlever des bois secs des haies, sous peine d'une amende de la valeur de trois journées de travail. Le dédommagement sera payé au propriétaire, et suivant la gravité des circonstances, la détention pourra avoir lieu, mais au plus pour un mois.

21. Les glaneurs, les râteleurs et les grapilleurs, dans les lieux où les usages de glaner, de râteler ou de grapiller sont reçus, n'entreront dans les champs, prés et vignes récoltés et ouverts qu'après l'enlèvement entier des fruits. En cas de contravention, les produits du glanage, du râtelage et du grapillage seront confisqués, et, suivant les circonstances, il pourra y avoir lieu à la détention de police municipale. Le glanage, le râtelage et le grapillage sont interdits dans tout enclos rural tel qu'il est défini à l'article 6 de la section ɪv du titre Iᵉʳ du présent décret.

26. Quiconque sera trouvé gardant à vue les bestiaux dans les récoltes d'autrui, sera condamné, en outre du payement du dommage, à une amende égale à la somme du dédommagement, et pourra l'être, suivant les circonstances, à une détention qui n'excédera pas une année.

27. Celui qui entrera à cheval dans les champs ensemencés, si ce n'est le propriétaire ou ses agents, payera le dommage et une amende de la valeur d'une journée de travail : l'amende sera double si le délinquant y est entré en voiture. Si les blés sont en tuyau, et que quelqu'un y entre même à pied, ainsi que dans toute autre récolte pendante, l'amende sera au moins de la valeur d'une journée de travail, et pourra être d'une somme égale à celle due pour dédommagement au propriétaire.

28. Si quelqu'un, avant leur maturité, coupe ou détruit de petites parties de blé en vert, ou d'autres productions de la terre, sans intention manifeste de les voler, il payera en dédommagement au propriétaire, une somme égale à la valeur que l'objet aurait eue dans sa maturité, il sera condamné à une amende égale à la somme du dédommagement, et il pourra l'être à la détention de police municipale.

29. Quiconque sera convaincu d'avoir dévasté des récoltes sur pied, ou abattu des plants venus naturellement, ou faits de main d'hommes, sera puni d'une amende double du dédommagement dû au propriétaire, et d'une détention qui ne pourra excéder deux années.

34. Quiconque maraudera, dérobera des productions de la terre, qui peuvent servir à la nourriture des hommes, ou d'autres productions utiles, sera condamné à une amende égale au dédommagement dû au propriétaire ou fermier ; il pourra aussi, suivant les circonstances du délit, être condamné à la détention de police municipale.

35. Pour tout vol de récolte fait avec des paniers, ou sacs, ou à l'aide des animaux de charge, l'amende sera du double du dédommagement, et la détention, qui aura toujours lieu, pourra être de trois mois, suivant la gravité des circonstances.

36. Le maraudage ou enlèvement de bois, fait à dos d'hommes, dans les bois, taillis ou futaies, ou autres plantations d'arbres des particuliers ou communautés. sera puni d'une amende double du dédommagement dû au propriétaire ; la peine de la détention pourra être la même que celle portée en l'article précédent.

37. Le vol dans les bois taillis, futaies et autres plantations d'arbres des particuliers ou communautés, exécuté à charge de bête de somme ou de charrette, sera puni par une détention qui ne pourra être de moins de trois jours, ni excéder six mois. Le coupable payera en outre une amende triple de la valeur du dédommagement dû au propriétaire.

38. Les dégâts faits dans les bois taillis des particuliers ou des communautés, par des bestiaux ou troupeaux, seront punis de la manière suivante :

Il sera payé, d'amende, pour une bête à laine, une livre ; pour un cochon, une livre ; pour une chèvre, deux livres : pour un cheval ou autre bête de somme, deux livres ; pour un bœuf, une vache ou un veau, trois livres.

Si les bois taillis sont dans les six premières années de leur croissance, l'amende sera double.

Si les dégâts sont commis en présence du pâtre, et dans les bois taillis de moins de six années, l'amende sera triple.

S'il y a récidive dans l'année, l'amende sera double ; et s'il y a réunion des deux circonstances précédentes, ou récidive avec une des deux circonstances, l'amende sera quadruple.

Le dédommagement dû au propriétaire sera estimé de gré à gré ou à dire d'experts.

39. Conformément au décret sur les fonctions de la gendarmerie nationale, tout dévastateur des bois, des récoltes, ou chasseur masqué pris sur le fait, pourra être saisi par tout gendarme national, sans aucune réquisition d'officier civil.

43. Quiconque aura coupé ou détérioré des arbres plantés sur les

routes, sera condamné à une amende du triple de la valeur des arbres,
et à une détention qui ne pourra excéder six mois.

N° **158**. — *Décret qui détermine les mesures à prendre pour as-*
surer le recrutement et les approvisionnements des armées, et
pour prévenir la désertion et la vente des armes par les soldats
et volontaires.

Du 28 mars 1793.

5. Il est défendu à tout soldat de vendre ses armes ou son équipement, et à toute personne de les acheter. Les armes et les équipe-
ments achetés en contravention à la loi, seront confisqués ou portés
aux arsenaux ou autres dépôts d'armes, pour être distribués aux troupes de la république. Le vendeur sera renvoyé à la police correctionnelle, pour être puni de la peine de l'emprisonnement, aux termes du
Code de la police. Les acheteurs entremetteurs et complices desdits
achats, y seront pareillement renvoyés , pour être punis par une
amende qui ne pourra excéder trois mille livres , outre la peine de
l'emprisonnement, aux termes du Code de la police.

N° **159**. — *Loi relative aux poids et mesures.*

Du 18 germinal an 3 (7 avril 1795).

24. Aussitôt la publication du présent décret, toute fabrication des
anciennes mesures est interdite en France, ainsi que toute importation des mêmes objets venant de l'étranger, à peine de confiscation ,
et d'une amende du double de la valeur desdits objets.

N° **160**. — *Décret contenant des mesures répressives de tous pil-*
lages de grains, farines ou subsistances.

Des 16-17 prairial an 3 (4-5 juin 1795).

1. Lorsqu'il sera commis des pillages de grains, farines ou subsistances sur le territoire d'une commune........, tous les habitants de
la commune qui n'auront pas désigné les auteurs, fauteurs ou complices du délit, seront....... responsables de la restitution des objets pillés, ainsi que des dommages-intérêts dus aux propriétaires.....
6. Dans le cas où la municipalité ou les habitants de la commune
désigneront les coupables, ils seront traduits directement et jugés par
le tribunal criminel du département, et punis selon toute la rigueur
des lois.
9. Toutes les fois que les grains, farines ou subsistances pillées
seront une propriété nationale, le procureur-général-syndic du département dénoncera le délit à l'accusateur public , et les prévenus seront directement traduits au tribunal criminel, et ledit procureur-
général-syndic interviendra comme partie civile, pour parvenir à la
restitution des objets pillés, dommages et intérêts.......

N° **161**.—*Loi relative aux poids et mesures* (1).

Du 1er vendémiaire an 4 (23 septembre 1795).

La convention nationale, après avoir entendu le rapport de son comité d'instruction publique sur les travaux de l'agence temporaire, et sur les moyens préparés pour établir l'uniformité des poids et mesures,

Décrète ce qui suit :

1. Au 1er nivôse prochain, l'usage du mètre sera substitué à celui de l'aune dans la commune de Paris, et dix jours après, dans tout le département de la Seine.

2. En conséquence, tous les marchands en gros et en détail, sédentaires et ambulants, qui se servent de l'aune, seront tenus de se procurer des mètres, comme il est dit ci-après.

3. L'agence temporaire des poids et mesures adressera, sous le plus bref délai, d'abord aux administrations municipales de Paris, et ensuite à celles des autres communes du département de la Seine, le nombre de mètres ou demi-mètres, convenablement divisés, que l'administration du département aura indiqué être nécessaires respectivement pour les arrondissements desdites municipalités.

Ces administrations en donneront leur reçu à l'agence temporaire des poids et mesures, et nommeront un préposé à la garde et à la délivrance desdites mesures.

4. Avant la fin de frimaire prochain, les marchands se servant de l'aune remettront à l'administration municipale tout ce qu'ils ont entre leurs mains de ces anciennes mesures ; et, sur l'exhibition de leur patente, il leur sera donné en échange un mètre pour chaque aune, et un demi-mètre pour chaque demi-aune. Néanmoins, il ne sera d'abord délivré à chacun desdits marchands qu'une seule mesure de chaque espèce, et il leur sera donné une reconnaissance pour l'excédant qui leur sera fourni ultérieurement.

5. Il sera en même temps remis, à chacun desdits marchands, une affiche explicative, contenant le rapport de l'ancienne aune au mètre et parties de mètre, rendu sensible par des échelles graduées, au moyen desquelles chacun pourra facilement faire les évaluations de quantités ou de prix qui l'intéressent.

6. Le renouvellement des anciens poids et mesures de toute espèce sera progressivement exécuté dans toute la France, en conformité de l'article 9 de la loi du 18 germinal dernier, et des dispositions du présent décret.

A cet effet, dès que la fabrication des nouvelles mesures et les autres moyens préparatoires permettront d'opérer le remplacement dans une partie déterminée de la république, il en sera rendu compte au directoire exécutif, qui fera une proclamation pour annoncer les moyens de ce remplacement, et rappeler ce qui est prescrit par les lois à ce sujet.

7. Deux mois après la publication et l'affiche de cette proclamation, l'usage des mesures républicaines qui en seront l'objet, deviendra obligatoire pour tous les marchands dans l'étendue du territoire désigné.

8. Les dispositions de l'article 4 de la présente loi seront appli-

(1) Voir la loi du 4 juillet 1837.

quées aux diverses parties de la république, lorsqu'il s'agira d'y introduire les nouvelles mesures de longueur.

9. A compter de l'époque à laquelle chaque espèce de mesure républicaine sera devenue obligatoire, il est enjoint à tous notaires et officiers publics des lieux où cette obligation sera en activité, d'exprimer en mesures républicaines toutes les quantités de mesures qui seront à énoncer dans les actes que lesdits notaires ou officiers publics passeront ou recevront.

Les actes qui seraient en contravention avec le présent article, seront sujets à un excédant de droit d'enregistrement de la valeur de cinquante francs : cette somme sera payée comme une amende par le notaire ou l'officier public qui aura passé l'acte, sans que, sous aucun prétexte, elle puisse être imputée aux parties pour qui l'acte aura été passé.

10. Semblablement, aucun papier de commerce, livre et registre de négociant, marchand ou manufacturier, aucune facture, compte, quittance, même lettre missive, faits ou écrits dans les lieux où l'usage des mesures républicaines sera en activité, ne pourront être produits et faire foi en justice qu'autant que les quantités de mesures exprimées dans lesdits livres, papiers, lettres, etc., le seraient en mesures républicaines ; ou du moins la traduction en sera faite préalablement, et constatée aux frais des parties par un officier public.

11. Les municipalités et les administrations chargées de la police feront, dans leurs arrondissements respectifs, et plusieurs fois dans l'année, des visites dans les boutiques et magasins, dans les places publiques, foires et marchés, à l'effet de s'assurer de l'exactitude des poids et mesures.

Les contrevenants seront punis de la confiscation des mesures fausses ; et s'ils sont prévenus de mauvaise foi, ils seront traduits devant le tribunal de police correctionnelle, qui prononcera une amende dont la valeur pourra s'élever jusqu'à celle de la patente du délinquant.

12. L'agence temporaire des poids et mesures enverra à chaque administration de département des modèles de mètres, ainsi que des modèles de mesures de capacité et de poids, autant qu'il sera nécessaire pour diriger la fabrication ou la vérification des diverses sortes de mesures républicaines.

13. Il y aura, dans les principales communes de la république, des vérificateurs chargés d'apposer sur les nouvelles mesures le poinçon de la république et leur marque particulière. Le pouvoir exécutif déterminera, d'après les localités et les besoins du service, le nombre des vérificateurs, leurs fonctions et leur salaire : ces vérificateurs seront nommés par les administrations de département, trois mois après que l'usage des nouvelles mesures aura été rendu obligatoire dans leur arrondissement. Jusqu'à cette époque, la vérification sera faite gratuitement par des artistes commis à cet effet par l'agence temporaire.

14. Au moyen des dispositions des deux derniers articles qui précèdent, et attendu la suppression des districts, les articles 3 et 17 de la loi du 18 germinal dernier demeurent sans effet.

15. Pendant les six premiers mois après l'obligation proclamée des mesures républicaines dans un lieu, les marchands qui se servent de ces mesures, seront tenus d'exposer à la vue des acheteurs les échelles graduées, pour la comparaison des quantités et des prix, ainsi que l'explication, qui seront publiées à cet effet, afin que chacun puisse y recourir au besoin.

16. Aussitôt que l'usage du mètre sera devenu obligatoire pour les marchands dans une commune, les ouvriers, artistes ou agents, sous quelque dénomination que ce soit, qui s'y trouvent, et qui emploient le pied, la toise, les mesures de superficie et d'arpentage, ou autres anciennes mesures analogues, ne pourront produire en justice aucun titre dans lequel seraient rapportées des quantités de ces mesures, à moins qu'elles ne soient traduites concurremment en expressions de mesures républicaines.

17. Le gouvernement, les ministres, chacun en leur partie, les administrations de département, et généralement tous les fonctionnaires publics, donneront des ordres et prendront tous les moyens qui dépendent d'eux, pour que, le plus tôt possible, les employés, ouvriers ou agents qui travaillent sous leur autorité, n'emploient d'autres mesures que les mesures républicaines, tant pour les ouvrages à faire que pour les comptes à rendre.

18. A compter du 1er brumaire prochain, les quantités de mesures, dans les décrets et procès verbaux du corps législatif, seront exprimées concurremment en mesures anciennes et en mesures républicaines, jusqu'à ce que celles-ci puissent être exclusivement employées sans inconvénient.

Le comité des décrets est chargé de faire ajouter la traduction en nouvelles mesures sur les minutes et expéditions où elles auraient été oubliées.

19. Le pouvoir exécutif donnera des ordres pour que le même usage soit suivi dans les autres actes de l'autorité publique, aussitôt que le permettra la propagation des nouvelles mesures.

20. La disposition de l'article 3 de la loi du 17 frimaire an second, concernant l'obligation d'exprimer par émargement, dans les comptes des dépenses publiques, les sommes en francs, décimes et centimes, est prorogée pendant les six premiers mois de l'an quatrième ; passé ce terme, la loi du 17 frimaire sera suivie en son entier.

La trésorerie nationale et le bureau de comptabilité ne recevront plus à l'avenir de pièces qui seraient en contravention avec ladite loi et les subséquentes.

21. L'agence temporaire continuera ses fonctions, sous l'autorité du ministre qui aura la partie des travaux publics. Ce ministre tiendra la main à l'exécution des lois sur les nouveaux poids et mesures, et prendra tous les moyens les plus propres à accélérer leur établissement : il fera en sorte qu'il soit entièrement terminé avant le 1er vendémiaire de l'an sixième. Il prendra, sur les fonds affectés annuellement aux travaux publics, les sommes nécessaires pour acquitter les dépenses indispensables auxquelles cette opération donnera lieu.

22. En attendant l'organisation du ministère, il est affecté, par le présent décret, une somme de cinq cent mille francs pour continuer les opérations relatives au renouvellement des poids et mesures. La trésorerie nationale tiendra, à cet effet, cette somme à la disposition de la commission d'instruction publique.

25. Le directoire exécutif présentera chaque année, au corps législatif, le compte des progrès du renouvellement des poids et mesures, et de tout ce qui aura été fait pour parvenir à l'uniformité prescrite par la constitution.

N° **162**.—*Décret sur la police intérieure des communes.*

10 vendémiaire an 4 (2 octobre 1795).

TITRE III.

Des passe-ports.

1. Jusqu'à ce que autrement il en ait été ordonné, nul individu ne pourra quitter le territoire de son canton, ni voyager, sans être muni et porteur d'un passe-port signé par les officiers municipaux de la commune ou administration municipale du canton.

2. Chaque municipalité ou administration municipale du canton tiendra un registre des passe ports qu'elle délivrera.

3. Tout passe-port contiendra le signalement de l'individu, sa signature ou sa déclaration qu'il ne sait signer, référera le numéro de son inscription au tableau de la commune, et sera renouvelé au moins une fois par an.

A cet effet, l'administration de département fera passer à chaque municipalité ou administration municipale un modèle de passe-port.

4. Tout individu qui, à l'époque de la formation du tableau, n'aura pas acquis domicile depuis une année dans une commune ou canton, sera tenu de se présenter devant les officiers municipaux ou l'administration municipale du canton, de faire déclaration de ses noms, âge, état ou profession, et du lieu de son dernier domicile.

5. La municipalité ou l'administration municipale du canton adressera à l'administration du département la déclaration de l'individu non domicilié depuis un an sur la commune ou canton, avec des notes sur ses moyens d'existence.

6. Tout individu voyageant et trouvé hors de son canton sans passe-port, sera mis sur-le-champ en état d'arrestation, et détenu jusqu'à ce qu'il ait justifié être inscrit sur le tableau de la commune de son domicile.

7. A défaut de justifier, dans deux décades, son inscription sur le tableau d'une commune, il sera réputé vagabond et sans aveu, et traduit comme tel devant les tribunaux compétents.

N° **163**. — *Loi qui ordonne l'échenillage des arbres.*

Du 26 ventôse an 4.

Le conseil des anciens, adoptant les motifs de la déclaration d'urgence qui précède la résolution ci-après, approuve l'acte d'urgence.

Suit la teneur de la déclaration d'urgence, et de la résolution du 24 ventôse.

Le conseil des cinq-cents, après avoir entendu le rapport de sa commission,

Considérant qu'il est urgent de prendre des mesures pour la destruction des chenilles, qui ont fait de grands ravages les années dernières, et semblent en faire craindre de plus grands encore pour cette année,

Déclare qu'il y a urgence;

Le conseil, après avoir déclaré l'urgence, prend la résolution suivante :

1. Dans la décade de la publication de la présente loi, tous propriétaires, fermiers, locataires ou autres faisant valoir leurs propres héritages ou ceux d'autrui seront tenus, chacun en droit soi, d'écheniller ou faire écheniller les arbres étant sur lesdits héritages, à peine d'amende qui ne pourra être moindre de trois journées de travail, et plus forte de dix.

2. Ils sont tenus, sous les mêmes peines, de brûler sur-le-champ les bourses et toiles qui sont tirées des arbres, haies ou buissons, et ce, dans un lieu où il n'y aura aucun danger de communication de feu, soit pour les bois, arbres et bruyères, soit pour les maisons et bâtiments.

3. Les administrateurs de département feront écheniller, dans le même délai, les arbres étant sur les domaines nationaux non affermés.

4. Les agents et adjoints des communes sont tenus de surveiller l'exécution de la présente loi dans leurs arrondissements respectifs ; ils sont responsables des négligences qui y sont découvertes.

5. Les commissaires du directoire exécutif près les municipalités, sont tenus, dans la deuxième décade de la publication, de visiter tous les terrains garnis d'arbres, d'arbustes, haies ou buissons, pour s'assurer que l'échenillage aura été fait exactement, et d'en rendre compte au ministre chargé de cette partie.

6. Dans les années suivantes, l'échenillage sera fait, sous les peines portées par les articles ci-dessus, avant le 1er ventôse.

7. Dans le cas où quelques propriétaires ou fermiers auraient négligé de le faire pour cette époque, les agents et adjoints le feront faire aux dépens de ceux qui l'auront négligé, par des ouvriers qu'ils choisiront ; l'exécutoire des dépenses leur sera délivré par le juge de paix, sur les quittances des ouvriers, contre lesdits propriétaires et locataires, et sans que ce payement puisse les dispenser de l'amende.

8. La présente loi sera publiée le 1er pluviôse de chaque année, à la diligence des agents des communes, sur le réquisitoire du commissaire du directoire exécutif.

La présente résolution sera imprimée.

Signé A.-C. THIBAUDEAU, *président ;* P.-J. AUDOUIN, GIBERT-DESMOLIÈRES, DAUCHY (de l'Oise), *secrétaires.*

Après une seconde lecture, le conseil des anciens approuve la résolution ci-dessus. Le 26 ventôse an IV de la république française.

Signé REGNIER, *président ;* BERNARD (de Saint-Afrique), MERLINO, BONNESŒUR, ROSSÉE, *secrétaires.*

N° **164.** —*Loi concernant les personnes arrivées à Paris, depuis le 1er fructidor an* III, *et celles qui y arriveront par la suite.*

Du 27 ventôse an 4 (17 mars 1796).

Le conseil des anciens, adoptant les motifs de la déclaration d'urgence, qui précède la résolution ci-après, approuve l'acte d'urgence.

Suit la teneur de la déclaration d'urgence et de la résolution du 22 ventôse :

Le conseil des cinq-cents, considérant qu'il importe au maintien de la tranquillité publique dans le département de la Seine, de connaître tous les Français que leurs affaires y appellent ou que d'autres motifs y conduisent;

Que l'affluence des étrangers qui se rendent dans la commune de Paris exige des mesures qui activent la surveillance du gouvernement,

Déclare qu'il y a urgence.

Le conseil, après avoir déclaré l'urgence, prend la résolution suivante :

1. Toutes personnes arrivées à Paris depuis le 1er fructidor an III, ainsi que celles qui y arriveront par la suite sans y avoir eu antérieurement leur domicile, seront tenues, dans les trois jours de la publication de la présente résolution, ou de leur arrivée, de déclarer devant l'administration municipale de leur arrondissement, leurs nom et prénoms, âge, état ou profession, leur domicile ordinaire, leur demeure à Paris, et d'exhiber leur passe-port.

2. Indépendamment de la déclaration ci-dessus ordonnée,

Tout citoyen habitant Paris, qui aura un étranger à cette commune logé dans la maison ou portion de maison dont il est locataire,

Tout concierge ou portier de maison non habitée,

Seront tenus de faire déclaration, devant l'administration municipale de l'arrondissement, de chaque étranger à la commune de Paris logé chez eux, dans les vingt-quatre heures de son arrivée.

3. Toute personne qui, aux termes des articles précédents, négligera de faire sa déclaration, sera condamnée, par voie de police correctionnelle, à trois mois d'emprisonnement.

En cas de récidive, la peine de détention sera de six mois.

4. Toute personne qui aura fait une fausse déclaration sera punie, par la même voie, de six mois d'emprisonnement, et d'une année de détention, en cas de récidive.

5. Chaque déclaration sera faite en double sur deux feuilles séparées, non sujettes au timbre, et signées par le déclarant.

Dans le cas où il ne saurait pas signer, le commissaire de l'administration municipale en fera mention : l'un des doubles restera au secrétariat de l'administration municipale, et l'autre, signé du commissaire, sera remis au déclarant.

6. Tout Français demeurant à Paris avant le 1er fructidor an III, et qui cependant n'y aura pas acquis domicile depuis un an, sera tenu d'obtenir, de l'administration municipale du canton de son dernier domicile légalement acquis, un certificat constatant ses nom, prénoms, âge, et son état avant et depuis la révolution, jusqu'à l'instant où il aura quitté son dernier domicile pour résider dans la commune de Paris; lequel certificat sera visé par l'administration centrale du département.

7. Le certificat mentionné à l'article précédent sera expédié en triple par l'administration municipale : un sera délivré au requérant; l'autre, adressé par le commissaire du directoire exécutif au ministre de la police générale de la république; le troisième demeurera affiché à la porte du lieu des séances de l'administration, pendant trois décades.

8. Les administrations municipales, en cas de refus des certificats exigés par l'article 6, seront tenues d'en délivrer les motifs au requérant.

9. Tout citoyen qui reconnaîtra un faux dans les certificats affichés, est tenu d'en donner avis à l'administration municipale, en dé-

signant les noms, prénom, âge, état et demeure de ceux qui les auront obtenus.

10. Tout individu qui, dans le cas de l'article 6, n'aura pas exhibé son certificat au bureau central du canton de Paris, savoir, dans le délai de six décades lorsque les administrations municipales seront à la distance de cinquante myriamètres de Paris (cent lieues), et dans le délai de huit décades, si elles sont au delà de cinquante myriamètres (cent lieues), sera réputé, s'il n'y a aucune autre charge contre lui, vagabond et sans aveu, et traduit comme tel devant les tribunaux compétents.

11. Les dispositions de la présente loi ne sont aucunement dérogatoires :

1° Aux lois relatives aux étrangers avoués par le ministre de leur nation résidant auprès de la république;

2° Aux dispositions renfermées dans les lois contre les émigrés, les déportés, et les rebelles connus sous le nom de la Vendée et des chouans;

3° Aux règlements de police concernant les maîtres d'hôtel, aubergistes et logeurs; lesquelles lois seront exécutées selon leur forme et teneur.

12. Les dispositions de la présente résolution seront également suivies dans toutes les communes du département de la Seine.

La présente résolution sera imprimée.

Signé A.-C. THIBAUDEAU, *président;* DAUCHY (de l'Oise), GIBERT-DESMOLIERES, P.-J. AUDOUIN, *secrétaires.*

Après une seconde lecture, le conseil des anciens approuve la résolution ci-dessus. Le 27 ventôse an IV de la république française.

Signé REGNIER, *président;* MERLINO, BERNARD (de Saint-Afrique), ROSSÉE, *secrétaires.*

N° **165**. — *Loi qui fixe les droits de bac et de passage sur la rivière de Seine, dans les communes de Paris et de Passy.*

Du 16 brumaire an 5 (6 novembre 1796).

Le conseil des anciens, adoptant les motifs de la déclaration d'urgence qui précède la résolution ci-après, approuve l'acte d'urgence.

Suit la teneur de la déclaration d'urgence et de la résolution du 10 brumaire :

Le conseil des cinq-cents, après avoir entendu le rapport de sa commission des finances, et vu le message du directoire exécutif du 19 thermidor an IV;

Considérant que les droits de bac et passage sur la rivière de Seine, dans la commune de Paris et à Passy, réglés en ancienne monnaie, ont été et ont dû être payés en papier à différents taux;

Que ce papier n'ayant plus cours, il convient de réformer les tarifs et de régler les droits de passage, en ayant égard aux frais et dépenses de ce genre d'exploitation;

Et voulant pourvoir très-promptement à cette fixation, ainsi qu'à la police et administrature de ces passages, qui intéressent la sûreté publique et la facilité des communications,

Déclare qu'il y a urgence.

Le conseil des cinq-cents, après avoir déclaré l'urgence, prend la résolution suivante :

1. Le décret du 25 thermidor an III, relatif aux droits de bac et passage sur la rivière de Seine, dans la commune de Paris, est rapporté.

2. Le directoire exécutif est autorisé à affermer, ensemble ou séparément, les droits de bacs à traille ou autres bacs, et passages en batelet, établis sur la rivière de Seine, dans la commune de Paris et même à Passy, pour trois, six ou neuf années, aux conditions qu'il jugera les plus convenables à l'intérêt public et les plus utiles à la nation, et dans les formes prescrites pour la location des domaines nationaux.

3. L'adjudicataire ou les adjudicataires seront expressément chargés de payer aux passeurs d'eau actuellement en possession, le prix de leurs bacs, bateaux, agrès, bureaux en pierre ou en bois, et autres objets nécessaires à cette exploitation, d'après les estimations qui en seront faites par deux experts, l'un nommé par la régie de l'enregistrement, l'autre par les propriétaires actuels desdits bacs, bateaux, agrès, bureaux et autres objets ; et le payement en sera effectué comptant, en numéraire métallique, dans le mois de l'adjudication, ou dans les termes convenus de gré à gré.

Les nouveaux adjudicataires seront propriétaires desdits objets, et tenus de les entretenir et de les transmettre en bon état, à l'expiration de leur bail, au nouveau fermier, qui en payera le prix suivant l'estimation qui en sera faite alors.

4. Les anciens tarifs, soit pour les droits de passage en batelet, soit pour les droits de passage en bac, sont rapportés ; et les adjudicataires, ainsi que les passagers, se conformeront au tarif annexé à la présente loi.

5. Il est fait très-expresses défenses aux adjudicataires, mariniers et personnes employées à cette exploitation, d'exiger autres et plus fortes sommes que celles portées au tarif annexé à la présente, à peine d'être poursuivis comme concussionnaires.

6. Le directoire exécutif est chargé de régler les clauses, charges et conditions de l'adjudication, soit pour la sûreté des passagers, soit pour la facilité et l'exactitude du service, soit pour le choix des mariniers et compagnons, soit pour la discipline à laquelle ils doivent être assujettis, soit enfin pour le maintien du bon ordre et de la police.

7. La surveillance immédiate appartiendra aux ministres des finances et de la police, chacun en ce qui le concerne.

8. La présente loi sera imprimée, ainsi que le tarif.

COMMUNES DE PARIS ET PASSY.

Droits de passage sur la rivière de Seine, en batelet.

Pour chaque personne........................... 5 cent. 1 sou.

Le batelet est complet avec cinq passagers ; mais si une, deux, trois ou quatre personnes veulent passer sans attendre qu'il soit complet, le passage sera payé comme si le nombre de cinq était complet.

Il ne pourra être admis plus de seize personnes dans un batelet.

Droits de passage dans les bacs, sur la rivière de Seine.

	centimes.	sous.
Pour chaque personne..	5	1
Pour chaque cavalier et son cheval.................	10	2
Si le cavalier veut passer seul avec son cheval...........	30	6
Pour chaque cheval et autres bêtes de somme sans charge ni conducteurs..................................	10	2
Pour chaque carrosse à deux chevaux..................	40	8
Par cheval d'augmentation...........................	10	2
Par chacune des personnes..........................	5	1
Par chaque chaise ou cabriolet à un cheval............	25	5
Par cheval d'augmentation...........................	10	2
Par chacune des personnes..........................	5	1
Pour une litière sur deux mulets, compris le conducteur et le mulet qu'il monte.................	30	6
Par personne dans la litière.......................	5	1
Pour une charrette ou chariot chargé à un cheval, le conducteur compris.................................	30	6
Pour deux chevaux..................................	40	8
Pour trois chevaux.................................	60	12
Et par cheval d'augmentation.......................	15	3
Pour chacune des mêmes grosses voitures, lorsqu'elles sont vides, moitié de ce que dessus, le conducteur compris.		
Pour chaque bœuf ou vache........................	5	1
Pour chaque veau, porc ou chèvre..................	3	
Pour chaque mouton ou brebis, au nombre de douze....	2	
Pour chaque douzaine de moutons ou brebis au-dessus de la première douzaine................................	10	2

Signé CAMBACÉRÈS, *président ;* DUBOIS (des Vosges),
T. BERLIER, FABRE, *secrétaires.*

Après une seconde lecture, le conseil des anciens approuve la résolution ci-dessus. Le 16 brumaire an v de la république française.

Signé J.-G. LACUÉE, *président ;* KERVELEGAN, VIENNET,
LEPAIGE, *secrétaires.*

N° **166.** — *Loi qui ordonne la perception, pendant six mois, au profit des indigents, d'un décime par franc en sus du prix des billets d'entrée dans tous les spectacles.*

Du 7 frimaire an 5 (27 novembre 1796).

(Du 12 brumaire). Le conseil des cinq-cents, après avoir entendu le rapport de sa commission de l'organisation des secours, et trois lectures faites les 13 messidor, 2 thermidor et 11 fructidor ;

Et après avoir déclaré qu'il n'y a pas lieu à l'ajournement, prend la résolution suivante :

1. Il sera perçu un décime par franc (deux sous pour livre, vieux style) en sus du prix de chaque billet d'entrée, pendant six mois, dans tous les spectacles où se donnent des pièces de théâtre, des bals, des feux d'artifice, des concerts, des courses et exercices de chevaux, pour lesquels les spectateurs payent.

La même perception aura lieu sur le prix des places louées pour un temps déterminé.

2. Le produit de la recette sera employé à secourir les indigents qui ne sont pas dans les hospices.

3. Dans le mois qui suivra la publication de la présente, le bureau central, dans les communes où il y a plusieurs municipalités, et l'administration municipale, dans les autres, formeront, par une nomination au scrutin, un bureau de bienfaisance, ou plusieurs s'ils le croient convenable : chacun de ces bureaux sera composé de cinq membres.

4. Les fonctions des bureaux de bienfaisance seront de diriger les travaux qui seront prescrits par lesdites administrations, et de faire la répartition des secours à domicile.

5. Les membres de ces bureaux n'auront aucune rétribution, et ne toucheront personnellement aucuns fonds; ils nommeront un receveur qui fera toutes les perceptions.

6. Lesdites administrations détermineront les mesures qu'elles croiront convenables pour assurer le recouvrement du droit ordonné par l'article 1er.

7. Dans les communes où il y aura plusieurs bureaux de bienfaisance, la proportion pour laquelle chacun d'eux sera fondé dans la recette, sera déterminée par le bureau central dans les communes où il y a plusieurs municipalités, et par l'administration municipale dans les autres.

8. Chaque bureau de bienfaisance recevra, de plus, les dons qui lui seront offerts; ils seront déposés aux mains du receveur, et enregistrés.

9. Le bureau rendra compte, tous les mois, du produit de sa recette à l'administration par laquelle il aura été nommé.

10. Les secours à domicile seront donnés en nature, autant qu'il sera possible.

11. Les mendiants valides, qui n'ont pas de domicile acquis hors la commune où ils sont nés, sont obligés d'y retourner : faute de quoi, ils y seront conduits par la gendarmerie, et condamnés à une détention de trois mois.

12. Les lois des 19 mars 1793 et 22 floréal an II, sont rapportées en ce qui concerne les secours.

13. La présente résolution sera imprimée.

Signé CAMBACÉRÈS, *président;* T. BERLIER, MATHIEU, DUBOIS (des Vosges), FABRE, *secrétaires.*

Après avoir entendu les trois lectures dans ses séances des 14, 20 brumaire et de ce jour, le conseil des anciens approuve la résolution ci-dessus. Le 7 frimaire an V de la république française.

Signé BRÉARD, *président;* VIGNERON, GIROD (de l'Ain), ROUSSEAU, *secrétaires.*

N° **167.** — *Loi portant défenses d'annoncer publiquement les journaux et les actes des autorités constituées autrement que par leur titre.*

Du 5 nivôse an 5 (25 décembre 1796).

Le conseil des anciens, considérant qu'il est instant de prendre toutes les mesures nécessaires au maintien de la tranquillité publique, et de prévenir tout désordre, approuve l'acte d'urgence.

Suit la teneur de l'acte d'urgence et de la résolution du 29 frimaire :

Le conseil des cinq-cents, considérant que la tranquillité publique est troublée par les abus introduits dans la manière d'annoncer les papiers publics et même les actes des autorités constituées,

Déclare qu'il y a urgence;

Et, après avoir déclaré l'urgence, le conseil prend la résolution suivante :

1. Il est défendu à tout individu d'annoncer dans les rues, carrefours et autres lieux publics, aucun journal ou écrit périodique, autrement que par le titre général et habituel qui le distingue des autres journaux.

2. Il est également défendu d'annoncer aucune loi, aucun jugement ou autres actes d'une autorité constituée, autrement que par le titre donné auxdits actes, soit par l'autorité de laquelle ils émanent, soit par celle qui a le droit de les publier.

3. La contravention aux deux précédents articles, sera punie, par voie de police correctionnelle, d'un emprisonnement de deux mois pour la première fois, et de six en cas de récidive.

4. La présente résolution sera imprimée.

Signé QUINETTE, *président;* LECOINTE-PUYRAVEAU, DUHOT, *secrétaires.*

Après une seconde lecture, le conseil des anciens approuve la résolution ci-dessus. Le 5 nivôse, an V de la république française.

Signé B. PARADIS, *président;* B.-M. DECOMBEROUSSE, DERAZEY, P. LOYSEL, GUINEAU, *secrétaires.*

N° **168.**—*Articles de la loi du* 13 *fructidor an* V.

13 fructidor an 5 (30 août 1797).

21. La loi du 11 mars 1793 (vieux style) est rapportée : en conséquence, il est défendu à qui que ce soit d'introduire aucunes poudres étrangères dans la république, sous peine de confiscation de la poudre, des chevaux et voitures qui en seraient chargés, et d'une amende de vingt francs quarante-quatre centimes par kilogramme de poudre (ou dix francs par livre).

Si l'entrée en fraude est faite par la voie de la mer, l'amende sera double, en outre de la confiscation de la poudre.

22. L'importation et l'exportation des salpêtres sont également prohibées; la contravention sera punie des mêmes peines que lorsque les poudres sont la matière du délit.

Il sera cependant permis d'entreposer des salpêtres dans les ports de France pour les réexporter ensuite, en se conformant à ce qui est prescrit par les lois sur l'entrepôt.

23. Les poudres ou salpêtres saisis par les employés des douanes, seront par eux déposés au magasin national le plus prochain affecté à ces matières : la moitié de la valeur de tous les objets confisqués et des amendes prononcées appartiendra aux saisissants et sera partagée entre eux.

24. La fabrication et la vente des poudres continueront d'être interdites à tous les citoyens autres que ceux qui y seront autorisés par une commission spéciale de l'administration nationale des poudres.

Il est également interdit, aux citoyens qui n'y seraient pas autorisés, de conserver chez eux de la poudre, au delà de la quantité de cinq kilogrammes (environ dix livres un quart).

La surveillance de ces dispositions est confiée aux administrations départementales et municipales, aux commissaires du directoire exécutif près d'elles, et aux officiers de police.

25. Lorsque l'une de ces autorités, ou les préposés de l'administration des poudres, auront connaissance d'une violation du précédent article, ils requerront la municipalité du lieu de prendre les moyens nécessaires pour constater les délits.

26. La municipalité sera tenue de déférer à cette réquisition : en conséquence, elle fera procéder à une visite dans la maison désignée, si les circonstances du fait l'exigent. Cette visite ne pourra s'exécuter que par deux officiers municipaux, accompagnés d'un commissaire de police, en plein jour, et seulement pour l'objet énoncé en la présente loi, conformément à l'article 359 de la constitution.

Dans les communes où il n'y a pas de municipalité, cette visite sera faite par l'agent municipal et son adjoint, lesquels se feront assister de deux citoyens du voisinage.

Dans le cas de conviction, l'affaire sera renvoyée aux tribunaux, qui feront la poursuite suivant les lois.

27. Ceux qui feront fabriquer illicitement de la poudre seront condamnés à trois mille francs d'amende. La poudre, les matières et ustensiles servant à sa confection seront confisqués; et les ouvriers employés à sa fabrication seront détenus pendant trois mois pour la première fois, et pendant un an en cas de récidive. Le tiers des amendes appartiendra au dénonciateur; le surplus, ainsi que les objets confisqués, seront versés au trésor public et dans les magasins nationaux.

28. Tout citoyen qui vendrait de la poudre sans y être autorisé, conformément à l'article 24, sera condamné à une amende de cinq cents francs, et celui qui en conserverait chez lui plus de cinq kilogrammes (ou environ dix livres un quart), à une amende de cent francs.

Dans l'un et l'autre cas, les poudres seront confisquées et déposées dans les magasins nationaux.

29. Il est aussi défendu aux gardes des arsenaux de terre et de mer, à tous militaires et ouvriers et employés dans les poudrières, de vendre, donner ou échanger aucune poudre, sous peine de destitution, et d'une détention qui sera de trois mois pour les gardes magasins et militaires, et d'un an pour les ouvriers et employés des poudrières.

Les ouvriers des raffineries et ateliers nationaux de salpêtre qui en détourneraient les produits, encourront les mêmes peines que les ouvriers des poudrières en pareil cas.

30. Tout voyageur ou conducteur de voitures qui transportera plus de cinq kilogrammes (ou dix livres un quart) de poudre, sans pouvoir justifier leur destination par un passe-port de l'autorité compétente, revêtu du visa de la municipalité du lieu du départ, sera arrêté et condamné à une amende de vingt francs quarante-quatre centimes par kilogramme de poudre saisie (ou dix francs par livre), avec confiscation de la poudre et des chevaux et voitures; mais si le conducteur n'a pas eu connaissance de la nature du chargement, il aura son recours contre le chargeur qui l'aurait trompé, et qui sera tenu de l'indemniser.

Néanmoins, dans la distance de deux lieues des frontières, les citoyens resteront soumis à tout ce qui est prescrit par les lois, pour la circulation dans cette étendue.

51. Les capitaines de navires, de quelque lieu qu'ils viennent, à leur entrée dans des ports maritimes, seront obligés, dans les vingt-quatre heures, de faire, au bureau des douanes, ou, à défaut, au commissaire de la marine, la déclaration des poudres qu'ils auront à bord, et de les déposer, dans le jour suivant, dans les magasins nationaux, sous peine de cinq cents francs d'amende : ces poudres leur seront rendues à leur sortie desdits ports.

52. Les poudres prises sur l'ennemi par les vaisseaux ou bâtiments de mer, seront, à leur arrivée dans les ports de la république, déposées dans les magasins de la marine, si elles sont bonnes à être employées pour ce service ; et dans ce cas, le ministre de ce département les fera payer au même prix que celles qu'il reçoit de l'administration nationale des poudres.

Mais si les poudres des prises, après vérification contradictoirement faite, ne sont pas admissibles pour le service de la marine, elles seront versées dans les magasins de l'administration des poudres, qui les payera en raison de la quantité de salpêtre qu'elles contiennent, et au prix auquel est fixé celui des salpêtriers.

Certifié conforme :

Le secrétaire d'Etat, HUGUES B. MARET.

Pour copie conforme :

Le conseiller d'Etat, préfet, DUBOIS.

N° **169**.—*Loi relative aux passe-ports.*

Du 28 vendémiaire an 6 (19 octobre 1797).

Le conseil des anciens, adoptant les motifs de la déclaration d'urgence qui précède la résolution ci-après, approuve l'acte d'urgence.

*Suit la teneur de la déclaration d'urgence et de la résolution du **22** vendémiaire :*

Le conseil des cinq-cents, considérant que l'on ne peut trop se hâter de pourvoir à la sûreté intérieure de la république,

Déclare qu'il y a urgence.

Après avoir déclaré l'urgence, le conseil prend la résolution suivante :

1. Les passe-ports qui, conformément aux dispositions des lois, doivent être délivrés aux citoyens français ou étrangers, désigneront à l'avenir les lieux où les voyageurs doivent se rendre ; ils seront visés par le commissaire du directoire exécutif près de l'administration chargée de la délivrance des passe-ports.

2. Dix jours après la promulgation de la présente, tous passe-ports d'une date antérieure à cette promulgation demeurent annulés. Pendant ce délai, les citoyens absents de leur domicile, prendront, auprès de l'administration municipale du canton où ils se trouvent momentanément, un nouveau passe-port, qui ne pourra leur être délivré que sur la réclamation de deux citoyens domiciliés connus dans le canton, dont la déclaration, signée, sera mentionnée au passe-port, ainsi que sur les registres de l'administration.

Une copie du passe-port, ainsi renouvelé, sera adressée à l'administration municipale du canton où se trouve le domicile du citoyen qui l'aura obtenu.

3. Les étrangers non domiciliés, qui voyagent ou résident actuellement dans l'intérieur de la république, seront également obligés de se présenter auprès de l'administration centrale du département où ils se trouvent, pour y faire vérifier leurs passe-ports et ajouter la désignation des lieux où ils désirent voyager et résider momentanément. Les commissaires du directoire près ces administrations, adresseront copie de ces passe-ports, ainsi renouvelés, au ministre des relations extérieures et à celui de la police générale.

4 Lorsque des bâtiments entreront dans les ports de la république, l'officier commandant du port conduira les passagers pardevant l'administration municipale du lieu, qui vérifiera leurs passe-ports, et prendra à leur égard les mesures de surveillance déjà prescrites par les dispositions des lois existantes.

5 Les citoyens qui seraient forcés de faire changer sur leurs passe-ports l'indication des lieux où ils veulent se rendre, se présenteront à l'administration municipale du canton où ils se trouvent, pour s'y en faire délivrer de nouveaux.

Une copie du passe-port, ainsi renouvelé, sera adressée à l'administration municipale du canton où se trouve le domicile du citoyen qui l'aura obtenu.

6. Les administrateurs et commissaires du directoire exécutif qui délivreraient et signeraient des passe-ports sous des noms supposés, ou autrement, pour voyager dans l'intérieur, aux individus qui, d'après les lois du 28 fructidor an v et jours suivants, doivent sortir du territoire de la république, seront traduits par-devant le tribunal criminel du département, pour y être condamnés à une détention qui ne pourra durer moins d'un an et ne pourra excéder deux ans.

7. Tous étrangers voyageant dans l'intérieur de la république, ou y résidant sans y avoir une mission des puissances neutres et amies reconnues par le gouvernement français, ou sans y avoir acquis le titre de citoyen, sont mis sous la surveillance spéciale du directoire exécutif, qui pourra retirer leurs passe-ports, et leur enjoindre de sortir du territoire français, s'il juge leur présence susceptible de troubler l'ordre et la tranquillité publique.

8. La présente résolution sera imprimée.

Signé P.-A. LALOY, *ex-président ;* J.-P. CHAZAL, GRELIER, SIEYES, PISON-DU-GALAND , *secrétaires.*

Après une seconde lecture, le conseil des anciens approuve la résolution ci-dessus. Le 28 vendémiaire an vi de la république française.

Signé CRETET, *président ;* PERÉ , G.-F. DENTZEL , BALIVET, P. DEDELAY, *secrétaires.*

N° **170**. — *Extrait de la loi du* 19 *brumaire an* vi, *relative à la surveillance du titre et à la perception des droits de garantie des matières et ouvrages d'or et d'argent.*

Du 19 brumaire an 6 (9 novembre 1797).

4. Il y a trois titres légaux pour les ouvrages d'or, et deux pour les ouvrages d'argent, savoir :

Pour l'or,

Le premier, de 920 millièmes (ou 22 karats 2/32 et 1/2 environ);

Le second, de 840 millièmes (20 karats 5/32 et 1/8);

Le troisième, de 750 millièmes (18 karats);

Et pour l'argent :

Le premier, de 950 millièmes (11 deniers, 9 grains, 7/10);

Le second, de 800 millièmes (9 deniers, 11 grains 1/2).

5. La tolérance des titres pour l'or est de trois millièmes ; celle des titres pour l'argent est de cinq millièmes.

6. Les fabricants peuvent employer, à leur gré, l'un des titres mentionnés en l'article 4, respectivement pour les ouvrages d'or et d'argent, quelle que soit la grosseur ou l'espèce des pièces fabriquées.

7. La garantie du titre des ouvrages et matières d'or et d'argent est assurée par des poinçons ; ils sont appliqués sur chaque pièce, ensuite d'un essai de la matière, et conformément aux règles établies ci-après.

8. Il y a pour marquer les ouvrages, tant en or qu'en argent, trois espèces principales de poinçons, savoir :

Celui du fabricant,

Celui du titre,

Et celui du bureau de garantie.

Il y a d'ailleurs deux petits poinçons, l'un pour les menus ouvrages d'or, l'autre pour les menus ouvrages d'argent trop petits pour recevoir l'empreinte des trois espèces de poinçons précédents.

Il y a de plus un poinçon particulier pour les vieux ouvrages dits de *hasard ;*

Un autre pour les ouvrages venant de l'étranger;

Une troisième sorte pour les ouvrages doublés ou plaqués d'or et d'argent ;

Une quatrième sorte, dite poinçon de récense, qui s'applique par l'autorité publique, lorsqu'il s'agit d'empêcher l'effet de quelque infidélité relative aux titres et aux poinçons ;

Enfin, un poinçon particulier pour marquer les lingots d'or ou d'argent affinés.

9. Le poinçon du fabricant porte la lettre initiale de son nom avec un symbole ; il peut être gravé par tel artiste qu'il lui plaît de choisir, en observant les formes et proportions établies par l'administration des monnaies.

10. Les poinçons de titre ont pour empreinte un coq, avec l'un des chiffres arabes 1, 2, 3, indicatif des premier, second et troisième titres, fixés dans la précédente section. Ces poinçons sont uniformes dans toute la république : chaque sorte de ces poinçons a d'ailleurs une forme particulière qui la différencie aisément à l'œil.

11. Le poinçon de chaque bureau de garantie a un signe caractéristique particulier, qui est déterminé par l'administration des monnaies.

Ce signe est changé toutes les fois qu'il est nécessaire, pour prévenir les effets d'un vol ou d'une infidélité.

12. Le petit poinçon, destiné à marquer les menus ouvrages d'or, a pour empreinte une tête de coq; celui pour les menus ouvrages d'argent porte un faisceau.

13. Le poinçon de vieux, destiné uniquement à marquer les ouvrages dits de hasard, représente une hache.

Celui pour marquer les ouvrages venant de l'étranger contient les lettres E T.

14. Le poinçon de chaque fabricant de doublé ou de plaqué a une forme particulière, déterminée par l'administration des monnaies. Le fabricant ajoute, en outre, sur chacun de ses ouvrages, des chiffres indicatifs de la quantité d'or et d'argent qu'il contient.

15. Le poinçon de recense est également déterminé par l'administration des monnaies, qui le différencie à raison des circonstances.

16. Le poinçon destiné à marquer les lingots d'or ou d'argent affiné, est aussi déterminé par l'administration des monnaies : il est uniforme dans toute la France.

19. Les fabricants de faux poinçons et ceux qui en feraient usage, seront condamnés à dix années de fer, et leurs ouvrages confisqués.

28. Les ouvrages déposés au Mont-de-Piété et dans les autres établissements destinés à des ventes ou à des dépôts de ventes, sont assujettis à payer les droits de garantie, lorsqu'ils ne les ont pas acquittés avant le dépôt.

72. Les anciens fabricants d'ouvrages d'or et d'argent et ceux qui voudront exercer cette profession, seront tenus de se faire connaître.............. et de faire insculper leur poinçon particulier, avec leur nom, sur une planche de cuivre à ce destinée..................

73. Quiconque se borne au commerce d'orfévrerie sans entreprendre la fabrication, n'est tenu que de faire sa déclaration............. et est dispensé d'avoir un poinçon.

74. Les fabricants et marchands d'or et d'argent ouvré ou non ouvré auront, un mois au plus tard après la publication de la présente loi, un registre coté et parafé.................. sur lequel ils inscriront la nature, le nombre, le poids et le titre des matières et ouvrages d'or et d'argent qu'ils achèteront ou vendront, avec les noms et demeures de ceux de qui ils les auront achetés.

75. Ils ne pourront acheter que des personnes connues ou ayant des répondants à eux connus.

76. Ils sont tenus de présenter leurs registres à l'autorité publique, toutes les fois qu'ils en seront requis.

77. Ils porteront au bureau de garantie, dans l'arrondissement duquel ils sont placés, leurs ouvrages, pour y être essayés, titrés et marqués ; ou, s'il y a lieu, être simplement revêtus de l'une des empreintes de poinçons prescrites à la deuxième section du titre Ier.

78. Ils mettront, dans le lieu le plus apparent de leur magasin ou boutique, un tableau énonçant les articles de la présente loi, relatifs aux titres et à la vente des ouvrages d'or et d'argent.

79. Ils remettront aux acheteurs des bordereaux énonciatifs de l'espèce du titre et du poids des ouvrages qu'ils leur auront vendus, et désignant si ce sont des ouvrages neufs ou vieux.

Ces bordereaux préparés d'avance, et qui seront fournis aux fabricants ou marchands par la régie de l'enregistrement, auront, dans toute la république, le même formulaire, qui sera imprimé; le vendeur y écrira à la main la désignation de l'ouvrage vendu, soit en or, soit en argent, son poids et son titre, distingué par ces mots : premier, second ou troisième, suivant la réalité; il y mettra de plus le nom de la commune où se fera la vente, avec la date et sa signature.

80. Les contrevenants à l'une des dispositions prescrites dans les huit articles précédents, seront condamnés, pour la première fois, à une amende de deux cents francs; pour la seconde, à une amende de cinq cents francs, avec affiche, à leurs frais, de la condamnation, dans toute l'étendue du département; la troisième fois, l'amende sera de mille francs, et le commerce de l'orfévrerie leur sera interdit, sous peine de confiscation de tous les objets de leur commerce.

81. Les articles 73, 74, 75, 76, 78, 79 et 80 sont applicables aux fabricants et marchands de galons, tissus, broderies ou autres ouvrages en fils d'or ou d'argent.

Ceux qui vendraient pour fins des ouvrages en or ou argent faux, encourront, outre la restitution de droit à celui qu'ils auraient trompé, une amende qui sera de deux cents francs pour la première fois ; de quatre cents francs pour la seconde fois, avec affiche de la condamnation, aux frais du délinquant, dans tout le département ; et la troisième fois, une amende de mille francs, avec interdiction de tout commerce d'or et d'argent.

85. La loi garantit les conditions des engagements respectifs des orfèvres et de leurs élèves.

86. Les joailliers ne sont pas tenus de porter au bureau de garantie les ouvrages montés en pierres fines ou fausses, et en perles, ni ceux émaillés dans toutes les parties, ou auxquels sont adaptés des cristaux ; mais ils auront un registre coté et parafé comme celui des marchands et fabricants d'ouvrages d'or et d'argent, à l'effet d'y inscrire, jour par jour, les ventes et les achats qu'ils auront faits.

87. Ils seront tenus, comme les fabricants et marchands orfèvres, de donner aux acheteurs un bordereau, qui sera également fourni par la régie de l'enregistrement, et sur lequel ils décriront la nature, la forme de chaque ouvrage, ainsi que la qualité des pierres dont il sera composé, et qui sera daté et signé par eux.

88. La contravention aux deux articles précédents sera punie des mêmes peines portées en pareil cas contre les marchands orfèvres.

89. Il est aussi interdit aux joailliers de mêler dans les mêmes ouvrages des pierres fausses avec les fines, sans le déclarer aux acheteurs, à peine de restituer la valeur qu'auraient eue les pierres, si elles avaient été fines, et de payer, en outre, une amende de trois cents francs : l'amende sera triple la seconde fois, et la condamnation affichée dans tout le département, aux frais du délinquant ; la troisième fois, il sera déclaré incapable d'exercer la joaillerie, et les effets composant son magasin seront confisqués.

90. Lorsqu'un orfèvre mourra, son poinçon sera remis, dans l'espace de cinq décades après le décès, au bureau de garantie de son arrondissement, pour y être biffé de suite.

Pendant ce temps, le dépositaire du poinçon sera responsable de l'usage qui en sera fait, comme le sont les fabricants en exercice.

91. Si un orfèvre ou fabricant quitte le commerce, il remettra son poinçon au bureau de garantie de l'arrondissement, pour y être biffé devant lui ; s'il veut s'absenter pour plus de six mois, il déposera son poinçon au bureau de garantie, et le contrôleur fera poinçonner les ouvrages fabriqués chez lui en son absence.

92. Les marchands d'ouvrages d'or et d'argent, ambulants, ou venant s'établir en foire, sont tenus, à leur arrivée dans une commune, de se présenter à l'administration municipale, ou à l'agent de cette administration, dans les lieux où elle ne réside pas, et de lui montrer les bordereaux des orfèvres qui leur auront vendu les ouvrages d'or et d'argent dont ils sont porteurs.

A l'égard des ouvrages qu'ils auraient acquis antérieurement à la présente loi, ou seulement deux mois après sa publication, ils seront tenus de les déclarer au bureau de garantie de l'arrondissement, pour les faire marquer de suite, soit du poinçon de vieux, soit de celui de recense, suivant l'espèce des objets ; et cette obligation remplie les dispensera de justifier l'origine desdits ouvrages.

93. La municipalité ou l'agent municipal fera examiner les marques de ces ouvrages par des orfèvres, ou, à défaut, par des personnes connaissant les marques et poinçons, afin d'en constater la légitimité.

94. L'administration municipale ou son agent fera saisir et remettre au tribunal de police correctionnelle du canton, les ouvrages d'or et d'argent qui ne seraient point accompagnés de bordereaux ou ne seraient pas marqués du poinçon de vieux ou de recense, ainsi qu'il est prescrit à l'article 92, ou les ouvrages dont les marques paraîtraient contrefaites, ou enfin ceux qui n'auraient pas été déclarés conformément audit article 92.

Le tribunal de police correctionnelle appliquera aux délits des marchands ambulants les mêmes peines portées dans la présente loi, contre les orfévres, pour des contraventions semblables.

95. Quiconque veut plaquer ou doubler l'or et l'argent sur le cuivre ou sur tout autre métal, est tenu d'en faire la déclaration à l'administration de son département et à celle des monnaies.

97. Il est tenu de mettre sur chacun de ses ouvrages son poinçon particulier, qui a dû être déterminé par l'administration des monnaies, ainsi qu'il est dit article 14 de la présente loi. Il ajoutera à l'empreinte de ce poinçon celle de chiffres indicatifs de la quantité d'or ou d'argent contenue dans l'ouvrage, sur lequel il sera, en outre, empreint, en toutes lettres, le mot *doublé*.

98. Le fabricant de doublé transcrira, jour par jour, les ventes qu'il aura faites, sur un registre coté et parafé par l'administration municipale. Il lui sera fourni, par la régie de l'enregistrement, des bordereaux en blanc, comme aux orfévres et joailliers, et il sera tenu de remettre à chaque acheteur un de ces bordereaux, daté et signé par lui et rempli de la désignation de l'ouvrage, de son poids et de la quantité d'or et d'argent qui y est contenue.

99. En cas de contravention aux deux articles précédents, les ouvrages sur lesquels portera la contravention seront confisqués, et, en outre, le délinquant sera condamné à une amende qui sera, pour la première fois, de dix fois la valeur des objets confisqués; pour la seconde fois, du double de la première, avec affiche de la condamnation dans toute l'étendue du département, aux frais du délinquant; enfin, la troisième fois, l'amende sera quadruple de la première, et le commerce, ainsi que la fabrication d'or et d'argent, seront interdits au délinquant, sous peine de confiscation de tous les objets de son commerce.

100. Le fabricant de doublé est assujetti, comme le marchand orfévre, et sous les mêmes peines, à n'acheter des matières ou ouvrages d'or ou d'argent que de personnes connues ou ayant des répondants à eux connus.

101. Lorsque les employés d'un bureau de garantie auront connaissance d'une fabrication illicite de poinçons, le receveur et le contrôleur, accompagnés d'un officier municipal, se transporteront dans l'endroit ou chez le particulier qui leur aura été indiqué, et y saisiront les faux poinçons, les ouvrages et lingots qui en seraient marqués, ou enfin les ouvrages achevés et dépourvus de marque qui s'y trouveraient; ils pourront se faire accompagner, au besoin, par l'essayeur ou par un de ses agents.

102. Il sera dressé à l'instant, et sans déplacer, procès-verbal de la saisie et de ses causes, lequel contiendra les dires de toutes les parties intéressées, et sera signé d'elles : ledit procès-verbal sera remis, dans le délai d'une décade au plus, au commissaire du directoire exécutif près le tribunal de police correctionnelle, qui demeure chargé de faire la poursuite, également dans le délai d'une décade.

103. Les poinçons, ouvrages ou objets saisis, seront mis sous les cachets de l'officier municipal, des employés du bureau de garantie présents, et de celui chez lequel la saisie aura été faite, pour être déposés, sans délai, au greffe du tribunal de police correctionnelle.

104. Dans le cas où le tribunal prononcerait la confiscation des objets saisis, ils seront remis au receveur de la régie de l'enregistrement pour être vendus.

Il sera prélevé, sur le prix qui en proviendra, un dixième, qui sera donné à celui qui aura le premier dénoncé le délit, et un second dixième partageable, par portions égales, entre les employés du bureau de garantie. Le surplus, ainsi que les amendes, seront versés dans la caisse du receveur de l'enregistrement.

105. Les mêmes formes et dispositions prescrites par les quatre articles précédents, auront lieu également pour toutes les recherches, saisies et poursuites relatives aux contraventions à la présente loi.

107. Tout ouvrage d'or et d'argent achevé et non marqué, trouvé chez un marchand ou fabricant, sera saisi et donnera lieu aux poursuites par-devant le tribunal de police correctionnelle. Les propriétaires des objets saisis encourront la confiscation de ces objets, et en outre les autres peines portées par la loi.

108. Seront saisis également et confisqués tous les ouvrages d'or et d'argent sur lesquels les marques des poinçons se trouveront entées, soudées ou contre-tirées, en quelque manière que ce soit, et le possesseur avec connaissance sera condamné à six années de fers.

109. Les ouvrages marqués de faux poinçons seront confisqués dans tous les cas; et ceux qui les garderaient ou les exposeraient en vente avec connaissance, seront condamnés, la première fois, à une amende de deux cents francs; la deuxième, à une amende de quatre cents francs, avec affiche de la condamnation dans tout le département, aux frais du délinquant; et la troisième fois, à une amende de mille francs, avec interdiction de tout commerce d'or et d'argent.

110. Tous citoyens, autres que les préposés à l'application des poinçons légaux, qui en emploieraient même de véritables, seront condamnés à un an de détention.

N° 171.—*Extrait de la délibération de l'administration des monnaies, du 17 nivôse an VI.*

Du 17 nivôse an 6 (6 janvier 1798).

L'administration des monnaies, délibérant en exécution des articles 9 et 14 de la loi du 19 brumaire an VI, sur les formes et proportions que doit avoir le poinçon de chaque fabricant d'ouvrages d'or et d'argent, ainsi que le poinçon de chaque fabricant de doublé ou de plaqué,

Arrête ce qui suit:

1° Le poinçon de chaque fabricant d'ouvrages d'or et d'argent, dans toute l'étendue de la république, sera invariablement formé en losange ◇;

2° Les proportions de ce poinçon seront établies par le fabricant, en raison du genre d'ouvrage qu'il fabrique;

3° La forme du poinçon de chaque fabricant de doublé ou de plaqué sera carré parfait.

L'administration fera observer à chaque fabricant de doublé ou de plaqué que, conformément à la loi précitée, il doit ajouter, sur chacun de ses ouvrages, des chiffres indicatifs de la quantité d'or et d'argent qu'il contient, et qu'au symbole de son poinçon particulier doit être joint le mot doublé.

N° 172. — *Arrêté du directoire exécutif, contenant des mesures pour assurer le libre cours des rivières et canaux navigableset flottables.*

Du 19 ventôse an 6 (9 mars 1798).

Le directoire exécutif, vu : 1° les articles 42, 43 et 44 de l'ordonnance des eaux et forêts, du mois d'août 1669. portant :

« Nul, soit propriétaire, soit engagiste, ne pourra faire moulins, « batardeaux, écluses, gords, pertuis, murs, plants d'arbres, amas de « pierres, de terres, de fascines, ni autres édifices ou empêchements « nuisibles au cours de l'eau, dans les fleuves et rivières navigables et « flottables, ni même y jeter aucunes ordures, immondices, ou les « amasser sur les quais et rivages, à peine d'amendes arbitraires.....
« Enjoignons à toutes personnes de les ôter dans trois mois; et si au- « cuns se trouvent subsister après ce temps, voulons qu'ils soient « incessamment ôtés et levés aux frais et dépens de ceux qui les au- « ront faits ou causés, sur peine de cinq cents livres d'amende tant « contre les particuliers que contre les fonctionnaires publics qui au- « ront négligé de le faire......
« Ceux qui ont fait bâtir des moulins, écluses, vannes, gords et au- « tres édifices dans l'étendue des fleuves et rivières navigables et « flottables, sans en avoir obtenu la permission, seront tenus de les « démolir; sinon, le seront à leurs frais et dépens;
« Défendons à toutes personnes de détourner l'eau des rivières na- « vigables et flottables, ou d'en affaiblir et altérer le cours par tran- « chées, fossés ou canaux, à peine, contre les contrevenants, d'être « punis comme usurpateurs, et les choses réparées à leurs dépens ; »

2° L'article 2 de la loi du 22 novembre 1er décembre 1790, relative aux domaines nationaux, portant que «les fleuves et rivières naviga- « bles, les rivages, lais et relais de la mer......., et en général toutes « les portions du territoire national qui ne sont pas susceptibles d'une « propriété privée, sont considérés comme des dependances du do- « maine public; »

3° Le chapitre VI de la loi en forme d'instruction, du 12-20 août 1790, qui charge les administrations de département «de rechercher « et indiquer les moyens de procurer le libre cours des eaux ; d'em- « pêcher que les prairies ne soient submergées par la trop grande « élévation des écluses, des moulins, et par les autres ouvrages d'art « établis sur les rivières ; de diriger enfin, autant qu'il sera possible, « toutes les eaux de leur territoire vers un but d'utilité générale, d'a- « près les principes de l'irrigation ; »

4° L'article 10 du titre III de la loi du 16-24 août 1790, sur l'organi- sation judiciaire, qui charge le juge de paix de connaitre, entre parti- culiers «sans appel jusqu'à la valeur de cinquante livres, et à charge « d'appel à quelque valeur que la demande puisse monter..........., « des entreprises sur les cours d'eau servant à l'arrosement des prés, « commises pendant l'année; »

5° L'article 4 de la première section du titre Ier de la loi du 6 oc- tobre 1791, sur la police rurale, portant que « nul ne peut se preten- « dre propriétaire exclusif des eaux d'un fleuve ou d'une rivière na- « vigable ou flottable ; »

6° Les articles 15 et 16 du titre II de la même loi, portant :

« Personne ne pourra inonder l'héritage de son voisin, ni lui trans- « mettre volontairement les eaux d'une manière nuisible, sous peine

« de payer le dommage, et une amende qui ne pourra excéder la
« somme du dédommagement.

« Les propriétaires ou fermiers des moulins et usines construits
« ou à construire, seront garants de tous dommages que les eaux
« pourraient causer aux chemins ou aux propriétés voisines par la
« trop grande élévation du déversoir ou autrement; ils seront forcés
« de tenir les eaux à une hauteur qui ne nuise à personne, et qui sera
« fixée par l'administration du département, d'après l'avis de l'admi-
« nistration de district : en cas de contravention, la peine sera une
« amende qui ne pourra excéder la somme du dédommagement ;

7° La loi du 21 septembre 1792, portant que « jusqu'à ce qu'il en ait
« été autrement ordonné, les lois non abrogées seront provisoirement
« exécutées ; »

Considérant qu'au mépris des lois ci-dessus, les rivières navigables
et flottables, les canaux d'irrigation et de desséchement, tant publics
que privés, sont, dans la plupart des départements de la république,
obstrués par des batardeaux, écluses, gords, pertuis, murs, chaussées, plantis d'arbres, fascines, pilotis, filets dormants et à mailles
ferrées, réservoirs, engins permanents, etc.; que de là résultent non-
seulement l'inondation des terres riveraines et l'interruption de la navigation, mais l'atterrissement même des rivières et canaux navigables dont le fond ensablé ou envasé s'élève dans une proportion ef-
frayante; qu'une plus longue tolérance de cet abus ferait bientôt
disparaître le système entier de la navigation intérieure de la république, qui, lorsqu'il aura reçu tous ses développements par des ouvrages d'art, doit porter l'industrie et l'agriculture de la France à
un point auquel nulle autre nation ne pourrait atteindre;

Considérant que, pour assurer à la république les avantages qu'elle
tient de la nature et de sa position entre l'Océan, la Méditerranée et
les grandes chaînes de montagnes d'où partent une foule de fleuves
et de rivières secondaires, il ne s'agit que de rappeler aux autorités
constituées et aux citoyens les lois existantes sur cette matière;

En vertu de l'article 144 de la constitution, ordonne que les lois ci-
dessus transcrites seront exécutées selon leur forme et teneur; et, en
conséquence,

Arrête ce qui suit :

1. Dans le mois de la publication du présent arrêté, chaque administration départementale nommera un ou plusieurs ingénieurs et un
ou plusieurs propriétaires, pour, dans les deux mois suivants, procéder, dans toute l'étendue de son arrondissement, à la visite de toutes
les rivières navigables et flottables, de tous les canaux d'irrigation et
de desséchements généraux, et en dresser procès-verbal, à l'effet de
constater :

1° Les ponts, chaussées, digues, écluses, usines, moulins, plantations utiles à la navigation, à l'industrie, au desséchement ou à l'irrigation des terres;

2° Les établissements de ce genre, les batardeaux, les pilotis,
gords, pertuis, murs, amas de pierres, terres, fascines, pêcheries,
filets dormants et à mailles ferrées, réservoirs, engins permanents, et
tous autres empêchements nuisibles au cours de l'eau.

2. Copie de ce procès-verbal sera envoyée au ministre de l'intérieur.

3. Les administrations départementales enjoindront à tous propriétaires d'usines, écluses, ponts, batardeaux, etc., de faire connaître
leurs titres de propriété, et, à cet effet, d'en déposer des copies au-

thenliques aux secrétariats des administrations municipales, qui les transmettront aux administrations départementales.

4. Les administrations départementales dresseront un état séparé de toutes les usines, moulins, chaussées, etc., reconnus dangereux ou nuisibles à la navigation, au libre cours des eaux, au desséchement, à l'irrigation des terres, mais dont la propriété sera fondée en titres.

5. Elles ordonneront la destruction, dans le mois, de tous ceux de ces établissements qui ne se trouveront pas fondés en titres, ou qui n'auront d'autres titres que des concessions féodales abolies.

6. Le délai prescrit par l'article précédent pourra être prorogé jusques et compris les deux mois suivants : passé lesquels, hors le cas d'obstacles reconnus invincibles par les administrations centrales, la destruction n'étant pas opérée par le propriétaire, sera faite à ses frais et à la diligence du commissaire du directoire exécutif près chaque administration centrale.

7. Ne pourront néanmoins, les administrations centrales, ordonner la destruction des chaussées, gords, moulins, usines, etc., qu'un mois après en avoir averti les administrations centrales des départements inférieurs et supérieurs situés sur le cours des fleuves ou rivières, afin que celles-ci fassent leurs dispositions en conséquence.

8 Les administrations centrales des départements inférieurs et supérieurs qui auront sujet de craindre les résultats de cette destruction, en préviendront sur-le-champ le ministre de l'intérieur, qui pourra, s'il y a lieu, suspendre l'exécution de l'arrêté par lequel elle aura été ordonnée.

9. Il est enjoint aux administrations centrales et municipales, et aux commissaires du directoire exécutif établis près d'elles, de veiller, avec la plus sévère exactitude, à ce qu'il ne soit établi, par la suite, aucun pont, aucune chaussée permanente ou mobile, aucune écluse ou usine, aucun batardeau, moulin, digue ou autre obstacle quelconque au libre cours des eaux dans les rivières navigables et flottables, dans les canaux d'irrigation ou de desséchements généraux, sans en avoir préalablement obtenu la permission de l'administration centrale, qui ne pourra l'accorder que de l'autorisation expresse du directoire exécutif.

10. Ils veilleront pareillement à ce que nul ne détourne le cours des eaux des rivières et canaux navigables ou flottables, et n'y fasse des prises d'eau ou saignées pour l'irrigation des terres, qu'après y avoir été autorisé par l'administration centrale, et sans pouvoir excéder le niveau qui aura été déterminé.

11. Les propriétaires de canaux de desséchements particuliers ou d'irrigation ayant à cet égard les mêmes droits que la nation, il leur est réservé de se pourvoir en justice réglée, pour obtenir la démolition de toutes usines, écluses, batardeaux, pêcheries, gords, chaussées, plantations d'arbres, filets dormants ou à mailles ferrées, réservoirs, engins, lavoirs, abreuvoirs, prises d'eau, et généralement de toute construction nuisible au libre cours des eaux et non fondée en droits.

12. Il est défendu aux administrations municipales de consentir à aucun établissement de ce genre dans les canaux de desséchement, d'irrigation ou de navigation appartenant aux communes, sans l'autorisation formelle et préalable des administrations centrales.

13. Il n'est rien innové à ce qui s'est pratiqué jusqu'à présent dans les canaux artificiels qui sont ouverts directement à la mer, et dans ceux qui servent à la fabrication des sels.

14. Le présent arrêté sera imprimé au *Bulletin des lois*, et proclamé dans les communes où les administrations centrales jugeront cette mesure nécessaire ou utile.

Le ministre de l'intérieur est chargé de son exécution.

N° **173**.—*Extrait de l'arrêté du directoire exécutif, du 1ᵉʳ messidor an VI.*

1ᵉʳ messidor an 6 (19 juin 1798).

Le directoire exécutif étant informé que, par une funeste interprétation des articles 86 et 87 de la loi du 19 brumaire an VI, concernant la surveillance du titre et de la perception du droit de garantie des matières d'or et d'argent, les joailliers, marchands et fabricants orfèvres prétendent que les ouvrages d'or et d'argent, de quelque poids et forme qu'ils soient, doivent être dispensés de l'essai, ainsi que du payement dudit droit, lorsqu'ils ont, sur quelque partie de leur surface, des pierres ou des perles fines ou fausses, de l'émail ou des cristaux ; et voulant faire cesser une erreur aussi contraire à l'esprit et aux dispositions de la loi précitée que préjudiciable au commerce national, à l'intérêt des citoyens et aux revenus de l'État,

Arrête :

1. Les ouvrages de joaillerie dont la monture est très-légère et contient des pierres ou perles fines ou fausses, des cristaux dont la surface est entièrement émaillée, ou enfin qui ne pourraient supporter l'empreinte des poinçons sans détérioration, continueront d'être seuls dispensés de l'essai et du payement du droit de garantie, qui a remplacé ceux de contrôle et de marque des ouvrages d'or et d'argent.

2. Tous les autres ouvrages de joaillerie et d'orfévrerie, sans distinction ni exception, auxquels seraient adaptés, en quelque nombre que ce soit, des pierres ou des perles fines ou fausses, des cristaux, ou qui seraient émaillés, seront sujets à l'essai et au payement du droit dont il s'agit, ainsi qu'il est prescrit par la loi précitée.

N° **174**. — *Arrêté du directoire exécutif concernant la police des salles de dissection et laboratoires d'anatomie.*

Du 3 vendémiaire an 7 (24 septembre 1798.)

Le directoire exécutif, ouï le rapport du ministre de l'intérieur,

Arrête ce qui suit :

1. Aucune salle de dissection, soit publique, soit particulière, aucun laboratoire d'anatomie, ne pourront être ouverts sans l'agrément du bureau central, dans les communes où il en existe ; et ailleurs, sans celui de l'administration municipale : ces administrations feront, pour l'inspection de ces lieux, toutes les dispositions qu'elles jugeront nécessaires, sous la réserve de l'approbation du ministre de la police générale.

2. Pour favoriser l'instruction dans cette partie de l'art de guérir, les directeurs et professeurs des établissements chargés de l'enseignement de l'anatomie, se concerteront avec le bureau central ou l'administration municipale.

3. Tout individu ayant droit de s'occuper de dissection, sera préalablement tenu : 1° de se faire inscrire chez le commissaire de police de son arrondissement ; 2° d'observer, pour obtenir des cadavres, les formalités qui lui seront prescrites par la police, en vertu du présent arrêté et des instructions qui seront données pour son exécution ; 3° et de désigner les lieux où seront déposés les débris des corps dont il a fait usage, sous peine d'être privé, à l'avenir, de cette distribution, dans le cas où il ne les aurait pas fait porter aux lieux de sépulture.

4. Les enlèvements nocturnes des cadavres inhumés continueront d'être prohibés, et punis suivant la rigueur des lois.

5. Le ministre de la police générale rendra compte au directoire des moyens propres à assurer l'exécution des lois sur la police des dissections, et lui soumettra ses vues sur celles qui, d'après les principes de la législation actuelle, lui paraîtraient susceptibles de quelques changements.

6. Les ministres de l'intérieur, de la justice et de la police générale, sont chargés de l'exécution du présent arrêté.

N° **175**. — *Arrêté du directoire exécutif, qui prescrit des mesures pour prévenir l'incendie des salles de spectacle.*

Du 1er germinal an 7 (21 mars 1799).

Le directoire exécutif, considérant que les salles de spectacle sont continuellement exposées à devenir la proie des flammes, et qu'il importe à la sûreté publique de prendre des mesures pour prévenir les funestes effets de la négligence et les tentatives du crime,

Arrête :

1. Le dépôt des machines et décorations pour les théâtres, dans toutes les communes de la république où il en existe, sera fait dans un magasin séparé de la salle de spectacle.

2. Les directeurs et entrepreneurs de spectacle seront tenus de disposer dans la salle un réservoir toujours plein d'eau, et au moins une pompe continuellement en état d'être employée.

3. Ils seront obligés de solder, en tout temps, des pompiers exercés, de manière qu'il s'en trouve toujours en nombre suffisant pour le service, au besoin.

4. Un pompier sera constamment en sentinelle dans l'intérieur de la salle.

5. Un poste de garde sera placé à chaque théâtre, de manière qu'un factionnaire, relevé toutes les heures, puisse continuellement veiller avec un pompier dans l'intérieur, hors le temps des représentations.

6. A la fin des spectacles, le concierge, accompagné d'un chien de ronde, visitera toutes les parties de la salle pour s'assurer que personne n'est resté caché dans l'intérieur, et qu'il ne subsiste aucun indice qui puisse faire craindre un incendie.

7. Cette visite, après le spectacle, se fera en présence d'un administrateur municipal ou d'un commissaire de police, qui la constatera sur un registre tenu à cet effet par le concierge.

8. Les dépôts de machines et décorations, la surveillance et le service pour les salles de spectacle, déterminés par le présent arrêté, seront établis, sans délai, par le bureau central, dans les communes au-dessus de cent mille âmes, et dans les autres communes par les administrations municipales.

9. Tout théâtre dans lequel les précautions et formalités ci-dessus prescrites auront été négligées ou omises un seul jour, sera fermé à l'instant.

10. Le présent arrêté sera inséré au *Bulletin des lois*. Le ministre de la police générale est chargé de son exécution.

N° 176. — *Loi qui assujettit au droit de timbre les avis imprimés, etc.*

Du 6 prairial an 7 (25 mai 1799).

Le conseil des anciens, adoptant les motifs de la déclaration d'urgence qui précède la résolution ci-après, approuve l'acte d'urgence.

Suit la teneur de la déclaration d'urgence et de la résolution du 4 prairial.

Le conseil des cinq-cents, considérant que tout ce qui peut, dans les termes d'une bonne administration , élever les revenus publics, devient instant, surtout au milieu des besoins qui naissent de l'état de guerre ,

Déclare qu'il y a urgence,

Et, après avoir déclaré l'urgence, prend la résolution suivante :

1. Les avis imprimés, quel qu'en soit l'objet, qui se crient et distribuent dans les rues et lieux publics, ou que l'on fait circuler de toute autre manière, seront assujettis au droit de timbre, à l'exception des adresses contenant la simple indication de domicile ou le simple avis de changement.

2. Le droit établi par l'article précédent sera de cinq centimes pour la feuille d'impression ordinaire, au-dessous de trente décimètres carrés;

De trois centimes pour la demi-feuille et au-dessous;

De huit centimes pour la feuille de trente décimètres carrés et au-dessous ,

Et de quatre centimes pour la demi-feuille ,

Sans qu'en aucun cas le droit puisse être moindre de trois centimes pour chaque annonce ou avis.

3. Les feuilles de supplément, jointes aux journaux et papiers-nouvelles, payeront le droit de timbre comme les journaux mêmes, et selon le tarif porté en la loi du 9 vendémiaire an VI.

4. Les contraventions aux dispositions de la présente seront punies, indépendamment de la restitution des droits fraudés, d'une amende de vingt-cinq francs pour la première fois , de cinquante francs pour la seconde, et de cent francs pour chacune des autres récidives.

5. Les lettres de voiture, connaissements, chartes-parties et polices d'assurances, seront inscrits à l'avenir sur du papier du timbre d'un franc.

6. A compter de la publication de la présente, les billets et obligations non négociables, et les mandats à terme ou de place en place, ne pourront être faits que sur papier du timbre proportionnel, comme il en est usé pour les billets à ordre, lettres de change et autres effets négociables, et sous la même peine.

7. La loi du 9 vendémiaire an VI continuera d'être exécutée, selon sa forme et teneur , dans toutes les dispositions auxquelles il n'est expressément dérogé par la présente.

N° 177. — *Proclamation du directoire exécutif, aux citoyens du département de la Seine, sur l'établissement des nouvelles mesures de capacité pour les liquides.*

Du 11 thermidor an 7 (29 juillet 1799).

Citoyens ,

D'après l'engagement pris par plusieurs boisseliers de Paris, d'avoir, pour le 1er vendémiaire prochain, le nombre de mesures nou-

velles nécessaires au service des marchés et boutiques de ce département, le directoire exécutif a fait, le 19 germinal dernier, une proclamation pour rendre obligatoires, à compter de cette époque, les nouvelles mesures de capacité pour les grains dans le département de la
Seine. Cette disposition serait en quelque sorte incomplète, si l'introduction des nouvelles mesures de capacité pour le vin et les autres
liquides ne la suivait immédiatement.

C'est avec plaisir que le directoire exécutif a vu que celle-ci pouvait
se faire simultanément, au moyen d'un engagement semblable souscrit par plusieurs potiers d'étain : en conséquence, voulant faire marcher de front les mesures de capacité de toute espèce ;

Vu les lois des 18 germinal an III et 1er vendémiaire an IV ;

Ouï le rapport du ministre de l'intérieur sur l'état des travaux préparatoires ,

Le directoire exécutif arrête et proclame ce qui suit :

1. A compter du 21 vendémiaire de l'an VIII, le vin, le vinaigre,
l'eau-de-vie, le lait et toutes autres liqueurs quelconques qui se vendent avec les mesures connues sous les noms de *pinte*, *chopine*, *demi-
setier*, *poisson* et *roquille* ne pourront être vendus dans l'étendue du
département de la Seine, soit dans les boutiques et magasins, soit sur
les étalages mobiles et dans la voie publique, qu'avec les nouvelles
mesures désignées dans le tableau ci-après.

2. A l'effet de quoi, d'ici à l'époque fixée du 21 vendémiaire de
l'an VIII, tous les marchands et marchandes faisant usage des mesures de liquides dans l'étendue du département, seront tenus de se
procurer, à leurs frais, celles desdites mesures nouvelles qui leur seront nécessaires.

3. Il ne pourra être mis en vente, ni employé dans le commerce,
aucune desdites mesures qui ne porte d'une manière distincte et lisible le nom qui lui est propre et la marque particulière du fabricant,
conformément à la loi du 18 germinal an III, et qui n'ait été vérifiée et
marquée du poinçon de la république.

La vérification se fera gratuitement, au bureau établi à cet effet,
près le ministère de l'intérieur, ainsi qu'il est ordonné par l'article 17
de ladite loi.

4. L'étain qui sera employé à la fabrication des mesures, pourra
contenir 16 1/2 pour 0/0 d'alliage, et la tolérance sera de 1 1/2 pour 0/0.
Celles desdites mesures qui auraient été fabriquées avec de l'étain
contenant plus de 18 pour 0/0 d'alliage, ne pourront être poinçonnées;
et il est enjoint au vérificateur de les réformer et rompre sur-le-
champ.

5. A compter de ladite époque du 21 vendémiaire de l'an VIII, les
anciennes mesures de la pinte, de la chopine, du demi-setier, et autres servant au mesurage des liquides, sont réputées mesures fausses
et illégales, quand même elles auraient été vérifiées et poinçonnées
précédemment. Sont également déclarées fausses et illégales les mesures nouvelles, ou présentées comme telles, qui n'auraient point été
revêtues du poinçon de la république. Les fabricants qui vendraient
des mesures déclarées fausses par le présent article, les marchands
qui en conserveraient dans leurs boutiques et magasins, seront
poursuivis comme contrevenant aux lois sur les poids et mesures.

6. A partir de la même époque, il ne pourra être exposé en vente
sur les ports, dans les halles ou marchés du département de la Seine,
des vins, du cidre, de l'eau-de-vie, ou autres liqueurs en tonneaux,
si la futaille ne porte, en caractères visibles et indélébiles, soit sur un
des fonds, soit ailleurs, l'indication en chiffres du nombre de litres
qu'elle contient.

7. Le ministre de l'intérieur est chargé de publier les tableaux de comparaison nécessaires pour l'instruction des citoyens, et de veiller, ainsi que le ministre de la police et celui de la justice, chacun en ce qui le concerne, à l'exécution du présent arrêté, qui sera affiché et publié dans le département de la Seine, et imprimé au Bulletin des lois.

Tableau des nouvelles mesures pour liquides, établies en remplacement de la pinte et de ses sous-divisions, du setier, du muid, etc.

Le *litre* remplace la pinte; il est plus grand d'environ un 14me, en sorte que 14 litres font à peu près 15 pintes.

La pinte est de 7 pour 0/0 plus petite que le litre; c'est-à-dire que 100 pintes ne font que 93 litres.

Ce qui vaut 1 franc la pinte, vaudra 1 franc 7 centimes 1/2 le litre.

Les mesures plus petites que le litre sont :

Le *demi-litre*, qui remplace la chopine, et qui est plus grand d'un 14me;

Le *double décilitre* (1), qui remplace le demi-setier, et qui est moindre d'un 7me, en sorte que 7 doubles décilitres font 6 demi-setiers;

Le *décilitre*, 10me partie du litre, qui remplace le poisson, et qui est moindre d'un 7me;

Le *demi-décilitre*, 20me partie du litre, qui remplace le demi-poisson, et qui est moindre d'un 7me.

Si le litre vaut 1 franc ou 100 centimes, le demi-litre vaudra 50 centimes, le double décilitre 20 centimes, le décilitre 10 centimes, et le demi-décilitre 5 centimes.

Le litre et ses divisions, jusqu'au demi-décilitre, seront les seules mesures de liquide sujettes à être poinçonnées. Toutes ces mesures, exécutées en étain, doivent être de forme cylindrique, et avoir la hauteur double du diamètre; ce qui donnera aux citoyens un moyen de les vérifier. Les mesures à lait, seules, pourront, suivant l'usage, être faites en fer blanc; mais il faudra que le diamètre soit égal à la hauteur, ainsi que cela a lieu dans les mesures de même nom, destinées au mesurage des graines, farines, etc.

Les mesures plus grandes que le litre sont :

Le *double litre*;

Le *demi-décalitre*, qui contient 5 litres, et qui équivaut à 5 pintes et 3 poissons;

Le *décalitre*, mesure de 10 litres, qui remplace le setier ou velte, de 8 pintes, et qui vaut 10 pintes 3/4;

Le *demi hectolitre*, égal à 50 litres, ou 53 pintes 3/4 environ;

L'*hectolitre*, égal à 100 litres, ou 107 pintes 1/2.

Le muid de 288 pintes contient 268 litres. Trois muids ne font que 4 litres 1/2 de plus que 8 hectolitres.

Ce qui vaut 100 francs le muid, vaudra 37 francs 29 centimes l'hectolitre.

Si la contenance d'un tonneau est marquée de 538 litres, on peut,

(1) Il n'y a point de quart de litre; le double décilitre est seulement le 5e du litre : c'est pourquoi, au lieu d'être plus grand que le demi-setier, comme l'est le demi-litre par rapport à la chopine, il est plus petit.

en séparant le dernier chiffre et comptant le reste pour décalitres, énoncer la même contenance par 53 décalitres 8 litres, et aussi l'énoncer par 5 hectolitres 38 litres.

Arrêté par le ministre de l'intérieur, en exécution des ordres du directoire exécutif. A Paris, le 11 thermidor an VII de la république française, une et indivisible.

Vu et approuvé par le directoire exécutif, conformément à son arrêté de ce jour. Paris, les jour et an que dessus.

N° 178. — Loi qui fixe définitivement la valeur du mètre et du kilogramme.

Du 19 frimaire an 8 (10 décembre 1799).

La commission du conseil des anciens, créée par la loi du 19 brumaire, adoptant les motifs de la déclaration d'urgence qui précède la résolution ci-après, approuve l'acte d'urgence.

Suit la teneur de la déclaration d'urgence et de la résolution du 18 frimaire.

La commission du conseil des cinq cents, créée par la loi du 19 brumaire an VIII, délibérant sur la proposition formelle de la commission consulaire exécutive, contenue dans son message du 4 de ce mois, d'adopter définitivement le mètre et le kilogramme déposés au corps législatif par l'institut national des sciences et des arts, et de frapper une médaille qui transmette à la postérité l'opération qui lui sert de base ;

Considérant qu'on ne peut trop s'empresser de fixer la valeur du mètre et du kilogramme avec toute la précision que lui assurent les travaux des savants qui l'ont déterminée, et de consacrer l'époque glorieuse pour la nation française, à laquelle a été consommée une opération aussi vaste et d'un aussi grand intérêt,

Déclare qu'il y a urgence.

La commission, après avoir déclaré l'urgence, prend la résolution suivante :

1. La fixation provisoire de la longueur du mètre, à trois pieds onze lignes quarante-quatre centièmes, ordonnée par les lois des 1er août 1793 et 18 germinal an III, demeure révoquée et comme non avenue. Ladite longueur, formant la dix-millionième partie de l'arc du méridien terrestre compris entre le pôle nord et l'équateur, est définitivement fixée, dans son rapport avec les anciennes mesures, à trois pieds onze lignes deux cent quatre-vingt-seize millièmes.

2. Le mètre et le kilogramme en platine, déposés le 4 messidor dernier au corps législatif par l'institut national des sciences et des arts, sont les étalons définitifs des mesures de longueur et de poids dans toute la république. Il en sera remis, à la commission consulaire, des copies exactes pour servir à diriger la confection des nouvelles mesures et des nouveaux poids.

3. Les autres dispositions de la loi du 18 germinal an III, concernant tout ce qui est relatif au système métrique, ainsi qu'à la nomenclature et à la confection des nouveaux poids et des nouvelles mesures, continueront à être observées.

4. Il sera frappé une médaille pour transmettre à la postérité l'époque à laquelle le système métrique a été porté à sa perfection, et l'opération qui lui sert de base. L'inscription, du côté principal de la médaille, sera : *A tous les temps, à tous les peuples ;* et dans l'exergue : *République française, an* VIII. Les consuls de la république sont chargés d'en régler les autres accessoires.

N° **179.**—*Constitution du 22 frimaire an* VIII.

76. La maison de toute personne habitant le territoire français est un asile inviolable.

Pendant la nuit, nul n'a le droit d'y entrer que dans le cas d'incendie, d'inondation, ou de réclamation faite de l'intérieur de la maison.

Pendant le jour, on peut y entrer pour un objet spécial déterminé ou par une loi, ou par un ordre émané d'une autorité publique (1).

N° **180.** — *Loi du 28 pluviôse an* VIII (17 *février* 1800), *concernant la division du territoire français et l'administration* (2).

N° **181.** — *Arrêté relatif à la location et à l'administration des établissements d'eaux minérales.*

Du 3 floréal an 8 (23 avril 1800).

Les consuls de la république, vu le rapport du ministre de l'intérieur ; le conseil d'Etat entendu,

Arrêtent ce qui suit :

1. Les préfets feront mettre en adjudication à l'enchère le produit des eaux minérales, dans les lieux où se trouvent des sources appartenant à la république. Le cahier des charges contiendra le prix des eaux, bains et douches.

2. La durée du bail sera de trois années. A défaut de payement du prix du bail, ou de l'exécution des clauses y contenues, il pourra être résilié par le conseil de préfecture, et réadjugé à la folle enchère du fermier.

3. Le prix des baux sera payable par trimestre et d'avance ; il sera versé, à titre de dépôt, dans la caisse des hospices du chef-lieu de préfecture, pour être uniquement employé à l'entretien et à la réparation des sources, ainsi qu'au traitement des officiers de santé chargés de l'inspection des eaux : en cas d'excédant, il en sera disposé par le ministre de l'intérieur pour les travaux et recherches nécessaires au perfectionnement de la science des eaux minérales.

---

(1) Voir les arrêts de la cour de cassation des 5 juin et 13 novembre 1841.
(2) Voir attributions du préfet de police, t. I, p. XI.

4. Aucun officier de santé inspecteur des eaux minérales, ou son adjoint, aucun propriétaire d'eau minérale dans le lieu où se trouvent des eaux minérales appartenant à la république, ne pourra se rendre adjudicataire de ces eaux.

5. Conformément à l'article 7 du règlement du 29 floréal an VII, les préfets soumettront avant toute adjudication, et dans le plus bref délai, à la confirmation du ministre, la fixation du prix des eaux bues à la source, de celles qui seront puisées pour être envoyées dans les dépôts ou aux particuliers, ainsi que le prix des bains et des douches.

6. L'officier de santé inspecteur indiquera les travaux nécessaires à l'entretien et à la réparation des sources au préfet, qui, après avoir consulté l'ingénieur du département, en ordonnera l'exécution.

7. Dans le cas où les sources exigeraient des constructions nouvelles, il en sera fait un devis estimatif, que le préfet adressera au ministre de l'intérieur, lequel en ordonnera l'exécution, s'il y a lieu.

8. Les officiers de santé chargés de l'inspection des eaux minérales, proposeront aux préfets les règlements nécessaires pour le maintien de l'ordre et de la discipline dans l'administration des eaux.

Ils proposeront de même les articles à insérer dans le cahier des charges, pour fixer les conditions auxquelles seront tenus les fermiers, soit pour le nombre des agents qui seront employés, soit pour les diverses fournitures de combustibles, baignoires et autres objets nécessaires au service des eaux.

9. Les sources d'eaux minérales sont, quant à leur produit, divisées en trois classes :

Première classe, celles dont le produit de la location excédera 3,000 francs ;

Seconde classe, celles dont la location excédera 2,000 francs ;

Celles dont l'adjudication sera au-dessous de 2,000 francs, seront comprises dans la troisième classe.

10. Les officiers de santé chargés de l'inspection des eaux de première classe, auront pour appointements 1,000 francs ; ceux de la seconde classe, 800 francs : quant aux inspecteurs des eaux de troisième classe, ils auront la moitié du prix du bail, sans que, dans aucun cas, leur traitement puisse excéder la somme de 600 francs. Ils seront tenus de donner leurs conseils et leurs soins aux indigents admis aux eaux.

11. Les articles de l'arrêté du directoire exécutif du 29 floréal an VII, concernant l'administration des eaux minérales, seront exécutés dans tout ce qui n'est pas contraire au présent.

12. Le ministre de l'intérieur est chargé de l'exécution du présent arrêté, qui sera inséré au *Bulletin des lois.*

N° **182.**— *Décision du ministre de l'intérieur (fraudes et larcins par le bachotage).*

Paris, le 18 floréal an 8 (8 mai 1800).

Le ministre de l'intérieur, pour éviter les fraudes et les larcins qui se commettent par le moyen du bachotage sur la rivière et sur les ports de Paris, ainsi que sur ceux des communes riveraines du dessus et du dessous, le long de la Seine,

Arrête ce qui suit :

1. Les règlements sur le bachotage dans Paris et le long de la Seine, au-dessus et au-dessous de cette commune, seront exécutés selon leur forme et teneur; en conséquence, toutes personnes autorisées à la jouissance d'un bachot dans l'étendue des départements de la Seine, Seine-et-Oise et Seine-et-Marne, seront tenues de se retirer, au plus tard dans le mois, auprès de l'administration la plus voisine du lieu où garent leurs bachots, d'y faire inscrire leur nom et demeure, de déclarer le nombre de bachots qui sont à leur usage, et d'y demander un numéro d'ordre, pour être placé sur lesdits bachots.

2. L'administration portera cette déclaration sur ces registres, elle indiquera le numéro; elle en prescrira l'apposition dans la forme la plus apparente, et dans les dimensions déterminées, sur chaque côté extérieur de l'avant et de l'arrière du bachot, et en tête le nom de la commune où l'inscription aura été accordée; il ne pourra être donné de numéro que pour les bachots qui auront été reconnus en bon état.

3. Le bachotage est interdit pendant la nuit : en conséquence, depuis le coucher du soleil jusqu'au jour, les bachots seront tenus fermés avec une chaîne et un cadenas, en sorte que personne ne puisse s'en servir; ceux qui seraient nécessaires pour les bains en rivière seront employés sur une permission particulière.

4. Les bachoteurs trouvés en contravention encourront la confiscation de leurs bachots, indépendamment des peines et amendes qui pourront être prononcées contre eux, et sauf les poursuites extraordinaires en cas de larcin, vols et violences commis à l'aide des bachots. Les bachots non numérotés, trouvés en gare, et dont les propriétaires ne seront point connus, seront considérés comme bachots abandonnés, et consignés en conséquence pour en être la confiscation prononcée.

5. Les préfets des départements de la Seine, Seine-et-Oise, Seine-et-Marne, et le préfet de police de Paris sont chargés, chacun en ce qui le concerne, de l'exécution du présent arrêté, qui sera imprimé, publié et affiché aux lieux ordinaires, et principalement sur les ports des communes riveraines.

N° **183.** — *Changement à faire par les marchands de bois aux stères et doubles stères qui sont dans leurs chantiers.*

Du 5 messidor an 8 (24 juin 1800).

En vertu de l'arrêté du ministre de l'intérieur, qui ordonne que la hauteur qui excédait la tête des montants des membrures pour le mesurage du bois, sera supprimée.

Les marchands de bois sont tenus :

1° De faire démonter la ferrure qui se trouve au sommet des montants ;

2° De faire couper ces mêmes montants à fleur des entailles, en s'assurant, toutefois, qu'il restera quatre-vingt-huit centimètres de hauteur depuis la plate-forme jusqu'au sommet des montants ;

3° De rétablir une ferrure dans le même sens qu'elle était ci-devant, sur toute la largeur de la tête, c'est-à-dire que ladite ferrure sera incrustée, de toute son épaisseur, et en retour sur chaque côté, pour être retenue avec deux broches traversant le bois et rivées d'affleurement, ou par des vis fraisées ;

4° Enfin, que les têtes des montants soient établies bien d'équerre, à vive-arrête, et que le bois n'excède pas la ferrure.

Comme les membrures seront vérifiées de nouveau, il est essentiel que les fabricants ou marchands de bois s'assurent si elles ont les autres dimensions requises et développées dans l'instruction publiée à ce sujet par ordre du ministre de l'intérieur.

N° **184.**— *Arrêté qui règle les attributions du préfet de police de Paris* (1).

Du 12 messidor an 8 (1er juillet 1800).

N° **185.**— *Arrêté relatif à la police de la rivière de Bièvre.*

Du 25 vendémiaire an 9 (17 octobre 1800).

Les consuls de la république, sur le rapport du ministre de l'intérieur;

Vu les arrêts du conseil d'Etat des 26 février 1732 et 5 décembre 1741, relatifs à la rivière de Bièvre ;

Le conseil d'Etat entendu ,

Arrêtent :

1. A commencer de ce jour, la police de la rivière de Bièvre fera partie des attributions des préfets des départements de la Seine, de Seine-et-Oise et du préfet de police de Paris , chacun suivant la compétence qui lui est réglée par les lois et arrêtés du gouvernement.

2. Ils veilleront , chacun en ce qui le concerne, au maintien des dispositions de l'arrêt du conseil du 26 février 1732, relatives à la conservation des eaux de ladite rivière.

En conséquence, ils donneront des ordres pour qu'il soit fait un curage général et annuel de ladite rivière, savoir : pour la partie supérieure, dans le courant de messidor ; et pour la partie inférieure, dans le courant de fructidor.

Ils feront tenir libre le cours des eaux de la rivière, depuis la fontaine Bouvière jusqu'à leur chute dans la Seine, ensemble celui des sources et ruisseaux y affluents, même dans les canaux où elles passent ; à l'effet de quoi les saignées et ouvertures qui ont été faites sans titre légal aux berges de ladite rivière, sources et ruisseaux, seront supprimées, et tous autres empêchements quelconques, même les arbres qui se trouveront plantés dans leur lit et le long de ladite rivière, dans la distance d'un mètre quatre décimètres de berge , aux frais et dépens de ceux qui auront causé lesdits empêchements et planté lesdits arbres ; et ce, quinzaine après la sommation qui leur en aura été faite au domicile de leurs fermiers ou meuniers : en sorte que, des canaux établis par titres, il en sorte autant d'eau qu'il en aura entré ; ce qui sera justifié par les propriétaires desdits canaux ou passages ; sinon il sera donné des ordres pour la suppression desdits canaux et passages.

Ils feront entretenir et fortifier les berges de la rivière par les meuniers, chacun dans son étendue, en remontant d'un moulin à l'autre ; de manière que les eaux ne puissent sortir de leur lit, ni passer au travers desdites berges pour se répandre dans les prés ou ailleurs.

(1) Voir attributions du préfet de police, t. I, p. xi,

Ils renouvelleront les défenses faites à tous les propriétaires riverains de la Bièvre, d'ouvrir de nouveaux canaux, de faire aucune saignée ou batardeau, soit au lit de ladite rivière, soit aux sources ou
canaux y affluents, et d'établir une blanchisserie dans les prairies adjacentes, conformément aux dispositions de l'arrêt du 26 février 1732.

Enfin, ils maintiendront l'exécution dudit arrêt, en tout ce qui n'est
pas contraire aux dispositions du présent arrêté.

3. La dépense du curage de la rivière, de l'entretien et de la conservation des eaux, continuera d'être, comme par le passé, à la charge
des habitants du faubourg Marceau occupant les maisons sises le long
de ladite rivière, et des meuniers des moulins désignés dans les arrêts du conseil sous la dénomination commune des intéressés à la
conservation des eaux.

4. Le rôle de répartition sera fait par trois commissaires pris parmi
les intéressés, et nommés, un par le préfet du département de la
Seine, un par celui du département de Seine-et-Oise, et un par le préfet de police de Paris. La municipalité du douzième arrondissement,
et celles des communes où passent la rivière, remettront, à cet effet,
un état des intéressés qui résident dans leur étendue.

Ce rôle ne sera exécutoire qu'après l'approbation des préfets, chacun pour le territoire dépendant du département dont l'administration lui est confiée.

5. Ces trois commissaires détermineront le contingent de chaque
propriétaire, d'après la consommation des eaux que la profession qu'il
exerce entraîne, le nombre d'ouvriers qu'il emploie, l'étendue des
terrains qu'il occupe, et autres données de même nature.

6. Le contingent de chaque propriétaire ou manufacturier sera
payé dans le délai de six mois, à compter du 1er nivôse de l'an IX, et
ainsi de suite pour chaque année, savoir :

Un tiers, deux mois après la mise du rôle en recouvrement ;

Un tiers, deux mois après l'échéance du premier payement ;

Le dernier tiers, deux mois après l'échéance du second payement;

De manière que la totalité du recouvrement soit opérée avant
le 1er messidor de chaque année, première époque du curage annuel.

7. Le préfet du département de la Seine nommera, parmi les intéressés, un percepteur qui sera chargé du recouvrement du rôle.

8. Les propriétés nationales seront soumises à la répartition; la
cote qui leur sera appliquée sera acquittée par la régie de l'enregistrement sur le produit desdites propriétés.

9. Les fonds provenant de la cotisation maintenue par le présent
arrêté, seront uniquement employés à l'acquit des dépenses qu'entraînent la police et la conservation des eaux : en aucun cas, il ne
pourra être levé une somme plus considérable que celle que nécessite
cet objet.

10. Le ministre de l'intérieur est chargé de l'exécution du présent
arrêté.

N° **186**. —*Arrêté relatif au mode d'exécution du système décimal des poids et mesures.*

Du 13 brumaire an 9 (4 novembre 1800).

Les consuls de la république, sur le rapport du ministre de l'intérieur ; le conseil d'Etat, entendu ,

Arrêtent :

1. Conformément à la loi du 1er vendémiaire an IV, le système décimal des poids et mesures sera définitivement mis à exécution pour
toute la république, à compter du 1er vendémiaire an X.

2. Pour faciliter cette exécution, les dénominations données aux mesures et aux poids, pourront, dans les actes publics comme dans les usages habituels, être traduites par les noms français qui suivent :

NOMS SYSTÉMATIQUES.	TRADUCTION.	VALEUR.
MESURES ITINÉRAIRES.		
Myriamètre ... { pourra être traduit par le mot } Lieue...........		10,000 mètres
Kilomètre............ Mille.................		1,000 mètres.
MESURES DE LONGUEUR.		
Décamètre .... Perche...............		10 mètres.
MÈTRE...................................		*Unité fondamentale des poids et mesures ;* dix millionième partie du quart du méridien terrestre.
Décimètre............ Palme (Le)...........		10e de mètre.
Centimètre........... Doigt...............		100e de mètre.
Millimètre........... Trait...............		1,000e de mètre.
MESURES AGRAIRES.		
Hectare............. Arpent		10,000 mètres carrés.
Are................ Perche carrée.........		100 mètres carrés.
Centiare............ Mètre carré.........		
MESURES DE CAPACITÉ *pour les liquides.*		
Décalitre............ Velte...............		10 décimètres cubes.
Litre............... Pinte...............		Décimètre cube.
Décilitre............ Verre		10e de décimètre.
MESURES DE CAPACITÉ *pour les matières sèches.*		
Kilolitre............ Muid		1 mètre cube ou 1,000 décimètres cubes.
Hectolitre............ Setier...........		100 décimètres cubes.
Décalitre............ Boisseau		10 décimètres cubes.
Litre............... Pinte...............		Décimètre cube.
MESURES DE SOLIDITÉ.		
STÈRE................................		Mètre cube.
Décistère .... Solive		10e de mètre cube.
POIDS.		
.... Millier...............		1,000 livres (poids du tonneau de mer).
.... Quintal...............		100 livres.
Kilogramme........... Livre...............		Poids de l'eau sous le volume du décimètre cube, contient 10 onces.
Hectogramme......... Once		10e de la livre, contient 10 gros.
Décagramme .... Gros...........		10e de l'once, contient 10 deniers.
Gramme .... Denier...............		10e du gros, contient 10 grains.
Décigramme........... Grain...............		10e du denier.

3. La dénomination *mètre* n'aura point de synonyme dans la désignation de l'unité fondamentale des poids et mesures : aucune mesure ne pourra recevoir de dénomination publique, qu'elle ne soit un multiple ou un diviseur décimal de cette unité.

4. Le mesurage des étoffes sera fait par mètre, dixième et centième de mètre.

5. La dénomination *stère* continuera d'être employée dans le mesurage du bois de chauffage, et dans la désignation des mesures de solidité : dans les mesures des bois de charpente, on pourra diviser le stère en dix parties, qui seront nommées *solives*.

6. Les dénominations énoncées dans l'article 2, pourront être inscrites à côté des noms systématiques sur les mesures et les poids déjà fabriqués : elles pourront être inscrites ou seules, ou à côté des premiers noms, sur les poids et mesures qui seront fabriqués par la suite.

7. Dans tout acte public d'achat ou de vente, de pesage ou de mesurage, on pourra, suivant les dispositions précédentes, se servir de l'une ou de l'autre nomenclature.

8. Le ministre de l'intérieur adressera, dans le plus bref délai, à tous les préfets et sous-préfets, des mesures-matrices pour servir de modèles : elles seront déposées au secrétariat. Ces mesures-modèles seront prises dans les poids et mesures aujourd'hui appartenant à la république : le surplus sera vendu, et toute fabrication pour le compte du gouvernement cessera.

9. Le ministre de l'intérieur présentera aux consuls, dans le plus court délai, d'après l'avis des préfets, le tableau des communes dans lesquelles il doit être établi des vérificateurs, en exécution de l'article 13 de la loi du 1er vendémiaire an IV.

Il fera rédiger et publier les tableaux et instructions nécessaires à l'exécution des articles précédents.

10. Le ministre de l'intérieur est chargé de l'exécution du présent arrêté, qui sera inséré au *Bulletin des lois.*

No **187.** — *Loi portant établissement de quatre-vingts commissaires-priseurs-vendeurs de meubles à Paris.*

Du 27 ventôse an 9 (18 mars 1801).

Au nom du peuple français, Bonaparte, premier consul, proclame loi de la république le décret suivant, rendu par le corps législatif, le 27 ventôse an IX, conformément à la proposition faite par le gouvernement le 19 dudit mois, communiquée au tribunal le 21 suivant.

DÉCRET.

1. A compter du 1er floréal prochain, les prisées des meubles et ventes publiques aux enchères d'effets mobiliers, qui auront lieu à Paris, seront faites exclusivement par des commissaires-priseurs-vendeurs de meubles.

Ils auront la concurrence pour les ventes de même nature qui se feront dans le département de la Seine.

2. Il est défendu à tous particuliers, à tous autres officiers publics, de s'immiscer dans lesdites opérations qui se feront à Paris, à peine d'amende qui ne pourra excéder le quart du prix des objets prisés ou vendus.

3. Lesdits commissaires-priseurs-vendeurs de meubles pourront recevoir toute déclaration concernant lesdites ventes, recevoir et viser toutes les oppositions qui y seront formées, introduire devant les autorités compétentes tous référés auxquels leurs opérations pourront donner lieu, et citer, à cet effet, les parties intéressées devant lesdites autorités.

4. Toute opposition, toute saisie-arrêt formées entre les mains des commissaires-priseurs-vendeurs, relatives à leurs fonctions, toute signification de jugement prononçant la validité desdites opposition ou saisie-arrêt, seront sans effet, à moins que l'original desdites opposition, saisie-arrêt ou signification de jugement, n'ait été visé par le commissaire-priseur vendeur, ou, en cas d'absence ou de refus, par le syndic desdits commissaires.

5. Les commissaires-priseurs-vendeurs auront la police dans les ventes, et pourront faire toute réquisition pour y maintenir l'ordre.

6. Il sera alloué auxdits commissaires, pour frais de prisée, six francs par chaque vacation de trois heures.

7. Il leur sera alloué, pour tous frais de vente, vacations à ladite vente, rédaction de minute et première expédition du procès-verbal, droits de clercs et tous autres droits, non compris les déboursés faits pour annoncer la vente et en acquitter les droits, savoir : huit francs pour cent francs, lorsque le produit de la vente s'élèvera jusqu'à mille francs; sept pour cent, lorsque le produit s'élèvera jusqu'à quatre mille francs; et cinq pour cent, lorsque le produit s'élèvera au-dessus de quatre mille francs.

8. Le nombre des commissaires-priseurs-vendeurs sera de quatre-vingts.

9. Ils seront nommés par le premier consul, sur une liste de candidats qui sera soumise au gouvernement par le tribunal de première instance du département de la Seine, devant lequel les commissaires nommés prêteront serment.

10. Ils auront une chambre de discipline, qui sera organisée par un règlement; ils seront sous la surveillance du commissaire du gouvernement établi près le tribunal.

Ils verseront au trésor public, et par forme de cautionnement, une somme de dix mille francs, dont il sera payé un intérêt, conformément à la loi du 9 frimaire an IX.

11. Le tribunal ne pourra admettre à la prestation du serment, que ceux qui justifieront de la quittance dudit cautionnement : le jugement qui donnera acte du serment, mentionnera la quittance.

N° **188**. —*Extrait des registres des délibérations des consuls de la république. Laminoirs, moutons, presses, balanciers et coupoirs.*

Paris, 3 germinal an 9 (24 mars 1801).

Les consuls de la république, sur le rapport du ministre des finances, le conseil d'État entendu,

Arrêtent :

1. Les dispositions des lettres-patentes du 28 juillet 1783, qui obligent les entrepreneurs de manufactures, orfévres, horlogers, graveurs, fourbisseurs et autres artistes et ouvriers qui font usage de presses, moutons, laminoirs, balanciers et coupoirs, à en obtenir la permission, seront exécutées selon leur forme et teneur.

2. Cette permission sera délivrée, savoir : dans la ville de Paris, par le préfet de police ; dans les villes de Bordeaux, Lyon et Marseille, par les commissaires généraux de police ; et dans toutes les autres communes de la république, par les maires de l'arrondissement.

3. Ceux qui voudront obtenir lesdites permissions seront tenus de faire élection de domicile, de joindre à leur demande les plans figurés et l'état des dimensions de chacune desdites machines dont ils se proposeront de faire usage. Ils y joindront pareillement des certificats des officiers municipaux des lieux dans lesquels sont situés leurs ateliers ou manufactures, lesquels certificats attesteront l'existence de leurs établissements et le besoin qu'ils pourront avoir de faire usage desdites machines.

4 Aucuns graveurs, serruriers, forgerons, fondeurs et autres ouvriers, ne pourront fabriquer aucunes desdites machines pour tout individu qui ne justifierait pas de ladite permission : ils exigeront qu'elle leur soit laissée jusqu'au moment où ils livreront lesdites machines, afin d'être en état de la représenter, lorsqu'ils en seront requis par l'autorité publique, sous les peines portées par lesdites lettres patentes.

5. Ceux qui ont actuellement en leur possession des machines de la nature de celles ci-dessus, seront tenus d'en faire la déclaration dans le délai de deux mois, à compter de la publication du présent arrêté, aux préfet et commissaires de police, et d'obtenir la permission de continuer à en faire usage, sous les peines portées par lesdites lettres patentes.

6. Les ministres de la police générale, de la justice et des finances sont chargés, chacun en ce qui le concerne, de l'exécution du présent arrêté, qui sera inséré au *Bulletin des lois.*

Nº **189.** — *Arrêté du préfet de la Seine concernant le transport des corps.*

Du 27 germinal an IX (17 avril 1801).

§ 1er.

5. Aucun transport funèbre ne sera fait désormais à bras, mais avec chars attelés de chevaux.

6. Il sera établi un mode d'inhumation commun à tous. La commune de Paris en fera les frais pour l'indigence.

§ 2.

3. A compter du 1er floréal prochain, les transports funèbres seront faits avec des chars d'une forme convenable à cette destination.

14. Le préfet de police sera invité à régler la police des voitures, de manière à ce que les chars funèbres ne puissent être arrêtés, ni le cortège interrompu ou séparé dans leurs marches.

20. Ce mode sera uniforme pour toute personne décédée au-dessus de l'âge de sept ans ; quant aux enfants décédés au-dessous de cet âge, il sera, pour leur transport, suppléé au char funèbre, par un brancard recouvert d'une draperie et porté sur les épaules. (*Signé* FROCHOT.)

N° **190**. — *Arrêté relatif à la désignation des villes où devront être établies des bourses de commerce, à l'organisation et à la police de ces bourses.*

Du 29 germinal an IX (19 avril 1801).

TITRE V.

De la police qui s'exercera à la bourse et sur les agents de change et courtiers.

14. La police de la bourse appartiendra, à Paris, au préfet de police ; à Marseille, Lyon et Bordeaux , aux commissaires généraux de police ; dans les autres villes, aux maires.

Ils désigneront un des commissaires de police, ou un des adjoints, pour être présent à la bourse, et en exercer la police pendant sa tenue.

15. Les agents de change de chaque place se réuniront , et nommeront, à la majorité absolue, un syndic et six adjoints, pour exercer une police intérieure, rechercher les contraventions aux lois et règlements, et les faire connaître à l'autorité publique.

16. S'il arrive contestation entre les agents de change relativement à l'exercice de leurs fonctions, elle sera portée d'abord devant le syndic et les adjoints, qui sont autorisés à donner leur avis.

Si les intéressés ne veulent pas s'y conformer, l'avis sera renvoyé au tribunal de commerce, qui prononcera , s'il s'agit d'intérêts civils ;

Et au commissaire du gouvernement près le tribunal de première instance, s'il s'agit d'un fait de police et de contravention aux lois et règlements, pour qu'il exerce les poursuites sans délai : le tout sans préjudice du droit des parties intéressées.

17. Le préfet de police de Paris, le commissaire général de police de Marseille, Lyon et Bordeaux, et le maire des autres places de commerce, pourront proposer la suspension des agents de change qui ne se conformeront pas aux lois et règlements, ou prévariqueront dans leurs fonctions. Le préfet de police s'adressera à cet effet au ministre de l'intérieur ;

Les commissaires généraux de police, aux préfets ;

Les maires, aux sous-préfets, qui en rendront compte au préfet.

Sur le compte qui lui sera rendu, le ministre de l'intérieur pourra proposer au premier consul de prononcer la destitution de l'agent de change inculpé, après avoir fait toutefois demander l'avis des syndics et adjoints, devant lesquels le prévenu sera entendu.

18. Les dispositions des articles 15, 16 et 17, sont communes aux courtiers du commerce.

19. Le préfet de police de Paris, sauf l'approbation du ministre de l'intérieur ; les commissaires généraux de police et les maires , sauf l'approbation du préfet de département, pourront faire les règlements locaux qu'ils jugeront nécessaires pour la police intérieure de la bourse.

20. Les ministres de l'intérieur, des finances et de la police générale sont chargés, chacun en ce qui le concerne, de l'exécution du présent arrêté , qui sera inséré au *Bulletin des lois.*

N° 191. — *Arrêté des consuls, qui renouvelle les défenses faites aux entrepreneurs de voitures libres de transporter les lettres, journaux, etc.*

Du 27 prairial an IX (16 juin 1801).

Les consuls de la république, vu les lois des 26 août 1790 (art. 4) et 21 septembre 1792, et l'arrêté du 26 vendémiaire an VII, contenant confirmation des défenses faites par les anciens règlements, à toute personne étrangère au service des postes, de s'immiscer dans le transport des lettres, paquets, journaux, feuilles périodiques et autres ; ouï le rapport du ministre des finances sur les contraventions qui se commettent à leurs dispositions ;

Le conseil d'Etat entendu ,

Arrêtent :

1. Les lois des 26 août 1790 (article 4) et 21 septembre 1792, et l'arrêté du 26 vendémiaire an VII, seront exécutés ; en conséquence, il est défendu à tous les entrepreneurs de voitures libres et à toute autre personne étrangère au service des postes, de s'immiscer dans le transport des lettres (1), journaux, feuilles à la main et ouvrages périodiques, paquets et papiers du poids d'un kilogramme (ou deux livres) et au-dessous, dont le port est exclusivement confié à l'administration des postes aux lettres (2).

2. Les sacs de procédure, les papiers uniquement relatifs au service personnel des entrepreneurs de voitures, et les paquets au-dessus du poids de deux livres, sont seuls exceptés de la prohibition prononcée par l'article précédent.

3. Pour l'exécution du présent arrêté, les directeurs, contrôleurs et inspecteurs des postes, les employés des douanes aux frontières, et la gendarmerie nationale, sont autorisés à faire ou faire faire toutes perquisitions et saisies sur les messagers, piétons, chargés de porter les dépêches, voitures de messageries et autres de même espèce (3), afin de constater les contraventions : à l'effet de quoi ils pourront, s'ils le jugent nécessaire, se faire assister de la force armée.

4. Le commissaire du gouvernement près l'administration des postes, les préfets, sous-préfets et maires des communes, et les commissaires de police, sont chargés de veiller à l'exécution du présent arrêté.

5. Les procès-verbaux seront dressés à l'instant de la saisie ; ils contiendront l'énumération des lettres et paquets saisis, ainsi que

---

(1) C'est à tort que généralement on se persuade qu'il existe une distinction entre les lettres non cachetées et celles qui le sont. Le transport des unes et des autres expose le contrevenant aux mêmes peines. (Cass. 18 février 1820.)

(2) La contravention existe lors même que la lettre ou les journaux dont on a effectué le transport seraient renfermés dans un colis dont la figure extérieure n'indiquait en aucune façon qu'il dût les contenir.

C'est aux entrepreneurs de messageries, qu'aucune loi n'oblige à se charger de tous objets clos ou fermés, à refuser de recevoir les colis présentés, si l'expéditeur ne leur est suffisamment connu, ou à demander l'autorisation de visiter leur contenu. (Cass. 26 mars 1824 et 17 février 1837).

Il y aurait encore contravention, dans le cas où les colis seraient transportés de l'étranger en France, n'existât-il même pas de bureau de poste à l'extrême frontière. (Cass. 26 mars 1824).

(3) La femme d'un conducteur accompagnant son mari devient comme lui passible des perquisitions autorisées par cet article (Cass. 23 septembre 1836).

leurs adresses (1). Copies en seront remises, avec lesdites lettres et paquets saisis en fraude, savoir : à Paris, à l'administration des postes; et dans les départements, au bureau du directeur des postes le plus voisin de la saisie, pour, lesdites lettres et paquets, être envoyés aussitôt à leur destination avec la taxe ordinaire. Lesdits procès-verbaux seront, de suite, adressés au commissaire du gouvernement près le tribunal civil et correctionnel de l'arrondissement, par les préposés des postes, pour poursuivre, contre les contrevenants, la condamnation de l'amende, de cent cinquante francs au moins, et de trois cents francs au plus par chaque contravention.

6. Le payement de ladite amende, dont il ne pourra, dans aucun cas et sous quelque prétexte que ce soit, être accordé de remise ou de modération, sera poursuivi, à la requête des commissaires près les tribunaux et à la diligence des directeurs des postes, contre les contrevenants, par saisie et exécution de leurs établissements, voitures et meubles, à défaut de payement dans la décade du jugement qui sera intervenu.

7. Le payement sera effectué à Paris, à la caisse générale de l'administration des postes; et dans les départements, entre les mains du directeur des postes, qui aura reçu les objets saisis. Il portera en recette le produit desdites amendes, sur lesquelles il jouira de sa remise ordinaire.

8. Le produit des amendes appartiendra : un tiers à l'administration, un tiers aux hospices des lieux, et un tiers à celui ou à ceux qui auront découvert et dénoncé la fraude, et à ceux qui auront coopéré à la saisie : celui-ci sera réparti entre eux par égale portion; ils en seront payés par le directeur des postes chargé du recouvrement de l'amende; et à Paris, par le caissier général de l'administration des postes, d'après un exécutoire qui sera délivré à leur profit par le commissaire du gouvernement près le tribunal. Lesdits exécutoires seront envoyés par le directeur à l'appui de son compte.

9. Les maîtres de poste, les entrepreneurs de voitures libres et messageries, sont personnellement responsables des contraventions de leurs postillons, conducteurs, porteurs et courriers, sauf leur recours.

N° **192.**— *Arrêté relatif à la vérification des poids et mesures.*

Du 29 prairial an IX (18 juin 1801).

Les consuls de la république, en exécution de l'article 13 de la loi du 1er vendémiaire an IV, et de l'article 8 de leur arrêté du 13 brumaire an IX;

Sur le rapport du ministre de l'intérieur; le conseil d'Etat entendu,

Arrêtent :

1. Les sous-préfets chargés de la garde des étalons des poids et mesures par l'article 8 de l'arrêté du 13 brumaire dernier, rempliront les fonctions de vérificateurs des poids et mesures, ordonnées par l'article 13 de la loi du 1er vendémiaire. '

------

(1) Le défaut d'enregistrement ou la non-signification d'un procès-verbal fait en pareille matière, la non-constatation de la présence du délinquant à sa rédaction, le dépôt non opéré des objets saisis, ne suffisent pas pour invalider l'acte dressé. La preuve testimoniale supplée même à l'absence totale du procès-verbal. (Cass. 8 décembre 1820.)

2. Aucun fabricant ne pourra vendre, et aucun citoyen ne pourra employer, pour peser et mesurer les matières de commerce, que des poids et mesures vérifiés et étalonnés par les sous-préfets de leur arrondissement.

3. Les sous-préfets assigneront les jours et heures de la décade où ils procéderont ou feront procéder à la vérification et à l'étalonnage des poids et mesures qui leur seront apportés.

4. La vérification consistera dans une comparaison exacte des poids et mesures qui seront présentés, avec les étalons confiés à la garde des sous-préfets; et elle sera faite conformément à l'instruction qui leur sera adressée par le ministre de l'intérieur.

5. Chaque sous-préfet est autorisé à prendre un employé pour l'aider dans cette vérification. Le traitement de cet employé sera pris sur la rétribution perçue pour la vérification.

6. Sur chaque poids et sur chaque mesure trouvés exacts seront apposés le poinçon de la république et un poinçon particulier à chaque sous-préfecture.

7. Il sera tenu un registre du nombre de vérifications faites chaque jour qui y sera destiné, et des rétributions qui auront été perçues.

8. Les sous-préfets ou leurs employés seront tenus de se transporter dans les chantiers pour y faire vérifier les membrures servant au mesurage du bois de chauffage.

9. D'ici au 1er vendémiaire an x, le ministre de l'intérieur enverra à chaque sous-préfet les poinçons nécessaires à la vérification des poids et mesures. Chaque sous-préfet fera faire les poinçons particuliers qui lui seront nécessaires : les frais de cette dernière fabrication seront pris d'abord sur les centimes additionnels d'arrondissement, et remboursés sur le produit des rétributions affectées à l'étalonnage.

10. A Paris, la vérification des poids et mesures sera faite à la préfecture de police, par des employés et sous la surveillance du préfet de police.

11. Il ne pourra être exigé des citoyens qui présenteront des poids et mesures à la vérification, aucune indemnité au delà de la rétribution fixée dans le tarif annexé au présent arrêté. Ce tarif sera imprimé et affiché dans chaque bureau de vérification.

12. Le produit de la rétribution fixée pour la vérification et le poinçonnage des poids et mesures, sera affecté à la dépense de fabrication et d'entretien des poinçons, au traitement des personnes employées à ce travail dans les sous-préfectures, et à celui des inspecteurs dont il va être parlé.

13. Tous les trois mois, chaque sous-préfet adressera au préfet de son département l'état des sommes perçues pour la vérification et le poinçonnage des poids et mesures.

Les préfets enverront, à la fin de chaque trimestre, au ministre de l'intérieur, l'état général des sommes perçues dans leurs département. Ils proposeront au ministre le traitement des employés à la vérification près des sous-préfectures.

14. Le compte de ce produit sera rendu chaque année aux consuls. Si la rétribution est moindre que les frais auxquels elle est destinée, il sera pourvu à l'acquittement de ces frais sur les dépenses du ministère de l'intérieur, affectées aux poids et mesures : si le produit de la rétribution est supérieur à ces frais, les consuls détermineront l'emploi de ce surplus par un arrêté particulier.

15. Il sera nommé par le ministre de l'intérieur vingt-cinq inspecteurs, lesquels seront uniquement chargés, sous l'autorité des préfets, de surveiller l'exécution du présent arrêté, chacun dans quatre départements au moins : à l'effet de quoi ils parcourront tous les lieux où les marchés exigent un emploi journalier des poids et mesures. Les consuls fixeront, d'après un rapport du ministre de l'intérieur, le traitement de ces inspecteurs.

16. Les commissaires et officiers de police veilleront, de leur côté, à ce que les nouveaux poids et mesures soient seuls employés dans le commerce à l'époque déterminée, à ce qu'on n'en emploie pas d'autres que ceux qui auront été poinçonnés aux sous-préfectures. Ils seront tenus d'assister les inspecteurs dans l'exercice de leurs fonctions et d'obtempérer à leur réquisition pour les visites et la rédaction des procès-verbaux de contravention.

17. Les ministres de l'intérieur et de la police générale sont chargés, chacun en ce qui le concerne, de l'exécution du présent arrêté, qui sera inséré au Bulletin des lois.

Tarif de la rétribution pour la vérification des poids et mesures de chaque espèce.

Mesures linéaires. Pour chaque.

Décamètres, doubles et demi-décamètres............	25 c.
Doubles mètres..................................	15
Mètres et demi-mètres pour étoffes...............	5
Mètres doubles et demi-mètres ployants pour tapissier.	10
Demi-mètres brisés à charnière...................	10
Décimètres et doubles décimètres.................	5
Stères et doubles stères.........................	75

Mesures de capacité pour les grains et autres matières sèches. Pour chaque.

Hectolitres à pieds ou sans pieds..................	75 c.
Demi-hectolitres................................	50
Doubles décalitres..............................	12
Décalitres simples..............................	10
Demi-décalitres.................................	7
Litres, doubles litres, demi-litres, doubles décilitres, décilitres......................................	5

Mesures de capacité pour les liquides.

Décalitres, doubles et demi-décalitres.............	50 c.
Doubles litres..................................	20
Litres..	15
Demi-litres, décilitres et doubles décilitres........	10

Pour les mesures à lait, il sera payé moitié seulement des sommes ci-dessus.

Poids en fer. Pour chaque.

Myriagrammes, doubles et demi-myriagrammes......	25 c.
Kilogrammes, doubles et demi-kilogrammes.........	10
Doubles hectogrammes, hectogrammes et les poids au-dessous, jusqu'au plus petit......................	5
Pour les poids en cuivre, la rétribution sera augmentée de la moitié des sommes ci-dessus.	
Le kilogramme divisé payera, pour l'ensemble des pièces qui le composent.........................	30

DISPOSITION GÉNÉRALE.

Tout fabricant ou marchand de poids et mesures qui présentera à la fois à la vérification plus de dix poids ou plus de dix mesures neuves de chaque espèce, jouira, pour les quantités excédantes, d'une remise de moitié sur le montant de la rétribution.

N° **193**. — *Arrêté contenant organisation du corps des gardes-pompiers de Paris* (1).

Du 17 messidor an IX (6 juillet 1801).

Les consuls de la république, sur le rapport du ministre de la police; le conseil d'État entendu,

Arrêtent :

TITRE Ier.

Organisation du corps des gardes-pompiers de Paris.

1. Le corps des gardes pompiers de la ville de Paris sera composé de deux cent quatre-vingt-treize hommes.

2. Il sera divisé en trois compagnies, composées chacune de quatre-vingt-seize hommes, savoir :

1 Capitaine,
1 Lieutenant,
2 Sergents,
30 Caporaux,
30 Gardes, premiers servants,
30 Gardes, seconds servants,
2 Trompettes.
_____
96

3. L'état-major de ce corps sera composé ainsi qu'il suit :

1 Commandant,
1 Commandant en second,
1 Ingénieur,
1 Sous-ingénieur,
1 Quartier-maître secrétaire-greffier.

4. Outre les gardes-pompiers appointés, il pourra être admis, dans chaque compagnie, trente gardes-pompiers surnuméraires et trente gardes-pompiers élèves.

TITRE II.

Des conditions d'admission dans le corps des pompiers et de leur avancement.

5. Nul ne sera, à l'avenir, admis parmi les gardes-pompiers qu'en qualité de garde élève, et qu'aux conditions suivantes :

1° Avoir dix-huit ans au moins, et trente ans au plus;
2° Avoir un mètre soixante-huit centimètres, ou cinq pieds deux pouces ;

_____
(1) Voir le Décret du 18 septembre 1811.

3° Savoir lire et écrire ;

4° Avoir exercé, pendant deux ans au moins, l'une des professions suivantes :

Maçon, charpentier, couvreur, plombier, menuisier, charron, serrurier, sellier, vannier ;

5° Produire un certificat de probité, bonne vie et mœurs, délivré par le maire du lieu de sa résidence.

Le préfet d'administration de la Seine sera le juge des qualités des candidats aux emplois de garde-élève, et nommera à ceux desdits emplois qui seront vacants.

6. Les surnuméraires seront pris parmi les élèves ;

Les seconds servants, parmi les surnuméraires ;

Les premiers servants, parmi les seconds ; ainsi successivement jusqu'au grade de lieutenant inclusivement.

7. Le commandant et le commandant en second, ainsi que les deux ingénieurs et les trois capitaines, seront nommés par le premier consul.

8. Toutes les fois qu'il y aura une place vacante dans l'un des grades désignés dans l'article 6, chaque capitaine présentera, pour la remplir, trois sujets pris sur tout le corps, et dans le grade immédiatement inférieur : le commandant du corps, après avoir réduit cette liste à trois, la remettra au préfet de la Seine, qui en nommera un.

9. Les emplois désignés dans l'article 7, seront nommés sur la présentation du ministre de l'intérieur, d'après l'avis du préfet de la Seine, et celui du préfet de police de Paris.

10. Le quartier-maître sera nommé par le conseil d'administration du corps des pompiers ; il sera pris, soit parmi les lieutenants ou les sergents du corps, soit parmi les quartiers-maîtres ou les sergents-majors de l'armée.

TITRE III.

Des fonctions des individus composant le corps des pompiers, et de leur instruction.

11. Tous les individus composant le corps des pompiers, seront instruits dans l'art d'éteindre les incendies ; et, en outre, chacun d'eux sera exercé dans un art ou métier relatif à la construction, réparation, entretien des machines ou agrès servant aux incendies, de manière à ce que lesdites machines et agrès soient tous construits, réparés et entretenus par eux.

12. Les ingénieurs attachés au corps des pompiers, leur donneront, sous la surveillance du commandant en chef, des instructions sur l'art d'éteindre les incendies et de sauver les individus ainsi que les objets renfermés dans les édifices incendiés.

Ces ingénieurs lèveront les plans de tous les édifices publics, et formeront pour chacun d'eux un système d'attaque, en admettant les diverses suppositions possibles.

Ils formeront aussi successivement des plans d'attaque pour les différents quartiers de Paris, en admettant de même les suppositions les plus probables.

Ils dirigeront enfin la construction des différentes machines et agrès nécessaires aux incendies.

13. Les pompiers seront instruits, par leurs ingénieurs, officiers et sous-officiers, dans les arts et métiers nécessaires à la construction, réparation et entretien des machines et agrès servant aux incendies : en conséquence, il y aura toujours parmi les sous-officiers du corps des pompiers, un maître et un sous-maître pour chacun des arts ou métiers nécessaires à la confection desdites machines ou agrès.

14. Il sera conservé, dans les casernes destinées aux pompiers, des remplacements propres à former des ateliers pour l'instruction et le travaux des pompiers.

15. Il sera pris, par le préfet du département de la Seine, un arrêté relatif à l'instruction des pompiers, à l'espèce et au nombre de maitres, aux jours et heures de travail.

16. Les pompiers élèves seront, ainsi que les pompiers surnuméraires, admis aux leçons et instructions données aux pompiers appointés.

17. Les pompiers appointés, élèves et surnuméraires, seront tenus de travailler gratuitement dans les boutiques du corps, pendant tout le temps qu'on s'y occupera de la confection, réparation et entretien des machines et agrès servant aux incendies de la ville de Paris.

TITRE IV.

De la discipline et police.

18. Le préfet de police exercera, sous l'autorité du ministre de l'intérieur, une surveillance immédiate sur le service du corps des pompiers, et fera toutes les ordonnances y relatives.

19. Le corps des pompiers sera caserné par compagnie; le préfet de police indiquera au préfet de la Seine les quartiers de Paris où les pompiers devront être casernés.

20. Il y aura trente postes de pompiers répandus dans la ville de Paris : les points vers lesquels ils devront être placés seront désignés par le préfet de police au préfet de la Seine. Chacun de ces postes sera composé d'un caporal chef de poste, d'un garde-pompier premier servant, et d'un garde-pompier second servant.

Il sera attaché à chaque poste un nombre de surnuméraires et d'élèves proportionné à leur force, de manière qu'ils ne soient de service que de trois jours l'un au plus.

21. Chacun des postes sera, autant qu'il sera possible, placé près d'un édifice public.

TITRE V.

De l'administration du corps des gardes-pompiers.

22. Le préfet de la Seine exercera, sous l'autorité du ministre de l'intérieur, une surveillance immédiate sur tout ce qui est relatif à l'administration, au logement, habillement, équipement et aux travaux du corps des gardes-pompiers.

23. Il assistera, quand il le jugera convenable, au conseil d'administration ; et lorsqu'il ne pourra y assister, les délibérations devront, avant d'être exécutées, être soumises à son approbation.

24. Le conseil d'administration du corps des pompiers sera composé de cinq membres, savoir :

Le commandant,
Le commandant en second,
L'ingénieur,
Un capitaine,
Un lieutenant.

25. Les capitaines et les lieutenants membres du conseil seront renouvelés, chaque année; ils entrent au conseil par rang d'ancienneté.

26. Le quartier-maître secrélaire-greffier assistera au conseil d'administration, dont il est le secrétaire; il tiendra tous les contrôles du corps, les livres relatifs à la comptabilité, ainsi que le registre des rapports relatifs au service.

TITRE VI.

De la solde et des masses.

TITRE VII.

Des récompenses et moyens d'encouragement.

51. Il sera fait, chaque année, un fonds extraordinaire de six mille francs, qui sera réparti, par le ministre de l'intérieur, d'après l'avis du préfet de la Seine et du préfet de police, en gratifications entre les gardes-pompiers qui s'en seront rendus dignes par leur dévouement, leur intrépidité, leur intelligence et leur application à leurs travaux.

52. Les officiers, sous-officiers et gardes-pompiers, leurs veuves et leurs enfants, sont assimilés, pour les soldes de retraite, pensions et secours, aux défenseurs de la patrie, à leurs femmes et à leurs enfants. Ces soldes, pensions et secours seront payés par la ville de Paris. Tout individu qui, entré depuis deux ans dans le corps des gardes-pompiers, y aura constamment servi, sera autorisé, au moment de sa conscription, à continuer son service dans ce corps.

53. Il n'est, quant à présent, rien innové aux règlements relatifs aux pompiers attachés aux ports et arsenaux maritimes.

54. Les ministres de l'intérieur, de la police et des finances sont chargés, chacun en ce qui le concerne, de l'exécution du présent arrêté, qui sera inséré au *Bulletin des lois*.

N° **194.**—*Extrait des registres des délibérations des consuls de la république.*

Paris, le 3 fructidor an IX (21 août 1801).

Les consuls de la république, voulant assurer l'exécution de la loi du 10 brumaire an V, portant prohibition des marchandises anglaises; Sur le rapport du ministre de l'intérieur,

Arrêtent :

1. A compter du 1er vendémiaire prochain, les bazins, piqués, mousselinettes, toiles, draps et velours de coton, qui ne porteront pas la marque du fabricant et l'estampille nationale avec le numéro, seront censés provenir de fabrique anglaise, et seront confisqués conformément à la loi du 10 brumaire an V.

2. Le gouvernement fera parvenir de suite, à chaque préfet et en nombre suffisant, deux sortes d'estampilles, l'une pour marquer les étoffes existant en magasin, l'autre pour être apposée sur celles qui sont en fabrication.

3. Chaque préfet nommera un commissaire pour chaque ville prin cipale qui estampera sans frais, toutes les étoffes existant dans les magasins.

Il en désignera pareillement dans toutes les villes de fabrique pour estamper les étoffes sortant du métier, et avant l'apprêt et le blanchissage.

Ces marques seront faites à la rouille, d'après le procédé qui sera prescrit, et apposées aux deux bouts de chaque pièce.

Il sera tenu registre du nombre des pièces marquées et du nom du fabricant. Le registre sera déposé à la municipalité et parafé par le maire.

4. Après le 1er vendémiaire, les pièces saisies sans marque, ou avec une marque fausse, seront confisquées, conformément à la loi du 10 brumaire an V, et livrées au gouvernement, pour la vente en être faite à l'étranger et le prix distribué aux saisissants, en vertu de la même loi.

Moitié du prix, d'après la valeur présumée, sera payée de suite par le gouvernement.

N° **195.**—*Arrêté du gouvernement concernant le commerce de la boulangerie.*

Du 19 vendémiaire an X (11 octobre 1801).

1. A l'avenir, nul ne pourra exercer dans Paris la profession de boulanger, sans une permission spéciale du préfet de police.

2. Cette permission ne sera accordée que sous les conditions suivantes :

1° Chaque boulanger sera tenu de verser, à titre de garantie, au magasin Elisabeth, quinze sacs de farine de première qualité, et du poids de quinze myriagrammes quatre-vingt-dix hectogrammes (trois cent vingt-cinq livres). Ces quinze sacs ne pourront être achetés à la halle ;

2° Chaque boulanger se soumettra à avoir constamment dans son magasin un approvisionnement de farine de première qualité.

Cet approvisionnement sera, savoir :

1° De soixante sacs au moins, du poids ci-dessus énoncé, pour les boulangers faisant, par jour, six fournées de pain et au-dessus ;

2° De trente sacs au moins pour les boulangers faisant de quatre à six fournées ;

3° De quinze sacs au moins pour les boulangers qui font au-dessous de quatre fournées.

Ces conditions devront être remplies dans le délai qui sera déterminé par le préfet de police.

3. La permission délivrée par le préfet de police constatera le versement de farine qui aura été fait à titre de garantie, et la soumission souscrite par le boulanger pour la quotité de son approvisionnement. Elle énoncera la division dans laquelle chaque boulanger devra exercer sa profession.

4. Le préfet de police s'assurera si les boulangers ont constamment en magasin la quantité de farine pour laquelle chacun d'eux aura fait sa soumission.

5. Le préfet de police réunira auprès de lui vingt-quatre boulangers pris parmi ceux qui exercent leur profession depuis longtemps. Ces vingt-quatre boulangers procéderont, en présence du préfet de police, à la nomination de quatre syndics.

6. Les syndics seront chargés de la surveillance et de l'administration des farines déposées à titre de garantie.

7. Le gouvernement fera délivrer, à titre d'encouragement, à chaque boulanger muni d'une permission du préfet de police, une quittance des droits qu'il devra pour sa patente.

8. Aucun boulanger ne pourra quitter sa profession que six mois après la déclaration qu'il devra en faire au préfet de police.

9. Nul boulanger ne pourra restreindre le nombre de ses fournées sans l'autorisation du préfet de police.

10 En cas de contravention à l'article précédent et à l'article 2, quant à l'approvisionnement auquel le boulanger se trouve assujetti, il sera procédé contre le contrevenant par le préfet de police, qui, suivant les circonstances, pourra prononcer, par voie administrative, une interdiction momentanée ou absolue de sa profession.

11. Tout boulanger qui quittera sa profession sans y être autorisé par le préfet de police, ou qui sera définitivement interdit, ne pourra réclamer les quinze sacs de farine par lui fournis à titre de garantie. Dans l'un et l'autre cas, les farines seront vendues, et le produit en sera versé à la trésorerie.

12. A la première réquisition de tout boulanger qui, avec l'autorisation du préfet de police, renoncera librement à l'exercice de sa profession, ou à la réquisition des héritiers ou ayants cause d'un boulanger décédé dans le plein exercice de sa profession, les quinze sacs de farine, déposés à titre de garantie, seront restitués aux requérants.

13. Le ministre de l'intérieur est chargé de l'exécution du présent arrêté, etc.

N° **196.** — *Loi du 14 floréal an x, (4 mai 1802).*

TITRE V.

De la Pêche.

12. A compter du 1er vendémiaire prochain, nul ne pourra pêcher dans les fleuves et rivières navigables, s'il n'est muni d'une licence, ou s'il n'est adjudicataire de la ferme de la pêche, conformément aux articles suivants :

14. Tout individu qui, n'étant ni fermier de la pêche, ni pourvu de licence, pêchera dans les fleuves et rivières navigables, autrement qu'à la ligne flottante et à la main, sera condamné :

1° A une amende qui ne pourra être moindre de cinquante francs, ni excéder deux cents francs ;

2° A la confiscation des filets et engins de pêche ;

3° A des dommages-intérêts envers le fermier de la pêche, d'une somme pareille à l'amende.

L'amende sera double en cas de récidive.

15. Les délits seront poursuivis et punis de la même manière que les délits forestiers.

Nº **197**. — *Loi relative à l'établissement de bureaux de pesage, mesurage et jaugeage.*

Du 29 floréal an x (19 mai 1802).

Au nom du peuple français, Bonaparte, premier consul, proclame loi de la république le décret suivant, rendu par le corps législatif, le 29 floréal an x, conformément à la proposition faite par le gouvernement, le 27 du même mois, communiquée au tribunat le même jour.

DÉCRET.

1. Il sera établi, dans les communes qui en seront jugées susceptibles par le gouvernement, des bureaux de pesage, mesurage et jaugeage publics. Nul ne sera contraint à s'en servir, si ce n'est dans les cas de contestation.

2. Les tarifs des droits à percevoir dans ces bureaux, et les règlements y relatifs, seront proposés par les conseils des communes, adressés aux sous-préfets et aux préfets, qui donneront leur avis, et soumis au gouvernement, qui les approuvera, s'il y a lieu, en la forme usitée pour les règlements d'administration publique.

3. Un dixième des produits nets de ces droits servira à compléter l'acquittement des frais de vérification des poids et mesures, et le traitement des agents préposés à cette vérification.

4. Le surplus des produits sera employé aux dépenses des communes et des hospices exclusivement; et ce, suivant les règles prescrites pour les octrois de bienfaisance.

Nº **198**. — *Loi relative aux contraventions en matière de grande voirie.*

Du 29 floréal an x (19 mai 1802).

Au nom du peuple français, Bonaparte, premier consul, proclame loi de la république le décret suivant, rendu par le corps législatif, le 29 floréal an x, conformément à la proposition faite par le gouvernement, le 27 du même mois, communiquée au tribunat le même jour.

DÉCRET.

1. Les contraventions en matière de grande voirie, telles qu'anticipations, dépôts de fumiers ou d'autres objets, et toutes espèces de détériorations commises sur les grandes routes, sur les arbres qui les bordent, sur les fossés, ouvrages d'art et matériaux destinés à leur entretien, sur les canaux, fleuves et rivières navigables, leurs chemins de halage, francs bords, fossés et ouvrages d'art, seront constatées, réprimées et poursuivie par voie administrative.

2. Les contraventions seront constatées concurremment par les maires ou adjoints, les ingénieurs des ponts et chaussées, leurs conducteurs, les agents de la navigation, les commissaires de police, et par la gendarmerie: à cet effet, ceux des fonctionnaires publics ci-dessus désignés, qui n'ont pas prêté serment en justice, le prêteront devant le préfet.

5. Les procès-verbaux sur les contraventions seront adressées au sous-préfet, qui ordonnera, par provision, et sauf le recours au préfet, ce que de droit, pour faire cesser les dommages.

4. Il sera statué définitivement en conseil de préfecture : les arrêtés seront exécutés sans visa ni mandement des tribunaux, nonobstant et sauf tout recours ; et les individus condamnés seront contraints par l'envoi de garnisaires et saisie de meubles, en vertu desdits arrêtés, qui seront exécutoires et emporteront hypothèque.

***

N° **199.**—*Loi relative au poids des voitures employées au roulage et messageries.*

Du 29 floréal an x (19 mai 1802).

Au nom du peuple français, Bonaparte, premier consul, proclame loi de la république le décret suivant, rendu par le corps législatif, le 29 floréal an x, conformément à la proposition faite par le gouvernement, le 27 du même mois, communiquée au tribunat le même jour.

DÉCRET.

1. A compter de l'époque qui sera déterminée par le gouvernement, dans la forme usitée pour les règlements d'administration publique, le poids des voitures employées au roulage et messageries, dans l'étendue de la république, ne pourra excéder, en comprenant le poids de la voiture et celui du chargement, les proportions suivantes :

Pendant cinq mois, à compter du 15 brumaire au 15 germinal,

	Myriagrammes.
Voitures ou chariots à quatre roues....................	450
Voitures ou charrettes à deux roues..................	250
Voitures ou chariots à quatre roues, avec jantes de vingt-cinq centimètres de largeur....................	550
Voitures ou charrettes à deux roues, avec jantes de vingt-cinq centimètres de largeur....................	350

Pendant sept mois, à compter du 15 germinal au 15 brumaire :

Voitures ou chariots à quatre roues..................	550
Voitures ou charrettes à deux roues..................	375
Voitures ou chariots à quatre roues, avec jantes de vingt-cinq centimètres de largeur....................	650
Voitures ou charrettes à deux roues, avec jantes de vingt-cinq centimètres de largeur....................	475

2. Les objets non divisibles, et d'un poids supérieur au précédent tarif, pourront être néanmoins transportés par le roulage, sans donner ouverture à contravention.

5. Le poids des voitures sera constaté, au moyen de ponts à bascule établis sur les routes, dans les lieux que fixera le gouvernement.

Jusqu'à l'établissement des ponts à bascule, la contravention sera constatée par la vérification des lettres de voiture.

4. Les contraventions à la présente loi seront décidées par voie administrative ; et les contrevenants seront condamnés à payer les dommages réglés par le tarif suivant.

L'excès de chargement de vingt myriagrammes et au-dessous sera considéré comme tolérance, et n'entraînera aucune condamnation ;

de 20 à 60 myriagrammes	....	25 fr.
de 60 à 120	—	....	50
de 120 à 180	—	....	75
de 180 à 240	—	....	100
de 240 à 300	—	....	150
et au-dessus de 300	—	....	300

5. Tout voiturier ou conducteur, pris en contravention, ne pourra continuer sa route qu'après avoir réalisé le payement des dommages, et déchargé sa voiture de l'excédant de poids qui aura été constaté; jusque-là, ses chevaux seront tenus en fourrière, à ses frais, à moins qu'il ne fournisse une caution suffisante.

6. Le roulage pourra être momentanément suspendu pendant les jours de dégel, sur les chaussées pavées, d'après l'ordonnance des préfets de département.

Collationné à l'original, par nous président et secrétaires du corps législatif. A Paris, le 29 floréal, an x de la république française. Rabaut le jeune, *président;* Bergier, Thiry, Rigal, Tupinier, *secrétaires.*

Soit la présente loi revêtue du sceau de l'Etat, insérée au *Bulletin des lois,* inscrite dans les registres des autorités judiciaires et administratives, et le ministre de la justice chargé d'en surveiller la publication. A Paris, le 9 prairial, an x de la république.

N° **200**. — *Extrait de l'arrêté du gouvernement du 27 prairial an x, concernant les bourses de commerce.*

Du 27 prairial an x (16 juin 1802).

§ Ier. — *Dispositions générales.*

3. Il est défendu de s'assembler ailleurs qu'à la bourse et à d'autres heures qu'à celles fixées par le règlement de police, pour proposer et faire des négociations, à peine de destitution des agents de change ou courtiers qui auraient contrevenu, et, pour les autres individus, sous les peines portées par la loi contre ceux qui s'immisceront dans les négociations sans titre légal.

4. Il est défendu, sous les peines portées par les articles 13 de l'arrêt du conseil du 26 novembre 1781, et 8 de la loi du 28 ventôse an ix, à toutes personnes autres que celles nommées par le gouvernement, de s'immiscer, en façon quelconque, et sous quelque prétexte que ce puisse être, dans les fonctions des agents de change et courtiers de commerce, soit dans l'intérieur, soit à l'extérieur de la bourse. Les commissaires de police sont spécialement chargés de veiller à ce qu'il ne soit pas contrevenu à la présente disposition.

Il est néanmoins permis à tous particuliers de négocier entre eux et par eux-mêmes les lettres de change ou billets à leur ordre ou au porteur, et tous les effets de commerce qu'ils garantiront par leur endossement, et de vendre aussi par eux-mêmes leurs marchandises.

5. En cas de contravention à l'article ci-dessus, les commissaires de police, les syndics ou les adjoints des agents de change et cour-

tiers de commerce, feront connaître les contrevenants au préfet de police, à Paris, et aux maires et officiers de police, dans les départements; lesquels, après la vérification des faits et audition du prévenu, pourront, par mesure de police, lui interdire l'entrée de la bourse.

En cas de récidive, il sera, par le gouvernement, déclaré incapable de pouvoir parvenir à l'état d'agent de change ou courtier; le tout sans préjudice de la traduction devant les tribunaux, pour faire prononcer les peines portées par les loi et arrêt du conseil ci-dessus cités.

6. Il est défendu, sous les peines portées contre ceux qui s'immiscent dans les négociations sans être agents de change ou courtiers, à tout banquier, négociant ou marchand, de confier ses négociations, ventes ou achats, et de payer des droits de commission ou de courtage à d'autres qu'aux agents de change et courtiers.

Les syndics et adjoints des agents de change et courtiers, le préfet de police de Paris, et les maires et officiers de police des autres places de commerce, sont spécialement chargés de veiller à l'exécution du présent article, et de dénoncer les contrevenants aux tribunaux.

Le commissaire du gouvernement sera tenu de les poursuivre d'office.

7. Conformément à l'article 7 de la loi du 28 ventôse an IX, toutes négociations faites par des intermédiaires sans qualité sont déclarées nulles.

8. Les compagnies de banque ou de commerce qui émettent des actions, sont comprises dans la disposition des articles précédents, et ne pourront exiger d'autre garantie que celle prescrite par les lois et règlements.

9. Les agents de change pourront faire, concurremment avec les courtiers de commerce, les négociations en ventes ou achats des monnaies d'or ou d'argent et matières métalliques.

§ II.— *Obligations des agents de change et courtiers.*

10. Les agents de change et les courtiers de commerce ne pourront être associés, teneurs de livres ni caissiers d'aucun négociant, marchand ou banquier; ne pourront pareillement faire aucun commerce de marchandises, lettres, billets, effets publics et particuliers, pour leur compte, ni endosser aucun billet, lettre de change ou effets négociables quelconque, ni avoir entre eux ou avec qui que ce soit, aucune société de banque ou en commandite, ni prêter leur nom, pour une négociation, à des citoyens non commissionnés, sous peine de trois mille francs d'amende et de destitution.

Il n'est pas dérogé à la faculté qu'ont les agents de change de donner leur aval pour les effets de commerce.

11. Les agents de change et courtiers de commerce seront tenus de consigner leurs opérations sur des carnets, et de les transcrire, dans le jour, sur un journal timbré, coté et parafé par les juges du tribunal de commerce, lesquels registre et carnet ils seront tenus de représenter aux juges ou aux arbitres : ils ne pourront, en outre, refuser de donner des reconnaissances des effets qui leur seront confiés.

12. Lorsque deux agents de change ou courtiers de commerce auront consommé une opération, chacun d'eux l'inscrira sur son carnet et le montrera à l'autre.

13. Chaque agent de change devant avoir reçu de ses clients les effets qu'il vend, ou les sommes nécessaires pour payer ceux qu'il achète, est responsable de la livraison et du payement de ce qu'il aura vendu et acheté : son cautionnement sera affecté à cette garantie, et sera saisissable en cas de non-consommation dans l'intervalle d'une bourse à l'autre, sauf le délai nécessaire au transfert des rentes ou autres effets publics dont la remise exige des formalités.

Lorsque le cautionnement aura été entamé, l'agent de change sera suspendu de ses fonctions jusqu'à ce qu'il l'ait complété entièrement, conformément à l'arrêté du 29 germinal an ix.

Les noms des agents de change ainsi suspendus de leurs fonctions seront affichés à la bourse.

14. Les agents de change seront civilement responsables de la vérité de la dernière signature des lettres de change ou autres effets qu'ils négocieront.

17. En cas de mort, démission ou destitution d'un agent de change, il ne pourra, ainsi que ses héritiers et ayants cause, demander le remboursement du cautionnement par lui fourni, qu'en justifiant d'un certificat des syndics des agents de change, constatant que la cessation de ses fonctions a été annoncée et affichée, depuis un mois, à la bourse, et qu'il n'est survenu aucune réclamation contre.

18. Ne pourront, les agents de change et courtiers de commerce, sous peine de destitution et de trois mille francs d'amende, négocier aucune lettre de change, billet, vendre aucune marchandise appartenant à des gens dont la faillite serait connue.

19. Les agents de change devront garder le secret le plus inviolable aux personnes qui les auront chargés de négociations, à moins que les parties ne consentent à être nommées, ou que la nature des opérations ne l'exige.

§ III.—*Des droits à percevoir par les agents de change ou courtiers jusqu'à ce qu'il en ait été autrement ordonné par le gouvernement.*

20. Ne pourront, les agents de change et courtiers de commerce, exiger ni recevoir aucune somme au delà des droits qui leur sont attribués par le tarif arrêté par les tribunaux de commerce, sous peine de concussion ; et ils auront la faculté de se faire payer de leurs droits après la consommation de chaque négociation, ou sur des mémoires qu'ils fourniront, de trois mois en trois mois, des négociations faites par leur entremise, aux banquiers, négociants ou autres, pour le compte desquels ils les auront faites.

§ V. — *Dispositions particulières pour la ville de Paris.*

24. Les agents de change étant sur le parquet, pourront proposer à haute voix la vente ou l'achat d'effets publics et particuliers ; et lorsque deux d'entre eux auront consommé une négociation, ils en donneront le cours à un crieur, qui l'annoncera sur-le-champ au public.

25. Ne sera crié à haute voix que le cours des effets publics : quant aux actions de commerce, lettres de change et billets, tant de l'intérieur que de l'étranger, leur négociation en exigeant l'exhibition et l'examen, elle ne pourra être faite à haute voix ; et les cours auxquels elle aura donné lieu seront recueillis, après la bourse, par les syndics et adjoints, et cotés sur le Bulletin des cours.

26. Les syndics et adjoints des courtiers de commerce se réuniront également pour recueillir le cours des marchandises, et le coter, article par article, sur le Bulletin (1).

N° **201.**—*Arrêté portant défense aux noirs, mulâtres et autres gens de couleur, d'entrer sans autorisation sur le territoire continental de la république.*

Du 13 messidor an x (2 juillet 1802).

Les consuls de la république, sur le rapport du ministre de la marine et des colonies ; le conseil d'Etat entendu ,

Arrêtent :

1. Il est défendu à tous étrangers d'amener, sur le territoire continental de la république, aucun noir , mulâtre ou autres gens de couleur, de l'un et de l'autre sexe.

---

(1) **EXTRAIT DES MINUTES DE LA SECRÉTAIRERIE D'ÉTAT.**

Au camp impérial de Schœnbrunn, le 17 mai 1809.

Avis du conseil d'Etat, relatif aux moyens de réprimer l'exercice illicite des fonctions d'agents de change et de courtiers sur les places de commerce, par des individus non commissionnés. (Séance du 2 mai 1809.)

Le conseil d'Etat, qui , d'après le renvoi ordonné par Sa Majesté , a entendu le rapport de la section de l'intérieur sur celui du ministre de ce département, relatif aux moyens de réprimer l'exercice illicite des fonctions d'agents de change et de courtiers sur les places de commerce , par des individus non commissionnés à cet effet, et en contravention aux dispositions de la loi du 28 ventôse an IX, qui a réorganisé les bourses de commerce;

Considérant qu'il importe, sans doute, de garantir aux agents de change et au courtiers de commerce patentés et institués légalement, l'exercice des fonctions qui leur sont attribuées par la loi, exclusivement à tous autres ; mais que la mesure proposée de faire prononcer administrativement sur les délits [qui sont de la compétence des tribunaux , n'atteindrait pas même le but qu'on désire, puisque les maires et les conseils de préfecture ne seraient pas investis, pour constater les contraventions et appliquer les peines de la loi, de moyens plus puissants que les tribunaux de première instance jugeant correctionnellement, à qui cette compétence appartient ;

Est d'avis que le projet de décret présenté par le ministre, tendant à donner l'autorité administrative locale, l'attribution de la police de l'agence de change et du courtage, ne peut être adopté ;

Qu'il convient d'appliquer à toutes les bourses de commerce les dispositions des articles 2 et 3 du décret impérial du 10 septembre 1808, rendu pour l'établissement de la bourse d'Amiens, portant, article 2 : « que le grand-juge , ministre de la justice , donnera aux procureurs « généraux et impériaux l'ordre de poursuivre, selon la rigueur des lois, tous agents de change, « courtiers et négociants contrevenant aux lois sur les bourses de commerce, et au Code de « commerce, même par information et sans procès-verbaux préalables, ni dénonciation des syn- « dics et adjoints des courtiers et agents de change. »

Que le ministre de la police générale donnera des ordres particuliers aux commissaires de police, pour veiller à l'exécution des lois sur cette matière, et informera les cours et tribunaux des faits parvenus à sa connaissance;

Et que le présent avis soit inséré au *Bulletin des lois.*

2. Il est pareillement défendu à tout noir, mulâtre ou autres gens de couleur, de l'un et de l'autre sexe, qui ne seraient point au service, d'entrer à l'avenir sur le territoire continental de la république, sous quelque cause et prétexte que ce soit, à moins qu'ils ne soient munis d'une autorisation spéciale des magistrats des colonies d'où ils seraient partis, ou, s'ils ne sont pas partis des colonies, sans l'autorisation du ministre de la marine et des colonies.

3. Tous les noirs ou mulâtres qui s'introduiront, après la publication du présent arrêté, sur le territoire continental de la république, sans être munis de l'autorisation désignée à l'article précédent, seront arrêtés et détenus jusqu'à leur déportation.

4. Le ministre de la marine et des colonies est chargé de l'exécution du présent arrêté, qui sera inséré au Bulletin des lois.

Nº 202. — *Arrêté portant règlement pour l'exercice de la profession de boucher à Paris.*

Saint-Cloud, le 8 vendémiaire an XI (30 septembre 1802).

Les consuls de la république, sur le rapport du ministre de l'intérieur, le conseil d'Etat entendu,

Arrêtent :

1. Tous les individus exerçant aujourd'hui la profession de boucher à Paris, se feront inscrire, d'ici au 1er brumaire, à la préfecture de police.

2. Le préfet de police nommera parmi eux trente individus, dont dix seront pris parmi ceux qui payent le droit proportionnel des patentes, le moins considérable,

3. Ces trente individus nommeront, parmi tous les bouchers, un syndic et six adjoints.

4. A l'avenir, nul ne pourra être admis à exercer la profession de boucher, sans en avoir obtenu la permission du préfet de police ; lequel prendra l'avis des syndic et adjoints.

5. Les bouchers, ainsi inscrits ou reçus, seront tenus de fournir, pour chaque étal, un cautionnement qui ne leur portera point intérêt.
Il y aura trois classes de cautionnement :
La première, de trois mille francs ;
La seconde, de deux mille ;
La troisième, de mille.

6. Sur les six adjoints dont il est parlé à l'article 3, deux seront pris parmi les bouchers payant le cautionnement de première classe ; deux parmi ceux qui payeront le cautionnement de seconde classe ; deux autres parmi les bouchers payant le cautionnement de troisième classe.

7. Les bouchers verseront cette somme de mois en mois, et par sixième, entre les mains d'un caissier qui sera nommé par le préfet de police, sur la présentation de trois sujets par les syndic et adjoints.

8. Le caissier fournira un cautionnement du dixième de sa recette en tiers consolidé ou en immeubles.

9. Le boucher qui, dans le délai fixé par l'article 7, n'aura pas fourni son cautionnement, ne pourra pas continuer l'exercice de sa profession.

10. La caisse sera destinée à servir de secours aux bouchers qui éprouveront des accidents dans leur commerce. Les prêts seront faits sur la demande des bouchers, sur l'avis des syndic et adjoints, et la décision du préfet de police.

11. Ce prêt sera fait sur engagement personnel de commerce à terme, dont le délai ne pourra excéder un mois. L'intérêt sera de demi pour cent par mois.

12. Chaque année, le compte de la caisse sera rendu aux syndic et adjoints par le caissier, arrêté par le préfet de police, et remis par lui au ministre de l'intérieur, qui en rendra compte au gouvernement.

13. Aucun boucher ne pourra quitter son commerce que six mois après en avoir fait sa déclaration au préfet de police, à moins qu'il n'ait obtenu sa permission.

14. Tout boucher qui abandonnera son commerce sans avoir rempli cette condition, perdra son cautionnement. Les créanciers d'un boucher failli pourront cependant réclamer la portion de ce cautionnement qui restera libre dans la caisse, pour la faire entrer dans son actif.

15 Les frais d'administration et de bureau, que nécessitera la caisse, seront prélevés sur le produit des sommes prêtées; le surplus, 'il y en a, tournera en accroissement du fonds de cautionnement.

16. A la première réquisition de tout boucher qui, après les six mois de la déclaration, renoncera librement à sa profession, ou à la réquisition des héritiers, ou ayants cause d'un boucher décédé dans l'exercice de sa profession, le cautionnement qu'il aura fourni sera restitué aux requérants.

17. Il ne pourra être vendu de bestiaux pour l'approvisionnement de Paris, ailleurs que dans les marchés de Sceaux, Poissy et de la place aux Veaux.

18. Tout étal qui cessera d'être garni de viande pendant trois jours consécutifs, sera fermé pendant six mois.

19. Le commerce et la vente des viandes de boucherie continueront d'être permis deux jours de la semaine seulement dans les marchés publics, sous la surveillance de la police.

20. Les syndic et adjoints des bouchers présenteront, au préfet de police, un projet de statuts et règlements pour le régime et la discipline intérieure de tout ce qui tient au commerce de la boucherie. Ils ne seront exécutoires qu'après avoir été homologués sur le rapport du ministre de l'intérieur, et dans la forme usitée pour tous les règlements d'administration publique.

21. Le ministre de l'intérieur est chargé de l'exécution du présent arrêté, qui sera inséré au *Bulletin des Lois.*

N° **203.** — *Arrêté qui enjoint aux gens de mer, prévenus de désertion, de se présenter dans leurs quartiers respectifs pour se faire réintégrer sur les matricules, etc.*

Du 5 brumaire an XI (27 octobre 1802).

Les consuls de la république, sur le rapport du ministre de la marine et des colonies; le conseil d'État entendu,

Arrètent :

1. En conséquence de la loi du 24 floréal an x, portant amnistie en faveur des déserteurs de toute arme, les officiers mariniers, timoniers, matelots, novices, mousses et ouvriers, prévenus, accusés ou convaincus d'avoir déserté des vaisseaux et autres bâtiments de l'Etat, ainsi que des ports et arsenaux de la république, doivent se présenter dans leurs quartiers respectifs, pour être réintégrés sur les matricules, et être employés sur les vaisseaux quand ils y seront appelés. Ces conditions remplies, toutes plaintes portées jusqu'à ce jour, toutes poursuites exercées et tous jugements rendus à l'occasion du crime de désertion seront regardés comme non-avenus.

2. Tous les gens de mer et ouvriers détenus pour raison de ce crime seront, aussitôt la publication du présent arrêté, mis en liberté, et il leur sera délivré des feuilles de route, avec la conduite de quinze centimes par lieue, pour se rendre dans leurs quartiers respectifs.

3. Ceux desdits gens de mer et ouvriers qui, prévenus, accusés ou convaincus du crime de désertion, ne sont point détenus, et qui se trouvent sur le territoire européen de la république, se présenteront, dans le courant de deux mois après la publication du présent arrêté, au sous-préfet ou au maire, ou au bureau de l'inscription maritime le plus proche de leur domicile actuel, pour faire leur déclaration qu'ils veulent profiter du bénéfice de l'amnistie.

4. Les sous-préfets, les maires et commissaires chargés de l'inscription maritime, tiendront registre de ces déclarations, avec mention des noms, prénoms, âge et signalement des marins et ouvriers auxquels ils délivreront des feuilles de route, qu'ils seront tenus, à leur arrivée dans leur quartier, de présenter au bureau de l'inscription maritime, à l'effet d'y être visées et apostillées sur les matricules.

5. Le délai accordé aux gens de mer et ouvriers déserteurs qui sont hors du territoire européen de la république, pour se rendre dans un des ports de France, est fixé à six mois, pour ceux qui se trouvent en Europe ; à un an, pour ceux qui sont en Amérique ou dans les pays hors d'Europe qui tiennent à la Méditerranée et à l'Océan jusqu'au cap de Bonne-Espérance ; et à dix-huit mois, pour ceux qui ont passé au delà du cap de Bonne-Espérance et en Asie.

6. Lesdits gens de mer et ouvriers se présenteront aux ambassadeurs et ministres de la république, aux commissaires des relations commerciales, administrateurs et autres fonctionnaires et agents de la république en pays étranger et dans les colonies, qui recevront leurs déclarations conformément à l'article 4, et leur délivreront des passeports, qu'ils seront tenus, à leur retour en France, de présenter au bureau d'inscription maritime de leur quartier.

7. Les sous-préfets, les maires, les commissaires chargés de l'inscription maritime, les ambassadeurs, les ministres et les commissaires des relations commerciales, adresseront au ministre de la marine la liste nominative des gens de mer et ouvriers dont ils auront reçu les déclarations.

8. Les gens de mer et ouvriers qui ont pris parti dans quelque corps de l'armée de terre, feront leurs déclarations aux conseils d'administration des corps auxquels ils seront attachés ; néanmoins, ils y continueront leur service jusqu'à ce qu'ils soient renvoyés dans les ports par le ministre de la guerre.

9. Ceux des gens de mer et ouvriers qui, appelés à profiter du bénéfice de l'amnistie, ne justifieront pas de leur retour dans les ports de France ou leurs quartiers respectifs, dans les délais fixés par les articles 3 et 5, et d'avoir rempli les conditions prescrites, seront considérés et punis comme déserteurs.

10. Les ministres de la marine et de la guerre sont chargés, chacun en ce qui le concerne, de l'exécution du présent arrêté; qui sera inséré au *Bulletin des Lois.*

N° **204.** — *Arrêté relatif aux baux à ferme des eaux minérales.*

Du 6 nivose an xi (27 décembre 1802).

Les consuls de la république, sur le rapport du ministre de l'intérieur ; le conseil d'Etat entendu,

Arrêtent :

1. Les baux à ferme des eaux minérales, bains et établissements en dépendant, dont les communes sont ou seront reconnues propriétaires, seront adjugés à l'avenir par-devant le sous-préfet de l'arrondissement du département, et en présence du maire de la commune sur le territoire de laquelle les eaux sont situées.

2. En exécution de l'article 2 de la loi des 5-11 février 1791, les adjudications ne pourront avoir lieu que dans les formes prescrites par la loi des 28 octobre-5 novembre 1790.

3. Le cahier des charges en sera dressé par le sous-préfet, sur l'avis et la proposition du conseil municipal, et approuvé par le préfet du département.

4. Les réparations à faire aux sources seront autorisées par les préfets, dans les formes prescrites par l'article 2 de l'arrêté du 29 floréal an vii et par l'article 6 de l'arrêté du 3 floréal de l'année suivante, après avoir pris l'avis du conseil municipal et du sous-préfet de l'arrondissement.

5. Seront pareillement exécutées, en ce qui concerne les constructions et améliorations dont les sources communales seront susceptibles, les dispositions de l'article 7 de l'arrêté du 3 floréal an viii, et, à l'égard du prix des eaux, les dispositions de l'article 4 du même arrêté.

6. Les produits des baux seront spécialement réservés pour l'entretien, les réparations et améliorations des sources, bains et établissements en dépendant, ainsi que pour le payement des officiers de santé chargés de leur inspection. L'excédant des produits sera versé dans les caisses municipales, pour en être disposé suivant le règlement du 4 thermidor an x sur l'administration des revenus municipaux.

7. Les dispositions prescrites par l'article 6 seront suivies pour le produit des sources minérales qui appartiennent à la république, excepté pour le versement de l'excédant, qui sera fait dans la caisse d'amortissement, à la diligence des préposés des domaines, pour y rester à la disposition du ministre de l'intérieur, et être par lui appliqué à l'amélioration des eaux minérales, ou aux secours aux indigents auxquels ces eaux seront nécessaires.

8. Le mode de nomination des officiers de santé, pour le service des sources communales, sera le même que celui prescrit par l'article 2 de l'arrêté du 23 vendémiaire an vi.

Leur traitement sera réglé d'après les bases fixées par les articles 9 et 10 de l'arrêté du 3 floréal an viii.

9. Seront, au surplus, les droits de propriété des communes sur les sources minérales, discutés et réglés, en cas de contestation des communes avec la république, par-devant les conseils de préfecture, le directeur des domaines entendu, et sauf la confirmation du gouvernement.

10. Quant aux sources exploitées par les particuliers qui en sont propriétaires, ils seront tenus de se conformer aux règlements de police des eaux minérales, et de pourvoir, sur le produit de ces eaux, au payement du traitement de l'officier de santé que le gouvernement jugera nécessaire de commettre pour leur inspection ; ils seront pareillement tenus de faire approuver, par le préfet, le tarif du prix de leurs eaux, sauf le recours au gouvernement en cas de contestation.

11. Seront au surplus, observés, pour toutes les eaux minérales, et pour le débit et la vente des eaux hors la source, les arrêtés des 23 vendémiaire an VI, 29 floréal an VII et 3 floréal an VIII, dans tous les articles non rapportés ou modifiés par le présent.

12. Les ministres de l'intérieur et des finances, chacun en ce qui le concerne, sont chargés de l'exécution du présent arrêté, qui sera inséré au *Bulletin des Lois*.

N° 205. — *Arrêté du ministre de l'intérieur concernant l'approvisionnement des marchés de Sceaux et de Poissy, et de la halle aux veaux de Paris.*

Du 19 ventose an XI (10 mars 1803).

Le ministre de l'intérieur,
Vu l'arrêté des consuls du 8 vendémiaire dernier, portant règlement pour l'exercice de la profession de boucher à Paris.

Arrête ce qui suit :

1. Dans le rayon de dix myriamètres de Paris (vingt lieues environ), il ne peut être vendu et acheté des bestiaux propres à la boucherie, que sur les marchés de Sceaux et de Poissy, et à la halle aux Veaux de Paris ; à l'exception néanmoins des Marchés aux Veaux établis dans le rayon, qui continueront d'avoir lieu comme par le passé.

Les bestiaux destinés pour les marchés de Sceaux et de Poissy, et la halle aux Veaux de Paris, doivent être conduits directement sur les marchés ;

Le tout à peine de confiscation et d'amende. (*Arrêt du conseil du 29 mars 1746; ordonnances des 14 avril 1769 et 18 mars 1777, art. 1er ; et lettres-patentes du premier juin 1782, art. 23.*)

2. Il est défendu de vendre des bestiaux sur les routes ou dans des auberges, et d'aller au-devant pour en acheter et arrher, sous les peines portées en l'article précédent.

3. Les bouchers pourront continuer d'acheter des bestiaux au delà du rayon fixé par l'article premier, mais à la charge de les amener et exposer sur les marchés de Sceaux et de Poissy, et de justifier de lettres de voitures constatant l'achat et la destination des bestiaux, et de ne les faire sortir des marchés qu'après qu'ils auront été marqués du trait d'achat. (*Ordonnance du 9 août 1703.*)

4. Les bestiaux destinés pour l'approvisionnement de Paris sont insaisissables. Les oppositions qui pourraient survenir ne peuvent en arrêter la vente. Les oppositions tiendront néanmoins sur le produit de la vente, qui sera déposé dans la caisse des fonds du cautionnement des bouchers. (*Edit de décembre 1743.*)

5. Le présent arrêté sera imprimé et affiché.

Le préfet de police du département de la Seine, et les préfets des autres départements sont chargés, chacun en ce qui le concerne, de l'exécution de cet arrêté, et d'en rendre compte.

N° **206**. — *Extrait de la loi contenant organisation des écoles de pharmacie.*

Du 21 germinal an XI (11 avril 1803).

6. Les pharmaciens des villes où il y aura des écoles de pharmacie, feront inscrire les élèves qui demeureront chez eux, sur un registre tenu à cet effet dans chaque école : il sera délivré à chaque élève une expédition de son inscription, portant ses nom, prénoms, pays, âge et domicile ; cette inscription sera renouvelée tous les ans.

7. Dans les villes où il n'y aura point d'école de pharmacie, les élèves domiciliés chez les pharmaciens seront inscrits dans un registre tenu à cet effet par les commissaires généraux de police, ou par les maires.

16. Pour être reçu, l'aspirant, âgé au moins de 25 ans accomplis, devra réunir les deux tiers des suffrages des examinateurs. Il recevra des écoles ou des jurys un diplôme qu'il présentera à Paris, au préfet de police, et dans les autres villes, au préfet de département, devant lequel il prêtera le serment d'exercer son art avec probité et fidélité. Le préfet lui délivrera, sur son diplôme, l'acte de prestation de serment.

21. Dans le délai de trois mois après la publication de la présente loi, tout pharmacien ayant officine ouverte, sera tenu d'adresser copie légalisée de son titre, à Paris, au préfet de police, et dans les autres villes, au préfet de département.

25. Nul ne pourra obtenir de patente pour exercer la profession de pharmacien, ouvrir une officine de pharmacie, préparer, vendre ou débiter aucun médicament, s'il n'a été reçu suivant les formes voulues jusqu'à ce jour, ou s'il ne l'est dans l'une des écoles de pharmacie, ou par l'un des jurys, suivant celles qui sont établies par la présente loi, et après avoir rempli toutes les formalités qui y sont prescrites.

27. Les officiers de santé établis dans des bourgs, villages ou communes où il n'y aurait pas de pharmacien ayant officine ouverte, pourront, nonobstant les deux articles précédents, fournir des médicaments simples ou composés aux personnes près desquelles ils seront appelés, mais sans avoir le droit de tenir officine ouverte.

28. Les préfets feront imprimer et afficher, chaque année, les listes des pharmaciens établis dans les différentes villes de leur département ; ces listes contiendront les noms, prénoms des pharmaciens, les dates de leur réception et les lieux de leur résidence.

29. A Paris, et dans les villes où seront placées les nouvelles écoles de pharmacie, deux docteurs et professeurs des écoles de médecine, accompagnés des membres des écoles de pharmacie, et assistés d'un commissaire de police, visiteront, au moins une fois l'an, les officines et magasins des pharmaciens et droguistes, pour vérifier la bonne qualité des drogues et médicaments simples et composés. Les pharmaciens et droguistes seront tenus de représenter les drogues et compositions qu'ils auront dans leurs magasins, officines et laboratoires. Les drogues mal préparées ou détériorées seront saisies à l'instant par le commissaire de police, et il sera procédé ensuite conformément aux lois et règlements actuellement existants.

30. Les mêmes professeurs en médecine et membres des écoles de pharmacie pourront, avec l'autorisation des préfets, sous-préfets ou maires, et assistés d'un commissaire de police, visiter et inspecter les magasins de drogues, laboratoires et officines des villes placées dans le rayon de dix lieues de celles où sont établies les écoles, et se transporter dans tous les lieux où l'on fabriquera et débitera, sans autorisation légale, des préparations ou compositions médicinales. Les maires et adjoints, ou, à leur défaut, les commissaires de police, dresseront procès-verbal de ces visites, pour, en cas de contravention, être procédé contre les délinquants, conformément aux lois antérieures.

52. Les pharmaciens ne pourront livrer et débiter des préparations médicinales ou drogues composées quelconques, que d'après la prescription qui en sera faite par des docteurs en médecine ou en chirurgie, ou par des officiers de santé, et sur leur signature. Ils ne pourront vendre aucun remède secret ; ils se conformeront pour les préparations et compositions qu'ils devront exécuter et tenir dans leurs officines, aux formules insérées et décrites dans les dispensaires ou formulaires qui ont été rédigés ou qui le seront dans la suite par les écoles de médecine. Ils ne pourront faire, dans les mêmes lieux ou officines, aucun autre commerce ou débit que celui des drogues et préparations médicinales.

53. Les épiciers et droguistes ne pourront vendre aucune composition ou préparation pharmaceutique, sous peine de 500 francs d'amende. Ils pourront continuer de faire le commerce en gros des drogues simples, sans pouvoir néanmoins en débiter aucune au poids médicinal.

54. Les substances vénéneuses, et notamment l'arsenic, le réalgal, le sublimé corrosif, seront tenues dans les officines des pharmaciens et les boutiques des épiciers, dans des lieux sûrs et séparés, dont les pharmaciens et épiciers seuls auront la clef, sans qu'aucun autre individu qu'eux puisse en disposer. Ces substances ne pourront être vendues qu'à des personnes connues et domiciliées qui pourraient en avoir besoin pour leur profession ou pour cause connue, sous peine de 3,000 francs d'amende de la part des vendeurs contrevenants.

55. Les pharmaciens et épiciers tiendront un registre coté et paraphé par le maire ou le commissaire de police, sur lequel registre ceux qui seront dans le cas d'acheter des substances vénéneuses inscriront de suite, et sans aucun blanc, leurs noms, qualités et demeures, la nature et la quantité des drogues qui leur ont été délivrées, l'emploi qu'elles se proposent d'en faire, et la date exacte du jour de leur achat ; le tout à peine de 3,000 francs d'amende contre les contrevenants. Les pharmaciens et les épiciers seront tenus de faire eux-mêmes l'inscription, lorsqu'ils vendront ces substances à des individus qui ne sauront point écrire, et qu'ils connaîtront comme ayant besoin de ces mêmes substances.

56. Tout débit au poids médicinal, toute distribution de drogues et préparations médicamenteuses sur des théâtres ou étalages, dans les places publiques, foires et marchés, toute annonce et affiche imprimée qui indiquerait des remèdes secrets, sous quelque dénomination qu'ils soient présentés, sont sévèrement prohibés. Les individus qui se rendraient coupables de ce délit seront poursuivis par mesure de police correctionnelle, et punis conformément à l'article 83 du Code des délits et des peines.

57. Nul ne pourra vendre, à l'avenir, des plantes ou des parties de plantes médicinales, indigènes, fraîches ou sèches, ni exercer la profession d'herboriste, sans avoir subi auparavant, dans une des écoles de pharmacie, ou par-devant un jury de médecine, un examen qui prouve qu'il connaît exactement les plantes médicinales, et sans avoir payé une rétribution qui ne pourra excéder 50 fr. à Paris, et 30 fr. dans les autres départements, pour les frais de cet examen. Il sera délivré aux herboristes un certificat d'examen par l'école ou le jury par lesquels ils seront examinés, et ce certificat devra être enregistré à la municipalité du lieu où ils s'établiront.

N° **207.**—*Extrait de la loi relative aux manufactures, fabriques et ateliers.*

Du 22 germinal an **xi** (12 avril 1803).

TITRE II.

De la police des manufactures, fabriques et ateliers.

6. Toute coalition contre ceux qui font travailler des ouvriers, tendant à forcer injustement ou abusivement l'abaissement des salaires, et suivie d'une tentative ou d'un commencement d'exécution, sera punie d'une amende de cent francs au moins, de trois mille francs au plus ; et, s'il y a lieu, d'un emprisonnement qui ne pourra excéder un mois.

7. Toute coalition de la part des ouvriers pour cesser en même temps de travailler, interdire le travail dans certains ateliers, empêcher de s'y rendre et d'y rester avant ou après de certaines heures, et en général pour suspendre, empêcher, enchérir les travaux, sera punie, s'il y a eu tentative ou commencement d'exécution, d'un emprisonnement qui ne pourra excéder trois mois.

8. Si les actes prévus dans l'article précédent ont été accompagnés de violences, voies de fait, attroupements, les auteurs et complices seront punis des peines portées au Code de police correctionnelle ou au Code pénal, suivant la nature des délits.

TITRE III.

Des obligations entre les ouvriers et ceux qui les emploient.

9. Les contrats d'apprentissage consentis entre majeurs, ou par des mineurs avec le concours de ceux sous l'autorité desquels ils sont placés, ne pourront être résolus, sauf l'indemnité en faveur de l'une ou de l'autre des parties, que dans les cas suivants, 1° d'inexécution des engagements de part ou d'autres ; 2° de mauvais traitements de la part du maître ; 3° d'inconduite de la part de l'apprenti ; 4° si l'apprenti s'est obligé à donner, pour tenir lieu de rétribution pécuniaire, un temps de travail dont la valeur serait jugée excéder le prix ordinaire des apprentissages.

10. Le maître ne pourra, sous peine de dommages et intérêts, retenir l'apprenti au delà de son temps, ni lui refuser un congé d'acquit quand il aura rempli ses engagements.

Les dommages-intérêts seront au moins du triple du prix des journées depuis la fin de l'apprentissage.

11. Nul individu employant des ouvriers, ne pourra recevoir un apprenti sans congé d'acquit, sous peine de dommages-intérêts envers son maître.

12. Nul ne pourra, sous les mêmes peines, recevoir un ouvrier s'il n'est porteur d'un livret portant le certificat d'acquit de ses engagements, délivré par celui de chez qui il sort.

13. La forme de ces livrets et les règles à suivre pour leur délivrance, leur tenue et leur renouvellement, seront déterminées par le gouvernement de la manière prescrite pour les règlements d'administration publique.

14. Les conventions faites de bonne foi entre les ouvriers et ceux qui les emploient seront exécutées.

15. L'engagement d'un ouvrier ne pourra excéder un an, à moins qu'il ne soit contre-maître, conducteur des autres ouvriers, ou qu'il n'ait un traitement et des conditions stipulées par un acte exprès.

EXTRAIT DU CHAPITRE II DU CODE PÉNAL, SECTION 2, § 5.

« **415.** Toute coalition de la part des ouvriers pour faire cesser en même temps de travailler, interdire le travail dans un atelier, empêcher de s'y rendre et d'y rester avant ou après de certaines heures, et, en général, pour suspendre, empêcher, enchérir les travaux, s'il y a eu tentative ou commencement d'exécution, sera punie d'un emprisonnement d'un mois au moins et de trois mois au plus.

« Les chefs ou moteurs seront punis d'un emprisonnement de deux ans à cinq ans.

« **416.** Seront aussi punis de la peine portée par l'article précédent et d'après les mêmes distinctions, les ouvriers qui auront prononcé des amendes, des défenses, des interdictions ou toutes proscriptions, sous le nom de *damnations*, et sous quelque qualification que ce puisse être, soit contre les directeurs d'ateliers et entrepreneurs d'ouvrages, soit les uns contre les autres.

« Dans le cas du présent article, et dans celui du précédent, les chefs ou moteurs du délit pourront, après l'expiration de leur peine, être mis sous la surveillance de la haute police, pendant deux ans au moins et cinq ans au plus.

N° 208. — *Arrêté relatif à l'établissement des bureaux de pesage et mesurage dans la ville de Paris*

Du 6 prairial an xi (26 mai 1803).

Le gouvernement de la république, sur le rapport du ministre de l'intérieur ;

Vu la loi du 29 floréal, an x ;

Vu la délibération du conseil général de département, faisant fonctions de conseil communal, en date du 3 floréal, an xi, sur l'établissement des bureaux de pesage et mesurage dans la ville de Paris,

Le conseil d'Etat entendu,

Arrête :

1. La loi du 29 floréal dernier, relative au pesage et mesurage et jaugeage public, sera exécutée dans la ville de Paris.

2. En conséquence, il sera établi dans les divers quartiers de cette ville où les besoins du commerce l'exigeront, des bureaux publics de pesage, mesurage et jaugeage.

3. Il en sera particulièrement établi dans les halles et marchés, et sur les ports.

4. Aux termes de la loi du 29 floréal, nul ne sera contraint d'employer le ministère des préposés desdits bureaux, sinon de gré à gré ou en cas de contestation.

5. Néanmoins, tout acheteur ou vendeur qui, achetant ou vendant dans l'une des halles, dans l'un des marchés, ou sur l'un des ports de Paris, voudra, selon la nature de l'objet d'achat ou de vente, se soumettre au pesage, mesurage ou jaugeage, sera tenu d'employer, pour cette opération, le ministère du préposé public du bureau établi dans lesdits marchés ou halles ou sur les ports.

6. En conséquence, il est défendu à tout individu d'établir des bureaux ou maisons de pesage, ou d'exercer les fonctions de jaugeur ou mesureur, dans l'étendue de la ville, et à tous acheteurs ou vendeurs de les employer à peine de poursuites par voie correctionnelle, conformément à l'arrêté du gouvernement du 7 brumaire an ix.

7. Les droits à percevoir pour les opérations de pesage, mesurage et jaugeage, faites soit dans les bureaux publics des halles, marchés et ports, soit dans ceux placés sur tous autres points où il aura été nécessaire d'en établir, soit enfin dans les magasins, boutiques et autres lieux particuliers où les préposés publics auront été requis de se transporter pour opérer, seront réglés ainsi qu'il suit :

1° *Droit de pesage.*

Le droit de pesage sera de vingt centimes pour cent kilogrammes, pour toutes espèces de marchandises ou denrées.

2° *Droit de mesurage.*

1° Le droit de mesurage au mètre sera d'un centime par mètre pour toute espèce de marchandises qui se vendent aux mesures de longueur.

2° Le droit de mesurage au stère du bois de chauffage sera de quinze centimes par stère ; et nulle autre perception ne pourra avoir lieu dans les chantiers à raison du mesurage, sous peine d'exaction.

3° Le droit de mesurage au litre sera de deux centimes par boisseau ou décalitre, pour les grains, graines et grenailles, et de dix centimes par voie ou sac pour le charbon.

3° *Droit de jeaugeage.*

Le droit de jaugeage sera d'un centime par velte ou décalitre pour toute espèce de liquides.

8. Relativement aux opérations de mesurage et jaugeage, le droit sera perçu sur la fraction de mètre, de stère, de boisseau, de voie et de velte, comme pour l'entier.

Quant au pesage, dont le droit est fixé par cent kilogrammes pris pour unité, la fraction de 1 à 25 sera considérée comme 25, de 25 à 50 comme 50, de 50 à 75 comme 75, et de 75 à 100 comme unité ou entier.

9. Les droits ci-dessus seront payés, moitié par le vendeur, moitié par l'acheteur, à moins qu'il n'y ait convention contraire.

10. Il n'est rien innové à ce qui se pratique relativement à la perception de l'octroi, pour laquelle le jaugeage, mesurage et pesage continuera d'être fait par les peseurs de la régie, sauf le cas de contestation.

11. Le mode de perception des droits fixés par les articles ci-dessus sera proposé par les préfets de département et de police au ministre de l'intérieur, et soumis par lui à l'approbation du gouvernement.

12. Le ministre de l'intérieur est chargé de l'exécution du présent arrêté, qui sera inséré au *Bulletin des Lois.*

N° **209**. — *Extrait de l'arrêté du gouvernement, portant règlement pour la perception de l'octroi de navigation dans le sixième arrondissement du bassin de la Seine* (1).

Du 19 messidor an xi (8 juillet 1803).

Déclaration à faire par les propriétaires de bateaux.

12. Dans le mois qui suivra la publication du présent décret, tout propriétaire de bateaux faisant la navigation de Rouen à Paris, et de Paris à Rouen, déclarera distinctement et séparément, à l'inspecteur de la navigation, tous ceux qui lui appartiennent.

13. Cette déclaration indiquera le nom et la plus grande longueur de chaque bateau, l'année de sa construction, et le domicile du propriétaire; elle sera passée au bureau de recette dans l'arrondissement duquel résidera le déclarant.

14. L'inspecteur se transportera à bord, pour vérifier les déclarations qui lui seront passées, et en constater l'exactitude sur sa responsabilité.

15. Les bateaux employés à la navigation porteront sur l'arrière un numéro, un nom et l'indication du port auquel ils appartiennent. Cette inscription sera faite aux frais du propriétaire, en lettres blanches, sur un fond noir.

16. Le propriétaire sera responsable de l'inscription, qui ne pourra être effacée, couverte ou changée, sous quelque prétexte que ce soit: dans le cas de contravention à cette disposition, le propriétaire sera puni d'une amende de vingt-cinq francs.

17. Il sera délivré chaque année et pour chaque bateau un congé gratis, sauf le coût du papier, qui contiendra le numéro, le nom du propriétaire, l'indication du port dont il dépend, et la signature de l'inspecteur qui aura vérifié la déclaration prescrite par l'article 13.

18. Les propriétaires des bateaux venant des rivières affluentes, pour parcourir la Seine, sont tenus aux mêmes dispositions que ceux des bâtiments qui naviguent sur ce dernier fleuve : dans le cas où ils ne les rempliraient pas, ils seront punis d'une amende de cinquante francs.

19. Les congés à délivrer en vertu de l'article **17** seront extraits du registre des déclarations passées par les propriétaires, conformément à l'article 12; ils porteront en tête le numéro de l'enregistrement.

20. Dans le cas où un bateau serait perdu ou dépéri, le propriétaire sera tenu de le déclarer dans la quinzaine au bureau de son arrondissement, et d'y rapporter le congé relatif à ce bateau.

N° **210**.—*Arrêté contenant règlement sur les écoles de pharmacie.*

Saint-Cloud, le 25 thermidor an xi (13 juillet 1803).

Le gouvernement de la république, sur le rapport du ministre de l'intérieur ;

Vu la loi du 21 germinal an xi, contenant organisation des écoles de pharmacie ; le conseil d'Etat entendu ,

Arrête :

(1) Voir la loi du 9 juillet 1836 portant établissement d'un nouveau mode de perception des droits de navigation intérieure ; et l'ordonnance royale du 25 octobre suivant, portant règlement pour la perception des mêmes droits.

TITRE Ier.

Composition des écoles.

1. Les écoles de pharmacie seront composées d'un directeur, d'un trésorier et de trois professeurs : dans les villes où la population le permettra, il pourra être nommé un ou deux adjoints aux professeurs.

A Paris, il y aura quatre professeurs ; chacun des professeurs et le directeur auront un adjoint.

Administration.

2. Le directeur, le trésorier, le directeur adjoint, et, dans les écoles où cette dernière place n'aura pas lieu, un des professeurs formeront l'administration de l'école. Ils seront chargés de la représenter, de suivre les affaires qui l'intéressent, d'y maintenir la discipline, et de dénoncer aux autorités les abus qui surviendront.

3. Le directeur restera en place pendant cinq ans, et sera remplacé par le directeur adjoint, ou le professeur qui en tiendra la place ; l'un et l'autre pourront être réélus. Le trésorier sera nommé pour trois ans, et sera rééligible.

4. La première nomination aux places d'administration sera faite par le gouvernement. A chaque vacance, les membres de l'école, réunis, présenteront au gouvernement un candidat choisi, soit parmi les professeurs, soit parmi les pharmaciens reçus dans les écoles. Pendant les dix premières années, les candidats pourront être pris parmi les anciens pharmaciens reçus.

5. Le directeur convoquera et présidera les assemblées, les examens et toutes les séances publiques. Il sera remplacé, en cas d'absence, par le directeur adjoint, ou par le professeur qui en tient lieu. En l'absence de l'un et de l'autre, le plus ancien d'âge des professeurs en remplira les fonctions.

6. Sur la demande des professeurs, le directeur sera tenu de convoquer une assemblée de l'école.

7. L'administration s'assemblera au moins une fois par mois, et plus souvent si elle le juge nécessaire.

8. Le trésorier sera chargé des recettes et des dépenses ordinaires.

9. Les dépenses extraordinaires seront arrêtées dans une assemblée des professeurs réunis à l'administration, et à la majorité des suffrages.

10. Chaque année, dans les premiers jours de vendémiaire, le trésorier rendra compte des recettes et dépenses de l'année précédente, dans une assemblée générale de l'école : ce compte sera vérifié par les préfets de département, et à Paris par le préfet de police.

Il sera soumis ensuite à l'approbation du ministre de l'intérieur.

TITRE II.

Instruction.

11. Chaque école de pharmacie ouvrira, tous les ans, quatre cours, savoir :

Le premier, sur la botanique ;

Le second, sur l'histoire naturelle des médicaments ;

Le troisième, sur la chimie ;

Le quatrième, sur la pharmacie.

Chacun des trois premiers sera spécialement applicable à la science pharmaceutique. Les deux premiers pourront être faits par le même professeur.

12. Dans les écoles où il y aura des adjoints, ceux-ci ne remplaceront les professeurs que dans le cas d'empêchement légitime et d'après l'autorisation de l'école. Le directeur et le trésorier pourront également suppléer le professeur.

13. La première nomination des professeurs et des adjoints sera faite par le gouvernement. Lorsqu'une chaire deviendra vacante, l'école, conformément à l'article 26 de la loi du 11 floréal an x, sur l'instruction publique, présentera au gouvernement un des trois candidats appelés à la remplir. Les uns et les autres seront également pris parmi les pharmaciens reçus dans l'une des six écoles ou dans les ci-devant colléges. Les mêmes mesures seront adoptées pour la nomination aux places de professeurs adjoints.

14. Les professeurs sont conservateurs, chacun dans sa partie, des objets servant à l'usage des cours.

15. Les frais que nécessiteront les cours, seront réglés et arrêtés, tous les ans, dans une assemblée de l'école, convoquée à cet effet.

16. Les cours commenceront annuellement le 1er germinal, et finiront le 1er fructidor ; ils seront annoncés par des affiches.

17. Les professeurs titulaires recevront une indemnité qui ne pourra excéder quinze cents francs pour chacun ; le bureau d'administration fixera l'indemnité que recevront les adjoints pour les leçons qu'ils seront chargés de faire.

18. Les élèves qui suivront les cours seront tenus de s'inscrire au bureau d'administration de l'école : après cette inscription et le payement de la rétribution fixée d'après l'article 10 de la loi, il leur sera délivré une carte qu'ils présenteront pour être admis aux leçons.

19. A la fin des cours, il sera délivré des certificats d'études aux élèves qui les auront suivis. Ces certificats ne seront accordés que sur l'attestation du professeur, qui prouvera l'assiduité de l'élève aux leçons.

20. Pour constater l'assiduité des élèves qui suivront les cours, chaque professeur aura une feuille de présence, sur laquelle les élèves s'inscriront à chaque séance ; il sera fait, en outre, un appel, au moins une fois par semaine.

21. Le relevé des feuilles, fait à la fin des cours, constatera l'assiduité des élèves, auxquels il ne pourra être délivré de certificats qu'autant que, par raisons légitimes, il ne se seront pas absentés plus de six fois.

22. Les écoles seront autorisées à prélever sur leurs fonds une somme destinée à une distribution annuelle de prix. A cet effet, il y aura, à la fin de l'année scolaire, un concours ouvert pour chacune des sciences qui seront enseignées dans les écoles.

TITRE III.

Réceptions; 1º dans les écoles.

23. Lorsqu'un élève voudra se faire recevoir, il se munira des certificats de l'école où il aura étudié, et des pharmaciens chez lesquels il aura pratiqué son art, ainsi que d'une attestation de bonnes vie et mœurs, signée de deux citoyens domiciliés et de deux pharmaciens reçus légalement : il y joindra son extrait de naissance, pour prouver qu'il a vingt-cinq ans accomplis, et une demande écrite.

24. L'école, dans sa plus prochaine assemblée, délibérera sur la demande de l'aspirant ; et d'après le rapport du directeur, si elle juge ses certificats suffisants, elle lui indiquera un jour pour commencer ses examens. Extrait de cette délibération lui sera remis par écrit ; et il en sera donné avis, par le directeur de l'école, dans les vingt-quatre heures, aux deux professeurs des écoles de médecine désignés pour les examens.

25. L'intervalle entre chaque examen sera au plus d'un mois. Ces examens seront publics; ils n'auront lieu qu'après le dépôt, fait à la caisse de l'école, de la somme fixée pour chacun d'eux. Dans le premier, l'aspirant justifiera de ses connaissances dans la langue latine.

26. Dans lesdits examens, l'aspirant sera interrogé par les deux professeurs de l'école de médecine, par le directeur et deux professeurs de l'école de pharmacie : ces derniers alterneront à cet effet.

Ceux des membres de l'école qui ne seront pas appelés à interroger, seront néanmoins invités à assister aux examens, et recevront une part des droits de présence fixés pour ces actes.

27. Chaque examen fini, tous les membres présents procéderont au scrutin, dont le dépouillement sera fait par le directeur, qui en annoncera le résultat à l'assemblée et au candidat. Pour être admis, il faudra avoir réuni au moins les deux tiers des suffrages des présents à l'acte.

28. Dans le cas où le candidat n'aurait pas réuni les suffrages, il sera tenu de subir de nouveau son examen ; mais il ne pourra se représenter qu'au bout de trois mois.

Si, à cette seconde épreuve, il n'a pas encore réuni les suffrages, il sera ajourné à un an ; il ne pourra même se représenter à une autre école qu'après ce délai expiré.

29. Les examens achevés, si le candidat est admis, il lui sera délivré, dans la huitaine, un diplôme de pharmacien suivant le modèle n° 1er ci-annexé, signé, au nom de l'école, par le directeur et son adjoint, et par les docteurs présents aux examens. Ce diplôme sera légalisé par les autorités compétentes.

30. Les droits de présence dans tous les examens seront de dix francs pour les professeurs des écoles de médecine et pour le directeur de l'école de pharmacie ; ils seront de six francs pour les professeurs de ces écoles qui seront examinateurs, et de moitié de cette dernière somme pour les membres de l'école présents qui ne seront point examinateurs.

31. Les frais pour les examens seront fixés, savoir : pour chacun des deux premiers, à deux cents francs ; pour le troisième, à cinq cents francs : les frais des opérations exigées des aspirants, et qui sont à leur charge, suivant l'article 17 de la loi du 21 germinal an xi, ne pourront excéder trois cents francs.

Réceptions ; 2° dans les jurys.

32. Les élèves en pharmacie qui désireront se faire recevoir par les jurys adresseront, au moins deux mois d'avance, au préfet du département, leurs demandes, avec les certificats d'études, attestations de bonnes vie et mœurs, et autres actes mentionnés article 23 : sur le vu de ces pièces, et si elles sont jugées suffisantes, le préfet les informera du jour où l'ouverture du jury, pour les examens de pharmacie, aura été fixée.

33. Les examens devant les jurys seront publics ; ils se succéderont sans intervalle, s'il n'y a pas lieu de remettre l'aspirant à un autre temps, dans lequel cas il sera ajourné à la tenue du jury de l'année suivante : les préfets désigneront aux jurys un local et les moyens nécessaires pour que ces examens, surtout celui de pratique, puissent être faits convenablement.

34. Les examens finis, si le candidat a réuni les deux tiers des suffrages, il lui sera délivré, par le jury, un diplôme de pharmacien, suivant le modèle n° 2 ci-annexé, lequel sera signé par tous les membres composant le jury.

55. Les frais de ces examens seront fixés, savoir : pour chacun des deux premiers, à cinquante francs, et cent francs pour le troisième.

56. La rétribution sera fixée à une somme égale, dans ces examens, pour chacun des membres du jury.

TITRE IV.

Police; 1° Elèves.

57. Il sera tenu, au bureau d'administration de chaque école, un registre sur lequel s'inscriront les élèves attachés aux pharmaciens des villes où il y aura des écoles établies. Extrait de cette inscription leur sera remis, signé par l'administration.

58. Aucun élève ne pourra quitter un pharmacien sans l'avoir averti huit jours d'avance.

Il sera tenu de lui demander un acte qui constate que l'avertissement a été donné. En cas de refus du pharmacien, l'élève fera sa déclaration au directeur de l'école et au commissaire de police, ou au maire qui l'aura inscrit.

59. L'élève qui sortira de chez un pharmacien, ne pourra entrer dans une autre pharmacie qu'en faisant sa déclaration à l'école de pharmacie et au commissaire de police, ou au maire qui l'aura inscrit.

Police; 2° Pharmaciens.

40. Les pharmaciens qui voudront former un établissement dans les villes où il y aura une école autre que celle où ils auront obtenu leur diplôme, seront tenus d'en informer l'administration de l'école, à laquelle ils présenteront leur acte de réception, en même temps qu'ils le produiront aux autorités compétentes.

41. Au décès d'un pharmacien, la veuve pourra continuer de tenir son officine ouverte pendant un an, aux conditions de présenter un élève âgé au moins de vingt-deux ans à l'école, dans les villes où il en sera établi, au jury de son département, s'il est rassemblé ; ou aux quatre pharmaciens agrégés au jury par le préfet, si c'est dans l'intervalle des sessions de ce jury.

L'école, ou le jury, ou les quatre pharmaciens agrégés, s'assureront de la moralité et de la capacité du sujet, et désigneront un pharmacien pour diriger et surveiller toutes les opérations de son officine.

L'année révolue, il ne sera plus permis à la veuve de tenir sa pharmacie ouverte.

Visite et inspection des pharmaciens.

42. Il sera fait, au moins une fois par an, conformément à la loi, des visites chez les pharmaciens, les droguistes et les épiciers.

A cet effet, le directeur de l'école de pharmacie s'entendra avec celui de l'école de médecine, pour demander aux préfets des départements, et à Paris au préfet de police, d'indiquer le jour où les visites pourront être faites, et de désigner le commissaire qui devra y assister.

Il sera payé, pour les frais de ces visites, six francs par chaque pharmacien, et quatre francs par chaque épicier ou droguiste, conformément à l'article 16 des lettres patentes du 10 février 1780.

TOME IV. **18**

Des herboristes.

43. Dans les départements où seront établies des écoles de pharmacie, l'examen des herboristes sera fait par le directeur, le professeur de botanique, et l'un des professeurs de médecine.

Cet examen aura pour objet la connaissance des plantes médicinales, les précautions nécessaires pour leur dessiccation et leur conservation. Les frais de cet examen, fixés à cinquante francs à Paris, et à trente francs dans les autres écoles, ainsi que dans les jurys, seront partagés également entre les examinateurs des écoles ou des jurys.

44. Dans les jurys, l'examen sera fait par l'un des docteurs en médecine ou en chirurgie et deux des pharmaciens adjoints au jury : la rétribution sera la même pour chacun des examinateurs.

45. Il sera délivré à l'herboriste reçu dans les écoles un certificat d'examen, signé de trois examinateurs, lequel sera enregistré ainsi qu'il est prescrit par la loi.

Dans les jurys, ce certificat sera signé par tous les membres du jury.

46. Il sera fait annuellement des visites chez les herboristes, par le directeur et le professeur de botanique et l'un des professeurs de l'école de médecine, dans les formes voulues par l'article 29 de la loi.

Dans les communes où ne sont pas situées les écoles, ces visites seront faites conformément à l'article 31 de la loi.

47. Le ministre de l'intérieur est chargé de l'exécution du présent arrêté, qui sera inséré au *Bulletin des lois.*

N° **211.**—*Arrêté relatif au change des écus de trois livres et des pièces de vingt-quatre, douze et six sous qui n'ont conservé aucune trace de leur empreinte.*

Saint-Cloud, le XI fructidor an 11 (24 août 1803).

Le gouvernement de la république, sur le rapport du ministre des finances,

Arrête :

1. Les écus de trois livres et les pièces de ving-quatre sous, douze sous et six sous qui, n'ayant conservé aucune trace de leur empreinte, ont perdu, aux termes des anciennes lois, le caractère de monnaie, seront reçus au change d'après leur poids, savoir :

Les écus de trois livres, sur le pied réglé par le tarif arrêté pour les écus de six livres rognés ;

Les pièces de vingt-quatre sous, à raison de cent quatre-vingt-quinze francs le kilogramme ;

Celles de douze sous, à raison de cent quatre-vingt-dix-sept francs vingt-deux centimes le kilogramme ;

Et celles de six sous, à raison de cent quatre-vingt-huit francs vingt centimes le kilogramme : le tout conformément au résultat des expériences faites par l'administration des monnaies sur une grande quantité de pièces extraites de la circulation.

2. Les écus de trois livres et les pièces de vingt-quatre sous, douze sous et six sous, qui conserveront quelques traces de leur empreinte, continueront d'être reçus et donnés en payement sans difficulté.

5. Le ministre des finances est chargé de l'exécution du présent arrêté, qui sera inséré au *Bulletin des lois*.

N° **212.**—*Extrait de l'arrêté du gouvernement relatif au livret dont les ouvriers travaillant en qualité de compagnons ou garçons devront être pourvus.*

Du 9 frimaire an XII (1er décembre 1803).

1. A compter de la publication du présent arrêté, tout ouvrier travaillant en qualité de compagnon ou garçon, devra se pourvoir d'un livret.

2. Indépendamment de l'exécution de la loi sur les passe-ports, l'ouvrier sera tenu de faire viser son dernier congé par le maire ou son adjoint, et de faire indiquer le lieu où il se propose de se rendre.

Tout ouvrier qui voyagerait sans être muni d'un livret ainsi visé, sera réputé vagabond, et pourra être arrêté et puni comme tel.

3. Tout manufacturier, entrepreneur, et généralement toutes personnes employant des ouvriers, seront tenus, quand ces ouvriers sortiront de chez eux, d'inscrire sur leurs livrets un congé portant acquit de leurs engagements, s'ils les ont remplis.

Les congés seront inscrits sans lacune, à la suite les uns des autres; ils énonceront le jour de la sortie de l'ouvrier.

3. L'ouvrier sera tenu de faire inscrire le jour de son entrée sur son livret, par le maître chez lequel il se propose de travailler, ou, à son défaut, par les fonctionnaires publics désignés en l'article 2, et sans frais, et de déposer le livret entre les mains de son maître, s'il l'exige.

6. Si la personne qui a occupé l'ouvrier refuse, sans motif légitime, de remettre le livret ou de délivrer le congé, il sera procédé contre elle de la manière et suivant le mode établis par le titre V de la loi du 22 germinal. En cas de condamnations, les dommages-intérêts adjugés à l'ouvrier seront payés sur-le-champ.

7. L'ouvrier qui aura reçu des avances sur son salaire, ou contracté l'engagement de travailler un certain temps, ne pourra exiger la remise de son livret et la délivrance de son congé, qu'après avoir acquitté sa dette par son travail et rempli ses engagements, si son maître l'exige.

8. S'il arrive que l'ouvrier soit obligé de se retirer parce qu'on lui refuse du travail ou son salaire, son livret et son congé lui seront remis, encore qu'il n'ait pas remboursé les avances qui lui ont été faites: seulement le créancier aura le droit de mentionner la dette sur le livret.

9. Dans le cas de l'article précédent, ceux qui emploieront ultérieurement l'ouvrier, feront, jusqu'à entière libération, sur le produit de son travail, une retenue au profit du créancier.

Cette retenue ne pourra, en aucun cas, excéder les deux dixièmes du salaire journalier de l'ouvrier: lorsque la dette sera acquittée, il en sera fait mention sur le livret.

Celui qui aura exercé la retenue, sera tenu d'en prévenir le maître, au profit duquel elle aura été faite, et d'en tenir le montant à sa disposition.

10. Lorsque celui pour lequel l'ouvrier a travaillé, ne saura ou ne pourra écrire, ou lorsqu'il sera décédé, le congé sera délivré, après vérification, par le commissaire de police, le maire du lieu, ou l'un de ses adjoints, et sans frais.

11. Le premier livret d'un ouvrier lui sera expédié : 1° sur la présentation de son acquit d'apprentissage ; 2° ou sur la demande de la personne chez laquelle il aura travaillé ; 3° ou enfin sur l'affirmation de deux citoyens patentés de sa profession, et domiciliés, portant que le pétitionnaire est libre de tout engagement, soit pour raison d'apprentissage, soit pour raison d'obligation de travailler comme ouvrier.

12. Lorsqu'un ouvrier voudra faire coter et parafer un nouveau livret, il représentera l'ancien. Le nouveau livret ne sera délivré qu'après qu'il aura été vérifié que l'ancien est rempli ou hors d'état de servir. Les mentions des dettes seront transportées de l'ancien livret sur le nouveau.

13. Si le livret de l'ouvrier était perdu, il pourra, sur la représentation de son passe-port en règle, obtenir la permission provisoire de travailler, mais sans pouvoir être autorisé à aller dans un autre lieu ; et à la charge de donner à l'officier de police du lieu, la preuve qu'il est libre de tout engagement, et tous les renseignements nécessaires pour autoriser la délivrance d'un nouveau livret, sans lequel il ne pourra partir.

N° **213.** — *Arrêté du gouvernement.*

Du 17 nivôse an XII (7 janvier 1804).

1. L'article 14 du titre V de la loi du 14 floréal an x sera exécuté selon sa forme et teneur : en conséquence, tout individu autre que les fermiers de la pêche, ou le pourvu de licence, ne pourra pêcher sur les fleuves et rivières navigables, qu'avec une ligne flottante tenue à la main.

N° **214.** — *Loi relative aux maisons de prêt sur nantissement.*

Des 16-26 pluviôse an 12 (6-16 février 1804).

Au nom du peuple français, Bonaparte, premier consul, proclame loi de la république le décret suivant, rendu par le corps législatif, le 16 pluviôse an XII, conformément à la proposition faite par le gouvernement, le 6 du même mois, communiquée au tribunat le lendemain.

DÉCRET.

1. Aucune maison de prêt sur nantissement ne pourra être établie qu'au profit des pauvres et avec l'autorisation du gouvernement.

2. Tous les établissements de ce genre actuellement existants, qui, dans six mois à compter de la promulgation de la présente loi, n'auront pas été autorisés comme il est dit en l'article 1er, seront tenus de cesser de faire des prêts sur nantissement, et d'opérer leur liquidation dans l'année qui suivra.

3. Les contrevenants seront poursuivis devant les tribunaux de police correctionnelle, et condamnés, au profit des pauvres, à une amende payable par corps, qui ne pourra être au-dessous de cinq cents francs, ni au-dessus de trois mille.

La peine pourra être double en cas de récidive.

4. Le tribunal prononcera en outre, dans tous les cas, la confiscation des effets donnés en nantissement.

N° **215**. — *Arrêté relatif à la fabrication des médailles.*

Paris, le 5 germinal an xii (26 mars 1804).

Le gouvernement de la république, sur le rapport du ministre de l'intérieur;

Vu les arrêts du conseil des 15 janvier et 14 juillet 1685, des 26 mai 1696 et 9 décembre 1702;

Vu aussi l'édit du mois de juin 1695, en ce qui concerne la monnaie des médailles;

Le conseil d'Etat entendu,

Arrête ce qui suit:

1. Il est expressément défendu à toutes personnes, quelles que soient les professions qu'elles exercent, de frapper ou faire frapper des médailles, jetons ou pièces de plaisir, d'or, d'argent et d'autres métaux, ailleurs que dans l'atelier destiné à cet effet dans la galerie du Louvre, à Paris, à moins d'être munies d'une autorisation spéciale du gouvernement.

2 Néanmoins, tout dessinateur ou graveur, ou autre individu, pourra dessiner ou graver, faire dessiner ou graver des médailles; et elles seront frappées avec le coin, qu'ils remettront à la monnaie des médailles.

Les frais de fabrication seront réglés par le ministre de l'intérieur.

Il sera déposé deux exemplaires de chaque médaille en bronze à la monnaie du Louvre, et deux à la Bibliothèque nationale.

3. Conformément à l'arrêt du conseil du 15 janvier 1685, chacun des contrevenants aux dispositions contenues dans les articles précédents, sera condamné à une amende de mille francs, et à une somme double en cas de récidive.

4. Les particuliers qui feront frapper des médailles ou jetons, seront, au surplus, assujettis aux lois et règlements généraux de police qui concernent les arts et l'imprimerie.

5. Le ministre de l'intérieur est chargé de l'exécution du présent arrêté, qui sera inséré au *Bulletin des lois.*

N° **216**.—*Décret relatif au transport des corps.*

Du 23 prairial an xii (12 juin 1804).

21. Le mode le plus convenable pour le transport des corps, sera réglé, suivant les localités, par les maires, sauf l'approbation des préfets.

N° 217.— *Décret impérial relatif aux pièces de trois livres, vingt-quatre sous, douze sous et six sous.*

Au quartier général impérial d'Ostende, le 25 thermidor an XII (13 août 1804).

Napoléon, par la grâce de Dieu et les constitutions de la république, empereur des Français ;
Sur le rapport du ministre des finances,

Décrète ce qui suit :

1. Les pièces qui circulent pour trois livres, vingt-quatre sous, douze sous et six sous, ne seront désormais admises dans les payements qu'autant qu'elles auront conservé une empreinte suffisante pour que l'on puisse reconnaître qu'elles sont de fabrication française, et de 1726 et années postérieures.

2. Celles de ces pièces qui ne réuniront pas ces conditions seront reçues au change d'après leur poids, conformément à l'arrêté du gouvernement du 6 fructidor an XI.

Le ministre des finances est chargé de l'exécution du présent décret, qui sera inséré au *Bulletin des lois.*

N° 218.— *Loi relative à l'achèvement de la démolition des bâtiments nationaux dans l'enceinte des villes.*

Du 18 nivôse an XII (8 janvier 1805),

Napoléon, par la grâce de Dieu et les constitutions de la république, empereur des Français, à tous présents et à venir, salut.

Le corps législatif a rendu, le 18 nivôse an XIII, le décret suivant, conformément à la proposition faite au nom de l'empereur, et après avoir entendu les orateurs du conseil d'État et des sections du tribunat ledit jour.

DÉCRET.

1. Les propriétaires des bâtiments nationaux situés dans l'enceinte des villes, ou à distance d'un myriamètre de cette même enceinte, seront tenus de parachever, avant le 1er vendémiaire an XIV, les démolitions qu'ils peuvent y avoir entreprises, ou d'entourer le terrain qu'occupent ces bâtiments, de murs ou de cloisons en planches.

2. Faute par lesdits propriétaires de se conformer aux dispositions ci-dessus, il sera, indépendamment des peines de police qui pourront être prononcées contre eux en vertu des lois, et notamment de celles des 24 août 1790, et 22 juillet 1791, pourvu aux démolitions des bâtiments, clôture des terrains et transport des matériaux, aux frais desdits propriétaires; et le payement desdits frais s'effectuera, soit par voie de contrainte, comme pour les contributions, soit par la vente d'une quantité de matériaux proportionnée au montant desdits frais.

N° **219**. — *Décret impérial qui interdit la vente des poudres de guerre* (1).

Du 23 pluviôse an XIII (12 février 1805).

Napoléon, empereur des Français ;
Sur le rapport du ministre de la guerre ;
Vu la loi du 13 fructidor an v ;
Le conseil d'Etat entendu,

Décrète :

1. A dater de la publication du présent décret, toute vente de poudre de guerre est interdite : en conséquence, l'administration générale des poudres ne pourra en faire délivrer , même aux citoyens qui ont obtenu une commission spéciale de ladite administration pour la vente des poudres.

2. Dans les huit jours de la publication du présent décret, les citoyens commissionnés par l'administration des poudres rapporteront au magasin de ladite administration, toute la poudre de guerre qu'ils auront : elle leur sera remboursée au même prix qu'ils l'auront payée.

3. Les citoyens non commissionnés qui auront à leur disposition de la poudre de guerre, seront tenus, de quelque manière qu'ils l'aient obtenue, d'en faire, dans le mois, leur déclaration à leur municipalité, et le versement dans les magasins de l'administration générale, qui en payera la valeur.

4. Après l'expiration du délai accordé par l'article précédent, tout individu qui aura conservé ou qui sera trouvé nanti d'une quantité quelconque de poudre de guerre, sera dénoncé aux tribunaux, pour être poursuivi, aux termes de l'article 27 de la loi du 13 fructidor an v, comme ayant illicitement fabriqué de la poudre de guerre, et puni de trois mille francs d'amende , à moins qu'il ne prouve l'avoir achetée d'un marchand domicilié et patenté et qu'il n'en mette le vendeur sous la main des tribunaux.

5. L'administration des poudres pourra, toutefois, faire délivrer de ses magasins, aux artificiers patentés, la poudre de guerre qu'ils justifieront leur être nécessaire, en s'engageant à produire, toutes les fois qu'ils en seront requis. le certificat d'achat de ladite poudre.

6. Les articles 21, 22, 23, 24, 25, 26, 27, 28, 29, 30, 31 et 32 de la loi du 13 fructidor an v, seront imprimés à la suite du présent décret.

7. Les ministres de la guerre, de l'intérieur, de la police générale, et le grand-juge, ministre de la justice sont chargés, chacun en ce qui le concerne, de l'exécution du présent décret.

---

(1) Voir la loi du 13 fructidor an v.

Nº **220**. — *Loi interprétative de l'article* 36 *de celle du* 21 *germinal an* xi, *sur la police de la pharmacie.*

Du 29 pluviôse an xiii (18 février 1805).

Napoléon, par la grâce de Dieu et les constitutions de la république, empereur des Français, à tous présents et à venir, salut.

Le corps législatif a rendu, le 29 pluviôse an xiii, le décret suivant, conformément à la proposition faite au nom de l'empereur, et après avoir entendu les orateurs du conseil d'Etat et des sections du tribunat le même jour.

DÉCRET.

Ceux qui contreviendront aux dispositions de l'article 36 de la loi du 21 germinal an xi, relatif à la police de la pharmacie, seront poursuivis par mesure de police correctionnelle, et punis d'une amende de vingt-cinq à six cents francs ; et, en outre, en cas de récidive, d'une détention de trois jours au moins, de six au plus.

Nº **221**. — *Décret impérial contenant règlement sur la guimperie, les étoffes d'or et d'argent et les velours.*

Au palais de Milan, le 20 floréal an xiii (10 mai 1805).

Napoléon, empereur des Français ;

Sur le rapport du ministre de l'intérieur ; le conseil d'Etat entendu ;

Vu la loi du 22 germinal, an xi,

Décrète ce qui suit :

TITRE Ier.

Guimperie.

1. Tout guimpier sera rigoureusement astreint à ne monter sur soie que de la dorure et de l'argenterie fine ; tout ce qui sera faux ou mi-fin, devra être monté sur floret ou sur fil.

TITRE II.

Etoffes d'or et d'argent.

2. Les étoffes de soie or et argent, croisés, satins, taffetas brochés ou lisérés, velours, toiles d'or et argent, tant pleins que figurés, quelque dénomination qu'on puisse leur donner, fabriqués avec or et et argent fin. ne porteront aucune marque distinctive dans la lisière.

3. Toutes les fois que ces mêmes étoffes seront fabriquées avec des dorures fausses ou mi-fines, elles devront porter une barre noire de quarante fils au moins dans chacune des deux lisières.

4. Lorsque dans la fabrication des susdites étoffes il entrera en même temps et des dorures fines et des dorures fausses ou mi-fines, une seule des deux lisières devra porter la barre noire indiquée par le précédent article.

TITRE III.

Velours.

5. Les velours à un poil devront porter une chaînette sur chaque lisière;

Ceux à un poil et demi, une chaînette sur l'une desdites lisières, et deux sur l'autre;

Ceux à deux poils auront deux chaînettes sur chaque lisière;

Ceux à deux poils et demi, deux chaînettes sur une lisière, et trois sur l'autre;

Ceux à trois poils auront trois chaînettes sur chaque lisière;

Ceux à trois poils et demi, trois sur l'une, et quatre sur l'autre;

Ceux à quatre poils, quatre chaînettes sur chaque lisière.

6. Les velours dans lesquels il entrera des trames ou des organsins crus, devront avoir deux lisières blanches.

TITRE IV.

Dispositions générales.

7. Toute contravention au présent règlement sera punie de la saisie et confiscation de la marchandise; et, en cas de récidive, par une amende de trois mille francs au plus, indépendamment de la susdite confiscation, conformément à l'article 5 de la loi du 22 germinal an XI.

Les marchandises confisquées, renfermant des fils d'or et d'argent faux, seront brûlées sur la place publique.

Les velours confisqués seront divisés en coupons, et vendus au profit de l'hospice du lieu où le jugement aura été rendu.

Le jugement sera affiché.

8. Le ministre de l'intérieur est chargé de l'exécution du présent décret.

N° **222.** — *Extrait du décret impérial concernant les entrepreneurs de diligences ou messageries, qui voudraient employer les chevaux de poste.*

Au palais de Milan, le 3o floréal an XIII (20 mai 1805).

5. Aucune nouvelle entreprise de diligence ou messagerie ne pourra s'établir à l'avenir sans notre approbation. A cet effet, toute demande ou projet d'établissement sera adressé, avec tous les détails relatifs au service, à notre ministre des finances lequel nous en fera le rapport dans la quinzaine.

N° **223.** — *Décret impérial relatif à l'annonce et à la vente des remèdes secrets.*

A Montirone, le 25 prairial an XIII (14 juin 1805).

Napoléon, empereur des Français:

Sur le rapport du grand-juge ministre de la justice;

Vu la loi du 21 germinal, an xi ;
Le conseil d'Etat entendu ,

Décrète :

1. La défense d'annoncer et vendre des remèdes secrets, portée par
l'article 36 de la loi du 21 germinal an xi , ne concerne pas les préparations et remèdes qui, avant la publication de ladite loi, avaient
été approuvés, et dont la distribution avait été permise dans les
formes alors usitées : elle ne concerne pas non plus les préparations
et remèdes qui, d'après l'avis des écoles ou sociétés de médecine ou
de médecins commis à cet effet, depuis ladite loi, ont été ou seront
approuvés, et dont la distribution a été ou sera permise par le gouvernement, quoique leur composition ne soit pas divulguée.
2. Les auteurs et propriétaires de ces remèdes peuvent les vendre
par eux-mêmes.
3. Ils peuvent aussi les faire vendre et distribuer par un ou plusieurs préposés, dans les lieux où ils jugeront convenable d'en établir;
à la charge de les faire agréer, à Paris, par le préfet de police, et dans
les autres villes, par le préfet, sous-préfet, ou, à défaut, par le maire,
qui pourront, en cas d'abus, retirer leur agrément.
4. Le grand-juge ministre de la justice est chargé de l'exécution du
présent décret.

N° **224.** — *Décret impérial concernant la peine encourue pour
recèlement de marins déserteurs.*

Au palais de Plaisance, le 9 messidor an xiii (28 juin 1805).

Napoléon, empereur des Français,
Sur le rapport du ministre de la marine et des colonies ;
Le conseil d'Etat entendu,

Décrète ce qui suit :

1. Tout capitaine de navire ou autre, soumis à l'inscription maritime , convaincu d'avoir recélé un marin déserteur, d'avoir favorisé son
évasion, ou de l'avoir, de quelque manière que ce soit, soustrait au
service de l'Etat ou aux recherches de sa personne, sera, conformément aux dispositions de l'article 49, de l'arrêté du 1er floréal an xii,
additionnel à celui du 5 germinal précédent, si c'est en temps de paix,
condamné, par voie de police correctionnelle, à une amende qui ne
pourra être moindre de trois cents francs, ni excéder trois mille francs,
et à l'emprisonnement d'un an ;
Si c'est en temps de guerre, l'emprisonnement sera de deux ans.
Sont, au surplus, applicables à tous les individus tenant à la marine,
les dispositions des articles 46, 47 et 48 de l'arrêté du 1er floréal
an xii.
2. Le ministre de la marine et des colonies est chargé de l'exécution
du présent décret.

N° **225.** — *Décret impérial concernant la clôture et liquidation des maisons de prêt actuellement existantes dans la ville de Paris.*

Au palais de Saint-Cloud, le 8 thermidor an XIII (27 juillet 1805).

Napoléon, empereur des Français, roi d'Italie ;
Sur le rapport de notre ministre de l'intérieur ;
Notre conseil d'État entendu,

Nous avons décrété et décrétons ce qui suit :

1. A compter de la publication du présent décret, les maisons de prêt actuellement existantes dans la ville de Paris seront tenues, et ce, sous les peines portées aux articles 3 et 4 de la loi du 16 pluviôse an XII, de cesser de recevoir aucun dépôt, ni faire aucun prêt sur nantissement.

2. La clôture des maisons de prêt sera constatée par des commissaires de police qui se transporteront, à cet effet, dans lesdites maisons, se feront représenter les registres des prêteurs, les cloront et arrêteront, et en dresseront un état sommaire, qu'ils adresseront, dans les vingt-quatre heures, au préfet de police.

3. Lesdits registres, ainsi clos et arrêtés, resteront à la disposition des prêteurs, à charge par eux de les représenter à toutes réquisitions.

4. Aux termes de l'article 2 de la loi du 16 pluviôse an XII, les prêteurs seront tenus d'opérer leur liquidation dans l'année de la clôture de leurs maisons, de telle sorte qu'à la fin de ladite année ils n'aient plus en magasin aucun effet de nantissement à rendre aux emprunteurs.

5. Il est, en conséquence, défendu auxdits prêteurs de consentir, pendant le cours de leur liquidation, aucun renouvellement d'engagement échu ; et il leur est, au contraire, enjoint de faire opérer les dégagements aux échéances fixes, et même à défaut de dégagement, de faire procéder, dans les formes requises, à la vente des nantissements.

6. Pourront néanmoins les emprunteurs, afin d'éviter la vente de leurs nantissements, requérir le prêteur d'en effectuer le dépôt dans les magasins du mont-de-piété, où lesdits nantissements seront reçus à titre d'engagement, aux conditions exprimées dans les articles suivants.

7. Les prêteurs, ainsi requis, ne pourront passer outre à la vente du nantissement, et seront tenus de le déposer au mont-de-piété, au plus tard dans la huitaine de la demande faite par l'emprunteur.

8. Chaque article de dépôt sera accompagné d'un extrait de son inscription au registre de la maison de prêt, portant indication du numéro de l'engagement, de la date des prêts, du montant de la somme prêtée, de la nature du nantissement, enfin du nom et de la demeure du propriétaire emprunteur.

9. Les nantissements déposés au mont-de-piété en exécution des articles précédents, seront d'abord soumis à l'appréciation, et ensuite reçus à engagement, le tout suivant les formes établies par les règlements généraux de l'établissement.

10. Si, d'après l'appréciation, il y a lieu d'accorder sur le nantissement un prêt plus fort que la somme pour laquelle il était engagé dans la maison de prêt, cette somme sera d'abord rendue au prêteur, et l'excédant sera compté directement au propriétaire emprunteur, au moment même de la remise qui lui sera faite de la reconnaissance du mont-de-piété.

11. Si, au contraire, il résulte de l'appréciation que le prêt à faire par le mont-de-piété, soit moindre que la somme pour laquelle le nantissement était engagé dans la maison de prêt, le montant seulement du prêt accordé sera remis au prêteur par le mont-de-piété, et le surplus, restant dû audit prêteur, devra lui être payé par le propriétaire emprunteur, au moment même du nouvel engagement et de la remise de la reconnaissance du mont-de-piété.

12. Lorsque le propriétaire emprunteur ne pourra se libérer entièrement envers le prêteur, il sera tenu note de son *débet*, en marge de l'article d'engagement, et cette note vaudra, au profit du prêteur, opposition entre les mains du directeur, soit à la délivrance du nantissement en cas de dégagement, soit au payement du *boni* en cas de la vente.

13. Extrait certifié de ladite note sera remis par le directeur au prêteur, pour lui valoir titre de ses droits et acte de son opposition.

14. Pour obtenir du mont-de-piété le dégagement d'effets chargés d'opposition, à raison des causes ci-dessus énoncées, l'emprunteur sera tenu de payer, indépendamment de la somme par lui due au mont-de-piété, le montant de son *débet* envers le prêteur; et si, à défaut de dégagement, les effets ayant été vendus, il y a seulement lieu à remise de *boni*, ladite remise ne pourra se faire que sous la déduction préalable de ce même *débet*.

15. Il sera tenu au mont-de-piété une comptabilité particulière des recettes résultant d'opposition formées par les prêteurs; le montant de ces recettes sera successivement, au fur et à mesure des recettes, remis par le directeur auxdits prêteurs, chacun selon son droit; et en leur faisant cette remise, le directeur retirera de leurs mains les certificats par lui délivrés en exécution de l'article 13 du présent décret.

16. Les prêteurs sur gages demeureront responsables envers les tiers de toutes réclamations relatives aux nantissements qui, en exécution des dispositions précédentes, seront par eux déposés au mont-de-piété.

17. Notre ministre de l'intérieur est chargé de l'exécution du présent décret.

N° **226.** — *Décret impérial concernant la fabrication d'armes ou de pièces d'armes de calibre de guerre.*

Au quartier général impérial de Strasbourg, le 8 vendémiaire an XIV (30 septembre 1805).

Napoléon, empereur des Français et roi d'Italie;
Sur le rapport de notre ministre de la guerre;
Notre conseil d'État entendu,

Nous avons décrété et décrétons ce qui suit :

1. Aucune arme ou pièce d'arme de calibre de guerre, ne pourra, quelles que soient sa nature et sa destination, être fabriquée hors les manufactures impériales d'armes ou sans l'autorisation préalable du ministre de la guerre.

2. Il est expressément enjoint aux commissaires de police, maires, sous-préfets et préfets d'exercer une surveillance active sur les fabriques et ateliers d'armes qui se trouvent dans leur arrondissement.

3. Les fabriques d'armes dans les villes où il y a une manufacture impériale, devront être surveillées par l'inspecteur de ladite manufacture; quand il croira devoir faire une visite chez les fabricants ou ouvriers armuriers, il requerra le commissaire de police, qui devra déférer de suite à sa réquisition, et en prévenir sans délai le maire et le préfet.

4. Toutes armes ou pièces d'armes fabriquées en contravention au présent décret, seront confisquées, et le contrevenant sera arrêté et traduit, s'il y a lieu, devant les tribunaux, pour être puni suivant les lois de police correctionnelle.

5. Les fusils *dits de traite* ne sont pas compris dans les dispositions de l'article 1er du présent décret ; mais leur fabrication et leur exportation ne pourront avoir lieu jusqu'à la paix générale, qu'après avoir été autorisées par le ministre de la guerre.

6. Nos ministres de la guerre, de la police et des finances sont chargés, chacun en ce qui le concerne, de l'exécution du présent décret.

N° **227**. — *Décret sur la police des théâtres.*

Du 17 frimaire an xiv (8 décembre 1805).

1. Les commissaires généraux de police sont chargés de la police des théâtres, seulement en ce qui concerne les ouvrages qui y sont représentés.

2. Les maires sont chargés, sous tous les autres rapports, de la police des théâtres et du maintien de l'ordre et de la sûreté.

3. Le ministre de la police générale est chargé de l'exécution du présent décret.

N° **228**. — *Décret impérial qui interdit l'usage et le port des fusils et pistolets à vent.*

Au palais de Schoenbrun, le 2 nivôse an xiv (23 décembre 1805)

Napoléon, empereur des Français, roi d'Italie ;
Sur le rapport de notre ministre de la guerre ;
Notre conseil entendu,

Nous avons décrété et décrétons ce qui suit :

1. Les fusils et pistolets à vent sont déclarés compris dans les armes offensives, dangereuses, cachées et secrètes dont la fabrication, l'usage et le port sont interdits par les lois.

2. Toute personne qui, à dater de la publication du présent décret, sera trouvée porteur desdites armes, sera poursuivie et traduite devant les tribunaux de police correctionnelle, pour y être jugée et condamnée conformément à la loi du 23 mai 1728.

3. Nos ministres sont chargés, chacun en ce qui le concerne, de l'exécution du présent décret.

N° 229. — *Décret impérial qui ordonne l'impression de la décla-ration du 23 mars 1728, concernant le port d'armes* (1).

Du 12 mars 1806.

N° 230. — *Décision de S. Ex. le ministre de l'intérieur, sur le mode provisoire du service de la navigation au pont d'Aus-terlitz.*

Paris, le 24 mars 1806.

1. Le lâchage des bateaux sous le pont d'Austerlitz, se fera provisoirement, et jusqu'à nouvel ordre, par des préposés sous la surveillance des marchands de bois travaillant pour l'approvisionnement de Paris.

2. Il sera, en conséquence, établi, à leurs frais, un commis-indicateur, qui restera constamment sur le point principal du pont, et commandera les mariniers.

3. Il sera placé des ancres et cordages, au moyen desquels les gros bateaux seront lâchés sous le pont.

4. Les marchands nommeront trois principaux mariniers, qui monteront alternativement sur les bateaux, recevront les ordres du commis-indicateur, et, de concert avec lui, dirigeront les manœuvres.

5. Le commis-indicateur et les trois principaux mariniers choisis, ne seront admis à l'exercice de leurs fonctions, qu'après que leur capacité aura été reconnue par le commissaire général de la navigation.

6. Le conseiller d'Etat, préfet de police, prendra les mesures nécessaires pour assurer l'exécution de cet ordre de choses provisoire.

7. Il sera donné connaissance de la présente décision au commissaire général de la navigation, aux diverses branches de commerce, et au conseiller d'Etat, préfet de police.

N° 231. — *Extrait du décret impérial, concernant les théâtres.*

Du 8 juin 1806.

TITRE Ier.

Des théâtres de la capitale.

1. Aucun théâtre ne pourra s'établir dans la capitale, sans notre autorisation spéciale, sur le rapport qui nous en sera fait par notre ministre de l'intérieur.

2. Tout entrepreneur, qui voudra obtenir cette autorisation, sera tenu de faire la déclaration prescrite par la loi, et de justifier devant notre ministre de l'intérieur, des moyens qu'il aura pour assurer l'exécution de ses engagements.

---

(1) Voir cette déclaration à sa date.

5. Le théâtre de l'Impératrice sera placé à l'Odéon, aussitôt que les réparations seront achevées.

Les entrepreneurs du théâtre Montansier, d'ici au 1er janvier 1807, établiront leur théâtre dans un autre local.

4. Les répertoires de l'Opéra, de la Comédie-Française et de l'Opéra-Comique, seront arrêtés par le ministre de l'intérieur, et nul autre théâtre ne pourra représenter, à Paris, des pièces comprises dans les répertoires de ces trois grands théâtres, sans leur autorisation et sans leur payer une rétribution, qui sera réglée de gré à gré et avec l'autorisation du ministre.

5. Le ministre de l'intérieur pourra assigner à chaque théâtre un genre de spectacle dans lequel il sera tenu de se renfermer.

6. L'Opéra pourra seul donner des ballets ayant les caractères qui sont propres à ce théâtre, et qui seront déterminés par le ministre de l'intérieur.

Il sera le seul théâtre qui pourra donner des bals masqués.

TITRE III.

Des auteurs.

10. Les auteurs et les entrepreneurs seront libres de déterminer entre eux, par des conventions mutuelles, les rétributions dues aux premiers, par somme fixe ou autrement.

11. Les autorités locales veilleront strictement à l'exécution de ces conventions.

12. Les propriétaires d'ouvrages dramatiques posthumes ont les mêmes droits que l'auteur, et les dispositions sur la propriété des auteurs et sur sa durée leur sont applicables, ainsi qu'il est dit au décret du 1er germinal an XIII.

Dispositions générales.

13. Tout entrepreneur qui aura fait faillite ne pourra plus rouvrir de théâtre.

14. Aucune pièce ne pourra être jouée sans l'autorisation du ministre de la police générale.

15. Les spectacles de curiosité seront soumis à des règlements particuliers, et ne porteront plus le titre de théâtres.

16. Nos ministres de l'intérieur et de la police générale sont chargés de l'exécution du présent décret.

N° **232**. — *Décret impérial concernant les gardes champêtres.*

Au palais de Saint-Cloud, le 11 juin 1806.

Napoléon, empereur des Français et roi d'Italie;
Sur le rapport de notre ministre de la guerre;
Notre conseil d'Etat entendu,

Nous avons décrété et décrétons ce qui suit :

1. Les gardes champêtres des communes, actuellement en fonctions, et ceux qui pourront être nommés à l'avenir, se présenteront, les premiers, dans le mois qui suivra la promulgation du présent décret, les seconds, dans les huit jours de leur installation, à l'officier

ou sous-officier de gendarmerie du canton dans lequel sera située la commune à laquelle ils seront attachés. Cet officier ou sous-officier inscrira leur nom, leur âge, leur domicile sur un registre à ce destiné.

2. Les officiers et sous-officiers de gendarmerie s'assureront, lors de leurs tournées, si les gardes champêtres remplissent bien les fonctions dont ils sont chargés, et ils rendront compte aux sous-préfets de ce qu'ils auront appris sur la conduite et le zèle de chacun d'eux.

3. Les sous-officiers de gendarmerie pourront, pour tous les objets importants et urgents, mettre en réquisition les gardes champêtres d'un canton, et les officiers, ceux d'un arrondissement, soit pour les seconder dans l'exécution des ordres qu'ils auront reçus, soit pour le maintien de la police et de la tranquillité publiques ; mais ils seront tenus de donner avis de ladite réquisition aux maires et sous-préfets, et de leur en faire connaître les motifs généraux.

4. Les officiers et sous-officiers de gendarmerie adresseront aux maires, pour être transmis aux gardes champêtres, le signalement des malfaiteurs, déserteurs, conscrits réfractaires, ou autres individus qu'ils auront reçu ordre de faire arrêter.

5. Les gardes champêtres seront tenus d'informer les maires, et ceux-ci les officiers ou sous-officiers de gendarmerie de tout ce qu'ils découvriront de contraire au maintien de l'ordre et de la tranquillité publics. Ils leur donneront avis de tous les délits qui auront été commis dans leurs territoires respectifs, et les préviendront, lorsqu'il s'établira dans leurs communes des individus étrangers à la localité.

6. Les gardes champêtres qui arrêteront, soit des conscrits réfractaires, des déserteurs, des hommes évadés des galères, ou autres individus, recevront la gratification accordée par les lois à la gendarmerie impériale.

7. Les sous-préfets, après avoir pris l'avis des maires et des officiers de gendarmerie, désigneront aux préfets, et ceux-ci à l'administration forestière, ceux d'entre les gardes champêtres, de leurs arrondissements et de leurs départements respectifs, qui, par leur bonne conduite et par leurs services, mériteront d'être appelés aux fonctions de gardes forestiers.

8. Nos ministres sont chargés, chacun en ce qui le concerne, de l'exécution du présent décret.

N° 233. — *Extrait du décret contenant règlement pour le tarif du poids des voitures de roulage, leur chargement, et la police du roulage.*

Du 23 juin 1806.

TITRE Ier.

Dispositions générales.

1. Au 20 juin 1807, et en conséquence de l'article 4 de la loi du 7 ventôse an XII, et du décret du 4 prairial an XIII, toute voiture de roulage dont la circulation est interdite par la loi du 7 ventôse an XII et par le présent décret, sera arrêtée au premier pont à bascule, où la contravention sera constatée par le premier officier de police.

Si ce pont est placé ou si la voiture est arrêtée aux portes d'une

ville, les roues seront brisées, d'après un arrêté pris à cet effet par le
sous-préfet de l'arrondissement ; et le voiturier payera les dommages
stipulés dans l'article 3 de cette loi et dans l'article 27 du présent décret (1).

2. Dans le cas où le pont à bascule serait placé où la voiture arrêtée dans un lieu isolé, le voiturier pris en contravention pourra
consigner les dommages entre les mains du préposé saisissant, et continuer sa route, mais seulement jusqu'à la ville la plus voisine, qui
lui sera désignée par un passavant délivré par ledit préposé ; dans
cette ville, ses roues seront brisées, conformément à ce qui a été dit
ci-dessus.

TITRE II.

Fixation du poids des voitures de roulage.

3. Le poids des voitures de roulage, compris voiture, chargement,
paille, corde, bâche, est fixé ainsi qu'il suit :

Pendant cinq mois, à compter du 1er novembre jusqu'au 1er avril,
le poids des charrettes et voitures à deux roues, avec des bandes de 11
centimètres de largeur, ne pourra excéder.............. 2,200 kil.
    Bandes de 14 centimètres.......................... 3,400
    Bandes de 17   —   4,800
    Bandes de 25   —   6,800

Pendant les sept autres mois de l'année, le poids des charrettes à
bandes de 11 centimètres ne pourra excéder.............. 2,700 kil.
    Bandes de 14 centimètres.......................... 4,100
    Bandes de 17   —   5,800
    Bandes de 25   —   8,200

Pendant les cinq mois, à compter du 1er novembre jusqu'au 1er avril,
les poids des chariots ou voitures à quatre roues et à voies égales,
avec bandes de 11 centimètres, ne pourra excéder........ 3,800 kil.
    Bandes de 14 centimètres.......................... 4,700
    Bandes de 17   —   6,700
    Bandes de 22   —   8,700

Pendant les sept autres mois, le poids des chariots à bandes de 11
centimètres ne pourra excéder........................... 4,000 kil.
    Bandes de 14 centimètres.......................... 5,700
    Bandes de 17   —   8,100
    Bandes de 22   —   10,500

4. Il est fait une exception en faveur des chariots dont les voies
sont inégales, c'est-à-dire, lorsque la voie de derrière excédera celle
de devant dans les proportions suivantes, et que ces proportions se
trouveront également entre la longueur des essieux d'une échanti-
gnole à l'autre :

Pendant les cinq mois d'hiver, chariots, bandes de 11 centimètres, avec excès de largeur pour la voie de derrière, de 12 centimètres... 3,700 kil.
    Bandes de 14 centimètres, excès de largeur de 16..... 5,200

---

(1) Aux termes des articles 1 et 3 de la loi du 7 ventôse an 12 (21 février 1804), les
roues des voitures de roulage, attelées de plus d'un cheval, doivent avoir des bandes de onze
centimètres de largeur au moins (4 pouces 1 ligne), à peine d'une amende de 50 francs, à
titre de dommages.

Bandes de 17 centimètres, excès de largeur de 19..... 7,400
Bandes de 22 centimètres, excès de largeur de 24..... 9,500
Les mêmes chariots pour les sept mois d'été, et avec les excès de largeur de voie ci-dessus déterminés :

Bandes de 11 centimètres......................... 4,400 kil.
Bandes de 14   — 6.200
Bandes de 17   —   8,800
Bandes de 22   —   11,400

5. Il est accordé une tolérance sur le poids ci-dessus fixé des charrettes et des chariots, pour suppléer aux cas où les roues et les voitures seraient surchargées de boue, et où leur bâchage et même leur chargement seraient imprégnés d'eau.

La tolérance sera uniforme pour toutes les saisons et pour toutes les largeurs de bandes ; elle est fixée à 200 kilogrammes en faveur des charrettes, et à 300 pour les chariots.

6. Le poids des voitures publiques , diligences, messageries, fourgons, allant en poste ou avec relais, berlines, est fixé pour toute l'année ainsi qu'il suit :

Avec bandes de 6 centimètres..................... 2,000 kil.
    —   de 7   —   2,300
    —   de 8 (*) —   2,600
    —   de 9   —   2,900
    —   de 10   —   3,200
    —   de 11 (**) — 3,400 (1)

7. La tolérance sur le poids des voitures publiques, pour les causes exprimées dans l'article 4, est fixée à cent kilogrammes pour chaque voiture.

8. Le poids des voitures employées à la culture des terres, au transport des récoltes, à l'exploitation des fermes, et qui, par l'article 8 de la loi du 7 ventôse an XII , sont exceptées de l'obligation d'avoir des roues à jantes larges, ne pourra, lorsqu'elles fréquenteront les grandes routes, excéder, dans aucun cas , 4,000 kilogrammes , chargement compris (2).

9. Les objets indivisibles, tels que pierres, marbres , arbres et autres dont le poids ne peut être diminué, sont exceptés des dispositions qui précèdent , et pourront être transportés par des voitures dont la dimension des jantes serait inférieure aux largeurs déterminées.

Néanmoins, les préfets sont autorisés à appliquer les dispositions du présent décret aux voitures habituellement employées à l'exploitation des carrières et à celles des forêts. Les propriétaires de ces voitures seront tenus d'obtempérer aux règlements des préfets, sous les peines portées par la loi du 7 ventôse an XII.

---

(1) Par décision particulière de M. le directeur général des ponts et chaussées, du 16 mai 1816, le poids des messageries est fixé ainsi qu'il suit :
(*) Avec bandes de 8 centimètres........................... 2,560 kil.
(**) De 11... 3,520
De 14.. 4,480
De 17.. 5,440
(2) Il résulte d'un décret du 3 mai 1810 et des instructions postérieures, que l'exception dont il s'agit, n'est applicable qu'aux voitures employées *à transporter les objets récoltés, depuis le lieu où ils sont recueillis, jusqu'à celui où, pour les conserver, le cultivateur les dépose et rassemble,* ainsi que les engrais, *de la ferme au champ.*

TITRE III.

Pesage des voitures.

10. La vérification du poids des voitures désignées dans le présent décret sera faite gratuitement, au moyen des ponts à bascule déjà établis ou à établir par la suite.

Lorsqu'il y aura lieu à la vérification du poids des voitures employées à la culture, elle se fera également par le moyen des ponts à bascule, si elles passent sur le point où ils seront placés.

11. Les voitures vides, et celles dont la modicité du chargement apparent ne donnerait lieu à aucune présomption de surcharge, ne seront point assujetties à passer sur les ponts à bascule.

12. Pourront, les propriétaires de voitures et les rouliers, avant de commencer leur voyage, se présenter aux ponts à bascule, pour s'assurer du poids, soit des voitures vides, soit des voitures chargées, et éviter par là de s'exposer à la contravention. Dans ce cas, ils payeront aux préposés, à titre d'indemnité, cinquante centimes pour une voiture vide, et un franc pour une voiture chargée.

TITRE IV.

De la longueur des essieux, forme des clous des bandes.

16. La longueur des essieux de toute espèce de voitures, même de culture et labourage, ne pourra jamais excéder 2 mètres 50 centimètres entre les deux extrémités, et chaque bout ne pourra saillir, au delà des moyeux, de plus de 6 centimètres.

17. Quant aux voitures qui seront construites sur des voies inégales, l'essieu de derrière ne pourra excéder les proportions déterminées par l'article précédent, et celui de devant sera raccourci de la quantité nécessaire pour établir l'inégalité de la voie.

18. Les défenses d'employer des clous à tête de diamant sont renouvelées : tout clou des bandes sera rivé à plat, et ne pourra, lorsqu'il aura été posé à neuf, former une saillie de plus d'un centimètre.

TITRE V.

Vérification de la largeur des bandes, de celle des voies inégales, de la longueur des essieux et des clous des bandes.

19. Les préposés aux ponts à bascule sont aussi chargés de vérifier la largeur des bandes des roues ; cette vérification se fera gratuitement, au moyen de jantes en fer qui seront remises à chaque bureau par l'administration des ponts et chaussées.

20. Il est accordé, lors de cette vérification, une tolérance d'un centimètre sur la largeur des bandes des voitures de roulage, et d'un demi-centimètre sur celle des voitures de messageries.

21. Les propriétaires de voitures et les rouliers pourront faire vérifier, par les préposés aux ponts à bascule, la largeur des bandes de leurs voitures, et en retirer un certificat pour lequel ils payeront un franc, timbre du papier compris.

22. Ce certificat ne vaudra que pour servir de règle privée aux rouliers, et ne pourra être opposé comme preuve contraire dans les procès-verbaux de contravention sur la largeur des bandes.

24. Les propriétaires de voitures à quatre roues, ou rouliers, qui voudront, en exécution de l'article 4 du présent décret, user de la faculté d'obtenir un plus fort chargement, en construisant ces voitures avec des voies inégales, pourront constater une première et seule fois, à l'un des bureaux des ponts à bascule, que la construction du chariot est conforme aux conditions imposées par ledit article : ils seront affranchis de toute vérification ultérieure, en présentant ce certificat ; sauf néanmoins les cas où, contre la teneur dudit certificat, il serait reconnu que la voiture n'est point à voies inégales, qu'il a été fait des changements, soit à la longueur des essieux, soit à la distance des échantignoles.

25. Il sera accordé, lors de cette vérification, une tolérance de 5 centimètres sur la longueur des essieux, en compensation du frottement qui aurait usé les échantignoles.

TITRE VI.

Des exceptions pour le service militaire.

26. Les voitures de l'artillerie ne seront assujetties ni à la fixation du poids, ni à la largeur des jantes, ni à la longueur des essieux, prescrites par le présent règlement.

Ne seront considérées comme voitures d'artillerie que celles qui porteront en caractères apparents, sur une plaque de métal clouée en avant de la roue et au côté gauche de la voiture, le mot *artillerie*.

Les conducteurs desdites voitures devront être munis d'une feuille de route certifiant que lesdites voitures sont une propriété de l'Etat, et indiquant le lieu de leur départ, celui de leur destination et celui de leur chargement.

Ne seront non plus soumis aux dispositions du présent règlement, les chariots, fourgons, appartenant aux corps militaires, et voyageant à leur suite, lorsque lesdites voitures seront munies d'une plaque indiquant le nom du corps, et lorsque leurs conducteurs seront porteurs d'une feuille de route conforme à celle prescrite pour les voitures d'artillerie.

La même disposition est commune aux voitures et chariots d'ambulance des hôpitaux militaires, caissons de vivres et équipages militaires appartenant à l'Etat.

Ne pourront, dans aucun cas, être considérées comme voitures d'artillerie, des corps, des hôpitaux militaires ou des autres services, celles que les entrepreneurs des transports emploieront pour le service des corps, de l'artillerie, des hôpitaux militaires ou des autres services.

TITRE VII.

Des amendes.

27. (1) Les contraventions relatives au poids des voitures pour excès de chargement au delà des quantités réglées par le présent décret, seront punies des amendes prononcées par la loi du 29 floréal an x, article 4, ainsi qu'il suit :

Pour excès de chargement

De 20 à 60 myriagrammes......................	25 fr.
De 60 à 120 —	50
De 120 à 180 —	75
De 180 à 240 —	100
De 240 à 300 —	150
Et au-dessus de 300 —	300

(1) Voir ci-après l'article 1er de l'ordonnance du roi, du 24 décembre 1814, portant rectification de l'art. 27 en ce qui concerne les voitures publiques.

28. Les contraventions à la longueur des essieux seront punies de l'amende de quinze francs, conformément à ce qui est ordonné par le règlement du 4 mai 1624.

29. Les contraventions sur le fait des clous des bandes seront punies de l'amende de quinze francs, conformément à l'article 7 de l'arrêt du conseil d'Etat, du 28 décembre 1783.

TITRE VIII.

Police.

53. Les dispositions de la loi du 3 nivôse an VI, titre II, seront applicables au service des ponts à bascule, ainsi qu'il suit :

54. Tout propriétaire de voitures de roulage sera tenu de faire peindre sur une plaque de métal, en caractères apparents, son nom et son domicile : cette plaque sera clouée en avant de la roue et au côté gauche de la voiture, et ce, à peine de vingt-cinq francs d'amende : l'amende sera double si la plaque portait soit un nom, soit un domicile faux ou supposé (1).

55. Toute insulte ou mauvais traitement envers les préposés au service des ponts à bascule, sera puni, selon ladite loi, de cent francs d'amende (2), sans préjudice des dommages-intérêts, et de poursuites extraordinaires, s'il y a lieu.

56. Il est défendu aux préposés au service des ponts à bascule de recevoir eux-mêmes les amendes, ni d'exiger des contrevenants rien au-dessus de l'amende, à peine de destitution et d'être poursuivis comme concussionnaires.

57. Il est défendu aux mêmes préposés de faire aucune remise du montant de l'amende, ni de traiter ou de transiger avec les contrevenants, sous peine de destitution, et d'une amende égale à celle qui aurait été encourue.

TITRE IX.

Du contentieux.

58. Les contestations qui pourraient s'élever sur l'exécution du présent règlement, et notamment sur le poids des voitures, sur l'amende et sur sa quotité, seront portées devant le maire de la commune, et par lui jugées sommairement, sans frais et sans formalités : ses décisions seront exécutées provisoirement, sauf le recours au conseil de préfecture, comme pour les matières de voirie, selon la loi de floréal an X.

59. Néanmoins, les préposés ne pourront être distraits ni déplacés de leur bureau pour suivre lesdites contestations : ils ne seront tenus que d'adresser au maire ou à son adjoint un procès-verbal de la contravention ; et cependant ils devront retenir la voiture jusqu'au payement ou à la consignation de l'amende.

40. Le maire ou son adjoint pourra se transporter au bureau, lorsqu'il le croira nécessaire, pour reconnaître les faits.

41. Les autorités civiles et militaires seront tenues de protéger les préposés, de leur prêter main-forte, de poursuivre et faire poursuivre, suivant la rigueur des lois, les auteurs et complices des violences commises envers eux ; et ce, tant sur la clameur publique que sur les

---

(1) L'article 9 de la loi du 3 nivôse an 6 (23 décembre 1797), porte les mêmes dispositions.

(2) Articles 209 et suivants du Code pénal.

procès-verbaux dressés par lesdits préposés, par eux affirmés, et remis par eux à la gendarmerie.

42. Il est, en conséquence, ordonné à tout gendarme en fonctions, de s'arrêter dans sa tournée à chaque pont à bascule qui se trouvera sur sa route, de recevoir les déclarations que les préposés auraient à lui faire, et de se charger des procès-verbaux des délits qui auraient été commis contre eux, pour les déposer au greffe.

43. Tout voiturier ou conducteur qui, pour éviter de passer au pont à bascule, se détournerait de la route qu'il parcourait, sera tenu, sur la réquisition des préposés de la gendarmerie, ou autres gens qui surveillent le service des ponts à bascule, de conduire sa voiture pour être pesée sur ce pont à bascule.

44. Tout voiturier ou conducteur, pris en contravention pour excédant du poids fixé par le présent décret, ne pourra continuer sa route qu'après avoir réalisé le payement des dommages, et déchargé sa voiture de l'excédant du poids qui aura été constaté : jusque-là, ses chevaux seront tenus en fourrière à ses frais, ou il fournira caution (1).

N° **234.**—*Décret impérial concernant l'administration du bureau des nourrices de la ville de Paris.*

Au palais de Saint-Cloud, le 30 juin 1806.

Napoléon, empereur des Français, roi d'Italie;

Sur le rapport de notre ministre de l'intérieur;

Vu les déclarations des 29 janvier 1715, 1er mars 1727 et 24 juillet 1769 ;

Vu pareillement l'arrêté du gouvernement du 29 germinal an IX;

Notre conseil d'Etat entendu,

Nous avons décrété et décrétons ce qui suit :

1. L'administration du bureau des nourrices de la ville de Paris continuera de faire partie des attributions de l'administration générale des secours et hôpitaux de ladite ville, sous l'autorité du préfet du département, pour la partie administrative, et, pour la police, sous celle du préfet de police.

2. Conformément à l'article 3 de la déclaration du 24 juillet 1769, la nomination du directeur de l'établissement, en cas de vacance de la place, sera proposée à l'approbation de notre ministre de l'intérieur, par le préfet du département, qui recevra son serment de bien et fidèlement remplir ses fonctions. Le directeur aura entrée et voix consultative dans les assemblées.

3. Les préposés nécessaires pour le recouvrement des mois de nourrice seront nommés par le conseiller d'Etat préfet du département, sur la présentation du directeur. Un des membres de l'agence d'exécution des hôpitaux sera spécialement délégué par le préfet pour la surveillance journalière des opérations du bureau.

4. Conformément à l'article 7 de la déclaration susdatée, le directeur arrêtera, chaque mois, le rôle des recouvrements à faire : il sera vérifié par l'administrateur surveillant, et, à sa réquisition, rendu exécutoire, conformément à la loi du 25 mars dernier, à l'instar des rôles de contributions, par une ordonnance du préfet du département, laquelle sera, nonobstant appel ou opposition, et sans y préjudicier, exécutée sans frais, à la diligence du directeur, par voie de contrainte, la prise de corps exceptée, après néanmoins qu'il aura été délivré deux

---

(1) Cet article est fondé sur les dispositions de l'article 5 de la loi du 29 floréal an 10 (19 mai 1802).

avertissements d'y satisfaire, à huit jours de distance l'un de l'autre, par les préposés aux recouvrements. En tête du dernier avertissement seront transcrits l'extrait du rôle concernant chaque débiteur en retard, et l'ordonnance d'exécution.

5. Il sera statué, conformément à la même loi, tant sur les oppositions formées aux ordonnances d'exécution que sur les contestations ou contraventions qui pourraient s'élever dans l'exécution des lois et règlements non abrogés de l'établissement, par le conseil de préfecture, comme pour les contributions.

6. Tous les registres de l'établissement et de ses préposés seront cotés et parafés par le préfet du département ; ils seront représentés aux deux préfets et aux administrateurs, à toute réquisition qui en sera faite au directeur : ils ne seront point assujettis au timbre.

7. Chaque mois, le directeur, dans une des assemblées, mettra un bordereau de situation de l'établissement sous les yeux de l'administration, qui le vérifiera et le soumettra, pour être arrêté, au préfet président. Une copie de ce bordereau sera transmise à notre ministre de l'intérieur.

8. Un compte général sera rendu dans le cours des six premiers mois qui suivront l'année expirée. Ce compte sera entendu, clos et arrêté dans une assemblée générale , sur le rapport de l'administrateur surveillant, et soumis à l'approbation de notre ministre de l'intérieur.

9. Notre ministre de l'intérieur nous proposera les règlements nouveaux qui seront par lui jugés nécessaires au bien de l'établissement, et particulièrement, sur l'avis du préfet de police, ceux qui concernent la correspondance avec les maires des communes qu'habitent les nourrices, pour la surveillance et la police.

10. Notre ministre de l'intérieur est chargé de l'exécution de notre présent décret.

N° **235.** — *Décret impérial concernant les théâtres de Paris.*

Au palais de Saint-Cloud, le 8 août 1807.

Napoléon, empereur des Français, roi d'Italie et protecteur de la confédération du Rhin ;
Sur le rapport de notre ministre de l'intérieur ;
Notre conseil d'Etat entendu,
Nous avons décrété et décrétons ce qui suit :

TITRE Ier.

Dispositions générales.

1. Aucune représentation à bénéfice ne pourra avoir lieu que sur le théâtre même dont l'administration ou les entrepreneurs auront accordé le bénéfice de ladite représentation.

Les acteurs de nos théâtres impériaux ne pourront jamais paraître dans ces représentations que sur le théâtre auquel ils appartiennent.

2. Les préfets, sous-préfets et maires sont tenus de ne pas souffrir que, sous aucun prétexte, les acteurs des quatre grands théâtres de la capitale qui auront obtenu un congé pour aller dans les départements, y prolongent leur séjour au delà du temps fixé par le congé; en cas de contravention, les directeurs des spectacles seront condamnés à verser à la caisse des pauvres le montant de la recette des représentations qui auront lieu après l'expiration du congé.

3. Aucune nouvelle salle de spectacle ne pourra être construite ; aucun déplacement d'une troupe d'une salle dans une autre ne pourra avoir lieu dans notre bonne ville de Paris, sans une autorisation donnée par nous, sur le rapport de notre ministre de l'intérieur.

TITRE II.

Du nombre des théâtres, et des règles auxquelles ils sont assujettis.

4. Le *maximum* du nombre des théâtres de notre bonne ville de Paris est fixé à huit; en conséquence, sont seuls autorisés à ouvrir, afficher et représenter, indépendamment des quatre grands théâtres mentionnés en l'article 1er du règlement de notre ministre de l'intérieur, en date du 25 avril dernier, les entrepreneurs ou administrateurs des quatre théâtres suivants :

1° Le théâtre de la Gaîté, établi en 1760; celui de l'Ambigu-Comique, établi en 1772, boulevard du Temple, lesquels joueront concurremment des pièces du même genre désignées aux paragraphes 3 et 4 de l'article 3 du règlement de notre ministre de l'intérieur;

2° Le théâtre des Variétés, boulevard Montmartre, établi en 1777, et le théâtre du Vaudeville, établi en 1792, lesquels joueront concurremment des pièces du même genre, désignées aux paragraphes 3 et 4 de l'article 3 du règlement de notre ministre de l'intérieur.

5. Tous les théâtres non autorisés par l'article précédent, seront fermés avant le 15 août.

En conséquence, on ne pourra représenter aucune pièce sur d'autres théâtres dans notre bonne ville de Paris, que ceux ci-dessus désignés, sous aucun prétexte, ni y admettre le public, même gratuitement, faire aucune affiche, distribuer aucun billet, imprimé ou à la main, sous les peines portées par les lois et règlements de police.

6. Le règlement susdaté, fait par notre ministre de l'intérieur, est approuvé, pour être exécuté dans toutes les dispositions auxquelles il n'est pas dérogé par notre présent décret.

7. Nos ministres de l'intérieur et de la police générale sont chargés de l'exécution du présent décret.

N° **236**. — *Décret impérial concernant les passe-ports.*

Au palais de Saint-Cloud, le 18 septembre 1807.

Napoléon, empereur des Français, roi d'Italie et protecteur de la confédération du Rhin;
Notre conseil d'Etat entendu,

Nous avons décrété et décrétons ce qui suit :

1. Les passe-ports accordés pour voyager dans l'intérieur de l'empire, ou pour en sortir, tant aux Français qu'aux étrangers, ne pourront être délivrés que sur un papier fabriqué spécialement à cet effet, et sur un modèle uniforme.

2. La feuille disposée pour le passe-port se composera de deux parties :
La première, qui se détachera de la seconde par une coupure ondulée, sera remise au porteur, et constituera le passe-port;
La seconde partie, par forme de *souche* ou *talon*, sera la minute du passe-port délivré, contiendra les mêmes désignations que le passe-port, et restera entre les mains de l'autorité qui aura délivré le passe-port.

3. Le ministre de la police générale de l'empire est spécialement chargé de faire fabriquer et imprimer les exemplaires desdits passe-ports, et les distribuera à toutes les autorités compétentes, qui s'en chargeront sur récépissés.

4. Il ne pourra être payé pour chaque passe-port, pour tous frais, y compris ceux de fabrication et de timbre, que la somme de deux francs.

5. Les *visa* ordonnés par les lois et règlements sur les passe-ports accordés, seront donnés gratuitement, soit aux frontières, soit dans l'intérieur.

6. Au 31 décembre, tous ceux qui, étant en France, seront porteurs de passe-ports délivrés sous une formule autre que celle adoptée par le présent, seront tenus de se pourvoir de passe-ports délivrés dans la nouvelle forme.

7. Les contrevenants à ces dispositions seront soumis aux peines prononcées contre les individus qui voyagent sans passe-port, par les lois des 28 mars 1792 et 10 vendémiaire an IV.

8. Notre grand-juge ministre de la justice et notre ministre de la police générale de l'Empire sont chargés, chacun en ce qui le concerne, de l'exécution du présent décret.

N° 237. — *Halles et marchés.* — *Extrait des minutes de la secrétairerie d'État.*

Au palais des Tuileries, le 21 septembre 1807.

Napoléon, empereur des Français, roi d'Italie et protecteur de la confédération du Rhin ;
Sur le rapport de notre ministre de l'intérieur ;
Notre conseil d'État entendu,
Nous avons décrété et décrétons ce qui suit :

SECTION Ire.

De la vente de la marée.

1. A compter du 1er janvier 1808, les fonds provenant de la perception de quatre pour cent, faite sur le produit des ventes de la marée seront versés mois par mois, et dans les cinq jours du mois suivant, dans la caisse du receveur municipal de la ville de Paris.

Le montant des traitements des employés et celui des indemnités aux mareyeurs, seront contenus dans deux bordereaux, certifiés par le préfet de police, et reçus pour comptant par le receveur municipal.

2. Le montant des traitements des employés sera soumis particulièrement à notre approbation, avec le budget de Paris.

SECTION II.

De la vente de la volaille et du gibier.

3. A compter de l'époque fixée par l'article 1er, il sera versé, chaque mois, et dans les cinq premiers jours du mois suivant, à la caisse du receveur municipal, par le caissier du commerce de la volaille et du gibier, un centime et demi pour cent, sur le droit de deux centimes et demi par franc perçu sur les ventes.

Un centime par franc continuera d'être perçu pour les facteurs et pour leur compte.

Le montant des traitements des employés au marché de la Vallée et celui des indemnités aux marchands, seront contenus dans deux bordereaux, que le receveur municipal prendra pour comptant, comme il est dit article 1er.

4. L'article 2 est commun aux employés du marché de la Vallée.

5. La portion du terrain vis-à-vis le quai de la Vallée, nécessaire pour établir le marché de la volaille, du gibier, etc. sera acquise, sans délai, par la ville de Paris, à la diligence du préfet du département, et comme pour objet d'utilité publique, à l'effet d'y établir le marché, à l'instar des autres marchés de la capitale. En conséquence, les propriétaires des terrains seront prévenus dans huitaine ; il sera procédé aux estimations; les plans et devis déjà faits seront remis au préfet du département, et il nous sera proposé, avec le budget de Paris, un moyen de pourvoir à la dépense des constructions et acquisitions.

SECTION III.

De la halle aux farines.

6. L'ordonnance du préfet de police, du 28 mai 1806, jointe à notre présent décret, est approuvée.

7. Un dixième du droit que les facteurs sont autorisés à percevoir par commission, sera versé, chaque mois, par les facteurs, et dans les cinq premiers jours du mois suivant, dans la caisse du receveur municipal de notre bonne ville de Paris, quitte de tous frais, à compter du 1er janvier prochain.

SECTION IV.

De la vente des beurres, œufs et fromages.

8. L'ordonnance du préfet de police, du 28 mai 1806, sur le commerce des beurres, œufs, etc., est approuvée et restera jointe à notre présent décret.

9. La moitié du droit de deux et demi pour cent, autorisé au profit des facteurs, sera versé par eux, chaque mois, et dans les cinq premiers jours du mois suivant, quitte de tous frais, dans la caisse du receveur municipal.

SECTION V.

Des places dans les halles et marchés.

10. Il sera dressé dans toutes les halles et marchés de Paris, tels que le marché des Jacobins, le marché Saint-Germain, le marché Saint-Jean, les halles proprement dites, la place Maubert et autres marchés aux poissons, fruits et légumes, des abris selon le modèle et l'alignement qui seront arrêtés par notre ministre de l'intérieur, sur l'avis des deux préfets.

11. Les abris seront construits au compte de la ville, sur des devis de construction dressés par le préfet du département et communiqués au préfet de police, et sur une adjudication au rabais par voie de soumission.

12. Il sera dressé par le préfet de police, un tarif du prix des places ou abris; le tarif sera communiqué au préfet du département et arrêté par notre ministre de l'intérieur.

13. Les places seront accordées par le préfet de police, qui commettra des employés pour la réception du montant du tarif.

14. Cette perception se fera suivant qu'il sera plus convenable, par jour, semaine ou mois, et il en sera compté, semaine par semaine, au receveur municipal de notre bonne ville de Paris.

SECTION VI.

Du marché au bois de l'île Louviers.

15. L'offre des marchands de bois déposant habituellement des bois à l'île Louviers, de quarante mille francs par an de location, sera acceptée par le préfet du département, pour être réalisée, à compter du 1er octobre prochain.

16. Le montant de cette somme sera versé par trimestre et d'avance, entre les mains du receveur municipal, par quatre des principaux marchands souscripteurs de la soumission qui sera passée à cet effet.

17. Elle sera perçue ou répartie entre les marchands qui déposeront du bois dans l'île Louviers, selon la forme qui sera proposée par eux et approuvée par le préfet de police, de manière qu'il ne puisse être perçu plus de dix centimes par stère de bois, et que les forains continuent de jouir du droit de déposer leurs bois dans l'île, comme par le passé.

SECTION VII.

Dispositions générales.

18. Il sera nommé, par le préfet du département, deux inspecteurs des perceptions dans les halles et marchés, dont les fonctions seront déterminées par un règlement proposé par lui, communiqué au préfet de police et arrêté par notre ministre de l'intérieur.

19. Les fonds versés au mont-de-piété pour les retraites des employés attachés au service particulier de la halle au poisson et de la Vallée, seront versés à la caisse du receveur municipal de Paris, et il sera pourvu aux pensions qui pourraient être accordées aux employés, selon les formes prescrites par le règlement approuvé par nous sur cette matière.

20. Le produit net des revenus des halles et marchés de Paris sera mis à part par le receveur municipal, comme fonds spécial, lequel sera affecté à la dépense des hospices de notre bonne ville de Paris.

21. Notre ministre de l'intérieur est chargé de l'exécution de notre présent décret.

N° **238.** — *Instruction adressée à MM. les préfets et aux chambres de commerce, par le ministre de l'intérieur, sur l'exécution de l'article 37 du Code de commerce, relatif aux sociétés anonymes.*

Du 23 décembre 1807.

1. Les individus qui voudront former une société anonyme seront tenus de se conformer au Code de commerce ; et, pour obtenir l'autorisation du gouvernement, ils adresseront au préfet de leur département, et à Paris, au conseiller d'État, préfet de police, une pétition signée de ceux qui veulent former la Société.

2. La pétition contiendra la désignation de l'affaire ou des affaires que la société veut entreprendre, le temps de sa durée, le domicile des pétitionnaires, le montant du capital que la société devra posséder, la manière dont ils entendent former ce capital, soit par souscriptions simples ou par actions, les délais dans lesquels le capital devra être réalisé, le domicile choisi ou sera placé l'administration, le mode d'administration, et enfin l'acte ou les actes d'association passés entre les intéressés.

3. Si les souscripteurs de la pétition ne complètent pas eux seuls la société qui doit être formée ; s'ils déclarent avoir l'intention de la compléter lorsque seulement ils auront reçu l'approbation du gouvernement, ils devront dans ce cas, composer au moins le quart en somme du capital, et s'obliger de payer leur contingent aussitôt après l'autorisation donnée.

4. Les préfets des départements, et le préfet de police à Paris, feront, sur la pétition à eux adressée, toutes les informations nécessaires pour vérifier les qualités et la moralité soit des auteurs du projet, soit des pétitionnaires ; ils donneront leur avis sur l'utilité de l'affaire, sur la probabilité du succès qu'elle pourra obtenir ; ils déclareront si l'entreprise ne paraît point contraire aux mœurs, à la bonne foi du commerce, et au bon ordre des affaires en général ; ils feront des recherches sur les facultés des pétitionnaires, de manière à s'assurer qu'ils sont en état de réaliser la mise pour laquelle ils entendent s'intéresser.

Les pièces et l'avis du préfet seront adressés au ministre.

5. Le ministre, après avoir examiné la proposition, la soumettra à Sa Majesté en son conseil d'Etat, qui statuera sur son admission ou son rejet.

6. Il ne pourra être rien changé aux bases et au but de la société anonyme, après l'approbation reçue, sans avoir obtenu, dans les formes prescrites par la présente instruction, une nouvelle autorisation du gouvernement ; et ce à peine de l'interdiction de la société.

7. Les sociétés anonymes actuellement existantes seront tenues, à peine d'interdiction, de demander l'autorisation du gouvernement, dans les mêmes formes prescrites par la présente instruction ; et ce, dans le délai de six mois, à compter du 1er janvier 1808.

EXTRAIT DU CODE DE COMMERCE.

TITRE III. — SECTION Ire.

29. La société anonyme n'existe point sous un nom social : elle n'est désignée par le nom d'aucun des associés.

30. Elle est qualifiée par la désignation de l'objet de son entreprise.

31. Elle est administrée par des mandataires à temps, révocables, associés ou non associés, salariés ou gratuits.

32. Les administrateurs ne sont responsables que de l'exécution du mandat qu'ils ont reçu.

Ils ne contractent, à raison de leur gestion, aucune obligation personnelle ni solidaire, relativement aux engagements de la société.

33. Les associés ne sont passibles que de la perte du montant de leur intérêt dans la société.

34. Le capital de la société anonyme se divise en actions et même en coupons d'action d'une valeur égale.

35. L'action peut être établie sous la forme d'un titre au porteur. Dans ce cas, la cession s'opère par la tradition du titre.

36. La propriété des actions peut être établie par une inscription sur les registres de la société.

Dans ce cas, la cession s'opère par une déclaration de transfert inscrite sur les registres de la société, et signée de celui qui fait le transport, ou d'un fondé de pouvoir.

37. La société anonyme ne peut exister qu'avec l'autorisation du gouvernement, et avec son approbation pour l'acte qui la constitue : cette approbation doit être donnée dans la forme prescrite pour les règlements d'administration publique.

N° **239.**— Décret concernant le marché aux fleurs.

Du 21 janvier 1808.

1. L'arrêté du gouvernement du 29 vendémiaire an XII, portant que le terrain-vague, bordant le nouveau quai Desaix, sera vendu, à la charge d'y élever des constructions, est rapporté.

2. Ce terrain est cédé et abandonné à la ville de Paris, pour y transférer le marché aux fleurs et arbustes qui se tient maintenant sur le quai de la Mégisserie, à la charge, par elle, d'indemniser, s'il y a lieu, et à dire d'experts, les sieurs Phalary et Balzac des portions du terrain dont ils se rendent propriétaires, et, en outre, d'exécuter à ses frais toutes les dispositions nécessaires pour l'établissement du marché, lequel sera tenu à ciel découvert.

3. L'ensemble du terrain énoncé aux articles précédents, se trouvera divisé en deux parties, perpendiculairement au quai Desaix par la nouvelle rue projetée et déjà commencée, à l'extrémité de l'ancien théâtre de la Cité, et devant déboucher au Marché-Neuf. Le marché aux fleurs et arbustes sera circonscrit par des bornes isolées, qui le sépareront tant dudit quai Desaix que de la rue de la Juiverie et de la Barillerie ; il sera planté d'arbres ; le tout, suivant le plan qui sera arrêté par notre ministre de l'intérieur.

4. Nos ministres de l'intérieur et des finances sont chargés de l'exécution du présent décret.

N° **240.**—Décret impérial qui déclare l'article 7 du titre XXVIII de l'ordonnance de 1669, applicable à toutes les rivières navigables de l'empire.

Au palais des Tuileries, le 22 janvier 1808.

Napoléon, empereur des Français, roi d'Italie, et protecteur de la confédération du Rhin ;
Sur le rapport de notre ministre de l'intérieur ;
Notre conseil d'Etat entendu,

Nous avons décrété et décrétons ce qui suit :

1. Les dispositions de l'article 7, titre XXVIII de l'ordonnance de 1669, sont applicables à toutes les rivières navigables de l'empire, soit que la navigation y fût établie à cette époque, soit que le gouvernement se soit déterminé depuis, ou se détermine aujourd'hui et à l'avenir à les rendre navigables.

2. En conséquence, les propriétaires riverains, en quelque temps que la navigation ait été ou soit établie, sont tenus de laisser le passage pour le chemin de halage.

3. Il sera payé, aux riverains des fleuves ou rivières où la navigation n'existait pas et où elle s'établira, une indemnité proportionnée au dommage qu'ils éprouveront; et cette indemnité sera évaluée conformément aux dispositions de la loi du 16 septembre dernier.

4. L'administration pourra, lorsque le service n'en souffrira pas, restreindre la largeur des chemins de halage, notamment quand il y aura antérieurement des clôtures en haies vives, murailles ou travaux d'art, ou des maisons à détruire.

5. Notre ministre de l'intérieur est chargé de l'exécution du présent décret.

N° **241**.—*Décret impérial sur la confection des balanciers adoptés pour la fabrication des monnaies de l'empire.*

A Bayonne, le 24 avril 1808.

Napoléon, empereur des Français, roi d'Italie, et protecteur de la confédération du Rhin ;
Sur le rapport de notre ministre des finances ;
Notre conseil d'État entendu,

Nous avons décrété et décrétons ce qui suit :

1. Les balanciers adoptés pour la fabrication des monnaies de l'empire ne pourront être confectionnés que dans notre hôtel des monnaies à Paris, et sous la surveillance de notre administration des monnaies.

2. Il est défendu à tous artistes d'établir de pareils balanciers, sous peine d'être poursuivis et jugés d'après les lois rendues contre les faux monnayeurs.

3. Notre grand-juge, ministre de la justice, et notre ministre des finances sont chargés, chacun en ce qui le concerne, de l'exécution du présent décret.

N° **242**.—*Décret impérial relatif aux droits de location des places dans les halles, marchés et places de Paris.*

A Bayonne, le 9 juin 1808.

1. Il sera perçu, à titre de droit de location des places occupées dans la Halle aux draps et aux toiles par les marchands forains, cinquante centimes par chaque pièce de drap ou toile vendue dans ladite halle.

8. Les droits établis par le présent décret se percevront à dater du jour de sa publication.

N° **243**. *Extrait du décret impérial relatif au droit établi sur les voitures de louage qui stationnent sur la voie publique.*

À Bayonne, le 9 juin 1808.

5. Il sera perçu, à titre de location des diverses places et autres portions de la voie publique affectées, par la police, au stationnement des voitures de louage, savoir :

Pour chaque fiacre roulant et stationnant, soixante-quinze francs par année ;

Et pour chaque cabriolet roulant et stationnant, cent francs aussi par année.

6. Les prix des locations, fixés par l'article précédent, seront payables par douzième, de mois en mois.

8. Les droits établis par le présent décret se percevront à dater du jour de sa publication.

N° **244**.— *Décret portant règlement pour le pesage, mesurage et jaugeage publics, dans la ville de Paris.*

Du 16 juin 1808.

..... **7.** Il (le préposé public) intervient nécessairement, et sans pouvoir être suppléé, sauf l'exception ci-après, pour toutes les ventes qui se font au poids avec de grandes balances, à la mesure avec l'hectolitre, le stère, le mètre et la jauge, dans les halles, places, marchés, chantiers de bois à brûler, ports, bateaux et autres lieux publics, soumis à la surveillance permanente de la police municipale. En conséquence, nul marchand ne peut avoir, dans les lieux publics susdésignés, des balances à fléaux ou romaines, ni des hectolitres, stères ou jauges, servant à peser ou à mesurer pour les particuliers.

8. Sont exceptées, sauf d'ailleurs au préposé public l'obligation d'y intervenir lorsqu'il en est requis par l'une des parties intéressées, les ventes en détail qui se font dans les lieux publics susdésignés, avec des balances à la main, quant aux marchandises qui se vendent au poids ; celles qui se font au boisseau ou décalitre, quant aux graines et autres marchandises qui se vendent à la mesure de capacité ; et les ventes de liquides, lorsque les pièces sont prises de gré à gré pour leur contenance, sans être mesurées ou jaugées.

18. Au moyen de l'établissement des divers employés publics de pesage, mesurage et jaugeage ci-dessus désignés, nul ne pourra faire dans Paris les fonctions de peseur pour autrui, à peine d'être poursuivi par voie de police correctionnelle, par la confiscation tant des poids et mesures que des marchandises trouvées dans son domicile ou bureau, conformément aux lois et règlements concernant l'octroi municipal et de bienfaisance de la ville de Paris, lesquels lois et règlements sont déclarés communs à la perception des droits de pesage, mesurage et jaugeage publics.

Les marchands fréquentant les halles et marchés publics ne pourront, sous la même peine, avoir dans lesdites halles et marchés, ou lieux voisins d'iceux, d'autres poids et mesures que ceux dont l'usage leur est permis par le présent décret.

N° **245.**—*Extrait du décret impérial qui défend la mendicité dans toute l'étendue de l'empire.*

Du 5 juillet 1808.

3. Dans les quinze premiers jours qui suivront l'établissement et l'organisation de chaque dépôt de mendicité, le préfet du département fera connaître par un avis que ledit dépôt étant établi et organisé, tous les individus mendiants et n'ayant aucun moyen de subsistance sont tenus de s'y rendre.

Cet avis sera publié et répété dans toutes les communes du département, pendant trois dimanches consécutifs.

4. A dater de la troisième publication, tout individu qui sera trouvé mendiant dans ledit département, sera arrêté d'après les ordres de l'autorité locale, et par les soins de la gendarmerie ou de toute autre force armée.

Il sera aussitôt traduit au dépôt de mendicité.

5. Les mendiants vagabonds seront arrêtés et traduits dans les maisons de détention.

N° **246.** — *Halles et marchés.* — *Extrait des minutes de la secrétairerie d'Etat.*

Au palais de Saint-Cloud, le 16 août 1808.

Napoléon, empereur des Français, roi d'Italie et protecteur de la confédération du Rhin,

Sur le rapport de notre ministre de l'intérieur;

Notre conseil d'Etat entendu,

Nous avons décrété et décrétons ce qui suit :

1. A compter du jour de la publication du présent décret, il sera payé, au profit de notre bonne ville de Paris, par chaque marchand grainetier, revendeur ou regrattier à la halle aux grains, une taxe d'abri, dont la quotité est fixée à trois francs par individu et par chaque marché.

2. Ce droit d'abri sera dû lors même que lesdits marchands grainetiers, revendeurs ou regrattiers ne viendraient pas, s'ils ont des marchandises en dépôt à la halle.

3. Cette perception se fera par chaque jour de marché, et le produit en sera compté, semaine par semaine, au receveur municipal de notre bonne ville de Paris.

4. Notre ministre de l'intérieur est chargé de l'exécution du présent décret.

N° **247.** — *Extrait du décret concernant les entrepreneurs de diligences et messageries ou autres voitures publiques.*

Du 28 août 1808.

1. Les propriétaires ou entrepreneurs de diligences, de messageries ou autres voitures publiques allant à destination fixe, se présenteront, dans la quinzaine de la publication du présent décret, dans le troisième arrondissement de la police, devant le préfet de police, et dans les autres arrondissements devant les préfets et sous-préfets, pour faire la déclaration de leurs voitures, du nombre de places qu'elles contiennent, du lieu de leur destination, du jour et de l'heure de leur départ, de leur arrivée et de leur retour, à peine de cinquante francs d'amende, conformément à l'article 3 du titre II de la loi du 29 août 1790.

Lorsqu'ils augmenteront ou diminueront le nombre de leurs voitures, changeront le lieu de leur résidence ou transféreront leur entreprise dans une autre commune, ils en feront également la déclaration.

2. Chaque voiture portera, à l'extérieur, le nom du propriétaire ou de l'entrepreneur et le numéro d'estampillage, conformément aux lois des 3 nivôse et 9 vendémiaire an VI (23 décembre et 30 septembre 1797).

3. Elle portera aussi, dans l'intérieur, l'indication du nombre des places qu'elle contient, le numéro et le prix de chaque place.

4. Les propriétaires et entrepreneurs se feront déclarer les noms et prénoms des voyageurs, leur profession, le lieu de leur domicile habituel, et en tiendront registre.

Ils enregistreront également les ballots, malles et paquets dont le transport leur sera confié; ils donneront extrait de cet enregistrement aux voyageurs, avec le numéro de leurs places.

Les registres seront sur papier timbré, et cotés et parafés.

5. Les conducteurs ne pourront prendre en route aucun voyageur, ni recevoir aucun paquet sans en faire mention sur leur feuille, en la forme indiquée par l'article précédent.

6. Il est défendu d'admettre dans les voitures un plus grand nombre de voyageurs que celui énoncé dans la déclaration, et d'en laisser monter sur l'impériale.

7. Le poids des paquets, ballots ou autres fardeaux sur l'impériale, ne pourra excéder vingt-cinq kilogrammes (cinquante livres) par chaque voyageur sur une voiture à quatre roues, et dix kilogrammes (vingt livres) sur une voiture à deux roues.

L'élévation de la charge sera, au plus, de quarante centimètres (quinze pouces) sur les voitures à quatre roues, et de vingt-sept centimètres (dix pouces) sur les voitures à deux roues.

8. Les voitures seront d'une construction solide, et pourvues de tout ce qui est nécessaire à la sûreté des voyageurs.

Les propriétaires ou les entrepreneurs sont garants de tous les accidents qui pourraient arriver par leur négligence.

9. Les voitures auront au moins un mètre soixante-deux centimètres (cinq pieds) de voie, entre les jantes de la partie des roues posant sur le sol

La voie des roues de devant ne pourra être moindre d'un mètre cinquante-neuf centimètres (quatre pieds onze pouces).

10. Les essieux seront en fer corroyé, percés à chaque extrémité, et fermés d'un écrou assujetti par une clavette goupillée, fixée dans le corps de l'écrou.

11. La conduite des voitures ne pourra être confiée qu'à des hommes pourvus de livret.

Elles seront dirigées par deux postillons, toutes fois qu'elles seront attelées, soit de six chevaux, soit même de cinq, lorsque le cinquième sera en *arbalète*.

12. Les décrets et arrêtés concernant les voitures publiques ou messageries, continueront de recevoir leur exécution en tout ce qui n'est pas contraire au présent décret.

13. Les employés aux ponts à bascule, soit aux barrières de Paris, soit ailleurs, seront tenus, sous peine de destitution, de peser, au moins une fois par trimestre, une des voitures publiques par chaque route desservie, pour assurer l'exécution de l'article 6 du décret du 23 juin 1806, et d'en justifier auprès des fonctionnaires désignés en l'article 1er, qui en rendront compte à nos ministres de la police et des finances.

En cas de contravention, ils en dresseront procès-verbal, et il y sera statué par le maire du lieu où le procès-verbal aura été dressé; et à Paris, par le préfet de police, conformément aux titres VII, VIII et IX du même décret du 23 juin.

14. Les dispositions des articles 3, 4, 5, 7, 9 et 13 ci-dessus, ne seront pas applicables aux voitures dites des environs de Paris.

16. Les rouliers, voituriers, charretiers, seront tenus de céder la moitié du pavé aux voitures des voyageurs. Les conducteurs des diligences et postillons sont autorisés à faire, en cas de contravention, leur déclaration à l'officier de police, à leur arrivée, en faisant connaître le nom du roulier ou voiturier, d'après sa plaque, et notre procureur, sur l'envoi de ce procès-verbal, sera tenu de poursuivre le roulier ou voiturier.

N° 248.—*Dépôt de mendicité de Villers-Coterets.*—*Extrait des minutes de la secrétairerie d'Etat.*

Madrid, 22 décembre 1808.

Napoléon, empereur des Français et roi d'Italie;

Nous avons créé et créons, par les présentes, au château de Villers-Coterets, une mendicité pour le dépôt de la Seine;

En conséquence, nous avons décrété et décrétons les dispositions suivantes :

1. Le château de Villers-Coterets sera disposé sans délai, et mis en état de recevoir mille mendiants de l'un et de l'autre sexe.

2. Il sera pourvu à cette dépense au moyen :

1° Du fonds de cent mille francs, qui sera versé par le trésor public, en exécution de notre décret du 31 juillet 1807;

2° D'une pareille somme de cent mille francs, qui sera payée par la ville de Paris, moitié sur les dépenses diverses et imprévues de son budget de 1808, moitié sur le même article de son budget de 1809;

3° D'une pareille somme, qui sera prise sur le fonds commun de mendicité, existant à la caisse d'amortissement.

3. Il sera pourvu au payement de la dépense d'administration et du régime économique, tant par la caisse départementale que par celle de notre bonne ville de Paris, dans les proportions qui seront ultérieurement fixées.

4. Tous les individus qui se livrent à la mendicité, soit dans notre bonne ville de Paris, soit dans l'étendue du département de la Seine, seront tenus de se rendre, avant le 15 janvier 1809, à ladite maison de mendicité, pour y être admis. Ils s'adresseront, à cet effet, au préfet de police et aux commissaires de police et de quartier.

5. A dater du 1er février, tout individu qui sera trouvé mendiant, soit à Paris, soit dans l'étendue du département de la Seine, sera conduit, soit par les soins des officiers de police, soit par la gendarmerie ou autre force armée, dans ladite maison.

6. Tous les individus ainsi conduits dans ladite maison, y seront écroués, en vertu d'une décision du sous-préfet constatant le fait de la mendicité ; ils seront retenus dans ladite maison jusqu'à ce qu'ils se soient rendus habiles à gagner leur vie par leur travail, et au moins pendant une année.

7. Le règlement provisoire dressé par notre ministre de l'intérieur est approuvé, pour être exécuté pendant le cours de l'année 1809, et jusqu'à ce que notre conseil d'Etat ait rédigé un projet de règlement définitif qui s'applique à toutes les maisons de mendicité, et qui concilie les mesures nécessaires pour la répression de la mendicité, et les formalités à suivre pour garantir de tous les abus, et assurer que la liberté des citoyens ne sera pas compromise.

8. Les présentes lettres de création seront insérées au *Bulletin des lois*, et mises à l'ordre de la gendarmerie.

9. Nos ministres de l'intérieur, des finances, du trésor public, de la guerre et de la police générale sont chargés, chacun en ce qui le concerne, de l'exécution du présent décret.

N° **249.** — *Avis du conseil d'Etat, relatif aux moyens de réprimer l'exercice illicite des fonctions d'agents de change et de courtiers sur les places de commerce, par des individus non commissionnés.*

Au camp impérial de Schoenbrunn, le 17 mai 1809.

Le conseil d'Etat qui, d'après le renvoi ordonné par Sa Majesté, a entendu le rapport de la section de l'intérieur sur celui du ministre de ce département, relatif aux moyens de réprimer l'exercice illicite des fonctions d'agents de change et de courtiers sur les places de commerce, par des individus non commissionnés à cet effet, et en contravention aux dispositions de la loi du 28 ventôse an **IX**, qui a réorganisé les bourses de commerce ;

Considérant qu'il importe, sans doute, de garantir aux agents de change et aux courtiers de commerce patentés et institués légalement, l'exercice des fonctions qui leur sont attribuées par la loi, exclusivement à tous autres ; mais que la mesure proposée de faire prononcer administrativement sur les délits qui sont de la compétence des tribunaux, n'atteindrait pas même le but qu'on désire, puisque les maires et les conseils de préfecture ne seraient pas investis, pour constater les contraventions, et appliquer les peines de la loi, de moyens plus puissants que les tribunaux de première instance jugeant correctionnellement, à qui cette compétence appartient ;

Est d'avis que le projet de décret présenté par le ministre, tendant à donner à l'autorité administrative locale, l'attribution de la police de l'agence de change et du courtage, ne peut être adopté ;

Qu'il convient d'appliquer à toutes les bourses de commerce les dispositions des articles 2 et 3 du décret impérial du 10 septembre 1808, rendu pour l'établissement de la bourse d'Amiens, portant, article 2, que le grand-juge, ministre de la justice, donnera aux procureurs généraux et impériaux l'ordre de poursuivre, selon la rigueur des lois, tous agents de change, courtiers et négociants contrevenant aux lois sur les bourses de commerce, et au Code de commerce, même par information et sans procès-verbaux préalable, ni dénon-

« ciation des syndics et adjoints des courtiers et agents de change ; »

Que le ministre de la police générale donnera des ordres particuliers aux commissaires de police, pour veiller à l'exécution des lois sur cette matière, et informera les cours et tribunaux des faits parvenus à sa connaissance,

Et que le présent avis soit inséré au *Bulletin des Lois.*

N° 250. — *Décret impérial concernant les nouveaux poinçons pour la garantie des matières et ouvrages d'or et d'argent.*

Au camp impérial de Wolkersdorff, le 7 juillet 1809.

Napoléon, empereur des Français, roi d'Italie et protecteur de la confédération du Rhin ;

Sur le rapport de notre ministre des finances ;

Notre conseil d'Etat entendu,

Nous avons décrété et décrétons ce qui suit :

1. Les nouveaux poinçons pour la garantie des matières et ouvrages d'or et d'argent, fabriqués en exécution du décret impérial du 11 prairial an 12, seront employés exclusivement dans tous les bureaux de garantie, à compter du 1er septembre 1809.

Dans le délai de deux mois, à compter du jour qui sera fixé par notre ministre des finances, les fabricants et marchands orfèvres, et tous autres faisant le commerce d'ouvrages d'or et d'argent, seront tenus de porter au bureau de garantie de leur arrondissement leurs ouvrages neufs, d'or et d'argent, pour y faire mettre, sans frais, l'empreinte du nouveau poinçon de recense.

2. Le nouveau poinçon de recense ne pourra être apposé que sur les ouvrages revêtus des poinçons de titre et de garantie, ou de recense, qui ont été fabriqués en exécution de la loi du 19 brumaire an VI. Ces mêmes poinçons, dont il ne sera plus fait usage, seront renvoyés à l'administration des monnaies, qui les fera biffer en sa présence.

3. Les ouvrages d'or et d'argent venant de l'étranger seront envoyés pour être marqués du poinçon *E. T.*, et payer le droit, dans les bureaux de garantie établis à Aix-la-Chapelle, Alexandrie, Amiens, Anvers, Arras, Asti, Bayonne, Besançon, Bordeaux, Brest, Bruges, Caen, Carcassonne, Chambéry, Chiavari, Colmar, Coblentz, Cologne, Coni, Digne, Dijon, Dunkerque, Foix, Fontenai, Gap, Gènes, Genève, le Havre, la Rochelle, Liége, Lille, Lons le-Saulnier, Luxembourg, Marseille, Maestricht, Mayence, Metz, Montbéliard, Montpellier, Nantes, Nice, Parme, Pau, Perpignan, Plaisance, Rouen, Ruremonde, Saint-Brieuc, Saint-Lô, Saint-Omer, Saint-Malo, Savone, Spire, Strasbourg, Tarbes, Toulon, Turin, Valognes, Vannes, Verceil, Livourne, Florence, Sienne.

4. Notre ministre des finances est chargé de l'exécution du présent décret.

N° **251**. — *Arrêté de S. Ex. le ministre des finances, concernant les nouveaux poinçons pour la garantie des matières et ouvrages d'or et d'argent.*

Paris, le 1er août 1809.

Le comte de l'Empire, ministre des finances, arrête ce qui suit :

1. Le délai de deux mois accordé aux fabricants et marchands or-fèvres, et à tous autres faisant le commerce d'or et d'argent, pour la recense gratuite desdits ouvrages, conformément aux articles 1 et 2 du décret ci-dessus, du 7 juillet dernier, commencera à courir à compter du 1er septembre prochain.

2. Expédition du présent arrêté sera adressée à l'administration des monnaies et à MM. les préfets des départements, qui sont invités à le faire imprimer et afficher dans leurs arrondissements respectifs, ainsi que le décret impérial du 7 juillet dernier.

N° **252**. — *Décret impérial qui défend d'introduire dans le vinaigre des acides minéraux ou des mèches soufrées* (1).

Au palais impérial de Trianon, le 22 décembre 1809.

Napoléon, empereur des Français, roi d'Italie, protecteur de la con-fédération du Rhin, etc., etc., etc.

Sur le rapport de notre ministre de l'intérieur ;

Vu les dispositions de la loi du 22 juillet 1791, relatives aux peines à infliger aux falsificateurs des boissons, etc.;

Considérant que, dans certains départements, les fabricants et mar-chands de vinaigre, sous prétexte d'augmenter la force et la qualité acide de ce liquide, sont dans l'usage d'y introduire des acides miné-raux ou des mèches soufrées qui, lors de leur combustion, produisent l'acide sulfurique ;

Considérant que l'usage intérieur d'un vinaigre contenant de l'acide sulfurique, est nuisible à la santé ;

Notre conseil d'Etat entendu ,

Nous avons décrété et décrétons ce qui suit :

1. Il est défendu aux fabricants et marchands de vinaigre d'ajouter, sous quelque prétexte que ce soit, des acides minéraux, et spécialement de l'acide sulfurique à leurs vinaigres, ni d'y introduire des mèches soufrées.

2. Notre ministre de l'intérieur fera publier une instruction pour indiquer les moyens de reconnaître la présence et estimer la quantité de l'acide sulfurique qui pourrait avoir été ajouté au vinaigre.

3. Les contrevenants seront poursuivis comme falsificateurs de boissons, conformément à la loi du 22 juillet 1791.

4. Notre grand-juge, ministre de la justice, et nos ministres de l'in-térieur et de la police générale, sont chargés, chacun en ce qui le concerne, de l'exécution du présent décret, qui sera inséré au *Bulletin des Lois*.

(1) V. ci-après à sa date, l'extrait du registre des délibérations de l'assemblée de la Faculté de médecine de Paris (22 février 1810) et l'instruction de même date, pour reconnaître les vi-naigres qui contiennent de l'acide sulfurique.

N° **253**. — *Décret impérial contenant règlement sur l'imprimerie et la librairie.*

Au palais des Tuileries, le 5 février 1810.

Napoléon, par la grâce de Dieu et les constitutions, empereur des Français, roi d'Italie, protecteur de la confédération du Rhin, médiateur de la confédération Suisse, etc., etc., etc.

Notre conseil d'Etat entendu ,

Nous avons décrété et décrétons ce qui suit :

TITRE Ier.

De la direction de l'imprimerie et de la librairie.

1. Il y aura un directeur général, chargé, sous les ordres de notre ministre de l'intérieur, de tout ce qui est relatif à l'imprimerie et à la librairie.

2. Six auditeurs seront placés auprès du directeur général.

TITRE II.

De la profession d'imprimeur.

3. A dater du 1er janvier 1811, le nombre des imprimeurs, dans chaque département, sera fixé, et celui des imprimeurs à Paris sera réduit à soixante.

4. La réduction dans le nombre des imprimeurs ne pourra être effectuée sans qu'on ait préalablement pourvu à ce que les imprimeurs actuels qui seront supprimés, reçoivent une indemnité de ceux qui seront conservés.

5. Les imprimeurs seront brevetés et assermentés.

6. Ils seront tenus d'avoir à Paris quatre presses, et dans les départements, deux.

7. Lorsqu'il viendra à vaquer des places d'imprimeurs, soit par décès, soit autrement, ceux qui leur succéderont ne pourront recevoir leurs brevets et être admis au serment, qu'après avoir justifié de leur capacité, de leurs bonne vie et mœurs, et de leur attachement à la patrie et au souverain.

8. On aura, lors des remplacements, des égards particuliers pour les familles des imprimeurs décédés.

9. Le brevet d'imprimeur sera délivré par notre directeur général de l'imprimerie, et soumis à l'approbation de notre ministre de l'intérieur : il sera enregistré au tribunal civil du lieu de la résidence de l'impétrant, qui y prêtera serment de ne rien imprimer de contraire aux devoirs envers le souverain et à l'intérêt de l'Etat.

TITRE III.

De la police de l'imprimerie.

SECTION PREMIÈRE.

De la garantie de l'administration.

10. Il est défendu de rien imprimer ou faire imprimer qui puisse porter atteinte aux devoirs des sujets envers le souverain, et à l'intérêt de l'Etat. Les contrevenants seront traduits devant nos tribunaux, et punis conformément au Code pénal, sans préjudice du droit qu'aura notre ministre de l'intérieur, sur le rapport du directeur général, de retirer le brevet à tout imprimeur qui aura été pris en contravention.

11. Chaque imprimeur sera tenu d'avoir un livre coté et parafé par le préfet du département, où il inscrira, par ordre de date, le titre de chaque ouvrage qu'il voudra imprimer, et le nom de l'auteur, s'il lui est connu. Ce livre sera représenté à toute réquisition, et visé s'il est jugé convenable, par tout officier de police.

12. L'imprimeur remettra ou adressera sur-le-champ au directeur général de l'imprimerie et de la librairie, et en outre aux préfets, copie de la transcription faite sur son livre et la déclaration qu'il a l'intention d'imprimer l'ouvrage : il lui en sera donné récépissé.

Les préfets donneront connaissance de chacune de ces déclarations à notre ministre de la police générale.

13. Le directeur général pourra ordonner, si bon lui semble, la communication et l'examen de l'ouvrage, et surseoir à l'impression.

14. Lorsque le directeur général aura sursis à l'impression d'un ouvrage, il l'enverra à un censeur choisi parmi ceux que nous nommerons pour remplir cette fonction, sur l'avis du directeur général et la proposition de notre ministre de l'intérieur.

15. Notre ministre de la police générale, et les préfets dans leurs départements, feront surseoir à l'impression de tous ouvrages qui leur paraîtront en contravention à l'article 10 : en ce cas, le manuscrit sera envoyé dans les vingt-quatre heures au directeur général, comme il est dit ci-dessus.

16. Sur le rapport du censeur, le directeur général pourra indiquer à l'auteur les changements ou suppressions jugés convenables, et, sur son refus de les faire, défendre la vente de l'ouvrage, faire rompre les formes, et saisir les feuilles ou exemplaires déjà imprimés.

17. En cas de réclamation de l'auteur, elle sera adressée à notre ministre de l'intérieur, et il sera procédé à un nouvel examen.

18. Un nouveau censeur en sera chargé : il rendra compte au directeur général, lequel, assisté du nombre de censeurs qu'il jugera à propos de s'adjoindre, décidera définitivement.

19. Lorsque le directeur général jugera qu'un ouvrage, qu'on se propose d'imprimer intéresse quelque partie du service public, il en préviendra le ministre du département auquel l'objet de cet ouvrage sera relatif, et, sur la demande de ce ministre, il en ordonnera l'examen.

20. Si nos ministres sont informés, autrement que par le directeur général, qu'un auteur ou un imprimeur se propose d'imprimer un ouvrage qui intéresse quelque partie de leurs attributions, et qui doive être soumis à l'examen, ils requerront le directeur général d'ordonner qu'il soit examiné.

Le résultat de cet examen sera communiqué au ministre du département; et, en cas de diversité d'opinions, il nous en sera rendu compte par notre ministre de l'intérieur.

SECTION II.

De la garantie des auteurs et imprimeurs.

21. Tout auteur ou imprimeur pourra, avant l'impression, soumettre à l'examen l'ouvrage qu'il veut imprimer ou faire imprimer ; il lui en sera donné un récépissé, à Paris au secrétariat du directeur général, et dans les départements au secrétariat de la préfecture.

22. Il en sera usé dans ce cas comme il est dit aux articles 14, 15, 16, 17 et 18.

Dispositions relatives à l'exécution des deux sections précédentes.

23. Lorsque le directeur général pensera qu'il n'y a pas lieu à examiner un ouvrage, et qu'aucun de nos ministres n'en aura provoqué l'examen, le directeur général enverra un récépissé de la feuille de transcription du registre de l'imprimeur; et il pourra alors être donné suite à l'impression.

24. Lorsque l'ouvrage que l'imprimeur aura déclaré vouloir imprimer aura été examiné, soit d'office, soit sur la demande d'un de nos ministres, soit d'après un sursis ordonné par le ministre de la police et les préfets dans leur département, soit enfin sur la demande de l'auteur, et qu'il n'y aura été rien trouvé de contraire aux dispositions de l'article 10, il en sera dressé procès-verbal par le censeur, qui parafera l'ouvrage; et copie du procès-verbal, visée par le directeur général, sera transmise, selon le cas, à l'auteur ou à l'imprimeur.

25. Si le directeur général, sur l'avis du censeur, a décidé qu'il y a lieu à des changements ou suppressions, il en sera fait mention audit procès-verbal, et l'auteur ou l'imprimeur seront tenus de s'y conformer.

26. La vente et circulation de tout ouvrage dont l'auteur ou éditeur ne pourra représenter un tel procès-verbal, pourra être suspendue ou prohibée, en vertu d'une décision de notre ministre de la police ou de notre directeur de l'imprimerie, ou des préfets, chacun dans leur département : et, en ce cas, les éditions ou exemplaires pourront être saisis ou confisqués entre les mains de tout imprimeur ou libraire.

27. La vente et circulation de tout ouvrage dont l'auteur, éditeur ou imprimeur, pourra représenter le procès-verbal dont il est parlé à l'article 24, ne pourra être suspendue, et les exemplaires provisoirement mis sous le sequestre, que par notre ministre de la police.

En ce cas, et dans les vingt-quatre heures, notre ministre de la police transmettra à la commission du contentieux de notre conseil d'Etat un exemplaire dudit ouvrage, avec l'exposé des motifs qui l'ont déterminé à en ordonner la suspension.

28. Le rapport et l'avis de la commission du contentieux seront renvoyés à notre conseil d'Etat, pour être statué définitivement.

TITRE IV.

Des libraires.

29. A dater du 1er janvier 1811, les libraires seront brevetés et assermentés.

30. Les brevets de libraires seront délivrés par notre directeur général de l'imprimerie, et soumis à l'approbation de notre ministre de l'intérieur : ils seront enregistrés au tribunal civil du lieu de la résidence de l'impétrant, qui y prêtera serment de ne vendre, débiter et distribuer aucun ouvrage contraire aux devoirs envers le souverain et à l'intérêt de l'Etat.

31. La profession de libraire pourra être exercée concurremment avec celle d'imprimeur.

32. L'imprimeur qui voudra réunir la profession de libraire sera tenu de remplir les formalités qui sont imposées aux libraires.

Le libraire qui voudra réunir la profession d'imprimeur, sera tenu de remplir les formalités qui sont imposées aux imprimeurs.

53. Les brevets ne pourront être accordés aux libraires qui voudront s'établir à l'avenir, qu'après qu'ils auront justifié de leurs bonne vie et mœurs, et de leur attachement à la patrie et au souverain.

TITRE V.

Des livres imprimés à l'étranger.

54. Aucun livre en langue française ou latine, imprimé à l'étranger, ne pourra entrer en France sans payer un droit d'entrée.

55. Ce droit ne pourra être au-dessous de cinquante pour cent de la valeur de l'ouvrage.

Le tarif en sera rédigé par le directeur général de la librairie, et délibéré en notre conseil d'Etat, sur le rapport de notre ministre de l'intérieur.

56. Indépendamment des dispositions de l'article 34, aucun livre imprimé ou réimprimé hors de la France, ne pourra être introduit en France sans une permission du directeur général de la librairie, annonçant le bureau de douane par lequel il entrera.

57. En conséquence, tout ballot de livres venant de l'étranger, sera mis par le préposé des douanes, sous corde et sous plomb, et envoyé à la préfecture la plus voisine.

58. Si les livres sont reconnus conformes à la permission, chaque exemplaire, ou le premier volume de chaque exemplaire, sera marqué d'une estampille au lieu du dépôt provisoire, et ils seront remis au propriétaire.

TITRE VI.

De la propriété et de sa garantie.

39. Le droit de propriété est garanti à l'auteur et à sa veuve pendant leur vie, si les conventions matrimoniales de celle-ci lui en donnent le droit, et à leurs enfants pendant vingt ans.

40. Les auteurs, soit nationaux, soit étrangers, de tout ouvrage imprimé ou gravé, peuvent céder leur droit à un imprimeur ou libraire, ou à toute autre personne qui est alors substituée en leur lieu et place, pour eux et leurs ayants cause, comme il est dit à l'article précédent.

TITRE VII.

SECTION PREMIÈRE.

Des délits en matières de librairie et du mode de les punir et de les constater.

41. Il y aura lieu à confiscation et amende au profit de l'Etat, dans les cas suivants, sans préjudice des dispositions du Code pénal :

1° Si l'ouvrage est sans nom d'auteur ou d'imprimeur ;

2° Si l'auteur ou l'imprimeur n'a pas fait, avant l'impression de l'ouvrage, l'enregistrement et la déclaration prescrits aux articles 11 et 12 ;

3° Si l'ouvrage ayant été demandé pour être examiné, on n'a pas suspendu l'impression ou la publication ;

4° Si l'ouvrage ayant été examiné, l'auteur ou l'imprimeur se permet de le publier, malgré la défense prononcée par le directeur général.

5° Si l'ouvrage est publié malgré la défense du ministre de la police générale, quand l'auteur, éditeur ou imprimeur n'a pu représenter le procès-verbal dont il est parlé article 24 ;

6° Si, étant imprimé à l'étranger, il est présenté à l'entrée sans permission, ou circule sans être estampillé ;

7° Si c'est une contrefaçon, c'est-à-dire, si c'est un ouvrage imprimé sans le consentement et au préjudice de l'auteur ou éditeur, ou de leurs ayants cause.

42. Dans ce dernier cas, il y aura lieu, en outre, à des dommages-intérêts envers l'auteur ou éditeur, ou leurs ayants cause; et l'édition ou les exemplaires contrefaits seront confisqués à leur profit.

43. Les peines seront prononcées et les dommages-intérêts seront arbitrés par le tribunal correctionnel ou criminel selon les cas et d'après les lois.

44. Le produit des confiscations et des amendes sera appliqué, ainsi que le produit du droit sur les livres venant de l'étranger, aux dépenses de la direction générale de l'imprimerie et librairie.

SECTION II.

Du mode de constater les délits et contraventions.

45. Les délits et contraventions seront constatés par les inspecteurs de l'imprimerie et de la librairie, les officiers de police, et en outre par les préposés aux douanes pour les livres venant de l'étranger.

Chacun dressera procès-verbal de la nature du délit et contravention, des circonstances et dépendances, et le remettra au préfet de son arrondissement, pour être adressé au directeur général.

46. Les objets saisis sont déposés provisoirement au secrétariat de la mairie, ou commissariat général de la sous-préfecture ou de la préfecture la plus voisine du lieu où le délit ou la contravention sont constatés, sauf l'envoi ultérieur à qui de droit.

47. Nos procureurs généraux ou impériaux seront tenus de poursuivre d'office, dans tous les cas prévus à la section précédente, sur la simple remise qui leur sera faite d'une copie des procès-verbaux dûment affirmés.

TITRE VIII.

Dispositions diverses.

48. Chaque imprimeur sera tenu de déposer à la préfecture de son département, et, à Paris, à la préfecture de police, cinq exemplaires de chaque ouvrage, savoir :

Un pour la bibliothèque impériale, un pour le ministre de l'intérieur, un pour la bibliothèque de notre conseil d'Etat, un pour le directeur général de la librairie.

49. Il sera statué par des règlements particuliers, comme il est dit à l'article 3, sur ce qui concerne :

1° Les imprimeurs et libraires, leur réception et leur police,

2° Les libraires étaleurs, lesquels ne sont pas compris dans les dispositions ci-dessus,

3° Les fondeurs de caractères,

4° Les graveurs,

5° Les relieurs et ceux qui travaillent dans toutes les autres parties de l'art ou du commerce de l'imprimerie et librairie.

50. Ces règlements seront proposés et arrêtés en conseil d'Etat, sur la proposition du directeur général de la librairie, et le rapport de notre ministre de l'intérieur.

51. Nos ministres sont chargés, chacun en ce qui le concerne, de l'exécution de notre présent décret, qui sera inséré au *Bulletin des Lois.*

N° **254**. — *Extrait du registre des délibérations de l'assemblée de la Faculté de médecine de Paris.*

Séance du 22 février 1810.

Le vinaigre est un de ces acides dont on se sert journellement pour assaisonner les aliments : son emploi, dans ce cas, n'offre aucun inconvénient lorsqu'il est pur et naturel ; mais le contraire arrive lorsqu'il contient des acides étrangers à sa composition.

Tous les fabricants de vinaigre ne sont pas sans doute suffisamment convaincus de cette vérité, puisque plusieurs d'entre eux ne se font pas scrupule d'ajouter à leurs vinaigres de l'acide sulfurique.

Cette fraude, qui bientôt deviendrait générale si on négligeait de l'arrêter, a dû nécessairement fixer l'attention du gouvernement. Aussi, après des observations faites à cet égard par le ministre de l'intérieur, a-t-il été rendu, en conseil d'Etat, un décret, en date du 22 décembre dernier, qui défend aux fabricants et marchands de vinaigre, sous quelque prétexte que ce soit, d'ajouter à leurs vinaigres de l'acide sulfurique, et même d'y introduire des mèches soufrées.

Le même décret prononce des peines contre ceux qui seront pris en contravention, et ordonne que le ministre de l'intérieur fera publier une instruction qui indiquera les moyens de reconnaître la présence, et d'estimer la quantité d'acide sulfurique qui pourrait avoir été ajoutée au vinaigre.

C'est sur le mode de rédaction de l'instruction dont il s'agit, que le ministre a cru devoir consulter la Faculté : cette instruction, d'après le désir que le ministre a exprimé dans sa lettre, devait être faite avec précision et clarté.

Voici celle que votre commission présente, et qui, si elle ne se trompe, suffira pour satisfaire aux conditions demandées.

Instruction pour reconnaître les vinaigres qui contiennent de l'acide sulfurique.

1. Le décret en date du 22 décembre dernier, rendu en conseil d'Etat, porte qu'il est défendu aux fabricants et marchands de vinaigre d'ajouter, sous quelque prétexte que ce soit, des acides minéraux, et spécialement de l'acide sulfurique, à leurs vinaigres, ni d'y introduire des mèches soufrées. On reconnaîtra facilement les contraventions qui seront commises à cet égard, en versant vingt gouttes d'une solution aqueuse de muriate de baryte dans environ quatre onces de vinaigre qu'on aura eu soin auparavant de filtrer, s'il n'était pas clair.

2. Cette épreuve devra être faite dans un vase de verre bien transparent.

3. Si le mélange ne se trouble pas, on sera disposé à croire qu'il ne contient pas d'acide sulfurique ; si, au contraire, il se trouble, et que peu de temps après il se forme un précipité au fond du vase, on conclura qu'il y a dans le vinaigre, soumis à l'expérience, de l'acide sulfurique.

4. La quantité plus ou moins grande de précipité formé, suffira pour donner une idee approximative de la quantité d'acide sulfurique que le vinaigre contenait.

5. Ce genre d'essai ne pourra être confié qu'à des personnes habituées à en faire de semblables.

6. Dans le cas où le propriétaire d'un vinaigre qui aurait été jugé, d'après l'expérience qui vient d'être proposée, contenir de l'acide sulfurique, déclarerait ne pas s'en rapporter à cette seule épreuve, il en serait référé à des chimistes qui, après avoir procédé par les voies d'analyse, établiraient, dans un rapport, leur opinion sur la qualité de ce vinaigre.

7. Tout vinaigre reconnu pour contenir de l'acide sulfurique, sera saisi, et ne devra plus être remis dans le commerce, qu'après avoir été infecté avec de l'essence de térébenthine, afin que, par ce moyen, il ne puisse plus être employé dans la préparation des aliments.

8. Les vinaigriers pris en contravention seront poursuivis comme falsificateurs de boissons, conformément à la loi du 22 juillet 1791.

L'assemblée, dans sa séance du 22 février présent mois, après avoir entendu la lecture du rapport ci-dessus, en a adopté le contenu, et a arrêté qu'une copie en serait adressée à S. Exc. le ministre de l'intérieur.

Nº 255. — *Décret impérial concernant la fourniture, la distribution et le prix des passe-ports et permis de port d'armes de chasse* (1).

> Au palais de Rambouillet, le 11 juillet 1810.

Napoléon, empereur des Français, roi d'Italie, protecteur de la confédération du Rhin, médiateur de la confédération suisse;

Sur le rapport de notre ministre des finances;

Notre conseil d'Etat entendu,

Nous avons décrété et décrétons ce qui suit :

§ 1er. — *Fourniture des passe-ports et permis de ports d'armes de chasse.*

1. L'administration de l'enregistrement sera chargée de fournir, à compter du 1er octobre prochain, les passe-ports et permis de port d'armes de chasse, conformes aux modèles annexés au présent décret.

2. Ils seront uniformes et timbrés, à Paris, pour tout l'Empire. L'empreinte noire portera la légende : *Police générale.*

3. Les passe-ports et les permis de port d'armes seront à talon ou souche, et reliés en registre.

§ II. — *De la distribution des passe-ports.*

4. L'administration de l'enregistrement adressera au directeur de chaque département les registres de passe-ports nécessaires au service sur les ordres de notre ministre de la police générale.

5. Le directeur de chaque département prendra les ordres du préfet, pour l'envoi des registres de passe-ports aux receveurs ou percepteurs des contributions de chaque commune.

---

(1) Voir ci-après à sa date, la loi sur la police de la chasse, du 3 mai 1844.

6. La recette du prix des passe-ports sera versée, chaque mois, à la caisse du receveur des contributions du chef–lieu d'arrondissement, avec indication du nombre des passe-ports qui auront été délivrés dans le mois. Il en sera fait un article particulier de recette dans les comptes. Chaque mois, les receveurs d'arrondissement adresseront au directeur de l'enregistrement le bordereau indicatif du nombre des passe-ports et de la recette.

7. La régie de l'enregistrement pourra faire vérifier, par ses préposés, l'état des registres de passe-ports, toutes les fois qu'elle le jugera utile.

8. Les passe-ports ne seront valables que pour un an, à dater du jour de leur délivrance.

§ III. — *Du prix des passe-ports.*

9. Le prix des passe-ports est fixé, savoir :
Pour les passe-ports à l'intérieur de l'Empire, à deux francs ;
Pour les passe-ports à l'étranger, à dix francs.
Dans cette fixation sont compris les frais de papier et de timbre, et tous frais d'expédition.
Les prix ci-dessus fixés seront imprimés sur les passe-ports.

§ IV. — *Distribution des permis de port d'armes de chasse.*

10. L'administration de l'enregistrement adressera au directeur de chaque département, des registres de permis de port d'armes de chasse.

11. Le prix en sera payé aux receveurs de l'enregistrement du chef-lieu du département, et il en sera fait un article particulier de recette.

12. Les permis de port d'armes de chasse ne seront valables que pour un an, à dater du jour de leur délivrance.

§ V. — *Du prix des permis de port d'armes de chasse.*

13. Le prix des permis de port d'armes de chasse est fixé à trente francs, y compris les frais de papier, timbre et expédition.

14. Nos ministres, chacun en ce qui le concerne, sont chargés de l'exécution du présent décret qui sera inséré au *Bulletin des Lois.*

N° **256.** — *Décret impérial concernant les remèdes secrets.*

Au palais de Saint-Cloud, le 18 août 1810.

Napoléon, empereur des Français, roi d'Italie, protecteur de la confédération du Rhin, médiateur de la confédération suisse, etc., etc.

Plusieurs inventeurs de remèdes spécifiques contre diverses maladies, ou de substances utiles à l'art de guérir, ont obtenu des permissions de les débiter, en gardant le secret de leurs compositions ;

D'autres demandent encore, pour des cas pareils, de semblables autorisations.

D'après le compte que nous nous sommes fait rendre, nous avons reconnu que si ces remèdes sont utiles au soulagement des maladies, notre sollicitude constante pour le bien de nos sujets doit nous porter à en répandre la connaissance et l'emploi, en achetant des inventeurs la recette de leur composition ; que c'est pour les possesseurs de tels secrets un devoir de se prêter à leur publication, et que leur empressement doit être d'autant plus grand, qu'ils ont plus de confiance dans leur découverte;

En conséquence, voulant d'un côté propager les lumières et augmenter les moyens utiles à l'art de guérir, et de l'autre empêcher le charlatanisme d'imposer un tribut à la crédulité, ou d'occasionner des accidents funestes, en débitant des drogues sans vertu ou des substances inconnues, et dont on peut, par ce motif, faire un emploi nuisible à la santé ou dangereux pour la vie de nos sujets;

Notre conseil d'Etat entendu,

Nous avons décrété et décrétons ce qui suit :

TITRE Ier.

Des remèdes dont la vente a déjà été autorisée.

1. Les permissions accordées aux inventeurs ou propriétaires de remèdes ou compositions dont ils ont seuls la recette, pour vendre et débiter ces remèdes, cesseront d'avoir leur effet à compter du 1er janvier prochain.

2. D'ici à cette époque, lesdits inventeurs ou propriétaires remettront, s'ils le jugent convenable, à notre ministre de l'intérieur, qui ne la communiquera qu'aux commissions dont il sera parlé ci-après, la recette de leurs remèdes ou compositions, avec une notice des maladies auxquelles on peut les appliquer, et des expériences qui en ont déjà été faites.

3. Notre ministre nommera une commission composée de cinq personnes, dont trois seront prises parmi les professeurs de nos écoles de médecine, à l'effet, 1° d'examiner la composition du remède, et de reconnaître si son administration ne peut être dangereuse ou nuisible en certains cas ; 2° si ce remède est bon en soi, s'il a produit et produit encore des effets utiles à l'humanité ; 3° quel est le prix qu'il convient de payer, pour son secret, à l'inventeur du remède reconnu utile, en proportionnant ce prix, 1° au mérite de la découverte, 2° aux avantages qu'on en a obtenus ou qu'on peut en espérer pour le soulagement de l'humanité, 3° aux avantages personnels que l'inventeur en a retirés ou pourrait en attendre encore.

4. En cas de réclamation de la part des inventeurs, il sera nommé, par notre ministre de l'intérieur, une commission de révision, à l'effet de faire l'examen du travail de la première, d'entendre les parties, et de donner un nouvel avis.

5. Notre ministre de l'intérieur nous fera, d'après le compte qui lui sera rendu par chaque commission, et après avoir entendu les inventeurs, un rapport sur chacun de ces remèdes secrets, et prendra nos ordres sur la somme à accorder à chaque inventeur ou propriétaire.

6. Notre ministre de l'intérieur fera ensuite un traité avec les inventeurs. Le traité sera homologué en notre conseil d'Etat, et le secret publié sans délai.

TITRE II.

Des remèdes dont le débit n'a pas encore été autorisé.

7. Tout individu qui aura découvert un remède et voudra qu'il en soit fait usage, en remettra la recette à notre ministre de l'intérieur, comme il est dit article 2.

Il sera ensuite procédé à son égard comme il est dit articles 3, 4 et 5.

TITRE III.

Dispositions générales.

8. Nulle permission ne sera accordée désormais aux auteurs d'aucun remède simple ou composé dont ils voudraient tenir la composition secrète, sauf à procéder comme il est dit aux titres 1 et 2.

9. Nos procureurs et nos officiers de police sont chargés de poursuivre les contrevenants, par-devant nos tribunaux et cours, et de faire prononcer contre eux les peines portées par les lois et règlements.

10. Notre grand-juge, ministre de la justice, nos ministres de l'intérieur et de la police sont chargés de l'exécution de notre présent décret.

N° 257. — *Extrait du décret relatif au mode de constater les contraventions en matière de grande voirie, de poids des voitures et de police sur le roulage.*

Du 18 août 1810.

1. Les préposés aux droits réunis (contributions indirectes) et aux octrois seront à l'avenir appelés concurremment avec les fonctionnaires publics désignés en l'article 2 de la loi du 29 floréal an x (1), à constater les contraventions en matière de grande voirie de poids des voitures et de police sur le roulage.

2. Les préposés ci-dessus désignés, ainsi que les fonctionnaires publics désignés en l'article 2 de la loi du 29 floréal an x, seront tenus d'affirmer, devant le juge de paix, les procès-verbaux qu'ils seront dans le cas de rédiger, lesquels ne pourront autrement faire foi et motiver une condamnation.

N° 258. — *Décret impérial concernant les pièces d'or de 48 et 24 livres tournois, et les pièces d'argent de 6 et de 3 livres.*

Au palais de Saint-Cloud, le 12 septembre 1810.

Napoléon, empereur des Français, roi d'Italie, protecteur de la confédération du Rhin, médiateur de la confédération Suisse,
Sur le rapport de nos ministres des finances et du trésor public,

Nous avons décrété et décrétons ce qui suit :

1. A compter du jour de la publication du présent décret, la valeur réduite en francs des pièces d'or de 48 livres et de 24 livres tournois,

---

(1) Les fonctionnaires désignés en l'article 2 de la loi du 29 floréal an 10, sont les maires et adjoints, les ingénieurs des ponts et chaussées, leurs conducteurs, les agents de la navigation, les commissaires de police et la gendarmerie.

des pièces d'argent de 6 et de 3 livres tournois, est et demeure réglée ainsi qu'il suit ; savoir :

La pièce de 48 livres tournois à.......... 47 fr. 20 c.
La pièce de 24 livres tournois à.......... 23   55
La pièce de 6 livres tournois à.......... 5   80
La pièce de 3 livres tournois à.......... 2   75

Lesdites pièces seront admises à ce taux dans les caisses publiques, et dans les payements entre particuliers.

2. Les pièces ci-dessus seront en outre, et à la volonté des porteurs, reçues au poids, au change des monnaies ; savoir :
Celles de 48 et 24 livres, à raison de trois mille quatre-vingt-quatorze francs quarante-trois centimes le kilogramme :
Et celles de 6 et 3 livres, à raison de cent quatre-vingt-dix-huit francs trente-un centimes.

5. Les pièces dites de 30 sous et de 15 sous circuleront pour la valeur d'un franc cinquante centimes, et de soixante-quinze centimes ; mais elles ne pourront entrer dans les payements que pour les appoints au-dessous de cinq francs.

4. Nos ministres sont chargés de l'exécution du présent décret, qui sera inséré au *Bulletin des Lois* de demain 13 du courant.

────────◦────────

N° **259**. — *Décret impérial concernant les individus de l'un et de l'autre sexe qui sont ou qui voudront se mettre en service à Paris en qualité de domestiques.*

Au palais de Fontainebleau, le 3 octobre 1810.

Napoléon, empereur des Français, roi d'Italie, protecteur de la confédération du Rhin, médiateur de la confédération Suisse.
Sur le rapport de notre ministre de la police générale ;
Notre conseil d'Etat entendu,

Nous avons décrété et décrétons ce qui suit :

1. Dans le mois qui suivra la promulgation du présent décret, tous les individus de l'un et de l'autre sexe qui sont actuellement ou qui voudront se mettre en service, à l'année, au mois, même au jour, en qualité de domestiques, sous quelque dénomination que ce soit, dans notre bonne ville de Paris, seront inscrits dans les bureaux qui seront désignés par le préfet de police, soit sur leur déclaration, soit sur les états et vérifications que les commissaires de police seront tenus de faire ; sous peine d'une détention qui ne pourra excéder trois mois, ni être moindre de huit jours. Il sera délivré à chaque individu qui se fera inscrire, un bulletin portant ses nom, prénoms, lieu de naissance, profession, son signalement, s'il est marié ou veuf, et l'indication du maître qu'il sert.

2. Ceux qui servent, comme domestiques de place, au mois ou au jour, seront tenus, en outre, d'avoir un domicile déclaré par eux à la préfecture de police, et de présenter un maître d'hôtel garni, ou autre citoyen domicilié, qui réponde d'eux sous la peine portée en l'article 7.

5. Il n'est pas permis de recevoir et prendre à son service aucun domestique non pourvu d'un bulletin d'inscription : ledit bulletin restera entre les mains du maître.

4. Celui de chez qui sortira un domestique, adressera le bulletin

d'inscription à la préfecture de police, après y avoir inscrit le jour de la sortie.

Le domestique sera tenu de se transporter à la préfecture dans les quarante-huit heures, et d'y faire la déclaration s'il veut continuer à servir ou prendre une profession, à peine d'un emprisonnement qui ne pourra excéder quatre jours, ni être moindre de vingt-quatre heures.

Le bulletin lui sera rendu visé selon sa déclaration; et, si le maire a négligé de l'envoyer, le bureau de la préfecture le requerra de l'adresser, ou y suppléera.

5. Nul ne pourra prendre à son service un domestique, si le bulletin d'inscription ne lui est représenté visé à la préfecture de police.

6. Il est défendu aux domestiques de louer aucunes chambres ou cabinets à l'insu de leurs maîtres, et sans en avoir prévenu le commissaire de police de la division où lesdites chambres ou cabinets sont loués, à peine d'une détention qui ne pourra excéder trois mois, ni être moindre de huit jours.

Il est pareillement défendu aux propriétaires ou principaux locataires de leur louer ou sous-louer aucune chambre ni cabinet, sans en avoir fait la déclaration au même commissaire de police, à peine d'une amende qui ne pourra excéder cent francs, ni être moindre de vingt francs.

7. Tout domestique sans place pendant plus d'un mois, et qui ne justifierait pas de moyens d'existence, sera tenu de sortir de notre bonne ville de Paris, s'il n'est autorisé à y séjourner, à peine d'être arrêté et puni comme vagabond.

8. Il y aura toujours au bureau établi par la préfecture de police, conformément à l'article 1er, un officier de police chargé de recevoir toute plainte pour vol domestique, d'y donner suite sans délai, et de prendre toutes les mesures nécessaires pour en découvrir et poursuivre les auteurs.

9. L'obligation de se faire inscrire et de prendre un bulletin, n'est applicable aux domestiques servant le même maître depuis cinq ans révolus, que du jour où ils sortiraient de chez lui.

10. Les obligations qui sont imposées aux maîtres par le présent décret seront remplies par les intendants des maisons où il y en a d'établis.

11. Les peines portées au présent décret seront prescrites par six mois, si le domestique qui les a encourues est replacé au service d'un nouveau maître.

12. Notre grand-juge ministre de la justice et notre ministre de la police générale, sont chargés de l'exécution du présent décret, qu sera inséré au *Bulletin des Lois.*

N° **260.**—*Arrêté du ministre de l'intérieur, relatif aux matériaux destinés aux grandes constructions dans Paris.*

Du 13 octobr 1810.

Le ministre de l'intérieur,

Vu le décret impérial du 26 septembre dernier, portant défense l'embarrasser la voie publique par les matériaux destinés aux grandes constructions,

Arrête ce qui suit :

TITRE Ier.

Des constructions commencées dans la ville de Paris.

1. D'ici au 1er novembre, tout ingénieur ou architecte chargé d'une grande construction, soit immédiatement par le ministère de l'intérieur, soit par le directeur général des ponts et chaussées, soit par le préfet du département, soit par l'intendant des bâtiments de Sa Majesté, soit par des associations ou par des particuliers quelconques, ira en faire sa déclaration à la préfecture de police.

2. Dans les cinq jours qui suivront cette déclaration, le préfet de police désignera un commissaire voyer qui se rendra, avec l'ingénieur ou l'architecte, sur les lieux de la construction et du dépôt des matériaux.

3. L'ingénieur ou l'architecte et le voyer manderont les entrepreneurs de la construction, et, après les avoir ouïs, feront un rapport dans lequel ils indiqueront :

1° Le théâtre où les matériaux destinés à passer l'hiver devront être renfermés ;

2° Le théâtre où devront être déposés, à l'ouverture de la campagne prochaine, les matériaux nécessaires pour cette campagne, au fur et à mesure de leur arrivée et du besoin.

4. Partout où le plan des abords des grandes constructions doit rendre nécessaires des acquisitions ultérieures de terrains, ces acquisitions seront hâtées, afin que les terrains à acquérir servent au plus tôt de dépôt aux matériaux.

5. Lorsqu'il n'y aura point de terrains dont l'acquisition définitive soit prévue, il sera, autant que faire se pourra, loué des emplacements à la proximité des grandes constructions.

6. Lorsqu'il n'existera point d'emplacements hors des places ou de la voie publique, et que l'espace le permettra, sans qu'il en résulte aucune gêne, on pourra proposer l'établissement de chantiers ou théâtres clos, de manière que le cantonnement des matériaux soit absolument séparé de ce qui restera pour la voie publique.

7. Les ingénieurs ou architectes, et les commissaires voyers, traceront sur le terrain et sur un plan leurs projets de dépôt ou de cantonnement des matériaux.

8. S'il n'y a point d'oppositions, ces plans, approuvés par le préfet de police, régleront définitivement l'emplacement des dépôts ou des théâtres.

En cas d'opposition, il en sera référé au ministre de l'intérieur, qui statuera dans la huitaine.

9. Passé le 15 novembre prochain, tous les matériaux qui seraient hors des enceintes déterminées comme il a été dit ci-dessus, seront enlevés à la diligence du préfet de police, aux frais, risques et périls des entrepreneurs.

TITRE II.

Des constructions à venir.

10. Aucune grande construction ne pourra être commencée, sans qu'un plan concerté, comme il a été dit ci-dessus, n'ait déterminé l'emplacement des matériaux et la quantité qui pourra être déposée à la fois à pied d'œuvre.

TITRE III.

Des dépôts des matériaux près des carrières.

11. Afin de ne pas retarder l'avancement des grands travaux, les entrepreneurs seront toujours tenus d'avoir des dépôts à la proximité des carrières.

12. L'emplacement et l'étendue de ces dépôts seront déterminés par l'ingénieur ou par l'architecte chargé de la construction. On les rapprochera le plus possible des grandes routes, sans pouvoir anticiper sur elles. Les dépôts seront formés avant le 1er février prochain pour les constructions commencées, et dans la quinzaine de l'adjudication pour les constructions à venir.

13. Ces dépôts seront toujours garnis de manière que, dans aucun temps, le retard de l'approvisionnement des matériaux ne puisse en apporter dans l'avancement des constructions.

14. Les ingénieurs ou les architectes de chaque construction seront chargés de visiter, au moins une fois par mois, lesdits dépôts, et d'en rendre compte.

15. Ceux des entrepreneurs des constructions commencées qui prétendront que l'obligation d'avoir un chantier extérieur augmente leur dépense, seront admis à réclamer; et, sur leur demande, il sera fait une estimation de ladite augmentation, pour y avoir égard lors du règlement des comptes.

16. Tous les chefs d'administration chargés de constructions publiques, et le préfet de police, sont chargés de l'exécution du présent arrêté : il sera imprimé et adressé à toutes lesdites autorités, qui le notifieront individuellement aux ingénieurs et aux architectes chargés des grandes constructions commencées.

Nº 261.—*Décret relatif aux manufactures et ateliers qui répandent une odeur insalubre ou incommode* (1).

Au palais de Fontainebleau, le 15 octobre 1810.

Napoléon, etc.

Sur le rapport de notre ministre de l'intérieur;

Vu les plaintes portées par différents particuliers contre les manufactures et ateliers dont l'exploitation donne lieu à des exhalaisons insalubres ou incommodes;

Le rapport fait sur ces établissements par la section de chimie de la lasse des sciences physiques et mathématiques de l'Institut;

Notre conseil d'État entendu,

Nous avons décrété et décrétons ce qui suit:

1. A compter de la publication du présent décret, les manufactures et ateliers, qui répandent une odeur insalubre ou incommode, ne pourront être formés sans une permission de l'autorité administrative : ces établissements seront divisés en trois classes;

La première classe comprendra ceux qui doivent être éloignés des habitations particulières;

(1) V. ci-après l'ordonnance royale du 14 janvier 1815, et l'état général des ateliers et établissements, annexé à l'ordonnance de police du 30 novembre 1837, page 216 du t. III de la présente collection.

La seconde, les manufactures et ateliers dont l'éloignement des habitations n'est pas rigoureusement nécessaire, mais dont il importe néanmoins de ne permettre la formation qu'après avoir acquis la certitude que les opérations qu'on y pratique sont exécutées de manière à ne pas incommoder les propriétaires du voisinage, ni à leur causer des dommages ;

Dans la troisième classe seront placés les établissements qui peuvent rester sans inconvénient auprès des habitations, mais doivent rester soumis à la surveillance de la police.

2. La permission nécessaire pour la formation des manufactures et ateliers, compris dans la première classe, sera accordée avec les formalités ci-après, par un décret rendu en notre conseil d'Etat.

Celle qu'exigera la mise en activité des établissements compris dans la seconde classe, le sera par les préfets, sur l'avis des sous-préfets.

Les permissions pour l'exploitation des établissements placés dans la dernière classe seront délivrées par les sous-préfets, qui prendront préalablement l'avis des maires.

3. La permission pour les manufactures et fabriques de première classe ne sera accordée qu'avec les formalités suivantes :

La demande en autorisation sera présentée au préfet, et affichée par son ordre dans toutes les communes, à cinq kilomètres de rayon ;

Dans ce délai, tout particulier sera admis à présenter ses moyens d'opposition ;

Les maires des communes auront la même faculté.

4. S'il y a des oppositions, le conseil de préfecture donnera son avis, sauf la décision au conseil d'Etat.

5. S'il n'y a pas d'opposition, la permission sera accordée, s'il y a lieu, sur l'avis du préfet et le rapport de notre ministre de l'intérieur.

6. S'il s'agit de fabriques de soude, ou si la fabrique doit être établie dans la ligne des douanes, notre directeur général des douanes sera consulté.

7. L'autorisation de former des manufactures et ateliers compris dans la seconde classe, ne sera accordée qu'après que les formalités suivantes auront été remplies :

L'entrepreneur adressera d'abord sa demande au sous-préfet de son arrondissement, qui la transmettra au maire de la commune dans laquelle on projette de former l'établissement, en le chargeant de procéder à des informations *de commodo et incommodo*. Ces informations terminées, le sous-préfet prendra sur le tout un arrêté qu'il transmettra au préfet. Celui-ci statuera, sauf le recours à notre conseil d'Etat, par toutes parties intéressées.

S'il y a opposition, il y sera statué par le conseil de préfecture, sauf le recours au conseil d'Etat.

8. Les manufactures et ateliers ou établissements portés dans la troisième classe, ne pourront se former que sur la permission du préfet de police à Paris, et sur celle du maire dans les autres villes.

S'il s'élève des réclamations contre la décision prise par le préfet de police ou les maires, sur une demande en formation de manufacture ou d'atelier compris dans la troisième classe, elles seront jugées au conseil de préfecture.

9. L'autorité locale indiquera le lieu où les manufactures et ateliers compris dans la première classe pourront s'établir, et exprimera sa distance des habitations particulières. Tout individu qui ferait des constructions dans le voisinage de ces manufactures et ateliers, après que la formation en aura été permise, ne sera plus admis à en solliciter l'éloignement.

10. La division en trois classes des établissements qui répandent

une odeur insalubre ou incommode, aura lieu conformément au tableau annexé au présent décret. Elle servira de règle toutes les fois qu'il sera question de prononcer sur des demandes en formation de ces établissements.

11. Les dispositions du présent décret n'auront point d'effet rétroactif : en conséquence, tous les établissements qui sont aujourd'hui en activité continueront à être exploités librement, sauf les dommages dont pourront être passibles les entrepreneurs de ceux qui préjudicient aux propriétés de leurs voisins ; les dommages seront arbitrés par les tribunaux.

12. Toutefois, en cas de graves inconvénients pour la salubrité publique, la culture, ou l'intérêt général, les fabriques et ateliers de première classe qui les causent pourront être supprimés, en vertu d'un décret rendu en notre conseil d'Etat, après avoir entendu la police locale, pris l'avis des préfets, reçu la défense des manufacturiers ou fabricants.

13. Les établissements maintenus par l'article 11 cesseront de jouir de cet avantage dès qu'ils seront transférés dans un autre emplacement, ou qu'il y aura une interruption de six mois dans leurs travaux. Dans l'un et l'autre cas, ils rentreront dans la catégorie des établissements à former, et ils ne pourront être remis en activité qu'après avoir obtenu, s'il y a lieu, une nouvelle permission.

14. Nos ministres de l'intérieur et de la police générale sont chargés, chacun en ce qui le concerne, de l'exécution du présent décret, qui sera inséré au *Bulletin des Lois.*

N° 262. — *Projet d'organisation et plan de travail pour la commission des remèdes secrets.*

Du 15 octobre 1810.

La commission nommée, en exécution de l'article 3 du décret impérial du 18 août dernier, pour l'examen des remèdes secrets, a arrêté le plan de travail suivant :

1. La commission s'assemblera régulièrement les premier et troisième vendredis de chaque mois, et plus souvent, s'il en est besoin, à la pharmacie centrale des hospices de Paris, rue Notre-Dame, n° 2, trois heures de relevée.

2. La commission s'occupera de l'examen des seuls remèdes sur lesquels les auteurs ou possesseurs auront désiré avoir son avis. En conséquence, elle ne reconnaîtra pour pièces authentiques et sur lesquelles elle aura à délibérer, que celles qui seront transmises par S. Exc. le ministre de l'intérieur, à qui, d'après les dispositions de l'article 2 du décret, les propriétaires seront tenus de les adresser.

3. Il sera publié, par la voie des journaux, ou par toute autre que S. Exc. jugera convenable, une instruction détaillée des pièces que les propriétaires des remèdes secrets devront fournir à la commission, pour la mettre dans le cas de donner son avis motivé sur l'utilité et la valeur du remède dont l'acquisition sera proposée au gouvernement. (Le projet de cette instruction est annexé au présent.)

4. Les diverses pièces et échantillons demandés dans l'instruction, et transmis par S. Exc. le ministre de l'intérieur, seront numérotés au moment de la remise entre les mains du secrétaire de la commission, qui en inscrira les titres sur un registre ouvert à cet effet, et qui donnera un récépissé dans lequel il rappellera le nom du remède, celui du propriétaire avec son adresse, et le numéro de l'inscription suivant lequel ces remèdes seront successivement examinés.

5. Les recettes et échantillons, cachetés et paraphés comme il est dit ci-dessus, ne pourront être ouverts que dans une assemblée de la commission, et la discussion s'établira de suite sur les remèdes dont l'enveloppe aura été rompue.

6. Les membres de la commission examineront, d'abord, si le médicament est véritablement nouveau, ou si la recette n'en existe pas déjà dans quelque formulaire, codex, dispensaire, pharmacopée ou autre ouvrage imprimé. Il s'établira alors une discussion d'après laquelle un ou plusieurs de ses membres seront chargés de faire un rapport à ce sujet dans l'une des plus prochaines séances. La commission délibérera sur ce rapport.

7. Les rapports et délibérations qui en seront la suite seront inscrits sur un registre particulier.

8. La commission portera plus spécialement son attention sur les remèdes inconnus jusqu'à présent, et dont l'emploi lui paraîtra devoir être utile. Elle examinera d'abord, par la voie de l'analyse, ou par tout autre moyen, si le remède est parfaitement conforme aux résultats ou produits que doit donner la composition indiquée par la recette. Secondement, il en sera fait quelques essais authentiques, et, si besoin est, de nouveaux échantillons seront demandés aux propriétaires, et employés concurremment avec des médicaments semblables et préparés sous les yeux de la commission, d'après la prescription indiquée dans la formule. Elle tiendra note du prix auquel le remède peut revenir à l'inventeur et de celui auquel il le vend.

9. Si, d'après ses recherches et ses expériences, la commission juge un remède utile et nouveau, elle le déclarera à S. Exc. le ministre de l'intérieur dans un avis motivé. Elle appréciera les avantages que l'art et l'humanité peuvent en retirer, le dommage réel qui résulterait de la non-connaissance du remède, et elle se conformera, pour le prix qu'elle proposera d'y mettre, aux diverses conditions indiquées à la fin de l'article 3 du décret impérial.

10. Les membres de la commission s'engagent, chacun en leur particulier, à garder le secret le plus absolu sur la composition des remèdes soumis à leur jugement, quelle que soit leur nature, jusqu'à ce que les propriétaires ou inventeurs consentent à la rendre publique, par suite du traité qu'ils pourront faire avec le gouvernement.

11. Les recettes seront, en conséquence, après le jugement porté ou l'avis motivé sur chacune d'elles, renfermées dans leur enveloppe, recachetées de nouveau, remises aux propriétaires sur leur récépissé, et le secret n'en sera, en aucune manière, divulgué.

INSTRUCTION AUX PROPRIÉTAIRES DES REMÈDES SECRETS QUI DÉSIRENT PROFITER DU BÉNÉFICE DU DÉCRET DU 18 AOUT 1810.

Conformément aux dispositions du décret impérial du 18 août 1810, toute permission accordée pour la vente des remèdes dont les inventeurs ont gardé le secret de la composition, cesse d'avoir son effet, à compter du 1er janvier prochain.

Cependant, la sollicitude constante de Sa Majesté pour le bien de ses sujets, l'a portée à désirer d'acheter des inventeurs ou propriétaires actuels, la recette de tout remède reconnu nouveau et utile, afin de le rendre public, pour propager par là les lumières et soulager l'humanité souffrante.

Une commission, composée de cinq membres, est chargée d'examiner la composition de ces remèdes, de juger de leur utilité, et de proposer le prix qu'il convient de payer à leur inventeur ou propriétaire actuel.

Tout propriétaire de remède secret dont la vente a déjà été autorisée, qui voudra donc profiter de ces avantages, est tenu d'adresser à S. Exc. le ministre de l'intérieur les pièces dont suit l'énoncé, et d'après lesquelles la commission pourra établir son opinion :

1o Une copie, dûment légalisée, des permission, brevet, autorisation ou privilége accordés, soit en vertu des lettres patentes du mois d'août 1778, ou de l'arrêt du conseil de 1781, soit d'après le décret du 25 prairial an XIII, ou autres autorisations, aux inventeurs, possesseurs ou propriétaires actuels, pour composer, vendre et distribuer tout remède interne ou externe;

2o La recette exacte et détaillée, sous les véritables noms adoptés dans le commerce ou en pharmacie, des substances qui entrent dans la composition du remède, de leur dose, du mode de leur réunion ou préparation, s'il en exige un particulier. Cette recette ou formule devra être renfermée dans une enveloppe cachetée ; elle sera de plus paraphée, en dehors comme en dedans, du nom, soit de l'inventeur, soit du propriétaire actuel ou de ses ayants cause;

3o Des échantillons du remède annoncé, et séparément une suffisante quantité des substances qui entrent dans la composition. Ces échantillons devront également être cachetés et paraphés sur chacun de leurs contenants;

4o Une déclaration du prix auquel le remède est vendu, et un aperçu de la quantité que les propriétaires sont ou ont été dans le cas d'en distribuer chaque année; une copie ou un exemplaire des procès-verbaux des expériences qui ont été faites à l'époque où la permission de vendre a été obtenue, et les certificats qu'ils ont pu obtenir des réunions savantes; les instructions manuscrites ou imprimées qu'on est dans l'usage de joindre au remède pour indiquer les affections contre lesquelles on le dit convenir, et surtout l'énoncé exact de la dose et de la manière suivant laquelle on conseille de l'administrer ;

5e Les inventeurs de remèdes dont le débit n'a pas été encore autorisé, qui voudraient, par la suite, tirer parti de leur découverte et céder leur secret au gouvernement, enverront également à S. Exc. la recette et des échantillons de ce remède, avec les mêmes formalités, ainsi que les certificats ou procès-verbaux d'expériences sur lesquels ils fonderont les propriétés de ce remède, et la notice des maladies auxquelles on peut les appliquer.

No 263.—Extrait de l'arrêté de S. Exc. le ministre de l'intérieur concernant les marchés.

Du 20 octobre 1810.

2. Les places du marché du Temple seront louées conformément au prix de vingt centimes par jour et par place.

4. Le prix des places, dans le marché d'Aval, sera payé à raison de sept centimes et demi par chaque place qu'occupera un hectolitre de charbon, braise ou poussier.

N° **264**. — *Décret impérial concernant les presses, fontes, caractères et autres ustensiles d'imprimerie qui, à dater du 1ᵉʳ janvier 1811, se trouveront en la possession d'individus non brevetés.*

Au palais des Tuileries, le 18 novembre 1810.

Napoléon, empereur des Français, roi d'Italie, protecteur de la confédération du Rhin, médiateur de la confédération Suisse;

Sur le rapport de notre ministre de l'intérieur;

Vu les articles 3, 5 et 6 de notre décret du 5 février 1810, portant règlement sur l'imprimerie et la librairie;

Considérant que la réduction et la fixation du nombre des imprimeurs laisseront nécessairement des presses, fontes, caractères et autres ustensiles d'imprimerie, en la possession de plusieurs individus non brevetés, ou feront passer ces objets en d'autres mains, et qu'il importe d'en connaître les détenteurs et l'usage qu'ils se proposent d'en faire;

Notre conseil d'Etat entendu,

Nous avons décrété et décrétons ce qui suit :

1. A dater du 1ᵉʳ janvier 1811, ceux de nos sujets qui cesseront d'exercer la profession d'imprimeurs, et généralement tous ceux qui, n'exerçant pas ladite profession, se trouveront propriétaires, possesseurs ou détenteurs de presses, fontes, caractères ou autres ustensiles d'imprimerie, devront, dans le délai d'un mois, faire la déclaration desdits objets, dans le département de la Seine, au préfet de police, et dans les autres départements, au préfet.

Sont exceptées de cette disposition les presses à cylindre, servant à tirer des copies.

2. Le préfet de police à Paris, et les préfets des départements, transmettront lesdites déclarations à notre conseiller d'Etat, directeur général de l'imprimerie et de la librairie, avec leur avis sur les demandes d'être autorisé à conserver lesdites presses et ustensiles pour continuer d'en faire usage, qui pourront être jointes aux déclarations.

3. Notre directeur général de l'imprimerie et de la librairie, rendra compte du tout à nos ministres de l'intérieur et de la police, sur le rapport desquels il sera statué par nous.

4. Sont sujets aux dispositions de l'article 1ᵉʳ du présent décret les imagers, dominotiers et tapissiers.

5. Les contraventions au présent décret seront punies d'un emprisonnement de six jours à six mois, et constatées et poursuivies conformément aux dispositions de la section II du titre VII du décret du 5 février 1810.

6. Notre grand-juge, ministre de la justice, et nos ministres de l'intérieur et de la police générale sont chargés, chacun en ce qui le concerne, de l'exécution du présent décret, qui sera inséré au *Bulletin des Lois*.

N° **265**. — *Décret concernant le règlement d'administration publique pour le service du lâchage et du remontage des bateaux sous les ponts de Paris.*

Au palais des Tuileries, le 28 janvier 1811.

Napoléon, empereur des Français, roi 'd'Italie, protecteur de la confédération du Rhin, médiateur de la confédération Suisse, etc.

Sur le rapport de notre ministre de l'intérieur;

Vu l'avis de notre conseil d'Etat, du 18 août 1810, approuvé par nous le 22 du même mois;

Notre conseil d'Etat entendu,

Nous avons décrété et décrétons ce qui suit :

TITRE Ier.

Institution des chefs de pont pour la ville de Paris.

1. Le service de la navigation sous les ponts de Paris, sera fait par deux chefs de ponts.

2. Il est défendu à tous autres de passer les bateaux sous les ponts. Sont exceptés de cette disposition les margotats, bachots et doubles bachots.

3. Les chefs de pont fourniront un cautionnement de *vingt-quatre mille francs en numéraire* et de *cinquante mille francs,* soit en immeubles, soit en cinq pour cent consolidés ou en actions immobilisées de la banque de France.

Le cautionnement en numéraire sera versé à la caisse d'amortissement.

TITRE II.

Droits et obligations des chefs de pont.

4. Le salaire des chefs de pont demeure établi tant pour la descente que pour le remontage, conformément au tarif annexé au présent décret.

5. Les chefs de pont tiendront un registre sur lequel ils inscriront, jour par jour, les déclarations qui leur seront faites à fin de lâchage.

6. Les chefs de ponts seront tenus de descendre les bateaux selon l'ordre de date des déclarations.

Néanmoins les bateaux chargés pour le compte du gouvernement seront descendus à la première réquisition.

7. Les bateaux seront pris à la pointe de l'île Louviers, ou à la gare de *la Femme sans tête*, au choix des propriétaires, qui en feront mention dans leur déclaration.

8. Lorsque la descente de bateaux chargés de bois ne pourra avoir lieu sans allége, l'allége sera descendue sans frais.

9. Les propriétaires qui entendront faire remonter leurs bateaux vides, en feront la déclaration, 1° aux chefs de pont; 2° à l'inspecteur de la navigation sur le port, aussitôt après la vidange. Cette déclaration sera inscrite sur un registre.

10. Les chefs de ponts sont tenus de remonter les bateaux déclarés, dans les trois jours au plus tard de la déclaration.

11. Lorsqu'il y aura plus de trois bateaux vides dans les ports du bas, les chefs de pont seront tenus de les remonter sans délai, quand même il n'aurait pas été fait de déclaration à fin de remontage. Deux tones ou barguettes compteront pour un bateau.

12. Les chefs de pont sont responsables envers le commerce, 1° de leurs manœuvres, 2° des retards qu'ils apporteraient à la descente ou au remontage des bateaux.

TITRE III.

De la manière dont les chefs de pont seront désignés.

13. Dans le mois qui suivra la publication du présent décret, le préfet du département de la Seine recevra toutes les soumissions qui lui seront faites pour le service du lâchage et du remontage des bateaux.

14. Ces soumissions contiendront, 1° l'obligation de se conformer aux dispositions du titre II ci-dessus et des autres règlements existants sur le même service; 2° l'offre de payer, au profit de notre bonne ville de Paris, telle somme que les soumissionnaires jugeront pouvoir rendre, comme prix du droit exclusif qui est attribué aux chefs de pont par l'article 2 du présent décret.

15. Ces soumissions seront ouvertes par le préfet de la Seine, en présence du préfet de police, du maître des requêtes chargé du service des ponts et chaussées et du conseil de préfecture.

16. Il y sera statué comme sur les soumissions pour travaux publics, en prenant en considération, outre la somme offerte, la capacité des soumissionnaires.

17. Le tout sera soumis à l'approbation de notre ministre de l'intérieur.

TITRE IV.

Dispositions générales.

18. Le préfet de police est autorisé à faire rendre, pour l'exécution du présent règlement, les ordonnances de police particulière pour le service de la navigation au passage des ponts, à la charge de l'approbation préalable de notre ministre de l'intérieur.

19. Notre grand-juge ministre de la justice, nos ministres de l'intérieur et de la police sont chargés, chacun en ce qui le concerne, de l'exécution du présent décret, qui sera inséré au *Bulletin des Lois*.

N° **266.** *Décret relatif à la vente du poisson d'eau douce, amené à la halle, à Paris.*

Au palais des Tuileries, le 28 janvier 1811.

Napoléon, etc.,

Nous avons décrété et décrétons ce qui suit :

1. La vente du poisson d'eau douce, amené à la halle de notre bonne ville de Paris, sera vendu sur le carreau, par lots, comme la marée, et par le ministère d'un facteur.

2. Le facteur sera nommé comme ceux de la marée, sera soumis aux mêmes règles et obligations, et donnera un cautionnement pareil.

3. Ce cautionnement sera versé à la caisse de la marée, laquelle payera comptant le prix des ventes aux marchands forains, sans délai, et comme il est pratiqué pour la marée.

4. Le facteur versera chaque jour dans la caisse de la marée, le prix des ventes.

5. Il y aura deux contrôleurs qui verseront chacun un cautionnement égal à celui des contrôleurs de la Vallée.

6. Il sera perçu sur les ventes, 1° cinq pour cent au profit de la ville de Paris ; 2° par le facteur, un pour cent sur les ventes au comptant, un et demi sur les ventes à crédit, sans aucune autre perception, sous aucun prétexte, tel que droit de *panier acquêt*, ou quelque dénomination ou valeur que ce soit.

7. Le droit de cinq pour cent sera versé brut dans la caisse du receveur municipal de la ville de Paris.

8. Les frais seront payés selon le tableau joint au présent décret.

9. Les deux inspecteurs nommés par le préfet de la Seine, inspecteront tout ce qui se fera pour la vente du poisson d'eau douce. A cet effet, les facteurs et tous employés de la caisse de la marée leur représenteront, comme ceux des beurres et œufs, et de la volaille, sous peine de destitution, tous les livres, carnets, feuilles de ventes, bordereaux, et en général tous les renseignements qu'ils demanderont.

10. Nos ministres de l'intérieur et de la police sont chargés, chacun en ce qui le concerne, de l'exécution du présent décret, lequel sera inséré au *Bulletin des Lois.*

Tableau des frais qui seront payés par la ville de Paris.

Deux commis contrôleurs, à 1,200 francs.............. . 2,400 fr.
Deux crieurs à 800 francs........................... 1,600
Quatre forts, à 400 francs.......................... 1,600
Frais de bureau..................................... 600

Total.......................... 6,200 fr.

N° **267**. *Décret relatif aux marchés de Paris.*

Au palais des Tuileries, le 30 janvier 1811.

Napoléon, etc.,
Nous avons décrété et décrétons ce qui suit :

TITRE Ier.

Marché Saint-Martin.

1. Il sera établi un marché pour notre bonne ville de Paris, dans le jardin de l'ancienne abbaye Saint-Martin, dont nous faisons don à cet effet à ladite ville.

2. Le marché Saint-Martin actuellement existant sera acquis par notre bonne ville de Paris pour cause d'utilité publique, selon la loi de mars 1810, et en suivant les formes qu'elle a prescrites.

3. Le plan du marché, dont la construction est ordonnée par l'article 1er, et le devis des dépenses nous seront incessamment soumis, pour y être statué en notre conseil.

4. Les marchés qui se sont établis sans autorisation et par usage, sur la voie publique, dans les rues Saint-Martin et Saint-Denis, seront entièrement supprimés, quand ledit marché sera rétabli.

TITRE II.

Marché de la place Maubert ou des Carmes.

5. Le marché actuel de la place Maubert sera transféré sur l'emplacement de l'ancien couvent des Carmes, près de cette place, et dont, à cet effet, nous avons fait et faisons don à notre bonne ville de Paris.

6. Ce marché sera bordé par les rues de la Montagne-Sainte-Geneviève, des Noyers, et par une rue à ouvrir entre l'ancien collége de Laon, pour communiquer de ladite rue à ouvrir à celle de la Montagne-Sainte-Geneviève. Pour l'exécution de cette disposition, la ville de Paris acquerra les maisons ayant face sur la rue de la Montagne-Sainte-Geneviève, et qui sont désignées sur le plan annexé au présent décret par les lettres A, B, C, D, E.

7. Seront aussi acquises, par la ville de Paris, les maisons ayant face sur la rue des Noyers, et désignées au plan par les lettres F, G. Le retranchement des maisons de la rue des Noyers, du côté opposé au marché à établir, s'opérera par mesure de grande voirie, lorsqu'il y aura lieu, et jusque-là on n'y pourra faire ni confortation ni réparations.

TITRE III.

Marché Saint-Jean.

8. Le marché Saint-Jean sera établi, partie sur l'emplacement actuel de ce marché, partie sur les terrains désignés au plan annexé au présent décret, comme devant y être réunis.

9. La nouvelle circonscription de ce marché sera formée par l'alignement de la rue de la Verrerie, par celui des maisons de ce marché et par la rue de la Tixeranderie.

10. L'établissement complet de ce marché s'opérera par une mesure de grande voirie, s'il n'est autrement ordonné, et comme il est dit article 7 ci-dessus, par la démolition des maisons qui sont désignées au plan sous les lettres A, B, C, D, E, F. En conséquence, on n'exécutera, quant à présent, que la partie d'abris indiquée au même plan par une teinte rouge et par les lettres G, H, I, K.

TITRE IV.

Marché Saint-Germain.

11. Le marché Saint-Germain sera établi sur les terrains tant de l'ancienne foire Saint-Germain que du marché actuel, et sa circonscription sera formée suivant les lignes A, B, C, D, E, F, G, H, I, K, L, M, N, O, cotées au plan annexé au présent décret, et le marché qui se tient rue de Sèvres, sur la voie publique, sera interdit quand ledit marché sera construit et ouvert.

12. La ville de Paris est autorisée à acquérir, pour cause d'utilité publique, et dans les formes prescrites par la loi du 8 mars dernier, 1º le terrain occupé par les anciennes barraques de la foire Saint-Germain, ou compris dans son enclos : 2º ceux nécessaires pour l'ouverture des rues indiquées sur le plan par les lettres P, Q, et pour l'élargissement des deux autres rues cotées sur le même plan T, V, X, Y, Z, etc.

13. La ville de Paris est également autorisée à revendre à son profit : 1 les terrains désignés sur le plan par une teinte rouge, et marqués de la lettre A, B ; 2° les terrains qui proviendront des maisons acquises aux termes du présent décret, et qui n'auront pas été employés à la formation des rues désignées en l'article 12, comme il est dit ci-dessus article 4.

14. Le retranchement, désigné au plan par un astérisque, aura lieu par mesure de grande voirie.

TITRE V.

15. Le marché Beauveau et celui des Patriarches, celui aux Chevaux et celui de Sceaux pour la vente des bœufs, sont concédés à notre bonne ville de Paris.

16. Il nous sera fait incessamment un rapport sur la question de savoir s'il ne convient pas de faire acquérir par notre bonne ville de Paris, tous les marchés existant dans son enceinte appartenant à des particuliers.

17. Nos ministres de l'intérieur, des finances et de la police sont chargés, chacun en ce qui le concerne, de l'exécution du présent décret, qui sera inséré au *Bulletin des Lois.*

N° 268. — *Décret relatif au commerce de la boucherie dans le département de la Seine.*

Du 6 février 1811.

TITRE Ier.

Etablissement d'une caisse pour le payement comptant aux marchands forains.

1. A compter du 1er mars prochain, la caisse de commerce de la boucherie prendra le titre de *Caisse de Poissy.* Elle sera au compte et au profit de la ville de Paris. Elle sera chargée de payer comptant, sans déplacement, aux herbagers et marchands forains, le prix de tous les bestiaux que les bouchers de Paris et du département de la Seine achèteront aux marchés de Sceaux, de Poissy, aux marchés des vaches grasses et à la halle aux veaux.

2. L'administration de cette caisse et la surveillance de toutes les opérations dont elle sera chargée appartiendront au préfet du département de la Seine.

3. Le préfet de police interviendra dans les rapports de la caisse avec les bouchers, pour les avances et crédits qui leur seront faits, le versement de leurs cautionnements, le rachat des étaux, et autres opérations relatives aux bouchers et à leur communauté.

TITRE II.

Des fonds de la caisse.

4. Le fonds de la caisse de Poissy sera composé,

1° Du montant du cautionnement des bouchers qui existe actuellement dans la caisse de la boucherie;

2° Des sommes qui y seront versées par la caisse municipale, d'après un crédit ouvert par le préfet de la Seine, jusqu'à concurrence de ce qui sera nécessaire pour payer comptant tous les forains, selon l'article 1er.

TITRE III.

De l'administration de la caisse.

5. La caisse sera régie, 'sous les ordres du préfet de la Seine, par un directeur nommé par nous, et ses opérations se feront par un caissier nommé par le préfet de la Seine.

6. Le directeur correspondra avec le préfet de police pour tout ce qui regarde les bouchers, comme il est dit à l'article 3.

7. Le directeur surveillera la gestion du caissier dans toutes ses parties, et la perception des droits qui seront payés aux marchés, d'après ce qui sera établi aux titres suivants.

Il ordonnera toutes les opérations, payements, mouvements de caisse; et en général il surveillera toutes les parties du travail du caissier, qui ne pourra disposer d'aucun fonds sans ses ordres.

Le directeur et le caissier ne pourront faire directement ni indirectement le commerce de la boucherie, émettre aucun effet de circulation pour le compte de la caisse, ni s'intéresser au commerce des bouchers, sous les peines portées à l'article 175 du Code des délits et des peines.

TITRE IV.

Du droit à percevoir aux marchés de Poissy, de Sceaux, et à la halle aux Veaux.

8. Il sera perçu, à compter du 1er mars prochain, aux marchés de Sceaux et de Poissy, au marché aux Vaches grasses et à la halle aux Veaux, un droit sur tous les bestiaux qui y seront vendus, au profit de notre bonne ville de Paris.

9. Le produit de ce droit sera affecté, 1° aux dépenses de la caisse destinée à payer aux marchands forains et herbagers le prix de toutes leurs ventes aux bouchers de Paris; 2° aux dépenses de la ville de Paris.

10. Ce droit sera de trois centimes et demi par franc du montant de toutes les ventes.

11. Ce droit sera à la charge du forain, et retenu sur lui par le caissier, au moment où il payera le montant de ses ventes, comme il a été dit article 1er.

TITRE V.

Du mode de perception du droit, de la comptabilité et des dépenses de la caisse.

12. Le droit sera perçu au compte de la ville, et en régie, par le directeur de la caisse.

13. Il sera, à cet effet, alloué au directeur un traitement fixe pour lui, le caissier, ses agents, et des frais de bureau, conformément à l'état qui sera arrêté par notre ministre de l'intérieur sur l'avis du préfet du département.

14. Ladite allocation sera calculée de manière que le directeur soit chargé de tous les frais de perception, transports d'argent, payement d'employés, comptabilité, gestion et dépenses de tous genres, et que le droit perçu, déduction faite par douzième de la somme portée audit état, soit versé chaque mois entre les mains du receveur de la ville de Paris.

15. Il sera établi un inspecteur de la caisse et des marchés, et le nombre de contrôleurs nécessaires pour la surveillance de la perception, le visa des bordereaux, la tenue des livres, les payements et

prêts, et pour toutes les mesures d'ordre nécessaires. Ils recevront leurs instructions du directeur, selon les ordres qu'il aura reçus lui-même du préfet de la Seine.

Le traitement de cet inspecteur et des contrôleurs, et leurs fonctions, seront déterminés par notre ministre de l'intérieur, sur la proposition du préfet du département.

16. Le traitement sera payé par la ville, comme celui des autres agents des marchés de Paris.

TITRE VI.

Des rapports de la caisse avec la caisse municipale et la caisse de service du trésor public.

17. Quand le directeur fera prendre des fonds pour le service à la caisse qui lui sera indiquée par le préfet, le caissier en donnera son récépissé, et les portera en compte courant. Il recevra de même un récépissé des fonds qu'il rapportera quand le besoin diminuera ou cessera.

18. Le directeur se concertera avec la caisse de service de notre trésor pour opérer, sans déplacement de fonds, et quand les herbagers ou forains en feront la demande, le payement de tout ou partie de leurs ventes par des mandats sur les départements, selon le règlement qui sera fait à cet égard par notre ministre du trésor.

TITRE VII.

Mode de payement aux forains et recouvrement des avances.

19. Le directeur fera ouvrir à la caisse, pour le payement des forains, un crédit général égal au montant présumé des ventes les plus considérables de chaque marché. Le montant de ce crédit sera réglé, par le directeur de la caisse, d'après les ordres du préfet de la Seine, qui prendra l'avis du préfet de police et du syndicat de la boucherie.

20. Ce crédit sera divisé entre tous les bouchers de Paris et du département de la Seine.

21. A cet effet, les syndic et adjoints des bouchers de Paris présenteront, le 25 de chaque mois au plus tard, au préfet de police, un état indicatif du crédit individuel qui pourra être accordé à chaque boucher de Paris pour le mois suivant, et qui ne pourra être moindre que le montant du cautionnement de chacun, sans une déclaration contraire de leur part.

Les sous-préfets des arrondissements de Sceaux et Saint-Denis adresseront également au préfet de police, et, à la même époque, un état de crédit qui pourra être accordé à chacun des bouchers établis dans leurs arrondissements respectifs.

Ces états seront vérifiés par le préfet de police, lequel formera, en conséquence, un état de distribution du crédit général entre tous les bouchers, et l'adressera au préfet du département.

22. L'effet du crédit ouvert à un boucher, conformément à l'article précédent, pourra être suspendu, même interdit par le préfet de police, en cas de dérangement de ses affaires. En ce cas, le montant en sera réparti entre les autres bouchers.

23. Tout boucher dont le crédit serait épuisé ou insuffisant pour couvrir le prix des achats, sera tenu de verser à la caisse, marché tenant, le montant ou le complément du prix des bestiaux qu'il aura achetés; à défaut de quoi le directeur pourra ordonner au caissier de faire consigner les bestiaux, et de ne les délivrer au boucher qu'au fur et à mesure des versements. Dans ce cas, il sera tenu compte au caissier, par le boucher, des frais de nourriture, seulement pendant tout le temps que durera la consignation des bestiaux.

24. Les prêts seront faits aux bouchers, dans les marchés de Sceaux et de Poissy, sur engagement emportant obligation par corps, de vingt-cinq à trente jours de date, aux choix des emprunteurs.

25. Les prêts seront faits, à la halle aux veaux, par simple borde-reau, à huit jours d'échéance.

26. L'intérêt des prêts faits aux marchés de Sceaux et de Poissy est fixé à cinq pour cent par an.

27. Les prêts à la halle aux Veaux seront faits moyennant une rétribution de cinquante centimes par veau.

28. Tout boucher qui, à l'échéance des effets de commerce ou bor-dereaux mentionnés aux articles 25 et 26 du présent décret, n'en aura pas remboursé la valeur, ne pourra obtenir de nouveau crédit; et, si dans le délai qui lui sera accordé par le directeur, lequel sera de deux mois au plus, il ne s'acquitte pas, son étal pourra être vendu, s'il est nécessaire, pour acquitter ses effets, ou fermé sans être vendu, si le payement des effets peut être assuré autrement.

29. Le boucher qui sera dans le cas de l'article précédent, payera à la caisse, outre l'intérêt des fonds, une commission de demi pour cent sur les fonds en retard.

30. Le directeur sera tenu de faire, contre les bouchers qui ne payeront pas, et à leurs frais, toutes poursuites nécessaires.

31. La ville de Paris aura privilége sur le cautionnement des bou-chers et sur la valeur estimative des étaux vendus à des tiers, ou sup-primés et rachetés par le commerce de la boucherie, et sur ce qui leur sera dû pour viandes fournies.

Ce privilége aura lieu jusqu'à concurrence du montant du crédit ac-cordé aux bouchers en vertu des articles 19 et suivants du présent dé-cret, et des sommes restées en arrière en vertu de délais accordés.

32. En cas de contestation entre le caissier et les bouchers, herba-gers forains, employés et autres agents des marchés ou de la caisse, la difficulté sera soumise au directeur, qui prononcera; sa décision sera exécutée provisoirement, sauf, de la part des parties, le recours au préfet de la Seine et au conseil de préfecture.

TITRE VIII.

Rachat d'étaux et frais de syndicat de la boucherie.

33. L'intérêt du cautionnement des bouchers sera réservé, jusqu'à due concurrence, pour subvenir au remboursement des étaux dont le rachat sera ordonné par le préfet de police, aux dépenses du syndicat, et à celles jugées nécessaires à l'avantage du commerce de la bou-cherie.

Dans le cas où cette somme ne serait pas employée, la portion qui en restera disponible tournera à l'accroissement des fonds du cau-tionnement.

34. Les étaux seront rachetés ou supprimés jusqu'à réduction du nombre des bouchers à trois cents; et, jusqu'à cette réduction, nulle permission ne sera donnée par le préfet de police à aucun nouveau boucher de s'établir ou ouvrir un étal.

35. L'intérêt du cautionnement des bouchers leur sera compté à raison de cinq pour cent par an, sans aucune retenue.

TITRE IX.

Comptabilité du caissier et Disposition des bénéfices.

56. Le caissier tiendra ses livres de compte avec les bouchers, et ceux de perception du droit, en partie double. Ils seront paraphés par l'administrateur.

57. Il remettra les états de situation, chaque mois, aux préfets du département et de police, et chaque jour au directeur.

58. Le directeur rendra ses comptes, tous les ans, à une commission du conseil municipal ; à défaut de quoi ils seront dressés par le caissier. Ces comptes seront revus chaque année, comme il est prescrit par le décret du 8 vendémaire an XI.

Le directeur et le préfet de la Seine y joindront leurs observations sur les améliorations dont le service leur paraîtra susceptible, sur la gestion du caissier, et sur les abus existants, soit dans les marchés, soit dans la perception du droit, soit dans la direction de la caisse, s'il en a remarqué.

59. Tous les bénéfices résultant des prêts faits aux bouchers par le caissier, virement de parties, négociations, et de toutes les opérations quelconques, appartiennent à la ville de Paris, et seront versés à sa caisse après l'arrêté de compte.

N° **269.** — *Halles et marchés.* — *Extrait des minutes de la secrétairerie d'Etat.*

Au palais des Tuileries, le 10 février 1811.

Napoléon, empereur des Français, roi d'Italie, protecteur de la confédération du Rhin, médiateur de la confédération Suisse ;

Sur le rapport de notre ministre de l'intérieur ;

Notre conseil d'Etat entendu,

Nous avons décrété et décrétons ce qui suit :

CHAPITRE Ier.

SECTION 1re.

§ 1er. — *Beurres et œufs.*

1. Les facteurs des beurres et œufs ne prendront part, à compter lu 1er janvier 1811, que dans la perception qui se fait à la halle, et ion sur les beurres à destination, ceux de Gournay ou autres qui se endent sur les petits marchés.

Ils seront chargés, toutefois, de la perception du droit et en tiendront compte à la ville de Paris, sans frais.

§ 2. — *Volailles et gibier.*

2. A compter de la publication de notre premier décret, il n'y aura lus de sous-caissier, de contrôleur à la caisse de la Vallée ; les eux vérificateurs seront réformés ainsi que le commis expéditionaire.

Les inspecteurs de la ville, nommés par le préfet du département, emplaceront, en tant que de besoin, le contrôleur.

3. Le droit sur la volaille et le gibier est porté à 4 p. °/o; l'augmentation sera en entier au profit de la ville, sans accroissement au profit des facteurs.

§ 3. — Halle à la marée.

4. Il sera établi sur les huîtres un droit de 4 p. °/o.

Ce droit sera perçu par les factrices de la marée, sans frais, au profit de la ville.

5. Le droit sur la marée sera porté à 5 p. °/o.

6. Les 30,700 francs que coûtent à la ville les frais de compteurs, fournitures de mannes, verseurs, forts et gardiens, seront versés, par les factrices, à la caisse de la ville, ou payés par elles aux employés, selon qu'il sera jugé plus convenable par le préfet du département, sur la rétribution qui leur est allouée.

SECTION II.

Octroi.

7. Il sera perçu, à compter de la publication de notre présent décret, 4 francs cinquante centimes d'entrée pour chaque porc.

8. Les abats et issues, qui sont employés spécialement pour la classe pauvre, ne payeront plus que 4 centimes par kilogramme.

Le reste de la viande dite à la main, les saucissons et jambons, payeront 10 centimes par kilogramme.

9. Le droit d'entrée sur les vins et vinaigres sera, désormais, de 15 francs par hectolitre.

CHAPITRE II.

Revenus et dépenses de la ville de Paris.

SECTION Ire.

Revenus.

10. Les revenus nets de notre bonne ville de Paris sont fixés, pour 1811, à la somme de vingt et un million 42,509 francs 67 centimes, selon l'état annexé.

11. Les frais de perception ne pourront excéder les sommes portées en déduction des sommes brutes, au chapitre des revenus.

SECTION II.

Dépenses ordinaires.

12. Les dépenses ordinaires, selon l'état annexé, sont fixées à dix-sept millions 189,929 francs.

SECTION III.

Dépenses extraordinaires.

13. Les dépenses extraordinaires sont fixées, pour la même année, à trois millions 836,382 francs.

Récapitulation.

14. Les revenus nets montent à............. 21,042,509 fr. 67 c.
Les dépenses ordinaires à.... 17,189,929 fr.⎫
Les dépenses extraordinaires à   3,836,382 ⎬ 21,026,311   »

Restera en excédant........... 16,198   67

CHAPITRE III.

Dispositions diverses.

15. Il sera rendu compte incessamment des mesures effectuées et des dépenses faites pour l'entretien de l'approvisionnement extraordinaire ; ce compte sera remis au préfet du département de la Seine, et examiné par le conseil municipal. Il nous sera fait rapport ensuite de ses observations et des moyens qu'il aura proposés pour diminuer la dépense et faire tenir compte à l'entrepreneur des pertes qui pourraient lui être imputées.

16. Le dixième de l'octroi à verser au trésor reste fixé invariablement à la somme de un million 500,000 francs, selon ce qui est porté au chapitre XIII des dépenses ordinaires.

17. Nos ministres de l'intérieur, des finances et du trésor public sont chargés de l'exécution de notre présent décret.

N° **270.**—*Décret contenant règlement sur le mesurage des pierres destinées aux constructions publiques et particulières de la ville de Paris.*

Du 11 juin 1811.

1. Les dispositions des arrêts du conseil des 6 février 1778 et 26 mars 1779, qui ordonnent le mesurage des pierres, seront désormais exécutées tant à l'égard des carrières du département de la Seine qu'à l'égard des principales carrières situées dans les départements de Seine-et-Oise et Seine-et-Marne , d'où il se tire des pierres pour le service des constructions publiques et particulières de la ville de Paris.

2. Le mesurage, ordonné par l'article précédent, se fera par une section spéciale du bureau central du poids public de la ville de Paris, et s'opérera, savoir :

Aux lieux mêmes de leur extraction, pour les pierres provenant des carrières du département de la Seine et celles des carrières des départements voisins où il sera jugé convenable d'établir des préposés mesureurs, si ces pierres sont destinées pour le département de la Seine; et, enfin, aux ports d'arrivage ou aux barrières d'entrée pour les pierres envoyées à Paris de toutes autres carrières situées hors du département de la Seine où il n'aura pas été établi des préposés mesureurs.

3. Les préposés du bureau central du poids public, chargés de faire le mesurage des pierres, seront nommés par le préfet de la Seine , parmi les personnes qui auront justifié, dans un examen subi devant le conseil des poids et mesures, d'une instruction suffisante sur la théorie élémentaire et sur la pratique de la cubature des solides.

Seront préférés, à qualités égales, ceux qui ont été employés comme toiseurs ou vérificateurs, et ceux qui entendent le jaugeage et les autres méthodes de mesurage utiles à la perception des octrois.

4. Avant d'entrer en fonctions, et sous peine de nullité de leurs actes, lesdits préposés prêteront serment devant le tribunal civil de la Seine, et leurs registres ou carnets seront cotés et paraphés par un juge commis à cet effet.

La tenue desdits registres, ainsi que les opérations desdits préposés, seront surveillées et vérifiées par l'agent inspecteur général du bureau central du poids public et par l'intervention d'un inspecteur sous ses ordres, qui sera nommé par le préfet de la Seine.

5. Pour faciliter la description et la cubature des pierres, comme aussi pour éviter le transport et le déblai, sur les chantiers et théâtres, du bousin, des flaches et autres débris inutiles, les pierres à présenter au mesurage seront préalablement ébousinées au vif, et leurs parements dressés.

Les pierres qui n'auront pas été ainsi préparées ne pourront être introduites dans Paris; et, en conséquence, les préposés mesureurs ne pourront, sous peine de contravention, les admettre au mesurage, quand même il y aurait offre de subir une réduction proportionnée aux bousins, flaches et autres débris inutiles.

6. Les pierres de dimension à produire au moins un cube d'un demi décistère (environ un pied six pouces cubes) ou ayant au moins depuis sept jusqu'à trente centimètres d'épaisseur, sur un mètre au moins de longueur et seize centimètres de largeur, seront seules à considérer comme pierres de taille.

Toutes pierres de dimension ou de cubes inférieurs seront réputées moellons.

7. Les pierres qui, autrefois, se mesuraient au pied cube, seront mesurées au mètre cube.

Quant à celles qui se mesuraient au tonneau de quatorze pieds cubes, la mesure en sera ramenée, soit au stère cube, soit au demi-stère, équivalant au tonneau, mesure ancienne.

8. En opérant la cubature des pierres, les préposés au mesurage marqueront chaque bloc d'une lettre ou numéro, et inscriront sur leurs registres les noms des vendeurs, ceux des acheteurs, les marques de la pierre, ses qualités, son origine, le lieu de sa destination et la nature de son emploi projeté.

Lors du chargement, soit sur la plate-forme, soit sur le port d'arrivage, il sera remis au voiturier un bulletin, copie exacte de l'inscription au registre, tant pour servir de titre au vendeur contre l'acheteur que pour valoir permis d'entrer et servir de pièce justificative de la déclaration à faire préalablement devant les bureaux d'octroi; semblable bulletin sera remis, à mêmes fins, au conducteur de pierres arrivant de l'extérieur et mesurées à la barrière.

9. Le droit de mesurage, bulletin compris, sera de soixante-quinze centimes par mètre cube.

Ce droit sera à la charge du vendeur, et acquitté par les voituriers ou bateliers.

10. La perception du droit de mesurage des pierres sera fait au profit de la ville de Paris, par le bureau central du poids public, et le payement s'effectuera au moment de la délivrance du bulletin, savoir : par les préposés dudit bureau, et, immédiatement après l'opération du mesurage, pour les pierres qu'ils auront mesurées aux lieux mêmes de l'extraction; et par les receveurs de l'octroi de Paris, pour le compte dudit bureau, immédiatement après l'opération du mesurage, et, en même temps, de la perception dudit octroi, pour les pierres qui, n'ayant pas été mesurées sur les plates-formes des carrières, le seront aux barrières ou sur les ports de ladite ville.

La quittance du droit sera toujours donnée au pied du bulletin de mesurage, dont la délivrance est prescrite par l'article 8 du présent décret.

11. Les préposés de l'octroi ne laisseront ni entrer dans Paris par les barrières, ni enlever des ports, pour être transportée dans l'intérieur, aucune voiture de pierres dont le voiturier ne leur représenterait pas le bulletin de mesurage dûment quittancé, accompagné de la quittance du droit d'octroi.

12. Afin que les pierres puissent arriver sur les théâtres et chantiers, de jour et avant la fin de la journée de travail, les voitures qui ne seraient point prêtes à passer la barrière ou à quitter les ports d'arrivage, une heure avant celle où finit la journée, seront dételées et stationneront jusqu'au lendemain.

13. Les voituriers ne pourront, sous peine de cent francs d'amende, et de trois cents francs en cas de récidive, décharger leurs pierres dans d'autres lieux que ceux qui sont indiqués sur le bulletin du mesurage.

Les rues et les ponts que les voituriers devront suivre dans la traversée, la forme et la charge des voitures, les précautions à prendre pour y assurer les pierres, seront déterminées par un règlement du préfet de la Seine, de manière à prévenir le stationnement des voitures sur les ponts ou la voie publique, et tous les autres embarras ou accidents qui peuvent résulter de ce transport.

Les voitures de pierres ne pourront passer sur les boulevards de l'intérieur de Paris.

Le même règlement indiquera les lieux où les voituriers pourront stationner pour faire reposer leurs chevaux ; ils ne pourront s'arrêter sur aucun point, hors le cas d'accident, sous les peines portées au présent article.

14. Dans le cas d'avaries notables et dans tous ceux qui donneraient ou pourraient donner lieu à contestation, le bureau central de pesage, mesurage et jaugeage publics fera faire sur place, dans le département de la Seine, à la réquisition de la partie intéressée, et par des préposés autres que ceux qui auront fait le mesurage contesté, la vérification de ce mesurage, à l'effet de constater s'il se trouve des différences dues, soit aux avaries, soit à l'inexactitude de la description et de la cubature.

15. A ces vérifications, seront dûment appelés, l'ingénieur ou l'architecte chargé de diriger les constructions, lorsqu'il s'agira de pierres à employer dans les travaux publics, et l'un des architectes voyers, si les pierres sont destinées à des travaux particuliers.

16. Les vendeurs et acheteurs seront personnellement responsables des faits de leurs commis, voituriers ou domestiques, et seront garants, aussi respectivement, des condamnations qui pourraient être prononcées à raison de ces faits.

17. Les plaintes en contravention au présent décret, et les procès-verbaux dressés pour constater ces contraventions, seront portés devant les tribunaux de police du département de la Seine et des autres départements où s'exécutera le présent décret, pour, lesdites contraventions, y être jugées conformément aux lois et règlements.

18. Le recouvrement des amendes sera poursuivi à la diligence du receveur de l'enregistrement, auquel il sera, à cet effet, adressé des extraits des jugements rendus par les tribunaux de police. Le principal des amendes sera versé par ledit receveur, au fur et à mesure des recouvrements, dans la caisse du bureau central du poids public.

19. La régie de l'octroi fera, de son côté, tenir registre particulier du produit des droits de mesurage perçus par les receveurs, et en fera verser, chaque mois, le montant à la caisse du bureau central du poids public, qui, réunissant ces versements aux recettes directes par lui faites, versera le tout, aussi chaque mois, à la caisse du receveur municipal de la ville de Paris.

20. Le produit du droit de mesurage et les sommes provenant des amendes recouvrées seront spécialement affectés aux dépenses du traitement des préposés et vérificateurs du mesurage, frais de poursuites, frais de bureau et autres dépenses relatives, à cette partie d'administration, et le surplus aux dépenses de la ville.

21. Les dispositions du présent décret, celles de notre décret du 26 septembre dernier, relatif aux dépôts de pierres sur la voie publique, et celles de l'arrêté de notre ministre de l'intérieur, du 13 octobre dernier, sur l'exécution dudit décret, seront applicables aux travaux militaires qui s'exécutent à Paris, sous la direction de notre ministre de la guerre.

22. Notre ministre de l'intérieur est chargé de nous proposer l'application du présent décret, avec les modifications convenables aux grandes villes de notre empire, spécialement à celles qui renferment des palais impériaux, ou dans lesquelles s'exécutent de grandes constructions civiles, militaires ou maritimes.

N° **271.**—*Décret contenant règlement pour l'administration de la justice en matière criminelle, de police criminelle et de simple police, et le tarif général des frais.*

Du 18 juin 1811.

CHAPITRE II.

Des honoraires et vacations des médecins, chirurgiens, sages-femmes, experts et interprètes.

16. Les honoraires et vacations des médecins, chirurgiens, sages-femmes, experts et interprètes, à raison des opérations qu'ils feront sur la réquisition de nos officiers de justice ou de police judiciaire, dans les cas prévus par les articles 43, 44, 148, 332 et 333 du Code d'instruction criminelle, seront réglés ainsi qu'il suit.

17. Chaque médecin ou chirurgien recevra, savoir :

1° Pour chaque visite et rapport, y compris le premier pansement, s'il y a lieu,

Dans notre bonne ville de Paris, six francs ;

Dans les villes de quarante mille habitants et au-dessus, cinq francs ;

Dans les autres villes et communes, trois francs.

2° Pour les ouvertures de cadavre ou autres opérations plus difficiles que la simple visite, et en sus des droits ci-dessus :

Dans notre bonne ville de Paris, neuf francs ;

Dans les villes de quarante mille habitants et au-dessus, sept francs ;

Dans les autres villes et communes, cinq francs.

18. Les visites faites par les sages-femmes seront payées :

A Paris, trois francs ;

Dans toutes les autres villes et communes, deux francs.

19. Outre les droits ci-dessus, le prix des fournitures nécessaires pour les opérations sera remboursé.

20. Pour les frais d'exhumation des cadavres, on suivra les tarifs locaux.

21. Il ne sera rien alloué pour soins et traitements administrés, soit après le premier pansement, soit après les visites ordonnées d'office.

22. Chaque expert ou interprète recevra, pour chaque vacation de trois heures, et pour chaque rapport, lorsqu'il sera fait par écrit, savoir :

A Paris, cinq francs ;

Dans les villes de quarante mille habitants et au-dessus, quatre francs ;

Dans les autres villes et communes, trois francs.

Les vacations de nuit seront payées moitié en sus.

Il ne pourra être alloué, pour chaque journée, que deux vacations de jour et une de nuit.

23. Les traductions par écrit seront payées, pour chaque rôle de trente lignes à la page, et de seize à dix-huit syllabes à la ligne, savoir :

A Paris, un franc vingt-cinq centimes ;

Dans les villes de quarante mille habitants et au-dessus, un franc.

Dans les autres villes et communes, soixante-quinze centimes.

24. Dans le cas de transport à plus de deux kilomètres de leur résidence, les médecins, chirurgiens, sages-femmes, experts et interprètes, outre la taxe ci-dessus fixée pour leurs vacations, seront indemnisés de leurs frais de voyage et séjour de la manière déterminée dans le chapitre VIII ci-après.

25. Dans tous les cas où les médecins, chirurgiens, sages-femmes, experts et interprètes seront appelés, soit devant le juge d'instruction, soit aux débats, à raison de leurs déclarations, visites ou rapports, les indemnités dues pour cette comparution, leur seront payées comme à des témoins, s'ils requièrent taxe.

CHAPITRE IV.

Des frais de garde de scellés et de ceux de mise en fourrière.

37. Dans les cas prévus par les articles 16, 35, 37, 38, 89 et 90 du Code d'instruction criminelle, il ne sera accordé de taxe, pour la garde des scellés, que lorsque le juge instructeur n'aura pas jugé à propos de confier cette garde à des habitants de la maison où les scellés auront été apposés.

Dans ce cas, il sera alloué, pour chaque jour, au gardien nommé d'office, savoir :

Dans notre bonne ville de Paris, deux francs cinquante centimes ;

Dans les villes de quarante mille habitants et au-dessus, deux francs ;

Dans les autres villes et communes, un franc.

38. En matière criminelle et correctionnelle, les femmes ne peuvent être constituées gardiennes des scellés, conformément à la loi du 6 vendémiaire an III, qui recevra, quant à ce, son exécution.

39. Les animaux et tous les objets périssables, pour quelque cause qu'ils aient été saisis, ne pourront rester en fourrière ou sous le séquestre plus de huit jours.

Après ce délai, la mainlevée provisoire pourra en être accordée.

S'ils ne doivent ou ne peuvent être restitués, ils seront mis en vente, et les frais de fourrière seront prélevés sur le produit de la vente, par privilège et de préférence à tous autres.

40. La mainlevée provisoire des animaux saisis et des objets périssables mis en séquestre sera ordonnée par le juge de paix ou par le juge d'instruction, moyennant caution et le payement des frais de fourrière et de séquestre.

Si lesdits objets doivent être vendus, la vente en sera ordonnée par les mêmes magistrats.

Cette vente sera faite à l'enchère, au marché le plus voisin, à la diligence de l'administration de l'enregistrement.

Le jour de la vente sera indiqué par affiches vingt-quatre heures à l'avance, à moins que la modicité de l'objet ne détermine le magistrat à en ordonner la vente sans formalités, ce qu'il exprimera dans son ordonnance.

Le produit de la vente sera versé dans la caisse de l'administration de l'enregistrement, pour en être disposé ainsi qu'il sera ordonné par le jugement définitif.

N° 272. —*Décret portant création d'un corps de sapeurs-pompiers pour la ville de Paris* (1).

Du 18 septembre 1811.

TITRE Ier.

Composition du corps des sapeurs-pompiers.

TITRE II.

Organisation.

15. La solde journalière et le montant des masses seront ordonnancés, chaque mois, par le préfet de police, d'après les états de revue certifiés par l'inspecteur aux revues.

Le directeur du génie de Paris fera les fonctions d'inspecteur d'armes du corps des sapeurs pompiers; il les passera en revue, les fera manœuvrer, et il examinera leur comptabilité. Il fera du tout un rapport, qu'il adressera à notre ministre de l'intérieur, et remettra, par écrit, au préfet de police, les observations résultant de chaque revue.

L'administration et la comptabilité en seront suivies et dirigées par les inspecteurs aux revues, conformément aux règlements sur l'administration des corps de ligne, et ainsi qu'il est prescrit pour les compagnies de réserve.

Les capitaines enverront, toutes les semaines, l'état de situation de leur compagnie au directeur du génie de Paris, lequel pourra se faire remettre cet état aussi souvent que le bien du service l'exigera.

Les rapports de cet officier supérieur avec le préfet de police et le commandant du bataillon des sapeurs-pompiers seront réglés, pour tout ce qui concerne l'inspection de ce bataillon, conformément aux dispositions de l'article 22 de notre décret du 24 floréal an XIII, portant création des compagnies de réserve.

---

(1) Voir les ordonnances royales des 17 février et 15 août 1836, 15 octobre 1840, et ci-après à sa date, celle des 23 septembre—9 octobre 1841.

TITRE IV.

Habillement, équipement, armement.

16. L'uniforme des sapeurs-pompiers sera réglé par le préfet de police, avec l'approbation de notre ministre de l'intérieur. Le bouton sera aux armes de notre bonne ville de Paris ; il aura pour légende : *sapeurs-pompiers de Paris.*

Ils seront armés d'un sabre et d'un fusil avec baïonnette.

TITRE V.

Recrutement.

18. Le bataillon des sapeurs-pompiers de la ville de Paris sera recruté par des enrôlements volontaires, sous la direction du préfet de police :

1° Parmi les pompiers qui composent les trois compagnies actuellement existantes, et qui seront reconnus, d'après un examen préalable du commandant, de l'ingénieur et du chirurgien-major, avoir les qualités requises pour le service des sapeurs-pompiers ;

2° Parmi les sous-officiers et soldats de l'armée, munis de congés en bonne forme, et reconnus aptes à ce service ;

3° Parmi tous les citoyens non sujets à la conscription qui auront les qualités nécessaires.

TITRE VI.

Avancement.

20. Tous les officiers seront nommés par nous, sur le rapport du ministre de l'intérieur et la présentation du préfet de police.

Ils seront pris de préférence parmi d'anciens officiers pompiers, ou officiers d'artillerie, de mineurs-sapeurs, et officiers d'ouvriers d'artillerie, réformés ou en retraite, d'un grade supérieur ou au moins égal à l'emploi vacant.

Les officiers du bataillon des sapeurs-pompiers qui jouiraient d'un traitement de réforme ou de retraite, pourront cumuler ce traitement avec celui d'activité.

21. Le chirurgien-major, le quartier-maître et le garde-magasin seront nommés par le préfet de police.

22. Les sous-officiers seront choisis par le préfet de police, sur une liste double, d'après la proposition des capitaines et la présentation du chef de bataillon.

TITRE VII.

De l'administration du corps des sapeurs-pompiers.

28. Le préfet de police assistera aux conseils toutes les fois qu'il le jugera convenable, et, en ce cas, les présidera. Toutes les délibérations, même celles prises en sa présence, lui seront adressées, pour être par lui approuvées, s'il y a lieu. Aucune ne pourra être exécutée sans être revêtue de son approbation spéciale.

TITRE VIII.

Casernement et distribution des postes.

32. Outre les casernes, il y aura au moins trente postes de sapeurs-pompiers distribués dans la ville et dans les faubourgs de Paris ; les points où ils devront être placés et leur force respective seront réglés par le préfet de police.

TITRE IX.

Du service, discipline et police du bataillon des sapeurs-pompiers.

33. Outre le service spécial pour prévenir et arrêter les incendies, les sapeurs-pompiers doivent encore concourir au service de police et de sûreté publique, dans notre bonne ville de Paris et ses faubourgs ; le tout sous les ordres du préfet de police.

34. A cet effet, il y aura dans chaque caserne un piquet de quinze hommes au moins, commandés par un lieutenant ou un sergent, qui passera la nuit tout habillé, prêt à partir à la première alerte, non-seulement en cas d'incendie, mais même pour tout service public, pour la police et la sûreté de la ville.

Les postes de pompiers ne pourront jamais être appelés que pour le feu, s'ils n'ont reçu pour la police un renfort extraordinaire, lequel seul, pourra être appelé, comme il est dit au paragraphe précédent.

35. Toutes les nuits, il partira, de trois heures en trois heures, de chaque caserne, une patrouille commandée par un caporal ou un appointé.

36. Les officiers et sous-officiers du bataillon des sapeurs-pompiers prendront rang à la gauche des troupes de ligne.

A l'égalité de grade, et lorsqu'il s'agira d'un service étranger aux incendies, ils seront commandés par les officiers et sous-officiers des-dites troupes.

37. Outre le service ordinaire de la ville et de ses faubourgs, le bataillon des sapeurs-pompiers fera, pour les incendies, celui de tous les spectacles et bals publics : il fournira, en outre, les sapeurs-pompiers qui pourront être demandés ou qui seront jugés nécessaires par le préfet de police pour bals et fêtes particulières. Le préfet de police réglera le nombre d'individus qui sera accordé ou commandé pour ces divers services, et la rétribution qui sera due à chacun d'eux.

La moitié de la rétribution, déterminée par le préfet de police, sera donnée à celui ou ceux qui auront fait ce service ; et l'autre moitié sera retenue pour être répartie de trois mois en trois mois, à raison d'un tiers pour les officiers (le chef de bataillon excepté), et les deux autres tiers pour les sous-officiers et sapeurs-pompiers. La distribution sera faite au prorata de la solde.

38. Les sapeurs-pompiers seront instruits par leurs officiers et sous-officiers dans les manœuvres nécessaires pour éteindre les incendies, et au service des pompes établies sur les bateaux pour la sûreté des approvisionnements en combustibles, garés sur la rivière.

Ils seront également occupés dans les casernes, sous les ordres de l'ingénieur et la surveillance des capitaines et autres officiers, à l'entretien et réparation des pompes, seaux, tuyaux et autres agrès servant à l'extinction des incendies.

Ils seront, de plus, instruits du maniement d'armes et des manœuvres de l'infanterie, jusques et compris l'école de bataillon.

39. L'ingénieur fera toutes les visites, vérifications, levées de plans et rapports qui lui seront demandés par le préfet de police.

Le directeur des eaux de Paris lui remettra le plan des aqueducs et de la distribution des eaux.

40. Le chirurgien-major visitera gratuitement les sapeurs-pompiers malades ou blessés, et leur donnera les soins nécessaires.

Dès qu'il se manifestera un incendie, autre que les simples feux de cheminée, il sera tenu de se transporter aux lieux de l'incendie pour y donner les premiers soins aux sapeurs-pompiers qui pourraient en avoir besoin.

41. Les sapeurs-pompiers sont soumis aux lois, règlements et arrêtés relatifs à la discipline, police et justice militaire, de la même manière que les compagnies de réserve le sont sous l'autorité des préfets.

TITRE X.

Des récompenses et encouragements.

42. Il sera accordé des gratifications aux officiers, sous-officiers et autres individus composant le bataillon des sapeurs-pompiers qui s'en seront rendus dignes par leur zèle, leur dévouement et leur intrépidité.

A cet effet, il sera mis, chaque année, à la disposition du préfet de police, une somme de dix mille francs sur les fonds communaux, laquelle sera ordonnancée par lui, comme il sera dit au titre ci-après.

TITRE XI.

De l'acquit des dépenses du bataillon des sapeurs-pompiers.

43. La totalité des dépenses du bataillon des sapeurs-pompiers, de l'acquisition et construction des casernes, de leur entretien et réparation, des locations, réparations, ameublement et entretien des corps de garde, et des constructions, entretien et réparations des pompes et agrès, sera à la charge de notre bonne ville de Paris, jusqu'à l'établissement d'une compagnie d'assurance contre les incendies.

44. Notre ministre de l'intérieur, sur le compte qui lui sera rendu par le préfet de police, nous fera, sous un mois, un rapport sur l'achat et la construction ou réparation des casernes ordonnées par le présent décret, et sur les moyens de payement, pour y être statué en conseil d'Etat.

TITRE XII.

Des retraites qui seront accordées aux individus qui composeront le corps des sapeurs-pompiers.

45. Les officiers et sapeurs-pompiers n'auront droit à une pension de retraite qu'après trente ans de service effectif, pour lesquels on comptera le temps d'activité à l'armée ou dans un corps de pompiers.

La pension pourra cependant être accordée, avant trente ans, à ceux que des accidents, des blessures ou des infirmités rendraient incapables de continuer leur service.

46. La pension des officiers et sapeurs-pompiers sera réglée, comparativement avec leur solde, d'après les bases déterminées par les lois et règlements militaires.

47. Les veuves et les enfants des individus qui perdront la vie dans l'exercice de leurs fonctions, auront droit à des pensions, d'après les bases et le taux déterminés par notre décret du 25 octobre 1806, pour les veuves et enfants des employés de la préfecture de police.

48. Les fonds provenant des retenues déterminées par l'article 14, pour retraites et pensions, seront versés, chaque mois, dans la caisse du Mont-de-Piété, qui en payera l'intérêt à cinq pour cent; l'intérêt sera, tous les six mois, accumulé aux capitaux.

Il sera versé, en outre, pendant dix ans, par le receveur municipal, une somme de six mille francs par année, à compter du 1er janvier prochain, pour former le premier fonds de retraites et pensions, et représenter les services passés sur lesquels il n'y a point eu de retenue.

Le montant net des soldes de tout garde, pendant les vacances d'emploi, qui n'excéderont pas un mois, sera ajouté au fonds des retraites.

Les retraites qui seront accordées seront payées d'abord sur les intérêts, et, s'il est besoin, sur les capitaux déposés au Mont-de-Piété, et, subsidiairement, sur les revenus de la ville de Paris, ou sur les fonds de la compagnie d'assurance, après son établissement.

Le directeur du Mont-de-Piété adressera, chaque année, au préfet de police, un compte général des fonds versés à la caisse.

49. L'état de situation, adressé par la caisse du Mont-de-Piété, et le tableau motivé des retraites, qui aura été formé par le conseil d'administration, l'état et le montant des soldes de retraites existantes, nous seront remis et approuvés par nous en conseil d'Etat.

50. Nos ministres de l'intérieur et de la guerre sont chargés de l'exécution du présent décret.

N° **273.** — *Décision pour l'exécution du décret impérial du 28 janvier 1811.*

Paris, le 25 novembre 1811.

Le ministre de l'intérieur,

Vu le décret impérial du 28 janvier 1811, notamment les articles 1, 2 et 7 dudit décret, relatifs à la navigation sous les ponts de Paris;

Vu la demande du commerce des vins, tendante à ce que le pont d'Austerlitz soit compris dans la nomenclature des ponts dont les chefs de ponts doivent faire le service;

Vu la soumission des chefs de ponts, qui s'obligent et se soumettent à prendre tous les bateaux dans le bassin de la Râpée, au-dessus du pont d'Austerlitz, pour les lâcher dans les gares et ports de Paris, conformément au tarif; et, en outre, à faire le remontage des bateaux, conformément au même tarif : ladite soumission portant encore : 1° qu'ils n'exigeront aucune rétribution pour conduire les bateaux du bassin de la Râpée à l'île Louviers; 2° qu'ils n'exigeront d'ailleurs aucune augmentation pour ceux des bateaux qu'ils auraient pris à la Râpée pour les faire passer sous les ponts compris au tarif; 3° enfin, qu'ils entendent appliquer à l'extension de leur service la responsabilité qui leur est imposée par l'article 12 du décret susénoncé;

Vu l'adhésion formelle donnée à cette soumission par différentes branches de commerce et les observations de plusieurs autres;

Considérant qu'aux termes de l'article 1er du décret, le service de la navigation, sous les ponts de Paris, doit être fait par deux chefs de ponts;

Considérant que la faculté accordée, par l'article 7 du même décrel, aux propriétaires, de livrer leurs bateaux à la pointe de l'île Louviers ou à la gare de la Femme-Sans-Tête, ne peut atténuer le principe ci-dessus énoncé; que ce principe a été invoqué par plusieurs branches de commerce, qui en ont reconnu les avantages;

Considérant la nécessité d'assurer un mouvement plus régulier au service de la navigation dans Paris, et de garantir de toute avarie les bateaux au passage des ponts,

Arrête ce qui suit :

1. Le pont d'Austerlitz sera compris dans la nomenclature des ponts, dont les chefs de ponts de Paris doivent faire le service.

2. Les chefs de ponts prendront les bateaux dans le bassin de la Râpée.

3. Conformément à l'article 2 du décret du 28 janvier 1811, il est défendu à tous autres qu'aux chefs de ponts de passer les bateaux sous le pont d'Austerlitz, excepté les margotats, bachots et doubles bachots.

4. L'espace compris entre le pont de la Tournelle et le pont d'Austerlitz (rive gauche), sera reconnu dans son entier sous la dénomination de Port de la Tournelle.

5. Les bateaux qui seront pris par les chefs de ponts au bassin de la Râpée et descendus à un premier port, d'où ils seraient ultérieurement conduits à un port inférieur, ne seront passibles que de la rétribution fixée par le tarif, à partir de l'île Louviers.

Approuvé, ce 25 novembre 1811.

N° 274. — *Extrait du décret impérial concernant les eaux et fontaines de la ville de Paris.*

Au palais des Tuileries, le 2 février 1812.

Napoléon, empereur des Français, roi d'Italie, protecteur de la confédération du Rhin, médiateur de la confédération Suisse, etc.

Sur le rapport de notre ministre de l'intérieur;

Notre conseil d'Etat entendu,

Nous avons décrété et décrétons ce qui suit :

1. A compter du 1er mars prochain, l'eau sera fournie gratuitement à toutes les fontaines de notre bonne ville de Paris.

2. Il est défendu à tous agents, économes ou employés d'établissements publics, jouissant des fournitures d'eau, à quelque titre que ce soit, de vendre l'eau provenant desdites fournitures, à peine de tous dommages-intérêts envers la ville de Paris et d'une amende de 1,000 fr.

3. A l'avenir, il ne sera accordé d'autorisation d'établir sur le bord de la rivière, des fontaines, pompes à bras ou autres machines destinées à monter l'eau pour la vendre et distribuer au public, que par décrets rendus en notre conseil sur le rapport de notre ministre de l'intérieur.

4. Les particuliers ou compagnies propriétaires de semblables établissements cesseront leur exploitation dans trois mois, et rendront les places nettes s'ils n'ont été autorisés dans ce délai, comme il est dit à l'article précédent, sauf à l'administration à traiter avec eux du matériel de leurs établissements dans les cas où l'on croirait utile de les conserver.

5. Il sera nommé par nous, sous huitaine, sur la proposition de notre ministre de l'intérieur, une commission de trois membres de notre conseil, à laquelle seront en outre appelés nos conseillers d'Etat, préfets du département et de police, et le maître des requêtes, chargé des travaux des ponts et chaussées de Paris. Cette commission sera chargée d'examiner la comptabilité et la direction des eaux de Paris, et de nous faire un rapport sur les moyens, 1° de diminuer les dépenses ; 2° de procurer, le plus tôt possible, l'établissement de fontaines dans les quartiers et rues dans lesquels il y en a un trop petit nombre, ou qui en manquent.

6. Notre ministre de l'intérieur est chargé de l'exécution du présent décret, qui sera inséré au *Bulletin des Lois.*

N° **275**. — *Extrait du décret impérial concernant les poids et mesures* (1).

Au palais impérial des Tuileries, le 12 février 1812.

Napoléon, empereur des Français, roi d'Italie, protecteur de la confédération du Rhin, médiateur de la confédération Suisse, etc.

Désirant faciliter et accélérer l'établissement de l'universalité des poids et mesures dans notre empire ;

Sur le rapport de notre ministre de l'intérieur ;

Notre conseil d'Etat entendu ,

Nous avons décrété et décrétons ce qui suit :

1. Il ne sera fait aucun changement aux unités des poids et mesures de l'empire, telles qu'elles ont été fixées par la loi du 19 frimaire an VIII.

2. Notre ministre de l'intérieur fera confectionner, pour l'usage du commerce, des instruments de pesage et mesurage, qui présentent, soit les fractions, soit les multiples desdites unités, le plus en usage dans le commerce, et accommodés au besoin du peuple.

3. Ces instruments porteront, sur leur diverses faces, la comparaison des divisions et des dénominations établies par les lois, avec celles anciennement en usage.

4. Nous nous réservons de nous faire rendre compte, après un délai de dix années, des résultats qu'aura fournis l'expérience sur les perfectionnements que le système des poids et mesures serait susceptible de recevoir.

5. En attendant, le système légal continuera à être seul enseigné dans toutes les écoles de notre empire, y compris les écoles primaires, et à être seul employé dans toutes les administrations pu-

---

(1) Abrogé; voir la loi des 4-8 juillet 1837. Si, malgré cette abrogation formelle, nous insérons ici ce décret, c'est qu'il est inséparable de l'arrêté du 28 mars 1812, arrêté que nous avons cru devoir reproduire parce qu'il indique le rapport des mesures usuelles avec les mesures métriques, et qu'en cela il pourra être utilement consulté.

bliques, comme aussi dans les marchés, halles, et dans toutes les transactions commerciales et autres entre nos sujets.

6. Nos ministres sont chargés de l'exécution du présent décret qui sera inséré au *Bulletin des Lois*.

Arrêté pour l'exécution du décret impérial du 12 février 1812, concernant l'uniformité des poids et mesures.

Le ministre de l'intérieur, comte de l'empire ;

Vu le décret impérial du 12 février 1812, relatif à l'uniformité des poids et mesures, ensemble la loi du 19 frimaire an VIII, et les lois des 18 germinal an III et 1er vendémiaire an IV ,

Arrête ce qui suit :

1. Il est permis d'employer pour les usages du commerce,

1° Une mesure de longueur égale à deux mètres, qui prendra le nom de *toise*, et se divisera en six pieds ;

2° Une mesure égale au tiers du mètre ou sixième de la toise, qui aura le nom de *pied*, se divisera en douze pouces, et le pouce en douze lignes.

Chacune de ces mesures portera sur l'une de ses faces les divisions correspondantes du mètre : savoir, la toise, deux mètres divisés en décimètres, et le premier décimètre en millimètres ; et le pied, trois décimètres un tiers, divisés en centimètres et millimètres ; en tout, *millimètres* 333 $\frac{1}{3}$.

2. Le mesurage des toiles et étoffes pourra se faire avec une mesure égale à douze décimètres, qui prendra le nom d'*aune*. Cette mesure se divisera en demis, quarts, huitièmes et seizièmes, ainsi qu'en tiers, sixièmes et douzièmes ; elle portera sur l'une de ses faces les divisions correspondantes du mètre en centimètres seulement, savoir, cent vingt centimètres numérotés de dix en dix.

3. Les mesures dont il est question dans les articles précédents pourront être construites d'une seule pièce, ou brisées à charnière, ou de toute autre manière qu'il conviendra, pourvu que les fractions soient des parties aliquotes desdites mesures, et ne puissent, par aucune combinaison, reproduire les anciennes mesures locales qu'elles doivent remplacer.

4. Les grains et autres matières sèches pourront être mesurés, dans la vente au détail, avec une mesure égale au huitième de l'hectolitre, laquelle prendra le nom de *boisseau*, et aura son double, son demi et son quart.

Chacune de ces mesures portera son nom, et, en outre, l'indication de son rapport avec l'hectolitre ;

SAVOIR :

Le double boisseau..........	$\frac{1}{4}$	d'hectolitre.
Le boisseau..................	$\frac{1}{8}$	id.
Le demi-boisseau ....,....	$\frac{1}{16}$	id.
Le quart de boisseau ....,..	$\frac{1}{32}$	id.

5. Pour la vente en détail des graines, grenailles, farines, légumes secs ou verts, le litre pourra se diviser en demis, quarts et huitièmes, et chacune de ces mesures portera son nom indicatif de son rapport avec le litre.

6. Les mesures dont l'usage est permis par les articles 4 et 5 seront construites en bois, dans la forme cylindrique, et auront le diamètre égal à la hauteur.

7. Pour la vente en détail du vin, de l'eau-de-vie et autres boissons ou liqueurs, on pourra employer des mesures d'un quart, d'un huitième et d'un seizième de litre.

Ces trois dernières mesures seront construites, comme les autres mesures de liquides, en étain, au titre fixé; leur forme sera cylindrique, et elles auront la hauteur double du diamètre.

Pour la vente du lait, elles seront en fer-blanc, et dans la forme propre à ces sortes de mesures.

Chacune desdites mesures portera son nom indicatif de son rapport avec le litre.

8. Pour la vente en détail de toutes les substances dont le prix et la quantité se règlent au poids, les marchands pourront employer les poids usuels suivants; savoir :

La *livre*, égale au demi-kilogramme ou cinq cents grammes, laquelle se divisera en seize onces ;

L'*once*, seizième de la livre, qui se divisera en huit gros ;

Le *gros*, huitième de l'once, qui se divisera en soixante-douze grains.

Chacun de ces poids se divisera, en outre, en demis, quarts et huitièmes.

Ils porteront, avec le nom qui leur sera propre, l'indication de leur valeur en grammes ;

SAVOIR :

La livre .... grammes	500	
La demi-livre.	250	
Le quart de livre ou quarteron	125	
Le huitième ou demi-quart	62	5
L'once	31	3
La demi-once	15	6
Le quart d'once ou deux gros	7	8
Le gros	3	9

Ces poids ne pourront être construits qu'en fer ou en cuivre; l'usage des poids en plomb ou de toute autre matière est interdit.

9. Les mesures et les poids mentionnés aux articles précédents ne pourront être mis dans le commerce qu'après avoir été vérifiés dans les bureaux établis à cet effet, et marqués du poinçon aux armes de l'empire. Pour cette vérification, il sera payé le droit fixé par le tarif annexé à l'arrêté du 29 prairial an IX, pour les mesures et les poids les plus analogues.

10. Afin de faciliter et régulariser la fabrication des mesures et des poids dont l'usage est permis par le présent arrêté, il en sera adressé des modèles à MM. les préfets des départements, qui les feront déposer dans les bureaux de vérification, pour être communiqués aux fabricants qui voudront en prendre connaissance, et servir ensuite, comme étalons, à la vérification des mesures et des poids qui seront mis dans le commerce.

Les frais de la fabrication et de l'envoi de ces modèles seront acquittés comme dépenses départementales.

11. Chacun de MM. les préfets fixera l'époque à laquelle le décret impérial du 12 février dernier, et les dispositions ordonnées par le présent arrêté, devront être exécutés dans son département, de manière que le terme le plus éloigné ne passe pas le 1er août prochain; et, à cette époque, tous les marchands devront être pourvus des poids et mesures susmentionnés, chacun en ce qui concerne son commerce.

12. A compter de la même époque, toute demande de marchandise qui sera faite en mesure ou en poids anciennement en usage, sous quelque dénomination que ce soit, sera censée faite en poids ou en mesures analogues dont l'usage est permis par le présent arrêté; et, en conséquence, tout marchand qui, sous le prétexte de satisfaire au désir de l'acheteur, emploierait des combinaisons de mesures ou de poids décimaux ou autres pour former le poids ou la mesure ancienne dont l'emploi est prohibé, sera poursuivi conformément aux articles 424, 479, 480 et 481 du Code pénal, comme ayant fait usage de poids et mesures autres que ceux voulus par la loi.

13. Les dispositions du décret du 12 février et du présent arrêté, n'étant relatives qu'à l'emploi des mesures et des poids dans le commerce de détail et dans les usages journaliers, les mesures légales continueront à être seules employées exclusivement dans tous les travaux publics, dans le commerce en gros, et dans toutes les transactions commerciales et autres.

En conséquence, les plans, devis, mémoires d'ouvrages d'arts, les descriptions de lieux ou de choses dans les procès-verbaux ou autres écrits, les marchés, factures, annonces de prix courants, états de situation d'approvisionnements, inventaires de magasins, les mercuriales, les lettres de voiture et chargement, les livres de commerce, les annonces des journaux, et généralement toutes les écritures, soit publiques, soit privées, contiendront l'énonciation des quantités en mesures légales, et non en mesures simplement tolérées.

Le système légal sera aussi seul enseigné, dans toute son intégrité, dans les écoles publiques, y compris les écoles primaires.

14. Le présent arrêté sera inséré dans les journaux, et adressé à MM. les préfets des départements, qui le feront publier, et ordonneront, en conséquence, les dispositions nécessaires pour en préparer et assurer l'exécution.

Fait à Paris, le 28 mars 1812.

Le ministre de l'intérieur, comte de l'Empire,

MONTALIVET.

N° **276.**—*Décret contenant des dispositions pénales contre ceux qui chassent sans permis de port d'armes de chasse* (1).

Du 4 mai 1812.

N° **277.** — *Décret impérial relatif à la circulation des grains et farines, et à l'approvisionnement et à la police des marchés.*

Au palais de Saint-Cloud, le 4 mai 1812.

Napoléon, empereur des Français, roi d'Italie, protecteur de la confédération du Rhin, médiateur de la confédération Suisse, etc.;

Nous étant fait rendre compte de l'état des subsistances dans toute

(1) Abrogé. V. plus loin, à sa date, la loi du 3 mai 1844, sur la police de la chasse.

l'étendue de notre Empire, nous avons reconnu que les grains existants formaient une masse non-seulement égale, mais supérieure à tous les besoins.

Toutefois, cette proportion générale entre les ressources et la consommation ne s'établit dans chaque département de l'Empire qu'au moyen de la circulation;

Et cette circulation devient moins rapide, lorsque la précaution fait faire aux consommateurs des achats anticipés et surabondants; lorsque le cultivateur porte plus lentement aux marchés; lorsque le commerçant diffère de vendre, et que le capitaliste emploie ses fonds en achats qu'il emmagasine pour garder, et provoquer ainsi le renchérissement.

Ces calculs de l'intérêt personnel, légitimes lorsqu'ils ne compromettent point la subsistance du peuple, et ne donnent point aux grains une valeur supérieure à la valeur réelle, résultat de la situation de la récolte dans tout l'Empire, doivent être défendus lorsqu'ils donnent aux grains une valeur factice et hors de proportion avec le prix auquel la denrée peut s'élever d'après sa valeur effective, réunie au prix du transport et au légitime bénéfice du commerce.

A quoi voulant pourvoir par des mesures propres à assurer à la circulation toute son activité, et aux départements qui éprouvent des besoins, la sécurité;

Sur le rapport de notre ministre des manufactures et du commerce;

Notre conseil d'Etat entendu,

Nous avons décrété et décrétons ce qui suit:

SECTION Ire.

De la circulation des grains et farines.

1. La libre circulation des grains et farines sera protégée dans tous les départements de notre Empire. Mandons à toutes les autorités civiles et militaires d'y tenir la main, et à tous les officiers de police et de justice de réprimer toutes oppositions, de les constater, et d'en poursuivre ou faire poursuivre les auteurs devant nos cours et tribunaux.

2. Tout individu, commerçant, commissionnaire ou autre, qui fera des achats de grains et farines au marché pour en approvisionner les départements qui auraient des besoins, sera tenu de le faire publiquement, et après en avoir fait la déclaration au préfet ou au sous-préfet.

SECTION II.

De l'approvisionnement des marchés.

3. Il est défendu à tous nos sujets, de quelque qualité et condition qu'ils soient, de faire aucun achat ou approvisionnement de grains ou farines pour les garder, les emmagasiner et en faire un objet de spéculation.

4. En conséquence, tous individus ayant en magasin des grains et farines, seront tenus, 1° de déclarer aux préfets ou sous-préfets, les quantités par eux possédées et les lieux où elles sont déposées; 2° de conduire dans les halles et marchés qui leur seront indiqués par lesdits préfets et sous-préfets, les quantités nécessaires pour les tenir suffisamment approvisionnés.

5. Tout fermier, cultivateur ou propriétaire ayant des grains, sera tenu de faire les mêmes déclarations, et de se soumettre également à assurer l'approvisionnement des marchés, lorsqu'il en sera requis.

6. Les fermiers qui ont stipulé leur prix de ferme payable en nature, pourront en faire libre déclaration et justification par la représentation de leurs baux. En ce cas, sur la quantité qu'ils seront tenus de porter aux marchés pour les approvisionnements, une quote-part proportionnelle sera pour le compte des bailleurs, et le fermier leur tiendra compte en argent, sur le pied du marché où il aura vendu et d'après la mercuriale.

7. Les propriétaires qui reçoivent des prestations ou prix de ferme en grains pourront obliger leurs fermiers habitant la même commune de conduire ces grains aux marchés, moyennant une juste indemnité, s'ils n'y sont tenus par leurs baux.

SECTION III.

De la police des marchés.

8. Tous les grains et farines seront portés aux marchés qui sont ou seront établis à cet effet. Il est défendu d'en vendre ou acheter ailleurs que dans lesdits marchés.

9. Les habitants et boulangers pourront seuls acheter des grains pendant la première heure, pour leur consommation.

Les commissionnaires et commerçants qui se présenteraient aux marchés après s'être conformés aux dispositions de l'article 2 du présent décret, ne pourront acheter qu'après la première heure.

10. Nos ministres sont chargés de l'exécution du présent décret, laquelle n'aura lieu que jusqu'au 1er septembre prochain.

Il sera inséré au *Bulletin des Lois.*

N° 278. — *Décret impérial relatif à la fixation du prix des blés.*

Au palais de Saint-Cloud, le 8 mai 1812.

Napoléon, empereur des Français, roi d'Italie, protecteur de la confédération du Rhin, médiateur de la confédération Suisse, etc.;

Par notre décret du 4 de ce mois, nous avons assuré la libre circulation des grains dans tout notre Empire, encouragé le commerce d'approvisionnement, pris des mesures pour que les achats qu'il fait, les transports qu'il effectue, soient à la fois connus et protégés par l'autorité publique.

En même temps, nous avons défendu à tous nos sujets de se livrer à des spéculations dont les avantages ne s'obtiennent et ne se réalisent qu'en retirant, pendant un temps, les denrées de la circulation, pour en opérer le surhaussement et les revendre avec de plus gros bénéfices.

Enfin, nous avons fixé les règles du commerce, prévenu sa clandestinité, établi la police des marchés, de manière que tous les grains y soient apportés et vendus; pourvu aux besoins des habitants de chaque contrée en leur réservant la première heure à l'ouverture des marchés, pour effectuer leurs approvisionnements.

Mais ces mesures salutaires ne suffisent pas cependant pour remplir l'objet principal que nous avons en vue, qui est d'empêcher un surhaussement tel que le prix des subsistances ne serait plus à la portée de toutes les classes de citoyens.

Nous avons d'autant plus de motifs de prévenir cet enchérissement, qu'il ne serait pas l'effet de la rareté effective des grains, mais le résultat d'une prévoyance exagérée, de craintes mal entendues, de vues d'intérêt personnel, des spéculations de la cupidité qui donneraient aux denrées une valeur imaginaire, et produiraient, par une disette factice, les maux d'une disette réelle.

Nous avons donc résolu de prendre des moyens efficaces pour faire cesser en même temps les efforts de tous les calculs de l'avidité et les précautions de la crainte.

Nous avons été secondé dans ces intentions par les propriétaires, fermiers et marchands de six départements centraux de l'Empire, qui se sont engagés à en approvisionner les marchés au prix de trente-trois francs l'hectolitre.

En prenant ce prix pour régulateur de celui des grains dans tout l'Empire, il sera porté aussi haut qu'il ait été dans les années les moins abondantes, notamment en l'an x; et cependant, à ces époques diverses, on avait à pourvoir, par des achats journaliers, aux besoins de la capitale, dont l'approvisionnement est aujourd'hui entièrement assuré jusqu'après la récolte.

Nous attendons de ces nouvelles mesures des effets salutaires ; nous comptons que les propriétaires, fermiers et commerçants y concourront avec empressement, et que les administrateurs y apporteront le zèle, l'activité, la prudence et la fermeté nécessaires à leur exécution.

En conséquence, sur le rapport de notre ministre du commerce ,
Notre conseil d'État entendu,

Nous avons décrété et décrétons ce qui suit:

1. Les blés, dans les marchés des départements de la Seine, Seine-et-Oise, Seine-et-Marne, Aisne, Oise, Eure-et-Loir, ne pourront être vendus à un prix excédant trente-trois francs l'hectolitre.

2. Dans les départements où les blés récoltés et existants suffisent aux besoins, les préfets tiendront la main à ce qu'ils ne puissent être vendus au-dessus de 33 francs.

3. Dans les départements qui s'approvisionnent hors de leur territoire, les préfets feront la fixation du prix des blés, conformément aux instructions du ministre du commerce, et en prenant en considération les prix de transport et les légitimes bénéfices du commerce.

4. Cette fixation sera faite et publiée par les préfets, conformément aux articles 2 et 3, dans les trois jours de la réception du présent décret ; elle sera obligatoire jusqu'à la récolte seulement.

5. Les dispositions des articles précédents ne seront pas applicables aux départements où le prix du blé ne sera pas au-dessus de 33 f. l'hectolitre.

6. Nos ministres sont chargés de l'exécution du présent décret, laquelle ne pourra se prolonger au delà de quatre mois, à compter de sa publication.

Il sera inséré au *Bulletin des Lois.*

N° **279** — *Extrait de la décision de S. Exc. le ministre de l'intérieur, concernant les bateaux de charbon de bois* (1).

Du 22 décembre 1812.

1. Tous les propriétaires de bateaux qui naviguent sur les rivières

_____

(1) Voir l'ordonnance royale du 5 juillet 1834.

et canaux, et destinés aux transports de charbon de bois pour l'approvisionnement de Paris, seront tenus de marquer, dans le plus bref délai, leurs bateaux, des lettres initiales de leurs noms et prénoms, et de leur donner une devise.

2. La devise qui aura été attribuée à chaque bateau, sera enregistrée sur un registre tenu à cet effet par l'inspecteur de la navigation de l'arrondissement.

3. Les bateaux qui ne seront pas marqués comme dessus, ne recevront pas de chargement sur les ports d'embarcation, et ne pourront faire aucun transport de charbon, à la destination de la capitale.

N° 280. — *Décret impérial sur l'enseignement et l'exercice de l'art vétérinaire.*

Au palais des Tuileries, le 15 janvier 1813,

TITRE II.

De l'exercice de l'art vétérinaire en France.

14. Les médecins et maréchaux vétérinaires sont exclusivement employés, par les autorités civiles et militaires, pour le traitement des animaux malades. A l'avenir, nul vétérinaire ne pourra être attaché à nos haras impériaux, s'il n'a obtenu le brevet de première classe; et, pour être employé dans nos dépôts d'étalons, il faudra être breveté maréchal vétérinaire.

15. Il pourra y avoir, dans chaque chef-lieu de préfecture, si le préfet juge que cela soit utile, et d'après l'autorisation de notre ministre de l'intérieur, un médecin vétérinaire, qui sera obligé d'y résider, et qui recevra une indemnité annuelle de douze cents francs prise sur les fonds du département : ce médecin vétérinaire sera tenu de former un atelier de maréchalerie, de faire des élèves à des conditions fixées à l'amiable entre eux et lui. A la fin de la seconde année d'apprentissage, il délivrera à ses élèves un certificat de maréchal expert; ce certificat sera visé par le préfet.

16. Les villes chefs-lieux d'arrondissement pourront, d'après l'autorisation du préfet, accorder à un maréchal vétérinaire, qui sera obligé d'y résider, une indemnité annuelle de huit cents francs, prise sur les fonds du département : ce maréchal vétérinaire sera assujetti aux mêmes conditions et jouira des mêmes avantages accordés au médecin vétérinaire par l'article précédent. Les certificats de maréchal expert qu'il délivrera, seront visés par le sous-préfet.

17. Les villes et communes qui ne sont pas chefs-lieux de département ou d'arrondissement, pourront, sur la demande du conseil municipal, approuvée par le préfet, accorder à un maréchal vétérinaire, sur les fonds communaux, une indemnité annuelle, aux mêmes clauses exprimées dans les articles ci-dessus. Les certificats de maréchal expert, délivrés par le maréchal vétérinaire à ses apprentis, seront, dans ce cas, visés par le maire.

TITRE III.

Des conditions à remplir par les élèves.

18. Les élèves désignés par les préfets comme devant jouir de la

pension gratuite, seront nommés par nous, sur la présentation de notre ministre de l'intérieur.

19. Ils peuvent être mis momentanément à leurs frais, par forme de punition et d'épreuve, et renvoyés de l'école en cas d'incapacité évidente et d'inconduite. Le ministre prononce la première de ces peines, sur le rapport du directeur et de l'inspecteur général; et la deuxième, sur l'avis du jury d'examen.

20. L'élève, aux frais de l'Etat, et présenté par un préfet, est obligé de fournir un cautionnement de six cents francs en immeubles, qui répondra de la dépense faite par lui, s'il est renvoyé avant d'avoir obtenu un brevet.

21. Il contracte l'engagement de résider pendant six ans, après qu'il aura obtenu son brevet, dans le département qui l'a présenté : il ne lui est accordé mainlevée de l'inscription hypothécaire prise à raison de son cautionnement, que sur un certificat du préfet, constatant qu'il a satisfait à la condition de la résidence, ou qu'il en a été légitimement dégagé.

22. Il sera reçu, dans chaque école, un nombre indéterminé d'élèves à leurs propres frais. ;

23. Nul ne peut être admis dans nos écoles impériales vétérinaires, s'il n'est âgé de seize à vingt-cinq ans, s'il ne sait bien lire et écrire, s'il ne possède les éléments de la grammaire française; s'il n'a les dispositions physiques et morales nécessaires pour faire des progrès dans l'art auquel il se destine; enfin, s'il ne justifie d'un apprentissage relatif à la ferrure du cheval.

24. Les élèves reçus gratuitement, comme ceux reçus à leurs frais, sont tenus de se procurer le trousseau, les livres élémentaires et les instruments indiqués dans le règlement particulier de l'école.

25. L'époque d'entrée des élèves dans les écoles est fixée au 1er novembre de chaque année.

26. Le jury examinera les élèves qui se présenteront pour être admis, et ceux qui seront dans le cas d'obtenir des brevets; il désignera au ministère les élèves qui ont mérité des prix, et ceux qui sont jugés en état d'être répétiteurs.

N° 281. — *Décret impérial contenant règlement spécial sur l'exploitation des carrières de pierre à plâtre dans les départements de la Seine et de Seine-et-Oise.*

Au palais de Trianon, le 22 mars 1813.

Napoléon, empereur des Français, roi d'Italie, protecteur de la confédération du Rhin, médiateur de la confédération Suisse ;
Sur le rapport de notre ministre de l'intérieur ;
Notre conseil d'Etat entendu ,

Nous avons décrété et décrétons ce qui suit :

1. Le règlement spécial concernant l'exploitation des carrières de pierre à plâtre dans le département de la Seine et dans celui de Seine-et-Oise, lequel demeure annexé au présent décret, est approuvé.

2. Les dispositions dudit règlement pourront être rendues applicables dans toutes les localités où le nombre et l'importance des carrières à plâtre en rendront l'exécution nécessaire; et ce, en vertu d'une décision spéciale de notre ministre de l'intérieur, sur la demande des préfets et le rapport du directeur général des mines.

3. Les fonctions attribuées dans le règlement à l'inspecteur général des carrières de Paris, pour le département de la Seine, seront remplies, dans le département de Seine-et-Oise, par l'ingénieur des mines qui est en mission dans ce département, à l'exception néanmoins des carrières situées dans les communes de Saint-Cloud, Sèvres et Meudon, lesquelles sont placées sous la surveillance de l'inspecteur général des carrières du département de la Seine.

4. Notre ministre de l'intérieur est chargé de l'exécution du présent décret, qui sera inséré au *Bulletin des Lois*, ainsi que le règlement.

Règlement spécial concernant l'exploitation des carrières de pierre à plâtre dans les départements de la Seine et de Seine-et-Oise.

TITRE 1er.

Définition et classement de la matière exploitable, et des modes d'exploitation.

1. Les carrières de pierre à plâtre se distinguent et se classent en carrières de haute, de moyenne ou de basse masse.

Ce classement est déterminé par le plus ou le moins d'épaisseur de la masse, quelles que soient sa longueur et sa largeur, et abstraction faite de l'épaisseur des terres qui la recouvrent.

Les épaisseurs qui constituent les deux premières espèces de masse, sont :

    Pour les hautes...................... 15—18 mètres.
    Pour les moyennes................. 5— 7 Id.

Les basses masses sont celles qui, sur douze mètres environ d'épaisseur, offrent alternativement des bancs de pierre à plâtre et des couches de marne ou d'argile.

2. L'exploitation de chaque espèce de masse peut être faite de trois manières, savoir :

1° A découvert, en déblayant la superficie;

2° Par cavage à bouche, en pratiquant, soit au pied, soit dans le flanc d'une montagne, des ouvertures au moyen desquelles on pénètre dans son sein par des galeries plus ou moins larges ;

3° Par puits, en creusant, à la superficie d'un terrain, des ouvertures qui descendent perpendiculairement au sein de la masse dans laquelle l'extraction progressive de la matière forme des galeries.

TITRE II.

De l'exploitation à découvert.

SECTION 1re.

Cas où ce mode d'exploitation est prescrit.

3. Doivent être exploitées à découvert ou par tranchées ouvertes :

1° Toute haute masse qui ne sera pas recouverte de plus de six mètres de terre, ou qui aura été reconnue ne pouvoir être exploitée par cavage, soit à cause du manque de solidité des bancs du ciel, soit à cause de leur trop grande quantité de fentes, filets ou filières ;

2° Toute moyenne masse, lorsqu'elle ne sera pas recouverte de plus de trois à quatre mètres de terre, ou qu'il n'y aura pas de ciel solide;

3° Les basses masses ou bancs de pierre franche, lorsqu'ils ne seront recouverts que de trois à quatre mètres de terre.

Règles de cette exploitation.

4. Les terres seront coupées en retraite, par banquettes, avec talus suffisants pour empêcher l'éboulement des masses supérieures; la pente ou l'angle à donner au talus sera déterminé, après la reconnaissance des lieux, à raison de la nature et du plus ou moins de consistance des bancs de recouvrement.

5. Il sera ouvert un fossé d'un à deux mètres de profondeur et d'autant de largeur au-dessus de l'exploitation, en rejetant le déblai sur le bord du terrain du côté des travaux, pour y former une berge ou rempart destiné à prévenir les accidents et à détourner les eaux.

6. L'exploitation ne pourra être poussée qu'à la distance de dix mètres des deux côtés des chemins, édifices et constructions quelconques.

7. Il sera laissé, outre la distance de dix mètres prescrite par l'article précédent, un mètre par mètre d'épaisseur des terres au-dessus de la masse exploitée, aux abords desdits chemins, édifices et constructions.

8. Aux approches des aqueducs construits en maçonnerie pour la conduite des eaux des communes, tels que ceux de Rungis et d'Arcueil, les fouilles ne pourront être poussées qu'à dix mètres de chaque côté de la clef de la voûte; et, aux approches des simples conduites en plomb, en fer ou en pierre, comme celles des Prés-Saint-Gervais, de Belleville et autres, les fouilles ne pourront être poussées qu'à quatre mètres de chaque côté : les distances fixées par cet article pourront être augmentées sur le rapport des inspecteurs des carrières, ensuite d'une inspection des lieux, d'après la nature du terrain et la profondeur à laquelle se trouveront respectivement les aqueducs et les exploitations.

9. La distance à observer aux approches des terrains libres sera déterminée d'après la nature et l'épaisseur des terres recouvrant la masse à exploiter, en se conformant à l'article 4.

TITRE III.

De l'exploitation par cavage à bouche.

Cas où ce mode d'exploitation est autorisé.

10. Pourront être exploitées par cavage :

1° Les hautes masses qui se trouveront recouvertes de plus de six mètres de terre, lorsqu'il aura été reconnu que le décombrement, pour en suivre l'exploitation à découvert, présenterait trop de difficultés; lorsque les bancs supérieurs promettent un ciel solide, que les fentes, filets ou filières ne sont pas en assez grand nombre pour porter préjudice à la sûreté d'une exploitation souterraine; enfin, lorsque la manière d'être de la masse permet d'y entrer par galeries de cavage;

2° Les moyennes masses, lorsqu'il aura été reconnu que la couche de recouvrement est trop considérable pour qu'on la puisse exploiter à découvert;

3° Les basses masses dans les vallées dont les pentes escarpées mettent ces masses à découvert, mais seulement si les couches qui les recouvrent ont un ciel solide, et si les masses ont au moins deux mètres de hauteur.

Règles particulières pour les hautes masses.

11. L'exploitation de haute masse par cavage à bouche, sera divisé en trois classes; savoir : le grand, le moyen et le petit cavage, en prenant pour base de cette division les facultés des exploitants, l'étendue de la surface de leur terrain, et les circonstances locales.

12. Le grand cavage aura lieu sur un front de masse de quarante à quarante-cinq mètres.

Le moyen cavage aura de trente à quarante mètres de front.

Le petit cavage enfin sera sur un front de masse de vingt à trente mètres.

13. Aux deux extrémités de la masse on percera une ou deux rues de service, en ligne droite, de quatre à sept mètres de largeur chacune, séparées des ateliers par des piliers de quatre mètres de front ou de largeur.

14. Entre ces deux rues, dans le grand cavage, ou sur le côté de la rue pratiquée pour le moyen et le petit cavage, seront ouvertes deux grandes chambres, dites ateliers, de sept à quatorze mètres au plus d'ouverture, séparées entre elles par une rangée de piliers en ligne droite, de quatre mètres de front.

15. La largeur des piliers sera constante; leur longueur seule variera, ainsi qu'il suit :

Relativement aux piliers servant à séparer les rues de service des ateliers, le premier, du côté du jour, aura treize mètres de longueur; les autres auront sept mètres, et seront espacés les uns des autres de six mètres.

A l'égard des piliers qui séparent entre eux les ateliers, tous auront six mètres de longueur, et seront espacés les uns des autres de sept mètres.

En général, ces piliers seront répartis le plus régulièrement possible, de manière à ce que les pleins puissent répondre aux vides, ou les piliers aux ouvertures.

16. Si, au lieu de découvrir la haute masse sur un front plus ou moins étendu, il est jugé plus expédient d'ouvrir des rampes et des galeries inclinées pour descendre dans la haute masse et y pratiquer un cavage, l'exploitant sera tenu de les voûter dans toute la partie des terres de recouvrement traversées, et de les percer en ligne droite. Ces rampes auront au moins deux mètres de hauteur et un et demi de largeur, si elles servent pour le passage des hommes et des animaux, et trois mètres de hauteur sur autant de largeur, si elles servent pour l'extraction par le moyen des voitures, en pratiquant d'ailleurs sur l'un et l'autre côté, et de distance en distance, quelque repos pour éviter aux ouvriers la rencontre des chevaux et voitures; leur pente enfin sera d'un demi décimètre et au plus de deux décimètres par mètre, pour les rampes qui ne serviront que de passage.

Règles particulières pour les moyennes et basses masses.

17. Le cavage de moyenne et basse masse se fera sur un front de vingt-cinq à trente mètres de largeur, de la manière suivante :

Aux deux extrémités du front, il sera percé deux rues de service, de quatre à cinq mètres de largeur.

Des piliers de trois mètres de front seront ménagés sur le côté de ces rues qui répondront aux ateliers : ces piliers auront cinq mètres de longueur; ils seront espacés de quatre mètres : le premier pilier seulement aura neuf mètres de longueur.

Les tailles ou ateliers auront cinq à six mètres de largeur; une rangée de piliers, de trois mètres sur chaque face, séparera les deux chambres d'ateliers : ces piliers auront quatre mètres de longueur; ils seront séparés les uns des autres par des ouvertures de cinq mètres.

Règles communes à tous les cavages.

18. Sur la longueur du front d'un cavage, on enlèvera, en tout ou en partie, le recouvrement de la masse, de manière à y former une retraite ou banquette de trois mètres de largeur, suivant la solidité des terres; au-dessus de cette retraite ou banquette, les terres de recouvrement seront jetées et dressées en talus : les dimensions des talus et banquettes seront déterminées à l'avance et exprimées dans l'autorisation d'exploiter.

19. Un fossé de deux mètres de largeur et d'autant de profondeur, sera ouvert parallèlement et au-dessus du front de masse. Les terres du fossé seront rejetées du côté de l'escarpement, ainsi qu'il est prescrit article 5, concernant l'exploitation à découvert.

20. La hauteur de l'excavation sera celle de la masse, moins le banc servant de toit ou ciel, dit *banc des moutons*, et celui servant de sol, dit *banc des fusils*, au total de treize à seize mètres.

21. A moitié hauteur des piliers, ou à six ou huit mètres du sol, commencera leur encorbellement ou nez, lequel aura toujours une telle saillie, que, soit dans les ateliers, soit dans les rues de service, le ciel n'ait jamais plus de deux mètres de largeur. Cette saillie sera droite ou arquée, suivant les ordres qui seront donnés par les ingénieurs inspecteurs des carrières.

22. Pour donner plus de solidité au ciel, toutes les fois qu'une fente ou filet se présentera dans la taille ou l'atelier, elle sera ménagée au milieu du ciel, et non rejetée sur l'un de ses côtés : dans ce cas, les piliers devront être avancés ou reculés, mais toujours le moins irrégulièrement possible.

23. Lorsque l'excavation sera avancée d'environ quarante-cinq à cinquante mètres de profondeur, ou que le quatrième pilier du milieu des ateliers aura été dégagé et tourné entièrement, et suivant les circonstances ou l'urgence, on enlèvera l'étançonnage du premier pilier à l'entrée des chambres ou ateliers, et on le fera sauter par les mines, de manière à opérer les comblements des parties environnantes, et n'avoir toujours que trois piliers intermédiaires entre l'éboulement et les travaux du fond de la carrière.

24. Le moyen des éboulements et comblements ne sera employé que pour les hautes et moyennes masses; les excavations des basses masses seront bourrées et remblayées avec les déblais des couches de marne et de terre, ainsi que cela se pratique dans les exploitations par puits, piliers à bras, muraillement et bourrages, desquelles il sera parlé ci-après, articles 44 et 45.

25. Les rues de service qui doivent être conservées tout le temps que durera le cavage, seront étançonnées solidement et suivant l'état des piliers des rues, et soutenues par la construction de quelques voûtes ou arceaux.

26. Lorsque le cavage aura été suivi jusqu'aux limites de la propriété, ou jusqu'à la distance de cent mètres environ de l'entrée du jour, ou, ce qui revient au même, lorsque le huitième pilier aura été tourné, l'exploitation sera suspendue au fond du cavage; et on abattra tous les piliers du milieu pour commencer une exploitation semblable à droite et à gauche de la première, et même dans le fond de la carrière, s'il y a lieu, en profitant des deux rues de service qui auront été ménagées ou conservées.

27. Lorsque ces nouvelles exploitations seront terminées, ou arrivées au même terme que la première, on abattra les piliers des rues de service devenues inutiles, en commençant par ceux du fond et venant en retraite jusqu'à l'ouverture des rues. Dans le cas prévu par le présent article et par le précédent, l'exploitant se conformera à ce qui est prescrit ci-après article 56.

28. Pour le complément de l'exploitation d'une haute masse, les piliers enfouis lors des éboulements pourront être exploités à découvert et par tranchées ouvertes dans les décombres du recouvrement.

L'exploitation des moyennes et basses masses sera regardée comme définitivement terminée par les éboulements et comblements.

29. Les cavages de toute espèce ne pourront être poussés qu'à la distance de dix mètres des deux côtés des chemins à voiture, de quelque classe qu'ils soient, des édifices et constructions quelconques, plus un mètre par mètre d'épaisseur des terres.

30. Lorsque, par la suite des exploitations, les chemins réservés avec les parties collatérales par l'article 25, deviendront inutiles ou pourront être changés sans aucun inconvénient, les masses de plâtre y existantes pourront être exploitées.

TITRE IV.

De l'exploitation par puits.

SECTION Iʳᵉ.

Cas où ce mode d'exploitation est autorisé.

31. Pourront être exploitées par puits :

1° Les parties de haute masse recouvertes d'une grande épaisseur de terre, comme à Suresne, Nanterre, le Mont-Valérien, Châtillon, Clamart, Bagneux, Antony, Villejuif et Vitry ;

2° La moyenne masse, si elle est recouverte d'une trop grande épaisseur de terre, de telle sorte qu'on ne puisse, en aucun endroit, se préparer un escarpement et un front suffisants pour y ouvrir un cavage ;

3° Les basses masses, lorsqu'elles sont également recouvertes d'une grande épaisseur de terre, et qu'on ne peut les attaquer sur le même front.

SECTION II.

Règles de cette exploitation.

32. L'exploitation par puits s'exécutera de deux manières, suivant l'épaisseur de la masse et sa solidité, savoir :

1° Par piliers à bras, avec muraillement, hagues et bourrages ;

2° Par piliers tournés.

§ Ier. — *Construction des puits.*

53. Dans l'un et l'autre genre d'exploitation, le puits sera boisé ou muraillé.

54. Si le puits est boisé, on ne pourra employer, pour les cadres de boisage, que du bois de chêne, comme le seul propre, par sa solidité et par le bruit qu'il fait en rompant, à prévenir les accidents, et à avertir à temps les ouvriers. Les pièces des cadres auront au moins seize centimètres de grosseur.

Derrière les cadres, les plateaux ou palplanches seront rapprochés et réunis le plus possible.

Les puits boisés, s'ils sont carrés, auront au moins deux mètres de côté; mais, s'ils présentent un carré long, ils pourront avoir deux mètres de longueur sur un mètre trente centimètres de largeur.

Les puits ne seront boisés que jusqu'à la masse solide; mais, si elle a peu de solidité, ils le seront dans toute leur hauteur.

55. Si les puits sont muraillés, ils auront au moins deux mètres de diamètre.

Leur maçonnerie sera descendue jusqu'à la masse solide; et si elle ne l'est pas suffisamment, leur muraillement sera exécuté dans toute la hauteur.

56. Les ouvertures des puits ne pourront se faire qu'à vingt mètres des chemins, édifices et constructions quelconques, sauf les exceptions qu'exigeraient les localités, sur lesquelles il sera statué par le préfet, d'après le rapport de l'ingénieur en chef.

§ II. — *De l'exploitation par puits et piliers tournés.*

57. Cette exploitation se fera de la manière suivante:

Le puits étant percé suivant les formes prescrites, on ouvrira à son pied deux galeries se coupant à angle droit l'une sur l'autre, ayant trois mètres seulement de largeur près du puits pour former quatre piliers qui soutiendront le puits; ils auront chacun quatre mètres de face, sauf les angles qui seront abattus par la courbure du puits. A partir de ces premier piliers, on continuera les galeries en ligne droite sur cinq mètres de largeur.

58. Perpendiculairement à ces galeries, on ouvrira des tailles ou ateliers de cinq mètres de largeur, en laissant entre chacun des piliers de trois mètres en tout sens.

Enfin, on suivra les mêmes directions et proportions pour les tailles et piliers suivants, de manière à ce que le plan de la carrière présente un ensemble régulier de pleins et de vides, à l'exception des quatre piliers du puits, destinés ou ordonnés pour en assurer la solidité.

Le nez des piliers commencera à moitié hauteur: il aura en saillie le tiers de la largeur de la galerie ou de l'atelier.

59. Lorsque l'exploitation aura été portée aux extrémités de la propriété, ou qu'elle aura atteint la distance de cinquante mètres environ, depuis le pied du puits jusqu'aux extrémités de la carrière, ou lorsque les galeries auront cent mètres de longueur environ, l'exploitant sera tenu d'en donner avis à l'inspecteur des carrières, qui jugera, d'après l'état des travaux, si l'on peut continuer l'exploitation par le même puits, ou s'il n'est pas préférable d'en percer un autre.

40. Si l'état des travaux fait craindre des tassements ou des éboulements, l'inspecteur général en donnera avis; et il sera ordonné de faire sauter et combler toutes les parties qui pourraient donner quelque inquiétude, en commençant par les plus éloignées du pied du puits, et s'en rapprochant successivement.

§ III. — *De l'exploitation par puits, muraillement, piliers à bras et bourrages ou remblais.*

41. Ce mode d'exploitation sera employé pour les parties de haute masse qui n'offrent pas assez de solidité pour y pouvoir pratiquer l'exploitation par piliers tournés : l'usage en sera déterminé par les inspecteurs dans leur avis sur la demande en permission.

42. Cette exploitation se fera de la manière suivante :

Par le pied du puits, on mènera à angle droit, l'une sur l'autre, quatre galeries de deux mètres de largeur et de deux à trois mètres de hauteur. Ces galeries seront voûtées partout où le besoin l'exigera; leur longueur sera déterminée par celle de la propriété.

43. Les quatre piliers formés au pied des puits par la rencontre des galeries, auront alternativement une épaisseur de quatre mètres au moins sur une des faces adjacentes au puits, et seront, de l'autre, prolongés sur toute la longueur des quatre galeries partant du puits, de manière que chacune d'elles ait un de ses côtés soutenu par un de ces massifs, et l'autre par les murs et remblais alternatifs qui vont être déterminés.

44. Parallèlement, et au delà de ces massifs, on ouvrira des ateliers de sept à huit mètres de largeur, qu'on mènera dans la masse sur une longueur de cent mètres environ, en muraillant derrière soi, à mesure de l'avancement, avec les plâtres marneux ou de médiocre qualité, de manière à ne conserver sur les sept à huit mètres de largeur de l'atelier qu'une galerie de service d'un mètre et demi de largeur environ et de deux de hauteur. Cette galerie sera voûtée, dans sa partie supérieure, par un demi-arceau jeté contre le massif.

45. On entassera derrière le muraillement les déblais et les marnes pour soutenir le ciel de la carrière en cas de tassement.

46. Lorsque les premiers ateliers auront cent mètres de longueur environ, on en suspendra les travaux pour en percer successivement de semblables, sur les quatre galeries principales, en laissant chaque fois entre eux des massifs de quatre à cinq mètres, comme ceux du pied du puits.

47. Enfin, quand tous les ateliers des quatre galeries auront été exploités et remblayés sur la longueur déterminée dans la permission, on recoupera les massifs laissés entre eux par de nouveaux ateliers de sept à huit mètres de largeur, en les muraillant et remblayant également à mesure de leur avancement, de manière à ne conserver de leur largeur que de petites traverses d'un mètre au plus.

SECTION III.

Règles particulières.

48. Dans les basses masses, l'extraction se fera sur la hauteur de la masse, depuis deux mètres jusqu'à trois, quatre et cinq, suivant l'épaisseur : on emploiera le muraillement et le bourrage ou remblai, comme dans les hautes masses.

SECTION IV.

Dispositions communes à toutes les exploitations par puits.

49. Quel que soit le mode d'extraction, soit par piliers tournés, soit par muraillement et bourrages, les exploitants seront tenus d'avoir toujours deux puits par carrière, l'un pour l'extraction des matières, l'autre pour le service des échelles.

50. Le puits des échelles aura au plus un mètre de diamètre; il sera muraillé avec soin jusqu'à la masse de pierre, et recouvert à la surface du sol par une tourelle ou cahute en maçonnerie, d'environ deux mètres et demi de hauteur, avec porte en chêne fermant à clef.

51. Les échelles seront à deux montants, en bois de chêne sain et nerveux; les échelons seront disposés de la manière qui sera indiquée par l'ingénieur en chef des mines, inspecteur général des carrières. Les échelles seront fixées, de quatre mètres en quatre mètres, avec des happes ou tenons de fer scellés dans le muraillement du puits et dans la masse de pierre.

52. Il sera fait, sans délai, par les ingénieurs des mines inspecteurs des carrières, une visite générale des échelles servant à y descendre; ils feront percer le puits destiné à la descente, et établir les nouvelles échelles partout où besoin sera.

53. Dans les carrières où les inspecteurs croiraient devoir laisser subsister encore quelque temps le mode établi, ils feront substituer aux ranches ou échelons de bois, des échelons de fer nerveux de trois centimètres de diamètre et de quatre décimètres de longueur, carrés au milieu de la longueur, dans la partie qui s'emboîtera dans le rancher : ces échelles devront être attachées comme il est prescrit par l'article 51.

54. Les inspecteurs des carrières dénonceront au préfet toutes contraventions aux articles précédents : ces contraventions seront punies de la manière indiquée au titre 2 du règlement général en date de ce jour.

55. Lorsqu'une exploitation par puits sera entièrement terminée, on déterminera si on doit faire sauter, au moyen de la poudre, les piliers restants, ou s'il est nécessaire d'y faire construire quelques piliers, ou enfin si la carrière peut être fermée sans qu'il en résulte aucun inconvénient.

56. L'exploitant qui voudra faire sauter des piliers, sera tenu d'en donner avis aux inspecteurs des carrières, qui s'assureront préalablement si toutes les mesures ont été prises pour qu'il n'arrive aucun accident.

TITRE V.

Dispositions générales.

57. Toute exploitation de plâtrière est interdite dans Paris.

N° 282. — *Décret impérial contenant règlement général sur l'exploitation des carrières, plâtrières, glaisières, sablonnières, marnières et crayères, dans les départements de la Seine et de Seine-et-Oise.*

Au palais de Trianon, le 22 mars 1813.

Napoléon, empereur des Français, roi d'Italie, protecteur de la confédération du Rhin, médiateur de la confédération Suisse, etc.;
Sur le rapport de notre ministre de l'intérieur;
Notre conseil d'Etat entendu,
Nous avons décrété et décrétons ce qui suit :
1. Le règlement général concernant l'exploitation dans les départe-

ments de la Seine et de Seine-et-Oise, des carrières, plâtrières, glaisières, sablonnières, marnières et crayères, lequel demeure annexé au présent décret, est approuvé.

2. Les dispositions dudit règlement pourront être rendues applicables dans toutes les localités où le nombre et l'importance des carrières exploitées en rendront l'exécution nécessaire; et ce, en vertu d'une décision spéciale de notre ministre de l'intérieur, sur la demande des préfets et le rapport du directeur général des mines.

3. Les fonctions attribuées dans le règlement à l'inspecteur général des carrières de Paris, pour le département de la Seine seront remplies, dans le département de Seine-et-Oise, par l'ingénieur en chef des mines en mission dans ce département; à l'exception, néanmoins, des carrières situées dans les communes de Saint-Cloud, Sèvres et Meudon, lesquelles sont placées sous la surveillance de l'inspecteur général des carrières du département de la Seine, à cause des maisons impériales.

4. Notre ministre de l'intérieur est chargé de l'exécution du présent décret, qui sera inséré au *Bulletin des Lois*, ainsi que le règlement.

Règlement général concernant l'exploitation, dans les départements de la Seine et de Seine-et-Oise, des carrières, plâtrières, glaisières, sablonnières, marnières et crayères.

TITRE Ier.

Des obligations et formalités à remplir par les exploitants.

SECTION Ire.

Formalités préliminaires à l'exploitation.

1. Nul ne pourra, à peine d'amende, ouvrir des carrières, plâtrières, glaisières, sablonnières, marnières, ou crayères, pour les exploiter, ni dans son propre terrain, ni dans un terrain par lui tenu à titre précaire, sans en avoir demandé et obtenu la permission.

2. Tout exploitant qui se proposera d'entreprendre une extraction quelconque, sera tenu d'adresser au sous-préfet de l'arrondissement dans lequel se trouvera situé le terrain à exploiter, sa demande, en double expédition, dont une sur papier timbré.

Il devra énoncer, dans sa pétition, ses nom, prénoms et demeure, la commune et la désignation particulière du lieu où il se propose de fouiller, l'étendue du terrain à exploiter, la nature de la masse, son épaisseur, et la profondeur à laquelle elle se trouve; enfin, le mode d'exploitation qu'il entendra suivre et employer.

3. A sa pétition le demandeur joindra, aussi en double expédition, un plan du terrain à exploiter, fait sur l'échelle d'un deux-cent-seizième des dimensions linéaires (1), et maillé de dix en dix millimètres; le titre ou extrait du titre de la propriété du terrain, ou le traité par lequel il aura acquis le droit d'exploitation; enfin, pour faire connaître ses facultés pécuniaires, une copie certifiée des articles le concer-

---

(1) Cette échelle répond à celle de quatre lignes pour toise, prescrite depuis longtemps pour les plans des carrières. Il est nécessaire de la conserver pour pouvoir accorder les nouveaux plans avec ceux qui existent déjà au nombre d'environ quinze cents.

nant, dans les matrices de rôles des diverses contributions directes auxquelles il se trouve imposé.

4. Le sous-préfet, après avoir consulté le maire de la commune du demandeur et celui de la commune où doit être établie l'exploitation, donnera son avis sur la personne et sur les avantages ou les inconvénients de l'exploitation projetée. Cet avis sera adressé au préfet du département, avec la pétition et les titres du demandeur, dans le délai d'un mois au plus tard, à dater du jour de l'enregistrement à la sous-préfecture.

5. La pétition, les plans, les titres, déclarations et avis des autorités locales, après avoir été enregistrés à la préfecture, seront envoyés à l'inspecteur général des carrières, lequel reconnaitra ou fera reconnaitre par l'un des inspecteurs particuliers :

1° L'existence, la nature et la manière d'être de la masse à exploiter ;

2° Si le mode d'exploitation proposé est convenable à l'état de la masse ou aux dispositions locales, ou s'il y a lieu d'en prescrire un autre plus avantageux ;

3° Si l'étendue du terrain est suffisante pour y asseoir une exploitation utile, sans nuire aux propriétés ou aux exploitations voisines ;

4° Enfin, les lieux où doivent être faites les ouvertures, en conservant la distance des chemins, aqueducs, tuyaux de conduite et habitations, prescrite par les règlements.

6. Sur le vu des autorités locales et du rapport de l'inspecteur général des carrières, le préfet statuera. Les permissions accordées seront publiées et affichées dans les communes respectives.

Ces affiches et publications seront faites à la diligence des maires et adjoints des communes intéressées.

7. A cet effet, des ampliations des autorisations accordées seront adressées au sous-préfet de l'arrondissement dans lequel devra se faire l'exploitation, ainsi qu'à l'inspecteur général des carrières.

8. Il sera tenu, tant à la préfecture que dans le bureau de l'inspecteur général, un registre desdites autorisations, par ordre de dates et de nombres : il sera formé une série générale de ces numéros, qui seront indiqués dans les autorisations.

9. Les droits de timbre des expéditions et ampliations, et le droit d'enregistrement, seront à la charge de l'impétrant.

10. Les droits résultant des permissions accordées en conformité des articles précédents, ne pourront être cédés ni transportés, soit par celui à qui lesdites permissions auront été accordées, soit par ses ayants cause, sans une autorisation spéciale du préfet. Les héritiers seront tenus de faire, devant le préfet, la déclaration de l'intention où ils sont de continuer ou de cesser l'exploitation.

11. A défaut de s'être mis en règle à cet égard, en observant les formalités prescrites ci-dessus, les héritiers ou cessionnaires seront regardés comme exploitant sans permission, et, en conséquence, traités comme étant en contravention.

SECTION II.

Règles à suivre pendant l'exploitation.

12. Avant de commencer ses travaux, l'exploitant autorisé devra, à peine d'amende, placer dans un lieu apparent, à l'ouverture de l'exploitation projetée, une plaque en tôle, attachée sur un poteau, portant le nom de la commune d'où dépend le terrain à exploiter, le sien propre et le numéro sous lequel est enregistrée sa permission.

13. L'exploitant sera tenu de se conformer aux instructions concernant la sûreté publique, qui lui seront transmises, soit par l'inspecteur général, soit par les inspecteurs particuliers des carrières : ces instructions seront visées préalablement par le préfet du département.

14. Il ne pourra aussi, à peine d'amende, changer le mode d'exploitation qui lui aura été prescrit, sans en avoir préalablement demandé et obtenu l'autorisation dans les formes indiquées, section 1re, pour les permissions d'exploiter.

15. Il sera tenu de faire connaître, au commencement de chaque année, par un plan de ses travaux dressé sur la même échelle que le plan de surface mentionné dans l'article 3, les augmentations de sa carrière pendant l'année précédente.

16. L'exploitant sera tenu de faciliter auxdits inspecteurs tous les moyens de visiter et de reconnaître ses travaux : il devra même les accompagner toutes les fois qu'il en sera requis. Lesdits inspecteurs pourront, au surplus, en cas de besoin, requérir main-forte auprès des autorités constituées, pour qu'il leur soit prêté assistance dans l'exercice de leurs fonctions, pour l'exécution et le maintien des règlements.

17. L'inspecteur général et les inspecteurs particuliers veilleront, dans leurs tournées, à ce que les exploitants n'aient ou n'emploient que des ouvriers porteurs de livrets, conformément à la loi du 22 germinal an xi et à l'arrêté du gouvernement du 22 frimaire an xiii.

18. L'exploitant est personnellement responsable du fait de ses employés et ouvriers.

SECTION III.

Formalités à remplir en cas de suspension ou cessation de l'exploitation.

19. Nul exploitant ne pourra, à peine d'amende et de responsabilité de tous accidents, interrompre ou suspendre son exploitation sans en avoir donné avis à l'inspecteur général des carrières et obtenu l'agrément du préfet.

20. Durant l'interruption ou la suspension d'une exploitation, et jusqu'à ce qu'il ait été statué sur sa reprise, l'entrée en sera muraillée et fermée par des portes garnies de ferrures ou de cadenas ; les puits seront couverts de madriers et barricades suffisants et arrêtés de manière à garantir de tous accidents ; et ce, sous les peines portées par l'article 19.

21. Nul exploitant ne pourra, de même sous peine d'amende et de responsabilité, abandonner définitivement ses travaux, en combler les trous ou puits, en enlever les échelles, ni en fermer les galeries de cavage, sans en avoir au préalable demandé et obtenu la permission.

22. La demande d'abandon ou de comblement devra être adressée au préfet du département, pour être ensuite par lui renvoyée à l'inspecteur général des carrières, qui constatera ou fera constater par un procès-verbal,

1° L'état des travaux avant l'abandon ;

2° Si l'exploitation a été bien faite ;

3° Si quelques parties ne périclitent pas ; cas auquel il ordonnerait les travaux nécessaires, aux frais de l'exploitant ;

4° Enfin, si la fermeture de la carrière ne présente aucun danger.

23. L'inspecteur général se fera remettre un plan de l'état de la carrière, et enverra le tout, avec son rapport, au préfet, qui statuera.

24. Il sera adressé au sous-préfet de l'arrondissement ainsi qu'à l'inspecteur général des carrières, des ampliations de l'arrêté qui sera intervenu : une expédition en sera aussi délivrée à l'impétrant.

25. Dans le cas où l'exploitation interrompue ou abandonnée sans permission serait au compte d'un exploitant à titre précaire, le propriétaire deviendra responsable des événements, comme si l'interruption ou abandon était son propre fait; il sera, en conséquence, tenu de faire sauter par les mines, et sous les ordres des préposés de l'inspection, les parties menaçantes.

26. A défaut, par le propriétaire, de se conformer aux ordres donnés à cet égard, le préfet, sur l'avis de l'inspecteur général, ordonnera le comblement de la carrière ; et les frais de cette opération, du montant desquels il sera décerné une ordonnance exécutoire contre le propriétaire, seront payés, en cas de refus, comme les contributions publiques (1).

SECTION IV.

Cas d'interdiction des exploitations.

27. Toute exploitation, d'après quelque mode qu'elle s'opère, dont l'état actuel présenterait des dangers auxquels on ne pourrait opposer des précautions suffisantes, sera interdite et condamnée, alors muraillée et abattue, s'il est nécessaire.

28. L'affaissement ou le comblement des carrières condamnées sera exécuté, au refus des propriétaires, par les préposés de l'inspection, aux frais des exploitants, indépendamment des indemnités de droit, s'ils ont excavé sous la propriété d'autrui, ou à des distances défendues par les règlements.

SECTION V.

Des expertises.

29. Les dispositions du titre IX de la loi du 21 avril 1810, et particulièrement celles relatives au choix des experts et aux plans à produire pour les expertises, seront toujours appliquées dans les expertises relatives aux carrières des départements de la Seine et de Seine-et-Oise.

TITRE II.

Des peines à encourir en cas de contravention.

SECTION 1re.

Des amendes.

30. Les amendes à prononcer dans les cas prévus par le présent règlement, ne pourront excéder cent cinquante francs pour la première fois, ni être moindres de cinquante francs : elles seront doublées en cas de récidive.

31. Lesdites amendes seront prononcées en conseil de préfecture,

---

(1) Ces dispositions, ainsi que la plupart de celles prescrites dans ce titre, existent dans les anciens règlements sur le fait des carrières.

sur le rapport de l'inspecteur général des carrières, sans préjudice
des dommages-intérêts envers qui de droit.

32. Le produit net de ces amendes sera versé par la régie des domaines dans la caisse du receveur général du département, pour être employé, dans l'étendue dudit département, aux travaux extraordinaires que nécessiteront les exploitations, soit pour les améliorations, les recherches, les sondages, etc., soit pour la cuisson de la chaux et du plâtre par les nouveaux procédés, soit pour la construction des fourneaux d'essai et l'achat des combustibles.

De l'annulation des permissions.

33. Lorsqu'un exploitant, après trois contraventions, sera convaincu d'un nouveau délit, la permission lui sera retirée.

34. Il y aura également lieu à retirer la permission pour cessation de travaux pendant un an, sans autorisation ou force majeure.

35. La permission sera retirée par arrêté du préfet, sur le rapport de l'inspecteur général des carrières : cet arrêté sera exécuté de suite, à la diligence des maires et adjoints et de la gendarmerie, aux frais des permissionnaires.

36. Dans le cas de permission retirée, il sera procédé à la visite de l'exploitation, ainsi qu'il est déterminé aux articles 22, 27 et 28, afin qu'une nouvelle permission soit donnée s'il y a lieu.

TITRE III.

Dispositions générales.

37. Toutes les permissions accordées antérieurement au présent règlement, seront, par les impétrants, représentées à l'inspecteur général des carrières, qui les visera et les fera inscrire dans leur ordre et série, au fur et à mesure du visa, sur le registre général dont il est parlé article 8. Celui ci les adressera au préfet du département, pour être revêtues des mêmes formalités.

38. Cette vérification se fera dans le délai de trois mois.

39. Le délai expiré, toute exploitation dont le propriétaire n'aura pas fait viser sa permission ou ne justifiera pas avoir fait les demandes nécessaires pour obtenir ce visa, sera suspendue.

40. A cet effet, une visite générale des exploitations sera faite après ce délai, pour constater l'exécution des mesures ci-dessus prescrites.

41. Les procès-verbaux de visite seront adressés au préfet du département, avec un état indicatif des exploitations dont les permissions anciennes n'auront pas subi la formalité de la révision.

42. Tout propriétaire de carrière anciennement exploitée et présentement abandonnée, sera tenu de déclarer au secrétariat de la préfecture, dans le délai de deux mois, la situation de ses travaux, et depuis quelque temps ils sont abandonnés, afin que, sur sa déclaration, il puisse être pris telle mesure qu'il appartiendra.

43. Toute contravention à l'article précédent, par négligence ou retard dans la déclaration; qui sera constatée par un inspecteur des carrières, sera punie par une amende, conformément aux dispositions de la section 1re ci-dessus.

44. Les dispositions contenues au présent règlement général de administration, sont applicables à toute nature de matière exploitable, soit pierre, plâtre, glaise, sable, marne et craie, dont les divers modes d'exploitation seront l'objet d'autant de règlements particuliers et ne s'appliqueront pas aux carrières qui sont à ciel ouvert.

N° **283**. — *Décret impérial, portant règlement sur le commerce des vins de Paris.*

Au palais des Tuileries, le 15 décembre 1813.

Napoléon, empereur des Français, roi d'Italie, protecteur de la confédération du Rhin, médiateur de la confédération Suisse, etc.;
Sur le rapport de notre ministre des manufactures et du commerce;
Notre conseil d'Etat entendu,

Nous avons décrété et décrétons ce qui suit :

SECTION PREMIÈRE.

Du commerce de vins.

1. La patente de marchand de vin en gros ou en détail, établi dans notre bonne ville de Paris, est déclarée spéciale, et sera, pour tous les marchands, de 100 fr. de droit fixe, sans préjudice du droit proportionnel (1).

2. Néanmoins, les traiteurs, restaurateurs et aubergistes continueront, avec la patente de leur profession, à vendre et débiter du vin en bouteilles aux personnes auxquelles ils donnent à manger.

3. Tout individu exerçant actuellement la profession de marchand de vin en gros ou en détail, ou vendant du vin en détail, quoique exerçant une autre profession, est autorisé à continuer la profession de marchand de vin, à la charge,

1° De se pourvoir, dans six mois, de la patente exigée par l'article 1er;

2° De déclarer son intention, dans le même délai de six mois, à la préfecture de police, et d'en retirer certificat;

3° De se faire inscrire également chez le syndic des marchands de vin;

4° D'avoir à sa principale porte un écriteau indicatif de sa profession de marchand de vin.

4. Tout individu qui voudra, à l'avenir, exercer la profession de marchand de vin, sera tenu de se faire inscrire comme il est dit à l'article précédent, de faire connaître la rue et la maison où il veut s'établir, et d'en obtenir l'autorisation du préfet de police.

5. Tout marchand de vin déjà établi qui voudra changer de domicile, ou avoir une cave de débit de plus, sera tenu de faire la même déclaration, et d'en obtenir l'autorisation du préfet de police.

6. Nul marchand de vin en détail ne pourra avoir en vertu de sa patente fixe et spéciale, qu'une seule cave en ville pour le débit en détail, outre son principal établissement. S'il veut avoir une ou plusieurs caves de débit en outre, il payera, pour chacune, le droit fixe de patente, sans préjudice du droit proportionnel.

7. Les syndic et adjoints des marchands de vin présenteront un projet de statuts pour la discipline et le régime intérieur de leur com-

---

(1) Voir la loi sur les patentes, du 25 avril 1844.

merce. Il nous sera soumis, pour être, s'il y a lieu, homologué en notre conseil d'Etat, sur le rapport de notre ministre du commerce.

SECTION II.

De la vente du vin par les propriétaires.

8. Il n'est rien innové au droit qu'ont toujours eu les propriétaires, de vendre le vin de leur cru, en faisant la déclaration à la préfecture de police.

9. Tout habitant ayant fait entrer du vin dans sa cave, et ayant payé les droits, peut le céder ou le vendre à qui bon lui semble, sans être assujetti à aucun droit ni à aucune déclaration.

SECTION III.

Des commissionnaires.

10. Tout individu vendant des vins par commission pour plusieurs propriétaires, est tenu de se pourvoir, à Paris, de la patente de commissionnaire, sans que les patentes prises dans une autre commune puissent y suppléer.

SECTION IV.

Dispositions prohibitives et pénales.

11. Il est défendu à toute personne faisant à Paris le commerce de vins, de fabriquer, altérer ou falsifier les vins, d'avoir dans leurs caves, celliers et autres parties de leur domicile ou magasin, des cidres, bières, poirés, sirops, mélasse, bois de teinture, vins de lie pressée, eaux colorées et préparées, et aucunes matières quelconques propres à fabriquer, falsifier ou mixtionner les vins ; et ce, sous les peines portées aux articles 318, 475 et 476 du Code pénal, et en outre, sous peine de fermeture de leurs établissements par ordonnance du préfet de police.

12. Tous marchands et commissionnaires qui exerceraient le commerce des vins sans patente, ou contreviendraient aux dispositions du présent décret, seront passibles des peines portées aux articles 37 et 38 de la loi du 1er brumaire an vii.

Néanmoins, tout individu qui enverra du vin à l'entrepôt de Paris, et le fera sortir pour envoyer hors de la ville, ne sera pas tenu de prendre de patente, pour raison de cet entrepôt, s'il ne fait d'ailleurs le commerce de vins dans Paris.

SECTION V.

Des courtiers gourmets piqueurs de vins.

13. Il sera nommé des courtiers gourmets piqueurs de vins. Leur nombre ne pourra excéder cinquante.

14. Leurs fonctions seront :

1o De servir, exclusivement à tous autres, dans l'entrepôt, d'intermédiaires, quand ils en seront requis, entre les vendeurs et acheteurs de boissons ;

2o De déguster, à cet effet, lesdites boissons, et d'en indiquer fidèlement le cru et la qualité :

3o De servir aussi, exclusivement à tous autres, d'experts en cas de contestation sur la qualité des vins, et d'allégation contre les voituriers et bateliers arrivant sur les ports ou à l'entrepôt, que les vins ont été altérés ou falsifiés.

15. Ils seront tenus de porter, pour se faire connaître dans l'exercice de leurs fonctions, une médaille d'argent aux armes de la ville, et portant pour inscription : *Courtiers gourmets piqueurs de vin , no*.....

16. Ils seront nommés par notre ministre du commerce, sur la présentation du préfet de police, et à la charge de représenter un certificat de capacité des syndics des marchands de vin.

17. Ils fourniront un cautionnement de 1200 fr. qui sera versé à la caisse du mont-de-piété, et dont ils recevront un intérêt de 4 p. 0/0.

18. Ils ne pourront faire aucun achat ou vente pour leur compte ou par commission, sous peine de destitution.

19. Ils prêteront serment devant le tribunal de commerce du département de la Seine, et y feront enregistrer leur commission.

20. Ils ne pourront percevoir, pour leur commission d'achat ou de dégustation, comme experts, autre ni plus fort droit que celui de soixante-quinze centimes par pièce de deux hectolitres et demi, payable moitié par le vendeur, moitié par l'acheteur.

21. Le tiers de ce droit sera mis en bourse commune, pour être réparti tous les trois mois également entre tous les courtiers ; les deux autres tiers appartiendront au courtier qui aura fait la vente.

22. Ils nommeront entre eux, à la pluralité des voix, un syndic et six adjoints, lesquels formeront un comité chargé d'exercer la discipline, de tenir la bourse commune et d'administrer les affaires de la compagnie, sous la surveillance du préfet de police et l'autorité du ministre du commerce et des manufactures.

23. Tout courtier gourmet piqueur de vin contre lequel il sera porté plainte, d'avoir favorisé la fraude à l'entrée des barrières, ou à la sortie de l'entrepôt, ou de toute autre manière, sera destitué par notre ministre du commerce, s'il reconnaît, après instruction faite par le préfet de police, que la plainte est fondée.

24. Tout individu exerçant frauduleusement les fonctions desdits courtiers, sera poursuivi conformément aux règles établies à l'égard de ceux qui exercent clandestinement les fonctions de courtiers de commerce.

25. Les courtiers de commerce près la bourse de Paris continueront toutefois l'exercice de leurs fonctions pour le commerce de vins, et pourront déguster, peser à l'aréomètre, et constater la qualité des eaux-de-vie et esprits déposés à l'entrepôt, concurremment avec les courtiers gourmets piqueurs de vins.

26. Notre ministre des manufactures et du commerce est chargé de l'exécution du présent décret, qui sera inséré au *Bulletin des Lois*.

N° **284.** — *Décret portant règlement sur le marché et entrepôt franc des vins et eaux-de-vie de Paris*

Du 2 janvier 1814.

N..., sur le rapport de notre ministre des manufactures et du commerce ;

Vu notre décret du 30 mars 1808, relatif à la création d'un marché et entrepôt franc pour les vins et eaux-de-vie dans notre bonne ville de Paris ;

Vu également nos décrets des 11 avril et 5 décembre 1813, et les observations de notre conseiller d'Etat directeur général des droits réunis et du préfet de la Seine, et celles de notre ministre de l'intérieur ;

Notre conseil d'Etat entendu,

Nous avons décrété et décrétons ce qui suit :

TITRE Ier.

De l'admission des vins et eaux-de-vie dans l'entrepôt.

1. Les vins, eaux-de-vie et liqueurs de toute espèce, tant en cercles qu'en bouteilles, seront reçus au marché et entrepôt franc, créé par décrets des 30 mars 1808 et 11 avril 1813.

Néanmoins, ils ne pourront être admis en quantités moindres d'un hectolitre, pour les eaux-de-vie, esprits ou liqueurs, et de cinq hectolitres pour les vins, à moins que le propriétaire n'ait déjà des vins en entrepôt.

2. La durée de l'entrepôt est illimitée.

3. Les boissons destinées pour l'entrepôt, et arrivant par eau, seront déclarées au bureau de la patache d'arrivée, où elles subiront une première vérification. Les propriétaires ou conducteurs seront tenus de représenter en même temps les congés, acquits-à-caution ou passavants, aux termes de la loi, sans préjudice de la déclaration à faire au bureau des arrivages de la préfecture de police.

4. Le résultat de la vérification sera consigné sur une feuille extraite du registre des déclarations, et qui sera remise au propriétaire ou conducteur, avec les expéditions qu'il aura représentées.

Les boissons seront accompagnées par des employés jusqu'à leur arrivée à l'entrepôt où la feuille de déclaration sera déchargée.

5. Les boissons arrivant par terre, et destinées pour l'entrepôt, subiront également, à la barrière d'entrée, une première vérification. Elles devront être rendues à leur destination dans le délai fixé par la feuille de déclaration, qui sera délivrée au propriétaire ou conducteur, comme pour les boissons arrivant par eau.

Le propriétaire sera tenu, en outre, de consigner tous les droits dus à l'entrée, ou d'en donner caution valable.

La consignation sera rendue ou la caution libérée sur la représentation du certificat d'arrivée des boissons à l'entrepôt dans le délai fixé sur la feuille de déclaration.

6. Si, dans les trois jours, après l'expiration de ce délai, le propriétaire ou conducteur ne représente pas le certificat d'arrivée des boissons à l'entrepôt, ainsi qu'il est prescrit ci-dessus, la somme consignée ou cautionnée sera irrévocablement acquise à l'administration.

7. Les boissons, arrivant soit par terre, soit par eau, ne pourront stationner en aucun endroit, depuis la barrière, pendant leur trajet, jusqu'à l'entrepôt. Il ne pourra non plus être fait, dans les pièces ou vases qui les contiendront, aucun remplissage ni changement quelconque, sauf les cas d'accidents ou force majeure, légalement constatés ou prouvés.

8. A leur arrivée à l'entrepôt, et avant d'y être admises, les boissons seront vérifiées définitivement, d'après les expéditions qui devront les accompagner. Si ces expéditions sont reconnues régulières, les boissons seront reçues à l'entrepôt, où elles seront inscrites sur un registre à souche à ce destiné. Une expédition détachée de la souche de ce registre sera remise à l'entrepositaire, dont elle énoncera les noms, prénoms, qualité, profession et demeure, ainsi que la quantité et l'espèce des boissons. La souche du registre sera signée par l'entrepositaire ou son fondé de pouvoir.

9. Immédiatement après la vérification définitive et l'inscription des eaux-de-vie, esprits ou liqueurs, sur le registre d'entrée, les pièces, caisses ou paniers, seront numérotés. L'entrepositaire pourra aussi, s'il le juge convenable, apposer, sur chacune de ces pièces, caisses ou paniers, sa marque particulière, mais sans pouvoir faire usage de feu.

10. Quant aux pièces, caisses ou paniers de vin, l'administration assignera à chaque entrepositaire un numéro spécial et commun à toute la partie entrée, qu'il sera tenu de faire mettre sur toutes ses pièces, caisses ou paniers, à mesure de leur introduction dans l'entrepôt.

11. Les entrepositaires seront admis à transférer la propriété de tout ou partie des boissons qu'ils possèdent dans l'établissement, pourvu que la quantité ainsi transférée ne soit pas moindre d'un hectolitre pour les eaux-de-vie, esprits et liqueurs, et de cinq hectolitres pour les vins.

12. Ces transferts seront constatés sur un registre à souche dont l'expédition sera remise à l'acheteur devenu entrepositaire. Celui-ci, ainsi que le vendeur, devra signer la souche de ce registre.

13. Les boissons, ainsi transférées, seront inscrites sous le nom du cessionnaire, et les droits seront acquittés par le nouveau propriétaire, conformément à nos décrets des 11 avril et 5 décembre 1813.

TITRE II.

De la surveillance et de la conservation des vins et eaux-de-vie dans l'entrepôt.

14. Le soin de la conservation des boissons entreposées est à la charge des entrepositaires. Ils pourront faire les opérations du remplage et celles usitées dans le commerce, pour en faciliter tant la conservation que la vente, en se conformant, toutefois, aux règlements de police relatifs à la salubrité des boissons, et aux lois et règlements qui concernent l'administration des droits réunis.

15. Les employés attachés à l'entrepôt sont expressément tenus de veiller à ce que les boissons n'y soient point altérées par des mixtions interdites par les règlements de police.

Dans le cas où ils reconnaîtraient de semblables altérations, ils saisiront les boissons, et en dresseront leur procès-verbal, qui sera transmis au préfet de police, pour, sur l'avis de deux gourmets piqueurs de vins nommés, l'un par le propriétaire, l'autre par l'administration, et ensuite par tous autres vérificateurs, ou chimistes, s'il est jugé nécessaire d'en employer, être prononcé, envers les propriétaires, par les tribunaux, en cas de contestations, ce qu'il appartiendra, sans préjudice de la surveillance qu'exerceront, selon les lois et règlements, les employés de la préfecture de police.

L'administration sera responsable des altérations ou avaries qui seront prouvées provenir de la faute de ses préposés.

16. Toutes les mesures et précautions convenables seront prises par l'administration chargée de l'octroi de Paris, pour le maintien du bon ordre dans l'entrepôt, ainsi que pour la sûreté de cet établissement, sans qu'elle puisse néanmoins être responsable des pertes, coulages et avaries provenant soit de la durée du séjour ou de la nature des marchandises, soit du défaut des futailles, vases ou caisses, ou du fait des entrepositaires, soit enfin des accidents de force majeure, dûment constatés.

17. La même administration prescrira dans l'entrepôt toutes les mesures relatives au service général, à la manutention des marchandises et à l'entretien et bonne tenue du local.

18. Le préfet de police exercera sa surveillance conformément aux

lois et règlements ; à l'effet de quoi il déléguera le nombre d'agents nécessaires chargés d'intervenir, soit d'office, soit sur la réquisition de l'administration ou des particuliers,. pour le maintien de la police et la répression des délits.

19. Le 1er octobre de chaque année, il sera fait un inventaire de toutes les boissons existantes dans l'entrepôt. S'il s'en trouve d'avariées et hors de vente, il en sera dressé procès-verbal. En cas de contestation entre l'administration et les propriétaires sur l'usage à faire desdites boissons, il y sera statué comme il est dit article 15.

20. Le compte des entrepositaires sera arrêté et réglé à l'époque déterminée ci-dessus. Il sera déchargé des quantités manquantes, sans préjudice, toutefois, des fraudes qui auraient été commises, que les employés de l'entrepôt auront le droit de constater et de poursuivre dans les formes établies.

TITRE III.

De la sortie des vins et eaux-de-vie de l'entrepôt.

21. Les propriétaires ou leurs fondés de pouvoir reconnus pourront seuls demander la sortie de l'entrepôt des boissons à eux appartenant, en représentant l'expédition d'admission. Les droits dus seront acquittés avant la sortie de l'entrepôt. A cet effet, le jaugeage sera fait par les employés de la régie ; et, en cas de contestation, le propriétaire pourra demander la vérification du jaugeage par les employés du mesurage public.

22. Lorsque les boissons seront destinées pour l'extérieur de Paris, elles seront accompagnées de congés ou d'acquits-à-caution, selon qu'il y aura lieu. Indépendamment de ces expéditions, il sera remis à l'entrepositaire une feuille d'exportation qui énoncera le délai dans lequel les boissons devront sortir de Paris. Les employés de la barrière certifieront sur cette feuille la sortie des boissons après en avoir constaté l'identité.

23. L'exportation des boissons sortant de l'entrepôt ne pourra avoir lieu que par la rivière, ou par l'une des barrières de Passy, du Roule, de la Villette, du Trône, d'Enfer, d'Italie et de la Chapelle.

24. Les boissons exportées par eau seront accompagnées par les employés jusqu'à la sortie.

25. Les entrepositaires des vins et eaux-de-vie, qui feront sortir par terre ces liquides pour les exporter, seront tenus de consigner ou cautionner le droit d'entrée et d'octroi.

26. La consignation sera restituée ou la caution déchargée, en justifiant de la sortie par la barrière et dans le délai désigné sur l'expédition. A défaut de cette justification, dans les trois jours, il y aura lieu à appliquer aux droits consignés ou cautionnés les dispositions de l'article 6 du présent règlement.

27. Les boissons entreposées ne pourront sortir de l'entrepôt en futailles en quantité inférieure à un hectolitre, et en bouteilles dans une quantité au-dessous de vingt-cinq.

28. L'entrepositaire ou son fondé de pouvoir donnera décharge bonne et valable des boissons qu'il fera sortir, sur les registres de l'entrepôt dont il est parlé article 8 et 12.

TITRE IV.

Des tonneliers et ouvriers attachés à l'entrepôt.

29. Le service de l'entrepôt et du port Saint-Bernard sera fait par des ouvriers et hommes de peine attachés à l'entrepôt.

30. Ils seront divisés en trois classes ou compagnies :

1° Les tonneliers qui déchargent les bateaux, rangent les boissons dans l'entrepôt, remplissent les futailles, les réparent, et ont, en général, soin des boissons ;

2° Les dérouleurs qui reçoivent les pièces à la sortie du bateau, et les mènent à l'entrepôt ;

3° Les chargeurs et déchargeurs de boissons expédiées par terre.

31. Les tonneliers seront désignés par le préfet de police, sur une liste double qui sera présentée par les délégués du commerce des vins.

Ne pourront être portés sur cette liste que des individus ayant patente ou pourvus d'un livret du préfet de police.

Ils recevront une carte d'admission, qui sera soumise au visa de l'administration de l'entrepôt où ils seront aussi enregistrés.

Ils seront porteurs d'une médaille de cuivre qui portera ces mots : *Entrepôt des vins*, et de l'autre côté les armes de la ville.

32. La compagnie actuelle des dérouleurs continuera de subsister et de procéder au déroulage sur le port et dans l'entrepôt.

Quand il y aura des nominations à faire, il y sera procédé, comme il est dit article 31.

33. Le salaire des tonneliers et ouvriers, ainsi que le prix des fournitures qu'ils pourront faire, seront fixées par un tarif que le préfet de police arrêtera, après avoir entendu les délégués du commerce des vins et eaux-de-vie. Ce tarif sera soumis à l'approbation de notre ministre des manufactures et du commerce.

34. Les compagnies des tonneliers et ouvriers seront responsables de tous dommages ou avaries provenant de la négligence ou du fait de l'un ou de plusieurs de leurs membres.

35. Si l'administration juge convenable de renvoyer un ouvrier, elle lui interdira l'entrée de l'entrepôt, et en préviendra le préfet de police, qui retirera la médaille et la carte à l'ouvrier.

Il sera pourvu à son remplacement suivant le mode déterminé ci-dessus.

36. Ces tonneliers seront formés en compagnies et brigades, selon les besoins du service, ainsi que le sont les dérouleurs.

37. Un règlement particulier déterminera le mode d'après lequel cette compagnie de tonneliers et ouvriers sera organisée.

38. Ce règlement sera fait par notre préfet de police, et présenté à l'approbation de notre ministre des manufactures et du commerce, après avoir pris l'avis de notre directeur général des droits réunis, et avoir entendu les délégués de vins entrepositaires.

TITRE V.

Dispositions pour l'extérieur.

39. Les boissons expédiées à la destination de Paris ne pourront être conduites qu'à la destination dans la ville ou à l'entrepôt, et ne pourront être déposées en aucun lieu hors des barrières, conformément au décret du 3 février 1810.

40. Il n'est pas dérogé par le présent à notre décret du 3 février 1810, qui prohibe la vente en gros des eaux-de-vie, esprits ou liqueurs dans le rayon de trois myriamètres de Paris.

41. Les vins, eaux-de-vie, esprits ou liqueurs en passe-debout, continueront à être soumis aux formalités prescrites par le règlement de l'octroi et par notre décret du 21 décembre 1808.

42. Toute contravention aux dispositions du présent décret sera punie de la confiscation des objets saisis, et de l'amende de cent francs au moins et de mille francs au plus. Les tribunaux pourront l'augmenter en cas de récidive.

N° 285. — *Ordonnance concernant les emblêmes et armoiries.*

Du 4 avril 1814.

Le gouvernement provisoire arrête :

1° Que tous les emblêmes, chiffres et armoiries qui ont caractérisé le gouvernement de Bonaparte, seront supprimés et effacés partout où ils peuvent exister ;

2° Que cette suppression sera exclusivement opérée par les personnes déléguées par les autorités de police ou municipales, sans que le zèle individuel d'aucun particulier puisse y concourir ou les prévenir ;

3° Qu'aucune adresse, proclamations, feuilles publiques ou écrits particuliers ne contiendra d'injures ou expressions outrageantes contre le gouvernement renversé, la cause de la patrie étant trop noble pour adopter aucun des moyens dont il s'est servi.

N° 286. — *Ordonnance du roi concernant la vente du poisson d'eau douce.*

Du 13 septembre 1814.

Louis, par la grâce de Dieu, roi de France et de Navarre,

A tous ceux qui ces présentes verront, salut :

Sur le rapport de notre ministre et secrétaire d'Etat au département de l'intérieur ;

Notre conseil d'Etat entendu,

Nous avons ordonné et ordonnons ce qui suit :

1. La vente du poisson d'eau douce, qui s'est faite jusqu'à présent à la criée, à la halle de notre bonne ville de Paris, conformément à l'article 1er du décret du 28 janvier 1811, aura lieu dorénavant de gré à gré et avec les feuilles de compte et de vente, à l'instar de ce qui se pratique relativement à la vente de la volaille, des beurres et des œufs.

Néanmoins, le poisson d'eau douce pourra continuer à être vendu à la criée, dans le cas de réquisition de la part des vendeurs ou des agents de la police.

2. Il n'est rien innové aux autres dispositions du décret du 28 janvier 1811, qui continueront d'être exécutées suivant leur forme et teneur.

3. Notre ministre secrétaire d'Etat de l'intérieur est chargé de l'exécution de la présente ordonnance, qui sera insérée au *Bulletin des lois.*

N° 287. — *Ordonnance du roi portant défense d'établir des conduites d'eaux ménagères communiquant avec les égouts de Paris.*

Des 3o septembre—21 novembre 1814.

1. L'arrêt du conseil d'Etat, du 22 janvier 1785, portant défense à tous propriétaires de maisons dans notre bonne ville de Paris, de pratiquer aucune ouverture ni communication avec les égouts, pour l'écoulement des eaux et des latrines desdites maisons, continuera d'être exécuté suivant sa forme et teneur, et sans aucune dérogation, en ce qui concerne les eaux provenant des fosses d'aisance : en conséquence, ledit arrêt sera réimprimé, publié et affiché dans toute l'étendue de la ville de Paris, aux lieux ordinaires et dans les formes accoutumées, ainsi que la présente ordonnance.

2. Cet arrêt sera également exécuté en ce qui concerne les eaux ménagères et pluviales, sauf les cas d'exception déterminés par l'article suivant.

3. Lorsque, d'après les dispositions naturelles ou accidentelles d'une maison, le sol de ses rez-de-chaussées, cours ou jardins, se trouvant au-dessous du sol de la rue, il y aura impossibilité, reconnue et constatée de conduire au dehors, par une pente d'au moins cinq millimètres par mètre, les eaux ménagères ou pluviales, pour les faire écouler par les ruisseaux des rues ou places, il pourra être permis au propriétaire d'établir une communication souterraine entre sa maison et l'égout le plus voisin, pour y conduire lesdites eaux. Dans tout autre cas, non-seulement il ne sera permis aucune communication de ce genre, mais celles maintenant existantes seront supprimées aux frais des propriétaires, comme abusivement établies.

4. Les moyens d'opérer la communication qui aura été permise, dans le cas prévu par l'article précédent, seront établis de la manière suivante :

1° Le propriétaire fera construire sur son terrain, et à ses frais, soit en pierres de taille, soit en meulière, un puisard où se rendront les seules eaux pluviales et ménagères, et d'où elles passeront dans une conduite aboutissant à l'égout;

2° L'emplacement du puisard sera distant de trois mètres au moins de toute fosse d'aisance; et si quelque circonstance empêche d'observer cette distance, il y sera suppléé en enveloppant le puisard extérieurement, tant sous son fonds que sur ses côtés, et ce, jusqu'à vingt centimètres du sol, soit d'une chape de ciment de dix centimètres d'épaisseur, soit d'un corroi de glaise de vingt-cinq centimètres;

3° Le puisard n'aura pas moins de soixante centimètres de hauteur, sur soixante de largeur, le tout en œuvre.

S'il est construit en pierres de taille, elles seront posées avec mortier de chaux et ciment, et les joints seront refaits avec mastic de limaille de fer; s'il est construit en pierres de meulière, elles seront ourdies avec mortier de chaux et ciment, et revêtues intérieurement d'un enduit en chaux et ciment tamisé, de trois centimètres d'épaisseur; ledit puisard sera couvert, à son entrée, par un châssis en pierre de taille, portant une grille, que le propriétaire sera tenu d'ouvrir à toute réquisition des préposés à l'entretien et au curage des égouts;

4° Les propriétaires auront, néanmoins, la faculté de substituer au puisard décrit ci-dessus une cuvette ou auge, soit en bonne pierre et taillée dans un seul bloc, soit en fonte de fer et coulée en une seule pièce ; les dimensions et le châssis avec grille restant d'ailleurs les mêmes pour la cuvette que pour le puisard ;

5° Les conduits à établir entre le puisard et l'égout seront en tuyaux de fonte de fer, ayant de dix à seize centimètres de diamètre intérieur, bien liés avec la maçonnerie, lors de la construction du puisard, et soigneusement assemblés avec les boulons à écrou et rondelles de plomb entre deux cuirs à chaque collet.

Lesdites conduites suivront, autant que possible, une ligne droite, en partant du puisard pour se rendre à l'égout ; elles auront au moins cinq millimètres de pente par mètre de longueur, jusqu'au coude qu'elles formeront avec le tuyau entrant dans l'égout ; elles seront placées conformément aux coupes annexées à la présente.

Les tranchées ouvertes dans les pieds-droits de la voûte des égouts, pour le passage desdits tuyaux, seront remplies et ragréées suivant les règles de l'art, de manière que les chaînes de pierre ne soient jamais entaillées ;

6° L'orifice de la conduite en fonte sera placé dans le puisard, à cinquante centimètres au plus au-dessous de la surface du châssis en pierre portant la grille : l'entrée de ladite conduite sera garnie d'une grille ou d'une crapaudine scellée, pour prévenir les engorgements qui naîtraient de l'introduction des pailles, herbages, feuilles et autres ordures ;

7° Si, dans certains cas, il était reconnu nécessaire d'établir des regards sur le cours des conduits, il y serait pourvu par le préfet, d'après le rapport des ingénieurs préposés au service des égouts ;

8° Les propriétaires se conformeront, au surplus, quant à la pose des conduits, quant à leurs dimensions, quant à celles des puisards ou cuvettes, et quant à la disposition des regards, s'il y a lieu, aux indications qui leur seront données par les ingénieurs préposés au service des égouts.

5. Les propriétaires qui auront obtenu la permission de conduire, par les moyens indiqués dans l'article précédent, leurs eaux ménagères et pluviales dans les égouts, seront libres de faire exécuter, par qui bon leur semblera, les travaux nécessaires ; mais ils seront tenus de souffrir, pendant l'exécution de ces travaux, la surveillance des préposés de l'administration, qui feront, en outre, la réception desdits ouvrages.

6. Les permissions données en exécution de la présente n'auront d'effet que jusqu'à l'époque de la reconstruction des maisons en faveur desquelles ces permissions auront été accordées : ce cas de reconstruction arrivant, les propriétaires seront tenus de relever le sol de leur terrain, et d'en faire concorder le nivellement avec celui de la voie publique ; au moyen de quoi, toute communication avec les égouts leur sera interdite, même pour les cuisines, basses-cours, buanderies, teintureries et autres établissements qu'ils jugeraient à propos de construire dans les souterrains de ces nouvelles bâtisses. Ils seront, en conséquence, tenus de détruire, à leurs frais, celles qu'il leur avait été permis d'établir.

7. Notre ministre de l'intérieur est chargé de l'exécution de la présente ordonnance.

N° **288**.— *Loi relative à la célébration des fêtes et dimanches.*

Paris, le 18 novembre 1814.

Louis, par la grâce de Dieu, roi de France et de Navarre,
A tous ceux qui ces présentes verront, salut :

Nous avons proposé, les deux chambres ont adopté, nous avons ordonné et ordonnons ce qui suit :

1. Les travaux ordinaires seront interrompus les dimanches et jours de fêtes reconnues par la loi de l'Etat.

2. En conséquence, il est défendu lesdits jours :

1° Aux marchands d'étaler et de vendre, les ais et volets des boutiques ouverts ;

2° Aux colporteurs et étalagistes, de colporter et d'exposer en vente leurs marchandises dans les rues et places publiques ;

3° Aux artisans et ouvriers, de travailler extérieurement et d'ouvrir leurs ateliers;

4° Aux charretiers et voituriers employés à des services locaux, de faire des chargements dans les lieux publics de leur domicile.

3. Dans les villes dont la population est au-dessous de cinq mille âmes, ainsi que dans les bourgs et villages, il est défendu aux cabaretiers, marchands de vin, débitants de boissons, traiteurs, limonadiers, maîtres de paume et de billard, de tenir leurs maisons ouvertes, et d'y donner à boire et à jouer lesdits jours pendant le temps de l'office.

4. Les contraventions aux dispositions ci-dessus seront constatées par procès-verbaux des maires et adjoints ou des commissaires de police.

5. Elles seront jugées par les tribunaux de police simple, et punies d'une amende qui, pour la première fois, ne pourra pas excéder cinq francs.

6. En cas de récidive, les contrevenants pourront être condamnés au *maximum* des peines de police.

7. Les défenses précédentes ne sont pas applicables :

1° Aux marchands de comestibles de toute nature, sauf cependant l'exécution de l'article 3 ;

2° A tout ce qui tient au service de santé ;

3° Aux postes, messageries et voitures publiques ;

4° Aux voituriers de commerce par terre et par eau, et aux voyageurs ;

5° Aux usines dont le service ne pourrait être interrompu sans dommage ;

6° Aux ventes usitées dans les foires et fêtes dites patronales, et au débit des menues marchandises dans les communes rurales, hors le temps du service divin ;

7° Au chargement des navires marchands et autres bâtiments du commerce maritime.

8. Sont également exceptés des défenses ci-dessus, les meuniers et les ouvriers employés : 1° à la moisson et autres récoltes; 2° aux travaux urgents de l'agriculture ; 3° aux constructions et réparations motivées par un péril imminent, à la charge, dans ces deux derniers cas, d'en demander la permission à l'autorité municipale.

9. L'autorité administrative pourra étendre les exceptions ci-dessus aux usages locaux.

10. Les lois et règlements de police antérieurs, relatifs à l'observation des dimanches et fêtes, sont et demeurent abrogés.

La présente loi, discutée, délibérée et adoptée par la chambre des pairs et par celle des députés, et sanctionnée par nous cejourd'hui, sera exécutée comme loi de l'Etat; voulons, en conséquence, qu'elle soit gardée et observée dans tout notre royaume, terres et pays de notre obéissance.

Si donnons en mandement à nos cours et tribunaux, préfets, corps administratifs et tous autres, que les présentes ils gardent et maintiennent, fassent garder et maintenir, et, pour les rendre plus no-

oires à tous nos sujets, ils les fassent publier et enregistrer partout
où besoin sera, car tel est notre plaisir; et, afin que ce soit chose
erme et stable à toujours, nous y avons fait mettre notre scel.

N° 289.—*Extrait de l'ordonnance du roi, du 14 décembre 1814,
relative aux voitures publiques.*

Du 14 décembre 1814.

2. Sont et demeurent renouvelées, en tant que de besoin, les dis-
ositions des lois, décrets et règlements relatifs aux voitures publi-
ues, et notamment la défense contenue en l'article 6 du décret du 28
oût 1808, d'admettre dans lesdites voitures un plus grand nombre de
oyageurs que celui énoncé dans les déclarations, et d'en placer au-
un sur l'impériale; ladite défense comprenant même le conducteur,
ui ne peut, à cet égard, prétendre aucun droit d'exception. Le tout
ous les peines portées auxdites lois, décrets et règlements, et aux an-
iennes ordonnances.

N° 290. — *Ordonnance du roi qui rectifie l'article 27 du décret
du 23 juin 1806, concernant le poids des voitures et la police
du roulage, et renouvelle, en tant que de besoin, les dispositions des lois, décrets et règlements relatifs aux voitures publiques.*

Au château des Tuileries, le 24 décembre 1814.

Louis, par la grâce de Dieu, roi de France et de Navarre, à tous
eux qui ces présentes verront, salut.
Sur le rapport de notre ministre secrétaire d'Etat au département
e l'intérieur;
Vu les articles 5, 6, 7 et 27 du décret du 23 juin 1806, concernant
e poids des voitures et la police du roulage;
Considérant que, d'après l'article 7, il est accordé cent kilogrammes
e tolérance sur le poids fixé par l'article 6, des voitures publiques,
iligences, messageries, fourgons, allant en poste ou avec relais et
erlines;
Qu'aux termes de l'article 5, la tolérance de deux cents et de trois
ents kilogrammes n'est accordée que sur le poids des voitures de rouge, telles que les charrettes et chariots,
Considérant que le silence de l'article 7 du décret précité, relative-
ent aux voitures publiques et messageries, tendrait à laisser impu-
es les contraventions desdites voitures, lorsque leur chargement
xcède, outre le poids fixé par l'article 6, la tolérance de cent kilo-
'ammes, accordée par l'article suivant;
Considérant que toute extension à ce sujet serait non-seulement
ontraire à l'esprit de la loi, mais encore qu'il en résulterait un pré-
dice incalculable pour la viabilité des routes, et un danger pour la
reté des voyageurs;
Notre conseil d'Etat entendu,

Nous avons ordonné et ordonnons ce qui suit:

1. L'article 27 du décret du 23 juin 1806, concernant le poids des
itures et la police du roulage, est rectifié, en ce sens que les contra-
ntions des voitures publiques, diligences, messageries, fourgons et

berlines, seront punies des peines portées audit article, à partir d'un excédant de cent kilogrammes sur les chargements fixés par l'article 6 dudit décret.

2. Sont et demeurent renouvelées, en tant que de besoin, les dispositions des lois, décrets et règlements relatifs aux voitures publiques, et notamment la défense contenue en l'article 6 du décret du 28 août 1808, d'admettre dans lesdites voitures un plus grand nombre de voyageurs que celui énoncé dans les déclarations, et d'en placer aucun sur l'impériale; ladite défense comprenant même le conducteur, qui ne peut, à cet égard, prétendre aucun droit d'exception : le tout sous les peines portées auxdites lois, décrets et règlements, et aux anciennes ordonnances.

3. Notre ministre secrétaire d'Etat au département de l'intérieur est chargé de l'exécution de la présente, qui sera insérée au *Bulletin des lois.*

N° **291.**—*Ordonnance du roi contenant règlement sur les manufactures, établissements et ateliers qui répandent une odeur insalubre ou incommode* (1).

Au château des Tuileries, le 14 janvier—15 février 1815.

Louis, par la grâce de Dieu, roi de France et de Navarre, à tous ceux qui ces présentes verront, salut.

Sur le rapport de notre ministre secrétaire d'Etat de l'intérieur;

Vu le décret du 15 octobre 1810, qui divise en trois classes les établissements insalubres ou incommodes dont la formation ne peut avoir lieu qu'en vertu d'une permission de l'autorité administrative;

Le tableau des établissements qui y est annexé;

L'état supplémentaire arrêté par le ministre de l'intérieur le 22 novembre 1811;

Les demandes adressées par plusieurs préfets, à l'effet de savoir si les permissions nécessaires pour la formation des établissements compris dans la troisième classe seront délivrées par les sous-préfets ou par les maires;

Notre conseil d'Etat entendu,

Nous avons ordonné et ordonnons ce qui suit:

1. A compter de ce jour, la nomenclature jointe à la présente ordonnance servira seule de règle pour la formation des établissements répandant une odeur insalubre ou incommode.

2. Le procès-verbal d'information *de commodo et incommodo*, exigé par l'article 7 du décret du 15 octobre 1810, pour la formation des établissements compris dans la seconde classe de la nomenclature, sera pareillement exigible, en outre de l'affiche de demande, pour la formation de ceux compris dans la première classe.

Il n'est rien innové aux autres dispositions de ce décret.

3. Les permissions nécessaires pour la formation des établissements compris dans la troisième classe seront délivrées dans les départements, conformément aux articles 2 et 8 du décret du 15 octobre 1810, par les sous-préfets, après avoir pris préalablement l'avis des maires et de la police locale.

4. Les attributions données aux préfets et aux sous-préfets, par le

---

(1) V. le décret du 15 octobre 1810, et la nomenclature générale des établissements classés, annexée à l'ordonnance de police du 30 novembre 1837, t. III, p. 216.

décret du 15 octobre 1810, relativement à la formation des établissements répandant une odeur insalubre ou incommode, seront exercées par notre directeur général de la police, dans toute l'étendue du département de la Seine et dans les communes de Saint-Cloud, de Meudon et de Sèvres du département de Seine-et-Oise.

5. Les préfets sont autorisés à faire suspendre la formation ou l'exercice des établissements nouveaux qui, n'ayant pu être compris dans la nomenclature précitée, seraient cependant de nature à y être placés. Ils pourront accorder l'autorisation d'établissement pour tous ceux qu'ils jugeront devoir appartenir aux deux dernières classes de la nomenclature, en remplissant les formalités prescrites par le décret du 15 octobre 1810, sauf, dans les deux cas, à rendre compte à notre directeur général des manufactures et du commerce.

6. Notre ministre secrétaire d'Etat de l'intérieur est chargé de l'exécution de la présente ordonnance, qui sera insérée au *Bulletin des Lois*.

N° **292.** — *Ordonnance du roi concernant des mesures pour prévenir la contagion des maladies épizootiques.*

Paris, le 27 janvier 1815.

Louis, par la grâce de Dieu, roi de France et de Navarre,

A tous ceux qui ces présentes verront, salut :

Sur le rapport qui nous a été fait, par notre ministre secrétaire d'Etat de l'intérieur, de l'épizootie désastreuse qui enlève journellement un grand nombre de bœufs et de vaches, et qui paraît avoir été apportée dans plusieurs parties du royaume par les animaux amenés à la suite des armées étrangères ;

Touché des pertes qui en résultent pour nos sujets, nous nous sommes fait rendre compte des efforts de l'administration dans cette circonstance, et nous avons eu la satisfaction de reconnaître que rien n'avait été négligé pour arrêter les progrès de ce fléau ;

Voulant compléter les mesures prises précédemment, et donner à nos sujets propriétaires et cultivateurs des preuves de notre vive sollicitude, en prévenant, autant qu'il est en nous, les suites funestes de l'épizootie, et en procurant des indemnités à ceux qui auraient éprouvé les dommages par l'exécution des dispositions rigoureuses que commande l'intérêt général de l'Etat,

Nous avons ordonné et ordonnons ce qui suit :

1. Dans tous les lieux où a pénétré l'épizootie et dans ceux où elle pénétrera par la suite, les préfets continueront de faire exécuter strictement les dispositions des arrêts des 10 avril 1714, 24 mars 1745, 19 juillet 1746, 18 décembre 1774, 30 janvier 1775 et 16 juillet 1784, et de l'arrêté du directoire exécutif du 27 messidor an v, concernant les épizooties.

2. Sur la demande des autorités administratives, les gardes nationales, la gendarmerie, les gardes champêtres, et, au besoin, les troupes de ligne, seront employés pour assurer l'exécution des dispositions rappelées et indiquées dans le précédent article, et notamment pour former des cordons et empêcher la communication des animaux suspects avec les animaux sains.

3. Dans les départements où la maladie n'a pas encore pénétré, les préfets ordonneront la visite des étables aussi souvent qu'ils le juge-

ront utile; ils exerceront une surveillance active, et feront les dispositions nécessaires pour que l'on puisse exécuter sur-le-champ, et partout où besoin sera, toutes les mesures propres à arrêter les progrès de l'épizootie, si elle venait à se manifester.

4. A la première apparition des symptômes de contagion dans une commune, il y sera envoyé des vétérinaires chargés de visiter les bestiaux et de reconnaître ceux qui doivent être abattus, aux termes des règlements cités en l'article 1er. L'abatage aura lieu, sans délai, sur l'ordre des maires ou des commissaires délégués par les préfets.

5. Il sera dressé des procès-verbaux à l'effet de constater le nombre, l'espèce et la valeur des animaux qui ont été ou qui seront abattus pour arrêter le progrès de la contagion. Les extraits de ces procès-verbaux seront transmis par les préfets à notre directeur général de l'agriculture et du commerce, qui fera établir l'état des indemnités auxquelles les propriétaires de ces animaux auront droit, d'après les bases déterminées par les arrêts du conseil des 18 octobre 1774 et 30 janvier 1775.

6. Nos ministres secrétaires d'Etat de l'intérieur et des finances se concerteront pour nous soumettre un projet de loi sur les moyens de pourvoir à ces indemnités. Ce projet sera présenté aux chambres à leur prochaine session.

7. Ils nous proposeront ultérieurement les mesures propres à assurer, en tout temps, des ressources suffisantes pour indemniser les propriétaires de bestiaux des pertes qu'ils éprouveront, soit par l'effet direct des épizooties contagieuses, soit par l'exécution des dispositions prescrites pour en arrêter les progrès.

8. Nos ministres secrétaires d'Etat de l'intérieur, des finances et de la guerre sont chargés, chacun en ce qui le concerne, de l'exécution de la présente ordonnance.

N° **293**. — *Ordonnance du roi portant règlement sur l'exercice de la profession de boulanger dans la ville de Paris et sa banlieue.*

Au château des Tuileries, le 4 février 1815.

Louis, par la grâce de Dieu, roi de France et de Navarre,
A tous ceux qui ces présentes verront, salut.

Etant informés que, dans notre bonne ville de Paris et sa banlieue, la profession de boulanger est exercée par des individus non patentés, qui, par leur existence et leur responsabilité, n'offrent pas à la surveillance de l'autorité administrative, ni à la confiance des consommateurs, les garanties qu'il importe d'exiger de la part des boulangers;

Conformément aux dispositions de nos ordonnances antérieures concernant l'exercice de la profession de boulanger dans plusieurs grandes villes de notre royaume;

Sur le rapport de notre ministre secrétaire d'Etat de l'intérieur;
Notre conseil d'Etat entendu,

Nous avons ordonné et ordonnons ce qui suit :

1. Les boulangers munis de permission ont seuls le droit de vendre du pain dans notre bonne ville de Paris et sa banlieue.

2. La vente du pain ne peut avoir lieu qu'en boutique et sur les marchés affectés à cette destination.

5. Les marchés continueront à être approvisionnés, comme par le passé, conformément aux règlements et ordonnances de police.

4. Il est défendu, sous peine de confiscation, de vendre du pain au regrat, en quelque lieu que ce soit, et d'en former des dépôts.

En conséquence, les traiteurs, aubergistes, cabaretiers et tous autres qui font métier de donner à manger, ne peuvent tenir chez eux d'autre pain que celui nécessaire à leur propre consommation et à celle de leurs hôtes.

5. En cas de contravention aux articles précédents, le pain sera saisi et vendu : le prix provenant de la vente du pain saisi sera déposé, sous la réserve des droits de qui il appartiendra.

6. Les contraventions à notre présente ordonnance seront poursuivies et réprimées par le tribunal de police municipale, qui pourra prononcer l'impression et l'affiche du jugement aux frais des contrevenants.

7. Notre amé et féal chevalier, chancelier de France, le sieur Dambray et notre ministre secrétaire d'État de l'intérieur, chacun en ce qui le concerne, sont chargés de l'exécution de la présente ordonnance, qui sera insérée au *Bulletin des Lois*.

N° **294**.—*Ordonnance du roi qui autorise la ville de Paris à s'imposer extraordinairement.*

Au château des Tuileries, le 16 août 1815.

Louis, par la grâce de Dieu, roi de France et de Navarre,
A tous ceux qui ces présentes verront salut :
Par notre ordonnance du 20 juillet dernier, nous avons autorisé notre bonne ville de Paris à lever sur elle-même une contribution directe pour acquitter les dépenses extraordinaires dans lesquelles elle a été entraînée par la force des événements,

Nous aurions désiré, mais nous n'avons pu espérer que cette contribution fût suffisante pour acquitter indéfiniment toutes les charges dont elle a pour objet de diminuer le poids ; aujourd'hui, convaincu de l'insuffisance des ressources déjà créées, nous sentons avec douleur la nécessité de nouveaux sacrifices pécuniaires qui seuls peuvent achever de soustraire les habitants à l'action immédiate des charges actuelles ; mais nous avons reconnu que, si les sacrifices qu'exigent les circonstances devaient être subis, comme ils l'ont été dans plusieurs communes, ils seraient trop pesants pour le plus grand nombre des habitants de notre bonne ville de Paris, et nous avons désiré qu'il fût possible de les alléger, quant aux époques de payement, de même que quant aux sommes à payer, en les imputant en partie sur un avenir plus heureux qu'il nous est enfin permis d'espérer ; ne voulant pas d'ailleurs que la classe des propriétaires, déjà surimposée, à notre grand regret, eût seule à supporter le nouveau surcroît des charges publiques que les circonstances peuvent encore exiger, et croyant qu'il est de notre justice de les atténuer, autant que possible, par une répartition plus générale, basée sur les consommations, et par un mode moins onéreux dans la perception ;
A ces causes,

Nous avons ordonné et ordonnons ce qui suit :

1. La ville de Paris est autorisée à imposer additionnellement, à sa

contribution foncière des années 1816 et 1817, une somme de deux millions cent trente-quatre mille francs.

Cette imposition communale sera répartie au centime le franc des cotes de contribution foncière de chacune desdites années.

Elle sera comprise dans les rôles des contributions ordinaires.

2. La ville de Paris demeure aussi autorisée à imposer, pendant chacune des mêmes années **1816 et 1817**, par addition à sa contribution personnelle, une somme de neuf cent soixante-dix mille francs.

Cette imposition communale sera répartie au centime le franc des cotes personnelles ordinaires, et dans les mêmes rôles.

3. Les percepteurs de Paris feront le recouvrement des impositions communales, et ils auront droit à des taxations égales à celles qu'ils touchent pour la perception des contributions ordinaires.

4. Le préfet de la Seine nous présentera un projet de nouveau tarif de répartition de la contribution personnelle de Paris.

5. A compter du jour de la publication de la présente ordonnance, et jusqu'à la rectification prochaine du tarif de l'octroi, les droits d'octroi municipal de la ville de Paris sur les boissons, tant à l'entrée qu'à la fabrication, seront perçus sur le même taux qu'ils l'étaient avant l'acte du 8 avril 1815, concurremment avec l'augmentation portée au nouveau tarif des droits d'entrée.

6. A compter du même jour, et jusqu'au 31 décembre 1817 inclusivement, notre bonne ville de Paris est autorisée à percevoir un dixième en sus du montant de chacun des droits d'octroi perçus, tant à l'entrée de la ville qu'à la fabrication.

7. Les abattoirs seront mis en état de service pour le 1er janvier 1816. A compter dudit jour, notre bonne ville de Paris y percevra les droits réglés par le tarif annexé aux présentes.

8. A l'avenir, et à compter du jour de la publication de la présente ordonnance, la prise d'eau aux huit fontaines dépendantes de l'établissement des pompes à feu sera assujettie, comme elle l'était avant le décret du 2 février 1812, à une rétribution au profit de la ville de Paris.

La rétribution à percevoir sera de vingt-cinq centimes par muid, ou neuf centimes par hectolitre.

Défenses sont faites à tous agents, économes, portiers, concierges ou autres employés d'établissements publics, palais, hôtels ou maisons jouissant, à quelque titre que ce soit, d'eau provenant des eaux de notre bonne ville de Paris, de vendre ladite eau, à peine d'une amende de vingt-cinq francs pour la première contravention, et du double en cas de récidive.

9. A compter du jour de la publication de la présente ordonnance, les droits attribués à notre bonne ville de Paris, dans les halles et marchés, seront perçus avec les modifications suivantes, sans qu'il puisse en résulter d'augmentation, soit dans les taxations des facteurs ou factrices, soit dans les frais de perception.

1o Le droit à la vente en gros des poissons de mer et des huîtres, ainsi que des volailles et gibier, sera de six pour cent du produit des ventes ;

2o Le droit sur les ventes en gros des beurres et œufs sera de trois pour cent.

10. Nos ministres secrétaires d'Etat aux départements des finances et de l'intérieur sont respectivement chargés de l'exécution de la présente ordonnance.

N° **295**. — *Ordonnance du roi concernant la halle aux grains.*

Au château des Tuileries, le 24 octobre 1815.

Louis, par la grâce de Dieu, roi de France et de Navarre,
A tous ceux qui ces présentes verront, salut :
Sur le rapport de notre ministre secrétaire d'Etat de l'intérieur ;
Notre conseil d'Etat entendu,

Nous avons ordonné et ordonnons ce qui suit :

1. A compter du jour de la publication de la présente ordonnance, il sera payé, au profit de notre bonne ville de Paris, département de la Seine, par chaque détaillante de farines à la halle aux grains, une taxe d'abri dont la quotité est fixée à cinquante centimes par jour ou trois francs par semaine.

2. Ce droit sera dû, lors même que lesdites détaillantes ne viendraient pas à ladite halle, si elles y ont des marchandises en dépôt.

3. Cette perception se fera par chaque jour, et le produit en sera compté, semaine par semaine, au receveur municipal de notre bonne ville de Paris.

4. Notre ministre secrétaire d'Etat de l'intérieur est chargé de l'exécution de la présente ordonnance.

N° **296**. — *Arrêté de S. Exc. le ministre de l'intérieur, portant suppression des fractions décimales des poids et mesures dans le commerce en détail.*

Paris, le 21 février 1816.

Le ministre secrétaire d'Etat au département de l'intérieur,
Ayant reconnu, d'après les informations transmises par la plupart des préfets, que beaucoup de fraudes et d'abus se commettent dans le commerce de détail, au moyen de la faculté qui a été laissée aux marchands de conserver les fractions décimales des mesures et des poids, concurremment avec les mesures et les poids usuels, établis par l'arrêté du ministre de l'intérieur du 28 mars 1812, et en exécution du décret du 12 février précédent ;
Vu le décret du 12 février 1812 ;
Vu l'arrêté du ministre de l'intérieur, du 28 mars suivant, qui en règle provisoirement l'exécution ;
Après avoir pris les ordres du roi,

Arrête ce qui suit :

1. A compter du jour de la publication du présent arrêté, les marchandises et denrées, de quelque nature et qualité que ce soit, qui se vendent à la mesure ou au poids, ne pourront être vendues, en détail, qu'aux mesures et aux poids usuels.

2. Il est, en conséquence, expressément défendu aux marchands en détail, quel que soit le genre de leur commerce ou profession, de conserver en évidence, dans leurs boutiques, sur leurs comptoirs ou étaux, les fractions décimales des mesures et des poids, et de s'en servir pour mesurer ou pour peser les marchandises ou denrées qu'ils débiteront.

3. Les marchands, fabricants, commissionnaires et autres, qui font le commerce en gros, mais qui exercent en même temps le commerce

de détail, sont assujettis aux dispositions des articles précédents, en ce qui concerne ce dernier genre de commerce.

4. Les contraventions à ces dispositions seront punies des peines portées par l'article 479 du Code pénal.

5. L'arrêté du 28 mars 1812, ainsi que les autres règlements concernant l'uniformité des mesures, continueront d'être exécutés en tout ce qui n'est pas contraire aux articles précédents.

6. Le présent arrêté sera envoyé aux préfets, qui sont chargés de le faire exécuter immédiatement.

N° **297.**—*Loi sur les finances.*

Paris, le 28 avril 1816.

65. Toutes les affiches, quel qu'en soit l'objet, seront sur papier timbré, qui sera fourni par la régie, et dont le débit sera soumis aux mêmes règles que celui du papier timbré destiné aux actes.

Conformément à la loi du 28 juillet 1791, ce papier ne pourra être de couleur blanche; il portera le même filigrane que les autres papiers timbrés.

Le prix de la feuille, portant vingt-cinq décimètres carrés de superficie, sera de dix centimes; celui de la demi-feuille, de cinq centimes.

N° **298.** —*Ordonnance du roi relative aux armes de guerre.*

Paris, le 24 juillet 1816.

Louis, par la grâce de Dieu, roi de France et de Navarre;

Instruits, par le compte qui nous a été rendu, qu'il existe entre les mains des particuliers un très-grand nombre d'armes de guerre; que la liberté du commerce de ces armes a été défendue par différentes lois et ordonnances, ainsi que par plusieurs décrets et règlements publiés depuis 1774 jusqu'à ce jour;

Voulant mettre un terme aux abus qui se sont multipliés, et recueillir les armes de guerre, soit pour les placer dans nos arsenaux, soit pour armer la garde nationale dans les lieux où elle sera mise en activité, nous avons jugé à propos de rappeler les principales dispositions des lois et décrets qui doivent, sur cette matière, servir de règle aux administrations et aux tribunaux.

En conséquence, sur le rapport de notre ministre de la guerre,

Nous avons ordonné et ordonnons ce qui suit:

1. Il est enjoint à tous individus, autres que ceux qui seront ci-après indiqués, détenteurs d'armes de guerre, de les déposer à la mairie de leur domicile dans le délai d'un mois après la promulgation de la présente ordonnance.

Les maires en tiendront un registre particulier, où seront inscrits les noms des détenteurs. Il sera ensuite pris des mesures pour les faire verser dans les arsenaux. Sont comprises sous la dénomination d'armes de guerre, toutes les armes à feu ou blanches à l'usage des troupes françaises, telles que fusils, mousquetons, carabines, pistolets de calibre, sabres ou baïonnettes.

Cette mesure est applicable aux armes de guerre étrangères et aux armes de commerce dont la fabrication a été défendue par l'article 2 du décret du 14 décembre 1810, lequel est ainsi conçu :

« Les armes du commerce n'auront jamais le calibre de guerre, et « pourront être regardées comme appartenant au gouvernement, et « être saisissables par lui, si leur calibre n'est pas au moins de dix « points et demi (deux millimètres) au-dessus ou au-dessous de ce ca- « libre, qui est sept lignes neuf points (0ᵐ,0177). »

2. Sont exceptés des dispositions de l'article 1ᵉʳ, les citoyens faisant partie de la garde nationale, lesquels néanmoins ne pourront conserver, savoir :

Les gardes nationaux à pied, qu'un fusil et un sabre-briquet ;

Les gardes nationaux à cheval, un mousqueton, une paire de pistolets et un sabre de cavalerie.

Sont compris aussi dans cette exception les gardes forestiers et gardes champêtres, auxquels il sera permis d'avoir un fusil de guerre lorsqu'ils y seront autorisés par les sous-préfets.

Il n'est rien innové à ce qui est en usage pour l'armement des douaniers.

3. Il est défendu à tous particuliers, même aux armuriers et arquebusiers, de vendre ou acheter des armes des modèles de guerre françaises ou étrangères, ou des calibres proscrits par l'article 1ᵉʳ.

4. Les gardes nationaux, gardes champêtres et forestiers, ne pourront, sous aucun prétexte, vendre, échanger ni mutiler leurs armes. Lorsqu'elles seront hors de service, elles devront être versées dans les arsenaux, et remplacées, selon qu'il y aura lieu, aux frais de l'Etat ou aux frais des gardes.

Les armes des gardes nationaux morts ou exemptés de la garde nationale seront retirées par les soins des chefs de cette garde, et déposées aux mairies, jusqu'à ce qu'il en soit disposé en faveur d'autres gardes nationaux.

5. Les individus qui ne se conformeront pas à ce qui est prescrit à l'article 1ᵉʳ, ou qui contreviendront aux dispositions des articles 2, 3 et 4, seront poursuivis correctionnellement, et punis, selon la gravité des cas, outre la confiscation des armes, d'une amende de trois cents francs au plus, et d'un emprisonnement qui ne pourra excéder trois mois.

En cas de récidive, la peine sera double.

6. Dans chaque commune, le maire inscrira sur un registre les noms des habitants faisant partie de la garde nationale et qui auraient des armes de guerre entre les mains, et chaque garde national sera tenu de représenter lesdites armes quand il en sera requis.

7. Tout individu qui achètera ou prendra en gage les armes d'un soldat, sera traduit devant les tribunaux de police correctionnelle, et puni d'une amende qui sera de six cents francs au plus, et d'un emprisonnement qui ne pourra être de plus de six mois ; les dispositions du Code pénal militaire restant applicables aux soldats qui vendraient leurs armes et les mettraient en gage.

8. Toutes les fois que des armes abandonnées par des militaires déserteurs ou morts tomberont entre les mains d'un particulier, celui-ci sera tenu de les porter de suite dans les magasins de l'Etat, s'il s'en trouve à sa portée, ou de les remettre, sur récépissé, au maire de sa commune, qui sera chargé d'en faire la restitution au gouvernement.

9. La fabrication des armes des calibres et des modèles de guerre, hors des manufactures royales, est expressément défendue, à moins

d'une autorisation spéciale délivrée par notre ministre secrétaire d'Etat de la guerre.

10. Les fabriques d'armes de commerce, dans les villes où il y aura une manufacture royale, seront surveillées par l'inspecteur de ladite manufacture. Quand il croira devoir faire une visite chez les fabricants ou ouvriers armuriers, il requerra le maire, qui pourra déléguer un commissaire de police pour assister à la visite.

11. Les armes dites *de traite* rentrent dans la classe des armes de commerce, et ne pourront, hors des manufactures royales, être fabriquées qu'au calibre fixé pour ces dernières par le décret du 14 décembre 1810, c'est-à-dire au calibre de dix points et demi (deux millimètres) au-dessus ou au-dessous de celui de guerre, qui est de sept lignes neuf points.

12. Tout armurier ou fabricant d'armes devra être muni d'un registre paraphé par le maire, sur lequel seront inscrites l'espèce et la quantité d'armes qu'il fabriquera ou achètera, ainsi que l'espèce et la quantité de celles qu'il vendra, avec les noms et domiciles des vendeurs et acquéreurs.

Les maires, par eux ou par les commissaires de police, devront arrêter, tous les mois, ces registres.

Il sera, en outre, donné connaissance des dépôts d'armes dite *de traites*, et qui sont du calibre de guerre français, par les propriétaires, aux commissaires de police des villes où sont situés ces dépôts. Un registre tenu par ces commissaires indiquera l'entrée, la sortie et la destination de ces armes. Les maires et sous-préfets seront informés de ces mouvements.

13. L'exportation des armes des modèles et des calibres de guerre est interdite aux particuliers. Nous nous réservons d'en autoriser la fourniture par nos manufactures royales aux puissances étrangères qui en feraient la demande.

14. L'importation des armes de guerre étrangères ou de modèles français est expressément défendue, à moins qu'elle ne soit ordonnée par notre ministre de la guerre.

15. Les contrevenants aux dispositions des articles 8, 9, 11, 12, 13 et 14, seront passibles des peines énoncées en l'article 5.

16. Les dispositions qui viennent d'être rappelées, concernant les armes de guerre, s'appliquent aussi aux pièces d'armes de guerre. Les mêmes peines peines sont prononcées contre les possesseurs, marchands et fabricants desdites pièces d'armes, et contre ceux qui en feraient ou l'importation ou l'exportation.

17. Il est néanmoins permis aux armuriers qui sont désignés par les maires, de faire les réparations qu'exigeront les armes des gardes nationales.

Les maires veilleront à ce que ces permissions ne puissent dégénérer en abus.

18. Le décret du 14 décembre 1810, contenant règlement sur la fabrication et les épreuves des armes à feu destinées pour le commerce, continuera à être exécuté, à l'exception de ce qui a rapport aux armes dites *de traite*, qui seront considérées à l'avenir comme armes de commerce, ainsi qu'il est dit à l'article 12 de la présente ordonnance.

19. Nos ministres secrétaires d'Etat au département de la guerre et de l'intérieur, de la justice et de la police générale, sont chargés, chacun en ce qui le concerne, de l'exécution de la présente ordonnance.

N° **299**.—*Ordonnance du roi relative aux cabriolets de place qui stationnent sur la voie publique.*

Paris, le 28 octobre 1816.

3. Le droit de location, établi sur les cabriolets de place qui stationnent sur les places publiques, sera porté, à compter du 1er janvier 1817, de 100 francs à 160 francs.

N° **300**.— *Ordonnance du roi concernant les droits d'octroi.*

Paris, le 8-14 janvier 1817.

Louis, par la grâce de Dieu, roi de France et de Navarre,
Vu la délibération du conseil général du département de la Seine, faisant fonctions de conseil municipal de la ville de Paris, en date du 31 décembre 1816;
Sur le rapport de notre ministre secrétaire d'Etat des finances,

Nous avons ordonné et ordonnons ce qui suit:

1. A compter du jour de la publication de la présente ordonnance, et pendant le cours de l'année 1817 seulement, les droits d'octroi, actuellement établis au profit de notre bonne ville de Paris, sur les objets ci-après désignés, seront augmentés, savoir:
De trois francs par bœuf ou vache;
D'un franc par veau;
De trente centimes par mouton;
D'un franc par porc et sanglier;
De cinq centimes par kilogramme de viande à la main, saucissons, jambons, etc.;
D'un centime par kilogramme d'abats et issues;
De cinquante centimes par stère de bois dur, neuf et flotté;
De cinquante centimes par stère de bois blanc, neuf ou flotté;
De cinquante centimes par sacs ou voies de charbon de bois;
De vingt centimes par hectolitre de charbon de terre.
2. A compter du même jour et pendant le même temps, il sera perçu, au profit de notre bonne ville de Paris, un droit d'octroi:
De dix centimes par kilogramme de fromages secs;
De cinq centimes par kilogramme de sel gris et blanc;
De soixante centimes par kilogramme de cire et bougies;
De cinq francs par mille d'ardoises, grand moule;
De quatre francs par mille d'ardoises, petit moule;
De six francs par mille de briques;
De sept francs cinquante centimes par mille de tuiles; (la faîtière comptera pour quatre tuiles);
De cinq francs par mille de carreaux de terre cuite, grand et petit moule;
De dix francs par cent bottes de lattes.
3. Les objets désignés dans les deux précédents articles seront, en outre, passibles du dixième des droits additionnels ou nouveaux auxquels ils sont assujettis, et, à cet effet, l'article 6 de notre ordonnance du 16 août 1815 leur est déclarée applicable.
4. Les droits d'octroi, augmentés ou établis par la présente ordonnance, seront perçus, tant en principal qu'en accessoires, sur les

denrées et marchandises qui se trouvent actuellement en rivière et sur les berges, quais et ports de l'intérieur, ainsi que sur les denrées qui seraient entreposées sous la clef de la direction des douanes et destinées à la consommation de la ville de Paris.

5. A compter également du jour de la publication de la présente ordonnance, et pendant l'année 1817 seulement, les droits attribués à notre bonne ville de Paris, dans les halles et marchés, sur le prix de vente en gros des denrées et marchandises ci-après désignées, seront augmentés, savoir :

Le droit à la vente des huîtres, de deux pour cent;

Le droit à la vente en gros de la volaille et du gibier, de quatre pour cent;

Le droit à la vente en gros des beurres et œufs, d'un et demi pour cent.

Et il sera perçu, au profit de la ville de Paris, un droit de six pour cent à la vente du poisson d'eau douce sur les ports de l'intérieur.

6. Nos ministres secrétaires d'Etat aux départements de l'intérieur et des finances sont chargés de l'exécution de notre présente ordonnance, qui sera insérée au *Bulletin des Lois*.

N° **301**.— *Loi sur les finances.*

Des 25-26 mars 1817.

TITRE V.

§ 3. — Dispositions nouvelles sur les patentes. — Etalages.

70. Les marchands vendant en ambulance, échoppe ou étalage, dans les lieux de passage, places publiques, marchés des villes et communes, des marchandises autres que des comestibles, seront pareillement tenus d'acquitter, au moment de la délivrance, le montant total de la patente à laquelle ils sont assujettis par la disposition finale du nombre dix de l'article 29 de la loi du 1er brumaire an VII.

Les dénommés aux articles ci-dessus seront tenus d'exhiber leurs patentes acquittées, à toute réquisition des officiers de police des lieux où ils voudront exposer en vente les marchandises dont ils font commerce.

§ 4. — Des voitures publiques.

112. Le droit du dixième du prix des places et du prix reçu pour le transport des marchandises, auquel sont assujettis les entrepreneurs de voitures publiques de terre et d'eau à service régulier, continuera d'être perçu conformément aux lois en vigueur, sous la déduction, pour les places vides, d'un quart du prix total des places. Seront considérées comme voitures à service régulier toutes les voitures qui feront le service d'une même route ou d'une ville à une autre, lors même que les jours et heures des départs varieraient.

N° 302.—*Ordonnance du roi relative à l'exécution d'une des dispositions de la loi du 15 ventôse an XIII, concernant l'indemnité à payer par les entrepreneurs de voitures publiques aux maîtres de poste.*

Au château des Tuileries, le 13 août 1817.

Louis, par la grâce de Dieu, roi de France et de Navarre,

Il nous a été représenté que le sens des expressions *petite* et *grande journée*, employées dans la loi du 15 ventôse an XIII (6 mars 1805), qui détermine les droits respectifs des maîtres de postes, des loueurs de chevaux et entrepreneurs de voitures publiques et messageries, n'est point fixé, et donne lieu à de nombreuses contestations, sur lesquelles nos cours de justice n'ont pu prononcer uniformément;

Vu l'article 1er de la loi du 15 ventôse an XIII (6 mars 1805), ainsi conçu :

1. « A compter du 20 juin prochain, tout entrepreneur de voitures « publiques et de messageries qui ne se servira pas des chevaux de la « poste, sera tenu de payer, par poste et par cheval attelé à chacune « de ses voitures, vingt-cinq centimes au maître du relais dont il « n'emploiera pas les chevaux.

« Sont exceptés de cette disposition les loueurs allant à petites « journées et avec les mêmes chevaux, les voitures de place allant « également avec les mêmes chevaux et partant à volonté, et les voi-« tures non suspendues.

2. « Tous les contrevenants aux dispositions ci-dessus, seront pour-« suivis devant les tribunaux de police correctionnelle, et condamnés « à une amende de cinq cents francs, dont moitié au profit des maîtres « de poste intéressés, et moitié à la disposition de l'administration des « relais. »

Considérant qu'aucune disposition de cette loi n'ayant déterminé l'étendue de la distance qui constitue la petite journée, il importe de fixer le nombre des lieues dont elle doit se composer;

Que, s'il est juste de conserver aux voyageurs la faculté que la loi leur laisse de voyager de toute autre manière qu'en poste, il ne l'est pas moins de renfermer les loueurs de chevaux, les voiturins et les entrepreneurs de voitures publiques dans les limites que les lois leur prescrivent, sans porter atteinte au libre exercice de leur industrie, conformément à ces lois;

Qu'enfin, il importe de fixer la jurisprudence des tribunaux sur le silence de la loi à ce sujet;

A ces causes, et sur le rapport de notre ministre secrétaire d'Etat des finances,

Avons ordonné et ordonnons ce qui suit :

1. L'étendue de la distance que l'on peut parcourir dans les vingt-quatre heures, en marchant à petites journées, est fixé à dix lieues de poste.

En conséquence, tout entrepreneur de messageries, loueur de chevaux et voiturier qui parcourra, dans les vingt-quatre heures, un espace de plus de dix lieues de poste, sera réputé marcher à grandes journées, et, comme tel, obligé de payer aux maîtres de poste l'indemnité de vingt-cinq centimes, établie par la loi du 15 ventôse an XIII (6 mars 1805), et, en cas de contravention, il encourra la condamnation à l'amende prononcée par ladite loi.

2. Notre ministre secrétaire d'Etat au département des finances est chargé de l'exécution de la présente ordonnance, qui sera insérée au *Bulletin des Lois*.

N° **303.**—*Règlement pour l'exécution de l'ordonnance du roi du 13 août 1817.*

Du 21 novembre 1817.

Nous, ministre secrétaire d'Etat au département des finances,

Arrêtons, sur la proposition de M. le conseiller d'Etat, directeur général des postes, les dispositions suivantes :

1° Tout entrepreneur de voitures publiques suspendues extérieurement ou intérieurement, partant d'occasion ou à volonté, sera tenu de se munir d'un certificat de route, qui lui sera délivré sans frais, et sur l'exhibition du laissez-passer dont il doit être porteur, aux termes des articles 117 et 120 de la loi du 25 mars 1817, par le maître de poste du lieu du départ, ou par celui qui en sera le plus voisin, dans le cas où il n'y aurait pas de relais ;

2° Le maître de poste ne pourra, sous aucun prétexte, refuser ce certificat sur l'exhibition d'un laissez-passer ;

3° Tout entrepreneur de voitures partant d'occasion ou à volonté, sera tenu de faire viser son certificat de route au premier relais, à partir du lieu du départ, comme aussi de le représenter aux maîtres de poste des routes qu'il parcourra, sur leur simple réquisition ; et, en cas de refus, il sera censé voyager à grandes journées, et passible des dispositions énoncées dans l'ordonnance du 13 août dernier ;

4° Sont exceptées de ces dispositions les petites voitures faisant habituellement le service des environs des grandes villes, lorsqu'elles ne dépasseront pas leur destination ordinaire, ainsi que celles des entrepreneurs de messageries qui font un service régulier ;

5° M. le directeur général des postes est chargé de l'exécution du présent arrêté.

N° **304.**—*Loi sur les finances.*

Du 15 mai 1818.

TITRE V.

Contributions directes de 1818. — Etalages.

65. Les marchands vendant en ambulance, échoppe ou étalage, dans les lieux de passage, places publiques, marchés des villes et communes, des marchandises autres que des comestibles, seront pareillement tenus d'acquitter, au moment de la délivrance, le montant total de la patente à laquelle ils sont assujettis par la disposition finale du nombre dix de l'article 29 de la loi du 1er brumaire an VII.

Les dénommés aux articles ci-dessus seront tenus d'exhiber leur patente acquittée, à toute réquisition des officiers de police des lieux où ils voudront exposer en vente les marchandises dont ils font commerce.

N° 305. — *Ordonnance du roi portant que les fours à plâtre et à chaux cessent d'être compris dans la première classe des manufactures et ateliers qui répandent une odeur insalubre et incommode* (1).

Des 29 juillet-22 août 1818.

Louis, par la grâce de Dieu, roi de France et de Navarre,
Sur le rapport de notre ministre secrétaire d'Etat au département de l'Intérieur ;
Vu le décret du 15 octobre 1810, relatif aux manufactures et ateliers qui répandent une odeur insalubre et incommode, notre ordonnance du 14 janvier 1815, sur le même objet, et la nomenclature, divisée en trois classes, qui s'y trouve annexée ; voulant accorder, pour la formation et le déplacement de celles desdites fabriques dont l'exploitation présente le moins d'inconvénient, les facilités que nous a paru réclamer l'intérêt de l'industrie ;
Notre conseil d'Etat entendu,

Nous avons ordonné et ordonnons ce qui suit :

1. A compter de la publication de la présente ordonnance, les fours à plâtre et les fours à chaux permanents cessent d'être compris dans la première classe des manufactures et ateliers qui répandent une odeur insalubre ou incommode.
2. Ces mêmes fours feront désormais partie des établissements de deuxième classe ; leur création, en conséquence, ou leur déplacement, ne seront soumis qu'aux formalités prescrites par l'article 7 du décret du 15 octobre 1810.
3. Toutes les permissions concernant des établissements de la nature dont il s'agit, provisoirement accordées par notre ministre secrétaire d'Etat de l'intérieur, depuis le 1er janvier 1816, par suite d'instructions rendues en conformité des articles 3, 4 et 5 du décret du 15 octobre 1810, sont et demeurent confirmées.
4. Notre ministre de l'intérieur est chargé de l'exécution de la présente ordonnance.

N° 306. — *Ordonnance du roi concernant le commerce de la boulangerie de Paris.*

Du 21 octobre 1818.

Louis, par la grâce de Dieu, roi de France et de Navarre,
A tous ceux qui ces présentes verront, salut :
Vu l'arrêté du 19 vendémiaire an x (11 octobre 1801), concernant le commerce de la boulangerie de Paris ;
Considérant que, depuis l'époque où cet arrêté a été pris, le nombre des boulangers de notre bonne ville de Paris a été considérablement diminué, par suite des rachats de fonds effectués, avec l'autorisation de M. le préfet de police, conformément aux articles 1 et 7 de la délibération des syndics et électeurs, en date du 25 septembre 1807 ;
Que les boulangers qui exercent aujourd'hui ont augmenté leur

(1) Voyez ordonnance du 14 janvier 1815 et note.

commerce en raison de ces réductions, sans que la quotité des farines formant le dépôt de garantie ou composant leur approvisionnement particulier ait été élevée dans la même proportion ;

Qu'il en résulte que la boulangerie ne présente plus à l'administration la masse d'approvisionnement qu'elle s'était proposé d'assurer à la capitale ;

Qu'il est indispensable de ramener l'approvisionnement obligé à un taux suffisant pour répondre aux motifs de prévoyance qui l'ont fait instituer ;

Et que, pour apporter dans cette rectification toute la justice nécessaire, la division des classes doit s'opérer suivant le nombre de sacs qu'emploie, chaque jour, chaque boulanger, au lieu de se régler, ainsi que l'avait établi l'arrêté du 19 vendémiaire an x, sur le nombre des fournées qui porte en lui-même un principe d'inégalité d'après la différence de capacité des fours ;

D'après le compte qui nous a été rendu de la délibération prise le 22 septembre dernier, par le conseil d'administration de la caisse syndicale, tant pour la fixation juste des frais de fabrication du sac de farine, que pour porter les boulangers à concourir plus puissamment qu'ils ne l'ont fait jusqu'ici à l'approvisionnement de Paris ;

Sur le rapport de notre ministre secrétaire d'Etat au département de l'intérieur,

Nous avons ordonné et ordonnons ce qui suit :

1. L'article second de l'arrêté du gouvernement du 19 vendémiaire an x, est modifié conformément aux dispositions suivantes :

2. 1°Chaque boulanger sera tenu d'avoir, à titre de garantie, au magasin de Sainte-Elisabeth (1), vingt sacs de farine de première qualité et du poids de 159 kilogrammes ;

2° Chaque boulanger se soumettra à avoir dans son magasin un approvisionnement de même farine, déterminé ainsi qu'il suit :

Pour ceux qui cuisent par jour quatre sacs de farine et au-dessus... 140 sacs.
Pour ceux qui cuisent trois sacs et au-dessus 110
Pour ceux qui cuisent deux sacs et au-dessus.......... 80
Pour ceux qui cuisent au-dessous de deux sacs......... 30

Ces conditions devront être remplies dans le délai qui sera fixé par notre préfet de police.

3. L'arrêté du 19 vendémiaire an x continuera à recevoir son exécution dans toutes ses autres dispositions, en exceptant l'article 7, rapporté par notre ordonnance du 2 décembre 1814.

4. Notre ministre secrétaire d'Etat au département de l'intérieur est chargé de l'exécution de la présente ordonnance.

N° **307**. — *Loi sur la répression des crimes et délits commis par la voie de la presse, ou par tout autre moyen de publication* (2).

Du 17-18 mars 1819.

CHAPITRE Ier.
De la provocation publique aux crimes et délits.

1. Quiconque, soit par des discours, des cris ou menaces proférées,

---

(1) Maintenant au Grenier d'Abondance.
(2) Voir ci-après les lois des 25 mars 1822, 29 novembre 1830 et 9 septembre 1835.

dans les lieux ou réunions publics, soit par des écrits, des imprimés, des dessins, des gravures, des peintures ou emblèmes vendus ou distribués, mis en vente ou exposés dans des lieux ou réunions publics, soit par des placards et affiches exposés aux regards du public, aura provoqué l'auteur ou les auteurs de toute action qualifiée crime ou délit à la commettre, sera réputé complice et puni comme tel.

CHAPITRE II.

Des outrages à la morale publique et religieuse, ou aux bonnes mœurs.

8. Tout outrage à la morale publique et religieuse, ou aux bonnes mœurs, par l'un des moyens énoncés en l'article 1er, sera puni d'un emprisonnement d'un mois à un an, et d'une amende de seize francs à cinq cents francs.

CHAPITRE III.

Des offenses publiques envers la personne du roi.

9. Quiconque, par l'un des moyens énoncés en l'article 1er de la présente loi, se sera rendu coupable d'offenses envers la personne du roi, sera puni d'un emprisonnement qui ne pourra être de moins de six mois, ni excéder cinq années, et d'une amende qui ne pourra être au-dessous de cinq cents francs, ni excéder dix mille francs.

Le coupable pourra, en outre, être interdit de tout ou partie des droits mentionnés en l'article 42 du Code pénal, pendant un temps égal à celui de l'emprisonnement auquel il aura été condamné : ce temps courra à compter du jour où le coupable aura subi sa peine.

N° 308. — *Ordonnance du roi portant autorisation d'une société pour l'amélioration des prisons.*

Du 9 avril 1819.

TITRE IV.

De l'administration des prisons de Paris.

18. Le préfet de police de notre bonne ville de Paris, auquel la police des prisons, maisons de dépôt, d'arrêt, de justice, de force, de correction, ainsi que de la maison de Bicêtre, a été attribuée par l'arrêté du gouvernement du 12 messidor an VIII (1er juillet 1800), est, en outre, et demeure seul chargé, sous l'autorisation de notre ministre de l'intérieur, de tout ce qui est relatif au régime administratif et économique, tant de ces établissements que de la maison de répression établie à Saint-Denis, et du dépôt de mendicité du département de la Seine.

Il exercera, en cette partie, la totalité des attributions qui avaient été dévolues au préfet de ce département, sous les modifications suivantes.

19. Il sera formé, dans le conseil général des prisons, un conseil spécial d'administration pour les prisons de Paris.

Ce conseil sera composé de douze membres choisis, par nous, sur la proposition de notre ministre de l'intérieur, parmi les membres du conseil général des prisons, dont ils ne cesseront pas de faire partie.

Le premier président et le procureur général près la Cour royale de Paris, le président et le procureur du roi près le tribunal de première instance, et le préfet du département de la Seine, seront, ainsi que le préfet de police, membres du conseil spécial d'administration, lequel sera présidé par notre ministre de l'intérieur, et, en son absence, par notre préfet de police.

20. Le conseil spécial dressera, chaque année, le projet de budget pour le service des prisons de Paris, lequel devra être soumis, comme le budget des hospices, à la délibération du conseil général de département, à l'examen de notre ministre de l'intérieur et à notre approbation.

Il désignera les dépenses et l'emploi des fonds dans les limites, et conformément aux allocations dudit budget.

Il surveillera, sous tous les rapports matériels et moraux, le régime intérieur des prisons de Paris, et délibérera sur tout ce qui peut intéresser l'état des prisons et le sort des détenus.

Il rendra compte, chaque mois, à notre ministre de l'intérieur et au conseil général des prisons, de l'état des divers établissements confiés à ses soins, des améliorations exécutées, et de celles qu'il pourrait être utile d'entreprendre.

Il dressera, chaque année, ainsi qu'il est dit article 16, titre III, l'état motivé des détenus qui lui paraîtront avoir acquis des titres à notre clémence.

Les arrêts dudit conseil, pris à la majorité des voix et revêtus, s'il y a lieu, de l'approbation de notre ministre de l'intérieur, seront exécutés par les soins du préfet de police et des agents ordinaires de l'administration.

21. La surveillance directe et habituelle de chacune des prisons de Paris, et de chacun des services généraux des prisons, sera répartie par notre ministre de l'intérieur, entre les membres du conseil spécial d'administration.

Dans chaque prison, tous les détenus, même les détenus au secret, devront être représentés au membre du conseil spécial chargé de l'inspection des prisons, lequel recevra leurs réclamations, et en rendra compte au ministre.

22. Chaque année, une députation, composée du bureau de la société royale pour l'amélioration des prisons, et de vingt membres pris dans le sein de la société et du conseil général, nous présentera le compte des travaux de la société et du conseil, et de l'emploi des fonds mis à leur disposition.

23. Il sera pourvu, par des instructions de notre ministre de l'intérieur, aux mesures de détail nécessaires pour assurer l'exécution de la présente ordonnance.

N° **309.**—*Ordonnance du roi qui détermine le mode de construction des fosses d'aisances dans la ville de Paris* (1).

Paris, le 24 septembre 1819.

Louis, par la grâce de Dieu, roi de France et de Navarre,
A tous ceux qui ces présentes verront, salut :
Sur le rapport de notre ministre de l'intérieur ;
Vu les observations du préfet de police sur la nécessité de modifier

---

(1) COUTUME DE PARIS. — Art. 193. Tous propriétaires de maisons en la ville et faubourgs de Paris, sont tenus avoir latrines et privés suffisants en leurs maisons.
Art. 218. Nul ne peut mettre vidanges de fosses de privés dans la ville.
Claude de Ferrière, t. II. p. 1611 et 1781.

les règlements concernant la construction des fosses d'aisances dans notre bonne ville de Paris ;

Notre conseil d'Etat entendu,

Nous avons ordonné et ordonnons ce qui suit :

SECTION PREMIÈRE.

Des constructions neuves.

1. A l'avenir, dans aucun des bâtiments publics ou particuliers de notre bonne ville de Paris et de leurs dépendances, on ne pourra employer pour fosses d'aisances, des puits, puisards, égouts, aqueducs ou carrières abandonnées, sans y faire les constructions prescrites par le présent règlement.

2. Lorsque les fosses seront placées sous le sol des caves, ces caves devront avoir une communication immédiate avec l'air extérieur.

3. Les caves sous lesquelles seront construites les fosses d'aisances, devront être assez spacieuses pour contenir quatre travailleurs et leurs ustensiles, et avoir au moins deux mètres de hauteur sous la voûte.

4. Les murs, la voûte et le fond des fosses seront entièrement construits en pierres meulières maçonnées avec du mortier de chaux maigre et de sable de rivière bien lavé.

Les parois des fosses seront enduites de pareil mortier, lissé à la truelle.

On ne pourra donner moins de trente à trente-cinq centimètres d'épaisseur aux voûtes, et moins de quarante-cinq ou cinquante centimètres aux massifs et aux murs.

5. Il est défendu d'établir des compartiments ou divisions dans les fosses, d'y construire des piliers et d'y faire des chaînes ou des arcs en pierres apparentes.

6. Le fond des fosses d'aisances sera fait en forme de cuvette concave.

Tous les angles intérieurs seront effacés par des arrondissements de vingt-cinq centimètres de rayon.

7. Autant que les localités le permettront, les fosses d'aisances seront construites sur un plan circulaire, elliptique ou rectangulaire.

On ne permettra point la construction de fosses à angles rentrant, hors le seul cas où la surface de la fosse serait au moins de quatre mètres carrés de chaque côté de l'angle ; et, alors, il serait pratiqué, de l'un et de l'autre côté, une ouverture d'extraction.

8. Les fosses, quelle que soit leur capacité, ne pourront avoir moins de deux mètres de hauteur sous clef.

9. Les fosses seront couvertes par une voûte en plein cintre, ou qui n'en différera que d'un tiers de rayon.

10. L'ouverture d'extraction des matières sera placée au milieu de la voûte, autant que les localités le permettront.

La cheminée de cette ouverture ne devra point excéder un mètre cinquante centimètres de hauteur, à moins que les localités n'exigent impérieusement une plus grande hauteur.

11. L'ouverture d'extraction, correspondant à une cheminée d'un mètre cinquante centimètres au plus de hauteur, ne pourra avoir moins d'un mètre en longueur sur soixante-cinq centimètres en largeur.

Lorsque cette ouverture correspondra à une cheminée excédant un mètre cinquante centimètres de hauteur, les dimensions ci-dessus spécifiées seront augmentées, de manière que l'une de ces dimensions soit égale aux deux tiers de la hauteur de la cheminée.

12. Il sera placé, en outre, à la voûte, dans la partie la plus éloignée du tuyau de chute et de l'ouverture d'extraction, si elle n'est pas dans le milieu, un tampon mobile, dont le diamètre ne pourra être moindre de cinquante centimètres. Ce tampon sera en pierre, encastré dans un châssis en pierre, et garni, dans son milieu, d'un anneau en fer.

13. Néanmoins, ce tampon ne sera pas exigible pour les fosses dont la vidange se fera au niveau du rez-de-chaussée, et qui auront, sur ce même sol, des cabinets d'aisances avec trémie ou siége sans bonde, et pour celles qui auront une superficie moindre de six mètres dans le fond, et dont l'ouverture d'extraction sera dans le milieu.

14. Le tuyau de chute sera toujours vertical.

Son diamètre intérieur ne pourra avoir moins de vingt-cinq centimètres, s'il est en terre cuite, et de vingt centimètres, s'il est en fonte.

15. Il sera établi, parallèlement au tuyau de chute, un tuyau d'évent, lequel sera conduit jusqu'à la hauteur des souches de cheminées de la maison, ou de celles des maisons contiguës, si elles sont plus élevées.

Le diamètre de ce tuyau d'évent sera de vingt-cinq centimètres au moins; s'il passe cette dimension, il dispensera du tampon mobile.

16. L'orifice intérieur des tuyaux de chute et d'évent ne pourra être descendu au-dessous des points les plus élevés de l'intrados de la voûte.

SECTION II.

Des reconstructions des fosses d'aisance dans les maisons existantes.

17. Les fosses actuellement pratiquées dans des puits, puisards, égouts anciens, aqueducs ou carrières abandonnées, seront comblées ou reconstruites à la première vidange.

18. Les fosses situées sous le sol des caves qui n'auraient point communication immédiate avec l'air extérieur, seraient comblées à la première vidange, si l'on ne peut pas établir cette communication.

19. Les fosses actuellement existantes, dont l'ouverture d'extraction, dans les deux cas déterminés par l'article 11, n'aurait pas et ne pourrait avoir les dimensions prescrites par le même article; celles dont la vidange ne peut avoir lieu que par des soupiraux ou des tuyaux, seront comblées à la première vidange.

20. Les fosses à compartiments ou étranglements seront comblées ou reconstruites à la première vidange, si l'on ne peut pas faire disparaître ces étranglements ou compartiments, et qu'ils soient reconnus dangereux.

21. Toutes les fosses des maisons existantes qui seront reconstruites, le seront suivant le mode prescrit par la première section du présent règlement.

Néanmoins, le tuyau d'évent ne pourra être exigé que s'il y a lieu à reconstruire un des murs en élévation au-dessus de ceux de la fosse, ou si ce tuyau peut se placer intérieurement ou extérieurement, sans altérer la décoration des maisons.

SECTION III.

Des réparations des fosses d'aisances.

22. Dans toutes les fosses existantes, et lors de la première vidange, 'ouverture d'extraction sera agrandie, si elle n'a pas les dimensions prescrites par l'article 11 de la présente ordonnance.

23. Dans toutes les fosses dont la voûte aura besoin de réparations, 1 sera établi un tampon mobile, à moins qu'elles ne se trouvent dans es cas d'exception prévus par l'article 13.

24. Les piliers isolés, établis dans les fosses, seront supprimés à la première vidange, ou l'intervalle, entre les piliers et les murs, sera empli en maçonnerie, toutes les fois que le passage, entre ces piliers et les murs, aura moins de soixante-dix centimètres de largeur.

25. Les étranglements existants dans les fosses et qui ne laisse-raient pas un passage de soixante-dix centimètres au moins de lar-geur, seront élargis à la première vidange, autant qu'il sera possible.

26. Lorsque le tuyau de chute ne communiquera avec la fosse que par un couloir ayant moins d'un mètre de largeur, le fond de ce cou-oir sera établi en glacis jusqu'au fond de la fosse, sous une inclinai-on de quarante-cinq degrés au moins.

27. Toute fosse qui laisserait filtrer ses eaux par les murs ou par le ond sera réparée.

28. Les réparations consistant à faire des rejointoiements, à élargir 'ouverture d'extraction, placer un tampon mobile, rétablir les tuyaux le chute ou d'évent, reprendre la voûte et les murs, boucher ou élar-ir des étranglements, réparer le fond des fosses, supprimer des pi-ers, pourront être faites suivant les procédés employés à la construc-ion première de la fosse.

29. Les réparations consistant dans la reconstruction entière d'un nur, de la voûte, ou du massif du fond des fosses d'aisances, ne pour-ont être faites que suivant le mode indiqué ci-dessus pour les con-tructions neuves.

Il en sera de même pour l'enduit général, s'il y a lieu à en revêtir es fosses.

30. Les propriétaires des maisons dont les fosses seront suppri-ées en vertu de la présente ordonnance, seront tenus d'en faire onstruire de nouvelles, conformément aux dispositions prescrites ar les articles de la première section.

31. Ne seront pas astreints aux constructions ci-dessus détermi-ées, les propriétaires qui, en supprimant leurs anciennes fosses, y ubstitueront les appareils connus sous le nom de *fosses mobiles ino-*res, ou tous autres appareils que l'administration publique aurait econnus, par la suite, pouvoir être employés concurremment avec ux-ci.

32. En cas de contravention aux dispositions de la présente ordon-ance ou d'opposition, de la part des propriétaires, aux mesures pres-rites par l'administration, il sera procédé, dans les formes voulues, evant le tribunal de police ou le tribunal civil, suivant la nature de affaire.

33. Le décret du 10 mars 1809, concernant les fosses d'aisances dans aris, est et demeure annulé.

34. Notre ministre secrétaire d'Etat de l'intérieur, et notre garde es sceaux, ministre de la justice, sont chargés de l'exécution de la résente ordonnance.

° **310.** — *Ordonnance du roi concernant les drogues médi-cinales.*

Des 20 septembre-5 octobre 1820.

Louis, par la grâce de Dieu, roi de France et de Navarre,
A tous ceux qui ces présentes verront, salut:

Sur le rapport de notre ministre secrétaire d'Etat de l'intérieur;

Vu le premier paragraphe de l'article 17 de la loi du 23 juillet 1820, relative à la fixation du budget des recettes de 1820, lequel paragraphe est ainsi conçu :

« Continueront également d'être perçus, les droits établis par l'ar-
« ticle 16 des lettres patentes du 10 février 1780, et par l'article 42 de
« l'arrêté du gouvernement du 25 thermidor an XI, pour les frais de
« visite chez les pharmaciens, droguistes et épiciers;

« Ne seront pas, néanmoins, soumis au payement du droit de vi-
« site, les épiciers non droguistes, chez lesquels il ne serait pas trouvé
« de drogues appartenant à l'art de la pharmacie. »

Voulant prévenir les difficultés qui pourraient résulter de cette der-
nière disposition, si les substances qui doivent être réputées drogues n'étaient pas nominativement désignées ;

Notre conseil d'Etat entendu ,

Nous avons ordonné et ordonnons ce qui suit :

1. Les substances énoncées dans l'état annexé à la présente ordonnance, seront considérées comme drogues.

Et les épiciers chez lesquels il se trouvera quelqu'une de ces sub-
stances seront assujettis au payement du droit de visite maintenu par l'article 17 de la loi du 23 juillet 1820.

2. Notre ministre de l'intérieur est chargé de l'exécution de la présente ordonnance.

TABLEAU DES SUBSTANCES QUI DOIVENT ÊTRE CONSIDÉRÉES COMME DROGUES MÉDICINALES.

Acide muriatique à 23°.
— nitrique à 35°.
— sulfurique à 36°.
Aloès succotrin.
Ammi.
Amome.
Antimoine régule.
Arsenic blanc.
Assa-fœtida.
Baume de copahu.
— de Pérou, noir.
— de Tolu.
Benjoin amygdaloïde.
Berberis (Semences).
Bismuth.
Bitume de Judée.
Bourgeon de sapin du Nord.
Bois de gaïac râpé.
Bol d'Arménie.
Borax purifié.
Cachou brut.
Camphre raffiné.
Capillaire du Canada.
Cardamome.
Carvi.
Casse en bâton.
Castoreum vrai.
Cantharides.
Cévadille.

Cloporte.
Coloquinte.
Coque de Levant.
Coriandre.
Corne de cerf râpée.
Cornichons de cerf.
Crème de tartre entière.
Ecorce de cascarille.
Garou.
Simarouba.
Ecorce de Winter.
Euphorbe.
Fenouil.
Fleur d'arnica.
Camomille.
Follicule de séné.
Galbanum.
Gomme adragante.
Ammoniaque.
Ipécacuanha.
Jalep.
Kina.
Kermès.
Lichen d'Islande.
Litharge anglaise.
Magnésie blanche.
Mastic.
Manne en larmes.
— en sorte.

Myrobolans.
Musc tonquin.
Mousse de Corse.
Myrrhe.
Noix vomique râpée.
Oliban.
Opopanax.
Oxyde de manganèse.
Opium.
Polygada de Virginie.
Quinquina gris-fin roulé.
    —   jaune royal.
    —   rouge roulé.
Racine d'angélique de B.
    —   d'asclépias.
    —   de bistorte.
    —   de colombo.
    —   d'ellébore blanc.
    —   —   noir.
    —   de gingembre.
    —   d'iris de Florence.
    —   pareira brava.
    —   de pyrèthre.
    —   de quassia amara.
    —   de rathania.
    —   de salep.
    —   de tormentille.
    —   de turbith.
    —   de zédaire.
Résine de gaïac.
    —   d'Elémi.
    —   de ricin.
Réglisse d'Espagne.
Rhubarbe de Chine.
    —   de Moscovie.
Salsepareille d'Honduras.
Sassafras râpé.
Safran du Gâtinais.

Sagapenum.
Sang de dragon fin.
Santal citrin râpé.
Scammonée d'Alep.
Scilles vertes.
Serpentaire de Virginie.
Squine.
Sel ammoniac blanc.
    — Duobus.
    — d'Epsom, anglais.
    — de Saturne.
    — de soude desséché.
    — d'oseille.
Semen contra.
Semence de phellandrium.
Séné.
Sézéli de Marseille.
Staphisaigre.
Styrax liquide.
Suc d'acacia.
    — de réglisse.
Sulfure d'antimoine.
Succin.
Sulfate de Baryte.
    — de cuivre.
    — de zinc.
Tamarin.
Tartre rouge.
Thlaspi.
Tutie.
Turbith minéral.
Térébenthine de Venise.
    — de Suisse.
Terre sigillée.
Verdet cristallisé.
Verre d'antimoine.
Vipères sèches.
Yeux d'écrevisse.

N° 311.—*Ordonnance du roi concernant les voitures de roulage.*

Paris, le 20 juin 1821.

Louis, par la grâce de Dieu, roi de France et de Navarre,

A tous ceux qui ces présentes verront, salut:

Sur le rapport de notre ministre secrétaire d'Etat au département de l'intérieur ;

Vu la loi du 27 février 1804 (7 ventôse an XII), la loi du 19 mai 1802 (29 floréal an X) et le décret du 23 juin 1806, qui ont réglé tant la largeur des jantes des roues que le chargement des voitures de roulage et des voitures publiques parcourant les routes, et autorisé la circulation des voitures à quatre roues qui auraient des voies inégales, c'est-à-dire dont la largeur de l'essieu de derrière excéderait celle de l'essieu de devant ;

Vu notre ordonnance du 4 février 1820, qui a déterminé ces voies ;

Considérant que cette différence dans la largeur des voies a servi de prétexte pour en établir un entre la largeur des jantes des roues de devant et la largeur des roues de derrière, et éluder ainsi les dispositions des lois et règlements sur la police du roulage;

Voulant prévenir les difficultés qui s'élèveraient relativement aux moyens de constater les contraventions résultant de l'emploi des roues à jantes inégales et à l'application des peines encourues à raison de ces contraventions;

Notre conseil d'État entendu,

Nous avons ordonné et ordonnons ce qui suit :

1. Le chargement de toute voiture parcourant les routes sur des roues dont les jantes seraient de largeur inégale, ne pourra être au-dessus du poids déterminé sur la dimension des jantes les plus étroites, par le tarif inséré dans le décret du 23 juin 1806; en conséquence, l'excédant de ce poids sera réputé surcharge, et les contrevenants seront passibles des amendes prononcées pour excès de chargement par la loi du 19 mai 1802 (29 floréal an x), et par ledit décret.

2. Notre ministre secrétaire d'État de l'intérieur est chargé de l'exécution de la présente ordonnance, qui sera inséré au *Bulletin des Lois.*

N° **312.** — *Ordonnance du roi concernant la navigation sous les ponts de Paris.*

Au château des Tuileries, le 16 janvier 1822.

Louis, par la grâce de Dieu, roi de France et de Navarre,
A tous ceux qui ces présentes verront, salut :

Sur le rapport de notre ministre secrétaire d'État de l'intérieur;
Vu le décret du 28 janvier 1811, relatif à la navigation sous les ponts de Paris;
Notre conseil d'État entendu,

Nous avons ordonné et ordonnons ce qui suit :

1. Le salaire des chefs de ponts de Paris, institué par le décret du 28 janvier 1811, sera établi à partir du 1er janvier 1822, conformément au tarif annexé à la présente ordonnance.

2. Il est défendu à tous autres que les chefs de ponts de passer les bateaux sous les ponts.

Sont exceptés de cette disposition :

1° Les coches et allèges dépendant de l'entreprise des coches de la Haute-Seine, qui seront descendus aux ports Saint-Paul et de la Tournelle, ou qui en sont remontés;

2° Les toues et bateaux de bois qui seront débardés à l'île Louviers, à l'Arsenal et au Port au vin;

3° Les margotats, bachots et doubles bachots;

4° Les bateaux de charbon de bois, mais seulement jusqu'à la gare de la Femme sans tête.

3. Les chefs de ponts prendront les bateaux dans le bassin de la Râpée.

4. Les déclarations à fin de lâchage continueront d'être faites conformément au décret du 28 janvier 1811.

Les chefs de ponts donneront acte de l'inscription des déclarations.

5. Les chefs de ponts seront tenus de descendre les bateaux selon l'ordre de date des inscriptions, et dans les trois jours des déclarations.

Soixante-douze heures après la déclaration, les bateaux seront à la charge et responsabilité des chefs de ponts, jusqu'à ce qu'ils soient rendus au port de leur destination.

Les bateaux chargés pour le compte du gouvernement seront descendus à la première réquisition.

6. Les chefs de ponts seront tenus de lâcher les bateaux tant que l'eau n'aura pas atteint la hauteur de trois mètres deux cent quarante-huit millimètres (dix pieds), et les toues, la hauteur de trois mètres huit cent quatre-vingt-dix-huit millimètres (douze pieds) la hauteur de l'eau se prendra à l'échelle du pont de la Tournelle.

Les bateaux devront avoir trois cent vingt-cinq millimètres (douze pouces) de bords, et les toues deux cent soixante-onze millimètres (dix pouces).

7. Les marchands de bois auront la faculté, sous l'autorisation préalable de notre préfet de police, de faire décharger leurs bateaux, savoir : avant la déclaration aux chefs de ponts, sur tel point qu'ils jugeront convenable, et après la déclaration sur les ports du haut, si trois jours après la déclaration ils n'ont pas été descendus.

8. Les chefs de ponts seront tenus de lâcher les bateaux de charbon de bois, toutes les fois que le comble pourra passer sous les ponts.

9. Les déclarations, à fin de remontage, continueront d'être faites conformément au décret du 28 janvier 1811.

Les chefs de ponts donneront acte de l'inscription des déclarations.

10. Les chefs de ponts seront toujours tenus de remonter les bateaux déclarés, dans les trois jours de la déclaration.

Lorsque la saison pourra faire craindre les glaces, c'est-à-dire depuis le 15 novembre jusqu'au 15 février, ils seront tenus de remonter les bateaux dans les vingt-quatre heures qui suivront la déclaration.

11. Après les trois jours de la déclaration dans les temps ordinaires, et après les vingt-quatre heures de la déclaration, depuis le 15 novembre jusqu'au 15 février, les chefs de ponts seront responsables des bateaux jusqu'à ce qu'ils les aient rendus à leur destination.

12. Notre préfet de police recevra toutes les soumissions qui lui seront faites pour le service du halage et remontage des bateaux dans Paris.

13. Les soumissions contiendront : 1° l'obligation de se conformer aux dispositions de la présente ordonnance et des règlements existant sur le même service; 2° le rabais qui sera offert à raison de tant pour cent, applicable à tous les prix du tarif; 3° l'obligation de payer annuellement à la ville de Paris, pendant la durée du bail, la somme fixe de quinze mille cinq cents francs, comme prix du droit exclusif attribué aux chefs de ponts, selon les dispositions de l'article 14 du décret du 28 janvier 1811.

14. L'adjudication sera passée en conseil de préfecture par notre préfet de police, comme pour les travaux publics, en prenant en considération, outre le rabais offert, la capacité des soumissionnaires.

15. Lorsque l'adjudication aura été passée, il sera ajouté au tarif une colonne contenant la réduction des prix ou salaires, d'après le rabais de l'adjudication. Les prix ou salaires seront seuls exigibles.

16. Le tout sera soumis à l'approbation de notre ministre de l'intérieur, sur le rapport de notre directeur général des ponts et chaussées et des mines.

17. Le tarif réduit comme il est dit ci-dessus, sera affiché dans les lieux les plus apparents des bureaux des chefs de ponts et dans les ports et gares de Paris.

18. Les dispositions du décret du 28 janvier 1811, qui ne sont pas contraires à la présente ordonnance, sont maintenues selon leur forme et teneur.

19. Notre ministre secrétaire d'Etat de l'intérieur est chargé de l'exécution de la présente ordonnance.

N° **313.**—*Loi relative à la répression et à la poursuite des délits commis par la voie de la presse ou par tout autre moyen de publication* (1).

Du 25 mars 1822.

TITRE Ier.

De la répression.

6. L'outrage fait publiquement, d'une manière quelconque, à raison de leurs fonctions et de leur qualité, soit à un ou plusieurs membres de l'une des deux chambres, soit à un fonctionnaire public, soit enfin à un ministre de la religion de l'Etat ou de l'une des religions dont l'établissement est légalement reconnu en France, sera puni d'un emprisonnement de quinze jours à deux ans et d'une amende de cent francs à quatre mille francs.

Le même délit envers un juré, à raison de ses fonctions, ou envers un témoin, à raison de sa déposition, sera puni d'un emprisonnement de dix jours à un an et d'une amende de cinquante francs à trois mille francs.

L'outrage fait à un ministre de la religion de l'Etat, ou de l'une des religions légalement reconnues en France, dans l'exercice même de ses fonctions, sera puni des peines portées par l'article 1er de la présente loi.

Si l'outrage, fait dans les différents cas prévus par le présent article, a été accompagné d'excès ou violences prévus par le premier paragraphe de l'article 228 du Code pénal, il sera puni des peines portées audit paragraphe et à l'article 229, et, en outre, de l'amende portée au premier paragraphe du présent article.

Si l'outrage est accompagné des excès prévus par le second paragraphe de l'article 228 et par les articles 231, 232 et 233, le coupable sera puni conformément audit Code.

N° **314.** — *Ordonnance du roi relative aux bateaux à vapeur* (2).

Des 2—23 avril 1823.

Louis, par la grâce de Dieu, roi de France et de Navarre,
A tous ceux qui ces présentes verront, salut :
Sur le rapport de notre ministre secrétaire d'Etat au département de l'intérieur ;

---

(1) Voir les lois du 29 novembre 1830 et 9 septembre 1835.
(2) Rapportée. Voir ci-après, les ordonnances des 22 et 23 mai 1843.

Vu la loi du 29 floréal an **x** (19 mai 1802);

Vu les arrêtés du préfet du département de la Gironde, des 15 novembre 1821 et 27 mars 1822, pour la police des bateaux à vapeur établis sur la Garonne;

Vu les observations et avis de notre ministre de la marine, du 27 août 1822, sur lesdits arrêtés;

Vu l'avis du conseil général des ponts et chaussées du 10 octobre suivant;

Considérant que les lois et règlements existants, appliqués aux bateaux à vapeur, ne garantissent pas d'une manière suffisante la sûreté de l'équipage et des passagers, et qu'ainsi il y a nécessité de recourir à des dispositions spéciales;

Considérant qu'il importe d'établir, pour la police de ce genre de navigation déjà introduit sur plusieurs fleuves, des mesures générales et uniformes, en laissant à l'autorité locale le soin de faire des règlements particuliers qui en dérivent;

Notre conseil d'Etat entendu,

Nous avons ordonné et ordonnons ce qui suit :

1. Dans les départements où il existe des fleuves, rivières ou côtes, sur lesquels seront ou pourront être établis des bateaux à vapeur, le préfet formera une ou plusieurs commissions composées de personnes expérimentées, et présidées, soit par un ingénieur en chef des ponts et chaussées et des mines, soit, à son défaut, par un ingénieur ordinaire.

Cette commission sera chargée, sous la direction du préfet, de s'assurer que les bateaux à vapeur sont construits avec solidité, particulièrement en ce qui concerne l'appareil moteur; que cet appareil est soigneusement entretenu dans toutes ses parties, et ne présente aucune probabilité d'effraction, ni aucune détérioration dangereuse.

2. Aucun bateau à vapeur ne pourra entrer en navigation qu'après que la commission aura constaté la solidité de construction et le bon état de la machine, et que le préfet aura notifié aux propriétaires qu'il a reçu et approuvé le procès-verbal de la commission.

3. La commission fera, chaque trimestre, une visite des bateaux à vapeur, et en adressera au préfet le procès-verbal, où seront consignées ses propositions sur les mesures à prendre dans le cas où l'état de l'appareil présenterait des dangers probables.

Indépendamment de cette visite trimestrielle, la commission devra en faire d'autres toutes les fois qu'elle en recevra l'ordre du préfet.

4. Les bateaux à vapeur sont assujettis, pour ce qui concerne le nombre des passagers, les heures du départ, la composition de l'équipage et l'état des bâtiments, aux lois et règlements pour la navigation qui sont en vigueur, soit sur les côtes, soit sur les fleuves et rivières.

En conséquence, quand les bateaux seront dans le cas de naviguer dans la circonscription des arrondissements maritimes, les capitaines devront être munis d'un permis de navigation ou d'un rôle d'équipage et, lorsqu'ils navigueront seulement dans l'intérieur, ils seront assujettis à la surveillance des officiers de port, ainsi qu'aux règlements particuliers du préfet pour tout ce qui se rapporte à la police des départs et à la sûreté des embarcations.

5. Notre ministre de l'intérieur est chargé de l'exécution de la présente ordonnance.

N° **315**. — *Ordonnance du roi relative à la manière de constater les surcharges des voitures de roulage.*

Au château des Tuileries, le 21 mai 1823.

Louis, par la grâce de Dieu, roi de France et de Navarre,
A tous ceux qui ces présentes verront, salut :
Sur le rapport de notre ministre secrétaire d'Etat au département de l'intérieur ;
Vu les articles 3, 4, 5 et 27 du décret du 23 juin 1806, contenant règlement sur la police du roulage ;
Vu notre ordonnance du 22 décembre 1814, relative à la manière de constater les surcharges des diligences et messageries ;
Considérant que l'article 5 dudit décret accorde une tolérance de 200 kilogrammes aux charrettes et de 300 kilogrammes aux chariots, sur les poids fixés par les articles 3 et 4, et qu'il n'entre pas dans l'esprit de ce décret d'admettre une tolérance autre que celle prévue par l'article 5 ;
Considérant que l'on pourrait conclure de la rédaction de l'article 27 d'après lequel l'amende n'est encourue qu'à partir d'une surcharge de 20 myriagrammes ou 200 kilogrammes, qu'il y aurait lieu à admettre une seconde tolérance indépendante de celle portée par l'article 5 ;
Notre conseil d'Etat entendu,

Nous avons ordonné et ordonnons ce qui suit :

1. L'article 27 du décret du 23 juin 1806, concernant le poids des voitures et la police du roulage, est rectifié en ce sens que les surcharges des voitures mentionnées aux articles 3 et 4 de ce décret commenceront au point où le poids des voitures excédera celui fixé par ces articles et la tolérance accordée par l'article 5.
En conséquence, les amendes résultant dudit article 27, pour excès de chargement, à partir des quantités réglées par les articles 3 et 4, et augmentées de la tolérance, seront appliquées ainsi qu'il suit ;

De 0 à 60 myriagrammes......................	25 francs.
De 60 à 120.................................	50
De 120 à 180.................................	75
De 180 à 240.................................	100
De 240 à 300.................................	150
Et au-dessus de 300...........................	300

2. Notre ministre secrétaire d'Etat au département de l'intérieur est chargé de l'exécution de la présente ordonnance, qui sera insérée au *Bulletin des Lois*.

N° **316**. — *Ordonnance du roi portant règlement sur la police des eaux minérales.*

Des 18 juin—7 juillet 1823.

Louis, par la grâce de Dieu, roi de France et de Navarre,
A tous ceux qui ces présentes verront, salut :
Informés que l'exécution des lois et règlements sur l'administration et la police des eaux minérales est négligée ;

Que leurs dispositions ne sont point assez connues, faute d'avoir été rappelées et mises ensemble ;

Qu'il n'en a point été fait une suffisante application aux eaux minérales artificielles ;

Vu la déclaration du 25 avril 1772, les arrêts du conseil des 1er avril 1774 et 5 mai 1781, ainsi que l'article 11 de la loi du 24 août 1790 (1) et l'article 484 du Code pénal, qui ont maintenu en vigueur ces anciens règlements ;

Vu les arrêtés de gouvernement des 18 mai 1799 (29 floréal an VII), 23 avril 1800 (3 floréal an VIII), 27 décembre 1802 (6 nivôse an XI), et la loi du 11 avril 1803 (21 germinal an XI) ;

Vu, enfin, en ce qui concerne le traitement des inspecteurs, les lois de finances des 17 août 1822 et 10 mai 1823 ;

Considérant que les précautions générales à prendre et les garanties à exiger, dans l'intérêt de la santé publique, à l'égard des entreprises ayant pour but la fabrication ou le débit des médicaments quelconques, forment une des branches les plus importantes de la police administrative ;

Que l'expérience n'a cessé de démontrer la nécessité des règles particulières qui concernent les eaux minérales, et les inconvénients inséparables de toute négligence dans leur exécution ;

Que cette nécessité est surtout démontrée pour les eaux minérales artificielles, afin de prévenir non-seulement les dangers de leur altération et de leur faux emploi, mais les dangers plus grands qui peuvent résulter de leur préparation ;

A ces causes, sur le rapport de notre ministre secrétaire d'Etat de l'intérieur ;

Notre conseil d'Etat entendu,

Nous avons ordonné et ordonnons ce qui suit :

TITRE Ier.

Dispositions générales.

1. Toute entreprise ayant pour effet de livrer ou d'administrer au public des eaux minérales naturelles ou artificielles, demeure soumise à une autorisation préalable et à l'inspection d'hommes de l'art, ainsi qu'il sera réglé ci-après.

Sont seuls exceptés de ces conditions les débits desdites eaux qui ont lieu dans les pharmacies.

2. Les autorisations exigées par l'article précédent continueront à être délivrées par notre ministre secrétaire d'Etat de l'intérieur, sur l'avis des autorités locales, accompagné, pour les eaux minérales naturelles, de leur analyse, et, pour les eaux minérales artificielles, des formules de leur préparation.

Elles ne pourront être révoquées qu'en cas de résistance aux règles prescrites par la présente ordonnance, ou d'abus qui seraient de nature à compromettre la santé publique.

3. L'inspection ordonnée par le même article 1er continuera à être confiée à des docteurs en médecine ou en chirurgie ; la nomination en sera faite par notre ministre secrétaire d'Etat de l'intérieur, de manière qu'il n'y ait qu'un inspecteur par établissement, et qu'un même inspecteur en inspecte plusieurs, lorsque le service le permettra.

Il pourra néanmoins, là où ce sera jugé nécessaire, être nommé des

---

(1) Il faut lire titre XI, loi des 16—24 août 1790.

inspecteurs adjoints, à l'effet de remplacer les inspecteurs titulaires en cas d'absence, de maladie ou de tout autre empêchement.

4. L'inspection a pour objet tout ce qui, dans chaque établissement, importe à la santé publique.

Les inspecteurs font, dans ce but, aux propriétaires, régisseurs ou fermiers, les propositions et observations qu'ils jugent nécessaires ; ils portent, au besoin, leurs plaintes à l'autorité, et sont tenus de lui signaler les abus venus à leur connaissance.

5. Ils veillent particulièrement à la conservation des sources, à leur amélioration ; à ce que les eaux minérales artificielles soient toujours conformes aux formules approuvées, et à ce que les unes et les autres eaux ne soient ni falsifiées ni altérées. Lorsqu'ils s'aperçoivent qu'elles le sont, ils prennent ou requièrent les précautions nécessaires pour empêcher qu'elles ne puissent être livrées au public, et provoquent, s'il y a lieu, telles poursuites que de droit.

6. Ils surveillent, dans l'intérieur des établissements, la distribution des eaux, l'usage qui en est fait par les malades; sans, néanmoins, pouvoir mettre obstacle à la liberté qu'ont ces derniers de suivre les prescriptions de leurs propres médecins ou chirurgiens, et même d'être accompagnés par eux, s'ils le demandent.

7. Les traitements des inspecteurs étant une charge des établissements inspectés, les propriétaires, régisseurs ou fermiers seront nécessairement entendus pour leur fixation, laquelle continuera à être faite par les préfets et confirmée par notre ministre secrétaire d'État de l'intérieur.

Il n'est point dû de traitement aux inspecteurs adjoints.

8. Partout où l'affluence du public l'exigera, les préfets, après avoir entendu les propriétaires et les inspecteurs, feront des règlements particuliers qui auront en vue l'ordre intérieur, la salubrité des eaux, leur libre usage ; l'exclusion de toute préférence dans les heures à assigner aux malades pour les bains ou douches, et la protection particulière due à ces derniers dans tout établissement placé sous la surveillance spéciale de l'autorité.

Lorsque l'établissement appartiendra à l'État, à un département, une commune, ou une institution charitable, le règlement aura aussi en vue les autres branches de son administration.

9. Les règlements prescrits par l'article précédent seront transmis à notre ministre secrétaire d'État de l'intérieur, qui pourra y faire telles modifications qu'il jugera nécessaires.

Ils resteront affichés dans les établissements, et seront obligatoires pour les personnes qui les fréquenteront, comme pour les individus attachés à leur service. Les inspecteurs pourront requérir le renvoi de ceux de ces derniers qui refuseraient de s'y conformer.

10. Resteront pareillement affichés dans ces établissements et dans tous les bureaux destinés à la vente d'eaux minérales, les tarifs ordonnés par l'article 10 de l'arrêté du gouvernement du 27 décembre 1802.

Lorsque ces tarifs concerneront des entreprises particulières, l'approbation des préfets ne pourra porter aucune modification dans les prix, et servira seulement à les constater.

11. Il ne sera, sous aucun prétexte, exigé ni perçu des prix supérieurs à ces tarifs.

Les inspecteurs ne pourront également rien exiger des malades dont ils ne dirigeront pas le traitement, ou auxquels ils ne donneront pas des soins particuliers.

Ils continueront à soigner gratuitement les indigents admis dans les hospices dépendants des établissements thermaux, et seront tenus de les visiter au moins une fois par jour.

12. Les divers inspecteurs rempliront et adresseront, chaque année, à notre ministre de l'intérieur, des tableaux dont il leur sera fourni des modèles; ils y joindront les observations qu'ils auront recueillies, et les Mémoires qu'ils auront rédigés, sur la nature, la composition et l'efficacité des eaux, ainsi que sur le mode de leur application.

TITRE II.

Dispositions particulières à la fabrication des eaux minérales artificielles, aux dépôts et à la vente de ces eaux et des eaux minérales naturelles.

13. Tous individus fabriquant des eaux minérales artificielles ne pourront obtenir ou conserver l'autorisation exigée par l'article 1er qu'à la condition de se soumettre aux dispositions qui les concernent dans la présente ordonnance, de subvenir aux frais d'inspection, de justifier des connaissances nécessaires pour de telles entreprises, ou de présenter pour garant un pharmacien légalement reçu.

14. Ils ne pourront s'écarter, dans leurs préparations, des formules approuvées par notre ministre secrétaire d'État de l'intérieur, et dont copie restera dans les mains des inspecteurs chargés de veiller à ce qu'elles soient exactement suivies.

Ils auront, néanmoins, pour des cas particuliers, la faculté d'exécuter des formules magistrales sur la prescription écrite et signée d'un docteur en médecine ou en chirurgie.

Ces prescriptions seront conservées pour être représentées à l'inspecteur, s'il le requiert.

15. Les autorisations nécessaires pour tous dépôts d'eaux minérales naturelles ou artificielles, ailleurs que dans des pharmacies ou dans les lieux où elles sont puisées ou fabriquées, ne seront pareillement accordées qu'à la condition expresse de se soumettre aux présentes règles et de subvenir aux frais d'inspection.

Il n'est, néanmoins, rien innové à la faculté que les précédents règlements, donnent à tout particulier de faire venir des eaux minérales pour son usage et pour celui de sa famille.

16. Il ne peut être fait d'expédition d'eaux minérales naturelles hors de la commune où elles sont puisées, que sous la surveillance de l'inspecteur; les envois doivent être accompagnés d'un certificat d'origine, par lui délivré, constatant les quantités expédiées, la date de l'expédition, et la manière dont les vases ou bouteilles ont été scellés au moment même où l'eau a été puisée à la source.

Les expéditions d'eaux minérales artificielles seront pareillement surveillées par l'inspecteur et accompagnées d'un certificat d'origine délivré par lui.

17. Lors de l'arrivée desdites eaux aux lieux de leur destination, ailleurs que dans des pharmacies ou chez des particuliers, les vérifications nécessaires pour s'assurer que les précautions prescrites ont été observées et qu'elles peuvent être livrées au public, seront faites par les inspecteurs. Les caisses ne seront ouvertes qu'en leur présence, et les débitants devront tenir registre des quantités reçues, ainsi que des ventes successives.

18. Là où il n'aura point été nommé d'inspecteur, tous établissements d'eaux minérales naturelles ou artificielles seront soumis aux visites ordonnées par les articles 29, 30 et 31 de la loi du 11 avril 1803 (21 germinal an xi).

TITRE III.

De l'administration des sources minérales appartenant à l'Etat, aux communes ou aux établissements charitables.

19. Les établissements d'eaux minérales qui appartiennent à des départements, à des communes ou à des institutions charitables, seront gérés pour leur compte. Toutefois, les produits ne seront point confondus avec les autres revenus, et continueront à être spécialement employés aux dépenses ordinaires et extraordinaires desdits établissements, sauf les excédants disponibles après qu'il aura été satisfait à ces dépenses.

Les budgets et les comptes seront aussi présentés et arrêtés séparément, conformément aux règles prescrites pour ces trois ordres de services publics.

20. Ceux qui appartiennent à l'Etat continueront à être administré par les préfets, sous l'autorité de notre ministre secrétaire d'Etat de l'intérieur qui en arrêtera les budgets et les comptes, et fera imprimer tous les ans, pour être distribué aux chambres, un tableau général et sommaire de leurs recettes et de leurs dépenses. Sera aussi imprimé, à la suite dudit tableau, le compte sommaire des subventions portées au budget de l'Etat pour les établissements thermaux.

21. Les établissements objet du présent titre seront mis en ferme, à moins que, sur la demande des autorités locales et des administrations propriétaires, notre ministre de l'intérieur n'ait autorisé leur mise en régie.

22. Les cahiers des charges, dont feront nécessairement partie les tarifs exigés par l'article 10, devront être approuvés par les préfets après avoir entendu les inspecteurs. Les adjudications seront faites publiquement et aux enchères.

Les clauses des baux stipuleront toujours que la résiliation pourra être prononcée immédiatement par le conseil de préfecture, en cas de violation du cahier des charges.

23. Les membres des administrations propriétaires ou surveillantes, ni les inspecteurs, ne pourront se rendre adjudicataires desdites fermes, ni y être intéressés.

24. En cas de mise en régie, le régisseur sera nommé par le préfet. Si l'établissement appartient à une commune ou à une administration charitable, la nomination ne sera faite que sur la présentation du maire ou de cette administration.

Seront nommés de la même manière les employés et servants attachés au service des eaux minérales, dans les établissements objet du présent titre.

Toutefois, ces dernières nominations ne pourront avoir lieu que de l'avis de l'inspecteur.

Si l'établissement appartient à plusieurs communes, les présentations seront faites par le maire de la commune où il sera situé.

Les mêmes formes seront observées pour la fixation du traitement des uns et des autres employés, ainsi que pour leur révocation.

25. Il sera procédé, pour les réparations, constructions, reconstructions et autres travaux, conformément aux règles prescrites pour la branche de service public à laquelle l'établissement appartiendra, et à nos ordonnances des 8 août, 31 octobre 1821 et 22 mai 1822.

Toutefois ceux de ces travaux qui ne seront point demandés par l'inspecteur, ne pourront être ordonnés qu'après avoir pris son avis.

26. Notre ministre de l'intérieur est chargé de l'exécution de la présente ordonnance.

N° **317**. — *Ordonnance du roi relative à la fabrication et au débit des poudres détonnantes et fulminantes.*

Au château des Tuileries, le 25 juin 1823.

Louis, par la grâce de Dieu, roi de France et de Navarre,

A tous ceux qui ces présentes verront, salut:

Sur le rapport de notre ministre secrétaire d'Etat au département de l'intérieur;

Voulant prévenir les dangers qui peuvent résulter de la fabrication et du débit des différentes sortes de poudres et matières détonnantes et fulminantes, sans empêcher, néanmoins, l'emploi de celles de ces préparations qui ont été reconnues propres, soit à amorcer des armes à feu, soit à faire des étoupilles, des allumettes ou autres objets du même genre, utiles aux arts;

Notre conseil d'Etat entendu,

Nous avons ordonné et ordonnons ce qui suit :

1. Les fabriques de poudres ou matières détonnantes et fulminantes, de quelque nature qu'elles soient, et les fabriques d'allumettes, d'étoupilles ou autres objets du même genre préparés avec ces sortes de poudres ou matières, feront partie de la première classe des établissements insalubres ou incommodes, dont la nomenclature est annexée à notre ordonnance du 14 janvier 1815.

2. Les préfets sont autorisés, conformément à l'article 5 de notre ordonnance précitée, à faire suspendre l'exploitation des fabriques désignées dans l'article 1er qui auraient été établies jusqu'à ce jour dans des emplacements non isolés des habitations.

3. Les fabricants de poudres ou matières détonnantes et fulminantes tiendront un registre légalement coté et paraphé, sur lequel ils inscriront, jour par jour, de suite et sans aucun blanc, les quantités fabriquées et vendues, ainsi que les noms, qualités et demeure des personnes auxquelles ils les auront livrées.

4. Les fabricants d'allumettes, étoupilles et autres objets de la même espèce préparés avec des poudres ou matières détonnantes et fulminantes, tiendront également un registre en bonne forme, sur lequel ils inscriront au fur et à mesure de chaque achat, le nom et la demeure des fabricants qui leur auront vendu lesdites poudres ou matières.

5. Les marchands-détaillants d'amorces pour les armes à feu à piston, et les marchands-détaillants d'allumettes, d'étoupilles et autres objets du même genre préparés avec des poudres détonnantes et fulminantes, ne sont point soumis aux formalités prescrites par l'article 1er; mais ils seront tenus de renfermer ces différentes préparations dans des lieux sûrs et séparés dont ils auront seuls la clef.

Il leur est défendu de se livrer à ce commerce sans en avoir préalablement fait leur déclaration par écrit, savoir : dans Paris, à la préfecture de police, et dans les communes, à la mairie, afin qu'il soit vérifié si leur local est convenablement disposé pour cet usage.

6. Les poudres et matières détonnantes et fulminantes ne pourront être employées qu'à la fabrication des amorces propres aux armes à feu, des allumettes, des étoupilles et autres objets d'une utilité reconnue.

7. Les contrevenants aux dispositions prescrites par la présente ordonnance seront poursuivis devant les tribunaux de police, sur les procès-verbaux ou rapports des agents de la police administrative et judiciaire.

8. Notre ministre secrétaire d'Etat de l'intérieur est chargé de l'exécution de la présente ordonnance, qui sera insérée au *Bulletin des Lois.*

N° **318.** — *Extrait de l'ordonnance du roi concernant le pesage et mesurage.*

Du 22 octobre 1823.

1. L'article 1er du décret du 16 juin 1808, portant réformation du tarif des droits de pesage, mesurage et jaugeage publics attribués à notre bonne ville de Paris, est déclaré applicable aux marchandises et denrées de toutes espèces qui seront pesées sur les ports de ladite ville.

En conséquence, le droit de pesage pour ces marchandises et denrées est réduit à dix centimes par cent kilogrammes.

N° **319.** — *Ordonnance du roi portant règlement sur les machines à feu à haute pression* (1).

Des 29 octobre—24 novembre 1823.

1. Les machines à feu à haute pression, ou celles dans lesquelles la force élastique de la vapeur fait équilibre à plus de deux atmosphères, lors même qu'elles brûleraient complétement leur fumée, ne pourront être établies qu'en vertu d'une autorisation obtenue conformément au décret du 15 octobre 1810, pour les établissements de deuxième classe.

Elles seront, en outre, soumises aux conditions de sûreté suivantes.

2. Lors de la demande en autorisation, les chefs d'établissements seront tenus de déclarer à quel degré de pression habituel leurs machines devront agir.

Ils ne pourront dépasser le degré de pression déclaré par eux.

La pression sera évaluée en unité d'atmosphères ou en kilogrammes par centimètre carré de surface exposé à la pression de la vapeur.

3. Les chaudières des machines à haute pression ne pourront être mises dans le commerce, ni employées dans un établissement, sans que, préalablement, leur force ait été soumise à l'épreuve de la presse hydraulique.

Toute chaudière devra subir une pression d'épreuve cinq fois plus forte que celle qu'elle est appelée à supporter dans l'exercice habituel de la machine à laquelle elle est destinée.

Après l'épreuve, et pour en constater le résultat, chaque chaudière sera frappée d'une marque indiquant, en chiffres, le degré de pression pour lequel elle aura été construite.

Les chefs d'établissement ne pourront faire emploi d'une chaudière qu'autant qu'elle sera marquée d'un chiffre exprimant au moins une force égale au degré de pression annoncé dans leur déclaration.

---

(1) Rapportée. Voir, à leur date, les ordonnances des 22 et 23 mai 1843, ainsi que les instructions ministérielles annexées.

4. Il sera adapté deux soupapes, une à chaque extrémité de la partie supérieure de chaque chaudière. Leur dimension et leur charge seront égales, et devront être réglées tant sur la grandeur de la chaudière que sur le degré de pression porté sur son numéro de marque, de telle sorte, toutefois, que le jeu d'une seule des soupapes suffise au dégagement de la vapeur, dans le cas où elle acquerrait une trop grande tension.

La première soupape restera à la disposition de l'ouvrier qui dirige le chauffage ou le jeu de la machine.

La seconde soupape devra être hors de son atteinte et recouverte d'une grille dont la clef restera à la disposition du chef de l'établissement.

5. Il sera, en outre, adapté à la partie supérieure de chaque chaudière deux rondelles métalliques, fusibles aux degrés ci-après déterminés.

La première, d'un diamètre au moins égal à celui d'une des soupapes, sera faite en métal dont l'alliage soit de nature à se fondre ou à se ramollir suffisamment pour s'ouvrir à un degré de chaleur supérieur de dix degrés centigrades au degré de chaleur représenté par la marque que doit porter la chaudière.

La seconde, d'un diamètre double de celui ci-dessus, sera placée près de la soupape de sûreté et enfermée sous la même grille. Elle sera faite en métal dont l'alliage soit de nature à se fondre ou à se ramollir suffisamment pour s'ouvrir à un degré de chaleur supérieur de vingt degrés centigrades à celui que représente la marque de la chaudière.

Ces rondelles seront timbrées d'une marque anonnçant en chiffres le degré de chaleur auquel elles sont fusibles.

6. Une chaudière ne pourra être placée que dans un local d'une dimension au moins égale à vingt-sept fois son cube.

Ce local devra être éclairé au moins sur deux de ses côtés, par de larges baies de croisée, fermées de châssis légers et ouvrant en dehors. Il ne pourra être contigu aux murs mitoyens avec les maisons voisines, et devra toujours être séparé, à la distance de deux mètres, par un mur d'un mètre d'épaisseur au moins. Il devra aussi être séparé par un mur de même épaisseur de tout atelier intérieur. Il ne pourra exister d'habitation ni d'atelier au-dessus de ce local.

7. Les ingénieurs des mines, dans les départements où ils sont en résidence, et, à leur défaut, les ingénieurs des ponts et chaussées, sont chargés de surveiller les épreuves des chaudières et des rondelles métalliques. Ils les frapperont des marques dont les timbres leur seront remis à cet effet.

Lesdits ingénieurs s'assureront, dans leurs tournées, au moins une fois par an, que toutes les conditions prescrites sont rigoureusement observées. Ils visiteront les chaudières, constateront leur état, et provoqueront la réforme de celles que le long usage ou une détérioration accidentelle leur ferait regarder comme dangereuses.

Les autorités chargées de la police locale exerceront une surveillance habituelle sur les établissements pourvus de machines à haute pression.

En cas de contravention aux dispositions de la présente ordonnance, les chefs de l'établissement pourront encourir l'interdiction de leur établissement, sans préjudice des peines, dommages et intérêts qui seraient prononcés par les tribunaux.

8. Notre ministre secrétaire d'Etat au département de l'intérieur fera publier une instruction sur les mesures de précaution habituelles à observer dans l'emploi des machines à haute pression.

Cette instruction sera affichée dans l'enceinte des ateliers.

9, Notre ministre de l'intérieur est chargé de l'exécution de la présente ordonnance.

———————◦———————

N° **320.** — *Ordonnance du roi, portant règlement sur les saillies, auvents et constructions semblables à permettre dans la ville de Paris.*

Au château des Tuileries, le 24 décembre 1823.

Louis, par la grâce de Dieu, roi de France et de Navarre,
À tous ceux qui ces présentes verront, salut ;
Sur le rapport de notre ministre secrétaire d'État au département de l'intérieur ;
Vu l'ordonnance du bureau des finances de Paris, du 14 décembre 1725, portant détermination des saillies à permettre dans cette ville ;
Vu les lettres patentes du 22 octobre 1733, concernant les droits de voirie ;
Vu les lettres patentes du 31 décembre 1781, ordonnant l'exécution de différents règlements, relatifs à la voirie de Paris ;
Vu le décret du 27 octobre 1808 ;
Sur le compte qui nous a été rendu des accidents multipliés arrivés dans notre bonne ville de Paris par la chute d'entablements, de corniches et d'auvents en plâtre, et de la difformité, des embarras et des dangers que présente la saillie démesurée des devantures de boutique, tableaux, enseignes, étalages, bornes et autres objets placés au-devant des murs de face des maisons ;
Considérant qu'il est indispensable de prendre des mesures promptes et efficaces, afin de prévenir de nouveaux malheurs, et de remédier aux abus qui se sont introduits par suite de l'inexécution des anciens règlements ;
Notre conseil d'État entendu,

Nous avons ordonné et ordonnons ce qui suit :

TITRE 1er.

Dispositions générales.

1. Il ne pourra, à l'avenir, être établi, sur les murs de face des maisons de notre bonne ville de Paris, aucune saillie autre que celles déterminées par la présente ordonnance.
2. Toute saillie sera comptée à partir du nu du mur au-dessus de la retraite.

TITRE II.

Dimensions des saillies.

3. Aucune saillie ne pourra excéder les dimensions suivantes.

SECTION PREMIÈRE.

Saillies fixes.

Pilastres et colonnes en pierre.	Dans les rues au-dessous de huit mètres de largeur................................	0 m.	3 **c.**
	Dans les rues de huit à dix mètres de largeur................................	0	4
	Dans les rues de douze mètres de largeur et au-dessus................................	0	10

Lorsque les pilastres et les colonnes auront une épaisseur plus considérable que les saillies permises, l'excédant sera en arrière de l'alignement de la propriété, et le nu du mur de face formera arrière-corps à l'égard de cet alignement; toutefois, les jambes étrières ou boutisses devront toujours être placées sur l'alignement.
Dans ce cas, l'élévation des assises de retraite sera réglée, à partir du sol.

Dans les rues de dix mètres de largeur et au-dessous, à....	0ᵐ	80ᶜ
Dans celles de dix à douze mètres de largeur............	1	0
Dans celles de douze mètres et au-dessus, à.............	1	15
Grands balcons...................................	0	80
Herses, chardons, artichauts et fraises.................	0	80
Auvents de boutique..............................	0	80
Petits auvents au-dessus des croisées..................	0	25
Bornes dans les rues au-dessous de dix mètres de largeur...	0	50
Bornes dans les rues de dix mètres et au-dessus..........	0	80
Bancs de pierre aux côtés des portes des maisons..........	0	60
Corniches en menuiserie sur boutique..................	0	50
Abat-jour de croisée, dans la partie la plus élevée.........	0	33
Moulinets de boulanger et poulies.....................	0	50
Petits balcons, y compris l'appui des croisées............	0	22
Seuils, socles....................................	0	22
Colonnes isolées en menuiserie.......................	0	16
Colonnes engagées en menuiserie.....................	0	16
Pilastres en menuiserie............................	0	16
Barreaux et grilles de boutique.......................	0	16
Appui de boutique................................	0	16
Tuyaux de descente ou d'évier.......................	0	16
Cuvettes..	0	16
Devanture de boutique, toute espèce d'ornements compris.	0	16
Tableaux, enseignes, bustes, reliefs, montres, attributs, y compris les bordures, supports et points d'appui..........	0	16
Jalousies..	0	16
Persiennes ou contrevents..........................	0	11
Appui de croisée..................................	0	8
Barres de support................................	0	8

(Les parements de décorations au-dessus du rez-de-chaussée n'auront que l'épaisseur des bois appliqués au mur.)

[SECTION II.

Saillies mobiles.

Lanternes ou transparents avec potence................	0ᵐ	75ᶜ
Lanternes ou transparents en forme d'applique...........	0	22
Tableaux, écussons, enseignes, montres, étalages, attributs, compris les supports, bordures, crochets et points d'appui.	0	16
Appui de boutique, y compris les barres et crochets......	0	16
Volets, contrevents ou fermetures de boutique...........	0	16

4. Les saillies déterminées par l'article précédent pourront être restreintes suivant les localités.

TITRE III.

Dispositions relatives à chaque espèce de saillie.

SECTION PREMIÈRE.

Barrières au-devant des maisons.

5. Il est défendu d'établir des barrières fixes au-devant des maisons et de leurs dépendances, quelles qu'elles puissent être, tant dans les rues et places que sur les boulevards, à moins qu'elles ne soient reconnues nécessaires à la propreté et qu'elles ne gênent point la circulation.

La saillie de ces barrières ne pourra, dans aucun cas, excéder un mètre et demi.

6. Les propriétaires auxquels il aura été accordé la permission d'établir des barrières, seront obligés de les maintenir en bon état.

SECTION II.

Bancs, pas, marches, perrons, bornes.

7. Il ne sera permis de placer des bancs au-devant des maisons que dans les rues de dix mètres de largeur et au-dessus. Ces bancs seront en pierre, ne dépasseront pas l'alignement de la base des bornes, et seront établis dans toute leur longueur sur maçonnerie pleine et chanfreinée.

8. Il est défendu de construire des perrons en saillie sur la voie publique.

Les perrons actuellement existants seront supprimés, autant que faire se pourra, lorsqu'ils auront besoin de réparation.

Il ne sera accordé de permission que pour les pas et marches, lorsque les localités l'exigeront. Ces pas et marches ne pourront dépasser l'alignement de la base des bornes. En cas d'insuffisance de cette saillie, le propriétaire rachètera la différence du niveau en se retirant sur lui-même. Néanmoins, les propriétaires des maisons riveraines des boulevards intérieurs de Paris pourront être autorisés à construire des perrons au-devant desdites maisons, s'il est reconnu qu'ils soient absolument nécessaires, et que les localités ne permettent pas aux propriétaires de se retirer sur eux-mêmes. Ces perrons, quelle qu'en soit la forme, ne pourront, sous aucun prétexte, excéder un mètre de saillie, tout compris, ni approcher à plus d'un mètre de distance de la ligne extérieure des arbres de la contre-allée.

9. Il est permis d'établir des bornes aux angles saillants des maisons formant encoignure de rue; mais, lorsque ces encoignures seront disposées en pan coupé de soixante centimètres au moins et d'un mètre au plus de largeur, une seule borne sera placée au milieu du pan coupé.

SECTION III.

Grands balcons.

10. Les permissions d'établir de grands balcons ne seront accordées que dans les rues de dix mètres de largeur et au-dessus, ainsi que dans les places et carrefours, et ce d'après une enquête *de commodo et incommodo.*

S'il n'y a point d'opposition, les permissions sont délivrées. En cas d'opposition, il sera statué par le conseil de préfecture, sauf le recours au conseil d'Etat.

Dans aucun cas, les grands balcons ne pourront être établis à moins de six mètres du sol de la voie publique.

Le préfet de police sera toujours consulté sur l'établissement des grands et petits balcons.

SECTION IV.

Constructions provisoires, échoppes.

11. Il ne pourra être permis de masquer, par des constructions provisoires ou des appentis, tout renfoncement entre deux maisons, pourvu qu'il n'ait pas au delà de huit mètres de longueur, et que sa profondeur soit au moins d'un mètre. Ces constructions ne devront, dans aucun cas, excéder la hauteur du rez-de-chaussée, et elles seront supprimées, dès qu'une des maisons attenantes subira retranchement.

Il est permis de masquer par des constructions légères, en forme de pan coupé, les angles de toute espèce de retranchement au-dessus de huit mètres de longueur, mais sous la même condition que ci-dessus pour leur établissement et leur suppression.

Le préfet de police sera toujours consulté sur les demandes formées à cet effet.

12. Il est expressément défendu d'établir des échoppes en bois ailleurs que dans les angles et renfoncements hors de l'alignement des rues et places.

Toutes les échoppes existantes qui ne sont point conformes aux dispositions ci-dessus, seront supprimées lorsque les détenteurs actuels cesseront de les occuper, à moins que l'autorité ne juge nécessaire d'en ordonner plutôt la suppression.

SECTION V.

Auvents et Corniches de boutiques.

13. Il est défendu de construire des auvents et corniches en plâtre au-dessus des boutiques. Il ne pourra en être établi qu'en bois, avec la faculté de les revêtir extérieurement de métal ; toute autre manière de les couvrir est prohibée.

Les auvents et corniches en plâtre actuellement établis au-dessus des boutiques ne pourront être réparées. Ils seront démolis lorsqu'ils auront besoin de réparation, et ne seront rétablis qu'en bois.

SECTION VI.

Enseignes.

14. Aucuns tableaux, enseignes, montres, étalages et attributs quelconques, ne seront suspendus, attachés ni appliqués, soit aux balcons, soit aux auvents. Leurs dimensions seront déterminées, au besoin, par le préfet de police, suivant les localités.

Il pourra, néanmoins, être placé sous les auvents, des tableaux ou plafonds en bois, pourvu qu'ils soient posés dans une direction inclinée.

Tout étalage formé de pièces d'étoffe disposées en draperie et guirlande, et formant saillie, est interdit au rez-de-chaussée. Il ne pourra descendre qu'à trois mètres du sol de la voie publique.

Tout crochet destiné à soutenir des viandes en étalage devra être placé de manière que les viandes ne puissent excéder le nu des murs de face, ni faire aucune saillie sur la voie publique.

SECTION VII.

Tuyaux de poêle et de cheminée.

15. A l'avenir, et pour toutes les maisons de construction nouvelle, aucun tuyau de poêle ne pourra déboucher sur la voie publique.

Dans l'année de la publication de la présente ordonnance, les tuyaux de poêle crêtés et autres qui débouchent actuellement sur la voie publique, seront supprimés, s'il est reconnu qu'ils peuvent avoir une issue intérieure. Dans le cas où la suppression ne pourrait avoir lieu, ces mêmes tuyaux seraient élevés jusqu'à l'entablement, avec les précautions nécessaires pour assurer leur solidité et empêcher l'eau rousse de tomber sur les passants.

16. Les tuyaux de cheminée en maçonnerie et en saillie sur la voie publique seront démolis et supprimés, lorsqu'ils seront en mauvais état, ou que l'on fera de grosses réparations dans les bâtiments auxquels ils sont adossés.

Les tuyaux de cheminée en tôle, en poterie et en grès, ne pourront être conservés extérieurement sous aucun prétexte.

SECTION VIII.

Bannes.

17. La permission d'établir des bannes ne sera donnée que sous la condition de les placer à trois mètres au moins au-dessus du sol, dans sa partie la plus basse, de manière à ne pas gêner la circulation. Leurs supports seront horizontaux. Elles n'auront de joues qu'autant que les localités le permettront, et les dimensions en seront déterminées par l'autorité.

Les bannes devront être en toile ou en coutil, et ne pourront, dans aucun cas, être établies sur châssis.

La saillie des bannes ne pourra excéder un mètre cinquante centimètres.

Dans l'année de la publication de la présente ordonnance, toutes les bannes qui ne seront pas conformes aux conditions exigées plus haut, seront changées, réduites ou supprimées.

SECTION IX.

Perches.

18. Les perches et étendoirs des blanchisseuses, teinturiers, dégraisseurs, couverturiers, etc., ne pourront être établies que dans des rues écartées et peu fréquentées, et après une enquête *de commodo et incommodo*, sur laquelle il sera statué comme il a été dit en l'article 10 ci-dessus.

SECTION X.

Eviers.

19. Les éviers pour l'écoulement des eaux ménagères seront permis, sous la condition expresse que leur orifice extérieur ne s'élèvera pas à plus d'un décimètre au-dessus du pavé de la rue.

SECTION XI.

Cuvettes.

20. A l'avenir, et dans toutes les maisons de construction nouvelle, il ne pourra être établi, en saillie, sur la voie publique, aucune espèce de cuvettes pour l'écoulement des eaux ménagères des étages supérieurs.

Dans les maisons actuellement existantes, les cuvettes placées en saillie seront supprimées lorsqu'elles auront besoin de réparation, s'il est reconnu qu'elles peuvent être établies à l'intérieur. Dans le cas contraire, elles seront disposées, autant que faire se pourra, de manière à recevoir les eaux intérieurement, et garnies de hausses pour prévenir le déversement des eaux et toute éclaboussure au-dessous.

SECTION XII.

Construction en encorbellement.

21. A l'avenir, il ne sera permis aucune construction en encorbellement; et la suppression de celles qui existent aura lieu toutes les fois qu'elles seront dans le cas d'être réparées.

SECTION XIII.

Corniches ou entablements.

22. Les entablements et corniches en plâtre, au-dessus de seize centimètres de saillie, seront prohibés dans toutes les constructions en bois.

Il ne sera permis d'établir des corniches ou entablements de plus de 16 centimètres de saillie qu'aux maisons construites en pierre ou moellon, sous la condition que ces corniches seront en pierre de taille ou en bois, et que la saillie n'excédera, dans aucun cas, l'épaisseur du mur à sa sommité.

On pourra permettre des corniches ou entablements en bois sur les pans de bois.

Les entablements ou corniches des maisons actuellement existantes qui auront besoin d'être reconstruites en tout ou en partie, seront réduits à la saillie de seize centimètres, s'ils sont en plâtre, et ne pourront excéder en saillie l'épaisseur du mur à sa sommité, s'ils sont en pierre ou bois.

SECTION XIV.

Gouttières saillantes.

23. Les gouttières saillantes seront supprimées en totalité dans le délai d'une année, à partir de la publication de la présente ordonnance.

Il ne sera perçu aucun droit de petite voirie pour les tuyaux de descente qui seront établis en remplacement des gouttières saillantes supprimées dans ce délai.

SECTION XV.

Devantures de boutiques.

24. Les devantures de boutique, montres, bustes, reliefs, tableaux, enseignes et attributs fixes, dont la saillie excède celle qui est permise par l'article 3 de la présente ordonnance, seront réduits à cette saillie, lorsqu'il y sera fait quelques réparations.

Dans aucun cas, les objets ci-dessus désignés, qui sont susceptibles d'être réduits, ne pourront subsister, savoir : les devantures de boutique, au delà de neuf années, et les autres objets, au delà de trois années, à compter de la publication de la présente ordonnance.

Les établissements du même genre, qui sont mobiles, seront réduits dans l'année.

Seront supprimées dans le même délai toutes saillies fixes placées au-devant d'autres saillies.

25. Il n'est point dérogé aux dispositions des anciens règlements concernant les saillies, ni au décret du 13 août 1810, concernant les auvents des spectacles et de l'esplanade des boulevards, en tout ce qui n'est pas contraire à la présente ordonnance.

26. Notre ministre secrétaire d'Etat au département de l'intérieur est chargé de l'exécution de la présente ordonnance.

N° **321.** — *Arrêté du ministre de l'intérieur concernant les spectacles dits de société.*

Du 2 avril 1824.

Le ministre secrétaire d'Etat au département de l'intérieur ;
Vu le rapport de M. le préfet de police sur les théâtres dits de *société*, qui se sont établis dans plusieurs quartiers de cette capitale et dans lesquels le public est admis, et sur les inconvénients que présentent ces entreprises dans l'intérêt de l'art dramatique, dans l'intérêt particulier des théâtres autorisés par le gouvernement, et dans l'intérêt de l'ordre et de la sûreté publique ;
Vu l'article 5 du règlement du 29 juillet 1807 sur les théâtres ;

Arrête ce qui suit :

1. Tous les théâtres dits de société existant dans la ville de Paris, et dans lesquels le public est admis, seront immédiatement fermés, conformément à l'article 5 du règlement du 29 juillet 1807.

2. M. le préfet de police est chargé de l'exécution du présent arrêté.

N° **322.** — *Ordonnance du roi relative aux établissements d'éclairage par le gaz hydrogène.*

Au château des Tuileries, le 20 août 1824.

Louis, par la grâce de Dieu, roi de France et de Navarre,
A tous ceux qui ces présentes verront, salut ;
Sur le rapport de notre ministre secrétaire d'Etat au département de l'intérieur ;
Vu notre ordonnance du 10 septembre 1823, délibérée en notre conseil d'Etat, sur le rapport du comité du contentieux, portant qu'il

n'existe pas de classification légale pour les entreprises d'éclairage par le gaz hydrogène:

Vu le décret du 15 octobre 1810 et notre ordonnance du 14 janvier 1815;

Notre conseil d'Etat entendu,

Nous avons ordonné et ordonnons ce qui suit :

1. Tous les établissements d'éclairage par le gaz hydrogène, tant les usines où le gaz est fabriqué, que les dépôts où il est conservé, sont rangés dans la seconde classe des établissements incommodes, insalubres ou dangereux; et, néanmoins, ils ne pourront être autorisés qu'en se conformant aux mesures de précaution portées dans l'instruction annexée à la présente ordonnance, sans préjudice de celles qui pourront être ultérieurement ordonnées si l'utilité en est constatée par l'expérience.

2. Les usines d'éclairage par le gaz hydrogène seront constamment soumises à la surveillance de la police locale.

3. Notre ministre secrétaire d'Etat au département de l'intérieur est chargé de l'exécution de la présente ordonnance, qui sera insérée au *Bulletin des Lois.*

Instruction sur les précautions exigées dans l'établissement de la manuten- tion des usines d'éclairage par le gaz hydrogène, pour être annexée à l'or- donnance royale du 20 août 1824.

§ 1er. — Conditions à imposer pour tout ce qui a rapport à la première produc- duction du gaz.

I° Les ateliers de distillation seront séparés des autres; ils seront couverts en matériaux incombustibles.

2° Les fabricants seront tenus d'élever jusqu'à trente-deux mètres les cheminées de leurs fourneaux; la disposition de ces fourneaux sera aussi fumivore que possible.

3° Il sera établi, au-dessus de chaque système de fourneau, un tuyau d'appel horizontal, communiquant, d'une part à la grande cheminée de l'usine, et d'autre part venant s'ouvrir au-dessus de chaque cornue, au moyen d'une hotte de forme et de grandeur convenables, de telle sorte que la fumée, sortant de la cornue lorsqu'on l'ouvre, puisse se rendre par la hotte et le tuyau d'appel horizontal dans la grande cheminée de l'usine.

4° Les cornues seront inclinées en arrière, de manière que le goudron liquide ne puisse se répandre sur le devant au moment du défournement.

5° Le coke embrasé sera reçu, au sortir des cornues, dans des étouffoirs placés le plus près possible des fourneaux.

§ 2. — Condition à imposer pour que la condensation des produits volatils et l'épu- ration du gaz ne nuisent pas aux voisins.

1° Il sera pratiqué, soit dans les murs latéraux, soit dans la toiture des ateliers de condensation et d'épuration, des ouvertures suffisantes pour y entretenir une ventilation continue et qui soit indépendante de la volonté des ouvriers qui y sont employés. Dans la visite des appareils, on ne devra faire usage que de lampes de sûreté.

2° Les produits de la condensation et de l'épuration seront immédiatement transportés à la voirie, dans des tonneaux bien fermés; ou mieux encore, ils seront vidés, soit dans les cendriers des fourneaux, soit sur le charbon de terre qui se brûle dans les foyers.

§ 3. — Conditions à imposer pour éviter tout danger dans le service du gazomètre.

1° Les cuves dans lesquelles plongent les gazomètres, seront toujours pratiquées dans le sol et construites en maçonnerie. Il sera placé à chaque citerne un tuyau de trop-plein, afin d'empêcher que, dans aucun cas, l'eau ne s'élève au-dessus du niveau convenable.

2° Chaque gazomètre sera muni d'un guide ou axe vertical : il sera suspendu au moyen de deux chaînes en fer, dont chacune aura été reconnue capable de supporter un poids au moins égal à celui du gazomètre.

3° Il sera adapté à chaque gazomètre un tube de trop-plein, destiné à l'écoulement du gaz qui pourrait y être conduit par excès.

4° Les bâtiments, dans lesquels seront établis les gazomètres, seront entièrement isolés, soit des autres parties de l'établissement, soit des habitations voisines. Il y sera pratiqué des ouvertures en tous sens et en assez grand nombre pour y entretenir une ventilation continue. Ils seront toujours surmontés d'un paratonnerre, et l'on ne devra y faire usage que de lampes de sûreté. Ces bâtiments seront en outre fermés à clef, et la garde de cette clef ne pourra être confiée qu'à un contre-maître habile et d'une fidélité éprouvée, et dans le cas seulement où le chef de l'établissement serait dans l'obligation de s'en dessaisir momentanément.

§ 4. — Conditions à imposer aux fabricants qui compriment le gaz dans des vases portatifs.

1° Ces vases ne pourront être que de cuivre rouge, de tôle ou de de tout autre métal très-ductile, qui se déchire plutôt qu'il ne se brise sous une pression trop forte.

2° Ils seront essayés à une pression double de celle qu'ils doivent supporter dans le travail journalier.

N° **323.** — *Ordonnance du roi relative à la classification des établissements dangereux, insalubres ou incommodes* (1).

Des 9 février—1er mars 1825.

N° **324.** — *Ordonnance du roi concernant la vérification des poids et mesures* (2).

Des 18-28 décembre 1825.

TITRE Ier.

Des attributions générales.

1. Les préfets et les sous-préfets continueront à exercer leur

---

(1) Voir le décret du 15 octobre 1810, l'ordonnance royale du 14 janvier 1815, et la nomenclature générale des établissements classés, annexée à l'ordonnance de police du 30 novembre 1837, t. III, p. 216.
(2) Voir l'ordonnance royale du 21 décembre 1832, la loi des 4-8 juillet 1837 et les ordonnances royales des 18 mai 1828 et 4 juin 1844.

surveillance sur l'uniformité et la légalité des poids et mesures répandus dans le commerce ; l'inspection en sera faite sous leurs ordres par des vérificateurs préposés par les préfets.

2. Les maires, adjoints, commissaires et officiers de police, prêteront toute assistance aux vérificateurs dans l'exercice des fonctions qui leur sont déléguées. Ils constateront et poursuivront devant les tribunaux de simple police, soit d'office, soit à la réquisition des vérificateurs, les contraventions commises par les marchands et fabricants qui emploieraient à l'usage de leur commerce, ou conserveraient dans leurs dépôts, boutiques et magasins, des mesures et poids différents de ceux qui sont établis par les lois en vigueur.

Les vérificateurs sont tenus de leur faire connaître les infidélités dans l'emploi et l'usage des poids et mesures que leurs fonctions leur feraient découvrir.

TITRE II.

Inspection sur l'uniformité des poids et mesures.

§ 1er. — Des bureaux de vérification, et des vérificateurs.

3. Dans chaque arrondissement communal, il y aura un vérificateur, dont le bureau sera placé au chef-lieu, et, autant que possible, dans le local de la préfecture ou de la sous-préfecture.

4. Si les convenances locales exigent qu'il y ait plusieurs bureaux dans un même arrondissement, ou qu'au contraire plusieurs arrondissements n'aient qu'un bureau commun, ces dispositions pourront être proposées par le préfet, après avoir pris l'avis du conseil général du département, et définitivement arrêtées par notre ministre de l'intérieur.

5. Chaque bureau sera pourvu de l'assortiment nécessaire d'étalons vérifiés et poinçonnés au bureau des dépôts des prototypes, établi près du ministre de l'intérieur. Lesdits étalons devront être vérifiés de nouveau au même bureau une fois en dix ans, et plus souvent s'il en est besoin. Tous les poinçons nécessaires aux vérifications dans les départements seront fabriqués à Paris, par les ordres de notre ministre de l'intérieur. Ils porteront des marques distinctes pour chaque année d'exercice ; et ceux de la vérification des poids et mesures nouvellement fabriqués ou rajustés seront différents de ceux qui sont destinés à constater les vérifications périodiques successives.

6. Il sera tenu la main, autant que la situation financière des communes le permettra, à l'exécution de l'article 8 de la loi du 1er août 1793, qui prescrit à toutes les mairies de se pourvoir d'étalons et de les conserver à la maison commune.

7. Les étalons des bureaux de vérification sont sous la surveillance des préfets et sous-préfets, gardés par les vérificateurs, lesquels sont responsables de leur conservation.

8. Les vérificateurs sont nommés et révocables par les préfets, sous l'approbation de notre ministre de l'intérieur.

9. Le traitement des vérificateurs sera réglé par notre ministre de l'intérieur, sur l'avis des préfets. Il comprendra par abonnement les frais de tournée ordinaire, ceux de bureau, ceux d'entretien et de transport des instruments de vérification. On aura égard, dans la fixation de l'abonnement, à la facilité locale ou à la difficulté des transports. Les étalons, les poinçons, les registres et l'ameublement des

bureaux, seront seuls fournis aux vérificateurs. S'il y a lieu de prescrire des tournées extraordinaires, les frais en seront remboursés aux vérificateurs. Les préfets pourront proposer, suivant le besoin, soit d'ordonner lesdites tournées, soit de donner au vérificateur un suppléant en son absence, ainsi qu'un ou plusieurs aides, dans les bureaux qui en auraient une nécessité indispensable. Notre ministre de l'intérieur en décidera.

§ 2. — *Mode de vérification et comptabilité.*

10. Les poids et mesures nouvellement fabriqués ou rajustés seront vérifiés et poinçonnés, conformément à l'arrêté du 18 juin 1801. Les poids et mesures à l'usage et entre les mains des commerçants, ou employés en toute industrie ou entreprise, pour règle entre le marchand ou l'entrepreneur et le public, continueront, comme par le passé, à être soumis à une vérification périodique, pour reconnaître si la conformité avec les étalons n'a pas été altérée. Chacune de ces vérifications continuera à être constatée par le moyen d'un poinçon nouveau.

Lesdites vérifications dans l'intérêt du maintien de l'uniformité du système sont, sans préjudice de l'action qui appartient à la police municipale, pour la surveillance de la fidélité du débit des marchandises qui se vendent à la mesure ou au poids.

11. La rétribution pour la vérification des poids et mesures, établie par l'arrêté du 18 juin 1801, sera versée directement à notre trésor royal, et classée distinctement parmi les produits divers du budget de l'Etat; elle continuera à être perçue, toutefois les modifications apportées au tarif annexé à la présente ordonnance, et dans les formes et suivant les dispositions ci-après.

12. Tous les ans, il sera ouvert à notre ministre de l'intérieur un crédit général pour les dépenses de la vérification des poids et mesures dans tout le royaume, comprenant la fourniture et le transport des étalons et des poinçons, le traitement des vérificateurs de chaque arrondissement, loyers, ameublements et frais de leurs bureaux, tournées et inspections extraordinaires, traitements et frais du bureau et dépôt central pour la conservation et le service des étalons prototypes au ministère de l'intérieur; le tout, conformément aux états que nous aurons approuvés pour faire partie du budget du département de l'intérieur. Le montant du crédit ne pourra être supérieur au produit de la rétribution de l'année précédente : quand il sera reconnu que la totalité de la recette n'est pas absorbée par la dépense nécessaire, il sera pourvu à une réduction sur la quotité du tarif pour l'avenir, en observant ce qui est dit au dernier paragraphe de l'article 16.

13. Tous les fonds provenant des rétributions pour la vérification des poids et mesures existant au 31 décembre courant, soit au trésor royal, sous l'intitulé de *cotisations municipales* ou autrement, soit dans les départements, en quelque dépôt ou en quelque main que ce soit, seront réunis au trésor royal en un compte général et commun, conformément à l'article 14 de l'arrêté du 18 juin 1801. Les fonds réunis en ce compte seront mis à la disposition de notre ministre secrétaire d'Etat de l'intérieur, pour être employés, après l'apurement des dépenses courantes de ce service pour 1825, à compléter l'assortiment d'étalons et poinçons nécessaires dans chaque arrondissement. A la clôture de l'exercice 1826, le reliquat qui n'aura pas été employé, restera au trésor royal, comme recette extraordinaire et revenu accidentel de l'Etat.

14. Pour procéder aux vérifications et au recouvrement des rétributions, chaque préfet se fera représenter par les vérificateurs de son département, le tableau de leurs opérations dans le courant de la présente année, accompagné de leurs observations et explications. Le tout sera communiqué au directeur des contributions directes, lequel dressera sur ces documents, et pour la perception de l'exercice suivant, le rôle des personnes qui, par leur profession, sont tenues d'être munies de poids et mesures poinçonnés, et assujetties à la vérification périodique, et, en conséquence, à en acquitter la rétribution.

15. Outre le nom des assujettis, le rôle portera la somme de la rétribution due par chacun d'eux, à raison du minimum de l'assortiment des poids ou mesures dont chacun doit être pourvu suivant sa profession. Les conseils d'arrondissement et les conseils généraux pourront être consultés sur les professions à assujettir et sur la fixation du minimum, relativement aux besoins et usages locaux.

16. Dans les communes d'un commerce considérable, la vérification périodique se fera tous les ans, et de deux ans en deux ans dans les autres lieux ; le tout suivant le tableau qui en sera dressé par le préfet, et où sera réglé l'ordre dans lequel les divers cantons du département seront alternativement vérifiés. Dans les lieux où la vérification périodique n'aura lieu que tous les deux ans, la quotité de chaque contribuable sera réduite à la moitié. Quand il y aura lieu à une réduction du tarif, conformément à l'article 12, le premier dégrèvement sera spécial en faveur des lieux où la vérification étant annuelle, le tarif est perçu en entier tous les ans.

17. Pour la première fois et par mesure transitoire, les fabricants de poids et mesures seront tenus de déclarer à la préfecture de leur département ou à la mairie de la commune, d'ici au 30 janvier prochain le nombre des poids et mesures neufs qu'ils se proposent de fabriquer dans l'année 1826. Le rôle de la rétribution sera fait pour 1826 en ce qui les concerne sur le nombre d'instruments ainsi déclaré ; mais le rôle de 1827 sera fait sur le nombre effectif des poids et mesures qu'ils auront présentés à la vérification dans le courant de l'année, tel que l'auront constaté les vérificateurs, et ainsi de suite d'année en année. Ceux qui auront rajusté des poids ou mesures, seront portés au rôle de la rétribution d'après les mêmes bases. Les uns et les autres ne pourront mettre en vente ou livrer aucun instrument neuf ou rajusté, qu'il n'ait été revêtu du poinçon de la vérification primitive, sous les peines portées par les articles 479, 480 et 481 du Code pénal, pour faire jouir les fabricants de poids et mesures de la modération promise par l'article final de l'arrêté du 18 juin 1801, le tarif sera réduit, à leur égard, de moitié.

18. Les rôles faits par perception seront arrêtés et rendus exécutoires par le préfet, pour être mis en recouvrement avec ceux des contributions directes, par les mêmes voies, et avec les mêmes termes de recours, en cas de réclamation, que pour l'impôt des portes et fenêtres.

19. Le vérificateur sera tenu, à peine de toute responsabilité et de destitution, d'accomplir la visite qui lui aura été assignée pour chaque année, et de se transporter au domicile de chacun de ceux qui sont portés au rôle dont copie lui aura été délivrée. Il sera accompagné par le maire, l'adjoint, ou un commissaire ou un officier de police, il vérifiera et poinçonnera les instruments qui lui seront exhibés, tant ceux qui composent l'assortiment obligatoire au minimum, que ceux que le commerçant posséderait de surplus. Il fera note du tout sur un registre portatif qu'il fera émarger par la partie, si elle sait ou veut signer : à défaut, le vérificateur fera certifier ses opérations par l'officier de police.

20. Indépendamment des tournées à domicile, le bureau du vérificateur sera ouvert aux personnes qui préféreraient y accomplir l'obligation de faire vérifier les poids et mesures. Ces opérations seront consignées sur la copie des rôles par émargement.

21. Les opérations justifiées des vérificateurs, tant dans leurs tournées que dans leurs bureaux, serviront de documents pour dresser les rôles de l'exercice ou des deux exercices suivants ; et à cet effet, il seront tenus de faire parvenir au préfet de leur département leurs tableaux et procès-verbaux avant le 31 octobre de chaque année.

22. Il est défendu aux vérificateurs de s'ingérer dans le recouvrement de la rétribution, et de percevoir ou accepter aucun salaire de la part de ceux dont ils vérifient les poids et mesures, à peine de concussion.

23. Les poids et mesures des bureaux d'octroi et autres offices publics où les préposés comptent avec les contribuables au poids ou à la mesure, seront soumis à la vérification. Là où la rétribution serait à la charge directe du gouvernement, elle sera gratuite.

24. Les balances, romaines ou autres instruments de pesage autorisés ou tolérés, seront soumis à la vérification primitive et poinçonnés avant d'être exposés en vente ou livrés au public, afin de constater que leur première construction ne renferme pas de vices qui nuisent à leur exactitude. Ils ne seront pas susceptibles de la vérification périodique ; mais les poids spéciaux qui y seraient employés y seront soumis comme tout autre poids.

TITRE III.

De l'inspection sur le débit des marchandises au poids ou à la mesure.

25. Conformément à la loi du 23 septembre 1795, les maires, adjoints et officiers de police, sont chargés de faire, dans leurs arrondissements respectifs, et plusieurs fois dans l'année, des visites dans les boutiques et magasins, dans les places publiques, foires et marchés, à l'effet de s'assurer de l'exactitude et du fidèle usage des poids et mesures.

Ils sont particulièrement chargés de surveiller les bureaux publics de pesage et de mesurage dépendant de l'administration municipale.

Ils s'assureront, 1° si les poids et mesures portent les marques et poinçons de vérification ; 2° si, depuis la vérification que ces marques constatent, ces instruments n'ont point souffert de variations, soit accidentelles, soit frauduleuses ; 3° et, essentiellement, si les marchands font réellement usage de ces poids et mesures, et non d'aucun autre.

26. Ils vérifieront fréquemment les balances, romaines et tous autres instruments de pesage autorisés ou tolérés. Ils s'assureront de leur justesse et de la liberté de leurs mouvements.

27. Les maires et officiers de police veilleront à la fidélité dans le débit des marchandises qui, étant fabriquées au moule ou à la forme, se vendent à la pièce ou au paquet comme correspondant à un poids déterminé, telles que les pains de certaines espèces, les bougies, chandelles et autres semblables. Néanmoins, les formes ou moules propres aux fabrications de ce genre, ne seront jamais réputés instruments de pesage, ni assujettis à la vérification.

28. Les vases ou futailles servant de récipient aux boissons, liquides ou autres matières, ne seront pas réputés mesures de capacité ou de pesanteur. La police municipale veillera à ce que, dans le débit en détail, les boissons et autres liquides ne soient pas vendus à raison d'une certaine mesure présumée, sans avoir été mesurés effectivement.

29. Il n'est apporté aucun changement dans l'usage de vendre à la pièce et sans rapport avec les mesures légales, les liqueurs ou les vins venant de l'étranger ou de crus particuliers, d'un prix supérieur à celui des vins de vente courante.

TITRE IV.

Dispositions générales.

50. Le prix vénal des denrées et marchandises pourra être établi sur tout multiple et fraction décimale d'unité du système métrique des poids et mesures sans préjudice de l'usage, dans la vente en détail, des mesures dites *usuelles*, permises en vertu du décret du 12 février 1812 (1). La même règle est applicable dans les cas où les bases du cours légal doivent être déterminées par l'autorité : elle s'appliquera également à la composition des assortiments obligatoires des poids et mesures, soit pour les particuliers, suivant l'article 15 cidessus, soit pour les bureaux de pesage et mesurage, ainsi que pour le service des halles et marchés. Toute disposition contraire est annulée.

51. En matière de poids et mesures, les arrêtés pris par les préfets et les ordonnances de police rendues par les maires, ne seront exécutoires qu'après avoir reçu l'approbation de notre ministre de l'intérieur.

52. Toutes les contraventions auxdits règlements et arrêtés, de la compétence des tribunaux de simple police, seront poursuivies, conformément aux articles du Code pénal relatifs à l'usage des poids et mesures, et à l'article 606 de la loi du 24 octobre 1794, sur les contraventions aux règlements de police en général.

53. Les dispositions de l'arrêté du 18 juin 1801 non modifiées par la présente ordonnance continueront à être exécutées.

54. Nos ministres secrétaires d'Etat aux départements de l'intérieur et des finances sont chargés, chacun en ce qui le concerne, de l'exécution de la présente ordonnance, qui sera insérée au *Bulletin des Lois.*

(1) Abrogé. **V.** la loi des 4-8 juillet 1837.

SUIT LE TARIF.

Tarif des rétributions à percevoir pour la vérification des poids et mesures et des instruments de pesage et mesurage de chaque espèce autorisés ou tolérés, sauf la remise accordée aux fabricants par l'article 17 de l'ordonnance qui précède.

POIDS ET MESURES MÉTRIQUES.

POIDS EN CUIVRE.				POIDS EN FER.	
SIMPLES.		DIVISÉS.			
	Centimes		Cent.		Cent.
Double myriagramme.	37. 5	5 kil. composé de		Cinq myriagrammes...	50
Myriagramme.......	37. 5	1 double kilog... 15		Double myriagramme.	25
Demi-myriagramme...	37. 5	2 kilogrammes ... 30	75	Myriagramme........	25
Double kilogramme...	15	1 kilog. divisé... 30		Demi-myriagramme...	25
Kilogramme.........	15	Double kilogramme composé de		Double kilogramme...	10
Demi-kilogramme....	15			Kilogramme........	10
Double hectogramme..	7. 5	1 kilogramme.... 15	45	Demi-kilogramme....	10
Hectogramme........	7. 5	1 kilog. divisé. .. 30		Double hectogramme..	5
Demi-hectogramme...	7. 5	Demi-kilog. divisé....	30	Hectogramme........	5
Double décagramme...	7. 5	Double hectog. divisé.	30	Demi-hectogramme...	5
Décagramme........	7. 5	Hectogramme divisé...	30		
Demi-décagramme....	7. 5	Demi-hectog. divisé..	30		
Double gramme......	7. 5	Double décagramme divisé et au-dessous..	30		
Gramme............	7. 5				

Mesures de capacité pour les grains et autres matières sèches.

Hectolitre..............................	75 centimes.
Demi-hectolitre.........................	50
Double décalitre........................	15
Décalitre...............................	10
Demi-décalitre..........................	7
Double litre............................	5
Litre...................................	5
Demi-litre..............................	5
Double décilitre........................	5
Décilitre...............................	5

Mesures de capacité pour les liquides.

Double décalitre........................	50
Décalitre...............................	50
Demi-décalitre..........................	50
Double litre............................	20
Litre...................................	15

Demi-litre.................................	10 cent.
Double décilitre..........................	10
Décilitre.................................	10
Demi-décilitre et au-dessous..............	10

Mesures pour le lait.

Double litre.............................	10
Litre....................................	10

Mesures de longueur.

Double mètre ordinaire ou brisé...........	15
Mètre ployant ou à charnière.............	10
Mètre simple et demi-mètre...............	10
Décimètre et double décimètre.............	5

Mesures de solidité.

Double stère.............................	75
Stère....................................	75

Mesures agraires.

Double décamètre.........................	25
Décamètre................................	25
Demi-décamètre...........................	25

POIDS ET MESURES USUELS.

(Décret du 12 février 1812.)

Poids en cuivre simples.

De 20 livres.............................	37 cent.	5
De 10 livres.............................	37	5
De 8 livres.............................	37	5
De 6 livres.............................	37	5
De 4 livres.............................	15	
De 2 livres.............................	15	
De 1 livre..............................	15	
D'une demi-livre.........................	15	
D'un quart de livre......................	15	
D'un huitième de livre...................	7	5
Une once et au-dessous...................	7	5

Poids en cuivre divisés.

De 8 livres..............................	75
De 4 livres..............................	45
De 2 livres..............................	30
De 1 livre et au-dessous.................	30

Poids en fer.

De 8 livres..............................	25
De 6 livres..............................	25
De 4 livres..............................	10

De 2 livres............................... 10 cent.
De 1 livre................................ 10
D'une demi-livre.......................... 10
D'un quart de livre....................... 5
D'un huitième de livre.................... 5

Mesures de capacité pour les grains et autres matières sèches.

Double boisseau........................... 20
Boisseau.................................. 15
Demi-boisseau............................. 10
Quart de boisseau......................... 7
Double litre.............................. 5
Litre..................................... 5
Demi-litre................................ 5
Quart de litre............................ 5
Huitième de litre......................... 5

Mesures de capacité pour les liquides.

Demi-litre................................ 10
Quart de litre............................ 10
Huitième de litre......................... 10
Seizième de litre et au-dessous........... 10

Mesure pour le lait.

Demi-litre................................ 5
Quart de litre............................ 5
Huitième de litre......................... 5
Seizième de litre......................... 5

Mesures de longueur.

Toise..................................... 20
Demi-toise................................ 10
Aune et demi-aune 10
Pied...................................... 5

Mesures représentant le poids de l'huile.

Une livre................................. 10
Une demi-livre............................ 10
Un quart et au-dessous.................... 10

INSTRUMENTS DE PESAGE.

La rétribution pour la vérification primitive des instruments de pesage est fixe et sans remise.

Balances de magasin............... 50 centimes chaque.
Balances de comptoir.............. 25

Seront réputées balances de magasin, et indistinctement, toutes balances dont les fléaux auront plus de 65 centimètres de longueur;

et comme balances de comptoir, toutes celles de la plus petite dimension, jusqu'à 65 centimètres.

> Balances-bascules autorisées dans le commerce en gros, de la portée de 50 à 100 kilogrammes inclusivement.. 1 fr. chaque.
> Les mêmes balances, quelle que soit leur portée au-dessus de 100 kilogrammes, et indistinctement.................................... 2 fr.

Les poids spéciaux à l'usage desdites balances-bascules étant susceptibles de la révision périodique (art. 24 de l'ordonnance), il sera perçu, pour chacun d'eux, la rétribution analogue à celle de tout autre poids de la même nature et de la même valeur. Pour la vérification primitive de ces poids, la remise de la moitié du droit sera accordée aux fabricants.

> Romaines tolérées, divisées au poids décimal ou usuel, et indistinctement, quelle que soit leur portée, jusqu'à 40 kilog. inclusivement......................... 0 fr. 50 c. chaque.
> La rétribution sur chaque romaine tolérée dans le commerce en gros, dont la portée s'élèvera de 40 à 200 kilog., sera calculée à raison de 25 centimes pour chacun des doubles myriagrammes qui constituent sa plus forte portée, et sans qu'il soit tenu compte des divisions en kilogramme, qui excéderaient un nombre rond de doubles myriagrammes,
> Romaines tolérées de 200 kilogrammes et au-dessus, quelle que soit leur portée.......... 2 fr. 50 c.

Si d'autres instruments de pesage et de mesurage venaient à être autorisés, le droit serait fixé, suivant l'analogie, par le ministre secrétaire d'Etat de l'intérieur.

No **325**. — *Ordonnance du roi portant règlement sur les voitures publiques.*

Paris, le 16 juillet 1828.

Charles, par la grâce de Dieu, roi de France et de Navarre,
A tous ceux qui ces présentes verront, salut ;
Sur le rapport de notre ministre secrétaire d'Etat de l'intérieur ;
Notre conseil d'Etat entendu ;

Nous avons ordonné et ordonnons ce qui suit :

TITRE Ier.

1. Les propriétaires ou entrepreneurs de voitures publiques, allant à destination fixe, se présenteront dans la quinzaine de la publication de la présente ordonnance, dans le département de la Seine, devant le préfet de police, et dans les autres départements, devant les préfets et sous-préfets, pour faire la déclaration du nombre de places qu'elles contiennent, du lieu de leur destination, du jour et de l'heure de leur départ, de leur arrivée et de leur retour, à peine d'être poursuivis conformément à l'article 3, titre III de la loi du 29 août 1790.

Toute nouvelle entreprise est soumise à la même déclaration.

Lorsqu'un propriétaire ou entrepreneur de voitures publiques augmentera ou diminuera le nombre de ses voitures ou le nombre de places de chacune d'elles, lorsqu'il changera le lieu de sa résidence, ou qu'il transfèrera son entreprise dans une autre commune, il en fera la déclaration préalable, ainsi qu'il a été dit ci-dessus.

2. Aussitôt après la déclaration, les préfets ou sous-préfets ordonneront la visite desdites voitures, par des experts, nommés par eux, afin de constater si elles sont entièrement conformes à ce qui est prescrit par la présente ordonnance, et si elles n'ont aucun vice de construction qui puisse occasionner des accidents.

Néanmoins, les voitures actuellement en construction, et qui seront présentées à l'examen des experts dans les trois mois de la publication de la présente ordonnance, ne seront point assujéties aux dispositions prescrites par les articles 10 et 13 qui suivent, pourvu, cependant qu'elles soient construites suivant toutes les règles de l'art.

Aucune voiture ne pourra être mise pour la première fois en circulation, avant la délivrance de l'autorisation du préfet, rendue sur le rapport des experts.

3. Dans le cas où les voitures, actuellement en circulation, seraient reconnues avoir, dans leur construction, des défectuosités assez graves pour amener des accidents, le préfet, après avoir entendu les experts, pourra en défendre la circulation, jusqu'à ce que ces défectuosités aient été corrigées.

Les entrepreneurs auront, dans tous les cas, la faculté de nommer, de leur côté, un expert qui opérera contradictoirement avec ceux de l'administration.

Le préfet prononcera au vu du rapport de ces experts.

Les visites des voitures ne pourront être faites qu'au principal établissement de chaque entreprise.

Le préfet transmettra au directeur des contributions indirectes copie, par extrait, des autorisations, par lui accordées en vertu de l'article précédent.

Les directeurs ne délivreront l'estampille prescrite par l'article 117 de la loi du 25 mars 1817, que sur le vu de cette autorisation qu'ils inscriront sur un registre.

4. Chaque voiture portera, à l'extérieur, le nom du propriétaire ou de l'entrepreneur, et l'estampille délivrée par l'administration des contributions indirectes.

5. Elle portera, dans l'intérieur, l'indication du nombre de places qu'elle contient, ainsi que le numéro et le prix de chaque place, du lieu du départ à celui de la destination.

Les propriétaires ou entrepreneurs de voitures publiques ne pourront y admettre un plus grand nombre de voyageurs que celui que porte l'indication ci-dessus.

6. Les propriétaires ou entrepreneurs de voitures publiques tiendront registre du nom des voyageurs qu'ils transporteront. Ils enregistreront également les ballots, malles et paquets dont le transport leur sera confié.

Copie de cet enregistrement sera remise au conducteur, et un extrait, en ce qui le concerne, sera pareillement remis à chaque voyageur avec le numéro de sa place.

Les registres, dont il s'agit au présent article, seront sur papier timbré, cotés et paraphés par le maire.

7. Les conducteurs des voitures publiques ne pourront prendre en route aucun voyageur, ni recevoir aucun paquet, sans en faire mention sur les feuilles qui leur auront été remises au lieu du départ.

TITRE II.

De la construction, du chargement et du poids des voitures.

8. Les voitures publiques seront d'une construction solide et pourvues de tout ce qui est nécessaire à la sûreté des voyageurs.

Les propriétaires ou entrepreneurs seront poursuivis à raison des accidents arrivés par leur négligence, sans préjudice de leur responsabilité civile, lorsque les accidents auront lieu par la faute ou par la négligence de leurs préposés.

9. Les voitures publiques auront au moins un mètre soixante-deux centimètres de voie, entre les jantes de la partie des roues pesant sur le sol.

La voie des roues de devant ne pourra être moindre, lorsque les voies seront inégales, d'un mètre 59 centimètres.

Néanmoins, notre ministre de l'intérieur pourra, sur la proposition motivée des préfets, autoriser les entrepreneurs qui exploitent les routes à travers les montagnes, non desservies par la poste, à donner une largeur de voie égale à la plus large voie en usage dans le pays.

10. La distance entre les axes des deux essieux dans les voitures publiques à quatre roues ne pourra être moindre de 2 mètres lorsqu'elles ont deux ou trois caisses, ou deux caisses et un panier, ni d'un mètre 60 centimètres lorsqu'elles n'ont qu'une caisse. Néanmoins le préfet de police pourra autoriser une moindre distance entre les essieux pour les voitures dites *des Environs de Paris*, qui n'auront pas de chargement sur leur impériale.

11. Les essieux seront en fer corroyé et fermés à chaque extrémité d'un écrou assujéti d'une clavette. Les voitures publiques seront constamment éclairées pendant la nuit, soit par une forte lanterne placée au milieu de la caisse de devant, soit par deux lanternes placées aux côtés.

12. Toute voiture publique sera munie d'une machine à enrayer au moyen d'une vis de pression agissant sur les roues de derrière cette machine devra être construite de manière à pouvoir être manœuvrée de la place assignée au conducteur.

En outre de la machine à enrayer, les voitures publiques devront être pourvues d'un sabot, qui sera placé par le conducteur à chaque descente rapide.

Les préfets pourront, néanmoins, autoriser la suppression de la machine à enrayer et du sabot aux voitures qui parcourent *uniquement* un pays de plaine.

13. La partie des voitures publiques appelée la berline sera ouverte par deux portières latérales. La caisse dite le coupé ou le cabriolet sera également ouverte par deux portières latérales, à moins qu'elle ne s'ouvre par le devant. La caisse de derrière, dite la galerie ou la rotonde, pourra n'avoir qu'une portière ouverte à l'arrière. Chaque portière sera garnie d'un marche-pied.

14. Il pourra être placé sur l'impériale des voitures publiques une banquette destinée au conducteur et à deux voyageurs. Le siége de cette banquette sera posé immédiatement sur cette impériale.

Elle ne pourra être recouverte que d'une capote flexible.

Aucun paquet ne pourra être placé sur cette banquette.

15. Une vache en une ou plusieurs parties, pourra être placée sur l'impériale, en arrière de la banquette de l'impériale. Le fonds de cette vache aura, dans sa longueur et dans sa largeur, un centimètre de moins que l'impériale, elle sera recouverte par un couvercle incompressible bombé dans son milieu.

Lorsqu'il y aura, sur le train de derrière d'une voiture publique, un coffre au lieu de galerie ou rotonde, il devra être aussi fermé par un couvercle incompressible.

Les entrepreneurs qui le préféreront pourront continuer à se servir d'une bâche flexible; mais le maximum de hauteur du chargement sera déterminé par une traverse en fer, divisant le panier en deux parties égales. La bâche devra être placée au-dessous de cette traverse, dont les montants, au moment de la visite prescrite par l'article 2, seront marqués d'une estampille, constatant qu'ils ne dépassent pas la hauteur prescrite, et ils devront, ainsi que la traverse, être constamment apparents.

Une pareille traverse devra être placée à la même hauteur sur le coffre qui remplace la galerie ou rotonde, dans le cas où le couvercle incompressible ne serait pas mis en usage.

Aucune partie du chargement ne pourra dépasser la hauteur de la traverse, ni l'aplomb de ses montants en largeur.

16. Il ne pourra être attaché aucun objet, ni autour de l'impériale, ni en dehors du couvercle incompressible ou de la bâche.

17. Nulle voiture publique à quatre roues ne pourra avoir du sol au point le plus élevé du couvercle de la vache ou du coffre de derrière, plus de trois mètres, quelle que soit la hauteur des roues.

Nulle voiture publique à deux roues ne pourra avoir, entre les mêmes points, plus de deux mètres soixante centimètres.

18. Deux ans après la promulgation de la présente ordonnance, le poids des voitures publiques, diligences et messageries, et des fourgons allant en poste ou avec des relais, sera fixé, savoir :

Avec bandes de 8 centimètres, à 2,560 kilogrammes.
Idem,   de 11   id.   à 3,520   id.
Idem,   de 14   id.   à 4,000   id.

Jusqu'alors, ces poids pourront être, ainsi qu'ils sont en ce moment savoir :

Avec bandes de 8 centimètres, de 2,560 kilogrammes.
Idem,   de 11   id.   de 3,520   id.
Idem,   de 14   id.   de 4,480   id.

19. Il est accordé une tolérance de 100 kilogrammes sur les chargements fixés par l'article précédent, au-delà de laquelle les contraventions seront rigoureusement constatées et poursuivies conformément à la loi du 29 floréal an x, et au décret du 23 juin 1806.

20. En conséquence, les employés aux ponts à bascule seront tenus, sous peine de destitution, de peser, au moins une fois par trimestre, une des voitures publiques par chaque route desservie.

En cas de contravention, ils en dresseront procès-verbal, et il y sera statué par le maire du lieu, et à Paris, par le préfet de police, conformément aux articles 7, 8 et 9 du même décret du 23 juin 1806.

Ils tiendront registre de ces opérations, et il en sera rendu compte tous les mois à notre ministre de l'intérieur.

21. Les autorités civiles et militaires seront tenues de protéger les préposés, de leur prêter main forte, de poursuivre et faire poursuivre, suivant la rigueur des lois, les auteurs et complices des violences commises envers eux, et ce, tant sur la clameur publique que sur les procès-verbaux dressés par lesdits préposés, par eux affirmés et remis par eux à la gendarmerie.

22. Il est, en conséquence, ordonné à tout gendarme en fonction de s'arrêter, dans sa tournée, à chaque pont à bascule qui se trouvera sur sa route, de recevoir les déclarations que les préposés auraient à lui faire et de se charger des procès-verbaux des délits qui auraient été commis contre eux, pour les déposer au greffe.

23. Tout voiturier ou conducteur, qui, pour éviter de passer au pont à bascule, se détournerait de la route qu'il parcourrait, sera tenu sur la réquisition des préposés, de la gendarmerie ou autres agents qui surveilleront le service des ponts à bascule, de conduire sa voiture pour être pesée sur ce pont à bascule.

24. Tout voiturier ou conducteur pris en contravention pour excédant du poids fixé par la présente ordonnance, ne pourra continuer sa route qu'après avoir réalisé le payement des dommages et déchargé sa voiture de l'excédant du poids qui aura été constaté, jusque-là, ses chevaux seront tenus en fourrière, à ses frais, ou il fournira caution.

TITRE III.

Du mode de conduite des voitures publiques.

25. A dater du 1er janvier prochain, toute voiture publique, attelée de quatre chevaux et plus, devra être conduite par deux postillons ou par un cocher et un postillon.

Pourront, néanmoins, être conduites par un seul cocher ou postillon, les voitures publiques attelées de cinq chevaux au plus, lorsqu'aucune partie de leur chargement ne sera placée dans la partie supérieure de la voiture, et qu'il sera, en totalité, placé soit dans un coffre de l'arrière, soit en contrebas des caisses, et lorsque, en outre, le conducteur seul aura place sur l'impériale.

Les voitures dites des environs de Paris, qui se rendront dans les lieux déterminés par le préfet de police, pourront être conduites par un seul homme, quoique attelées de quatre chevaux ; au-delà de ce nombre de chevaux, elles devront être conduites par deux hommes.

26. Les postillons ne pourront, sous aucun prétexte, descendre de leurs chevaux. Il leur est expressément défendu de conduire les voitures au galop sur les routes, et autrement qu'au petit trot dans les villes ou communes rurales, et au pas dans les rues étroites.

TITRE IV.

De la police des relais et des postillons.

27. Tout entrepreneur ou propriétaire de voitures publiques qui ne sont pas conduites par les maîtres de poste, devra, un mois après la publication de la présente ordonnance, faire à Paris, à la préfecture de police et à la préfecture de chaque département où ses relais sont établis, la déclaration des lieux où ils sont placés et du nom de l'entrepreneur, ou, si les chevaux lui appartiennent, du préposé à chaque relais.

Toutes les fois que cet entrepreneur ou ce préposé changera, la déclaration devra en être également faite aux mêmes autorités.

28. A Paris, le préfet de police, et dans les départements, le maire de la commune où le relais est placé, prévenu par le préfet du département, surveillera la tenue du relais, sous le rapport de la sûreté des voyageurs.

29. Tout chef d'un bureau de départ et d'arrivée d'une voiture publique, tout entrepreneur ou préposé à un relais, tiendra registre coté et paraphé par le maire, dans lequel les voyageurs pourront inscrire les plaintes qu'ils auraient à former contre les postillons pour tout ce qui concerne la conduite de la voiture ; ce registre leur sera présenté à toute réquisition.

Les maîtres de postes qui conduiraient des voitures publiques présenteront, aux voyageurs qui le requerront, le registre qu'ils sont obligés de tenir d'après le règlement des postes.

30. La conduite des voitures publiques ne pourra être confiée qu'à des hommes pourvus de livrets, délivrés par le maire de la commune de leur domicile, sur une attestation de bonnes vie et mœurs, et de capacité à conduire. Ces hommes devont être âgés au moins de seize ans accomplis.

Aussitôt qu'un entrepreneur de relais ou un préposé aux relais qui appartiendront à un entrepreneur de voitures publiques, recevra un cocher ou un postillon, il devra déposer son livret chez le maire de la commune, lequel vérifiera si aucune note défavorable et de nature à le faire douter de la capacité du postillon n'y est inscrite.

Dans ce cas, il en référera au préfet, et, en attendant sa décision, le postillon ne pourra être admis.

31. Lorsqu'un cocher ou postillon quittera un relais, l'entrepreneur du relais ou le préposé viendra reprendre le livret, et y inscrira, en présence du maire et du postillon, les notes propres à faire connaître la conduite et la capacité de ce dernier. Le maire pourra, s'il le juge convenable, y inscrire ses propres observations sur la conduite du postillon, relativement à son état.

32. Au moment du relais, l'entrepreneur ou le préposé est tenu, sous sa responsabilité, de s'assurer par lui-même si les postillons, en rang de départ, ne sont point en état d'ivresse.

TITRE V.

Dispositions transitoires.

33. Il est accordé trois mois, à dater de la publication de la présente ordonnance, pour faire placer sur les voitures, actuellement en service, le couvercle incompressible ou les montants et la traverse prescrite par l'article 15.

Dans le même délai, les mêmes voitures devront être munies, indépendamment d'un sabot, d'une machine à enrayer susceptible d'être manœuvrée de la place assignée au conducteur.

Les voitures actuellement en service pourront, sauf les exceptions portées à l'article 12, continuer à circuler, quelle que soit la hauteur de l'impériale au-dessus du sol; mais le chargement placé sur cette impériale ne pourra excéder une hauteur de soixante-six centimètres mesurée de sa base au point le plus élevé.

Deux ans après la publication de la présente ordonnance, aucune voiture publique à destination fixe, qui ne serait pas construite conformément à toutes les règles ci-dessus prescrites, ne pourra circuler dans toute l'étendue de notre royaume.

TITRE VI.

Dispositions générales.

34. Conformément aux dispositions de l'article 16, du décret du 28 août 1808, et l'ordonnance de 1820, les rouliers, voituriers, charretiers continueront à être tenus de céder la moitié du pavé aux voitures des voyageurs, sous les peines portées par l'article 475, n° 3 du Code pénal.

35. Les conducteurs de voitures publiques ou les postillons feront, en cas de contravention, leurs déclarations à l'officier de police du lieu le plus voisin, en faisant connaître le nom du roulier ou voiturier, d'après la plaque, et nos procureurs, sur l'envoi des procès-verbaux, seront tenus de poursuivre les délinquants.

36. La présente ordonnance sera constamment affichée, à la diligence des entrepreneurs, dans le lieu le plus apparent de tous bureaux de voitures publiques soit du lieu du départ, soit du lieu d'arrivée ou de relais.

Les articles 4, 5, 6, 7, 8, 24, 25, 28 et 31 seront réimprimés à part et constamment affichés dans l'intérieur de chacune des caisses de voitures publiques.

37. Les dispositions de la présente ordonnance ne sont pas applicables aux voitures malles-postes destinées au transport de la correspondance du gouvernement et du public ; la forme, les dimensions et le chargement de ces voitures étant déterminés par des règlements particuliers soumis à notre approbation.

Les voitures de particuliers qui transportent les dépêches par entreprise ne sont pas considérées comme malles-postes.

38. Les voitures publiques qui desservent les routes des pays voisins et qui partent de l'une de nos villes frontières, ou qui y arrivent, ne sont pas soumises aux règles ci-dessus prescrites. Elles devront, toutefois, être solidement construites.

39. Nos préfets et sous-préfets, nos procureurs-généraux et ordinaires, les maires et adjoints, la gendarmerie et tous nos officiers de police sont chargés spécialement de veiller à l'exécution de la présente ordonnance, de constater les contraventions et d'exercer les poursuites nécessaires à leur répression.

40. Le décret du 28 août 1808, nos ordonnances des 4 février 1820, et 27 septembre 1827, sont rapportés.

41. Nos ministres de l'intérieur, de la guerre, de la justice et des finances sont chargés, chacun en ce qui le concerne, de l'exécution de la présente ordonnance, qui sera insérée au *Bulletin des Lois.*

N° **326.** —*Ordonnance du roi, concernant les droits à percevoir sur les voitures omnibus faisant le service du transport en commun.*

Saint-Cloud, le 22 juillet 1829.

Charles, par la grâce de Dieu, roi de France et de Navarre,
A tous ceux que ces présentes verront, salut :
Sur le rapport de notre ministre secrétaire d'Etat de l'intérieur ;
Vu la loi du 11 frimaire an VII ;
Le décret du 9 juin 1808 , portant établissement au profit de notre bonne ville de Paris , d'un droit de location des places de stationnement sur les fiacres et cabriolets ;
Notre conseil d'Etat entendu ;

Nous avons ordonné et ordonnons ce qui suit :

1. Notre bonne ville de Paris est autorisée à percevoir, à titre de droit de location, conformément à la délibération du conseil général, faisant fonctions du conseil municipal, en date du 10 avril 1829 , sur les voitures *dites* omnibus et autres faisant le transport en commun dans l'intérieur de la ville, qui obtiendront la permission de stationner sur la voie publique dans les endroits qui leur seront désignés, savoir :

Pour chaque voiture attelée de deux chevaux un droit annuel de cent vingt francs.

Pour chaque voiture attelée de trois chevaux un droit de cent cinquante francs.

2. Ces prix de location seront perçus par douzièmes de mois en mois, à dater du jour de la publication de la présente ordonnance.

3. Notre ministre secrétaire d'Etat de l'intérieur est chargé de l'exécution de la présente ordonnance qui sera insérée au *Bulletin des lois.*

N° **327.** — *Ordonnance du roi relative à l'exercice de la profession de boucher à Paris.*

Au château de Saint-Cloud, les 18-27 octobre 1829.

Charles, par la grâce de Dieu, roi de France et de Navarre,
A tous ceux qui ces présentes verront, salut :
Sur le rapport de notre ministre secrétaire d'Etat de l'intérieur ;
Vu les ordonnances des 12 janvier et 22 septembre 1825, relatives à la boucherie de Paris ;
Les réclamations de l'ancien syndicat de cette boucherie, en date des 4 juillet 1827 et 3 avril 1839 ;
Celles des herbagers et des marchands de bestiaux ;
Les observations et les propositions contenues dans la lettre du préfet de police, du 25 février 1828, et dans le rapport du préfet de la Seine, du 26 août 1828 ;
Considérant que l'ordonnance du 12 janvier 1825 avait eu pour but d'encourager la production et l'engrais des bestiaux, et en même temps de réduire à un taux modéré le prix de la viande, dans notre bonne ville de Paris ; mais qu'au lieu d'amener ce double résultat, elle a produit des effets contraires, ainsi que le démontrent les faits recueillis et constatés pendant les cinq dernières années ;
Voulant faire cesser un état de choses qui tend à affecter d'une manière grave les sources de la reproduction des bestiaux, à compromettre la sûreté de l'approvisionnement de notre bonne ville de Paris et à détruire les garanties de la qualité des viandes livrées à la consommation ;
Voulant en même temps satisfaire aux justes doléances du commerce de la boucherie ;

Nous avons ordonné et ordonnons ce qui suit :

1. Le nombre des individus qui pourront exercer la profession de boucher dans la ville de Paris est et demeure fixé à quatre cents.

2. Les étaux qui sont actuellement en activité pourront être successivement rachetés par le syndicat et supprimés jusqu'à réduction du nombre des bouchers à quatre cents ; le rachat et la suppression n'auront lieu qu'en vertu d'une autorisation du préfet de police.

3. Lorsque le nombre des étaux aura atteint la limite ci-dessus fixée, aucun nouveau boucher ne pourra s'établir qu'avec un fonds en activité.

Dans ce cas, comme par le passé, le nouvel exploitant sera tenu du se faire inscrire à la préfecture de police, et d'y produire un certificat de bonnes vie et mœurs, délivré par le maire de son domicile ; ce certificat constatera, en outre, qu'il a fait un apprentissage et qu'il connaît suffisamment la pratique de son état.

Sur le vu desdites pièces et l'avis des syndics et adjoints, le préfet de police lui délivrera l'autorisation d'exercer la profession de boucher.

Ladite autorisation énoncera le quartier, la rue ou la place où le boucher sera établi; elle mentionnera aussi l'obligation souscrite par le boucher de verser son cautionnement dans les délais déterminés à l'article 5 ci-après.

4. Il ne pourra être délivré d'autorisation au même individu, pour exploiter deux ou plusieurs étaux; chacun sera tenu d'exploiter son étal par lui-même.

5. Chaque boucher devra fournir, pour son étal, un cautionnement fixé à trois mille francs. Ceux dont les cautionnements, déjà versés, ne s'élèveraient pas au-dessus de mille ou deux mille francs, devront fournir le supplément nécessaire pour compléter ladite somme.

Le cautionnement, ainsi que le complément du cautionnement sera versé à la caisse de Poissy, dans le délai de trois mois. La permission d'exercer sera retirée à tout boucher qui, à l'expiration de ce terme, n'aura pas fourni la totalité de son cautionnement.

6. L'intérêt du cautionnement des bouchers sera réservé pour subvenir : 1º au remboursement du prix des étaux dont le rachat aura été ordonné par le préfet de police; 2º aux dépenses du syndicat; 3º à celles qui concernent le service de la boucherie dans les abattoirs généraux ; 4º aux pensions et secours accordés par le syndicat à d'anciens bouchers ou employés de la boucherie et à leurs familles. Cet intérêt sera compté à raison de cinq pour cent sans aucune retenue.

Sont révoquées les dispositions de l'ordonnance du 22 septembre 1825, d'après lesquelles ces diverses dépenses avaient été mises à la charge de la ville de Paris, en attribuant à celle-ci les produits des fumiers, des bouveries et bergeries, ainsi que celui des vidanges et voiries provenant de l'abattoir.

7. Le syndicat de la boucherie est rétabli. Le préfet de police nommera, parmi les bouchers, trente individus, dont dix seront pris dans le nombre de ceux qui payent le droit proportionnel des patentes le moins considérable ; ces trentes individus, ou bouchers électeurs, nommeront, parmi tous les bouchers, un syndic et six adjoints.

8. Les syndic et adjoints feront leurs rapports et donneront leur avis au préfet de police, sur l'exécution de la présente ordonnance, et sur toutes les dispositions de surveillance et de police qui peuvent concerner le commerce de la boucherie. Ils présenteront au même préfet un projet de statuts et règlements pour le régime et la discipline intérieure de tout ce qui tient à l'exercice de leur profession; mais ces actes ne seront exécutoires qu'après avoir été homologués par le ministre de l'intérieur, sur l'avis du préfet de police, et dans la forme usitée pour tous les règlements d'administration publique.

9. Les syndic et adjoints présenteront aussi le 28 de chaque mois, au plus tard, au préfet de police, un état indicatif du crédit individuel qui pourra être accordé à chaque boucher de Paris, sur la caisse de Poissy, pour le mois suivant : ce crédit ne pourra être inférieur au montant du cautionnement de chacun, à moins d'une déclaration contraire de leur part.

10. Tout étal qui cessera d'être garni de viande pendant trois jours consécutifs sera fermé pendant six mois.

11. Il ne pourra être vendu et acheté des bestiaux, pour l'approvisionnement de Paris, nulle part ailleurs que dans les marchés de Sceaux, de Poissy, de la halle aux Veaux et des Vaches grasses.

12. Tout boucher qui fera des achats, ailleurs que sur les marchés autorisés, sera interdit de l'exercice de sa profession, pendant six mois : en cas de récidive, il sera interdit définitivement et son étal sera fermé.

13. Les bestiaux amenés sur les marchés ci-dessus désignés seront,

avant l'ouverture de la vente, soumis à l'inspection de la police, afin de s'assurer s'ils sont en état d'être livrés à la boucherie; ils devront ensuite être frappés d'une marque particulière qui constate cette vérication.

14. Il est fait défense expresse de revendre, ni sur pied ni à la cheville, le bestiaux achetés sur les marchés de Sceaux, de Poissy, de la halle aux Veaux et des Vaches grasses.

15. Les bestiaux destinés à la boucherie de Paris et introduits dans cette ville seront abattus exclusivement dans les cinq abattoirs généraux, situés aux barrières des Invalides, de Miromesnil, de Rochechouart, d'Ivry et de Popincourt.

Défenses sont faites d'en abattre dans aucune boucherie, étable, bergerie et abattoir particulier.

16. Les personnes qui introduiront des bestiaux dans Paris seront tenues de justifier aux employés de l'octroi, ainsi qu'aux préposés de la police des abattoirs, d'un bulletin et certificat qui constatent l'achat desdits bestiaux sur les marchés autorisés.

17. Les bouchers forains seront admis, concurremment avec les bouchers de Paris, à vendre ou faire vendre en détail de la viande sur les marchés publics, en se conformant aux règlements de police.

18. Les ordonnances du 12 janvier et 22 septembre 1825 sont et demeurent révoquées.

Toutefois, les dispositions du décret du 6 février 1811, concernant la caisse de Poissy, qui ne sont point contraires à la présente ordonnance, sont maintenues et continueront d'être exécutées dans leur forme et teneur.

19. Notre ministre secrétaire d'Etat de l'intérieur et chargé de l'exécution de la présente ordonnance qui sera insérée au *Bulletin des lois.*

N° **328.** — *Ordonnance du roi relative au roulage.*

Au château des Tuileries, le 29 octobre 1829.

Charles, par la grâce de Dieu, roi de France et de Navarre,
A tous ceux qui ces présentes lettres verront, salut.
Vu l'article 7 de la loi du 27 février 1804 (7 ventôse an XII).
Sur le rapport de notre ministre secrétaire d'état au département de l'intérieur ;
Notre conseil d'Etat entendu ;

Nous avons ordonné et ordonnons ce qui suit :

1. Dix-huit mois après la publication de la présente ordonnance, aucune charrette, voiture de roulage ou autre, ne pourra circuler dans toute l'étendue de notre royaume, qu'avec des moyeux dont la saillie, en y comprenant celle de l'essieu, n'excédera pas de douze centimètres un plan passant par la face extérieure des jantes.

2. Toute charrette ou voiture trouvée en contravention, après l'époque ci-dessus déterminée, sera arrêtée et retenue, et elle ne pourra être remise en circulation qu'après que les moyeux et l'essieu auront été réduits à la longueur prescrite par l'article premier.

3. Les contraventions seront en outre exactement constatées par des procès-verbaux, et poursuivies comme les autres contraventions en matière de roulage, sans préjudice des peines plus graves dans les cas d'accidents prévus par les lois.

4. Nos ministres secrétaires d'État de l'intérieur, de la justice et de la guerre sont, chacun en ce qui le concerne, chargés de l'exécution de la présente ordonnance.

N° **329**. — *Loi qui punit les attaques contre les droits et l'autorité du roi et des chambres par voie de la presse* (1).

Du 29 novembre—1er décembre 1830.

Louis-Philippe, roi des Français, à tous présents et à venir, salut.

1. Toute attaque, par l'un des moyens énoncés en l'article 1er de la loi du 17 mai 1819, contre la dignité royale, l'ordre de successibilité au trône, les droits que le roi tient du vœu de la nation française, exprimé dans la déclaration du 7 août 1830, et de la Charte constitutionnelle par lui acceptée et jurée dans la séance du 9 août de la même année, son autorité constitutionnelle, l'inviolabilité de sa personne, les droits et l'autorité des chambres, sera punie d'un emprisonnement de trois mois à cinq ans, et d'une amende de trois cents francs à six mille francs.

2. L'article 2 de la loi du 25 mars 1822 est et demeure abrogé.

N° **330**. — *Loi sur les afficheurs et les crieurs publics.*

Paris, les 10-11 décembre 1830.

Louis-Philippe, roi des Français, à tous présents et à venir, salut.

Les chambres ont adopté, nous avons ordonné et ordonnons ce qui suit :

1. Aucun écrit, soit à la main, soit imprimé, gravé ou lithographié, contenant des nouvelles politiques, ou traitant d'objets politiques, ne pourra être affiché ou placardé dans les rues, places, ou autres lieux publics.

Sont exceptés de la présente disposition les actes de l'autorité publique.

2. Quiconque voudra exercer, même temporairement, la profession d'afficheur ou de crieur, de vendeur ou distributeur, sur la voie publique, d'écrits imprimés, lithographiés, gravés ou à la main, sera tenu d'en faire préalablement la déclaration devant l'autorité municipale et d'indiquer son domicile. Le crieur ou afficheur devra renouveler cette déclaration chaque fois qu'il changera de domicile.

3. Les journaux, feuilles quotidiennes ou périodiques, les jugements et autres actes d'une autorité constituée, ne pourront être annoncés dans les rues, places et autres lieux publics, autrement que par leur titre.

Aucun autre écrit imprimé, lithographié, gravé ou à la main, ne pourra être crié sur la voie publique qu'après que le crieur aura fait connaître à l'autorité municipale le titre sous lequel il veut l'annoncer, et qu'après avoir remis à cette autorité un exemplaire de cet écrit.

4. La vente ou distribution de faux extraits de journaux, jugements et actes de l'autorité publique est défendue, et sera punie de peines ci-après.

5. L'infraction aux dispositions des articles 1er et 4 de la présente

(1) V. la loi du 9 septembre 1835.

loi, sera punie d'une amende de vingt-cinq francs à cinq cents francs, et d'un emprisonnement de six jours à un mois, cumulativement ou séparément.

L'auteur ou l'imprimeur des faux extraits défendus par l'article ci-dessus, sera puni du double de la peine infligée au crieur, vendeur ou distributeur de faux extraits.

Les peines prononcées par le présent article seront appliquées, sans préjudice des autres peines qui pourraient être encourues par suite des crimes et délits résultant de la nature même de l'écrit.

6. La connaissance des délits punis par le précédent article, est attribué aux cours d'assises. Ces délits seront poursuivis conformément aux dispositions de l'article 4 de la loi du 8 octobre 1830.

7. Toute infraction aux articles 2 et 3 de la présente loi sera punie par la voie ordinaire de police correctionnelle d'une amende de vingt-cinq francs à deux cents francs, et d'un emprisonnement de 6 jours à un mois, cumulativement ou séparément.

8. Dans les cas prévus par la présente loi, les cours d'assises et les tribunaux correctionnels pourront appliquer l'article 463 du Code pénal, si les circonstances paraissent atténuantes, et si le préjudice causé n'excède pas 25 francs.

9. La loi du 5 nivôse an V, relative aux crieurs publics, et l'article 290 du Code pénal sont abrogés.

La présente loi, discutée, délibérée et adoptée par la chambre des pairs et par celle des députés, et sanctionnée par nous ce jourd'hui, sera exécutée comme loi de l'Etat.

N° **331.** — *Loi contre les attroupements* (1).

Du 10—11 avril 1831.

1. Toutes personnes qui formeront des attroupements sur les places ou sur la voie publique seront tenues de se disperser à la première sommation des préfets, sous-préfets, maires, adjoints de maire, ou de tous magistrats et officiers civils chargés de la police judiciaire, autres que les gardes champêtres et gardes forestiers.

Si l'attroupement ne se disperse pas, les sommations seront renouvelées trois fois; chacune d'elles sera précédée d'un roulement de tambour ou d'un son de trompe. Si les trois sommations sont demeurées inutiles, il pourra être fait emploi de la force, conformément à la loi du 3 août 1791.

Les maires et adjoints de la ville de Paris ont le droit de requérir la force publique et de faire les sommations.

Les magistrats chargés de faire ces sommations seront décorés d'une écharpe tricolore.

2. Les personnes qui, après la première des sommations prescrites par le second paragraphe de l'article précédent, continueront à faire partie d'une attroupement, pourront être arrêtées, et seront traduites sans délai devant les tribunaux de simple police, pour y être punies des peines portées au chapitre Ier du livre IV du Code pénal.

3. Après la seconde sommation, la peine sera de trois mois d'emprisonnement au plus; et, après la troisième, si le rassemblement ne s'est pas dissipé, la peine pourra être élevée jusqu'à un an de prison.

4. La peine sera celle d'un emprisonnement de trois mois à deux ans, 1° contre les chefs et les provocateurs de l'attroupement, s'il ne

(1) Voir la loi du 3 août 1791.

s'est point entièrement dispersé après la troisième sommation ; 2º contre tous individus porteurs d'armes apparentes ou cachées, s'ils ont continué à faire partie de l'attroupement après la première sommation.

5. Si les individus condamnés en vertu des deux articles précédents n'ont pas leur domicile dans le lieu où l'attroupement a été formé, le jugement ou l'arrêt qui les condamnera pourra les obliger, à l'expiration de leur peine, à s'éloigner de ce lieu à un rayon de dix myriamètres, pendant un temps qui n'excédera pas une année, si mieux ils n'aiment retourner à leur domicile.

6. Tout individu qui, au mépris de l'obligation à lui imposée par le précédent article, serait retrouvé dans les lieux à lui interdits, sera arrêté, traduit devant le tribunal de police correctionnelle, et condamné à un emprisonnement qui ne pourra excéder le temps restant à courir pour son éloignement du lieu où aura été commis le délit originaire.

7. Toute arme saisie sur une personne faisant partie d'un attroupement sera, en cas de condamnation, déclarée définitivement acquise à l'État.

8. Si l'attroupement a un caractère politique, les coupables des délits prévus par les articles 3 et 4 de la présente loi pourront être interdits pendant trois ans au plus, en tout ou en partie, de l'exercice des droits mentionnés dans les quatre premiers paragraphes de l'article 42 du Code pénal.

9. Toutes personnes qui auraient continué à faire partie d'un attroupement après les trois sommations, pourront, pour ce seul fait, être déclarées civilement et solidairement responsables des condamnations pécuniaires qui seront prononcées pour réparation des dommages causés par l'attroupement.

10. La connaissance des délits énoncés aux articles 3 et 4 de la présente loi est attribuée aux tribunaux de police correctionnelle, excepté dans le cas où l'attroupement ayant un caractère politique, les prévenus devront être, aux termes de la Charte constitutionnelle et de la loi du 8 octobre 1830, renvoyés devant la cour d'assises.

11. Les peines portées par la présente loi seront prononcées sans préjudice de celles qu'auraient encourues, aux termes du Code pénal, les auteurs et les complices des crimes et délits commis par l'attroupement. Dans le cas de concours des deux peines, la plus grave seule sera appliquée.

Nº **332.** — *Boucherie.* — *Décision du ministre du commerce.*

Du 12 avril 1832.

Monsieur le préfet, vous m'aviez proposé, le 7 février, d'abroger l'article 26 de l'ordonnance de police du 25 mars 1830, approuvée par l'un de mes prédécesseurs.

D'après le rapport qui m'a été fait et l'avis du comité de l'intérieur sur cette proposition et ses motifs, je l'ai approuvée.

En conséquence, je vous autorise, Monsieur, à rapporter l'article 26 de l'ordonnance de police du 25 mars 1830, et à admettre définitivement les étaliers établis ou qui voudraient s'établir sous la condition d'acheter un fonds en activité.

Je vous invite à faire part de cette disposition au syndicat de la boucherie.

Recevez, etc.

N° **333**. — *Loi relative aux étrangers réfugiés qui résideront en France* (1).

21-26 avril 1832.

1. Le gouvernement est autorisé à réunir dans une ou plusieurs villes qu'il désignera, les étrangers réfugiés qui résideront en France.

2. Le gouvernement pourra les astreindre à se rendre dans celle de ces villes qui leur sera indiquée ; il pourra leur enjoindre de sortir du royaume, s'ils ne se rendent pas à cette destination, ou s'il juge leur présence susceptible de troubler l'ordre et la tranquillité publique.

3. La présente loi ne pourra être appliquée aux étrangers réfugiés qu'en vertu d'un ordre signé par un ministre.

4. La présente loi ne sera en vigueur que pendant une année à compter du jour de sa promulgation.

N° **334**. — *Ordonnance du roi contenant le texte officiel du Code pénal.*

Du 28 avril 1832.

Louis-Philippe, roi des Français, etc.

Vu la loi en date de ce jour sur les réformes à introduire dans la législation pénale ;

Vu les articles 54 et 57 de la Charte constitutionnelle :

Sur le rapport de notre garde des sceaux, ministre secrétaire d'état au département de la justice.

Nous avons ordonné et ordonnons ce qui suit :

A compter du 1er juin prochain, date à partir de laquelle la loi de ce jour sur les réformes dans la législation pénale sera exécutoire, il ne sera reconnu comme texte officiel du Code pénal que le texte dont la teneur suit :

LIVRE IV.

CONTRAVENTIONS DE POLICE ET PEINES.

(Loi décrétée le 20 février 1810. Promulguée le 2 mars suivant.)

CHAPITRE Ier.

Des peines.

464. Les peines de police sont,
L'emprisonnement,
L'amende,
Et la confiscation de certains objets saisis.

465. L'emprisonnement, pour contravention de police, ne pourra

---

(1) Voir les lois du 1er-9 mai 1834, 24-27 juin 1839 et 3-14 août 1844.

être moindre d'un jour, ni excéder cinq jours, selon les classes, distinctions et cas ci-après spécifiés.

Les jours d'emprisonnement sont des jours complets de vingt-quatre heures.

466. Les amendes pour contravention pourront être prononcées depuis un franc jusqu'à quinze francs inclusivement, selon les distinctions et classes ci-après spécifiées, et seront appliquées au profit de la commune où la contravention aura été commise.

467. La contrainte par corps a lieu pour le paiement de l'amende.

Néanmoins le condamné ne pourra être, pour cet objet, détenu plus de quinze jours, s'il justifie de son insolvabilité.

468. En cas d'insuffisance des biens, les restitutions et les indemnités dues à la partie lésée sont préférées à l'amende. .

469. Les restitutions, indemnités et frais entraîneront la contrainte par corps, et le condamné gardera prison jusqu'à parfait payement : néanmoins, si ces condamnations sont prononcées au profit de l'État, les condamnés pourront jouir de la faculté accordée par l'article 467, dans le cas d'insolvabilité prévu par cet article.

470. Les tribunaux de police pourront aussi, dans les cas déterminés par la loi, prononcer la confiscation, soit des choses saisies en contravention, soit des choses produites par la contravention, soit des matières ou des instruments qui ont servi ou étaient destinés à la commettre.

CHAPITRE II.

Contraventions et peines.

SECTION PREMIÈRE.

Première classe.

471. Seront punis d'amende, depuis un franc jusqu'à cinq francs inclusivement :

1° Ceux qui auront négligé d'entretenir, réparer ou nettoyer les fours, cheminées ou usines où l'on fait usage du feu ;

2° Ceux qui auront violé la défense de tirer, en certains lieux, des pièces d'artifice ;

3° Les aubergistes et autres qui, obligés à l'éclairage l'auront négligé ; ceux qui auront négligé de nettoyer les rues ou passages, dans les communes où ce soin est laissé à la charge des habitants ;

4° Ceux qui auront embarrassé la voie publique, en y déposant ou y laissant sans nécessité, des matériaux ou des choses quelconques qui empêchent ou diminuent la liberté ou la sûreté du passage ; ceux qui en contravention aux lois et règlements, auront négligé d'éclairer les matériaux par eux entreposés ou les excavations par eux faites dans les rues et places ;

5° Ceux qui auront négligé ou refusé d'exécuter les règlements ou arrêtés concernant la petite voirie, ou d'obéir à la sommation émanée de l'autorité administrative, de réparer ou démolir les édifices menaçant ruine ;

6° Ceux qui auront jeté ou exposé au-devant de leurs édifices des choses de nature à nuire par leur chute ou par des exhalaisons insalubres ;

7° Ceux qui auront laissé dans les rues, chemins, places, lieux publics, ou dans les champs, des coutres de charrue, pinces, barres, barreaux, ou autres machines, ou instruments, ou armes, dont puissent abuser les voleurs et autres malfaiteurs ;

8° Ceux qui auront négligé d'écheniller dans les campagnes ou jardins où ce soin est prescrit par la loi ou les règlements ;

9° Ceux qui, sans autre circonstance prévue par les lois, auront cueilli ou mangé, sur le lieu même, des fruits appartenant à autrui ;

10° Ceux qui, sans autre circonstance, auront glané, râtelé ou grapillé dans les champs non encore entièrement dépouillé et vides de leurs récoltes, ou avant le moment du lever ou après celui du coucher du soleil ;

11° Ceux qui, sans avoir été provoqués, auront proféré contre quelqu'un des injures, autres que celles prévues depuis l'article 367 jusques et compris l'article 378 ;

12° Ceux qui imprudemment auront jeté des immondices sur quelque personne ;

13° Ceux qui, n'étant ni propriétaires, ni usufruitiers, ni locataires, ni fermiers, ni jouissant d'un terrain ou d'un droit de passage, ou qui n'étant ni agents ni préposés d'aucune de ces personnes, seront entrés et auront passé sur ce terrain ou sur partie de ce terrain, s'il est préparé ou ensemencé ;

14° Ceux qui auront laissé passer leurs bestiaux ou leurs bêtes de trait, de charge ou de monture, sur le terrain d'autrui, avant l'enlèvement de la récolte.

15° (1) Ceux qui auront contrevenu aux règlements légalement faits par l'autorité administrative, et ceux qui ne se seront pas conformés aux règlements ou arrêtés publiés par l'autorité municipale, en vertu des articles 3 et 4, titre XI de la loi du 16–24 août 1790, et de l'article 46, titre Ier de la loi du 19-22 juillet 1791.

472. Seront en outre confisqués, les pièces d'artifice saisies dans le cas du n° 2 de l'article 471, les coutres, les instruments et les armes mentionnés dans le n° 7 du même article.

473. La peine d'emprisonnement pendant trois jours ou plus, pourra de plus être prononcée, selon les circonstances contre ceux qui auront tiré des pièces d'artifice, contre ceux qui auront glané, râtelé ou grapillé en contravention au n° 10 de l'article 471.

474. La peine d'emprisonnement contre toutes les personnes mentionnées en l'article 471, aura toujours lieu, en cas de récidive, pendant trois jours au plus.

SECTION II.

Deuxième classe.

475. Seront punis d'amende, depuis six francs jusqu'à dix francs inclusivement,

1° Ceux qui auront contrevenu aux bans de vendanges ou autres bans autorisés par les règlements ;

2° Les aubergistes, hôteliers, logeurs ou loueurs de maisons garnies, qui auront négligé d'inscrire de suite et sans aucun blanc, sur un registre tenu régulièrement, les noms, qualités, domicile habituel, dates d'entrée et de sortie de toute personne qui aurait couché ou passé une nuit dans leurs maisons ; ceux d'entre eux qui auraient manqué à représenter ce registre aux époques déterminées par les règlements, ou lorsqu'ils en auraient été requis, aux maires, adjoints, officiers ou commissaires de police, ou aux citoyens commis à cet effet : le tout sans préjudice des cas de responsabilité mentionnés en

---

(1) Le § 15° a été ajouté à l'ancien article 471 par la loi de ce jour.

l'article 73 du présent Code, relativement aux crimes ou aux délits de ceux qui, ayant logé ou séjourné chez eux, n'auraient pas été régulièrement inscrits ;

3° Les rouliers, charretiers, conducteurs de voitures quelconques ou de bêtes de charge, qui auraient contrevenu aux règlements par lesquels ils sont obligés de se tenir constamment à portée de leurs chevaux, bêtes de trait ou de charge et de leurs voitures, et en état de les guider et conduire ; d'occuper un seul côté des rues, chemins ou voies publiques; de se détourner ou ranger devant toutes autres voitures , et, à leur approche, de leur laisser libre au moins la moitié des rues, chaussées, routes et chemins ;

4° Ceux qui auront fait ou laissé courir les chevaux, bêtes de trait, de charge ou de monture, dans l'intérieur d'un lieu habité, ou violé les règlements contre le chargement, la rapidité ou la mauvaise direction des voitures ;

(1) Ceux qui contreviendront aux dispositions des ordonnances et règlements ayant pour objet :
La solidité des voitures publiques ;
Leur poids ;
Le mode de leur chargement;
Le nombre et la sûreté des voyageurs ;
L'indication, dans l'intérieur des voitures, des places qu'elles contiennent et du prix des places ;
L'indication, à l'extérieur, du nom du propriétaire ;

5° Ceux qui auront établi ou tenu dans les rues, chemins places ou lieux publics, des jeux de loterie ou d'autres jeux de hasard ;

6° Ceux qui auront vendu ou débité des boissons falsifiées ; sans préjudice des peines plus sévères qui seront prononcées par les tribunaux de police correctionnelle, dans le cas où elles contiendraient des mixtions nuisibles à la santé ;

7° Ceux qui auraient laissé divaguer des fous ou des furieux étant sous leur garde, ou des animaux malfaisants ou féroces ; ceux qui auront excité ou n'auront pas retenu leurs chiens, lorsqu'ils attaquent ou poursuivent les passants, quand même il n'en serait résulté aucun mal ni dommage ;

8° Ceux qui auraient jeté des pierres ou d'autres corps durs ou des immondices contre les maisons, édifices et clôtures d'autrui, ou dans les jardins ou enclos, et ceux aussi qui auraient volontairement jeté des corps durs ou des immondices sur quelqu'un ;

9° Ceux qui, n'étant propriétaires, usufruitiers ni jouissant d'un terrain ou d'un droit de passage, y sont entrés et y ont passé dans le temps où ce terrain était chargé de grains en tuyau, de raisins ou autres fruits mûrs ou voisins de la maturité ;

10° Ceux qui auraient fait ou laissé passer des bestiaux, animaux de trait, de charge ou de monture, sur le terrain d'autrui, ensemencé ou chargé d'une récolte, en quelque saison que ce soit, ou dans un bois taillis appartenant à autrui ;

11° Ceux qui auraient refusé de recevoir les espèces et monnaies nationales, non fausses ni altérées, selon la valeur pour laquelle elles ont cours ;

12° Ceux qui, le pouvant, auront refusé ou négligé de faire les travaux, le service, ou de prêter le secours dont ils auront été requis, dans les circonstances d'accidents, tumultes, naufrage, inondation, incendie ou autres calamités, ainsi que dans les cas de brigandages, pillages, flagrant délit, clameur publique ou d'exécution judiciaire ;

(1) A partir de ces mots, la fin du numéro 4° a été ajoutée par la loi de ce jour à l'ancien article 475, déjà modifié dans les mêmes termes par la loi du 28 juin 1829.

13º Les personnes désignées aux articles 284 et 288 du présent Code;

14º (1) Ceux qui exposent en vente des comestibles gâtés, corrompus ou nuisibles;

15º Ceux qui déroberont, sans aucune des circonstances prévues en l'article 388, des récoltes ou autres productions utiles de la terre, qui, avant d'être soustraites, n'étaient pas encore détachées du sol.

476. Pourra, suivant les circonstances, être prononcé, outre l'amende portée en l'article précédent, l'emprisonnement pendant trois jours au plus, contre les rouliers, charretiers, voituriers et conducteurs en contravention; contre ceux qui auront contrevenu (2) aux règlements ayant pour objet, soit la rapidité, la mauvaise direction ou le chargement des voitures ou des animaux, soit la solidité des voitures publiques, leur poids, le mode de leur chargement, le nombre et la sûreté des voyageurs; contre les vendeurs et débitants de boissons falsifiées; contre ceux qui auraient jeté des corps durs ou des immondices.

477. Seront saisis et confisqués, 1º les tables, instruments, appareils des jeux ou des loteries établis dans les rues, chemins et voies publiques, ainsi que les enjeux, les fonds, denrées, objets ou lots proposés aux joueurs, dans le cas de l'article 476; 2º les boissons falsifiées, trouvées appartenir au vendeur et débitant : ces boissons seront répandues; 3º les écrits ou gravures contraires aux mœurs : ces objets seront mis sous le pilon; les comestibles gâtés, corrompus ou nuisibles : ces comestibles seront détruits (3).

478. La peine de l'emprisonnement pendant cinq jours au plus sera toujours prononcée, en cas de récidive, contre toute les personnes mentionnées dans l'article 475.

(4) Les individus mentionnés au nº 5 du même article, qui seraient repris pour le même fait en état de récidive, seront traduits devant le tribunal de police correctionnelle, et punis d'un emprisonnement de six jours à un mois, et d'une amende de seize francs à deux cents francs.

SECTION III.

Troisième classe.

479. Seront punis d'une amende de onze à quinze frans inclusivement.

1º Ceux qui, hors les cas prévus depuis l'article 434 jusques et compris l'article 462, auront volontairement causé du dommage aux propriétés mobilières d'autrui;

2º Ceux qui auront occasionné la mort ou la blessure des animaux ou bestiaux appartenant à autrui, par l'effet de la divagation des fous ou furieux, ou d'animaux malfaisants ou féroces, ou par la rapidité ou la mauvaise direction ou le chargement excessif des voitures, chevaux, bêtes de trait, de charge ou de monture;

3º Ceux qui auront occasionné les mêmes dommages par l'emploi ou l'usage d'armes sans précaution ou avec maladresse, ou par jet de pierres ou d'autres corps durs;

4º Ceux qui auront causé les mêmes accidents par la vétusté, la dégradation, le défaut de réparation ou d'entretien des maisons ou édifices, ou par l'encombrement ou l'excavation, ou telles autres œuvres,

---

(1) Les deux numéros 14º et 15º ont été ajoutés à l'ancien article 475 par la loi de ce jour.

(2) Cette disposition a été ajoutée par la loi de ce jour, à l'ancien article 476, conformément à la loi du 28 juin 1829.

(3) Ce numéro 4 a été ajouté, par la loi de ce jour, à l'ancien article 477.

(4) Le second alinéa de cet article a été ajouté par la loi de ce jour.

dans ou près les rues chemins, places ou voies publiques, sans les précautions ou signaux ordonnés ou d'usages ;

5° Ceux qui auront de faux poids ou de fausses mesures dans leurs magasins, boutiques, ateliers ou maisons de commerce, ou dans les halles, foires ou marchés, sans préjudice des peines qui seront prononcées par les tribunaux de police correctionnelle contre ceux qui auraient fait usage de ces faux poids ou de ces fausses mesures ;

6° Ceux qui emploieront des poids ou des mesures différents de ceux qui sont établis par les lois en vigueur ;

(1) Les boulangers et bouchers qui vendront le pain ou la viande au-delà du prix fixé par la taxe légalement faite et publiée ;

7° Les gens qui font métier de deviner et pronostiquer, ou d'expliquer les songes ;

8° Les auteurs ou complices de bruits ou tapages injurieux ou nocturnes, troublant la tranquillité des habitants ;

9° (2) Ceux qui auront méchamment enlevé ou déchiré les affiches apposées par ordre de l'administration ;

10° Ceux qui mèneront sur le terrain d'autrui des bestiaux, de quelque nature qu'ils soient, et notamment dans les prairies artificielles, dans les vignes, oseraies, dans les plants de câpriers, dans ceux d'oliviers, de mûriers, de grenadiers, d'orangers, et d'arbres du même genre, dans tous les plants ou pépinières d'arbres fruitiers ou autres, faits de main d'homme.

11° Ceux qui auront dégradé ou détérioré, de quelque manière que ce soit, les chemins publics, ou usurpé sur leur largeur ;

12° Ceux qui, sans y être dûment autorisés, auront enlevé des chemins publics les gazons, terres ou pierres, ou qui, dans les lieux appartenant aux communes, auraient enlevé les terres ou matériaux, à moins qu'il n'existe un usage général qui l'autorise.

480. Pourra, selon les circonstances, être prononcée la peine d'emprisonnement pendant cinq jours au plus,

1° Contre ceux qui auront occasionné la mort ou la blessure des animaux ou bestiaux appartenant à autrui, dans les cas prévus par le n° 3 du précédent article ; 2° contre les possesseurs de faux poids et fausses mesures ; 3° contre ceux qui emploient des poids ou des mesures différents de ceux que la loi en vigueur a établis (3) ; contre les boulangers et bouchers, dans les cas prévus par le paragraphe 6 de l'article précédent ; 4° contre les interprètes de songes ; 5° contre les auteurs ou complices de bruits ou tapages injurieux ou nocturnes.

481. Seront, de plus, saisis et confisqués, 1° les faux poids, les fausses mesures, ainsi que les poids et les mesures différents de ceux que la loi a établis ; 2° les instruments, ustensiles et costumes servant ou destinés à l'exercice du métier de devin, pronostiqueur, ou interprète de songes.

482. La peine d'emprisonnement pendant cinq jours aura toujours lieu, pour récidive, contre les personnes et dans les cas mentionnés en l'article 479.

Dispositions communes aux trois sections ci-dessus.

483. Il y a récidive dans tous les cas prévus par le présent livre, lorsqu'il a été rendu contre le contrevenant, dans les douze mois précédents, un premier jugement pour contravention de police commise dans le ressort du même tribunal.

(4) L'article 463 du présent Code sera applicable à toutes les contraventions ci-dessus indiquées.

---

(1) La fin de ce numéro 6° a été ajoutée, par la loi de ce jour, à l'ancien article 479.
(2) Les numéros 9°, 10°, 11° et 12° ont été ajoutés, par la loi de ce jour, à l'ancien article 479.
(3) La fin de ce numéro 3° a été ajoutée, par la loi de ce jour, à l'ancien article 480.
(4) Ce second alinéa a été ajouté, par la loi de ce jour, à l'ancien article 483.

Dispositions générales.

484. Dans toutes les matières qui n'ont pas été réglées par le présent Code et qui sont régies par des lois et règlements particuliers, les cours et les tribunaux continueront de les observer.

Nos ministres secrétaires d'Etat sont chargés, chacun en ce qui le concerne, de l'exécution de la présente ordonnance, qui sera insérée au *Bulletin des Lois.*

N° **335.** — *Ordonnance du roi portant approbation d'un tarif supplémentaire pour la perception de l'octroi de Paris.*

Du 17-24 août 1832.

Louis-Philippe, etc.,

Vu l'ordonnance du 9 décembre 1814, et les dispositions des lois des 28 avril 1816 et 24 juin 1824, relatives aux octrois ;

Vu la loi du 12 décembre 1830, et le tarif y annexé pour la perception du droit d'entrée sur les boissons ;

Vu l'article 149 de la loi du 28 avril 1816, portant qu'en cas de nécessité une exception pourra être autorisée, par ordonnance spéciale, à la règle qui limite les droits d'octroi sur les boissons au taux des droits d'entrée perçus au profit du trésor ;

Vu l'article 16 de la loi du 26 mars 1831, qui réserve aux conseils municipaux des villes autorisées à prélever une portion de la contribution mobilière sur les produits de l'octroi, le droit de déterminer le contingent qui devra être acquitté de cette manière, et celui qui devra être perçu au moyen d'un rôle ;

Vu les délibérations du conseil général du département de la Seine, faisant fonctions de conseil municipal de Paris, en date du 13 juillet dernier, desquelles il résulte que, dans la situation financière de cette ville, le seul moyen de continuer à prélever sur les produits de l'octroi une partie de la contribution mobilière est d'augmenter les revenus de l'octroi au moyen de taxes nouvelles, ou d'addition de taxes sur les objets de consommation déjà imposés ;

Considérant qu'afin d'affranchir les petites locations de la contribution mobilière, et de ne répartir par les rôles qu'une somme dont le recouvrement puisse être certain, il importe de fournir à la ville de Paris les moyens d'accroître suffisamment les ressources de son octroi ;

Qu'ainsi, il y a nécessité d'autoriser les augmentations votées par le conseil municipal, et que c'est le cas, à l'égard des droits sur les boissons, d'appliquer l'exception permise par l'article 149 de la loi du 28 avril 1816 précitée ;

Vu l'avis de notre préfet du département de la Seine, en date du 10 août 1832 ;

Vu les observations de notre ministre secrétaire d'Etat du commerce et des travaux publics ;

Sur le rapport de notre ministre secrétaire d'Etat des finances,

Nous avons ordonné et ordonnons ce qui suit :

1. Le tarif supplémentaire ci-annexé pour la perception de l'octroi de Paris est approuvé.

2. Les droits imposés sur les matières non comprises audit tarif continueront à être perçus conformément au tarif actuellement en vigueur.

3. Le décime par franc imposé en sus du droit principal continuera d'être perçu sur toutes les taxes d'octroi.

4. Notre ministre secrétaire d'Etat des finances est chargé de l'exécution de la présente ordonnance.

Tarif des nouveaux droits d'octroi à percevoir dans la ville de Paris sur les objets ci-après désignés :

DÉSIGNATION DES OBJETS assujettis aux droits.	MESURES NOMBRES ET POIDS.	DROITS à percevoir en principal.	OBSERVATIONS.
		fr.　c.	
Vins en cercles	par hectolitre.	10　50	Les règles de percep-
Vins en bouteilles.	id.	18　00	tion déterminées par le précédent tarif continue-
Vinaigres.	id.	10　50	ront d'être observées.
Alcool pur contenu dans les eaux-de-vie et esprits en cercles, eaux-de-vie et esprits en bouteilles, liqueurs et fruits à l'eau-de-vie.	id.	25　00	
Huile commune.	id.	20　00	
Vaches.	par tête.	18　00	
Porcs et sangliers.	id.	10　00	
Viandes de boucherie à la main.	le kilogramme.	0　18	
Saucissons, jambons, porcs frais à la main, viande salée et fumée, et gé-néralement toute charcuterie.	id.	0　22	
Bois dur à brûler, neuf ou flotté. . .	par stère.	2　65	
Bois blanc neuf ou flotté, et menuise de bois dur ou de bois blanc. . . .	id.	1　95	
Fagots.	id.	1　00	Le droit de 3 fr. le cent représente un droit de 80 c. par stère.
Charbon de bois, à l'exception du poussier	par sac ou voie de 2 hect.	1　00	Ces droits qui com-prennent celui de mesura-ge, ne seront plus perçus
Poussier	id.	0　50	qu'au fur et à mesure des ventes dans tous les chan-
Foin, sainfoin, luzerne et autres four-rages secs.	par 100 bottes de 5 kil.	5　00	tiers, sans exception.
Paille.	id.	2　00	
Avoine.	par hectolitre.	0　60	
Pâtés, terrines, viandes confites, écre-visses, homards, langoustes, poissons marinés ou à l'huile, truffes.	le kilogramme.	0　30	
Essence de térébenthine.	par 100 kilogrammes.	4　00	
Verres à vitres en tables.	le kilogramme.	0　15	

N° **336**. — *Ordonnance du roi relative à la vérification des poids et mesures.*

Du 21—29 décembre 1832.

Louis-Philippe, etc. ;

Sur le rapport de notre ministre secrétaire d'Etat au département du commerce et des travaux publics ;

Vu l'ordonnance royale des 18-28 décembre 1825 relative à la fixation et au recouvrement des rétributions pour subvenir aux frais de la vérification des poids et mesures (1) ;

Vu l'article 1er de la loi des finances du 21 avril 1832 ,

Notre conseil d'Etat entendu, etc.

1. Conformément à l'article 12 de l'ordonnance ci-dessus visée, un dégrèvement du dixième de la rétribution attachée à la vérification des poids et mesures est accordé, à partir du 1er janvier prochain, dans les communes où la révision périodique des instruments de pesage et de mesurage est annuelle.

2. Dans les autres localités, la rétribution ne sera plus réduite à la moitié ni levée annuellement, aux termes de l'article 16 de l'ordonnance précitée ; elle sera intégralement perçue une fois tous les deux ans seulement, sur un rôle publié et recouvrable dans le courant de l'exercice pendant lequel la vérification aura été faite.

3. A l'avenir, les rôles ne seront plus établis avant l'accomplissement des opérations ; les états-matrices seront, en conséquence, dressés par les agents des poids et mesures sur le résultat des vérifications exécutées en conformité des articles 10, 15 et 23 de l'ordonnance précité.

4. Pour accélérer la mise en recouvrement desdits rôles, la révision périodique commencera au 1er janvier de chaque année, et devra être terminée au 1er août suivant : les états-matrices seront confectionnés et remis aux directeurs des contributions directes, à mesure que les opérations seront terminées dans les communes, et , pour les villes, dans chaque quartier ou arrondissement de perception.

5. Les préfets fixeront, par des arrêtés, pour chaque commune, l'époque où la vérification commencera et celle où elle devra être terminée. A l'expiration du dernier délai ci-dessus, et après que la vérification aura eu lieu dans la commune, ceux qui, dans leur commerce, entreprise ou industrie, faisant usage de mesures ou de poids dans leurs achats, ventes et marchés, n'auraient pas soumis lesdits instruments à la vérification et au poinçon de l'année, seront poursuivis comme employant des poids et mesures différents de ceux qui sont légalement établis.

6. Avant la fin de chaque année, il sera dressé et publié des rôles supplémentaires, à raison des vérifications postérieures à l'expiration des délais fixés.

7. Le montant intégral des rôles sera exigible dans la quinzaine de leur publication.

8. Pour assurer l'effet des articles 24 et 26 de l'ordonnance du 18 décembre 1825, les balances, romaines, ou autres instruments de pesage autorisés ou tolérés, seront non-seulement poinçonnés à leur fabrication et inspectés dans leur usage, mais ces instruments seront désormais soumis à la vérification annuelle et au poinçonnage comme les autres poids et mesures.

La rétribution fixée par le tarif annexé à l'ordonnance ci-dessus pour la vérification primitive des balances-bascules et romaines tolé-

---

(1) Voir cette ordonnance, p. 426.

rées sera respectivement appliquée à la vérification périodique de ces sortes d'instruments, sous la remise du dixième dans les communes où elle doit avoir lieu suivant l'article 1er de la présente ordonnance : cette rétribution sera réduite à moitié pour les balances à bras égaux.

La vérification annuelle et la marque des balances et des romaines n'auront lieu qu'à partir du 1er janvier 1834.

9. La vérification imposée aux bureaux d'octroi ou autres offices publics, par l'article 23 de l'ordonnance précitée sera gratuite pour les établissements dépendant de l'administration municipale, y compris les hôpitaux et établissements de bienfaisance.

10. Les contraventions en matière de vérification des poids et mesures seront poursuivies conformément à l'article 471, nos 15, 479, 480 et 481 du nouveau Code pénal.

11. Continueront d'être exécutées les dispositions de l'ordonnance royale du 18 décembre 1825 auxquelles il n'a pas été dérogé par la présente.

12. Nos ministres secrétaires d'Etat du commerce et des travaux publics et des finances sont, chacun en ce qui le concerne, chargés de l'exécution de la présente ordonnance, qui sera insérée au *Bulletin des Lois.*

N° 337. — *Instruction du ministre du commerce, concernant les poids et mesures.*

Du 14 octobre 1833.

Monsieur le préfet, l'article 24 de l'ordonnance royale du 18 décembre 1825, en soumettant à la vérification primitive et au poinçonnage dès la fabrication, les balances, romaines et autres instruments de pesage autorisés ou tolérés, avait ajouté qu'ils ne seraient pas susceptibles de la vérification annuelle.

Sur des observations multipliées et des plaintes reçues au sujet des altérations que ces instruments pourraient souffrir, s'ils restaient dispensés de la vérification périodique, une ordonnance du roi, du 21 décembre dernier, a statué, article 8, que « les balances, romaines « ou autres instruments de pesage autorisés ou tolérés, seront non- « seulement poinçonnés à leur fabrication et inspectés dans leur « usage, mais que ces instruments seront désormais soumis à la véri- « fication annuelle et au poinçonnage comme les autres poids et me- « sures. » L'article ajoute que « la vérification annuelle et la marque « des balances et des romaines n'auront lieu qu'à partir du 1er jan- « vier 1834. »

En vous transmettant cette ordonnance, la circulation du 28 décembre prit soin de vous faire remarquer que cette vérification importante et annuelle exigeait un approvisionnement de poids suffisant pour éprouver ces instruments ; que ces poids n'existaient pas dans le *nécessaire* du vérificateur ; qu'on ne saurait les lui fournir et le grever des frais de leur transport, et qu'ainsi il était indispensable qu'il les trouvât dans les communes où il allait opérer. Je ne doute pas que vous n'y ayez tenu la main, d'autant que la dépense n'est pas considérable, et que ce n'est là qu'une faible partie de l'obligation qu'impose aux communes la loi du 1er août 1793, rappelée par l'article 6 de l'ordonnance du 18 décembre 1825.

Pour vérifier les balances, deux poids suffisent ;

Pour éprouver la romaine dans toute sa longueur, il en faut un plus grand nombre ; mais si les communes ne se les procuraient pas, vous ne devez pas laisser perdre de vue que la romaine est un instrument non autorisé, mais simplement toléré ; or, sans l'assortiment, la vérification ne pourrait s'en faire, et par conséquent la tolérance deviendrait impossible. C'est donc bien à ceux qui tiennent à leur ancien usage à faire ce qu'il faut pour prévenir la prohibition de leurs romaines, d'autant que, dès 1834, non poinçonnées, elles seront indispensablement saisies.

J'aime à croire que les assortiments se trouveront prêts partout ; je vous invite à insister pour que ceux qui manqueraient soient promptement procurés. Si dans quelques communes ce soin avait été négligé, il faudrait, pour cette première et dernière fois, souffrir que la vérification se fît avec des poids d'emprunt pourvu qu'ils eussent été dûment vérifiés et poinçonnés ; mais ce serait absolument sans conséquence, et vous auriez à faire savoir que cette tolérance ne pourrait se répéter.

Dans l'arrêté que vous avez à prendre pour les opérations générales de la vérification en 1834, vous devrez donc rappeler cette vérification des romaines et balances.

Il conviendra d'y ordonner :

1° Que la vérification des balances se fasse à domicile, même quand il y a autorisation de faire les autres opérations à la mairie. Il y aurait inconvénient à déplacer les balances ; il y en a peu à porter d'un domicile à l'autre le petit nombre de poids nécessaires ;

2° La vérification des romaines, au contraire, doit se faire aux siéges des mairies ou aux bureaux des chefs-lieux d'arrondissement, attendu que c'est là que doivent se trouver les assortiments de poids à y employer : le tout doit être réglé à la forme de l'ordonnance royale du 7 juin 1826. D'ailleurs, pour profiter d'une simple tolérance, les particuliers peuvent bien se prêter à ce petit déplacement ;

3° Les états-matrices seront dressés sur le nombre effectif des instruments vérifiés ; les tableaux du minimum, dressés conformément à l'article 15 de l'ordonnance de 1825, ne devaient comprendre ni les balances ni les romaines, l'ordonnance du 21 décembre dernier obligeant de les ajouter ; si l'on prend pour base la vérification effective de ces instruments, la rétribution n'en pourra faire naître aucune réclamation fondée.

Vous voudrez bien me soumettre votre projet d'arrêté, afin que je le munisse de mon approbation selon la règle, et d'autant plus nécessairement que cette approbation est spécialement exigée par l'ordonnance du 7 juin 1826 pour autoriser la vérification aux mairies.

Incessamment vous recevrez les poinçons qui doivent être appliqués aux instruments de pesage ; l'envoi en sera accompagné d'instructions relatives à leur apposition.

N° **338**. — *Ordonnance du roi, concernant l'établissement d'un nouveau marché de comestibles à Paris.*

Du 24 janvier 1834.

Louis-Philippe, etc. ;
Sur le rapport de notre ministre secrétaire d'Etat au département du commerce et des travaux publics ;
Notre conseil d'Etat entendu,
Nous avons ordonné et ordonnons ce qui suit :

1. Il sera établi un nouveau marché de comestibles dans la ville de Paris (Seine), sur un terrain appartenant à M. Bessas-Lamégie, et situé rue Saint-Maur, faubourg du Temple.
A cet effet, la ville de Paris est autorisée à traiter avec M. Bessas-

Lamégie, aux clauses et conditions exprimées dans la délibération municipale du 23 août 1833, pour l'établissement dudit marché, lequel devra être construit conformément au plan approuvé, le 21 juin dernier, par notre ministre secrétaire d'Etat du commerce et des travaux publics, et dont la propriété apparteindra immédiatement à la ville, moyennant la concession par cette dernière, pendant soixante-dix ans, au profit du soumissionnaire, du droit de location des places dudit marché, à raison de quinze et dix centimes par mètre et par jour.

2. Notre ministre secrétaire d'Etat au département du commerce et des travaux publics est chargé de l'exécution de la présente ordonnance.

N° **339.** — *Loi sur les crieurs publics.*

Du 16 février 1834.

1. Nul ne pourra exercer, même temporairement, la profession de crieur, de vendeur ou de distributeur, sur la voie publique, d'écrits, dessins ou emblèmes imprimés, lithographiés, autographiés, moulés, gravés ou à la main, sans autorisation préalable de l'autorité municipale.

Cette autorisation pourra être retirée.

Les dispositions ci-dessus sont applicables aux chanteurs sur la voie publique.

2. Toute contravention à la disposition ci-dessus sera punie d'un emprisonnement de six jours à deux mois pour la première fois, et de deux mois à un an, en cas de récidive. Les contrevenants seront traduits devant les tribunaux correctionnels, qui pourront, dans tous les cas, appliquer les dispositions de l'article 463 du Code pénal.

N° **340.** — *Loi sur l'organisation du conseil général et des conseils d'arrondissement de la Seine et de l'organisation municipale de la ville Paris.*

Au palais des Tuileries, le 20 avril 1834.

Louis-Philippe, etc.

Les chambres ont adopté, nous avons ordonné et ordonnons ce qui suit :

TITRE Ier.

Du conseil général du département de la Seine.

1. Le conseil général du département de la Seine se compose de quarante-quatre membres.

2. Les douze arrondissements de la ville de Paris nomment chacun trois membres du conseil général du département, et les deux arrondissements de Sceaux et de Saint-Denis chacun quatre. Les membres choisis par les arrondissements de Paris sont pris parmi les éligibles ayant leur domicile réel à Paris.

3. Les élections sont faites dans chaque arrondissement par des assemblées électorales convoquées par le préfet de la Seine.

Sont appelés à ces assemblées :

1° Tous les citoyens portés sur les listes électorales formées en vertu des dispositions de la loi du 19 avril 1831 ;

2º Les électeurs qui, ayant leur domicile réel à Paris, ne sont pas portés sur ces listes, parce qu'ils ont leur domicile politique dans un autre département où ils exercent et continueront d'exercer tous leurs droits d'électeurs, conformément aux lois existantes ;

3º Les officiers des armées de terre et de mer en retraite jouissant d'une pension de retraite de douze cents francs au moins, et ayant, depuis cinq ans, leur domicile réel dans le département de la Seine;

4º Les membres des cours, ceux des tribunaux de première instance et de commerce siégeant à Paris ;

5º Les membres de l'institut et autres sociétés savantes instituées par une loi;

6º Les avocats aux conseils du Roi et à la cour de cassation, les notaires et les avoués, après trois ans d'exercice de leurs fonctions dans le département de la Seine ;

7º Les docteurs et licenciés en droit inscrits depuis dix années non interrompues sur le tableau des avocats près les cours et tribunaux dans le département de la Seine ;

8º Les professeurs au collége de France, au muséum d'histoire naturelle, à l'école polytechnique, et les docteurs et licenciés d'une ou de plusieurs des Facultés de droit, de médecine, des sciences et des lettres, titulaires des chaires d'enseignement supérieur ou secondaire dans les écoles de l'État situées dans le département de la Seine ;

9º Les docteurs en médecine, après un exercice de dix années consécutives dans la ville de Paris, dûment constaté par le payement ou par l'exemption régulière du droit de patente.

4. Sont appliquées à la confection des listes les dispositions de la loi du 19 avril 1831 qui y sont relatives.

5. Aucun scrutin n'est valable si la moitié plus un des électeurs inscrits n'a voté.

Nul n'est élu s'il ne réunit la majorité absolue des suffrages exprimés.

Lorsqu'il y aura plusieurs membres du conseil général à élire, on procédera par scrutin de liste.

Après les deux premiers tours de scrutin, si l'élection n'est point faite, le bureau proclame les noms des candidats qui ont obtenu le plus de suffrages en nombre double de celui des membres à élire. Au troisième tour de scrutin, les suffrages ne pourront être valablement donnés qu'aux candidats ainsi proclamés.

Lorsque l'élection n'a pu être faite faute d'un nombre suffisant d'électeurs, ou est déclarée nulle pour quelque cause que ce soit, le préfet du département de la Seine assigne un jour, dans la quinzaine suivante, pour procéder de nouveau à l'élection.

6. Les colléges électoraux et leurs sections sont présidés par le maire, par ses adjoints suivant l'ordre de leur nomination, et par les conseillers municipaux de l'arrondissement ou de la commune où l'élection a lieu, suivant l'ordre de leur inscription au tableau.

Les quatre scrutateurs sont les deux plus âgés et les deux plus jeunes des électeurs présents; le bureau, ainsi constitué, désigne le secrétaire.

L'élection a lieu par un seul collége dans chacun des arrondissements de Sceaux et de Saint-Denis.

7. La tenue des assemblées électorales a lieu conformément aux dispositions contenues dans les articles 41, 43, 46, 47, 48, 49, 50, 51, 52, 53, 56 et 58 de la loi du 19 avril 1831, et les articles 50 et 51 de la loi du 21 mars 1831.

TITRE II.

Des conseils d'arrondissement du département de la Seine.

8. Les conseillers d'arrondissement sont élus dans chacun des cantons des arrondissements de Sceaux et de Saint-Denis, par des assemblées électorales composées des électeurs appartenant à chaque canton, et portés sur les listes, conformément aux dispositions des articles 3 et 4 de la présente loi.

9. Il n'y aura point de conseil d'arrondissement pour la ville de Paris.

10. Toutes les dispositions de la loi du 22 juin 1833, sur l'organisation départementale, qui ne sont pas contraires aux dispositions précédentes, sont applicables au conseil général du département de la Seine et aux conseils des arrondissements de Sceaux et de Saint-Denis.

TITRE III.

De l'organisation municipale de la ville de Paris.

11. Le corps municipal de Paris se compose du préfet du département de la Seine, du préfet de police, des maires, des adjoints et des conseillers élus par la ville de Paris.

12. Il y a un maire et deux adjoints pour chacun des douze arrondissements de Paris.

Ils sont choisis par le roi, pour chaque arrondissement, sur une liste de douze candidats nommés par les électeurs de l'arrondissement. Ils sont nommés pour trois ans, et toujours révocables.

13. En exécution de l'article précédent, les électeurs qui ont concouru, à Paris, à la nomination des membres du conseil général, sont convoqués, tous les trois ans, pour procéder, par un scrutin de liste, à la désignation de douze citoyens réunissant les conditions d'éligibilité que la loi a déterminées pour les membres du conseil général. Ces candidats sont indéfiniment rééligibles.

Pour que le scrutin soit valable, la majorité absolue des votes exprimés est nécessaire au premier tour ; la majorité relative suffit au second tour de scrutin.

14. Le conseil municipal de la ville de Paris se compose des trente-six membres qui, en exécution des articles 2 et 3, sont élus par les douze arrondissements de Paris pour faire partie du conseil général du département de la Seine.

15. Le roi nomme, chaque année, parmi les membres du conseil municipal, le président et le vice-président de ce conseil.

Le secrétaire est élu chaque année par les membres du conseil et parmi eux.

16. Le préfet de la Seine et le préfet de police peuvent assister aux séances du conseil municipal ; ils y ont voix consultative.

17. Le conseil municipal ne s'assemble que sur la convocation du préfet de la Seine. Il ne peut délibérer que sur les questions que lui soumet le préfet, et lorsque la majorité de ses membres assiste à la séance.

18. Il y a chaque année une session ordinaire, qui est spécialement consacrée à la présentation et à la discussion du budget. Cette session ne peut durer plus de six semaines. L'époque de la convocation doit être notifiée à chaque membre du conseil un mois au moins à l'avance.

19. Lorsqu'un membre du conseil a manqué à une session ordinaire et à trois convocations extraordinaires consécutives sans excuses légitimes ou empêchements admis par le conseil, il est déclaré démissionnaire par un arrêté du préfet, et il sera procédé à une élection nouvelle.

20. Les membres du conseil municipal prêtent serment la première fois qu'ils prennent séance, s'ils ne l'ont déjà prêté en qualité de membres du conseil général.

21. Les dispositions des articles 5, 6, 18, 19, 20, 21 de la loi du 21 mars 1831, relatifs aux incompatibilités, et l'article 11 de la loi du

22 juin 1833, relatif aux cas de vacance, sont applicables aux maires et adjoints et aux membres du conseil municipal de la ville de Paris.

Il en est de même des articles 27, 28, 29 et 30 de la loi du 21 mars 1831, relatifs à l'irrégularité des délibérations des conseils municipaux et à leur dissolution.

22. La présente loi sera mise à exécution avant le 1er janvier 1835.

La présente loi, discutée, délibérée et adoptée par la chambre des pairs et par celle des députés, et sanctionnée par nous cejourd'hui, sera exécutée comme loi de l'Etat.

N° **341**. — *Loi qui proroge celle du 21 avril 1832 relative aux réfugiés étrangers* (1).

1er-9 mai 1834.

1. La loi du du 21 avril 1832, relative aux réfugiés étrangers, est prorogée jusqu'à la fin de la session de 1836.

2. Tout réfugié étranger qui n'obéira pas à l'ordre qu'il aura reçu de sortir du royaume, conformément à l'article 2 de ladite loi, ou qui, ayant été expulsé, rentrera sans autorisation, sera puni d'un emprisonnement d'un mois à six mois.

Toutefois le tribunal pourra, s'il y a lieu, appliquer les dispositions de l'article 463 du Code pénal.

Cette peine sera appliquée dans le premier cas, par le tribunal de police correctionnelle du lieu où le réfugié avait sa résidence quand il a reçu l'ordre de sortir, et, dans le second cas, par le tribunal de police correctionnelle du lieu où le réfugié aura été arrêté.

N° **342**. — *Ordonnance du roi, portant règlement sur le commerce des charbons de bois dans Paris.*

Palais de Neuilly, les 5-21 juillet 1834.

Louis-Philippe, etc. ;

Sur le rapport de notre ministre secrétaire d'Etat au département du commerce ;

Vu les règlements relatifs au commerce du charbon de bois dans Paris, notamment l'ordonnance royale du 4 février 1824 ;

Le rapport de la commission instituée à l'effet d'examiner les changements et modifications dont ces règlements seraient susceptibles ;

L'article 471, paragraphe 4, du Code pénal ;

Les décrets et ordonnances des 15 octobre 1810, 14 janvier 1815 et 9 février 1825, sur les établissements dangereux, insalubres ou incommodes ;

La loi du 24 avril 1790, titre XI, et celle du 17 mars 1791, article 7 ;

Notre conseil d'Etat entendu,

Nous avons ordonné et ordonnons ce qui suit :

1. A l'avenir, les charbons de bois amenés à Paris, pourront être conduits directement, soit aux ports ou places, affectés à la vente, soit dans les magasins particuliers, soit au domicile du consommateur.

Le colportage dans les rues, en quête d'acheteur, demeure expressément interdit sous les peines de droit.

2. Les charbons amenés par eau pourront être vendus indistincte-

(1) V. les lois des 24-27 juillet 1839 et 3-14 août 1844.

ment, soit sur bateau dans les ports de vente, soit sur les places. Un règlement de police déterminera les lieux où pourra s'effectuer le déchargement des charbons amenés par bateau, pour être transportés sur les places de terre, ou dans les magasins particuliers.

3. Les bateaux de charbon seront admis indistinctement dans les ports de vente, suivant l'ordre d'arrivage aux points les plus rapprochés de Paris ;

Savoir : Choisy, pour les arrivages par la haute Seine ;

Charenton, pour les arrivages par la Marne ;

La Briche, pour les arrivages par la basse Seine ;

Le bassin de la Villette, pour les arrivages par le canal de l'Ourcq et celui de Saint-Denis.

Ils y séjourneront jusqu'à ce qu'ils puissent être admis dans les ports de vente ; néanmoins, les propriétaires auront toujours le droit de disposer de leurs charbons, soit en les faisant conduire par la rivière au port de déchargement, soit en les introduisant dans Paris par la voie de terre, soit en les dirigeant par l'une ou l'autre voie sur toute autre destination.

4. Les dispositions de l'article précédent ne recevront leur exécution qu'à dater du 1er janvier 1835.

5. Le tour de vente sur les places et dans les ports est supprimé. En conséquence, les charbons qui y seront amenés pourront être mis en vente simultanément.

6. Les consignataires des charbons qui sont actuellement établis sur les places sous le nom de *facteurs*, sont maintenus, mais leur intervention ne sera en aucun cas obligatoire, et tout marchand de charbon pourra, dans les marchés publics, vendre par lui-même ou par un mandataire de son choix.

Les facteurs sont nommés par le préfet de police, et sont révocables par lui.

7. Une partie de chaque marché, déterminée par des règlements de police, sera réservée spécialement aux charbons qui ne seraient pas destinés à être vendus par l'entremise des facteurs.

8. Il pourra être établi dans Paris des magasins particuliers pour la vente des charbons de bois : ces magasins devront être clos et couverts. Ils seront rangés parmi les établissements dangereux, insalubres ou incommodes de seconde classe.

9. Les lieux consacrés à la vente du charbon à la petite mesure, sont rangés dans la troisième classe des mêmes établissements. L'approvisionnement de chaque débitant ne pourra s'élever au delà de cent hectolitres.

10. Il sera pourvu par des règlements particuliers à la police des ports et places affectés à la vente du charbon de bois.

11. L'ordonnance royale du 4 février 1824 est rapportée.

12. Notre ministre secrétaire d'État au département du commerce est chargé de l'exécution de la présente ordonnance, qui sera insérée au *Bulletin des Lois*.

N° **343**. — *Loi qui autorise l'établissement d'un chemin de fer de Paris à Saint-Germain.*

Au palais de Neuilly, les 9—16 juillet 1835.

Louis-Philippe, etc.,

Nous avons proposé, les chambres ont adopté, nous avons ordonné et ordonnons ce qui suit :

1. L'offre faite par le sieur Emile Pereire d'exécuter, à ses frais,

risques et périls, un chemin de fer de Paris à Saint-Germain, est acceptée.

2. Toutes les clauses et conditions, soit à la charge de l'Etat, soit à la charge du sieur Emile Pereire, arrêtées, sous les dates des 20 mars et 12 mai 1835, par le ministre secrétaire d'Etat de l'intérieur, et acceptées, sous la date des mêmes jours, par ledit sieur Emile Pereire, recevront leur pleine et entière exécution.

Le cahier de ces clauses et conditions restera annexé à la présente loi.

3. Si les travaux ne sont pas commencés dans le délai d'une année, à partir de la promulgation de la présente loi, le sieur Emile Pereire, par ce seul fait, et sans qu'il y ait lieu à aucune mise en demeure, ni notification quelconque, sera déchu de plein droit de la concession du chemin de fer.

4. Si les travaux commencés ne sont pas achevés dans le délai de quatre ans, le concessionnaire, après avoir été mis en demeure, encourra la déchéance, et il sera pourvu à la continuation et à l'achèvement des travaux par le moyen d'une adjudication nouvelle, ainsi qu'il est réglé au cahier des charges.

5. Si le chemin de fer, une fois terminé, n'est pas constamment entretenu en bon état, il y sera pourvu d'office, à la diligence de l'administration et aux frais du concessionnaire. Le montant des avances faites sera recouvré par des rôles que le préfet du département rendra exécutoires.

La présente loi, discutée, délibérée et adoptée par la chambre des pairs et par celle des députés, et sanctionnée par nous cejourd'hui, sera exécutée comme loi de l'Etat.

Cahier de charges pour l'établissement d'un chemin de fer de Paris à Saint-Germain.

1. La compagnie s'engage à exécuter, à ses frais, risques et périls, et à terminer, dans le délai de quatre années au plus tard, à dater de la promulgation de la loi qui ratifiera, s'il y a lieu, la concession, ou plus tôt si faire se peut, tous les travaux nécessaires à l'établissement et à la confection d'un chemin de fer de Paris à Saint-Germain, et de manière que ce chemin soit praticable dans toutes ses parties à l'expiration du délai ci-dessus fixé.

2. Le chemin de fer partira de l'intérieur de Paris, et d'un point pris à droite ou à gauche de la rue Saint-Lazare. Il passera souterrainement sous les terrains de Tivoli, sous l'aqueduc de ceinture, le mur d'enceinte et la portion bâtie de la commune des Batignolles. Il se dirigera ensuite sur Asnières, et traversera la Seine en amont du pont d'Asnières. De là et par la garenne de Colombes, il suivra un tracé qui le rapprochera de nouveau de la rivière de la Seine, qu'il traversera une seconde fois en aval du pont de Chatou; de ce point, et par le bois du Vésinet, il viendra aboutir au nouveau pont du Pec, sur la rive droite de la Seine.

Le niveau des rails du chemin de fer, à l'entrée du souterrain vers la rue Saint-Lazare, se trouvera à seize mètres soixante-un centimètres en contre-bas du repère n° 258 du nivellement de la ville de Paris, incrusté sur le regard de l'aqueduc de ceinture de la barrière de Monceau.

La pente maximum du chemin de fer ne dépassera pas trois millimètres par mètre.

3. Dans le délai de six mois au plus, à dater de l'homologation de la concession, la compagnie devra soumettre à l'approbation de l'administration supérieure, rapporté sur un plan de cinq millimètres par mètre, le tracé définitif du chemin de fer de Paris à Saint-Germain, d'après les indications de l'article précédent. Elle indiquera, sur ce plan, la position et le tracé des gares de stationnement et d'évitement, ainsi que des lieux de chargement et de déchargement. A ce même plan devra être joint un profil en long, suivant l'axe du chemin de fer, et un devis explicatif comprenant la description des ouvrages.

En cours d'exécution, la compagnie aura la faculté de proposer les modifications qu'elle pourrait juger utile d'introduire ; mais ces modifications ne pourront être exécutées que moyennant l'approbation préalable et le consentement formel de l'administration supérieure.

4. Le chemin de fer aura deux voies au moins sur tout son développement.

5. La distance entre les bords intérieurs des rails ne pourra être moindre de un mètre quarante-quatre centimètres (1 m. 44 c.), et celle comprise entre les faces extérieures des rails ne pourra être de plus d'un mètre cinquante-six centimètres (1 m. 56 c.). L'écartement intérieur compris entre les rails de chaque voie ne sera pas moins d'un mètre quatre-vingts centimètres (1 m. 80 c.) excepté au passage des souterrains et des ponts où cette dimension pourra être réduite à un mètre quarante-quatre centimètres (1 m. 44 c.).

6. Les alignements devront se rattacher suivant des courbes dont le rayon minimum est fixé à huit cents mètres (800 m.), et dans le cas de ce rayon minimum, les raccordements devront, autant que possible, s'opérer sur des paliers horizontaux.

Le compagnie aura la faculté de proposer aux dispositions de cet article, comme à celles de l'article précédent, les modifications dont l'expérience pourra indiquer l'utilité et la convenance ; mais ces modifications ne pourront être exécutées que moyennant l'approbation préalable et le consentement formel de l'administration supérieure.

7 Il sera pratiqué au moins cinq gares entre Paris et Saint-Germain, indépendamment de celles qui seront nécessairement établies aux points de départ et d'arrivée.

Ces gares seront placées en dehors des voies et alternativement pour chaque voie. Leur longueur, raccordement compris, sera de deux cents mètres au moins ; leur emplacement et leur surface seront ultérieurement déterminés de concert entre la compagnie et l'administration.

8. A moins d'obstacles locaux, dont l'appréciation appartiendra à l'administration, le chemin de fer, à la rencontre des routes royales ou départementales, devra passer soit au-dessus, soit au-dessous de ces routes.

Les croisements de niveau seront tolérés pour les chemins vicinaux, ruraux et particuliers.

9. Lorsque le chemin de fer devra passer au-dessus d'une route royale ou départementale, l'ouverture du pont ne sera pas moindre de huit mètres (8 m.), dont six pour le passage des voitures et deux pour les trottoirs. La hauteur, sous clef, à partir de la chaussée de la route, sera de six mètres (6 m.) au moins ; la largeur entre les parapets sera de sept mètres (7 m.) et la hauteur de ces mêmes parapets de un mètre trente centimètres au moins (1 m. 30 c.)

10. Lorsque le chemin de fer devra passer au-dessous d'une route royale ou départementale, ou d'un chemin vicinal, la largeur entre les parapets du pont qui supportera la route ou le chemin, sera fixé au moins à huit mètres (8 m.) pour une route royale, à sept mètres (7m.) pour une route départementale, et à six mètres (6 m.) pour un chemin vicinal.

11. Lorsque le chemin de fer traversera une rivière, un canal ou un cours d'eau, le pont aura la largeur de voie et la hauteur de parapets fixées en l'article 9.

Quant à l'ouverture du débouché et à la hauteur sous clef au-dessus des eaux, elles seront déterminées par l'administration dans chaque cas particulier, suivant les circonstances locales.

12. Les ponts à construire à la rencontre des routes royales ou départementales, et des rivières ou canaux de navigation et de flottage, seront en maçonnerie ou en fer.

13. S'il y a lieu de déplacer les routes existantes, la déclivité des pentes ou rampes sur les nouvelles directions ne pourra pas excéder quatre centimètres par mètre pour les routes royales et départementales, et cinq centimètres pour les chemins vicinaux.

14. Les ponts à construire à la rencontre des routes royales et départementales, et des rivières ou canaux de navigation ou de flottage, ainsi que les déplacements des routes royales ou départementales, ne pourront être entrepris qu'en vertu de projets approuvés par l'administration supérieure.

Le préfet du département, sur l'avis de l'ingénieur en chef des ponts et chaussées et après les enquêtes d'usage, pourra autoriser le déplacement des chemins vicinaux et la construction des ponts à la rencontre de ces chemins, et des cours d'eau non navigables ni flottables.

15. Dans le cas où des chemins vicinaux, ruraux ou particuliers, seraient traversés à leur niveau par le chemin de fer, les rails ne pourront être élevés au-dessus ou abaissés au-dessous de la surface de ces chemins de plus de trois centimètres (0 m. 3 c.) ; les rails et le chemin de fer devront en outre être disposés de manière à ce qu'il n'en résulte aucun obstacle à la circulation.

Des barrières seront tenues fermées de chaque côté du chemin de fer, partout où cette mesure sera jugée nécessaire par l'administration. Un gardien, payé par la compagnie, sera constamment préposé à la garde et au service de ces barrières.

16. La compagnie sera tenue de rétablir et d'assurer à ses frais l'écoulement de toutes les eaux dont le cours serait arrêté, suspendu ou modifié par les travaux dépendant de l'entreprise.

Les aqueducs qui seront construits à cet effet sous les routes royales ou départementales seront en maçonnerie ou en fer.

17. A la rencontre des rivières flottables ou navigables, la compagnie sera tenue de prendre toutes les mesures et de payer tous les frais nécessaires pour que le service de la navigation et du flottage n'éprouve ni interruption ni entrave pendant l'exécution des travaux, et pour que ce service puisse se faire et se continuer après leur achèvement comme il avait lieu avant l'entreprise.

La même condition est expressément obligatoire, pour la compagnie, à la rencontre des routes royales et départementales, et autres chemins publics. A cet effet, des routes et ponts provisionnels seront construits par les soins et aux frais de la compagnie, partout où cela sera jugé nécessaire.

Avant que les communications existantes puissent être interceptées, les ingénieurs des localités devront reconnaître et constater si les travaux provisoires présentent une solidité suffisante, et s'ils peuvent assurer le service de la circulation.

Un délai sera fixé pour l'exécution et la durée de ces travaux provisoires.

18. Les souterrains destinés au passage du chemin de fer auront, pour deux voies, sept mètres de largeur (7 m.), entre les pieds-droits, au niveau des rails, et six mètres (6 m.) de hauteur sous clef, à partir de la surface du chemin. La distance verticale entre l'intrados et le dessus des rails extérieurs de chaque voie sera au moins de quatre mètres trente centimètres (4 m. 30 c.).

Si les terrains dans lesquels les souterrains seront ouverts présentaient des chances d'éboulement ou de filtration, la compagnie sera tenue de prévenir ou d'arrêter ce danger par des ouvrages solides et imperméables.

Aucun ouvrage provisoire ne sera toléré au delà de six mois de durée.

19. Les puits d'airage ou de construction des souterrains ne pourront avoir leur ouverture sur aucune voie publique, et là où ils seront ouverts, ils seront entourés d'une margelle en maçonnerie de deux mètres (2 m.) de hauteur.

20. Le chemin de fer sera clôturé et séparé des propriétés particulières par des murs ou des haies, ou des poteaux avec lisses, ou des fossés avec levées en terre.

Les barrières fermant les communications particulières s'ouvriront sur les terres, et non sur le chemin de fer.

21. Tous les terrains destinés à servir d'emplacement au chemin et à toutes ses dépendances, telles que gares de croisement et de stationnement, lieux de chargement ou de déchargement, ainsi qu'au rétablissement des communications déplacées ou interrompues et des nouveaux lits des cours d'eau, seront achetés et payés par la compagnie.

La compagnie est substituée aux droits, comme elle est soumise à toutes les obligations qui dérivent, pour l'administration, de la loi du 7 juillet 1833.

22. L'entreprise étant d'utilité publique, la compagnie est investie de tous les droits que les lois et règlements confèrent à l'administration elle-même, pour les travaux de l'Etat : elle pourra en conséquence se procurer, par les mêmes voies, les matériaux de remblai et d'empierrement nécessaires à la construction et à l'entretien du chemin de fer ; elle jouira, tant pour l'extraction que pour le transport et le dépôt des terres et matériaux, des privilèges accordés par les mêmes lois et règlements aux entrepreneurs de travaux publics, à la charge, par elle, d'indemniser à l'amiable les propriétaires des terrains endommagés, ou, en cas de non-accord, d'après les règlements arrêtés par le conseil de préfecture, sauf recours au conseil d'Etat ; sans que, dans aucun cas, elle puisse exercer de recours à cet égard contre l'administration.

23. Les indemnités pour occupation temporaire ou détérioration de terrains, pour chômage, modification ou destruction d'usines, pour tout dommage quelconque résultant des travaux, seront supportées et payées par la compagnie.

24. Pendant la durée des travaux, qu'elle exécutera d'ailleurs par des moyens et des agents de son choix, la compagnie sera soumise au contrôle et à la surveillance de l'administration. Ce contrôle et cette surveillance ne s'exerceront pas sur les détails particuliers de l'exécution des ouvrages: ils auront pour objet d'empêcher la compagnie de s'écarter des dispositions qui lui sont prescrites par le présent cahier de charges.

25. A mesure que les travaux seront terminés sur des parties du chemin de fer, de manière que ces parties puissent être livrées à la circulation, il sera procédé à leur réception par un ou plusieurs commissaires que l'administration désignera. Le procès-verbal du ou des commissaires délégués ne sera valable qu'après homologation par l'administration supérieure.

Après cette homologation, la compagnie pourra mettre en service lesdites parties de chemin de fer, et y percevoir les droits de péage et les frais de transport ci-après déterminés.

Toutefois, ces réceptions partielles ne deviendront définitives que par la réception générale et définitive du chemin de fer.

26. Après l'achèvement total des travaux, la compagnie fera faire, à ses frais, un bornage contradictoire et un plan cadastral de toutes les parties du chemin et de ses dépendances ; elle fera dresser également à ses frais, et contradictoirement avec l'administration, un état descriptif des ponts, aqueducs et autres ouvrages d'art qui auront été établis conformément aux conditions du présent cahier des charges.

Une expédition dûment certifiée des procès-verbaux de bornage, du plan cadastral et de l'état descriptif sera déposée, aux frais de la compagnie, dans les archives de l'administration des ponts et chaussées.

27. Le chemin de fer et toutes ses dépendances seront constamment entretenus en bon état, et de manière que la circulation soit toujours facile et sûre.

L'état du chemin et de ses dépendances sera reconnu annuellement, et plus souvent en cas d'urgence ou d'accidents, par un ou plusieurs commissaires que désignera l'administration.

Les frais d'entretien et ceux de réparations, soit ordinaires, soit extraordinaires, resteront entièrement à la charge de la compagnie.

Pour ce qui concerne cet entretien et ces réparations, la compagnie demeure soumise au contrôle et à la surveillance de l'administration.

28. Les frais de visite, de surveillance et de réception des travaux seront supportés par la compagnie.

Ces frais seront réglés par le directeur général des ponts et chaussées et des mines, sur la proposition du préfet du département, et la compagnie sera tenue d'en verser le montant dans la caisse du receveur général, pour être distribué à qui de droit.

En cas de non-versement dans le délai fixé, le préfet rendra un rôle exécutoire, et le montant en sera recouvré comme en matière de contributions publiques.

29. La compagnie ne pourra commencer aucuns travaux ni poursuivre aucune expropriation si, au préalable, elle n'a justifié valablement par-devant l'administration, de la constitution d'un fonds social montant à trois millions au moins, et de la réalisation en espèces d'une somme égale au cinquième de cette somme.

Si, dans le délai d'une année, à partir de l'homologation de la présente concession, la compagnie ne s'est pas mise en mesure de commencer les travaux conformément aux dispositions du paragraphe précédent, et si elle ne les a pas effectivement commencés, elle sera déchue de plein droit de la concession du chemin de fer, par ce seul fait, et sans qu'il y ait lieu à aucune mise en demeure ni notification quelconque.

Les plans généraux et particuliers, les devis estimatifs, les nivellements, profils, sondes et autres résultats d'opérations, rédigés ou recueillis aux frais et par les soins de la compagnie, deviendront la propriété du gouvernement. Moyennant la remise et l'abandon de ces divers documents, et pendant le délai seulement laissé par le second paragraphe du présent article pour l'ouverture des travaux, la compagnie pourra réclamer et obtiendra la restitution du cautionnement déposé pour garantie de sa soumission.

Les travaux une fois commencés, le cautionnement ne sera rendu que par cinquièmes et à mesure que la compagnie aura exécuté des travaux ou justifiera, par actes authentiques, avoir acquis et payé des terrains sur la ligne du chemin de fer pour des sommes doubles au moins de celles dont elle réclamera la restitution.

30. Faute, par la compagnie, d'avoir entièrement exécuté et terminé les travaux du chemin de fer dans les délais fixés par l'article 1er, faute aussi, par elle, d'avoir rempli les diverses obligations qui lui sont imposées par le présent cahier de charges, elle encourra la déchéance, et il sera pourvu, s'il y a lieu, à la continuation et à l'achèvement des travaux, par le moyen d'une adjudication qu'on ouvrira sur les clauses du présent cahier de charges, et sur une mise à prix des ouvrages déjà construits, des matériaux approvisionnés, des terrains achetés, des portions du chemin déjà mises en exploitation, et, s'il y a lieu, de la partie non encore restituée du cautionnement.

Cette adjudication sera dévolue à celui des nouveaux soumissionnaires qui offrira la plus forte somme pour les objets compris dans la mise à prix.

Les soumissions pourront être inférieures à la mise à prix.

La compagnie évincée recevra de la nouvelle compagnie concessionnaire la valeur que la nouvelle adjudication aura ainsi déterminée pour lesdits objets.

Si l'adjudication ouverte comme il vient d'être dit n'amène aucun résultat, une seconde adjudication sera tentée sur les mêmes bases, après un délai de six mois, et si cette seconde tentative reste également sans résultat, la compagnie sera définitivement déchue de tous droits à la présente concession, excepté cependant pour les parties de chemin de fer déjà mises en exploitation dont elle conservera la jouissance jusqu'au terme fixé par l'article 33, à la charge par elle, sur les parties non terminées, de remplir, pour les terrains qu'il ne serait pas reconnu utile de conserver à la voie publique, les prescriptions des articles 60 et suivants de la loi du 7 juillet 1833, d'enlever tous les matériaux, engins, machines, etc.; enfin, de faire disparaître toute cause de préjudice résultant des travaux exécutés pour les territoires sur lesquels ils seraient situés. Si, dans un délai qui sera fixé par l'administration, elle n'a pas satisfait à toutes ces obligations, elle y sera contrainte par toutes les voies de droit.

Les précédentes stipulations ne sont point applicables au cas où le retard ou la cessation des travaux proviendraient de force majeure régulièrement constatée.

31. La contribution foncière sera établie en raison de la surface des terrains occupés par le chemin de fer et par ses dépendances; la cote en sera calculée, comme pour les canaux, conformément à la loi du 25 avril 1803, dans la proportion assignée aux terres de meilleure qualité.

Les bâtiments et magasins dépendant de l'exploitation du chemin de fer seront assimilés aux propriétés bâties dans la localité.

32. L'administration arrêtera, de concert avec la compagnie, ou du moins après l'avoir entendue, les mesures et les dispositions nécessaires pour assurer la police, la sûreté, l'usage et la conservation du chemin de fer et des ouvrages qui en dépendent. Toutes les dépenses qu'entraînera l'exécution de ces mesures et de ces dispositions resteront à la charge de la compagnie.

La compagnie est autorisée à faire, sous l'approbation de l'administration, les règlements qu'elle jugera utiles pour le service et l'exploitation du chemin.

Les règlements dont il s'agit dans les deux paragraphes précédents seront obligatoires pour la compagnie et pour toutes celles qui obtiendraient ultérieurement l'autorisation d'établir des lignes de chemin de fer d'embranchement ou de prolongement, et en général pour toutes les personnes, qui emprunteraient l'usage du chemin de fer.

33. Pour indemniser la compagnie des travaux et dépenses qu'elle s'engage à faire par le présent cahier de charges, et sous la condition expresse qu'elle en remplira exactement toutes les obligations, le gouvernement lui concède, pendant le laps de quatre-vingt-dix-neuf ans, à dater de l'homologation de la présente concession, l'autorisation de percevoir les droits de péage et les prix de transport ci-après déterminés. Il est expressément entendu que les prix de transport ne seront dus à la compagnie qu'autant qu'elle effectuerait elle-même ce transport à ses frais et par ses propres moyens.

La perception aura lieu par kilomètre, sans égard aux fractions de distance : ainsi un kilomètre entamé sera payé comme s'il avait été parcouru; néanmoins, pour toute distance parcourue, moindre de six kilomètres, le droit sera perçu comme pour six kilomètres entiers.

Le poids du tonneau ou de la tonne est de mille kilogrammes. Les fractions de poids ne seront comptées que par quart de tonne : ainsi tout poids compris entre un quart et une demi-tonne payera comme une demi-tonne ; tout poids compris entre une demi-tonne et trois quarts de tonne payera comme trois quarts de tonne, etc.

TARIF.

Par tête et par kilomètre.	Péage.	Transport	TOTAL.
		PRIX de	
Voyageurs (non compris le dixième du prix des places dû au trésor public)..	0 05	0 025	0 075
Bestiaux..... . Bœufs, vaches, taureaux transportés par voitures.........................	0 06	0 04	0 10
Cheval, mulet, bêtes de trait............	0 04	0 02	0 06
Veaux et porcs.....................	0 01	0 01	0 02
Moutons, brebis, chèvres.............	0 01	0 0075	0 0175
Par tonne de houille et par kilomètre.................	0 05	0 03	0 08
Marchandises par tonne et par kilomètre — 1re CLASSE. Pierre à chaux et à plâtre, moellons, meulières, cailloux, sable, argile, tuiles, briques, ardoises, fumier et engrais, pavés et matériaux de toute espèce pour la construction et la réparation des routes.................	0 07	0 05	0 12
2e CLASSE. Blés, grains, farines, chaux et plâtres, minerais, coke, charbon de bois; bois à brûler (dit de corde), perches, chevrons, planches, madriers, bois de charpente, marbres en blocs, pierre de taille, bitume, fonte brute, fer en barres ou en feuilles, plomb en saumons......	0 09	0 05	0 14
3e CLASSE. Fontes moulées, fer et plomb ouvrés, cuivre et autres métaux ouvrés ou non; vinaigres, vins, boissons et spiritueux; huiles; cotons et autres lainages; bois de menuiserie, de teinture et autres bois exotiques; sucre, café, drogues, épiceries, denrées coloniales; objets manufacturés...............	0 10	0 06	0 16

Objets divers.

	Péage.	Transport	TOTAL.
Voitures sur plate-forme.........................	0 18	0 10	0 28
Machine locomotive, avec ou sans chariot, soit qu'elle remorque un convoi, ou qu'elle soit remorquée elle-même..	0 18	»	»
Et par tonne de son poids réel....................	»	0 06	»
Chaque wagon ou chariot ou autre voiture, destiné au transport sur le chemin de fer et y passant à vide.....	0 08	0 04	0 12
Les mêmes wagons ou voitures payeront comme voitures à vide, indépendamment du prix qui serait dû pour leur chargement, toutes les fois que ce chargement ne sera pas d'une tonne au moins................			

34. Les denrées, marchandises, effets, animaux, et autres objets non désignés dans le tarif précédent, seront rangés, pour les droits à percevoir, dans les classes avec lesquelles ils auraient le plus d'analogie.

35. Les droits de péage et les prix de transport déterminés au tarif précédent ne sont point applicables,

1° A toute masse indivisible pesant plus de trois mille kilogrammes :

2° A toute voiture pesant avec son chargement plus de quatre mille kilogrammes.

Néanmoins, la compagnie ne pourra se refuser ni à transporter les masses indivisibles pesant de trois à cinq mille kilogrammes, ni à laisser circuler toute voiture qui, avec son chargement, pèserait de quatre à huit mille kilogrammes; mais les droits de péage et les frais de transport seront augmentés de moitié.

La compagnie ne pourra être contrainte à transporter les masses indivisibles pesant plus de cinq mille kilogrammes, ni à laisser circuler les voitures qui, chargement compris, pèseraient plus de huit mille kilogrammes.

56. Les prix de transport déterminés au tarif précédent ne sont point applicables,

1° Aux denrées et objets qui, sous le volume d'un mètre cube, ne pèsent pas deux cents kilogrammes;

2° A l'or et à l'argent, soit en lingots, soit monnayés ou travaillés; au plaqué d'or ou d'argent, au mercure et au platine, ainsi qu'aux bijoux, pierres précieuses et autres valeurs;

3° Et, en général, à tout paquet ou colis pesant isolément moins de deux cent cinquante kilogrammes, à moins que ces paquets ou colis ne fassent partie d'envois pesant ensemble une demi-tonne et au delà, d'objets expédiés à ou par une même personne et d'une même nature, quoique emballés à part, tels que sucres, cafés, etc.

Dans les trois cas ci-dessus spécifiés les prix de transport seront librement débattus avec la compagnie.

57. Au moyen de la perception des droits et des prix réglés ainsi qu'il vient d'être dit, et sauf les exceptions stipulées ci-dessus, la compagnie contracte l'obligation d'exécuter constamment avec soin, exactitude et célérité, à ses frais et par ses propres moyens, le transport des voyageurs, bestiaux, denrées, marchandises et matières quelconques qui lui seront confiées.

58. Les agents et gardes que la compagnie établira, soit pour opérer la perception des droits, soit pour la surveillance et la police du chemin et des ouvrages qui en dépendent, pourront être assermentés, et seront, dans ce cas, assimilés aux gardes champêtres.

59. A l'époque fixée pour l'expiration de la présente concession, et par le fait seul de cette expiration, le gouvernement sera subrogé à tous les droits de la compagnie dans la propriété des terrains et des ouvrages désignés au plan cadastral mentionné dans l'article 26. Il entrera immédiatement en jouissance du chemin de fer, de toutes ses dépendances et de tous ses produits.

La compagnie sera tenue de remettre en bon état d'entretien le chemin de fer, les ouvrages qui le composent et ses dépendances, tels que gares, lieux de chargement et de déchargement, établissements aux points de départ et d'arrivée, maisons de gardes et de surveillants, bureaux de perception, machines fixes, et en général tous autres objets immobiliers qui n'auront pas pour destination distincte et spéciale le service des transports.

Dans les cinq dernières années qui précéderont le terme de la concession, le gouvernement aura le droit de mettre saisie-arrêt sur les revenus du chemin de fer, et de les employer à rétablir en bon état le chemin et toutes ses dépendances, si la compagnie ne se mettait pas en mesure de satisfaire pleinement et entièrement à cette obligation.

Quant aux objets mobiliers, tels que machines locomotives, wagons, chariots, voitures, matériaux, combustibles et approvisionnements de tout genre et objets immobiliers non compris dans l'énumération précédente, la compagnie en conservera la propriété, si mieux elle n'aime les céder à l'Etat, qui sera tenu, dans ce cas, de les reprendre à dire d'experts.

40. Dans le cas où le gouvernement ordonnerait ou autoriserait la construction de routes royales, départementales ou vicinales, de canaux ou de chemins de fer, qui traverseraient le chemin de fer projeté, la compagnie ne pourra mettre obstacle à ces traversées, mais toutes dispositions seront prises pour qu'il n'en résulte aucun obstacle à la construction ou au service du chemin de fer, ni aucuns frais particuliers pour la compagnie.

41. Toute exécution ou toute autorisation ultérieure de route, de canal, de chemin de fer, de travaux de navigation, dans la contrée où est situé le chemin de fer projeté, ou dans toute autre contrée voisine ou éloignée, ne pourra donner ouverture à aucune demande en indemnité de la part de la compagnie.

42. Le gouvernement se réserve expressément le droit d'accorder de nouvelles concessions de chemin de fer s'embranchant sur le chemin de fer de Paris à Saint-Germain, ou qui seraient établis en prolongement du même chemin.

La compagnie du chemin de fer de Paris à Saint-Germain ne pourra mettre aucun obstacle à ces embranchements ou prolongements, ni réclamer, à l'occasion de leur établissement, aucune indemnité quelconque, pourvu qu'il n'en résulte aucun obstacle à la circulation, ni aucuns frais particuliers pour la compagnie.

Les compagnies concessionnaires des chemins de fer d'embranchement ou en prolongement, auront la faculté, moyennant les tarifs ci-dessus déterminés, et l'observation des règlements de police et de service établis ou à établir, de faire circuler leurs voitures, wagons et machines sur le chemin de fer de Paris à Saint-Germain. Cette faculté sera réciproque pour ce dernier chemin à l'égard desdits embranchements et prolongements.

43. Si le chemin de fer doit s'étendre sur des terrains qui renferment des carrières, ou les traverser souterrainement, il ne pourra être livré à la circulation avant que les excavations qui pourraient en compromettre la solidité aient été remblayées ou consolidées. L'administration déterminera la nature et l'étendue des travaux qu'il conviendra d'entreprendre à cet effet, et qui seront d'ailleurs exécutés par les soins et aux frais de la compagnie du chemin de fer.

44. Si le gouvernement avait besoin de diriger des troupes et un matériel militaire sur l'un des points desservis par la ligne du chemin de fer, la compagnie serait tenue de mettre immédiatement à sa disposition aux prix déterminés par le tarif, tous les moyens de transport établis pour l'exploitation du chemin de fer.

45. La compagnie sera tenue de désigner l'un de ses membres pour recevoir les notifications ou les significations qu'il y aurait lieu de lui adresser. Le membre désigné fera élection de domicile à Paris.

En cas de non-désignation de l'un des membres de la compagnie, ou de non-élection de domicile par le membre désigné, toute signification ou notification adressée à la compagnie, prise collectivement, sera valable lorsqu'elle sera faite au secrétariat général de la préfecture de la Seine.

46. Les contestations qui s'élèveraient entre la compagnie concessionnaire et l'administration au sujet de l'exécution ou de l'interprétation des clauses du présent cahier de charges, seront jugées administrativement par le conseil de préfecture du département de la Seine, sauf recours au conseil d'Etat.

47. Le présent cahier de charges ne sera passible que du droit fixe de un franc.

48. La concesison ne sera valable et définitive qu'après l'homologation de la loi.

Proposé par le conseiller d'Etat directeur général des ponts et chaussées et des mines.

Paris, le 19 mars 1835.   Signé Legrand.

Approuvé, le 20 mars 1835.

                                Le ministre secrétaire d'Etat au département
                                de l'intérieur,   Signé A. Thiers.

Accepté le présent cahier de charges dans toute sa teneur.

Paris, le 20 mars 1835.   Signé Emile Pereire.

Vu et paraphé *ne varietur.*

                    Le président de la chambre des députés,   Signé Dupin.

Vu pour être annexé à la loi du 9 juillet 1835.

                    Le ministre de l'intérieur,   Signé A. Thiers.

Clauses supplémentaires ajoutées au cahier des charges approuvé le 20 *mars* 1835 *par M. le ministre de l'intérieur, et accepté le même jour par le concessionnaire.*

1° Il est expressément stipulé que la compagnie, dans les modifications qu'elle est autorisée à proposer, en vertu du second paragraphe de l'article 3, ne pourra ni s'écarter du tracé général, ni excéder le maximum de pente indiqué dans l'article 2.

2° Les fossés qui serviront de clôture au chemin de fer auront au moins un mètre de profondeur à partir de leurs bords relevés.

3° Dans l'article 24 du cahier des charges, les mots : « *ne s'exerceront pas sur les détails particuliers de l'exécution des ouvrages ; ils* » seront supprimés.

4° Les ponts à construire sur la Seine pourront être construits avec travées en bois et piles et culées en maçonnerie; mais il sera donné à ces piles et culées l'épaisseur nécessaire pour qu'il soit possible, ultérieurement, de substituer aux travées en bois, soit des travées en fer, soit des arches en maçonnerie.

5° Indépendamment des conditions stipulées à l'article 29, la compagnie, avant de pouvoir mettre la main à l'œuvre, sera tenue de porter à trois cent mille francs le cautionnement de deux cent mille francs qu'elle a déjà déposé pour première garantie de sa soumission.

Ce complément de cautionnement aura lieu soit en numéraire, soit en rentes sur l'Etat, soit en autres effets du trésor, avec transfert, au nom de la caisse des dépôts et consignations, de celles de ces valeurs qui seraient nominatives ou à ordre.

6° Dans le cas de déchéance prévu par le second paragraphe de l'article 29, et par dérogation spéciale au troisième paragraphe de ce même article, la moitié du cautionnement déposé par la compagnie deviendra la propriété du gouvernement et restera acquis au trésor public; l'autre moitié seulement sera restituée moyennant la remise et l'abandon à l'Etat des plans généraux et particuliers, des devis estimatifs, nivellements, profils, sondes et autres résultats d'opérations, rédigés ou recueillis aux frais et par les soins de la compagnie.

Les travaux une fois commencés, le cautionnement ne sera rendu que par cinquième, ainsi qu'il est stipulé au dernier paragraphe dudit article 29; néanmoins, le dernier cinquième ne sera remis qu'après l'achèvement et la réception définitive des travaux.

7° Le troisième paragraphe de l'article 33 sera modifié ainsi qu'il suit :

Le poids du tonneau ou de la tonne est de mille kilogrammes; les fractions de poids ne seront comptées que par dixième de tonne : ainsi, tout poids au-dessous de cent kilogrammes payera comme pour cent kilogrammes ; tout poids compris entre cent et deux cents kilogrammes payera comme pour deux cents kilogrammes, etc.

8° Les quatrième et cinquième paragraphes de l'article 36 seront modifiés ainsi qu'il suit :

Et en général à tout paquet ou colis pesant isolément moins de cent kilogrammes, à moins que ces paquets ou colis ne fassent partie d'envois pesant ensemble plus de deux cents kilogrammes ou au delà, d'objets expédiés à ou par une même personne et d'une même nature quoiqu'emballés à part, tels que sucres, cafés, etc.

Dans les trois cas ci-dessus spécifiés, les prix de transport seront librement débattus avec la compagnie.

Néanmoins, au-dessus de cent kilogrammes et quelle que soit la distance parcourue, le prix de transport d'un colis ne pourra être taxé a moins de quarante centimes (0 fr. 40 c.).

9° Chaque voyageur pourra porter avec lui un bagage dont le poids n'excédera pas quinze kilogrammes, sans être tenu pour le port de ce bagage à aucun supplément pour le prix de sa place.

10° Les frais acccessoires non mentionnés au tarif, tels que ceux de chargement, de déchargement et d'entrepôt dans les gares et magasins de la compagnie, seront fixés par un règlement qui sera soumis à l'approbation de l'administration supérieure.

Proposé à l'approbation de M. le ministre de l'intérieur.

Paris, le 12 mai 1835.

Le conseiller d'État directeur général des ponts et chaussées et des mines,   Signé LEGRAND.

Approuvé : Paris, le 12 mai 1835.

Le ministre secrétaire d'État de l'intérieur,   Signé A. THIERS.

Accepté dans toute leur teneur les clauses supplémentaires ci-dessus énoncées.

Paris, le 12 mai 1835.   Signé EMILE PEREIRE.

Vu pour être annexé à la loi du 9 juillet 1835.

Le ministre de l'intérieur,   Signé A. THIERS.

N° **344**.—*Loi sur les crimes, délits et contraventions de la presse et des autres moyens de publication.*

Des 9—9 septembre 1835.

TITRE Ier.

Des crimes, délits et contraventions.

1. Toute provocation par l'un des moyens énoncés en l'article 1er de la loi du 17 mai 1819, aux crimes prévus par les articles 86 et 87 du Code pénal, soit qu'elle ait été ou non suivie d'effet, est un attentat à la sûreté de l'État.

Si elle a été suivie d'effet, elle sera punie conformément à l'article 1er de la loi du 17 mai 1819.

Si elle n'a pas été suivie d'effet, elle sera punie de la détention et d'une amende de dix mille à cinquante mille francs.

Dans l'un comme dans l'autre cas, elle pourra être déférée à la chambre des pairs, conformément à l'article 28 de la charte.

2. L'offense au roi, commise par les mêmes moyens, lorsqu'elle a pour but d'exciter à la haine ou au mépris de sa personne ou de son autorité constitutionnelle, est un attentat à la sûreté de l'État.

Celui qui s'en rendra coupable sera jugé et puni conformément aux deux derniers paragraphes de l'article précédent.

3. Toute autre offense au roi sera punie conformément à l'article 9 de la loi du 17 mai 1819.

4. Quiconque fera remonter au roi le blâme ou la responsabilité des actes de son gouvernement, sera puni d'un emprisonnement d'un mois à un an, et d'une amende de cinq cents à cinq mille francs.

5. L'attaque contre le principe ou la forme du gouvernement établi par la charte de 1830, tels qu'ils sont définis par la loi du 29 novembre 1830, est un attentat à la sûreté de l'État, lorsqu'elle a pour but d'exciter à la destruction ou au changement du gouvernement.

Celui qui s'en rendra coupable sera jugé et puni conformément aux deux derniers paragraphes de l'article 1er.

6. Toute autre attaque prévue par la loi du 29 novembre 1830 continuera d'être punie conformément aux dispositions de cette loi.

7. Seront punis de peines prévues par l'article précédent ceux qui auront fait publiquement acte d'adhésion à toute autre forme de gouvernement, soit en attribuant des droits au trône de France aux personnes bannies à perpétuité par la loi du 10 avril 1832, ou à tout autre que Louis-Philippe 1er et sa descendance;

Soit en prenant la qualification de républicain ou toute autre incompatible avec la charte de 1830;

Soit en exprimant le vœu, l'espoir ou la menace de la destruction de l'ordre monarchique constitutionnel, ou de la restauration de la dynastie déchue.

8. Toute attaque contre la propriété, le serment, le respect dû aux lois; toute apologie de faits qualifiés crimes ou délits par la loi pénale; toute provocation à la haine entre les diverses classes de la société, sera punie des peines portées par l'article 8 de la loi du 17 mai 1819.

Néanmoins, dans les cas prévus par le paragraphe précédent et par l'article 8 de la loi précitée, les tribunaux pourront, selon les circonstances, élever les peines jusqu'au double du *maximum*.

9. Dans tous les cas de diffamation prévus par les lois, les peines qui y sont portées pourront, suivant la gravité des circonstances, être élevées au double du *maximum*, soit pour l'emprisonnement, soit pour l'amende. Le coupable pourra, en outre, être interdit, en tout ou en partie, des droits mentionnés dans l'article 42 du Code pénal, pendant un temps égal à la durée de l'emprisonnement.

10. Il est interdit aux journaux et écrits périodiques de rendre compte des procès pour outrages ou injures, et des procès en diffamation, où la preuve des faits diffamatoires n'est pas admise par la loi; ils pourront seulement annoncer la plainte sur la demande du plaignant : dans tous les cas, ils pourront insérer le jugement.

Il est interdit de publier les noms des jurés, excepté dans le compte rendu de l'audience où le jury aura été constitué.

Il est interdit de rendre compte des délibérations intérieures, soit des jurés, soit des cours et tribunaux.

L'infraction à ces diverses prohibitions sera poursuivie devant les tribunaux correctionnels, et punie d'un emprisonnement d'un mois à un an et d'une amende de cinq cents à cinq mille francs.

11. Il est interdit d'ouvrir ou annoncer publiquement des souscriptions ayant pour objet d'indemniser des amendes, frais, dommages et intérêts, prononcés par des condamnations judiciaires. Cette infraction sera jugée et punie comme à l'article précédent.

12. Les dispositions de l'article 10 de la loi du 9 juin 1819 sont applicables à tous les cas prévus par la présente loi. En cas de seconde ou ultérieure condamnation contre le même gérant ou contre le même journal, dans le cours d'une année, les cours et tribunaux pourront prononcer la suspension du journal pour un temps qui n'excédera pas deux mois, suivant la loi du 18 juillet 1828. Cette suspension pourra être portée à quatre mois, si la condamnation a eu lieu pour crime.

Les peines prononcées par la présente loi et par les lois précédentes sur la presse et autres moyens de publication ne se confondront point entre elles, et seront toutes intégralement subies, lorsque les faits qui y donneront lieu seront postérieurs à la première poursuite.

TITRE II.

Du gérant des journaux et écrits périodiques.

13. Le cautionnement que les propriétaires de tout journal ou écrit périodique sont tenus de fournir, sera versé, en numéraire, au trésor, qui en payera l'intérêt au taux réglé pour les cautionnements.

Le taux de ce cautionnement est fixé comme il suit :

Si le journal ou écrit périodique paraît plus de deux fois par semaine, soit à jour fixe, soit par livraison et irrégulièrement, le cautionnement sera de cent mille francs.

Le cautionnement sera de soixante-quinze mille francs, si le journal ou écrit périodique ne paraît que deux fois par semaine.

Il sera de cinquante mille francs si le journal ou écrit périodique ne paraît qu'une fois la semaine.

Il sera de vingt-cinq mille francs, si le journal ou écrit périodique paraît seulement plus d'une fois par mois.

Le cautionnement des journaux quotidiens publiés dans les départements autres que ceux de la Seine, Seine-et-Oise, Seine-et-Marne, sera de vingt-cinq mille francs dans les villes de cinquante mille âmes et au-dessus.

Il sera de quinze mille francs dans les villes au-dessous, et respectivement de la moitié de ces deux sommes, pour les journaux et écrits périodiques qui paraissent à des termes moins rapprochés.

Il est accordé, aux propriétaires des journaux ou écrits périodiques actuellement existants, un délai de quatre mois pour se conformer à ces dispositions.

14. Continueront à être dispensés de tout cautionnement les journaux et écrits périodiques mentionnés en l'article 3 de la loi du 18 juillet 1828.

15. Chaque gérant, responsable d'un journal ou écrit périodique, devra posséder, en son propre et privé nom, le tiers du cautionnement.

Dans le cas où, soit des cessions totales ou partielles du cautionnement appartenant à un gérant, soit des jugements passés en force de chose jugée, prononçant la validité de saisies-arrêts formées sur ce cautionnement, seraient signifiés au trésor, le gérant sera tenu de rapporter, dans les quinze jours de la notification qui lui en sera faite, soit la rétrocession, soit la mainlevée de la saisie-arrêt ; faute de quoi le journal devra cesser de paraître, sous les peines portées en l'article 6 de la loi du 9 juin 1819.

16. Conformément à l'article 8 de la loi du 18 juillet 1828, le gérant d'un journal ou écrit périodique sera tenu de signer, en minute, chaque numéro de son journal.

Toute infraction à cette disposition sera poursuivie devant les tribunaux correctionnels et punie d'un amende de cinq cents à trois mille francs.

17. L'insertion des réponses et rectifications prévues par l'article 11 de la loi du 25 mars 1822 devra avoir lieu dans le numéro qui suivra le jour de la réception ; elle aura lieu intégralement, et sera gratuite : le tout sous les peines portées par ladite loi.

Toutefois, si la réponse a plus du double de la longueur de l'article auquel elle sera faite, le surplus de l'insertion sera payé suivant le tarif des annonces.

18. Tout gérant sera tenu d'insérer, en tête du journal, les documents officiels, relations authentiques, renseignements et rectifications qui lui seront adressés par tout dépositaire de l'autorité publique ; la publication devra avoir lieu le lendemain de la réception des pièces, sous la seule condition du payement des frais d'insertion.

Toute autre insertion, réclamée par le gouvernement, par l'intermédiaire des préfets, sera faite de la même manière, sous la même condition, dans le numéro qui suivra le jour de la réception des pièces.

Les contrevenants seront punis par les tribunaux correctionnels, conformément à l'article 11 de la loi du 25 mars 1822.

19. En cas de condamnation contre un gérant, pour crime, délit ou contravention de la presse, la publication du journal ou écrit périodique ne pourra avoir lieu, pendant toute la durée des peines d'emprisonnement et d'interdiction des droits civils, que par un autre gérant remplissant toutes les conditions exigées par la loi.

Si le journal n'a qu'un gérant, les propriétaires auront un mois pour en présenter un nouveau, et, dans l'intervalle, ils seront tenus de désigner un rédacteur responsable. Le cautionnement entier demeurera affecté à cette responsabilité.

TITRE III.

Des dessins, gravures, lithographies et emblèmes.

20. Aucun dessin, aucunes gravures, lithographies, médailles et estampes, aucun emblème, de quelque nature et espèce qu'ils soient, ne pourront être publiés, exposés ou mis en vente sans autorisation préalable du ministre de l'intérieur, à Paris, et des préfets, dans les départements.

En cas de contravention, les dessins, gravures, lithographies, médailles, estampes ou emblèmes, pourront être confisqués, et le publicateur sera condamné, par les tribunaux correctionnels, à un emprisonnement d'un mois à un an, et à une amende de cent francs à mille francs, sans préjudice des poursuites auxquelles pourraient donner lieu la publication, l'exposition et la mise en vente desdits objets.

TITRE IV.

Des théâtres et des pièces de théâtre.

21. Il ne pourra être établi, soit à Paris, soit dans les départements, aucun théâtre ni spectacle, de quelque nature qu'ils soient, sans l'autorisation préalable du ministre de l'intérieur à Paris, et des préfets dans les départements.

La même autorisation sera exigée pour les pièces qui y seront représentées.

Toute contravention au présent article sera punie, par les tribunaux correctionnels, d'un emprisonnement d'un mois à un an et d'une amende de mille francs à cinq mille francs, sans préjudice, contre les contrevenants, des poursuites auxquelles pourront donner lieu les pièces représentées.

22. L'autorité pourra toujours, pour des motifs d'ordre public, suspendre la représentation d'une pièce, et même ordonner la clôture provisoire du théâtre.

Ces dispositions et celles contenues en l'article précédent sont applicables aux théâtres existants.

23. Il sera pourvu, par un règlement d'administration publique, qui sera converti en loi dans la session de 1837, au mode d'exécution des dispositions précédentes, qui n'en demeurent pas moins exécutoires à compter de la promulgation de la présente loi.

TITRE V.

De la poursuite et du jugement.

24. Le ministère public aura la faculté de faire citer directement à trois jours les prévenus devant la cour d'assises, même lorsqu'il y aura eu saisie préalable des écrits, dessins, gravures, lithographies, médailles ou emblèmes. Néanmoins, la citation ne pourra être donnée, dans ce dernier cas, qu'après la signification, au prévenu, du procès-verbal de saisie.

25. Si, au jour fixé par la citation, le prévenu ne se présente pas, il sera statué par défaut.

L'opposition à cet arrêt devra être formée dans les cinq jours à partir de la signification, à peine de nullité.

L'opposition emportera de plein droit citation à la première audience.

Toute demande en renvoi devra être présentée à la cour avant l'appel et le tirage au sort des jurés.

Lorsque cette dernière opération aura commencé en présence du prévenu, l'arrêt à intervenir sur le fond sera définitif et non susceptible d'opposition, quand même il se retirerait de l'audience après le tirage du jury ou durant le cours des débats.

26. Le pourvoi en cassation contre les arrêts qui auront statué tant sur les questions de compétence que sur des incidents, ne sera formé qu'après l'arrêt définitif et en même temps que le pourvoi contre cet arrêt.

Aucun pourvoi formé auparavant ne pourra dispenser la cour d'assises de statuer sur le fond.

27. Si, au moment où le ministère public exerce son action, la session de la cour d'assises est terminée, et s'il ne doit pas s'en ouvrir d'autre à une époque rapprochée, il sera formé une cour d'assises extraordinaire par ordonnance motivée du premier président. Cette ordonnance prescrira le tirage au sort des jurés, conformément à l'article 388 du Code d'instruction criminelle, et elle désignera le conseiller qui doit présider.

Dans les chefs-lieux des départements où ne siègent pas les cours royales, le président du tribunal de première instance sera, de droit, président de la cour d'assises, si le ministre de la justice ou le premier président n'en ont pas désigné un autre

Disposition générale.

28. Les dispositions des lois antérieures, qui ne sont pas contraires à la présente, continueront d'être exécutées selon leurs forme et teneur.

N° **345**. — *Loi sur les cours d'assises.*

Des 9-9 septembre 1835.

1. Les crimes prévus dans le paragraphe 1er de la section 4 du chapitre 3 du titre 1er du livre 3 du Code pénal, ou dans la loi du 24 mai 1834, seront jugés selon les formes déterminées dans la présente loi.

2. Le ministre de la justice pourra ordonner qu'il soit formé autant de sections de cours d'assises que le besoin du service l'exigera, pour procéder simultanément au jugement des prévenus.

3. Lorsque, sur le vu de la procédure communiquée conformément à l'article 61 du Code d'instruction criminelle, le procureur général estimera que la prévention est suffisamment établie contre un ou plusieurs inculpés, il se fera remettre les pièces d'instruction, le procès-verbal constatant le corps du délit, et l'état des pièces de conviction qui seront apportées au greffe de la cour royale.

4. Dans le cas prévu par l'article précédent, le procureur général pourra saisir la cour d'assises en vertu de citations données directement aux prévenus en état d'arrestation.

5. A cet effet, le procureur général adressera son réquisitoire au président de la cour d'assises, pour obtenir indication du jour auquel les débats devront s'ouvrir. Ce réquisitoire sera rédigé dans la forme établie par l'article 241 du Code d'instruction criminelle.

6. Le réquisitoire et l'ordonnance contenant indication du jour de l'audience seront signifiés aux prévenus dix jours au moins avant l'ouverture des débats, par un huissier que le président de la cour d'assises commettra. Il leur en sera laissé copie.

7. Le pourvoi en cassation contre les arrêts qui auront statué tant sur la compétence que sur les incidents, ne sera formé qu'après l'arrêt définitif, et en même temps que le pourvoi contre cet arrêt.

Aucun pourvoi formé auparavant ne pourra dispenser la cour d'assises de statuer sur le fond.

8. Au jour indiqué pour la comparution à l'audience, si les prévenus ou quelques-uns d'entre eux refusent de comparaître, sommation d'obéir à justice leur sera faite au nom de la loi, par un huissier commis à cet effet par le président de la cour d'assises, et assisté de la force publique. L'huissier dressera procès-verbal de la sommation et de la réponse des prévenus.

9. Si les prévenus n'obtempèrent point à la sommation, le président pourra ordonner qu'ils soient amenés par la force devant la cour ; il pourra également, après lecture faite à l'audience, du procès-verbal constatant leur résistance, ordonner que, nonobstant leur absence, il soit passé outre aux débats.

Après chaque audience, il sera, par le greffier de la cour d'assises, donné lecture aux prévenus qui n'auront point comparu au procès-verbal des débats, et il leur sera signifié copie des réquisitoires du ministère public, ainsi que des arrêts rendus par la cour, qui seront tous réputés contradictoires.

10. La cour pourra faire retirer de l'audience et reconduire en prison tout prévenu qui, par des clameurs ou tout autre moyen propre à causer du tumulte, mettrait obstacle au libre cours de la justice, et, dans ce cas, il sera procédé aux débats et au jugement comme il est dit aux deux articles précédents.

11. Tout prévenu ou toute personne présente à l'audience d'une cour d'assises, qui causerait du tumulte pour empêcher le cours de la justice, sera, audience tenante, déclaré coupable de rébellion et puni d'un emprisonnement qui n'excédera pas deux ans, sans préjudice des peines portées au Code pénal contre les outrages et violences envers les magistrats.

12. Les dispositions des articles 8, 9, 10 et 11 s'appliquent au jugement de tous les crimes et délits devant toutes les juridictions.

N° **346**. — *Ordonnance du roi concernant le recrutement du corps des sapeurs-pompiers de la ville de Paris* (1).

Paris, 17 février 1836.

Louis-Philippe, etc. ;

Sur le rapport de notre ministre de la guerre, nous avons ordonné et ordonnons ce qui suit :

1. En cas d'insuffisance des engagements et rengagements volontaires et des admissions de militaires provenant des divers corps de l'armée qui, d'après les articles 6 et 10 de l'ordonnance du 7 novembre 1821, concourent au recrutement successif du corps des sapeurs-pompiers de la ville de Paris, ce corps sera complété chaque année par des jeunes soldats de la nouvelle levée, et dont la taille sera d'un mètre six cent vingt-cinq millimètres au moins.

N° **347**. — *Loi relative aux droits de navigation intérieure* (2).

Paris, 9-16 juillet 1836.

Louis-Philippe, etc.

1. A dater du 1er janvier 1837, le droit de navigation intérieure ou de péage spécialisé sur toute la partie navigable ou flottable des fleuves et rivières dénommés au tableau A, annexé à la présente loi, sera imposé par distance de cinq kilomètres, en raison de la charge réelle des bateaux en tonneaux de mille kilogrammes, ou du volume des trains en décastères.

Ce droit sera perçu, pour chaque cours de navigation, conformément au tarif fixé par ledit tableau, sans préjudice, quant à la rivière d'Oise, des dispositions établies par l'ordonnance du 13 juillet 1825, rendue en exécution de la loi du 5 août 1821.

Les droits de navigation sur le canal du Centre seront réduits conformément au tableau B ci-annexé.

Une ordonnance royale déterminera l'époque où cette réduction aura son effet.

2. Le nombre des tonneaux imposables sera déterminé, au moment du jaugeage des bateaux, et pour chaque degré d'enfoncement, par la différence entre le poids de l'eau que déplacera le bateau chargé et celui de l'eau que déplacera le bateau vide, y compris les agrès.

Le degré d'enfoncement sera indiqué au moyen d'échelles métriques incrustées dans le bordage extérieur du bateau.

Les espaces laissés vides entre les coupons des trains et ceux dans

---

(1) Voir les ordonnances royales des 15 août 1836, 15 octobre 1840 et 23 septembre-9 octobre 1841.

(2) Voir la loi du 15 octobre 1836.

lesquels seraient placés des tonneaux pour maintenir les trains à flot, ne seront point compris dans le cubage.

3. Les marchandises ci-après dénommées seront soumises au droit fixé pour la deuxième classe du tarif :

1° Les bois de toute espèce autres que les bois étrangers d'ébénisterie ou de teinture, le charbon de bois ou de terre, le coke et la tourbe, le écorces et les tans ;

2° Le fumier, les cendres et les engrais de toute sorte ;

3° Les marbres et granits bruts ou simplement dégrossis, les pierres et moellons, les laves, les grès, le tuf, la marne et les cailloux ;

4° Le plâtre, le sable, la chaux, le ciment, les briques, tuiles, carreaux et ardoises ;

Enfin, le minerai, le verre cassé, les terres et ocres.

Toutes les marchandises non désignées ci-dessus seront imposées à la première classe du tarif.

4. Les bateaux chargés de marchandises donnant lieu à la perception de deux droits différents seront soumis au droit le plus élevé, tant à la remonte qu'à la descente, à moins que les marchandises imposées comme étant de première classe ne forment pas le dixième de celles qui seront transportées ; auquel cas, chaque droit sera appliqué séparément aux deux parties du chargement.

5. Tout bateau sur lequel il y aura des voyageurs payera le droit imposé à la première classe du tarif, quelle que soit la nature du chargement.

Il sera ajouté aux poids reconnus un dixième de tonneau pour chaque voyageur qui serait descendu du bateau avant la vérification.

6. La régie des contributions indirectes pourra consentir des abonnements payables par mois, d'avance, ou par voyage :

1° Pour les bateaux qui servent habituellement au transport des voyageurs ou des marchandises d'un port à un autre ;

2° Pour ceux de petite capacité, lorsqu'ils n'iront pas au delà de trois distances du port auquel ils appartiennent ;

7. Les trains chargés de marchandises quelconques seront imposés à un droit double de celui qui sera perçu pour les trains non chargés.

Le droit sur les trains sera réduit de moitié pour toute la partie des rivières où la navigation ne peut avoir lieu avec des bateaux.

8. Les bascules à poisson seront imposées en raison de leur volume extérieur en mètres cubes.

Chaque mètre cube sera assimilé, pour la perception, à un tonneau de marchandises de deuxième classe.

Les bascules entièrement vides ne payeront aucun droit.

9. Seront exempts des droits :

1° Les bateaux entièrement vides ;

2° Les bâtiments et bateaux de la marine royale affectés au service militaire de ce département ou du département de la guerre, sans intervention de fournisseurs ou d'entrepreneurs ;

3° Les bateaux employés exclusivement au service ou aux travaux de la navigation par les agents des ponts et chaussées ;

4° Les bateaux pêcheurs, lorsqu'ils porteront uniquement des objets relatifs à la pêche ;

5° Les bacs, batelets et canots servant à traverser d'une rive à l'autre ;

6° Les bateaux appartenant aux propriétaires ou fermiers, et chargés d'engrais, de denrées, de récoltes et de grains en gerbes pour le compte desdits propriétaires ou fermiers, lorsqu'ils auront obtenu l'autorisation de se servir de bateaux particuliers dans l'étendue de leur exploitation.

10. Aucun bateau ne pourra naviguer sur les fleuves, rivières ou

cours d'eau, qu'après avoir été préalablement jaugé à l'un des bureaux qui seront désignés, pour chaque cours de navigation, par une ordonnance royale.

Dans les six mois qui précéderont la mise à exécution de la présente loi, tout propriétaire ou conducteur de bateaux sera tenu de les conduire, à vide, à l'un desdits bureaux, à l'effet de faire procéder au jaugeage par les employés des contributions indirectes.

Le procès-verbal de jaugeage déterminera le tirant d'eau à vide, et la dernière ligne de flottaison à charge complète sera fixée de manière que le bateau, dans son plus fort chargement, présente toujours un décimètre en dehors de l'eau. Toute charge qui produirait un renfoncement supérieur à la ligne de flottaison ainsi fixée, est interdite.

11. Toute personne mettant à flot un nouveau bateau sera tenue de le présenter, avant son premier voyage ou après son premier déchargement, à l'un des bureaux de jaugeage.

Toutefois, les bateaux qui ne font qu'un voyage pourront être jaugés à l'un des bureaux de navigation ou au lieu de déchargement; mais il ne sera pas permis de les dépecer avant que les droits aient été acquittés.

12. La perception sera faite à chaque bureau de navigation :

1° Pour les distances déjà parcourues, si le droit n'a pas été acquitté à un bureau précédent;

2° pour les distances à parcourir jusqu'au prochain bureau, ou seulement jusqu'au lieu de destination, si le déchargement doit être effectué avant le prochain bureau;

3° Enfin, pour les distances parcourues ou à parcourir entre deux bureaux.

Néanmoins, quelque éloigné que soit le point de destination, le batelier aura la faculté de payer, au départ ou à l'arrivée, pour toutes les distances à parcourir ou qui auront été parcourues sur la partie d'une rivière ou d'un canal imposée au même tarif, à la charge par lui de faire reconnaître, à chaque lieu de station, la conformité du tirant d'eau avec les laissez-passer dont il devra être muni.

13. Toutes les fois qu'un batelier aura payé au départ, jusqu'au lieu de destination, pour la totalité du chargement possible de son bateau en marchandises de première classe, il ne sera tenu aux bureaux intermédiaires de navigation que d'y représenter, sur réquisition, son laissez-passer.

14. Lorsque le conducteur voudra payer le droit à l'arrivée, il devra se munir, au premier bureau de navigation, d'un acquit-à-caution, qui sera représenté aux employés du lieu de destination, et déchargé par eux, après justification de l'acquittement des droits.

A défaut de cette justification, le conducteur et sa caution seront tenus de payer les droits pour tout le trajet parcouru, comme si le bateau avait été entièrement chargé de marchandises de première classe.

15. Tout conducteur de bateau, de trains ou de bascule à poisson devra, à défaut du bureau de navigation, se munir à la recette buraliste des contributions indirectes du lieu de départ ou de chargement, d'un laissez-passer qui indiquera, d'après sa déclaration, le poids et la nature du chargement, ainsi que le point de départ.

Ce laissez-passer ne pourra être délivré, pour les bateaux chargés, qu'autant que le déclarant s'engagera, par écrit et sous caution, d'acquitter les droits au bureau de navigation le plus voisin du lieu de destination, ou à celui devant lequel il aurait à passer pour s'y rendre.

Tout chargement supplémentaire fait en cours de transport sera déclaré de la même manière.

16. Les laissez-passer, acquits-à-caution, connaissements et lettres de voiture seront représentés, à toutes réquisitions, aux employés des contributions indirectes, des douanes, des octrois, de la navigation, ainsi qu'aux éclusiers, maîtres de ponts et de pertuis. Ils devront toujours être en rapport avec le chargement.

Cette exhibition devra être faite au moment même de la réquisition des employés.

17. Les dispositions qui précèdent sont toutes applicables aux bateaux à vapeur ; mais, lors du jaugeage, la machine, le combustible pour un voyage et les agrès seront compris dans le tirant d'eau à vide.

18. La perception des droits de navigation sur les trains continuera à être faite, pour chaque rivière, suivant les usages établis.

19. Le mode de vérification de la charge réelle passible des droits et les obligations des bateliers à cet égard, l'application des droits nouveaux à la forme et à la dimension des trains, seront déterminés par ordonnance royale, rendue dans la forme des règlements d'administration publique.

Il sera apposé dans tous les bureaux de perception, dont le placement sera déterminé par le ministre des finances, un placard indiquant le nombre des distances d'un bureau à l'autre et entre les principaux points intermédiaires.

20. Toute contravention aux dispositions de la présente loi, et à celles des ordonnances qui en régleront l'application, sera punie d'une amende de cinquante à deux cents francs, sans préjudice des peines établies par les lois, en cas d'insultes, violences ou voies de fait.

Les propriétaires de bâtiments, bateaux et trains seront responsables des amendes résultant des contraventions commises par les bateliers et les conducteurs.

21. Les contestations sur le fond du droit de navigation seront jugées, et les contraventions seront constatées et poursuivies, dans les formes propres à l'administration des contributions indirectes.

Le produit net des amendes sera réparti comme en matière de voitures publiques.

22. Les dispositions des articles 10, 11, 12, 13, 15, 16 et 21 de la présente loi sont applicables au droit de navigation intérieure perçue par la régie des contributions indirectes, tant sur les canaux concédés qu'à l'embouchure des fleuves.

23. La perception du droit de navigation sur les navires, bâtiments et bateaux allant des ports situés à l'embouchure des fleuves à la mer, ou venant de la mer à destination desdits ports, continuera d'être faite d'après les tarifs et le mode actuellement en vigueur.

Sont également maintenues les dispositions des articles 15 à 28 du décret du 4 mars 1808, concernant la perception d'une taxe proportionnelle et annuelle sur les bâtiments à quille, pontés ou non pontés, servant au cabotage et transport sur la Gironde, la Garonne et la Dordogne, jusqu'au point où s'étend l'action de l'inscription maritime, d'après l'ordonnance du 10 juillet 1835.

24. Le gouvernement pourra, dans l'intervalle de deux sessions législatives, opérer, par ordonnances royales, des réductions aux tarifs annexés à la présente loi.

Les changements résultant desdites ordonnances seront présentés aux chambres dans le premier mois de la plus prochaine session, pour être convertis en lois.

25. Les dispositions des lois, décrets, arrêtés et tarifs contraires à celles de la présente loi, sont abrogées.

Tarif des droits de navigation à percevoir sur les fleuves et rivières navigables ci-après:

TABLEAU A.

BASSINS.	FLEUVES, RIVIÈRES ET CANAUX auxquels s'applique le tarif. RIVIÈRES principales.	AFFLUENCE de 1er ordre.	AFFLUENCE de 2e ordre.	AFFLUENCE de 3e ordre.	QUOTITÉ DE LA TAXE — à la descente. Marchandises de 1re class.	2e class.	à la remonte. Marchandises de 1re class.	2e class.	Trains par décastère et par distance.
Seine...	Seine (Haute-), du point navigable à Paris.	Aube.......... Yonne.......... Marne..........	.... Cure........ Armançon.... Saulx........ Morin (Grand-)	...... Ornain.	2ᶜ	1ᶜ	2ᶜ	1ᶜ	2ᶜ
	Seine (Basse-), de Paris à Rouen	Oise.......... Eure..........	Aisne..........	......	2	1	2.5	1.25	5
Meuse..	Meuse......				2	1	2.5	1.25	5
Moselle.	Moselle......	Meurthe.......			2	1	2.5	1.25	5
Rhône..	Rhône.......	Ain.......... Saône........ Isère........ Drôme........ Roubion...... Ardèche...... Durance...... Gardon...... Rhône (Petit)....	Bienne...... Doubs........ Seille........		2	1	2.5	1.25	5
Adour..	Adour.......	Midouse..... Gave de Pau.... Nive..........			2	1	2.5	1.25	5
Gironde.	Gironde......	Garonne........ Dordogne......	Salat........ Ariége........ Tarn........ Bayse........ Lot.......... Vezère........ Isle canalisée..		2	1	2.5	1.25	5
Charente	Charente.... Seudre...... Sèvre-Niortaise	Boutonne........ Canal de Brouage. Mignon........ Autise........ Vendée......			2	1	2.5	1.25	5
Loire...	Loire....... Canal du Centre	Allier........ Cher........ Indre........ Vienne......... Thouet........ Mayenne...... Layon........ Sèvre-Nantaise... Acheneau...... V. le tableau B.	Creuse........ Sarthe........	Loir...	2	1	2.5	1.25	5
Vilaine..	Vilaine......				2	1	2.5	1.25	5
Orne...	Orne....... Toueques.....				2	1	2.5	1.25	5

TABLEAU B.

	MARCHANDISES.			TRAINS par décastère et par distance.
	de 1re classe.	de 2e classe (sauf) la houille.	Houille.	
Canal du Centre........	20c	10c	6c	40c

N° **348.**—*Loi qui autorise l'établissement de deux chemins de fer de Paris à Versailles.*

Au palais de Neuilly, le 9 juillet 1836.

Louis-Philippe, roi des Français, à tous présents et à venir, salut.

Nous avons proposé, les chambres ont adopté, nous avons ordonné et ordonnons ce qui suit :

1. Le gouvernement est autorisé à procéder, par la voie de la publicité et de la concurrence, le même jour et séparément, à la concession des deux chemins de fer de Paris à Versailles, partant l'un de la rive droite, et l'autre de la rive gauche de la Seine.

2. Chaque chemin pourra pénétrer dans l'intérieur de Paris, de manière que la plus courte distance de son point de départ au mur d'enceinte n'excède pas quinze cents mètres.

5. La durée de la concession n'excédera pas quatre-vingt-dix-neuf ans ; le rabais de l'adjudication portera sur un prix maximum de un franc quatre-vingt centimes par tête, non compris l'impôt sur le prix des places, pour le transport des voyageurs sur la distance entière de Paris à Versailles.

Ce prix, tel qu'il sera définitivement déterminé par l'adjudication, sera divisé, après l'exécution des travaux, par le nombre de kilomètres dont se composera le chemin, et le tarif des prix à payer pour les distances intermédiaires sera réglé sur le résultat de cette division.

Si la compagnie adjudicataire ne se charge pas elle-même du transport des voyageurs, elle ne sera autorisée à percevoir que les deux tiers des prix fixés ainsi qu'il est dit ci-dessus ; l'autre tiers appartiendra à la compagnie qui se chargera des transports.

4. Le tarif des marchandises de première, deuxième et troisième classes, sera réduit d'un centime pour le droit de péage, et d'un autre centime pour le prix de transport.

5. A dater du 15 août prochain, l'administration ne recevra plus aucun projet de chemin de fer de Paris à Versailles.

Immédiatement après l'expiration de ce délai, les projets présentés seront communiqués aux conseils municipaux de Paris et de Versailles ; le gouvernement statuera ensuite ce qu'il appartiendra, sur le vu des délibérations de ces conseils, et sur l'avis du conseil général des ponts et chaussées.

6. Si les travaux ne sont pas commencés dans le délai d'une année, à partir de l'homologation de l'adjudication, la compagnie, par ce seul fait, et sans qu'il y ait lieu à aucune mise en demeure ni notification quelconque, sera déchue de plein droit de la concession du chemin de fer.

7. Si les travaux commencés ne sont pas achevés dans le délai de trois ans, la compagnie, après avoir été mise en demeure, encourra la déchéance, et il sera pourvu à la continuation et à l'achèvement des travaux par le moyen d'une adjudication nouvelle, ainsi qu'il est réglé, d'ailleurs, au cahier des charges de l'entreprise.

8. Si le chemin de fer, une fois terminé, n'est pas constamment entretenu en bon état, il y sera pourvu d'office, à la diligence de l'administration et aux frais de la compagnie concessionnaire. Le montant des avances faites sera recouvré par des rôles que le préfet du département rendra exécutoires.

9. Des règlements d'administration publique, préparés de concert avec la compagnie, ou du moins après l'avoir entendue, détermineront les mesures et les dispositions nécessaires pour assurer la police, la sûreté, l'usage et la conservation du chemin de fer et des ouvrages qui en dépendent. Les dépenses qu'entraînera l'exécution de ces mesures et de ces dispositions resteront à la charge de la compagnie.

La compagnie sera autorisée à faire, sous l'approbation de l'administration, les règlements qu'elle jugera utiles pour le service et l'exploitation du chemin de fer.

10. Le cahier des charges annexé à la présente loi sera modifié conformément aux dispositions ci-dessus.

11. Le taux des places, dont le prix sera inférieur au maximum fixé par la présente loi, sera réglé au 1er janvier de chaque année, et pour l'année entière, par un arrêté du préfet, sur la proposition de la compagnie, et conformément à cette proposition.

L'arrêté du préfet sera placardé et affiché dans tous les bureaux du chemin de fer.

Cahier de charges pour l'établissement d'un chemin de fer de Paris à Versailles.

1. La compagnie s'engage à exécuter à ses frais, risques et périls, et à terminer dans le délai de trois années au plus tard, à dater de l'homologation de l'adjudication, ou plus tôt, si faire se peut, tous les travaux nécessaires à l'établissement et à la confection d'un chemin de fer de Paris à Versailles, et de manière que ce chemin soit praticable dans toutes ses parties à l'expiration du délai ci-dessus fixé.

2. Le chemin de fer partira des abords de la place d'Armes à Versailles, suivra la contre-allée de gauche de l'avenue de Paris jusqu'au delà de la rue Saint-Charles, sur une longueur de deux mille mètres environ, passera à gauche du Bas-Viroflay et du Bas-Châville, traversera le vallon de Ville-d'Avray, en laissant Sèvres sur la droite, entrera en souterrain à cent cinquante mètres environ avant le mur d'enceinte du parc de Saint-Cloud, du côté de Ville-d'Avray, reparaîtra au jour au bord de l'allée de Villeneuve, qu'il traversera en tranchée, arrivera au niveau du sol de l'allée de Marnes, que l'on fera passer au-dessus du chemin de fer par un pont, et sortira du parc après avoir traversé en tranchée l'allée du Retz.

De là le chemin se continuera en passant derrière Saint-Cloud, Surène et Puteaux, traversera, par un viaduc, la route royale n° 13, de Paris à Cherbourg, passera derrière la caserne de Courbevoie, et viendra se rattacher à Asnières, avant le passage de la Seine, au chemin de fer de Paris à Saint-Germain.

Le niveau des rails du chemin de fer, au point de départ à Versailles, se trouvera à trois mètres trente-deux centimètres en contrebas du sol de l'avenue de Paris en ce point, ou à cent mètres trente-deux centimètres (100m 32c) au-dessus du zéro de l'échelle du pont de la **Tournelle à Paris**

La pente maximum du chemin de fer ne dépassera pas cinq milli-mètres par mètre.

3. La compagnie se conformera, d'ailleurs, aux dispositions du tracé indiqué sur le plan général et sur le nivellement en longueur annexés au présent cahier de charges.

Toutefois, en cours d'exécution, elle aura la faculté de proposer les modifications qu'elle pourrait juger utile d'introduire, sans pouvoir toutefois excéder le maximum de pente indiqué par l'article précé-dent ; mais ces modifications ne pourront être exécutées que moyen-nant l'approbation préalable et le consentement formel de l'adminis-tration supérieure.

4. Le chemin de fer aura deux voies au moins sur tout son déve-loppement.

5. La largeur de la voie entre les bords intérieurs des rails devra être d'un mètre quarante-quatre centimètres (1^m 44^c).

La distance entre les deux voies sera au moins égale à la largeur de chaque voie, c'est-à-dire à un mètre quarante-quatre centimètres, mesurée entre les faces extérieures des rails de chaque voie.

6. Les alignements devront se rattacher suivant des courbes dont le rayon minimum est fixé à sept cents mètres (700^m); et, dans le cas de ce rayon minimum, les raccordements devront, autant que pos-sible, s'opérer sur des paliers horizontaux.

La compagnie aura la faculté de proposer, aux dispositions de cet article, comme à celles de l'article précédent, les modifications dont l'expérience pourra indiquer l'utilité et la convenance ; mais ces mo-difications ne pourront être exécutées que moyennant l'approbation préalable et le consentement formel de l'administration supérieure.

7. Il sera pratiqué au moins six gares entre Paris et Versailles, in-dépendamment de celles qui seront nécessairement établies aux points de départ et d'arrivée.

Ces gares seront placées en dehors des voies, et alternativement pour chaque voie. Leur longueur, raccordement compris, sera de deux cents mètres au moins ; leur emplacement et leur surface se-ront ultérieurement déterminés de concert entre la compagnie et l'administration.

8. A moins d'obstacles locaux, dont l'appréciation appartiendra à l'administration, le chemin de fer, à la rencontre des routes royales ou départementales, devra passer, soit au-dessus, soit au-dessous de ces routes.

Les croisements de niveau seront tolérés pour les chemins vici-naux, ruraux ou particuliers.

9. Lorsque le chemin de fer devra passer au-dessus d'une route royale ou départementale, ou d'un chemin vicinal, l'ouverture du pont ne sera pas moindre de huit mètres (8^m) pour la route royale, sept mètres (7^m) pour la route départementale, et six mètres (6^m) pour le chemin vicinal ; la hauteur sous clef, à partir de la chaussée de la route, sera de six mètres (6^m) au moins ; la largeur entre les pa-rapets sera au moins de sept mètres (7^m), et la hauteur de ces pa-rapets d'un mètre trente centimètres (1^m 30^c) au moins.

10. Lorsque le chemin de fer devra passer au-dessous d'une route royale ou départementale, ou d'un chemin vicinal, la largeur entre les parapets du point qui supportera la route ou le chemin sera fixée au moins à huit mètres (8^m) pour la route royale, à sept mètres (7^m) pour la route départementale, et à six mètres (6^m) pour le chemin vi-cinal. L'ouverture du pont, entre les culées, sera au moins de sept mètres (7^m), et la distance, verticale, entre l'intrados, et le dessus des rails, ne sera pas moindre de quatre mètres trente centimètres (4^m 30^c).

11. Lorsque le chemin de fer traversera une rivière, un canal ou un cours d'eau, le pont aura la largeur de voie et la hauteur de parapets fixées à l'article 9.

Quant à l'ouverture du débouché et à la hauteur sous clef au-dessus des eaux, elles seront déterminées par l'administration dans chaque cas particulier, suivant les circonstances locales.

12. Les ponts à construire à la rencontre des routes royales ou départementales, et des rivières ou canaux de navigation et de flottage, seront en maçonnerie ou en fer.

Ils pourront aussi être construits avec travées en bois, et piles et culées en maçonnerie ; mais il sera donné à ces piles et culées l'épaisseur nécessaire pour qu'il soit possible ultérieurement de substituer aux travées en bois, soit des travées en fer, soit des arches en maçonnerie.

13. S'il y a lieu de déplacer les routes existantes, la déclivité des pentes ou rampes, sur les nouvelles directions, ne pourra pas excéder quatre centimètres par mètre pour les routes royales et départementales, et cinq centimètres pour les chemins vicinaux.

14. Les ponts à construire à la rencontre des routes royales et départementales, et des rivières ou canaux de navigation et de flottage, ainsi que les déplacements des routes royales ou départementales, ne pourront être entrepris qu'en vertu de projets approuvés par l'administration supérieure.

Le préfet du département, sur l'avis de l'ingénieur en chef des ponts et chaussées et après les enquêtes d'usage, pourra autoriser le déplacement des chemins vicinaux et la construction des ponts à la rencontre de ces chemins et des cours d'eau non navigables ni flottables.

15. Dans le cas où des chemins vicinaux, ruraux ou particuliers, seraient traversés à leur niveau par le chemin de fer, les rails ne pourront être élevés au-dessus ou abaissés au-dessous de la surface de ces chemins de plus de trois centimètres ($0^m 3^c$) ; les rails et le chemin de fer devront, en outre, être disposés de manière à ce qu'il n'en résulte aucun obstacle à la circulation.

Des barrières seront tenues fermées de chaque côté du chemin de fer, partout où cette mesure sera jugée nécessaire par l'administration.

Un gardien payé par la compagnie sera constamment préposé à la garde et au service de ces barrières.

16. La compagnie sera tenue de rétablir et d'assurer à ses frais l'écoulement de toutes les eaux dont le cours serait arrêté, suspendu ou modifié par les travaux dépendant de l'entreprise.

Les aqueducs qui seront construits à cet effet, sous les routes royales et départementales, seront en maçonnerie ou en fer.

17. A la rencontre des rivières flottables et navigables, la compagnie sera tenu de prendre toutes les mesures et de payer tous les frais nécessaires pour que le service de la navigation et du flottage n'éprouve ni interruption ni entrave pendant l'exécution des travaux, et pour que ce service puisse se faire et se continuer après leur achèvement, comme il avait lieu avant l'entreprise.

La même condition est expressément obligatoire, pour la compagnie, à la rencontre des routes royales et départementales et autres chemins publics. A cet effet, des routes et ponts provisoires seront construits par les soins et aux frais de la compagnie, partout où cela sera jugé nécessaire.

Avant que les communications existantes puissent être interceptées, les ingénieurs des localités devront reconnaître et constater si les travaux provisoires présentent une solidité suffisante, et s'ils peuvent assurer le service de la circulation.

Un délai sera fixé pour l'exécution et la durée de ces travaux provisoires.

18. Les souterrains destinés au passage du chemin de fer auront pour deux voies, sept mètres de largeur (7^m) entre les pieds-droits au niveau des rails, et six mètres (6^m) de hauteur sous clef, à partir de la surface du chemin. La surface verticale entre l'intrados et le dessus des rails extérieurs de chaque voie sera au moins de quatre mètres trente centimètres (4^m 30^c).

Si les terrains dans lesquels les souterrains seront ouverts présentaient des chances d'éboulement ou de filtration, la compagnie sera tenue de prévenir ou d'arrêter ce danger par des ouvrages solides et imperméables.

Aucun ouvrage provisoire ne sera toléré au delà de six mois de durée.

19. Les puits d'airage ou de construction des souterrains ne pourront avoir leur ouverture sur aucune voie publique ; et là où ils seront ouverts ils seront entourés d'une margelle en maçonnerie de deux mètres (2^m) de hauteur.

20. Le chemin de fer sera clôturé et séparé des propriétés particulières par des murs, ou des haies, ou des poteaux avec lisses, ou des fossés avec levées en terre.

Les fossés qui serviront de clôture au chemin de fer auront au moins un mètre de profondeur, à partir de leurs bords relevés.

Les barrières fermant les communications particulières s'ouvriront sur les terres, et non sur le chemin de fer.

21. Dans la traversée du parc de Saint-Cloud, la partie du chemin de fer située au jour sera séparée des terrains environnants par des grilles en fer solidement établies, et dont les dessins devront être préalablement agréés par l'intendant général de la liste civile.

Le souterrain sera attaqué par la partie extérieure au parc du côté de Ville-d'Avray. Les déblais provenant des fouilles du souterrain et des tranchées ne pourront être extraits que de ce côté, et il ne pourra être pratiqué aucun puits à cet effet dans l'intérieur du parc, à moins du consentement spécial de l'intendant général de la liste civile. La portion de ces déblais qui n'entrerait pas dans la composition du chemin de fer devra être déposée en dehors du parc; toutefois, si l'intendant général de la liste civile en réclamait l'emploi, elle serait mise à sa disposition.

Les communications des allées interrompues par le chemin de fer seront rétablies au moyen de ponts en maçonnerie ou en fer, qui ne pourront être exécutés, d'ailleurs, que sur des projets approuvés par l'administration et agréés par l'intendant général de la liste civile.

Tous les travaux ci-dessus décrits seront exécutés sous la surveillance spéciale de l'architecte de la liste civile.

En considération de la servitude nouvelle que crée le passage du chemin de fer dans le parc de Saint-Cloud, l'adjudicataire sera tenu de mettre à la disposition de l'administration une somme de deux cent soixante-dix mille francs (270,000 fr.) pour concourir aux frais du déplacement de la route qui passe sous les murs du château. Cette somme devra être versée aux termes et suivant les proportions qui seront ultérieurement fixés.

22. Tous les terrains destinés à servir d'emplacement au chemin et à toutes ses dépendances, telles que gares de croisement et de stationnement, lieux de chargement ou de déchargement, ainsi qu'au rétablissement des communications déplacées ou interrompues, et de nouveaux lits des cours d'eau, seront achetés et payés par la compagnie.

La compagnie est substituée aux droits, comme elle est soumise à toutes les obligations qui dérivent, pour l'administration, de la loi du 7 juillet 1833.

23. L'entreprise étant d'utilité publique, la compagnie est investie de tous les droits que les lois et règlements confèrent à l'administration elle-même pour les travaux de l'Etat : elle pourra, en conséquence, se procurer par les mêmes voies les matériaux de remblais et d'empierrement nécessaires à la construction et à l'entretien du chemin de fer ; elle jouira, tant pour l'extraction que pour le transport et le dépôt des terres et matériaux, des priviléges accordés par les mêmes lois et règlements aux entrepreneurs de travaux publics, à la charge par elle d'indemniser, à l'amiable, les propriétaires des terrains endommagés, ou, en cas de non-accord, d'après les règlements arrêtés par le conseil de préfecture, sauf recours au conseil d'Etat, sans que, dans aucun cas, elle puisse exercer de recours à cet égard contre l'administration.

24. Les indemnités pour occupation temporaire ou détérioration de terrains, pour chômage, modification ou destruction d'usines, pour tout dommage quelconque résultant des travaux, seront supportées et payées par la compagnie.

25. Pendant la durée des travaux, qu'elle exécutera d'ailleurs par des moyens et des agents de son choix, la compagnie sera soumise au contrôle et à la surveillance de l'administration. Ce contrôle et cette surveillance auront pour objet d'empêcher la compagnie de s'écarter des dispositions qui lui sont prescrites par le présent cahier de charges.

26. A mesure que les travaux seront terminés sur des parties du chemin de fer, de manière que ces parties puissent être livrées à la circulation, il sera procédé à leur réception par un ou plusieurs commissaires que l'administration désignera. Le procès-verbal du ou des commissaires délégués ne sera valable qu'après homologation par l'administration supérieure.

Après cette homologation, la compagnie pourra mettre en service lesdites parties de chemin de fer, et y percevoir les droits de péage et les frais de transport ci-après déterminés.

Toutefois, ces réceptions partielles ne deviendront définitives que par la réception générale et définitive du chemin de fer.

27. Après l'achèvement total des travaux, la compagnie fera faire, à ses frais, un bornage contradictoire et un plan cadastral de toutes les parties du chemin de fer et de ses dépendances ; elle fera dresser également à ses frais, et contradictoirement avec l'administration, un état descriptif des ponts, aqueducs et autres ouvrages d'art qui auront été établis conformément aux conditions du présent cahier de charges.

Une expédition dûment certifiée des procès-verbaux de bornage, du plan cadastral et de l'état descriptif, sera déposée, aux frais de la compagnie, dans les archives de l'administration des ponts et chaussées.

28. Le chemin de fer et toutes ses dépendances seront constamment entretenus en bon état et de manière que la circulation soit toujours facile et sûre.

L'état du chemin et de ses dépendances sera reconnu annuellement, et plus souvent en cas d'urgence et d'accidents, par un ou plusieurs commissaires que désignera l'administration.

Les frais d'entretien et ceux de réparations, soit ordinaires, soit extraordinaires, resteront entièrement à la charge de la compagnie.

Pour ce qui concerne cet entretien et ces réparations, la compagnie demeure soumise au contrôle et à la surveillance de l'administration.

29. Les frais de visite, de surveillance et de réception des travaux seront supportés par la compagnie.

Ces frais seront réglés par le directeur général des ponts et chaussées et des mines, sur la proposition du préfet du département, et la compagnie sera tenue d'en verser le montant dans la caisse du receveur général, pour être distribué à qui de droit.

En cas de non-versement dans le délai fixé, le préfet rendra un rôle exécutoire, et le montant en sera recouvré comme en matière de contributions publiques.

30. Dans les trois mois qui suivront l'approbation de l'adjudication, la compagnie sera tenue de payer, à titre d'indemnité, à MM. Richard et compagnie, auteurs d'un avant-projet de chemin de fer de Paris à Versailles, par Saint-Cloud, une somme de trente mille francs (30,000 francs).

31. La compagnie ne pourra commencer aucuns travaux ni poursuivre aucune expropriation, si, au préalable, elle n'a justifié valablement, par-devant l'administration, de la constitution d'un fonds social de quatre millions au moins, et de la réalisation en espèces d'une somme égale au cinquième du montant de ce fonds social.

Si, dans le délai d'une année, à partir de l'homologation de l'adjudication, la compagnie ne s'est pas mise en mesure de commencer les travaux, conformément aux dispositions du paragraphe précédent, et si elle ne les a pas effectivement commencés, elle sera déchue de plein droit de la concession du chemin de fer, par ce seul fait, et sans qu'il y ait lieu à aucune mise en demeure ni notification quelconque.

Dans le cas de déchéance prévu par le paragraphe précédent, la moitié du cautionnement déposé par la compagnie deviendra la propriété du gouvernement, et restera acquise au trésor public; l'autre moitié seulement sera restituée, moyennant la remise et l'abandon à l'Etat des plans généraux et particuliers, des devis estimatifs, nivellements, profils, sondes et autres résultats d'opérations rédigés ou recueillis aux frais et par les soins de la compagnie, et qui deviendront également la propriété du gouvernement.

Les travaux une fois commencés, le cautionnement ne sera rendu que par cinquième, et à mesure que la compagnie aura exécuté des travaux, ou justifié, par actes authentiques, avoir acquis et payé des terrains sur la ligne du chemin de fer pour des sommes doubles au moins de celles dont elle réclamera la restitution; néanmoins, le dernier cinquième ne sera remis qu'après l'achèvement et la réception définitive des travaux.

32. Faute, par la compagnie, d'avoir entièrement exécuté et terminé les travaux du chemin de fer dans les délais fixés par l'article 1er, faute aussi, par elle, d'avoir rempli les diverses obligations qui lui sont imposées par le présent cahier de charges, elle encourra la déchéance, et il sera pourvu, s'il y a lieu, à la continuation et à l'achèvement des travaux par le moyen d'une adjudication nouvelle, qu'on ouvrira sur les clauses du présent cahier de charges, et sur une mise à prix des ouvrages déjà construits, des matériaux approvisionnés, des terrains achetés, des portions du chemin déjà mises en exploitation, et, s'il y a lieu, de la partie non encore restituée du cautionnement.

Cette adjudication sera dévolue à celui des nouveaux soumissionnaires qui offrira la plus forte somme pour les objets compris dans la mise à prix.

Les soumissions pourront être inférieures à la mise à prix.

La compagnie évincée recevra de la nouvelle compagnie concessionnaire la valeur que la nouvelle adjudication aura ainsi déterminée pour lesdits objets.

Si l'adjudication, ouverte comme il vient d'être dit, n'amène aucun résultat, une seconde adjudication sera tentée sur les mêmes bases, après un délai de six mois, et si cette seconde tentative reste également sans résultat, la compagnie sera définitivement déchue de tous droits à la présente concession, excepté cependant pour les parties du chemin de fer déjà mises en exploitation, dont elle conservera la jouissance jusqu'au terme fixé par l'article 36, à la charge par elle, sur les parties non terminées, de remplir, pour les terrains qu'il ne serait pas reconnu utile de conserver à la voie publique, les prescriptions des articles 60 et suivants de la loi du 7 juillet 1833, d'enlever tous les matériaux, engins, machines, etc., enfin de faire disparaître toute cause de préjudice résultant des travaux exécutés pour les territoires sur lesquels ils seraient situés. Si, dans un délai qui sera fixé par l'administration, elle n'a pas satisfait à toutes ces obligations, elle y sera contrainte par toutes les voies de droit.

Les précédentes stipulations ne sont point applicables au cas où le retard ou la cessation des travaux proviendraient de force majeure régulièrement constatée.

55. La contribution foncière sera établie en raison de la surface des terrains occupés par le chemin de fer et par ses dépendances ; la cote en sera calculée, comme pour les canaux, conformément à la loi du 25 avril 1803, dans la proportion assignée aux terres de meilleure qualité.

Les bâtiments et magasins dépendant de l'exploitation du chemin de fer seront assimilés aux propriétés bâties dans la localité.

54. L'administration arrêtera, de concert avec la compagnie, ou du moins après l'avoir entendue, les mesures et les dispositions nécessaires pour assurer la police, la sûreté, l'usage et la conservation du chemin de fer et des ouvrages qui en dépendent : toutes les dépenses qu'entraînera l'exécution de ces mesures et de ces dispositions resteront à la charge de la compagnie.

La compagnie est autorisée à faire, sous l'approbation de l'administration, les règlements qu'elle jugera utiles pour le service et l'exploitation du chemin.

Les règlements dont il s'agit dans les deux paragraphes précédents seront obligatoires pour la compagnie et pour toutes celles qui obtiendraient ultérieurement l'autorisation d'établir des lignes de chemin de fer d'embranchement ou de prolongement, et, en général, pour toutes les personnes qui emprunteraient l'usage du chemin de fer.

55. Les machines locomotives employées sur le chemin de fer devront consumer leur fumée.

56. Pour indemniser la compagnie des travaux et dépenses qu'elle s'engage à faire par le présent cahier de charges, et sous la condition expresse qu'elle remplira exactement toutes les obligations, le gouvernement lui concède, pendant le laps de quatre-vingt-dix-neuf ans, à dater de l'homologation de l'adjudication, l'autorisation de percevoir les droits de péage et les prix de transport qui seront déterminés par l'adjudication à intervenir, et dont le maximum est ci-après indiqué. Il est expressément entendu que les prix de transport ne seront dus à la compagnie qu'autant qu'elle effectuera elle-même ce transport à ses frais et par ses propres moyens.

La perception aura lieu par kilomètre, sans égard aux fractions de distance : ainsi un kilomètre entamé sera payé comme s'il avait été parcouru ; néanmoins, pour toute distance parcourue moindre de six kilomètres, le droit sera perçu comme pour six kilomètres entiers.

Le poids du tonneau ou de la tonne est de mille kilogrammes. Les fractions de poids ne seront comptées que par dixième de tonne : ainsi tout poids au-dessous de cent kilogrammes payera comme cent kilogrammes, tout poids compris entre cent et deux cents kilogrammes payera comme deux cents kilogrammes, etc.

TARIF.

	PRIX		
Voyageurs.	de péage.	de transport.	TOTAL.
Par tête et par kilomètre (non compris le dixième du prix des places dû au trésor public)................	fr. c. 0 035	fr. c. 0 030	fr. c. 0 085
Bestiaux.			
Bœufs, vaches, taureaux, transportés par voitures........	0 06	0 04	0 10
Cheval, mulet, bête de trait......................	0 04	0 02	0 06
Veaux et porcs................................	0 01	0 01	0 02
Moutons, brebis, chèvres........................	0 01	0 0075	0 0175
Par tonne de houille et par kilomètre..............	0 06	0 04	0 10
Marchandises, par tonne et par kilomètre.			
Première classe : Pierre à chaux et à plâtre, moellons, meulières, cailloux, sable, argile, tuiles, briques, ardoises, fumier et engrais, pavés et matériaux de toute espèce pour la construction et la réparation des routes......	0 08	0 06	0 14
Deuxième classe : Blés, grains, farine, chaux et plâtre, minerais, coke, charbon de bois, bois à brûler (dit *de corde*), perches, chevrons, planches, madriers, bois de charpente, marbre en bloc, pierre de taille, bitume, fonte brute, fer en barres ou en feuilles, plomb en saumons...	0 09	0 07	0 16
Troisième classe : Fonte moulée, fer et plomb ouvré, cuivre et autres métaux ouvrés ou non; vinaigres, vins, boissons, spiritueux, huiles ; cotons et autres lainages ; bois de menuiserie, de teintures et autres bois exotiques, sucre, café, drogues, épiceries, denrées coloniales, objets manufacturés................................	0 10	0 08	0 18
Objets divers, par tonne et par kilomètre.			
Voiture sur plate-forme (poids de la voiture et de la plate-forme cumulés)	0 10	0 08	0 18
Wagon, chariot, ou autre voiture destinée au transport sur le chemin de fer, y passant à vide, et machine locomotive ne traînant pas de convoi..................	0 06	0 04	0 10
Tout wagon , chariot ou voiture dont le chargement, en voyageurs ou en marchandises, ne comportera pas un péage au moins égal à celui qui serait perçu sur ces mêmes voitures à vide , sera considéré et taxé comme étant à vide			
Les machines locomotives seront considérées et taxées comme ne remorquant pas de convoi, lorsque le convoi remorqué, soit en voyageurs, soit en marchandises, ne comportera pas un péage au moins égal à celui qui serait perçu sur une machine locomotive avec son allége, marchant sans rien traîner..............................			

Il est entendu que le tarif ci-dessus indiqué ne s'applique pas à la partie commune au chemin de fer de Saint-Germain, et que, pour cette partie, quel que soit le résultat de l'adjudication à intervenir, les droits de péage et les frais de transport seront perçus tels qu'ils ont été réglés par le cahier des charges annexé à la loi du 9 juillet 1835.

37. Chaque voyageur pourra porter avec lui un bagage dont le poids n'excèdera pas quinze kilogrammes, sans être tenu, pour le port de ce bagage, à aucun supplément pour le prix de sa place.

38. Les denrées, marchandises, effets, animaux et autres objets non désignés dans le tarif précédent, seront rangés, pour les droits à percevoir, dans les classes avec lesquelles ils auraient le plus d'analogie.

39. Les droits de péage et les prix de transport déterminés au tarif précédent ne sont point applicables,

1° A toute voiture pesant, avec son chargement, plus de quatre mille cinq cents kilogrammes;

2° A toute masse indivisible pesant plus de trois mille kilogrammes.

Néanmoins, la compagnie ne pourra se refuser ni à transporter les masses indivisibles pesant de trois mille à cinq mille kilogrammes, ni à laisser circuler toute voiture qui, avec son chargement, pèserait de quatre mille cinq cents à huit mille kilogrammes; mais les droits de péage et les frais de transport seront augmentés de moitié.

La compagnie ne pourra être contrainte à transporter les masses indivisibles pesant plus de cinq mille kilogrammes, ni à laisser circuler les voitures qui, chargement compris, pèseraient plus de huit mille kilogrammes.

40. Les prix de transport déterminés au tarif précédent ne sont point applicables :

1° Aux denrées et objets qui, sous le volume d'un mètre cube, ne pèsent pas deux cents kilogrammes;

2° A l'or et à l'argent, soit en lingots, soit monnayés ou travaillés; au plaqué d'or ou d'argent, au mercure et au platine, ainsi qu'aux bijoux, pierres précieuses et autres valeurs;

3° Et en général à tous paquets ou colis pesant, isolément, moins de cent kilogrammes, à moins que ces paquets ou colis ne fassent partie d'envois pesant ensemble au delà de deux cents kilogrammes, d'objets expédiés à ou par une même personne, et d'une même nature, quoique emballés à part, tels que sucre, cafés, etc.

Dans les trois cas ci-dessus spécifiés, les prix de transport seront librement débattus avec la compagnie.

Néanmoins, au-dessus de cent kilogrammes, et quelle que soit la distance parcourue, le prix de transport d'un colis ne pourra être taxé à moins de quarante centimes (0 fr. 40 cent.).

41. Au moyen de la perception des droits et des prix réglés ainsi qu'il vient d'être dit, et sauf les exceptions stipulées ci-dessus, la compagnie contracte l'obligation d'exécuter constamment avec soin, exactitude et célérité, à ses frais, et par ses propres moyens, le transport des voyageurs, bestiaux, denrées, marchandises et matières quelconques qui lui seront confiées.

Les frais accessoires non mentionnés au tarif, tels que ceux de chargement, de déchargement, et d'entrepôt dans les gares et magasins de la compagnie, seront fixés par un règlement qui sera soumis à l'approbation de l'administration supérieure.

42. Les agents et gardes que la compagnie établira, soit pour opérer la perception des droits, soit pour la surveillance et la police du chemin et des ouvrages qui en dépendent, pourront être assermentés, et seront, dans ce cas, assimilés aux gardes champêtres.

43. A l'époque fixée pour l'expiration de la présente concession, et par le fait seul de cette expiration, le gouvernement sera subrogé à tous les droits de la compagnie dans la propriété des terrains et des ouvrages désignés au plan cadastral mentionné dans l'article 27 : il entrera immédiatement en jouissance du chemin de fer, de toutes ses dépendances et de tous ses produits.

La compagnie sera tenue de remettre en bon état d'entretien le chemin de fer, les ouvrages qui le composent et ses dépendances, tels que gares, lieux de chargement et de déchargement, établissements aux points de départ et d'arrivée, maisons de gardes et de surveillants, bureaux de perception, machines fixes, et, en général, tous autres objets immobiliers qui n'auront pas pour destination distincte et spéciale le service des transports.

Dans les cinq dernières années qui précéderont le terme de la concession, le gouvernement aura le droit de mettre saisie-arrêt sur les revenus du chemin de fer, et de les employer à rétablir en bon état le chemin et toutes ses dépendances, si la compagnie ne se mettait pas en mesure de satisfaire pleinement et entièrement à cette obligation.

Quant aux objets mobiliers, tels que machines locomotives, wagons, chariots, voitures, matériaux, combustibles et approvisionnements de tout genre, et objets immobiliers non compris dans l'énumération précédente, la compagnie en conservera la propriété, si mieux elle n'aime les céder à l'État, qui sera tenu, dans ce cas, de les reprendre à dire d'experts.

44. Dans le cas où le gouvernement ordonnerait ou autoriserait la construction de routes royales, départementales ou vicinales, de canaux ou de chemins de fer, qui traverseraient le chemin de fer projeté, la compagnie ne pourra mettre obstacle à ces traversées; mais toutes dispositions seront prises pour qu'il n'en résulte aucun obstacle à la construction et au service du chemin de fer, ni aucuns frais particuliers pour la compagnie.

45. Toute exécution ou toute autorisation ultérieure de route, de canal, de chemin de fer, de travaux de navigation, dans la contrée où est situé le chemin de fer projeté, ou dans toute autre contrée voisine ou éloignée, ne pourra donner ouverture à aucune demande en indemnité de la part de la compagnie.

46. Le gouvernement se réserve expressément le droit d'accorder de nouvelles concessions de chemins de fer s'embranchant sur le chemin de fer de Paris à Versailles, ou qui seraient établis en prolongement du même chemin.

La compagnie du chemin de fer de Paris à Versailles ne pourra mettre aucun obstacle à ces embranchements ou prolongements, ni réclamer, à l'occasion de leur établissement, aucune indemnité quelconque, pourvu qu'il n'en résulte aucun obstacle à la circulation ni aucuns frais particuliers pour la compagnie.

Les compagnies concessionnaires des chemins de fer d'embranchement ou en prolongement auront la faculté, moyennant les tarifs ci-dessus déterminés et l'observation des règlements de police et de service établis ou à établir, de faire circuler leurs voitures, wagons et machines sur le chemin de fer de Paris à Versailles. Cette faculté sera réciproque pour ce dernier chemin à l'égard desdits embranchements et prolongements.

47. Si le chemin de fer doit s'étendre sur des terrains qui renferment des carrières ou les traverser souterrainement, il ne pourra être livré à la circulation avant que les excavations qui pourraient en compromettre la solidité aient été remblayées ou consolidées. L'administration déterminera la nature et l'étendue des travaux qu'il conviendra d'entreprendre à cet effet, et qui seront d'ailleurs exécutés par les soins et aux frais de la compagnie du chemin de fer.

48. Si le gouvernement avait besoin de diriger des troupes et un matériel militaire sur l'un des points desservis par la ligne du chemin de fer, la compagnie serait tenue de mettre immédiatement à sa disposition, aux prix déterminés par le tarif, tous les moyens de transport établis pour l'exploitation du chemin de fer.

49. La compagnie sera tenue de désigner l'un de ses membres pour recevoir les notifications ou les significations qu'il y aurait lieu de lui adresser : le membre désigné fera élection de domicile à Paris.

En cas de non-désignation de l'un des membres de la compagnie, ou de non-élection de domicile par le membre désigné, toute signification ou notification adressée à la compagnie, prise collectivement, sera valable lorsqu'elle sera faite au secrétariat général de la préfecture de la Seine.

50. Les contestations qui s'élèveraient entre la compagnie concessionnaire et l'administration, au sujet de l'exécution ou de l'interprétation des clauses du présent cahier de charges, seront jugées administrativement par le conseil de préfecture du département de la Seine, sauf recours au conseil d'État.

51. Nul ne sera admis à soumissionner l'entreprise s'il n'a effectué, au préalable, le dépôt d'une somme de huit cent mille francs (800,000 fr.).

Ce dépôt, qui deviendra le cautionnement de l'entreprise, pourra être effectué en numéraire ou en rentes sur l'État, en bons ou autres effets du trésor, avec transfert, au nom de la caisse des dépôts et consignations, de celles de ces valeurs qui seraient nominatives ou à ordre : il sera rendu par cinquième, comme il est dit à l'article 31.

52. L'adjudication ne sera valable et définitive qu'après homologation par ordonnance royale.

53. Le présent cahier de charges ne sera passible que du droit fixe d'un franc.

Proposé à l'approbation de M. le ministre du commerce et des travaux publics.

Paris, le 7 mai 1836.

Le conseiller d'État directeur général des ponts et chaussées et des mines, LEGRAND.

Approuvé : Paris, le 8 mai 1836.

Le ministre du commerce et des travaux publics, PASSY.

N° **349.** — *Ordonnance du roi portant que les boulangers de Paris verseront aux greniers d'abondance les trois cinquièmes de leur approvisionnement en farine.*

Paris, le 19 juillet 1836.

Louis-Philippe, etc. ;

Sur le rapport de notre ministre secrétaire d'État au département du commerce et des travaux publics ;

Vu la délibération du conseil municipal de la ville de Paris, en date du 18 décembre 1835, relative à l'augmentation du dépôt de garantie en farine des boulangers de Paris, et à un crédit de 36,000 fr. imputable sur le fonds de réserve de 1836, ouvert pour subvenir, s'il y a lieu, à l'indemnité à payer aux boulangers en raison de ce dépôt ;

Vu l'avis du préfet de la Seine, dans ses lettres des 29 mars et 18 avril 1836 ;

Celui du préfet de police, dans ses lettres des 6 février et 23 mai 1836 ;

L'arrêté des consuls du 19 vendémiaire an x ;

L'ordonnance royale du 21 octobre 1818 ;

Le comité de l'intérieur et du commerce du conseil d'Etat entendu,

Nous avons ordonné et ordonnons ce qui suit :

1. Le dépôt de garantie de 20 sacs de farine, de première qualité et du poids de 159 kilogrammes le sac, que chaque boulanger est tenu de verser dans un magasin public, qui sera fourni gratuitement par la ville de Paris, sera augmenté des trois cinquièmes de l'approvisionnement que chacun d'eux est tenu d'avoir dans ses magasins particuliers, savoir :

Pour le boulanger qui cuit chaque jour :

4 sacs de farine et au-dessus..	84	sacs
3	*id.*	66
2	*id.*	48
Au-dessous de 2 sacs.........	18	

2. Le préfet de police est chargé de surveiller le dépôt de garantie des boulangers, de prescrire les mesures nécessaires pour le renouvellement et pour en constater l'état. Les règlements qu'il arrêtera seront soumis à l'approbation de notre ministre du commerce et des travaux publics.

3. Nos ministres secrétaires d'Etat aux départements du commerce et des travaux publics et de l'intérieur sont chargés, chacun en ce qui le concerne, de l'exécution de la présente ordonnance qui sera insérée au *Bulletin des Lois*.

N° **350.** — *Ordonnance du roi concernant l'établissement de postes de secours, en cas d'incendie, dans diverses résidences royales.*

Neuilly, le 15 août 1836.

Louis-Philippe, etc. ;

Vu les ordonnances des 7 novembre 1821 et 28 août 1822, concernant l'organisation et l'administration du bataillon des sapeurs-pompiers de la ville de Paris ;

Vu la délibération, en date du 10 juin 1836, du conseil municipal de la ville de Paris, relative à l'augmentation de l'effectif de ce corps du nombre d'hommes nécessaire à l'établissement de postes de secours, en cas d'incendie, dans diverses résidences royales ;

Sur le rapport de notre ministre secrétaire d'Etat au département de l'intérieur concerté avec notre ministre secrétaire d'Etat au département de la guerre,

Nous avons ordonné et ordonnons ce qui suit :

1. Le complet de l'effectif du bataillon des sapeurs-pompiers de la ville de Paris, déterminé par l'article 2 de l'ordonnance du 7 novembre 1821, est augmenté de cinq caporaux et de quinze sapeurs-pompiers.

2. Au moyen de cette augmentation, il sera fourni pour les secours, en cas d'incendie, dans nos résidences de Versailles, Saint-Cloud, Meudon, Fontainebleau, Compiègne et Neuilly, le nombre d'hommes reconnu nécessaire pour ce service.

3. L'accroissement annuel de dépenses qui résultera de cette mesure, s'élevant à la somme de 18,122 fr. 25 cent. d'allocations fixes, et de 900 fr. de frais variables, conformément au tableau ci-annexé, sera supporté par notre liste civile, qui aura, en outre, à pourvoir aux frais de literie, de casernement, et aux indemnités pour pertes d'effets et autres, des hommes détachés.

4. La répartition, dans nos diverses résidences, de l'augmentation de cet effectif sera déterminée de concert par le préfet de police et l'intendant général de notre maison, l'entretien de ces postes et de leur matériel restant entièrement à la charge de notre liste civile.

5. Les commandants militaires de nos diverses résidences et les commandants des troupes se concerteront pour assurer, en cas d'incendie, aux chefs des postes de sapeurs-pompiers, l'autorité qui leur est attribuée par l'article 25 de l'ordonnance du 28 août 1822.

6. Nos ministres secrétaires d'Etat aux départements de l'intérieur et de la guerre, et l'intendant général de notre liste civile, sont chargés, chacun en ce qui le concerne, de l'exécution de la présente ordonnance.

Tableau de la dépense annuelle nécessaire à l'établissement d'un service de secours pour l'incendie dans diverses résidences royales. (Annexe de l'ordonnance royale ci-dessus.)

DÉTAILS.	DÉPENSE PAR AN,	
	pour un caporal.	pour un sapeur.
	fr. c.	fr. c.
1° Le montant de la solde et des masses tel qu'il est alloué par la ville de Paris....................	647 875	558 375
2° Les services salariés dans les théâtres et bals de la capitale s'élèvent par jour à o f. 37 c. par an, ci........	135 05	135 05
Total de la dépense à Paris (1)......	782 925	673 425
Il convient d'ajouter à cette dépense une indemnité pour excédant de frais de nourriture dans les résidences. Cette indemnité a été autrefois réglée, en pareille circonstance, à 1 f. et 1 f. 25 c.; mais à cause de la permanence du service qu'il s'agit d'établir, on pense qu'il suffit de la porter à o f. 20 c. pour les sapeurs et o f. 75 c. pour les caporaux, par an..............	273 75	182 50
Total de la dépense par grade....	1,056 675	855 925

(1) *Nota*. Dans cette dépense ne sont pas compris les frais de literie, ceux de casernement, ni les indemnités pour pertes d'effets et autres.

Récapitulation pour un service de vingt hommes.

1° Pour 5 caporaux, à 1,056 fr. 675 c. par an, ci.............. 5,283 fr. 375 c.

2° Pour 15 sapeurs, à 855 925 par an, ci.............. 12,838 875

Total général de la dépense fixe...... 18,122   25

A quoi il convient d'ajouter annuellement :

1° Pour indemnités aux officiers et sous-officiers chargés des rondes de surveillance et de l'inspection du matériel, ci....... 600 f. }

2° Pour les frais de route des hommes de service, environ 300 }   900   00

Total annuel....................... 19,022   25

N° **351**. — *Ordonnance du roi, relative aux droits de navigation intérieure.*

Du 15 octobre 1836.

Louis-Philippe, etc. ;

Vu la loi du 9 juillet 1836, concernant la perception du droit de navigation intérieure ;

Vu les articles 10 et 19, portant que les bureaux de jaugeage, le mode de vérification de la charge réelle passible des droits et celui du cubage des trains seront déterminés par des règlements d'administration publique ;

Vu notamment l'article 20, ainsi conçu :

« Toute contravention aux dispositions de la présente loi et à celles des ordonnances qui en régleront l'application sera punie d'une amende de 50 à 200 fr., sans préjudice des peines établies par les lois, en cas d'insultes, violences ou voies de fait.

« Les propriétaires de bâtiments, bateaux et trains seront responsables des amendes résultant des contraventions commises par les bateliers et les conducteurs. »

Voulant pourvoir à l'exécution de ladite loi, et concilier les facilités dues au commerce avec la sûreté de la perception ;

Sur le rapport de notre ministre secrétaire d'État au département des finances ;

Notre conseil d'État entendu ;

Nous avons ordonné et ordonnons ce qui suit :

1. Les bureaux désignés au tableau ci-annexé seront ouverts le 1er novembre 1836, pour le jaugeage des bateaux naviguant sur les fleuves, rivières et canaux.

2. Le jaugeage sera fait par les employés des contributions indirectes, en présence du propriétaire ou du conducteur du bateau, conformément aux instructions données par notre ministre des finances. Les employés dresseront de cette opération un procès-verbal dont copie sera remise au conducteur ou propriétaire, et qui énoncera : 1° le nom ou la devise du bateau ; 2° les noms et domicile du propriétaire et du conducteur ; 3° les dimensions extérieures du bateau, mesurées en centimètres ; 4° le tirant d'eau à charge complète ; 5° le tirant d'eau à vide, avec les agrès ; 6° enfin le tonnage du bateau à charge complète, et le tonnage par centimètre d'enfoncement.

La progression croissante ou décroissante du tonnage sera réglée par tranches de vingt en vingt centimètres de l'échelle mise en place. Les millimètres ne seront pas comptés.

3. Toutes les fois que le conducteur d'un bateau en formera la demande, il sera procédé à un nouveau jaugeage ; les résultats de cette opération seront également constatés par un procès-verbal dont il lui sera délivré une ampliation en remplacement de la précédente.

Les employés pourront aussi procéder d'office à la contre-vérification des jaugeages, et, s'il n'y a point de différence, ils se borneront à viser l'ancien procès-verbal.

Ces vérifications n'auront lieu qu'en cas de stationnement, et qu'après le déchargement des bateaux.

4. De chaque côté du bateau, sera incrustée une échelle en cuivre, graduée en centimètres, dont notre ministre des finances déterminera la forme, la dimension et le placement. Le zéro de l'échelle répondra au tirant d'eau à vide, et une marque apposée dans la partie supérieure

indiquera la ligne de flottaison à charge complète, à la limite déterminée par l'article 10 de la loi du 9 juillet 1836.

Les propriétaires ou conducteurs de bateaux pourront fournir et
placer les échelles en présence des employés, et en se conformant aux
indications de l'administration des contributions indirectes. A leur
défaut, cette administration y pourvoira ; dans ce cas, le prix des
échelles lui sera remboursé, au moment du jaugeage, à raison de
50 centimes par décimètre, y compris la mise en place.

5. Il est défendu aux bateliers d'enlever ou de déplacer les échelles.

6. Toutes les fois que, par un accident quelconque, les échelles auront été perdues ou qu'elles se trouveront détériorées, le batelier sera
tenu de les faire immédiatement remplacer, conformément aux dispositions de l'article 4 ci-dessus, qui détermine le mode d'après lequel les échelles seront placées.

7. Le nombre de stères imposables pour les trains de bois sera déterminé en cubant le volume de chaque train dans la rivière, déduction faite des espaces laissés vides entre les coupons et de ceux dans
lesquels seraient placés des tonneaux pour maintenir les trains à flot.

Ne seront point considérés comme trains chargés ceux qui ne porteront que les perches et rouettes de rechange.

8. La perception du droit sur tout bateau chargé et non jaugé, qui
naviguera pour la première fois, sera garantie par un acquit à caution,
délivré conformément aux dispositions de l'article 14 de la loi du
9 juillet 1836, et qui énoncera, indépendamment du tonnage par éva-
luation, la distance entre le plat-bord et la ligne de flottaison du chargement.

Le batelier sera tenu, aussitôt après le déchargement du bateau, de
le faire jauger et d'acquitter le droit.

Il ne sera pas apposé d'échelles sur tout bateau qui sera dépecé
après le premier voyage, et, dans ce cas, le jaugeage sera fait au lieu
même du déchargement.

9. Toute fraction d'une demi-distance (deux mille cinq cents
mètres) ou au-dessus sera comptée, pour la perception, comme une
distance ; toute fraction inférieure sera négligée.

Il sera opéré de la même manière à l'égard des fractions du tonneau, du stère et du mètre cube.

10. Aucun bateau, lors même qu'il serait exempt de droit, en conformité de l'article 9 de la loi, aucune bascule vide, aucun train ne
pourra être mis en route avant que le conducteur ait fait sa déclaration
et obtenu un laissez-passer.

Les dimensions des trains seront indiquées dans la déclaration.

11. Tout conducteur de bateaux chargés de bascules à poissons,
ou de trains passant devant un bureau de navigation, devra s'y arrêter pour acquitter le droit.

Néanmoins, les conducteurs de trains ou de bascules pourront,
comme les conducteurs de bateaux, en se conformant aux dispositions
des articles 13 et 14 de la loi, payer le droit au départ ou à l'arrivée.

Lorsqu'il n'y aura pas de bureau de navigation au lieu de destination, le droit sera acquitté au dernier bureau placé sur la route, lequel sera désigné en l'acquit à caution.

Les bateliers fourniront aux employés les moyens de se rendre à
bord toutes les fois que, pour reconnaître les marchandises transportées ou pour vérifier l'échelle, il seront obligés de s'en approcher.

12. Lorsque la navigation n'a lieu qu'à l'aide du flot naturel ou
artificiel, qui ne permet pas la station devant le bureau de navigation,
les acquits à caution devront être délivrés au lieu même du départ
des trains et bateaux pour tout le trajet à parcourir, et lors même
qu'il s'étendrait à deux rivières différentes.

13. Tout conducteur qui sera muni d'un acquit à caution aura la faculté, en passant devant un bureau de navigation, de changer la destination primitivement déclarée, à la charge par lui d'acquitter immédiatement le droit pour les distances déjà parcourues.

14. Indépendamment des formalités prescrites par l'article 16 de la loi du 9 juillet 1836, les bateliers et conducteurs seront tenus de représenter à toute réquisition des employés des contributions indirectes, des octrois et des douanes, les procès-verbaux de jaugeage relatifs aux bateaux et bascules.

15. L'exemption de droit, portée au nombre 6 de l'article 9 de la loi du 9 juillet 1836, sera appliquée à tous les bateaux dont les propriétaires auront été autorisés à se servir, suivant la forme établie par l'article 8 de la loi du 6 frimaire an VII.

16. Sont soumis à l'application de la loi du 9 juillet 1836, conformément aux dispositions de l'article 22 de ladite loi, les rivières des bassins de l'Escaut et de l'Aa, les canaux de Bourgogne, du Rhône au Rhin, de la Somme, de Manicamp, d'Arles à Bouc, la rivière canalisée et le canal latéral de l'Oise, et tous les canaux sur lesquels la perception sera faite par les agents du gouvernement.

Le droit de navigation ne pourra être acquitté à l'arrivée sur ces canaux qu'à la charge par les déclarants de se munir d'un acquit à caution, conformément à l'article 14 de ladite loi.

17. Seront placardés dans chaque bureau de navigation : 1° la loi du 9 juillet 1836 ; 2° la présente ordonnance ; 3° l'instruction ministérielle sur le jaugeage ; 4° le tableau indiquant le nombre des distances d'un bureau à l'autre, et entre les principaux points intermédiaires, ainsi que les lignes de navigation auxquelles s'appliquera la réduction à moitié du droit sur les trains.

18. Notre ordonnance du 26 juillet 1834 cessera d'avoir son effet, à partir de la mise à exécution de la loi du 9 juillet 1836.

19. Notre ministre secrétaire d'Etat au département des finances est chargé de l'exécution de la présente ordonnance, qui sera insérée au *Bulletin des Lois*.

ÉTAT

Etat par bassins des bureaux désignés pour le jaugeage des bateaux, en exécution de la loi du 9 juillet 1836.

(Pour être annexé à l'ordonnance du 15 octobre 1836.)

Bassins et canaux désignés dans le tarif joint à la loi.

BASSINS.	RIVIÈRES ET CANAUX.	BUREAUX.	DIRECTIONS.	DÉPARTEMENTS.
	Seine (Haute-)	Nogent-sur-Seine ..	Nogent-sur-Seine...	Aube.
		Montereau	Fontainebleau	Seine-et-Marne.
		Melun	Melun	
		Paris	Paris	Seine.
Seine	Marne	Châlons	Châlons	Marne.
		Meaux	Meaux	Seine-et-Marne.
	Seine (Basse-)	Rouen	Rouen	Seine-Inférieure.
	Oise	Compiègne	Compiègne	Oise.
		Pontoise	Pontoise	Seine-et-Oise.
Meuse	Meuse	Charleville	Charleville	Ardennes.
		Givet	Rocroy	
Mosolle	Moselle	Metz	Metz	Moselle.
		Thionville	Thionville	
	Rhône	Lyon	Lyon	Rhône.
		Givors		
Rhône		Avignon	Avignon	Vaucluse.
		Arles	Arles	Bouches-du-Rhône.
	Saône	St-Jean-de-Losne	Beaune	Côte-d'Or.
		Châlon	Châlon	Saône-et-Loire.
		Mâcon	Mâcon	
	Isère	Grenoble	Grenoble	Isère.
Adour	Adour	Dax	Dax	Landes.
		Bayonne	Bayonne	Pyrénées (Basses-).
	Gironde	Libourne	Libourne	Gironde.
		Bordeaux	Bordeaux	
Gironde	Garonne	Toulouse	Toulouse	Garonne (Haute-).
		Agen	Agen	Lot-et-Garonne.
	Tarn	Montauban	Montauban	Tarn-et-Garonne.
	Lot	Cahors	Cahors	Lot.
	Dordogne	Bergerac	Bergerac	Dordogne.
Charente	Charente	Cognac	Cognac	Charente.
		Saintes	Saintes	Charente-Inférieure.
		Rochefort	Rochefort	
	Sèvre niortaise	Marans	La Rochelle	
	Loire	Roanne	Roanne	Loire.
		Nevers	Nevers	Nièvre.
		Briare	Gien	Loiret.
		Orléans	Orléans	
Loire		Tours	Tours	Indre-et-Loire.
		Nantes	Nantes	Loire-Inférieure.
	Mayenne	Angers	Angers	Maine-et-Loire.
	Allier	Moulins	Moulins	Allier.
	Cher	Montrichard	Blois	Loire-et-Cher.
Vilaine	Vilaine	Rennes	Rennes	Ille-et-Vilaine.
		Redon	Redon	
Rhône	Canal du Centre	Châlon-sur-Saône...	Châlon	Saône-et-Loire.

Bassins et canaux désignés dans l'article 16 de l'ordonnance.

Escaut et Aa	Aa	Saint-Omer	Saint-Omer	Pas-de-Calais.
	Canal de Bergues	Dunkerque	Dunkerque	Nord.
	Scarpe	Arras	Arras	Pas-de-Calais.
	Escaut	Condé	Valenciennes	Nord.
Rhône	Canal de Bourgogne	St-Jean-de-Losne	Beaune	Côte-d'Or.
		Tonnerre	Tonnerre	Yonne.
	Canal du Rhône au Rhin	Strasbourg	Strasbourg	Rhin (Bas-).
		Besançon	Besançon	Doubs.
		St-Jean-de-Losne	Beaune	Côte d'Or.
Somme	Canal de la Somme	Péronne	Péronne	Somme.
		Abbeville	Abbeville	
Rhône	Canal d'Arles à Bouc	Arles	Arles	Bouches-du-Rhône.
Seine	Canal latéral à l'Oise	Compiègne	Compiègne	Oise

N° **352**.—*Ordonnance du roi portant règlement sur les fabriques de fulminate de mercure, amorces fulminantes et autres matières dans la préparation desquelles entre le fulminate de mercure.*

Au palais des Tuileries, le 30 octobre 1836.

Louis-Philippe, etc.,

Sur le rapport de notre ministre secrétaire d'Etat au département des travaux publics, de l'agriculture et du commerce;

Vu le décret du 15 octobre 1810 et l'ordonnance du 14 janvier 1815, portant règlement sur les établissements insalubres ou incommodes;

Vu l'ordonnance du 25 juin 1823, concernant spécialement les fabriques de poudres ou matières détonnantes et fulminantes;

Considérant que les accidents graves survenus par suite de la fabrication du fulminate de mercure exigent l'emploi de précautions nouvelles pour en prévenir le retour;

Notre conseil d'Etat entendu,

Nous avons ordonné et ordonnons ce qui suit:

1. Les fabriques de fulminate de mercure, amorces fulminantes et autres matières dans la préparation desquelles entre le fulminate de mercure, devront être closes de murs et éloignées de toute habitation, ainsi que des routes et chemins publics.

2. Toute demande en autorisation pour un établissement de cette nature devra être accompagnée d'un plan indiquant:

1° La position exacte de l'emplacement, par rapport aux habitations, routes et chemins les plus voisins;

2° Celle de tous les bâtiments et ateliers, les uns par rapport aux autres;

3° Le détail des distributions intérieures de chaque local. Le plan, visé dans l'ordonnance d'autorisation à laquelle il restera annexé, ne pourra plus être changé qu'en vertu d'une autorisation nouvelle.

La mise en activité de la fabrique sera toujours précédée d'une vérification faite par les soins de l'autorité locale, qui constatera l'exécution fidèle du plan. Il en sera dressé procès-verbal.

3. Les divers ateliers seront isolés les uns des autres. Le sol en sera recouvert d'une lame de plomb ou de plâtre, la pierre siliceuse est prohibée dans la construction de ces ateliers.

4. Les tablettes dont il sera fait emploi dans ces ateliers seront en bois blanc; la plus élevée, placée à un mètre soixante centimètres au plus au-dessus du sol, devra toujours rester libre.

5. L'atelier spécialement affecté à la fabrication du fulminate devra être particulièrement éloigné de la poudrerie et du dépôt des esprits. L'ordonnance d'autorisation fixera, dans chaque établissement particulier, la distance respective des autres bâtiments de la fabrique.

6. La poudrière ne renfermera qu'une seule rangée de tablettes, placée à un mètre trente centimètres du sol; ce sol sera, comme celui des ateliers, recouvert en lames de plomb ou en plâtre. Ce bâtiment n'aura qu'une seule porte.

7. L'usage des tamis en fil métallique est interdit.

8. La poudre, grainée et séchée, sera renfermée dans des caisses en bois blanc, bien jointes, recouvertes d'une feuille de carton et placées sur des supports en liège.

Aucune de ces caisses ne devra contenir plus de cinq kilogrammes de poudre.

9. Aucun transvasement de poudre ne pourra s'effectuer dans la poudrière. Cette opération devra être faite dans un local isolé et fermé, qui n'aura pas d'autre destination. Il sera pris, pour la construction de ce local, ainsi que pour l'établissement de son sol, les mêmes précautions que pour la construction et le sol des autres ateliers.

10. Il ne pourra être porté à la fois dans l'atelier de charge que la dixième partie au plus de la poudre qui doit être manipulée dans la journée.

11. Le directeur de l'établissement et le chef des ateliers auront seuls la clef de la poudrière et de l'atelier où se fera le transvasement de la poudre.

12. Aucun ouvrier ne pourra être employé dans cette sorte de fabrique s'il n'a dix-huit ans accomplis.

13. Les dispositions prescrites par l'ordonnance du 25 juin 1823 sont maintenues et continueront à être observées concurremment avec celles de la présente ordonnance, qui sera constamment affichée dans les fabriques qu'elles concernent.

14. En cas de contravention, l'autorité locale suspendra provisoirement les travaux de la fabrique, et en référera à l'administration supérieure. L'autorisation sera retirée s'il y a lieu.

15. Notre ministre secrétaire d'État au département des travaux publics, de l'agriculture et du commerce, est chargé de l'exécution de la présente ordonnance, qui sera insérée au *Bulletin des Lois*.

N° **353.** — *Administration générale des hospices et secours à domicile de Paris.*

Séance du 25 janvier 1837.

Vu l'article 9 du titre III de la loi du 20 septembre 1792 (1);
Vu les articles 1, 2, 3, 5 et 23 du décret du 19 janvier 1811 (2);

---

(1) *Décret du 20 septembre 1792.*

« Art. 9. En cas d'exposition d'enfant, le juge de paix ou l'officier de police qui en aura été instruit, sera tenu de se rendre sur le lieu de l'exposition, de dresser procès-verbal de l'état de l'enfant, de son âge apparent, des marques extérieures, vêtements et autres indices qui peuvent éclairer sur sa naissance ; il recevra aussi les déclarations de ceux qui auraient quelque connaissance relative à l'exposition de l'enfant.

(2) *Décret impérial du 19 janvier 1811.*

Art. 1er. Les enfants dont l'éducation est confiée à la charité publique sont :

1° Les enfants trouvés,
2° Les enfants abandonnés,
3° Les orphelins pauvres.

Art. 2. Les enfants trouvés sont ceux qui, nés de pères et mères inconnus, ont été trouvés exposés dans un lieu quelconque ou portés dans les hospices destinés à les recevoir.

Art. 3. Dans chaque hospice destiné à recevoir des enfants trouvés, il y aura un tour où ils devront être déposés.

Art. 4. Il y aura au plus dans chaque arrondissement un hospice où les enfants trouvés pourront être reçus.

Des registres constateront jour par jour leur arrivée, leur sexe, leur âge apparent, et décriront les marques naturelles et les langes qui peuvent servir à les faire reconnaître.

Art. 5. Les enfants abandonnés sont ceux qui, nés de pères ou de mères connus, et d'abord élevés par eux ou par d'autres personnes à leur décharge, en sont délaissés sans qu'on sache ce que les pères et mères sont devenus ou sans qu'on puisse recourir à eux.

Art. 6. Les orphelins sont ceux qui, n'ayant ni père ni mère, n'ont aucun moyen d'existence.

Art. 23. Les individus qui seraient convaincus d'avoir exposé des enfants, ceux qui feraient habitude de les transporter dans les hospices, seront punis conformément aux lois.

Vu les articles 347, 348, 349, 350, 351, 352 et 353 du Code pénal (1);
Vu l'article 58 du Code civil qui prescrit le mode à suivre pour faire
constater l'état civil des enfants nouveau-nés qui sont exposés et dont
les parents sont inconnus (2);
Vu l'instruction ministérielle du 27 mars 1817 (3);

(1) *Code pénal.*

Art. 347. Toute personne qui, ayant trouvé un enfant nouveau-né, ne l'aura pas remis à l'officier de l'état civil, ainsi qu'il est prescrit par l'article 58 du Code civil, sera punie des peines portées au précédent article.

La présente disposition n'est point applicable à celui qui aurait consenti à se charger de l'enfant et qui aurait fait sa déclaration à cet égard devant la municipalité du lieu où l'enfant a été trouvé.

Art. 348. Ceux qui auront porté à un hospice un enfant au-dessous de l'âge de sept ans accomplis, qui leur aurait été confié, afin qu'ils en prissent soin ou pour toute autre cause, seront punis d'un emprisonnement de six semaines à six mois et d'une amende de 16 à 50 francs.

Toutefois, aucune peine ne sera prononcée s'ils n'étaient pas tenus ou ne s'étaient pas obligés de pourvoir gratuitement à la nourriture et à l'entretien de l'enfant et si personne n'y avait pourvu.

Art. 349. Ceux qui auront exposé ou délaissé en un lieu solitaire un enfant au-dessous de de l'âge de sept ans accomplis; ceux qui auront donné l'ordre de l'exposer ainsi, si cet ordre a été exécuté, seront, pour ce seul fait, condamnés à un emprisonnement de 6 mois à 2 ans et à une amende de 16 à 200 francs.

Art. 350. La peine portée au précédent article sera de 2 à 5 ans, et l'amende de 50 à 400 francs, contre les tuteurs ou tutrices, instituteurs ou institutrices de l'enfant exposé et délaissé par eux ou par leur ordre.

Art. 351. Si, par suite de l'exposition et du délaissement prévus par les articles 349 et 350, l'enfant est demeuré mutilé ou estropié, l'action sera considérée comme blessures volontaires à lui faites par la personne qui l'a exposé et délaissé; et, si la mort s'en est suivie, l'action sera considérée comme meurtre : au premier cas, les coupables subiront la peine applicable aux blessures volontaires, et au deuxième cas, celles du meurtre.

Art. 352. Ceux qui auront exposé et délaissé en un lieu non solitaire un enfant au-dessous de l'âge de sept ans accomplis, seront punis d'un emprisonnement de 3 mois à 1 an et d'une amende de 16 à 100 francs.

Art. 353. Le délit prévu par le précédent article sera puni d'un emprisonnement de 6 mois à 2 ans et d'une amende de 25 à 200 francs, s'il a été commis par les tuteurs ou tutrices, instituteurs ou institutrices de l'enfant.

(2) *Code civil.*

Art. 58. Toute personne qui aura trouvé un enfant nouveau-né sera tenue de le remettre à l'officier de l'état civil, ainsi que les vêtements et autres effets trouvés avec l'enfant, et de déclarer toutes les circonstances du temps et du lieu où il aura été trouvé.

Il en sera dressé procès-verbal détaillé, qui énoncera, en outre, l'âge apparent de l'enfant, son sexe, les noms qui lui seront donnés, l'autorité civile à laquelle il sera remis; ce procès-verbal sera inscrit sur les registres.

(3) Je dois, Monsieur le préfet, exciter votre sollicitude sur l'énorme accroissement qu'éprouve successivement le nombre des enfants trouvés et abandonnés. D'un côté, la misère, de l'autre, les soins que l'administration apporte à la conservation des enfants et le bienfait de la vaccine sont des causes naturelles qui, l'une en augmentant le nombre des expositions, et les deux autres en diminuant la mortalité, doivent accroître le nombre des enfants trouvés et enfants abandonnés à la charge des hospices; mais on ne peut se refuser à considérer comme une des causes les plus puissantes de cet accroissement les abus qui se commettent dans l'admission des enfants au rang des enfants trouvés et abandonnés.

Dans plusieurs départements où l'on a vérifié avec quelque sévérité les titres d'admission des enfants, on en a découvert un grand nombre qui n'avaient pas de droits à la charité publique, et qui, rendus à leurs familles, ont considérablement diminué le nombre des enfants à la charge du département.

Le ministère a plusieurs fois appelé l'attention des préfets sur ces abus et sur les moyens de les détruire et d'en prévenir le retour; mais ces instructions ont été perdues de vue dans plusieurs départements.

Je vous invite à les remettre en vigueur et à réprimer soigneusement les abus d'une admission trop facile.

Ouï le rapport de la commission spéciale nommée pour examiner les mesures qui sont à prendre, afin de prévenir les abandons et diminuer ainsi une population qui est sans liens et sans appui dans la société ;

Considérant qu'il est nécessaire de renfermer l'admission des enfants trouvés et abandonnés dans les limites posées par les lois et règlements en vigueur ;

Qu'il est du devoir de l'administration d'éviter, dans cette admission, tout ce qui pourra favoriser l'abandon des enfants, abandon réprouvé à la fois par les lois et par la morale, et encourager les mères à violer les obligations qui leur sont imposées par la nature ;

Considérant que les dispositions de l'arrêt du 21 juillet 1670 prescrivaient le visa, par les administrateurs, des registres sur lesquels sont inscrites les admissions des enfants apportés à l'hospice (1) ;

Considérant, pour la maison d'accouchement et pour les hôpitaux dans lesquels les femmes viennent accoucher, qu'il est nécessaire d'imposer aux femmes l'obligation de nourrir pendant quelques jours leurs nouveau-nés, et de les emporter avec elles à leur sortie de l'établissement ;

Que ces premiers jours d'allaitement, qui sont d'ailleurs conseillés par les médecins, peuvent réveiller la tendresse des mères et les déterminer à conserver un enfant qu'elles avaient l'intention d'abandonner ;

Arrête :

1. Aucun enfant ne sera, sous quelque prétexte que ce soit, admis à l'hospice des Enfants-Trouvés que dans les cas, sous les conditions et dans les formes prévus par les dispositions ci-dessus visées de la loi du 20 septembre 1792 et du décret du 19 janvier 1811.

2. A cet effet, aucun enfant ne sera reçu que sur le vu d'un procès-verbal d'un commissaire de police, constatant que l'enfant a été exposé ou délaissé, ainsi qu'il est dit aux articles 2, 3 et 5 du décret du 19 janvier 1811.

Le procès-verbal sera visé par M. le préfet de police ; toutefois, les commissaires de police pourront, pour la conservation des enfants, les faire recevoir provisoirement à l'hospice, en attendant le visa de M. le Préfet.

3. Le registre matricule, sur lequel sont inscrits les enfants apportés à l'hospice, sera visé, chaque semaine, par le membre de la commission administrative chargé de l'hospice.

4. Les femmes enceintes ne seront admises à la maison d'accouchement qu'autant qu'elles prendront l'engagement de nourrir, pendant quelques jours, dans l'établissement, et d'emporter, à leur sortie, l'enfant dont elles seront accouchées.

5. Il n'y aura, pour l'allaitement, d'exception que pour les femmes qui seraient jugées, par le médecin, hors d'état de nourrir ou de continuer à nourrir leur enfant.

Il pourra être accordé, sur la fondation Montyon, des secours aux femmes qui continueront à nourrir leur enfant, ou qui en prendront soin.

---

(1) *Arrêt du 21 juillet 1670.*

On lit dans cet arrêt, que les administrateurs visiteront, toutes les semaines, le registre où l'on écrit le nom des enfants trouvés que l'on apporte dans l'hôpital, et qu'après avoir vérifié chaque article sur les procès-verbaux des commissaires au Châtelet et ordonnance des officiers qui doivent en connaître, ils parapheront les feuilles du registre et ils feront mettre lesdits procès-verbaux dans le lieu qui sera destiné pour les garder.

6. Les mesures qui précèdent sont applicables, dans tout leur contenu, aux femmes qui vont accoucher dans les établissements placés sous la surveillance du conseil.

7. Il sera rendu compte au conseil, à l'expiration de chaque mois, du résultat des dispositions ci-dessus prescrites.

8. Il sera écrit une circulaire aux accoucheurs, sages-femmes, et généralement aux personnes qui s'occupent des accouchements, pour leur rappeler les règles prescrites par les lois et règlements sur l'admission des enfants et les peines portées par le Code contre l'abandon et le délaissement des enfants.

9. M. le préfet de la Seine sera prié d'écrire à MM. ses collègues des départements de Seine-et-Oise, Seine-et-Marne, d'Eure-et-Loir, de l'Eure et de l'Yonne, pour les informer des conditions d'admission à l'hospice des enfants trouvés ou abandonnés.

10. M. le préfet de police sera prié de donner à MM. les commissaires de police et aux autres agents de son administration des instructions pour l'exécution des dispositions ci-dessus.

11. Le présent arrêté sera adressé à M. le pair de France, préfet du département de la Seine, pour être soumis à l'approbation de M. le ministre de l'intérieur.

Il sera également transmis, en quadruple expédition, à la 4e division, 2e section.

N° **354**. — *Lettre de M. le ministre de l'intérieur à M. le préfet de la Seine, approuvant et autorisant le projet de règlement concernant les enfants trouvés.*

Du 30 mars 1837.

Monsieur le préfet, vous m'avez transmis, avec votre lettre du 10 mars courant, un projet de règlement délibéré par le conseil général des hospices de Paris, le 25 janvier dernier, sur le mode et les conditions d'admission des enfants trouvés dans les hospices de la capitale.

J'ai trouvé sages et conformes aux lois et instructions sur la matière les dispositions de ce règlement; en conséquence, je l'approuve et j'en autorise l'exécution.

Agréez, etc.

N° **355**. — *Extrait de l'ordonnance du roi relatif à la navigation sous les ponts de Paris. — Adjudication de ce service.*

Du 30 mai 1837.

Louis-Philippe, etc. :

Sur le rapport de notre ministre secrétaire d'Etat des travaux publics, de l'agriculture et du commerce ;

Vu le décret du 28 janvier 1811 et l'ordonnance royale, du 16 janvier 1822, relatifs au service de la navigation sous les ponts de Paris ;

Le procès-verbal d'adjudication de ce service, du 15 mai 1822 ;

Le cahier des charges joint à ce procès-verbal ;

L'avis du conseil municipal de la ville de Paris et la lettre du préfet de police, en date des 28 avril et 4 mai 1837 ;

Le procès-verbal dressé le 16 dudit mois de mai, par suite des mesures prises pour assurer la continuation du service dont il s'agit;

La soumission du sieur Ducoudray, du 19 du même mois, jointe audit procès-verbal ;

Considérant que le bail des chefs des ponts expire au 1er juin prochain, et qu'il y a urgence à pourvoir au service de la navigation sous les ponts de Paris, jusqu'à ce que l'administration ait déterminé suivant quelles bases il sera organisé à l'avenir ;

Le comité de l'intérieur de notre conseil d'Etat entendu,

. Nous avons ordonné et ordonnons ce qui suit :

1. Le bail actuel du chef des ponts de Paris est prorogé d'une année, qui commencera le 31 mai 1837, époque de l'expiration dudit bail, et finira le 1er juin 1838.

2. Les offres faites à ce sujet par le sieur Ducoudray sont acceptées.

4. Notre ministre secrétaire d'Etat au département des travaux publics, de l'agriculture et du commerce est chargé de l'exécution de la présente ordonnance.

N° **356**. — *Loi relative aux nouveaux poids.*

Des 4-8 juillet 1837.

Louis-Philippe, etc.,

Nous avons proposé, les chambres ont adopté, nous avons ordonné et ordonnons ce qui suit :

1. Le décret du 12 février 1812, concernant les poids et mesures, est et demeure abrogé.

2. Néanmoins, l'usage des instruments de pesage et de mesurage, confectionnés en exécution des articles 2 et 3 du décret précité, sera permis jusqu'au 1er janvier 1840.

3. A partir du 1er janvier 1840, tous poids et mesures autres que les poids et mesures établis par les lois des 18 germinal an III et 19 frimaire an VIII, constitutive du système métrique décimal, seront interdits sous les peines portées par l'article 479 du Code pénal.

4. Ceux qui auront des poids et mesures autres que les poids et mesures ci-dessus reconnus, dans leurs magasins, boutiques, ateliers ou maisons de commerce, ou dans les halles, foires ou marchés, seront punis comme ceux qui les emploieront, conformément à l'article 479 du Code pénal.

5. A compter de la même époque, toutes dénominations de poids et mesures autres que celles portées dans le tableau annexé à la présente loi, et établies par la loi du 18 germinal an III, sont interdites dans les actes publics ainsi que dans les affiches et les annonces.

Elles sont également interdites dans les actes sous seing privé, les registres de commerce et autres écritures privées produites en justice.

Les officiers publics contrevenants seront passibles d'une amende de vingt francs, qui sera recouvrée sur contrainte comme en matière d'enregistrement.

L'amende sera de dix francs pour les autres contrevenants; elle sera perçue pour chaque acte ou écriture sous signature privée; quant aux registres de commerce, ils ne donneront lieu qu'à une seule amende pour chaque contestation dans laquelle ils seront produits.

6. Il est défendu aux juges et arbitres de rendre aucun jugement ou décision en faveur des particuliers sur des actes, registres ou écrits dans lesquels les dénominations interdites par l'article précédent auraient été insérées, avant que les amendes encourues aux termes dudit article aient été payées.

7. Les vérificateurs des poids et mesures constateront les contraventions prévues par les lois et règlements concernant le système métrique des poids et mesures.

Ils pourront procéder à la saisie des instruments de pesage et de mesurage dont l'usage est interdit par lesdites lois et règlements.

Leurs procès-verbaux feront foi en justice jusqu'à preuve contraire.

Les vérificateurs prêteront serment devant le tribunal d'arrondissement.

8. Une ordonnance royale réglera la manière dont s'effectuera la vérification des poids et mesures (1).

La présente loi discutée, délibérée et adoptée par la chambre des pairs et par celles des députés, et sanctionnée par nous cejourd'hui, sera exécutée comme loi de l'Etat.

---

(1) Voir cette ordonnance, page 541.

TABLEAU DES MESURES LÉGALES. (Loi du 18 germinal an III).

NOMS SYSTÉMATIQUES.	VALEUR.	NOMS SYSTÉMATIQUES.	VALEUR.	NOMS SYSTÉMATIQUES.	VALEUR.
Mesures de longueur.		*Mesures de capacité pour les liquides et les matières sèches.*			
Myriamètre........	Dix mille mètres.	Kilolitre........	Mille litres.	KILOGRAMME......	Mille grammes. Poids dans le vide d'un décimètre cube d'eau distillée à la température de quatre degrés centigrades.
Kilomètre........	Mille mètres.	Hectolitre........	Cent litres.		
Hectomètre........	Cent mètres.	Décalitre........	Dix litres.		
Décamètre........	Dix mètres.	LITRE........	Décimètre cube.	Hectogramme......	Cent grammes.
MÈTRE..........	Unité fondamentale des poids et mesures. (Dix millionième partie du quart du méridien terrestre.)	Décilitre........	Dixième du litre.	Décagramme......	Dix grammes.
		Mesures de solidité.		GRAMME........	Poids d'un centimètre cube d'eau à quatre degrés
Décimètre........	Dixième du mètre.	Décastère........	Dix stères.	Décigramme......	Dixième du gramme.
Centimètre........	Centième du mètre.	STÈRE........	Mètre cube.	Centigramme......	Centième du gramme.
Millimètre........	Millième du mètre.	Décistère........	Dixième du stère.	Milligramme......	Millième du gramme.
Mesures agraires.				*Monnaie.*	
Hectare..........	Cent ares ou dix mille mètres carrés.			FRANC........	Cinq grammes d'argent au titre de neuf dixièmes de fin.
ARE..........	Cent mètres carrés, carré de dix mètres de côté.			Décime........	Dixième du franc.
Centiare..........	Centième de l'are ou mètre carré.			Centime........	Centième de franc.

Conformément à la disposition de la loi du 18 germinal an III, concernant les Poids et Mesures de capacité, chacune des Mesures décimales de ces deux genres a son double et sa moitié.

N° **357**. — *Loi sur l'administration municipale* (1).

Des 18—22 juillet 1837.

Louis-Philippe, etc.

Nous avons proposé, les chambres ont adopté, nous avons ordonné et ordonnons ce qui suit :

TITRE Ier.

Des réunions, divisions et fonctions de communes.

1. Aucune réunion, division ou formation de commune ne pourra avoir lieu que conformément aux règles ci-après :

2. Toutes les fois qu'il s'agira de réunir plusieurs communes en une seule, ou de distraire une section d'une commune, soit pour la réunir à une autre, soit pour l'ériger en commune séparée, le préfet prescrira préalablement, dans les communes intéressées, une enquête, tant sur le projet en lui-même que sur ses conditions. Les conseils municipaux, assistés des plus imposés en nombre égal à celui de leurs membres, les conseils d'arrondissement et le conseil général donneront leur avis.

3. Si le projet concerne une section de commune, il sera créé, pour cette section, une commission syndicale. Un arrêté du préfet déterminera le nombre des membres de la commission. Ils seront élus par les électeurs municipaux domiciliés dans la section ; et si le nombre des électeurs n'est pas double de celui des membres à élire, la commission sera composée des plus imposés de la section. La commission nommera son président. Elle sera chargée de donner son avis sur le projet.

4. Les réunions et distractions de communes qui modifieront la composition d'un département, d'un arrondissement ou d'un canton, ne pourront être prononcées que par une loi. Toutes autres réunions et distractions de communes pourront être prononcées par ordonnances du roi, en cas de consentement, des conseillers municipaux, délibérant avec les plus imposés, conformément à l'article 2 ci-dessus, et, à défaut de consentement pour les communes qui n'ont pas trois cents habitants, sur l'avis affirmatif du conseil général du département. Dans tous les autres cas, il ne pourra être statué que par une loi.

5. Les habitants de la commune réunie à une autre commune conserveront la jouissance exclusive des biens dont les fruits étaient perçus en nature. Les édifices et autres immeubles servant à usage public deviendront propriété de la commune à laquelle sera faite la réunion.

6. La section de commune érigée en commune séparée ou réunie à une autre commune emportera la propriété des biens qui lui appartenaient exclusivement. Les édifices et autres immeubles servant à usage public, et situés sur son territoire, deviendront propriété de la nouvelle commune ou de la commune à laquelle sera faite la réunion.

7. Les autres conditions de la réunion ou de la distraction seront fixées par l'acte qui la prononcera. Lorsqu'elle sera prononcée par une loi, cette fixation pourra être renvoyée à une ordonnance royale

---

(1) Voir t. I, p. XIX (la note).

ultérieure, sauf réserve, dans tous les cas, de toutes les questions de propriété.

8. Dans tous les cas de réunion ou fractionnement de communes, les conseils municipaux seront dissous. Il sera procédé immédiatement à des élections nouvelles.

TITRE II.

Des attributions des maires et des conseils municipaux.

CHAPITRE Ier.

Des attributions des maires.

9. Le maire est chargé, sous l'autorité de l'administration supérieure, 1° de la publication et de l'exécution des lois et règlements; 2° des fonctions spéciales qui lui sont attribuées par les lois; 3° de l'exécution des mesures de sûreté générale.

10. Le maire est chargé, sous la surveillance de l'administration supérieure, 1° de la police municipale, de la police rurale et de la voirie municipale, et de pourvoir à l'exécution des actes de l'autorité supérieure qui y sont relatifs; 2° de la conservation et de l'administration des propriétés de la commune, et de faire en conséquence tous actes conservatoires de ses droits; 3° de la gestion des revenus, de la surveillance des établissements communaux et de la comptabilité communale; 4° de la proposition du budget et de l'ordonnancement des dépenses; 5° de la direction des travaux communaux; 6° de souscrire les marchés, de passer les baux des biens et les adjudications des travaux communaux, dans les formes établies par les lois et règlements; 7° de souscrire, dans les mêmes formes, les actes de vente, échange, partage, acceptation de dons ou legs, acquisition, transaction, lorsque ces actes ont été autorisés conformément à la présente loi; 8° de représenter la commune en justice, soit en demandant, soit en défendant.

11. Le maire prend des arrêtés à l'effet, 1° d'ordonner les mesures locales sur les objets confiés par les lois à sa vigilance et à son autorité; 2° de publier de nouveau les lois et règlements de police, et de rappeler les citoyens à leur observation. Les arrêtés pris par le maire sont immédiatement adressés au sous-préfet. Le préfet peut les annuler ou en suspendre l'exécution. Ceux de ces arrêtés qui portent règlement permanent ne seront exécutoires qu'un mois après la remise de l'ampliation constatée par les récépissés donnés par le sous-préfet.

12. Le maire nomme à tous les emplois communaux pour lesquels la loi ne prescrit pas un mode spécial de nomination. Il suspend et révoque les titulaires de ces emplois,

13. Le maire nomme les gardes champêtres, sauf l'approbation du conseil municipal. Ils doivent être agréés et commissionnés par le sous-préfet; ils peuvent être suspendus par le maire; mais le préfet peut seul les révoquer. Le maire nomme également les pâtres communs, sauf l'approbation du conseil municipal. Il peut prononcer leur révocation.

14. Le maire est chargé seul de l'administration; mais il peut déléguer une partie de ses fonctions à un ou plusieurs de ses adjoints, et, en l'absence des adjoints, à ceux des conseillers municipaux qui sont appelés à en faire les fonctions.

15. Dans le cas où le maire refuserait ou négligerait de faire un des actes qui lui sont prescrits par la loi, le préfet, après l'en avoir requis, pourra y procéder d'office par lui-même ou par un délégué spécial.

16. Lorsque le maire procède à une adjudication publique pour le compte de la commune, il est assisté de deux membres du conseil municipal, désignés d'avance par le conseil, ou, à défaut, appelés dans l'ordre du tableau. Le receveur municipal est appelé à toutes les adjudications. Toutes les difficultés qui peuvent s'élever sur les opérations préparatoires de l'adjudication sont résolues, séance tenante, par le maire et les deux conseillers assistants, à la majorité des voix, sauf le recours de droit.

CHAPITRE II.

Des attributions des conseils municipaux.

17. Les conseils municipaux règlent par leurs délibérations les objets suivants : 1º le mode d'administration des biens communaux; 2º les conditions des baux à ferme ou à loyer dont la durée n'excède pas dix-huit ans pour les biens ruraux, et neuf ans pour les autres biens ; 3º le mode de jouissance et la répartition des pâturages et fruits communaux, autres que les bois, ainsi que les conditions à imposer aux parties prenantes; 4º les affouages, en se conformant aux lois forestières.

18. Expédition de toute délibération sur un des objets énoncés en l'article précédent est immédiatement adressée par le maire au sous-préfet, qui en délivre ou fait délivrer récépissé. La délibération est exécutoire, si, dans les trente jours qui suivent la date du récépissé, le préfet ne l'a pas annulée, soit d'office, pour violation d'une disposition de loi ou d'un règlement d'administration publique, soit sur la réclamation de toute partie intéressée. Toutefois, le préfet peut suspendre l'exécution de la délibération pendant un autre délai de trente jours.

19. Le conseil municipal délibère sur les objets suivants : 1º le budget de la commune, et, en général toutes les recettes et dépenses, soit ordinaires, soit extraordinaires ; 2º les tarifs et règlements de perception de tous les revenus communaux ; 3º les acquisitions, aliénations et échanges des propriétés communales, leur affectation aux différents services publics, et, en général, tout ce qui intéresse leur conservation et leur amélioration ; 4º la délimitation ou le partage des biens indivis entre deux ou plusieurs communes ou sections de commune; 5º les conditions des baux à ferme ou à loyer dont la durée excède dix-huit ans pour les biens ruraux, et neuf ans pour les autres biens, ainsi que celle des baux des biens pris à loyer par la commune, quelle qu'en soit la durée; 6º les projets de constructions, de grosses réparations et de démolitions, et, en général, tous les travaux à entreprendre ; 7º l'ouverture des rues et places publiques et les projets d'alignement de voirie municipale; 8º le parcours et la vaine pâture; 9º l'acceptation des dons et legs faits à la commune et aux établissements communaux; 10º les actions judiciaires et transactions; et tous les autres objets sur lesquels les lois et règlements appellent les conseils municipaux à délibérer.

20. Les délibérations des conseils municipaux sur les objets énoncés à l'article précédent sont adressées au sous-préfet. Elles sont exécutoires sur l'approbation du préfet, sauf les cas où l'approbation par le ministre compétent, ou par ordonnance royale, est prescrite par les lois ou par les règlements d'administration publique.

21. Le conseil municipal est toujours appelé à donner son avis sur les objets suivants : 1º les circonscriptions relatives au culte ; 2º les circonscriptions relatives à la distribution des secours publics ; 3º les projets d'alignement de grande voirie dans l'intérieur des villes, bourgs et villages ; 4º l'acceptation des dons et legs faits aux établissements de charité et de bienfaisance ; 5º les autorisations d'emprunter, d'acquérir, d'échanger, d'aliéner, de plaider ou de transiger, demandées par les mêmes établissements, et par les fabriques des églises et autres administrations préposées à l'entretien des cultes dont les ministres sont salariés par l'État ; 6º les budgets et les comptes des établissements de charité et de bienfaisance ; 7º les budgets et les comptes des fabriques et autres administrations préposées à l'entretien des cultes dont les ministres sont salariés par l'État, lorsqu'elles reçoivent des secours sur les fonds communaux ; 8º enfin tous les objets sur lesquels les conseils municipaux sont appelés par les lois et règlements à donner leur avis ou seront consultés par le préfet.

22. Le conseil municipal réclame, s'il y a lieu, contre le contingent assigné à la commune dans l'établissement des impôts de répartition.

23. Le conseil municipal délibère sur les comptes présentés annuellement par le maire. Il entend, débat et arrête les comptes de deniers des receveurs, sauf règlement définitif, conformément à l'article 66 de la présente loi.

24. Le conseil municipal peut exprimer son vœu sur tous les objets d'intérêt local. Il ne peut faire ni publier aucune protestation, proclamation ou adresse.

25. Dans les séances où les comptes d'administration du maire sont débattus, le conseil municipal désigne au scrutin celui de ses membres qui exerce la présidence. Le maire peut assister à la délibération ; il doit se retirer au moment où le conseil municipal va émettre son vote. Le président adresse directement la délibération au sous-préfet.

26. Lorsque, après deux convocations successives faites par le maire, à huit jours d'intervalle et dûment constatées, les membres du conseil municipal ne se sont pas réunis en nombre suffisant, la délibération prise après la troisième convocation est valable, quel que soit le nombre des membres présents.

27. Les délibérations des conseils municipaux se prennent à la majorité des voix. En cas de partage, la voix du président est prépondérante.

28. Les délibérations seront inscrites, par ordre de date, sur un registre coté et paraphé par le sous-préfet. Elles seront signées par tous les membres présents à la séance, ou mention sera faite de la cause qui les aura empêchés de signer.

29. Les séances des conseils municipaux ne sont pas publiques ; leurs débats ne peuvent être publiés officiellement qu'avec l'approbation de l'autorité supérieure. Il est voté au scrutin secret toutes les fois que trois des membres présents le réclament.

TITRE III.

Des dépenses et recettes, et des budgets des communes.

30. Les dépenses des communes sont obligatoires ou facultatives. Sont obligatoires les dépenses suivantes : 1º l'entretien, s'il y a lieu, de l'Hôtel-de-Ville ou du local affecté à la mairie ; 2º les frais de bureau et d'impression pour le service de la commune ; 3º l'abonnement au *Bulletin des Lois*; 4° les frais de recensement de la population ; 5° les frais des registres de l'État civil, et la portion des tables décennales à la charge des communes ; 6° le traitement du receveur municipal, du préposé en chef de l'octroi, et les frais de perception , 7° le traitement des gardes des bois de la commune et des gardes champêtres ; 8° le traitement et les frais de bureau des commissaires de police, tels qu'ils sont déterminés par les lois ; 9° les pensions des employés municipaux et des commissaires de police, régulièrement liquidées et approuvées ; 10° les frais de loyer et de réparation du local de la justice de paix, ainsi que ceux d'achat et d'entretien de son mobilier, dans les communes chefs-lieux de canton ; 11° les dépenses de la garde nationale, telles qu'elles sont déterminées par les lois ; 12° les dépenses relatives à l'instruction publique, conformément aux lois ; 13° l'indemnité de logement aux curés et desservants, et autres ministres des cultes salariés par l'État, lorsqu'il n'existe pas de bâtiment affecté à leur logement ; 14° les secours aux fabriques des églises et autres administrations préposées aux cultes dont les ministres sont salariés par l'État, en cas d'insuffisance de leurs revenus, justifiée par leurs comptes et budgets ; 15° le contingent assigné à la commune, conformément aux lois, dans la dépense des enfants trouvés et abandonnés ; 16° les grosses réparations aux édifices communaux, sauf l'exécution des lois spéciales concernant les bâtiments militaires et les édifices consacrés au culte ; 17° la clôture des cimetières, leur entretien et leur translation dans les cas déterminés par les lois et règlements d'administration publique ; 18° les frais des plans d'alignement ; 19° les frais et dépenses des conseils des prud'hommes, pour les communes où ils siégent ; les menus frais des chambres consultatives des arts et manufactures, pour les communes où elles existent ; 20° les contributions et prélèvements établis par les lois sur les biens et revenus communaux ; 21° l'acquittement des dettes exigibles, et généralement toutes les autres dépenses mises à la charge des communes par une disposition des lois. Toutes dépenses autres que les précédentes sont facultatives.

51. Les recettes des communes sont ordinaires ou extraordinaires. Les recettes ordinaires des communes se composent : 1° des revenus de tous les biens dont les habitants n'ont pas la jouissance en nature ; 2° des cotisations imposées annuellement sur les ayants droit aux fruits qui se perçoivent en nature ; 3° du produit des centimes ordinaires affectés aux communes par les lois de finances ; 4° du produit de la portion accordée aux communes dans l'impôt des patentes ; 5° du produit des octrois municipaux ; 6° du produit des droits de place perçus dans les halles, foires, marchés, abattoirs, d'après les tarifs dûment autorisés ; 7° du produit des permis de stationnement et des locations sur la voie publique, sur les ports et rivières et autres lieux publics ; 8° du produit des péages communaux, des droits de pesage, mesurage et jaugeage, des droits de voirie et autres droits légalement établis ; 9° du prix des concessions dans les cimetières ; 10° du produit des concessions d'eau, de l'enlèvement des boues et immondices de la voie publique, et autres concessions autorisées pour les services communaux ; 11° du produit des expéditions des actes administratifs et des actes de l'État civil ; 12° de la portion que les lois accordent aux communes dans le produit des amendes prononcées par les tribunaux de simple police, par ceux de police correctionnelle et par les conseils de discipline de la garde nationale, et généralement du produit de toutes les taxes de ville et de police dont la perception est autorisée par la loi.

52. Les recettes extraordinaires se composent : 1° des contributions extraordinaires dûment autorisées ; 2° du prix des biens alié-

nés; 3° des dons et legs ; 4° du remboursement des capitaux exigibles
et des rentes rachetées ; 5° du produit des coupes extraordinaires de
bois ; 6° du produit des emprunts, et de toutes autres recettes accidentelles.

33. Le budget de chaque commune, proposé par le maire, et voté
par le conseil municipal, est définitivement réglé par arrêté du préfet.
Toutefois, le budget des villes dont le revenu est de cent mille francs
ou plus est réglé par une ordonnance du roi. Le revenu d'une commune est réputé atteindre cent mille francs, lorsque les recettes ordinaires, constatées dans les comptes, se sont élevées à cette somme
pendant les trois dernières années. Il n'est réputé être descendu au-
dessous de cent mille francs que lorsque, pendant les trois dernières
années, les recettes ordinaires sont restées inférieure à cette
somme.

34. Les crédits qui pourraient être reconnus nécessaires après le
règlement du budget sont délibérés conformément aux articles précédents, et autorisés par le préfet, dans les communes dont il est appelé
à régler le budget, et par le ministre, dans les autres communes.
Toutefois, dans ces dernières communes, les crédits supplémentaires
pour dépenses urgentes pourront être approuvés par le préfet.

35. Dans le cas où, par une cause quelconque, le budget d'une
commune n'aurait pas été approuvé avant le commencement de l'exercice, les recettes et dépenses ordinaires continueront, jusqu'à l'approbation de ce budget, à être faites conformément à celui de l'année précédente.

36. Les dépenses proposées au budget d'une commune peuvent
être rejetées ou réduites par l'ordonnance du roi, ou par l'arrêté du
préfet qui règle ce budget.

37. Les conseils municipaux peuvent porter au budget un crédit
pour dépenses imprévues. La somme inscrite pour ce crédit ne pourra
être réduite ou rejetée qu'autant que les revenus ordinaires, après
avoir satisfait à toutes les dépenses obligatoires, ne permettraient pas
d'y faire face, ou qu'elle excéderait le dixième des recettes ordinaires.
Le crédit pour dépenses imprévues sera employé par le maire, avec
l'approbation du préfet et du sous-préfet. Dans les communes autres
que les chefs-lieux de département ou d'arrondissement, le maire
pourra employer le montant de ce crédit aux dépenses urgentes, sans
approbation préalable, à la charge d'en informer immédiatement le
sous-préfet, et d'en rendre compte au conseil municipal dans la première session ordinaire qui suivra la dépense effectuée.

38. Les dépenses proposées au budget ne peuvent être augmentées,
et il ne peut y être introduit de nouvelles par l'arrêté du préfet ou
l'ordonnance du roi, qu'autant qu'elles sont obligatoires.

39. Si un conseil municipal n'allouait pas les fonds exigés pour
une dépense obligatoire, ou n'allouait qu'une somme insuffisante,
l'allocation nécessaire serait inscrite au budget par ordonnance du
roi, pour les communes dont le revenu est de cent mille francs et
au-dessus, et par arrêté du préfet, en conseil de préfecture, pour
celles dont le revenu est inférieur. Dans tous les cas, le conseil municipal sera préalablement appelé à en délibérer. S'il s'agit d'une dépense annuelle et variable, elle sera inscrite pour sa quotité moyenne
pendant les trois dernières années. S'il s'agit d'une dépense annuelle
et fixe de sa nature, ou d'une dépense extraordinaire, elle sera inscrite pour sa quotité réelle. Si les ressources de la commune sont
insuffisantes pour subvenir aux dépenses obligatoires inscrites d'office en vertu du présent article, il y sera pourvu par le conseil municipal, ou, en cas de refus de sa part, au moyen d'une contribution
extraordinaire établie par une ordonnance du roi, dans les limites

du maximum qui sera fixé annuellement par la loi de finances, et par une loi spéciale si la contribution doit excéder ce maximum.

40. Les délibérations du conseil municipal concernant une contribution extraordinaire destinée à subvenir aux dépenses obligatoires, ne seront exécutoires qu'en vertu d'un arrêté du préfet, s'il s'agit d'une commune ayant moins de cent mille francs de revenu, et d'une ordonnance du roi, s'il s'agit d'une commune ayant un revenu supérieur. Dans le cas où la contribution extraordinaire aurait pour but de subvenir à d'autres dépenses que les dépenses obligatoires, elle ne pourra être autorisée que par ordonnance du roi, s'il s'agit d'une commune ayant moins de cent mille francs de revenu, et par une loi, s'il s'agit d'une commune ayant un revenu supérieur.

41. Aucun emprunt ne pourra être autorisé que par ordonnance du roi, rendue dans les formes des règlements d'administration publique, pour les communes ayant moins de cent mille francs de revenu, et par une loi, s'il s'agit d'une commune ayant un revenu supérieur. Néanmoins, en cas d'urgence et dans l'intervalle des sessions, une ordonnance du roi, rendue dans la forme des règlements d'administration publique, pourra autoriser les communes dont le revenu est de cent mille francs et au-dessus à contracter un emprunt jusqu'à concurrence du quart de leurs revenus.

42. Dans les communes dont les revenus sont inférieurs à cent mille francs, toutes les fois qu'il s'agira de contributions extraordinaires ou d'emprunts, les plus imposés aux rôles de la commune seront appelés à délibérer avec le conseil municipal, en nombre égal à celui des membres en exercice. Ces plus imposés seront convoqués individuellement par le maire, au moins dix jours avant celui de la réunion. Lorsque les plus imposés appelés seront absents, ils seront remplacés en nombre égal par les plus imposés portés après eux sur le rôle.

43. Les tarifs des droits de voirie sont réglés par ordonnance du roi, rendue dans la forme des règlements d'administration publique.

44. Les taxes particulières dues par les habitants ou propriétaires, en vertu des lois et des usages locaux, sont réparties par délibération du conseil municipal, approuvée par le préfet. Ces taxes sont perçues suivant les formes établies pour le recouvrement des contributions publiques.

45. Aucune construction nouvelle, ou reconstruction entière ou partielle, ne pourra être autorisée que sur la production des projets et devis. Ces projets et devis seront soumis à l'approbation préalable du ministre compétent, quand la dépense excédera trente mille francs, et à celle du préfet, quand elle sera moindre.

TITRE IV.

Des acquisitions, aliénations, baux, dons et legs.

46. Les délibérations des conseils municipaux ayant pour objet des acquisitions, des ventes ou échanges d'immeubles, le partage de biens indivis, sont exécutoires sur arrêté du préfet, en conseil de préfecture, quand il s'agit d'une valeur n'excédant pas trois mille francs, pour les communes dont le revenu est au-dessous de cent mille francs, et vingt mille francs pour les autres communes. S'il s'agit d'une valeur supérieure, il est statué par ordonnance du roi. La vente des biens mobiliers et immobiliers des communes, autres que ceux qui servent à un usage public, pourra, sur la demande de tout créancier porteur de titres exécutoires, être autorisée par une ordonnance du roi, qui déterminera les formes de la vente.

47. Les délibérations des conseils municipaux ayant pour objet des baux dont la durée devra excéder dix-huit ans ne sont exécutoires qu'en vertu d'une ordonnance royale. Quelle que soit la durée du bail, l'acte passé par le maire n'est exécutoire qu'après l'approbation du préfet.

48. Les délibérations ayant pour objet l'acceptation des dons et legs d'objets mobiliers ou de sommes d'argent, faits à la commune et aux établissements communaux, sont exécutoires en vertu d'un arrêté du préfet, lorsque leur valeur n'excède pas trois mille francs, et en vertu d'une ordonnance du roi, lorsque leur valeur est supérieure ou qu'il y a réclamation des prétendants droit à la succession. Les délibérations qui porteraient refus de dons et legs, et toutes celles qui concerneraient des dons et legs d'objets immobiliers ne sont exécutoires qu'en vertu d'une ordonnance du roi. Le maire peut toujours, à titre conservatoire, accepter les dons et legs, en vertu de la délibération du conseil municipal ; l'ordonnance du roi ou l'arrêté du préfet, qui intervient ensuite, a effet du jour de cette acceptation.

TITRE V.

Des actions judiciaires et des transactions

49. Nulle commune ou section de commune ne peut introduire une action en justice sans être autorisée par le conseil de préfecture. Après tout jugement intervenu, la commune ne peut se pourvoir devant un autre degré de juridiction qu'en vertu d'une nouvelle autorisation du conseil de préfecture. Cependant, tout contribuable inscrit au rôle de la commune a le droit d'exercer, à ses frais et risques, avec l'autorisation du conseil de préfecture, les actions qu'il croirait appartenir à la commune ou section, et que la commune ou section, préalablement appelée à en délibérer, aurait refusé ou négligé d'exercer. La commune ou section sera mise en cause, et la décision qui interviendra aura effet à son égard.

50. La commune, section de commune ou le contribuable auquel l'autorisation aura été refusée pourra se pourvoir devant le roi, en conseil d'État. Le pourvoi sera introduit et jugé en la forme administrative. Il devra, à peine de déchéance, avoir lieu dans le délai de trois mois, à dater de la notification de l'arrêté du conseil de préfecture.

51. Quiconque voudra intenter une action contre une commune ou section de commune sera tenu d'adresser préalablement au préfet un Mémoire exposant les motifs de sa réclamation. Il lui en sera donné récépissé. La présentation du Mémoire interrompra la prescription et toutes déchéances. Le préfet transmettra le Mémoire au maire, avec l'autorisation de convoquer immédiatement le conseil municipal pour en délibérer.

52. La délibération du conseil municipal sera, dans tous les cas, transmise au conseil de préfecture, qui décidera si la commune doit être autorisée à ester en jugement. La décision du conseil de préfecture devra être rendue dans le délai de deux mois, à partir de la date du récépissé énoncé en l'article précédent.

53. Toute décision du conseil de préfecture portant refus d'autorisation devra être motivée. En cas de refus de l'autorisation, le maire pourra, en vertu d'une délibération du conseil municipal, se pourvoir devant le roi, en son conseil d'État, conformément à l'article 50 ci-dessus. Il devra être statué sur le pourvoi dans le délai de deux mois, à partir du jour de son enregistrement au secrétariat général du conseil d'État.

54. L'action ne pourra être intentée qu'après la décision du conseil de préfecture, et, à défaut de décision dans le délai fixé par l'article 52, qu'après l'expiration de ce délai. En cas de pourvoi contre la décision du conseil de préfecture, l'instance sera suspendue jusqu'à ce qu'il ait été statué sur le pourvoi, et, à défaut de décision dans le délai fixé par l'article précédent, jusqu'à l'expiration de ce délai. En aucun cas, la commune ne pourra défendre à l'action qu'autant qu'elle y aura été expressément autorisée.

55. Le maire peut toutefois, sans autorisation préalable, intenter toute action possessoire, ou y défendre, et faire tous autres actes conservatoires ou interruptifs des déchéances.

56. Lorsqu'une section est dans le cas d'intenter ou de soutenir une action judiciaire contre la commune elle-même, il est formé, pour cette section, une commission syndicale de trois ou cinq membres, que le préfet choisit parmi les électeurs municipaux, et, à leur défaut, parmi les citoyens les plus imposés. Les membres du corps municipal qui seraient intéressés à la jouissance des biens ou droits revendiqués par la section, ne devront point participer aux délibérations du conseil munipal relatives au litige. Ils seront remplacés, dans toutes ces délibérations, par un nombre égal d'électeurs municipaux de la commune, que le préfet choisira parmi les habitants ou propriétaires étrangers à la section. L'action est suivie par celui de ses membres que la commission syndicale désigne à cet effet.

57. Lorsqu'une section est dans le cas d'intenter ou de soutenir une action judiciaire contre une autre section de la même commune, il sera formé, pour chacune des sections intéressées, une commission syndicale, conformément à l'article précédent.

58. La section qui aura obtenu une condamnation contre la commune ou contre une autre section ne sera point passible des charges ou contributions imposées pour l'acquittement des frais et dommages-intérêts qui résulteraient du fait du procès. Il en sera de même à l'égard de toute partie qui aurait plaidé contre une commune ou une section de commune.

59. Toute transaction consentie par un conseil municipal ne peut être exécutée qu'après l'homologation par ordonnance royale, s'il s'agit d'objets immobiliers ou d'objets mobiliers d'une valeur supérieure à trois mille francs, et par arrêté du préfet en conseil de préfecture, dans les autres cas.

TITRE VI.

Comptabilité des communes.

60. Les comptes du maire, pour l'exercice clos, sont présentés au conseil municipal avant la délibération du budget. Ils sont définitivement approuvés par les préfets, pour les communes dont le revenu est inférieur à cent mille francs, et par le ministre compétent, pour les autres communes.

61. Le maire peut seul délivrer des mandats. S'il refusait d'ordonnancer une dépense régulièrement autorisée et liquide, il serait prononcé par le préfet en conseil de préfecture. L'arrêté du préfet tiendrait lieu du mandat du maire.

62. Les recettes et dépenses communales s'effectuent par un comptable chargé seul, et sous sa responsabilité, de poursuivre la rentrée de tous revenus de la commune et de toutes sommes qui lui seraient dues, ainsi que d'acquitter les dépenses ordonnancées par le maire, jusqu'à concurrence des crédits régulièrement accordés. Tous les rôles de taxe, de sous-répartitions et de prestations locales, devront être remis à ce comptable.

63. Toutes les recettes municipales pour lesquelles les lois et règlements n'ont pas prescrit un mode spécial de recouvrement, s'effectuent sur des états dressés par le maire. Ces états sont exécutoires après qu'ils ont été visés par le sous-préfet. Les oppositions, lorsque la matière est de la compétence des tribunaux ordinaires, sont jugées comme affaires sommaires, et la commune peut y défendre, sans autorisation du conseil de préfecture.

64. Toute personne, autre que le receveur municipal, qui, sans autorisation légale, se serait ingérée dans le maniement des deniers de la commune, sera, par ce seul fait, constituée comptable; elle pourra en outre être poursuivie en vertu de l'article 258 du Code pénal, comme s'étant immiscée sans titres dans des fonctions publiques.

65. Le percepteur remplit les fonctions de receveur municipal. Néanmoins, dans les communes dont le revenu excède trente mille francs, ces fonctions sont confiées, si le conseil municipal le demande, à un receveur municipal spécial. Il est nommé par le roi, sur trois candidats que le conseil municipal présente. Les dispositions du premier paragraphe ci-dessus ne seront applicables aux communes ayant actuellement un receveur municipal que sur la demande du conseil municipal, ou en cas de vacance.

66. Les comptes du receveur municipal sont définitivement apurés par le conseil de préfecture, pour les communes dont le revenu n'excède pas trente mille francs, sauf recours à la cour des comptes. Les comptes des receveurs des communes dont le revenu excède trente mille francs sont réglés et apurés par ladite cour. Les dispositions ci-dessus, concernant la juridiction des conseils de préfecture et de la cour des comptes sur les comptes des receveurs municipaux, sont applicables aux comptes des trésoriers des hôpitaux et autres établissements de bienfaisance.

67. La responsabilité des receveurs municipaux et les formes de la comptabilité des communes seront déterminées par des règlements d'administration publique. Les receveurs municipaux seront assujettis, pour l'exécution de ces règlements, à la surveillance des receveurs des finances. Dans les communes où les fonctions de receveur municipal et de percepteur sont réunies, la gestion du comptable est placée sous la responsabilité du receveur des finances de l'arrondissement.

68. Les comptables qui n'auront pas présenté leurs comptes dans les délais prescrits par les règlements pourront être condamnés, par l'autorité chargée de les juger, à une amende de dix francs à cent francs, par chaque mois de retard, pour les receveurs et trésoriers justiciables des conseils de préfecture, et de cinquante francs à cinq cents francs, également par mois de retard, pour ceux qui sont justiciables de la cour des comptes. Ces amendes seront attribuées aux communes ou établissements que concernent les comptes en retard. Elles seront assimilées aux débets de comptables, et le recouvrement pourra en être suivi par corps, conformément aux articles 8 et 9 de la loi du 17 avril 1832.

69. Les budgets et les comptes des communes restent déposés à la mairie, où toute personne imposée aux rôles de la commune a droit d'en prendre connaissance. Ils sont rendus publics par la voie de l'impression, dans les communes dont le revenu est de cent mille francs ou plus, et dans les autres, quand le conseil municipal a voté la dépense de l'impression.

TITRE VII.

Des intérêts qui concernent plusieurs communes.

70. Lorsque plusieurs communes possèdent des biens ou des droits par indivis, une ordonnance du roi instituera, si l'une d'elles les réclame, une commission syndicale composée de délégués des conseils municipaux des communes intéressées. Chacun des conseils élira dans son sein, au scrutin secret et à la majorité des voix, le nombre de délégués qui aura été déterminé par l'ordonnance du roi. La commission syndicale sera renouvelée tous les trois ans, après le renouvellement partiel des conseils municipaux. Les délibérations prises par la commission ne sont exécutoires que sur l'approbation du préfet, et demeurent d'ailleurs soumises à toutes les règles établies pour les délibérations des conseils municipaux.

71. La commission syndicale sera présidée par un syndic qui sera nommé par le préfet et choisi parmi les membres qui la composent. Les attributions de la commission syndicale et du syndic, en ce qui touche les biens et les droits indivis, seront les mêmes que celles des conseils municipaux et des maires pour l'administration des propriétés communales.

72. Lorsqu'un même travail intéressera plusieurs communes, les conseils municipaux seront spécialement appelés à délibérer sur leurs intérêts respectifs et sur la part de la dépense que chacune d'elles devra supporter. Ces délibérations seront soumises à l'approbation du préfet. En cas de désaccord entre les conseils municipaux, le préfet prononcera, après avoir entendu les conseils d'arrondissement et le conseil général. Si les conseils municipaux appartiennent à des départements différents, il sera statué par ordonnance royale. La part de la dépense définitivement assignée à chaque commune sera portée d'office aux budgets respectifs, conformément à l'article 39 de la présente loi.

73. En cas d'urgence, un arrêté du préfet suffira pour ordonner les travaux, et pourvoira à la dépense à l'aide d'un rôle provisoire. Il sera procédé ultérieurement à sa répartition définitive, dans la forme déterminée par l'article précédent.

TITRE VIII.

Disposition spéciale.

74. Il sera statué par une loi spéciale sur l'administration municipale de la ville de Paris. La présente loi, discutée, délibérée et adoptée par la chambre des pairs et par celle des députés, et sanctionnée par nous cejourd'hui, sera exécutée comme loi de l'Etat. Donnons en mandement à nos cours et tribunaux, préfets, corps administratifs, et tous autres, que les présentes ils gardent et maintiennent, fassent garder, observer et maintenir, et, pour les rendre plus notoires à tous, ils les fassent publier et enregistrer partout où besoin sera ; et afin que ce soit chose ferme et stable à toujours, nous y avons fait mettre notre sceau.

N° **358**. — *Arrêté pour le service du chemin de fer de Paris à Saint-Germain.*

Paris, 25 août 1837.

Le ministre des travaux publics, de l'agriculture et du commerce ;
Vu le cahier des charges de la concession du chemin de fer de Paris à Saint-Germain, et notamment les articles 25 et 32 ;
Vu le procès-verbal dressé par les commissaires chargés de procéder à la visite dudit chemin de fer, et duquel il résulte que la voie unique, actuellement terminée, peut être, dès à présent, livrée à la circulation ;
Considérant qu'en attendant les règlements d'administration publique, qui devront déterminer la sûreté et l'usage du chemin de fer, il importe de pourvoir, par un règlement provisoire de police, à ce qu'exige la sûreté des voyageurs ;
Le comité de l'intérieur et du commerce du conseil d'Etat entendu,

Arrête ce qui suit :

§ 1er. — *Mesures relatives au départ et à l'arrivée des voyageurs.*

1. Il est défendu à toute personne étrangère au service du chemin de fer de Paris à Saint-Germain, de s'introduire sur cette voie, d'y circuler ou stationner.
Il est défendu d'y déposer, même momentanément, aucuns matériaux ni objets quelconques.
Il est défendu d'y introduire, faire circuler ou stationner aucune voiture, wagon ou machine étrangère au service.
Sauf les cas de réparation, aucune voiture, wagon ou machine appartenant, soit à la compagnie du chemin de fer de Paris à Saint-Germain, soit aux concessionnaires d'embranchements ou prolongements autorisés en vertu de l'article 42 du cahier des charges, ne pourra stationner ailleurs que sur les gares et lieux de chargement à ce spécialement affectés.
2. Aux points de départ et d'arrivée principaux, Paris et le Pecq, le lieu d'embarquement et celui de débarquement seront séparés de telle sorte que l'entrée et la sortie des voyageurs se fassent par deux voies différentes.
3. Les voyageurs ne seront admis sur les quais de chargement et d'embarquement qu'au moment des départs.
4. Les convois ne se mettront en marche au départ, qu'après trois avertissements donnés, les deux premiers à la cloche, et le troisième à la trompette.
5. Il n'est permis aux voyageurs d'entrer dans les voitures et d'en sortir que par la portière qui fait face au côté extérieur de la ligne du chemin de fer.
6. Les effets seront portés, de l'entrée de l'enceinte aux voitures, par les commissionnaires qui seront désignés par la compagnie.
En conséquence, nul commissionnaire, porteur ni domestique ne sera admis dans l'enceinte ; les voyageurs, les agents de l'administration et ceux de la compagnie pourront seuls y entrer.
7. Nulle machine ou voiture ne pourra parcourir plus de cinq fois le trajet entre Paris et Saint-Germain sans être visitée, et ce, indépendamment de toutes autres mesures de surveillance prescrites par les ordonnances royales qui régissent les machines à vapeur.

8. Jusqu'à la réception de la seconde voie du chemin de fer, il sera établi, au milieu de la distance à parcourir, une gare de croisement sur laquelle sera établie une barrière habituellement fermée : lorsque deux trains partiront simultanément des extrémités, le premier arrivé à l'entrée de la gare devra y entrer, et la barrière ne lui sera ouverte qu'après le passage du train opposé ; si les deux trains arrivent en même temps à la hauteur de la gare, celui qui viendra de Saint-Germain y entrera, et celui qui viendra de Paris passera droit jusqu'à trois heures après midi ; après cette heure, le convoi venant de Saint-Germain aura la priorité.

Les départs seront réglés de manière à ce que les trains ne puissent se rencontrer qu'à la gare.

9. Les heures des premiers et derniers départs de chaque journée seront déclarées d'avance aux préfets de police et de Seine-et-Oise.

Jusqu'à l'ouverture de la deuxième voie du chemin, les convois ne devront partir plus d'une demi-heure avant le lever du soleil, et de dix minutes après son coucher, d'une extrémité, qu'après l'arrivée de ceux qui viendront de l'extrémité opposée.

Après le coucher du soleil, les voitures devront être éclairées.

10. Avant de donner le signal du départ, le garde s'assurera par lui-même, si tous les voyageurs sont placés et si toutes les portières sont fermées.

Il veillera à ce que les voyageurs se tiennent à leurs places, lorsqu'on s'arrêtera aux stations intermédiaires, et ne descendent de la voiture que lorsqu'ils n'iront pas plus loin.

§ 2. — *Mesures relatives à la circulation et à la marche des convois.*

11. Les trains de voyageurs ou de marchandises ne pourront s'arrêter dans les points où le chemin de fer traverse de niveau des chemins publics.

12. Aux points où des chemins traverseront de niveau le chemin de fer, il sera établi de chaque côté une barrière.

13. A chacun des croisements, il y aura constamment un gardien à qui on ne remettra pas le soin de plus de deux cents mètres de voie, à droite et à gauche, au chemin des Bourguignons, de Denis-Bouché, de Colombes à Nanterre et de Croissy, et de cent mètres au Chemin-aux-Vaches et au Chemin-Vert-de-Chatou.

14. Les personnes à pied et à cheval et les voitures ou attelages quelconques, ne pourront, à l'approche des trains remorqués par des machines locomotives, traverser le chemin de fer sur les points où il coupe à niveau les chemins publics, qu'après le passage de ces trains.

15. A cet effet, les gardiens des barrières devront avertir de l'approche des convois, et ne livrer passage aux personnes et aux voitures qui voudraient traverser la voie de fer, qu'après le passage du convoi.

16. Les cantonniers chargés de l'entretien de la ligne devront interdire au public toute circulation sur le chemin de fer, et avertir les gardes des trains, s'il y a quelques précautions à prendre pour la sûreté des voyageurs. Ils seront, d'ailleurs, munis d'un drapeau ou autre signal au moyen duquel ils avertiront les trains de s'arrêter dans le cas d'accident.

17. Les cantonniers placés le long des voies devront être assez rapprochés pour pouvoir se voir.

18. Ils devront parcourir chacun sa section immédiatement avant le passage des convois, et se trouver, au moment de ce passage, à l'extrémité de la section par laquelle le convoi arrive, afin de donner tous avertissements, s'il y a lieu.

19. Lorsque, par suite d'un accident ou pour cause de réparation, la circulation devra être interrompue sur un point de la ligne, le passage sera immédiatement rétabli au moyen d'un tourne-voie, ou gare d'évitement provisoire, construit à côté de la partie en réparation.

20. La marche de chaque train sera confiée à un conducteur en chef qui aura un uniforme et sera muni d'une trompette.

21. Le conducteur en chef aura sous ses ordres des conducteurs de seconde classe, en nombre suffisant pour qu'aucun n'ait pas plus de six voitures à surveiller.

22. Les commissaires spéciaux de police, préposés à la surveillance du chemin de fer, pourront, soit d'office, soit sur les réquisitions des agents de la compagnie, s'il y a lieu, faire accompagner les convois par un ou plusieurs agents de l'administration ou de la force publique.

23. Le garde sonnera de la trompette à l'approche des chemins publics, traversés à niveau par le chemin de fer et les ateliers d'ouvriers employés aux travaux.

24. Le dernier wagon, ou voiture de chaque convoi, portera un gardien muni d'une trompette pour avertir le convoi suivant en cas d'accident ou de ralentissement.

Les convois suivant la même direction ne partiront qu'à deux minutes au moins d'intervalle les uns des autres.

25. La marche des machines locomotives sera ralentie à l'approche et à l'étendue des tourne-voies ou gares d'évitement qu'on aurait été obligé d'établir pour cause de réparation de la ligne.

26. Le conducteur de la machine ne pourra, dans aucun cas, la quitter; il doit, ainsi que le chauffeur, quand il n'est pas occupé, se tenir debout et veiller attentivement pendant tout le temps que la machine est en mouvement.

27. Aucune personne, autre que le conducteur de la machine et le chauffeur, ne pourra monter sur la machine locomotive ou sur son allége sans la permission spéciale du directeur du chemin.

28. Les voitures destinées au transport des voyageurs seront d'une construction solide, et pourvues de tout ce qui est nécessaire à la sûreté et à la commodité des voyageurs.

Les différentes caisses de chaque voiture seront ouvertes par deux portières latérales, et chaque portière sera garnie d'un marchepied.

§ 3. — *Mesures générales.*

29. Il est défendu aux voyageurs de se tenir debout sur les bancs des voitures.

30. Il est défendu aux voyageurs de passer d'une voiture dans une autre.

31. Les cantonniers et les gardiens de barrière devront faire sortir immédiatement toutes personnes qui se seraient introduites en dedans de la voie, soit entre les rails, soit en dehors des rails.

32. En cas de résistance de la part des contrevenants, les cantonniers et gardiens devront appeler l'assistance des agents de l'administration publique.

33. Il sera tenu, dans chacun des bureaux de la station du chemin de fer, un registre coté et paraphé, à Paris, par le préfet de police, et ailleurs, par les maires des lieux où les bureaux sont placés, lequel sera destiné à recevoir les réclamations de voyageurs qui auraient des plaintes à former contre les gardes des trains, les cantonniers, les gardes de barrières, les mécaniciens ou autres agents et ouvriers employés sur la ligne. Ce registre sera présenté à toute réquisition des voyageurs.

54. Les poursuites, en raison d'accidents arrivés par le fait des agents de la compagnie, dont elle est civilement responsable, seront dirigées contre la personne du directeur.

55. Toutes les fois qu'il arrivera un accident sur le chemin de fer, il en sera fait immédiatement déclaration, tant à l'un des commissaires de police dont il a été question ci-dessus, qu'au maire de la commune, à la diligence de tous agents de la compagnie, témoins de l'accident.

Le directeur de la compagnie en informera immédiatement le préfet de police, pour le département de la Seine, et le préfet de Seine-et-Oise, pour le département de Seine-et-Oise.

56. Des exemplaires imprimés du présent règlement et du tarif visé par les préfets de police et de Seine-et-Oise, seront constamment affichés dans les lieux les plus apparents des bureaux de la compagnie.

Les conducteurs des trains devront également être munis de ces pièces, pour les exhiber à toute réquisition.

§ 4. — *Moyens d'exécution.*

57. Il sera pourvu à la surveillance que l'administration doit exercer sur l'exécution du présent règlement et au maintien de l'ordre, par deux commissaires spéciaux de police, qui exerceront sur toute l'étendue du chemin de fer et de ses dépendances.

58. Ces commissaires auront sous leurs ordres deux agents spéciaux de surveillance.

Ces agents seront assermentés.

59. Les commissaires spéciaux de police et les agents placés sous leurs ordres surveilleront l'exécution du présent règlement; ils seront chargés du maintien de l'ordre, et interviendront à cet effet, au besoin, dans les difficultés qui s'élèveraient, soit entre les voyageurs, soit entre les voyageurs et les agents de la compagnie.

40. Ils recevront les réclamations et y feront droit sur-le-champ, dans les limites du présent règlement.

41. Procès-verbal sera dressé par eux de toutes les contraventions qui pourraient être commises, soit par les employés de la compagnie, soit par toutes autres personnes, ainsi que de tous les accidents qui pourraient survenir.

42. Ils adresseront ces procès-verbaux au préfet de police, pour le département de la Seine, et au préfet de Seine-et-Oise, pour le département de Seine-et-Oise, lesquels en transmettront copie au directeur-général des ponts-et-chaussées.

43. Les agents préposés par la compagnie à la garde des barrières et clôtures et les cantonniers devront obéir aux réquisitions des commissaires spéciaux de police, toutes les fois que ces réquisitions auront pour objet l'exécution du présent règlement.

44. Les commissaires spéciaux de police et les agents de surveillance seront tenus de dresser procès-verbal de toutes les détériorations, même quand elles ne compromettraient pas immédiatement la sûreté de la circulation.

Ils remettront copie de ces procès-verbaux à l'ingénieur chargé de la surveillance du chemin, qui provoquera telle mesure que de droit, et au directeur de la compagnie.

45. La compagnie fournira des corps-de-garde et des locaux pour les commissaires de police et les agents de surveillance.

46. Conformément à l'article 32 du cahier des charges annexé à la loi

du 9 juillet 1835, les frais que nécessitera l'exécution du présent règlement, demeureront à la charge de la compagnie.

47. Les contraventions au présent seront poursuivies et réprimées
conformément aux lois et règlements.

48. Le préfet de police et le préfet du département de Seine-et-
Oise sont chargés, chacun en ce qui le concerne, de l'exécution du
présent règlement.

N° **359** — *Ordonnance du roi relative à l'établissement dans
Paris de la gare d'arrivée du chemin de fer de Paris à Saint-
Germain, entre la place de l'Europe et la rue Neuve-des-
Mathurins.*

16 octobre-21 novembre 1837.

Louis-Philippe, etc. ;

Sur le rapport de notre ministre secrétaire d'État des travaux publics, de l'agriculture et du commerce :

Vu les pièces du projet présenté le 16 mai 1836 par la compagnie
du chemin de fer de Saint-Germain, pour l'établissement d'une gare
d'arrivée de ce chemin dans Paris ;

Vu l'avis publié le 5 juillet 1836 par le préfet de la Seine, et annonçant l'ouverture d'une enquête publique sur ce projet, conformément à
l'article 3 de la loi du 7 juillet 1833, ledit avis inséré au *Moniteur* du
6 du même mois ;

Vu le registre contenant les observations et déclarations du public,
ledit registre ouvert le 6 juillet 1836, et clos le 8 août suivant ;

Vu les diverses oppositions produites contre le projet présenté par
la compagnie ;

Vu l'avis de la chambre de commerce de Paris, en date du 22 septembre 1836 ;

Vu les observations adressées au préfet de la Seine par les représentants de la compagnie, sous la date du 8 août 1836 ;

Vu le procès-verbal des délibérations de la commission d'enquête,
en date des 9, 12 et 16 août 1836 ;

Vu les avis du préfet de police, en date des 15 et 25 novembre 1836 ;

Vu les observations mises par la compagnie sous les yeux du conseil municipal de Paris, et les délibérations de ce conseil, en date des
1er avril 1836 et 19 mai 1837 ;

Vu l'avis du préfet de la Seine du 7 juillet suivant ;

Vu la délibération, en date du 27 juin 1837, du conseil municipal
de Saint-Germain, et la lettre d'envoi du préfet de Seine-et-Oise, du
17 juillet 1837 ;

Vu l'avis interlocutoire du conseil général des ponts et chaussées,
en date du 29 août 1837 ;

Vu les modifications proposées successivement par la compagnie à
son premier projet, les 1er et 5 septembre 1837 ;

Vu les avis du conseil général des ponts et chaussées, en date des
mêmes jours ;

Vu la loi du 7 juillet 1833 sur l'expropriation pour cause d'utilité
publique ;

Vu la loi du 9 juillet 1835, qui autorise l'établissement d'un chemin
de fer de Paris à Saint-Germain, et le cahier des charges annexé à
cette loi ;

Vu la loi du 9 juillet 1836 et l'ordonnance du 24 mai 1837, concer-

nant l'établissement de deux chemins de fer de Paris à Versailles, et les cahiers de charges annexés à cette dernière ordonnance ;
Notre conseil d'Etat entendu,

Nous avons ordonné et ordonnons ce qui suit :

1. La compagnie du chemin de fer de Paris à Saint-Germain est autorisée à établir la gare d'arrivée de ce chemin dans Paris, entre la place de l'Europe et la rue Neuve-des-Mathurins, conformément aux clauses et conditions suivantes :

1° La gare des marchandises ne s'étendra pas au delà de la rue Saint-Lazare ;

2° La gare destinée exclusivement aux voyageurs sera comprise entre la rue Saint-Lazare et la rue Neuve-des-Mathurins ;

3° Les ponts à établir sur les rues Saint-Lazare et Saint-Nicolas auront au moins six mètres de hauteur sous clef. Le maximum de largeur entre les têtes de ces deux ponts est fixé à quatorze mètres pour le premier, et à vingt-quatre mètres pour le second ; ils seront l'un et l'autre construits en pièces de fonte percées de jours sur tous les points où il sera possible d'en pratiquer sans compromettre la solidité des ouvrages,

4° Les ateliers à marteau et à fumée, pour le service de la compagnie, ne pourront pas être établis entre la place de l'Europe et la rue Neuve-des-Mathurins ;

5° Pour le service des machines locomotives, il ne sera brûlé que du coke dans l'intérieur de Paris ;

6° Les machines locomotives ne pourront, dans aucun cas, stationner entre la rue Saint-Nicolas et la rue Neuve-des-Mathurins ;

7° Les constructions à établir par la compagnie, le long des rues et places publiques, ne pourront être entreprises que suivant les alignements qui auront été préalablement fixés ;

8° La compagnie se conformera d'ailleurs à toutes les autres dispositions de la loi du 9 juillet 1835 et du cahier des charges annexé à cette loi : l'article 42 de ce cahier des charges sera spécialement applicable au prolongement autorisé par la présente ordonnance.

2. La compagnie ne pourra commencer les travaux qu'en vertu de projets qui seront approuvés ultérieurement par l'administration, à la suite de l'accomplissement des formalités prescrites par le titre II de la loi du 7 juillet 1833 ; une ordonnance royale qui sera rendue après l'accomplissement desdites formalités, déterminera le périmètre extérieur de la gare.

3. Notre ministre, etc.

N° 360. — *Ordonnance du roi contenant règlement sur les établissements d'éclairage au gaz de troisième classe.*

Au palais des Tuileries, le 25 mars 1838.

Louis-Philippe, etc. ;
Sur le rapport de notre ministre secrétaire d'Etat au département des travaux publics, de l'agriculture et du commerce ;
Vu le décret du 15 octobre 1810 et l'ordonnance du 14 janvier 1815, portant règlement sur les établissements dangereux, insalubres ou incommodes ;

Vu l'ordonnance du 20 août 1824, concernant spécialement les établissements d'éclairage par le gaz ;
Notre conseil d'Etat entendu,

Nous avons ordonné et ordonnons ce qui suit :

1. Les petits appareils domestiques pour fabriquer le gaz hydrogène, destinés à fournir au plus à dix becs d'éclairage, et tout gazomètre en dépendant, d'une capacité de sept mètres cubes au plus, sont rangés dans la troisième classe des établissements dangereux, insalubres ou incommodes.

2. Aucune matière animale ne pourra être employée à la fabrication du gaz inflammable dans ces appareils.

3. Les établissements d'éclairage au gaz de troisième classe ne pourront être autorisés qu'en se conformant aux mesures de précaution portées dans l'instruction annexée à la présente ordonnance, et à toutes celles qui pourraient intervenir sur ces établissements.

4. La surveillance de la police locale, établie par l'ordonnance du 20 août 1824 pour les usines d'éclairage au gaz, est applicable aux gazomètres et petits appareils d'éclairage domestiques par le gaz.

5. Notre ministre secrétaire d'Etat au département des travaux publics, de l'agriculture et du commerce est chargé de l'exécution de la présente ordonnance, qui sera insérée au *Bulletin des Lois*.

INSTRUCTION POUR LES ÉTABLISSEMENTS D'ÉCLAIRAGE AU GAZ DE TROISIÈME CLASSE.

1er. Le gazomètre pourra être placé dans un lieu couvert ou en plein air. Si le local est couvert il devra être aéré pour ne point y permettre l'accumulation du gaz, inconvénient qui, s'il avait lieu, pourrait occasionner une détonation avec les accidents qui sont la suite. Le gazomètre ne pourra être établi dans une cave.

2. La cuve du gazomètre pourra être construite en maçonnerie dans le sol, ou simplement en bois ou en métal à sa surface. Les plus grands soins seront pris pour empêcher l'eau fétide qu'elle renferme de s'extravaser ; car en s'infiltrant dans le sol elle gâterait l'eau des puits environnants.

3. Le gaz dans le gazomètre devra toujours être plus comprimé que l'air extérieur, c'est-à-dire que le poids du gazomètre dégagé de l'eau de la cuve, ou immergé, devra être constamment plus grand que son contre-poids. Si cette précaution était négligée, l'air atmosphérique pourrait s'introduire dans le gazomètre et occasionner une explosion.

4. Le gazomètre sera muni d'un tube de trop-plein ou simplement d'un trou de 1 ou 2 centimètres de diamètre, placé à 8 ou 10 centimètres de son bord inférieur ; de manière que, lorsque ce trou se trouvera plongé dans la couche d'eau déprimée par l'excès de pression du gaz, celui-ci ne puisse s'échapper en bouillonnant dans l'eau environnante sans jamais permettre l'entrée de l'air dans le gazomètre.

5. Autant qu'il sera possible, l'appareil de production du gaz et le gazomètre seront isolés, soit des habitations voisines, soit des bâtiments du propriétaire de l'appareil.

6. Les propriétaires devront toujours tenir l'appareil, et le local qui le renferme, dans le plus grand état de propreté, et enlever les résidus de la distillation, de manière qu'aucune mauvaise odeur ne puisse se répandre au dehors.

Nᵒ **361**. — *Vérification des poids, mesures et instruments de pesage.*

Au palais des Tuileries, le 18 mai 1838.

Louis-Philippe, etc. ;

Sur le rapport de notre ministre secrétaire d'Etat au département des travaux publics, de l'agriculture et du commerce ;

Vu l'ordonnance royale du 18 décembre 1825, relative à la fixation des droits de vérification des poids et mesures ;

Vu les articles 12 et 16 de ladite ordonnance, portant que la quotité du tarif des droits pourra être réduite lorsque le montant de laperception excédera les dépenses du service ;

Vu l'article 15 de la loi des finances du 20 juillet 1837 ;

Vu l'avis de notre ministre secrétaire d'Etat des finances ,

Nous avons ordonné et ordonnons ce qui suit :

1. La vérification première des poids, mesures et instruments de pesage autorisés ou tolérés, sera faite gratuitement à partir du 1ᵉʳ janvier 1839.

Il en sera de même pour les poids, mesures et instruments de pesage rajustés qui seraient soumis à une nouvelle vérification.

2. Les droits établis pour la vérification annuelle des poids, mesures et instruments de pesage, continueront d'être perçus conformément à l'ordonnance royale du 18 décembre 1825 et à notre ordonnance du 21 décembre 1832.

3. Notre ministre secrétaire d'Etat au département des travaux publics, de l'agriculture et du commerce, et notre ministre secrétaire d'Etat des finances, sont chargés, chacun en ce qui les concerne, de l'exécution de la présente ordonnance, qui sera insérée au *Bulletin des Lois.*

Nᵒ **362**. — *Loi sur les aliénés* (1).

Au palais de Neuilly, le 30 juin 1838.

Louis-Philippe, etc. ;

Nous avons proposé, les chambres ont adopté, nous avons ordonné et ordonnons ce qui suit :

TITRE Iᵉʳ.

Des établissements d'aliénés.

1. Chaque département est tenu d'avoir un établissement public, spécialement destiné à recevoir et soigner les aliénés, ou de traiter, à cet effet, avec un établissement public ou privé, soit de ce département, soit d'un autre département.

Les traités passés avec les établissements publics ou privés devront être approuvés par le ministre de l'intérieur.

---

(1) Voir ci-après l'ordonnance royale du 18 décembre 1839.

2. Les établissements publics consacrés aux aliénés sont placés sous la direction de l'autorité publique.

3. Les établissements privés consacrés aux aliénés sont placés sous la surveillance de l'autorité publique.

4. Le préfet et les personnes spécialement déléguées à cet effet par lui ou par le ministre de l'intérieur, le président du tribunal, le procureur du roi, le juge de paix, le maire de la commune, sont chargés de visiter les établissements publics ou privés consacrés aux aliénés.

Ils recevront les réclamations des personnes qui y seront placées, et prendront, à leur égard, tous renseignements propres à faire connaître leur position.

Les établissements privés seront visités, à des jours indéterminés, une fois au moins chaque trimestre, par le procureur du roi de l'arrondissement. Les établissements publics le seront de la même manière, une fois au moins par semestre.

5. Nul ne pourra diriger ni former un établissement privé consacré aux aliénés sans l'autorisation du gouvernement.

Les établissements privés consacrés au traitement d'autres maladies ne pourront recevoir les personnes atteintes d'aliénation mentale, à moins qu'elles ne soient placées dans un local entièrement séparé.

Ces établissements devront être, à cet effet, spécialement autorisés par le gouvernement, et seront soumis, en ce qui concerne les aliénés, à toutes les obligations prescrites par la présente loi.

6. Des règlements d'administration publique détermineront les conditions auxquelles seront accordées les autorisations énoncées en l'article précédent, les cas où elles pourront être retirées, et les obligations auxquelles seront soumis les établissements autorisés.

7. Les règlements intérieurs des établissements publics consacrés, en tout ou en partie, au service des aliénés, seront, dans les dispositions relatives à ce service, soumis à l'approbation du ministre de l'intérieur.

TITRE II.

Des placements faits dans les établissements d'aliénés.

SECTION PREMIÈRE.

Des placements volontaires.

8. Les chefs ou préposés responsables des établissements publics et les directeurs des établissements privés et consacrés aux aliénés ne pourront recevoir une personne atteinte d'aliénation mentale, s'il ne leur est remis :

1º Une demande d'admission contenant les noms, profession, âge et domicile, tant de la personne qui la formera que de celle dont le placement sera réclamé, et l'indication du degré de parenté ou, à défaut, de la nature des relations qui existent entre elles.

La demande sera écrite et signée par celui qui la formera, et, s'il ne sait pas écrire, elle sera reçue par le maire ou le commissaire de police, qui en donnera acte.

Les chefs, préposés ou directeurs, devront s'assurer, sous leur responsabilité, de l'individualité de la personne qui aura formé la demande, lorsque cette demande n'aura pas été reçue par le maire ou le commissaire de police.

Si la demande d'admission est formée par le tuteur d'un interdit, il devra fournir, à l'appui, un extrait du jugement d'interdiction ;

2º Un certificat de médecin constatant l'état mental de la personne à placer, et indiquant les particularités de sa maladie et la nécessité de faire traiter la personne désignée dans un établissement d'aliénés, et de l'y tenir renfermée.

Ce certificat ne pourra être admis, s'il a été délivré plus de quinze jours avant sa remise au chef ou directeur ; s'il est signé d'un médecin attaché à l'établissement ou si le médecin signataire est parent ou allié, au second degré inclusivement, des chefs ou propriétaires de l'établissement ou de la personne qui fera effectuer le placement.

En cas d'urgence, les chefs des établissements publics pourront se dispenser d'exiger le certificat du médecin ;

3° Le passe-port ou toute autre pièce propre à constater l'individualité de la personne à placer.

Il sera fait mention de toutes les pièces produites dans un bulletin d'entrée, qui sera renvoyé, dans les vingt-quatre heures, avec un certificat du médecin de l'établissement, et la copie de celui ci-dessus mentionné, au préfet de police à Paris, au préfet ou au sous-préfet dans les communes chefs-lieux de département ou d'arrondissement, et aux maires dans les autres communes. Le sous-préfet, ou le maire, en fera immédiatement l'envoi au préfet.

9. Si le placement est fait dans un établissement privé, le préfet, dans les trois jours de la réception du bulletin, chargera un ou plusieurs hommes de l'art de visiter la personne désignée dans ce bulletin, à l'effet de constater son état mental et d'en faire rapport sur-le-champ. Il pourra leur adjoindre telle autre personne qu'il désignera.

10. Dans le même délai, le préfet notifiera administrativement les noms, profession et domicile, tant de la personne placée que de celle qui aura demandé le placement, et les causes du placement :

1° Au procureur du roi de l'arrondissement du domicile de la personne placée ;

2° Au procureur du roi de l'arrondissement de la situation de l'établissement : ces dispositions seront communes aux établissements publics et privés.

11. Quinze jours après le placement d'une personne dans un établissement public ou privé, il sera adressé au préfet, conformément au dernier paragraphe de l'article 8, un nouveau certificat du médecin de l'établissement ; ce certificat confirmera ou rectifiera, s'il y a lieu, les observations contenues dans le premier certificat, en indiquant le retour plus ou moins fréquent des accès ou des actes de démence.

12. Il y aura, dans chaque établissement, un registre coté et paraphé par le maire, sur lequel seront immédiatement inscrits les noms, profession, âge et domicile des personnes placées dans les établissements, la mention du jugement d'interdiction, si elle a été prononcée, et le nom de leur tuteur ; la date de leur placement, les noms, profession et demeure de la personne, parente ou non parente, qui l'aura demandé. Seront également transcrits sur ce registre :

1° Le certificat du médecin, joint à la demande d'admission ;

2° Ceux que le médecin de l'établissement devra adresser à l'autorité, conformément aux articles 8 et 11.

Le médecin sera tenu de consigner sur ce registre, au moins tous les mois, les changements survenus dans l'état mental de chaque malade. Ce registre constatera également les sorties et les décès.

Ce registre sera soumis aux personnes qui, d'après l'article 4, auront le droit de visiter l'établissement, lorsqu'elles se présenteront pour en faire la visite ; après l'avoir terminée, elles apposeront sur le registre leur visa, leur signature et leurs observations, s'il y a lieu.

13. Toute personne placée dans un établissement d'aliénés cessera d'y être retenue aussitôt que les médecins de l'établissement auront déclaré, sur le registre énoncé en l'article précédent, que la guérison est obtenue.

S'il s'agit d'un mineur ou d'un interdit, il sera donné immédiatement avis de la déclaration des médecins aux personnes auxquelles il devra être remis, et au procureur du roi.

14. Avant même que les médecins aient déclaré la guérison, toute personne placée dans un établissement d'aliénés cessera également d'y être retenue, dès que la sortie sera requise par l'une des personnes ci-après désignées, savoir :

1º Le curateur nommé en exécution de l'article 38 de la présente loi ;

2º L'époux ou l'épouse ;

3º S'il n'y a pas d'époux ou d'épouse, les ascendants ;

4º S'il n'y a pas d'ascendants, les descendants ;

5º La personne qui aura signé la demande d'admission à moins qu'un parent n'ait déclaré s'opposer à ce qu'elle use de cette faculté sans l'assentiment du conseil de famille ;

6º Toute personne à ce autorisée par le conseil de famille.

S'il résulte d'une opposition notifiée au chef de l'établissement par un ayant droit qu'il y a dissentiment, soit entre les ascendants, soit entre les descendants, le conseil de famille prononcera.

Néanmoins, si le médecin de l'établissement est d'avis que l'état mental du malade pourrait compromettre l'ordre public ou la sûreté des personnes, il en sera donné préalablement connaissance au maire, qui pourra ordonner immédiatement un sursis provisoire à la sortie, à la charge d'en référer, dans les vingt-quatre heures, au préfet. Ce sursis provisoire cessera de plein droit à l'expiration de la quinzaine, si le préfet n'a pas, dans ce délai, donné d'ordres contraires, conformément à l'article 21 ci-après. L'ordre du maire sera transcrit sur le registre tenu en exécution de l'article 12.

En cas de minorité ou d'interdiction, le tuteur pourra seul requérir la sortie.

15. Dans les vingt-quatre heures de la sortie, les chefs, préposés ou directeurs, en donneront avis aux fonctionnaires désignés dans le dernier paragraphe de l'article 8, et leur feront connaître le nom et la résidence des personnes qui auront retiré le malade, son état mental au moment de sa sortie, et, autant que possible, l'indication du lieu où il aura été conduit.

16. Le préfet pourra toujours ordonner la sortie immédiate des personnes placées volontairement dans les établissements d'aliénés.

17. En aucun cas l'interdit ne pourra être remis qu'à son tuteur, et le mineur, qu'à ceux sous l'autorité desquels il est placé par la loi.

SECTION II.

Des placements ordonnés par l'autorité publique.

18. A Paris, le préfet de police, et, dans les départements, les préfets ordonneront d'office le placement, dans un établissement d'aliénés, de toute personne interdite, ou non interdite, dont l'état d'aliénation compromettrait l'ordre public ou la sûreté des personnes.

Les ordres des préfets seront motivés et devront énoncer les circonstances qui les auront rendues nécessaires. Ces ordres, ainsi que ceux qui seront donnés conformément aux articles 19, 20, 21 et 23, seront inscrits sur un registre semblable à celui qui est prescrit par l'article 12 ci-dessus, dont toutes les dispositions seront applicables aux individus placés d'office.

19. En cas de danger imminent, attesté par le certificat d'un médecin ou par la notoriété publique, les commissaires de police à Paris, et les maires dans les autres communes, ordonneront, à l'égard des personnes atteintes d'aliénation mentale, toutes les mesures provisoires nécessaires, à la charge d'en référer dans les vingt-quatre heures au préfet, qui statuera sans délai.

20. Les chefs, directeurs ou préposés responsables des établissements, seront tenus d'adresser aux préfets, dans le premier mois de chaque semestre, un rapport rédigé par le médecin de l'établissement sur l'état de chaque personne qui y sera retenue, sur la nature de sa maladie et les résultats du traitement.

Le préfet prononcera sur chacune individuellement, ordonnera sa maintenue dans l'établissement ou sa sortie.

21. A l'égard des personnes dont le placement aura été volontaire, et dans le cas où leur état mental pourrait compromettre l'ordre public ou la sûreté des personnes, le préfet pourra, dans les formes tracées par le deuxième paragraphe de l'article 18, décerner un ordre spécial, à l'effet d'empêcher qu'elles ne sortent de l'établissement sans son autorisation, si ce n'est pour être placées dans un autre établissement.

Les chefs, directeurs ou préposés responsables, seront tenus de se conformer à cet ordre.

22. Les procureurs du roi seront informés de tous les ordres donnés en vertu des articles 18, 19, 20 et 21.

Ces ordres seront notifiés au maire du domicile des personnes soumises au placement, qui en donnera immédiatement avis aux familles.

Il en sera rendu compte au ministre de l'intérieur.

Les diverses notifications prescrites par le présent article seront faites dans les formes et délais énoncés en l'article 10.

23. Si, dans l'intervalle qui s'écoulera entre les rapports ordonnés par l'article 20, les médecins déclarent, sur le registre tenu en exécution de l'article 12, que la sortie peut être ordonnée, les chefs, directeurs ou préposés responsables des établissements, seront tenus, sous peine d'être poursuivis, conformément à l'article 30 ci-après, d'en référer aussitôt au préfet, qui statuera sans délai.

24. Les hospices et hôpitaux civils seront tenus de recevoir provisoirement les personnes qui leur seront adressées en vertu des articles 18 et 19, jusqu'à ce qu'elles soient dirigées sur l'établissement spécial destiné à les recevoir, aux termes de l'article 1er, ou pendant le trajet qu'elles feront pour s'y rendre.

Dans toutes les communes où il existe des hospices ou hôpitaux, les aliénés ne pourront être déposés ailleurs que dans ces hospices ou hôpitaux. Dans les lieux où il n'en existe pas, les maires devront pourvoir à leur logement, soit dans une hôtellerie, soit dans un local loué à cet effet.

Dans aucun cas, les aliénés ne pourront être ni conduits avec les condamnés ou les prévenus, ni déposés dans une prison.

Ces dispositions sont applicables à tous les aliénés dirigés par l'administration sur un établissement public ou privé.

SECTION III.

Dépenses du service des aliénés.

25. Les aliénés dont le placement aura été ordonné par le préfet, et dont les familles n'auront pas demandé l'admission dans un établissement privé, seront conduits dans l'établissement appartenant au département, ou avec lequel il aura traité.

Les aliénés dont l'état mental ne compromettrait point l'ordre public ou la sûreté des personnes y seront également admis, dans les formes, dans les circonstances et aux conditions qui seront réglées par le conseil général, sur la proposition du préfet, et approuvées par le ministre.

26. La dépense du transport des personnes dirigées par l'administration sur les établissements d'aliénés sera arrêtée par le préfet sur le mémoire des agents préposés à ce transport.

La dépense de l'entretien, du séjour et du traitement des personnes placées dans les hospices ou établissements publics d'aliénés sera réglée d'après un tarif arrêté par le préfet.

La dépense de l'entretien, du séjour et du traitement des personnes placées par les départements dans les établissements privés sera fixée par les traités passés par le département, conformément à l'article 1er.

27. Les dépenses énoncées en l'article précédent seront à la charge des personnes placées ; à défaut, à la charge de ceux auxquels il peut être demandé des aliments, aux termes des articles 205 et suivants du Code civil.

S'il y a contestation sur l'obligation de fournir des aliments, ou sur leur quotité, il sera statué par le tribunal compétent, à la diligence de l'administrateur désigné en exécution des articles 31 et 32.

Le recouvrement des sommes dues sera poursuivi et opéré à la diligence de l'administration de l'enregistrement et des domaines.

28. A défaut, ou en cas d'insuffisance des ressources énoncées en l'article précédent, il y sera pourvu sur les centimes affectés, par la loi des finances, aux dépenses ordinaires du département auquel l'aliéné appartient, sans préjudice du concours de la commune du domicile de l'aliéné, d'après les bases proposées, par le conseil général sur l'avis du préfet, et approuvées par le gouvernement.

Les hospices seront tenus à une indemnité proportionnée au nombre des aliénés dont le traitement ou l'entretien était à leur charge, et qui seraient placés dans un établissement spécial d'aliénés.

En cas de contestation, il sera statué par le conseil de préfecture.

SECTION IV.

Dispositions communes à toutes les personnes placées dans les établissements d'aliénés.

29. Toute personne placée ou retenue dans un établissement d'aliénés, son tuteur, si elle est mineure, son curateur, tout parent ou ami, pourront, à quelque époque que ce soit, se pourvoir devant le tribunal du lieu de la situation de l'établissement, qui, après les vérifications nécessaires, ordonnera, s'il y a lieu, la sortie immédiate.

Les personnes qui auront demandé le placement, et le procureur du roi, d'office, pourront se pourvoir aux mêmes fins.

Dans le cas d'interdiction, cette demande ne pourra être formée que par le tuteur de l'interdit.

La décision sera rendue, sur simple requête, en chambre du conseil et sans délai ; elle ne sera point motivée.

La requête, le jugement et les autres actes auxquels la réclamation pourrait donner lieu, seront visés pour timbre et enregistrés en débet.

Aucunes requêtes, aucunes réclamations adressées, soit à l'autorité judiciaire, soit à l'autorité administrative, ne pourront être supprimées ou retenues par les chefs d'établissement, sous les peines portées au titre III ci-après.

50. Les chefs, directeurs ou préposés responsables, ne pourront, sous les peines portées par l'article 120 du Code pénal, retenir une personne placée dans un établissement d'aliénés, dès que sa sortie aura été ordonnée par le préfet, aux termes des articles 16, 20 et 23, ou par le tribunal, aux termes de l'article 29, ni lorsque cette personne se trouvera dans les cas énoncés aux articles 13 et 14.

51. Les commissions administratives ou de surveillance des hospices ou établissements publics d'aliénés exerceront, à l'égard des personnes non interdites qui y seront placées, les fonctions d'administrateurs provisoires. Elles désigneront un de leurs membres pour les remplir : l'administrateur, ainsi désigné, procédera au recouvrement des sommes dues à la personne placée dans l'établissement, et à l'acquittement de ses dettes; passera des baux qui ne pourront excéder trois ans, et pourra même, en vertu d'une autorisation spéciale accordée par le président du tribunal civil, faire vendre le mobilier.

Les sommes provenant, soit de la vente, soit des autres recouvrements, seront versées directement dans la caisse de l'établissement, et seront employées, s'il y a lieu, au profit de la personne placée dans l'établissement.

Le cautionnement du receveur sera affecté à la garantie desdits deniers, par privilége aux créances de toute autre nature.

Néanmoins les parents, l'époux ou l'épouse des personnes placées dans des établissements d'aliénés dirigés ou surveillés par des commissions administratives, ces commissions elles-mêmes, ainsi que le procureur du roi, pourront toujours recourir aux dispositions des articles suivants.

52. Sur la demande des parents, de l'époux ou de l'épouse, sur celle de la commission administrative ou sur la provocation, d'office, du procureur du roi, le tribunal civil du lieu du domicile pourra, conformément à l'article 497 du Code civil, nommer, en chambre du conseil, un administrateur provisoire aux biens de toute personne non interdite placée dans un établissement d'aliénés. Cette nomination n'aura lieu qu'après délibération du conseil de de famille, et sur les conclusions du procureur du roi. Elle ne sera pas sujette à l'appel.

53. Le tribunal, sur la demande de l'administrateur provisoire, ou à la diligence du procureur du roi, désignera un mandataire spécial à l'effet de représenter en justice tout individu non interdit et placé ou retenu dans un établissement d'aliénés, qui serait engagé dans une contestation judiciaire au moment du placement, ou contre lequel une action serait intentée postérieurement.

Le tribunal pourra aussi, dans le cas d'urgence, désigner un mandataire spécial à l'effet d'intenter, au nom des mêmes individus, une action mobilière ou immobilière. L'administrateur provisoire pourra, dans les deux cas, être désigné pour mandataire spécial.

54. Les dispositions du Code civil, sur les causes qui dispensent de la tutelle, sur les incapacités, les exclusions ou les destitutions des tuteurs, sont applicables aux administrateurs provisoires nommés par le tribunal.

Sur la demande des parties intéressées, ou sur celle du procureur du roi, le jugement qui nommera l'administrateur provisoire pourra en même temps constituer sur ses biens une hypothèque générale ou spéciale, jusqu'à concurrence d'une somme déterminée par ledit jugement.

Le procureur du roi devra, dans le délai de quinzaine, faire inscrire cette hypothèque au bureau de la conservation : elle ne datera que du jour de l'inscription.

55. Dans le cas où un administrateur provisoire aura été nommé par jugement, les significations à faire à la personne placée dans un établissement d'aliénés seront faites à cet administrateur.

Les significations faites au domicile pourront, suivant les circonstances, être annulées par les tribunaux.

Il n'est point dérogé aux dispositions de l'article 173 du Code de commerce.

36. A défaut d'administrateur provisoire, le président, à la requête de la partie la plus diligente, commettra un notaire pour représenter les personnes non interdites placées dans les établissements d'aliénés, dans les inventaires, comptes, partages et liquidations dans lesquelles elles seraient intéressées.

37. Les pouvoirs conférés en vertu des articles précédents cesseront de plein droit dès que la personne placée dans un établissement d'aliénés n'y sera plus retenue.

Les pouvoirs conférés par le tribunal en vertu de l'article 32 cesseront de plein droit à l'expiration d'un délai de trois ans : ils pourront être renouvelés.

Cette disposition n'est pas applicable aux administrateurs provisoires qui seront donnés aux personnes entretenues par l'administration dans des établissements privés.

38. Sur la demande de l'intéressé, de l'un de ses parents, de l'époux ou de l'épouse, d'un ami, ou sur la provocation d'office du procureur du roi, le tribunal pourra nommer en chambre de conseil, par jugement non susceptible d'appel, en outre de l'administrateur provisoire, un curateur à la personne de tout individu non interdit placé dans un établissement d'aliénés, lequel devra veiller, 1° à ce que ses revenus soient employés à adoucir son sort et à accélérer sa guérison ; 2° à ce que ledit individu soit rendu au libre exercice de ses droits aussitôt que sa situation le permettra.

Ce curateur ne pourra pas être choisi parmi les héritiers présomptifs de la personne placée dans un établissement d'aliénés.

39. Les actes faits par une personne placée dans un établissement d'aliénés, pendant le temps qu'elle y aura été retenue, sans que son interdiction ait été prononcée ni provoquée, pourront être attaqués pour cause de démence, conformément à l'article 1304 du Code civil.

Les dix ans de l'action en nullité courront, à l'égard de la personne retenue qui aura souscrit les actes, à dater de la signification qui lui en aura été faite, ou de la connaissance qu'elle en aura eue après sa sortie définitive de la maison d'aliénés.

Et, à l'égard de ses héritiers, à dater de la signification qui leur en aura été faite, ou de la connaissance qu'ils en auront eue, depuis la mort de leur auteur.

Lorsque les dix ans auront commencé de courir contre celui-ci, ils continueront de courir contre les héritiers.

40. Le ministère public sera entendu dans toutes les affaires qui intéresseront les personnes placées dans un établissement d'aliénés, lors même qu'elles ne seraient pas interdites.

TITRE III.

Dispositions générales.

41. Les contraventions aux dispositions des articles 5, 8, 11, 12, du second paragraphe de l'article 13, des articles 15, 17, 20, 21, et du dernier paragraphe de l'article 29 de la présente loi, et aux règlements rendus en vertu de l'article 6, qui seront commises par les chefs, directeurs ou préposés responsables des établissements publics ou privés d'aliénés, et par les médecins employés dans ces établissements, seront punies d'un emprisonnement de cinq jours à un an, et d'une amende de cinquante francs à trois mille francs, ou de l'une ou l'autre de ces peines.

Il pourra être fait application de l'article 463 du Code pénal.

N° **363.**—*Loi qui autorise l'établissement d'un chemin de fer de Paris à Rouen, au Havre et à Dieppe, avec embranchement sur Elbeuf et Louviers* (1).

Au palais de Neuilly, le 6 juillet 1838.

Louis-Philippe, etc.;

Nous avons proposé, les chambres ont adopté, nous avons ordonné et ordonnons ce qui suit:

1. L'offre faite par les sieurs Chouquet, Lebobe et compagnie, d'exécuter, à leurs frais, risques et périls, un chemin de fer de Paris à Rouen, au Havre et à Dieppe, avec embranchement jusqu'à Elbeuf et jusqu'à Louviers, est acceptée.

En conséquence, toutes les clauses et conditions, soit à la charge de l'Etat, soit à la charge des sieurs Chouquet, Lebobe et compagnie, stipulées dans le cahier des charges arrêté, les 26 mai et 14 juin 1838, par le ministre des travaux publics, de l'agriculture et du commerce, et accepté, aux mêmes dates, par lesdits sieurs Chouquet, Lebobe et compagnie, recevront leur pleine et entière exécution.

Ce cahier des charges restera annexé à la présente loi.

2. Aucune autre ligne de chemin de fer, soit de Paris à Rouen, soit de Paris aux points intermédiaires entre Paris et Rouen, Poissy excepté, ne pourra être autorisée avant l'expiration d'un délai de vingt-huit ans, à partir de la promulgation de la présente loi.

3. Les concessionnaires ne pourront émettre d'actions ou promesses d'actions négociables pour subvenir aux frais de construction du chemin de fer de Paris à Rouen, au Havre et à Dieppe, avec embranchement jusqu'à Elbeuf et Louviers, avant de s'être constitués en société anonyme, dûment autorisée, conformément à l'article 37 du Code de commerce.

4. Des règlements d'administration publique, rendus après que les concessionnaires auront été entendus, détermineront les mesures et les dispositions nécessaires pour assurer la police, la sûreté, l'usage et la conservation du chemin de fer et des ouvrages qui en dépendent. Les dépenses qu'entraînera l'exécution de ces mesures et de ces dispositions resteront à la charge des concessionnaires.

Les concessionnaires seront autorisés à faire, sous l'approbation de l'administration, les règlements qu'ils jugeront utiles pour le service et l'exploitation du chemin de fer.

La présente loi, discutée, délibérée et adoptée par la chambre des pairs et par celle des députés, et sanctionnée par nous cejourd'hui, sera exécutée comme loi de l'Etat.

---

(1) Voir le cahier des charges annexé à la loi du 15 juillet 1840.

N° **364.** — *Loi qui autorise l'établissement d'un chemin de fer de Paris à Orléans* (1).

Au palais de Neuilly, le 7 juillet 1838.

Louis-Philippe, etc.;

Nous avons proposé, les chambres ont adopté, nous avons ordonné et ordonnons ce qui suit :

1. L'offre faite par les sieurs Casimir Leconte et compagnie, d'exécuter à leurs frais, risques et périls, un chemin de fer de Paris à Orléans, par Etampes, avec embranchement conduisant à Corbeil, Pithiviers et Arpajon, est acceptée.

En conséquence, toutes les clauses et conditions, soit à la charge de l'Etat, soit à la charge des sieurs Casimir Leconte et compagnie, stipulées dans le cahier des charges arrêté, le 26 mai 1838, par le ministre secrétaire d'Etat des travaux publics, de l'agriculture et du commerce, et accepté par les sieurs Casimir Leconte et compagnie, ainsi que dans la convention additionnelle passée le 13 juin 1838, recevront leur pleine et entière exécution.

Ces cahier de charges et convention additionnelle resteront annexés à la présente loi.

2. Aucune autre ligne de chemin de fer, soit de Paris à Orléans, soit de Paris aux points intermédiaires entre Paris et Orléans, desservis par la ligne concédée à la compagnie, ne pourra être autorisée avant l'expiration d'un délai de vingt-cinq ans, à dater de la promulgation de la présente loi.

Néanmoins si, avant l'expiration de ce délai, la nécessité de l'établissement d'une seconde ligne était constatée par une enquête administrative, une nouvelle concession pourrait être faite par une loi.

Les dispositions du premier paragraphe du présent article ne feront point obstacle :

1° A la concession des embranchements qui seraient accordés à des compagnies concessionnaires de lignes formant prolongement ou embranchement à celle de Paris à Orléans, afin d'établir une communication entre cette ligne et leurs gares et magasins ;

2° A la concession d'embranchements qui, par leur jonction avec la ligne concédée, viendraient à mettre Paris et Orléans en communication par une voie de fer continue : ils ne pourront, toutefois, être autorisés qu'autant que la longueur totale de la nouvelle ligne qu'ils compléteraient sera d'un quart au moins plus longue que la ligne présentement concédée, et que les prix des transports, de Paris à Orléans, seront maintenus à un quart au-dessus de ceux de cette ligne.

3. Les concessionnaires ne pourront émettre d'actions ou promesses d'actions négociables pour subvenir aux frais de la construction du chemin de fer de Paris à Orléans, par Etampes, avant de s'être constitués en société anonyme, dûment autorisée, conformément à l'art. 37 du Code de commerce.

Les statuts de cette société imposeront aux sieurs Casimir Leconte et compagnie l'obligation de conserver entre leurs mains, pendant toute la durée des travaux, une quantité d'actions représentant au moins un million (1,000,000 fr.) en valeur nominale, lesquelles seront inaliénables pendant ce temps.

---

(1) Voir le cahier des charges annexé à la loi du 15 juillet 1840.

La présente concession ne pourra être l'objet d'aucun prix au profit des concessionnaires, lorsqu'elle sera transmise à la société.

La part de bénéfices qui serait attribuée, à titre de récompense ou d'encouragement, aux directeurs, ingénieurs et autres agents de la compagnie, ne pourra être convertie en actions.

4. Des règlements d'administration publique, rendus après que les concessionnaires auront été entendus, détermineront les mesures et les dispositions nécessaires pour assurer la police, la sûreté, l'usage et la conservation du chemin de fer et des ouvrages qui en dépendent. Les dépenses qu'entraînera l'exécution de ces mesures et de ces dispositions resteront à la charge des concessionnaires.

Les concessionnaires seront autorisés à faire, sous l'approbation de l'administration, les règlements qu'ils jugeront utiles pour le service et l'exploitation du chemin de fer.

5. Il est interdit à la compagnie, sous les peines portées par l'article 419 du Code pénal, de former aucune entreprise de transport de voyageurs ou de marchandises par terre ou par eau, pour desservir les routes aboutissant au chemin de fer de Paris à Orléans, ni de faire directement ou indirectement, avec des entreprises de ce genre, sous quelque dénomination ou forme que ce puisse être, des arrangements qui ne seraient pas également consentis en faveur de toutes les entreprises desservant les mêmes routes.

Les règlements d'administration publique, rendus en exécution de l'article 4, prescriront toutes les mesures nécessaires pour assurer la plus complète égalité entre les diverses entreprises de transports, dans leurs rapports avec le service du chemin de fer de Paris à Orléans.

6. Cinq ans après l'achèvement des travaux, le tarif inséré au cahier de charges pourra être révisé législativement et modifié, quant à la proportion relative attribuée au péage et au transport, et quant à la classification des divers objets soumis aux taxes. Cette révision sera renouvelée tous les quinze ans, sans préjudice de celle qui est autorisée par l'article 43 du cahier des charges (1).

N° **365.** —Ordonnance du roi autorisant la commune des Batignolles - Monceaux (Seine) à ouvrir un abattoir public et commun.

Au palais des Tuileries, le 17 février 1839.

Louis-Philippe, etc.;

Sur le rapport de notre ministre secrétaire d'État au département des travaux publics, de l'agriculture et du commerce;

Vu la demande de la commune des Batignolles-Monceaux (Seine), tendant à obtenir l'autorisation d'établir un abattoir public et commun, avec triperies, porcheries et fondoirs de suif;

Le projet du traité du 15 mai 1837, fait entre la commune des Batignolles-Monceaux et les sieurs Charles-Gabriel-Emile Dieulouard, ancien notaire, demeurant à Paris, rue Neuve-Saint-Augustin, n° 39, et Gabriel-Jules-Hyacinthe Ducatel, architecte, demeurant aussi à Paris,

(1) Abrogé. Voir la loi du 15 juillet 1840, art. 7.

540APPENDICE.

rue des Petites-Ecuries, n° 6 *bis*, pour la construction d'un abattoir et de ses dépendances sur un terrain situé au lieu dit *le Chiendent*, commune des Batignolles-Monceaux (Seine);

Les certificats d'apposition d'affiches dans les diverses localités intéressées;

Le procès-verbal d'enquête *de commodo et incommodo*, et l'opposition du maire de la commune de Clichy;

L'avis du sous-préfet de Saint-Denis;

Le rapport de l'architecte-commissaire de la petite voirie;

Celui du conseil de salubrité;

L'avis, en forme d'arrêté, du conseil de préfecture;

L'avis du préfet de police;

Le plan figuratif des lieux;

Les dispositions approbatives contenues dans la lettre adressée par notre ministre de l'intérieur, le 27 décembre 1838, à notre ministre des travaux publics, de l'agriculture et du commerce;

Vu le décret du 15 octobre 1810 et l'ordonnance réglementaire du 14 janvier 1815;

Vu notre ordonnance du 15 avril 1838, concernant spécialement les abattoirs publics et communs;

Notre conseil d'État entendu,

Nous avons ordonné et ordonnons ce qui suit:

1. La commune des Batignolles-Monceaux (Seine) est autorisée à ouvrir et à mettre en activité un abattoir public et commun, avec triperies, porcheries et fondoirs de suif, dans un terrain situé sur son territoire, au lieu dit *le Chiendent*, aux conditions suivantes:

1° Les concessionnaires feront établir des lieux d'aisances commodes et suffisants pour les employés divers de l'établissement;

2° Ils annexeront aux lieux d'aisances une gadoue dallée facile à nettoyer;

3° Il n'y aura point de communication des pièces au-dessus des abattoirs avec les greniers à fourrages;

4° Il ne pourra être reçu dans l'établissement que des porcs destinés à l'abatage, et ils ne pourront y séjourner qu'une semaine au plus;

5° Les concessionnaires feront établir une pompe, plus un réservoir assez vaste, pour contenir au minimum trente mètres cubes d'eau;

6° Ils feront construire un égout couvert et à petite section, destiné à conduire les eaux de l'abattoir jusqu'à la bouche de l'égout couvert de Clichy;

7° Les différentes cours, ruisseaux et terrains de l'établissement seront tenus dans le plus grand état de propreté, et pavés en totalité ou en partie, si plus tard l'administration le juge nécessaire à la propreté et à la salubrité;

8° On réunira à l'abattoir les portions de terrains qui bordent la grande route et qui sont dans l'alignement des pavillons d'entrée;

9° Il ne pourra être établi, dans le terrain destiné à l'abattoir, aucune construction autre que celle indiquée dans le plan annexé aux pièces, sans que cette construction ait été autorisée par l'administration compétente;

10° La fonte des suifs en branche sera exécutée d'après l'instruction faite par le conseil de salubrité sur cet objet.

2. Aussitôt que ledit abattoir pourra être livré à sa destination, l'abatage des bœufs, vaches, veaux, moutons et porcs y aura lieu exclusivement; et toutes les tueries particulières, situées dans les limites du rayon de l'octroi, seront interdites et fermées.

Toutefois, les propriétaires et habitants qui élèvent des porcs pour la consommation de leur maison conserveront la faculté de les faire abattre chez eux, pourvu que ce soit dans un lieu clos et séparé de la voie publique.

3. La commune des Batignolles-Monceaux est en outre autorisée à traiter avec les sieurs Dieulouard et Ducatel, pour la construction dudit abattoir et de ses dépendances sur l'emplacement indiqué ci-dessus, aux clauses et conditions établies, tant dans l'acte sous seings privés du 15 mai 1837, que dans la lettre de ces soumissionnaires, du 28 juin 1838, d'où il résulte principalement que les sieurs Dieulouard et Ducatel fourniront tous les terrains et feront toutes les constructions de l'abattoir, suivant les plans et devis adoptés par le conseil municipal, et qu'ils en abandonneront immédiatement la propriété à la commune, moyennant que celle-ci leur concédera, pendant soixante années, les droits d'abatage à percevoir dans l'abattoir, conformément au tarif ci-après établi d'après la proposition du conseil municipal.

4. Il sera perçu pour droits d'abatage :

1° Par tête de bœuf............................ 4 fr. 00 cent.
2° Par tête de vache............................ 2   00
3° Par tête de veau............................. 1   35
4° Par tête de mouton.......................... 0   35

ISSUES.

5° Par issue de bœuf ou de vache.............. 0   40
6° Par issue de mouton........................ 0   10
7° Par quatre cents pieds de mouton........... 1   00

SUIFS FONDUS.

8° Par cent livres de suif fondu................ 1   50

PORCHERIE.

9° Par tête de porc............................ 1   50

5. Nos ministres secrétaires d'Etat aux départements des travaux publics, de l'agriculture et du commerce, et au département de l'intérieur, sont chargés, chacun en ce qui le concerne, de l'exécution de la présente ordonnance, qui sera insérée au *Bulletin des Lois.*

N° **366.**— *Ordonnance du roi relative à la vérification des poids et mesures.*

Au palais des Tuileries, le 17 avril 1839.

Louis-Philippe, etc.;
Sur le rapport de notre ministre secrétaire d'Etat au département des travaux publics, de l'agriculture et du commerce ;
Vu, 1° l'article 3, n° 4, du titre XI de la loi des 16-24 août 1790, l'article 11 de la loi du 1er vendémiaire an IV, la loi du 28 pluviôse an VIII, et l'article 46 de la loi des 19-22 juillet 1791 ;
2° L'article 8 de la loi du 4 juillet 1837, portant : « Une ordonnance « royale réglera la manière dont s'effectuera la vérification des poids « et mesures ; »

Notre couseil d'Etat entendu,

Nous avons ordonné et ordonnons ce qui suit :

TITRE Ier.

Des vérificateurs.

1. La vérification des poids et mesures destinés et servant au commerce est faite, sous la surveillance des préfets et sous-préfets, par des agents nommés et révocables par notre ministre secrétaire d'Etat des travaux publics, de l'agriculture et du commerce.

2. Un vérificateur est nommé par chaque arrondissement commumunal ; son bureau est établi, autant que possible, au chef-lieu.

Néanmoins, si les besoins du service exigent qu'il y ait plusieurs bureaux dans un arrondissement, le préfet peut proposer cette disposition à notre ministre secrétaire d'Etat des travaux publics, de l'agriculture et du commerce, qui l'arrête définitivement s'il le juge convenable.

Il peut, en outre, être nommé par notre ministre des vérificateurs adjoints, soumis aux mêmes conditions et ayant les mêmes attributions que les vérificateurs.

3. Nul ne peut exercer l'emploi de vérificateur s'il n'est âgé de vingtcinq ans accomplis et s'il n'a subi des examens spéciaux d'après un programme arrêté par notre ministre des travaux publics, de l'agriculture et du commerce.

4. L'emploi de vérificateur est incompatible avec toutes autres fonctions publiques et toute profession assujettie à la vérification.

5. Les vérificateurs ne peuvent entrer en fonctions qu'après avoir prêté, devant le tribunal de première instance de l'arrondissement pour lequel ils sont commissionnés, le serment prescrit par la loi du 31 août 1830.

Dans le cas d'un changement de résidence ou de mission temporaire, ils sont tenus seulement de faire viser leur commission et leur acte de serment au greffe du tribunal dans le ressort duquel ils sont envoyés.

6. Chaque bureau de vérification sera pourvu de l'assortiment nécessaire d'étalons vérifiés et poinçonnés au dépôt des prototypes établi près du ministère des travaux publics, de l'agriculture et du commerce ; ces étalons devront être vérifiés de nouveau au même dépôt au moins une fois en dix ans.

Les poinçons nécessaires aux vérifications dans les départements seront fabriqués sur les ordres de notre ministre des travaux publics, de l'agriculture et du commerce ; ils porteront des marques distinctes pour chaque année d'exercice.

Les poinçons destinés à la vérification des poids et mesures nouvellement fabriqués ou rajustés seront différents de ceux qui sont destinés à constater les vérifications périodiques successives.

7. Les étalons et les poinçons des bureaux de vérification sont conservés par les vérificateurs , sous leur responsabilité et sous la surveillance des préfets et sous-préfets.

8. Le traitement des vérificateurs est réglé par notre ministre des travaux publics, de l'agriculture et du commerce ; il comprend par abonnement les frais de tournées ordinaires, ceux de bureau, ceux d'entretien et de transport des instruments de vérification, et les frais de confection de matrices de rôles.

Les étalons seront conservés, et les opérations seront faites dans le local à ce destiné par l'administration.

Les étalons, les poinçons, les registres et l'ameublement des bureaux sont fournis aux vérificateurs par l'administration.

Les frais de tournées extraordinaires hors de leur arrondissement leur sont remboursés.

9. Les vérificateurs peuvent être suspendus par les préfets ; il est immédiatement rendu compte de cette mesure à notre ministre des travaux-publics, de l'agriculture et du commerce.

TITRE II.

De la vérification.

10. Les poids et mesures nouvellement fabriqués ou rajustés seront présentés au bureau du vérificateur, vérifiés et poinçonnés avant d'être livrés au commerce.

11. Aucun poids ou aucune mesure ne peut être soumis à la vérification, mis en vente ou employé dans le commerce, s'il ne porte, d'une manière distincte et lisible, le nom qui lui est affecté par le système métrique.

Notre ministre du commerce pourra excepter de l'exécution du présent article les poids ou mesures dont la dimension ne s'y prêterait pas.

12. La forme des poids et mesures servant à peser ou mesurer les matières de commerce sera déterminée par des règlements d'administration publique, ainsi que les matières avec lesquelles ces poids et mesures seront fabriqués.

13. Indépendamment de la vérification primitive dont il est question dans l'article 10, les poids et mesures dont les commerçants compris dans le tableau indiqué à l'article 15 font usage ou qu'ils ont en leur possession sont soumis à une vérification périodique, pour reconnaître si la conformité avec les étalons n'a pas été altérée.

Chacune de ces vérifications est constatée par l'apposition d'un poinçon nouveau.

14. Les fabricants et marchands de poids et mesures ne sont assujettis à la vérification périodique que pour ceux dont ils font usage dans leur commerce.

Les poids, mesures et instruments de pesage et mesurage, neufs ou rajustés, qu'ils destinent à être vendus, doivent seulement être marqués du poinçon de la vérification primitive.

15. Les préfets dressent, pour chaque département, le tableau des professions qui doivent être assujetties à la vérification.

Ce tableau indique l'assortiment des poids et mesures dont chaque profession est tenue de se pourvoir.

16. L'assujetti qui se livre à plusieurs genres de commerce doit être pourvu de l'assortiment des poids et mesures fixé pour chacun d'eux, à moins que l'assortiment exigé pour l'une des branches de son commerce ne se trouve déjà compris dans l'une des autres branches des industries qu'il exerce.

17. L'assujetti qui, dans une même ville, ouvre au public plusieurs magasins, boutiques ou ateliers distincts, et placés dans des maisons différentes et non contiguës, doit pourvoir chacun de ces magasins, boutiques ou ateliers, de l'assortiment exigé pour la profession qu'il y exerce.

18. La vérification périodique se fait, tous les ans, dans les chefs-lieux d'arrondissement et dans les communes désignées par le préfet, et, tous les deux ans, dans les autres lieux ; toutefois, en 1840, elle aura lieu dans toutes les communes indistinctement.

Le préfet règle l'ordre dans lequel les diverses communes du département sont vérifiées.

19. Le vérificateur est tenu d'accomplir la visite qui lui a été assignée pour chaque année, et de se transporter au domicile de chacun des assujettis inscrits au rôle qui sera dressé conformément à l'article 50.

Il vérifie et poinçonne les poids, mesures et instruments qui lui sont exhibés, tant ceux qui composent l'assortiment obligatoire au minimum, que ceux que le commerçant posséderait de surplus.

Il fait note de tout sur un registre portatif qu'il fait émarger par l'assujetti, et si celui-ci ne sait ou ne veut signer, il le constate.

20. La vérification périodique pourra être faite aux siéges des mairies dans les localités où, conformément aux usages du commerce et sur la proposition des préfets, notre ministre des travaux publics, de l'agriculture et du commerce, jugerait cette opération d'une plus facile exécution, sans, toutefois, que cette mesure puisse être obligatoire pour les assujettis, et sauf le droit d'exercice à domicile.

Les vérificateurs peuvent toujours faire, soit d'office, soit sur la réquisition des maires et du procureur du roi, soit sur l'ordre du préfet et des sous-préfets, des visites extraordinaires et inopinées chez les assujettis.

21. Les marchands ambulants qui font usage de poids et mesures sont tenus de les présenter dans les trois premiers mois de chaque année ou de l'exercice de leur profession, à l'un des bureaux de vérification dans le ressort desquels ils colportent leurs marchandises.

22. Les balances, romaines ou autres instruments de pesage sont soumis à la vérification primitive, et poinçonnés avant d'être exposés en vente ou livrés au public.

Ils sont, en outre, inspectés dans leur usage et soumis sur place à la vérification périodique.

23. Les membrures du stère et double stère destinées au commerce du bois de chauffage sont, avant qu'il en soit fait usage, vérifiées et poinçonnées dans les chantiers où elles doivent être employées.

Elles y sont également soumises à la vérification périodique.

24. Les poids et mesures des bureaux d'octroi, bureaux de poids publics, ponts à bascule, hospices et hôpitaux, prisons et établissements de bienfaisance, et tous les autres établissements publics, sont soumis à la vérification périodique.

25. Les poids et mesures employés dans les halles, foires et marchés, dans les étalages mobiles, par les marchands forains et ambulants, sont soumis à l'exercice des vérificateurs.

26. Les visites et exercices que les vérificateurs sont autorisés à faire chez les assujettis ne peuvent avoir lieu que pendant le jour.

Néanmoins, ils peuvent avoir lieu chez les marchands et débitants pendant tout le temps que les lieux de vente sont ouverts au public.

27. Les préfets fixent par des arrêtés, pour chaque commune, l'époque où la vérification de l'année commence et celle où elle doit être terminée.

A l'expiration du dernier délai ci-dessus, et après que la vérification aura eu lieu dans la commune, il est interdit aux commerçants, entrepreneurs et industriels d'employer et de garder en leur possession des poids, mesures et instruments de pesage qui n'auraient pas été soumis à la vérification périodique et au poinçon de l'année.

TITRE III.

De l'inspection sur le débit des marchandises qui se vendent au poids et à la mesure.

28. L'inspection du débit des marchandises qui se vendent au poids ou à la mesure, est confiée spécialement à la vigilance et à l'autorité des préfets, sous-préfets, maires, adjoints et commissaires de police.

29. Les maires, adjoints, commissaires et inspecteurs de police feront, dans leurs arrondissements respectifs, et plusieurs fois dans l'année, des visites dans les boutiques et magasins, dans les places publiques, foires et marchés, à l'effet de s'assurer de l'exactitude et du fidèle usage des poids et mesures.

Ils surveilleront les bureaux publics de pesage et de mesurage dépendant de l'administration municipale.

Ils s'assureront que les poids et mesures portent les marques et poinçons de vérification, et que, depuis la vérification constatée par ces marques, ces instruments n'ont point souffert de variations, soit accidentelles, soit frauduleuses.

30. Ils visiteront fréquemment les romaines, les balances et tous les autres instruments de pesage; ils s'assureront de leur justesse et de la liberté de leurs mouvements, et constateront les infractions.

31. Les maires et officiers de police veilleront à la fidélité dans le débit des marchandises qui, étant fabriquées au moule ou à la forme, se vendent à la pièce ou au paquet comme correspondant à un poids déterminé. Néanmoins, les formes ou moules propres aux fabrications de ce genre ne seront jamais réputés instruments de pesage ni assujettis à la vérification.

32. Les vases ou futailles servant de récipient aux boissons, liquides ou autres matières, ne seront pas réputés mesures de capacité ou de pesanteur.

Il sera pourvu à ce que, dans le débit en détail, les boissons et autres liquides ne soient pas vendus à raison d'une certaine mesure présumée, sans avoir été mesurés effectivement.

33. Les arrêtés pris par les préfets, en matière de poids et mesures, à l'exception de ceux qui sont pris en exécution de l'article 18, ne seront exécutoires qu'après l'approbation de notre ministre du commerce.

TITRE IV.

Des infractions et du mode de les constater.

34. Indépendamment du droit conféré aux officiers de police judiciaire par le Code d'instruction criminelle, les vérificateurs constatent les contraventions prévues par les lois et règlements concernant les poids et mesures dans l'étendue de l'arrondissement pour lequel ils sont commissionnés et assermentés.

Ils sont tenus de justifier de leur commission aux assujettis qui le requièrent.

Leurs procès-verbaux font foi en justice jusqu'à preuve contraire, conformément à l'article 7 de la loi du 4 juillet 1837.

35. Les vérificateurs saisissent tous les poids et mesures autres que ceux maintenus par la loi du 4 juillet 1837.

Ils saisissent également tous les poids, mesures, instruments de pesage et mesurage altérés ou défectueux, ou qui ne seraient pas revêtus des marques légales de la vérification.

Ils déposent à la mairie les objets saisis, toutes les fois que cela est possible.

36. Ils doivent recueillir et relater les circonstances qui ont accompagné, soit la possession, soit l'usage des poids ou des mesures dont l'emploi est interdit.

37. S'ils trouvent des mesures qui, par leur état d'oxydation, puissent nuire à la santé des citoyens, ils en donnent avis aux maires et aux commissaires de police.

38. Les assujettis sont tenus d'ouvrir leurs magasins, boutiques et ateliers, et de ne pas quitter leur domicile, après que, par un ban publié dans la forme ordinaire, le maire aura fait connaître, au moins deux jours à l'avance, le jour de la vérification.

Ils sont tenus de se prêter aux exercices toutes les fois qu'ont lieu les visites prévues par les articles 19 et 20.

39. Dans le cas de refus d'exercice, et toutes les fois que les vérificateurs procèdent chez les débitants, avant le lever et après le coucher du soleil, aux visites autorisées par l'article 26, ils ne peuvent s'introduire dans les maisons, bâtiments ou magasins, qu'en présence, soit du juge de paix ou de son suppléant, soit du maire, de l'adjoint ou du commissaire de police.

40. Les fonctionnaires dénommés en l'article précédent ne peuvent se refuser à accompagner, sur-le-champ, les vérificateurs, lorsqu'ils en sont requis par eux, et les procès-verbaux qui sont dressés, s'il y a lieu, sont signés par l'officier en présence duquel ils ont été faits, sauf aux vérificateurs, en cas de refus, d'en faire mention auxdits procès-verbaux.

41. Les vérificateurs dressent leurs procès-verbaux dans les vingt-quatre heures de la contravention par eux constatée; ils les écrivent eux-mêmes, ils les signent, affirment au plus tard le lendemain de la clôture desdits procès-verbaux, par-devant le maire ou l'adjoint, soit de la commune de leur résidence, soit de celle où l'infraction a été commise : l'affirmation est signée tant par les maires et adjoints que par les vérificateurs.

42. Leurs procès-verbaux sont enregistrés dans les quinze jours qui suivent celui de l'affirmation, et, conformément à l'article 74 de la loi du 25 mars 1817, ils sont visés pour timbre et enregistrés en débet, sauf à suivre le recouvrement des droits contre le condamné.

43. Dans le même délai, les procès-verbaux sont remis au juge de paix, qui se conforme aux règles établies par les articles 20, 21 et 139 du Code d'instruction criminelle.

44. Les vérificateurs des poids et mesures sont sous la surveillance des procureurs du roi, sans préjudice de leur subordination à l'égard de leurs supérieurs dans l'administration.

45. Si des affiches ou annonces contiennent des dénominations de poids et mesures autres que celles portées dans le tableau annexé à la loi du 4 juillet 1837, les maires, adjoints et commissaires de police sont tenus de constater cette contravention, et d'envoyer immédiatement leurs procès-verbaux au receveur de l'enregistrement.

Les vérificateurs et tous autres agents de l'autorité publique sont tenus également de signaler au même fonctionnaire toutes les contraventions de ce genre qu'ils pourront découvrir.

Les receveurs d'enregistrement, soit d'office, soit d'après ces dénonciations, soit sur la transmission qui leur est faite des procès-verbaux ou rapports, dirigent, contre les contrevenants, les poursuites prescrites par l'article 5 de la loi précitée.

TITRE V.

Des droits de vérification.

46. La vérification première des poids, mesures et instruments de pesage, est faite gratuitement.

Il en est de même pour les poids, mesures et instruments de pesage rajustés, qui sont soumis à une nouvelle vérification.

47. Les droits de la vérification périodique seront provisoirement perçus, conformément au tarif annexé à l'ordonnance du 18 décembre 1825, modifié par celles du 21 décembre 1832 et du 18 mai 1838.

48. La vérification périodique des poids, mesures et instruments de pesage, appartenant aux établissements publics désignés par l'article 24, est faite gratuitement.

Il en est de même pour les poids, mesures et instruments de pesage présentés volontairement à la vérification par des individus non assujettis.

49. Les droits de la vérification périodique sont payés pour les poids et mesures formant l'assortiment obligatoire de chaque assujetti, et pour les instruments de pesage sujets à la vérification.

Les poids et mesures excédant l'assortiment obligatoire sont vérifiés et poinçonnés gratuitement.

50. Les états matrices des rôles sont dressés par les vérificateurs des poids et mesures, d'après le résultat des opérations qui doivent être consommées avant le 1er août.

Ces états sont remis aux directeurs des contributions directes, à mesure que les opérations sont terminées dans les communes dépendant de la même perception, et, au plus tard, le 1er août de chaque année.

51. Les directeurs des contributions directes, après avoir vérifié et arrêté les états matrices mentionnés à l'article précédent, procèdent à la confection des rôles, lesquels sont rendus exécutoires par le préfet, pour être mis immédiatement en recouvrement par les mêmes voies et avec les mêmes termes de recours, en cas de réclamation, que pour les contributions directes.

52. Avant la fin de chaque année, il sera dressé et publié des rôles supplémentaires pour les opérations qui, à raison de circonstances particulières, n'auraient pu être faites que postérieurement au délai fixé par l'article 50.

53. La perception des droits de vérification est faite par les agents du trésor public.

Le montant intégral des rôles est exigible dans la quinzaine de leur publication.

L'article 3 de l'ordonnance du 21 décembre 1832 continuera à être exécuté.

54. Les remises auxquelles ont droit les agents du trésor, pour le recouvrement des contributions, ainsi que les allocations revenant aux directeurs des contributions directes pour les frais de confection des rôles, seront réglés par notre ministre secrétaire d'Etat des finances.

TITRE VI.

Dispositions générales.

55. Les contraventions aux arrêtés des préfets, à ceux des maires et à la présente ordonnance, sont poursuivies conformément aux lois.

56. Sont abrogés les proclamations et arrêtés des 27 pluviôse an VI, 19 germinal, 28 messidor et 11 thermidor an VII, l'arrêté du 7 floréal an VIII, les arrêtés des 13 brumaire et 29 prairial an IX, et les ordonnances royales des 18 décembre 1825, 7 juin 1826, 21 décembre 1832 et 18 mai 1838, sauf les dispositions des ordonnances des 18 décembre 1825, 21 décembre 1832 et 18 mai 1838, rappelées aux articles 47 et 53 de la présente ordonnance.

Tous arrêtés ministériels, pris en vertu du décret du 12 février 1812 cesseront de recevoir leur exécution au 1er janvier 1840.

57. Nos ministres secrétaires d'Etat aux départements des travaux publics, de l'agriculture et du commerce, et des finances, sont chargés de l'exécution de la présente ordonnance, qui sera publiée au *Bulletin des Lois.*

N° 367. — *Ordonnance du roi relative aux poids, mesures et instruments de pesage et de mesurage.*

Au palais de Neuilly, le 16 juin 1839.

Louis-Philippe, etc. ;

Sur le rapport de notre ministre secrétaire d'Etat du commerce et de l'agriculture ;

Vu la loi du 4 juillet 1837 ;

Vu le tableau annexé à ladite loi ;

Vu l'article 12 de l'ordonnance royale du 17 avril 1839, portant que la forme des poids et mesures servant à peser ou à mesurer les matières de commerce sera déterminée par des règlements d'administration publique, ainsi que les matières avec lesquelles ces poids et mesures seront fabriqués ;

Notre conseil d'Etat entendu,

Nous avons ordonné et ordonnons ce qui suit :

1. A dater du 1er janvier 1840, les poids, mesures et instruments de pesage et de mesurage, ne seront reçus à la vérification première qu'autant qu'ils réuniront les conditions d'admission indiquées dans les tableaux annexés à la présente ordonnance.

2. Les poids, mesures et instruments de pesage portant la marque de vérification première, et qui réuniront d'ailleurs les conditions exigées jusqu'ici, seront admis à la vérification périodique, savoir :

Les mesures décimales de longueur, après qu'on aura fait disparaître les divisions et les noms relatifs aux anciennes dénominations ;

Les mesures décimales pour les matières sèches, quelle que soit l'espèce de bois dont elles seront construites ;

Les mesures décimales en étain, quel que soit leur poids ;

Les poids décimaux, en fer et en cuivre, quelle que soit leur forme, après qu'on aura fait disparaître l'indication relative aux anciennes dénominations, et pourvu qu'ils portent sur la surface supérieure les noms qui leur sont propres ;

Les poids décimaux, en fer et en cuivre, portant uniquement leurs noms exprimés en myriagrammes, kilogrammes, hectogrammes ou décagrammes ;

Les poids décimaux à l'usage des balances-bascules, pourvu qu'ils ne portent pas d'autre indication que celle de leur valeur réelle ;

Enfin, les romaines dont on aura fait disparaître les anciennes divisions et dénominations, pourvu qu'elles soient graduées en divisions décimales et reconnues oscillantes.

Les poids et mesures décimaux placés dans une des catégories qui précèdent ne pourront être conservés par les assujettis qu'autant qu'ils auront subi, avant l'époque de la vérification périodique de l'année 1840, les modifications exigées. Ces poids et mesures pourront être rajustés, mais ils ne devront pas être remontés à neuf.

3. Tous les poids et mesures autres que ceux qui sont provisoirement permis par l'article 2 de la présente ordonnance seront mis hors de service, à partir du 1er janvier 1840.

4. Il sera déposé, dans tous les bureaux de vérification, des modèles ou des dessins des poids et mesures légalement autorisés, pour être communiqués à tous ceux qui voudront en prendre connaissance.

5. Notre ministre secrétaire d'État au département du commerce et de l'agriculture est chargé de l'exécution de la présente ordonnance, qui sera publiée au *Bulletin des Lois.*

No 1.

Mesures de longueur.

NOMS DES MESURES.	NOMS DES MESURES.
Double décamètre.	Mètre.
Décamètre.	Demi-mètre.
Demi-décamètre.	Double décimètre.
Double mètre.	Décimètre.

Ces mesures devront être construites en métal, en bois ou autre matière solide.

Elles pourront être établies dans la forme qui conviendra le mieux aux usages auxquels elles sont destinées.

Indépendamment des mesures d'une seule pièce, il est permis de faire des mesures brisées, pourvu que le nombre de leurs parties soit deux, cinq ou dix.

Les mesures devront être construites avec solidité.

Des garnitures en métal devront être adaptées aux extrémités des mesures en bois, du mètre, de son double et de sa moitié.

Les divisions en centimètres ou millimètres devront être exactes, déliées et d'équerre avec la longueur de la mesure.

Le nom propre à chaque mesure sera gravé sur la face supérieure de la mesure, qui devra porter aussi le nom ou la marque du fabricant.

Le décamètre, son double et sa moitié, construits en forme de chaîne, devront avoir des chaînons d'une force suffisante et de la longueur de deux ou de cinq décimètres; les anneaux, à chaque mètre, seront exécutés avec un métal d'une couleur différente de celui employé pour les autres anneaux.

N° 2.

Mesures de capacité pour les matières sèches.

NOMS DES MESURES.	NOMS DES MESURES.
Hectolitre.	Litre.
Demi-hectolitre.	Demi-litre.
Double décalitre.	Double décilitre.
Décalitre.	Décilitre.
Demi-décalitre.	Demi-décilitre.
Double litre.	

Les mesures de capacité pour les matières sèches devront être construites dans la forme cylindrique, et auront intérieurement le diamètre égal à la hauteur.

Les mesures en bois ne pourront être faites qu'en bois de chêne ; elles devront être établies avec solidité dans toutes leurs parties.

Pour les mesures qui seront garnies intérieurement de potences ou autres corps saillants, la hauteur sera augmentée proportionnellement au volume de ces objets.

Les mesures en bois devront être formées d'une éclisse ou feuille courbée sur elle-même et fixée par des clous.

Toutes les mesures en bois devront être garnies à la partie supérieure d'une bordure en tôle rabattue.

Les mesures depuis et compris le double décalitre jusqu'à l'hectolitre devront, en outre, être ferrées ; on pourra, suivant l'usage auquel elles sont destinées , y adapter des pieds fixés avec boulons et écrous.

Les mesures en bois de plus petite dimension pourront être garnies de bandes latérales en tôle.

On pourra fabriquer des mesures pour les matières sèches, en cuivre ou en tôle, pourvu qu'elles soient établies avec solidité, et dans la forme ci-dessus prescrite.

Chaque mesure doit porter le nom qui lui est propre ; le nom ou la marque du fabricant sera appliqué sur le fond de la mesure.

N° 3.

Mesures de capacité pour les liquides.

Les noms et la forme affectés aux mesures de capacité pour les matières sèches, dans le tableau n° 2, serviront de règle pour la construction des mêmes mesures employées pour les liquides , depuis l'hectolitre jusqu'au demi-décalitre inclusivement ; elles pourront être établies en cuivre, tôle ou fonte, mais sous la réserve expresse de prévenir, par l'étamage ou un autre procédé analogue , toute altération ou oxydation de nature à présenter des dangers dans l'usage de ces sortes de mesures.

Les mesures du double litre et au-dessous devront être construites exclusivement en étain, et auront intérieurement la hauteur double du diamètre; elles auront le poids déterminé ci-après comme minimum obligatoire pour chacune des espèces de mesures.

NOMS DES MESURES.	POIDS ET MESURES (en grammes).		
	sans anses ni couvercle.	avec anses sans couvercle.	avec anses et couvercle.
	grammes.	grammes.	grammes.
Double litre......................	1,350	1,700	2,200
Litre	900	1,100	1,350
Demi-litre	525	650	820
Double décilitre.................	280	335	420
Décilitre........................	145	180	240
Demi décilitre...................	85	110	140
Double centilitre................	45	60	85
Centilitre.......................	25	35	50

Le titre de l'étain employé pour la fabrication des mesures reste fixé à quatre-vingt-trois centièmes cinq millièmes, avec une tolérance d'un centième cinq millièmes; ainsi le métal dont les mesures seront fabriquées ne doit pas contenir moins de quatre-vingt-deux centièmes d'étain pur, et plus de dix-huit centièmes d'alliage.

Ces mesures devront conserver intérieurement, et sur le bord supérieur, la venue du moule; elles devront être sans soufflures ni autres imperfections.

Le nom propre à chaque mesure devra être inscrit sur le corps de la mesure. Le nom ou la marque du fabricant devra être apposé sur le fond.

On pourra construire des mesures en fer-blanc, depuis le double litre jusqu'au décilitre; mais ces sortes de mesures, exclusivement réservées pour le lait, devront être établies dans la forme cylindrique, ayant le diamètre égal à la hauteur, conformément à ce qui est prescrit dans le tableau n° 2 pour les mesures destinées aux matières sèches; elles seront garnies d'une anse ou d'un crochet également en fer-blanc, et porteront le nom qui leur est propre sur le cercle supérieur, rabattu et servant de bordure. On aura soin de placer, pour recevoir les marques de vérification, deux gouttes d'étain aplaties, l'une au bord supérieur, l'autre à la jonction du fond de chaque mesure, qui devra porter aussi le nom ou la marque du fabricant.

N° 4.

Poids en fer.

Les poids devront être construits en fonte de fer; leurs noms sont indiqués ci-après, ainsi que la dénomination abréviative qui devra être inscrite sur chacun d'eux, en caractères lisibles.

NOMS DES POIDS.	ABRÉVIATIONS qui devront être indiquées sur la surface supérieure.	NOMS DES POIDS.	ABRÉVIATIONS qui devront être indiquées sur la surface supérieure.
Cinquante kilogrammes.	50 kilog.	Kilogramme............	1 kilog.
Vingt kilogrammes.....	20 kilog.	Demi-kilogramme	Demi-kilog. 5 hectog.
Dix kilogrammes.......	10 kilog.	Double hectogramme...	2 hectog.
Cinq kilogrammes......	5 kilog.	Hectogramme..........	1 hectog.
Double kilogramme.....	2 kilog.	Demi-hectogramme.....	1/2 hectog.

Les poids en fer de cinquante et de vingt kilogrammes devront être établis en forme de pyramide tronquée, arrondie sur les angles, et ayant pour base un parallélogramme.

Les autres poids en fer, depuis celui de dix kilogrammes jusqu'au demi-hectogramme inclusivement, devront être établis en forme de pyramide tronquée, ayant pour base un hexagone régulier.

Les anneaux dont les poids sont garnis devront être placés de manière à ne pas dépasser l'arête des poids.

Chaque anneau devra être en fer forgé rond et soudé à chaud.

Chaque anneau, attaché par un lacet, devra entrer sans difficulté dans la rainure pratiquée sur le poids pour le recevoir.

Chaque lacet devra être en fer forgé et construit solidement, tant au sommet qui embrasse l'anneau qu'aux extrémités de ses branches, lesquelles doivent être rabattues et enroulées par-dessous, pour retenir le plomb nécessaire à l'ajustage.

Les poids en fer ne doivent présenter à leur surface ni bavures, ni soufflures, et la fonte ne doit être ni aigre, ni cassante.

Chaque poids doit être garni, aux extrémités du lacet, d'une quantité suffisante de plomb coulé d'un seul jet, destiné à recevoir les empreintes des poinçons de vérification première et périodique, ainsi que la marque du fabricant, qui doit y être apposée.

N° 5.

Poids en cuivre.

Les poids en cuivre sont indiqués ci-après, ainsi que la dénomination qui devra être inscrite sur chacun d'eux.

NOMS DES POIDS.	DÉNOMINATIONS qui doivent être appliquées sur la surface supérieure.
Vingt kilogrammes.................	20 kilogrammes.
Dix kilogrammes	10 kilogrammes.
Cinq kilogrammes	5 kilogrammes.
Double kilogramme................	2 kilogrammes.
Kilogramme.....................	1 kilogramme.
Demi-kilogramme.................	500 grammes.
Double hectogramme..............	200 grammes.
Hectogramme....................	100 grammes.
Demi-hectogramme...............	50 grammes.
Double décagramme..............	20 gram.
Décagramme	10 gram.
Demi-décagramme.	5 gram.
Double gramme..................	2 gram.
Gramme........................	1 gram.
Demi-gramme...................	5 décig.
Double décigramme..............	2 décig.
Décigramme....................	1 décig.
Demi-décigramme	5 centig.
Double centigramme	2 C. G.
Centigramme...................	1 C. G.
Demi-centigramme..............	5 M. G.
Double milligramme............	2 M.
Milligramme...................	1 M.

La forme des poids en cuivre, depuis et compris celui de vingt kilogrammes jusqu'au gramme, sera celle d'un cylindre surmonté d'un bouton. La hauteur du cylindre sera égale à son diamètre pour tous les poids, jusqu'à celui de cinq grammes inclusivement ; la hauteur de chaque bouton sera égale à la moitié du diamètre du cylindre qui le supporte. Ces dispositions ne seront pas applicables aux poids d'un et de deux grammes, qui auront le diamètre plus fort que la hauteur.

Les poids, depuis et compris les cinq décigrammes jusqu'au milligramme, se feront avec des lames de laiton mince, coupées carrément.

Les poids en cuivre cylindriques et à bouton pourront être massifs ou contenir dans leur intérieur une certaine quantité de plomb ; mais ils devront toujours présenter le même volume. Ces poids peuvent être faits d'un seul jet ou formés de deux pièces seulement, savoir : le cylindre et le bouton ; mais, dans ce dernier cas, le bouton devra être monté à vis sur le corps du poids et fixé invariablement par une cheville ou petite vis à fleur de la surface. Cette cheville sera en cuivre rouge, afin de la distinguer facilement.

On pourra aussi construire des poids en cuivre d'un kilogramme ou d'un de ses sous-multiples dans la forme de godets coniques qui s'empilent les uns dans les autres, et se trouvent ainsi renfermés dans une boîte qui est elle-même un poids légal.

La surface des poids en cuivre devra être nette et ne laisser apercevoir aucun corps étranger qu'on aurait chassé dans le cuivre, ni aucune soufflure qui permettrait d'en introduire.

Les dénominations seront inscrites en creux et en caractères lisibles sur la surface supérieure des poids. Chaque poids devra porter le nom ou la marque du fabricant.

Nº 6.

Instruments de pesage.

Les instruments de pesage sont :

1º Les balances à bras égaux;
2º Les balances-bascules;
3º Les romaines.

Les balances à bras égaux, désignées sous le nom de balances de magasins ou de comptoir, devront être solidement établies. Les fléaux devront être plus larges qu'épais, principalement au centre occupé par les couteaux ou pivots qui les traversent perpendiculairement, et dont les arêtes devront former une ligne droite. Les points extrêmes de suspension devront être placés à égale distance de ces couteaux. Les fléaux ne devront pas vaciller dans les chapes. Les balances devront être oscillantes. Leur sensibilité demeure fixée à un deux-millième du poids d'une portée.

Les balances-bascules devront être oscillantes et établies de manière à donner, quel que soit le poids dont on charge le tablier, un rapport exact de un à dix. Ces instruments, dont la portée ne peut être moindre que cent kilogrammes, devront être solidement construits. Il ne pourra être employé à leur usage que des poids fabriqués suivant les formes et dénominations prescrites dans le tableau nº 4.

L'indication de la force de chaque balance-bascule sera exprimée en kilogrammes, sur une plaque de cuivre incrustée dans le montant en bois. La sensibilité, pour ces sortes d'instruments, demeure fixée à un millième du poids d'une portée.

Les romaines devront être solidement construites. Les couteaux auxquels elles sont suspendues devront avoir une arête assez fine pour faciliter les mouvements du fléau ; les leviers devront être assez forts pour ne pas fléchir sous le poids curseur qui les accompagne. L'aiguille dont chaque levier est traversé par le haut ne devra pas frotter dans la chape.

Les romaines devront être oscillantes. Toute autre espèce est prohibée.

La sensibilité, pour ces instruments, demeure fixée à un cinq-centième du poids d'une portée.

Les romaines porteront seulement les divisions décimales représentant les poids légaux. Toute autre division est interdite. Leur portée sera exprimée en kilogrammes sur chacune des faces divisées.

Tout instrument de pesage devra porter le nom ou la marque du fabricant.

Nº 7.

Instruments de mesurage pour le bois de chauffage.

Les membrures qui représentent des mesures de solidité, du demi-décastère, du double stère, du stère, et destinées à mesurer le bois de chauffage, seront construites en bon bois; les pièces qui les composent devront être bien dressées et assemblées solidement.

Chaque membrure sera fermée d'une sole, de deux montants et de deux contrefiches; elle doit avoir de plus deux sous-traits.

La longueur de la sole entre les montants est fixée ainsi qu'il suit, savoir:

Demi-décastère.......................... 3 mètres.
Double stère............................ 2
Stère................................... 1

Pour les bois coupés à un mètre de longueur, la hauteur des montants sera:

Demi-décastère................. 1 mètre 667 millimètres.
Double stère et stère............ 1

Cette hauteur variera suivant la longueur des bois, de manière à toujours reproduire un solide de un, deux ou cinq mètres cubes.

On pourra construire aussi des membrures en fer du double stère et du stère, pourvu qu'elles réunissent les conditions de justesse et de solidité nécessaires, et qu'elles soient garnies de rondelles adhérentes, en étain ou en plomb, pour faciliter l'application des marques de vérification.

***

Nº 368.—*Ordonnance du roi concernant les épreuves à faire subir aux chaudières des machines locomotives tubulaires.*

Au palais des Tuileries, le 22 juillet 1839.

Louis-Philippe, etc.;

Sur le rapport de notre ministre secrétaire d'Etat des travaux publics;

Vu les ordonnances royales des 29 octobre 1823 et 7 mai 1828, concernant les appareils à vapeur à haute pression;

Vu l'avis de la commission des machines à vapeur du 13 juin 1839, relatif aux épreuves à faire subir aux chaudières des machines locomotives et tubulaires;

Considérant qu'il importe de pourvoir aux mesures de sûreté qu'exige l'emploi des machines locomotives;

Considérant qu'il est possible, sans inconvénient, de les soumettre à des épreuves moins rigoureuses que celles qui sont prescrites par les ordonnances susvisées pour les appareils à vapeur à haute pression,

Nous avons ordonné et ordonnons ce qui suit:

1. Les chaudières des machines locomotives tubulaires ne seront reçues, à partir du 1er janvier 1840, pour faire le service d'un chemin de fer, qu'après avoir été éprouvées à une pression double de la pression effective que la chaudière est appelée à supporter, et ce, au lieu de la pression triple qui est prescrite pour l'épreuve des chaudières en tôle ou en cuivre des autres machines par l'ordonnance du 7 mai 1828.

2. Jusqu'au 1er janvier 1840, les épreuves de réception des nouvelles machines de ce genre pourront être faites à une pression de moitié en sus seulement de la pression effective ; mais, passé ce délai, les machines mêmes qui auront été ainsi reçues devront, lorsqu'elles auront subi une réparation importante, être éprouvées à la pression double.

3. La circulation de toutes machines qui, par suite de l'épreuve, auraient subi des altérations de nature à compromettre leur solidité, sera interdite.

4. Notre ministre secrétaire d'Etat au département des travaux publics est chargé de l'exécution de la présente ordonnance, qui sera publiée au *Bulletin des Lois.*

N° **369**. — *Loi relative aux étrangers réfugiés.*

Des 24—27 juillet 1839.

1. Les lois des 21 avril 1832 et 1er mai 1834, relatives aux étrangers réfugiés, sont prorogées jusqu'à la fin de 1840 (1).

2. Toutefois, les étrangers réfugiés qui auront demeuré en France ou servi sous les drapeaux pendant cinq années, et qui n'auront subi aucune condamnation criminelle ou correctionnelle, pourront, en donnant avis préalable de leur déplacement au préfet du département, changer de résidence sans l'autorisation du gouvernement.

Cette autorisation continuera de leur être nécessaire pour résider dans le département de la Seine et dans un rayon de seize myriamètres de la frontière des Pyrénées.

N° **370**. — *Loi qui modifie le cahier des charges joint à la loi du 7 juillet 1838, portant concession d'un chemin de fer de Paris à Orléans.*

Au palais de Saint-Cloud, le 1er août 1839.

Louis-Philippe, etc.;

Nous avons proposé, les chambres ont adopté, nous avons ordonné et ordonnons ce qui suit :

1. Le cahier des charges joint à la loi du 7 juillet 1838, portant concession, au profit des sieurs Casimir Leconte et compagnie, d'un chemin de fer de Paris à Orléans, par Etampes, est modifié ainsi qu'il suit:

2. La compagnie concessionnaire continuera d'être tenue de pour-

---

(1) Voir la loi des 3—14 août 1844.

suivre et terminer les travaux nécessaires à la confection du chemin concédé dans la partie comprise entre Paris et Juvisy, et de l'embranchement sur Corbeil.

5. La compagnie pourra renoncer, jusqu'au 1er janvier 1841, à la concession pour toute la partie du chemin de fer au delà de Juvisy.

Elle sera, si elle use de ce droit, relevée de toute déchéance, et la portion de son cautionnement correspondante au surplus du chemin, lui sera rendue.

4. En ce cas, l'Etat aura la faculté de racheter la partie du chemin qui aura été confectionnée, en remboursant aux concessionnaires leurs dépenses utiles, et en se mettant à leur lieu et place pour les engagements qu'ils ont utilement contractés jusqu'au 18 mai 1839, sur la ligne de Juvisy à Orléans. Les contestations qui pourraient s'élever entre l'Etat et la compagnie sur la fixation de la somme à rembourser, seront jugées conformément à l'article 53 du cahier des charges.

5. En cours d'exécution, la compagnie pourra proposer toutes les modifications qu'elle jugera utiles au tracé général du chemin et à sa largeur, au maximum des pentes et au minimum des courbes, au nombre des gares d'évitement, à la hauteur ou à la largeur des ponts sur les chemins vicinaux et d'exploitation, au mode de construction des ponts à la rencontre des routes royales ou départementales, enfin, à la pente des routes royales et départementales déplacées ; mais ces modifications ne pourront être exécutées que moyennant l'approbation préalable et le consentement formel de l'autorité supérieure. L'administration est également autorisée à statuer provisoirement sur les modifications que la compagnie pourrait demander aux tarifs réglés par le cahier des charges.

La présente loi, discutée, délibérée et adoptée par la chambre des pairs et par celle des députés, et sanctionnée par nous cejourd'hui, sera exécutée comme loi de l'Etat.

No 371. — *Arrêté du ministre des travaux publics, relatif au chemin de fer de Paris à Versailles (rive droite).*

Du 4 août 1839.

Le ministre secrétaire d'Etat des travaux publics,

Vu la demande de la compagnie du chemin de fer de Paris à Versailles, partant de la rive droite de la Seine, tendant à obtenir une augmentation au tarif réglé pour le transport des voyageurs par l'adjudication du 26 avril 1837 ;

Vu le procès-verbal de cette adjudication ;

Vu la loi du 1er août 1839, notamment le dernier paragraphe de l'art. 9 de cette loi ;

Arrête ce qui suit :

ART. UNIQUE. Provisoirement, et jusqu'à ce qu'il en soit autrement décidé, le tarif de 0 fr. 98 c. que la compagnie du chemin de fer de Paris à Versailles, partant de la rive droite de la Seine, est autorisée à percevoir pour le transport des voyageurs sur la distance entière de Paris à Versailles, est porté à 1 fr. 72 c., non compris l'impôt dû sur le prix des places.

N° **372**. — *Loi sur les modifications à apporter dans les cahiers de charges annexés aux concessions de chemins de fer.*

Au palais des Tuileries, le 9 août 1839.

Louis-Philippe, etc.;

Nous avons proposé, les chambres ont adopté, nous avons ordonné et ordonnons ce qui suit :

ART. UNIQUE. Les compagnies concessionnaires des chemins de fer concédés jusqu'à ce jour sont autorisées à proposer des modifications au tracé général de ces chemins et à leur largeur, au maximum des pentes, au minimum du rayon des courbes, au nombre des gares d'évitement, à la hauteur ou à la largeur des ponts sur les chemins vicinaux et d'exploitation, au mode de construction des ponts à la rencontre des routes royales et départementales, des rivières ou canaux de navigation et de flottage, enfin, à la pente des routes royales et départementales déplacées ; mais ces modifications ne pourront être exécutées que moyennant l'approbation préalable et le consentement formel de l'autorité compétente.

L'administration est également autorisée à statuer provisoirement sur les modifications que les compagnies pourraient demander aux tarifs réglés par les cahiers de charges.

La présente loi, discutée, délibérée et adoptée par la chambre des pairs et par celle des députés, et sanctionné par nous cejourd'hui, sera exécutée comme loi de l'État.

N° **373**. — *Ordonnance du roi portant règlement sur les établissements publics et privés consacrés aux aliénés.*

Du 18 décembre 1839.

Louis-Philippe, etc. ;

Vu la loi du 30 juin 1838 sur les aliénés ;
Vu notamment l'art. 2 ainsi conçu :
« Les établissements publics consacrés aux aliénés sont placés sous « la direction de l'autorité publique. »
Vu l'article 3 de la même loi qui porte :
« Les établissements privés consacrés aux aliénés sont placés sous la « surveillance de l'autorité publique. »
Vu l'article 5 de la même loi ainsi conçu :
« Nul ne pourra diriger, ni former un établissement privé consacré « aux aliénés, sans l'autorisation du gouvernement. »
Vu l'article 6 de la même loi qui porte :
« Des règlements d'administration publique détermineront les con-« ditions auxquelles seront accordées les autorisations énoncées dans « l'article précédent, les cas où elles pourront être retirées, et les « obligations auxquelles seront soumis les établissements autorisés. »
Vu l'article 7 de la même loi qui porte :
« Les règlements intérieurs des établissements publics consacrés, « en tout ou en partie, au service des aliénés, seront, dans les dispo-

« sitions relatives à ce service, soumis à l'approbation du ministre de
« l'intérieur. »

Notre conseil d'Etat entendu, nous avons ordonné et ordonnons ce
qui suit :

TITRE Ier.

Des établissements publics consacrés aux aliénés.

1. Les établissements publics consacrés au service des aliénés seront
administrés sous l'autorité de notre ministre secrétaire d'Etat au département de l'intérieur, et des préfets des départements, et sous la
surveillance de commissions gratuites, par un directeur responsable,
dont les attributions seront ci-après déterminées.

2. Les commissions de surveillance seront composées de cinq
membres nommés par les préfets, et renouvelés chaque année par
cinquième.

Les membres des commissions de surveillance ne pourront être
révoqués que par notre ministre de l'intérieur, sur le rapport du
préfet.

Chaque année, après le renouvellement, les commissions nommeront leur président et leur secrétaire.

5. Les directeurs et les médecins en chef et adjoints seront nommés par notre ministre secrétaire d'Etat au département de l'intérieur,
directement pour la première fois, et, pour les vacances suivantes, sur
une liste de trois candidats présentés par les préfets.

Pourront aussi être appelés aux places vacantes, concurremment
avec les candidats présentés par les préfets, les directeurs et les médecins en chef ou adjoints qui auront exercé leurs fonctions pendant
trois ans dans d'autres établissements d'aliénés.

Les élèves attachés aux établissements d'aliénés seront nommés pour
un temps limité, selon le mode déterminé par le règlement sur le service intérieur de chaque établissement.

Les directeurs, les médecins en chef et les médecins-adjoints ne
pourront être révoqués que par notre ministre de l'intérieur, sur le
rapport des préfets.

4. Les commissions instituées par l'art. 1er, chargées de la surveillance générale de toutes les parties du service des établissements, sont
appelées à donner leur avis sur le régime intérieur, sur les budgets et
les comptes, sur les actes relatifs à l'administration, tels que le mode
de gestion des biens, les projets des travaux, les procès à intenter ou
à soutenir, les transactions, les emplois de capitaux, les acquisitions,
les emprunts, les ventes ou échanges d'immeubles, les acceptations de
legs, de donations, les pensions à accorder, s'il y a lieu, les traités à
conclure pour le service des malades.

5. Les commissions de surveillance se réuniront tous les mois. Elles
seront, en outre, convoquées par les préfets ou les sous-préfets toutes
les fois que les besoins du service l'exigeront.

Le directeur de l'établissement et le médecin chargé en chef du
service médical, assisteront aux séances de la commission ; leur voix
sera seulement consultative.

Néanmoins, le directeur et le médecin en chef devront se retirer de
la séance au moment où la commission délibérera sur les comptes
d'administration et sur les rapports qu'elle pourrait avoir à adresser
directement au préfet.

6. Le directeur est chargé de l'administration intérieure de l'établissement et de la gestion de ses biens et revenus.

Il pourvoit, sous les conditions prescrites par la loi, à l'admission et à la sortie des personnes placées dans l'établissement.

Il nomme les préposés de tous les services de l'établissement : il les révoque, s'il y a lieu. Toutefois, les surveillants, les infirmiers et les gardiens, devront être agréés par le médecin en chef ; celui-ci pourra demander leur révocation au directeur. En cas de dissentiment, le préfet prononcera.

7. Le directeur est exclusivement chargé de pourvoir à tout ce qui concerne le bon ordre et la police de l'établissement, dans les limites du règlement du service intérieur, qui sera arrêté, en exécution de l'art. 7 de la loi du 30 juin 1838, par notre ministre de l'intérieur.

Il résidera dans l'établissement.

8. Le service médical, en tout ce qui concerne le régime physique et moral, ainsi que la police médicale et personnelle des aliénés, est placé sous l'autorité du médecin, dans les limites du règlement de service intérieur mentionné à l'article précédent.

Les médecins-adjoints, dans les maisons où le règlement intérieur en établira, les élèves, les surveillants, les infirmiers et les gardiens, sont, pour le service médical, sous l'autorité du médecin en chef.

9. Le médecin en chef remplira les obligations imposées aux médecins par la loi du 30 juin 1828, et délivrera tous certificats relatifs à ses fonctions.

Ces certificats ne pourront être délivrés par le médecin-adjoint qu'en cas d'empêchement constaté du médecin en chef.

En cas d'empêchement constaté du médecin en chef et du médecin-adjoint, le préfet est autorisé à pourvoir provisoirement à leur remplacement.

10. Le médecin en chef sera tenu de résider dans l'établissement.

Il pourra, toutefois, être dispensé de cette obligation par une décision spéciale de notre ministre de l'intérieur, pourvu qu'il fasse, chaque jour au moins, une visite générale des aliénés confiés à ses soins, et qu'en cas d'empêchement il puisse être suppléé par un médecin résidant.

11. Les commissions administratives des hospices civils, qui ont formé ou qui formeront à l'avenir, dans ces établissements, des quartiers affectés aux aliénés, seront tenus de faire agréer par le préfet un préposé responsable qui sera soumis à toutes les obligations imposées par la loi du 30 juin 1838.

Dans ce cas, il ne sera pas créé de commission de surveillance.

Le règlement intérieur des quartiers consacrés au service des aliénés, sera soumis à l'approbation de notre ministre de l'intérieur, conformément à l'art. 7 de cette loi.

12. Il ne pourra être créé, dans les hospices civils, des quartiers affectés aux aliénés, qu'autant qu'il sera justifié que l'organisation de ces quartiers permet de recevoir et de traiter cinquante aliénés au moins.

Quant aux quartiers actuellement existants, où il ne pourrait être traité qu'un nombre moindre d'aliénés, il sera statué sur leur maintien par notre ministre de l'intérieur.

13. Notre ministre de l'intérieur pourra toujours autoriser, ou même ordonner d'office, la réunion des fonctions de directeur et de médecin.

14. Le traitement du directeur et du médecin sera déterminé par un arrêté de notre ministre de l'intérieur.

15. Dans tous les établissements publics où le travail des aliénés sera introduit comme moyen curatif, l'emploi du produit de ce travail sera déterminé par le règlement intérieur de ces établissements.

16. Les lois et règlements relatifs à l'administration générale des

hospices et établissements de bienfaisance en ce qui concerne notamment l'ordre de leurs services financiers, la surveillance de la gestion du receveur, les formes de la comptabilité, sont applicables aux établissements publics d'aliénés en tout ce qui n'est pas contraire aux dispositions qui précèdent.

TITRE II.

Des établissements privés consacrés aux aliénés.

17. Quiconque voudra former ou diriger un établissement privé destiné au traitement des aliénés, devra en adresser la demande au préfet du département où l'établissement devra être situé.

18. Il justifiera :

1° Qu'il est majeur et exerçant ses droits civils ;

2° Qu'il est de bonne vie et mœurs ; il produira, à cet effet, un certificat délivré par le maire de la commune ou de chacune des communes où il aura résidé depuis trois ans ;

3° Qu'il est docteur en médecine.

19. Si le requérant n'est pas docteur en médecine, il produira l'engagement d'un médecin qui se chargera du service médical de la maison, et déclarera se soumettre aux obligations spécialement imposées sous ce rapport par les lois et règlements.

Ce médecin devra être agréé par le préfet, qui pourra toujours le révoquer. Toutefois, cette révocation ne sera définitive qu'autant qu'elle aura été approuvée par notre ministre de l'intérieur.

20 Le requérant indiquera, dans sa demande, le nombre et le sexe des pensionnaires que l'établissement pourra contenir ; il en sera fait mention dans l'autorisation.

21. Il déclarera si l'établissement doit être uniquement affecté aux aliénés, ou s'il recevra d'autres malades. Dans ce dernier cas, il justifiera, par la production du plan de l'établissement, que le local consacré aux aliénés est entièrement séparé de celui qui est affecté au traitement des autres malades.

22. Il justifiera :

1° Que l'établissement n'offre aucune cause d'insalubrité, tant au dedans qu'au dehors, et qu'il est situé de manière à ce que les aliénés ne soient pas incommodés par un voisinage bruyant ou capable de les agiter.

2° Qu'il peut être alimenté, en tout temps, d'eau de bonne qualité, et en quantité suffisante ;

3° Que, par la disposition des localités, il permet de séparer complétement les sexes, l'enfance et l'âge mûr ; d'établir un classement régulier entre les convalescents, les malades paisibles et ceux qui sont agités ; de séparer également les aliénés épileptiques ;

4° Que l'établissement contient des locaux particuliers pour les aliénés atteints de maladies accidentelles, et pour ceux qui ont des habitudes de malpropreté.

5° Que toutes les précautions ont été prises soit dans les constructions, soit dans la fixation du nombre des gardiens pour assurer le service et la surveillance de l'établissement.

23. Il justifiera également, par la production du règlement intérieur de la maison, que le régime de l'établissement offrira toutes les garanties convenables sous le rapport des bonnes mœurs et de la sûreté des personnes.

24. Tout directeur d'un établissement privé consacré au traitement des aliénés devra, avant d'entrer en fonctions, fournir un cautionnement dont le montant sera déterminé par l'ordonnance royale d'autorisation.

25. Le cautionnement sera versé, en espèces, à la caisse des dépôts

et consignations, et sera exclusivement destiné à pourvoir, dans les
formes et pour les cas déterminés dans l'article suivant, aux besoins
des aliénés pensionnaires.

26. Dans tous les cas où , par une cause quelconque, le service d'un
établissement privé, consacré aux aliénés, se trouverait suspendu, le
préfet pourra constituer, à l'effet de remplir les fonctions de directeur
responsable, un régisseur provisoire entre les mains duquel la caisse
des dépôts et consignations, sur les mandats du préfet, versera ce
cautionnement, en tout ou en partie, pour l'appliquer au service des
aliénés.

27. Tout directeur d'un établissement privé consacré aux aliénés,
pourra, à l'avance, faire agréer par l'administration une personne
qui se chargera de le remplacer dans le cas où il viendrait à cesser ses
fonctions, par suite de suspension, d'interdiction judiciaire, d'absence, de faillite, de décès, ou pour toute autre cause.

La personne ainsi agréée sera de droit, dans ces divers cas, investie
de la gestion provisoire de l'établissement, et soumise, à ce titre, à
toutes les obligations du directeur lui-même.

Cette gestion provisoire ne pourra jamais se prolonger au delà d'un
mois sans une autorisation spéciale du préfet.

28. Dans le cas où le directeur cesserait ses fonctions par une cause
quelconque, sans avoir usé de la faculté ci-dessus, ses héritiers ou
ayants cause seront tenus de désigner, dans les vingt-quatre heures,
la personne qui sera chargée de la régie provisoire de l'établissement
et soumise, à ce titre, à toutes les obligations du directeur.

A défaut, le préfet fera lui-même cette désignation.

Les héritiers ou ayants cause du directeur devront, en outre, dans
le délai d'un mois, présenter un nouveau directeur pour en remplir
définitivement les fonctions.

Si la présentation n'est pas faite dans ce délai, l'ordonnance royale
d'autorisation sera réputée rapportée de plein droit, et l'établissement
sera fermé.

29. Lorsque le directeur d'un établissement privé consacré aux
aliénés, voudra augmenter le nombre des pensionnaires qu'il aura
été autorisé à recevoir dans cet établissement, il devra former une
demande en autorisation à cet effet, et justifier que les bâtiments
primitifs ou ceux additionnels qu'il aura fait construire sont, ainsi que
leurs dépendances, convenables et suffisants pour recevoir le nombre
déterminé de nouveaux pensionnaires.

L'ordonnance royale, qui statuera sur cette demande, déterminera
l'augmentation proportionnelle que le cautionnement pourra recevoir.

30. Le directeur de tout établissement privé consacré aux aliénés,
devra résider dans l'établissement.

Le médecin attaché à l'établissement, dans le cas prévu par l'art. 19
de la présente ordonnance, sera soumis à la même obligation.

31. Le retrait de l'autorisation pourra être prononcé, suivant la
gravité des circonstances, dans tous les cas d'infraction aux lois et
règlements sur la matière, et notamment dans les cas ci-après :

1° Si le directeur est privé de l'exercice de ses droits civils ;

2° S'il reçoit un nombre de pensionnaires supérieur à celui fixé par
l'ordonnance d'autorisation ;

3° S'il reçoit des aliénés d'un autre sexe que celui indiqué par cette
ordonnance ;

4° S'il reçoit des personnes atteintes de maladies autres que celles
qu'il a déclaré vouloir traiter dans l'établissement ;

5° Si les dispositions des lieux sont changées ou modifiées de manière à ce qu'ils cessent d'être propres à leur destination, ou si les
précautions prescrites pour la sûreté des personnes ne sont pas constamment observées ;

6° S'il est commis quelque infraction aux dispositions du règlement du service intérieur en ce qui concerne les mœurs ;

7° S'il a été employé, à l'égard des aliénés, des traitements contraires à l'humanité ;

8° Si le médecin agréé par l'administration est remplacé par un autre médecin, sans qu'elle en ait approuvé le choix ;

9° Si le directeur contrevient aux dispositions de l'art. 8 de la loi du 30 juin 1838 ;

10° S'il est frappé d'une condamnation prononcée en exécution de l'article 41 de la même loi.

52. Pendant l'instruction relative au retrait de l'ordonnance royale d'autorisation, le préfet pourra prononcer la suspension provisoire du directeur, et instituera un régisseur provisoire, conformément à l'article 26.

53. Il sera statué pour le retrait des autorisations par une ordonnance royale.

Dispositions générales.

54. Les établissements publics ou privés, consacrés aux aliénés du sexe masculin, ne pourront employer que des hommes pour le service personnel des aliénés.

Des femmes seules seront chargées du service personnel des aliénées dans les établissements destinés aux individus du sexe féminin.

Dispositions transitoires.

55. Les établissements privés actuellement existants devront, dans les six mois, à dater du jour de la présente ordonnance, se pourvoir en autorisation dans les formes prescrites par les articles ci-dessus ; passé ce délai, lesdits établissements seront fermés.

N° 374.—*Extrait de la loi relative aux chemins de fer de Paris à Orléans, etc.*

Au palais des Tuileries le 15 juillet 1840.

Louis-Philippe, etc.;

Nous avons proposé, les chambres ont adopté, nous avons ordonné et ordonnons ce qui suit :

TITRE Ier.

Chemin de fer de Paris à Orléans.

1. Le ministre des travaux publics est autorisé à garantir, au nom de l'État, à la compagnie du chemin de fer de Paris à Orléans, un minimum d'intérêt de quatre pour cent, pendant quarante-six ans et trois cent vingt-quatre jours, à dater du jour où le chemin de fer sera terminé et livré à la circulation dans toute son étendue, à la charge, par la compagnie, d'employer annuellement un pour cent à l'amortissement de son capital.

2. Le capital auquel s'appliquera cette garantie se composera du prix des travaux et de tous les frais de premier établissement, sans pouvoir en aucun cas excéder le montant du fonds social, déterminé par les statuts annexés à l'ordonnance du 13 août 1838 (soit quarante millions).

Si, dans l'insuffisance du fonds social pour achever les travaux et mettre l'entreprise en exploitation, la compagnie contractait un emprunt, les intérêts de cet emprunt et son amortissement annuel, dont le taux devra être agréé par le gouvernement, seront prélevés sur le produit brut du chemin.

Eu aucun cas, l'annuité à payer par l'Etat ne pourra dépasser l'intérêt à quatre pour cent de quarante millions (soit un million six cent mille francs).

3. Si, après que l'Etat aurait, à titre de garant, payé tout ou partie du minimum d'intérêt fixé ci-dessus, il arrivait que le bénéfice net de l'entreprise vînt à s'élever au-dessus de quatre pour cent, l'excédant serait exclusivement employé au remboursement des sommes versées par l'Etat.

Cette disposition est applicable à toute la durée de la concession.

4. Un règlement d'administration publique déterminera les formes suivant lesquelles la compagnie sera tenue de justifier vis-à-vis de l'Etat, 1° du montant des capitaux employés dans l'entreprise ; 2° de ses frais annuels d'entretien et de ses recettes.

5. Les conventions à passer entre l'Etat et la compagnie pour l'exécution de la présente loi seront réglées par des ordonnances royales.

6. Les actes à passer en vertu de la présente loi ne seront passibles que du droit fixe d'un franc.

7. Le cahier de charges et la convention additionnelle annexés à la loi du 7 juillet 1838 seront remplacés par le cahier de charges annexé à la présente loi.

L'article 6 de la loi du 7 juillet 1838 est rapporté.

TITRE VI.

Dispositions générales.

25. Des ordonnances royales règleront les mesures à prendre pour concilier l'exploitation des chemins de fer avec l'application des lois et règlements sur les douanes.

26. Des ordonnances royales règleront également le mode d'exploitation et les tarifs qui seront provisoirement appliqués aux chemins exécutés sur les fonds de l'Etat.

27. Des règlements d'administration publique détermineront les mesures et les dispositions nécessaires pour assurer la police, la sûreté, l'usage et la conservation des chemins de fer et des ouvrages qui en dépendent.

Cahier de charges pour l'établissement d'un chemin de fer de Paris à Orléans.

1. La compagnie s'engage à exécuter, à ses frais, risques et périls, et à terminer dans le délai de cinq années au plus tard, à dater de la promulgation de la loi qui a ratifié la concession, tous les travaux nécessaires à l'établissement et à la confection d'un chemin de fer de Paris à Orléans, avec embranchement sur Corbeil, et de manière que ce chemin soit praticable dans toutes ses parties à l'expiration du délai ci-dessus fixe.

2. Le chemin de fer partira du boulevard de l'Hôpital, à Paris, entre la place Walhubert et le pont de la Bièvre : il se dirigera sur Orléans en passant par Etampes.

L'embranchement de Corbeil aura son origine entre Athis et Juvisy.

Le maximum des pentes et rampes du chemin de fer n'excédera pas cinq millimètres (0^m 005) par mètre pour la ligne de Paris à Orléans, et deux millimètres (0ᵐ 002) pour l'embranchement de Corbeil.

3. A dater de l'homologation de la présente concession, la compagnie devra soumettre à l'approbation de l'administration supérieure, de quatre mois en quatre mois, et par section de vingt kilomètres au moins, rapporté sur un plan à l'échelle de 1 à 5,000, le tracé définitif du chemin de fer, de Paris à Orléans ; elle indiquera, sur ce plan, la position et le tracé des gares de stationnement et d'évitement, ainsi que les lieux de chargement et de déchargement ; à ce même plan devront être joints un profil en long suivant l'axe du chemin de fer, un certain nombre de profils en travers, le tableau des pentes et rampes, et un devis explicatif comprenant la description des ouvrages.

La compagnie sera autorisée à prendre copie des plans, nivellements et devis dressés aux frais de l'Etat.

En cours d'exécution, la compagnie aura la faculté de proposer les modifications qu'elle pourrait juger utile d'introduire ; mais ces modifications ne pourront être exécutées que moyennant l'approbation préalable et le consentement formel de l'administration supérieure.

4. Le chemin de fer aura deux voies au moins sur tout son développement.

Aux abords de Paris, et sur une longueur de mille mètres au moins, le chemin devra être établi sur quatre voies pour le service de la gare de départ et d'arrivée.

5. La largeur du chemin de fer en couronne est fixée, pour deux voies, à huit mètres trente centimètres (8ᵐ 30ᶜ) dans les parties en levées, et à sept mètres quarante centimètres (7ᵐ 40ᶜ) dans les tranchées et les rochers, entre les parapets des ponts et dans les souterrains.

La largeur de la voie, entre les bords intérieurs des rails, devra être d'un mètre quarante-quatre centimètres (1ᵐ 44ᶜ) au moins.

La distance entre les deux voies sera au moins égale à un mètre quatre-vingts centimètres (1ᵐ 80ᶜ), mesurée entre les faces extérieures des rails de chaque voie.

La largeur des accotements, ou, en d'autres termes, la largeur entre les faces extérieures des rails extrêmes et l'arête extérieure du chemin, sera au moins égale à un mètre cinquante centimètres (1ᵐ 50ᶜ) dans les parties en levées, et à 1 mètre (1ᵐ) dans les tranchées et les rochers, entre les parapets des ponts et dans les souterrains.

6. Les alignements devront se rattacher suivant des courbes dont le rayon minimum est fixé à huit cents mètres (800ᵐ), et, dans le cas de ce rayon minimum, les raccordements devront, autant que possible, s'opérer sur des paliers horizontaux.

La compagnie aura la faculté de proposer aux dispositions de cet article, comme à celles de l'article précédent, les modifications dont l'expérience pourra indiquer l'utilité et la convenance ; mais ces modifications ne pourront être exécutées que moyennant l'approbation préalable et le consentement formel de l'administration supérieure.

7. La distance qui séparera les gares d'évitement sur chaque rive sera moyennement de vingt mille mètres (20,000ᵐ). Ces gares seront nécessairement placées en dehors des voies : leur longueur, raccordement compris, sera de deux cents mètres (200ᵐ), au moins. Indépendamment des gares d'évitement, la compagnie sera tenue d'établir, pour le service des localités traversées par le chemin de fer ou situées dans le voisinage de ce chemin, des gares ou ports secs, destinés tant aux stationnements qu'aux chargements et aux déchargements, et dont le nombre, l'emplacement et la surface seront déterminés par l'administration, après enquête préalable.

8. A moins d'obstacles locaux, dont l'appréciation appartiendra à l'administration supérieure, le chemin de fer, à la rencontre des

routes royales ou départementales, devra passer soit au-dessus, soit au-dessous de ces routes.

Les croisements de niveau seront tolérés pour les chemins vicinaux, ruraux ou particuliers.

9. Lorsque le chemin de fer devra passer au-dessus d'une route royale ou départementale, ou d'un chemin vicinal, l'ouverture du pont ne sera pas moindre de huit mètres (8m) pour la route royale, de sept mètres (7m) pour la route départementale, de cinq mètres (5m) pour le chemin vicinal de grande communication, et de quatre mètres (4m) pour le simple chemin vicinal. La hauteur sous clef, à partir de la chaussée de la route, sera de cinq mètres (5m) au moins ; pour les ponts en charpente, la hauteur sous poutres sera de quatre mètres trente centimètres (4m 30c) au moins ; la largeur entre les parapets sera au moins de sept mètres quarante centimètres (7m 40c), et la hauteur de ces parapets de quatre-vingts centimètres au moins.

10. Lorsque le chemin de fer devra passer au-dessous d'une route royale ou départementale, ou d'un chemin vicinal, la largeur entre les parapets du pont qui supportera la route ou le chemin, sera fixée au moins à huit mètres (8m) pour la route royale, à sept mètres (7m) pour la route départementale, à cinq mètres (5m) pour le chemin vicinal de grande communication, et à quatre mètres (4m) pour le simple chemin vicinal. L'ouverture du pont, entre les culées, sera au moins de sept mètres quarante centimètres (7m 40c), et la distance verticale entre l'intrados et le dessus des rails ne sera pas moindre de quatre mètres trente centimètres (4m 30c).

11. Lorsque le chemin de fer traversera une rivière, un canal ou un cours d'eau, le pont aura la largeur de voie et la hauteur de parapets fixées à l'article 9.

Quant à l'ouverture du débouché, et à la hauteur sous clef au-dessus des eaux, elles seront déterminées par l'administration dans chaque cas particulier, suivant les circonstances locales.

12. Les ponts à construire à la rencontre des routes royales ou départementales, et des rivières ou canaux de navigation et de flottage, seront en maçonnerie ou en fer.

Ils pourront aussi être construits avec travées en bois et piles et culées en maçonnerie ; mais il sera donné à ces piles et culées l'épaisseur nécessaire pour qu'il soit possible ultérieurement de substituer aux travées en bois soit des travées en fer, soit des arches en maçonnerie.

13. S'il y a lieu de déplacer les routes existantes, la déclivité des pentes ou rampes sur les nouvelles directions ne pourra pas excéder trois centimètres (0m 03c) par mètre pour les routes royales et départementales, et cinq centimètres (0m 05c) pour les chemins vicinaux.

L'administration restera libre, toutefois, d'apprécier les circonstances qui pourraient motiver une dérogation à la règle précédente, en ce qui concerne les chemins vicinaux.

14. Les ponts à construire à la rencontre des routes royales et départementales, et des rivières ou canaux de navigation et de flottage, ainsi que les déplacements des routes royales ou départementales, ne pourront être entrepris qu'en vertu de projets approuvés par l'administration supérieure.

Le préfet du département, sur l'avis de l'ingénieur en chef des ponts et chaussées, et après les enquêtes d'usage, pourra autoriser les déplacements des chemins vicinaux et la construction des ponts à la rencontre de ces chemins et des cours d'eau non navigables ni flottables.

15. Dans le cas où des chemins vicinaux, ruraux ou particuliers, seraient traversés à leur niveau par le chemin de fer, les rails ne pour-

ront être élevés au-dessus ou abaissés au-dessous de la surface de ces chemins de plus de trois centimètres (0^m 03^c). Les rails et le chemin de fer devront, en outre, être disposés de manière à ce qu'il n'en résulte aucun obstacle à la circulation.

Des barrières seront tenues fermées de chaque côté du chemin de fer, partout où cette mesure sera jugée nécessaire par l'administration. Un gardien, payé par la compagnie, sera constamment préposé à la garde et au service de ces barrières.

16. La compagnie sera tenue de rétablir et d'assurer à ses frais l'écoulement de toutes les eaux dont le cours serait arrêté, suspendu ou modifié par les travaux dépendant de l'entreprise.

Les aqueducs qui seront construits à cet effet, sous les routes royales et départementales, seront en maçonnerie ou en fer.

17. A la rencontre des rivières flottables et navigables, la compagnie sera tenue de prendre toutes les mesures et de payer tous les frais nécessaires pour que le service de la navigation et du flottage n'éprouve ni interruption ni entraves pendant l'exécution des travaux, et pour que ce service puisse se faire et se continuer après leur achèvement comme il avait lieu avant l'entreprise.

La même condition est expressément obligatoire pour la compagnie à la rencontre des routes royales et départementales, et autres chemins publics. A cet effet, des routes et ponts provisoires seront construits par les soins et aux frais de la compagnie, partout où cela sera jugé nécessaire.

Avant que les communications existantes puissent être interceptées, les ingénieurs des localités devront reconnaître et constater si les travaux provisoires présentent une solidité suffisante, et s'ils peuvent assurer le service de la circulation.

Un délai sera fixé pour l'exécution et la durée de ces travaux provisoires.

18. Les percées ou souterrains dont l'exécution sera nécessaire auront sept mètres quarante centimètres (7^m 40^c) de largeur entre les pieds-droits au niveau des rails, et cinq mètres cinquante centimètres (5^m 50^c) de hauteur sous clef, à partir de la surface du chemin. La distance verticale entre l'intrados et le dessus des rails extérieurs de chaque voie sera au moins de quatre mètres trente centimètres (4^m 30^c).

Si les terrains dans lesquels les souterrains seront ouverts présentaient des chances d'éboulement ou de filtration, la compagnie sera tenue de prévenir ou d'arrêter ce danger par des ouvrages solides et imperméables.

Aucun ouvrage provisoire ne sera toléré au delà de six mois de durée.

19. Les puits d'airage et de construction des souterrains ne pourront avoir leur ouverture sur aucune voie publique, et, là où ils seront ouverts, ils seront entourés d'une margelle en maçonnerie de deux mètres (2^m) de hauteur.

20. La compagnie pourra employer, dans la construction du chemin de fer, les matériaux communément en usage dans les travaux publics de la localité ; toutefois, les têtes de voûtes, les angles, socles, couronnements, extrémités de radiers, seront, autant que possible, en pierre de taille. Dans les localités où il n'existera pas de pierres de taille, l'emploi de la brique ou du moellon dit *d'appareil* sera toléré.

21. Le chemin de fer sera clôturé et séparé des propriétés particulières par des murs ou des haies, ou des poteaux avec lisses, ou des fossés avec levées en terre.

Les fossés qui serviront de clôture au chemin de fer auront au moins un mètre (1^m) de profondeur à partir de leurs bords relevés.

Les barrières fermant les communications particulières s'ouvriront sur les terres et non sur le chemin de fer.

22. Tous les terrains destinés à servir d'emplacement au chemin et à toutes ses dépendances, telles que gares de croisement et de stationnement, lieux de chargement et de déchargement, ainsi qu'au rétablissement des communications déplacées ou interrompues et de nouveaux lits des cours d'eau, seront achetés et payés par la compagnie.

La compagnie est substituée aux droits, comme elle est soumise à toutes les obligations qui dérivent, pour l'administration, de la loi du 7 juillet 1833.

23. L'entreprise étant d'utilité publique, la compagnie est investie de tous les droits que les lois et règlements confèrent à l'administration elle-même pour les travaux de l'Etat : elle pourra, en conséquence, se procurer, par les mêmes voies, les matériaux de remblais et d'empierrement nécessaires à la construction et à l'entretien du chemin de fer ; elle jouira, tant pour l'extraction que pour le transport et le dépôt des terres et matériaux, des priviléges accordés par les mêmes lois et règlements aux entrepreneurs de travaux publics, à la charge, par elle, d'indemniser à l'amiable les propriétaires des terrains endommagés, ou, en cas de non accord, d'après les règlements arrêtés par le conseil de préfecture, sauf recours au conseil d'Etat, sans que, dans aucun cas, elle puisse exercer de recours à cet égard contre l'administration.

24. Les indemnités pour occupation temporaire ou détérioration de terrains, pour chômage, modification ou destruction d'usines, pour tout dommage quelconque résultant des travaux, seront supportées et payées par la compagnie.

25. Pendant la durée des travaux, qu'elle exécutera d'ailleurs par des moyens et des agents de son choix, la compagnie sera soumise au contrôle et à la surveillance de l'administration. Ce contrôle et cette surveillance auront pour objet d'empêcher la compagnie de s'écarter des dispositions qui lui sont prescrites par le présent cahier de charges.

26. A mesure que les travaux seront terminés sur des parties du chemin de fer, de manière que ces parties puissent être livrées à la circulation, il sera procédé à leur réception par un ou plusieurs commissaires que l'administration désignera. Le procès-verbal du ou des commissaires délégués ne sera valable qu'après homologation par l'administration supérieure.

Après cette homologation, la compagnie pourra mettre en service lesdites parties de chemin de fer, et y percevoir les droits de péage et les frais de transport ci-après déterminés.

Toutefois, ces réceptions partielles ne deviendront définitives que par la réception générale et définitive du chemin de fer.

27. Après l'achèvement total des travaux, la compagnie fera faire à ses frais un bornage contradictoire et un plan cadastral de toutes les parties du chemin de fer et de ses dépendances ; elle fera dresser, également à ses frais et contradictoirement avec l'administration, un état descriptif des ponts, aqueducs et autres ouvrages d'art qui auront été établis conformément aux conditions du présent cahier de charges.

Une expédition dûment certifiée des procès-verbaux de bornage, du plan cadastral, et de l'état descriptif, sera déposée, aux frais de la compagnie, dans les archives de l'administration des ponts et chaussées.

28. Le chemin de fer et toutes ses dépendances seront constamment entretenus en bon état, et de manière que la circulation soit toujours facile et sûre.

L'état du chemin de fer et de ses dépendances sera reconnu annuellement, et plus souvent, en cas d'urgence et d'accidents, par un ou plusieurs commissaires que désignera l'administration.

Les frais d'entretien et ceux de réparations, soit ordinaires, soit extraordinaires, resteront entièrement à la charge de la compagnie.

Pour ce qui concerne cet entretien et ces réparations, la compagnie demeure soumise au contrôle et à la surveillance de l'administration.

Si le chemin de fer, une fois terminé, n'est pas constamment entretenu en bon état, il y sera pourvu d'office à la diligence de l'administration, et aux frais de la compagnie concessionnaire. Le montant des avances faites sera recouvré par des rôles que le préfet du département rendra exécutoires.

29. Les frais de visite, de surveillance et de réception des travaux seront supportés par la compagnie.

Ces frais seront réglés par l'administration supérieure, sur la proposition du préfet du département, et la compagnie sera tenue d'en verser le montant dans la caisse du receveur général, pour être distribué à qui de droit.

En cas de non-versement dans le délai fixé, le préfet rendra un rôle exécutoire, et le montant en sera recouvré comme en matière de contributions publiques.

50. La compagnie ne pourra commencer aucuns travaux, ni poursuivre aucune expropriation, si, au préalable, elle n'a justifié valablement, par-devant l'administration, de la constitution d'un fonds social de vingt millions de francs (20,000,000^f) au moins, et de la résiliation, en espèces, d'une somme égale au dixième de ce fonds social.

Si, dans le délai d'une année, à dater de l'homologation de la concession, la compagnie ne s'est pas mise en mesure de commencer les travaux, conformément aux dispositions du paragraphe précédent, et si elle ne les a pas effectivement commencés, elle sera déchue de plein droit de la concession du chemin de fer, par ce seul fait, et sans qu'il y ait lieu à aucune mise en demeure ni notification quelconque.

Dans le cas de déchéance prévu par le paragraphe précédent, la totalité du cautionnement déposé par la compagnie deviendra la propriété du gouvernement, et restera acquise au trésor public.

Quand les travaux seront achevés et que la circulation sera établie sur un parcours de trente kilomètres, le cautionnement sera rendu en totalité.

51. Faute par la compagnie d'avoir entièrement exécuté et terminé les travaux du chemin de fer dans les délais fixés par l'article 1er, et faute aussi par elle d'avoir imprimé à ces travaux une activité telle qu'ils soient parvenus à moitié de leur achèvement à la fin de la quatrième année; faute aussi par elle d'avoir rempli les diverses obligations qui lui sont imposées par le présent cahier de charges, elle encourra la déchéance, et il sera pourvu à la continuation et à l'achèvement des travaux par le moyen d'une adjudication qu'on ouvrira sur les clauses du présent cahier de charges, et sur une mise à prix des ouvrages déjà construits, des matériaux approvisionnés, des terrains achetés et des portions du chemin déjà mises en exploitation.

Cette adjudication sera dévolue à celui des nouveaux soumissionnaires qui offrira la plus forte somme pour les objets compris dans la mise à prix.

Les soumissions pourront être inférieures à la mise à prix.

La compagnie évincée recevra de la nouvelle compagnie concessionnaire la valeur que la nouvelle adjudication aura ainsi déterminée pour lesdits objets.

La partie non encore restituée du cautionnement de la première compagnie deviendra la propriété de l'Etat, et l'adjudication n'aura lieu que sur le dépôt d'un nouveau cautionnement.

Si l'adjudication, ouverte comme il vient d'être dit, n'amène aucun résultat, une seconde adjudication sera tentée sur les mêmes bases, après un délai de six mois, et si cette seconde tentative reste également sans résultat, la compagnie sera définitivement déchue de tous droits à la présente concession, et les parties du chemin de fer déjà exécutées, ou qui seraient mises en exploitation, deviendront immédiatement la propriété de l'Etat.

Les précédentes stipulations ne sont point applicables au cas où le retard ou la cessation des travaux proviendraient de force majeure régulièrement constatée.

32. La contribution foncière sera établie en raison de la surface des terrains occupés par le chemin de fer et par ses dépendances; la cote en sera calculée comme pour les canaux, conformément à la loi du 25 avril 1803.

Les bâtiments et magasins dépendant de l'exploitation du chemin de fer seront assimilés aux propriétés bâties dans la localité.

L'impôt dû au trésor sur le prix des places ne sera prélevé que sur la partie du tarif correspondant aux prix de transport des voyageurs.

33. Des règlements d'administration publique, rendus après que la compagnie aura été entendue, détermineront les mesures et les dispositions nécessaires pour assurer la police, la sûreté, l'usage et la conservation du chemin de fer et des ouvrages qui en dépendent. Toutes les dépenses qu'entraînera l'exécution de ces mesures et de ces dispositions resteront à la charge de la compagnie.

La compagnie est autorisée à faire, sous l'approbation de l'administration, les règlements qu'elle jugera utiles pour le service et l'exploitation du chemin de fer.

Les règlements dont il s'agit dans les deux paragraphes précédents seront obligatoires pour la compagnie, et pour toutes celles qui obtiendraient ultérieurement l'autorisation d'établir des lignes de chemins de fer d'embranchement ou de prolongement et en général pour toutes les personnes qui emprunteraient l'usage du chemin de fer.

34. Les machines locomotives employées aux transports sur le chemin de fer devront consumer leur fumée.

35. Pour indemniser la compagnie des travaux et dépenses qu'elle s'engage à faire par le présent cahier de charges, et sous la condition expresse qu'elle en remplira exactement toutes les obligations, le gouvernement lui concède, pour le laps de quatre-vingt-dix-neuf années, à dater de la loi qui a ratifié la concession, l'autorisation de percevoir les droits de péage et les prix de transport ci-après déterminés.

Il est expressément entendu que les prix de transport ne seront dus à la compagnie qu'autant qu'elle effectuerait elle-même ce transport à ses frais et par ses propres moyens.

La perception aura lieu par kilomètre, sans égard aux fractions de distance; ainsi un kilomètre entamé sera payé comme s'il avait été parcouru. Néanmoins, pour toute distance parcourue moindre de six kilomètres, le droit sera perçu comme pour six kilomètres entiers. Le poids du tonneau ou de la tonne est de mille kilogrammes; les fractions de poids ne seront comptées que par cinquième de tonne : ainsi, tout poids compris entre zéro et deux cents kilogrammes payera comme deux cents kilogrammes; entre deux cents et quatre cents kilogrammes, payera comme quatre cents kilogrammes, etc.

A moins de cas de force majeure, la vitesse sera de huit lieues à l'heure au moins, pour les trains de voyageurs payant les prix fixés par le tarif.

Dans chaque convoi, la compagnie aura la faculté de placer des voitures spéciales, pour lesquelles les prix seront réglés par l'administration sur la proposition de la compagnie; mais il est expressément stipulé que le nombre des places à donner dans ces voitures n'excédera pas le cinquième du nombre total des places du convoi.

TARIF.

		PRIX		
		de péage.	de transport.	TOTAL.
Voyageurs, non compris l'impôt dû au trésor sur le prix des places.	Par tête et par kilomètre.	fr. c.	fr. c.	fr. c.
	Voitures couvertes et fermées à glaces, suspendues sur ressorts (1re classe)...	0 07	0 030	0 10
	Voitures couvertes et suspendues sur ressorts (2e classe)................	0 05	0 025	0 075
	Voitures découvertes mais suspendues sur ressorts (3e classe)...............	0 05	0 020	0 05
Bestiaux......	Bœufs, vaches, taureaux, cheval, mulet, bête de trait....................	0 10	0 05	0 15
	Veaux et porcs....................	0 05	0 02	0 05
	Moutons, brebis, chèvres............	0 02	0 01	0 03
Houille, par tonne et par kilomètre..................		0 08	0 045	0 125
Marchandises par tonne et par kilomètre	3e CLASSE. — Pierre à chaux et à plâtre, moellons, meulières, cailloux, sable, argile, tuiles, briques, ardoises, fumier et engrais, pavés et matériaux de toute espèce pour la construction et la réparation des routes................	0 09	0 07	0 16
	2e CLASSE. — Blés, grains, farines, chaux et plâtre, minerais, coke, charbon de bois, bois à brûler (dit de corde), perches, chevrons, planches, madriers, bois de charpente, marbre en bloc, pierre de taille, bitume, fonte brute, en barres ou en feuilles, plomb en saumon.	0 10	0 08	0 18
	1re CLASSE. — Fontes moulées, fer et plomb ouvré, cuivre et autres métaux ouvrés ou non, vinaigres, vins, boissons, spiritueux, huiles, cotons et autres lainages, bois de menuiseries, de teinture et autres bois exotiques, sucre, café, drogues, épiceries, denrées coloniales, objets manufacturés...............	0 11	0 09	0 20
Objets divers par tonne et par kilomètre	Voitures sur plate-forme (poids de la voiture et de la plate-forme cumulés).	0 17	0 08	0 25
	Waggon, chariot et autre voiture destinés au transport sur le chemin de fer, y passant à vide, et machine locomotive ne traînant pas de convoi..........	0 11	0 09	0 20

Tout waggon, chariot ou voiture dont le chargement en voyageurs ou en marchandises ne comportera pas un péage au moins égal à celui qui serait perçu sur ces mêmes voitures à vide, sera considéré et taxé comme étant à vide.

Les machines locomotives seront considérées et taxées comme ne remorquant pas de convoi, lorsque le convoi remorqué, soit en voyageurs, soit en marchandises, ne comportera pas un péage au moins égal à celui qui serait perçu sur une machine locomotive avec son allége, marchant sans rien traîner.

Les marchandises qui, sur la demande des expéditeurs, seraient transportées avec la vitesse des voyageurs, payeront à raison de quarante centimes ($0^f 40^c$) la tonne.

Dans le cas où la compagnie jugerait convenable d'abaisser au-dessous des limites déterminées par le tarif les taxes qu'elle est autorisée à percevoir, les taxes abaissées ne pourront être relevées qu'après un délai de trois mois au moins.

Tous changements apportés dans les tarifs devront être homologués par des arrêtés du préfet rendus sur la proposition de la compagnie, et annoncés au moins un mois d'avance par des affiches.

La perception des taxes devra se faire par la compagnie indistinctement et sans aucune faveur. Dans le cas où des perceptions auraient eu lieu à des prix inférieurs à ceux des tarifs, l'administration pourra déclarer la réduction ainsi consentie applicable à la partie correspondante du tarif, et les prix ne pourront, comme pour les autres réductions, être relevés avant un délai de trois mois. Les réductions ou remises accordées à des indigents ne pourront, dans aucun cas, donner lieu à l'application de la disposition qui précède.

56. Chaque voyageur pourra porter avec lui un bagage dont le poids n'excédera pas quinze kilogrammes, sans être tenu, pour le port de ce bagage, à aucun supplément pour le prix de sa place.

57. Les denrées, marchandises, effets, animaux et autres objets non désignés dans le tarif précédent seront rangés, pour les droits à percevoir, dans les classes avec lesquelles ils auraient le plus d'analogie.

La classification à faire conformément au paragraphe précédent ne pourront avoir lieu qu'en vertu des règlements arrêtés par l'administration sur la proposition de la compagnie.

58. Les droits de péage et les prix de transport déterminés au tarif précédent ne sont point applicables :

1° A toute voiture pesant, avec son chargement, plus de quatre mille cinq cents kilogrammes ;

2° A toute masse indivisible pesant plus de trois mille kilogrammes.

Néanmoins la compagnie ne pourra se refuser ni à transporter les masses indivisibles pesant de trois mille à cinq mille kilogrammes, ni à laisser circuler toute voiture qui, avec son chargement, pèserait de quatre mille cinq cents à huit mille kilogrammes ; mais les droits de péage et les frais de transport seront augmentés de moitié.

La compagnie ne pourra être contrainte à transporter les masses indivisibles pesant plus de cinq mille kilogrammes, ni à laisser circuler les voitures qui, chargement compris, pèseraient plus de huit mille kilogrammes.

Si, nonobstant la disposition qui précède, la compagnie consent à transporter les masses indivisibles pesant plus de cinq mille kilogrammes, et à laisser circuler des voitures qui, chargement compris, pèseraient plus de huit mille kilogrammes, elle devra, pendant trois mois au moins, accorder les mêmes facilités à tous ceux qui en feraient la demande.

59. Les prix de transport déterminés au tarif précédent ne sont point applicables :

1° Aux denrées et objets qui, sous le volume d'un mètre cube, ne pèsent pas deux cents kilogrammes ;

2° A l'or et à l'argent, soit en lingots, soit monnayés ou travaillés ; au plaqué d'or ou d'argent, au mercure et au platine ainsi qu'aux bijoux, pierres précieuses et autres valeurs ;

3° Et, en général, à tout paquet ou colis pesant isolément moins de cent kilogrammes, à moins que ces paquets ou colis ne fassent partie d'envois pesant ensemble au delà de deux cents kilogrammes d'objets expédiés à ou par une même personne et d'une même nature, quoique emballés à part, tels que sucres, cafés, etc.

Dans les trois cas ci-dessus spécifiés, les tarifs seront arrêtés par l'administration, sur la proposition de la compagnie.

Néanmoins, au-dessus de cent kilogrammes, et quelle que soit la distance parcourue, le prix de transport d'un colis ne pourra être taxé à moins de quarante centimes (0ᶠ 40ᶜ).

Les denrées et objets qui, sous le volume d'un mètre cube, ne pèsent pas deux cents kilogrammes, ne sont exceptés du tarif qu'autant qu'ils n'y sont pas nommément énoncés.

40. Les militaires en service, voyageant en corps ou isolément, ne seront assujettis, eux et leurs bagages, qu'à la moitié de la taxe du tarif légal.

Si le gouvernement avait besoin de diriger des troupes et un matériel militaire sur l'un des ponts desservis par la ligne du chemin de fer, la compagnie serait tenue de mettre immédiatement à sa disposition, et à moitié de la taxe du tarif tous les moyens de transport établis pour l'exploitation du chemin de fer.

41. Les lettres et dépêches convoyées par un agent du gouvernement seront transportées gratuitement sur toute l'étendue du chemin de fer.

A cet effet, la compagnie sera tenue de réserver, à chaque départ de voyageurs, à l'arrière du train des voitures, un coffre suffisamment grand et fermant à clef, ainsi qu'une place convenable pour le courrier chargé d'accompagner les dépêches.

42. Au moyen de la perception des droits et des prix réglés ainsi qu'il vient d'être dit, et sauf les exceptions stipulées ci-dessus, la compagnie contracte l'obligation d'exécuter constamment avec soin, exactitude et célérité, à ses frais et par ses propres moyens, le transport des voyageurs, bestiaux, denrées, marchandises et matières quelconques qui lui seront confiés.

Les frais accessoires non mentionnés au tarif, tels que ceux de chargement, de déchargement, et d'entrepôt dans les gares et magasins de la compagnie, seront fixés par un règlement qui sera soumis à l'approbation de l'administration supérieure.

43. A toute époque, après l'expiration des quinze premières années, à dater du délai fixé par l'article premier pour l'achèvement des travaux, le gouvernement aura la faculté de racheter la concession entière du chemin de fer. Pour régler le prix du rachat, on relèvera les produits nets annuels obtenus par la compagnie pendant les sept années qui auront précédé celles où le rachat sera effectué ; on en déduira les produits nets des deux plus faibles années, et l'on établira le produit net moyen des cinq autres années.

Il sera, en outre, ajouté à ce dividende moyen le tiers de son montant si le rachat a lieu dans la première période de quinze années, à dater de l'époque où le droit en est ouvert au gouvernement, un quart si le rachat n'est opéré que dans la seconde période de quinze années, et un cinquième seulement pour les autres périodes.

Le produit net moyen, accru ainsi qu'on vient de le dire dans le paragraphe précédent, formera le montant d'une annuité qui sera due et payée à la compagnie pendant chacune des années restant à courir sur la durée de la concession.

44. A l'époque fixée pour l'expiration de la présente concession, et par le fait seul de cette expiration, le gouvernement sera subrogé à tous les droits de la compagnie dans la propriété des terrains et des ouvrages désignés au plan cadastral mentionné dans l'article 27.

Il entrera immédiatement en jouissance du chemin de fer, de toutes ses dépendances et de tous ses produits.

La compagnie sera tenue de remettre en bon état d'entretien le chemin de fer, les ouvrages qui le composent et ses dépendances, tels que gares, lieux de chargement et de déchargement, établissements aux points de départ et d'arrivée, maisons de garde et de surveillants, bureaux de perception, machines fixes, et, en général, tous autres objets immobiliers qui n'auront pas pour destination distincte et spéciale le service des transports.

Dans les cinq dernières années qui précéderont le terme de la concession, le gouvernement aura le droit de mettre saisie-arrêt sur les revenus du chemin de fer, et de les employer à rétablir en bon état d'entretien le chemin et toutes ses dépendances, si la compagnie ne se mettait pas en mesure de satisfaire pleinement et entièrement à cette obligation.

Quant aux objets mobiliers, tels que machines locomotives, waggons, chariots, voitures, matériaux, combustibles et approvisionnements de tout genre, et objets immobiliers non compris dans l'énumération précédente, l'État sera tenu de les reprendre à dire d'experts, si la compagnie le requiert, et réciproquement, si l'État le requiert, la compagnie sera tenue de les céder également à dire d'experts.

45. Dans le cas où le gouvernement ordonnerait ou autoriserait la construction de routes royales, départementales ou vicinales, de canaux ou de chemins de fer qui traverseraient le chemin de fer projeté, la compagnie ne pourra mettre aucun obstacle à ces traversées ; mais toutes dispositions seront prises pour qu'il n'en résulte aucun obstacle à la construction ou au service du chemin de fer, ni aucuns frais pour la compagnie.

46. Toute exécution ou toute autorisation ultérieure de route, de canal, de chemin de fer, de travaux de navigation dans la contrée où est situé le chemin de fer projeté, ou dans toute autre contrée voisine ou éloignée, ne pourra donner ouverture à aucune demande en indemnité de la part de la compagnie.

47. Le gouvernement se réserve expressément le droit d'accorder de nouvelles concessions de chemins de fer s'embranchant sur le chemin de fer de Paris à Orléans, ou qui seraient établies en prolongement du même chemin.

La compagnie du chemin de fer de Paris à Orléans ne pourra mettre aucun obstacle à ces embranchements ou prolongements, ni réclamer, à l'occasion de leur établissement, aucune indemnité quelconque, pourvu qu'il n'en résulte aucun obstacle à la circulation, ni aucuns frais particuliers pour la compagnie.

Les compagnies concessionnaires des chemins de fer d'embranchement ou de prolongement auront la faculté, moyennant les tarifs ci-dessus déterminés et l'observation des règlements de police et de service établis ou à établir, de faire circuler leurs voitures, waggons et machines sur le chemin de fer de Paris à Orléans ; cette faculté sera réciproque pour ce dernier chemin à l'égard desdits embranchements et prolongements.

Toutefois, aucunes machines, voitures, waggons, etc., appartenant aux compagnies concessionnaires d'embranchements ou de prolongements, ne pourront circuler sur le chemin de fer qu'après avoir été examinés par la compagnie.

En cas de refus de sa part, la contestation sera soumise à trois arbitres, dont deux seront désignés par les parties, et le troisième par l'administration.

La compagnie pourra être assujettie par les lois qui concéderont ultérieurement des chemins de prolongement ou d'embranchement joignant celui de Paris à Orléans, soit à laisser aux concessionnaires de ces chemins le droit d'exploiter en concurrence avec elle la ligne d'Orléans à Paris, avec réciprocité, moyennant le payement des droits de péage, soit à leur accorder une réduction sur les droits de péage ainsi calculée :

1° Si le prolongement n'a pas plus de cent kilomètres, dix pour cent du prix perçu par la compagnie ;

2° Si le prolongement excède cent kilomètres, quinze pour cent.

3° Si le prolongement excède deux cents kilomètres, vingt pour cent ;

4° Si le prolongement excède trois cents kilomètres, vingt-cinq pour cent.

48. Si par la direction qui lui sera assignée, le chemin de fer de Paris à Strasbourg, ou celui de Paris à Lyon, s'embranche sur le chemin de Paris à Orléans, la loi de concession pourra accorder, à la compagnie qui se chargera d'exécuter le chemin de Paris à Strasbourg ou à Lyon, la jouissance à frais et profits communs de la partie commune aux deux lignes, pourvu que cette partie ne s'étende pas au delà de Choisy-le-Roi, sauf payement de la moitié du capital de l'établissement de cette partie du chemin et de son matériel, ou stipuler, au profit de cette compagnie, la réduction à moitié des droits de péage pour les voitures, waggons et machines qui se dirigeraient vers les lieux situés au delà du point d'embranchement ou qui en viendraient.

Les dispositions ci-dessus seront également appliquées au profit du gouvernement, dans le cas où il serait autorisé à exécuter, aux frais du trésor, le chemin de Paris à Strasbourg ou de Paris à Lyon.

Dans le cas où une compagnie concessionnaire d'embranchement ou de prolongement, joignant la ligne de Paris à Orléans, n'userait pas de la faculté de circuler sur cette ligne, comme dans le cas où les concessionnaires de celle-ci ne voudraient pas circuler sur les prolongements ou embranchements, les compagnies seraient tenues de s'arranger entre elles de manière que le service de transport ne soit jamais interrompu aux points extrêmes des diverses lignes.

Celle des compagnies qui sera dans le cas de se servir d'un matériel qui ne serait pas sa propriété payera une indemnité en rapport avec l'usage et la détérioration de ce matériel. Dans le cas où les compagnies ne se mettraient pas d'accord sur la quotité de l'indemnité ou sur les moyens d'assurer la continuation du service sur toute la ligne, le gouvernement serait autorisé à y pourvoir d'office, et à prescrire toutes les mesures nécessaires.

49. Si la ligne du chemin de fer traverse un sol déjà concédé pour l'exploitation d'une mine, l'administration déterminera les mesures à prendre pour que l'établissement du chemin de fer ne nuise pas à l'exploitation de la mine, et réciproquement pour que, le cas échéant, l'exploitation de la mine ne compromette pas l'existence du chemin de fer.

Les travaux de consolidation à faire dans l'intérieur de la mine, à raison de la traversée du chemin de fer, et tous dommages résultant de cette traversée pour les concessionnaires de la mine, seront à la charge de la compagnie.

50. Si le chemin de fer doit s'étendre sur des terrains qui renferment des carrières ou les traverser souterrainement, il ne pourra être livré à la circulation avant que les excavations qui pourraient en compromettre la solidité aient été remblayées ou consolidées. L'administration déterminera la nature et l'étendue des travaux qu'il conviendra d'entreprendre à cet effet, et qui seront d'ailleurs exécutés par les soins et aux frais de la compagnie du chemin de fer.

51. Les agents et gardes que la compagnie établira, soit pour opérer la perception des droits, soit pour la surveillance et la police du chemin et des ouvrages qui en dépendent, pourront être assermentés, et seront, en ce cas, assimilés aux gardes champêtres.

52. La compagnie sera tenue de désigner l'un de ses membres pour recevoir les notifications ou les significations qu'il y aurait lieu de lui adresser. Le membre désigné fera élection de domicile à Paris.

En cas de non désignation de l'un des membres de la compagnie, ou de non élection de domicile à Paris par le membre désigné, toute signification ou notification adressée à la compagnie, prise collectivement, sera valable lorsqu'elle sera faite au secrétariat général de la préfecture de la Seine.

53. Les contestations qui s'élèveraient entre la compagnie concessionnaire et l'administration, au sujet de l'exécution ou de l'interprétation des clauses du présent cahier de charges, seront jugées administrativement par le conseil de préfecture du département de la Seine, sauf recours au conseil d'Etat.

54. Le présent cahier de charges ne sera passible que du droit fixe de un franc.

55. La présente concession ne sera valable et définitive que par la ratification de la loi.

Le présent cahier de charges arrêté par nous, ministre secrétaire d'Etat des travaux publics.

Paris, le 6 avril 1840.

Signé Cte JAUBERT.

Accepté le présent cahier des charges dans toute sa teneur.

Paris, le 6 avril 1840.

Par délégation du conseil d'administration de la compagnie du chemin de fer de Paris à Orléans, et en vertu de la décision de l'assemblée générale des actionnaires, en date du 22 mars dernier.

Signé F. BARTHOLONY, président du conseil d'administration.

CLAUSES ADDITIONNELLES.

Les articles 8 et 15 du cahier des charges sont modifiés ainsi qu'il suit, conformément aux votes des chambres :

8. L'administration pourra autoriser les croisements de niveau des routes royales et départementales, et des chemins vicinaux, ruraux et particuliers.

15. Dans le cas où des routes royales ou départementales, ou des chemins vicinaux, ruraux ou particuliers, seraient traversés à leur niveau par le chemin de fer, les rails ne pourront être élevés au-dessus ou abaissés au-dessous de la surface de ces chemins de plus de trois centimètres ($0^m 03$). Les rails et le chemin de fer devront en outre être disposés de manière à ce qu'il n'en résulte aucun obstacle à la circulation.

Des barrières seront tenues fermées de chaque côté du chemin de fer partout où cette mesure sera jugée nécessaire par l'administration.

Un gardien, payé par la compagnie, sera constamment préposé à la garde et au service de ces barrières.

Vu pour être annexé à la loi du 15 juillet 1840.

Le ministre secrétaire d'Etat des travaux publics,

Signé Cte JAUBERT.

N° **375**. — *Loi qui autorise l'établissement d'un chemin de fer de Paris à Rouen.*

Au palais des Tuileries, le 15 juillet 1840.

Louis-Philippe, etc. ;

Nous avons proposé, les chambres ont adopté, nous avons ordonné et ordonnons ce qui suit :

1. L'offre faite par les sieurs Charles Laffitte et Edouard Blount et compagnie, d'exécuter à leurs frais, risques et périls, un chemin de fer de Paris à Rouen, est acceptée.

En conséquence, toutes les clauses et conditions du cahier des charges arrêté le 22 mai 1840 par le ministre secrétaire d'Etat des travaux publics, et accepté le 23 mai par lesdits sieurs Charles Laffitte et Edouard Blount et compagnie, recevront leur pleine et entière exécution.

2. Le ministre des travaux publics est autorisé à consentir, au nom de l'Etat, à la compagnie du chemin de fer de Paris à Rouen, un prêt de quatorze millions (14,000,000ᶠ).

Cette somme sera exclusivement employée aux travaux du chemin de fer et à l'acquisition du matériel nécessaire à son exploitation.

3. Ladite somme de quatorze millions ne sera versée qu'après la réalisation et l'emploi d'une somme de trente-six millions au moins ; les versements auront lieu par septième, et au fur et à mesure de l'exécution de nouveaux travaux et de nouvelles dépenses, pour des sommes au moins égales à l'importance de chaque versement.

4. Le taux de l'intérêt sera réglé à raison de trois pour cent par an.

Le remboursement s'effectuera d'année en année par trentième : il ne commencera que trois ans après l'époque fixée pour l'achèvement du chemin de fer.

5. La compagnie affectera au payement des intérêts et au remboursement de la somme empruntée le chemin de fer et toutes ses dépendances, ainsi que le matériel d'exploitation, tels qu'ils se comporteront à toute époque de l'entreprise.

En cas de retard de la compagnie dans les payements stipulés, le gouvernement, indépendamment du droit qui résulte pour lui de l'article précédent, pourra mettre saisie-arrêt sur les revenus du chemin de fer.

6. Dans le cas où ultérieurement une autre compagnie offrirait d'exécuter à ses frais le prolongement du chemin de fer de Paris à Rouen jusqu'au Havre, comme dans le cas où ce prolongement serait exécuté aux frais de l'Etat, la compagnie du chemin de fer de Paris à Rouen serait tenue d'exécuter, à frais et profits communs, la partie comprise entre le point d'embranchement sur la ligne de Paris à Rouen et la limite de la commune de Rouen vers Déville, de manière que les deux chemins n'en forment qu'un seul sans solution de continuité. Dans ce cas, le ministre des travaux publics sera autorisé à consentir, au nom de l'Etat, à la compagnie, un prêt supplémentaire de quatre millions.

Ce prêt aura lieu aux conditions stipulées par les articles 4 et 5 ci-dessus pour le prêt de quatorze millions.

7. Les conventions à passer entre l'Etat et la compagnie pour l'exécution de la présente loi seront réglées par ordonnances royales.

Ces conventions emporteront hypothèque de plein droit sur le chemin de fer, sur toutes ses dépendances et sur le matériel d'exploitation. Les inscriptions hypothécaires seront prises au nom de l'agent judiciaire du trésor.

8. Les actes à passer en vertu de la présente loi ne seront passibles que du droit fixe d'un franc.

9. Les concessionnaires ne pourront émettre d'actions ou promesses d'actions négociables, pour subvenir aux frais de construction du chemin de fer de Paris à Rouen, avant de s'être constitués en société anonyme, dûment autorisée conformément à l'article 37 du Code de commerce.

10. Des règlements d'administration publique, rendus après que les concessionnaires auront été entendus, détermineront les mesures et les dispositions nécessaires pour assurer la police, la sûreté, l'usage et la conservation du chemin de fer et des ouvrages qui en dépendent. Les dépenses qu'entraînera l'exécution de ces mesures et de ces dispositions resteront à la charge des concessionnaires.

Les concessionnaires seront autorisés à faire, sous l'approbation de l'administration, les règlements qu'ils jugeront utiles pour le service et l'exploitation du chemin de fer.

11. Il sera pourvu aux allocations autorisées par la présente loi sur les ressources extraordinaires destinées à faire face aux dépenses comprises dans la deuxième section du budget du ministère des travaux publics.

La présente loi, discutée, délibérée et adoptée par la chambre des pairs et par celle des députés, et sanctionnée par nous cejourd'hui, sera exécutée comme loi de l'Etat.

Cahier des charges pour l'établissement d'un chemin de fer de Paris à Rouen.

1. La compagnie s'engage à exécuter, à ses frais, risques et périls, et à terminer dans le délai de cinq années au plus tard, à dater de la promulgation de la loi qui ratifiera la concession, tous les travaux nécessaires à l'établissement et à la confection d'un chemin de fer de Paris à Rouen, et de manière que ce chemin soit praticable dans toutes ses parties à l'expiration du délai ci-dessus fixé.

2. Le chemin de fer de Paris à Rouen s'embranchera, au delà d'Asnières, sur le chemin de fer de Paris à Saint-Germain, en un point qui sera ultérieurement déterminé par l'administration supérieure, sur la proposition de la compagnie.

Au delà du point de bifurcation, le tracé se portera sur Poissy, en traversant la forêt de Saint-Germain ; de là il suivra la rive gauche de la Seine jusqu'à la vallée de l'Eure, en passant à Mantes, franchissant le contre-fort de Rolleboise par un souterrain, passant au sud et le plus près possible de Vernon, et franchissant le contre-fort de Venables par un souterrain ; il traversera la Seine avant le confluent de l'Eure au-dessous de Damps, suivra la rive droite du fleuve, franchira le col de Tourville en tranchée ou en souterrain, traversera de nouveau la Seine à Oissel, et arrivera à Saint-Sever, faubourg de Rouen, sur le bord de la Seine.

La pente maximum du tracé n'excédera pas cinq millimètres (0^m 005) par mètre.

Dans le cas où ultérieurement la nécessité s'en ferait sentir, une loi, rendue après une enquête d'utilité publique, pourra obliger la compagnie à exécuter à ses frais, et sans aucune répétition vis-à-vis de l'Etat, une entrée dans Paris spéciale et distincte de celle du chemin de Paris à Saint-Germain, en supprimant tout ou partie du parcours commun aux deux lignes.

3. A dater de la loi de concession, la compagnie devra soumettre à l'approbation de l'administration supérieure, de quatre mois en quatre mois, et par section de vingt kilomètres au moins, rapporté sur un plan à l'échelle de 1 à 5,000, le tracé définitif du chemin de fer de Paris à Rouen d'après les indications de l'article précédent. Elle indiquera, sur ce plan, la position et le tracé des gares de stationnement et d'évitement, ainsi que les lieux de chargement et de déchargement; à ce même plan devront être joints un profil en long suivant l'axe du chemin de fer, un certain nombre de profils en travers, le tableau des pentes et rampes, et un devis explicatif comprenant la description des ouvrages.

La compagnie sera autorisée à prendre copie des plans, nivellements et devis dressés aux frais de l'Etat.

En cours d'exécution, la compagnie aura la faculté de proposer les modifications qu'elle pourrait juger utile d'introduire; mais ces modifications ne pourront être exécutées que moyennant l'approbation préalable et le consentement formel de l'administration supérieure.

4. Le chemin de fer aura deux voies au moins sur tout son développement.

5. La largeur du chemin de fer en couronne est fixée pour deux voies à huit mètres trente centimètres (8^m 30^c) dans les parties en levées, et à sept mètres quarante centimètre (7^m 40^c) dans les tranchées et les rochers, entre les parapets des ponts et dans les souterrains.

La largeur de la voie entre les bords intérieurs des rails devra être d'un mètre quarante-quatre centimètres (1^m 44^c) au moins.

La distance entre les deux voies sera au moins égale à un mètre quatre-vingts centimètres (1^m 80^c), mesurée entre les faces extérieures des rails de chaque voie.

La largeur des accotements, ou, en d'autres termes, la largeur entre les faces extérieures des rails extrêmes et l'arête extérieure du chemin, sera au moins égale à un mètre cinquante centimètres (1^m 50^c) dans les parties en levées, et à un mètre (1^m) dans les tranchées et les rochers, entre les parapets des ponts et dans les souterrains.

Les alignements devront se rattacher suivant des courbes dont le rayon minimum est fixé à six cents mètres (600^m), et, dans le cas de ce rayon minimum, les raccordements devront, autant que possible, s'opérer sur des paliers horizontaux.

6. La compagnie aura la faculté de proposer aux dispositions de cet article, comme à celles de l'article précédent, les modifications dont l'expérience pourra indiquer l'utilité et la convenance; mais ces modifications ne pourront être exécutées que moyennant l'approbation préalable et le consentement formel de l'administration supérieure.

7. La distance qui séparera les garants d'évitement sur chaque rive sera moyennement de vingt mille mètres (20,000^m). Ces gares seront nécessairement placées en dehors de voies : leur longueur, raccordement compris, sera de deux cents mètres (200^m) au moins. Indépendamment des gares d'évitement, la compagnie sera tenue d'établir, pour le service des localités traversées par le chemin de fer, ou situées dans le voisinage de ce chemin, des gares ou ports secs, destinés tant aux stationnements qu'aux chargements et aux déchargements, et dont le nombre, l'emplacement et la surface seront déterminées par l'administration, après enquête préalable.

8. A moins d'osbtacles locaux, dont l'appréciation appartiendra à l'administration, le chemin de fer, à la rencontre des routes royales ou départementales, devra passer soit au-dessus, soit au-dessous de ces routes.

Les croisements de niveau seront tolérés, pour les chemins vicinaux, ruraux ou particuliers.

9. Lorsque le chemin de fer devra passer au-dessus d'une route royale ou départementale, ou d'un chemin vicinal, l'ouverture du pont ne sera pas moindre de huit mètres (8^m) pour la route royale, de sept mètres (7^m) pour la route départementale, de cinq mètres (5^m) pour le chemin vicinal de grande communication, et de quatre mètres (4^m) pour le simple chemin vicinal. La hauteur sous clef, à partir de la chaussée de la route, sera de cinq mètres (5^m) au moins; pour les ponts en charpente, la hauteur sous poutre sera de quatre mètres trente centimètres (4^m 30^c) au moins; la largeur entre les parapets sera au moins de sept mètres quarante centimètres (7^m 40^c), et la hauteur de ces parapets de quatre-vingts centimètres (80^c) au moins.

10. Lorsque le chemin de fer devra passer au-dessous d'une route royale ou départementale, ou d'un chemin vicinal, la largeur entre les parapets du pont qui supportera la route ou le chemin sera fixée au moins à huit mètres (8^m) pour la route royale, à sept mètres (7^m) pour la route départementale, à cinq mètres (5^m) pour le chemin vicinal de grande communication, et à quatre mètres (4^m) pour le simple chemin vicinal. L'ouverture du pont entre les culées sera au moins de sept mètres quarante centimètres (7^m 40^c) et la distance verticale entre l'intrados et le dessus des rails ne sera pas moindre de quatre mètres trente centimètres (4^m 30^c).

11. Lorsque le chemin de fer traversera une rivière, un canal ou un cours d'eau, le pont aura la largeur de voie et la hauteur de parapets fixés à l'article 9.

Quant à l'ouverture du débouché, et la hauteur sous clef au-dessus des eaux, elles seront déterminées par l'administration dans chaque cas particulier, suivant les circonstances locales.

12. Les ponts à construire à la rencontre des routes royales ou départementales, et des rivières ou canaux de navigation et de flottage, seront en maçonnerie ou en fer.

Ils pourront aussi être construits avec travées en bois et piles et culées en maçonnerie; mais il sera donné à ces piles et culées l'épaisseur nécessaire pour qu'il soit possible ultérieurement de substituer aux travées en bois soit des travées en fer, soit des arches en maçonnerie.

13. S'il y a lieu de déplacer les routes existantes, la déclivité des pentes ou rampes sur les nouvelles directions ne pourra pas excéder trois centimètres par mètre pour les routes royales et départementales, et cinq centimètres pour les chemins vicinaux.

L'administration restera libre, toutefois, d'apprécier les circonstances qui pourraient motiver une dérogation à la règle précédente, en ce qui concerne les chemins vicinaux.

14. Les ponts à construire à la rencontre des routes royales et départementales, et des rivières ou canaux de navigation et de flottage, ainsi que les déplacements de routes royales ou départementales, ne pourront être entreprises qu'en vertu des projets approuvés par l'administration supérieure.

Le préfet du département, sur l'avis de l'ingénieur en chef des ponts et chaussées, après les enquêtes d'usage, pourra autoriser les déplacements des chemins vicinaux et la construction des ponts à la rencontre de ces chemins et des cours d'eau non navigables ni flottables.

15. Dans le cas où des chemins vicinaux, ruraux ou particuliers, seraient traversés à leur niveau par le chemin de fer, les rails ne pourront être élevés au-dessus ou abaissés au-dessous de la surface de ces chemins de plus de trois centimètres (0^m 03^c). Les rails et le chemin de fer devront, en outre, être disposés de manière à ce qu'il n'en résulte aucun obstacle à la circulation.

Des barrières seront tenues fermées de chaque côté du chemin de fer partout où cette mesure sera jugée nécessaire par l'administration.

Un gardien, payé par la compagnie, sera constamment préposé à la garde et au service de ces barrières.

16. La compagnie sera tenue de rétablir et d'assurer, à ses frais, l'écoulement de toutes les eaux dont les cours serait arrêté, suspendu ou modifié par les travaux dépendant de l'entreprise.

Les aqueducs qui seront construits à cet effet, sous les routes royales et départementales, seront en maçonnerie ou en fer.

17. A la rencontre des rivières flottables et navigables, la compagnie sera tenue de prendre toutes les mesures et de payer tous les frais nécessaires pour que le service de la navigation et du flottage n'éprouve ni interruption, ni entrave pendant l'exécution des travaux, et pour que ce service puisse se faire et se continuer après leur achèvement comme il avait lieu avant l'entreprise.

La même condition est expressément obligatoire pour la compagnie à la rencontre des routes royales et départementales et autres chemins publics. A cet effet, des routes et ponts provisionnels seront construits par les soins et aux frais de la compagnie partout où cela sera jugé nécessaire.

Avant que les communications existantes puissent être interceptées, les ingénieurs des localités devront reconnaître et constater si les travaux provisoires présentent une solidité suffisante et s'ils peuvent assurer le service de la circulation.

Un délai sera fixé pour l'exécution et la durée de ces travaux provisoires.

18. Les percées ou souterrains dont l'exécution sera nécessaire auront sept mètres quarante centimètres (7^m 40^c) de largeur entre les pieds-droits au niveau des rails, et cinq mètres cinquante centimètres (5^m 50^c) de hauteur sous clef, à partir de la surface du chemin. La distance verticale entre l'intrados et le dessus des rails extérieurs de chaque voie sera au moins de quatre mètres trente centimètres (4^m 30^c).

Si les terrains dans lesquels les souterrains seront ouverts présentaient des chances d'éboulement ou de filtration, la compagnie sera tenue de prévenir ou d'arrêter ce danger par des ouvrages solides et imperméables.

Aucun ouvrage provisoire ne sera toléré au delà de six mois de durée.

19. Les puits d'airage et de construction des souterrains ne pourront avoir leur ouverture sur aucune voie publique ; et là où ils seront ouverts, ils seront entourés d'une margelle en maçonnerie de deux mètres (2^m) de hauteur.

20. La compagnie pourra employer, dans la construction du chemin de fer, les matériaux communément en usage dans les travaux publics de la localité ; toutefois, les têtes de voûtes, les angles, socles, couronnements, extrémités de radiers, seront, autant que possible, en pierre de taille. Dans les localités où il n'existera pas de pierre de taille, l'emploi de la brique ou du moellon dit *d'appareil* sera toléré.

21. Le chemin de fer sera clôturé et séparé des propriétés particulières par des murs ou des haies, ou des poteaux avec lisses, ou des fossés avec levées en terre.

Les fossés qui serviront de clôture au chemin de fer auront au moins un mètre (1^m) de profondeur à partir de leurs bords relevés.

Les barrières fermant les communications particulières s'ouvriront sur les terres et non sur le chemin de fer.

22. Tous les terrains destinés à servir d'emplacement au chemin et à toutes ses dépendances, telles que gares de croisement et de stationnement, lieux de chargement et de déchargement, ainsi qu'au rétablissement des communications déplacées ou interrompues et de nouveaux lits des cours d'eau, seront achetés et payés par la compagnie.

La compagnie est substituée aux droits, comme elle est soumise à toutes les obligations qui dérivent, pour l'administration, de la loi du 7 juillet 1833.

23. L'entreprise étant d'utilité publique, la compagnie est investie de tous les droits que les lois et règlements confèrent à l'administration elle-même pour les travaux de l'État : elle pourra, en conséquence, se procurer, par les mêmes voies, les matériaux de remblais et d'empierrement nécessaires à la construction et à l'entretien du chemin de fer; elle jouira, tant pour l'extraction que pour le transport et le dépôt des terres et matériaux, des privilèges accordés par les mêmes lois et règlements aux entrepreneurs des travaux publics, à la charge par elle d'indemniser à l'amiable les propriétaires des terrains endommagés, ou, en cas de non accord, d'après les règlements arrêtés par le conseil de préfecture, sauf recours au conseil d'État, sans que, dans aucun cas, elle puisse exercer de recours à cet égard contre l'administration.

24. Les indemnités, pour occupation temporaire ou détérioration de terrains, pour chômage, modification ou destruction d'usines, pour tout dommage quelconque résultant des travaux, seront supportées et payées par la compagnie.

25. Pendant la durée des travaux, qu'elle exécutera d'ailleurs par des moyens et des agents de son choix, la compagnie sera soumise au contrôle et à la surveillance de l'administration. Ce contrôle et cette surveillance auront pour objet d'empêcher la compagnie de s'écarter des dispositions qui lui sont prescrites par le présent cahier des charges.

26. A mesure que les travaux seront terminés sur des parties du chemin de fer, de manière que ces parties puissent être livrées à la circulation, il sera procédé à leur réception par un ou plusieurs commissaires que l'administration désignera. Le procès-verbal du ou des commissaires délégués ne sera valable qu'après homologation par l'administration supérieure.

Après cette homologation, la compagnie pourra mettre en service lesdites parties de chemin de fer, et y percevoir les droits de péage et les frais de transport ci-après déterminés.

Toutefois ces réceptions partielles ne deviendront définitives que par la réception générale définitive du chemin de fer.

27. Après l'achèvement total des travaux, la compagnie fera faire à ses frais un bornage contradictoire et un plan cadastral de toutes les parties du chemin de fer et de ses dépendances; elle fera dresser, également à ses frais et contradictoirement avec l'administration, un état descriptif des ponts, aqueducs et autres ouvrages d'art qui auront été établis conformément aux conditions du présent cahier des charges.

Une expédition dûment certifiée des procès-verbaux de bornage, du plan cadastral et de l'état descriptif, sera déposée, aux frais de la compagnie, dans les archives de l'administration des ponts et chaussées.

28. Le chemin de fer et toutes ses dépendances seront constamment entretenus en bon état, et de manière que la circulation soit toujours facile et sûre.

L'état du chemin de fer et de ses dépendances sera reconnu annuellement, et plus souvent, en cas d'urgence et d'accidents, par un ou plusieurs commissaires que désignera l'administration.

Les frais d'entretien et ceux de réparations, soit ordinaires, soit extraordinaires, resteront entièrement à la charge de la compagnie.

Pour ce qui concerne cet entretien et ces réparations, la compagnie demeure soumise au contrôle et à la surveillance de l'administration.

Si le chemin de fer, une fois terminé, n'est pas constamment entretenu en bon état, il y sera pourvu d'office à la diligence de l'administration et aux frais de la compagnie concessionnaire. Le montant des avances faites sera recouvré par des rôles que le préfet du département rendra exécutoires.

29. Les frais de visite, de surveillance et de réception des travaux seront supportés par la compagnie.

Ces frais seront réglés par l'administration supérieure, sur la proposition du préfet du département, et la compagnie sera tenue d'en verser le montant dans la caisse du receveur général, pour être distribué à qui de droit.

En cas de non-versement dans le délai fixé, le préfet rendra un rôle exécutoire, et le montant en sera recouvré comme en matière de contributions publiques.

30. La compagnie ne pourra commencer aucuns travaux, ni poursuivre aucune expropriation, si, au préalable, elle n'a justifié, par-devant l'administration de la constitution de son fonds social et de la réalisation en espèces d'une somme égale au dixième de ce fonds social.

Si, dans le délai d'une année, à dater de l'homologation de la concession, la compagnie ne s'est pas mise en mesure de commencer les travaux, et si elle ne les a pas effectivement commencés, elle sera déchue de plein droit de la concession du chemin de fer par ce seul fait, et sans qu'il y ait lieu à aucune mise en demeure ni notification quelconque.

Dans le cas de déchéance prévu par le paragraphe précédent, la totalité de la somme déposée, ainsi qu'il sera dit à l'article 53, à titre de cautionnement, par la compagnie, deviendra la propriété du gouvernement, et restera acquise au trésor public.

Les travaux une fois commencés, le cautionnement ne sera rendu que par cinquième et proportionnellement à l'avancement des travaux.

31. Faute par la compagnie d'avoir entièrement exécuté et terminé les travaux du chemin de fer dans les délais fixés par l'article 1er, et faute aussi par elle d'avoir imprimé à ces travaux une activité telle qu'ils soient parvenus à moitié de leur achèvement à la fin de la troisième année; faute aussi par elle d'avoir rempli les diverses obligations qui lui sont imposées par le présent cahier des charges, elle encourra la déchéance, et il sera pourvu à la continuation et à l'achèvement des travaux par le moyen d'une adjudication, qu'on ouvrira sur les clauses du présent cahier des charges, et sur une mise à prix des ouvrages déjà construits, des matériaux approvisionnés, des terrains achetés et des portions de chemin déjà mises en exploitation.

Cette adjudication sera dévolue à celui des nouveaux soumissionnaires qui offrira la plus forte somme pour les objets compris dans la mise à prix. Les soumissions pourront être inférieures à la mise à prix.

La compagnie évincée recevra de la nouvelle compagnie concessionnaire la valeur que la nouvelle adjudication aura ainsi déterminée pour lesdits objets.

La partie non encore restituée du cautionnement de la première compagnie deviendra la propriété de l'État, et l'adjudication n'aura lieu que sur le dépôt d'un nouveau cautionnement.

Si l'adjudication, ouverte comme il vient d'être dit, n'amène aucun résultat, une seconde adjudication sera tentée sur les mêmes bases, après un délai de six mois; et si cette seconde tentative reste également sans résultat, la compagnie sera définitivement déchue de tous droits à la présente concession, et les parties du chemin de fer déjà exécutées, ou qui seraient mises en exploitation, deviendront immédiatement la propriété de l'Etat.

Les précédentes stipulations ne sont point applicables au cas où le retard ou la cessation des travaux proviendrait de force majeure régulièrement constatée.

52. La contribution foncière sera établie en raison de la surface des terrains occupés par le chemin de fer et par ses dépendances ; la cote en sera calculée comme pour les canaux, conformément à la loi du 25 avril 1803.

Les bâtiments et magasins dépendant de l'exploitation du chemin de fer seront assimilés aux propriétés bâties dans la localité.

L'impôt dû au trésor sur le prix des places ne sera prélevé que sur la partie du tarif correspondant au prix de transport des voyageurs.

53. Des règlements d'administration publique, rendus après que la compagnie aura été entendue, détermineront les mesures et les dispositions nécessaires pour assurer la police, la sûreté, l'usage et la conservation du chemin de fer et des ouvrages qui en dépendent. Toutes les dépenses qu'entraînera l'exécution de ces mesures et de ces dispositions resteront à la charge de la compagnie.

La compagnie est autorisée à faire, sous l'approbation de l'administration, les règlements qu'elle jugera utiles pour le service et l'exploitation du chemin de fer.

Les règlements dont il s'agit dans les deux paragraphes précédents seront obligatoires pour la compagnie, et pour toutes celles qui obtiendraient ultérieurement l'autorisation d'établir des lignes de chemins de fer d'embranchement ou de prolongement, et en général pour toutes les personnes qui emprunteraient l'usage du chemin de fer.

54. Les machines locomotives employées aux transports sur le chemin de fer devront consumer leur fumée.

55. Pour indemniser la compagnie des travaux et dépenses qu'elle s'engage à faire par le présent cahier des charges, et sous la condition expresse qu'elle en remplira exactement toutes les obligations, le gouvernement lui concède, pour le laps de quatre-vingt-dix-neuf ans, à dater de la loi qui ratifiera, s'il y a lieu, la concession, l'autorisation de percevoir les droits de péage et les prix de transport ci-après déterminés.

Il est expressément entendu que les prix de transport ne seront dus à la compagnie qu'autant qu'elle effectuerait elle-même ce transport à ses frais et par ses propres moyens.

La perception aura lieu par kilomètre, sans égard aux fractions de distance ; ainsi un kilomètre entamé sera payé comme s'il avait été parcouru. Néanmoins, pour toute distance parcourue moindre de six kilomètres, le droit sera perçu comme pour six kilomètres entiers. Le poids du tonneau ou de la tonne est de mille kilogrammes ; les fractions de poids ne seront comptées que par cinquième de tonne : ainsi tout poids compris entre zéro et deux cents kilogrammes payera comme deux cents kilogrammes ; entre deux cents et quatre cents kilogrammes, payera comme quatre cents kilogrammes.

A moins de cas de force majeure, la vitesse sera de huit lieues à l'heure au moins pour les trains de voyageurs, et de quatre lieues pour les marchandises payant les prix fixés par le tarif.

Dans chaque convoi, la compagnie aura la faculté de placer des voitures spéciales, pour lesquelles les prix seront réglés par l'administration, sur la proposition de la compagnie ; mais il est expressément stipulé que le nombre de places à donner dans ces voitures n'excédera pas le cinquième du nombre total des places du convoi.

TARIF.

		PRIX		
		de péage.	de transport.	TOTAL.
		fr. c.	fr. c.	fr. c.
Voyageurs, non compris l'impôt dû au trésor sur le prix des places.	Par tête et par kilomètre. Voitures couvertes et fermées à glaces, suspendues sur ressorts (1re classe)...	0 08	0 045	0 125
	Voitures couvertes et suspendues sur ressorts (2e classe)..................	0 07	0 03	0 10
	Voitures découvertes mais suspendues sur ressort..........................	0 05	0 025	0 075
Bestiaux......	Bœufs, vaches, taureaux, cheval, mulet, bête de trait....................	0 10	0 05	0 015
	Veaux et porcs....................	0 03	0 02	0 05
	Moutons, brebis, chèvres...........	0 02	0 01	0 05
Huîtres et poissons frais, par quintal métrique et par kilomètre..		0 03	0 02	0 05
Houille par tonne et par kilomètre..................		0 08	0 045	0 125
Marchandises par tonne et par kilomètre	1re CLASSE.—Fontes moulées, fer et plomb ouvré, cuivre et autres métaux ouvrés ou non, vinaigres, vins, boissons, spiritueux, huiles, cotons et autres lainages, bois de menuiserie, de teinture et autres bois exotiques, sucre, café, drogues, épiceries, denrées coloniales, objets manufacturés......................	0 11	0 09	0 20
	2e CLASSE. — Blés, grains, farines, chaux et plâtre, minerais, coke charbon de bois, bois à brûler (dit de corde), perches, chevrons, planches, madriers, bois de charpente, marbre en bloc, pierre de taille, bitume, fonte brute, en barres ou en feuilles, plomb en saumons........	0 10	0 08	0 18
	3e CLASSE. — Pierre à chaux et à plâtre, moellons, meulières, cailloux, sable, argile, tuiles, briques, ardoises, fumier et engrais, pavés et matériaux de toute espèce pour la construction et la réparation des routes..................	0 09	0 07	0 16
Objets divers par tonne et par kilomètre	Voiture sur plate-forme (poids de la voiture et de la plate-forme cumulés).....	0 17	0 08	0 25
	Waggon, chariot ou autre voiture destinée au transport sur le chemin de fer, y passant à vide, et machine locomotive ne traînant pas de convoi..........	0 11	0 09	0 20

Tout waggon, chariot ou voiture dont le chargement en voyageurs ou en marchandises ne comportera pas un péage au moins égal à celui qui serait perçu sur ces mêmes voitures à vide, sera considéré et taxé comme étant à vide.

Les machines locomotives seront considérées et taxées comme ne remorquant pas de convoi, lorsque le convoi remorqué, soit en voyageurs, soit en marchandises, ne comportera pas un péage au moins égal à celui qui serait perçu sur une machine locomotive avec son allége, marchant sans rien traîner.

Les marchandises qui, sur la demande des expéditeurs, seraient transportées avec la vitesse des voyageurs, payeront à raison de quarante centimes (0f 40c) la tonne.

Dans le cas où la compagnie jugerait convenable d'abaisser au-dessous des limites déterminées par le tarif les taxes qu'elle est autorisée à percevoir, les taxes abaissées ne pourront être relevées qu'après un délai de trois mois au moins.

Tous changements apportés dans les tarifs devront être homologués par des arrêtés du préfet rendus sur la proposition de la compagnie, et annoncés au moins un mois d'avance par des affiches.

La perception des taxes devra se faire par la compagnie indistinctement et sans aucune faveur. Dans le cas où des perceptions auraient eu lieu à des prix inférieurs à ceux du tarif, l'administration pourra déclarer la réduction ainsi consentie applicable à la partie correspondante du tarif, et les prix ne pourront, comme les autres réductions, être relevés avant un délai de trois mois.

Les réductions ou remises accordées à des indigents ne pourront, dans aucun cas, donner lieu à l'application de la disposition qui précède.

36. Chaque voyageur pourra porter avec lui un bagage dont le poids n'excédera pas quinze kilogrammes, sans être tenu, pour le port de ce bagage, à aucun supplément pour le prix de sa place.

37. Les denrées, marchandises, effets, animaux et autres objets non désignés dans le tarif précédent, seront rangés, pour les droits à percevoir, dans les classes avec lesquelles ils auraient le plus d'analogie.

Les classifications à faire conformément au paragraphe précédent ne pourront avoir lieu qu'en vertu de règlements arrêtés par l'administration, sur la proposition de la compagnie.

38. Les droits de péage et les prix de transport déterminés au tarif précédent ne sont point applicables,

1º A toute voiture pesant, avec son chargement, plus de quatre mille cinq cents kilogrammes;

2º A toute masse indivisible pesant plus de trois mille kilogrammes.

Néanmoins la compagnie ne pourra se refuser ni à transporter les masses indivisibles pesant de trois mille à cinq mille kilogrammes, ni à laisser circuler toute voiture qui, avec chargement, pèserait de quatre mille cinq cents à huit mille kilogrammes; mais les droits de péage et les frais de transport seront augmentés de moitié.

La compagnie ne pourra être contrainte à transporter les masses indivisibles pesant plus de cinq mille kilogrammes, ni à laisser circuler les voitures qui, chargement compris, pèseraient plus de huit mille kilogrammes.

Si, nonobstant la disposition qui précède, la compagnie consent à transporter les masses indivisibles pesant plus de cinq mille kilogrammes, et à laisser circuler des voitures qui, chargement compris, pèseraient plus de huit mille kilogrammes, elle devra, pendant trois mois au moins, accorder les mêmes facilités à tous ceux qui en feraient la demande.

39. Les prix de transport déterminés au tarif précédent ne sont point applicables,

1º Aux denrées et objets qui, sous le volume d'un mètre cube, ne pèsent pas deux cents kilogrammes;

2º A l'or et à l'argent, soit en lingots, soit monnayés ou travaillés; au plaqué d'or ou d'argent, au mercure et au platine, ainsi qu'aux bijoux, pierres précieuses et autres valeurs;

3º Et, en général, à tout paquet ou colis pesant isolément moins de cent kilogrammes, à moins que ces paquets ou colis ne fassent partie d'envois pesant ensemble au delà de deux cents kilogrammes d'objets expédiés à ou par une même personne et d'une même nature, quoique emballés à part, tels que sucres, cafés, etc.

Dans les trois cas ci-dessus spécifiés, les prix de transport seront arrêtés par l'administration, sur la proposition de la compagnie.

Néanmoins, au-dessus de cent kilogrammes, et quelle que soit la distance parcourue, le prix de transport d'un colis ne pourra être taxé à moins de quarante centimes.

Les denrées et objets qui, sous le volume d'un mètre cube, ne pèsent pas deux cents kilogrammes, ne sont exceptés du tarif qu'autant qu'ils n'y sont pas nommément énoncés.

40. Les militaires en service, voyageant en corps ou isolément, ne seront assujettis, eux et leurs bagages, qu'à la moitié de la taxe du tarif.

Si le gouvernement avait besoin de diriger des troupes et un matériel militaire sur l'un des points desservis par la ligne du chemin de fer, la compagnie serait tenue de mettre immédiatement à sa disposition, et à moitié de la taxe du tarif, tous les moyens de transport établis pour l'exploitation du chemin de fer.

41. Les lettres et dépêches convoyées par un agent du gouvernement seront transportées gratuitement sur toute l'étendue du chemin de fer.

A cet effet, la compagnie sera tenue de réserver, à chaque départ de voyageurs, à l'arrière du train des voitures, un coffre suffisamment grand et fermant à clef, ainsi qu'une place convenable pour le courrier chargé d'accompagner les dépêches.

42. Au moyen de la perception des droits et des prix réglés ainsi qu'il vient d'être dit, et sauf les exceptions stipulées ci-dessus, la compagnie contracte l'obligation d'exécuter constamment avec soin, exactitude et célérité, à ses frais et par ses propres moyens, le transport des voyageurs, bestiaux, denrées, marchandises et matières quelconques qui lui seront confiés.

Les frais accessoires non mentionnés au tarif, tels que ceux de chargement, de déchargement et d'entrepôt dans les gares et magasins de la compagnie, seront fixés par un règlement qui sera soumis à l'approbation de l'administration supérieure.

43. A toute époque, après l'expiration des quinze premières années, à dater du délai fixé par l'article 1er pour l'achèvement des travaux, le gouvernement aura la faculté de racheter la concession entière du chemin de fer. Pour régler le prix du rachat, on relèvera les produits nets annuels obtenus par la compagnie pendant les sept années qui auront précédé celle où le rachat sera effectué ; on en déduira les produits nets des deux plus faibles années, et l'on établira le produit net moyen des cinq autres années.

Il sera, en outre, ajouté à ce produit net moyen le tiers de son montant si le rachat a lieu dans la première période de quinze années, à dater de l'époque où le droit en est ouvert au gouvernement, un quart si le rachat n'est opéré que dans la seconde période de quinze années, et un cinquième seulement pour les autres périodes.

Le produit net moyen, accru ainsi qu'on vient de le dire dans le paragraphe précédent, formera le montant d'une annuité qui sera due et payée à la compagnie pendant chacune des années restant à courir sur la durée de la concession.

44. A l'époque fixée pour l'expiration de la présente concession, et par le fait seul de cette expiration, le gouvernement sera subrogé à tous les droits de la compagnie dans la propriété des terrains et des ouvrages désignés au plan cadastral mentionné dans l'article 27.

Il entrera immédiatement en jouissance du chemin de fer, de toutes ses dépendances et de tous ses produits.

La compagnie sera tenue de remettre en bon état d'entretien le chemin de fer, les ouvrages qui le composent et ses dépendances, tels que gares, lieux de chargement et de déchargement, établissements aux point de départ et d'arrivée, maisons de gardes et de surveillants, bureaux de perception, machines fixes, et, en général, tous autres objets immobiliers qui n'auront pas pour destination distincte et spéciale le service des transports.

Dans les cinq dernières années qui précéderont le terme de la concession, le gouvernement aura le droit de mettre saisie-arrêt sur les revenus du chemin de fer, et de les employer à rétablir en bon état le chemin et toutes ses dépendances, si la compagnie ne se mettait pas en mesure de satisfaire pleinement et entièrement à cette obligation.

Quant aux objets mobiliers, tels que machines locomotives, waggons, chariots, voitures, matériaux, combustibles et approvisionnements de tout genre, et objets immobiliers non compris dans l'énumération précédente, l'État sera tenu de les reprendre à dire d'experts, si la compagnie le requiert, et réciproquement, si l'État le requiert, la compagnie sera tenue de les céder également à dire d'experts.

45. Dans le cas où le gouvernement ordonnerait ou autoriserait la construction de routes royales, départementales ou vicinales, de canaux ou de chemins de fer qui traverseraient le chemin de fer projeté, la compagnie ne pourra mettre aucun obstacle à ces traversées; mais toutes dispositions seront prises pour qu'il n'en résulte aucun obstacle à la construction ou au service du chemin de fer, ni aucuns frais pour la compagnie.

46. Toute exécution ou toute autorisation ultérieure de route, de canal, de chemin de fer, de travaux de navigation dans la contrée où est situé le chemin de fer projeté, ou dans toute autre contrée voisine ou éloignée, ne pourra donner ouverture à aucune demande en indemnité de la part de la compagnie.

47. Le gouvernement se réserve expressément le droit d'accorder de nouvelles concessions de chemins de fer s'embranchant sur le chemin de fer de Paris à Rouen, ou qui seraient établies en prolongement du même chemin.

La compagnie ne pourra mettre aucun obstacle à ces embranchements ou prolongements, ni réclamer, à l'occasion de leur établissement, aucune indemnité quelconque, pourvu qu'il n'en résulte aucun obstacle à la circulation, ni aucuns frais particuliers pour la compagnie.

Les compagnies concessionnaires des chemins de fer d'embranchement ou de prolongement auront la faculté, moyennant les tarifs ci-dessus déterminés et l'observation des règlements de police et de service établis ou à établir, de faire circuler leurs voitures, waggons et machines sur le chemin de fer de Paris à Rouen; cette faculté sera réciproque pour ce dernier chemin à l'égard desdits embranchements et prolongements.

Toutefois, aucunes machines, voitures, waggons, appartenant aux compagnies concessionnaires d'embranchements ou de prolongements, ne pourront circuler sur le chemin de fer qu'après avoir été examinés par la compagnie.

En cas de refus de sa part, la contestation sera soumise à trois arbitres, dont deux seront désignés par les parties et le troisième par l'administration.

Dans le cas où une compagnie concessionnaire d'embranchement ou prolongement, joignant la ville de Paris à Rouen, n'userait pas de la faculté de circuler sur cette ligne, comme dans le cas où les concessionnaires de celle-ci ne voudraient pas circuler sur les prolongements ou embranchements, les compagnies seraient tenues de s'arranger entre elles de manière que le service de transport ne soit jamais interrompu aux points extrêmes des diverses lignes.

Celle des compagnies qui sera dans le cas de se servir d'un matériel qui ne serait pas sa propriété payera une indemnité en rapport avec l'usage et la détérioration de ce matériel. Dans le cas où les compagnies ne se mettraient pas d'accord sur la quotité de l'indemnité ou sur les moyens d'assurer la continuation du service sur toute la ligne, le gouvernement serait autorisé à y pourvoir d'office et à prescrire toutes les mesures nécessaires.

48. Si la ligne du chemin de fer traverse un sol déjà concédé pour l'exploitation d'une mine, l'administration déterminera les mesures à prendre pour que l'établissement du chemin de fer ne nuise pas à l'exploitation de la mine, et réciproquement pour que, le cas échéant, l'exploitation de la mine ne compromette pas l'existence du chemin de fer.

Les travaux de consolidation à faire dans l'intérieur de la mine, à raison de la traversée du chemin de fer, et tous dommages résultant de cette traversée pour les concessionnaires de la mine, seront à la charge de la compagnie.

49. Si le chemin de fer doit s'étendre sur des terrains qui renferment des carrières ou les traverser souterrainement, il ne pourra être livré à la circulation avant que les excavations qui pourraient en compromettre la solidité aient été remblayées ou consolidées. L'administration déterminera la nature et l'étendue des travaux qu'il conviendra d'entreprendre à cet effet, et qui seront d'ailleurs exécutés par les soins et aux frais de la compagnie du chemin de fer.

50. Les agents et gardes que la compagnie établira, soit pour opérer la perception des droits, soit pour la surveillance et la police du chemin et des ouvrages qui en dépendent, pourront être assermentés, et seront, en ce cas, assimilés aux gardes champêtres.

51. La compagnie sera tenue de désigner l'un de ses membres pour recevoir les notifications ou les significations qu'il y aurait lieu de lui adresser. Le membre désigné fera élection de domicile à Paris.

En cas de non désignation de l'un des membres de la compagnie, ou de non-élection de domicile à Paris par le membre désigné, toute signification ou notification adressée à la compagnie, prise collectivement, sera valable lorsqu'elle sera faite au secrétariat général de la préfecture du département de la Seine.

52. Les contestations qui s'élèveraient entre la compagnie concessionnaire et l'administration, au sujet de l'exécution ou de l'interprétation des clauses du présent cahier des charges, seront jugées administrativement par le conseil de préfecture du département de la Seine, sauf recours au conseil d'État.

53. Avant la présentation de la loi destinée à homologuer la présente concession, la compagnie devra déposer une somme de trois millions six cent mille francs (3,600,000ᶠ), soit en numéraire, soit en rentes sur l'État, calculées au cours de la veille du jour du dépôt, soit en bons ou autres effets, du trésor, avec transfert au nom de la caisse des dépôts et consignations de celles de ces valeurs qui seraient nominatives ou à ordre.

Cette somme de trois millions six cent mille francs formera le cautionnement de l'entreprise et sera rendue par cinquième, ainsi qu'il est dit à l'article 30.

54. Le présent cahier des charges ne sera passible que du droit fixe d'un franc.

55. La présente concession ne sera valable et définitive que par la ratification de la loi.

Arrêté le présent cahier de charges par nous, ministre secrétaire d'Etat des travaux publics.
Paris, le 22 mai 1840.

Signé Cᵗᵉ JAUBERT.

Accepté le présent cahier des charges dans toute sa teneur.
Paris, le 23 mai 1840.

Signé Edward BLOUNT.

Accepté le présent cahier des charges dans toute son étendue.
Paris, le 23 mai 1840.

Signé J. LAFFITTE.

Accepté pour M. Ch. Laffitte.
Paris, le 23 mai 1840.

Signé Edward BLOUNT.
Accepté. Signé C. DE L'ESPÉE.
Accepté. Signé Comte DE KERSAINT.
Accepté. Signé Vᵗᵉ DE VILLENEUVE.

CLAUSES ADDITIONNELLES.

Les articles 2, 8 et 15 du cahier de charges sont modifiés ainsi qu'il suit, conformément aux votes des chambres :

2. Le chemin de fer de Paris à Rouen s'embranchera au delà d'Asnières sur le chemin de fer de Paris à Saint-Germain, en un point qui sera ultérieurement déterminé par l'administration supérieure.

Au delà du point de bifurcation, le tracé se portera sur Poissy en traversant la forêt de Saint-Germain ; de là, il suivra la rive gauche de la Seine, jusqu'à la vallée de l'Eure, en passant à Mantes, franchissant le contre-fort de Rolleboise par un souterrain, passant au sud et le plus près possible de Vernon, et franchissant le contre-fort de Venables par un souterrain ; il traversera la Seine avant le confluent de l'Eure au-dessous de Damps, suivra la rive droite du fleuve, franchira le col de Tourville en tranchée ou en souterrain, traversera de nouveau la Seine à Oissel, et arrivera à Saint-Sever, faubourg de Rouen, sur le bord de la Seine.

La pente maximum du tracé n'excédera pas cinq millimètres (0ᵐ 005) par mètre.

L'établissement d'une ou de deux voies supplémentaires entre le point de départ de Paris et le point de séparation de la ligne de Saint-Germain est reconnu et déclaré d'utilité publique.

A cet effet la compagnie est tenue d'acquérir dès à présent les terrains nécessaires à l'établissement de deux voies.

Une loi fixera les époques auxquelles la compagnie sera tenue d'exécuter ces travaux et d'y mettre fin.

8. L'administration pourra autoriser les croisements de niveau des routes royales et départementales, des chemins vicinaux, ruraux et particuliers.

15. Dans le cas où des routes royales ou départementales, ou des chemins vicinaux, ruraux ou particuliers seraient traversés à leur niveau par le chemin de fer, les rails ne pourront être élevés au-dessus ni abaissés au-dessous de la surface de ces chemins de plus de trois centimètres (0ᵐ 03ᶜ). Les rails et le chemin de fer devront, en outre, être disposés de manière à ce qu'il n'en résulte aucun obstacle à la circulation.

Des barrières seront tenues fermées de chaque côté du chemin de fer, partout où cette mesure sera jugée nécessaire par l'administration.

Un gardien, payé par la compagnie, sera constamment préposé à la garde et au service de ces barrières.

Vu pour être annexé à la loi du 15 juillet 1840.

Le ministre secrétaire d'Etat des travaux publics,
Signé Cᵗᵉ JAUBERT.

N° 376. — *Ordonnance du roi qui prescrit la formation d'une cinquième compagnie dans le bataillon des sapeurs-pompiers de la ville de Paris* (1).

Au palais de Saint-Cloud, le 15 octobre 1840.

Louis-Philippe, etc.;

Vu les ordonnances des 7 novembre 1821, 20 janvier 1832, 11 mai 1833, 17 février et 15 août 1836, concernant l'organisation et le recrutement du bataillon des sapeurs-pompiers de la ville de Paris ;

Considérant qu'aux termes d'une délibération, en date du 3 avril 1840, approuvée par notre ministre secrétaire d'Etat au département de l'intérieur, le conseil municipal de la ville de Paris a voté les fonds nécessaires pour la formation et l'entretien d'une cinquième compagnie en sus de l'effectif de ce bataillon ;

Vu la proposition de notre ministre secrétaire d'Etat de l'intérieur ;

Et sur le rapport de notre ministre secrétaire d'Etat de la guerre,

Nous avons ordonné et ordonnons ce qui suit :

1. Il sera formé, à dater du 1er octobre de la présente année, dans le bataillon des sapeurs-pompiers de la ville de Paris, une nouvelle compagnie qui prendra le n° 5 et sera composée ainsi qu'il suit :

OFFICIERS..	Capitaine commandant........... 1 Lieutenant....................... 1 Sous-lieutenant.................. 1	3
TROUPE.....	Sergent-major.................... 1 Sergents......................... 5 Fourrier......................... 1 Caporaux......................... 37 Sapeurs-pompiers................ 113 Tambours......................... 2	159

TOTAL.................... 162 hommes.

2. Nos ministres secrétaires d'Etat aux départements de la guerre et de l'intérieur sont chargés, chacun en ce qui le concerne, de l'exécution de la présente ordonnance.

N° 377. — *Loi relative au travail des enfants employés dans les manufactures, usines ou ateliers.*

Du 22 mars 1841.

Louis-Philippe, etc. ;

Nous avons proposé, les chambres ont adopté; nous avons **ordonné** et ordonnons ce qui suit :

1. Les enfants ne pourront être employés que sous les conditions déterminées par la présente loi,

1° Dans les manufactures, usines et ateliers à moteur mécanique ou à feu continu, et dans leurs dépendances ;

2° Dans toute fabrique occupant plus de vingt ouvriers réunis en atelier.

2. Les enfants devront, pour être admis, avoir au moins huit ans. De huit à douze ans, ils ne pourront être employés au travail ef-

---

(1) Voir l'ordonnance des 23 septembre—9 octobre 1841.

fectif plus de huit heures sur vingt-quatre, divisées par un repos.

De douze à seize ans, ils ne pourront être employés au travail effectif plus de douze heures sur vingt-quatre, divisées par des repos.

Ce travail ne pourra avoir lieu que de cinq heures du matin à neuf heures du soir.

L'âge des enfants sera constaté par un certificat délivré sur papier non timbré, et sans frais, par l'officier de l'état civil.

3. Tout travail, entre neuf heures du soir et cinq heures du matin, est considéré comme travail de nuit.

Tout travail de nuit est interdit pour les enfants au-dessous de treize ans.

Si la conséquence du chômage d'un moteur hydraulique ou des réparations urgentes l'exigent, les enfants au-dessus de treize ans pourront travailler la nuit, en comptant deux heures pour trois, entre neuf heures du soir et cinq heures du matin.

Un travail de nuit des enfants ayant plus de treize ans, pareillement supputé, sera toléré, s'il est reconnu indispensable, dans les établissements à feu continu dont la marche ne peut pas être suspendue pendant le cours des vingt-quatre heures.

4. Les enfants au-dessous de seize ans ne pourront être employés les dimanches et jours de fêtes reconnus par la loi.

5. Nul enfant âgé de moins de douze ans ne pourra être admis qu'autant que ses parents ou tuteurs justifieront qu'il fréquente actuellement une des écoles publiques ou privées existant dans la localité. Tout enfant admis devra, jusqu'à l'âge de douze ans, suivre une école.

Les enfants âgés de plus de douze ans seront dispensés de suivre une école, lorsqu'un certificat, donné par le maire de leur résidence, attestera qu'ils ont reçu l'instruction primaire élémentaire.

6. Les maires seront tenus de délivrer au père, à la mère ou au tuteur, un livret sur lequel seront portés l'âge, le nom, les prénoms, le lieu de la naissance et le domicile de l'enfant, et le temps pendant lequel il aurait suivi l'enseignement primaire.

Les chefs d'établissement inscriront :

1° Sur le livret de chaque enfant, la date de son entrée dans l'établissement et de sa sortie;

2° Sur un registre spécial, toutes les indications mentionnées au présent article.

7. Des règlements d'administration publique pourront :

1° Etendre à des manufactures, usines ou ateliers autres que ceux qui sont mentionnés dans l'article 1er, l'application des dispositions de la présente loi ;

2° Elever le minimum de l'âge et réduire la durée du travail déterminés dans les articles 2 et 3 à l'égard des genres d'industrie où le labeur des enfants excéderait leurs forces et compromettrait leur santé ;

3° Déterminer les fabriques où, pour cause de danger ou d'insalubrité, les enfants au-dessous de seize ans ne pourront point être employés ;

4° Interdire aux enfants, dans les ateliers où ils sont admis, certains genres de travaux dangereux ou nuisibles;

5° Statuer sur les travaux indispensables à tolérer de la part des enfants, les dimanches et fêtes, dans les usines à feu continu ;

6° Statuer sur les cas de travail de nuit, prévus par l'article 3.

8. Des règlements d'administration publique devront :

1° Pourvoir aux mesures nécessaires à l'exécution de la présente loi;

2° Assurer le maintien des bonnes mœurs et de la décence publique dans les ateliers, usines et manufactures ;

3° Assurer l'instruction primaire et l'enseignement religieux des enfants ;

4° Empêcher, à l'égard des enfants, tout mauvais traitement et tout châtiment abusif ; .

5° Assurer les conditions de salubrité et de sûreté nécessaires à la vie et à la santé des enfants.

9. Les chefs des établissements devront faire afficher dans chaque atelier, avec la présente loi et les règlements d'administration publique qui y sont relatifs, les règlements intérieurs qu'ils seront tenus de faire pour en assurer l'exécution.

10. Le gouvernement établira des inspections pour surveiller et assurer l'exécution de la présente loi. Les inspecteurs pourront, dans chaque établissement, se faire représenter les registres relatifs à l'exécution de la présente loi, les règlements intérieurs, les livrets des enfants et les enfants eux-mêmes ; ils pourront se faire accompagner par un médecin commis par le préfet ou le sous-préfet.

11. En cas de contravention, les inspecteurs dresseront des procès-verbaux qui feront foi jusqu'à preuve contraire.

12. En cas de contravention à la présente loi ou aux règlements d'administration publique, rendus pour son exécution, les propriétaires ou exploitants des établissements seront traduits devant le juge de paix du canton, et punis d'une amende de simple police qui ne pourra excéder quinze francs.

Les contraventions qui résulteront, soit de l'admission d'enfants au-dessous de l'âge; soit de l'excès de travail, donneront lieu à autant d'amendes qu'il y aura d'enfants indûment admis ou employés, sans que ces amendes réunies puissent s'élever au-dessus de deux cents francs.

S'il y a récidive, les propriétaires ou exploitants des établissements seront traduits devant le tribunal de police correctionnelle et condamnés à une amende de seize à cent francs. Dans les cas prévus par le paragraphe second du présent article, les amendes réunies ne pourront jamais excéder cinq cents francs.

Il y aura récidive, lorsqu'il aura été rendu contre le contrevenant, dans les douze mois précédents, un premier jugement pour contravention à la présente loi où aux règlements d'administration publique qu'elle autorise.

13. La présente loi ne sera obligatoire que six mois après sa promulgation.

N° **378.** — *Arrêt du conseil d'Etat relatif à la police des cabarets et cafés. Les agents de l'autorité ne peuvent s'introduire, la nuit, dans les lieux publics, qu'autant que ces lieux sont encore ouverts; ils sont sans droit pour y pénétrer, dès que ces mêmes lieux sont fermés à moins qu'ils n'en soient requis de l'intérieur.*

Ainsi jugé le 5 juin 1841.

Pour l'intelligence de cet arrêt, il est nécessaire d'en rapporter les antécédents.

Un cafetier avait refusé d'ouvrir son café, après l'heure de clôture, à des gendarmes qui croyaient entendre jouer au billard. Le tribunal de simple police condamna le prévenu, « attendu, disait le jugement, « que le limonadier n'avait refusé l'entrée de son café que pour les em-« pêcher de constater la contravention d'une manière plus positive;

« que si, un cafetier pouvait, en fermant sa porte, conserver un cer-
« tain nombre de consommateurs ou de joueurs, passé l'heure légale,
« les règlements de police à ce sujet deviendraient nuls; que la loi
« du 22 juillet 1791 accorde aux officiers de police le droit d'entrer
« à toute heure dans les lieux publics, et que le refus constatait la
« contravention au règlement. »

Sur l'appel de Fichet, le tribunal de Mayenne a réformé cette partie
des motifs dans les termes suivants :

« Considérant que l'article 9 de la loi de 1791 ne peut être invoqué
« pour assujettir perpétuellement et à toute heure de nuit les auberges
« ou cafés à des perquisitions de police, contrairement aux articles 131
« de la loi du 28 germinal an vi, et 76 de l'acte constitutionnel du
« 22 frimaire an viii, lesquels, en qualifiant *asile inviolable* la maison
« de tout citoyen ou personne habitant le territoire français, interdi-
« sent formellement, l'un à la gendarmerie, et l'autre à qui que ce
« soit, sans distinctions de pouvoirs ou de fonctions, de s'y introduire
« pendant la nuit, hors le cas d'incendie, d'inondation ou de récla-
« mation venant de l'intérieur; que seulement, dans l'esprit de ces
« lois, l'introduction reçoit virtuellement et par la nature des choses
« une restriction quant aux auberges, cafés et autres maisons ouvertes
« au public, en ce sens que, même après la fin du jour, et jusqu'à
« l'heure de la fermeture légale de ces maisons, d'après les règlements
« locaux, l'entrée n'en peut être refusée aux officiers de police et même
« aux agents de la force publique, tels que les gendarmes, pour y
« exercer la surveillance dont ils sont chargés; que cette exception
« est écrite d'ailleurs, dans l'article 129 de la loi du 28 germinal an vi,
« et que, quoiqu'elle n'y soit expressément énoncée que pour le cas
« de recherche d'individus à arrêter, elle doit être respectée et s'éten-
« dre à tout ce qui rentre dans le service d'ordre et de sûreté confié
« à la gendarmerie, parce qu'elle n'est que l'application d'un principe
« commun à tous les cas, savoir : qu'à aucune heure un lieu ne saurait
« être en même temps ouvert au public et fermé à ceux-là même qui
« sont préposés au maintien de la sûreté publique; qu'enfin la con-
« stitution de l'an viii n'avait pu entendre disposer dans un sens
« contraire à un principe aussi évident; qu'ainsi, dans la cause, Fi-
« chet a pu se refuser à l'ouverture de son café, aux gendarmes, et
« que ce refus n'entraîne aucune peine;

« Infirme le jugement, dont est appel, en tant que la peine a été
« appliquée au refus d'ouverture à la gendarmerie. »

Le jugement du tribunal de Mayenne, déféré à la cour de cassation,
a été maintenu sur ce chef, dans les termes suivants :

« Attendu que les motifs pris par le premier juge, de la résistance
« opposée aux gendarmes sur l'ouverture par eux demandée du café,
« pour constater l'existence de la contravention ne constituaient pas un
« chef de décision ; que le jugement sur appel a d'ailleurs rectifié, sur
« ce point, l'erreur de doctrine commise au préjudice de Fichet par le
« premier juge.

N° **379**. — *Ordonnance du roi sur l'organisation du bataillon
des sapeurs-pompiers de la ville de Paris.*

Des 23 septembre—9 octobre 1841.

Louis-Philippe, etc.;

Vu le décret impérial du 18 septembre 1811, portant création d'un
corps de sapeurs-pompiers pour la ville de Paris ;

Vu l'ordonnance du 7 novembre 1821, portant réorganisation du corps des sapeurs-pompiers de la ville de Paris;

Vu l'ordonnance du 28 août 1822 sur l'administration de ce corps;

Vu la décision du ministre de la guerre, du 16 octobre 1824, sur le rang que doit occuper ce corps dans l'armée;

Vu l'ordonnance du 16 août 1826, portant que les services acquis dans l'ancien bataillon des sapeurs-pompiers de la ville de Paris seront comptés aux officiers, sous-officiers et soldats admis dans le nouveau corps, pour la pension de retraite, le traitement de réforme et les autres récompenses militaires;

Vu l'ordonnance du 20 janvier 1832, portant création de quatre emplois de sous-lieutenant et la suppression des maîtres-ouvriers, etc.;

Vu l'ordonnance du 24 février 1833, qui supprime l'allocation de première mise aux hommes admis;

Vu l'ordonnance du 11 mai 1833, relative à divers changements opérés dans le personnel du corps et la création d'une section hors rang;

Vu l'ordonnance du 26 décembre 1834, relative au cautionnement à fournir par le trésorier du corps;

Vu enfin l'ordonnance royale du 16 mars 1838, chapitre 7 du titre 9;

Voulant déterminer la nouvelle composition de ce bataillon et apporter en même temps à son organisation les modifications compatibles avec le service spécial auquel il demeure affecté;

Sur le rapport de notre président du conseil, ministre secrétaire d'Etat au département de la guerre, et de notre ministre secrétaire d'Etat au département de l'intérieur, etc.;

TITRE Ier.

Institution du bataillon de sapeurs-pompiers.

1. Le bataillon de sapeurs-pompiers de Paris est institué spécialement pour le service de surveillance contre l'incendie dans la capitale.

Ce bataillon est placé sous l'autorité du ministre de l'intérieur, et sous les ordres immédiats et l'administration du préfet de police. Il est commandé par un officier du grade de chef de bataillon ou de lieutenant-colonel.

2. Le bataillon de sapeurs-pompiers de la ville de Paris compte dans le complet de l'armée, déterminé par l'article 3 de la loi du 21 mars 1832.

TITRE II.

Force et organisation.

3. Le complet du bataillon est fixé à huit cent vingt-neuf officiers, sous-officiers, caporaux et sapeurs-pompiers. Le cadre d'organisation comprend un état-major, une section hors rang et cinq compagnies. La composition de ce bataillon est déterminée ainsi qu'il suit:

	OFFICIERS.	TROUPE.
Etat-major.		
Lieutenant-colonel ou chef de bataillon commandant....	1	»
Capitaine adjudant-major ingénieur...................	1	»
Sous-lieutenant chargé des détails du recrutement et de l'habillement...	1	»
Chirurgiens { major..	1	»
{ aide-major..................................	1	»
Trésorier (Emploi civil)...............................	1	»
	6	»
Section hors rang.		
Adjudants sous-officiers.............................	»	2
Sergent-major, garde-magasin........................	»	1
Sergent, premier secrétaire du trésorier..............	»	1
Caporal, secrétaire du commandant..................	»	1
Caporal, second secrétaire du trésorier...............	»	1
Sapeurs, ouvriers au magasin du matériel des incendies.	»	2
	»	8
Compagnie.		
Capitaine...	1	»
Lieutenant..	1	»
Sous-lieutenant.....................................	1	»
Sergent-major......................................	»	1
Sergents..	»	4
Fourrier..	»	1
Caporaux... { de 1re classe..........................	»	18
{ de 2e classe...........................	»	18
Sapeurs.... { de 1re classe...........................	»	58
{ de 2e classe............................	»	58
Tambour..	»	2
	3	160
Complet du bataillon.		
Etat-major..	6	»
Section hors rang....................................	»	8
Force des cinq compagnies............................	15	800
	21	808
		829

Le capitaine adjudant-major ingénieur a autorité sur les autres
capitaines du bataillon. L'emploi de trésorier est occupé par un agent
civil. Le commandement et l'administration de la section hors rang
sont confiés au sous-lieutenant chargé du recrutement et de l'habillement.

TITRE III.

Administration et dépenses.

4. La ville de Paris est chargée de pourvoir aux dépenses de service et d'entretien du bataillon des sapeurs-pompiers. A cet effet, il est ouvert au préfet de police un crédit annuel destiné à l'acquittement de toutes les dépenses du personnel et du matériel du bataillon.

5. L'administration du bataillon est confiée, sous l'autorité du préfet de police, à un conseil composé de sept membres, ayant voix délibérative, savoir : le chef du corps, président ; deux capitaines, un lieutenant, l'officier chargé de l'habillement, un sous-lieutenant, le trésorier. Le trésorier remplit les fonctions de secrétaire du conseil.

6. Les capitaines, le lieutenant et le sous-lieutenant membres du conseil d'administration sont renouvelés, chaque année, à tour de rôle et par rang d'ancienneté. En cas d'absence légitime, ou d'empêchement prévu par les règlements, les membres du conseil d'administration sont remplacés par des officiers pris par rang d'ancienneté dans les mêmes grades ; à défaut, dans les grades immédiatement inférieurs. Le sous-lieutenant chargé de l'habillement est suppléé par un officier du même grade, désigné par le commandant du corps et agréé par le conseil d'administration. Le trésorier est suppléé par un officier présenté par lui avec le consentement du chef du bataillon, et agréé par le conseil d'administration.

7. Le préfet de police exerce un contrôle supérieur et permanent sur les opérations du conseil d'administration. Il assiste aux séances du conseil lorsqu'il le juge convenable ; il ordonnance toutes les sommes affectées aux dépenses du bataillon ; il vérifie, chaque année, et arrête définitivement la comptabilité du bataillon de sapeurs-pompiers.

8. Un sous-intendant militaire, employé à Paris, nommé par le ministre de la guerre, sur la présentation du préfet de police et sur la proposition du ministre de l'intérieur, est chargé de la surveillance administrative du bataillon de sapeurs-pompiers. Il assure la stricte exécution des règlements d'administration.

9. Les frais de bureau sont réglés, chaque année, par le préfet de police, sur des états présentés par le conseil d'administration, et d'après l'avis du sous-intendant militaire.

10. Le bataillon de sapeurs-pompiers de la ville de Paris est soumis, pour les revues d'effectif et pour la comptabilité, aux règles et aux formes déterminées par les règlements de service intérieur et d'administration arrêtés de concert entre nos ministres de la guerre et de l'intérieur.

11. La solde, les masses et les indemnités attribuées aux officiers, sous-officiers et sapeurs-pompiers, sont fixées conformément au tarif annexé à la présente ordonnance.

12. Le bataillon de sapeurs-pompiers est caserné aux frais de la ville de Paris. Les dépenses pour le loyer des casernes et des postes, les menues réparations d'entretien des bâtiments, les dispositions intérieures des casernes et l'entretien du mobilier des casernes et des postes, ainsi que les autres frais généraux et extraordinaires du bataillon, sont acquittés, en vertu de mandats délivrés par le préfet de police, sur le crédit ouvert à cet effet. Les pièces justificatives des dépenses sont et demeurent annexées aux mandats de payement.

13. L'uniforme du bataillon des sapeurs-pompiers est déterminé par décision royale, comme celui des autres corps de l'armée. Un règlement d'administration établit le mode d'après lequel il doit être pourvu à la fourniture et à l'entretien de l'habillement, de l'équipement et de l'armement du bataillon.

14. Une masse individuelle indépendante de la solde proprement dite est allouée à chaque sous-officier, caporal et sapeur-pompier. Cette masse est destinée à pourvoir à l'achat, à l'entretien et au renouvellement des effets d'habillement et d'équipement.

15. Il est formé, en outre, dans le bataillon des sapeurs-pompiers, des masses distinctes de boulangerie, de chauffage et d'hôpital ; ces différentes masses sont fixées par le tarif annexé à la présente ordonnance. Les masses de boulangerie et de chauffage sont perçues en prenant pour base le nombre de journées de présence allouées par revues ; les prestations en nature, à la fourniture desquelles elles doivent pourvoir, sont fixées par le règlement d'administration ; la masse d'hôpital est payée au bataillon sur le pied du complet d'organisation en sous-officiers, caporaux et sapeurs-pompiers.

16. Les sous-officiers, caporaux et sapeurs-pompiers, lorsqu'ils sont malades, sont reçus et traités dans les hôpitaux militaires de Paris. Pendant leur séjour dans ces établissements, ils n'ont droit qu'à la solde affectée par le tarif à cette position, et la dépense de leur traitement est supportée par la masse d'hôpital.

17. Les excédants de recette aux masses forment un corps de réserve destiné à pourvoir aux éventualités du service, en cas d'insuffisance des masses. Les excédants de dépense, dûment justifiés, sont couverts par un crédit supplémentaire, alloué à cet effet au préfet de police par une délibération spéciale du conseil municipal.

18. Lorsque les excédants aux masses de boulangerie, de chauffage et d'hôpital sont supérieurs aux besoins probables du service, ces excédants sont versés à la caisse municipale.

TITRE IV.

Recrutement, avancement, retraites et récompenses militaires.

19. Le bataillon se recrute, soit par enrôlements volontaires, soit par le passage des militaires des autres corps de l'armée qui demandent à y achever leur temps de service, soit par le contingent des classes.

20. La durée des engagements volontaires et des rengagements est soumise aux mêmes règles que pour l'armée.

21. Les engagements volontaires ne pourront être reçus qu'avec l'approbation du préfet de police.

22. L'avancement dans le bataillon de sapeurs-pompiers de Paris est soumis aux mêmes règles que dans les régiments de l'armée, sauf les modifications indiquées aux articles suivants.

23. Les nominations au grade de caporal sont faites par le chef de bataillon, qui choisit parmi les sujets présents au corps, ou détachés pour le service.

24. Les nominations au grade de sous-officier sont faites par notre ministre de la guerre, sur la proposition du préfet de police, approuvée par notre ministre de l'intérieur.

25. Tous les emplois de caporal et de sous-officier sont donnés à des militaires du corps portés au tableau d'avancement pour le grade ou pour l'emploi à pourvoir.

26. Indépendamment des conditions exigées dans les régiments d'infanterie, les candidats proposés pour le grade de caporal doivent : 1° connaître les quatre premières règles de l'arithmétique ; 2° connaître la nomenclature des pièces de la pompe et les attaques simulées des feux de différentes natures ; 3° pouvoir être instructeurs dans les manœuvres de la pompe. Pour être sergent, il faut de plus : 1° connaître tout ce qui est relatif aux manœuvres de la pompe et les dispositions pour l'attaque de toute espèce de feu ; 2° être bon instructeur dans les manœuvres de la pompe ; 3° avoir des connaissances positives sur la construction des édifices, et particulièrement en ce qui concerne la charpente.

27. L'avancement des caporaux et sapeurs à la première classe aura lieu par ancienneté de service dans le bataillon de sapeurs-pompiers.

28. Les officiers du bataillon sont nommés par nous, sur le rapport de notre ministre de la guerre, d'après la proposition du préfet de police, approuvée par notre ministre de l'intérieur.

29. Les candidats aux emplois d'officier dans le bataillon de sapeurs-pompiers sont portés sur un tableau d'avancement arrêté et approuvé par l'inspecteur général.

30. Le tableau d'avancement à tous les emplois de caporal, de sous-officier et d'officier dans ce corps sera établi lors de l'inspection générale du bataillon ; mais, dans le cas où cette inspection générale n'aurait pas eu lieu à l'expiration de la deuxième année, un tableau d'avancement pourra être dressé par le lieutenant général commandant la division militaire, auquel le ministre de la guerre déléguera, à cet effet, les fonctions d'inspecteur général.

31. Tous les emplois de sous-lieutenant sont dévolus exclusivement aux sous-officiers du bataillon. Pour être porté sur le tableau d'avancement à ce grade, tout candidat doit avoir, à un degré supérieur, l'instruction exigée des sergents, et, de plus, 1° connaître les éléments de la géométrie jusqu'aux solides inclusivement ; 2° savoir dessiner un plan ; 3° posséder parfaitement sa langue.

32. Tous les emplois de lieutenant et de capitaine sont dévolus exclusivement aux sous-lieutenants et aux lieutenants du bataillon.

33. L'emploi de capitaine adjudant major-ingénieur peut être conféré à un capitaine du bataillon de sapeurs-pompiers, ou à un capitaine choisi dans les corps de l'artillerie ou du génie. L'ancienneté de grade du capitaine adjudant-major ingénieur doit être supérieure à celle des autres capitaines du bataillon.

34. Les officiers de santé sont nommés au corps par notre ministre de la guerre, sur la désignation du préfet de police, approuvée par notre ministre de l'intérieur. Ils sont choisis parmi les officiers de santé de l'armée d'un grade correspondant à celui de l'emploi vacant.

35. Le trésorier est nommé par le préfet de police ; sa nomination est soumise à l'approbation du ministre de l'intérieur. Avant son installation, et pour garantie de sa gestion, le trésorier fournit un cautionnement fixé à la somme de vingt-cinq mille francs, qui est réalisée au trésor public, soit en numéraire, soit en rentes inscrites au grand-livre de la dette publique.

36. Le chef du bataillon, comme chef de corps, est toujours nommé au choix. Cet emploi est conféré, soit à un lieutenant-colonel, soit à un chef de bataillon de l'armée, ou, par avancement à ce dernier grade à l'un des capitaines du bataillon.

37. Lorsque le chef du bataillon sera pris dans l'armée, il sera choisi de préférence parmi les officiers de l'artillerie et du génie.

38. L'avancement des capitaines et des lieutenants à la première classe aura lieu par ancienneté de grade dans le bataillon de sapeurs-pompiers de Paris.

39. Les capitaines et le chef du corps seront classés respectivement à leur rang d'ancienneté dans les armes dont ils sont sortis ou dont ils proviendront à l'avenir.

40. Les dispositions de la loi du 11 avril 1831, sur les pensions de l'armée de terre, sont applicables aux militaires du bataillon de sapeurs-pompiers de la ville de Paris.

41. Les officiers, sous-officiers, caporaux et sapeurs-pompiers concourront, en raison de leurs bons services, pour les récompenses que nous jugerons convenable d'accorder aux autres corps de l'armée. Les propositions pour ces récompenses seront établies conformément aux dispositions de l'article 28 de la présente ordonnance.

TITRE V.

Service du bataillon de sapeurs-pompiers.

42. Le bataillon de sapeurs-pompiers fournit des hommes pour les petits postes répartis dans la capitale, afin de porter secours contre l'incendie partout où cela est nécessaire. Le préfet de police détermine la position que doit occuper chaque poste et l'effectif en troupe de chacun de ces corps de garde. Il fournit, en tout temps, des détachements de sapeurs-pompiers dans les théâtres de Paris, conformément à l'article 3 de l'arrêté du gouvernement du 1er germinal an VII. Il fournit des détachements lors des fêtes publiques et dans toutes les réunions où il peut y avoir danger de feu.

43. En cas de sinistre, les sapeurs-pompiers sont secondés par les troupes de la garnison, qui sont appelées à maintenir l'ordre et à fournir des travailleurs au besoin. Sur le lieu de l'incendie, le chef du bataillon de sapeurs-pompiers, seul, donne des ordres pour la direction des travaux.

44. Le préfet de police détermine la force des détachements à fournir pour les théâtres et les fêtes publiques.

45. Le préfet de police règle les rétributions à payer aux militaires du bataillon de sapeurs-pompiers pour le service des spectacles, bals, concerts, etc.

46. L'état-major du bataillon de sapeurs-pompiers est logé dans l'hôtel de la préfecture de police.

47. Le bataillon de sapeurs-pompiers de Paris prend rang, dans les réunions de troupes, après la gendarmerie ou la garde municipale à pied.

Police et discipline.

48. Aucun militaire du bataillon, quel que soit son grade, ne peut passer la nuit hors Paris sans la permission du chef du corps. Les permissions de huit jours, pour les officiers, sous-officiers, caporaux et sapeurs, sont accordées par le chef du bataillon, lequel en rend compte au préfet de police, pour ce qui concerne les officiers. Les permissions qui excèdent huit jours sont accordées par le préfet de police; celles qui excèdent quinze jours sont accordées, jusqu'à concurrence de trente jours, par notre ministre de l'intérieur, sur la proposition du préfet de police.

49. Toute demande d'absence dont la durée dépasserait les limites fixées par l'article qui précède, et qui ne peut toutefois excéder trois mois, est adressée à notre ministre de la guerre, qui statue définitivement.

50. Les congés de convalescence et les prolongations de congé sont demandés par le préfet de police et accordés, s'il y a lieu, par notre ministre de la guerre.

51. Les permissions de mariage, pour les officiers, sont accordées par notre ministre de la guerre, sur la proposition du préfet de police, approuvée par notre ministre de l'intérieur. Les permissions de même nature, pour les sous-officiers, caporaux et sapeurs, sont accordées par le conseil d'administration, sous l'approbation du préfet de police.

52. Les sous-officiers, caporaux et sapeurs-pompiers, admis au bataillon depuis moins de six mois, et qui sont reconnus n'avoir pas l'aptitude nécessaire pour ce service spécial, sont mis à la disposition de notre ministre de la guerre, soit pour être réincorporés, s'il y a lieu, dans les corps où ils servaient avant leur admission dans les sapeurs-pompiers, soit pour être placés dans tout autre régiment d'infanterie de l'armée.

TITRE VI.

Inspection générale.

53. Il sera passé des revues d'inspection générale du bataillon de sapeurs-pompiers, aux époques qui seront déterminées par notre ministre de la guerre. A cet effet, il adressera des instructions spéciales aux officiers généraux qu'il aura désignés pour passer ces revues d'inspection. L'officier général chargé de l'inspection du bataillon de sapeurs-pompiers n'intervient pas dans l'examen de la comptabilité et de l'administration du corps.

TITRE VII.

Disposition transitoire.

54. Les officiers, sous-officiers, caporaux et sapeurs qui, au moment de la mise à exécution de la présente ordonnance, se trouveraient en jouissance d'un traitement supérieur à celui qui est déterminé par le nouveau tarif, continueront à en jouir jusqu'à ce qu'ils aient obtenu de l'avancement ou un changement de position.

Dispositions générales.

55. Toutes dispositions contraires à la présente ordonnance sont abrogées.

56. Nos ministres de la guerre et de l'intérieur (MM. le duc de Dalmatie et Duchâtel) sont chargés, etc.

N° **380.** — *Arrêt du conseil d'Etat. Les lieux publics, tels que les cafés et les cabarets, n'étant soumis à la surveillance des agents de la police administrative ou des officiers de police judiciaire, que pendant le temps où ils sont ouverts au public, il ne peut appartenir à l'autorité municipale d'autoriser des visites à toutes les heures de la nuit.*

Ainsi jugé le 13 novembre 1841.

Attendu que l'article 76 de la loi constitutionnelle du 13 décembre 1799 (22 frimaire an VIII), et l'article 184 du Code pénal déclarent le domicile de tout citoyen inviolable pendant la nuit;

Que l'article 9, titre 1er de la loi du 22 juillet 1791, n'autorise l'entrée des officiers de police dans les *cafés et cabarets* et autres lieux publics de ce genre, pour y prendre connaissance des désordres ou contraventions aux règlements, que pendant leur ouverture légale et de fait; que, lorsque ces lieux de réunion sont réellement fermés, après la clôture prescite par l'autorité municipale, les personnes qui les exploitent doivent jouir du repos assuré aux autres citoyens; qu'en cas de fraude, les agents de la police administrative, aussi bien que les officiers de la police judiciaire, peuvent la constater extérieurement, sans qu'il soit besoin d'en forcer les portes, à moins qu'il n'y ait réclamation de l'intérieur, ou autres cas exceptionnels prévus par les lois;

Attendu qu'il ne peut appartenir à l'autorité municipale d'étendre le nombre de ces cas et d'autoriser les visites à toutes les heures de la nuit, puisque ces lieux ne sont soumis à leur surveillance que pendant la durée du temps où ils sont ouverts au public;

Que, dans les cas non exceptés, le droit commun reprend son empire;

Et attendu que, dans l'espèce, il est constaté qu'au moment où les agents de police se sont présentés à la porte du cabaret de Castelain, l'heure de la retraite était depuis longtemps passée; qu'il ne s'y trouvait point d'étrangers à cette heure, ce qu'ils ont reconnu eux-mêmes, après en avoir franchi la porte, en contravention à l'article 184 précité;

D'où il suit qu'en renvoyant, dans l'espèce, le cabaretier de la poursuite en contravention, le tribunal de police n'a fait que se conformer aux lois précitées.

N° **381**. — *Ordonnance du roi relative aux machines et chaudières à vapeur autres que celles qui sont placées sur des bateaux.*

Du 22 mai 1843.

Louis-Philippe, etc.;

Sur le rapport de notre ministre secrétaire d'Etat au département des travaux publics;

Vu les ordonnances des 29 octobre 1823, 7 mai 1828, 23 septembre 1829 et 25 mars 1830, concernant les machines et chaudières à vapeur;

L'ordonnance du 22 juillet 1839, relative aux locomotives employées sur les chemins de fer;

Les rapports de la commission centrale des machines à vapeur, établie près notre ministre des travaux publics;

Notre conseil d'Etat entendu,

Nous avons ordonné et ordonnons ce qui suit:

1. Seront soumises aux formalités et aux mesures de sûreté prescrites par la présente ordonnance, les machines à vapeur et les chaudières fermées dans lesquelles on doit produire de la vapeur.

Les machines et chaudières établies à bord des bateaux seront régies par une ordonnance spéciale.

TITRE Ier.

Dispositions relatives à la fabrication et au commerce des machines ou chaudières à vapeur.

2. Aucune machine ou chaudière à vapeur ne pourra être livrée par un fabricant, si elle n'a subi les épreuves prescrites ci-après. Lesdites épreuves seront faites à la fabrique, sur la déclaration des fabricants, et d'après les ordres des préfets, par les ingénieurs des mines, ou, à leur défaut, par les ingénieurs des ponts et chaussées.

3. Les chaudières ou machines à vapeur venant de l'étranger devront être pourvues des mêmes appareils de sûreté que les machines et chaudières d'origine française, et subir les mêmes épreuves. Ces épreuves seront faites au lieu désigné par le destinataire dans la déclaration qu'il devra faire à l'importation.

TITRE II.

Dispositions relatives à l'établissement des machines et des chaudières à vapeur placées à demeure ailleurs que dans les mines.

SECTION 1re.

Des autorisations.

4. Les machines à vapeur et les chaudières à vapeur, tant à haute pression qu'à basse pression, qui sont employées à demeure partout ailleurs que dans l'intérieur des mines, ne pourront être établies qu'en vertu d'une autorisation délivrée par le préfet du département, conformément à ce qui est prescrit par le décret du 15 octobre 1810 pour les établissements insalubres et incommodes de deuxième classe.

5. La demande en autorisation sera adressée au préfet. Elle fera connaître :

1° La pression maximum de la vapeur, exprimée en atmosphères et en fractions décimales d'atmosphère, sous laquelle les machines à vapeur ou les chaudières à vapeur devront fonctionner ;

2° La force de ces machines exprimée en chevaux (le cheval-vapeur étant la force capable d'élever un poids de 75 kilogrammes à un mètre de hauteur, dans une seconde de temps) ;

3° La forme des chaudières, leur capacité, et celle de leurs tubes bouilleurs, exprimées en mètres cubes ;

4° Le lieu et l'emplacement où elles devront être établies, et la distance où elles se trouveront des bâtiments appartenant à des tiers et de la voie publique ;

5° La nature du combustible que l'on emploiera ;

6° Enfin le genre d'industrie auquel les machines ou les chaudières devront servir.

Un plan des localités et le dessin géométrique de la chaudière seront joints à la demande.

6. Le préfet renverra immédiatement la demande en autorisation, avec les plans, au sous-préfet de l'arrondissement, pour être transmise au maire de la commune.

7. Le maire procédera immédiatement à des informations *de commodo et incommodo*. La durée de cette enquête sera de dix jours.

8. Cinq jours après qu'elle sera terminée, le maire adressera le procès-verbal de l'enquête, avec son avis, au sous-préfet, lequel, dans un semblable délai, transmettra le tout au préfet, en y joignant également son avis.

9. Dans le délai de 15 jours, le préfet, après avoir pris l'avis de l'ingénieur des mines, ou, à son défaut, de l'ingénieur des ponts et chaussées, statuera sur la demande en autorisation.

L'ingénieur signalera, s'il y a lieu, dans son avis, les vices de construction qui pourraient devenir des causes de danger, et qui proviendraient, soit de la mauvaise qualité des matériaux, soit de la forme de la chaudière ou du mode de jonction de ses diverses parties. Il indiquera les moyens d'y remédier, si cela est possible.

10. L'arrêté par lequel le préfet autorisera l'établissement d'une machine ou d'une chaudière à vapeur, indiquera :

1° Le nom du propriétaire ;

2° La pression maximum de la vapeur, exprimée en nombre d'atmosphères, sous laquelle la machine ou la chaudière devra fonctionner, et les numéros des timbres dont la machine et la chaudière auront été frappées, ainsi qu'il est prescrit ci-après, article 19 ;

3° La force de la machine, exprimée en chevaux ;

4° La forme et la capacité de la chaudière ;

5° Le diamètre des soupapes de sûreté, la charge de ces soupapes ;

6° La nature du combustible dont il sera fait usage ;

7° Le genre d'industrie auquel servira la machine ou la chaudière à vapeur.

11. Le recours au conseil d'Etat est ouvert au demandeur contre la décision du préfet qui aurait refusé d'autoriser l'établissement d'une machine ou chaudière à vapeur.

S'il a été formé des oppositions à l'autorisation, les opposants pourront se pourvoir devant le conseil de préfecture contre la décision du préfet qui aurait accordé l'autorisation, sauf recours au conseil d'Etat.

Les décisions du préfet relatives aux conditions de sûreté que les machines ou chaudières à vapeur doivent présenter, ne seront susceptibles de recours que devant notre ministre des travaux publics.

12. Les machines et les chaudières à vapeur ne pourront être employées qu'après qu'on aura satisfait aux conditions imposées dans l'arrêté d'autorisation.

13. L'arrêté du préfet sera affiché pendant un mois à la mairie de la commune où se trouve l'établissement autorisé. Il en sera, de plus, déposé une copie aux archives de la commune ; il devra, d'ailleurs, être donné communication dudit arrêté à toute partie intéressée qui en fera la demande.

SECTION II.

Epreuves des chaudières et des autres pièces contenant la vapeur.

14. Les chaudières à vapeur, leurs tubes bouilleurs et les réservoirs à vapeur, les cylindres en fonte des machines à vapeur et les enveloppes en fonte de ces cylindres, ne pourront être employés dans un établissement quelconque sans avoir été soumis préalablement, et ainsi qu'il est prescrit au titre premier de la présente ordonnance, à une épreuve opérée à l'aide d'une pompe de pression.

15. La pression d'épreuve sera un multiple de la pression effective, ou autrement de la plus grande tension que la vapeur pourra avoir dans les chaudières et autres pièces contenant la vapeur, diminuée de la pression extérieure de l'atmosphère.

On procédera aux épreuves en chargeant les soupapes des chaudières de poids proportionnels à la pression effective, et déterminés suivant la règle indiquée en l'article 24.

A l'égard des autres pièces, la charge d'épreuve sera appliquée sur la soupape de la pompe de pression.

16. Pour les chaudières, tubes bouilleurs et réservoirs en tôle et en cuivre laminé, la pression d'épreuve sera triple de la pression effective.

Cette pression d'épreuve sera quintuple pour les chaudières et tubes bouilleurs en fonte.

17. Les cylindres en fonte des machines à vapeur et les enveloppes en fonte de ces cylindres, seront éprouvés sous une pression triple de la pression effective.

18. L'épaisseur des parois des chaudières cylindriques en tôle ou en cuivre laminé, sera réglée conformément à la table n° 1, annexée à la présente ordonnance.

L'épaisseur de celles de ces chaudières qui, par leurs dimensions et par la pression de la vapeur, ne se trouveraient pas comprises dans la table, sera déterminée d'après la règle, énoncée à la suite de ladite table ; toutefois, cette épaisseur ne pourra dépasser 15 millimètres.

Les épaisseurs de la tôle devront être augmentées s'il s'agit de chaudières formées, en partie ou en totalité, de faces planes, ou bien de conduits intérieurs, cylindriques ou autres, traversant l'eau ou la vapeur, et servant, soit de foyers, soit à la circulation de la flamme. Ces chaudières et conduits devront, de plus, être, suivant les cas, renforcés par des armatures suffisantes.

19. Après qu'il aura été constaté que les parois des chaudières en tôle ou en cuivre laminé ont les épaisseurs voulues, et après que les chaudières, les tubes bouilleurs, les réservoirs de vapeur, les cylindres en fonte et les enveloppes en fonte de ces cylindres auront été éprouvés, il y sera appliqué des timbres indiquant, en nombre d'atmosphères, le degré de tension intérieure que la vapeur ne devra pas dépasser. Ces timbres seront placés de manière à être toujours apparents, après la mise en place des chaudières et cylindres.

20. Les chaudières qui auront des faces planes seront dispensées de l'épreuve, mais sous la condition que la force élastique ou la tension de la vapeur ne devra pas s'élever, dans l'intérieur de ces chaudières, à plus d'une atmosphère et demie.

21. L'épreuve sera recommencée sur l'établissement dans lequel les machines ou chaudières doivent être employées, 1° si le propriétaire de l'établissement la réclame ; 2° s'il y a eu, pendant le transport ou lors de la mise en place, des avaries notables ; 3° si des modifications ou réparations quelconques ont été faites depuis l'épreuve opérée à la fabrique.

SECTION III.

Des appareils de sûreté dont les chaudières à vapeur doivent être munies.

§ 1er. — Des soupapes de sûreté.

22. Il sera adapté à la partie supérieure de chaque chaudière, deux soupapes de sûreté, une vers chaque extrémité de la chaudière.

Le diamètre des orifices de ces soupapes sera réglé d'après la surface de chauffe de la chaudière et la tension de la vapeur dans son intérieur, conformément à la table n° 2 annexée à la présente ordonnance.

23. Chaque soupape sera chargée d'un poids unique, agissant, soit directement, soit par l'intermédiaire d'un levier.

Chaque poids recevra l'empreinte d'un poinçon. Dans le cas où il serait fait usage de leviers, ils devront être également poinçonnés. La quotité des poids et la longueur des leviers seront fixés par l'arrêté d'autorisation mentionné à l'article 10.

24. La charge maximum de chaque soupape de sûreté sera déterminée en multipliant 1 k., 033 par le nombre d'atmosphères mesurant la pression effective, et par le nombre de centimètres carrés mesurant l'orifice de la soupape.

La largeur de la surface annulaire de recouvrement ne devra pas dépasser la trentième partie du diamètre de la surface circulaire exposée directement à la pression de la vapeur, et cette largeur, dans aucun cas, ne devra excéder deux millimètres.

§ 2. — Des manomètres.

25. Toute chaudière à vapeur sera munie d'un manomètre à mercure, gradué en atmosphères et en fractions décimales d'atmosphère, de manière à faire connaître immédiatement la tension de la vapeur dans la chaudière.

Le tuyau qui amènera la vapeur au manomètre sera adapté directement sur la chaudière, et non sur le tuyau de prise de vapeur ou sur tout autre tuyau dans lequel la vapeur serait en mouvement.

Le manomètre sera placé en vue du chauffeur.

26. On fera usage du manomètre à air libre, c'est-à-dire ouvert à sa partie supérieure, toutes les fois que la pression effective de la vapeur ne dépassera pas quatre atmosphères.

On emploiera toujours le manomètre à air libre, quelle que soit la pression effective de la vapeur, pour les chaudières mentionnées à l'article 43.

27. On tracera sur l'échelle de chaque manomètre, d'une manière apparente, une ligne qui répondra au numéro de cette échelle que le mercure ne devra pas dépasser.

§ 3. — De l'alimentation et des indicateurs du niveau de l'eau dans les chaudières.

28. Toute chaudière sera munie d'une pompe d'alimentation, bien construite et en bon état d'entretien, ou de tout autre appareil alimentaire d'un effet certain.

29. Le niveau que l'eau doit avoir habituellement dans chaque chaudière sera indiqué, à l'extérieur, par une ligne tracée d'une manière très-apparente sur le corps de la chaudière ou sur le parement du fourneau.

Cette ligne sera d'un décimètre au moins au-dessus de la partie la plus élevée des carneaux, tubes ou conduits de la flamme et de la fumée dans le fourneau.

30. Chaque chaudière sera pourvue d'un flotteur d'alarme, c'est-à-dire qui détermine l'ouverture d'une issue par laquelle la vapeur s'échappe de la chaudière, avec un bruit suffisant pour avertir, toutes les fois que le niveau de l'eau dans la chaudière vient à s'abaisser de cinq centimètres au-dessous de la ligne d'eau dont il est fait mention à l'article 29.

31. La chaudière sera, en outre, munie de l'un des trois appareils suivants : 1° un flotteur ordinaire d'une mobilité suffisante ; 2° un tube indicateur en verre ; 3° des robinets indicateurs convenablement placés à des niveaux différents. Ces appareils indicateurs seront, dans tous les cas, disposés de manière à être en vue du chauffeur.

§ 4. — Des chaudières multiples.

32. Si plusieurs chaudières sont destinées à fonctionner ensemble, elles devront être disposées de manière à pouvoir, au besoin, être rendues indépendantes les unes des autres.

En conséquence, chaque chaudière sera alimentée séparément, et devra être munie de tous les appareils de sûreté prescrits par la présente ordonnance.

SECTION IV.

De l'emplacement des chaudières à vapeur.

33. Les conditions à remplir pour l'emplacement des chaudières à vapeur dépendent de la capacité de ces chaudières, y compris les tubes bouilleurs, et de la tension de la vapeur.

A cet effet, les chaudières seront réparties en quatre catégories.

On exprimera en mètres cubes la capacité de la chaudière avec ses tubes bouilleurs, et en atmosphères la tension de la vapeur, et on multipliera les deux nombres l'un par l'autre.

Les chaudières seront dans la première catégorie quand ce produit sera plus grand que 15 ;

Dans la deuxième, si ce même produit surpasse 7 et n'excède pas 15 ;

Dans la troisième, s'il est supérieur à 3 et s'il n'excède pas 7 ;

Dans la quatrième catégorie, s'il n'excède pas 3.

Si plusieurs chaudières doivent fonctionner ensemble dans un même emplacement, et s'il existe entre elles une communication quelconque, directe ou indirecte, on prendra, pour former le produit comme il vient d'être dit, la somme des capacités de ces chaudières, y compris celle de leurs tubes bouilleurs.

34. Les chaudières à vapeur comprises dans la première catégorie, devront être établies en dehors de toute maison d'habitation et de tout atelier.

35. Néanmoins, pour laisser la faculté d'employer au chauffage des chaudières une chaleur qui autrement serait perdue, le préfet pourra autoriser l'établissement des chaudières de la première catégorie dans l'intérieur d'un atelier qui ne fera pas partie d'une maison d'habitation. L'autorisation sera portée à la connaissance de notre ministre des travaux publics.

36. Toutes les fois qu'il y aura moins de 10 mètres de distance entre une chaudière de la première catégorie et les maisons d'habitation ou la voie publique, il sera construit, en bonne et solide maçonnerie, un mur de défense de 1 mètre d'épaisseur. Les autres dimensions seront déterminées comme il est dit à l'article 41.

Ce mur de défense sera, dans tous les cas, distinct du massif de maçonnerie des fourneaux, et en sera séparé par un espace libre de 50 centimètres de largeur au moins. Il devra également être séparé des murs mitoyens avec les maisons voisines.

Si la chaudière est enfoncée dans le sol, et établie de manière que sa partie supérieure soit à 1 mètre au moins en contre-bas du sol, le mur de défense ne sera exigible que lorsqu'elle se trouvera à moins de 5 mètres des maisons habitées ou de la voie publique.

37. Lorsqu'une chaudière de la première catégorie sera établie dans un local fermé, ce local ne sera point voûté, mais il devra être couvert d'une toiture légère, qui n'aura aucune liaison avec les toits des ateliers ou autres bâtiments contigus, et reposera sur une charpente particulière.

38. Les chaudières à vapeur comprises dans la deuxième catégorie pourront être placées dans l'intérieur d'un atelier, si toutefois cet atelier ne fait pas partie d'une maison d'habitation ou d'une fabrique à plusieurs étages.

39. Si les chaudières de cette catégorie sont à moins de 5 mètres de distance, soit des maisons d'habitation, soit de la voie publique, il sera construit de ce côté un mur de défense tel qu'il est prescrit à l'article 36.

40. A l'égard des terrains contigus non bâtis appartenant à des tiers, si après l'autorisation donnée par le préfet pour l'etablissement de chaudières de première ou de seconde catégorie, les propriétaires de ces terrains font bâtir dans les distances énoncées aux articles 36 et 39, ou si ces terrains viennent à être consacrés à la voie publique, la construction de murs de défense, tels qu'ils sont prescrits ci-dessus, pourra, sur la demande des propriétaires desdits terrains, être imposée au propriétaire de la chaudière, par arrêté du préfet, sauf recours devant notre ministre des travaux publics.

41. L'autorisation donnée par le préfet, pour les chaudières de la première et de la deuxième catégorie, indiquera l'emplacement de la chaudière et la distance à laquelle cette chaudière devra être placée par rapport aux habitations appartenant à des tiers et à la voie publique, et fixera, s'il y a lieu, la direction de l'axe de la chaudière.

Cette autorisation déterminera la situation et les dimensions, en longueur et en hauteur, du mur de défense de 1 mètre, lorsqu'il sera nécessaire d'établir ce mur, en exécution des articles ci-dessus.

Dans la fixation de ces dimensions, on aura égard à la capacité de la chaudière, au degré de tension de la vapeur et à toutes les autres circonstances qui pourront rendre l'établissement de la chaudière plus ou moins dangereux et incommode.

42. Les chaudières de la troisième catégorie pourront aussi être placées dans l'intérieur d'un atelier qui ne fera pas partie d'une maison d'habitation, mais sans qu'il y ait lieu d'exiger le mur de défense.

43. Les chaudières de la quatrième catégorie pourront être placées dans l'intérieur d'un atelier quelconque, lors même que cet atelier fera partie d'une maison d'habitation.

Dans ce cas, les chaudières seront munies d'un manomètre à air libre. ainsi qu'il est dit à l'article 26.

44. Les fourneaux des chaudières à vapeur comprises dans la troisième et dans la quatrième catégorie, seront entièrement séparés par un espace vide de 50 centimètres au moins des maisons d'habitation appartenant à des tiers.

45. Lorsque les chaudières établies dans l'intérieur d'un atelier ou d'une maison d'habitation seront couvertes, sur le dôme et sur les flancs, d'une enveloppe destinée à prévenir les déperditions de chaleur, cette enveloppe sera construite en matériaux légers ; si elle est en briques, son épaisseur ne dépassera pas 1 décimètre.

TITRE III.

Dispositions relatives à l'établissement des machines à vapeur employées dans l'intérieur des mines.

46. Les machines à vapeur placées à demeure dans l'intérieur des mines seront pourvues des appareils de sûreté prescrits par la présente ordonnance pour les machines fixes, et devront avoir subi les mêmes épreuves. Elles ne pourront être établies qu'en vertu d'autorisations du préfet délivrées sur le rapport des ingénieurs des mines.

Ces autorisations détermineront les conditions relatives à l'emplacement, à la disposition et au service habituel des machines.

TITRE IV.

Dispositions relatives à l'emploi des machines à vapeur locomobiles et locomotives.

SECTION 1re.

Des machines locomobiles.

47. Sont considérées comme locomobiles les machines à vapeur qui, pouvant être transportées facilement d'un lieu dans un autre, n'exigent aucune construction pour fonctionner à chaque station.

48. Les chaudières et autres pièces de ces machines seront soumises aux épreuves et aux conditions de sûreté prescrites aux sections II et III du titre II de la présente ordonnance, sauf les exceptions suivantes pour celles de ces chaudières qui sont construites suivant un système tubulaire.

Lesdites chaudières pourront être éprouvées sous une pression double seulement de la pression effective.

On pourra, quelle que soit la tension de la vapeur dans ces chaudières, remplacer le manomètre à air libre par un manomètre à air comprimé, ou même par un thermomanomètre, c'est-à-dire par un thermomètre gradué en atmosphères et parties décimales d'atmosphère : les indications de ces instruments devront être facilement lisibles et placées en vue du chauffeur.

On pourra se dispenser d'adapter auxdites chaudières un flotteur d'alarme, et il suffira qu'elles soient munies d'un tube indicateur en verre convenablement placé.

49. Indépendamment des timbres relatifs aux conditions de sûreté, toute locomobile recevra une plaque portant le nom du propriétaire.

50. Aucune locomobile ne pourra fonctionner à moins de 100 mètres de distance de tout bâtiment, sans une autorisation spéciale donnée par le maire de la commune. En cas de refus, la partie intéressée pourra se pourvoir devant le préfet.

51. Si l'emploi d'une machine locomobile présente des dangers, soit parce qu'il n'aurait point été satisfait aux conditions de sûreté ci-dessus prescrites, soit parce que la machine n'aurait pas été entretenue en bon état de service, le préfet, sur le rapport de l'ingénieur des mines, ou, à son défaut, de l'ingénieur des ponts et chaussées, pourra suspendre ou même interdire l'usage de cette machine.

SECTION II.

Des machines locomotives.

52. Les machines à vapeur locomotives sont celles qui, en se déplaçant par leur propre force, servent au transport des voyageurs, des marchandises ou des matériaux.

53. Les dispositions de l'article 48 sont applicables aux chaudières et autres pièces de ces machines, sauf l'exception énoncée en l'article ci-après.

54. Les soupapes de sûreté des machines locomotives pourront être chargées au moyen de ressorts disposés de manière à faire connaître, en kilogrammes et en fractions décimales de kilogramme, la pression qu'ils exerceront sur les soupapes.

55. Aucune machine locomotive ne pourra être mise en service sans un permis de circulation délivré par le préfet du département où se trouvera le point de départ de la locomotive.

56. La demande du permis contiendra les indications comprises sous les numéros 1 et 3 de l'article 5 de la présente ordonnance, et fera connaître, de plus, le nom donné à la machine locomotive et le service auquel elle sera destinée.

Le nom de la locomotive sera gravé sur une plaque fixée à la chaudière.

57. Le préfet, après avoir pris l'avis de l'ingénieur des mines, ou,

à son défaut, de l'ingénieur des ponts et chaussées, délivrera, s'il y a lieu, le permis de circulation.

58. Dans ce permis seront énoncés :

1º Le nom de la locomotive et le service auquel elle sera destinée ;

2º La pression maximum (en nombre d'atmosphères) de la vapeur dans la chaudière, et les numéros des timbres dont la chaudière et les cylindres auront été frappés ;

3º Le diamètre des soupapes de sûreté ;

4º La capacité de la chaudière ;

5º Le diamètre des cylindres et la course des pistons ;

6º Enfin le nom du fabricant et l'année de la construction.

59. Si une machine locomotive ne satisfait pas aux conditions de sûreté ci-dessus prescrites, ou si elle n'est pas entretenue en bon état de service, le préfet, sur le rapport de l'ingénieur des mines, ou, à son défaut, de l'ingénieur des ponts et chaussées, pourra en suspendre ou même en interdire l'usage.

60. Les conditions auxquelles sera assujettie la circulation des locomotives et des convois, en tout ce qui peut concerner la sûreté publique, seront déterminées par arrêtés du préfet du département où sera situé le lieu du départ, après avoir entendu les entrepreneurs et en ayant égard, tant aux cahiers des charges des entreprises, qu'aux dispositions des règlements d'administration publique concernant les chemins de fer.

TITRE V.

De la surveillance administrative des machines et chaudières à vapeur.

61. Les ingénieurs des mines et, à leur défaut, les ingénieurs des ponts et chaussées sont chargés, sous l'autorité des préfets, de la surveillance des machines et chaudières à vapeur.

62. Ces ingénieurs donnent leur avis sur les demandes en autorisation d'établir des machines ou des chaudières à vapeur, et sur les demandes de permis de circulation concernant les machines locomotives ; ils dirigent les épreuves des chaudières et des autres pièces contenant la vapeur ; ils font appliquer les timbres constatant les résultats de ces épreuves, et poinçonner les poids et les leviers des soupapes de sûreté.

63. Les mêmes ingénieurs s'assurent, au moins une fois par an, et plus souvent, lorsqu'ils en reçoivent l'ordre du préfet, que toutes les conditions de sûreté prescrites sont exactement observées.

Ils visitent les machines et les chaudières à vapeur ; ils en constatent l'état, et ils provoquent la réparation et même la réforme des chaudières et des autres pièces que le long usage ou une détérioration accidentelle leur ferait regarder comme dangereuses.

Ils proposent également de nouvelles épreuves, lorsqu'ils les jugent indispensables pour s'assurer que les chaudières et les autres pièces conservent une force de résistance suffisante, soit après un long usage, soit lorsqu'il y aura été fait des changements ou réparations notables.

64. Les mesures indiquées en l'article précédent sont ordonnées, s'il y a lieu, par le préfet, après avoir entendu les propriétaires, lesquels pourront, d'ailleurs, réclamer de nouvelles épreuves lorsqu'ils les jugeront nécessaires.

65. Lorsque, par suite de demandes en autorisation d'établir des machines ou des appareils à vapeur, les ingénieurs des mines ou les ingénieurs des ponts et chaussées auront fait, par ordre du préfet, des actes de leur ministère de la nature de ceux qui donnent droit aux allocations établies par l'article 89 du décret du 18 novembre 1810, et par l'article 75 du décret du 7 fructidor an XII, ces allocations seront fixées et recouvrées dans les formes déterminées par lesdits décrets.

66. Les autorités chargées de la police locale exerceront une surveillance habituelle sur les établissements pourvus de machines ou de chaudières à vapeur.

TITRE VI.

Dispositions générales.

67. Si, à raison du mode particulier de construction de certaines machines ou chaudières à vapeur, l'application, à ces machines ou chaudières, d'une partie des mesures de sûreté prescrites par la présente ordonnance se trouvait inutile, le préfet, sur le rapport des ingénieurs, pourra autoriser l'établissement de ces machines et chaudières, en les assujettissant à des conditions spéciales.

Si, au contraire, une chaudière ou machine paraît présenter des dangers d'une nature particulière, et s'il est possible de les prévenir par des mesures que la présente ordonnance ne rend point obligatoires, le préfet, sur le rapport des ingénieurs, pourra accorder l'autorisation demandée, sous les conditions qui seront reconnues nécessaires.

Dans l'un et l'autre cas, les autorisations données par le préfet seront soumises à l'approbation de notre ministre des travaux publics.

68. Lorsqu'une chaudière à vapeur sera alimentée par des eaux qui auraient la propriété d'attaquer d'une manière notable le métal de cette chaudière, la tension intérieure de la vapeur ne devra pas dépasser une atmosphère et demie, et la charge des soupapes sera réglée en conséquence. Néanmoins, l'usage des chaudières contenant la vapeur sous une tension plus élevée sera autorisé, lorsque la propriété corrosive des eaux d'alimentation sera détruite, soit par une distillation préalable, soit par l'addition de substances neutralisantes, ou par tout autre moyen reconnu efficace.

Il est accordé un délai d'un an, à dater de la présente ordonnance, aux propriétaires des machines à vapeur alimentées par des eaux corrosives, pour se conformer aux prescriptions du présent article. Si, dans ce délai, ils ne s'y sont point conformés, l'usage de leurs appareils sera interdit par le préfet.

69. Les propriétaires et chefs d'établissements veilleront,

1° A ce que les machines et chaudières à vapeur et tout ce qui en dépend soient entretenus constamment en bon état de service ;

2° A ce qu'il y ait toujours, près des machines et chaudières, des manomètres de rechange, ainsi que des tubes indicateurs de rechange, lorsque ces tubes seront au nombre des appareils employés pour indiquer le niveau de l'eau dans les chaudières ;

3° A ce que lesdites machines et chaudières soient chauffées, manœuvrées et surveillées suivant les règles de l'art.

Conformément aux dispositions de l'article 1384 du Code civil, ils seront responsables des accidents et dommages résultant de la négligence ou de l'incapacité de leurs agents.

70. Il est défendu de faire fonctionner les machines et les chaudières à vapeur à une pression supérieure au degré déterminé dans les actes d'autorisation, et auquel correspondront les timbres dont ces machines et chaudières seront frappées.

71. En cas de changements ou de réparations notables qui seraient faits aux chaudières ou aux autres pièces passibles des épreuves, le propriétaire devra en donner avis au préfet, qui ordonnera, s'il y a lieu, de nouvelles épreuves, ainsi qu'il est dit aux articles 63 et 64.

72. Dans tous les cas d'épreuves, les appareils et la main-d'œuvre seront fournis par les propriétaires des machines et chaudières.

73. Les propriétaires de machines ou de chaudières à vapeur autorisées seront tenus d'adapter auxdites machines et chaudières les appareils de sûreté qui pourraient être découverts par la suite, et qui seraient prescrits par des règlements d'administration publique.

74. En cas de contravention aux dispositions de la présente ordonnance, les permissionnaires pourront encourir l'interdiction de leurs machines ou chaudières, sans préjudice des peines, dommages et intérêts qui seraient prononcés par les tribunaux. Cette interdiction sera prononcée par arrêtés des préfets, sauf recours devant notre ministre des travaux publics. Ce recours ne sera pas suspensif.

75. En cas d'accident, l'autorité chargée de la police locale se transportera, sans délai, sur les lieux, et le procès-verbal de sa visite sera transmis au préfet, et, s'il y a lieu, au procureur du roi.

L'ingénieur des mines, ou, à son défaut, l'ingénieur des ponts et chaussées se rendra aussi sur les lieux immédiatement, pour visiter les appareils à vapeur, en constater l'état et rechercher la cause de l'accident. Il adressera sur le tout un rapport au préfet.

En cas d'explosion, les propriétaires d'appareils à vapeur ou leurs représentants ne devront ni réparer les constructions, ni déplacer ou dénaturer les fragments de la chaudière ou machine rompue, avant la visite et la clôture du procès-verbal de l'ingénieur.

76. Les propriétaires d'établissements aujourd'hui autorisés se conformeront, dans le délai d'un an, à dater de la publication de la présente ordonnance, aux prescriptions de la section 3 du titre II, articles 22 à 32 inclusivement.

Quant aux dispositions relatives à l'emplacement des chaudières énoncées dans la section 4 du même titre, articles 33 à 45 inclusivement, les propriétaires des établissements existants qui auront accompli toutes les obligations prescrites par les ordonnances des 29 octobre 1823, 7 mai 1828, 23 septembre 1829 et 25 mars 1830, sont provisoirement dispensés de s'y conformer; néanmoins, quand ces établissements seront une cause de danger, le préfet, sur le rapport de l'ingénieur des mines, ou, à son défaut, de l'ingénieur des ponts et chaussées, et après avoir entendu le propriétaire de l'établissement, pourra prescrire la mise à exécution de tout ou partie des mesures portées en la présente ordonnance, dans un délai dont le terme sera fixé suivant l'exigence des cas.

77. Il sera publié, par notre ministre secrétaire d'Etat au département des travaux publics, une nouvelle instruction sur les mesures de précaution habituelles à observer dans l'emploi des machines et des chaudières à vapeur.

Cette instruction sera affichée à demeure dans l'enceinte des ateliers.

78. L'établissement et la surveillance des machines et appareils à vapeur qui dépendent des services spéciaux de l'Etat sont régis par des dispositions particulières, sauf les conditions qui peuvent intéresser les tiers, relativement à la sûreté et à l'incommodité, et en se conformant aux prescriptions du décret du 15 octobre 1810.

79. Les attributions données aux préfets des départements par la présente ordonnance seront exercées par le préfet de police dans toute l'étendue du département de la Seine, et dans les communes de Saint-Cloud, Meudon et Sèvres, du département de Seine-et-Oise.

80. Les ordonnances royales des 29 octobre 1823, 7 mai 1828, 23 septembre 1829, 25 mars 1830 et 22 juillet 1839, concernant les machines et chaudières à vapeur, sont rapportées.

81. Notre ministre secrétaire d'Etat au département des travaux publics est chargé de l'exécution de la présente ordonnance, qui sera insérée au *Bulletin des Lois*.

ANNEXE à l'ordonnance royale du 22 mai 1843,

TABLE N° 1.

TABLE des épaisseurs à donner aux chaudières à vapeur cylindriques en tôle ou en cuivre laminé (*).

DIAMÈTRE DES CHAUDIÈRES.	NUMÉROS DES TIMBRES EXPRIMANT LES TENSIONS DE LA VAPEUR.						
	2 atmosphères.	3 atmosphères.	4 atmosphères.	5 atmosphères.	6 atmosphères.	7 atmosphères.	8 atmosphères.
mèt.	millim.	millim.	millim.	millim.	millim.	millim.	millim.
0.50	3.90	4.80	5.70	6.60	7.50	8.40	9.30
0.55	3.99	4.98	5.97	6.96	7.95	8.94	9.93
0.60	4.08	5.16	6.24	7.32	8.40	9.48	10.56
0.65	4.17	5.34	6.51	7.68	8.85	10.02	11.19
0.70	4.26	5.52	6.78	8.04	9.30	10.56	11.82
0.75	4.35	5.70	7.05	8.40	9.75	11.10	12.45
0.80	4.44	5.88	7.32	8.76	10.20	11.64	13.08
0.85	4.53	6.06	7.59	9.12	10.65	12.18	13.71
0.90	4.62	6.24	7.86	9.48	11.10	12.72	14.34
0.95	4.71	6.42	8.13	9.84	11.55	13.26	14.97
1.00	4.80	6.60	8.40	10.20	12.00	13.80	15.60

(*) Pour obtenir l'épaisseur que l'on doit donner aux chaudières, il faut multiplier le diamètre de la chaudière, exprimé en mètres et fractions décimales du mètre, par la pression effective de la vapeur, exprimée en atmosphères, et par le nombre fixe 18 ; prendre la dixième partie du produit ainsi obtenu et y ajouter le nombre fixe 3. Le résultat exprimera, en millimètres et en fractions décimales du millimètre, l'épaisseur cherchée.

TABLE N° 2.

TABLE *pour régler les diamètres à donner aux orifices des soupapes de sûreté* (*).

SURFACES DE CHAUFFE DES CHAUDIÈRES.	NUMÉROS DES TIMBRES INDIQUANT LES TENSIONS DE LA VAPEUR.									
	1 1/2 atmo-sphères.	2 atmo-sphères.	2 1/2 atmo-sphères.	3 atmo-sphères.	3 1/2 atmo-sphères.	4 atmo-sphères.	4 1/2 atmo-sphères.	5 atmo-sphères.	5 1/2 atmo-sphères.	6 atmo-sphères.
m.car.	centim.	centim.	centim.	centim.	centim.	centim.	centim.	centim.	centim.	centim.
1	2.495	2.065	1.799	1.616	1.479	1.372	1.286	1.214	1.152	1.100
2	3.525	2.918	2.544	2.286	2.092	1.941	1.818	1.716	1.630	1.555
3	4.317	3.575	3.116	2.799	2.563	2.377	2.227	2.102	1.996	1.905
4	4.985	4.126	3.598	3.232	2.959	2.745	2.572	2.427	2.305	2.200
5	5.574	4.615	4.023	3.614	3.308	3.069	2.875	2.714	2.578	2.459
6	6.106	5.054	4.407	3.958	3.624	3.362	3.149	2.975	2.823	2.694
7	6.595	5.458	4.760	4.276	3.914	3.631	3.402	3.211	3.045	2.910
8	7.050	5.835	5.089	4.571	4.185	3.882	3.637	3.433	3.260	3.111
9	7.478	6.189	5.398	4.848	4.438	4.117	3.857	3.641	3.458	3.299
10	7.882	6.524	5.690	5.110	4.679	4.340	4.066	3.858	3.645	3.478
11	8.267	6.843	5.967	5.360	4.907	4.552	4.265	4.025	3.823	3.648
12	8.635	7.147	6.233	5.598	5.125	4.754	4.454	4.204	3.993	3.810
13	8.987	7.439	6.487	5.827	5.334	4.949	4.636	4.376	4.156	3.965
14	9.325	7.720	6.732	6.047	5.536	5.138	4.811	4.541	4.312	4.124
15	9.654	7.990	6.968	6.259	5.730	5.316	4.980	4.701	4.464	4.259
16	9.970	8.253	7.197	6.464	5.918	5.490	5.143	4.854	4.610	4.399
17	10.277	8.506	7.418	6.665	6.100	5.659	5.302	5.004	4.752	4.534
18	10.575	8.753	7.633	6.841	6.277	5.823	5.455	5.149	4.890	4.666
19	10.865	8.995	7.842	7.044	6.449	5.982	5.605	5.290	5.024	4.794
20	11.147	9.227	8.046	7.227	6.616	6.138	5.750	5.428	5.154	4.918
21	11.423	9.454	8.245	7.389	6.780	6.289	5.892	5.561	5.282	5.040
22	11.691	9.677	8.439	7.580	6.959	6.457	6.051	5.692	5.406	5.158
23	11.954	9.894	8.629	7.750	7.095	6.582	6.167	5.820	5.527	5.274
24	12.211	10.107	8.814	7.917	7.248	6.725	6.299	5.945	5.646	5.388
25	12.465	10.316	8.996	8.080	7.397	6.862	6.429	6.069	5.765	5.499
26	12.710	10.520	9.174	8.240	7.544	6.998	6.556	6.188	5.877	5.608
27	12.952	10.720	9.349	8.397	7.776	7.132	6.681	6.306	5.989	5.715
28	13.190	10.917	9.520	8.551	7.828	7.262	6.804	6.422	6.099	5.819
29	13.425	11.110	9.689	8.703	7.967	7.391	6.924	6.533	6.207	5.922
30	13.655	11.300	9.855	8.851	8.103	7.517	7.043	6.648	6.313	6.024

(*) Pour déterminer les diamètres des soupapes de sûreté, il faut diviser la surface de chauffe de la chaudière, exprimée en mètres carrés, par le nombre qui indique la tension maximum de la vapeur dans la chaudière, préalablement diminué du nombre 0.412 ; prendre la racine carrée du quotient ainsi obtenu, et la multiplier par 2.6 ; le résultat exprimera, en centimètres et en fractions décimales du centimètre, le diamètre cherché.

Instruction du 23 juillet 1843 pour l'exécution de l'ordonnance royale du 22 mai 1843, relative aux machines et chaudières à vapeur autres que celles qui sont placées sur des bateaux.

L'ordonnance royale du 22 mai 1843 contient toutes les prescriptions réglementaires relatives à la fabrication, à la vente et à l'usage des chaudières et machines à vapeur qui sont placées ailleurs que sur des bateaux.

La présente instruction a pour objet de guider les fonctionnaires chargés d'appliquer cette ordonnance et d'en surveiller l'exécution, et aussi d'indiquer aux fabricants, aux propriétaires d'appareils à vapeur, et à toutes les personnes intéressées, les moyens de satisfaire aux mesures prescrites, d'une manière simple, sûre et aussi économique que possible.

§ 1er. — Des épreuves des chaudières et autres pièces destinées à contenir de la vapeur.

Les chaudières à vapeur, leurs tubes bouilleurs, les réservoirs de vapeur, les cylindres en fonte des machines à vapeur, et les enveloppes en fonte de ces cylindres, ne peuvent être vendus et livrés sans avoir été soumis préalablement à une épreuve opérée à l'aide d'une pompe de pression.

Les épreuves doivent donc avoir lieu à la fabrique. Elles sont faites sur la demande du fabricant, par l'ingénieur des mines du département, ou, à son défaut, par l'ingénieur des ponts et chaussées désigné à cet effet.

Le fabricant préviendra le préfet du département, et, pour plus de célérité, il pourra écrire en même temps à l'ingénieur des mines ou des ponts et chaussées chargé de la surveillance des appareils à vapeur. L'ingénieur, aussitôt qu'il aura été prévenu par le préfet ou par le fabricant, prendra jour et heure pour que l'épreuve ait lieu dans le plus court délai possible. A cet effet, le fabricant fera par avance remplir d'eau les pièces à éprouver, préparera les plaques de fermeture des pièces, telles que les cylindres, enveloppes de cylindres, etc., disposera la pompe de pression, s'assurera qu'elle fonctionne bien, qu'elle est capable de produire la pression nécessaire, et que les tuyaux de communication peuvent la supporter; enfin, il sera convenable que l'épreuve ait été faite d'avance par le fabricant, afin que l'ingénieur trouve tout disposé pour procéder sans retard à l'épreuve légale.

Pour toutes les pièces assujetties aux épreuves, sauf les exceptions indiquées ci-après, la pression d'épreuve prescrite est triple de la pression effective de la vapeur.

Pour les chaudières et tubes bouilleurs en fonte, la pression d'épreuve est quintuple de la pression effective. (Article 16 de l'ordonnance.)

Les chaudières qui ont des faces planes sont dispensées de l'épreuve, sous la condition que la pression effective de la vapeur ne dépasse pas une demi-atmosphère. (Art. 20.)

Les chaudières des machines locomobiles et locomotives qui seront construites suivant un système tubulaire peuvent être éprouvées sous une pression double de la pression effective. La pression double sera appliquée seulement aux chaudières tubulaires analogues à celles des machines locomotives ordinaires, c'est-à-dire qui seront traversées par un très-grand nombre de tubes d'un petit diamètre, dans lesquels circuleront la flamme et la fumée.

La pression effective de la vapeur est celle qui tend à rompre les parois des chaudières. Elle est donc égale à la force élastique ou à la tension totale de la vapeur, diminuée de la pression que l'air exerce extérieurement sur la chaudière; elle est limitée par la charge des soupapes de sûreté, qui lui sert de mesure.

L'article 18 de l'ordonnance détermine l'épaisseur du métal que devront avoir les parties cylindriques remplies d'eau ou de vapeur des chaudières construites en tôle ou en cuivre laminé, en raison de leur diamètre et de la pression effective de la vapeur.

Ainsi, avant de faire subir à une chaudière la pression d'épreuve réclamée par le fabricant, l'ingénieur devra s'assurer que l'épaisseur du métal, pour chacune des parties cylindriques dont elle se compose, est au moins égale à celle qui est fixée par l'article 18; et, dans le cas où cette condition ne serait point remplie, il ne devra essayer et timbrer la chaudière que pour une tension de la vapeur égale à celle qui correspondra à l'épaisseur de ses parois et à son diamètre.

On mesure l'épaisseur de la tôle sur le bord des feuilles assemblées à recouvrement. On aura soin de mesurer plusieurs feuilles, en divers points de la chaudière, en tenant compte, autant que possible, des effets du refoulement produit par le mattage, ainsi que de l'obliquité du plan suivant lequel sont coupées les feuilles de tôle. On peut aussi, quand il y a incertitude, mesurer l'épaisseur de la tôle sur les bords des tubulures des soupapes ou des orifices préparés pour recevoir les tuyaux qui sont ou seront adaptés à la chaudière.

Il est facile d'appliquer, dans chaque cas particulier, la table n° 1 annexée à l'ordonnance et la règle énoncée à la suite de cette table.

Soit, par exemple, une chaudière cylindrique à deux bouilleurs, dont le fabricant réclame l'épreuve pour une pression intérieure de 5 atmosphères. Si les diamètres du corps de la chaudière et de chacun des bouilleurs sont compris parmi ceux qui sont inscrits dans la première colonne à gauche de la table, on lira immédiatement dans la 5ᵉ colonne de cette table, dont le titre est 5 atmosphères, les épaisseurs respectives les plus petites que devra avoir le métal de la chaudière et de chacun des bouilleurs pour que l'épreuve réclamée puisse être faite.

Si l'épaisseur du métal de la chaudière ou d'un bouilleur est inférieure à celle qui est inscrite dans la 5ᵉ colonne, sur la même ligne horizontale que le nombre indiquant, dans la 1ʳᵉ, le diamètre de cette chaudière ou de ce bouilleur, on calculera quel est le numéro le plus élevé du timbre qui puisse être appliqué à la chaudière, en procédant comme dans l'exemple suivant.

Soit le diamètre d'une chaudière égal à 0ᵐ,90; l'épaisseur de la tôle devra être au moins égale à 9ᵐⁱˡˡ,48 pour que cette chaudière puisse être éprouvée et timbrée pour 5 atmosphères. Si l'épaisseur réelle n'était que de 8ᵐⁱˡˡ,50, la table indiquerait tout de suite que la pression la plus élevée de la vapeur doit être comprise entre celle de 4 atmosphères, pour laquelle le minimum de l'épaisseur est de 7ᵐⁱˡˡ,86, et celle de 5 atmosphères. Le chiffre exact serait déterminé d'après la règle énoncée au bas de la table, ainsi qu'il suit :

e, désignant l'épaisseur de la chaudière en millimètres ;

d, le diamètre intérieur de la chaudière exprimé en mètres ;

n, la tension de la vapeur exprimée en atmosphères ou le numéro du timbre; la pression effective exprimée en atmosphères sera égale à $n-1$.

La règle établit, entre les trois nombres e, d, n, la relation exprimée par l'équation :

$$e = 1,8 \, d \, (n-1) + 3 \ (a).$$

Dans l'exemple choisi, l'épaisseur $e = 8,50$; le diamètre $d = 0,90$; il s'agit de déterminer la tension, ou le numéro du timbre : la valeur de n fournie par l'équation (a) est :

$$n = 1 + \frac{e - 3}{1,8\ d}.$$

$\left. \begin{array}{l} c - 3 = 8,50 - 3 = 5,50 \\[2pt] 1,8\ d = 1,8 \times 0,90 = 1,62 \\[2pt] \dfrac{e - 3}{1,8\ d} = \dfrac{5,50}{1,62} = 3,39 \\[4pt] n = 1 + \dfrac{e - 3}{1,8\ d} = 4,39 \end{array} \right\}$ Le numéro du timbre s'obtient donc en retranchant le nombre fixe 3 de l'épaisseur de la tôle, divisant la différence par le produit du diamètre de la chaudière et du nombre fixe 1,8, et ajoutant une unité au quotient.

On trouve ainsi, dans l'exemple choisi, que le numéro du timbre ne peut pas dépasser 4,39 ; et, comme les timbres ne procèdent que par quarts d'atmosphère, la chaudière ne devrait être essayée et timbrée que pour 4 atmosphères 1/4. Un calcul analogue devrait être fait, au besoin, pour les bouilleurs, et le plus petit des deux résultats obtenus donnerait la pression intérieure de la vapeur, ou le numéro du timbre.

On détermine directement, par la règle énoncée à la suite de la table, ou, ce qui revient au même, par l'équation (a), les épaisseurs à donner aux parties cylindriques remplies d'eau ou de vapeur des chaudières en tôle ou en cuivre laminé, dont les diamètres ne se trouveraient pas dans la première colonne à gauche de la table.

L'épaisseur de la tôle ou du cuivre laminé ne doit, d'ailleurs, jamais dépasser 15 millimètres ; et, si une épaisseur plus forte était nécessaire, en raison du diamètre projeté d'une chaudière et de la tension de la vapeur, le fabricant devrait substituer à une chaudière unique plusieurs chaudières séparées, de diamètres plus petits.

L'ordonnance n'assigne pas de règle pour l'épaisseur des chaudières en fonte. La raison en est que cette épaisseur est généralement supérieure à celle qui serait strictement suffisante pour supporter, sans altération, la pression d'épreuve quintuple de la pression effective. Néanmoins, avant d'essayer et de timbrer une chaudière en fonte, l'ingénieur devra vérifier son épaisseur aussi exactement que possible ; et, si cette épaisseur lui paraissait assez petite pour que le métal fût altéré par la pression d'épreuve, il devrait en référer au préfet, en lui faisant connaître la forme, les dimensions de la chaudière et la tension pour laquelle l'épreuve est réclamée, ainsi que l'origine et la qualité de la fonte ; le préfet demanderait des instructions au ministre des travaux publics.

La résistance de la fonte à la rupture immédiate, sous un effort de traction, étant à peu près le tiers de la résistance à la rupture de la tôle ou du fer forgé, et la pression d'épreuve prescrite étant le quintuple au lieu du triple de la pression effective, on regardera comme suspecte toute chaudière en fonte de forme cylindrique dont l'épaisseur ne serait pas égale à cinq fois l'épaisseur prescrite pour les chaudières en tôle ou en cuivre laminé (1). Au reste, on ne fabrique

(1) Un barreau de fonte, soumis à l'extension, rompt sous une charge de 13 à 14 kilogrammes par millimètre carré de la section transversale. La résistance absolue à la rupture par extension du fer en barre, ou de la tôle, est de 40 à 45 kilogrammes par millimètre carré. La fonte résiste beaucoup mieux à l'écrasement qu'à la rupture par extension.

plus guère aujourd'hui de chaudières en fonte; elles sont plus chères que les chaudières en tôle, à cause de la grande épaisseur qu'on est obligé de donner aux parois. Elles donnent lieu à une consommation plus grande de combustible, sont plus sujettes à rompre par des chocs ou des variations brusques de température, et offrent enfin moins de sûreté contre les explosions. Leur usage est interdit sur les bateaux à vapeur; si l'ordonnance du 22 mai 1843 ne les a pas prohibées, c'est qu'il existe encore quelques anciennes chaudières de cette espèce, qu'il n'est pas à craindre que leur usage se répande dans l'industrie, et enfin, qu'une surveillance constante et bien entendue a paru suffisante pour garantir la sûreté publique contre les chances d'explosion qui leur sont particulières.

L'ordonnance n'assigne pas non plus de limite d'épaisseur pour les parois planes des chaudières dans lesquelles la pression intérieure de la vapeur doit dépasser une atmosphère et demie, ou pour les conduits intérieurs de forme cylindrique qui servent à la circulation de la flamme, et qui sont pressés par la vapeur du dehors au dedans, ou sur leur convexité. Elle se borne à prescrire que les épaisseurs de la tôle soient augmentées, et que les conduits de forme cylindrique, ainsi que les parois planes, soient renforcés par des armatures suffisantes. C'est ainsi, par exemple, que les parois planes des boîtes à feu des chaudières de machines locomotives sont consolidées par de très-fortes armatures en fer. Le soin d'apprécier si les épaisseurs des parois et les armatures sont suffisantes dans chaque cas est laissé à l'ingénieur; il devra donc commencer par examiner la chaudière dans toutes ses parties, et ne procéder à l'épreuve que s'il juge qu'elle présente une solidité suffisante. Dans le cas contraire, il en référera au préfet, en lui adressant un rapport détaillé, accompagné d'un dessin de la chaudière et des armatures; le préfet demandera des instructions au ministre des travaux publics.

Pour les cylindres, les enveloppes de cylindres, les réservoirs de vapeur qui ne font pas partie de la chaudière, et, en général, pour toutes les pièces qui reçoivent la vapeur sans être exposées à l'action du foyer, et qui ne doivent pas être pourvues de soupapes de sûreté, la soupape d'épreuve est appliquée sur la pompe de pression. Cette soupape doit être bien construite, et satisfaire aux conditions prescrites par l'article 24 de l'ordonnance pour les soupapes de sûreté des chaudières à vapeur; ainsi, la largeur de la surface annulaire par laquelle le disque de la soupape s'applique sur les bords de l'orifice qu'il ferme ne doit pas dépasser la trentième partie du diamètre de cet orifice, c'est-à-dire de la surface circulaire qui sera pressée par l'eau pendant l'épreuve; si, par exemple, l'orifice recouvert par la soupape a un diamètre de 3 centimètres, la largeur de la surface annulaire de recouvrement ou de contact ne devra pas dépasser 1 millimètre; pour un orifice dont le diamètre sera de 2 centimètres, cette largeur ne devra pas dépasser 2/3 de millimètre.

Le levier, par l'intermédiaire duquel la soupape est chargée doit être ajusté et monté avec précision, ainsi que l'axe autour duquel il tourne. La partie mobile de la soupape doit recouvrir l'orifice de la tubulure, à la manière d'un disque plan, et sans former bouchon, afin que l'eau puisse jaillir sur tout le pourtour de la soupape, pour peu que celle-ci soit soulevée. (Voir, pour plus de détail, l'article du § III, relatif à la construction des soupapes de sûreté.) D'après l'article 15, on doit procéder aux épreuves des chaudières en chargeant leurs soupapes de sûreté des poids convenables. Lorsqu'une chaudière sera pourvue de deux soupapes, il conviendra de caler l'une d'elles pendant l'épreuve, de manière à ce qu'elle ne puisse pas se soulever, et de charger l'autre.

. Il arrive quelquefois que les chaudières sont commandées par des fabricants de machines à vapeur qui se réservent d'y adapter eux-mêmes les soupapes de sûreté prescrites par les règlements. Si un fabricant réclame l'épreuve d'une chaudière qui n'est pas encore pourvue des soupapes de sûreté dont elle devra être munie, il y adaptera une soupape provisoire pour l'épreuve.

Il serait désirable que les chaudières composées de plusieurs parties distinctes, comme les chaudières à bouilleurs, fussent éprouvées toutes les parties étant assemblées; mais il n'y a pas lieu d'exiger que l'épreuve soit toujours faite de cette manière à la fabrique, parce que les chaudières qui doivent être placées dans des établissements éloignés sont généralement séparées en plusieurs parties, pour rendre leur transport plus facile, et ne sont montées et définitivement assemblées qu'après l'arrivée à destination.

Le fabricant pourra donc présenter à l'épreuve la chaudière en pièces séparées. Le corps de la chaudière sera alors éprouvé en chargeant une soupape adaptée à la chaudière même; pour les bouilleurs, on se servira, comme soupape d'épreuve, de celle qui est adaptée à la pompe de pression. L'ingénieur expliquera, dans le procès-verbal qu'il adressera au préfet, comme il sera dit ci-après, si l'épreuve a été faite sur la chaudière entière ou séparément sur chacune de ses parties, et, dans le premier cas, si la chaudière doit être démontée de nouveau, après l'épreuve, pour être transportée.

Lorsque la soupape d'épreuve ne sera pas placée directement sur la pièce à éprouver, l'ingénieur s'assurera que les tuyaux qui mettent la pompe en communication avec cette pièce sont libres d'obstructions. Il vérifiera, dans tous les cas, si la soupape est bien ajustée et satisfait aux conditions indiquées quant à la largeur de la surface de recouvrement; puis il calculera le poids dont elle devrait être chargée directement, pour faire équilibre à la plus grande pression effective de la vapeur. Il multipliera ce poids par le nombre qui exprime le rapport voulu par l'ordonnance, suivant les cas, entre la pression d'épreuve et la pression effective. Enfin, il déterminera la quotité du poids dont le levier de la soupape doit être chargé, pour produire sur celle-ci la pression d'épreuve, en tenant compte du poids de la soupape et de la pression du levier lui-même, ainsi que cela est expliqué à l'article 1er du § III de la présente instruction.

Le poids déterminé pour chaque cas étant suspendu au levier de la soupape d'épreuve, on foulera l'eau avec célérité, dans la pièce à éprouver, jusqu'à ce que la soupape se soulève. L'épreuve ne doit être regardée comme concluante et comme terminée, que lorsque l'eau jaillit en une nappe mince et à peu près continue sur le pourtour entier de l'orifice de la soupape; car, si celle-ci était mal ajustée, il pourrait s'échapper des filets d'eau sur quelques points du contour, bien avant que la limite de la pression d'épreuve eût été atteinte.

Pendant la durée de l'épreuve, l'ingénieur examine avec soin si la pièce éprouvée n'a pas de fuites, et si ses parois ne sont pas déformées par la pression. Quelques légers suintements entre les feuilles de tôle d'une chaudière ou même à travers les pores du métal d'une chaudière ou d'un cylindre ne sont point un motif suffisant pour regarder la pièce éprouvée comme défectueuse. Ces suintements, qui se manifestent assez fréquemment, avant même que la pression intérieure ait atteint la limite fixée par la charge des soupapes, peuvent être arrêtés par quelques coups de marteau. Des fissures dans le métal, par lesquelles aurait lieu une fuite un peu forte, une déformation sensible qui ne disparaîtrait pas aussitôt que l'épreuve serait terminée, sont les signes auxquels on reconnaît une pièce défectueuse. C'est principalement aux déformations de la pièce éprouvée que l'on doit faire attention, dans l'épreuve des chaudières qui sont à parois planes, ou concaves extérieurement, ou qui contiennent des tuyaux cylindriques pour la circulation de la flamme.

Quand la pièce aura convenablement supporté l'épreuve, l'ingénieur fera frapper devant lui, d'un timbre portant l'empreinte fixée par l'administration, une plaque ou médaille de cuivre, sur laquelle sera gravé le nombre d'atmosphères mesurant la pression intérieure de la vapeur, et qui aura été fixée d'avance à la pièce éprouvée, au moyen de vis en cuivre. L'empreinte sera apposée sur les têtes des vis arrasées préalablement à fleur de la plaque. Elle s'étendra en partie sur le métal de cette plaque.

Il est possible qu'une chaudière qui aura bien résisté à la pression présente cependant, en raison de sa forme et du mode de jonction de ses parties, des vices de construction qui pourraient devenir des causes de danger. A cet égard, une chaudière est surtout défectueuse :

1° Lorsqu'il n'est pas possible de la nettoyer complétement des sédiments vaseux ou incrustants que les eaux, même réputées les plus pures, abandonneront dans son intérieur en se vaporisant ;

2° Lorsque les communications existantes entre les bouilleurs, ou parties de la chaudière qui seront exposées le plus directement à l'action du feu, et l'espace occupé par la vapeur, sont trop étroites, ou disposées de manière que la vapeur formée dans l'intérieur des bouilleurs ne puisse pas s'en dégager facilement pour arriver dans le réservoir de vapeur ;

3° Lorsque les joints des tubulures qui mettent en communication les diverses parties de la chaudière ne présentent pas une solidité suffisante, ou lorsque cette solidité peut être détruite accidentellement.

Ainsi, par exemple, le mastic de fer dont on se sert quelquefois pour garnir les joints des tubulures de communication entre les bouilleurs et la chaudière, quoiqu'il puisse résister à la pression d'épreuve, ne doit pas être regardé comme établissant entre les deux pièces réunies une jonction suffisamment solide pour résister indéfiniment à la pression de la vapeur. Ce mastic a d'abord l'inconvénient d'attaquer le fer sur lequel il est appliqué ; c'est pourquoi on ne doit en faire usage que pour des tubulures épaisses en fonte de fer, et non pour des tubulures en tôle. Il est, en outre, cassant, et son adhérence, qui est fort énergique, peut être détruite accidentellement par le déplacement de la chaudière ou par un choc. Il est donc indispensable, quand on s'en sert, que les pièces assemblées soient, en outre, réunies par des armatures en fer suffisamment fortes pour prévenir, à elles seules, la disjonction, dans le cas même où l'adhérence due au mastic serait entièrement détruite.

Malgré les vices de construction que l'ingénieur pourrait remarquer, il fera timbrer la chaudière qui aurait résisté à l'épreuve ; mais il aura soin de signaler ces vices dans le procès-verbal d'épreuve dont il va être parlé.

Après avoir fait apposer l'empreinte du timbre, l'ingénieur dressera un procès-verbal dans lequel seront indiqués :

1° La date de l'épreuve ;

2° Le lieu où elle a été faite ;

3° Le nom et la résidence du fabricant des pièces éprouvées ;

4° La nature, la forme et les dimensions de ces pièces ; et, pour les chaudières, l'épaisseur du métal, en millimètres, et leur capacité totale, en mètres cubes ;

5° La tension de la vapeur, en atmosphères, ou le nombre gravé sur la plaque timbrée ;

6° Le diamètre de l'orifice de la soupape d'épreuve, en centimètres, le rapport des longueurs des bras du levier, et la charge (en kilogrammes) appliquée pour l'épreuve;

7° L'usage auquel l'appareil est destiné;

8° Le nom et le domicile de celui qui a commandé les pièces éprouvées;

9° La destination définitive de ces pièces, c'est-à-dire la situation de l'établissement où seront placées les chaudières et autres pièces éprouvées, et le nom du propriétaire de l'établissement;

10° Pour les chaudières qui seront formées de plusieurs parties réunies par des tubulures, le procès-verbal indiquera si l'épreuve a eu lieu sur la chaudière montée ou sur les parties séparées.

Il contiendra les observations de l'ingénieur sur les vices de forme, de construction, ou tous autres qu'il aurait remarqués dans les chaudières ou autres pièces éprouvées.

Le procès-verbal sera transmis, sans délai, au préfet du département dans lequel l'épreuve aura été faite.

Dans le cas où la destination de la chaudière ou des autres pièces éprouvées serait pour un département autre que celui dans lequel l'épreuve a eu lieu, le préfet transmettrait immédiatement, à son collègue du département pour lequel les pièces sont destinées, une copie certifiée du procès-verbal d'épreuve.

Dans les départements où il existe des fabriques de chaudières et de machines, les procès-verbaux dont il est fait mention ci-dessus pourront être remplacés par un tableau à colonnes conforme au modèle (A) joint à la présente instruction; l'état des épreuves sera arrêté par l'ingénieur, à la fin de chaque mois, et transmis sans délai au préfet du département.

Le préfet extraira de ce tableau ce qui sera relatif aux pièces destinées à d'autres départements, et enverra les extraits certifiés par lui aux préfets de ces départements.

Il adressera, en outre, tous les mois, au ministre des travaux publics, une copie de l'état des épreuves qui auront été faites dans son département.

§ 2. — De l'instruction des demandes. — Des autorisations d'appareils à vapeur.

Celui qui sera dans l'intention d'employer une chaudière fermée, ou tout autre appareil à vapeur, pour un usage quelconque, adressera au préfet du département une demande en autorisation, qui devra contenir toutes les indications mentionnées dans l'article 5 de l'ordonnance: un plan des localités et un dessin géométrique de la chaudière, avec échelle, devront y être annexés.

En cas d'omission de quelques-unes des indications nécessaires ou d'insuffisance des plans, le préfet en préviendra immédiatement le demandeur, et l'invitera à compléter sa pétition conformément à l'article 5 de l'ordonnance.

Dès que la demande régulière lui sera parvenue, le préfet la transmettra au sous-préfet de l'arrondissement; il l'invitera à faire procéder immédiatement, par le maire de la commune, aux informations *de commodo et incommodo*, et à lui renvoyer, avec ladite demande, le procès-verbal d'enquête, l'avis du maire et le sien, dans les délais prescrits par les articles 7 et 8.

Aussitôt après les avoir reçues, le préfet renverra toutes les pièces de l'affaire à l'ingénieur des mines, ou, à son défaut, à l'ingénieur des ponts et chaussées; il y joindra la copie certifiée des procès-verbaux des épreuves, si elles ont été faites dans un autre département; il invitera l'ingénieur à se transporter sur les lieux où l'appareil doit être établi, et à lui adresser son avis sur la demande, dans le plus court délai possible.

L'ingénieur vérifiera si les pièces de l'appareil ont été soumises aux épreuves prescrites par l'ordonnance, et sont revêtues des timbres constatant que ces épreuves ont été faites ; il devra renouveler l'épreuve de la chaudière et des autres pièces, dans les cas prévus par l'article 21. Il sera très-rarement utile d'éprouver de nouveau les cylindres, enveloppes de cylindres, et autres pièces en fonte ou en tôle qui doivent recevoir la vapeur formée dans les chaudières ; mais on devra souvent renouveler l'épreuve des chaudières, notamment lorsqu'elles auront été éprouvées à la fabrique par parties séparées, ou que les parties, assemblées pour subir l'épreuve à la fabrique, auront été de nouveau disjointes pour faciliter le transport à l'établissement ; le démontage et le remontage de la chaudière comportent, en effet, des modifications du genre de celles qui sont mentionnées à l'article 21. Si les pièces de la chaudière n'ont pas été séparées, mais si les joints mastiqués des tubulures ont souffert pendant le transport et ont besoin d'être réparés ou refaits, l'épreuve devra également être répétée.

Pour les chaudières qui auront déjà servi dans un autre établissement, l'épreuve sera renouvelée :

1º Quand la date de la première épreuve constatée par les timbres sera incertaine, ou qu'elle remontera à plus de trois ans ;

2º Quand les chaudières auront été démontées, réparées ou modifiées d'une manière quelconque depuis la première épreuve. L'ingénieur, dans ce cas, vérifiera préalablement, avec beaucoup de soin, l'épaisseur du métal, surtout vers les points des parois qui ont été le plus exposés à l'action du feu ou à d'autres causes de détérioration ; il fera détacher les écailles d'oxyde, et ne procédera à l'épreuve qu'après s'être assuré, autant qu'il est possible de le faire par une visite minutieuse, que la chaudière est susceptible d'un bon service.

Quant aux chaudières neuves qui auront déjà été essayées et timbrées, l'ingénieur examinera si elles n'ont pas des formes vicieuses, qui rendraient difficile l'enlèvement des dépôts de leur intérieur, ou qui ne permettraient pas à la vapeur produite dans les parties exposées à l'action du feu de se dégager facilement, pour arriver dans la partie supérieure formant réservoir de vapeur. Dans son rapport, il rendra compte au préfet des opérations auxquelles il s'est livré ; il signalera les vices de construction qu'il aura constatés, et indiquera les moyens de les corriger ; il fera connaître à laquelle des catégories établies par l'article 33 appartient la chaudière du demandeur, et quelle est l'étendue de la surface de chauffe en mètres carrés ; il discutera les oppositions consignées dans le procès-verbal d'enquête, tant sous le rapport de la sûreté du voisinage que sous celui de l'incommodité que pourrait causer la fumée. Enfin, il terminera son travail par un projet d'arrêté, tendant à accorder ou à refuser l'autorisation demandée.

Le rejet de la demande peut être motivé sur l'impossibilité de satisfaire aux conditions de l'ordonnance, ou sur les dommages que l'établissement de l'appareil à vapeur causerait au voisinage, malgré les obligations particulières qui pourraient être imposées au demandeur.

Si l'ingénieur conclut à ce que l'autorisation soit accordée, il sera utile que le projet d'arrêté contienne, outre les indications dont il est fait mention à l'article 10, les principales dispositions de l'ordonnance rendues applicables au cas particulier dont il s'agit, afin que le demandeur soit parfaitement éclairé par la teneur seule de l'arrêté sur les conditions auxquelles il devra satisfaire.

Un modèle d'arrêté (B) est annexé à la présente instruction.

§ 3. — Des appareils de sûreté dont les chaudières doivent être pourvues.

1° Des soupapes de sûreté.

Les diamètres des orifices des soupapes de sûreté sont réglés en raison de la surface de chauffe de chaque chaudière et du numéro du timbre, par la table n° 2 annexée à l'ordonnance, et la règle énoncée à la suite de cette table.

Cette règle est exprimée par l'équation suivante, dans laquelle d désigne le diamètre d'une soupape en centimètres; s la surface de chauffe de la chaudière, y compris les parties des parois comprises dans les carneaux ou conduits de la flamme et de la fumée, exprimée en mètres carrés; n le numéro du timbre exprimant en atmosphères la tension de la vapeur.

$$ d = 2,6 \sqrt{\frac{s}{n - 0,412}}. $$

L'expérience a fait voir qu'une seule soupape dont l'orifice avait un diamètre déterminé par la formule empirique précédente suffisait pour débiter toute la vapeur qui pourrait se former dans la chaudière, à la tension de n atmosphères, sous l'influence du feu le plus actif. Ainsi, quand une chaudière sera munie de deux soupapes ayant les dimensions prescrites et fonctionnant bien, on n'aura point à craindre que la tension de la vapeur dépasse la limite assignée, sauf peut-être le cas où l'eau, par suite d'un défaut d'alimentation, viendrait à atteindre des parois rouges.

Une soupape de sûreté bien construite et ajustée fonctionne avec un grand degré de précision, et elle est très-peu susceptible de se déranger. Au contraire, une soupape mal construite se dérange souvent, laisse fuir la vapeur avant de s'ouvrir, et se soulève sous des pressions qui varient entre des limites assez éloignées; elle manque complétement de précision. Un des vices de construction les plus graves des soupapes de sûreté consiste en ce que la surface annulaire de contact entre le disque mobile de la soupape et le dessus du collet ou de la tubulure fermée par ce disque a une étendue beaucoup trop grande, comparativement à la surface circulaire exposée à l'action directe de la vapeur. On comprend qu'alors les deux surfaces qui devraient se toucher ne s'appliquent pas exactement l'une sur l'autre, ce qui apporte de l'incertitude dans la mesure de la surface réellement pressée par la vapeur. Les phénomènes d'adhérence entre les deux surfaces polies et rodées donnent lieu à une autre cause d'incertitude; enfin, des corps étrangers peuvent se loger entre les surfaces de contact, et le poli qu'elles ont reçu d'abord s'altère d'autant plus facilement qu'elles sont plus grandes. C'est pour éviter ces inconvénients que l'article 24 de l'ordonnance assigne des limites à la largeur de la surface annulaire de recouvrement.

Les plus grandes largeurs que l'on pourra donner à ces surfaces sont les suivantes :

DIAMÊTRES DES ORIFICES ou des surfaces exposées directement à l'action de la vapeur.	LARGEURS CORRESPONDANTES que les surfaces de recouvrement ne devront pas dépasser.
20 millimètres.	0.67 millimètres.
25	0.83
30	1.00
35	1.17
40	1.32
45	1.50
50	1.67
55	1.83
60 et au-dessus.	2.00

La réduction de largeur des surfaces annulaires de recouvrement exigera que les disques mobiles et les leviers des soupapes soient guidés et ajustés avec précision. La note (C) qui se trouve à la suite de cette instruction contient des détails étendus à ce sujet.

Chaque soupape doit être chargée d'un poids unique, agissant soit directement, soit par l'intermédiaire d'un levier (art. 23); la quotité du poids et la longueur du levier doivent être réglées de manière à ce que, le poids étant placé à l'extrémité du levier, la soupape soit chargée de 1k,033 par centimètre carré de surface de l'orifice et par atmosphère de pression effective. On déterminera la quotité du poids, en procédant comme dans l'exemple suivant :

Supposant qu'une soupape dont l'orifice a 5 centimètres de diamètre doive être chargée, pour une tension de la vapeur de 4 atmosphères, ou une pression effective de 3 atmosphères, on calculera d'abord la pression totale qui doit avoir lieu sur la soupape, ainsi qu'il suit :

On prendra le carré du diamètre de l'orifice de la soupape.

$$5 \times 5 = 25.$$

La surface de l'orifice est donc de 25 centimètres circulaires.

La pression d'une atmosphère, qui est de 1k,033 sur un centimètre carré, est de 1k033 × 0,7854 = 0k,811 sur un centimètre circulaire.

La pression de 3 atmosphères sur la surface de la soupape est donc mesurée par le produit de 25 par 0,811 et par 3.

$$25 \times 0,811 \times 3 = 60^k,75.$$

La charge directe doit être de 60k,75.

On pèsera la soupape : soit son poids égal à 1 kilogramme.

On déterminera ensuite la pression que le levier exerce sur la soupape : pour cela, on soulèvera ce levier avec le crochet d'une romaine ou d'un peson à ressort, en le saisissant par le point qui s'appuie sur la tige de la soupape; si l'on trouve que la pression exercée par le levier, et qui sera accusée par le peson ou romaine, soit de 3 kilogrammes, on aura 3 + 1 = 4 pour la partie de la charge due à la soupape et au levier. On retranchera cette somme de la charge totale calculée précédemment.

$$60^k,75 - 4 = 56^k,75.$$

L'on aura 56k,75 pour la partie de la charge directe que le poids doit exercer.

On mesurera avec soin les distances respectives de l'axe du levier :
1° Au point par lequel le levier s'appuie sur la tige de la soupape ;
2° A l'extrémité du levier où le poids sera placé. On prendra le rapport de la seconde distance à la première ; on divisera la charge directe que le poids doit exercer par ce rapport : le quotient exprimera la quotité du poids qui devra être suspendu à l'extrémité du levier. Ainsi, si, dans l'exemple choisi, le rapport des bras du levier est celui de 10 à 1, on aura, pour la quotité du poids :

$$\frac{56^k,75}{10} = 5^k,675.$$

Le nombre exprimant en kilogrammes la quotité du poids ainsi déterminé sera, après vérification, gravé sur le poids, et le timbre appliqué à côté de ce nombre. De même, la longueur totale du levier, en décimètres et fractions de décimètres, sera gravée sur ce levier, et le timbre appliqué à côté de ce nombre. Les agents chargés de la surveillance des machines à vapeur n'auront ensuite qu'à vérifier une longueur et la quotité d'un poids qui seront connus par les inscriptions, pour s'assurer que les soupapes sont convenablement chargées.

Les soupapes des chaudières de machines locomotives sont pressées par des ressorts dont le mécanicien peut à volonté augmenter ou diminuer la tension ; une échelle divisée indique les charges ou tensions correspondantes aux diverses longueurs du ressort ; les manomètres ou thermomanomètres, dont ces chaudières seront pourvues, offriront aux ingénieurs un moyen facile de vérifier l'exactitude de la graduation.

2° Du manomètre.

L'expérience a fait voir que les manomètres à air comprimé sont tellement sujets à se détériorer, que la plupart des appareils de ce genre adaptés aux chaudières de machines à vapeur ne donnent plus, au bout de fort peu de temps, des indications exactes. C'est pourquoi l'ordonnance a prescrit l'usage de manomètres à air libre pour toutes les chaudières timbrées à cinq atmosphères et au-dessous. La prescription n'a pas été généralisée, parce qu'on a craint qu'en raison de leur longueur les manomètres à air libre, susceptibles d'accuser des pressions supérieures à cinq atmosphères, ne pussent pas toujours être placés dans le local des chaudières. Lorsqu'il n'y aura aucune difficulté de ce côté, l'ingénieur devra toujours conseiller l'usage du manomètre à air libre, quelle que soit la tension de la vapeur ; et le préfet pourra même le prescrire, sur le rapport de l'ingénieur, en vertu de la faculté que lui laisse l'article 67 de l'ordonnance, quand il le jugera utile à la sûreté publique.

On trouvera, dans la note (D), la description d'un manomètre à air libre, à cuvette et à tube de verre, que la commission centrale des machines à vapeur a fait exécuter ; cet appareil a l'avantage d'être d'une construction simple, d'une vérification facile, de fournir des indications exactes, et paraît peu susceptible de se déranger.

L'ordonnance permet de remplacer, pour les chaudières de machines locomobiles et locomotives, le manomètre à air libre par un manomètre fermé ou un thermomanomètre.

La cause principale qui met hors de service, en très-peu de temps, les manomètres fermés, consiste en ce que l'oxygène de l'air confiné dans la partie supérieure du tube est absorbé par le mercure; il en résulte d'abord que la graduation de l'instrument est faussée, et ensuite, que les pellicules de mercure oxydé s'attachent à la paroi du tube en verre qu'elles salissent au point qu'on n'aperçoit plus l'extrémité de la colonne mercurielle.

Il est facile de construire des manomètres fermés qui soient exempts de ces inconvénients. Il suffit, pour cela, d'introduire dans la chambre manométrique de l'air que l'on aura privé de son oxygène, en le faisant passer dans un tube en verre à travers de la tournure de cuivre métallique chauffée au rouge. Tous les fabricants d'instruments de physique sont à même d'exécuter cette opération.

Il est inutile d'ajouter qu'on doit employer du mercure pur, et éviter l'emploi des mastics gras.

Le thermomanomètre est un thermomètre à mercure construit de manière à accuser des températures qui vont jusqu'à 200 degrés centigrades environ, et dont la tige est divisée en atmosphères et fractions décimales d'atmosphère, d'après les relations connues entre les tensions de la vapeur d'eau à son maximum de densité et les températures correspondantes. (Voir la table annexée à la note D.) La boule du thermomanomètre ne doit pas être plongée dans la vapeur de la chaudière, attendu que la pression fausserait les indications thermométriques. Elle est enfermée dans un tube de métal, fermé par le bas et rentrant dans la chaudière, aux parois de laquelle il est fixé par une bride, au moyen de vis et d'écrous; on remplit l'espace restant entre la boule et les parois du tube métallique avec de la limaille de cuivre, ou tout autre corps bon conducteur du calorique.

Les ingénieurs pourront vérifier la graduation des manomètres à air comprimé et des thermomanomètres par comparaison, soit avec des thermomètres étalons dont la graduation aurait été vérifiée, soit avec des manomètres à air libre adaptés à des chaudières ordinaires, soit enfin avec une soupape très-bien ajustée et chargée par l'intermédiaire d'un levier s'appuyant sur un couteau. (Voir la note C.)

On pourrait encore, pour les thermomanomètres, vérifier deux divisions de l'échelle correspondantes à des températures fixes, telles que celles des points d'ébullition, à l'air libre, de l'eau pure, et de l'essence de térébenthine pure et rectifiée; cette essence bout à 157 degrés du thermomètre centigrade. Pour ces vérifications, on fera bouillir le liquide dans un matras ou autre vase à long col, qui ne sera rempli qu'en partie : on tiendra le thermomanomètre plongé dans la vapeur qui occupera la partie supérieure et le col du vase, la boule étant en dehors du liquide en ébullition, et à une petite distance de sa surface.

3° Des indicateurs du niveau de l'eau et du flotteur d'alarme.

La construction et la disposition des tubes indicateurs en verre, des robinets indicateurs et des flotteurs ordinaires sont assez généralement connues pour qu'il soit inutile de les décrire ici. Il suffira de dire que les tubulures qui portent les tubes indicateurs en verre doivent être munies de robinets qui permettent de nettoyer ces tubes, et de prévenir l'écoulement de la vapeur et de l'eau, en cas de rupture accidentelle du tube. Une chaudière devra être pourvue de l'un des appareils énumérés ci-dessus, et, en outre, d'un flotteur d'alarme destiné à avertir, par un bruit aigu, un chauffeur qui aurait négligé d'entretenir la chaudière convenablement remplie d'eau.

On a construit des flotteurs d'alarme de formes très-diverses. Tous consistent en un flotteur qui fait ouvrir, au moment où la surface de l'eau s'abaisse dans la chaudière jusqu'au niveau des carneaux, un petit orifice par lequel la vapeur jaillit sur les bords d'un timbre ou d'une lame métallique vibrante dont le bruit très-aigu ne peut manquer d'être entendu par le chauffeur et les ouvriers occupés dans le voisinage.

Les ingénieurs peuvent admettre tout instrument de ce genre, dout l'effet sera certain. La note (E) renferme, comme exemple, la description d'un flotteur à sifflet, exécuté par les soins de la commission centrale des machines à vapeur, et qui peut être employé, quelle que soit la tension de la vapeur.

Pour les chaudières dans lesquelles la pression effective de la vapeur ne dépasserait pas une demi-atmosphère, on pourrait se dispenser de l'emploi d'un flotteur et placer simplement le sifflet d'alarme sur l'orifice supérieur d'un tuyau vertical de 4 à 5 centimètres de diamètre intérieur ouvert par le bas qui traverserait le dôme de la chaudière, et s'enfoncerait jusqu'au niveau au-dessous duquel la surface de l'eau ne devrait pas descendre. Sa longueur serait suffisante pour que la colonne d'eau, élevée dans son intérieur et comptée à partir du plan d'eau, fît équilibre à la pression effective que la vapeur ne devrait pas dépasser.

4º Des appareils alimentaires.

Les chaudières de machines à vapeur sont habituellement alimentées par des pompes mues par la machine ; les unes sont à jeu continu, les autres à jeu intermittent. Lors même que le jeu est continu, l'alimentation ne peut être assurée qu'autant que la pompe est capable de fournir un volume d'eau plus grand que celui qui est dépensé en vapeur par la chaudière ; il faut donc que l'étendue de la course du piston de la pompe alimentaire soit variable, à la volonté du mécanicien, ou que l'eau foulée par la pompe se divise en deux parties, dont l'une est admise dans la chaudière et l'autre retourne à la bache. La quantité d'eau admise dans la chaudière est réglée par des mécanismes mis en jeu au moyen de flotteurs, ou par un robinet qui est à la disposition du chauffeur. Ce dernier moyen, combiné avec de bons indicateurs du niveau de l'eau, est peut-être le meilleur de tous : en tout cas, il est suffisant, pourvu que le chauffeur donne à la conduite de la chaudière l'attention convenable.

Lorsque le jeu de la pompe alimentaire est intermittent, le chauffeur ou mécanicien peut, à volonté, l'empêcher de fonctionner, soit en décrochant la tige du piston, soit en relevant le clapet d'aspiration, ou en fermant un robinet adapté au tuyau d'aspiration. Il ne doit pas négliger de faire jouer la pompe dès le moment où le niveau de l'eau, dans la chaudière, est descendu à la hauteur de la ligne d'eau tracée à l'extérieur, conformément à l'article 29. Il peut, d'ailleurs, profiter, pour alimenter, des instants où la tension de la vapeur accusée par le manomètre est un peu plus élevée qu'à l'ordinaire.

L'alimentation continue est préférable, sous le rapport de la sécurité ; le tuyau de décharge d'une pompe à jeu continu peut même être disposé de manière à faire apercevoir les dérangements qui seraient survenus à cette pompe.

Dans les machines locomotives, l'alimentation des chaudières est toujours intermittente. Des robinets d'épreuve, adaptés aux tuyaux alimentaires, permettent aux mécaniciens de vérifier si les pompes ne sont pas dérangées et foulent de l'eau dans les chaudières.

Les chaudières à vapeur destinées au chauffage des habitations ou à d'autres usages, et qui ne sont pas jointes à des machines, sont alimentées par des retours d'eau ou des appareils appropriés à la nature des opérations que l'on exécute à l'aide de la vapeur. L'ingénieur devra, dans chaque cas, examiner la construction de ces appareils, en étudier le jeu et vérifier s'ils sont d'un effet certain. S'ils lui paraissaient vicieux, il indiquerait les améliorations qui devraient y être apportées.

§ 4. — De l'emplacement des chaudières à vapeur.

Les dangers et les dommages qui peuvent résulter de la rupture ou de l'explosion d'une chaudière à vapeur sont d'autant plus graves que la masse d'eau échauffée et la pression de la vapeur sont plus grandes. L'ordonnance a, en conséquence, réparti les chaudières en quatre catégories pour lesquelles les conditions d'emplacement prescrites sont différentes.

Les grandes chaudières de la première catégorie devront être placées en dehors de toute maison d'habitation et de tout atelier, sauf l'exception mentionnée dans l'article 35. Les maisons d'habitation, la voie publique, situées dans les limites des distances prévues par l'article 36, seront protégées par des murs de défense; la toiture du local contenant la chaudière sera en matériaux légers, et n'aura aucune liaison avec les toits des ateliers et autres bâtiments contigus.

MM. les préfets doivent tenir la main à ce que les conditions d'isolement du local des chaudières de la première catégorie de toute maison d'habitation et de tout atelier ne soient point éludées. Ainsi l'isolement des ateliers ne serait qu'apparent, si le local de la chaudière était contigu aux ateliers, et n'en était séparé que par des murs mitoyens légers ou des murs solides, mais percés de larges ouvertures. Quand cette contiguïté existera, le mur mitoyen devra être très-solide et entièrement plein, sauf les ouvertures qui seraient indispensables pour le passage des tuyaux de vapeur ou des arbres de transmission de mouvement, dans le cas où les machines à vapeur seraient établies dans le même local que les chaudières.

Les chaudières de la première catégorie pourront être placées, par exception, dans l'intérieur des ateliers (article 35), quand on voudra employer à leur chauffage une chaleur qui, autrement, serait perdue. Dans ce cas, les conditions prescrites par l'article 36, à l'égard des tiers et de la voie publique, seront toujours exigibles, et l'autorisation devra être portée à la connaissance du ministre des travaux publics.

Les chaudières de la deuxième catégorie pourront être placées dans l'intérieur d'un atelier qui ne fera pas partie d'une maison d'habitation ou d'une fabrique à plusieurs étages. Les murs de défense seront exigés vis-à-vis des maisons d'habitation et de la voie publique situées dans les limites de distances fixées par l'article 39.

Les chaudières de la troisième catégorie pourront aussi être placées dans l'intérieur d'un atelier qui ne fera par partie d'une maison d'habitation; les murs de défense vis-à-vis des maisons d'habitation et de la voie publique ne seront point exigés.

Enfin, les chaudières de la quatrième catégorie ne seront soumises à aucune autre condition de local que celle d'être séparées par un intervalle de 0.^{m}50 des murs mitoyens avec les maisons d'habitation voisines (art. 44). Elles pourront, d'ailleurs, être établies même dans un atelier qui ferait partie d'une maison d'habitation, et sans murs de défense.

La liberté très-étendue laissée aux propriétaires de chaudières à vapeur de la troisième et de la quatrième catégorie rend indispensable d'écarter de ces chaudières tous les objets ou matériaux d'un poids un peu considérable, qui pourraient aggraver les dommages résultant d'une explosion. Il est pourvu à cette nécessité par l'article 45.

L'article 41 laisse à MM. les préfets la faculté de déterminer la situation et les dimensions, en hauteur et en longueur, des murs de défense exigés, par les articles 36, 39 et 40, pour les chaudières de la première et de la deuxième catégorie, ainsi que la distance de ces chaudières aux maisons d'habitation voisines et à la voie publique, et même la direction de leur axe. Ces divers points devront être traités avec soin dans le rapport de l'ingénieur. Il examinera si la position des chaudières, indiquée par le propriétaire, est celle qui, eu égard au local dont on dispose, offre le moins d'inconvénients pour le voisinage. Il déterminera la hauteur et la longueur des murs de défense, de manière à ce que, en cas d'explosion, les débris de la chaudière rompue ne puissent atteindre les habitations voisines ou les personnes qui se trouveraient sur la voie publique. Enfin, l'axe de la chaudière devra être, autant que possible, disposé parallèlement aux murs des habitations ou à la voie publique, parce que, en cas d'explosion, c'est ordinairement dans la direction de l'axe de la chaudière que les fragments sont lancés avec le plus de violence par l'action de la vapeur. L'ingénieur indiquera, sur le plan fourni par le demandeur, la situation de la chaudière et des murs de défense qu'il proposera au préfet d'exiger. Toutes les conditions définitivement prescrites par le préfet seront énoncées d'une manière détaillée dans l'arrêté d'autorisation.

§ 5. — Des machines employées dans les mines. — Des machines locomobiles et locomotives.

L'établissement des chaudières dans l'intérieur des mines ne devra être autorisé que sous des conditions tout à fait particulières et appropriées à chaque localité, de manière à ce que l'échappement de la fumée ainsi que l'aérage de la mine soient parfaitement assurés, et qu'il n'y ait aucun danger d'incendie.

Les machines locomobiles et locomotives sont assujetties à des dispositions particulières, qui sont assez détaillées dans le titre IV de l'ordonnance pour que toute autre explication soit superflue.

§ 6. — Dispositions générales.

Les prescriptions de l'ordonnance sont applicables à presque toutes les chaudières à vapeur. Cependant, il y en a quelques-unes qui, en raison de l'usage particulier auquel elles sont destinées, ou même de leurs dimensions et de leurs formes, peuvent être dispensées, sans inconvénient, d'une partie des mesures prescrites par l'ordonnance, soit purement et simplement, soit en les assujettissant à des conditions spéciales.

On peut citer, comme exemple, les chaudières qui sont employées dans beaucoup de buanderies des environs de Paris, pour le lessivage du linge. Ces chaudières, qui ont une petite capacité, sont établies auprès et en contre-bas du cuvier qui contient le linge. Un tuyau, qui plonge dans leur intérieur et s'ouvre à quelques centimètres du fond, s'élève verticalement au-dessus des bords supérieurs du cuvier, se recourbe et se termine par un entonnoir renversé placé à l'aplomb de l'axe de ce cuvier. On emplit d'abord la chaudière de lessive; on chauffe : la lessive, pressée par la vapeur, s'élève dans le tuyau et vient se déverser sur le linge; la chaudière est presque complétement vidée. La lessive traverse le linge, arrive dans un espace libre ménagé au-dessous d'un grillage ou double fond, et retourne à la chaudière par un tuyau qui met celle-ci en communication avec le fond du cuvier, et qui est terminé par un clapet s'ouvrant du cuvier vers la chaudière.

Il est évident qu'il serait inutile d'adapter à des chaudières de ce genre, ni soupapes ordinaires, ni manomètres, puisque la pression de la vapeur y est limitée par la hauteur du large tuyau par lequel se déverse la lessive. On ne peut non plus y adapter, ni flotteur ordinaire, ni flotteur d'alarme, puisqu'elles sont destinées à se vider presque tout à fait par intervalles. Mais il faut que la lessive puisse retourner facilement du cuvier à la chaudière, et remplir celle-ci de nouveau. Il est nécessaire, pour cela, que ces chaudières soient pourvues d'une soupape atmosphérique qui s'ouvre de dehors en dedans, au moment où la chaudière s'est vidée, et qui ne se referme que lorsque la chaudière est remplie de nouveau à peu près complétement. Le jeu d'une semblable soupape peut être assuré par un flotteur disposé d'une manière particulière.

L'article 67 laisse à MM. les préfets la faculté de dispenser, sur le rapport des ingénieurs, certains appareils à vapeur d'une partie des prescriptions générales et de prescrire des mesures spéciales, dans des cas exceptionnels, comme celui que l'on vient de citer. Les arrêtés des préfets devront alors être soumis au ministre des travaux publics.

La destruction rapide et incessante des chaudières alimentées avec des eaux qui contiennent des acides libres ou des sels acides, comme celles qui sont extraites d'un grand nombre de puits de mines ou de carrières, donne lieu à des dangers que l'article 68 a pour but de prévenir. Cette article exige que les propriétés corrosives des eaux alimentaires soient neutralisées par une distillation préalable, ou par tout autre moyen reconnu efficace, toutes les fois que la pression effective de la vapeur dans la chaudière dépassera une demi-atmosphère. L'on pourra faire usage, dans ce cas, de machines à condenseurs fermés, ou neutraliser les eaux acides par des moyens chimiques que l'on fera connaître à l'ingénieur. Celui-ci devra s'assurer qu'ils sont efficaces, et rendra compte au préfet, dans son rapport, des expériences qu'il aura faites à cet effet et de leur résultat.

L'article 75 exige que les propriétaires d'appareils à vapeur fassent connaître immédiatement à l'autorité locale, c'est-à-dire au maire de la commune, les accidents qui seraient survenus; le maire doit immédiatement se transporter sur les lieux, dresser un procès-verbal succinct des circonstances de l'accident, et le transmettre sans délai au préfet, qui ordonnera, s'il y a lieu, à l'ingénieur des mines, ou, à son défaut, à l'ingénieur des ponts et chaussées, de se transporter sur les lieux.

Si l'accident survenu est grave, s'il a occasionné des blessures, ou s'il y a eu explosion d'une chaudière, ou autre pièce contenant la vapeur, le maire préviendra le propriétaire de l'appareil qu'il ne doit ni réparer les constructions, ni déplacer ou dénaturer les fragments de la pièce rompue, avant la visite de l'ingénieur, qui, dans ce cas, sera ordonnée d'urgence par le préfet.

§ 7. — De la surveillance administrative.

Dans leurs visites, les ingénieurs devront d'abord vérifier si les appareils de sûreté des chaudières et les pompes alimentaires sont entretenus en bon état. Ils examineront les chaudières elles-mêmes, et particulièrement celles qu'un long usage ou certaines circonstances particulières, telles que le défaut de soin, l'inhabileté du chauffeur, etc., leur feraient regarder comme suspectes.

Si les chaudières présentent des vices apparents, ils en provoqueront la réforme ou la réparation par un rapport au préfet. Quand l'inspection extérieure ne suffira pas pour éclairer l'ingénieur, au sujet d'une chaudière suspecte, il demandera au propriétaire de faire renouveler l'épreuve, et, en cas de refus de la part de celui-ci, il fera son rapport au préfet, qui ordonnera l'épreuve, s'il y a lieu (article 64).

Les épreuves des chaudières en fonte de fer devront être renouvelées au moins une fois chaque année.

Les ingénieurs et les agents placés sous leurs ordres veilleront à ce que l'instruction pratique, en date du 22 juillet 1843, soit affichée dans le local des chaudières ; ils s'assureront si les chauffeurs la comprennent, et s'ils se sont rendus familiers avec les précautions qui y sont recommandées.

Ils vérifieront si les chefs d'établissement ont à leur disposition les pièces de rechange exigées par l'article 69, c'est-à-dire des tubes de rechange et une petite quantité de mercure pour les manomètres à air libre et à tube en verre, des tubes en verre pour les indicateurs du niveau de l'eau, enfin des manomètres fermés ou des thermomanomètres, quand il sera fait usage de ces derniers instruments.

ANNEXE DE L'INSTRUCTION, M

(A)

SERVICE DES MA

DÉPARTEMENT

d

Etat des épreuves de chaudières à vapeur, tubes bouilleurs,
de la pompe de pression,

Numéro de l'épreuve.	DATE de l'épreuve	INDICA- TION du lieu où l'épreuve a été faite.	NOM ET RÉSIDENCE du fabricant des chaudières et des autres pièces éprouvées.	DÉSIGNATION des chaudières et des autres pièces éprouvées.	DIMENSIONS des chaudières et des autres pièces éprouvées.				Numéros des timbres.	SOUPAPES d'épreuve.			
					Longueur.	Diamètre.	Épaisseur.	Capacité totale des chaudières.		Pompe d'épreuve P. Chaudière Ch. (1)	Diamètre des orifices.	Largeur de la zone de contact. (2)	du levier.

(1) On écrira dans cette colonne la lettre P, pour indiquer que la soupape d'épreuve était adaptée à
pompe de pression, et les lettres Ch., pour indiquer que la soupape d'épreuve était adaptée à la chaudiè
éprouvée.
(2) On entend par zone de contact la surface annulaire par laquelle le disque de la soupape s'applique sur
collet de la tubulure. Cette largeur ne doit, dans aucun cas, excéder 1/30e du diamètre de l'orifice, et, pour
soupapes les plus grandes, elle ne doit pas excéder deux millimètres.

HINES A VAPEUR. —

MOIS D

lindres et enveloppes de cylindre, qui ont été faites, à l'aide
ns le département.

RGE	USAGE de L'APPAREIL.	NOM ET DOMICILE de celui qui a commandé la chaudière et les autres pièces éprouvées.	DÉSIGNATION DU PROPRIÉTAIRE et de la situation de l'établissement où seront placées les chaudières et les autres pièces éprouvées.			OBSERVATIONS.
			NOM du propriétaire.	Situation de l'établissement		
ur euvo)	de			dans le département.	dans les autres départements ou à l'étranger	(4)

On inscrira dans cette colonne la quotité du poids qui a été suspendu au levier de la soupape, lors de
uve.
On consignera dans cette colonne, s'il y a lieu, les observations relatives aux vices de forme ou de con-
fon des chaudières que l'on aurait remarqués ; lorsque la chaudière aura été éprouvée avec ses bouilleurs,
ra si elle doit être de nouveau démontée pour le transport à destination. On fera connaître si l'épreuve
sur une pièce neuve, ou sur une pièce ancienne et qui aurait été réparée, etc.

(B)

Modèle d'arrêté d'autorisation (1).

Nous, préfet, etc.

Vu la demande du sieur   tendant à obtenir
l'autorisation de faire usage de   chaudière à vapeur et
de   machine à vapeur, dans sa fabrique
de   sise à   commune
de

Vu les plans annexés à la demande ;

Vu l'ordonnance royale du 22 mai 1843 et les instructions ministérielles des 22 et 23 juillet même année ;

Vu le procès-verbal d'enquête *de commodo et incommodo*, ouvert le
              et clos le

Vu l'avis du maire de la commune de

L'avis du sous-préfet de l'arrondissement d

L'avis de l'ingénieur

Arrêtons ce qui suit :

1. Le sieur   est autorisé, sous les conditions
ci-après à faire usage dans sa fabrique de
sise à   commune de
   1° D   chaudière   à vapeur de forme
et d'une capacité de   mètres cubes ;
   2° D   machine   à vapeur dont la puissance est de
              cheva   pour servir à
lesquelles chaudière   et machine   ont été éprouvées et timbrées
pour une pression de   atmosphères.

2. La (ou chaque) chaudière sera pourvue des appareils de sûreté
suivants :

   1° Deux soupapes de sûreté placées une vers chaque extrémité de la
chaudière. Chacune des soupapes aura au moins un diamètre de
millimètres, correspondant à une surface de chauffe de   mètres
carrés et au timbre de la chaudière ; elle sera chargée directement,
ou par l'intermédiaire d'un levier, d'un poids unique équivalent à
              kilogrammes de charge directe par centimètre carré de
l'orifice. La largeur de la surface annulaire de recouvrement ne dépassera pas   millimètres.

Le poids et le levier seront vérifiés et poinçonnés à la diligence de
l'ingénieur.

La quotité du poids, en kilogrammes, et la longueur totale du levier, en décimètres, seront gravées sur ces pièces avant l'application
de l'empreinte du poinçon ;

   2° D'un manomètre à air libre placé en vue du chauffeur, gradué
en atmosphère et dixième d'atmosphère, et qui recevra la vapeur par
un tuyau adapté à la chaudière même. Une ligne très-apparente sera
tracée sur l'échelle en face de la division correspondante à
atmosphères, que l'index ou le niveau du mercure ne devra pas dépasser ;

   3° D'un flotteur ordinaire d'une mobilité suffisante, ou d'un autre

(1) Ce modèle s'applique au cas le plus ordinaire, celui où la demande comprend à la fois
une ou plusieurs chaudières et une ou plusieurs machines à vapeur.

appareil propre à faire connaître, à chaque instant, le niveau de l'eau dans la chaudière, et placé en vue du chauffeur ;

4° D'un flotteur d'alarme, diposé de manière à faire entendre un bruit aigu produit par l'échappement de la vapeur, dans le cas où le niveau de l'eau viendrait à s'abaisser dans la chaudière à 5 centimètres au-dessous de la ligne d'eau tracée sur le parement du fourneau, comme il sera dit ci-après.

5. Une ligne indiquant le niveau habituel de l'eau dans la chaudière sera tracée sur le parement extérieur du fourneau. Cette ligne sera d'un décimètre au moins au-dessus de la partie la plus élevée des carneaux, tubes ou conduits de la flamme et de la fumée.

La (ou chaque) chaudière sera alimentée par une pompe mue par la machine ou par tout autre appareil reconnu propre à remplir ce but par l'ingénieur.

4. L chaudière ser placée dans le local désigné au plan fourni par le demandeur, dont une copie sera annexée à la minute du présent arrêté.

(Suivent ici les conditions relatives au local des chaudières et aux murs de défense, qui dépendent de la catégorie à laquelle appartiennent les chaudières, et de leur distance aux habitations et à la voie publique, conformément aux articles 33 à 45 de l'ordonnance, et au § IV de l'instruction du 23 juillet 1843.)

5. Le combustible dont on fera usage sera

6. Le permissionnaire sera tenu :

1° De laisser visiter ses appareils par l'ingénieur, les gardes-mines et tous autres agents chargés de la surveillance des appareils à vapeur, toutes les fois qu'ils se présenteront ;

2° De nous donner avis de toutes les modifications et réparations qui seraient faites aux chaudières à vapeur, avant de les faire fonctionner de nouveau ;

3° En cas d'explosion ou d'accident, de nous en informer sur-le-champ, et de ne faire aucune réparation aux bâtiments, de ne déplacer ni dénaturer, avant la visite de l'ingénieur chargé de dresser le procès-verbal, aucun fragment de pièces rompues, sauf ce qui serait indispensable pour secourir les blessés et prévenir de nouveaux accidents ;

4° De fournir la main-d'œuvre et les appareils nécessaires aux nouvelles épreuves qui seraient ordonnées par nous ;

5° De se conformer à toutes les autres dispositions de l'ordonnance du 22 mai 1843 ;

6° D'adapter aux chaudières et machines les appareils de sûreté qui seraient prescrits ultérieurement par des règlements d'administration publique.

7. L'instruction ministérielle du 22 juillet 1843, sur les mesures de précaution habituelles à observer dans l'emploi des chaudières à vapeur établies à demeure, sera affichée dans le local de la chaudière.

8. En cas de contravention aux dispositions du présent arrêté, le sieur   et le mécanicien employé par lui seront poursuivis conformément aux lois, et l'autorisation pourra être, en outre, révoquée ou suspendue.

9. Expédition du présent arrêté sera expédiée à M. le maire de la commune d   chargé de le notifier au permissionnaire, et de le faire afficher à la mairie pendant un mois. Copie en sera déposée aux archives de la commune, pour être communiquée à toute partie intéressée qui en fera la demande. Ampliation en sera

adressée à l'ingénieur   chargé d'en surveiller
l'exécution.

Fait à   le   18

(C)

Sur la construction des soupapes de sûreté.

Les figures 1, 2 et 3, pl. I, représentent le plan, la coupe verticale
et l'élévation d'une soupape de sûreté.

Le disque mobile A et la tubulure B, sur laquelle il s'applique, sont
en bronze; le prolongement de la tubulure C, qui s'adapte à la chaudière, est en fonte; le levier LL′ et les autres pièces sont en fer forgé;
le disque A est ordinairement guidé, soit par une lanterne venue à la
fonte en dessous de ce disque, et qui pénètre dans la tubulure, soit par
trois ou quatre ailettes dont les plans se croisent suivant l'axe perpendiculaire au plan du disque, et dont les bords touchent le contour
cylindrique intérieur de la tubulure.

Les ailettes sont préférables à la lanterne, parce que celle-ci obstrue
en partie le passage de la vapeur, et qu'elle paraît plus sujette à s'engager dans la tubulure. On invite, en conséquence, les constructeurs
à adopter de préférence les disques guidés par des ailettes, tels qu'ils
sont représentés pl. 1, fig. 2, 4, 5 et 6. L'intérieur de la tubulure B est
alésé, et l'appendice inférieur du disque tourné de manière à ce qu'il
n'y ait qu'un jeu très-petit entre les surfaces qui doivent glisser l'une
dans l'autre; la face inférieure du disque, qui est directement au-
dessus de l'orifice de la tubulure, forme une surface légèrement concave relevée au-dessus du plan de la surface de recouvrement, fig. 2
et 4. L'extrémité supérieure de la tubulure B est évasée, comme on le
voit fig. 2, et la largeur des ailettes est, au contraire, diminuée dans
la partie correspondante à l'évasement de la tubulure, ainsi qu'on le
voit par les fig. 4, 5 et 6, qui représentent l'élévation du disque isolé,
et deux sections horizontales de ce disque, dont la première est faite
suivant le plan *ab* de la fig. 4, qui contient la surface annulaire de
contact, et l'autre suivant le plan inférieur *cd* de la fig. 4. La face inférieure du disque est fouillée sur le tour. Par suite de cette construction, le disque ne peut faire *bouchon* dans la tubulure, et ouvre, dès
qu'il se soulève, une issue aussi libre que possible à la vapeur. La
tige T, qui est venue de fonte avec le disque de la soupape, est tournée avec lui, afin que son axe soit exactement perpendiculaire au plan
du disque et passe par son centre; elle se termine, à sa partie supérieure, par une surface conique à pointe émoussée, sur laquelle presse
le levier LL′. Ce levier tourne autour d'un boulon ou goupille F, dont
l'axe doit être situé exactement dans le prolongement du plan tan-
gent au sommet de la tige du disque de la soupape reposant sur son
siége. Au moment où celui-ci commence à se soulever, les points du
levier, sur lesquels s'appuie la tige, décrivent des arcs de cercle ver-
ticaux; il n'y a pas glissement des surfaces en contact l'une sur
l'autre, et, par conséquent, aucun frottement ne tend à incliner le
disque de la soupape d'un côté ou de l'autre, et à faire frotter les ailettes contre le contour de la tubulure. Le levier LL′ est guidé dans
une seconde fourchette K, pour prévenir les mouvements dans le sens
horizontal; il se termine à son extrémité libre par une saillie S, destinée à retenir le poids qui y est suspendu.

Il est permis de négliger le frottement de l'œil du levier contre le
boulon ou goupille F, lorsque la soupape a été bien ajustée, et qu'elle
est entretenue dans un état convenable de propreté. Toutefois, on peut,
pour plus de précision, faire appuyer le levier sur le tranchant d'un
couteau en acier. Les fig. 7 et 8 représentent une soupape exécutée par
M. Sorel, dont le levier est ainsi appuyé sur un couteau, et qui fonctionne avec une précision comparable à celle d'une bonne balance.
L'œil du levier est de forme triangulaire, comme on le voit dans la
fig. 7 ; le boulon *bb*, fig. 8, qui traverse les deux branches de la fourchette et le levier, est aciéré et aminci en forme de couteau dans la
partie sur laquelle s'appuie le levier ; un goujon *g*, qui pénètre dans
une cavité correspondante ménagée dans une branche de la fourchette, sert de repère pour placer le boulon de façon à ce que l'arrête
du couteau soit horizontale et tournée vers le bas.

Quelques constructeurs remplacent la tige T, adhérente au disque
de la soupape, par une cavité cylindrique forée dans l'épaisseur de ce
disque, suivant son axe, et dans laquelle entre une pièce en forme
d'olive ou de navette, dont l'extrémité supérieure s'engage dans une
petite cavité creusée dans l'épaisseur du levier LL' : la pression du
levier est ainsi transmise au disque de la soupape par *l'olive*, et le tout
forme un système articulé. Cette disposition, qui est certainement
bonne, quand l'axe fixe autour duquel tourne le levier est mal placé,
paraît inutile lorsque cet axe est situé dans le plan de contact mutuel
du levier et du sommet de la tige T de la soupape.

(D)

Note sur les manomètres à air libre.

La figure 1, planche II, représente, à l'échelle de 1/20, un manomètre à air libre, à cuvette et à tube en verre, pouvant accuser des
pressions qui vont jusqu'à 6 atmosphères 1/2.

La figure 2 est une section de la cuvette et du tube par un plan
vertical passant par l'axe de la cuvette, à l'échelle de 1/2.

La figure 3 est une section, à la même échelle, du manomètre et de
la monture par le plan horizontal XY de la figure 2.

La cuvette *a*, *b*, *c*, *d*, figures 2 et 3, est en fer forgé, elle est formée
d'un prisme de fer à base carrée de 6 centimètres du côté et de 17
centimètres de hauteur. On a foré, suivant l'axe du prisme, la cavité
cylindrique *mn* de 4 centimètres de diamètre, et de 10 centimètres
6 millimètres de profondeur, et au fond de celle-ci, toujours suivant
l'axe du prisme, la cavité cylindrique d'un diamètre moindre *m'n'*,
dans laquelle doit pénétrer l'extrémité du tube en verre TT'. Cette
cuvette est fermée à sa partie supérieure par une plaque en fer carrée
pp', formant bouchon, et fixée aux quatre angles, sur les bords de la
cuvette, par les vis *v*, *v*, *v*, *v*, figure 3. La pression de ces vis ferme
hermétiquement au moyen d'un peu de mastic au minium interposé
entre les surfaces de contact de la plaque et des bords supérieurs de
la cuvette. L'ouverture cylindrique ménagée suivant l'axe de la plaque
pp' est taraudée en forme d'écrou, et remplie par le bouchon en fer
et à vis *qq'*, suivant l'axe duquel on a foré un trou cylindrique d'un diamètre un peu supérieur au diamètre extérieur du tube en verre. Vers
le bas, ce trou se rétrécit de manière à ne plus laisser que très-peu de
jeu entre lui et le contour extérieur du tube, afin que le mastic avec
lequel on scellera le tube en verre dans la cavité cylindrique percée à

travers le bouchon qq' soit retenu par les bords rentrants de cette cavité.

Un trou S est percé à travers une des parois verticales de la cuvette, immédiatement au-dessous du bouchon rentrant qq'; à ce trou est adapté, au moyen d'une bride rr' et de deux vis uu', un petit tuyau xx' courbé dans un plan horizontal, qui met la cuvette en communication, par sa partie supérieure, avec un tube en fer creux oo', de 15 millimètres de diamètre intérieur, fixé sur le côté du madrier de sapin sur lequel l'instrument est monté. Le tube en fer creux oo' se prolonge de quelques centimètres en dessous du tuyau courbe xx'; là il est fermé par un bouchon à vis et en fer; il a une hauteur verticale de 4 mètres; il est fermé également en haut par un bouchon à vis; immédiatement au-dessous de ce bouchon, il est percé latéralement d'un trou autour duquel est la bride à laquelle vient s'adapter l'extrémité des tuyaux de communication avec l'intérieur de la chaudière, qui ne diffèrent en rien de ceux dont on fait ordinairement usage.

Le tube TT' est en cristal; il doit avoir environ 3 millimètres de diamètre intérieur, de 9 à 10 millimètres de diamètre extérieur; sa longueur dépend du maximum de la pression que le manomètre doit mesurer.

Cet instrument doit être rempli de mercure et monté sur place. Le madrier de sapin auquel sont attachés la cuvette en fer et le tube en fer creux oo' est fixé par des crampons contre un mur vertical. Le tube en verre étant enlevé, on verse d'abord dans la cuvette, par le trou percé dans le bouchon à vis qq', la quantité de mercure convenable, laquelle dépend du diamètre intérieur du tube en cristal et de sa longueur; il faut que, lorsque le mercure s'élèvera dans le tube jusqu'au point qu'il ne devra pas dépasser, le niveau du mercure dans la cuvette recouvre d'un demi-centimètre au moins les bords supérieurs de la cavité rétrécie $m'n'$. Soit NN' la surface de niveau du mercure versé ainsi dans la cuvette. Après avoir introduit le mercure, on mettra en place le tube en cristal; pour cela, on l'enfoncera à travers le bouchon qq', jusqu'à ce que son extrémité inférieure arrive à 4 ou 5 millimètres du fond de la cavité $m'n'$; on fixera le tube au madrier par quelques brides légères, placées de mètre en mètre, par exemple, en ayant soin d'interposer un peu de coton entre le tube et le madrier, et de serrer les brides assez peu pour que le tube puisse glisser entre ces brides, dans le sens de sa longueur. On lutera ensuite le tube au bouchon qq' avec du mastic de fontainier, ou simplement de la cire à cacheter grossière, qu'il suffit de chauffer à une température de 60 ou 70° pour la ramollir et pour qu'elle coule dans l'intervalle annulaire compris entre le tube et la cavité du bouchon. Pendant cette opération, on échauffe le bouchon en le serrant entre les branches d'une pince ou tenaille de maréchal préalablement chauffée au rouge sombre, et on facilite l'introduction du mastic dans la cavité du bouchon en imprimant au tube de petits mouvements dans le sens parallèle à son axe; on aura préalablement dépoli le tube à l'extérieur, dans la partie de sa hauteur qui doit être engagée dans le bouchon.

Le tube en verre étant ainsi scellé, on attend que la cuvette et le mastic soient refroidis; on ôte le bouchon à vis qui ferme le tube en fer O à son extrémité supérieure, et l'on remplit complétement ce tube avec de l'eau, qui, passant par le petit tuyau de communication xx', se répand aussi dans la cuvette au-dessus du mercure, puis on remet en place le bouchon de fermeture du tube OO'. La pression de la colonne d'eau fait monter le mercure dans le tube de cristal jusqu'à une hauteur déterminée; le point où arrive la surface de mercure pressé par la colonne d'eau est le point de départ de l'échelle du manomètre, qui est marqué du chiffre 1 (une atmosphère). A partir de ce point, on divise le madrier sur sa hauteur en parties égales, dont chacune représente 1/10 d'atmosphère. L'intervalle de deux divisions devra être égal à 76 millimètres divisés par l'unité augmentée du rapport du carré du diamètre intérieur du tube en cristal au carré du diamètre de la cuvette. Si, par exemple, les diamètres du tube et de la cuvette sont dans le rapport de 1 à 10, l'intervalle de deux divisions devra être $\frac{76}{1,01} = 75^{mill}$,25. Une correction aussi faible peut être négligée, sans inconvénient, dans la pratique. Il faut que les longueurs du tube en verre et du madrier divisé soient suffisantes pour que le manomètre puisse mesurer des pressions supérieures d'une atmosphère ou une atmosphère et demie à celle que la vapeur ne devra pas dépasser dans la chaudière. Ainsi, si la chaudière doit fournir de la vapeur à 5 atmosphères (ou 4 atmophères en sus de la pression extérieure), le manomètre devra pouvoir mesurer jusqu'à 6 atmosphères au moins, ce qui exigera que le tube en cristal et le madrier aient une longueur $5 \times 0,76 = 3^m,80$ au-dessus du point de départ de la graduation. La longueur totale du madrier serait d'environ $\frac{1}{11}$ plus grande que $3^m,80$, à cause de l'élévation du point de départ de la graduation au-dessus de la surface du mercure dans la cuvette, occasionnée par le poids de la colonne d'eau contenue dans le tube O.

L'échelle des pressions aura été tracée chez le fabricant de manomètres; le mercure aura été expédié à part, et il sera bon d'y joindre un tube en cristal de rechange. Le propriétaire de l'appareil à vapeur devra tenir note du poids du mercure; mais, comme l'instrument ne pourra pas généralement être expédié à destination rempli de mercure, il devra être de nouveau monté sur place, avec les précautions que nous venons d'indiquer; l'on pourra profiter de cette circonstance pour vérifier l'exactitude de l'échelle, ou plutôt de son point de départ (1). Il faut qu'un semblable manomètre soit installé de manière que les divisions de l'échelle auxquelles correspondra habituellement l'extrémité de la colonne de mercure soient à peu près à la hauteur de l'œil du chauffeur ou mécanicien, et que le haut du tube en fer creux OO′ où viennent se rattacher les tuyaux de communication avec la chaudière, soit à un niveau plus élevé que le point d'insertion de ces tuyaux sur la chaudière. Lorsque cette dernière condition, qui est généralement compatible avec la première, sera satisfaite, le manomètre accusera la pression de la vapeur avec un grand degré de précision; car, pendant que la chaudière sera en vapeur, le tube en fer creux OO′ sera constamment rempli d'eau, dont la pression s'ajoutera à celle de la vapeur sur le mercure, tandis que les tuyaux de communication inclinés vers la chaudière ne contiendront que de la vapeur. La pression de la vapeur sur le mercure étant transmise par une longue colonne d'eau verticale, la cuvette ne pourra jamais s'échauffer, et on n'aura point à craindre que le mastic de fontainier, ou la cire dont on s'est servi pour sceller le tube en cristal dans l'ouverture du bouchon qq', vienne à se ramollir.

On n'aperçoit d'autre cause de dérangement ou d'avarie de ce manomètre que le bris du tube en cristal, qu'il est facile, d'ailleurs, de protéger, et l'obstruction du bas du tube en fer par les impuretés ténues en suspension dans l'eau ou entraînées par la vapeur. La substitution d'un tube en cristal à celui qui aurait été rompu se fera sans difficulté, et n'occasionnera qu'une très-faible dépense. On videra

---

(1) Le manomètre peut être expédié monté, mais seulement vide de mercure. Quand il est mis en place, à sa destination, on peut verser le mercure par l'orifice supérieur du tube TT′ sur lequel on applique un petit entonnoir en verre, et remplir ensuite le tube en fer OO′ d'eau que l'on verse également par l'orifice supérieur de ce tube.

d'abord le tube OO' de l'eau qu'il contient, en dévissant le bouchon qui ferme ce tube par le bas, afin que le mercure retombe en totalité dans la cuvette. Puis on enlèvera le bout du tube brisé qui sera engagé dans la cuvette; il suffira pour cela de ramollir le mastic en le chauffant, ce qui se fera facilement, en serrant entre les mâchoires d'une pince ou tenaille chauffée au rouge sombre le bouchon qq'; s'il y a eu du mercure perdu, il faudra ajouter dans la cuvette une quantité à peu près égale à celle qui a été perdue, et enfin on placera le tube de rechange. Le nettoyage du tube en fer creux peut se faire très-simplement. Après avoir intercepté la communication avec la chaudière, on enlèvera les bouchons à vis qui ferment le tube O à ses deux extrémités, on videra ce tube et on le remplira de nouveau avec de l'eau pure.

Pour éviter les déperditions de mercure qui pourraient avoir lieu par l'orifice supérieur du tube, lors des oscillations que la colonne éprouve par des augmentations brusques de pression, on peut coiffer ce tube d'un simple bouchon en bois non mastiqué, et retenu sur le tube par une agrafe en fil de fer fixée à la monture en bois. L'air extérieur pourra passer entre le bouchon et le tube; mais, en cas d'une oscillation de la colonne mercurielle, le bouchon préviendrait la sortie du métal. Il pourra aussi être avantageux de fermer à la lampe le tube en verre, à son extrémité inférieure, et de ménager un petit trou latéral, tout près de cette extrémité, pour le passage du mercure de la cuvette dans le tube, que l'on appuiera alors sur le fond de la cuvette. Enfin, il sera peut-être commode de percer la cuvette d'un trou fermé par un bouchon à vis et aboutissant au fond de la cavité $m'n$, par lequel on pourrait vider tout le mercure quand on voudrait en vérifier le poids, ou le filtrer pour le nettoyer, sans qu'il fût nécessaire de déplacer l'instrument.

Un manomètre à air libre, tel que celui qui est représenté planche II, pouvant accuser jusqu'à 6 atmosphères, exigera tout au plus 1 kilogramme de mercure dont la valeur actuelle est de 12 francs. On peut se procurer, a la cristallerie de Choisy-le-Roi, des tubes en cristal de 4^m,50 de longueur, au prix de 5 fr. l'un, au plus. Les tubes en fer creux, de 15 millimètres de diamètre, se vendent, au dépôt de M. Gandillot, au prix de 2 fr. 50 cent. le mètre courant, sur des longueurs variables de 0^m,60 à 4 mètres. Il résulte évidemment de ces détails que les manomètres à air libre, pour des pressions de 5 à 6 atmosphères, peuvent être établis et vendus à des prix très-modérés par les fabricants d'instruments de physique; au besoin, ils pourraient être confectionnés dans les ateliers de tous les constructeurs ou ajusteurs de machines.

(Suit la table des forces élastiques de la vapeur.)

Pl. 1.

SOUPAPE DE SURETÉ

Fig 2.

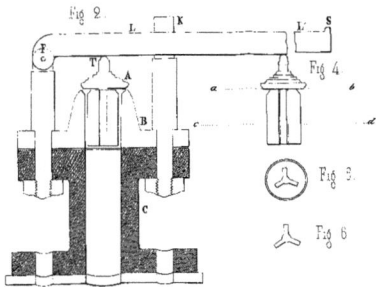

Fig 4.

Fig 3.

Fig 5.

Fig 6.

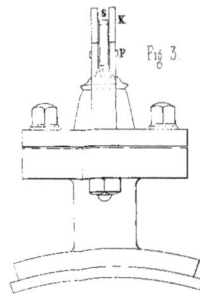

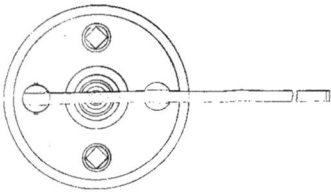

Fig 1.

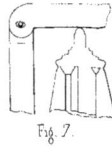

Fig. 7.

Fig 8.

9 Décimètres.

Lille F. Dupont r Esquelle N° Heuveté 54

MANOMÈTRE A AIR LIBRE

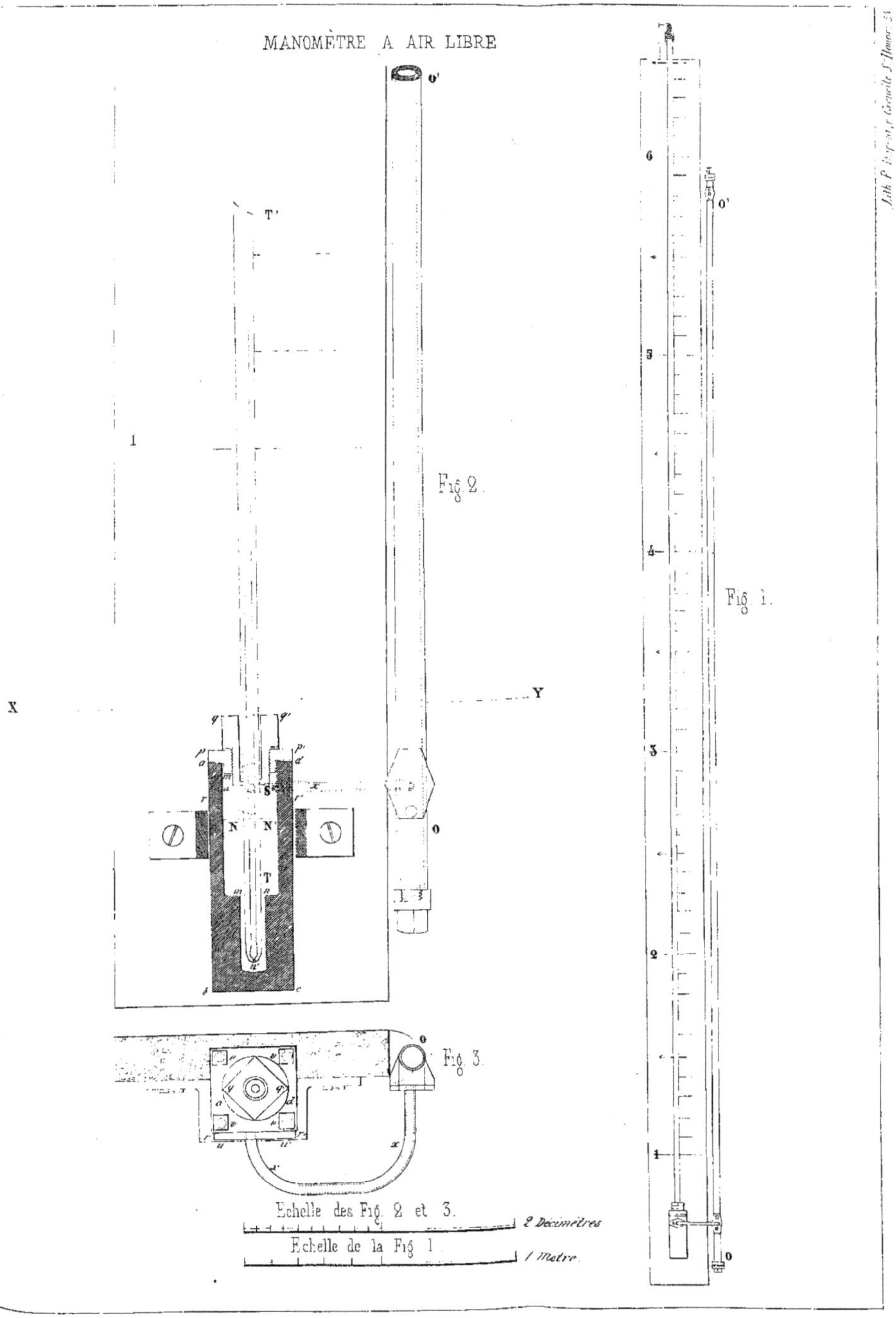

Fig. 2.
Fig. 1.
Fig. 3.
Echelle des Fig. 2 et 3.
2 Décimètres
Echelle de la Fig. 1.
1 Mètre

Lith. P. Dupont, r. Grenelle S. Honoré, 55.

Pl. III.

FLOTTEUR D'ALARME.

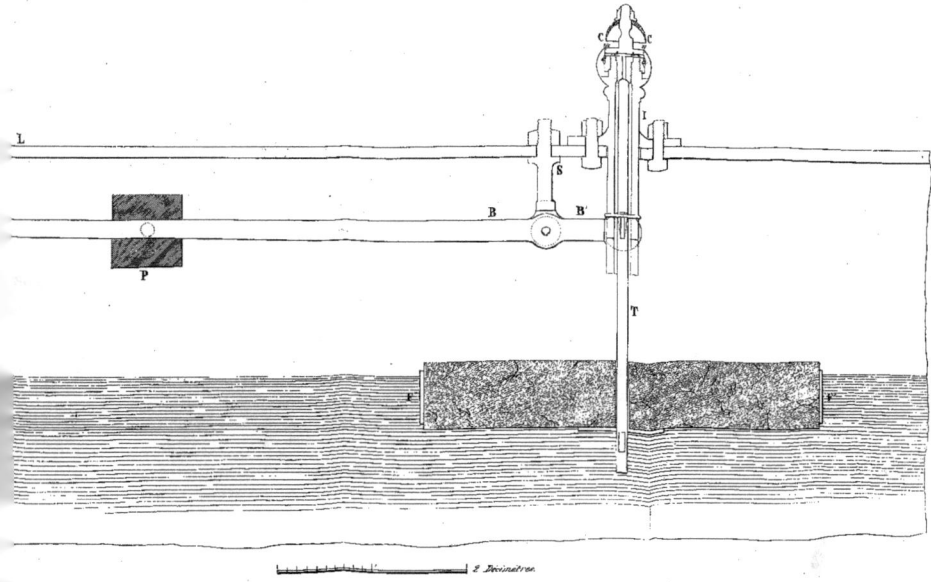

Lith. P. Dupont, r. Grenelle St Honoré, 55.

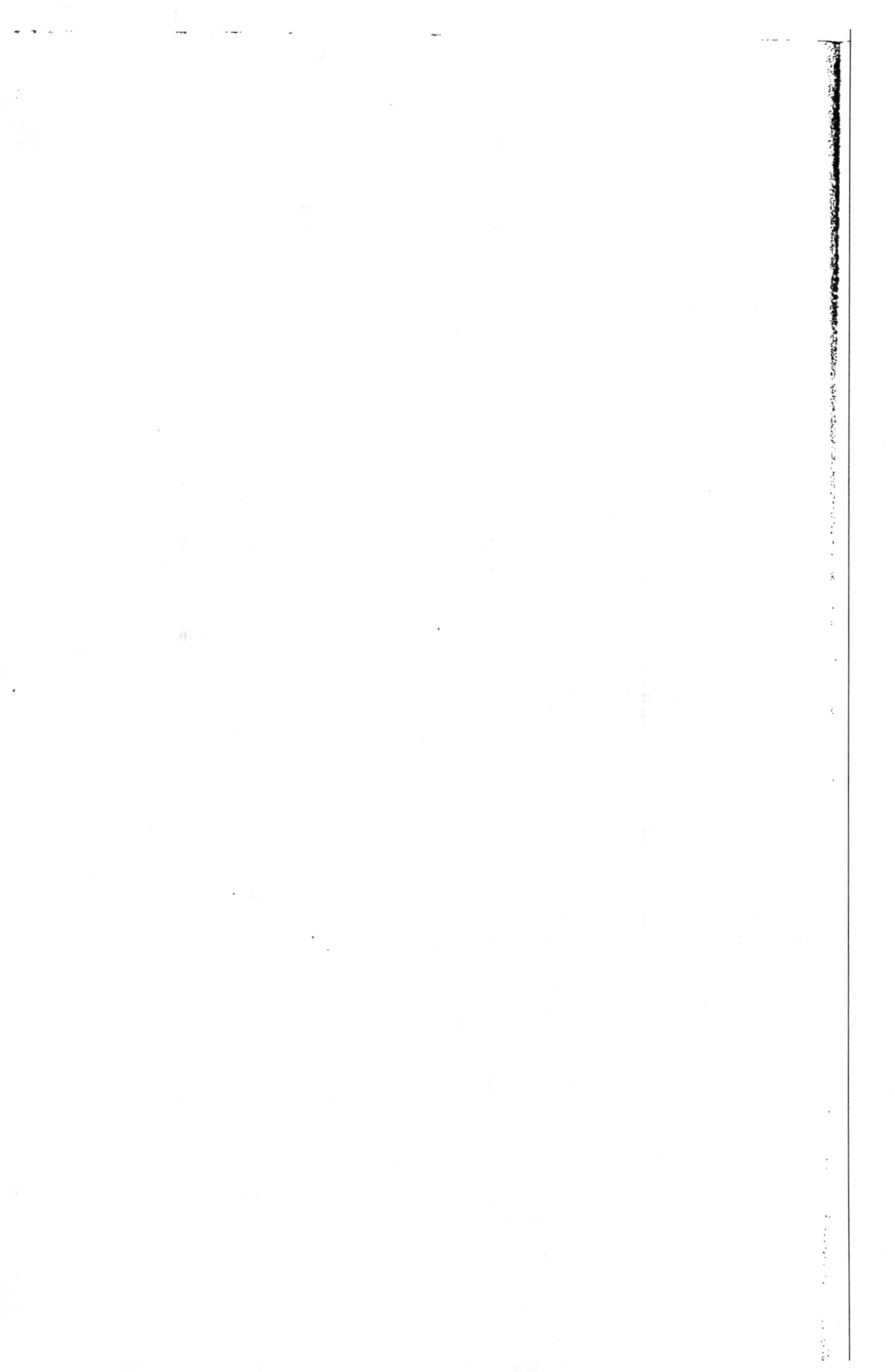

Table des forces élastiques de la vapeur d'eau, son maximum de densité, et des températures correspondantes, de 1 à 24 atmosphères.

FORCE ÉLASTIQUE de la vapeur en prenant la pression de l'atmosphère pour unité.	HAUTEUR de la colonne de mercure (à 0 de température) qui mesure la force élastique de la vapeur.	TEMPÉRATURE correspondante, exprimée en degrés du thermomètre centigrade à mercure.	PRESSION exercée par la vapeur sur un centimètre carré de la chaudière ou de la soupape de sûreté.
atmosphère.	mètres.	degrés.	kilogrammes.
1	0.76	100	1.033
1 1/2	1.14	112.2	1.549
2	1.52	121.4	2.066
2 1/2	1.90	128.8	2.582
3	2.28	135.1	3.099
3 1/2	2.66	140.6	3.615
4	3.04	145.4	4.132
4 1/2	3.42	149.06	4.648
5	3.80	153.08	5.165
5 1/2	4.18	156.8	5.681
6	4.56	160.2	6.198
6 1/2	4.94	163.48	6.714
7	5.32	166.5	7.231
7 1/2	5.70	169.37	7.747
8	6.08	172.1	8.264
9	6.84	177.1	9.297
10	7.60	181.6	10.330
11	8.36	186.03	11.363
12	9.12	190.00	12.396
13	9.88	193.7	13.429
14	10.64	197.19	14.462
15	11.40	200.48	15.495
16	12.16	203.60	16.528
17	12.92	206.57	17.561
18	13.68	209.4	18.594
19	14.44	212.1	19.627
20	15.20	214.7	20.660
21	15.96	217.2	21.693
22	16.72	219.9	22.726
23	17.48	221.9	23.759
24	18.24	224.2	24.792

(E)

Note sur le flotteur d'alarme.

La planche III représente la section verticale d'un flotteur d'alarme que la commission centrale des machines à vapeur a fait exécuter. LM est la paroi supérieure de la chaudière sur laquelle on fixe, à l'aide de vis, le bout de tuyau en cuivre I, qui est terminé par un appareil semblable au sifflet des chaudières de machines locomotives. Une pierre FF′, ou tout autre corps d'un poids spécifique supérieur à celui de l'eau, est suspendu à la tige verticale T, dont l'extrémité supérieure ferme le petit canal o ; la pierre FF′ est équilibrée en partie par le contre-poids P et le balancier BB′ ; celui-ci porte par un couteau sur les branches de la fourchette qui termine le support S fixé à la chaudière. Le contre-poids P est mobile le long du balancier B ; on le fixe par une vis de pression en un point tel qu'il puisse soutenir la pierre FF′, lorsque celle-ci est plongée dans l'eau jusqu'aux 3/4 ou aux 5/6es de son épaisseur verticale. La longueur de la tige T étant, d'ailleurs, fixée de manière à ce que les 3/4 ou les 5/6es de l'épaisseur de la pierre soient au-dessous du plan d'eau normal dans la chaudière, quand l'extrémité supérieure de la tige ferme le petit canal o, si l'eau vient alors à baisser dans la chaudière, le poids de la pierre FF′ devient prépondérant, la tige T s'abaisse et démasque l'orifice o. La vapeur se répand par plusieurs trous, tels que bb, dans l'espace annulaire a a, d'où elle sort par la fente circulaire et très-étroite mn, qui la dirige sur les bords du timbre ou petite cloche renversée CC.

Le poids de la pierre FF′, lorsqu'elle est émergée par suite de l'abaissement du niveau de l'eau, doit l'emporter sur le contre-poids P, et, en outre, surmonter la pression effective de la vapeur sur l'orifice o. On donne, en conséquence, un très-petit diamètre à cet orifice, surtout lorsque la pression effective de la vapeur doit être considérable, afin de ne pas être obligé de donner de donner à la pierre FF′ des dimensions trop grandes, qui pourraient être gênantes. Il entre, dans la construction du flotteur d'alarme représenté planche II, 3k,82 de bronze ou cuivre, à 3 fr. 30 cent. le kilogramme ; 7 kilogrammes de fer pour le balancier, les boulons et le contre-poids, à 50 centimes le kilogramme, et une pierre de liais du poids de 23 kilogrammes, d'une valeur de 6 francs.

Les personnes qui sont au fait du prix des travaux d'ajustage jugeront, par ces détails, du prix auquel de semblables appareils peuvent être établis et vendus.

INSTRUCTION SUR LES MESURES DE PRÉCAUTION HABITUELLES A OBSERVER DANS L'EMPLOI DES CHAUDIÈRES A VAPEUR ÉTABLIES A DEMEURE.

§ Ier. — *Observations générales.*

L'emploi des chaudières à vapeur exige une surveillance exacte de la part des propriétaires de ces appareils, des précautions constantes et une attention soutenue de la part des ouvriers chauffeurs et mécaniciens.

Le propriétaire ne doit confier la conduite de la chaudière qu'à des ouvriers d'une conduite régulière, sobres, attentifs et expérimentés. Il est civilement responsable des amendes et des dommages et intérêts auxquels ses ouvriers seraient condamnés, en cas de contravention.

Le chauffeur doit connaître les précautions à prendre dans la conduite du feu, les soins nécessaires à la conservation et au bon entretien de la chaudière, les circonstances qui peuvent amener des dangers d'explosion, l'usage de chacun des appareils de sûreté dont la chaudière est pourvue. Lorsque l'un de ces appareils vient à se déranger, le chauffeur doit le remettre en ordre, ou bien prévenir le propriétaire de la chaudière, pour qu'il le fasse immédiatement remplacer ou réparer.

§ II. — *Du foyer et de la conduite du feu.*

Le feu doit être conduit d'une manière égale, afin d'éviter une augmentation de chaleur trop brusque, ou un refroidissement trop rapide. Dans l'un et l'autre cas, les parties de la chaudière exposées à l'action du feu éprouveraient des dilatations inégales qui pourraient occasionner des déchirures ou des fuites d'eau entre les feuilles de tôle assemblées par des rivets.

La mise en feu ne doit donc pas être poussée avec trop de vivacité, surtout lorsque le foyer a été tout à fait refroidi. Quand le feu est arrivé au degré d'activité convenable, on doit charger le combustible sur la grille à des intervalles réguliers et par quantités à peu près égales.

Si la chaudière, par suite d'une interruption momentanée du travail ou de toute autre cause, doit cesser de fournir de la vapeur, le chauffeur fermera d'abord le registre de la cheminée, et ouvrira immédiatement après les portes du foyer.

Si l'interruption se prolonge, il devra, en outre, retirer le combustible de dessus la grille. Si, malgré ces précautions, la tension de la vapeur augmente au point de faire lever les soupapes de sûreté, il soulèvera un peu l'une d'elles, et la maintiendra dans cette position pour donner à la vapeur une libre issue, jusqu'à ce que le mercure soit descendu, dans le manomètre, au-dessous du niveau auquel il se tient habituellement. Un chauffeur qui, dans ces circonstances, calerait ou surchargerait les soupapes pour les empêcher de s'ouvrir exposerait la chaudière à une explosion, comme on en a eu plusieurs exemples.

Vers la fin de la journée, le chauffeur voyant approcher l'heure où le jeu de la machine doit être définitivement suspendu, diminuera d'avance les charges de combustible, de façon à maintenir seulement la vapeur au degré de tension strictement nécessaire, et à atteindre la fin de la journée avec une petite quantité de combustible sur la grille. Au moment de la suspension du travail, il couvrira les derniers restes de combustible avec des cendres, fermera ensuite le registre de la cheminée et les portes du foyer, et ne quittera la chaudière qu'après s'être assuré que la pression de la vapeur accusée par le manomètre continue de diminuer. S'il restait, par hasard, au moment de la suspension du travail, beaucoup de combustible sur la grille, le chauffeur devrait en retirer la plus grande partie, avec les précautions indiquées pour le cas d'une suspension accidentelle prolongée.

Lors de la mise en feu, le chauffeur commencera par ouvrir le registre de la cheminée, ouvrira ensuite les portes du foyer, tisera, découvrira le feu, et chargera du combustible frais sur la grille.

§ III. — *De la chaudière.*

On doit éviter avec le plus grand soin :
De pousser la combustion avec une activité extrême ;
D'alimenter avec des eaux contenant des substances capables d'attaquer le métal de la chaudière ;
De laisser s'accumuler des dépôts terreux, ou se former des dépôts incrustants ou *tartres* adhérents aux parois de la chaudière.

Les constructeurs donnent à la grille et à la surface de chauffe d'une chaudière des dimensions en rapport avec la quantité d'eau qui doit être réduite en vapeur par heure. Quand l'appareil est une fois monté, on cherche quelquefois à augmenter la production de vapeur, en poussant la combustion avec une extrême activité. Les résultats de cette pratique sont toujours une consommation de combustible en disproportion avec la quantité d'eau vaporisée, et l'usure rapide des parois de la chaudière exposées directement à l'action du feu.

Cette usure se manifeste par les écailles d'oxyde de fer ou rouille qui se détachent de la surface externe des parois, et finalement par des gonflements de la tôle. On dit alors que la chaudière a eu *un coup de feu.* La solidité d'une chaudière ainsi détériorée est de beaucoup diminuée ; elle doit être, par conséquent, réparée sans retard, ou, du moins, visitée avec beaucoup de soin, pour qu'on puisse reconnaître la gravité du mal.

L'alimentation avec des eaux contenant des substances acides ou salines susceptibles d'attaquer le métal des chaudières, telles que les eaux extraites de certains puits de mines ou de carrières, est prohibée, à moins que les propriétés corrosives de ces eaux ne soient neutralisées par des moyens reconnus efficaces par l'administration.

Les eaux, même les plus pures, déposent, en passant à l'état de vapeur, des sédiments terreux qu'il ne faut jamais laisser s'accumuler dans les chaudières. Ces sédiments, surtout quand les eaux contiennent des sels calcaires, se prennent ordinairement en masses dures ou pierreuses, qui se fixent sur les parois des chaudières et y adhèrent si fortement qu'on ne peut les en détacher qu'à coups de ciseau et de marteau, ils s'attachent principalement aux parties inférieures des parois qui sont exposées directement à l'action de la flamme ; ils rendent plus difficile et plus lente la transmission de la chaleur du foyer à l'eau contenue dans la chaudière, et occasionnent un accroissement de dépense de combustible, en même temps que l'usure rapide de la chaudière dans la partie exposée à l'action de la flamme. Les effets des dépôts incrustants sont ainsi les mêmes que ceux d'une combustion poussée avec trop d'activité. On a reconnu par l'expérience qu'on prévenait l'endurcissement des sédiments en masses pierreuses, en ajoutant à l'eau d'alimentation certaines matières tinctoriales de nature végétale, telle que celle qui est fournie par le bois de campêche. On versera donc une teinture de ce genre dans la bâche alimentaire, de manière à ce que les eaux soient constamment colorées : si la température de ces eaux est suffisamment élevée, il suffira de mettre dans la bâche un sac de toile renfermant du bois de campêche réduit en poudre fine, que l'on renouvellera, quand la matière colorante sera épuisée ; enfin on pourra aussi jeter dans la chaudière de la poudre de bois de campêche. Ces précautions ne dispenseront pas de nettoyer la chaudière des sédiments vaseux qu'elle contiendra, après un temps de service qui dépendra du degré de pureté des eaux et que l'expérience déterminera.

Le chauffeur, en nettoyant la chaudière, aura soin de n'y laisser aucun corps solide, tel que outils, chiffons, éponges, etc.; l'expérience a montré que ces corps, en se fixant sur un point des parois, pourraient y déterminer l'accumulation des dépôts, et donner lieu ainsi à la destruction de la chaudière.

Si un chauffeur s'apercevait que la chaudière, en raison de sa forme, ne peut pas être nettoyée complétement et à fond, il devrait en prévenir le propriétaire.

Le tuyau qui amène les eaux alimentaires ne doit pas déboucher près des points de la chaudière qui sont exposés extérieurement à l'action directe du feu, surtout quand les chaudières ont une grande épaisseur.

Lorsqu'on s'aperçoit d'une fuite entre les bords d'un plateau de fermeture en fonte et les collets sur lesquels il est appuyé, on ne doit point essayer d'y pourvoir pendant le travail, en serrant les écrous : on courrait le risque d'occasionner la rupture du plateau, et, si elle arrivait, l'ouvrier serait tué par les éclats, ou brûlé par l'eau et la vapeur. Ces sortes de fuites ne doivent être réparées que lorsque le travail a cessé.

Le chauffeur doit dénoncer au propriétaire les moindres déchirures ou avaries qu'il remaque, et, à plus forte raison, le prévenir des avaries plus apparentes, telles que les *coups de feu*.

Le propriétaire doit vérifier très-fréquemment l'état de la chaudière, faire faire, sans délai les réparations nécessaires. Il doit, de plus, donner avis de ces réparations au préfet, afin que la chaudière soit de nouveau visitée par l'ingénieur chargé du service des appareils à vapeur, et soumise, après les réparations, à la pression d'épreuve prescrite par les règlements.

§ IV. — *Des soupapes de sûreté.*

Les soupapes de sûreté sont un accessoire indispensable de toute chaudière à vapeur.

Chaque soupape de sûreté doit être chargée par un poids unique, qui agit ordinairement par l'intermédiaire d'un levier. Le poids et les longueurs des bras des leviers sont fixés par l'arrêté d'autorisation.

Un chauffeur qui se permettrait de surcharger une soupape par une augmentation, soit du poids, soit de la longueur du bras de levier, ou de la caler pour en arrêter le jeu, mettrait la chaudière en danger d'explosion.

Lorsque les soupapes ne sont pas bien ajustées, il arrive souvent que, après s'être soulevées, elles ne se referment pas complétement, et laissent perdre de la vapeur sous une pression inférieure à celle qui correspond à leur charge. Il suffit, le plus ordinairement, d'appuyer avec la main sur la soupape pour la fermer et faire cesser toute fuite de vapeur. Si la soupape continuait à perdre, ce serait une preuve qu'elle ne porte pas bien sur son siège, et que, en conséquence, elle a besoin d'être nettoyée et rodée de nouveau. Dans aucun cas, le chauffeur ne doit augmenter la charge des soupapes.

§ V. — *Du manomètre.*

Le manomètre indique, à chaque instant, la tension exacte de la vapeur dans la chaudière, et les variations de cette tension quand elle n'est point constante. Cet instrument est le véritable guide du chauffeur dans la conduite du feu.

Les manomètres seront désormais ouverts à l'air libre, sauf pour les chaudières qui seraient timbrées à plus de 5 atmosphères. Les tubes qui contiennent la colonne de mercure sont en verre ou en fer; dans ce dernier cas, la hauteur de la colonne de mercure dans l'instrument et la pression correspondante de la vapeur sont accusées par un index lié par un cordon à un flotteur qui suit la colonne de mercure. Le tuyau qui conduit la vapeur au manomètre doit être adapté au corps même de la chaudière. Ce tuyau est habituellement muni d'un robinet qui permet d'ouvrir ou d'intercepter la communication entre le manomètre et la chaudière, mais qui doit être constamment ouvert quand la chaudière est en activité. On le ferme quelquefois quand la chaudière n'est pas en feu, quoique cela soit inutile lorsque les manomètres sont bien disposés.

Le chauffeur doit se garder d'ouvrir brusquement ce robinet, soit pendant que la chaudière est en pleine activité, soit lorsqu'elle est arrêtée depuis quelque temps. Dans le premier cas, l'ascension du mercure produite par la pression subite de la vapeur pourrait projeter tout ou partie du mercure de l'instrument hors du tube ; dans le second cas, si un vide existait dans la chaudière, la pression subite de l'air pourrait déterminer le passage du mercure dans le tuyau de communication et dans la chaudière même.

§ VI. — *De la pompe alimentaire et des indicateurs du niveau de l'eau.*

Il est de la plus haute importance que le niveau de l'eau soit maintenu, dans la chaudière, à une hauteur à peu près constante et toujours supérieure aux conduits ou carneaux de la flamme et de la fumée.

Le chauffeur doit donc examiner très-fréquemment les appareils qui accusent le niveau de l'eau dans l'intérieur de la chaudière, et régler, d'après leurs indications, la quantité d'eau alimentaire.

Les appareils indicateurs du niveau de l'eau sont : le flotteur, le tube indicateur en verre, ou des robinets indicateurs convenablement placés à des niveaux différents.

Le chauffeur vérifiera fréquemment la mobilité et le bon état du flotteur, quand la chaudière sera pourvue de cet appareil.

Il tiendra les conduits du tube indicateur en verre libres d'obstructions, et le tube lui-même bien net, quand il sera fait usage de cet appareil. Il devra prévenir le propriétaire et faire réformer le tube en verre quand sa transparence sera altérée.

Un ligne tracée d'une manière très-apparente sur l'échelle du tube indicateur ou sur une règle placée près du flotteur indique le niveau au-dessous duquel l'eau ne doit pas descendre dans la chaudière.

Le chauffeur fera jouer souvent les robinets indicateurs étagés, quand il en sera fait usage.

L'alimentation est entretenue au moyen de pompes mues par la machine à vapeur, ou de pompes à bras, ou de retours d'eau ou appareils alimentaires à jeu de vapeur. Quand l'alimentation est faite par une pompe mue par la machine, elle peut être continue ou intermittente : si elle est continue (et il serait à désirer qu'elle le fût toujours), la pompe n'en doit pas moins fournir plus d'eau qu'il n'en faut pour remplacer celle qui est dépensée en vapeur par coup de piston de la machine. Un embranchement adapté au tuyau alimentaire, et muni d'un robinet de décharge, sert à régler la quantité d'eau foulée par la pompe qui doit entrer dans la chaudière, tandis que le surplus retourne à la bâche. Le chauffeur règle, d'ailleurs, à la main l'ouverture du robinet, de manière à ce que le niveau de l'eau, accusé par les indicateurs, demeure invariable.

Lorsque l'alimentation est intermittente, en raison de ce qu'elle est effectuée soit par une pompe qui n'est pas munie du robinet de décharge, soit par une pompe mue à bras, soit par un retour d'eau ou autre appareil alimentaire à jeu de vapeur, le chauffeur doit avoir soin de faire jouer l'appareil alimentaire, avant que l'eau ne soit descendue jusqu'au niveau indiqué par la ligne fixe tracée extérieurement sur la monture du tube indicateur ou près du flotteur.

Dans quelques cas, l'alimentation est régularisée par un mécanisme particulier mu par un flotteur. Cela ne saurait dispenser le chauffeur de fixer son attention sur les indicateurs du niveau, par la raison que le mécanisme, quelque bien construit qu'il soit, peut se déranger et pourrait être ainsi plus nuisible qu'utile, si le chauffeur se croyait déchargé par là de l'attention dont il ne doit jamais se départir.

Un dérangement qui serait survenu dans l'appareil alimentaire se manifestera aux yeux d'un chauffeur attentif, bien avant qu'il ait pu donner lieu à un accident. Ce dérangement reconnu le chauffeur doit remettre l'appareil en ordre, en arrêtant, au besoin, le jeu de la machine. En agissant autrement, il mettrait la chaudière en danger.

Si, malgré toutes les précautions indiquées ci-dessus, le chauffeur, trompé par des appareils indicateurs qui seraient défectueux à son insu, venait à reconnaître que l'eau est descendue accidentellement dans la chaudière au-dessous du niveau supérieur des carneaux, il devrait fermer le registre de la cheminée, ouvrir les portes du foyer, afin de ralentir l'activité de la combustion, et de faire tomber la flamme; il se garderait de soulever les soupapes de sûreté, et maintiendrait les portes du foyer ouvertes, jusqu'à ce que le jeu de l'appareil alimentaire eût fait remonter l'eau dans la chaudière à son niveau habituel.

§ VII. — *Du flotteur d'alarme.*

Le flotteur d'alarme est destiné à prévenir, par un bruit aigu, un chauffeur qui n'aurait pas donné l'attention convenable à la conduite de la chaudière, que l'eau est descendue jusque tout près du niveau des carneaux. Le chauffeur, averti par le bruit du flotteur d'alarme, doit, avant tout, examiner les indicateurs du niveau de l'eau; si ces appareils indiquent que l'eau n'est pas encore descendue, dans la chaudière, au-dessous du niveau supérieur des carneaux, il doit pourvoir immédiatement à l'alimentation. Mais, si le flotteur d'alarme avait fonctionné tardivement et que l'eau fût descendue trop bas, le chauffeur devrait suivre les indications contenues à la fin du paragraphe précédent.

Le flotteur d'alarme ne doit fonctionner que rarement, puisqu'il est destiné à avertir d'une circonstance qui n'a pu arriver que par la négligence du chauffeur. Celui-ci doit vérifier, chaque jour, s'il est en bon état, et si son jeu n'est pas entravé par des corps solides qui boucheraient l'issue de la vapeur, ou par tout autre cause.

Le propriétaire doit aussi vérifier fréquemment par lui-même si cet appareil fonctionne bien.

§ VIII. — *Du local de la chaudière.*

Le chauffeur doit maintenir le local de la chaudière libre d'objets encombrants, qui gêneraient le service et pourraient aggraver les suites d'une explosion.

La chaudière, si elle est enveloppée sur le dôme, ne doit être revêtue que de matériaux légers et, autant que possible, incohérents, tels que des cendres, de la terre tamisée ou des briques très-légères.

Le propriétaire et le chauffeur doivent veiller à ce que le local soit tenu fermé pendant les heures où le travail est suspendu, et à ce qu'il ne serve pas de passage et encore moins d'atelier aux ouvriers pendant les heures de travail, à moins d'une autorisation spéciale du préfet.

Paris, le 12 juillet 1843.

Le Ministre secrétaire d'État des travaux publics ,

J. B. TESTE.

N° 382. — *Ordonnance du roi relative aux bateaux à vapeur qui naviguent sur les fleuves et rivières.*

Du 23 mai 1843.

Louis-Philippe, roi des Français ,

Sur le rapport de notre ministre secrétaire d'État au département des travaux publics ;

Vu les ordonnances des 2 avril 1823 et 25 mai 1828, sur les bateaux à vapeur ;

Les rapports de la commission centrale des machines à vapeur établie près de notre ministre des travaux publics ;

Notre conseil d'État entendu ,

Nous avons ordonné et ordonnons ce qui suit :

1. La construction et l'emploi des bateaux à vapeur qui naviguent sur les fleuves et rivières sont assujettis aux dispositions suivantes :

TITRE Ier.

Des permis de navigation.

SECTION Ire.

Formalités préliminaires.

2. Aucun bateau à vapeur ne pourra naviguer sur les fleuves et rivières sans un permis de navigation.

3. Toute demande en permis de navigation sera adressée, par le propriétaire du bateau, au préfet du département où se trouvera le point de départ.

4. Dans sa demande, le propriétaire fera connaître :

1° Le nom du bateau ;

2° Ses principales dimensions, son tirant d'eau à vide, et sa charge maximum, exprimée en tonneaux de mille kilogrammes ;

3° La force de l'appareil moteur, exprimée en chevaux (le cheval-vapeur étant la force capable d'élever un poids de soixante-quinze kilogrammes à un mètre de hauteur dans une seconde de temps) ;

4° La pression, évaluée, en nombre d'atmosphères, sous laquelle cet appareil fonctionnera ;

5° La forme de la chaudière ;

6° Le service auquel le bateau sera destiné ; les points de départ, de stationnement et d'arrivée ;

7° Le nombre maximum des passagers qui pourront être reçus dans le bateau.

Un dessin géométrique de la chaudière sera joint à la demande.

Cette demande sera renvoyée par le préfet à la commission de surveillance instituée dans le département, conformément à l'article 70 de la présente ordonnance.

SECTION II.

Des visites et des essais des bateaux à vapeur.

5. La commission de surveillance visitera le bateau à vapeur, à l'effet de s'assurer :

1° S'il est construit avec solidité, et si l'on a pris toutes les précautions requises pour le cas où il serait destiné à un service de passagers ;

2° Si l'appareil moteur a été soumis aux épreuves voulues, et s'il est pourvu des moyens de sûreté prescrits par la présente ordonnance ;

3° Si la chaudière, en raison de sa forme, du mode de jonction de ses diverses parties, de la nature des matériaux avec lesquels elle est construite, ne présente aucune cause particulière de danger ;

4° Si on a pris toutes les précautions nécessaires pour prévenir les chances d'incendie.

6. Après la visite, la commission assistera à un essai du bateau à vapeur. Elle vérifiera si l'appareil moteur a une force suffisante pour le service auquel ce bateau sera destiné, et elle constatera :

1° La hauteur des eaux lors de l'essai ;

2° Le tirant d'eau du bateau ;

3° La vitesse du bateau, en montant et en descendant ;

4° Les divers degrés de tension de la vapeur, dans l'appareil moteur, pendant la marche du bateau.

7. La commission dressera un procès-verbal de la visite et de l'essai qu'elle aura faits du bateau à vapeur, et adressera ce procès-verbal au préfet du département.

8. Si la commission est d'avis que le permis de navigation peut être accordé, elle proposera les conditions auxquelles ce permis pourra être délivré.

Dans le cas contraire, elle exposera les motifs pour lesquels elle jugera qu'il est convenable de surseoir à la délivrance du permis, ou même de le refuser.

SECTION III.

Délivrance des permis de navigation.

9. Si, après avoir reçu le procès-verbal de la commission de surveillance, le préfet reconnaît que le propriétaire du bateau à vapeur a satisfait à toutes les conditions exigées, il délivrera le permis de navigation. Ce permis ne sera valable que pour un an.

10. Dans le permis de navigation seront énoncés :

1° Le nom du bateau et le nom du propriétaire ;

2° La hauteur de la ligne de flottaison, rapportée à des points de repère invariablement établis à l'avant, à l'arrière et au milieu du bateau ;

3° Le service auquel le bateau est destiné ; les points de départ, de stationnement et d'arrivée ;

4° Le nombre maximum des passagers qui pourront être reçus à bord ;

5° La tension maximum de la vapeur exprimée en atmosphères et en fractions décimales d'atmosphères, sous laquelle l'appareil moteur pourra fonctionner ;

6° Les numéros des timbres dont les chaudières, tubes bouilleurs, cylindres et enveloppes de cylindre auront été frappés, ainsi qu'il est prescrit à l'article 24 ;

7° Le diamètre des soupapes de sûreté et leur charge telle qu'elle aura été réglée, conformément aux articles 29 et 30.

11. Le préfet prescrira, dans le permis, toutes les mesures d'ordre et de police locale nécessaires. Il transmettra copie de son arrêté aux préfets des autres départements traversés par la ligne de navigation, lesquels prescriront les dispositions du même genre à observer dans ces départements ; le tout sans préjudice de l'exécution des lois et règlements concernant la navigation dans la circonscription des arrondissements maritimes.

12. Si le préfet reconnaît, d'après le procès-verbal dressé par la commission de surveillance, qu'il y a lieu de surseoir à la délivrance du permis, ou même de le refuser, il notifiera sa décision au propriétaire du bateau, sauf recours devant notre ministre des travaux publics.

15. A chaque renouvellement du permis de navigation, la commission de surveillance sera consultée, comme il est dit ci-dessus.

SECTION IV.

Des autorisations provisoires de navigation.

14. Si le bateau a été muni de son appareil moteur et mis en état de naviguer dans un département autre que celui où il doit entrer en service, le propriétaire devra obtenir du préfet du premier de ces départements une autorisation provisoire de navigation, pour faire arriver le bateau au lieu de sa destination. La commission de surveillance sera consultée sur la demande.

15. L'autorisation provisoire ne dispensera pas le propriétaire du bateau de l'obligation d'obtenir un permis définitif de navigation, lorsque ce bateau sera arrivé au lieu de sa destination.

SECTION V.

Disposition transitoire.

16. Il est accordé aux détenteurs actuels de permis de navigation un délai de trois mois, à dater de la publication de la présente ordonnance, pour se conformer aux dispositions qui précèdent, et demander un nouveau permis, qui leur sera délivré, s'il y a lieu, par l'autorité compétente. Passé ce délai, les anciens permis de navigation seront considérés comme non avenus.

TITRE II.

Des machines à vapeur servant de moteurs aux bateaux.

SECTION Ire.

Dispositions relatives à la fabrication et au commerce des machines employées sur les bateaux.

17. Aucune machine à vapeur, destinée à un service de navigation,

ne pourra être livrée par un fabricant, si elle n'a subi les épreuves prescrites ci-après.

18. Les épreuves seront faites à la fabrique, par ordre du préfet, sur la déclaration du fabricant.

19. Les machines venant de l'étranger devront être pourvues des mêmes appareils de sûreté que les machines d'origine française, et subir les mêmes épreuves. Ces épreuves seront faites au lieu désigné par le destinataire dans la déclaration qu'il devra faire à l'importation.

SECTION II.

Epreuves des chaudières et des autres pièces contenant la vapeur.

20. Les chaudières à vapeur, leurs tubes bouilleurs et les réservoirs à vapeur, les cylindres en fonte des machines à vapeur et les enveloppes en fonte de ces cylindres, ne pourront, sauf l'exception portée à l'article 28, être établis à bord des bateaux sans avoir été préalablement soumis par les ingénieurs des mines, ou, à leur défaut, par les ingénieurs des ponts et chaussées, à une épreuve opérée à l'aide d'une pompe de pression.

L'usage des chaudières et des tubes bouilleurs en fonte est prohibé dans les bateaux à vapeur.

21. La pression d'épreuve prescrite par l'article précédent sera *triple* de la pression effective, ou autrement, de la plus grande tension que la vapeur pourra avoir dans les chaudières, leurs tubes bouilleurs, et autres pièces contenant la vapeur, diminuée de la pression extérieure de l'atmosphère.

22. On procédera aux épreuves en changeant les soupapes de sûreté des chaudières de poids proportionnels à la pression effective, et déterminés suivant la règle indiquée en l'article 31.

A l'égard des autres pièces, la charge d'épreuve sera appliquée sur la soupape de la pompe de pression.

23. L'épaisseur des parois des chaudières cylindriques, en tôle ou en cuivre laminé, sera réglée conformément à la table n° 1, annexée à la présente ordonnance.

L'épaisseur de celles de ces chaudières qui, par leurs dimensions et par la pression de la vapeur, ne se trouveraient pas comprises dans la table, sera déterminée d'après la règle énoncée à la suite de ladite table; toutefois, cette épaisseur ne pourra dépasser quinze millimètres.

Les épaisseurs de la tôle devront être augmentées s'il s'agit de chaudières formées, en partie ou en totalité, de faces planes ou bien de conduits intérieurs, cylindriques ou autres, traversant l'eau ou la vapeur, et servant soit de foyer, soit à la circulation de la flamme. Ces chaudières et conduits devront de plus être, suivant les cas, renforcés par des armatures suffisantes.

24. Après qu'il aura été constaté que les parois de chaudières ont les épaisseurs voulues, et après l'épreuve, on appliquera aux chaudières, à leurs tubes bouilleurs et aux réservoirs de vapeur, aux cylindres en fonte des machines à vapeur et aux enveloppes en fonte de ces cylindres, des timbres indiquant, en nombre d'atmosphères, le degré de tension intérieure que la vapeur ne devra pas dépasser. Ces timbres seront placés de manière qu'ils soient toujours apparents.

25. L'épreuve sera renouvelée après l'installation de la machine dans le bateau : 1° si le propriétaire la réclame; 2° s'il y a eu pendant le transport, ou lors de la mise en place, quelques avaries; 3° s'il a été fait à la chaudière des modifications ou réparations quelconques depuis la première épreuve; 4° si la commission de surveillance le juge utile.

26. Les chaudières à vapeur, leurs tubes bouilleurs et autres pièces contenant la vapeur, devront être éprouvés de nouveau toutes les fois qu'il sera jugé nécessaire par les commissions de surveillance.

Quand il aura été fait aux chaudières et autres pièces des changements ou réparations notables, les propriétaires des bateaux à vapeur seront tenus d'en donner connaissance au préfet. Il sera nécessairement procédé dans ce cas, à de nouvelles épreuves.

27. L'appareil et la main-d'œuvre nécessaires pour les épreuves seront fournis par les propriétaires des machines et des chaudières à vapeur.

28. Les chaudières qui auront des faces planes seront dispensées de l'épreuve, mais sous la condition que la force élastique, ou la tension de la vapeur, ne devra pas s'élever dans l'intérieur de ces chaudières, à plus d'*une atmosphère et demie.*

SECTION III.

Des appareils de sûreté dont les chaudières à vapeur doivent être munies.

§ 1er. —*Des soupapes de sûreté.*

29. Il sera adapté à la partie supérieure de chaque chaudière deux soupapes de sûreté. Ces soupapes seront placées vers chaque extrémité de la chaudière, et à la plus grande distance possible l'une de l'autre.

Le diamètre des orifices de ces soupapes sera réglé d'après la surface de chauffe de la chaudière et la tension de la vapeur dans son intérieur, conformément à la table n° 2, annexée à la présente ordonnance.

30. Chaque soupape sera chargée d'un poids unique, agissant, soit directement, soit par l'intermédiaire d'un levier.

Chaque poids recevra l'empreinte d'un poinçon apposée par la commission de surveillance. Les leviers seront également poinçonnés, s'il en est fait usage. La quotité du poids et la longueur du levier seront énoncées dans le permis de navigation.

31. La charge maximum de chaque soupape de sûreté sera déterminée en multipliant un kilogramme trente-trois grammes par le nombre d'atmosphères mesurant la pression effective, et par le nombre de centimètres carrés mesurant l'orifice de la soupape.

La largeur de la surface annulaire de recouvrement ne devra pas dépasser la trentième partie de la surface circulaire exposée directement à la pression de la vapeur, et cette largeur, dans aucun cas, ne devra excéder deux millimètres.

32. Il sera de plus adapté à la partie supérieure des chaudières à faces planes, dont il est fait mention à l'article 28, une soupape atmosphérique, c'est-à-dire ouvrant du dehors au dedans.

§ 2. — *Des manomètres.*

33. Chaque chaudière sera munie d'un manomètre à mercure, gradué en atmosphères et en fractions décimales d'atmosphère, de manière à faire connaître immédiatement la tension de la vapeur dans la chaudière.

Le tuyau qui amènera la vapeur au manomètre sera adapté directement sur la chaudière, et non sur le tuyau de prise de vapeur ou sur tout autre tuyau dans lequel la vapeur serait en mouvement.

Le manomètre sera placé en vue du chauffeur.

34. On fera usage du manomètre à air libre, c'est-à-dire ouvert à sa partie supérieure, toutes les fois que la pression effective de la vapeur ne dépassera pas deux atmosphères.

35. On tracera sur l'échelle de chaque manomètre, d'une manière très-apparente, une ligne qui répondra au numéro de cette échelle que le mercure ne devra pas habituellement dépasser.

§ 3.—*De l'alimentation et des indicateurs du niveau de l'eau dans les chaudières.*

36. Chaque chaudière sera munie d'une pompe alimentaire bien contruite et en bon état d'entretien.

Indépendamment de cette pompe, mise en mouvement par la machine motrice du bateau, chaque chaudière sera pourvue d'une autre pompe pouvant fonctionner, soit à l'aide d'une machine particulière, soit à bras d'homme, et destinée à alimenter la chaudière, s'il en est besoin, lorsque la machine motrice du bateau ne fonctionnera pas.

37. Le niveau que l'eau doit avoir habituellement dans la chaudière sera indiqué, à l'extérieur, par une ligne tracée d'une manière très-apparente sur le corps de la chaudière, ou sur le parement du fourneau.

Cette ligne sera d'un décimètre au moins au-dessus de la partie la plus élevée des carneaux, tubes ou conduits de la flamme et de la fumée dans le fourneau.

38. Il sera adapté à chaque chaudière : 1º deux tubes indicateurs en verre, qui seront placés un à chaque côté de la face antérieure de la chaudière; 2º l'un des deux appareils suivants, savoir : un flotteur d'une mobilité suffisante; des robinets indicateurs, convenablement placés à des niveaux différents. Les appareils indicateurs seront, dans tous les cas, disposés de manière à être en vue du chauffeur.

SECTION IV.

Des chaudières multiples.

39. Si plusieurs chaudières sont établies dans un bateau, elles ne pourront être mises en communication que par les parties toujours occupées par la vapeur, et cette communication sera disposée de manière que les chaudières puissent, au besoin, être rendues indépendantes les unes des autres.

Dans tous les cas, chaque chaudière sera alimentée séparément, et devra être munie de tous les appareils de sûreté prescrits par la présente ordonnance.

SECTION V.

De l'emplacement des appareils moteurs.

40. L'emplacement des appareils moteurs devra être assez grand pour qu'on puisse facilement faire le service des chaudières et visiter toutes les parties des appareils.

Cet emplacement sera séparé des salles des passagers par des cloisons en planches, très-solidement construites et entièrement revêtues d'une doublure en feuilles de tôle, à recouvrement, d'un millimètre d'épaisseur au moins.

TITRE III.

De l'installation des bateaux à vapeur ; des agrès, apparaux et des équipages.

41. Le pont de chaque bateau devra être garni de garde-corps d'une hauteur suffisante pour la sûreté des passagers.

Toutes les ouvertures pratiquées au-dessus des machines et des chaudières, qui ne sont pas habituellement fermées par un panneau plein, seront munies d'un grillage en fer ou en bois.

42. De chaque côté du bateau il y aura un escalier d'embarquement (en bois ou en fer), avec une rampe ou une corde à nœuds solidement fixée.

43. Les tambours qui, de chaque côté du bateau, enveloppent les roues motrices, seront munis d'une défense en fer, descendant assez près de la surface de l'eau pour empêcher des embarcations de s'engager dans les palettes des roues.

44. Lorsque la cheminée sera mobile, et qu'elle ne se trouvera pas diposée de manière à être en équilibre sur son axe de rotation dans toutes les positions, il sera établi, sur le pont du bateau, un support suffisamment élevé, pour arrêter la cheminée en cas de chute, et prévenir tout accident.

45. La ligne de flottaison indiquant le maximum du chargement sera tracée d'une manière apparente sur le pourtour entier de la carène, d'après les points de repère déterminés par le permis de navigation.

46. Le nom du bateau sera inscrit en gros caractères sur chacun de ses côtés.

47. Il y aura dans chaque bateau :

1° Deux ancres, au moins, pouvant être jetées immédiatement ;

2° Un canot à la traîne ou suspendu à des palans, de manière à être, au besoin, mis immédiatement à l'eau : les dimensions de ce canot seront déterminées par le préfet, d'après l'avis de la commission de surveillance :

3° Une bouée de sauvetage en liége, suspendue sous l'arrière ;

4° Une hache en bon état, à portée du timonier ;

5° Une cloche pour donner les avertissements nécessaires;

6° Une boîte fumigatoire, pour administrer des secours aux asphyxiés ;

7° Des manomètres de rechange ainsi que des tubes indicateurs de rechange.

48. Si le bateau est exposé à être accidentellement poussé à la mer, il sera muni des cartes et des instruments nautiques nécessaires à cette navigation.

49. Indépendamment du capitaine, maître ou timonier, et des matelots ou mariniers formant l'équipage, il y aura à bord de chaque bateau un mécanicien et autant de chauffeurs que le service de l'appareil moteur l'exigera.

50. Nul ne pourra être employé en qualité de capitaine ou de mécanicien, s'il ne produit des certificats de capacité, délivrés dans les formes qui seront déterminées par notre ministre des travaux publics.

TITRE IV.

Mesures diverses concernant le service des bateaux à vapeur.

SECTION 1re.

Stationnement, départ et mouillage des bateaux.

51. Dans toutes les localités où cela sera possible, il sera assigné aux bateaux à vapeur un lieu de stationnement distinct de celui des autres bateaux.

52. Lorsque la disposition des lieux le permettra, il pourra être accordé à chaque entreprise de bateau à vapeur un emplacement particulier et dont elle aura la jouissance exclusive, à charge par elle d'y faire, à ses frais, les ouvrages nécessaires pour faciliter l'embarquement et le débarquement des voyageurs et des marchandises.

Cette autorisation, toujours révocable, sera accordée par le préfet, qui en déterminera les conditions.

53. En cas de concurrence entre deux ou plusieurs entreprises, les heures de départ seront réglées par le préfet, de manière à éviter les accidents qui peuvent résulter de la rivalité.

54. Pour chaque localité, un arrêté du préfet déterminera les conditions de solidité et de stabilité des batelets destinés au service d'embarquement et de débarquement des passagers, le nombre des personnes que ces batelets pourront recevoir, et le nombre des mariniers nécessaires pour les conduire.

Le maire de la commune délivrera les permis de service, après s'être préalablement assuré que les batelets sont conformes aux dispositions de sûreté prescrites, et que les mariniers remplissent les conditions exigées par l'article 47 de la loi du 6 frimaire an VII.

55. Sur les points où le service des batelets serait dangereux, les préfets pourront en interdire l'usage.

56. Aucun bateau à vapeur ne quittera le point de départ et les lieux de stationnement pendant la nuit, ni en temps de brouillard, de glaces ou de débordements, à moins d'une permission spéciale délivrée par l'autorité chargée de la police locale.

57. Les préfets prescriront les dispositions nécessaires pour éviter, dans chaque localité, les accidents qui pourraient avoir lieu au départ et à l'arrivée des bateaux.

SECTION II.

Marche et manœuvre des bateaux.

58. Si deux bateaux à vapeur, marchant en sens inverse, viennent à se rencontrer, le bateau descendant ralentira son mouvement, et chaque bateau serrera le chenal de navigation à sa droite. Si les dimensions de ce chenal sont telles qu'il ne reste pas entre les parties les plus saillantes des bateaux un intervalle libre de quatre mètres au moins, le bateau qui remonte s'arrêtera, et attendra, pour reprendre sa route, que celui qui descend ait doublé le passage. Dans les rivières à marées, le bateau qui vient avec le flot est censé descendre.

Si la rencontre a lieu entre deux bateaux à vapeur marchant dans la même direction, celui qui sera en avant serrera le chenal de navigation à sa droite ; celui qui sera en arrière serrera ce chenal à sa gauche.

Si les dimensions du chenal ne permettent pas le passage de deux bateaux, le bateau qui se trouvera en arrière ralentira son mouvement, et attendra que la passe soit franchie, pour reprendre toute sa vitesse.

Des arrêtés des préfets désigneront les passes dans lesquelles il est interdit aux bateaux à vapeur de se croiser ou de se dépasser, et détermineront, relativement à des points facilement reconnaissables, les limites de chacune de ces passes.

59. Les préfets détermineront également les précautions à prendre à l'approche des ponts, pertuis et autres ouvrages d'art, tant pour la sûreté des passagers que pour la conservation de ces ouvrages.

60. Les capitaines des bateaux à vapeur ne feront aucune manœuvre dans le but d'entraver ou de retarder la marche des autres bateaux à vapeur, ou de toute autre embarcation. Ils diminueront la vitesse de leurs bateaux, ou même ils les feront arrêter, toutes les fois que la continuation de la marche de ces bateaux pourrait donner lieu à des accidents.

61. Tout bateau à vapeur naviguant pendant la nuit tiendra constamment allumés deux fanaux placés, l'un à l'avant, l'autre à l'arrière. Ces deux fanaux seront à verres blancs lorsque le bateau descendra, et à verres rouges lorsqu'il remontera.

En cas de brouillards, le capitaine fera tinter continuellement la cloche du bateau, pour éviter les abordages.

62. Les capitaines des bateaux à vapeur pourront, sauf le cas prévu par l'article 55, prendre ou déposer en route des voyageurs ou des marchandises, qui seront transportés dans des batelets; mais ils devront faire arrêter l'appareil moteur du bateau, afin que les batelets puissent accoster sans danger. Ces batelets, avant d'aborder, seront amarrés au bateau à vapeur, et celui-ci ne devra continuer sa navigation que lorsqu'ils auront été poussés au large.

63. Les capitaines rendront compte à l'autorité chargée de la police locale des faits qui pourront intéresser la sûreté de la navigation.

SECTION III.

Conduite du feu et des appareils moteurs.

64. Le mécanicien, sous l'autorité du capitaine, présidera à la mise en feu avant le départ; il entretiendra toutes les parties de l'appareil moteur; il s'assurera qu'elles fonctionnent bien, et que les chauffeurs sont en état de bien faire leur service. Pendant le voyage, il dirigera les chauffeurs, et s'occupera constamment de la conduite de la machine.

65. Il sera tenu, à bord de chaque bateau, un registre dont toutes les pages devront être cotées et paraphées par le maire de la commune où est situé le siége de l'entreprise, et sur lequel le mécanicien inscrira d'heure en heure :

1° La hauteur du manomètre;

2° La hauteur de l'eau dans la chaudière, relativement à la ligne d'eau;

3° Le lieu où se trouvera le bateau. A la fin de chaque voyage, le mécanicien signera ces indications, dont il certifiera l'exactitude.

66. Il est défendu aux propriétaires de bateaux à vapeur et à leurs agents de faire fonctionner les appareils moteurs sous une pression supérieure à la pression déterminée dans le permis de navigation, et et de rien faire qui puisse détruire ou diminuer l'efficacité des moyens de sûreté dont ces appareils sont pourvus.

SECTION IV.

Dispositions relatives aux passagers.

67. Il est interdit de laisser aucun passager s'introduire dans l'emplacement de l'appareil moteur.

68. Indépendamment du registre du mécanicien, il sera ouvert dans chaque bateau à vapeur un autre registre, dont toutes les pages seront, comme il est dit article 65, cotées'et paraphées, et sur lequel les passagers auront la faculté de consigner leurs observations, en ce qui pourrait concerner le départ, la marche et la manœuvre du bateau, les avaries ou accidents quelconques, et la conduite de l'équipage : ces observations devront être signées par les passagers qui les auront faites. Le capitaine pourra également consigner sur ce registre les observations qu'il jugerait convenables, ainsi que tous les faits qu'il lui paraîtrait important de faire attester par les passagers.

69. Dans chaque salle où se tiennent les passagers, il sera affiché une copie du permis de navigation et un tableau indiquant :

1° La durée moyenne des voyages, tant en montant qu'en descendant, et en ayant égard à la hauteur des eaux ;

2° La durée des stationnements ;

3° Le nombre maximum des passagers ;

4° La faculté qu'ils ont de consigner leurs observations sur le registre ouvert à cet effet ;

5° Le tarif des places.

TITRE V.

De la surveillance administrative des bateaux à vapeur.

70. Dans les départements où existeront des bateaux à vapeur, les préfets institueront une ou plusieurs commissions de surveillance.

Les ingénieurs des mines et les ingénieurs des ponts et chaussées feront nécessairement partie de ces commissions.

71. Les commissions de surveillance, indépendamment des fonctions qui leur sont attribuées par les articles 5, 6, 7, 8 et 14 ci-dessus, visiteront les bateaux à vapeur au moins tous les trois mois, et chaque fois que le préfet le jugera convenable.

Les membres de ces commissions pourront, en outre, faire individuellement des visites plus fréquentes.

72. La commission de surveillance s'assurera, dans ses visites, que les mesures prescrites par la présente ordonnance et par le permis de navigation sont exécutées.

Elle constatera l'état de l'appareil moteur et celui du bateau ; elle se fera représenter le registre tenu par le mécanicien, et le registre destiné à recevoir les observations des passagers.

73. La commission adressera au préfet le procès-verbal de chacune de ses visites. Dans ce procès-verbal, elle consignera ses propositions sur les mesures à prendre si l'appareil moteur ou le bateau ne présentent plus de garantie suffisantes de sûreté.

74. Sur les propositions de la commission de surveillance, le préfet ordonnera, s'il y a lieu, la réparation ou le remplacement de toutes les pièces de l'appareil moteur ou du bateau dont un plus long usage présenterait des dangers. Il pourra suspendre le permis de navigation jusqu'à l'entière exécution de ces mesures.

75. Dans tous les cas où, par suite d'inexécution des dispositions de la présente ordonnance, la sûreté publique serait compromise, le préfet suspendra et, au besoin, révoquera le permis de navigation.

76. Les maires, adjoints ou commissaires de police, les officiers de port ou inspecteurs de la navigation, exerceront une surveillance de police journalière sur les bateaux à vapeur, tant aux points de départ et d'arrivée qu'aux lieux de stationnement intermédiaires.

77. Les propriétaires de bateaux à vapeur seront tenus de recevoir à bord et de transporter gratuitement les inspecteurs de la navigation, gardes de rivières, ou autres agents qui seraient chargés spécialement de la police et de la surveillance de ces bateaux.

78. S'il était survenu des avaries de nature à compromettre la sûreté de de la navigation, l'autorité chargée de la police locale pourra suspendre la marche du bateau ; elle devra sur-le-champ en informer le préfet.

En cas d'accident, elle se transportera immédiatement sur les lieux, et le procès-verbal qu'elle dressera de sa visite sera transmis au préfet, et, s'il y a lieu, au procureur du roi.

La commission de surveillance se rendra aussi sur les lieux sans délai, pour visiter les appareils moteurs, en constater l'état, et rechercher la cause de l'accident : elle adressera, sur le tout, un rapport au préfet.

TITRE VI.

Dispositions générales.

79. Les machines et les chaudières à vapeur, employées à un usage quelconque sur les bateaux stationnaires, sont soumises à toutes les conditions de sûreté prescrites par la présente ordonnance.

80. Si, à raison du mode particulier de construction de certaines machines ou chaudières à vapeur, l'application, à ces machines ou chaudières, d'une partie des mesures de sûreté prescrites par la présente ordonnance devenait inutile, le préfet, sur le rapport de la commission de surveillance, déterminera les conditions sous lesquelles ces appareils seront autorisés. Dans ce cas, les permis de navigation ne seront délivrés par le préfet que lorsqu'ils auront reçu l'approbation du ministre des travaux publics.

81. Les propriétaires de bateaux à vapeur seront tenus d'adapter aux machines et chaudières employées dans ces bateaux les appareils de sûreté qui pourraient être découverts par la suite, et qui seraient prescrits par des règlements d'administration publique.

82. Il sera publié par notre ministre secrétaire d'État au département des travaux publics une instruction sur les mesures de précaution habituelles à observer dans l'emploi des machines et des chaudières à vapeur établies sur des bateaux.

Cette instruction devra être affichée à demeure dans l'emplacement où se trouve ces machines et chaudières.

83. La navigation et la surveillance des bateaux à vapeur de l'état sur les fleuves et rivières sont régies par des dispositions spéciales.

84. Les attributions données aux préfets des départements par la présente ordonnance seront exercées par le préfet de police dans toute l'étendue du département de la Seine, et dans les communes de Saint-Cloud, de Meudon et Sèvres, du département de Seine-et-Oise.

85. Les ordonnances royales des 2 avril 1823 et 25 mai 1828, concernant les bateaux à vapeur et les machines et les chaudières a vapeur employées sur les bateaux, sont rapportées.

86. Notre ministre secrétaire d'État au département des travaux publics est chargé de l'exécution de la présente ordonnance, qui sera insérée au *Bulletin des Lois.*

Fait au palais des Tuileries, le 23 mai 1843.

INSTRUCTION SUR LES MESURES DE PRÉCAUTION HABITUELLES A OBSER-
VER DANS L'EMPLOI DES APPAREILS A VAPEUR PLACÉS A BORD DES
BATEAUX QUI NAVIGUENT SUR LES FLEUVES ET RIVIÈRES.

§ Ier. —Observations générales.

Le propriétaire d'un bateau à vapeur doit attacher la plus grande
importance aux choix du capitaine et du mécanicien qui seront
chargés de la conduite du bateau et de celle de l'appareil moteur.

Le capitaine doit posséder une connaissance exacte de la rivière sur
laquelle navigue le bateau.

Le mécanicien doit connaître toutes les pièces de la machine à vapeur, les appareils de sûreté dont la chaudière est pourvue, l'usage
de chacun de ces appareils; il doit être capable de conduire la machine avec habileté, et d'exécuter avec promptitude les manœuvres
ordonnées par le capitaine; il doit entretenir la machine en bon état,
savoir quelles sont les précautions à prendre au départ, à l'arrivée du
bateau, pendant les escales, et, en cas d'accident, durant la marche.

Le capitaine et le mécanicien doivent être sobres, prudents, attentifs, exempts de tout défaut qui pourrait troubler ou détourner leur
attention pendant le travail, et leur faire perdre de vue que la sûreté
du bateau et la vie des passagers sont sous leur sauvegarde.

§ II. — Visite et nettoyage de la chaudière et de la machine, dans l'intervalle des
voyages.

Après chaque voyage, le mécanicien doit visiter minutieusement,
dans toutes leurs parties, la chaudière et la machine. Il vide la chaudière et la nettoie, toutes les fois que cela est nécessaire, afin que les
sédiments ne s'accumulent pas dans son intérieur et n'y forment pas
des dépôts endurcis et incrustants, qui adhéreraient aux parois. Il
vérifie si les soupapes, le manomètre, les indicateurs du niveau de
l'eau, les pompes alimentaires, sont en bon état. Il nettoie et fourbit
la machine, visite les pièces mobiles, telles que tiroirs, soupapes,
pistons; resserre ou refait les garnitures des pistons et tiroirs; enfin
remet en ordre, fait remplacer ou réparer, au besoin, toutes les parties de l'appareil à vapeur qui sont dérangées ou détériorées.

Si le mécanicien reconnaissait qu'une chaudière, en raison de sa
forme, ne peut être visitée et nettoyée complétement, et que des
sédiments vaseux ou incrustants peuvent se loger et s'accumuler sur
quelques points, il en avertirait le propriétaire du bateau.

§ III. — De la mise en feu et du départ.

Le mécanicien se rendra à bord, assez tôt avant l'heure du départ,
pour présider à la mise en feu. Il s'assurera de nouveau si les soupapes, le manomètres et les indicateurs du niveau de l'eau sont en
ordre. Avant de faire allumer les feux, il veillera à ce que les chaudières soient remplies d'eau jusqu'au niveau de la ligne d'eau tracée
sur les corps des chaudières ou les parements des fourneaux. Lors
du départ, il mettra la machine en jeu, sur l'ordre du capitaine, et la
manœuvrera lui-même, jusqu'à ce que le bateau soit en pleine rivière
et ait pris sa marche ordinaire.

§ IV. — Des devoirs du mécanicien pendant la marche.

Pendant la marche, le mécanicien, lorsqu'il ne conduit pas lui-même la machine, ne doit cependant quitter le local de l'appareil moteur que pendant de courts intervalles ; il doit constamment surveiller la conduite et les manœuvres des chauffeurs ou aides qui sont sous ses ordres.

Il doit conduire lui-même la machine lorsque le bateau s'arrête pour prendre ou débarquer des passagers ou des marchandises transportés sur des batelets.

S'il arrive que le bateau s'engage dans un banc de sable, le mécanicien fera fonctionner la machine, avec les plus grandes précautions, dans le sens indiqué par le capitaine, et se gardera bien de surcharger les soupapes pour augmenter la tension de la vapeur. Un bateau fortement engravé ne peut pas être dégagé par la machine. L'équipage doit agir avec des gaffes qui s'appuient sur le fond de la rivière, et, quand ce moyen ne suffit pas, il faut alléger le bateau et recourir à des chevaux de halage ou à un bateau remorqueur. Pendant que le bateau est ainsi arrêté, le mécanicien doit ralentir l'activité du feu, ouvrir une issue à la vapeur par une des soupapes, alimenter la chaudière, et se conduire en tout comme il sera dit ci-après, en parlant des stationnements du bateau.

Si la force de la machine est insuffisante pour remonter un courant trop rapide, le mécanicien ne doit pas forcer la tension de la vapeur pour surmonter l'obstacle qu'il rencontre ; il ne doit pas non plus forcer la tension pour gagner de vitesse un autre bateau.

Le mécanicien vérifiera très-fréquemment la situation du niveau de l'eau dans chacun des tubes indicateurs en verre qui sont placés aux deux côtés de la face antérieure de la chaudière. S'il s'apercevait que le bateau a pris une position assez inclinée pour que les parois des carneaux ou conduits de la flamme et de la fumée situés sur un des côtés, fussent relevées au-dessus de la surface de l'eau dans l'intérieur de la chaudière, il préviendrait immédiatement le capitaine qui devrait faire redresser le bateau, soit en déplaçant une partie du chargement, soit en invitant les passagers à se transporter sur le côté du bateau qui est relevé.

S'il venait à reconnaître que le niveau moyen de l'eau dans la chaudière est descendu par une circonstance fortuite au-dessous de la partie supérieure des carneaux ou conduits de la flamme et de la fumée, il ouvrirait immédiatement les portes du foyer, pour ralentir la combustion et faire tomber la flamme ; il se garderait de soulever les soupapes de sûreté, préviendrait le capitaine et laisserait les portes du foyer ouvertes, sans charger du combustible frais sur la grille, jusqu'à ce que l'alimentation eût ramené le niveau de l'eau, dans l'intérieur de la chaudière, à sa hauteur habituelle.

Le mécanicien doit inscrire, d'heure en heure, sur le registre à ce destiné.

1º La hauteur du manomètre ;

2º La hauteur de l'eau dans la chaudière, relativement à la ligne d'eau ;

3º Le lieu où se trouve le bateau.

Il signe, à la fin de chaque voyage, ces indications, dont il certifie l'exactitude.

§ V. — Des stations ou escales.

Aux approches des points de stationnements, le mécanicien doit prendre lui-même la conduite de la machine.

Aussitôt qu'elle cesse de fonctionner, il doit ouvrir les portes du foyer pour ralentir l'activité de la combustion ; si la tension de la vapeur dans la chaudière approche de la limite qu'elle ne doit pas dépasser, et qui est accusée par le manomètre ou par le soulèvement des soupapes, il ouvrira une des soupapes, et la tiendra soulevée, pour donner à la vapeur une libre issue, jusqu'à ce que la tension de la vapeur, accusée par le manomètre, soit descendue fort au-dessous de sa limite supérieure ; il fera en même temps alimenter la chaudière, au moyen de la pompe auxiliaire, mue par une petite machine particulière ou manœuvrée à bras, afin que la chaudière soit remplie d'eau jusqu'à la hauteur de la ligne d'eau tracée extérieurement sur le massif du fourneau ; il vérifiera, par l'inspection du niveau de l'eau, dans les deux tubes indicateurs en verre, si le bateau est droit dans le sens transversal, et, dans le cas où il serait assez fortement incliné d'un côté pour que l'eau laissât un des carneaux au-dessus de son niveau, il fera prévenir le capitaine.

Quelques instants avant le départ, il fermera la soupape quand elle sera restée ouverte, poussera le feu pour faire monter la tension de la vapeur, disposera tout pour être prêt à manœuvrer, et mettra enfin la machine en jeu, sur l'ordre donné par le capitaine.

§ VI. — De l'arrivée.

En approchant du point d'arrivée du bateau, le mécanicien prendra lui-même la conduite de la machine.

Après l'arrivée au port, il présidera au nettoyage des grilles et à l'extinction des feux. Avant de quitter le local de la machine, il s'assurera que les feux sont bien éteints, qu'il n'existe aucun danger d'incendie et que tout est parfaitement en ordre dans ce local.

Paris, le 25 juillet 1843.

Le Ministre Secrétaire d'Etat des travaux publics,

J.-B. TESTE.

APPENDICE.

ANNEXE à l'ordonnance royale du 22 mai 1843.

TABLE N° 1.

TABLE *des épaisseurs à donner aux chaudières à vapeur cylindriques en tôle ou en cuivre laminé* (*).

DIAMÈTRE DES CHAUDIÈRES.	NUMÉROS DES TIMBRES EXPRIMANT LES TENSIONS DE LA VAPEUR.						
	2 atmosphères.	5 atmosphères.	4 atmosphères.	5 atmosphères.	6 atmosphères.	7 atmosphères.	8 atmosphères.
mèt.	millim.	millim.	millim.	millim.	millim.	millim.	millim.
0.50	3.90	4.80	5.70	6.60	7.50	8.40	9.30
0.55	3.99	4.98	5.97	6.96	7.95	8.94	9.93
0.60	4.08	5.16	6.24	7.32	8.40	9.48	10.56
0.65	4.17	5.34	6.51	7.68	8.85	10.02	11.19
0.70	4.26	5.52	6.78	8.04	9.30	10.56	11.82
0.75	4.35	5.70	7.05	8.40	9.75	11.10	12.45
0.80	4.44	5.88	7.32	8.76	10.20	11.64	13.08
0.85	4.53	6.06	7.59	9.12	10.65	12.18	13.71
0.90	4.62	6.24	7.86	9.48	11.10	12.72	14.34
0.95	4.71	6.42	8.13	9.84	11.55	13.26	14.97
1.00	4.80	6.60	8.40	10.20	12.00	13.80	15.60

(*) Pour obtenir l'épaisseur que l'on doit donner aux chaudières, il faut multiplier le diamètre de la chaudière, exprimé en mètres et fractions décimales du mètre, par la pression effective de la vapeur, exprimée en atmosphères, et par le nombre fixe 18 ; prendre la dixième partie du produit ainsi obtenu et y ajouter le nombre fixe 3. Le résultat exprimera, en millimètres et en fractions décimales du millimètre, l'épaisseur cherchée.

TABLE N° 2.

TABLE *pour régler les diamètres à donner aux orifices des soupapes de sûreté* (*).

SURFACES DE CHAUFFE DES CHAUDIÈRES.	NUMÉROS DES TIMBRES INDIQUANT LES TENSIONS DE LA VAPEUR.									
	1 1/2 atmo- sphères.	2 atmo- sphères.	2 1/2 atmo- sphères.	3 atmo- sphères.	3 1/2 atmo- sphères.	4 atmo- sphères.	4 1/2 atmo- sphères.	5 atmo- sphères.	5 1/2 atmo- sphères.	6 atmo- sphères.
m. car.	centim.	centim.	centim.	centim.	centim.	centim.	centim.	centim.	centim.	centim.
1	2.493	2.063	1.799	1.616	1.479	1.372	1.286	1.214	1.152	1.100
2	3.525	2.918	2.544	2.285	2.092	1.941	1.818	1.716	1.630	1.555
3	4.317	3.573	3.116	2.799	2.563	2.377	2.227	2.102	1.996	1.905
4	4.985	4.126	3.598	3.232	2.959	2.745	2.572	2.427	2.305	2.200
5	5.374	4.613	4.023	3.614	3.308	3.069	2.875	2.714	2.578	2.459
6	6.106	5.054	4.407	3.958	3.624	3.362	3.149	2.973	2.823	2.694
7	6.595	5.458	4.760	4.276	3.914	3.631	3.402	3.211	3.045	2.910
8	7.050	5.835	5.089	4.571	4.185	3.882	3.637	3.433	3.260	3.111
9	7.478	6.189	5.398	4.848	4.438	4.117	3.857	3.641	3.458	3.299
10	7.882	6.524	5.690	5.110	4.679	4.340	4.066	3.838	3.645	3.478
11	8.267	6.843	5.967	5.360	4.907	4.552	4.265	4.025	3.823	3.648
12	8.635	7.147	6.233	5.598	4.754	4.454	4.204	3.993	3.810	
13	8.987	7.439	6.487	5.827	5.334	4.949	4.636	4.376	4.156	3.965
14	9.325	7.720	6.732	6.047	5.536	5.158	4.811	4.541	4.312	4.124
15	9.654	7.990	6.968	6.259	5.730	5.316	4.980	4.701	4.464	4.259
16	9.970	8.253	7.197	6.464	5.918	5.490	5.143	4.854	4.610	4.399
17	10.277	8.506	7.418	6.663	6.100	5.659	5.302	5.004	4.752	4.534
18	10.575	8.753	7.633	6.841	6.277	5.823	5.455	5.149	4.890	4.666
19	10.865	8.995	7.842	7.044	6.449	5.982	5.605	5.290	5.024	4.794
20	11.147	9.227	8.046	7.227	6.616	6.138	5.750	5.428	5.154	4.918
21	11.423	9.454	8.245	7.389	6.780	6.289	5.892	5.561	5.282	5.040
22	11.691	9.677	8.439	7.580	6.939	6.437	6.031	5.692	5.406	5.158
23	11.954	9.894	8.629	7.750	7.095	6.582	6.167	5.820	5.527	5.274
24	12.211	10.107	8.814	7.917	7.248	6.725	6.299	5.845	5.646	5.388
25	12.463	10.316	8.996	8.080	7.397	6.862	6.429	6.069	5.763	5.499
26	12.710	10.520	9.174	8.240	7.544	6.998	6.556	6.188	5.877	5.608
27	12.952	10.720	9.349	8.397	7.776	7.132	6.681	6.366	5.989	5.715
28	13.190	10.917	9.520	8.551	7.828	7.262	6.804	6.422	6.099	5.819
29	13.423	11.110	9.689	8.703	7.967	7.391	6.924	6.535	6.207	5.922
30	13.653	11.300	9.855	8.851	8.103	7.517	7.043	6.648	6.313	6.024

(*) Pour déterminer les diamètres des soupapes de sûreté, il faut diviser la surface de chauffe de la chaudière, exprimée en mètres carrés, par le nombre qui indique la tension maximum de la vapeur dans la chaudière, préalablement diminué du nombre 0.412 ; prendre la racine carrée du quotient ainsi obtenu, et la multiplier par 2.6 ; le résultat exprimera, en centimètres et en fractions décimales du centimètre, le diamètre cherché.

N° **383**. — *Loi sur la police de la chasse.*

Au palais des Tuileries, le 3 mai 1844.

Louis-Philippe, roi des Français, à tous présents et à venir, salut ; Nous avons proposé, les chambres ont adopté, nous avons ordonné et ordonnons ce qui suit :

SECTION Iʳᵉ.

De l'exercice du droit de chasse.

1. Nul ne pourra chasser, sauf les exceptions ci-après, si la chasse n'est pas ouverte, et s'il ne lui a pas été délivré un permis de chasse par l'autorité compétente.

Nul n'aura la faculté de chasser sur la propriété d'autrui sans le consentement du propriétaire ou de ses ayants droit.

2. Le propriétaire ou possesseur peut chasser ou faire chasser en tout temps, sans permis de chasse, dans ses possessions attenant à une habitation et entourées d'une clôture continue faisant obstacle à toute communication avec les héritages voisins.

3. Les préfets détermineront, par des arrêtés publiés au moins dix jours à l'avance, l'époque de l'ouverture et celle de la clôture de la chasse, dans chaque département.

4. Dans chaque département il est interdit de mettre en vente, de vendre, d'acheter, de transporter et de colporter du gibier pendant le temps où la chasse n'y est pas permise.

En cas d'infraction à cette disposition, le gibier sera saisi, et immédiatement livré à l'établissement de bienfaisance le plus voisin, en vertu, soit d'une ordonnance du juge de paix, si la saisie a eu lieu au chef-lieu de canton, soit d'une autorisation du maire, si le juge de paix est absent, ou si la saisie a été faite dans une commune autre que celle du chef-lieu. Cette ordonnance ou cette autorisation sera délivrée sur la requête des agents ou gardes qui auront opéré la saisie, et sur la présentation du procès-verbal régulièrement dressé.

La recherche du gibier ne pourra être faite à domicile que chez les aubergistes, chez les marchands de comestibles et dans les lieux ouverts au public.

Il est interdit de prendre ou de détruire, sur le terrain d'autrui, des œufs et des couvées de faisans, de perdrix et de cailles.

5. Les permis de chasse seront délivrés, sur l'avis du maire et du sous-préfet, par le préfet du département dans lequel celui qui en fera la demande aura sa résidence ou son domicile.

La délivrance des permis de chasse donnera lieu au payement d'un droit de quinze francs (15 f.) au profit de l'État, et de dix francs (10 f.) au profit de la commune dont le maire aura donné l'avis énoncé au paragraphe précédent.

Les permis de chasse seront personnels ; ils seront valables pour tout le royaume, et pour un an seulement.

6. Le préfet pourra refuser le permis de chasse,

1° A tout individu majeur qui ne sera point personnellement inscrit, ou dont le père ou la mère ne serait pas inscrit au rôle des contributions ;

2° A tout individu qui, par une condamnation judiciaire, a été privé de l'un ou de plusieurs des droits énumérés dans l'article 42 du Code pénal, autres que le droit de port d'armes ;

3° A tout condamné à un emprisonnement de plus de six mois pour rébellion ou violence envers les agents de l'autorité publique;

4° A tout condamné pour délit d'association illicite, de fabrication, débit, distribution de poudre, armes ou autres munitions de guerre; de menaces écrites ou de menaces verbales avec ordre ou sous condition; d'entraves à la circulation des grains; de dévastations d'arbres ou de récoltes sur pied, de plants venus naturellement ou faits de main d'homme;

5° A ceux qui auront été condamnés pour vagabondage, mendicité, vol, escroquerie ou abus de confiance.

La faculté de refuser le permis de chasse aux condamnés dont il est question dans les paragraphes 3, 4 et 5, cessera cinq ans après l'expiration de la peine.

7. Le permis de chasse ne sera pas délivré,

1° Aux mineurs qui n'auront pas seize ans accomplis;

2° Aux mineurs de seize à vingt-un an, à moins que le permis ne soit demandé pour eux par leur père, mère, tuteur ou curateur, porté au rôle des contributions;

3° Aux interdits;

4° Aux gardes champêtres ou forestiers des communes et établissements publics, ainsi qu'aux gardes forestiers de l'Etat et aux garde-pêche.

8. Le permis de chasse ne sera pas accordé,

1° A ceux qui, par suite de condamnations, sont privés du droit de port d'armes;

2° A ceux qui n'auront pas exécuté les condamnations prononcées contre eux pour l'un des délits prévus par la présente loi;

3° A tout condamné placé sous la surveillance de la haute police.

9. Dans le temps où la chasse est ouverte, le permis donne, à celui qui l'a obtenu, le droit de chasser de jour, à tir et à courre, sur ses propres terres, et sur les terres d'autrui avec le consentement de celui à qui le droit de chasse appartient.

Tous autres moyens de chasse, à l'exception des furets et des bourses destinés à prendre le lapin, sont formellement prohibés.

Néanmoins, les préfets des départements, sur l'avis des conseils généraux, prendront des arrêtés pour déterminer,

1° L'époque de la chasse des oiseaux de passage, autres que la caille, et les modes et procédés de cette chasse;

2° Le temps pendant lequel il sera permis de chasser le gibier d'eau, dans les marais, sur les étangs, fleuves et rivières;

3° Les espèces d'animaux malfaisants ou nuisibles que le propriétaire, possesseur ou fermier, pourra en tout temps détruire sur ses terres, et les conditions de l'exercice de ce droit sans préjudice du droit appartenant au propriétaire ou au fermier de repousser ou de détruire, même avec des armes à feu, les bêtes fauves qui porteraient dommage à ses propriétés.

Ils pourront prendre également des arrêtés:

1° Pour prévenir la destruction des oiseaux;

2° Pour autoriser l'emploi des chiens lévriers pour la destruction des animaux malfaisants ou nuisibles;

3° Pour interdire la chasse pendant les temps de neige.

10. Des ordonnances royales détermineront la gratification qui sera accordée aux gardes et gendarmes rédacteurs des procès-verbaux ayant pour objet de constater les délits.

SECTION II.

Des peines.

11. Seront punis d'une amende de seize à cent francs,

1° Ceux qui auront chassé sans permis de chasse;

2° Ceux qui auront chassé sur le terrain d'autrui sans le consentement du propriétaire.

L'amende pourra être portée au double si le délit a été commis sur des terres non dépouillées de leurs fruits, ou s'il a été commis sur un terrain entouré d'une clôture continue faisant obstacle à toute communication avec les héritages voisins, mais non attenant à une habitation.

Pourra ne pas être considéré comme délit de chasse le fait du passage des chiens courants sur l'héritage d'autrui, lorsque ces chiens seront à la suite d'un gibier lancé sur la propriété de leurs maitres, sauf l'action civile, s'il y a lieu, en cas de dommage;

3° Ceux qui auront contrevenu aux arrêtés des préfets concernant les oiseaux de passage, le gibier d'eau, la chasse en temps de neige, l'emploi des chiens lévriers, ou aux arrêtés concernant la destruction des oiseaux et celle des animaux nuisibles ou malfaisants;

4° Ceux qui auront pris ou détruit, sur le terrain d'autrui, des œufs ou couvées de faisans, de perdrix ou de cailles;

Les fermiers de la chasse, soit dans les bois soumis au régime forestier, soit sur les propriétés dont la chasse est louée au profit des communes ou établissements publics, qui auront contrevenu aux clauses et conditions de leurs cahiers de charges relatives à la chasse.

12. Seront punis d'une amende de cinquante à deux cents francs, et pourront en outre l'être d'un emprisonnement de six jours à deux mois,

1° Ceux qui auront chassé en temps prohibé;

2° Ceux qui auront chassé pendant la nuit ou à l'aide d'engins et instruments prohibés, ou par d'autres moyens que ceux qui sont autorisés par l'article 9;

3° Ceux qui seront détenteurs ou ceux qui seront trouvés munis ou porteurs, hors de leur domicile, de filets, engins ou autres instruments de chasse prohibés;

4° Ceux qui, en temps où la chasse est prohibée, auront mis en vente, vendu, acheté, transporté ou colporté du gibier;

5° Ceux qui auront employé des drogues ou appâts qui sont de nature à enivrer le gibier ou à le détruire;

6° Ceux qui auront chassé avec appeaux, appelants ou chanterelles.

Les peines déterminées par le présent article pourront être portées au double contre ceux qui auront chassé pendant la nuit sur le terrain d'autrui et par l'un des moyens spécifiés au paragraphe 2, si les chasseurs étaient munis d'une arme apparente ou cachée.

Les peines déterminées par l'article 11 et par le présent article seront toujours portées au maximum lorsque les délits auront été commis par les gardes champêtres ou forestiers des communes, ainsi que par les gardes forestiers de l'Etat et des établissements publics.

13. Celui qui aura chassé sur le terrain d'autrui sans son consentement, si ce terrain est attenant à une maison habitée ou servant à l'habitation, et s'il est entouré d'une clôture continue faisant obstacle à toute communication avec les héritages voisins, sera puni d'une amende de cinquante à trois cents francs, et pourra l'être d'un emprisonnement de six jours à trois mois.

Si le délit a été commis pendant la nuit, le délinquant sera puni d'une amende de cent francs à mille francs, et pourra l'être d'un emprisonnement de trois mois à deux ans, sans préjudice, dans l'un et l'autre cas, s'il y a lieu, de plus fortes peines prononcées par le Code pénal.

14. Les peines déterminées par les trois articles qui précèdent pourront être portées au double, si le délinquant était en état de récidive, s'il était déguisé ou masqué, s'il a pris un faux nom, s'il a usé de violence envers les personnes, ou s'il a fait des menaces, sans préjudice, s'il y a lieu, de plus fortes peines prononcées par la loi.

Lorsqu'il y aura récidive, dans les cas prévus en l'article 11, la peine de l'emprisonnement de six jours à trois mois pourra être appliquée si le délinquant n'a pas satisfait aux condamnations précédentes.

15. Il y a récidive lorsque, dans les douze mois qui ont précédé l'infraction, le délinquant a été condamné en vertu de la présente loi.

16. Tout jugement de condamnation prononcera la confiscation des filets, engins et autres instruments de chasse. Il ordonnera, en outre, la destruction des instruments de chasse prohibés.

Il prononcera également la confiscation des armes, excepté dans le cas où le délit aura été commis par un individu muni d'un permis de chasse, dans le temps où la chasse est autorisée.

Si les armes, filets, engins ou autres instruments de chasse n'ont pas été saisis, le délinquant sera condamné à les représenter ou à en payer la valeur, suivant la fixation qui en sera faite par le jugement, sans qu'elle puisse être au-dessous de cinquante francs.

Les armes, engins ou autres instruments de chasse, abandonnés par les délinquants restés inconnus seront saisis et déposés au greffe du tribunal compétent. La confiscation et, s'il y a lieu, la destruction en seront ordonnées sur le vu du procès-verbal.

Dans tous les cas, la quotité des dommages-intérêts est laissée à l'appréciation des tribunaux.

17. En cas de conviction de plusieurs délits prévus par la présente loi, par le Code pénal ordinaire ou par les lois spéciales, la peine la plus forte sera seule prononcée.

Les peines encourues pour des faits postérieurs à la déclaration du procès-verbal de contravention pourront être cumulées, s'il y a lieu, sans préjudice des peines de la récidive.

18. En cas de condamnation pour délits prévus par la présente loi, les tribunaux pourront priver le délinquant du droit d'obtenir un permis de chasse pour un temps qui n'excédera pas cinq ans.

19. La gratification mentionnée en l'article 10 sera prélevée sur le produit des amendes.

Le surplus desdites amendes sera attribué aux communes sur le territoire desquelles les infractions auront été commises.

20. L'article 463 du Code pénal ne sera pas applicable aux délits prévus par la présente loi.

SECTION III.

De la poursuite et du jugement.

21. Les délits prévus par la présente loi seront prouvés, soit par procès-verbaux ou rapports, soit par témoins, à défaut de rapports et procès-verbaux, ou à leur appui.

22. Les procès-verbaux des maires et adjoints, commissaires de police, officier, maréchal des logis, ou brigadier de gendarmerie, gendarmes, gardes forestiers, garde-pêche, gardes champêtres, ou gardes assermentés des particuliers, feront foi jusqu'à preuve contraire.

23. Les procès-verbaux des employés des contributions indirectes et des octrois feront également foi jusqu'à preuve contraire, lorsque, dans la limite de leurs attributions respectives, ces agents rechercheront et constateront les délits prévus par le paragraphe 1er de l'article 4.

24. Dans les vingt-quatre heures du délit, les procès-verbaux des gardes seront, à peine de nullité, affirmés par les rédacteurs devant le juge de paix ou l'un de ses suppléants, ou devant le maire ou l'adjoint soit de la commune de leur résidence, soit de celle où le délit aura été commis.

25. Les délinquants ne pourront être saisis ni désarmés; néanmoins, s'ils sont déguisés ou masqués, s'ils refusent de faire connaître leurs noms, ou s'ils n'ont pas de domicile connu, ils seront conduits immédiatement devant le maire ou le juge de paix, lequel s'assurera de leur individualité.

26. Tous les délits prévus par la présente loi seront poursuivis d'office par le ministère public, sans préjudice du droit conféré aux parties lésées par l'article 182 du Code d'instruction criminelle.

Néanmoins, dans le cas de chasse sur le terrain d'autrui sans le consentement du propriétaire, la poursuite d'office ne pourra être exercée par le ministère public, sans une plainte de la partie intéressée, qu'autant que le délit aura été commis dans un terrain clos, suivant les termes de l'article 2, et attenant à une habitation, ou sur des terres non encore dépouillées de leurs fruits.

27. Ceux qui auront commis conjointement les délits de chasse seront condamnés solidairement aux amendes, dommages-intérêts et frais.

28. Le père, la mère, le tuteur, les maîtres et commettants sont civilement responsables des délits de chasse commis par leurs enfants mineurs non mariés, pupilles demeurant avec eux, domestiques ou préposés, sauf tout recours de droit.

Cette responsabilité sera réglée conformément à l'article 1384 du Code civil, et ne s'appliquera qu'aux dommages-intérêts et frais, sans pouvoir toutefois donner lieu à la contrainte par corps.

29. Toute action relative aux délits prévus par la présente loi sera prescrite par le laps de trois mois, à compter du jour du délit.

SECTION IV.

Dispositions générales.

30. Les dispositions de la présente loi relatives à l'exercice du droit de chasse ne sont pas applicables aux propriétés de la couronne. Ceux qui commettraient des délits de chasse dans ces propriétés seront poursuivis et punis conformément aux sections 2 et 3.

31. Le décret du 4 mai 1812 et la loi du 30 avril 1790 sont abrogés.

Sont et demeurent également abrogés les lois, arrêtés, décrets et ordonnances intervenus sur les matières réglées par la présente loi, en tout ce qui est contraire à ses dispositions.

La présente loi, discutée, délibérée et adoptée par la chambre des pairs et par celle des députés, et sanctionnée par nous ce jourd'hui, sera exécutée comme loi de l'État.

Donnons en mandement à nos cours et tribunaux, préfets, corps administratifs et tous autres, que les présentes ils gardent et maintiennent, fassent garder, observer et maintenir, et, pour les rendre plus notoires à tous, il les fassent publier et enregistrer partout où besoin sera; et, afin que ce soit chose ferme et stable à toujours, nous y avons fait mettre notre sceau.

Fait au palais des Tuileries, le 3ᵉ jour du mois de mai, l'an 1844.

N° **384**.—*Loi relative au chemin de fer de Paris sur le centre de la France.*

Des 26—31 juillet 1844.

TITRE Ier.

1. Le chemin de fer de Paris sur le centre de la France, classé par l'article 1er de la loi du 11 juin 1842, sera prolongé, d'une part, de Vierzon sur Châteauroux et Limoges, et, d'autre part, de Bourges sur Clermont.

2. Une somme de sept millions huit cent mille francs (7,800,000 fr.) est affectée à l'exécution de la partie du chemin de fer de Paris sur le centre de la France, comprise entre Vierzon et Châteauroux.

3. Une somme de treize millions de francs (13,000,000 fr.) est affectée à l'exécution de la partie du chemin de fer de Paris sur le centre de la France, comprise entre Vierzon et la rive droite de l'Allier, près du confluent de cette rivière avec la Loire.

4. Sur les allocations mentionnées aux articles précédents, et s'élevant ensemble à la somme de vingt millions huit cent mille francs (20,800,000 fr.), il est ouvert au ministre des travaux publics,

Sur l'exercice 1844, un crédit de deux millions de francs (2,000,000 fr.), savoir :

Un million de francs (1,000,000 fr.) pour la partie du chemin de fer de Paris sur le centre de la France, comprise entre Vierzon et Châteauroux................................... 1,000,000 fr.
Un million de francs (1,000,000 fr.) pour la partie du chemin de fer de Paris sur le centre de la France, comprise entre Vierzon et la rive droite de l'Allier.. 1,000,000

TOTAL.............. 2,000,000 fr.

Et sur l'exercice 1845, un crédit de cinq millions de fr. (5,000,000 fr.), savoir :

Deux millions de francs (2,000,000 fr.) pour la partie du chemin de fer de Paris sur le centre de la France, comprise entre Vierzon et Châteauroux.................................... 2,000,000 fr.
Trois millions de francs (3,000,000 fr.) pour la partie du chemin de fer de Paris sur le centre de la France, comprise entre Vierzon et la rive droite de l'Allier.... 3,000,000

TOTAL.............. 5,000,000 fr.

5. Le ministre des travaux publics est autorisé à comprendre les deux parties du chemin de fer désignées aux articles 2 et 3 ci-dessus, dans un seul et même bail, avec le chemin de fer d'Orléans à Vierzon.

La durée de la jouissance pourra être portée à quarante années.

Le bail sera passé aux clauses et conditions du cahier des charges annexé à la présente loi.

6. La convention qui sera passée en vertu de la présente loi ne deviendra définitive qu'après avoir été homologuée par une ordonnance royale.

7. La compagnie ne pourra émettre d'actions ou promesses d'actions négociables avant de s'être constituée en société anonyme dûment autorisée, conformément à l'article 37 du Code de commerce.

8. A moins d'une autorisation spéciale de l'administration supérieure, il est interdit à la compagnie, sous les peines portées par l'article 419 du Code pénal, de faire directement ou indirectement avec des entreprises de transport de voyageurs ou de marchandises, par terre ou par eau, sous quelque dénomination ou forme que ce puisse être, des arrangements qui ne seraient pas également consentis en faveur de toutes les autres entreprises desservant les mêmes routes.

Des ordonnances royales, portant règlement d'administration publique, prescriront toutes les mesures nécessaires pour assurer la plus complète égalité entre les diverses entreprises de transport dans leurs rapports avec le service du chemin de fer.

TITRE II.

9. Dans le cas où, dans le délai de deux mois, à partir de la promulgation de la présente loi, une compagnie agréée par le ministre des travaux publics n'aurait point accepté les conditions réglées par la présente loi et par le cahier des charges mentionné à l'article 5, le ministre des travaux publics est autorisé à faire poser la voie de fer sur le chemin d'Orléans à Vierzon aux frais du trésor public.

Une somme de six millions cinq cent mille francs (6,500,000 fr.) est affectée à l'établissement de la voie de fer sur ledit chemin, en sus du crédit déjà ouvert par l'article 15 de la loi du 11 juin 1842.

10. Pour subvenir au payement des dépenses autorisées par l'article précédent, il est ouvert au ministre des travaux publics, sur l'exercice 1844, un crédit de deux millions cinq cent mille francs (2,500,000 fr.);

Et, sur l'exercice 1845, un crédit de trois millions cent mille francs (3,100,000 fr.).

TITRE III.

Voies et moyens.

11. Il sera pourvu aux dépenses autorisées par la présente loi, conformément à l'article 18 de la loi du 11 juin 1842.

N° **385.** — *Loi relative au chemin de fer de Paris sur la frontière de Belgique et sur l'Angleterre.*

Des 26 juillet—1er août 1844.

TITRE Ier.

Chemin de fer de Paris sur la frontière de Belgique et sur l'Angleterre.

1. Le chemin de fer de Paris sur l'Angleterre, dont l'établissement a été ordonné par la loi du 11 juin 1842, sera dirigé sur Calais, Dunkerque et Boulogne.

Les lignes sur Calais et Dunkerque se détacheront de la ligne de Paris à la frontière de Belgique à Lille, et se dirigeront, savoir :

La ligne sur Calais par Hazebrouck et Saint-Omer;

La ligne sur Dunkerque par Hazebrouck et l'ouest de Cassel.

2. Jusqu'à l'ouverture de la prochaine session, le ministre des travaux publics est autorisé à concéder, sans subvention, pour un espace de temps qui n'excédera pas quatre-vingt-dix-neuf ans, le chemin de fer d'Amiens à Boulogne par Abbeville et Étaples, à une compagnie qui en exécutera tous les travaux.

La concession aura lieu par adjudication publique; le rabais portera sur le maximum de durée énoncé au paragraphe précédent.

Nul ne sera admis au concours, s'il n'a été préalablement agréé par le ministre des travaux publics, et s'il n'a déposé un cautionnement dont le montant et le mode de restitution seront réglés par une ordonnance royale.

Les conditions de la concession seront les suivantes :

1° La compagnie sera autorisée à percevoir les tarifs ci-après :

TARIF.

		PRIX		
Par tête et par kilomètre.		de péage.	de transport.	Total.
		fr. c.	fr. c.	fr. c.
Voyageurs non compris l'impôt du dixième sur le prix des places.	Voitures couvertes, garnies et fermées à glaces (1re classe)................	0 07	0 03	0 10
	Voitures couvertes, fermées à glaces, et à banquettes rembourrées (2e classe)...	0 05	0 025	0 075
	Voitures couvertes et fermées, avec rideaux (3e classe).	0 03	0 025	0 055
Bestiaux......	Bœufs, vaches, taureaux, chevaux, mulets, bêtes de trait....................	0 07	0 03	0 10
	Veaux et porcs...................	0 025	0 015	0 04
	Moutons, brebis, agneaux, chèvres.......	0 01	0 01	0 02
Par tonne et par kilomètre.				
Poissons......	Huitres et poissons frais, à la vitesse des voyageurs......................	0 030	0 20	0 50
Marchandises..	1re CLASSE.—Fontes moulées, fer et plomb ouvrés, cuivre et autres métaux ouvrés ou non, vinaigres, vins, boissons, spiritueux, huiles, cotons et autres lainages, bois de menuiserie, de teinture et autres bois exotiques, sucre, café, drogues, épiceries, denrées coloniales et objets manufacturés.	0 10	0 08	0 18
	2e CLASSE.—Blés, grains, farines, sels, chaux et plâtre, minerais, coke, charbon de bois, bois à brûler, (dit *de corde*), perches, chevrons, planches, madriers, bois de charpente, marbre en bloc, pierre de taille, bitumes, fontes brutes, fer en barres ou en feuilles, plomb en saumon...	0 09	0 07	0 16
	3e CLASSE. — Pierre à chaux et à plâtre, moellons, meulières, cailloux, sable argile, tuiles, briques, ardoises, fumier et engrais, pavés et matériaux de toute espèce pour la construction et la réparation des routes................	0 08	0 06	0 14
	Houille......................	0 06	0 04	0 10
Objets divers..	Waggon, chariot ou autre voiture destinée au transport sur le chemin de fer, y passant à vide, et machine locomotive ne traînant pas de convoi...........	0 15	0 10	0 25
	Tout waggon, chariot ou voiture dont le chargement en voyageurs ou en marchandises ne comportera pas un péage au moins égal à celui qui serait perçu sur ces mêmes voitures à vide, sera considéré et taxé comme étant à vide. Les machines locomotives seront considérées et taxées comme ne remorquant pas de convoi, lorsque le convoi remor-			

		PRIX		
		de péage.	de transport.	Total.
		fr. c.	fr. c.	fr. c.
Objets divers.. {	qué, soit en voyageurs, soit en marchandises, ne comportera pas un péage au moins égal à celui qui serait perçu sur une machine locomotive avec son allége, marchant sans rien traîner.			
	Par pièce et par kilomètre.			
	Voiture à deux ou quatre roues, à un fond et à une seule banquette dans l'intérieur.	0 15	0 10	0 25
	Voiture à quatre roues et à deux fonds, et à deux banquettes dans l'intérieur....	0 18	0 14	0 32
	(Le tarif sera double si le transport a lieu à la vitesse des voyageurs. Dans ce cas, deux personnes pourront, sans supplément de tarif, voyager dans les voitures à une banquette, et trois dans les voitures à deux banquettes. Les voyageurs excédant ce nombre payeront le prix des places de deuxième classe.).			

2° A toute époque, après l'expiration des quinze premières années, à dater du terme qui sera fixé pour l'achèvement des travaux, le gouvernement aura la faculté de racheter la présente concession : pour régler le prix de ce rachat, on relèvera les produits nets annuels obtenus pendant les sept années qui auront précédé celle où le rachat s'opérera; on en déduira les produits nets des deux plus faibles années, et l'on établira le produit net moyen des cinq autres années.

Ce produit net moyen formera le montant d'une annuité qui sera due et payée à la compagnie pendant chacune des années restant à courir sur la durée de la concession.

Dans aucun cas, le montant de l'annuité ne sera inférieur au produit net de la dernière des sept années prises pour terme de comparaison.

La compagnie recevra en outre, dans les trois mois qui suivront le rachat, les remboursements auxquels elle aurait droit à l'expiration de la concession.

3° Les terrains seront acquis et les travaux d'art seront exécutés pour deux voies : les terrassements pourront être exécutés et les rails pourront être posés pour une voie seulement, sauf l'établissement d'un certain nombre de gares d'évitement.

4° Les autres dispositions seront déterminées par des ordonnances royales et conformément aux clauses générales des cahiers des charges sanctionnés par les lois rendues dans le cours de la présente session.

5. Une somme de quinze millions de francs (15,000,000 fr.) est affectée à l'établissement des lignes de fer dirigées sur Calais et Dunkerque.

4. Pour subvenir au payement des dépenses autorisées par l'article précédent, il est ouvert au ministre des travaux publics,

Sur le crédit de quinze millions, pour l'exercice 1844, un crédit de.. 2,000,000 fr.

Et sur l'exercice 1845, un crédit de................. 6,000,000 fr.

5. Une loi sera présentée dans le cours de la prochaine session, pour régler le mode d'achèvement et d'exploitation du chemin de fer du Nord et des lignes dirigées sur Calais et sur Dunkerque.

6. Le ministre des travaux publics est autorisé à faire poser la voie de fer sur les sections terminées du chemin du Nord, et à pourvoir provisoirement, s'il y a lieu, à l'exploitation de ces sections.

Il est également autorisé à pourvoir à l'exploitation provisoire des parties dudit chemin où les rails seront posés.

A cet effet, il est ouvert au ministre des travaux publics, sur l'exercice 1844, un crédit de dix millions de francs (10,000,000 fr.), et sur l'exercice 1845, un crédit de six millions de francs (6,000,000 fr.).

Des ordonnances royales règleront le mode d'exploitation et les tarifs qui seront provisoirement appliqués sur les sections exploitées.

TITRE II.

Dispositions générales.

7. L'adjudication qui sera passée en vertu de la présente loi pour le chemin de fer d'Amiens à Boulogne, ne deviendra définitive qu'après avoir été homologuée par ordonnance royale.

8. La compagnie adjudicataire ne pourra émettre d'actions ou promesses d'actions négociables avant de s'être constituée en société anonyme dûment autorisée, conformément à l'article 37 du Code de commerce.

9. A moins d'une autorisation spéciale de l'administration supérieure, il est interdit à la compagnie adjudicataire, sous les peines portées par l'article 419 du Code pénal, de faire directement ou indirectement avec des entreprises de transport de voyageurs ou de marchandises, par terre ou par eau, sous quelque dénomination ou forme que ce puisse être, des arrangements qui ne seraient pas également consentis en faveur de toutes les autres entreprises desservant la même route.

Des ordonnances royales portant règlement d'administration publique prescriront toutes les mesures nécessaires pour assurer la plus complète égalité entre les diverses entreprises de transport dans leurs rapports avec le service du chemin de fer.

TITRE III.

Des voies et moyens.

10. Il sera pourvu aux dépenses autorisées par la présente loi, conformément à l'article 18 de la loi du 11 juin 1842.

N° **386**. — *Loi relative à l'établissement du chemin de fer de Paris à Lyon.*

Des 26 juillet—1er août 1844.

1. Une somme de soixante et onze millions de francs (71,000,000 fr.) est affectée à l'établissement de la partie du chemin de fer de Paris à la Méditerranée comprise entre Paris et Dijon, et de la partie comprise entre Châlon-sur-Saône et Lyon.

Le tracé sera dirigé par les vallées de la Seine, de l'Yonne, de l'Armançon et de la Saône.

2. Le ministre des travaux publics est autorisé à concéder, sans subvention, pour un espace de temps qui n'excédera pas quatre-vingt-dix-neuf ans, un embranchement de Montereau à Troyes par la vallée de la Seine, à une compagnie qui en exécutera tous les travaux.

La concession aura lieu par adjudication publique : le rabais portera sur le maximum de durée énoncé au paragraphe précédent.

Nul ne sera admis au concours s'il n'a été préalablement agréé par le ministre des travaux publics, et s'il n'a déposé un cautionnement dont le montant et le mode de restitution seront réglés par une ordonnance royale.

Les conditions de la concession seront les suivantes :

1° La compagnie sera autorisée à percevoir les tarifs fixés pour la ligne principale.

2° A toute époque, après l'expiration des quinze premières années, à dater du terme qui sera fixé pour l'achèvement des travaux, le gouvernement aura la faculté de racheter la présente concession. Pour régler le prix de ce rachat, on relèvera les produits nets annuels obtenus pendant les sept années qui auront précédé celle où le rachat s'opérera ; on en déduira les produits nets des deux plus faibles années, et l'on établira le produit net moyen des cinq autres années.

Ce produit net moyen formera le montant d'une annuité qui sera due et payée à la compagnie pendant chacune des années restant à courir sur la durée de la concession.

Dans aucun cas, le montant de l'annuité ne sera inférieur au produit net de la dernière des sept années prises pour terme de comparaison.

La compagnie recevra en outre, dans les trois mois qui suivront le rachat, les remboursements auxquels elle aurait droit à l'expiration de la concession.

3° Les terrains seront acquis et les travaux d'art seront exécutés pour deux voies : les terrassements pourront être exécutés et les rails pourront être posés pour une voie seulement, sauf l'établissement d'un certain nombre de gares d'évitement.

4° Les autres dispositions seront déterminées par des ordonnances royales, et conformément aux clauses générales des cahiers des charges sanctionnés par les lois rendues dans le cours de la présente session.

Si, dans le cours de l'année 1845, l'embranchement de Montereau sur Troyes n'a pas été concédé à une compagnie, cet embranchement sera établi aux frais de l'État, conformément à l'article 2 de la loi du 11 juin 1842.

5. Sur l'allocation mentionnée en l'article 1er, il est ouvert au ministre des travaux publics, sur l'exercice 1844, un crédit de quatre millions de francs (4,000,000 fr.), et sur l'exercice 1845, un crédit de dix millions de francs (10,000,000 fr.).

4. Il sera pourvu à la dépense autorisée par la présente loi, conformément à l'article 18 de la loi du 11 juin 1842.

N° **387**. — *Loi relative à l'etablissement d'un chemin de fer de Paris à Rennes.*

Des 26 juillet—1er août 1844.

1. Il sera ajouté au système de chemins de fer défini par l'article 1er de la loi du 11 juin 1842, un chemin de fer de Paris à Rennes, par Chartres et Laval.

2. Une somme de treize millions de francs (13,000,000 fr.) est affectée à l'exécution de la partie du chemin de Paris à Rennes, comprise entre Versailles et Chartres.

3. Il sera statué sur les questions relatives au mode et aux conditions de l'embranchement sur les chemins de fer de Versailles à Paris par la loi de concession du chemin de fer de Paris à Chartres.

4. Sur l'allocation de treize millions de francs (13,000,000 fr.), mentionnée en l'article 2, il est ouvert au ministre des travaux publics, sur l'exercice 1844, un crédit de un million de francs (1,000,000 fr.), et sur l'exercice 1845, un crédit de deux millions cinq cent mille francs (2,500,000 fr.).

5. Il sera pourvu aux dépenses autorisées par la présente loi, conformément à l'article 18 de la loi du 11 juin 1842.

N° **388**. — *Loi qui proroge celles des 21 avril 1832, 1er mai 1834 et 24 juillet 1839, relatives aux étrangers réfugiés.*

Des 3—14 août 1844.

Lous-Philippe, etc.

ARTICLE UNIQUE. Les lois des 21 avril 1832, 1er mai 1834 et 24 juillet 1839, relatives aux étrangers réfugiés, sont prorogées jusqu'à la fin de 1845.

N° **389**. — *Loi qui autorise la concession d'un chemin de fer de Paris à Sceaux.*

Des 5—8 août 1844.

1. Le ministre des travaux publics est autorisé à concéder au sieur Arnoux un chemin de fer de Paris à Sceaux, aux clauses et conditions du cahier des charges annexé à la présente loi.

La convention passée en vertu du paragraphe précédent devra être .homologuée par une ordonnance royale.

2. Des règlements d'administration publique, rendus après que le concessionnaire aura été entendu, détermineront les mesures et les dispositions nécessaires pour assurer la police, la sûreté, l'usage et la conservation du chemin de fer et des ouvrages qui en dépendent. Toutes les dépenses qu'entraînera l'exécution de ces mesures et de ces dispositions resteront à la charge du concessionnaire.

Le concessionnaire est autorisé à faire, sous l'approbation de l'administration, les règlements qu'il jugera utiles pour le service ou l'exploitation du chemin de fer.

3. Le concessionnaire ne pourra émettre d'actions ou promesses d'actions négociables pour subvenir aux frais de construction du chemin de fer de Paris à Sceaux, avant d'avoir formé une société anonyme dûment autorisée conformément à l'art. 37 du Code de commerce.

4. A moins d'une autorisation spéciale de l'administration supérieure, il est interdit au concessionnaire, sous les peines portées par l'art. 419 du Code pénal, de faire directement ou indirectement avec des entreprises de transport de voyageurs ou de marchandises, par terre ou par eau, sous quelque dénomination ou forme que ce puisse être, des arrangements qui ne seraient pas également consentis en faveur de toutes les autres entreprises desservant les mêmes routes.

Des ordonnances royales, portant règlement d'administration publique, prescriront toutes les mesures nécessaires pour assurer la plus complète égalité entre les diverses entreprises de transports dans leurs rapports avec le service du chemin de fer.

Cahier des charges pour l'établissement du chemin de fer de Paris à Sceaux.

1. Le concessionnaire s'engage à exécuter à ses frais, risques et périls, et à terminer dans le courant de deux années au plus tard, à dater de la promulgation de la loi de concession, tous les travaux nécessaires à l'établissement et à la confection d'un chemin de fer de Paris à Sceaux, et de manière que ce chemin soit praticable dans toutes ses parties à l'expiration du délai ci-dessus fixé.

2. Le chemin de fer partira d'un point voisin de la barrière d'Enfer, en dehors du mur d'octroi de la ville de Paris; il ira passer près d'Arcueil et de Bourg-la-Reine, et aboutira à Sceaux en un point qui sera ultérieurement déterminé.

Le maximum des pentes et rampes du tracé n'excédera pas sept millimètres par mètre (0^m,007) entre Paris et Bourg-la-Reine. Entre Bourg-la-Reine et Sceaux, les pentes, le nombre de lacets et les rayons des courbes de raccordement seront déterminés par l'administration supérieure, sur les projets fournis par le concessionnaire, de manière que l'épreuve des voitures articulées du sieur Arnoux soit complétement concluante.

3. Dans le délai de trois mois, au plus tard, à dater de la loi de concession, le concessionnaire devra soumettre à l'approbation de l'administration supérieure, rapporté sur un plan à l'échelle de un à cinq mille, le tracé définitif du chemin de fer de Paris à Sceaux, d'après les indications de l'article précédent. Il indiquera sur ce plan la position et le tracé des gares de stationnement et d'évitement, ainsi que les lieux de chargement et de déchargement. A ce même plan devront être joints un profil en long, suivant l'axe du chemin de fer, un certain nombre de profils en travers, le tableau des pentes et rampes, et un devis explicatif comprenant la description des ouvrages.

En cours d'exécution, le concessionnaire aura la faculté de proposer les modifications qu'il pourrait juger utile d'introduire; mais ces modifications ne pourront être exécutées que moyennant l'approbation préalable et le consentement formel de l'administration supérieure.

4. Le chemin de fer pourra n'avoir qu'une seule voie sur tout son développement, sauf dans les points où des stations devront être établies.

5. La largeur du chemin de fer en couronne sera au moins de

quatre mètres soixante-cinq centimètres (4^m,65). Dans les parties à deux voies, cette largeur sera au moins de huit mètres trente centimètres (8^m,30).

La largeur de la voie, entre les bords intérieurs des rails, devra être de un mètre quarante-quatre centimètres (1^m,44) au moins.

La largeur des accotements, ou, en d'autres termes, la largeur entre les faces extérieures des rails extrêmes et l'arête extérieure du chemin, sera au moins égale à un mètre cinquante centimètres (1^m,50).

6. Indépendamment des stations des points de départ et d'arrivée, le concessionnaire sera tenu d'établir, pour le service des localités traversées par le chemin de fer, ou situées dans le voisinage de ce chemin, des gares ou ports secs, destinés tant aux stationnements qu'aux chargements et aux déchargements, et dont le nombre, l'emplacement et la surface seront déterminés par l'administration, après enquête préalable.

7. A moins d'obstacles locaux, dont l'appréciation appartiendra à l'administration, le chemin de fer, à la rencontre des routes royales ou départementales, devra passer, soit au-dessus, soit au-dessous de ces routes.

Les croisements de niveau seront tolérés pour les chemins vicinaux, ruraux ou particuliers.

8. Les ouvrages à construire à la rencontre, soit des routes royales et départementales, soit des chemins vicinaux, ruraux et particuliers, soit des cours d'eau, ne pourront être entrepris qu'en vertu de projets approuvés par l'administration.

Les décisions qui statueront sur ces projets détermineront les dimensions des ouvrages, ainsi que le mode de leur construction, et toutes autres dispositions accessoires.

9. S'il y a lieu de déplacer les routes existantes, la déclivité des pentes ou rampes sur les nouvelles directions ne pourra pas excéder trois centimètres par mètre pour les routes royales et départementales, et cinq centimètres pour les chemins vicinaux.

L'administration restera libre, toutefois, d'apprécier les circonstances qui pourraient motiver une dérogation à la règle précédente.

10. Dans le cas où des routes royales ou départementales, ou des chemins vicinaux, ruraux ou particuliers seraient traversés à leur niveau par le chemin de fer, les rails ne pourront être élevés au-dessus ou abaissés au-dessous de la surface de ces routes ou chemins de plus de trois centimètres (0,^m03). Les rails et le chemin de fer devront, en outre, être disposés de manière à ce qu'il n'en résulte aucun obstacle à la circulation.

Des barrières seront tenues fermées de chaque côté du chemin de fer, partout où cette mesure sera jugée nécessaire par l'administration.

Un gardien, payé par le concessionnaire, sera constamment préposé à la garde et au service de ces barrières.

11. Le concessionnaire sera tenu de rétablir et d'assurer à ses frais l'écoulement de toutes les eaux dont le cours serait arrêté, suspendu ou modifié par les travaux dépendant de l'entreprise.

Les projets de ponceaux et aqueducs qui seront construits à cet effet devront être, avant tout commencement d'exécution, soumis à l'approbation de l'administration.

12. Le concessionnaire pourra employer dans la construction du chemin de fer les matériaux communément en usage dans les travaux publics de la localité; toutefois, les têtes de voûtes, les angles, socles, couronnements, extrémités de radiers, seront, autant que possible, en pierres de taille.

13. Le chemin de fer sera clôturé et séparé des propriétés particulières par des murs, ou des haies, ou des poteaux avec lisses.

Les barrières fermant les communications particulières s'ouvriront sur les terres et non sur le chemin de fer.

14. Tous les terrains destinés à servir d'emplacement au chemin et à toutes ses dépendances, telles que gares de croisement et de stationnement, lieux de chargement et de déchargement, ainsi qu'au rétablissement des communications déplacées ou interrompues, et de nouveaux lits des cours d'eau seront achetés et payés par le concessionnaire.

Le concessionnaire est substitué aux droits, comme il est soumis à toutes les obligations qui dérivent, pour l'administration, de la loi du 3 mai 1841.

15. L'entreprise étant d'utilité publique, le concessionnaire est investi de tous les droits que les lois et règlements confèrent à l'administration elle-même pour les travaux de l'Etat. Il pourra, en conséquence, se procurer par les mêmes voies les matériaux de remblai et d'empierrement nécessaires à la construction et à l'entretien du chemin de fer; il jouira, tant pour l'extraction que pour le transport et le dépôt des terres et matériaux, des priviléges accordés par les mêmes lois et règlements aux entrepreneurs de travaux publics, à la charge, par lui, d'indemniser à l'amiable les propriétaires des terrains endommagés, ou, en cas de non-accord, d'après les règlements arrêtés par le conseil de préfecture, sauf recours au conseil d'Etat, sans que, dans aucun cas, il puisse exercer de recours, à cet égard, contre l'administration.

16. Les indemnités pour occupation temporaire ou détérioration de terrains, pour chômage, modification ou destruction d'usines, et pour tout dommage quelconque résultant des travaux, seront supportées et payées par le concessionnaire.

17. Pendant la durée des travaux, qu'il exécutera, d'ailleurs, par des moyens et des agents de son choix, le concessionnaire sera soumis au contrôle et à la surveillance de l'administration. Ce contrôle et cette surveillance auront pour objet d'empêcher le concessionnaire de s'écarter des dispositions qui lui sont prescrites par le présent cahier des charges.

18. Avant que le concessionnaire puisse livrer à la circulation tout ou partie du chemin de fer, il devra être procédé à sa réception par des commissaires que l'administration désignera. Le procès-verbal de ces commissaires ne sera valable qu'après homologation par l'administration supérieure.

Après cette homologation, le concessionnaire pourra mettre le chemin de fer en service et y percevoir les droits de péage et les frais de transport ci-après déterminés.

Toutefois, les réceptions ci-dessus mentionnées ne seront que provisoires, et elles ne deviendront définitives que par la réception générale et définitive du chemin de fer.

19. Après l'achèvement des travaux, le concessionnaire fera faire à ses frais un bornage contradictoire et un plan cadastral de toutes les parties du chemin de fer et de ses dépendances; il fera dresser, également à ses frais et contradictoirement avec l'administration, un état descriptif des ponts, aqueducs et autres ouvrages d'arts qui auront été établis conformément aux conditions du présent cahier des charges.

Une expédition dûment certifiée des procès-verbaux de bornage, du plan cadastral et de l'état descriptif, sera déposée, aux frais du concessionnaire, dans les archives de l'administration des ponts et chaussées.

20. Le chemin de fer et toutes ses dépendances seront constamment entretenus en bon état, et de manière que la circulation soit toujours facile et sûre.

L'état du chemin de fer et de ses dépendances sera reconnu annuellement, et plus souvent en cas d'urgence et d'accident, par un ou plusieurs commissaires que désignera l'administration.

Les frais d'entretien et de réparations, soit ordinaires, soit extraordinaires, resteront entièrement à la charge du concessionnaire.

Pour ce qui concerne cet entretien et ces réparations, le concessionnaire demeure soumis au contrôle et à la surveillance de l'administration.

Si le chemin de fer, une fois terminé, n'est pas constamment entretenu en bon état, il y sera pourvu d'office, à la diligence de l'administration et aux frais du concessionnaire. Le montant des avances faites sera recouvré par des rôles que le préfet du département rendra exécutoires.

21. Les frais de visite, de surveillance et de réception des travaux seront supportés par le concessionnaire.

Ces frais seront réglés par l'administration supérieure, sur la proposition du préfet du département, et le concessionnaire sera tenu d'en verser le montant dans la caisse du receveur général, pour être distribué à qui de droit.

En cas de non-versement dans le délai fixé, le préfet rendra un rôle exécutoire, et le montant en sera recouvré comme en matière de contributions publiques.

22. Les ouvrages relatifs à la traversée de l'enceinte continue, et qui devraient être exécutés par des officiers du génie militaire, le seront par le concessionnaire, mais sous le contrôle et la surveillance de ces officiers, et conformément aux projets particuliers qui auront été préalablement approuvés par les ministres de la guerre et des travaux publics.

25. Le concessionnaire ne pourra commencer aucuns travaux, ni poursuivre aucune expropriation, si, au préalable, il n'a pu justifier valablement, par-devant l'administration, de la constitution du capital nécessaire à l'exécution des travaux, et de la réalisation en espèces d'une somme égale à un cinquième de ce capital.

Si, dans le délai d'une année, à dater de la loi de concession, le concessionnaire ne s'est pas mis en mesure de commencer les travaux, conformément aux dispositions du paragraphe précédent, et s'il ne les a pas effectivement commencés, il sera déchu de plein droit de la concession du chemin de fer, par ce seul fait, et sans qu'il y ait lieu à aucune mise en demeure ni notification quelconque.

Dans le cas de déchéance prévu par le paragraphe précédent, la totalité du cautionnement déposé, ainsi qu'il sera dit à l'art. 49, par le concessionnaire, deviendra la propriété du gouvernement, et restera acquise au trésor public.

Les travaux une fois commencés, le cautionnement ne sera rendu que par cinquième, et proportionnellement à l'avancement des travaux.

24. Faute par le concessionnaire d'avoir entièrement exécuté et terminé les travaux du chemin de fer dans les délais fixés par l'art. 1er; faute aussi par lui d'avoir rempli les diverses obligations qui lui sont imposées par le présent cahier des charges, il encourra la déchéance, et il sera pourvu à la continuation et à l'achèvement des travaux, par le moyen d'une adjudication publique, qu'on ouvrira sur les clauses du présent cahier des charges et sur une mise à prix des ouvrages déjà construits, des matériaux approvisionnés, des terrains achetés et des portions du chemin déjà mises en exploitation.

Cette adjudication sera dévolue à celui des nouveaux soumissionnaires qui offrira la plus forte somme pour les objets compris dans la mise à prix.

Les soumissions pourront être inférieures à la mise prix.

Le concessionnaire évincé recevra du nouveau concessionnaire la valeur que l'adjudication aura ainsi déterminée pour lesdits objets.

La partie non encore restituée du cautionnement du premier concessionnaire deviendra la propriété de l'Etat, et l'adjudication n'aura lieu que sur le dépôt d'un nouveau cautionnement.

Si l'adjudication, ouverte comme il vient d'être dit, n'amène aucun résultat, une seconde adjudication sera tentée sur les mêmes bases, après un délai de six mois, et si cette seconde tentative reste également sans résultat, le concessionnaire sera définitivement déchu de tous droits à la présente concession, et les parties du chemin de fer déjà exécutées, ou qui seraient mises en exploitation, deviendront immédiatement la propriété de l'Etat.

Les précédentes stipulations ne sont point applicables au cas où le retard ou la cessation des travaux proviendraient de force majeure régulièrement constatée.

25. La contribution foncière sera établie en raison de la surface des terrains occupés par le chemin de fer et par ses dépendances ; la cote en sera calculée comme pour les canaux, conformément à la loi du 25 avril 1803.

Les bâtiments et magasins dépendant de l'exploitation du chemin de fer seront assimilés aux propriétés bâties dans la localité, et le concessionnaire devra également payer toutes les contributions auxquelles ils pourront être soumis.

L'impôt dû au trésor sur le prix des places ne sera prélevé que sur la partie du tarif correspondant au prix de transport des voyageurs.

26. Des règlements d'administration publique, rendus après que le concessionnaire aura été entendu, détermineront les mesures et les dispositions nécessaires pour assurer la police, la sûreté, l'usage et la conservation du chemin de fer et des ouvrages qui en dépendent. Toutes les dépenses qu'entraînera l'exécution de ces mesures et de ces dispositions resteront à la charge du concessionnaire.

Le concessionnaire est autorisé à faire, sous l'approbation de l'administration, les règlements qu'il jugera utiles pour le service et l'exploitation du chemin de fer.

Les règlements dont il s'agit dans les deux paragraphes précédents seront obligatoires pour le concessionnaire et pour tous ceux qui obtiendraient ultérieurement l'autorisation d'établir des lignes de chemin de fer d'embranchement ou de prolongement, et, en général, pour toutes les personnes qui emprunteraient l'usage du chemin de fer.

27. Les machines locomotives employées aux transports sur le chemin de fer devront consumer leur fumée.

28. Pour indemniser le concessionnaire des travaux et dépenses qu'il s'engage à faire par le présent cahier des charges, et sous la condition expresse qu'il en remplira exactement toutes les obligations, le gouvernement lui concède, pour le laps de cinquante années, à dater de la loi de concession, l'autorisation de percevoir les droits de péage et les prix de transport ci-après déterminés.

Il est expressément entendu que les prix de transport ne seront dus au concessionnaire qu'autant qu'il effectuerait lui-même ce transport à ses frais et par ses propres moyens.

La perception aura lieu par kilomètre, sans égard aux fractions de distance : ainsi un kilomètre entamé sera payé comme s'il avait été parcouru. Néanmoins, pour toute distance parcourue moindre de six kilomètres, le droit sera perçu comme pour six kilomètres entiers.

Le poids de la tonne est de mille kilogrammes. Les fractions de poids ne seront comptées que par centième de tonne ; ainsi, tout poids compris entre zéro et dix kilogrammes payera comme dix kilogrammes; entre dix et vingt kilogrammes, il payera comme vingt kilogrammes, etc.

L'administration déterminera par des règlements spéciaux, le concessionnaire entendu, le minimum et le maximum de vitesse des convois de voyageurs et de marchandises, et des convois spéciaux des
postes et la durée du trajet.

Dans chaque convoi, le concessionnaire aura la faculté de placer des
voitures spéciales pour lesquelles les prix seront réglés par l'administration, sur la proposition du concessionnaire ; mais il est expressément stipulé que le nombre de places à donner dans ces voitures
n'excédera pas le cinquième du nombre total des places du convoi.

A moins d'autorisation spéciale et révocable de l'administration,
tout convoi régulier de voyageurs devra contenir, en quantité suffisante, des voitures de toutes classes, destinées aux personnes qui se
présenteront dans les bureaux du chemin de fer.

TARIF.

		PRIX		
Par tête et par kilomètre.		de Péage.	de Transport	TOTAL.
		fr. c.	fr. c.	fr. c.
Voyageurs non compris l'impôt du dixième sur le prix des places.	Voitures couvertes, garnies et fermées à glaces (1re classe)............	0 07	0 03	0 10
	Voitures couvertes, fermées à glaces et à banquettes rembourrées (2e classe)...	0 05	0 025	0 075
	Voitures couvertes et fermées avec rideaux (3e classe)...................	0 05	0 025	0 055
Bestiaux......	Bœufs, vaches, taureaux, chevaux, mulets, bêtes de trait...............	0 07	0 03	0 10
	Veaux et porcs.................	0 025	0 015	0 04
	Moutons, brebis, agneaux, chèvres......	0 01	0 01	0 02
	Par quintal métrique et par kilomètre.			
Poissons......	Huîtres et poissons frais, à la vitesse des voyageurs..................	0 03	0 02	0 05
	Par tonne et par kilomètre.			
Marchandises	1re CLASSE. Fontes moulées, fer et plomb ouvrés, cuivre et autres métaux ouvrés ou non ; vinaigres, vins, boissons et spiritueux ; huiles ; cotons et autres lainages ; bois de menuiserie, de teinture et autres bois exotiques ; sucre, café, drogues, épiceries, denrées coloniales et objets manufacturés..............	0 10	0 08	0 18
	2o CLASSE. Blés, grains, farines, sels, chaux et plâtres, minerais, coke, charbon de bois ; bois à brûler (dit *de corde*), perches, chevrons, planches, madriers, bois de charpente, marbres en blocs, pierre de taille, bitume, fonte brute, fer en barres ou en feuilles, plomb en saumons......	0 09	0 07	0 16
	3e CLASSE. Pierre à chaux et à plâtre, moellons, meulières, cailloux, sable, argile, tuiles, briques, ardoises, fumier et engrais, pavés et matériaux de toute espèce pour la construction et la réparation des routes..................	0 08	0 06	0 14
	Houille....................	0 06	0 04	0 10

	PRIX		
	de péage.	de transport.	TOTAL.
Objets divers.. Waggon, chariot, ou autre voiture destinée au transport sur le chemin de fer, y passant à vide, et machine locomotive ne traînant pas de convoi..........	fr. c. 0 15	fr. c. 0 10	fr. c. 0 25
Tout waggon, chariot ou voiture dont le chargement, en voyageurs ou en marchandises, ne comportera pas un péage au moins égal à celui qui serait perçu sur ces mêmes voitures à vide, sera considéré et taxé comme étant à vide.			
Les machines locomotives seront considérées et taxées comme ne remorquant pas de convoi, lorsque le convoi remorqué, soit en voyageurs, soit en marchandises, ne comportera pas un péage au moins égal à celui qui serait perçu sur une machine locomotive avec son allége, marchant sans rien traîner.			
Par pièce et par kilomètre.			
Voiture à deux ou quatre roues, à un fond et à une seule banquette dans l'intérieur.	0 15	0 10	0 25
Voitures à quatre roues et à deux fonds, et à deux banquettes dans l'intérieur.....	0 18	0 14	0 32
(Le tarif sera double si le transport a lieu à la vitesse des voyageurs. Dans ce cas, deux personnes pourront, sans supplément de tarif, voyager dans les voitures à une banquette, et trois dans les voitures à deux banquettes. Les voyageurs excédant ce nombre payeront le prix des places de deuxième classe.)			

Les marchandises qui, sur la demande des expéditeurs, seraient transportées avec la vitesse des voyageurs, payeront à raison de trente-six centimes la tonne.

Les chevaux et bestiaux, dans le cas indiqué au paragraphe précédent, payeront le double des taxes portées au tarif.

Dans le cas où le concessionnaire jugerait convenable, soit pour le parcours total, soit pour les parcours partiels de la voie de fer, d'abaisser au-dessous des limites déterminées par le tarif, les taxes qu'il est autorisé à percevoir, les taxes abaissées ne pourront être relevées qu'après un délai de trois mois au moins pour les voyageurs et d'un an pour les marchandises.

Tous changements apportés dans les tarifs seront annoncés au moins un mois d'avance par des affiches. Ils devront d'ailleurs être homologués par des décisions de l'administration supérieure, prises sur la proposition du concessionnaire, et seront rendues exécutoires par des arrêtés du préfet.

La perception des taxes devra se faire par le concessionnaire indistinctement et sans aucune faveur. Dans le cas où le concessionnaire aurait accordé à un ou plusieurs expéditeurs une réduction sur l'un des prix portés au tarif, avant de la mettre à exécution, il devra en donner connaissance à l'administration, et celle-ci aura le droit de déclarer la réduction, une fois consentie, obligatoire vis-à-vis de tous les expéditeurs, et applicable à tous les articles de la même nature. La taxe, ainsi réduite ne pourra, comme pour les autres réductions, être relevée avant un délai d'un an.

Les réductions ou remises accordées à des indigents ne pourront, dans aucun cas, donner lieu à l'application de la disposition qui précède.

En cas d'abaissement des tarifs, la réduction portera proportionnellement sur le péage et le transport.

29. Tout voyageur dont le bagage ne pèsera pas plus de trente kilogrammes n'aura à payer pour le port de ce bagage aucun supplément du prix de sa place.

30. Les denrées, marchandises, effets, animaux et autres objets non désignés dans le tarif précédent, seront rangés, pour les droits à percevoir, dans les classes avec lesquelles ils auraient le plus d'analogie.

Les assimilations de classes pourront être provisoirement réglées par le concessionnaire ; elles seront soumises immédiatement à l'administration, qui prononcera définitivement.

51. Les droits de péage et les prix de transport déterminés au tarif précédent ne sont point applicables :

1° A toute voiture pesant, avec son chargement, plus de quatre mille cinq cents kilogrammes (4,500 k.);

2° A toute masse indivisible pesant plus de trois mille kilogrammes (3,000 k.).

Néanmoins, le concessionnaire ne pourra se refuser ni à transporter les masses indivisibles pesant de trois mille à cinq mille kilogrammes, ni à laisser circuler toute voiture qui, avec son chargement pèserait de quatre mille cinq cents à huit mille kilogrammes ; mais les droits de péage et les prix de transport seront augmentés de moitié.

Le concessionnaire ne pourra être contraint à transporter les masses indivisibles pesant plus de cinq mille kilogrammes (5,000 k.), ni à laisser circuler les voitures autres que les machines locomotives qui, chargement compris, pèseraient plus de huit mille kilogrammes (8,000 k.).

Si, nonobstant la disposition qui précède, le concessionnaire transporte les masses indivisibles pesant plus de cinq mille kilogrammes, et laisse circuler les voitures autres que les machines locomotives qui, chargement compris, pèseraient plus de huit mille kilogrammes, il devra, pendant trois mois au moins, accorder les mêmes facilités à tous ceux qui en feraient la demande.

32. Les prix de transport déterminés au tarif ne sont point applicables :

1° Aux denrées et objets qui ne sont pas nommément énoncés dans le tarif, et qui, sous le volume d'un mètre cube, ne pèsent pas deux cents kilogrammes ;

2° A l'or et à l'argent, soit en lingots, soit monnayés ou travaillés ; au plaqué d'or ou d'argent, au mercure et au platine, ainsi qu'aux bijoux, pierres précieuses et autres valeurs ;

3° Et en général à tous paquets, colis ou excédants de bagage pesant isolément moins de cinquante kilogrammes, à moins que ces paquets, colis ou excédants de bagage, ne fassent partie d'envois pesant ensemble au delà de cinquante kilogrammes d'objets expédiés par une même personne à une même personne, et d'une même nature, quoique emballés à part, tels que sucre, café, etc.

Dans les trois cas ci-dessus spécifiés, les prix de transport seront arrêtés annuellement par l'administration, sur la proposition du concessionnaire.

Au-dessus de cinquante kilogrammes, et quelle que soit la distance parcourue, le prix de transport d'un colis ne pourra être taxé à moins de quarante centimes (0 fr. 40 c.).

33. Au moyen de la perception des droits et des prix réglés ainsi qu'il vient d'être dit, et sauf les exceptions stipulées au présent cahier des charges, le concessionnaire contracte l'obligation d'exécuter constamment, avec soin, exactitude et célérité et sans tour de faveur, le transport des voyageurs, bestiaux, denrées, marchandises et matières quelconques qui lui seront confiés. Les bestiaux, denrées, marchandises et matières quelconques seront transportés dans l'ordre de leurs numéros d'enregistrement.

Toute expédition de marchandises dont le poids, sous un même emballage, excédera vingt kilogrammes, sera constatée, si l'expéditeur le demande, par une lettre de voiture, dont un exemplaire restera aux mains dudit expéditeur et l'autre aux mains du concessionnaire.

Les frais accessoires non mentionnés au tarif, tels que ceux de chargement, de déchargement et d'entrepôt dans les gares et magasins du chemin de fer, seront fixés annuellement par un règlement qui sera soumis à l'approbation de l'administration supérieure.

Les expéditeurs ou destinataires resteront libres de faire eux-mêmes, et à leurs frais, le factage et le camionnage de leurs marchandises, et le concessionnaire n'en sera pas moins tenu, à leur égard, de remplir les obligations énoncées au paragraphe 1er du présent article.

Dans le cas où le concessionnaire consentirait, pour le factage et le camionnage des marchandises, des arrangements particuliers à un ou plusieurs expéditeurs, il serait tenu, avant de les mettre à exécution, d'en informer l'administration, et ces arrangements profiteraient également à tous ceux qui lui en feraient la demande.

34. A moins d'une autorisation spéciale de l'administration, il est interdit au concessionnaire, sous les peines portées par l'art. 419 du Code pénal, de faire directement ou indirectement, avec des entreprises de transport de voyageurs ou de marchandises par terre ou par eau, sous quelque dénomination ou forme que ce puisse être, des arrangements qui ne seraient pas également consentis en faveur de toutes les entreprises desservant les mêmes routes.

Les règlements d'administration publique rendus en exécution de l'art. 26 ci-dessus prescriront toutes les mesures nécessaires pour assurer la plus complète égalité entre les diverses entreprises de transport dans leur rapport avec le service du chemin de fer.

35. Les militaires ou marins, voyageant isolément, pour cause de service, envoyés en congé pour appartenir à la réserve, envoyés en congé limité, ou rentrant dans leurs foyers après libération, ne seront assujettis, eux et leurs bagages, qu'à la moitié de la taxe du tarif ci-dessus fixé.

Les militaires ou marins voyageant en corps ne seront assujettis, eux et leurs bagages, qu'au quart de la taxe du tarif.

Si le gouvernement avait besoin de diriger des troupes et un matériel militaire sur l'un des points desservis par la ligne du chemin de fer. le concessionnaire serait tenu de mettre immédiatement à sa disposition, et à moitié de la taxe du tarif, tous les moyens de transport établis pour l'exploitation du chemin de fer.

36. Les ingénieurs, commissaires de police et agents spéciaux attachés à la surveillance du chemin de fer seront transportés gratuitement dans les voitures du concessionnaire.

La même faculté est accordée aux agents des contributions indirectes et à ceux de l'administration des douanes, chargés de la surveillance du chemin de fer, dans l'intérêt de la perception de l'impôt.

57. Les dépêches accompagnées des agents nécessaires au service, seront transportées gratuitement par les convois ordinaires du concessionnaire sur toute l'étendue du chemin de fer.

A cet effet, le concessionnaire sera tenu de réserver, à chaque convoi de voyageurs ou de marchandises, un compartiment spécial de voiture, pour recevoir les dépêches et les agents nécessaires au service. La forme et la dimension de ce compartiment seront réglées par l'administration.

Lorsque le concessionnaire voudra changer les heures de départ de ses convois ordinaires, il sera tenu d'en avertir l'administration des postes quinze jours à l'avance.

Il pourra y avoir, en outre, tous les jours, à l'aller et au retour, un ou plusieurs convois spéciaux, dont les heures de départ, soit de jour, soit de nuit, ainsi que la marche et les stationnements, seront réglés par le ministre des finances et le ministre des travaux publics, après avoir entendu le concessionnaire.

Ces convois, destinés au service général de la poste aux lettres, pourront parcourir toute l'étendue, ou seulement une partie de la ligne du chemin de fer.

L'administration des postes fera construire et entretiendra à ses frais des voitures appropriées au transport des dépêches par les convois spéciaux. Ces voitures, dont la forme et les dimensions seront déterminées par l'administration des postes, devront pouvoir contenir, outre le courrier, un ou plusieurs agents chargés, pendant le trajet, de la manipulation et du triage des lettres, ainsi que de l'échange des dépêches dans les différentes stations.

Il sera payé au concessionnaire une rétribution qui ne pourra excéder soixante et quinze centimes (75 c.) par kilomètre parcouru par les convois spéciaux, mis à la disposition de l'administration des postes. Si cette administration emploie plus d'une voiture, la rétribution n'excédera pas vingt-cinq centimes (25 c.) par kilomètre et par voiture en sus de la première.

Ces rétributions pourront être revisées tous les cinq ans, et fixées de gré à gré ou à dire d'experts, sans pouvoir excéder le taux ci-dessus fixé.

Le concessionnaire pourra placer dans ces convois spéciaux, des voitures de toutes classes pour le transport des voyageurs et des marchandises. Les voitures affectées ou appropriées au transport des dépêches et des agents de l'administration seront toujours placées, au lieu de départ, à l'arrière du train des voitures du concessionnaire.

Le concessionnaire ne pourra être tenu d'établir des convois spéciaux, ou de changer les heures de départ, la marche et les stationnements de ces convois, qu'autant que l'administration l'aura prévenu par écrit quinze jours à l'avance.

Néanmoins, toutes les fois qu'en dehors des services réguliers l'administration requerra l'expédition d'un convoi spécial, soit de jour, soit de nuit, cette expédition devra être faite immédiatement, sauf l'observation des règlements de police.

Le prix sera ultérieurement réglé de gré à gré, ou à dire d'experts, entre l'administration et le concessionnaire.

58. Le concessionnaire sera tenu, à toute réquisition, de faire partir par convoi ordinaire les waggons ou voitures cellulaires employés au transport des prévenus, accusés ou condamnés.

Les waggons seront construits aux frais de l'État ou des départements, et leur dimension déterminée par un arrêté du ministre de l'intérieur.

Les employés de l'administration, gardiens, gendarmes et prisonniers placés dans les waggons ou voitures cellulaires, ne seront assujettis qu'à la moitié de la taxe du tarif de la dernière classe.

39. A toute époque, après l'expiration des quinze premières années, à dater du délai fixé par l'art. 1er pour l'achèvement des travaux, le gouvernement aura la faculté de racheter la concession entière du chemin de fer. Pour régler le prix de rachat, on relèvera les produits nets annuels obtenus par le concessionnaire pendant les sept années qui auront précédé celle où le rachat sera effectué : on en déduira les produits nets des deux plus faibles années, et l'on établira le produit net moyen des cinq autres années.

Ce produit net moyen formera le montant d'une annuité qui sera due et payée au concessionnaire pendant chacune des années restant à courir sur la durée de la concession.

Dans aucun cas, le montant de l'annuité ne sera inférieur au produit net de la dernière des sept années prises pour terme de comparaison.

Le concessionnaire recevra, en outre, dans les trois mois qui suivront la résiliation, les remboursements auxquels il aurait droit à l'expiration de la concession, selon l'art. 40 ci-après.

40. A l'époque fixée pour l'expiration de la présente concession, et par le fait seul de cette expiration, le gouvernement sera subrogé à tous les droits du concessionnaire dans la propriété des terrains et des ouvrages désignés au plan cadastral mentionné dans l'art. 19.

Il entrera immédiatement en jouissance du chemin de fer, de toutes ses dépendances et de tous ses produits.

Le concessionnaire sera tenu de remettre en bon état d'entretien le chemin de fer, les ouvrages qui le composent et ses dépendances, telles que gares, lieux de chargement et de déchargement, établissements aux points de départ et d'arrivée, maisons de gardes et de surveillants, bureaux de perception, machines fixes, et, en général, tous autres objets immobiliers qui n'auront pas pour destination distincte et spéciale le service des transports.

Dans les cinq dernières années qui précéderont le terme de la concession, le gouvernement aura le droit de mettre saisie-arrêt sur les revenus du chemin de fer, et de les employer à rétablir en bon état le chemin et toutes ses dépendances, si le concessionnaire ne se mettait pas en mesure de satisfaire pleinement et entièrement à cette obligation.

Quant aux objets mobiliers, tels que machines locomotives, waggons, chariots, voitures, matériaux, combustibles et approvisionnements de tout genre, et les objets immobiliers non compris dans l'énumération précédente, l'Etat sera tenu de les reprendre à dire d'experts, si le concessionnaire le requiert ; et réciproquement, si l'Etat le requiert, le concessionnaire sera tenu de les céder, également à dire d'experts.

41. Dans le cas où le gouvernement ordonnerait ou autoriserait la construction de routes royales, départementales ou vicinales, de canaux ou de chemins de fer qui traverseraient le chemin de fer projeté, le concessionnaire ne pourra mettre aucun obstacle à ces traversées, mais toutes dispositions seront prises pour qu'il n'en résulte aucun obstacle à la construction ou au service du chemin de fer, ni aucun frais pour le concessionnaire.

42. Toute exécution ou toute autorisation ultérieure de route, de canal, de chemin de fer, de travaux de navigation, dans la contrée où est situé le chemin de fer projeté, ou dans toute autre contrée voisine ou éloignée, ne pourra donner ouverture à aucune demande en indemnité de la part du concessionnaire.

43. Le gouvernement se réserve expressément le droit d'accorder de nouvelles concessions de chemin de fer d'embranchement sur le chemin de fer de Paris à Sceaux, ou qui seraient établies en prolongement du même chemin.

Le concessionnaire du chemin de fer de Paris à Sceaux ne pourra mettre aucun obstacle à ces embranchements ou prolongements, ni réclamer, à l'occasion de leur établissement aucune indemnité quelconque, pourvu qu'il n'en résulte aucun obstacle à la circulation, ni aucun frais particuliers pour le concessionnaire.

Les compagnies concessionnaires des chemins de fer d'embranchement ou de prolongement auront la faculté, moyennant les tarifs ci-dessus déterminés, et l'observation des règlements de police et de service établis ou à établir, de faire circuler leurs voitures, waggons et machines sur le chemin de fer de Paris à Sceaux, pour lequel cette faculté sera réciproque à l'égard desdits embranchements et prolongements.

Dans le cas où les compagnies ne pourraient s'entendre avec le concessionnaire sur l'exercice de cette faculté, le gouvernement statuerait sur les difficultés qui s'élèveraient entre eux à cet égard.

Dans le cas où une compagnie d'embranchement ou de prolongement, joignant la ligne de Paris à Sceaux, n'userait pas de la faculté de circuler sur cette ligne, comme aussi dans le cas où le concessionnaire de l'exploitation de cette dernière ligne ne voudrait pas circuler sur les prolongements ou embranchements, les compagnies seraient tenues de s'arranger entre elles de manière que le service de transport ne soit jamais interrompu aux points extrêmes des diverses lignes.

Celle des compagnies qui sera dans le cas de se servir d'un matériel qui ne serait pas sa propriété payera une indemnité en rapport avec l'usage et la détérioration de ce matériel. Dans le cas où les compagnies et le concessionnaire ne se mettraient pas d'accord sur la quotité de l'indemnité, ou sur les moyens d'assurer la continuation du service sur toute la ligne, le gouvernement y pourvoirait d'office et prescrirait toutes les mesures nécessaires.

Le concessionnaire pourra être assujetti par les lois qui seront ultérieurement rendues pour l'exploitation des chemins de fer de prolongement ou d'embranchement, joignant celui de Paris à Sceaux, à accorder aux compagnies de ces chemins une réduction de péage ainsi calculée :

1° Si le prolongement n'a pas plus de cent kilomètres, dix pour cent du prix perçu par le concessionnaire ;

2° Si le prolongement excède cent kilomètres, quinze pour cent ;

3° Si le prolongement excède deux cents kilomètres, vingt pour cent ;

4° Si le prolongement excède trois cents kilomètres, vingt-cinq pour cent.

44. Si la ligne du chemin de fer traverse un sol déjà concédé pour l'exploitation d'une mine, l'administration déterminera les mesures à prendre pour que l'établissement du chemin de fer ne nuise pas à l'exploitation de la mine, et réciproquement, pour que, le cas échéant, l'exploitation de la mine ne compromette pas l'existence du chemin de fer.

Les travaux de consolidation à faire dans l'intérieur de la mine, à raison de la traversée du chemin de fer, et tous dommages résultant de cette traversée pour les concessionnaires de la mine seront à la charge du concessionnaire.

45. Si le chemin de fer doit s'étendre sur des terrains qui renferment des carrières, ou les traverser souterrainement, il ne pourra être livré à la circulation avant que les excavations qui pourraient en compromettre la solidité aient été remblayées ou consolidées. L'administration déterminera la nature et l'étendue des travaux qu'il conviendra d'entreprendre à cet effet, et qui seront, d'ailleurs, exécutés par les soins et aux frais du concessionnaire du chemin de fer.

46. Les agents et gardes que le concessionnaire établira, soit pour opérer la perception des droits, soit pour la surveillance et la police du chemin de fer et des ouvrages qui en dépendent, pourront être assermentés, et seront, dans ce cas, assimilés aux gardes champêtres.

47. Le concessionnaire devra faire élection de domicile à Paris.

Dans le cas de non-élection de domicile, toute signification ou notification à lui adressée sera valable lorsqu'elle sera faite au secrétariat général de la préfecture du département de la Seine.

48. Les contestations qui s'élèveraient entre le concessionnaire et l'administration, au sujet de l'exécution ou de l'interprétation des clauses du présent cahier des charges, seront jugées administrativement par le conseil de préfecture du département de la Seine, sauf recours au conseil d'Etat.

49. Avant la présentation de la loi de concession, le concessionnaire sera tenu de déposer, à titre de garantie, une somme de cinquante mille francs en numéraire, ou en rentes sur l'Etat, calculées conformément à l'ordonnance du 19 juin 1825, en bons du trésor ou autres effets publics, avec transport, au profit de la caisse des dépôts et consignations, de celles de ces valeurs qui seraient nominatives ou à ordre.

La somme de cinquante mille francs devra être doublée dans le mois qui suivra la promulgation de la loi.

La somme totale de cent mille francs, déposée ainsi qu'il est dit ci-dessus, formera le cautionnement de l'entreprise, et sera rendue comme il est dit à l'art. 23.

50. Le présent cahier des charges ne sera passible que du droit fixe d'un franc.

N° **390.** — *Loi sur la police des chemins de fer.*

Au palais de Neuilly, le 15 juillet 1845.

Louis-Philippe, etc.

Nous avons proposé, les chambres ont adopté, nous avons ordonné et ordonnons ce qui suit :

TITRE Ier.

Mesures relatives à la conservation des chemins de fer.

1. Les chemins de fer construits ou concédés par l'Etat font partie de la grande voirie.

2. Sont applicables aux chemins de fer les lois et règlements sur la grande voirie, qui ont pour objet d'assurer la conservation des fossés, talus, levées et ouvrages d'art dépendant des routes, et d'interdire, sur toute leur étendue, le pacage des bestiaux et les dépôts de terre et autres objets quelconques.

3. Sont applicables aux propriétés riveraines des chemins de fer les servitudes imposées par les lois et règlements sur la grande voirie, et qui concernent :

L'alignement,

L'écoulement des eaux,

L'occupation temporaire des terrains en cas de réparation,

La distance à observer pour les plantations et l'élagage des arbres plantés.

Le mode d'exploitation des mines, minières, tourbières, carrières et sablières, dans la zone déterminée à cet effet.

Sont également applicables à la confection et à l'entretien des chemins de fer, les lois et règlements sur l'extraction des matériaux nécessaires aux travaux publics.

Tout chemin de fer sera clos des deux côtés et sur toute l'étendue de la voie.

L'administration déterminera, pour chaque ligne, le mode de cette clôture, et, pour ceux des chemins qui n'y ont pas été assujettis, l'époque à laquelle elle devra être effectuée.

Partout où les chemins de fer croiseront de niveau les routes de terre, des barrières seront établies et tenues fermées, conformément aux règlements.

5. A l'avenir, aucune construction autre qu'un mur de clôture ne pourra être établie dans une distance de deux mètres d'un chemin de fer.

Cette distance sera mesurée soit de l'arête supérieure du déblai, soit de l'arête inférieure du talus du remblai, soit du bord extérieur des fossés du chemin, et, à défaut d'une ligne tracée, à un mètre cinquante centimètres à partir des rails extérieurs de la voie de fer.

Les constructions existantes au moment de la promulgation de la présente loi, ou lors de l'établissement d'un nouveau chemin de fer, pourront être entretenues dans l'état où elles se trouveront à cette époque.

Un règlement d'administration publique déterminera les formalités à remplir par les propriétaires pour faire constater l'état desdites constructions, et fixera le délai dans lequel ces formalités devront être remplies.

6. Dans les localités où le chemin de fer se trouvera en remblai de plus de trois mètres au-dessus du terrain naturel, il est interdit aux riverains de pratiquer, sans autorisation préalable, des excavations dans une zone de largeur égale à la hauteur verticale du remblai, mesurée à partir du pied du talus.

Cette autorisation ne pourra être accordée sans que les concessionnaires ou fermiers de l'exploitation du chemin de fer aient été entendus ou dûment appelés.

7. Il est défendu d'établir, à une distance de moins de vingt mètres d'un chemin de fer desservi par des machines à feu, des couvertures en chaume, des meules de paille, de foin, et aucun dépôt de matières inflammables.

Cette prohibition ne s'étend pas aux dépôts de récoltes faits seulement pour le temps de la moisson.

8. Dans une distance de moins de cinq mètres d'un chemin de fer, aucun dépôt de pierres, ou objets non inflammables, ne peut être établi sans l'autorisation préalable du préfet.

Cette autorisation sera toujours révocable.

L'autorisation n'est pas nécessaire,

1° Pour former, dans les localités où le chemin de fer est en remblai, des dépôts de matières non inflammables dont la hauteur n'excède pas celle du remblai du chemin ;

2° Pour former des dépôts temporaires d'engrais et autres objets nécessaires à la culture des terres.

9. Lorsque la sûreté publique, la conservation du chemin et la disposition des lieux le permettront, les distances déterminées par les ar-

ticles précédents pourront être diminuées en vertu d'ordonnances royales rendues après enquêtes.

10. Si, hors des cas d'urgence prévus par la loi des 16-24 août 1790, la sûreté publique ou la conservation du chemin de fer l'exige, l'administration pourra faire supprimer, moyennant une juste indemnité, les constructions, plantations, excavations, couvertures en chaume, amas de matériaux combustibles ou autres, existant, dans les zones ci-dessus spécifiées, au moment de la promulgation de la présente loi, et, pour l'avenir, lors de l'établissement du chemin de fer.

L'indemnité sera réglée, pour la suppression des constructions, conformément aux titres IV et suivants de la loi du 3 mai 1841, et, pour tous les autres cas, conformément à la loi du 16 septembre 1807.

11. Les contraventions aux dispositions du présent titre seront constatées, poursuivies et réprimées comme en matière de grande voirie.

Elles seront punies d'une amende de seize à trois cents francs, sans préjudice, s'il y a lieu, des peines portées au Code pénal et au titre III de la présente loi. Les contrevenants seront, en outre, condamnés à supprimer, dans le délai déterminé par l'arrêté du conseil de préfecture, les excavations, ouvertures, meules ou dépôts faits contrairement aux dispositions précédentes.

A défaut, par eux, de satisfaire à cette condamnation dans le délai fixé, la suppression aura lieu d'office, et le montant de la dépense sera recouvré contre eux par voie de contrainte, comme en matière de contributions publiques.

TITRE II.

Des contraventions de voirie commises par les concessionnaires ou fermiers de chemins de fer.

12. Lorsque le concessionnaire ou le fermier de l'exploitation d'un chemin de fer contreviendra aux clauses du cahier des charges, ou aux décisions rendues en exécution de ces clauses, en ce qui concerne le service de la navigation, la viabilité des routes royales, départementales et vicinales, ou le libre écoulement des eaux, procès-verbal sera dressé de la contravention, soit par les ingénieurs des ponts et chaussées ou des mines, soit par les conducteurs, gardes-mines et piqueurs, dûment assermentés.

13. Les procès-verbaux, dans les quinze jours de leur date, seront notifiés administrativement au domicile élu par le concessionnaire ou le fermier, à la diligence du préfet, et transmis, dans le même délai, au conseil de préfecture du lieu de la contravention.

14. Les contraventions prévues à l'article 12 seront punies d'une amende de trois cents francs à trois mille francs.

15. L'administration pourra, d'ailleurs, prendre immédiatement toutes mesures provisoires pour faire cesser le dommage, ainsi qu'il est procédé en matière de grande voirie.

Les frais qu'entraînera l'exécution de ces mesures seront recouvrés, contre le concessionnaire ou fermier, par voie de contrainte, comme en matière de contributions publiques.

TITRE III.

Des mesures relatives à la sûreté de la circulation sur les chemins de fer.

16. Quiconque aura volontairement détruit ou dérangé la voie de fer, placé sur la voie un objet faisant obstacle à la circulation, ou employé un moyen quelconque pour entraver la marche des convois ou les faire sortir des rails, sera puni de la reclusion.

S'il y a eu homicide ou blessures, le coupable sera, dans le premier cas, puni de mort, et, dans le second, de la peine des travaux forcés à temps.

17. Si le crime prévu par l'article 16 a été commis en réunion séditieuse, avec rébellion ou pillage, il sera imputable aux chefs, auteurs, instigateurs et provocateurs de ces réunions, qui seront punis comme coupables du crime et condamnés aux mêmes peines que ceux qui l'auront personnellement commis, lors même que la réunion séditieuse n'aurait pas eu pour but direct et principal la destruction de la voie de fer.

Toutefois, dans ce dernier cas, lorsque la peine de mort sera applicable aux auteurs du crime, elle sera remplacée, à l'égard des chefs, auteurs, instigateurs et provocateurs de ces réunions, par la peine des travaux forcés à perpétuité.

18. Quiconque aura menacé, par écrit anonyme ou signé, de commettre un des crimes prévus en l'article 16, sera puni d'un emprisonnement de trois à cinq ans, dans le cas où la menace aurait été faite avec ordre de déposer une somme d'argent dans un lieu indiqué, ou de remplir toute autre condition.

Si la menace n'a été accompagnée d'aucun ordre ou condition, la peine sera d'un emprisonnement de trois mois à deux ans, et d'une amende de cent à cinq cents francs.

Si la menace avec ordre ou condition a été verbale, le coupable sera puni d'un emprisonnement de quinze jours à six mois, et d'une amende de vingt-cinq à trois cents francs.

Dans tous les cas, le coupable pourra être mis par le jugement sous la surveillance de haute police, pour un temps qui ne pourra être moindre de deux ans ni excéder cinq ans.

19. Quiconque, par maladresse, imprudence, inattention, négligence ou inobservation des lois ou règlements, aura involontairement causé sur un chemin de fer, ou dans les gares ou stations, un accident qui aura occasionné des blessures, sera puni de huit jours à six mois d'emprisonnement, et d'une amende de cinquante à mille francs.

Si l'accident a occasionné la mort d'une ou plusieurs personnes, l'emprisonnement sera de six mois à cinq ans, et l'amende de trois cents à trois mille francs.

20. Sera puni d'un emprisonnement de six mois à deux ans tout mécanicien ou conducteur garde-frein qui aura abandonné son poste pendant la marche du convoi.

21. Toute contravention aux ordonnances royales portant règlement d'administration publique sur la police, la sûreté et l'exploitation du chemin de fer, et aux arrêtés pris par les préfets, sous l'approbation du ministre des travaux publics, pour l'exécution desdites ordonnances, sera punie d'une amende de seize à trois mille francs.

En cas de récidive dans l'année, l'amende sera portée au double, et le tribunal pourra, selon les circonstances, prononcer, en outre, un emprisonnement de trois jours à un mois.

22. Les concessionnaires ou fermiers d'un chemin de fer seront responsables, soit envers l'Etat, soit envers les particuliers, du dommage causé par les administrateurs, directeurs ou employés à un titre quelconque au service de l'exploitation du chemin de fer.

L'Etat sera soumis à la même responsabilité envers les particuliers, si le chemin de fer est exploité à ses frais et pour son compte.

23. Les crimes, délits ou contraventions prévus dans les titres I⁰ʳ et III de la présente loi, pourront être constatés par des procès-verbaux dressés concurremment par les officiers de police judiciaire, les ingénieurs des ponts et chaussées et des mines, les conducteurs, gardes-mines, agents de surveillance et gardes nommés ou agréés par l'administration et dûment assermentés.

Les procès-verbaux des délits et contraventions feront foi jusqu'à preuve contraire.

Au moyen du serment prêté devant le tribunal de première instance de leur domicile, les agents de surveillance de l'administration et des concessionnaires ou fermiers pourront verbaliser sur toute la ligne du chemin de fer auquel ils seront attachés.

24. Les procès-verbaux dressés en vertu de l'article précédent seront visés pour timbre et enregistrés en débet.

Ceux qui auront été dressés par des agents de surveillance et gardes assermentés devront être affirmés dans les trois jours, à peine de nullité, devant le juge de paix ou le maire, soit du lieu du délit ou de la contravention, soit de la résidence de l'agent.

25. Toute attaque, toute résistance avec violence et voies de fait envers les agents des chemins de fer, dans l'exercice de leurs fonctions, sera punie des peines appliquées à la rébellion, suivant les distinctions faites par le Code pénal.

26. L'article 463 du Code pénal est applicable aux condamnations qui seront prononcées en exécution de la présente loi.

27. En cas de conviction de plusieurs crimes ou délits prévus par la présente loi ou par le Code pénal, la peine la plus forte sera seule prononcée.

Les peines encourues pour des faits postérieurs à la poursuite pourront être cumulées, sans préjudice des peines de la récidive.

N° **391**. — *Loi sur la vente des substances vénéneuses.*

Du 19 juillet 1845.

Louis-Philippe, etc.,
A tous présents et à venir, salut :
Nous avons proposé , les chambres ont adopté, nous avons ordonné et ordonnons ce qui suit :

1. Les contraventions aux ordonnances royales portant règlement d'administration publique, sur la vente , l'achat et l'emploi des substances vénéneuses, seront punies d'une amende de cent francs à trois mille francs, et d'un emprisonnement de six jours à deux mois, sauf application, s'il y a lieu, de l'article 463 du Code pénal.

Dans tous les cas, les tribunaux pourront prononcer la confiscation des substances saisies en contravention.

2. Les articles 34 et 35 de la loi du 21 germinal an XI seront abrogés à partir de la promulgation de l'ordonnance qui aura statué sur la vente des substances vénéneuses.

FIN.

TABLE ALPHABÉTIQUE

DES

MATIÈRES CONTENUES DANS L'APPENDICE.

Q

FIN DE LA TABLE.

OMISSIONS.

———◦———

Arrêté qui prescrit aux directeurs des théâtres les règles à suivre pour l'annonce des pièces nouvelles sur les affiches de leurs théâtres.

Paris, le 15 juin 1841.

Nous, conseiller d'Etat, préfet de police,

Vu l'article 12 de l'arrêté des consuls qui nous charge du maintien du bon ordre tant au dedans qu'au dehors des théâtres ;

Vu la loi du 9 septembre 1835, art. 21 et 22 ;

Vu l'art. 471, nº 15, du Code pénal ;

Considérant que les directeurs des théâtres font afficher les premières représentations dramatiques sans être en possession des manuscrits des pièces autorisées par M. le ministre de l'intérieur ;

Considérant que l'affiche ou l'annonce anticipée d'une première représentation, sans justifier du manuscrit autorisé, n'est pas sans inconvénient pour le maintien du bon ordre dans les théâtres, l'autorisation pouvant être refusée ou retirée au moment où le public se porte à un théâtre sur la foi de l'affiche annonçant une première représentation ;

Par ces motifs :

Arrêtons ce qui suit :

1. A l'avenir, les directeurs des théâtres de la capitale et de la banlieue ne pourront faire annoncer, sur leurs affiches, la première représentation d'un ouvrage, qu'autant que le manuscrit aura été approuvé par le ministre de l'intérieur, conformément à l'article 21 de la loi du 9 septembre 1835, et qu'ils auront préalablement justifié de cette approbation au commissaire de police du quartier qui constatera sur le manuscrit le jour et l'heure de sa présentation.

2. L'infraction aux dispositions de l'article précédent sera constatée par des procès-verbaux qui seront transmis au tribunal de simple police.

3. Le présent arrêté sera notifié à chaque directeur de théâtres, par les commissaires de police qui dresseront procès-verbal de cette notification.

4. Les commissaires de police de la ville de Paris, le chef de la police municipale, les officiers de paix, les maires et les commissaires de police des communes du ressort de la préfecture de police qui possèdent des théâtres, sont chargés de veiller à l'exécution du présent arrêté.

Le conseiller d'Etat, préfet de police, G. DELESSERT.

———◦———

Ordonnance concernant la police du marché de la rue de Sèvres.

Paris, le 6 septembre 1843.

Nous. conseiller d'Etat, préfet de police ,

Vu, 1° la délibération du conseil municipal de la ville de Paris, du 11 février 1842 ;

2° La décision de M. le ministre de l'intérieur, du 13 mai 1842, qui approuve cette délibération ;

3° La lettre de M. le pair de France, préfet de la Seine, du 19 juillet 1843 ;

4° La loi des 16-24 août 1790 ;

5° L'arrêté du gouvernement du 12 messidor an VIII (1er juillet 1800) ;

Ordonnons ce qui suit :

1. Les marchands admis au marché de la rue de Sèvres continueront à être disposés sur deux rangs se faisant face.

Le premier rang exclusivement destiné aux marchands urbains vendant tous les jours, s'étendra sur une profondeur de *deux mètres*, au long du mur de l'hospice des Incurables (femmes). Il aura pour limites les deux portes extrêmes de cet établissement.

Le deuxième rang exclusivement composé de marchands forains vendant les *mardi* et *vendredi* de chaque semaine seulement, s'étendra parallèlement au premier rang et à la distance de *deux mètres* sur pareille profondeur de *deux mètres*. Il aura pour limites ordinaires les extrémités du mur de l'hospice. Au besoin cependant le rang des forains pourra s'étendre au nord, jusqu'à la rue du Bac et au sud autant qu'il sera nécessaire. Chaque marchand ne pourra occuper plus de *quatre mètres* superficiels ni laisser subsister de lacunes entre les marchandises.

2. Les étalages des premier et deuxième rangs ne devront, en aucune façon, saillir sur les *deux mètres* de profondeur attribués aux places.

Les seuls abris tolérés seront des abris mobiles et réguliers, bien entretenus, et conformes au modèle adopté par l'administration.

Ces abris ne seront admis pour le rang des forains que dans les limites ordinaires du marché.

3. Aucune place fixe, dans ces limites, ne sera occupée sans une permission délivrée en la forme ordinaire.

4. Conformément à la délibération du conseil municipal du 11 février 1842, approuvée le 12 mai suivant par M. le ministre de l'intérieur, le prix de location des places de *quatre mètres superficiels* sera de *dix centimes* par jour et par place.

Ce prix devra être acquitté par semaine et d'avance, pour les places fixes, entre les mains du préposé désigné à cet effet, faute de quoi la permission d'occuper sera considérée comme non avenue et le titulaire sera immédiatement remplacé.

5. Le marché de la rue de Sèvres est destiné exclusivement à la vente en détail des comestibles.

Il ne sera consenti d'exception à cette règle, pour les autres commerces, qu'en faveur des marchands déjà régulièrement établis sur ce marché.

6. Le débit des marchandises aura lieu, savoir :

Par les marchands urbains, depuis le lever jusqu'au coucher du soleil ;

Par les forains, depuis le lever du soleil jusqu'à midi seulement, en toute saison ; passé cette heure, toute marchandise invendue sera enlevée immédiatement par le propriétaire, ou à ses frais par les agents de l'administration.

7. Tous les règlements sur la police des marchés, notamment ceux des 11 juin 1829 et 1er avril 1832, sont applicables au marché de la rue de Sèvres.

8. Les contraventions seront constatées par des procès-verbaux ou rapports, et poursuivies conformément aux lois et règlements.

9. La présente ordonnance sera imprimée et affichée.

Le conseiller d'Etat, préfet de police, **G. DELESSERT.**

TABLE

ALPHABÉTIQUE ET CHRONOLOGIQUE

DE LA

COLLECTION DES ORDONNANCES DE POLICE.

DATES.	DÉSIGNATION DES MATIÈRES.	Volumes.	Pages.
	A.		
	ABATAGE.		
	V. *Boucherie, Chiens errants.*		
	ABATTOIR.		
16 septembre 1817	Ordonnance concernant l'abattoir à porcs du faubourg du Roule	II	90
12 octobre . 1840	Ordonnance concernant l'ouverture et la police de l'abattoir de Batignolles-Monceaux.....................	III	364
12 avril ... 1841	Abattoir de Belleville, règlement et police..........	III	484
15 octobre . 1841	Ordonnance concernant la police de l'abattoir et de l'atelier d'équarrissage d'Aubervilliers.............	III	501
	V. *Itinéraire des bestiaux, marché de la Vallée.*		
	ABATTOIRS GÉNÉRAUX.		
11 septembre 1818	Ordonnance concernant l'ouverture et la police des abattoirs généraux..............................	II	119
30 décembre 1819	Ord. concernant les fondoirs.........................	II	163
9 janvier.. 1824	Ord. concernant la concentration dans chaque abattoir de la cuisson des issues..........................	II	289
29 avril ... 1825	Ord. mesures de salubrité..........................	II	327
5 décembre 1825	Ord. conduite des bestiaux, surveillance des travaux, répression du mercandage.....................	II	345
	ABREUVOIRS.		
	V. *Chevaux.*		

DATES.	DÉSIGNATION DES MATIÈRES.	Volumes.	Pages.
3x juillet... 1838	Ordonnance concernant le curage de la rivière de Bièvre.	III	269
	BILLAGE.		
	V. *Choisy-le-Roi, Bosse-de-Marne.*		
	BILLARDS.		
6 novembre 1812	Ordonnance concernant les billards publics..........	I	589
18 juin.... 1835	Arrêté concernant les billards publics...............	III	110
	V. *Lieux publics.*		
	BILLETS DE SPECTACLE.		
	V. *Théâtres.*		
	BLANC DE PLOMB.		
14 avril.... 1837	Instruction du conseil de salubrité concernant les fabriques de blanc de plomb......................	III	181
	BLANCS-MANTEAUX.		
	V. *Marché des Blancs-Manteaux.*		
	BLÉS.		
	V. *Halle aux grains et farines.*		
	BLESSÉS.		
	V. *Asphyxiés, Noyés, Officiers de santé.*		
	BOIS A OEUVRER.		
12 septembre 1816	Ordonnance concernant le commerce de bois à œuvrer.	II	59
	BOIS DE CHAUFFAGE.		
8 frimaire an IX (29 *novembre* 1800.)	Ordonnance concernant les heures de vente du bois de chauffage pendant l'hiver.........................	I	58
27 ventôse an x (18 *mars* 1802.)	Ordonnance concernant, l'arrivée, le dépôt et la vente des bois de chauffage dans Paris..................	I	129
1er floréal an x (21 *avril* 1802.)	Ord. id. à l'île Louviers.................	I	139
21 ventôse an xi (12 *mars* 1803.)	Ordonnance concernant la vente de falourdes, fagots, et coterets.......................................	I	182
7 floréal an xi (27 *avril* 1803.)	Ordonnance concernant le repêchage des bois de chauffage sur les rivières dans le ressort de la préfecture de police......................................	I	190
20 prairial an XII (9 *juin* 1804.)	Ordonnance concernant le commerce du bois à brûler dans les communes rurales du ressort de la préfecture de police......................................	I	235

DATES.	DÉSIGNATION DES MATIÈRES.	Volumes.	Pages.
	CHAMPIGNONS.		
1er mai.... 1809	Ordonnance concernant la vente des champignons..... Instruction sur le même sujet...................	I	412
12 juin.... 1820	Vente des champignons...........................	II	174
	CHANDELIERS (Ouvriers).		
3 fructidor an XII (21 août 1804.)	Placement des ouvriers...........................	I	254
27 décembre 1814	Fabrication et vente de la chandelle et de la bougie...	I	671
18 avril.... 1818	Apposition sur les paquets de chandelle d'une marque indicative du poids, etc.........................	II	112
	CHANTEURS.		
	V. *Saltimbanques.*		
	CHANTIERS.		
	V. *Bois de chauffage, Voitures pour le service des ports et des chantiers, Rivières et Ports.*		
	CHAPELIERS.		
28 novembre 1809	Ordonnance concernant les chapeliers..............	I	430
12 juillet... 1818	Ord. id.	II	113
	CHARBON.		
	V. *Epizooties.*		
	CHARBONS DE BOIS.		
20 pluviôse an XII (10 février 1804.)	Ordonnance concernant le commerce du charbon de bois.................................	I	218
5 ventôse an XII (25 février 1804.)	Barrières par lesquelles les charbons doivent entrer dans Paris.............................	I	223
4 vendém. an XIV (26 sept. 1805.)	Barrières. id.	I	288
9 frimaire an XIV (30 nov. 1805.)	Instruction pour les préposés au mesurage des bois et charbons................................	I	291
18 mars... 1808	Charbons de bois arrivant par eau..................	I	375
2 mars... 1810	Porteurs de charbon et garçons de pelle.............	I	445
2 décembre 1812	Commerce de charbon de bois.....................	I	590
26 décembre 1812	Instruction pour le recensement et le mesurage des bois et charbons..............................	I	596
29 janvier.. 1817	Ouvriers employés au commerce et au transport du charbon de bois.............................	II	69
24 février.. 1817	Vente du charbon arrivant par terre...............	II	72
26 septembre 1821	Mise en vente de trois tas de charbon..............	II	203

DATES.	DÉSIGNATION DES MATIÈRES.	Volumes.	Pages.
	CHIRURGIENS.		
	V. *Médecins.*		
	CHLORURE DE CHAUX.		
11 décembre 1823	Instruction sur la manière de s'en servir............	II	281
	CHOISY-LE-ROI.		
30 avril.... 1828	Interruption du passage sur le pont..............	II	407
23 mai 1828	Police du port..............................	II	418
17 février.. 1832	Ordonnance concernant le billage du pont..........	III	3
25 octobre.. 1840	Ord. concernant la police de la navigation (art. 19 *et suivants*......................................	III	377
25 octobre.. 1840	Ord. id. (art. 73 *et suivants*).....................	III	387
	CIRCULATION.		
8 août.... 1829	Ordonnance concernant la sûreté et la liberté de la circulation.....................................	II	492
30 janvier.. 1836	Arrêté concernant la liberté de la circulation........	III	145
	CLAVEAU DES MOUTONS.		
	V. *Épizooties.*		
	COCHERS.		
	V. *Voitures de place.*		
	COCHES.		
	V. *Passages d'eau.*		
	COLPORTEURS.		
4 pluviôse an IX (24 *janvier* 1801.)	Ordonnance concernant les colporteurs............	I	66
21 mai 1823	Ord. concernant les colporteurs, crieurs et afficheurs d'écrits imprimés..............................	II	255
12 novembre 1830	Ord. id.	II	587
9 avril.... 1831	Crieurs publics..............................	II	609
27 décembre 1831	Ord. id.	II	651
19 octobre.. 1823	Colportage des écrits sur la voie publique...........	III	58
22 février.. 1834	Ord. concernant les crieurs, chanteurs vendeurs et distributeurs d'écrits, dessins, etc................	III	62
19 octobre.. 1839	Ord. concernant les crieurs, chanteurs, vendeurs et distributeurs d'écrits............................	III	525
	V. *Affiches.*		

F

FAGOTS.

V. *Bois de chauffage.*

FAIX.

V. *Bois de faix.*

DATES.	DÉSIGNATION DES MATIÈRES.	Volumes.	Pages.
7 janvier.. 1835	Ordonnance concernant les neiges et glaces...........	III	106
26 décembre 1836	Ord. id.	III	173
14 décembre 1838	Ord. id.	III	293
7 décembre 1842	Ord. id.	III	575
4 décembre 1844	Ord. id.	III	810
	V. *Glaces, Grosses eaux, etc.*		
	GLANAGE.		
	V. *Police rurale.*		
	GOUTTIÈRES.		
30 novembre 1831	Ordonnance concernant les chéneaux et gouttières destinés à recevoir les eaux pluviales sous l'égout des toits...	II	645
1er avril.. 1832	Arrêté portant prorogation de l'ordonnance du 30 novembre 1831....................................	III	9
1er août.. 1832	Arrêté id.	III	33
	V. *Chéneaux, Saillies.*		
	GRAINES.		
	V. *Marché aux fleurs.*		
	GRAINS, GRAINES ET GRENAILLES.		
17 juillet... 1813	Ordonnance concernant le commerce des grains et grenailles	I	624
14 octobre.. 1813	Ord. id. dans les communes rurales...	I	635
12 décembre 1821	Ord. concernant le commerce des grains et grenailles..	II	504
25 novembre 1829	Ord. concernant le commerce des grains, graines et grenailles....................................	II	525
	V. *Halle aux grains et farines.*		
	GRAPILLAGE.		
	V. *Police rurale.*		
	GRAVURES.		
	V. *Ecrits.*		
	GRENIER D'ABONDANCE.		
	V. *Boulangerie.*		
	GROSSES EAUX.		
	V. *Rivières et Ports, Glaces, Grosses eaux et Débâcles.*		

DATES.	DÉSIGNATION DES MATIÈRES.	Volumes.	Pages.
	GUICHETS DU CARROUSEL.		
	V. *Voitures.*		
	GUINGUETTES.		
	V. *Lieux publics.*		
	H.		
	HALLAGE.		
8 février.. 1808	Ordonnance concernant les établissements d'envergeurs pareurs de corde pour le hallage de Paris..........	I	370
25 octobre.. 1840	Ord. concernant la police de la navigation, art. 41....	III	381
	HALLE AUX BEURRES.		
18 juin.... 1823	Ordonnance concernant le tarif du droit d'abri sous la halle aux beurres, œufs et fromages..............	II	262
	V. *Beurres et Œufs.*		
	HALLE AUX CUIRS.		
27 frimaire an XIV (18 *déc.* 1805.)	Ordonnance concernant le commerce des cuirs et peaux à la halle............	I	295
27 frimaire an XIV (18 *déc.* 1805.)	Règlement concernant le service intérieur de la halle aux cuirs..............................	I	296
27 frimaire an XIV (18 *déc.* 1805.)	Ordonnance concernant le tarif des salaires des forts employés à la halle aux cuirs.................	I	299
	HALLE AUX GRAINS ET FARINES.		
28 mai.... 1806	Ordonnance concernant le droit de commission des facteurs à la halle aux grains et aux farines........	I	516
20 septembre 1808	Ord. concernant le droit d'abri à la halle aux grains...	I	598
12 mai.... 1812	Ord. concernant les grains et farines..............	I	572
12 mai..... 1812	Ord. relative à la fixation du prix des blés..........	I	575
19 mai 1812	Ord. concernant la fixation du prix des seigles et de l'orge.................................	I	575
17 novembre 1815	Arrêté concernant le droit d'abri à la halle aux farines.................................	II	26
7 novembre 1823	Ordonnance concernant la fixation des heures de vente des farines en gros et en détail, à la halle aux grains et farines.................................	II	275
25 novembre 1829	Ord. concernant le commerce des grains et grenailles.................................	II	523
13 avril.... 1842	Arrêté concernant l'établissement en quintal métrique des mercuriales de la halle aux grains et farines....	III	526

DATES.	DÉSIGNATION DES MATIÈRES.	Volumes.	Pages.
	JOURNÉE.		
	V. *Ouvriers en bâtiment.*		
	JUBILÉ.		
1er mai... 1626	Ordonnance concernant les mesures d'ordre à observer à l'occasion de la dernière procession générale pour les stations du jubilé, de la pose par le roi, et de la bénédiction de la première pierre du monument qui doit être élevé à la mémoire de Louis XVI..... .	II	353
	JUILLET.		
	V. *Fêtes de juillet.*		
	L		
	LABORATOIRE.		
	V. *Établissements insalubres.*		
	LACHAGE ET REMONTAGE.		
12 ventôse an XI (3 mars 1803.)	Ordonnance concernant le service de la navigation au passage des ponts de Paris......................	I	180
6 juin.... 1807	Ord. concernant le lâchage des bateaux et des trains, et le remontage des bateaux vides dans Paris......	I	352
15 septembre 1808	Arrêté concernant la soumission faite par le sieur Albert, d'établir une machine pour remonter et descendre les bateaux près le pont d'Iéna.............	I	397
22 mai. ... 1811	Ordonnance concernant le lâchage des bateaux et des trains, et le remontage des bateaux vides dans Paris................................	I	512
13 décembre 1811	Ord. id.	I	548
15 octobre. 1812	Ord. id.	I	586
19 juillet... 1822	Ord. id.	II	254
30 juin.... 1827	Ord. concernant le lâchage, le garage et la mise à port des bateaux et des trains..................	II	585
31 mai..... 1838	Ord. concernant le lâchage des bateaux sous les ponts de Paris.....................................	III	255
31 mai..... 1838	Tarif des prix fixés pour le passage des bateaux sous les ponts de Paris.............................	III	260
15 octobre. 1840	Lâchage des bateaux sous les ponts de Paris (ch. 5, § 2)...	III	379
	V. *Navigation, Chefs des ponts.*		

DATES.	DÉSIGNATION DES MATIÈRES.	Volumes.	Pages.
	N.		
	NAISSANCE.		
20 mai..... 1811	Ordonnance relative à la naissance du roi de Rome....	I	505
1er octobre 1820	Ordonnance concernant les mesures d'ordre à observer à l'occasion du *Te Deum* qui sera chanté dans l'église métropolitaine, en actions de grâces de la naissance de S. A. M. Mgr. le duc de Bordeaux, et des fêtes et réjouissances publiques qui auront lieu aux Champs-Elysées..............................	II	179
27 août.... 1838	Ordonnance concernant les mesures d'ordre et de sûreté à observer dans Paris, le 29 août jour consacré à célébrer la naissance de S. A. R. le comte de Paris..	III	271
	NANTERRE.		
	V. *Marché de Nanterre.*		
	NANTISSEMENT.		
	V. *Prêteurs sur nantissement.*		
	NAPOLÉON.		
12 décembre 1840	Ordonnance concernant les mesures d'ordre et de sûreté à observer les 15 décembre 1840, jour consacré à la translation des restes mortels de l'empereur Napoléon à l'église des Invalides....................	III	422
	NATATION.		
	V. *Bains de rivière.*		
	NAVIGATION.		
27 ventôse an VIII (18 *mars* 1800.)	Consigne générale pour la garde des ports dans Paris.	I	2
29 fructidor an XI (16 *sept.* 1803.)	Ordonnance pour faire écouler les eaux stagnantes dans le petit bras de la Seine, depuis la pointe orientale de l'île de la Cité jusqu'au Pont-Neuf, et pour empêcher de fouiller dans le lit de la rivière...	I	202
28 vendém. an XIII (20 *octob.* 1804.)	Avis aux ouvriers des ports........................	I	260
27 mai. ... 1806	Ord. concernant le mode provisoire du service de la navigation au pont d'Austerlitz....................	I	514

DATES.	DÉSIGNATION DES MATIÈRES.	Volumes.	Pages.
	OURCQ.		
	V. *Canaux, Egouts.*		
	OUVRIERS.		
20 pluviôse an XII (10 *février* 1804.)	Ordonnance concernant les ouvriers...............	I	217
21 décembre 1816	Arrêté qui ordonne aux ouvriers de porter constamment et ostensiblement la médaille dont ils sont pourvus...........................	II	68
25 mars.... 1818	Ord. concernant les ouvriers...............	II	103
18 juin.... 1822	Ord. id.	II	232
1er avril... 1831	Ord. id.	II	606
30 décembre 1834	Ord. modifiant celle du 1er avril 1831, concernant les ouvriers...........................	III	103
	V. *Garçons.*		
	OUVRIERS EN BATIMENTS.		
26 septembre 1806	Ordonnance concernant la durée de la journée de travail des ouvriers en bâtiments...............	I	541
	OUVRIERS FABRICANTS DE GAZ, TISSUTIERS-RUBANNIERS, etc.		
22 thermid. an XII (10 *août* 1804.)	Ordonnance concernant le placement des ouvriers fabricants de gaze, tissutiers-rubanniers, passementiers-boutonniers, plumassiers, fleuristes, brodeurs, amidonniers, parfumeurs, tabletiers, luthiers, éventaillistes et fabricants de cannes...............	I	232
	OUVRIERS FILEURS ET TISSEURS DE COTON, etc.		
20 août.... 1814	Ordonnance concernant le placement des ouvriers en filature et tissus de coton...........................	I	658
	OUVRIERS IMPRIMEURS EN LETTRES, EN TAILLE-DOUCE, SUR TOILE, etc.		
29 messidor an XII (18 *juillet* 1804.)	Ordonnance concernant le placement des ouvriers imprimeurs en lettres, imprimeurs en taille-douce, imprimeurs sur toile, sur étoffes et autres genres, brocheurs et relieurs, doreurs et marbreurs sur tranche, graveurs en bois, fondeurs en caractères, planeurs en cuivre, papetiers, colleurs, cartiers, cartonniers, fabricants de papiers peints, fabricants d'encre, fabricants de crayons, fabricants de cire et de pains à cacheter.	I	250
	OUVRIERS ORFÉVRES, JOAILLIERS, BIJOUTIERS, etc.		
29 messidor an XII (18 *juillet* 1804.)	Ordonnance concernant le placement des ouvriers orfévres, joailliers, bijoutiers, lapidaires, batteurs d'or, tireurs d'or, horlogers, laveurs de cendres, fondeurs		

DATES.	DÉSIGNATION DES MATIÈRES.	Volumes.	Pages.
	PLATRES.		
	V. *Carrières et Pierres à plâtre.*		
	PLOMBAGE.		
	V. *Charbon de bois.*		
	POIDS ET MESURES.		
	POIDS MÉTRIQUE.		
	V. *Boulangerie.*		
	POIGNARDS.		
	V. *Armes prohibées.*		
	POINÇONS.		
	V. *Or et Argent, Orfèvres.*		

DATES.	DÉSIGNATION DES MATIÈRES.	Volumes.	Pages.
	PRISONS.		
26 janvier.. 1810	Ordonnance portant règlement général pour les prisons du ressort de la préfecture de police..............	I	437
10 septembre 1811	Ord. id.	I	557
6 juillet... 1819	Arrêté concernant l'usage de l'eau-de-vie dans les prisons....................................	II	145
31 mars.... 1828	Arrêté concernant la prison de Sainte-Pélagie........	II	405
15 février.. 1838	Arrêté concernant le pain des prisons..............	III	240
	PROCÈS DES MINISTRES.		
13 décembre 1830	Ordonnance concernant les mesures d'ordre à observer pendant le procès des ex-ministres..............	II	592
	PROCESSION.		
10 juin.... 1814	Ordonnance concernant les processions de la Fête-Dieu.....................................	I	650
9 juin.... 1830	Ord. concernant les processions de la Fête-Dieu dans Paris...................................	II	567
	PROSTITUTION.		
	V. *Dispensaire.*		
	PROUVAIRES.		
	V. *Marché des Prouvaires, Marché aux fromages.*		
	PUISOIRS.		
25 octobre.. 1840	Ordonnance concernant la police de la navigation, art. 190....................................	III	403
	PUITS.		
13 août.... 1810	Ordonnance concernant des mesures de police relatives aux puits....................................	I	477
20 février.. 1812	Ord. concernant l'entretien, le curage et la réparation des puits....................................	I	558
20 février.. 1812	Instruction sur le même sujet....................	I	560
8 mars.... 1815	Ord. concernant le percement, le curage, la réparation et l'entretien des puits....................	II	9
20 juillet... 1838	Ord. concernant les puits, puisards, puits d'absorption et égouts à la charge des particuliers...........	III	262
20 juillet... 1838	Instructions du conseil de salubrité relatives au curage et à la réparation des puits, puisards, etc.........	III	266

DATES.	DÉSIGNATION DES MATIÈRES.	Volumes.	Pages.
	à l'entrée solennelle du roi dans la capitale, aux réjouissances publiques et aux fêtes données par la ville de Paris à l'occasion du sacre de S. M. Charles X.	II	329
	SAILLIES.		
26 brumaire an xi (17 nov. 1802.)	Ord. concernant les gouttières saillantes............	I	166
29 prairial an xii (18 juin 1804.)	Ord. concernant les auvents, appentis, plafonds et autres constructions en saillie sur les boulevards intérieurs de Paris...........................	I	238
14 septembre 1833	Ord. concernant la réduction des devantures de boutiques et autres objets de petite voirie excédant la saillie légale...........................	III	57
18 février.. 1837	Arrêté relatif aux objets placés en saillie sur la voie publique...............................	III	175
11 octobre.. 1839	Arrêté id.	III	522
4 mai..... 1840	Ord. concernant les barrières et les saillies existant sur le boulevard intérieur (côté nord)...............	III	342
	V. Barrières.		
	SAINT-CLOUD.		
21 septembre 1810	Ordonnance portant établissement, en tête du pont de Saint Cloud, d'un passage en bachots pour le public.	I	480
	V. Fêtes de.		
	SAINT-DENIS.		
	V. Canaux.		
	SAINTE-PÉLAGIE.		
19 prairial an xii (8 juin 1804.)	Règlement relatif au service intérieur des maisons d'arrêt...........................	I	234
31 mars.... 1828	Arrêté concernant la prison de Sainte-Pélagie.......	II	405
	SAINT-ESPRIT.		
	V. Messe du Saint-Esprit, Chambres.		
	SAINT-GERMAIN.		
	V. Marché.		
	SAINT-LOUIS.		
	V. Fête du chef de l'État.		
	SAINT-MARTIN.		
	V. Canaux, Marché aux fleurs.		

DATES.	DÉSIGNATION DES MATIÈRES.	Volumes.	Pages.
5 mai..... 1813	Arrêté contenant des dispositions de régime intérieur pour l'exécution de l'ordonnance concernant les fiacres et cabriolets de place.............................	I	617
27 janvier.. 1815	Ordonnance concernant les cochers de voitures de louage.....................................	II	5
31 mars.... 1817	Ord. concernant les cabriolets de place de l'intérieur de Paris......................................	II	76
22 juin.... 1820	Arrêté concernant le stationnement des voitures sur la voie publique................................	II	175
23 août.... 1821	Ordonnance concernant la formation d'une masse pour les cochers de voitures de place..................	II	199
13 mai..... 1822	Arrêté concernant les carrosses-calèches de place.....	II	225
29 mai.... 1824	Arrêté concernant les cochers de carrosses et de cabriolets de place.................................	II	297
29 mai..... 1824	Arrêté concernant la formation d'une masse pour les cochers de voitures de place......................	II	299
28 février.. 1825	Arrêté concernant la visite des carrosses et cabriolets de place......................................	II	322
29 novembre 1825	Ordonnance concernant les voitures de place........	II	343
5 mars.... 1829	Arrêté concernant le tarif des cabriolets de place.....	II	461
17 mars.... 1829	Arrêté concernant le numérotage et l'éclairage des fiacres..	II	462
8 avril.... 1829	Arrêté concernant la visite des carrosses et cabriolets de place......................................	II	466
1er juillet.. 1829	Ordonnance concernant le service des voitures de place...	II	478
18 septembre 1829	Ord. concernant le numérotage des fiacres...........	II	510
14 décembre 1829	Ord. concernant le tarif des voitures de place........	II	530
17 mars.... 1830	Arrêté concernant les cochers des voitures de place....	II	542
17 août.... 1830	Ordonnance concernant le tarif des voitures de place..	II	577
5 septembre 1831	Ordonnance concernant les voitures de place........	II	655
23 juillet... 1833	Ord. concernant les loueurs de voitures de place......	III	48
16 octobre.. 1834	Arrêté qui autorise la mise en circulation des nouveaux fiacres en forme de coupés......................	III	97
9 octobre.. 1835	Ordonnance concernant le tarif des voitures de place..	III	113
8 décembre 1835	Ord. concernant les loueurs de voitures de place.....	III	120
22 avril.... 1837	Arrêté qui fixe de nouvelles dimensions pour la construction des voitures de place dites coupés........	III	185
15 janvier.. 1841	Ordonnance concernant les voitures de place.........	III	428
15 janvier.. 1841	Arrêté qui fixe les dimensions et conditions d'après lesquelles les voitures de place devront être construites à l'avenir.................................	III	445
15 janvier.. 1841	Arrêté relatif à l'organisation d'un service permanent de surveillance sur les stations de voitures de place	III	460

FIN.

Paris, Impr. de Paul Dupont,
rue de Grenelle-Saint-Honoré, n. 55.